KB155838

심리치료와 상담이론
개념 및 사례

6th Edition

Theories of Psychotherapy & Counseling: Concepts and Case, Sixth Edition

Richard S. Sharf

Original edition © 2016 Wadsworth, a part of Cengage Learning.
Theories of Psychotherapy & Counseling: Concepts and Cases, Sixth Edition
by Richard S. Sharf
ISBN: 9781305087323

For permission to use material from this text or product, email to
asia.infokorea@cengage.com

ISBN-13: 978-89-6218-454-9

Cengage Learning Korea Ltd.
14F YTN Newsquare 76 Sangamsan-ro
Mapo-gu Seoul 03926 Korea

Cengage is a leading provider of customized learning solutions with employees residing in nearly 40 different countries and sales in more than 125 countries around the world. Find your local representative at:
www.cengage.com

To learn more about Cengage Solutions, visit **www.cengageasia.com**

Every effort has been made to trace all sources and copyright holders of news articles, figures and information in this book before publication, but if any have been inadvertently overlooked, the publisher will ensure that full credit is given at the earliest opportunity.

Printed in Korea
Print Number: 02   Print Year: 2023

Theories of Psychotherapy and Counseling
Concepts and Cases **RICHARD S. SHARF**

심리치료와 상담이론
개념 및 사례

천성문 · 김진숙 · 김창대 · 신성만 · 유형근
이동귀 · 이동훈 · 이영순 · 한기백 옮김

6th Edition

Australia · Brazil · Canada · Mexico · Singapore · United Kingdom · United States

옮긴이 소개

천성문 부경대학교 평생교육상담학과
김진숙 경북대학교 교육학과
김창대 서울대학교 교육학과
신성만 한동대학교 상담심리사회복지학부
유형근 한국교원대학교 교육학과
이동귀 연세대학교 심리학과
이동훈 성균관대학교 교육학과
이영순 전북대학교 심리학과
한기백 서강대학교 교육대학원

심리치료와 상담이론 개념 및 사례 -제6판-

Theories of Psychotherapy & Counseling: Concepts and Cases, 6th Edition

제6판 1쇄 발행 | 2019년 2월 22일
제6판 2쇄 발행 | 2023년 11월 13일

지은이 | Richard S. Sharf
옮긴이 | 천성문, 김진숙, 김창대, 신성만, 유형근, 이동귀, 이동훈, 이영순, 한기백
발행인 | 송성헌
발행처 | 센게이지러닝코리아㈜
등록번호 | 제313-2007-000074호(2007.3.19.)

이메일 | asia.infokorea@cengage.com
홈페이지 | www.cengage.co.kr

ISBN-13: 978-89-6218-454-9

공급처 | ㈜피와이메이트
주 소 | 서울시 금천구 가산디지털2로 53 한라시그마밸리 201호(가산동)
도서안내 및 주문 | Tel 02) 733-6771 Fax 02) 736-4818
이메일 | pys@pybook.co.kr

정가 36,000원

옮긴이 머리말

경전 중에 "바른 사람이 옳지 못한 진리를 이야기하면 옳지 못한 진리라도 다 바르게 되고, 옳지 못한 사람이 바른 진리를 이야기하면 바른 진리라도 다 바르지 못하게 된다."라는 말이 있다. 이는 상담자가 내담자들의 심리적 성장과 발달에 진정한 도움을 주기 위해서는 무엇보다도 자기 자신에 대한 엄격한 수련과 검토 및 통찰이 필요하다는 의미일 것이다. 그렇기에 유능한 상담자가 되는 길은 결코 쉽지 않다는 사실을 알 수 있다.

우리가 상담 공부를 하면서 훌륭한 스승을 만나 상담자 자신의 인격적 성숙을 도모하고 상담 능력을 향상시키는 것도 중요하지만, 상담의 디딤돌 역할을 할 상담의 기본 교재를 잘 선정하는 것 역시 매우 중요하다. 이 책은 바로 그러한 요구를 실현할 수 있는 책이라 말할 수 있다. 전통적인 상담 이론과 최근에 주목받고 있는 상담접근법 및 동향뿐만 아니라 상담의 실제적인 측면을 많이 포함하고 있어 상담자로서의 이론적 토대와 자질을 다질 수 있기 때문이다. 특히 제5판을 번역한 후 거의 6년 만에 제6판을 우리말로 옮긴 이유는 각 이론마다 상담 분야의 발전과 추세를 반영하여 최근 쟁점과 연구들을 소개하고, 각종 상담 문제 영역에 적용시킬 수 있는 내용을 풍부하게 다루기 위함이었다.

이 책은 상담자가 상담 시 겪을 수 있는 다양한 내담자들의 삶의 문제를 분석하고 이해하며, 해결점을 찾도록 하는 방안을 제시하기 때문에 상담자로서의 역량을 발휘하는 데 많은 도움을 줄 것이다. 또한 상담 현장에서 상담을 하고 있는 상담자가 방향을 잃고 힘들어질 때 자신의 상담 과정에 대해서 기본부터 다시 점검하는 지침서가 될 것이다.

이번 번역에도 상담 분야에서 중추적인 역할을 담당하고 있는 중견 상담학자들의 힘을 모아 책을 출판하게 되었다. 김진숙 교수는 6장과 7장을, 김창대 교수는 2장과 17장을, 신성만 교수는 10장과 12장을, 유형근 교수는 4장과 8장을, 이동귀 교수는 9장과 11장을, 이동훈 교수는 3장과 5장을, 이영순 교수는 14장과 16장을, 천성문 교수는 15장, 서문과 용어 해설 등을, 한기백 교수는 1장과 13장을 번역하였다. 여러 사람이 번역하게 됨으로써 일어나는 번역 방식과 용어의 차이는 최소화하도록 노력하였지만 다소 미흡한 부분이 있더라도 독자들의 양해를 바라는 마음이다. 마지막으로, 출판 과정에서의 어려움에도 불구하고 이 책의 출간을 위해 물심양면으로 지원해 주신 센게이지러닝코리아(주)의 송성헌 사장님과 교정과 편집을 도와주신 이정린 선생님과 편집부 여러분께 고마움을 진한다.

2019년 봄 역자 일동

지은이 머리말

심리치료 및 상담 이론을 여러 가지 사례를 통해 설명하는 이 책의 6판을 출판하게 되어 기쁘기 그지없다.

대학 상담센터에서 상담심리학자로 근무하고, 35년 이상 대학원생들을 가르쳐온 경험은 직업적으로도 인간적으로도 매우 소중한 경험이었다. 그렇기에 이러한 경험을 그동안에 축적한 폭넓은 사례 자료를 활용하여 각 장에 하나 이상의 사례를 포함하는 책을 쓰고 싶었다. 많은 심리치료 및 상담 이론들은 각각 다른 심리 장애에 대해 여러 심리치료 접근을 사용하기에 사례별로 차별화된 심리치료를 고심하는 것이 중요하다고 느꼈기 때문이다.

우선 심리치료 및 상담 이론을 포괄적으로 개괄하기 위해서 기술과 심리치료를 설명하는 사례 요약과 상담자-내담자의 대화를 사용해 개념의 설명뿐만 아니라 적용의 예를 제시하고자 하였다. 이론과 사례의 조합은 심리치료적 접근에 대해 배우고자 하는 학생들에게 심리치료와 상담을 더욱 분명하고 현실적으로 이해할 수 있게 할 것이다. 또한 대부분의 이론은 우울증이나 범불안 장애와 같이 흔한 심리 장애에 개인 치료나 상담이 어떻게 적용되는지를 보여 준다. 특히 이 책에서 주목할 점은 각 이론이 집단 치료에 어떻게 응용되는지를 알려 준다는 것이다.

이 책의 표지에는 나의 이름만 나와 있지만, 각 장은 다양한 심리치료와 상담의 이론적 접근에 대해 70명 이상의 권위자들의 전문지식이 들어 있다. 그만큼 이 책은 특정 이론에 대해 많은 전문가들이 투입되었고 각각의 권위자들은 특정 내용이나 다양한 발달 단계에 대해 제안하고 있다. 필자는 각 이론들의 구성과 발표를 책임지고 있다.

다른 교육을 수용하는 융통성 있는 접근

글을 준비할 때 염두에 둔 사항은 많은 강사들은 모든 장을 설명하지 않을 것이라는 점이다. 또한 이론들을 개발된 일반적인 연대순으로 배치했지만 어떤 장은 제외하였다. 특히 3장 '융학파 분석과 심리치료'는 2장 '정신분석' 다음에 배치했다. 왜냐하면 이 두 이론의 발전 사이에는 밀접한 관계가 있기 때문이다. 또한 13장 '여성주의 심리치료: 다문화적 접근'과 14장 '가족 치료'는 이전 장에서 제시되는 지식이 필요하기 때문에 주 이론들 뒷장으로 배치했다.

2장 정신분석은 가장 길고 어려운 장이다. 현대 정신분석의 실제를 제시하기 위해, Freud의 사망 이후로 나타난 Winnicott의 이론, Kohut의 이론과 관계 이론의 요점을 포함하여 정신분석의 공헌을 설명할 필요가 있다. 강사들은 학생들이 이 장을 읽는 데 시간을 더 쏟기를 바랄 것이다. 특히 학생들이 성격 이론에 친숙하지 않다면, 다른 몇 장을 읽고 나서 이 장을 보도록 하는 것이 유익할 수도 있다.

17장인 '비교와 비평'에서는 학생들이 각각의 이론에 대해 비평하기 전에 이론별로 학습하고 이해할 수 있다. 또한, 이론에 대한 지식은 다른 이론에 대한 판단을 내리는 데 기초를 제공하기 때문에 이론별 장점과 한계점을 설명하기 전에 심리치료 이론에 대해 먼저 개괄하여 도움을 주고자 하였다. 이러한 여러 이론에 대한 지식은 Lazarus의 다중양식 접근과 같은 통합 이론을 이해하는 데 중요하게 작용하며 16장 '통합 심리치료'에서 논의될 것이다. 개정판에서는 16장을 학생들이 과정에서 다루는 내용을 요약하고 다른 장들과 어떻게 연관되는지를 볼 수 있도록 하기 위해 이론을 요약하는 17장 이전에 제시하였다.

각 장의 내용

이 책에 제시된 주요 심리치료 이론과 그 이론의 배경 지식은 심리치료 이론의 적용을 이해하는 데 도움이 된다. 이론가의 개인적 삶과 철학적 영향을 이해하는 것은 이론가가 인간 행동을 어떤 관점으로 보는지를 설명하기 때문이다. 성격에 대한 이론가의 관점을 아는 것은 행동, 사고, 또는 감정에서의 변화에 대해 이해하는 것으로서 심리치료 이론에 대한 통찰을 제공한다. 이러한 점은 학생들이 성격 이론을 사용하여 내담자에 대해서 생각할 수 있도록 도와주므로, 이전 판보다 더 분명하게 나타난다.

심리치료 이론을 제시하는 데 있어서는 목표, 평가, 심리치료적 관계 및 기법에 대해 서술하였다. 목표는 이론가들이 가장 중요하다고 보는 인간의 행동 양상을 보여 주며, 평가는 이론가의 목표와 연관되어 총평과 면접 접근법을 포함한다. 또한 심리치료적 관계는 심리치료의 예를 통해 나타낸 변화의 기법을 알려 준다.

한편 심리치료의 이론과 관련된 주제에 대한 정보들을 포함하였으며, 이론별 효과에 대한 연구는 각 장에 논의하였다. 연구의 결과는 심리 장애를 치료하는 다양한 방법에 연관되어 있지만 심리치료의 실제에서는 심리치료 기간과 접근 방법을 적절히 선택하여 적용해야 함을 알려 주고 있다. 또한 심리치료 이론이 직면하고 있는 현재 문제뿐만 아니라 각각의 이론이 다른 이론들로부터의 견해를 이용하거나 통합될 수 있는 방식에 대해 논하였다.

문화와 성 차이는 이론별로 다르게 접근하는 주제이다. 이는 내담자의 배경을 이해하는 것은 이론가들마다 중요성을 달리하지만 실제적인 심리치료에서는 매우 중요한 것이기 때문이다. 각 장에서 이 주제를 다루고, 13장 여성주의 심리치료는 이러한 주제의 세부 사항에 대해 자세하게 초점을 맞추어서 학생들은 문화와 성의 영향과 심리치료적인 변화 방법의 상호작용에 대해 학습할 수 있다.

적용의 각 영역에서는 강사들이 일부는 강조하고 나머지는 강조하지 않도록 하면서 자율적으로 선택할 수 있는 방식으로 제시되고 있다. 예를 들어, 강사들은 교육 목적에 맞추기 위해 어떤 연구 부분은 선택하지 않을 수 있다. 객관식과 에세이 문제를 포함하는 강사 매뉴얼을 작성했고 토론을 위한 주제 제안과 용어 해설이 교재에 포함되어 있다.

6판의 새로운 변화

6판에서 몇 가지 중요한 변화가 있다. 그중 가장 많은 변화는 학생과 강사 모두에게 사용하기 쉽게 이 책을 설계하였다는 점이다.

여러 장에서 일어난 변화

마지막 두 장의 순서를 바꿨다. 17장은 '비교와 비평'이고 16장은 '통합 심리치료'인데, 이것은 강사들로부터 피드백을 받은 후에 적용한 것이다. 교재 끝에 요약 장을 넣어 논리적인 결론을 갖게 하고 최종 시험 전에 마지막 장을 둔 것은 전체적인 내용을 개관하기에 좋을 것이다.

- 성격 이론 절의 주제로, '성격 이론'보다는 '성격 이론을 이용한 개념화'를 사용한다. 왜냐하면 어떤 학생들은 내담자 문제를 개념화하는 것이 이론가의 성격 이론에 기초한다는 것을 이해하지 못하기 때문이다.
- 연구에 의해 입증된 치료나 경험적으로 지지된 치료보다는 증거 기반 치료라는 용어를 사용하여, 무작위 통제 혹은 대조군을 사용한 연구를 지원하는 심리치료와 상담을 설명하였다.

각 장에서의 변화

- 2장 '정신분석', 3장 '융학파 분석과 심리치료': 이들은 가장 어려운 두 장이다. 책의 몇 부분을 명확하게 하고 수정하였다.
- 6장 '인간중심 심리치료': 불안 장애 아이를 인간중심 놀이 치료로 다루는 사례를 추가하였다.
- 7장 '게슈탈트: 체험적 심리치료': 두 의자와 빈 의자 기술의 의미를 명확히 하였다.
- 8장 '행동 심리치료': 우울증의 치료 방법으로 내담자 행동 활성화를 추가하였다. 횡격막 호흡이 안정될 수 있는 방법으로 설명되었다. 또한 경계선 장애를 치료하는 Marsha Linehan의 변증법적 행동 치료(DBT)를 추가하였다.
- 10장 '인지 심리치료': 공동 작업과 재발 방지의 용어를 확장하여 의미를 좀 더 분명히 하였다.

- 12장 '구성주의 심리치료': '이야기 심리치료' 부분에서 편지 쓰기 캠페인의 개념을 추가하였다.
- 14장 '가족 치료': 의료 가족 치료는 가족과 의료 관계자가 효과적으로 상호작용할 수 있도록 병원에서 일하는 사람들을 위한 전문 기술이다.
- 15장 '그 밖의 심리치료': 신체 심리치료를 삭제하고 수용전념 심리치료(ACT) 부분으로 대체했다. 이는 ACT의 인기가 증가하고, 마음챙김이 강조되며, ACT에 대한 연구 지원이 있었기 때문이다.

모든 장에서 많은 변화와 추가가 이루어졌다. 350개가 넘는 새로운 참고문헌*이 추가되었고 그중 많은 것들이 '연구' 절에 추가된 새로운 연구들이다. 기타 새로운 정보는 '최신 동향' 절에 나와 있다.

감사의 말

책을 쓰면서 6판에 대한 검토와 준비를 하는 다양한 측면에서 70명 이상의 사람들로부터 도움을 받았다. 먼저 세인트 세비어 대학교의 Sandra Burkhardt에게 감사드린다. 몬마우스 대학교의 Stephanie Hall, 술 로스 주립대학교의 Barbara Tucker, 윌리엄 패터슨 대학교의 Tim Vandergast, Jacqueline Somerville는 5판을 검토하고 유용한 제안을 했다. 또한 아래에 소개하는, 이전 판을 검토해준 모든 분들에게 감사드린다. 샌디에이고 주립대학교의 Emery Cummins, 존 케롤 대학교의 Christopher Faiver, 머서 대학교의 David Lane, 토슨 주립대학교의 Ruthellen Josselson, 산호세 주립대학교의 Ellyn Kaschak, 트리니티 국제대학교의 David Dillon, 캘리포니아 도미니크 힐 주립대학교의 Beverly B. Palmer, 보스턴 대학교의 James R. Mahalik, 스티븐 F. 오스틴 주립대학교의 Freddie Avant, 텍사스 여자 대학교의 Joel Muro, 일리노이 어바나 샴페인 대학교의 Dorothy Espelage, 노스케롤라이나 그린즈버러 대학교의 Kelly Wester, 아콘 대학교의 Linda Perosa, 피츠버그 대학교의 Carolyn Kapner이다.

더불어 책 이전 판의 각 장 내용에 대해 제안해 주고 검토해 주거나, 또는 이 두 가지를 다 해준 사람들에게 매우 감사한 마음을 전한다.

- 1장 '도입': 델라웨어 대학교의 E. N. Simons, 스크랜턴 대학교의 John C. Norcross와 아이오와 대학교의 Peter E. Nathan.
- 2장 '정신분석': 개인 상담을 하는 Cynthia Allen, 스토니 브룩에 위치한 뉴욕 주립대

---

* 참고문헌은 http://www.cengage.co.kr/에서 확인하실 수 있습니다.

학교의 Ann Byrnes, 개인 상담을 하는 Lawrence Hedges, 델라웨어 대학교의 Jonathan Lewis, 버지니아 커먼웰스 대학교의 Steven Robbins, 뉴욕 대학교의 Judith Mishne.

- 3장 '융 분석과 심리치료': 포드햄 대학교의 Amelio D'Onofrio, 캘리포니아 심리전문학교의 Anne Harris, 개인 상담을 하는 Stephen Martin, 개인 상담을 하는 Polly Young-Eisendrath, 개인 상담을 하는 Seth Rubin.

- 4장 '아들러 심리치료': 개인 상담을 하는 Michael Maniacci, 아들러 심리 전문학교의 Harold Mosak, 샘 휴스턴 주립대학교의 Richard Watts.

- 5장 '실존주의 심리치료': 애리조나 주립대학교의 Stephen Golston, 더뷰크 대학교의 William Gould, 리젠트 대학교의 Emmy van Deurzen.

- 6장 '인간중심 심리치료': 개인 상담을 하는 Douglas Bower, 조지아 대학교의 Jerold Bozarth, 개인 상담을 하는 David Cain, 샘 휴스턴 주립대학교의 Richard Watts.

- 7장 '게슈탈트 심리치료: 체험적 심리치료': 애리조나 주립대학교의 Stephen Golston, 대화 심리치료 협회의 Rich Hycner, 『게슈탈트 저널(Gestalt Journal)』의 편집자인 Joseph Wysong, 개인 상담을 하는 Gary Yontef.

- 8장 '행동 심리치료': 존 홉킨스 대학교의 Douglas Fogel, 예일 대학교의 Alan Kazdin, 프로비던스 대학의 Michael Spiegler.

- 9장 '합리적 정서행동 심리치료': 합리적 정서행동 심리치료를 위한 앨버트 엘리스 연구소의 책임자인 Albert Ellis, 세인트 존 대학교의 Raymond DiGiuseppe, 런던 대학교, 골드스미스 대학의 Windy Dryden.

- 10장 '인지 심리치료': 백(Beck) 연구소의 Aaron Beck과 Judith Beck, 밴더빌트대학교 마이클 센터의 Denise Davis, 캔자스 의료 센터 대학의 Bruce Liese, 델러웨어 대학교의 Cynthia Diefenbeck.

- 11장 '현실 심리치료': 노스이스턴 대학의 Laurence Litwack, 현실 치료 센터의 Robert Wubbolding.

- 12장 '구성주의 심리치료': 버지니아 폴리테크닉 주립대학교의 Pamelia Brott, 멤피스 대학의 Robert Neimeyer, 샘 휴스턴 주립대학교의 Richard Watts.

- 13장 '여성주의 심리치료: 다문화적 접근': 펜실베이니아 대학교의 Cyndy Boyd, 코넬 대학교의 Carolyn Enns, 산호세 주립대학교의 Ellyn Kaschak, 켄터키 대학교의 Pam Remer, 웰즐리 대학의 Judith Jordan.

- 14장 '가족 치료': 개인 상담을 하는 Dorothy Becvar, 캘리포니아 주립대학교의 Herbert Goldenberg.

- 15장 '그 밖의 심리치료: 동양 심리치료: 개인 상담을 하는 David K. Reynolds, 건설적인 삶, 수용전념 심리치료: 레노에 있는 네바다 대학교의 Steven Hayes, Emily Leeming, Brandon Sanford, Matthieu Villatte, Tuna Townsend, 심리극: 개인 상담을 하

는 Adam Blatner; 창의예술 심리치료: 하네만 대학교의 Ron Hays.

- 16장 '통합 심리치료': 러트거스 대학교의 Arnold Lazarus, 스크랜턴 대학교의 John C. Norcross.

증거 기반 심리치료의 연구에서 심리학적 심리치료에 대한 정보를 제공해 준 사람들에게 감사의 마음을 전한다. 라이슨 대학교의 Martin Antony, 보스턴 대학교의 David Barlw, 아이오와 대학교의 Peter Nathan이다.

델라웨어 대학교의 도서관 직원들은 이 책에 대한 자원을 찾는 데 도움이 되었다. 나는 특별히 도서관 관장인 Susan Brynteson과 도서관협회의 Jonathan Jeffrey 그리고 Megan Gaffney에게 도움에 대한 감사를 표하고 싶다.

덧붙여 원고의 초본을 타이핑해 준 Lisa Sweder에게 감사하고 싶다. Cynthia Carroll, Elizabeth Parisan, Alice Andrews 또한 비서로서 지원과 도움을 아끼지 않았다. 이 책을 쓰는 과정을 통해 나는 델라웨어 대학의 인간 발달과 가족 연구의 교사인 John B. Bishop의 지원을 받는 행운을 경험했다. 이번 판을 개정하는 데 있어서, 9장을 쓰는 데 도움을 준 나의 딸 Jennie Sharf에게 감사하고 싶다. 끝으로 나는 이 책을 쓰는 데 헌신해 준 나의 아내인 Jane에게 감사를 전하고 싶다.

RICHARD S. SHARF

차례

CHAPTER 9 합리적 정서행동 심리치료 ······················ 378

CHAPTER 1

도입

도입의 개요

이론

정확성과 명료성

포괄성

검증 가능성

유용성

심리치료와 상담

심리치료와 상담 이론

정신분석

융학파 분석과 심리치료

아들러학파 심리치료

실존주의 심리치료

인간중심 심리치료

게슈탈트 심리치료

행동 심리치료

합리적 정서행동 심리치료

인지 심리치료

현실 심리치료

구성주의 심리치료

여성주의 심리치료: 다문화 접근

가족 치료

그 밖의 심리치료

통합 심리치료

이 책의 구성

역사와 배경

성격 이론을 이용한 개념화

심리치료 이론

심리 장애

우울증

범불안 장애

경계선 장애

강박충동 장애

공포

신체화 장애

외상 후 스트레스 장애

섭식 장애

약물 남용

자기애적 성격 장애

조현병

단기 심리치료

최신 동향

처치 매뉴얼

증거 기반 처치

포스트모더니즘과 구성주의

사회구성주의: 몰리

마음챙김

한 이론을 다른 이론과 함께 사용하기

연구

성 관련 주제

다문화 관련 주제

집단 심리치료

윤리

나의 심리치료 및 상담 이론

독자의 심리치료 및 상담 이론

고통 중에 있는 타인을 돕는 일은 가장 고귀한 인간 활동 중의 하나일 수 있는데, 이 책에 제시된 모든 이론은 공통적으로 심리적인 문제를 지닌 사람들을 돕고자 하는 바람을 갖고 있다. 많은 다양한 심리치료 접근이 내담자의 고통을 덜어 주기 위해 연구와 실제 심리치료 경험을 통해 개발되어 왔는데, 이 책은 주요 심리치료 이론과, 이론의 발달 배경(역사), 이론이 도출된 성격 이론, 이론을 실제 심리치료 장면에 적용하는 방법을 기술한다. 독자의 심리치료와 상담에 대한 이해를 돕고자 필자는 심리치료 이론이 어떻게 다양한 내담자와 환자에게 사용되는지를 많은 예를 통해 설명할 것이다. 먼저 이 장에서는 심리치료 이론을 개관함과 함께 이론이 적용되는 다양한 방식을 기술하고자 한다.

이론

당신에게 우울증을 앓는 친구가 있다고 상상해 보라. 이 친구는 학교 수업이나 일을 하러 가고자 하는 의욕이 없고, 친구들과 보내는 시간도 많지 않으며, 많은 시간을 침대에 누워 보내고, 당신과 함께 예전에 하곤 했던 것들도 하지 않으려 한다. 그래서 당신은 이 친구에게 상담이나 심리치료를 받아보기를 권하는데, 앞서 언급한 문제를 가진 이 친구를 심리치료자가 도와주기를 기대한다. 상담자 또는 심리치료자는 당신 친구를 돕기 위해 무엇을 할 것인가? 만약 심리치료자가 당신 친구를 돕기 위해 한 가지 이상의 심리치료 이론을 사용한다면 그 심리치료자는 그 이론에서 사용되는 개념의 정의를 명료히 함으로써 그 이론에서 확실한 것으로 밝혀진 아이디어들을 활용할 것이다. 어떤 이론이 사람들을 돕는 기능을 하는지 여부를 알아보기 위해서는 점검이 필요한데, 어떤 이론은 많은 점검을 거치는 반면, 또 어떤 이론은 점검을 거의 받지 않는다. 어떤 경우든, 수백 수천 명의 심리치료자가 그 이론을 사용해왔고 이론을 활용하는 많은 사람들이 그 이론의 유용성에 어떤 방식으로든 기여했을 것이다. 만약 심리치료자가 당신 친구를 돕기 위해 어떤 이론을 사용하지 않는다면 그 심리치료자는 직관이나, 다른 사람들을 도우면서 개인적으로 얻은 경험에 의존할 것이다. 이러한 직관이나 경험은 유용하다. 하지만 이론들을 사용해온 전문가로부터 제공되는 정보가 없다면 그 심리치료적 지식과 전략은 한계가 있다.

심리치료 및 상담 이론은 성격 이론에 기초하는데, 심리치료 및 상담 이론을 이해하기 위해서는 과학, 좀 더 구체적으로는 심리학에서 이론이 하는 역할과 목적을 이해하는 것이 도움이 된다. 이론은 물리학과 생물학의 발달에 특히 중요한 역할을 하는데, 심리학(Henriques, 2011; Ye & Stam, 2012)과 심리치료(Gentile, Kisber, Suvak, & West, 2008; Truscott, 2010)를 연구하는 데도 상당히 가치가 있다. 간략히 말하면, 이론이란 "어떤 학문 영역에서 설명력을 갖는 한 집단의 논리적으로 조직된 법칙과 관계"(Heinen, 1985, p.414)라고 기술할 수 있다. 이론에는 그 이론의 가정과 함께 그 가정을 실제적 관찰과 연결시키는 정의가 포함되어 있다(Fawcett, 1999; Stam, 2000). 여기서는 심리치료 이론을 평가하는 기준을 간단히 기술하고자 한다(Fawcett, 1999; Gentile et al., 2008).

정확성과 명료성

이론은 규칙에 기초하는데 규칙은 명확할 필요가 있고, 규칙을 기술하는 용어는 구체적이어야 한다. 예를 들어, 정신분석 용어인 자아(ego)는 심리치료자와 연구자가 동의할 수 있는 정의를 지녀야 한다. 이론은 가능하면 개념의 조작적 정의(operational definitions)를 사용해야 하는데, 조작적 정의는 어떤 변인을 측정하기 위해 사용된 작동이나 절차를 구체화한다. 하지만 공감(empathy)과 같은 개념의 조작적 정의는 심리치료자와 연구자가 합의하기 어려울 수 있기에 조작적 정의는 생각보다 더 제한적인 의미를 제공한다. 공감이라는 개념의 일반적인 정의('자신의 관점이나 가치에 영향을 받지 않고 타인의 세계에 들어가는 것')는 어떤 사람들에게는 그 의미가 분명할지 모르지만, 연구에 사용될 수 있을 만큼 충분히 구체적인 정의는 아닌 것 같다. 개념과 규칙의 명료성에 덧붙여, 이론은 가능한 한 간결하고 명시적이어야 한다. 공감이나 무조건적인 긍정적 존중('6장 인간중심 심리치료'에서 사용되는 용어)과 같은 개념은 서로 관계가 있어야 하고, 인간의 행동 규범과 관련되어야 한다. 이론은 가능한 한 적은 수의 가정으로 어떤 연구 분야(성격 또는 심리치료)를 설명해야 한다.

포괄성

이론은 예측하고자 하는 사안에 따라 서로 다르다. 일반적으로, 어떤 이론이 포괄적일수록 다방면에 적용할 수 있지만 오차의 발생 가능성은 커진다. 예를 들어, 이 책에 기술된 모든 상담 및 심리치료 이론은 남녀 모두에 대해 언급하지만 나이나 문화적 배경에 대한 어떤 구체적인 언급을 하지 않는다는 점에서 포괄적이라고 할 수 있다. 남성의 심리적 기능의 변화를 돕는 것에 국한된 심리치료 이론은 포괄성의 측면에서 제한적이다.

검증 가능성

한 이론이 유용한 이론이 되기 위해서는 검증되고 재확인되어야 한다. 심리치료 이론은 경험적 증거를 통해 그 이론이 타당하고 효과적임을 보여 주어야 할 뿐만 아니라 과학적 연구를 통해 그 이론이 개인의 행동을 변화시키는 데 효과적인지도 보여 주어야 한다. 개념이 명확히 정의될 때, 가설(이론에서 도출된 예측)은 정확히 진술되고 검증될 수 있다. 때로, 가설 또는 이론 전체를 확증하지 못하는 경우, 다른 가설이 발생할 수 있다.

유용성

좋은 이론은 검증될 수 있는 새로운 가설을 도출시킬 뿐 아니라 현장에서 작업하는 심리치료자에게도 도움이 되어야 한다. 심리치료 및 상담에서 좋은 이론은 내담자를 이해하는 방법과 함께 내담자가 더욱 잘 기능하는 데 도움이 되는 기법을 제시한다(Truscott, 2010). 이론이 없으면 심리치료자는 체계화되지 않은 기법에 의존하거나, 도움이 된다고 판단될 때까지 새로운 기법을 새 내담자에게 실시함으로써 '이미 존재하는 것을 다시 만든다고 시간을 낭비하게(reinventing the wheel)' 된다. 이미 입증된 개념과 기법은 이론을 통해 내담자의 삶을 증진시키는 데 도움이 되는 방식으로 조직될 수 있다. 이론에 근거하지 않고 심리치료를 시도하는 심리치료자는 거의 없는데, 왜냐하면 이론에 근거하지 않고 심리치료를 한다는 것은 심리치료자에게 내담자의 문제를 평가하는 데 필요한 어떤 체계적인 방식을 제공해 주지 못할 뿐만 아니라 체계적으로 개발되고 검증된 기법을 적용하는 방법 또한 제공해 주지 못하기 때문이다. 이론은 심리치료자가 문제를 지닌 내담자를 윤리적으로 합당한 방식으로 돕고자 할 때 사용할 수 있는 가장 강력한 도구이다.

어떤 성격 이론이나 심리치료 및 상담 이론도 위에서 언급한 모든 기준을 충족시키지는 못한다. 이 책에 소개된 이론은 어떤 형식적 틀에 맞춰 기술되기보다는 행동, 생각, 감정과 관련된 변화를 이해하도록 돕기 위해 기술되었다. 사실 이론이라는 용어는 다소 느슨하게 사용되는데, 왜냐하면 인간 행동은 너무 복잡해서 물리학에서와 같이 정교한 이론으로 설명하기가 어렵기 때문이다. 이 책의 각 장은 특정 성격 이론이나 심리치료 및 상담 이론과 관련된 연구나 체계적 조사의 사례를 포함한다. 예시된 연구들은 관련 이론의 정확성, 명확성, 명료성, 포괄성, 검정 가능성에 따라 달리 제시되었다.

심리치료와 상담

심리치료와 상담이라는 용어를 정의하는 것은 쉬운 일이 아닌데, 왜냐하면 두 개념 각각의 정의뿐 아니라 두 개념 간의 차이에 대해서도 일치된 견해가 거의 없기 때문이다. 이 책에서는 심리치료와 상담이라는 두 개념을 모두 포괄하는 정의를 아래와 같이 간단히 내려 보았다.

> 심리치료 및 상담이란, 한 명의 심리치료자/상담자와 한 명 이상의 환자/내담자 간의 상호작용으로, 심리치료 및 상담의 목적은 사고 장애나 정서적 고통 또는 행동 문제를 지닌 환자/내담자를 돕는 것이다. 심리치료자는 환자/내담자의 기능 증진을 돕기 위해 성격 이론과 심리치료 및 상담 이론에 대한 지식을 활용하는데, 심리치료자가 내담자를 돕기 위해 사용하는 접근법은 법적으로뿐만 아니라, 윤리적으로도 검증되어야 한다.

모든 심리치료 및 상담 이론이나 기법이 이 정의에 해당되지 않는다는 비판을 받을 수 있지만, 이 정의는 심리적인 문제를 지닌 사람을 돕는 데 필요한 주요 요소에 대한 전체적인 윤곽을 제공한다. 심리치료를 상담과 구분하려는 많은 시도가 있었다. 어떤 저자들은 상담은 정상인을 돕는 데 사용되는 반면, 심리치료는 심각한 장애를 지닌 사람을 돕는 데 사용된다고 주장한다. 하지만 이 정의가 갖는 문제점은 장애의 심각성을 구분한다는 것이 쉽지 않다는 점과, 심리치료자는 종종 문제의 심각성이 다른 내담자에게 같은 종류의 기법을 사용한다는 점이다. 심리치료와 상담을 구분하는 또 다른 견해는, 상담은 교육적이고 정보를 제공하는 데 반해 심리치료는 촉진적이며(Corsini, 2008). 그리고 심리치료자는 병원에서 일하고, 상담자는 학교나 직업안내소와 같은 곳에서 일한다는 것으로 구분하기도 한다. 하지만 내담자가 겪는 문제는 심리치료 장면에 상관없이 서로 유사한 점이 많기에 이 구별도 큰 도움이 되지 않는다. Gelso & Fretz(2001)는 상담과 심리치료를 양극의 연속선상에 있는 것으로 보았다. 상담은 상대적으로 간단한 작업으로 상황적, 교육적 특성을 지닌 반면, 심리치료는 성격 변화를 추구하는 작업으로 장기간의 깊이 있는 작업을 요한다는 것이다. 상담과 심리치료는 이 양극 사이에서 교차되는데, 이 책에서는 어떤 이론가가 특별한 의미를 지닌 것으로 정의하는 경우를 제외하곤 상담이라는 용어와 심리치료라는 용어를 상호교환적으로 사용할 것이다.

전통적으로, 심리치료라는 용어는 정신과 의사나 병원 장면과 관련되는 데 반해, 상담이라는 용어는 교육적임과 동시에 어느 정도는 사회사업 장면과 관련된다. 두 용어는 중복되는 부분이 많지만 정신과 의사에 의해 개발된 이론에서는 종종 상담이라는 말보다는 심리치료 혹은 좀 더 짧게는 치료라는 말로 더 자주 사용된다. 이 책에서 필자는 각 이론별로 그 이론을 사용하는 심리치료자가 가장 자주 사용하는 용어를 사용하고자 하였다. 몇몇 이론적 접근(예: 아들러학파, 여성주의)에서는 심리치료와 상담을 어느 정도 구분하는데 그런 경우에는 설명을 첨부하였다. 그리고 정신분석과 융학파 분석 두 이론은 분석가라는 용어를 사용한다. 이 두 이론을 다루는 장에서 필자는 분석가의 역할을 설명하였는데, 분석가의 역할은 심리치료자나 상담자와의 역할과는 다르다.

위에서 언급한 논의와 유사한 것으로 환자와 내담자에 대한 논의가 있다. 환자는 병원 장면에서 가장 자주 사용되는 반면, 내담자는 교육이나 사회봉사 장면에서 더욱 자주 사용되는데, 이 책에서는 이 두 용어를 심리치료나 상담을 받는 사람이라는 의미로 상호교환적으로 사용할 것이다.

심리치료와 상담 이론

얼마나 많은 심리치료 이론이 존재하는가? 1950년대 이전에는 심리치료 이론이 얼마 되지 않았는데 대부분의 이론은 Freud의 정신분석 이론에서 파생된 것이었다. 그 이후 심리적 부적응 문제를 지닌 사람들을 돕고자 개발된 이론의 수는 눈에 띄게 증가해왔다. Corsini(2001)가 요약한 바에 따르면, 69개의 새롭고 혁신적인 심리치료가 있다고 하는데, 지금은 아마 총 1,000개 이상이 될 것 같다(Petrik, Kazantzis, & Hofmann, 2013). 이들 이론들의 대부분은 지지자들이 상대적으로 적고 연구를 통해 심리치료 효과를 입증하지도 못했지만, 사람들이 겪는 심리적 불편감에 대해 어떤 안도감을 제공한다는 측면에서 심리치료자의 독창성을 잘 반영하고 있다.

이론의 개발이 증가함과 동시에 이론을 절충하고 통합하려는 움직임도 있어왔는데 넓은 의미에서 통합이란 둘 이상의 이론에서 도출된 심리치료 기법과 개념을 함께 사용하는 것을 의미한다. 이 책의 16장에서 여러 가지 다른 이론을 부분적으로 통합한 세 가지 이론을 기술하였다.

여러 연구자들이 심리치료자들에게 이론적 성향에 대해 물어보았다(표 1.1). 예를 들어, Prochaska & Norcross(2014)는 1,500명이 넘는 심리학자, 상담자, 정신과 의사, 사회사업가에게 주된 이론적 성향에 대해 조사한 세 가지의 연구(Bechtoldt, Norcross, Wyckoff, Pokrywa, & Campbell, 2001; Bike, Norcross, & Schatz, 2009; Goodyear et al., 2008; Norcross & Karpiak, 2012)를 통합했는데, 그들의 연구 결과는 표 1.1에 요약되어 있다. 표 1.1은 연구에 참여한 심리치료자의 주된 이론적 성향과 함께 어떤 특정 이론적 경향을 가졌다고 밝힌 심리치료자의 비율을 보여 준다. 일반적으로 자신의 이론적 접근이 통합적 또는 절충적이라고 밝힌 심리치료자의 수는 어떤 특정 이론적 성향을 가진 심리치료자의 수보다 많았고, 인지 심리치료는 두 번째로 많은 심리치료자들이 선택한 심리치료적 접근이었다. 그리고 치료할 때 특정 이론을 주로 사용한다고 밝힌 많은 심리치료자는 다른 이론에서 도출된 치료 기법도 함께 사용하는 경향이 있었다(Thoma & Cecero, 2009).

정신분석 이론(Freud 및 Freud를 따르는 현대 심리치료자와 밀접하게 관련된 이론)과 정신역동 이론(정신분석 이론과 유사성을 가진 이론)은 다양한 분야의 심리치료자들이 사용하는 잘 알려진 이론적 접근이다. 인지 심리치료와 행동 심리치료(인지보다는 다소 덜 사용되지만)도 다양한 정신건강 분야에서 일하는 많은 사람들에게 잘 알려져 있다. 심리치료자가 선호하는 이론에 대한 연구 결과들 간에는 다소 불일치하는 측면이 있는데, 그 이유 중의 하나는 어떤 질문을 어떻게 하는가와 함께 심리치료자들의 이론에 대한 선호 추세가 변

▌표 1.1

미국 심리치료자의
주요 이론적 성향

출처: Bechtoldt et al., 2001;
Bike, Norcross, & Schatz,
2009; Goodyear et al., 2008;
Norcross & Karpiak, 2012;
Prochaska & Norcross, 2014.

성향	임상심리학자	상담심리학자	사회사업가	상담자
행동	15%	5%	11%	8%
인지	31%	19%	19%	29%
구성주의	1%	1%	2%	2%
절충/통합	22%	34%	26%	23%
실존/인본	1%	5%	4%	5%
게슈탈트/체험	1%	2%	1%	2%
관계중심	4%	4%	3%	3%
다문화	1%	N/A	1%	1%
정신분석	3%	1%	5%	2%
정신역동	15%	10%	9%	5%
로저스학파/인간중심	2%	3%	1%	10%
체계	2%	5%	14%	7%
기타	2%	9%	4%	3%

하기 때문이다.

　　이 책에 포함할 이론을 선정함에 있어 필자는 몇 가지 기준을 적용하였다. 먼저, 어떤 이론이 가장 많이 사용되고 있는지를 알아보기 위해 앞서 요약한 것과 같은 설문조사를 참고했다. 또한 그 이론에 관심을 갖고 따르는 심리치료자가 어떤 조직을 구성하고 하나 이상의 정기간행물을 발간하며, 전국적이거나 전 세계적인 모임을 갖고, 책이나 논문과 같은 문헌을 만드는 이론을 포함시켰다. 게다가 많은 심리치료자와 대학교수에게 어떤 이론이 가장 영향력이 있어 보이는지 질문하였다. 궁극적으로, 어떤 이론이 심리치료자나 상담자가 되기를 원하는 사람들에게 가장 중요한지를 고려하여 선정하였다.

　　이 책의 나머지 15개 장들에서는 약 50개의 서로 다른 이론 혹은 하위 이론이 논의된다. 이렇게 많은 이론을 포함시킨 것은 학생들에게 자기 자신의 이론적 접근을 발달시킬 수 있는 바탕을 제공하기 위함이다. 어떤 이론들(예: 정신분석)은 원 이론에서 파생된 하위 이론을 가지고 있는데, 필자는 여러 이론을 통합하려는(하나 이상의 이론에서 도출된 개념과 기법을 사용한다.) 뚜렷한 움직임이 있음을 간과하지 않았다. 16장에서는 세 가지 잘 알려진 통합 이론들을 소개하였다. 덧붙여, 이것은 몇 가지 다른 모형의 이론적 통합을 제시함으로써 독자가 어떻게 자신의 통합 이론을 개발할 수 있는지도 보여 주고자 하였다. 17장 '비교와 비평'에서는 이 책에서 제시된 모든 이론을 비교하고 개요를 제시했다. 이것은 여러분이 이론을 배우는 데 도움을 줄 뿐만 아니라 통합하고 사용하고자 하는 이론이 무엇인지 생각하게 하는 데도 도움이 된다. 아래에서는 이 책에서 소개되는 장(이론)을 간략하고 평이하게 요약하였는데, 이것은 심리적 문제나 어려움으로 고통당하는 사람들을 돕기 위해 개발된 다양하고 많은 독창적인 방법을 개관하기 위함이다.

정신분석

Freud는 성격 발달을 결정하는 요소로 타고난 본능적 욕구(특히 성적인 욕구)의 중요성을 강조하였다. 반면, 그의 추종자들은 환경에 대한 적응의 중요성과 아동과 엄마의 초기 관계 및 타인과의 의미 있는 관계를 희생하면서까지 자기 내면으로 몰입해가는 발달상의 변화를 강조하였다. 성격 발달에 대한 이들 관점은 Freud의 무의식적 과정(우리가 자각하지 못하는 정신 과정의 일부분)과 성격 구조(원초아, 자아, 초자아)와 같은 개념을 사용하는데 전통적인 정신분석적 접근은 수년간의 치료를 필요로 한다. 따라서 간접적이지 않은 좀 더 직접적인 치료 기법을 사용하는 중·단기 심리치료법이 개발되어 왔다. 정신분석 이론과 관련된 최근 저서들은, 아동기 발달이 이후의 성격 형성에 미치는 영향의 중요성에 대한 탐색과 함께 심리치료자의 관계 방식도 지속적으로 탐색하고 있다.

융학파 분석과 심리치료

다른 이론가들과는 달리 Carl Jung은 무의식적 과정이 인간 행동에 미치는 역할을 아주 강조했다. Jung의 이론을 따르는 사람들은 꿈, 환상, 무의식적 과정을 반영하는 어떤 것에 대해 특별히 관심이 있다. 그리고 모든 문화에 보편적으로 나타나는 무의식적 과정을 반영하는 상징에도 관심이 있다. 치료란 무의식적 과정에 초점을 둠으로써 내담자가 무의식적 과정을 의식적 자각으로 더욱 잘 통합시킬 수 있도록 하는 것이라고 본다.

아들러학파 심리치료

Alfred Adler는 한 개인의 성격은 아동 초기에 가족 내에서 경험한 관계의 결과로 형성된다고 믿었는데, 그는 개인이 지역 공동체와 사회에 기여하는 바를 강조하였다. Adler의 이론을 따르는 사람들은 개인의 삶과 함께 개인이 가족 관계에서 대처해 나가는 방식에 관심이 있다. 이들이 사용하는 치료적 접근은 실용적인데 사람들이 자신이 지닌 비합리적인 신념을 변화시키는 것을 돕고, 삶을 변화시키는 새로운 시도를 하도록 용기를 북돋아준다. 또한 대인관계 문제를 잘 다루도록 가르치고 교육시키는 것도 강조한다.

실존주의 심리치료

인간 및 존재와 관련된 문제에 대한 철학적 접근인 실존주의 심리치료는 기법보다는 삶의 주제, 예를 들면 삶과 죽음, 자유, 자신과 타인에 대한 책임, 삶의 의미 찾기, 무의미감에 대처하기 등을 다룬다. 실존주의 심리치료의 목적은 타인과 진솔하고 친밀한 관계를 발달시키고 자기 자신을 자각하며 일상에서 경험하는 당면한 문제를 넘어서서 삶의 실존적 주제를 다루는 능력을 개발시키는 것이다. 몇 가지 치료 기법이 개발되어 있지만 존재와 관련된 문제와 주제(방법이 아닌)를 강조한다.

인간중심 심리치료

Carl Rogers는 치료를 할 때 진단하고 조언하고 설득하기보다는 내담자를 이해하고 돌보는 것을 강조하였다. 그의 치료적 접근의 특징은 언어적, 비언어적 행동을 통해 진솔함을 전달하고 내담자를 있는 그대로 무조건적으로 수용하는 것이다. 인간중심 심리치료자는 내담자의 경험을 이해하고 내담자의 경험에 대한 심리치료자의 이해를 내담자에게 전하는 데 관심을 기울인다. 그럼으로써 내담자와 심리치료자 사이에 신뢰의 분위기가 형성되고, 이러한 신뢰의 분위기가 내담자의 변화를 촉진시킨다고 본다. 내담자에겐 자신의 삶에서 긍정적인 변화를 이끌어낼 책임이 있다.

게슈탈트 심리치료

Fritz Perls에 의해 개발된 게슈탈트(Gestalt) 심리치료는 개인이 사신과 타인을 너욱 잘 자각하도록 돕는데, 신체와 심리에 대한 자각을 동시에 강조한다. 자신에 대해 책임지는 것과 함께 자신이 사용하는 언어와 비언어적 행동, 정서와 감정, 내면의 갈등 및 타인과의 갈등을 심리치료에서 다룬다. 심리치료 기법으로는 자기 자각을 증진시키는 독창적인 실험과 연습이 포함된다.

행동 심리치료

고전적 조건 형성, 조작적 조건 형성, 관찰 학습과 같은 과학적인 행동 원리에 기초한 행동 심리치료는 다양한 문제를 지닌 여러 유형의 내담자를 돕기 위해 강화, 소거, 행동 형성, 모델링과 같은 학습 원리를 적용한다. 먼저 심리적인 문제를 평가한 후, 이완하기, 두려워하는 대상에 노출하기, 행동 모방하기, 역할 연기와 같은 기법을 적용하는데 정확성과 구체성을 강조한다. 이러한 여러 기법에는 관찰 가능한 행동을 변화시키는 기법과 사고 과정을 다루는 기법도 포함된다.

합리적 정서행동 심리치료

Albert Ellis에 의해 개발된 합리적 정서행동 심리치료(Rational Emotive Behavior Therapy: REBT)는 정서(예: 공포, 불안) 및 행동(예: 사회적 상호작용이나 연설을 회피하기) 문제를 야기하는 개인의 비합리적 신념에 초점을 둔다. 합리적 정서행동 심리치료는 여러 가지 다양한 기법을 사용하지만, 가장 보편적으로 사용하는 기법은 내담자의 비합리적 신념을 논박하고 내담자가 자신의 비합리적 신념에 도전하도록 가르치는 것인데, 그렇게 함으로써 내담자가 불안을 완화시키고 타인과 상호작용하는 다양한 방식을 개발할 수 있게 한다.

인지 심리치료

신념체계와 사고는 행동과 감정에 영향을 미치는 데 중요한 역할을 하는 것으로 알려져 있

인지행동 심리치료란?

인지행동 심리치료(cognitive behavior therapy)란 어떤 방식의 인지 치료와 행동 기법을 결합한 이론에 대해 사용되는 일반적인 용어이다. 세부 접근인 합리적 정서행동 치료는 어떤 종류의 인지(합리) 심리치료와 어떤 행동 기법을 결합하고 있다. Beck은 인지 치료라 불리는 치료에 대해 구조적으로 접근하는데, 이 접근은 인지를 근본 요소로 본다. 이 접근은 필요하면 다른 이론에서 도출된 기법은 물론 다수의 행동 기법을 사용한다. Beck과 동료들은 요즘 이 접근을 인지행동 치료라고 부른다. 이 책에서 저자는 Beck의 치료 접근은 인지 치료라고 부르는데, 이것은 일반적인 인지행동 치료로부터 이 접근을 구분하고자 함이다. 어떤 심리치료자들은 행동 이론을 구조적 또는 일차적 이론으로, 인지 이론을 이차적 이론으로 사용한다. 어떤 심리치료자들은 인지행동 치료를 모두에 제시하고 어떤 조직적 또는 구조화된 접근 없이 다양한 종류의 인지행동 치료를 실시한다. Beck과 Ellis는 인지를 근본 이론으로 보면서 다수의 행동 기법을 사용하는 치료적 접근을 제시한다.

는데, Aaron Beck은 개인이 자신의 부적응적 사고를 이해하고 그것이 어떻게 자신의 감정과 행동에 영향을 미치는지를 이해하도록 돕는 접근법을 개발하였다. 인지 치료자는 내담자가 자신의 신념체계를 이해하도록 돕기 위해 구조화된 방법을 사용한다. 즉, 내담자에게 자신의 부적응적 사고를 기록하게 하고 그러한 사고가 부적응적인지 아닌지의 여부를 확인하게 하는 질문지에 기초하는데, 일상에서 성공적으로 기능하는 것을 방해하는 신념을 변화시키는 다양한 기법을 사용한다. 인지 치료자는 또한 행동 전략도 사용하는데 다수의 행동 전략은 8장 '행동 이론'에 기술된다 .

현실 심리치료

현실 심리치료자는 개인은 자신의 삶은 물론이고 자신이 행하고, 느끼고, 생각하는 것을 통제할 책임이 있다고 가정한다. William Glasser에 의해 개발된 현실 치료는 행동 변화를 위해 구체적인 치료 과정을 활용하는데, 먼저 내담자와 신뢰 관계를 형성함으로써 내담자가 치료 과정에 몰입하게 한다. 그리고 행동의 변화도 강조하는데 행동 변화가 생각과 감정의 변화를 야기한다고 믿기 때문이다. 자기 자신에 대해 책임지는 것과 함께 변화를 위한 계획을 세우고 세운 계획을 고수하는 것이 현실 치료에서는 중요하다.

구성주의 심리치료

구성주의 심리치료자는 내담자를 이론가로 보고 내담자의 관점, 즉 내담자가 자신의 문제를 이해하는 데 사용하는 중요한 구성 개념을 이해하려고 노력한다. 세 가지 구성주의 이론이 논의되는데, 해결중심 이론, 개인구성 이론, 이야기 이론이 그것이다. 해결중심 심리치료는 치료적 변화를 이끌어 내기 위해 적극적인 치료 기법을 사용하는 것은 물론, 과거에 효과가 있었던 것과 현재 효과가 있는 것을 조사함으로써 문제의 해결책을 찾는 데 중점을 둔다. 개인구성 이론은 내담자의 삶을 하나의 이야기로 보고 이야기를 변화시키는 것을 돕는다. 이야기 심리치료도 내담자의 문제를 이야기로 보지만 개인구성 이론과는 달리 내담자가 문제를 내담자 자신과 동떨어져 발생하는 것으로 보게 한다. 이야기 심리치료자는 내담자가 이야기를 다시 쓰거나 변화시키도록 도움으로써 이야기에 어떤 새로운 결론을 발견하게 하고 그렇게 함으로써 문제를 해결토록 한다.

여성주의 심리치료

여성주의 심리치료자는 개인의 심리적 문제에 초점을 맞추기보다는 개인의 문제를 유발시키는 정치와 사회의 역할을 강조한다. 특히, 여성주의 치료자는 성과 문화의 역할, 남녀 간의 힘의 차이, 그리고 다양한 문화적 배경을 지닌 사람들에게 관심이 있다. 성과 문화가 평생에 걸친 발달(사회적·성적 발달, 육아 및 일에 대한 역할을 포함하여)에 영향을 미치는 다양한 방식을 조사해왔다. 도덕적 의사 결정, 타인과의 관계, 학대 및 폭력과 관련된 역할의 차이가 그들의 관심사이다. 여성주의 치료자는 여성주의 치료에 여러 이론을 접목함으로써 성 문제뿐 아니라 다문화 주제에 초점을 두는 사회심리학적인 관점을 취한다. 치료 기법으로는 내담자의 행동을 변화시키는 것뿐 아니라 사회 집단과 기관을 변화시킴으로써 내담자가 성과 힘의 불공평에 대해 생각해 보게 하는 기법을 사용한다.

가족 치료

많은 이론들이 개인의 문제에 초점을 두는 데 반해 가족 치료자는 가족 구성원 간의 상호작용에 주의를 기울임과 동시에 가족 전체를 하나의 단위나 체제로 보려고 한다. 치료는 한 개인의 내면보다는 가족 내의 기능을 변화시키도록 고안되어 있다. 여러 가지 가족 치료 접근이 개발되어 왔는데, 어떤 접근은 부모 자신의 원가족이 미치는 영향에 초점을 두는 반면, 어떤 접근은 치료 시간에 가족 구성원이 어떻게 상호작용하는지에 초점을 두며, 또 어떤 접근은 증상을 변화시키는 데 초점을 둔다. 어떤 가족 체계 치료자는 모든 가족 구성원이 치료에 참여토록 하는 반면, 어떤 심리치료자는 부모나 가족 구성원 일부만이 참여하도록 한다. 이 책에서 소개되는 거의 모든 이론은 가족에 적용될 수 있지만 14장, '가족 치료'는 이들 이론이 어떻게 가족과 작업하는지를 보여 준다.

그 밖의 심리치료

다섯 가지 기타 심리치료 접근이 15장 '그 밖의 심리치료'에서 간단히 언급된다. 동양(Asian) 심리치료는 종종 조용한 성찰과 타인에 대한 개인적인 책임을 강조하고, 수용전념 심리치료는 무엇을 하도록 지시하기보다 생각을 생각으로 바라보는 것을 강조한다. 수용전념 심리치료는 사고를 점검함으로써 행동을 변화시키는 방법을 살펴보게 한다. 관계중심 심리치료는 우울에 대한 아주 구체적인 접근으로 연구에 기초하고 있으며, 심리극은 적극적인 치료 체계를 지니는데 내담자들(집단이나 무대 관중도 포함)은 자신의 문제와 관련된 역할을 연기하는 반면 심리치료자는 치료 활동의 방향을 잡아준다. 창의예술 심리치료는 표현적 행동과 치료적 변화를 촉진하기 위해 미술, 춤, 드라마, 음악을 사용한다. 이상에서 언급한 치료는 다른 치료 접근과 함께 사용될 수 있다.

통합 심리치료

16장은 통합적 심리치료자가 어떻게 둘 이상의 이론을 서로 다른 방식으로 통합함으로써 내담자 문제를 이해하는지에 대해 논의한다. 심리치료자는 다양한 기법을 사용하여 내담자가 자신의 삶에서 변화를 이끌어 내도록 돕는다. Paul Wachtel의 순환적 정신역동 접근은 정신분석과 행동 치료 및 기타 여러 이론들을 통합적으로 사용한다. James Prochaska와 Norcross의 범이론적 접근은 많은 이론들을 조사한 후 효과적인 심리치료 접근이 공통적으로 지니고 있는 개념, 기법, 요인을 선별한다. 이 치료 모델은 내담자의 변화에 대한 준비도,

문제의 심각성, 변화를 유발시키는 기법을 함께 점검한다. Arnold Lazarus의 다중양식 치료는 내담자의 변화를 촉진하기 위해 많은 이론들로부터 기법을 차용하지만 성격을 이해하는 한 방법으로 사회학습 이론을 사용한다. 필자는 독자가 자신만의 통합 이론을 구성하는 방법을 배우도록 하기 위해 위의 세 가지 이론을 통합적 심리치료의 예로 사용하고자 한다.

이상에서 언급한 이론들은 서로 어떻게 다른가? 많은 심리치료자와 연구자는 수년간에 걸쳐 모든 심리치료에 공통적으로 발생하는 요인을 찾고자 노력해 왔는데(Cameron, 2014; Castonguay & Beutler, 2006; Duncan, Miller, Wampold, & Hubble, 2010; Duncan & Reese, 2013; Fiedler, 1950; Greenberg, 2012), 많은 심리 장애의 처치에 있어 공통 요인을 구별해내는 것은 복잡하고도 어려운 작업이다. Castonguay & Beutler(2006)는 『치료적 변화를 위한 원리(Principles of Therapeutic Change That Work)』라는 책에서 내담자의 변화에 기여하는 내담자와 심리치료자의 특성을 조사하였다. 그리고 Duncan과 동료들(2010)은 『변화의 가슴과 영혼: 심리치료에서 효과가 있는 것을 하기(The Heart and Soul of Change: Delivering What Works in Therapy)』라는 책에서 다양한 심리 장애를 다루면서 치료적인 공통 요인을 어떠한 방식으로 사용할 것인지를 포함한 여러 가지 다른 문제(예: 연구)를 다루었다. 이 두 권의 책은 치료적 관계의 질과 함께 심리치료자의 대인관계적 임상적 기술과 관련된 요인을 조사하였는데, 공감은 심리치료자의 대인관계 기술의 한 예이다. 공통적인 치료 요인에 대한 연구는 어떤 심리학자들에게는 아주 흥미로운 관심 영역이다.

이 책에서는 각 이론을 서로 뚜렷이 구별되는 치료적 접근으로 다루는데, 이 관점은 이론을 통합하는 움직임(통합의 움직임은 모든 이론은 아니지만 많은 이론들에서 공통적으로 발견되는데 이 책의 16장에서도 논의된다.)과는 살짝 다른 것이다. 필자는 공통 요인보다는 각 이론과 관련된 개념이나 기법을 강조하려고 했다. 어떤 한 이론이 다른 이론으로부터 무엇을 빌려올 경우(예: 인지 치료가 행동 치료로부터 무엇을 빌려올 경우)에는 주로 원이론과 관련된 기법에 초점을 두고자 했다. 각 장에서 필자는 한 이론을 특징짓는 주요 개념과 기법을 설명함과 동시에 그 이론이 다양한 심리적인 문제나 논쟁 또는 상황에 적용되는 방법도 설명하였다. 17장에서는 여러 가지 방식으로 이론을 서로 비교, 비판, 요약함으로써 이론이 좀 더 쉽게 통합될 수 있게 하였다.

이 책의 구성

이 책의 나머지 장들에서 필자는 다음과 같은 구성을 견지하였다. 처음 두 절은 역사와 성격 이론에 관한 것으로 각 심리치료 이론의 목표, 평가 방법, 기법에 대한 본격석인 설명을 하기에 앞서 필요한 배경 정보가 제시된다. 이어서 다양한 적용 영역이 뒤따르는데 상담 사례를 통해 이론이 어떻게 적용될 수 있는지를 보여 준다. 그리고 단기 심리치료, 심리치료의 최신 동향, 한 이론을 어떻게 다른 이론들과의 관계 속에서 사용할 것인지, 그리고 이론과 관련된 연구 등의 중요한 문제들이 설명된다. 덧붙여, 어떤 한 이론이 남녀 간의 차이나 문화적인 문제를 어떻게 다루는지, 그리고 그 이론이 집단 치료에서는 어떻게 사용될 수 있는지에 대한 정보도 제공된다.

역사와 배경

어떤 이론을 이해하기 위해서는 그 이론이 어떻게 발달했는지 그리고 그 이론의 발달에 영향을 미친 주된 요인을 알 필요가 있다. 어떤 이론의 발달 배경에 대해 논의할 때는 종종 그 이론을 개발한 심리치료자의 삶과 철학은 물론, 심리적 문제를 지닌 사람들을 돕는 것에 대한 심리치료자의 생각에 기여한 문헌과 지적 영향에 초점을 둘 필요가 있다. 예를 들면, Freud의 오이디푸스 콤플렉스(다른 성의 부모에 대한 성적 매력과 동성인 부모에 대한 적대감)라는 개념은 제한적이긴 하지만 Freud 자신의 아동기에 대한 회상과 그 회상에 대한 지적 추구에서 기인한다. 하지만 가장 중요한 것은 Freud가 내담자와의 작업을 통해 오이디푸스 콤플렉스라는 개념을 발달시켰다는 점이다. 이론가들은 서로 다른 국가나 지역에서 성장하였으며 다른 가족 배경을 지니고 있다. 이러한 모든 배경 요인은 이론가의 심리치료 이론에 어떤 영향을 미치는데, 각 이론가들이 전문가로서 성장하는 초기에 알게 된 뛰어난 철학자, 내과 의사, 정신과 의사, 또는 심리학자의 영향도 있다. 이와 같은 정보는 이론가들이 어떻게 자신의 성격 이론을 개발했는지 그리고 문제를 지닌 내담자를 돕기 위해 어떤 변화 방법과 기법을 사용하는지를 아는 데 도움을 준다.

성격 이론을 이용한 개념화

심리치료 이론은 인간 행동을 이해하는 방식인 성격 이론에 기초하는데, 성격 이론은 심리치료자가 내담자의 과거, 현재, 또는 미래의 행동, 감정, 생각을 개념화하는 방식을 나타내기 때문에 중요하다. 내담자의 행동이나 사고를 변화시키는 심리치료 방법은 심리치료자가 내담자를 이해함에 있어 어떤 요인을 가장 중요한 것으로 보는지에 달려 있다. 이 책에서 성격이론이 설명되는 방식은 다른 성격 이론서에서 설명되는 방식과 차이가 있는데, 이 책에서는 좀 더 간략하면서도 심리치료 실제와 관련된 개념을 자세히 설명한다. 각 장에서 소개되는 성격 이론은 어떤 심리치료 이론의 목표, 측정 방법 및 처치법에 대한 근거를 제공한다.

심리치료자는 내담자를 이해함에 있어 이론가가 제시한 성격 이론을 사용한다. 심리치료자는 이론가가 제시한 개념을 사용해 행동, 생각, 감정을 파악하고 내담자의 문제를 이해하고자 한다. 만약 당신이 심리치료자가 되고자 한다면, 당신은 아마도 내담자의 문제를 개념화하는(생각하는) 성격 이론을 사용함을 물론 내담자가 자신의 삶을 변화시키도록 돕기 위해 이론에 근거한 기법을 사용할 것이다. 각 성격 이론을 구성하는 개념은 그 이론을 이해하는 데 필수적이므로 필자는 각 장의 첫 페이지에서 각 심리치료 이론에서 사용되는 기법과 함께 이들 개념을 열거하였는데, 이는 각 이론의 기초 개념을 개관하기 위해서이다.

심리치료 이론

이 단락은 대부분의 장에서 가장 길면서도 중요한 부분인데, 필자는 먼저 심리치료의 목적과 목표를 기술하였다. 심리치료자는 내담자와 무엇을 성취하기를 원하는지, 내담자가 좋아지면 어떻게 될 것 같은지, 이론에 따라 어떤 심리적 기능이 가장 중요한지, 이런 모든 질문은 어떤 한 이론의 심리치료 목표를 설명하는 데 있어 암시적으로 주어지는 질문이다.

목표에 따라 사정 방법은 달라지는데 어떤 이론가들은 무의식과 의식 과정 간의 관계를 사정하고자 하는 반면, 어떤 이론가들은 왜곡된 사고를 사정하는 데 초점을 둔다. 어떤 이론은 정서(슬픔, 분노, 행동 등)에 주의를 기울이는 반면, 어떤 이론은 행동(집을 떠나 밖으로 나가기를 거부하는 것, 누군가에게 말을 걸기 전에 땀을 흘리는 것)을 구체화한다. 많은 이론가들은 면접 기법이나 질문법과 같은 그들만의 사정 기법을 개발해왔는데 척도형 설문지, 평점표, 질문지 등이 포함된다. 이런 모든 사항은 치료 기법의 선정과 관련됨과 동시에 앞서 논의한 성격 이론에 기초한다.

이론가는 치료 기법을 아주 다양하게 사용한다. 무의식(정신분석과 융학파 분석)에 초점을 둔 이론은 무의식적 요소를 의식적 자각(예: 꿈 분석 사용)에 불러들이는 치료 기법을 사용하는 데 반해, 어떤 이론은 신념(인지)을 변화시키거나 감정(정서)을 접촉하고 반영하거나 행동(동작)에 초점을 맞춘다. 어떤 치료 기법의 경우, 이해하기 어려운 측면이 있기에, 필자는 행동, 정서, 사고, 또는 어떤 다른 부분을 변화시키는 치료 기법을 예를 들어 보여 준다. 대부분의 이론가가 인정하듯이, 내담자가 자신의 어떤 부분을 변화시킬 수 있도록 돕는다는 것은 어렵고도 복잡한 일이다. 필자는 내담자를 조력하는 과정을 더 잘 설명하기 위해 각 이론이 적용될 수 있는 몇 가지 심리 장애를 기술하였다. 동시에 어떤 이론이 몇 가지 심리 장애에 각각 어떻게 적용될 수 있는지를 설명하기 위해 사례 연구를 사용하였다.

심리 장애

심리치료자들은 더 이상 '어떤 심리치료가 최고의 심리치료인가?'라고 묻기보다는 '어떤 특정 내담자에게는 어떤 심리치료가 가장 도움이 되는가?'라고 묻는다. 후자의 질문에 답하기 위해 필자는 3~5건의 개인 치료 사례를 선정했는데, 사례를 제시함에 있어 첫 사례가 가장 철저하게 고안되었고 가장 길다. 이 첫 사례는(다른 사례와 맥락을 같이 하면서) 특정 이론이 DSM-5로 불리는『정신 장애 진단 및 통계 편람(Diagnostic and Statistical Manual of Mental Disorders)』5판(미국정신학회, 2013)에 기술된 심리 장애의 공통 진단 분류에 어떻게 적용될 수 있는지를 설명한다. 많은 기관에서 세계보건기구(WHO)가 출판한 다른 분류 체계인 ICD-10이라 불리는『정신행동병리의 국제 분류 체계(International Classification of Mental and Behavioural Diseases)』(2010)를 사용한다. 하지만 필자는 ICD-10보다 DSM-5를 사용하는 데 그 이유는 DSM-5가 정신건강 담당자 사이에 더 잘 알려져 있기 때문이다. 저자는 자세하고 긴 사례와 몇 개의 짧은 사례를 함께 제시하여 사례를 이해하는 데 깊이와 폭을 함께 고려하였다.

개인 치료와 관련하여, 서로 다른 이론이 공통 범주에 속하는 심리 장애의 치료에 어떻게 적용될 수 있는지 기술하는 것은 장단점을 갖고 있다. 이론이 다양한 심리적 문제를 지닌 사람들을 돕는 방법을 기술하는 것은 진단적 분류에 대해 언급을 하지 않고도 그 이론을 좀 더 폭넓고 깊게 바라보게 한다는 장점이 있다. 여러 가지 사례와 처치 방법에 대해 알아봄으로써 이론이 다양한 상황에 어떻게 폭넓게 적용되는지를 알 수 있다. 어떤 이론적 접근은 특정 유형의 장애에 특별한 관심을 기울이면서 구체적인 치료 방법과 기법도 기술하고 있다. 이론들 간의 차이는 어떤 한 유형의 내담자(예: 우울한 내담자)와 다른 유형의 내담자를 여러 이론에 걸쳐 비교해봄으로써 알 수 있다.

한편, 올바른 이론 또는 이론의 조합을 찾는 것은 문제가 될 수 있다. 만약 필자가 각 치료적 접근에 대해 '이런 유형의 장애에는 이런 유형의 이론과 관련된 처치를 사용할 수 있고, 다른 유형의 장애에는 다른 이론과 관련된 처치를 사용할 수 있다.'고 말할 수 있다면 크게 도움이 될지 모르겠다. 하지만 그것은 거의 불가능하다. 아마도 가장 중요한 것 중의 하나는 내담자는 어떤 특정 진단 분류(예: 우울, 불안 장애, 강박 장애)에 쉽게 맞아떨어지지 않는다는 점으로, 사람들은 종종 몇 가지 영역 또는 진단 기준에 걸친 문제를 가지고 있다. 더욱이, 문제는 어떤 특정 분류에 속하면서도 그 심각성이 다르다. 내담자들은 문화적 성장 배경, 성, 나이, 문제해결에 대한 동기, 결혼 상태, 심리치료자에게 내어놓는 문제, 문제의 발달 배경에 따라 다양하다. 이런 다양한 요인 때문에 어떤 이론적 성향을 지닌 심리치료자가 '나는 이런 유형의 내담자를 치료할 때는 이 기법을 사용할 것이다.'라고 말하기 어려운 것이다.

덧붙여, 어떤 심리치료자는 DSM-5 분류 체계(또는 다른 어떤 일반 체계)를 내담자를 이해하는 데 필요한 유용한 도구로 생각하지 않는다. 즉, 그들은 상담기관이나 보험금 환급에 필요한 것으로 요구하지만, 별다른 가치가 없는 성가신 것으로 본다. 진단적 분류에 따른 평가를 가장 많이 사용하는 심리치료 이론은 정신분석, 아들러학파 치료, 행동 치료, 인지 치료인데, 아마도 인지 치료가 가장 폭넓게 진단적 분류 체계를 사용하는 것 같다. 다른 이론들을 사용하는 심리치료자는 진단적 분류 체계에 적합한 사례 개념화와 치료 기법을 사용하지는 않지만, 그렇다고 모든 내담자를 똑같은 방식으로 치료하지는 않는다. 대신 그들은 분류 체계보다는 자기 나름의 성격 이론과 평가에 기초해 내담자를 치료한다.

각 이론별로 몇 가지 심리 장애 사례를 드는 주된 이유는 독자가 특정 이론을 다른 이론과 비교함과 동시에 다양한 적용 사례를 통해 이론을 더욱 잘 이해하도록 돕기 위함이다. 흔히 발생하는 심리 장애에 대한 배경 정보를 제공하고자 주요 장애에 대해서는 개괄적으로 기술하였다. 주요 이론별로 그 이론이 어떻게 우울증에 적용될 수 있는지 사례를 제시하는 한편, 인간중심 치료와 여성주의 치료를 제외한 다른 이론에 대해서는 그 이론이 어떻게 불안 장애에 적용되는지를 보여 주는 사례를 제시하였다(몇 가지 이론들은 이 두 가지 장애를 비교하는 것에서 제외되었는데 그 이유는 그 이론에 기초하여 제시할 만한 적절한 사례가 없거나 다른 장애의 사례를 사용하는 것이 더 적절해 보였기 때문이다). 우울증 치료를 위해 고안된 Klerman의 관계중심 심리치료(15장)를 제외하고는 모든 이론이 거의 모든 장애를 치료하는 데 사용된다. 필자가 사용하는 다른 사례들도 소개하는데, 그 사례들이 어떤 특정 이론에 의해 어떻게 처치되는지를 잘 설명하거나 아니면 그 이론이 어떻게 적용되는지를 아주 잘 설명하기 때문이다. 다음 단락에서는 우울증과 불안 장애를 폭넓게 기술할 것인데, 다른 장애도 사례와 함께 제시할 것이다(Durand & Barlow, 2013).

우울증 우울증은 슬픔, 무가치감, 죄책감, 사회적 철회, 수면, 식욕, 성욕, 활동에 대한 흥미의 상실을 포함한다. 심한 우울증은 느린 발음, 가만히 앉아 있기 힘듦, 자신의 외모에 대한 무관심, 희망 없음과 불안, 자살에 대한 생각과 느낌이 동반된다. 주요 우울증(major depression)은 가장 일반화된 심리 장애 중의 하나로, 인구의 약 9%는 살아가면서 언젠가는 경험하는 증상이라고 한다(질병통제와 예방 센터, 2010).

우울증은 보통 두 가지 유형으로 분류되는데, 단극(unipolar) 우울증과 양극(bipolar) 우울증이다. 양극 우울증에서는 극도로 말이 많고, 산만하고, 유혹적이고, 활동적인 성향을 보이는 조증이 때때로 심각한 우울증과 동시에 발생한다. 단극 우울증에서는 조증이 나타나지 않는다. 이 책에서는 우울증 치료와 관련하여 단극 우울증과 양극 우울증 간의 차이보다는 두 우울증에 함께 적용되는 심리치료 방법에 대해 언급한다.

범불안 장애 범불안 장애란 극단적인 염려와 두려움이 동반되는 것으로 이 장애를 겪는 사람들은 들뜸, 짜증, 집중력의 문제, 근육 긴장, 수면 문제 등을 경험하는 것 같다. 생활 전반에 대한 지나친 걱정이 일반적으로 나타나는데, 특정한 것에 대한 두려움(공포)이 아니라 막연한 불안, 습관적 행동과 강박적 사고(강박충동 장애), 또는 신체적 불편함(신체화 장애)이 동반된다. 이러한 장애는 신경증이라고 불리는데, 왜냐하면 어떤 형태의 불안과 연계되기 때문이다. 신경증이란 광범위한 개념으로 Freud, Jung, Adler와 같은 초기 이론가에 의해 자주 사용되었지만, 그 용어의 일반적 특성 때문에 이 책에서는 자주 언급되지 않는다. 불안 장애라는 말은 일반적으로 불특정 신경증이나 불안을 포함한다고 할 수 있다.

경계선 장애 좀 더 정확히는 경계선 성격 장애라고 불리는 경계선 장애는 여러 가지 성격 장애(예: 자기애적 성격 장애) 중의 하나이다. 성격 장애는 사회적으로나 직업적으로 기능하는 데 어려움을 야기하는 것을 포함하며, 오랜 기간 지속되어 온 어떤 경직된 특성을 의미한다. 성격 장애는 심리치료를 통해 처치하기가 아주 어렵다고 알려져 있다.

경계선 장애를 지닌 사람은 불안정한 대인관계를 그 특징으로 한다. 자신에 대한 관점과 기분이 설명하기 어려울 정도로 짧은 시간에 급격히 빨리 변한다. 이 장애를 지닌 사람은 돈을 쓰거나, 먹거나, 성행위를 하거나, 도박을 함에 있어 변덕스럽고 예측할 수 없으며 충동적인 경향이 있다. 종종 강렬한 정서가 표출되는데 대인관계에서 갑자기 화를 내고 실망감을 표현하곤 한다. 이 장애를 지닌 사람은 버림받음에 대한 두려움을 지니고 있고 종종 자신의 기대를 충족시키지 않는 사람과의 관계에서 좌절감을 느낀다. 자살 시도를 자주 하는 경향이 있다.

강박충동 장애　지속적이고 통제할 수 없는 어떤 생각에 사로잡히거나 어떤 행동을 반복적으로 해야만 할 것 같다고 느낄 때 강박충동 장애를 겪는다고 할 수 있다. 강박이란 통제되지 않는 생각이 반복적으로 일어나는 것으로 일상생활에 지장을 초래하는 것을 말한다. 어떤 경우에는 속으로 '내가 이것을 해야 하나, 하지 않아야 하나?'와 같은 논쟁을 계속 반복함으로써 심각한 걱정에 휩싸이거나 무엇을 할지 결정하지 못하는 행동을 보인다. 충동이란 스트레스를 줄이고 어떤 끔찍한 일이 일어나는 것을 방지하기 위해 어떤 행동을 계속 반복하는 것이다. 예를 들어, 어떤 경우 손을 20분 동안이나 씻는 충동 증상을 지닌 사람은 이러한 행동이 세균이나 치명적인 질병을 예방한다고 믿는 것 같다. 두려움이 점차 증가하고 충동적인 행동이 일상생활을 방해한다. 강박충동 장애를 지닌 사람은 증상이 일차적으로 강박적인지, 충동적인지, 아니면 두 가지 증상이 혼재해 있는지에 따라 다르다.

　　일반적으로 강박충동 장애는 규칙이나 세부 사항, 계획 잡기에 사로잡혀 있는 것을 의미하는 강박충동 성격 장애와 구별되어야 한다. 강박충동 성격 장애를 지닌 사람은 종종 도덕적인 문제나 타인의 행동에 대해 유연성이 없는데, 이들은 다른 사람들이 자신의 방식을 따라야 한다고 고집하기 때문에 대인관계가 원만하지 못하다. 이들은 보통 강박과 충동을 경험하지 않는다. 강박충동 성격 장애는 중요한 장애지만 이 책에서는 사례를 들어 설명하지 않는다.

공포　어떤 상황이나 대상이 주는 실제 위험과 다르게 그 상황이나 대상을 두려워하는 것을 공포 반응이라 한다. 예를 들면, 쥐를 보거나 높은 건물의 꼭대기에 있을 때 경험하는 극도의 긴장이나 땀 흘림 또는 다른 어떤 불안을 악화시킬 수 있는 반응이다. 공포를 느끼는 사람은 쥐를 보거나 건물의 꼭대기에 서 있을 때 대부분의 사람들이 경험하는 조심스러운 행동 이상의 반응을 보인다.

신체화 장애　어떤 신체적 증상은 있지만 그 증상의 생리적 원인을 알지 못하고 심리적 원인이 의심될 때 신체화 장애라는 진단을 내린다. 이 진단 범주에는 건강 염려증이 포함되는데 자신이 어떤 심각한 질병을 가지고 있을지도 모른다고 걱정함에도 불구하고 실제로 어떤 증거가 없을 때 이 진단을 내린다. 전환 장애는 신체화 장애의 한 유형이다. 이 장애는 생리적인 이유로는 설명할 수는 없지만 다리가 마비되는 것과 같은 어떤 신체적 반응으로 나타나는 심리적인 문제를 의미한다. 이 장애는 자주 발견되지는 않는다. 하지만 Freud가 히스테리아라고 부르는 전환 장애를 가진 내담자들은 Freud의 내담자 중 상당 부분을 차지했는데 이런 유형의 내담자에 대한 관찰은 정신분석 발달에 중요한 역할을 하였다. 다음 2장에서 Freud가 히스테리 증상을 보이는 한 내담자를 치료하는 예가 제시된다.

외상 후 스트레스 장애 높은 스트레스를 유발하는 어떤 사건에 대한 극심한 반응은 외상 후 스트레스 장애(Posttraumatic Stress Disorder: PTSD. 이하 PTSD)가 보여 주는 특성이다. 스트레스를 유발하는 사건의 예로는 강간, 강도, 또는 폭행을 당한다거나, 갑작스러운 홍수로부터 구출되거나, 군 전투에 참여하는 것 등이 있다. 스트레스에 대한 반응은 몇 달 또는 몇 년간 지속되는데, 종종 잠을 자거나 집중하는 데 어려움을 겪는 것과 같은 생리적 증상이 포함한다. PTSD로 고통받는 사람은 악몽이나 그 사건을 회상시키는 어떤 이미지를 통해 그 고통스러운 사건을 재경험한다고 한다. 트라우마 사건에 대한 느낌이나 생각을 회피하려는 시도는 PTSD의 또 다른 증상이다.

섭식 장애 섭식 장애에는 거식증과 폭식증이라는 두 가지 종류가 있다. 거식증(anorexia)은 최소한의 정상 체중을 유지하지 못할 때 내려지는 진단이다. 이 진단을 받는 사람들 중 어떤 사람은 체중이 느는 것을 두려워하고 자기 몸의 어떤 부위(예: 엉덩이나 허벅지)가 너무 크다고 생각하는 반면, 어떤 사람은 자기 몸의 어떤 부위가 아주 볼품없다고 생각한다. 폭식증(bulimia)은 마구잡이로 먹는 것으로 체중이 느는 것을 방지하고자 부적절한 방법을 사용하는 것을 말한다. 마구잡이로 먹는다는 것은 식사할 때나 다른 때에 지나치게 음식을 많이 먹는 것을 포함하는데, 예를 들면 한 박스의 쿠키나 2리터의 우유를 한 번에 먹어 치우는 행동이다. 체중이 느는 것을 통제하는 방법으로 자기 스스로 토하게 만든다거나, 설사제나 관장제를 사용한다거나, 극심한 단식이나 운동 등을 사용한다. 거식증이 있는 사람들의 체중은 보통 정상이다. 섭식 장애를 가진 사람 중 일부는 살아가면서 다양한 시기에 거식증과 폭식증을 함께 경험한다.

약물 남용 사회적 의무와 직업적 책무를 다하는 데 어려움을 느낄 정도로 약물을 사용할 때 약물 남용이라고 한다. 어떤 어려운 상황에서 야기되는 스트레스를 완화시킬 방법으로 약물에 의존하는 것은 심리적 의존이라고 하는 반면, 약을 중단할 때 경련과 같은 증상을 보이는 것은 생리적 의존이라고 한다. 어떤 사람이 약을 중단할 때 생리적 의존을 보일 경우, 그 사람은 약물 의존 또는 중독되었다고 한다. 이 책에서는 약물 남용이라는 말을 폭넓은 의미로 사용하는데 술, 코카인, 마리화나, 안정제, 자극제, 환각제와 같은 약물에 대한 심리적 또는 생리적 의존을 포함한다. 약물 남용 사례는 아주 빈번한데 많은 심리치료자들이 이 문제에 특별히 주의를 기울여왔다. 술 중독이나 약물 남용에 대한 처치 사례는 실존주의, 합리적 정서행동 치료, 현실 치료, 인지 치료와 관련된 장에서 다룰 것이다.

자기애적 성격 장애 자신을 중시하는 패턴을 보이고, 다른 사람들의 칭송을 받고자 하는 강한 욕구가 있으며, 공감할 줄 모르는 행동 특성을 가진 사람을 자기애적 성격 장애를 가졌다고 한다. 이 장애를 지닌 사람들은 뽐내거나 가식적이고, 자신의 업적이나 능력을 과장하며, 자신이 다른 사람보다 뛰어나고 특별하기에 인정받고 칭송받아야 한다고 느낀다. 다른 사람들이 자신을 선별적으로 대우해야 한다고 믿는데 그렇게 대우받지 않을 경우 화를 낸다. 이런 사람들은 자신의 복지에 관련되는 것을 제외하고는 타인에게 진정한 관심을 갖는 데 어려움을 느낀다. 이 책의 2장에서 논의되는 Heinz Kohut의 자기 심리학은 자기애의 발달 과정에 초점을 두고 있다.

조현병 조현병은 사고, 정서, 행동의 심각한 혼란을 특징으로 하는데 조현병을 앓는 사람은 비조직적이고 비논리적인 방식으로 생각하고 말한다. 이들은 망상(delusions)을 갖고 있는데 망상은 상반된 증거에도 불구하고 지속되는 신념으로, 예를 들면 중앙정보부의 누군가가 자신을 지켜보며 뒤쫓는다고 믿는 것과 같은 것이다. 환상(hallucination)은 조현병을 지닌 대부분의 사람들이 보이는 증상으로 Abraham Lincoln의 목소리가 들린다고 하는 것과 같이 실제로 존재하지 않은 것을 보고, 듣고, 느끼고, 맛보고, 냄새 맡는 것을 말한다. 이외에도 특이한 동작이나 움직임, 에너지나 정서 반응의 심각한 결여, 부적절한 정서(예: 친구의 사망 소식을 들었을 때 웃는 것) 등은 조현병의 또 다른 증상들이다. 정신 혼란(psychosis)이라는 용어는 포괄적인 개념으로 조현병이나 현실과의 접촉 상실을 특징으로 하는 장애를 포함한다.

조현병은 전 세계 인구의 0.2~1.5%에서 발병함에도 불구하고(Ho, Black, & Andreasen, 2003) 필자는 조현병에 대한 심리치료에 초점을 맞추지는 않았다. 그 이유는 많은 연구자들이 조현병은 대부분의 심리치료 기법보다는 약물 치료에 더 잘 반응한다고 믿기 때문이다. 하지만 인지행동적 처치는 이 장애에 대해 효과적이라는 보고가 있다.

필자가 위에서 설명한 11개의 심리 장애는 복잡해 보일 수도 있다. 하지만 이후의 장들에서 다양한 장애에 대한 처치 기법이 제시되는데 그때 이들 장애의 특징이 더욱 명료해질 것이다. 어떤 특정 심리 장애 자체에 대한 설명은 이 장에서만 기술되기에, 어떤 특정 사례를 읽으면서 특정 장애에 대한 구체적인 설명이 필요할 때는 이 장으로 돌아오거나 이 책 뒷부분에 있는 용어 해설을 보면 된다.

이 장에서는 이들 장애에 대한 정보가 요약적으로 제시된다. 이들 장애에 대한 좀 더 자세한 정보는 DSM-5, Durand & Barlow(2013)의 저서, 그리고 정신병리에 관한 그 밖의 책들을 보면 된다. 많은 심리치료자는 정신병리학자나 심리 장애를 전문적으로 진단하고 분류하는 심리학자들보다 진단적 분류를 좀 더 피상적이고 단순하게 사용한다. 하지만 이 단락에서 제시된 정보가 독자들에게 다양한 이론적 접근이 어떤 유형의 문제에 어떻게 적용될 수 있는지를 이해하는 데 도움이 되기 바란다. 덧붙여, 몇몇 치료 이론은 간략한 처치법은 물론 전형적인 형태의 처치법도 기술하고 있다.

단기 심리치료

심리치료 기간은 심리치료자에게 점차 중요한 문제로 대두되고 있다. 심리치료 서비스에 대한 요구가 증가하고 있어서 지역 심리치료 센터나 대학 상담 센터와 같은 치료 기관에서는 내담자를 위한 상담 횟수를 제한하고 있다. 횟수의 제한은 기관이 처한 상황과 정한 규칙에 따라 다른데 짧게는 3회에서 길게는 40회 이상으로 다양하다. 그리고 정신건강에 사용된 비용을 지불하는 건강관리 기관(health maintenance organizations: HMOs)과 보험 회사도 회기의 수를 제한하고 있다. 덧붙여, 내담자도 몇 년에 걸친 장기 치료보다는 몇 주 또는 몇 달간의 치료를 선호한다. 이런 여러 가지 요인이 처치 기간과 단기 심리치료의 발달에 영향을 미쳐왔다.

심리치료의 단기적 접근과 관련해 몇 가지 용어가 사용되어 왔는데, 예를 들면 간략(brief) 심리치료, 단기(short-term) 심리치료, 시간 제한적(time-limited) 치료 등이다. 일반적으로, 간략 심리치료 또는 단기 심리치료라고 할 때는 보통 20회기 이상을 넘지 않는 치료를 의미한다. 시간 제한적 심리치료는 처치하는 특정 문제에 대해 상담 횟수를 정하는 것을 의미하는데, 예를 들어 12회기라는 제한된 시간에 어떤 특정 문제를 다루는 것이다. 장기 치료와 단기 심리치료에 관한 문제를 가장 철저하게 다루는 접근은 정신분석인데, 정신분석을 다루는 장에서 정신분석 접근의 전통적인 치료 방법인 장기 치료와 함께 단기 심리치료적 접근에 대해서 논의할 것이다.

대부분의 다른 이론적 접근도 단기 심리치료의 중요성을 인정하면서 어떤 상황에서 단기 심리치료적 접근이 적용될 수 있는지 제시하고 있다. 대략, 융학파 분석과 심리치료, 실존주의 심리치료, 인간중심 심리치료, 게슈탈트 심리치료는 6개월이나 1년 내에 치료를 종결시키는 방법을 갖고 있지 않는 것 같다. 합리적 정서행동 심리치료, 행동 심리치료, 인지 심리치료, 현실 심리치료와 같은 접근은 문제의 종류에 따라 치료 기간이 다른 것 같다. 어떤 종류의 가족 치료는 5~10회기 내에 치료가 종결되도록 고안되었다. 이어지는 대부분의 장에서 단기 심리치료 문제가 각 이론적 관점에서 설명되는데, 각 치료 이론은 그동안 나름대로 단기 처치의 요구에 대처해왔듯이 새로운 문제와 상황에 맞추어 변화해나갈 것이다.

최신 동향

이론들은 계속 변화하고 발전한다. 이론은 특정 이론가의 독창적인 아이디어로 시작되었지만 심리치료의 실시와 연구에 바탕을 둔 새로운 저술들에 의해 다양한 방식으로 영향을 받는다. 어떤 종류의 혁신은 기존의 이론을 사회문제, 교육, 가족, 집단과 같은 다양한 영역에 적용시키는 것과 관련하여 발생하는 반면, 어떤 변화는 기존의 이론적 개념에 도전하고 새로운 개념을 발달시키는 것과 관련하여 야기된다. 다음의 몇 단락에 걸쳐 네 가지 변화 추세가 논의되는데, 처치 매뉴얼의 발달, 증거 기반 처치, 구성주의가 심리치료의 이론과 실제에 미치는 영향, 마음챙김(신체, 인지, 정서 반응의 자각)이 바로 그것이다.

처치 매뉴얼   처치 매뉴얼은 심리치료자가 특정 장애나 문제를 지닌 내담자를 어떻게 처치하는지를 보여 주는 안내문이다. 일반적으로, 매뉴얼에는 처치 기법과 함께 처치 기법을 사용하는 순서가 기술된다. 그리고 빈번히 야기되는 질문이나 문제를 다루는 방법도 기술된다. 처치 매뉴얼의 주된 장점은 처치 절차를 분명한 방식으로 구체화한다는 점이다. 일차적으로, 처치에 대한 안내가 주어지기 때문에 심리치료자는 특정 문제를 지닌 내담자를 어떻게 처치할지를 알게 된다. 또한 처치 매뉴얼은 연구자가 특정 처치 방법의 효과를 점검할 기회를 제공하며, 연구 중인 처치 방법을 사용하는 모든 심리치료자가 매뉴얼에 명시된 지시를 따르는지도 점검할 수 있게 한다. 처치 매뉴얼이 있는 것으로 가장 빈번히 인정받는 이론은 단기 정신분석 접근과 인지행동 치료 이론이다. 처치 매뉴얼은 심리치료자가 특정 처치를 위해 사용하는 일련의 교습서이기에 타당도가 점검되어야 증거 기반 처치로 사용될 수 있다.

증거 기반 처치   증거 기반 처치(Evidence-Based Treatment: EBT. 이하 EBT)는 증거 기반 심리치료, 경험적으로 지지된 심리치료, 연구에 의해 입증된 심리치료라는 용어로도 알려져 있다. EBTs는 "규정된 집단을 대상으로 한 통제된 연구에서 효과가 있는 아주 구체화된 심리치료"로 가장 잘 정의될 수 있을 것이다(Chambless & Hollon, 1998). 통제된 연구는 무선적 통제 실험들(Randomized Controlled Trials: RCTs. 이하 RCTs)을 사용한다. RCTs를 사용할 때는 처치를 받지 않거나 검정된 처치를 받는 통제 집단과 실험 집단이 있어야 한다. 연구 참여자들은 이들 집단에 무작위로 할당되어야 한다. 어떤 치료가 효과적인지 아닌지를 결정하기 위해 어떤 연구가 사용되었는지는 각 장의 '연구' 영역에서 더 논의된다. EBTs는 포괄적 연구에서 효과적인 것으로 입증되어야 한다. 사용된 심리치료는 처치 매뉴얼을 따라야 하고 명확한 목표와 처치 계획을 지녀야 한다. 내담자의 진전은 처치 후 1년 또는 2년(또는 더 장기간) 점검, 추적되어야 한다. EBT는 앞서 언급된 것처럼 특정 심리장애와 청소년 같은 특정 집단에 구체화되어야 한다. EBT는 연구에 의해 보고된 치료적 처치에 기초한다(Areán & Kraemer, 2013). EBT에 대한 효과 연구를 실시하는 방법은 복잡한데 McLeod(2013)와 Lutz & Knox(2014)에 의해 기술되어 있다. 처치 매뉴얼을 따른 것에 덧붙여, 처치를 사용하는 치료자는 내담자와 좋은 작업 관계를 형성하고, 공감적이며, 내담자가 변화 동기를 유지하도

장	심리 장애
2장 정신분석 심리치료	우울
7장 게슈탈트 심리치료: 체험적 심리치료	우울
8장 행동 심리치료	우울, 강박충동 장애, 범불안 장애, 공포 장애, 외상 후 스트레스 장애(체계적 둔감화 및 재처리), 경계선 장애(변증법적 행동 심리치료)
10장 인지 심리치료	우울, 불안, 강박충동 장애
15장 그 밖의 심리치료	우울

록 도와야 한다.

앞서 언급한 것처럼, 이 책에서 필자는 각 장별로 어떤 특정 이론이 어떻게 3~5개의 심리 장애에 적용되는지를 사례를 통해 보여 준다. 몇 가지 장애에 대해서는 EBT 치료를 예로 사용하는데, EBT는 8장 '행동 심리치료', 10장 '인지 심리치료'에서 주로 논의된다. 연구에 의해 입증된 대부분의 심리치료는 행동적인 처치와 인지적인 처치를 함께 사용한다. 그 이유는 이들 처치는 간략하고, 처치 매뉴얼을 사용하며, 목표가 구체적이고, 연구 방법을 활용하기 때문이다. 이는 인지행동적 처치가 다른 처치보다 더 좋다는 것이 아니라 단지 대부분의 다른 치료 접근법은 인지행동적 처치와 같은 방법으로 연구되지 않았음을 의미한다. 과정 체험적 심리치료(7장 '게슈탈트 심리치료: 체험적 심리치료' 참고)와 우울증을 위한 단기 정신역동 심리치료(2장 참고)와 같은 이론은 EBT의 기준을 충족시킨다. 어떤 처치가 EBT의 기준을 충족시키는지를 결정함에 있어 필자는 「효과적인 처치에 대한 안내(A Guide to Treatments That Work)」(Nathan & Gorman, 2007)와 약 60개의 처치를 열거한 「경험적으로 지지되는 처치 요람」(Chambless & Klonsky, 2013)을 사용하였다. 이 책에서는 단지 10개만을 기술하였다. 표 1.2는 EBT 처치와 이들 처치가 사용된 심리장애가 있는 장들을 열거하고 있다. 이들 EBT는 17장에서 좀 더 자세히 논의한다.

포스트모더니즘과 구성주의 포스트모더니즘이 끼친 영향은 처치 매뉴얼과 EBT가 끼친 영향과 아주 다르다(Neimeyer, 2009; Neimeyer & Baldwin, 2005). 철학적 견지에서 보면 포스트모더니즘은 어떤 고정된 진실을 가정하지 않고 개인이 현실 또는 진실을 구성하고 지각한다고 본다. 포스트모더니즘은 과학적 진실을 강조하고 과학기술의 진전을 반영하는 합리주의적 접근인 모더니즘에 대한 반동으로 나타났다. 포스터모더니즘은 세상이 문화적으로 다양하다는 것을 보여주는데, 다문화 사회의 심리학자와 철학자 등은 사람들이 자신들에게 진실한 것에 대해 자기 나름의 개념과 관점을 가질 수 있음을 인정한다.

구성주의는 포스트모더니즘과 관계 있다. 구성주의자는 각 개인은 삶에서 발생하는 사건과 관계에 대해 자신의 관점을 창조한다고 본다. 구성주의 치료자는 내담자가 자신의 문제에 부여하는 의미에 주의를 기울일 뿐만 아니라, 내담자가 문제를 문제 그 자체를 넘어선 어떤 의미 있는 대안으로 보도록 돕는다. 구성주의 치료자는 내담자가 자신이 겪는 문제에 대해 어떻게 자신만의 질서를 부여하는지, 그리고 어떻게 문제로부터 의미를 이끌어 내는지를 조사한다. 구성주의에는 몇 가지 관점이 있는데 이 책에서 논의되는 관점은 사회구성주의로, 사회구성주의는 어떤 특정 문화 또는 사회 구성원들이 발달시키는 공유된 의미에 초점을 둔다(Neimeyer, 2009). 사회구성주의는 사람들이 서로에게 관계하는 한 가지 방법이다. (두 가지 구체적인 사회구성주의 심리치료는 해결중심 심리치료와 이야기 심리치료로 12장 '구성주의 심리치료'에서 기술된다.)

사회구성주의: 몰리 사회구성주의에 대한 설명을 좀 더 구체적으로 하기 위해서, 필자는 악몽으로 인한 고통으로 자기 방에서 혼자 잠을 자지 못하는 10세 아동, 몰리(Molly)의 예를 들고자 한다(Duncan, Hubble, & Miller, 1997). 몰리와 몰리의 엄마(이혼함)는 2명의 심리치료자를 만나왔다. 한 심리치료자는 성적 학대 가능성에 대한 탐색과 함께 아버지에 대한 몰리의 감정을 조사하는 것을 심리치료 목표로 설정하였는데, 이 심리치료 목표는 효과가 없었다. 지금의 심리치료자는 몰리의 과거사를 알아내고 그녀의 호소 문제에 대해 가설을 세우기보다는 직접 몰리에게 문제를 어떻게 해결할 수 있을지 물었다. 몰리는 만약 자기 주변에 베개와 솜으로 만든 동물로 벽을 쌓을 수 있다면 자기 방에서 혼자 잘 수 있으며 악몽도 사라질 수 있을 것이라고 했다(Duncan et al., p.24). 몰리는 그렇게 하였으며 세 번째 회기에서 다음과 같이 말했다.

> 정신과 의사(심리치료자)들은 도대체 내담자를 이해하지 못해요. ……(내담자도) 자기 문제에 대해 해결책을 갖고 있어요. 하지만 의사들은 '이렇게 해봅시다. 저렇게 해봅시다.'라고 말하지만 도움이 되지 않아요. 그런데 당신은 마치 '난 다른 심리치료자들처럼 그렇게 하고 싶지 않아.'라고 말하는 것 같아요. 당신은 저에게 제가 제 방에서 무엇을 하기를 원하는지 물었고 제 방으로 되돌아가게 했어요. **제가 모든 정신과 의사들에게 하고 싶은 말은 내담자가 답을 가지고 있다는 거예요. 우린 단지 답이 우리의 머리에 떠오르도록 도와주는 누군가가 필요해요. 그건 마치 어떤 해결책이 다락이나 그와 비슷한 곳에 갇혀 있는 것과 같아요.** 조금 더 나은 방법은 이런 거예요. 당신이 어떤 사람에게 무엇을 원하는지 물으면 그 사람은 보통의 경우 자신의 생각에 도움이 될 것 같은 것을 이야기한다는 점이에요. 하지만 당신은 그렇게 묻는 것이 도움이 될지 알지 못했기 때문에 물으려 시도하지 않았어요. (Duncan et al., 1997, p.25)

몰리의 경우는 아주 특이한데, 그녀는 마음속에 해결책을 갖고 있었다. 심리치료를 받으러 올 때 자신의 문제에 대한 분명한 답을 갖고 있는 내담자는 아주 드물다. 하지만 구성주의 치료자는, 문제의 의미에 대한 자세한 탐색과 함께 가능한 해결책에 대해 존중의 태도로 내담자와 협의하면 치료 초기에는 예상할 수 없는 해답이 나온다고 가정한다. 몰리의 예는 내담자가 지닌 현실에 대한 관점을 이해하고 그것을 중시하는 포스트모더니즘 또는 구성주의적 접근법을 잘 보여 주고 있다. 구성주의 철학은 이 책에서 논의되는 많은 이론에 영향을 주었는데, 구성주의가 각 이론에 미친 영향은 적절할 때 '최신 동향' 단락에서 논의할 것이다.

마음챙김 기본적으로 마음챙김은 현재에서 자신을 경험하고(따라서 개방적이고 깨어 있게 된다.) 과거나 미래의 근심에 의해 덜 빈번하게 방해받는 방법이다. 예를 들어, 내담자가 무섭다는 생각이 떠오르기 전에 "저는 뱀이 끔찍하다는 생각을 하고 있어요."라고 말해 버리는 것은 내담자가 뱀을 상상하기보다는 생각을 관조하게 하는 데 도움을 준다. 마음챙김은 이미 수천 년 전에 아시아에서 개발되어 동양 심리치료에서 논의된 것이다(15장 676쪽 참고). 마음챙김은 또한 행동 치료에서 경계선 장애를 치료하는 데 사용되고 있으며 Beck의 개인 인지치료와 마음챙김 인지 집단 심리치료의 중요한 요소로 사용되고 있다. 수용-전념 치료에서도 몇 가지 마음챙김 연습 활동이 설명되고 있다. 그 외의 심리치료자들도 마음챙김의 개념을 치료적 접근에 첨가하고 있다.

한 이론을 다른 이론과 함께 사용하기

독자들은 여러 이론들이 '최신 동향'이라는 단락에서 기술되는 사안을 어떻게 다루는지를 읽으면서 다음과 같은 질문을 던질지도 모른다. '이 이론을 내가 읽었던 다른 심리치료 이론과 함께 사용할 수 있을까?' 50, 60년 전에만 하더라도 서로 다른 다양한 이론적 관점을 지닌 심리치료자들은 서로 동떨어져 자신과 비슷한 이론적 관점을 가진 사람과만 회의나 전문 잡지를 통해 의사소통을 했었는데, 이제는 더 이상 그렇지 않다. 심리치료자(앞에서 살펴본 것처럼)는 치료 작업을 함에 있어 훨씬 더 통합적이 되었고 자신의 관점과는 다른 연구 결과나 이론적 접근을 활용하고 있다. 이 단락에서는 특정 이론이 다른 이론에 대해 갖는 개방성과 다양한 이론적 관점 간의 유사성에 대해 정보를 제공한다.

연구

'이 이론은 얼마나 잘 작동할까?'라는 질문에 대한 답은 '연구' 단락에서 (부분적으로) 논의된다. 심리치료 이론들은 연구에 대한 태도, 행해진 연구의 유형, 이론의 연구 가능성과 관련하여 서로 상당히 다르다. 다소 변하고는 있지만, 전통적으로 많은 정신분석가들과 융학파 분석가들은 심리치료의 효과를 판단함에 있어 연구의 가치에 의문을 제기한다. 일반적으로, 측정할 개념이 구체적이고 치료적 접근이 간단할수록 연구하기가 쉽다. 하지만 곧 알게 되겠지만 심리치료에 대해 연구한다는 것은 쉬운 일이 아니다. 행동 치료, 인지 치료, REBT는 상대적으로 간단하면서도 구체적인 방법과 목표를 사용하기 때문에 다른 심리치료 이론보다 치료의 효과에 대한 연구가 훨씬 많다. 이론 x가 이론 y보다 심리 장애 전반에 걸쳐 또는 특정한 심리 장애에 대해 더욱 효과적이라는 것을 연구에 기초해서 결론짓는 것은 불가능하다. 하지만 치료 효과의 방향에 대한 어떤 추세를 보여 주거나 치료의 효과를 측정하기 위해 현재 실행되고 있는 연구의 유형을 밝히는 것은 가능하다.

심리치료 이론의 효과를 평가하는 일은 아주 세련되고 복합적인 기술을 필요로 하는데, 심리치료 및 상담 개론서에서는 다룰 수 없을 만큼 많은 것들이 포함되어야 한다(Areán & Kraemer, 2013; Lutz & Knox, 2014). 하지만 심리치료에 대한 연구를 실시함에 있어 중요한 요소에 대한 간략한 개관은 특정 심리치료 이론의 장점을 확인하기 위해 고려할 필요가 있는 요소를 이해하는 데 도움을 준다(McLeod, 2013).

심리치료 연구의 주된 목적 중 하나는 다양한 형태의 처치가 어떻게 작동하는지를 이해하는 것이다. 또 다른 목적은 심리치료자가 사용할 수 있는 연구에 의해 입증된 처치법을 개발, 평가하는 것이다. 이를 위해 연구자는 연구에서 발생 가능한 편견적 요소를 통제하는 실험을 설계함으로써 실험 간의 비교가 가능하게 한다. 일반적으로 사용되는 한 가지 방법은 처치받는 집단을 처치받지 않는 집단 또는 다른 처치를 받는 집단과 비교하는 것이다. 연구에 사용되는 변인에 대한 측정이 처치 전과 후에 이루어지는데, 이를 사전−사후 통제 집단 설계라 한다. 어떤 연구 설계 방법은 한 번에 여러 개의 주요 변인을 연구한다. 심리치료의 효과에 대한 연구가 심리 장애 전반에 걸쳐 또는 어떤 특정 장애(예: 우울증)에 대해 축적되어 있는 경우에는 메타분석을 실시하는 것이 때로 도움이 된다. 메타분석이란 아주 많은 연구 결과를 통계적으로 요약하는 방법이다. 이 책에서는 어떤 특정 이론의 치료적 효과에 대한 구체적인 연구 결과의 예는 물론 메타분석 결과도 언급하였다.

연구 설계를 할 때에는 처치의 종류, 연구 대상의 할당, 심리치료자의 특성, 치료 결과의 측정 등에 주의를 기울일 필요가 있다. 연구자는 연구할 문제(예: 우울)를 정하고 처치가 그 연구 문제에 초점을 두고 있는지를 분명히 해야 한다. 연구에 참여하는 사람들은 편견이 없는 방식으로 통제 집단과 실험 집단으로 할당되어야 한다. 연구 참여자에게 주어지는 처치는 연구하고자 하는 처치를 대표해야 한다. 예를 들어, 행동 치료가 연구에 사용되는 처치라면 대학원생이 처치를 하는 것은 적절하지 않은 것 같다. 이 경우에 '대학원생이 하는 처치는 경험이 풍부한 행동 치료자가 하는 처치만큼 효과적인가? 대학원생이 훈련을 받았다고 하더라도 제대로 훈련을 받았는가?'와 같은 물음이 제기된다. 덧붙여, 심리치료자의 특성도 통제되어야 하는데, 왜냐하면 치료적 변화를 야기한 것이 심리치료자의 카리스마가 아니라 치료 그 자체라는 확신이 필요하기 때문이다. 치료적 변인에 대한 통제뿐만 아니라 처치 결과의 효과적인 측정 또한 중요하다.

사회생활 적응과 결혼생활 적응, 그리고 정서적, 인지적, 행동적 기능을 측정하는 많은 치료 효과 척도가 개발되었다(Hill & Lambert, 2004). 측정은 처치 전, 처치 중, 처치 직후 및 추후에 각각 이루어져야 한다. 예를 들어, 어떤 처치는 처치 종결 후 1년은 효과가 있었지만 2년까지는 효과가 지속되지 않는다. 일반적으로, 추수 검사 기간이 길수록 주소 변경이나 사망 등의 이유로 연구 참여자가 추수 검사에 참여할 수 없게 된다. 치료 기법의 효과를 평가할 때는 다양한 통계적 방법이 사용될 수 있는데, 연구자는 연구에 참여한 내담자를 치료

받지 않은 정상인과 비교할지 아니면 내담자들 사이에 발생한 어떤 변화의 차이를 조사할지에 대해 결정해야 한다. 연구의 예를 제시함에 있어 필자는 연구되는 이론을 대표하는 연구 예를 들려고 노력하였다.

성 관련 주제

사실 이 책에서 다루는 모든 심리치료 이론은 남성(여성주의 치료는 예외)에 의해 개발되었다. 이것은 이론이 남성과 여성에 대해 그리고 그들을 치료함에 있어 다른 가정을 한다는 뜻인가? 구체적으로 말하면, 이론이 언급하는 문제 중 남성과 여성에게 서로 다른 영향을 미치는 사안이나 문제(예: 강간, 섭식 장애)가 있는가? 여성에 대해 부정적인 관점을 지닌 것으로 가장 빈번히 비판받아온 이론은 아마도 정신분석일 것이다. 다른 이론들도 마찬가지지만 정신분석 이론이 갖는 남성과 여성에 대한 어떤 가정과 관점이 논의될 것이다. 성 문제를 가장 철저하게 다루는 장은 당연히 여성주의 치료를 다루는 장인데, 이 장에선 사회적 가치가 개인에게 미치는 영향(치료 장면에서도 드러남)이 논의된다. 이론가에 의해 자주 언급되지 않는 성에 대한 또 다른 문제는 동성애자, 양성애자, 성전환자에 대한 태도와 관점에 관한 문제이다. 필자는 이 문제에 대해 분명한 관점을 갖고 있는데, 적절한 장에서 이 문제를 거론할 것이다. 이 책의 전반에 걸쳐 필자가 지닌 가정은 심리치료자가 성에 대한 자기 자신의 관점은 물론, 여러 치료 이론의 관점을 더 많이 알수록 남성과 여성 모두와 더욱 효과적으로 작업할 수 있다는 점이다.

다문화 관련 주제

성에 대해 이론가와 심리치료자가 어떤 가치관과 가정을 가지고 있는지가 중요한 것처럼 문화에 대해 이론가와 심리치료자가 갖는 가치관과 가정 또한 중요하다. 점차 많은 심리치료자가 자신과 아주 다른 문화적 배경을 지닌 내담자를 만나게 된다. 심리치료 이론에 대한 지식과 함께 치료 이론에 내재하는 문화적 가치에 대한 지식은 심리치료자가 다양한 배경을 가진 내담자와 작업하는 데 도움을 준다(Sue & Sue, 2012). 이론을 점검함에 있어 그 이론에 내재된 가치가 어떤 특정 문화의 가치와 부합하는지 물음을 던져보는 것은 도움이 된다. 예를 들어, 어떤 문화가 감정을 다른 사람들에게 드러내지 않는 것을 강조한다면 감정 이해에 일차적인 초점을 두는 이론을 그 문화에 적용하는 것은 어떤 도움이 될 수 있겠는가?

이론은 그 이론을 개발한 사람이 성장한 문화적 배경을 반영한다. 예를 들어, Sigmund Freud는 19세기 말과 20세기 초에 비엔나에서 살았다. 정신분석에 내재된 가치가 Freud가 살았던 문화를 얼마나 반영하는지, 그리고 그것이 얼마나 현대의 다문화 사회에 적용될 수 있는지에 대한 질문은 해 볼 만한 질문이다. Freud가 우리가 사는 사회와 다소 다른 사회에서 살았다는 사실이 그의 이론의 타당성을 저해하지는 않지만 그의 심리치료 이론에 내재한 문화적 가치에 대해 의문을 갖게는 할 수 있다. 이론에 따라 문화에 관심을 기울이는 정도가 다르다. 예를 들면, Carl Jung과 Erik Erikson은 다양한 사회와 문화에 관심이 있었던 것으로 잘 알려져 있다. 현대의 다문화 문제와 가장 관련이 있는 것으로 보이는 심리치료 이론은 여성주의 치료 이론이다. 이 책의 각 장에서 필자는 심리치료 이론별로 다문화 문제에 관한 저서와 연구를 기술하였다. 최근 들어 문화는 인종이나 민족, 출신 국가 이상의 의미를 지니게 되었다(Hays, 2008). 이 책에서는 문화에 대한 초점이 주로 민족적 배경에 주어지지만, 사실 문화라는 말은 나이, 장애, 종교, 사회경제적 지위, 성적 지향, 성(gender)을 포괄한다. 성은 아주 방대한 주제이기 때문에 앞서의 단락에서 언급된 것처럼 별도로 다룬다.

집단 심리치료

집단 심리치료는 한 번에 많은 사람에게 서비스를 제공할 수 있다는 점에서 개인 심리치료보다 좀 더 효율적이라는 장점이 있다. 또한 집단 심리치료는 개인 심리치료가 제공하지 않는 여러 이점을 제공한다. 집단은 그 규모가 다양하지만 보통 6~10명의 구성원과 1~2명의 지도자로 구성된다. 개인 심리치료와 비교해 볼 때 집단 심리치료가 갖는 또 다른 장점은 집단구성원은 효과적인 대인관계 기술을 배우면서 다른 구성원과 새로운 관계 방식을 시도해 볼 수 있다는 점이다(Corey, 2012). 그리고 집단구성원은 종종 동료일 경우가 많기 때문에 어떤 측면에서는 일상에서 부딪히는 사회생활의 축소판 역할을 한다. 집단은 다양한 문제를 지닌 구성원으로 구성되어 있기에 구성원 간의 상호 지지를 통해 문제를 탐색 및 작업할 수 있게 할 뿐만 아니라 구성원이 서로의 욕구나 어려움을 민감하게 보살펴줄 수 있게 한다. 대부분의 집단은 대인관계 기술 개발과 함께 심리적인 문제에 초점을 두기에 본질적으로 치료적이지만, 어떤 집단은 삶에서 필요한 기술을 가르치기 때문에 그 기능상 치료적이라기보다는 교육적인 것으로 볼 수 있다.

이론가들은 집단 심리치료의 가치에 대해 다른 관점을 갖고 있다. 어떤 심리치료자(예: 융학파)는 기본적으로 집단을 개인 심리치료의 한 보조 수단으로 보는 데 반해, 다른 심리치료자(예: 아들러학파, 인간중심, 게슈탈트)는 집단 심리치료를 아주 중요하게 생각하면서 집단 심리치료를 선택할 수 있는 하나의 독립된 처치로 본다. 이 책에서는 주요 이론별로 각 이론이 집단 심리치료에 어떻게 적용될 수 있는지를 설명한다.

윤리

심리치료와 상담의 기본 목적은 심리적인 문제를 지닌 내담자를 돕는 것이다. 효과적인 치료를 위해 심리치료자는 윤리적, 법적으로 적합한 방식으로 행동해야 한다. 정신과 의사, 심리학자, 사회사업가, 정신건강 상담자, 목회 상담자, 정신과 간호사와 같은 정신건강 담당 전문가를 위한 모든 단체는 심리치료자가 지켜야 할 적절한 행동에 대한 윤리 행동 강령을 만들어왔다. 이 윤리 행동 강령은 심리치료자의 행위 중 윤리적인 것과 비윤리적인 것에 대해 상당히 일치된 견해를 보인다. 모든 심리치료자는 자신이 속한 전문가 조직의 윤리 행동 강령을 준수해야 한다. 심리치료자가 내담자의 생활에 도움이 되는 어떤 치료적 접근을 시도할 때 윤리적이어야 한다는 관점은 심리치료 및 상담 이론에 묵시적으로 내재되어 있다.

윤리 문제에 대한 자세한 논의는 이 책의 범위를 벗어나는 것이지만 심리치료자는 윤리적인 문제에 대해 잘 알고 있어야 한다. 예를 들어, 한 가지 중요한 윤리적 사안은 내담자와의 애정적·성적 접촉의 금지이다. 이 사안과 관련된 또 다른 사안은 내담자를 만지거나 잡는 것과 관련된다. 윤리 강령은 치료 장면 밖에서 내담자와 사회적·개인적 관계를 맺는 것을 제한한다. 비밀보장과 내담자에 대한 정보 유출은 윤리 강령에서 언급되는 또 다른 주요한 사안이다. 내담자의 의뢰와 상담 기록의 보존은 또 다른 윤리 강령 사안이다. 여러 가지 어려운 문제를 지닌 내담자를 전문적으로 도울 능력이 있는지는 윤리적으로 고민해 보아야 할 또 다른 사안이다. 내담자가 상해를 입히려는 사람을 보호하는 것과 같은 어려운 문제는 상당한 주의가 필요하고 다양한 측면에서 해결책을 강구할 필요가 있다(Werth, Welfel, & Benjamin, 2009). 많은 윤리적인 사안을 깊이 있게 다루는 많은 책들이 있다(Corey, Corey, Corey, & Callanan, 2015; Welfel, 2013). 필자는 이 책에서 어떤 이론과 관련된 구체적인 사안이 있을 경우에만 윤리 문제를 거론한다. 예를 들어, 행동 치료자(8장 참고)가 스스로 어떤 결정을 할 수 없을 만큼 심리적으로 심각한 장애가 있는 내담자를 치료하는 경우가 그것이다. 이 책에서 자주 논의되지는 않지만 심리치료자의 법적이고 윤리적인 행동은 모든 형태의 심리치료를 효과적으로 실시함에 있어 필수적이다.

나의 심리치료 및 상담 이론

지난 35년간 필자는 매주 평균 약 15명의 성인과 청소년 후기 내담자를 치료해왔는데, 대부분은 개인 상담이었지만 부부 상담을 한 경우도 있었다. 심리치료를 할 때 필자는 이 책에서 논의된 치료적 접근에서 제시하는 여러 개념과 기법을 통합적으로 사용해왔다. 필자는 심리치료 이론가, 심리치료자, 심리치료 연구자를 깊이 존경하는데, 왜냐하면 그들은 고통 속에 있는 사람들을 돕는 데 기여하기 때문이다. 이 책에서 논의된 많은 이론들은 필자가 사람들의 고통을 감소시키는 것을 돕는 안내 역할을 해 주었다. 필자 자신도 이론적 개념과 기법에 대해 편견과 선호를 지니고 있지만 다양한 심리치료 이론에 대해 필자가 갖는 깊은 존경은 그러한 편견을 최소화해 주었다.

심리치료자이자 상담자로서 일하며 알게 된 것은, 필자가 내담자들이 겪는 고통에 계속 마음이 움직이고, 그들의 문제에 대해 관심을 갖고 있으며, 그들을 도울 수 있는 기회가 있음에 마음이 설렌다는 것이다. 다른 사람들을 돕는 것과 함께 학생들에게 타인을 돕는 것을 가르치는 것은 필자에게는 참으로 중요하고도 포기할 수 없는 소중한 가치이다.

독자의 심리치료 및 상담 이론

심리치료와 상담에 관심이 있거나 심리치료자나 상담자가 되고자 하는 독자들에게 있어 이 책이 가장 영향력 있는 심리치료 및 상담 이론 중의 일부를 접할 기회를 제공하기를 바란다. 또한 이 책을 읽는 것이 독자 자신만의 고유한 심리치료 접근법을 발달시키는 출발점이기를 바란다. 필자는 독자가 다양한 한 치료적 관점에 개방적이 되라고, 그리고 독자 자신에는 물론 독자가 돕고자 하는 내담자에게 적합한 치료적 접근을 선택하라고 권하고 싶다. 이러한 개방성을 촉진한다는 차원에서 필자는 제반 이론들을 가능한 한 철저히 기술했는데, 17장에서는 각 이론에 대한 요약과 함께 비평을 실었다. 16장에서는 이론을 통합하는 방법들 중 널리 알려진 세 가지 방법을 소개하였는데, 이는 독자가 자신이 선택한 이론을 통합하는 방법을 안내하기 위해서다. 많은 심리치료자에게 있어 자신에게 맞는 어떤 이론을 선택하는 것은 점진적인 과정이자 많은 고민의 결과인데, 무엇보다 가장 중요한 것은 지속적인 심리치료 또는 상담 수련을 통해 자신에게 맞는 이론을 선택하는 것이다.

이론의 적용

실습

이 책에는 학습 정보를 얻고 시험 준비를 하는 데 도움이 되는 많은 방법이 있다. CengageBrain. com은 사용할 수 있는 많은 보조 자료를 제공한다. 디지털 자기 측정 도구는 치료에 대한 당신의 관점이 각 치료 이론과 얼마나 일치하는지 알 수 있게 도움을 준다. 핵심 용어가 정의되어 있고 개념을 학습하는 데 사용할 수 있는 플래시카드가 있다. 대부분의 이론은 「이론의 적용」에서 동영상을 볼 수 있는데, 여기에는 사례에 대한 간략한 기술, 치료자와 내담자의 시연, 사회자와 치료자에 의한 사례의 논의(전체 약 20분)가 포함되어 있다. 이들 동영상에 대한 질문이 네 가지 있는데 모두 답변이 가능한 것으로, 이를 통해 각 이론에 대해 좀 더 많은 것을 배울 수 있다. 답은 컴퓨터 화면의 어떤 표식 옆에 있는 문장에서 찾을 수 있다. 연습 질문 옆의 쪽 번호를 보면 표식의 위치를 알 수 있다. 사례 연구도 있는데 독자는 치료자의 입장에서 이론에 관한 지식을 묻는 질문에 응답하게 되어 있다. 독자는 내담자를 이해하거나 돕는 데 필요한 네 가지 가능한 반응 중 답을 선택하고 선택한 답에 대한 피드백을 받을 수 있다. 또한 치료 이론의 개념을 학습하고 실습하도록 돕는 선다형 퀴즈 문제도 있다. 이들 모든 방법은 독자가 심리치료와 상담 이론을 배우는 데 도움을 주고자 고안되었다.*

---

* 해당 서비스는 유료로 이용하실 수 있습니다.

추천 자료

필자는 각 장별로 이론에 대해 좀 더 배우는 데 가장 도움이 될 것 같은 자료의 목록을 제공하였다. 많은 도서들의 복잡성 수준은 고급이 아닌 중간 정도로 장별로 논의된 많은 주제에 대해 좀 더 자세한 정보를 제공한다. 다음 자료에는 이 개요의 장에서 다룬 중요한 주제에 대한 제안들이 담겨 있다.

American Psychiatric Association(미국정신학회). (2013). 『정신 장애 진단 및 통계 편람(Diagnostic and Statistical Manual of Mental Disorders)』 5판. Washington, DC.

DSM-5로 알려진 이 매뉴얼은 폭넓게 수용되는 심리적, 정신과적 장애를 분류해 기술하고 있다. 각 장애의 구체적인 진단 기준이 열거되고 설명되고 있는데, 이 장에서 논의된 심리 장애에 대한 철저한 설명도 함께 첨부되어 있다.

Nathan P. E., & Gorman, J. M. (Eds.). (2007). *A guide to treatments that work*(효과 있는 처치의 안내)(3rd ed.). New York: Oxford University Press.

이 책은 증거기반 심리 처치와 이를 지지하는 연구에 대한 참고 역할을 한다. 다수의 다양한 심리 장애에 대한 심리치료는 물론 심리 약물 처치에 대한 근거도 제공한다.

Castonguay, L. G., & Beutler, L. E. (Eds.). (2006). *Principles of therapeutic change that work*(효과적인 치료적 변화의 원리). New York: Oxford University Press.

우울, 불안, 성격 장애, 약물 남용의 근거에 대한 연구들이 기술되어 있다. 특수한 처치 요인에 대한 증거 또한 제공된다.

Corey, G., Corey, M., Corey C., & Callanan, P. (2015). *Issues and ethics in the helping professions*(상담 및 심리치료 윤리)(9th ed.). Stamford, CT: Cengage Learning.

이 책의 장들은 치료자의 의무, 치료적 능력, 및 치료자-내담자 관계 문제를 다룬다. 윤리적 문제에 대한 사례도 제공된다.

정신분석

정신분석의 개요

Sigmund Freud가 현재 통용되는 정신분석, 심리치료, 상담에 끼친 영향력은 막대하다. 정신분석은 1930, 40, 50년대에 가장 영향력이 있는 이론이었기 때문에 사실상 이 책에서 포함된 모든 주요 이론가는 Freud의 정신분석 훈련을 받았다. 어떤 이론가는 Freud의 생각을 전적으로 부정한 반면, 많은 이론가들은 최소한 부분적으로는 인간의 발달과 성격 구조에 대한 Freud의 관점에 기초하여 자신의 생각을 발전시켰다. 새로운 이론이 만들어지면, 그 이론의 비교 대상은 Freud의 정신분석 이론이었다.

100여 년이 지나는 동안 Freud의 이론을 따르는 수많은 추종자들이 생겼는데, 그들은 정신분석 이론을 활용하여 상담을 했거나, 정신분석 이론의 확장에 크게 기여했다. 초기부터 정신분석 이론 내부의 변화는 많은 논란과 불협화음을 일으켰다. 그 결과 정신분석은 1939년 Freud가 사망한 이후 크게 변화했다. Freud가 제안한 것들은 정신분석적 사고의 중요한 기틀이 되었다. 예를 들어, 인간의 동기를 고려할 때, 무의식적 과정을 중시하는 점이나 성격에 관해 그가 제시했던 개념(원초아, 자아, 초자아) 등이 그것이다. 정신분석적 관점을 따르는 저자들은 아동기 이후의 심리적 기능을 좌우하는 데 초기 아동기 발달이 중요한 역할을 한다는 점을 받아들였다. 그러나 그들은 아동기 발달 중에서 어떤 측면이 강조되어야 하는지에 대해서는 이견을 보였다.

현대의 정신분석을 이해하기 위해서는 다섯 가지 서로 다른 이론적 지향점을 자각하는 것이 중요하다. 그 다섯 가지는 Freud의 추동 이론, 자아심리학, 대상관계 심리학, 자기심리학, 관계적 정신분석이다. Freud는 유아의 출생 이후 5년간 거치게 되는 심리성적 발달 단계(구강기, 항문기, 남근기) 개념을 제안하면서, 인간의 성격을 결정하는 과정에서 아이가 원래부터 가지고 태어나는 추동의 역할이 중요함을 강조했다. 자아심리학은 각자가 자신이 처한 환경에 적응해야 할 필요성에 주목했는데, 이는 Erik Erikson이 제안한 전 생애 발달 단계 개념에서도 구체화되어 있다. 대상관계 이론가들은 유아와 타인 간의 관계에 대해 특별한 관심을 가졌다. 그들도 Freud처럼 대상(object)이라는 용어를 사용했는데, 그들은 그 용어를 아동기 필요와 욕구를 충족시키거나 아동이 애착관계를 형성할 수 있는 사람이라는 의미로 사용했다. 이와는 달리 자기심리학은 자기에 주목하는 방식의 발달적 변화에 초점을 맞추었다. 관계적 정신분석은 내담자가 타인과 형성하는 관계뿐 아니라 내담자와 상담자가 서로에게 미치는 영향에 대해서도 관심을 가졌다. 대부분의 정신분석 상담자들은 발달에 대한 이와 같은 관점을 공유하고 있지만, 이러한 관점을 자신의 상담에 도입하여 적용하는 정도는 다르다. 이장에서 나는 이 각각의 관점을 기술하고 그들이 정신분석과 정신분석적 상담에 끼친 영향에 관해 설명할 것이다.

정신분석의 역사

Sigmund Freud

정신분석과 Freud의 생각을 이해하려면 Freud가 자신의 삶에서 겪었던 개인적, 지적 영향을 고려하는 것이 도움된다. Freud는 1856년 5월 6일, 당시에는 오스트리아령이었지만 지금은 체코 공화국령에 속하는 모라비아(Moravia)의 작은 마을인 프라이부르크(Freiburg)에서 Amalia와 Jacob Freud의 일곱 자녀 중 첫째 아이로 태어났다. Freud가 태어났을 때 42세였던 Freud의 아버지는 이미 첫 번째 아내와의 사이에 두 아들을 두고 있었다. 양모 상인이었던 아버지는 Freud가 4세 때, 가족을 데리고 좀 더 사업에 유리한 지역인 비엔나로 이주했다. 비엔나의 아파트는 비좁았지만, Freud는 자기만의 침대에서 잠을 자고 또한 학교 공부도 할 수 있는 특권을 누렸다. 나이가 어렸던 그의 어머니는 아들에게 기대가 컸으며 학교 공부를 잘하도록 도왔다. 그는 언어에 능통하여 그리스어, 라틴어, 히브리어와 같은 고전적인 언어뿐 아니라 영어, 프랑스어, 이탈리아어, 스페인어까지 습득했다. 그는 8세에 이미 셰익스피어의 작품을 읽었다. 초등학교 때 그는 학급에서 자주 1등을 했다. 그 후 그는 1866~1873년에 스페를김나지움(중등학교)에 다녔으며 최우등으로 졸업했다(Ellenberger, 1970).

1873년 겨울, 그는 비엔나 대학에서 의학을 공부하기 시작했고 8년 후 학위를 받았다. 보통 의학에서의 학위는 5년 정도 걸리지만, 당시 유명한 생리학자였던 Ernst Brucke에게 수련감독을 받는 데 6년을 보냈고, 오스트리아 육군에서 1년간 군 복무를 했기 때문에 졸업은 지체되었다. Brucke와 함께 지내면서 그보다 40년이나 연상이었던 Josef Breuer와 친한 사이로 지냈는데, Breuer는 Freud에게 히스테리 같은 복잡한 질병을 소개해 주었다. 승진이나 재정 전망이 좋아 보이지 않았기 때문에 Freud는 Brucke의 생리학 연구소를 떠나 레지던트 수련 과정을 시작했다. 얼마 지나지 않아 1883년 비엔나 종합병원에서 신경학과 정신의학을 공부했다. 당시 신경학적 질병을 앓는 내담자들을 치료하면서, 당시 코카인의 중독적 특성을 알지 못했던 그는 코카인의 약효를 연구하기 위해 그 약물을 자신에게 투여하는 실험을 했다. 1885년 Freud는 파리를 여행할 기회가 있었고, 거기에서 당시 프랑스에서 유명한 신경학자이자 최면학자였던 Jean Charcot와 함께 4개월을 지냈다. 당시 Charcot는 전이신경증적 반응으로 시각 장애와 후천성 난청, 그리고 심리 장애로 인한 팔과 다리의 마비 증상을 보였던 히스테리 환자들을 연구하고 있었다. 그때 Freud는 Charcot가 히스테리 증상을 치료하기 위해 최면 암시를 사용하는 과정을 관찰했다. 나중에는 치료 전략으로서의 최면의 가치에 대해 그가 의문을 가지게 되었지만, 그가 파리에서 했던 경험은 무의식적인 마음의 중요성과 무의식이 감정과 행동에 영향을 끼쳐 심리적 병리 증상을 만들어내는 과정을 이해하는 데 도움이 되었다.

1886년 비엔나로 돌아온 후, 그는 Martha Bernays와 결혼했다. 53년간의 결혼 생활에서 그들은 6명의 자녀를 낳았는데, 그중 막내였던 Anna는 유명한 아동정신분석 학자가 되어 정신분석의 발달에 크게 기여했다. 결혼한 직후 Freud는 아동병원에서 일하면서 사설 상담소도 개설했는데, 이때부터 서서히 자신의 연구를 발전시켰다. 또한 이때부터 그는 다양한 영역의 전문서적을 탐독하기 시작했다.

물리학, 화학, 생물학, 철학, 심리학, 그리고 그 밖에 여러 학문 영역의 지식은 이후 그의 생각에 큰 영향을 끼쳤다. 무의식적인 과정에 대해 그가 가졌던 관심은 Charcot와 함께했던 일에서뿐 아니라 Nietzsche(1937)나 Spinoza(1952)와 같은 철학자의 사고로부터도 자극을 받아 생긴 것이었다. 과학으로서의 심리학이 발전하면서 Freud는 Wilhelm Wundt와 Gustav Fechner의 저서들도 읽었다. 작가가 되고 싶은 사람은 일관성이나 타당성(Jones, 1953)을 무시한 채 그들의 마음속에 떠오르는 모든 것을 사흘 동안 종이 위에 쏟아낼 것을 제안했던 Ludwig Borne의 영향을 받아 Freud는 자유연상과 같은 정신분석 기법을 발전시킬 수 있었다. Darwin의 진화론이나 Ernst Brucke의 생물학적, 생리학적 지식 역시 그에게 영향을 주었던 과학적 업적이었다. 그가 저술했던 여러 문헌에서 Freud는 물리학, 화학, 생물학(Jones, 1953)으로부터 도출된 과학적 모형을 많이 활용하였다. 과학과 심리학에 대한 그의 지식과 Pierre Janet이나 Hippolyte Bernheim 등에 의해 발전된 신경의학적인 업적에 관한 그의 지식은 정신분석의 발달에 영향을 주었다(Young-Bruehl, 2008).

　　Freud가 정신분석을 발전시키는 과정에서 여러 학자나 정신의학자들로부터 영향을 받았지만, 그것을 새롭게 창조한 사람은 Freud 자신이었다. 초기에 Freud는 신경증 내담자를 돕는 방법으로 최면과 Breuer의 카타르시스 방법을 사용했다. 그러나 Freud는 내담자들이 암시나 최면, 질문에 대해 저항한다는 사실을 발견했다. 그는 눈을 감은 채 긴 의자에 누워 그 어떠한 검열 과정 없이 증상에 집중하여 증상과 관련된 기억을 해내는 '집중(concentration)' 기법을 내담자에게 사용했다. Freud가 내담자의 저항을 감지하면 그는 자신의 손을 내담자의 이마에 얹고 그 기억과 회상에 대해 질문했다. 이후 Freud는 분석 과정에서 덜 적극적인 태도를 취했는데, 그는 내담자에게 자신의 마음에 떠오르는 모든 것을 보고하라고 했고, 이것이 자유연상으로 발전되었다. 이 기법은 최면 상태에서 자신의 감정적인 자료를 모두 보고함으로써 히스테리에서 회복된 내담자인 Anna O.를 치료했던 Josef Breuer와의 토론으로부터 발전되었다. Freud는 이런 절차를 다른 내담자에게도 적용했는데, Breuer와 Freud는 그 결과를 정리하여 『히스테리에 관한 연구(Studies on Hysteria)』(1895)로 발표했다. 그 연구에서 그들은 히스테리 증상은 매우 고통스러운 기억이나 그것과 관련된 감정이 표현되지 않음으로써 발생한다는 가설을 제시했다. 그 후, 잊어버렸던 기억과 그 기억에 관련된 감정을 회상하는 것이 상담자가 치료 과정에서 수행해야 할 중요한 과제가 되었다. 히스테리를 유발하는 외상적인 사건은 성적인 특성을 가지고 있으며, 그것은 내담자의 아동기에 발생했을 것이라는 생각은 Breuer의 것이 아니라 Freud의 것이었다.

　　이러한 생각은 Freud로 하여금 자신의 어린 시절에 대해 스스로 분석하게끔 영향을 끼쳤다. Freud가 자신의 무의식적인 세계를 탐구하면서 그는 감정의 억압을 유발하는 생물학적, 특히 성적인 추동의 중요성을 자각하게 되었다. 이런 자각의 결과, 성격의 의식적인 측면과 무의식적 측면 간의 갈등을 이해하게 되었다. Freud 자신과 내담자의 꿈을 관찰한 결과, 그는 『꿈의 해석(The Interpretation of Dreams)』(Freud, 1900)을 출간했다.

　　『꿈의 해석』은 의사들이나 일반인들로부터 주의를 거의 끌지 못했지만, 그는 자신의 생각에 관심을 보이는 사람들을 모았다. 1902년 Freud 자신의 집에서 '수요심리학연구회(Wednesday Psychological Society)'라는 이름으로 시작한 모임은 1908년 '비엔나 정신분석학회(Vienna Psychoanalytic Society)'로 발전했다. 그동안 Freud는 『일상생활에서의 정신병리(The Psychopathology of Everyday Life)』(1901), 『성에 관한 세 편의 에세이(Three Essays on Sexuality)』(1905b), 『농담, 그리고 그것과 무의식의 관련성(Jokes and Their Relation to the Unconscious)』(1905a)을 발간했다. 성에 대한 그의 저술은 당시의 사고방식과는 잘 맞지 않았기 때문에 여러 사람으로부터 비난을 받았을 뿐 아니라 그는 심지어 의사들이나 일반인들로부터 변태라 거나 음란하다는 평가를 받았다. Freud와 정신분석은 Stanley Hall이 1909년 매사추세츠주 우스터(Worcester)에 있는 클라크 대학에서 그에게 강의 요청을 함으로써 미국에 소개되었 다. 이 강의 결과 『정신분석입문(Introductory Lectures on Psycho-Analysis)』(1917)과 성격에 대 한 생각을 기술한 『자아와 원초아(The Ego and the Id)』(1923)와 같은 책은 많은 사람의 관심 과 주목을 받게 되었다.

Freud는 또한 유아가 부모와 맺는 관계의 중요성에 대해서도 기술했다. 그가 저술 했던 『성에 관한 세 편의 에세이』(1905b)와 『자기애에 대하여: 서론(On Narcissism: An Introduction)』(1914)에서 Freud는 성격의 추동력으로서 성적인 에너지를 포함한 개념인 리비 도에 대한 자신의 견해를 정리하였다. 그는 엄마와 같은 첫 번째 대상과 관계를 맺기 전부터 존재하는 자기성애(autoeroticism)에 대해서도 설명했다(Ellenberger, 1970). 그는 자기 자신에 게 향하는 리비도적(성적인) 에너지와 외부에 존재하는 대상의 대표적 인물에게 향하는 리 비도적 에너지를 구별하는 것이 도움이 된다는 사실을 알았다. 사람이 다른 사람으로부터 에너지를 철회하여 자기 자신으로 향하게 할 때 나르시시즘이 발생하는데, 그것이 극심하 면 심각한 정신병리를 유발한다. 유아 초기의 대상과 맺는 관계와 나르시시즘에 대한 Freud 의 저술은 대상관계 이론과 자기심리학 이론의 기초가 되었다. Freud(1920)는 인간의 기능에 영향을 끼치는 기본적인 추동으로서 성적인 추동의 중요성에 초점이 맞추어져 있던 자신의 이론을 수정했다. 또한 그는 자해나 피학적 행동에서 볼 수 있는 자신으로 향한 공격성의 중 요성을 알게 되었다.

정신분석의 발달을 촉진했던 중요한 요소는 Freud 자신의 저술 자체뿐 아니라 그에게 매력을 느꼈던 다른 정신분석학자들과의 상호작용이었다. 정신분석학자 중 많은 이들은 Freud와 논쟁하고 그에게 동의하지 않았으며, 심지어 그의 곁을 떠났다. 초기 Freud의 생각 을 추종했던 사람들과 학자로는 Karl Abraham, Max Eitingon, Sandor Ferenczi, Ernest Jones, Hans Sachs 등이 있다. 이러한 추종자들은 Freud에게 꽤 충실했고, 상대적으로 오래 Freud 곁에 남아 있었지만, Alfred Adler(4장)나 Carl Jung(3장), Otto Rank 같은 사람들은 심리치료 에 관한 자신의 이론을 개발하면서 Freud와 결별했다. Freud를 떠난 학자들은 이후 Freud보 다 좀 더 사회적이고 문화적인 요소를 강조하는 한편, 생물학적 요인에 대해서는 덜 강조했 는데, 이들을 신프로이트학파라고 한다. 여성의 성에 관한 Freud의 관점에 대항하여 Karen Horney(1937)는 초기 아동기의 외상보다는 문화적 요인과 사람 간의 관계에 관심을 가졌다. Erich Fromm(1955)은 사회 내에서의 집단과 문화적인 변화에 초점을 맞춤으로써 Freud와 꽤 분명하게 차별화했다. 신프로이트학파 중에서 현재 가장 관심을 끄는 학자는 Harry Stack Sullivan(1953)인데, 그가 강조했던 아동기에서의 대인관계 요소와 동년배와의 관계는 정신 분석 이론에 새로운 차원을 부여했다. 이와 같은 이론가들은 정신분석 이론에 새롭고 흥미 로운 점을 첨가하고 대안을 제시했지만, 정신분석 이론가들과는 꽤 차이가 크기 때문에 이 장에서 다룰 정신분석의 범위를 넘어선다.

　　Freud는 그가 16년간 고통을 받았던 구강암으로 1939년에 세상을 떠나기 전까지 생산적인 활동을 지속했다. 그가 82세 되던 해, 그는 나치의 오스트리아 침공을 피하여 비엔나로 이주할 수밖에 없었다. 질병과 33회에 걸쳐 이루어진 턱 및 구강 수술에도 불구하고 Freud는 믿을 수 없을 정도로 생산적인 저술 활동을 지속했다. 그는 『자아와 원초』(1923)라는 문헌에서 마음의 구조와 기능에 대한 자신의 이론을 대대적으로 수정했는데, 이 문헌은 원초아, 자아, 초자아 간의 관계를 강조했다. 그의 수많은 저작물들은 24권으로 구성된 『표준판 프로이트 전집(Standard Edition of the Complete Works of Sigmund Freud)』으로 출간되었다. 많은 저술가들이 그의 생애에 관해서 상세히 묘사했는데, 그중 Ernest Jones(1953, 1955, 1957)가 가장 충실하게 기록했다. Jones의 기록과 Ellenberger(1970), Gay(1988), Demorest(2005), Young-Bruehl(2008) 등의 저서와 더불어 Roazen(2001)이나 Burnham(2012)의 저서는 이 장을 저술하는 데 중요한 자료가 되었고, 관심 있는 독자들에게 추천하고 싶다.

　　Freud뿐 아니라 그를 따르던 정신분석가들 역시 정신분석 이론을 세련화하고 발전시켰다. 그중 한 사람이 Freud의 딸인 Anna는 Freud의 이론 체계에서 외부 현실 세계를 다루는 부분인 자아의 발달을 중점적으로 연구했다. 그녀의 학생이었던 Erik Erikson 역시 외부 세상과 한 개인의 상호작용을 연구했고, 인생 전체를 포괄하는 발달 단계를 설명했다. 그들의 연구 영역을 자아심리학이라고 한다.

　　정신분석의 또 다른 발달 영역은 대상관계 이론학파이다. 이 학파에 속하는 이론가들은 초기 아동 발달 단계에서의 관계, 특히 엄마와 유아 간의 관계에 관심을 기울였다. Donald Winnicott은 엄마와 유아의 관계를 면밀히 관찰하였다. Otto Kernberg는 그러한 관찰을 경계선 성격과 같은 심각한 장애의 치료에 적용하였다. Heinz Kohut은 아동기 자기애의 발달에 대한 자신의 생각뿐 아니라 대상관계 이론에 근거하여 자기심리학을 창시했다. 관계적 정신분석은 아동기에 형성되는 관계의 발달보다는 내담자-상담자 간의 관계를 포함한 여러 종류의 관계의 중요성을 더 강조했다. 많은 이론가들이 정신분석의 발달에 기여했지만, 그중 위에 언급한 사람들이 가장 중요한 사람들이며, 이들에 대해서는 이 장에서 Freud의 성격 이론을 설명한 후 상세히 기술하고자 한다.

Freud의 추동 이론

Freud의 정신분석 이론 체계에 포함된 개념들은 Freud의 이론뿐 아니라 다른 정신분석 이론가들의 작업을 이해하기 위한 참조 체계를 제공한다. 아마도 그가 제안한 개념 중 당시나 현재에 가장 논란이 되는 것은 내적 추동(drives), 그중에서도 특히 성적인 추동의 중요성에 관련된 것이다. 이러한 추동은 심리성적 발달의 각 단계에서 정신분석 이론의 핵심 개념 중 하나인 무의식적인 과정을 거쳐 자주 표현된다. Freud는 아동의 발달 단계를 구강기, 항문기, 남근기, 잠재기 등으로 분류했는데, 이러한 아동이 이 발달 단계를 경험하는 방식은 병리와 정상적 발달 여부에 영향을 끼친다. 성격 구조를 설명하기 위해서 Freud는 이드, 자아, 초자아와 같은 세 가지 개념을 사용했는데, 이들은 심리적 에너지의 표출을 위한 통로에 해당한다. 그들 간의 갈등은 신경증적, 도덕적 또는 실제적 불안을 초래할 뿐 아니라 말의 실수나 꿈과 같은 무의식을 통해 표현된다. 사람은 강력한 생물학적 힘(이드)의 발현을 조절하고 그 힘에 압도되지 않기 위해 자아방어기제를 발달시킨다. 이러한 개념들은 정신분석적인 치료의 기법의 적용 방법을 위해 필수적으로 이해해야 하는데, 이 개념들은 아래에서 계속 설명될 것이다.

추동과 충동

정신분석에서 충동(instincts)과 추동(drives)은 호환되는 개념이지만, 대체로 추동이 좀 더 흔하게 사용된다. 원래 Freud는 자기 보존적인 추동(호흡, 먹기, 마시기, 배설하기 등)과 종의 보존을 위한 추동(성욕)을 구분했다. 성적인 추동으로부터 파생되는 심리적 에너지는 리비도(libido)이다. 그의 초기 저술에서 Freud는 성(sexual)이 사람에게 쾌감을 주기 때문에 인간의 동기는 성적인 특성을 가지고 있다고 생각했다. 그러나 이후 Freud는 리비도를 모든 삶의 충동과 관련되며 쾌락을 추구하고 고통을 피한다는 일반적인 목표를 포함하는 것으로 보았다.

Freud가 60대가 되었을 때, 그는 사람의 공격적 추동을 설명하는 죽음 본능이라는 개념을 제안했다(Mishne, 1993). 공격적 추동이란 다른 사람이나 자신을 해하려는 무의식적 욕구를 포함한다. 때때로 삶의 본능, 즉 에로스(eros)와 죽음의 본능, 즉 타나토스(thanatos)는 갈등을 일으킨다. 이러한 갈등의 예로는 부부가 서로에 대해 느끼는 사랑과 미움을 들 수 있다. 미움이 파괴적인 분노의 형태로 분출되면 공격적 추동(타나토스)이 더 강해진다. 이 두가지 충동은 함께 나타나기도 하는데, 먹는 행위는 우리의 삶을 유지시켜 주는 동시에 씹는 것과 물어뜯는 행위와 같은 공격적인 행위를 포함한다. 군인들은 그들의 공격성을 사회적으로 인정되는 싸움을 통해 표현한다. 스포츠는 신체적 공격성을 좀 더 허용되는 방식으로 분출하는 출구가 된다. 리비도와 공격적 추동은 사람이 자각하거나 의식하지 않은 채 표현된다. Razinsky(2013)는 자신의 저서 『프로이트, 정신분석, 그리고 죽음(Freud, Psychoanalysis, and Death)』을 통해 정신분석에서 죽음의 주제를 다루는 다양한 방식을 소개했다.

의식의 수준

Freud는 의식의 수준을 의식, 전의식, 무의식 등 세 가지 수준으로 구분했다. 의식은 사람이 그 어떤 시점에서건 자각하고 있는 감각이나 경험을 포함한다. 따뜻하거나 차가운 것에 대한 자각, 이 책이나 연필 등에 대한 자각을 예로 들 수 있다. 의식적 자각은 인간의 정신적 삶의 매우 작은 부분이다. 전의식은 사건이나 경험에 대한 기억으로서 조금만 노력하면 쉽게 꺼낼 수 있다. 그 예로는 이전에 보았던 시험, 친구와 했던 전화 내용, 또는 어제 먹었던 맛있는 디저트 등을 들 수 있다. 전의식은 의식적인 마음에서부터 그 크기가 훨씬 큰 무의식까지 다리를 연결하는데, 무의식이란 의식적 마음에 위협적이어서 의식 영역에서부터 밀려난 기억이나 감정을 담아내는 커다란 그릇을 의미한다. 무의식의 예로는 부모에게로 향한 공격성이나 성적인 느낌, 망각된 아동기 외상이나 학대 등이 있다. 그뿐만 아니라 무의식에는 개인이 자각하지 못하는 욕구나 동기를 포함한다. 무의식적인 동기는 개인이 자각할 수는 없어도 이미 그의 사고나 행동 속에 드러나기도 한다.

무의식적 자료를 의식적 자각 수준으로 끌어올리는 것은 가장 중요한 치료적 작업이다. 이 작업은 꿈의 해석을 통해서도 가능한데, 꿈은 다양한 무의식적 욕구와 소망 또는 갈등을 보여 주기 때문이다(Freud, 1900). 말실수나 망각 역시 무의식이 표현되는 예들이다. 어떤 남자가 자신의 아내를 부르는데, 입에서 이전 여자 친구의 이름이 튀어나왔다면, 그 이름은 다양한 소망이나 갈등을 대변한다. 또한 Freud는 유머나 농담도 숨겨진 소망이나 갈등을 표현하는 방식이라고 생각했다(Freud, 1905a). 그뿐만 아니라 내담자가 파괴적 행동을 반복적으로 보일 때, 그것 역시 무의식적 욕구나 갈등이 표현된 것이라고 할 수 있다. Freud에게 있어서 무의식은 가설적으로 추상화된 개념이 아니었다. 그것은 밖으로 드러나 현실세계 속에서 찾아볼 수 있는 것이었다. 의사들이나 과학자들을 대상으로 강의할 때, Freud(1917)는 자신이 만났던 내담자의 꿈이나 행동에서 수집한 무의식적 자료의 예를 많이 언급했다. 아래에 제시된 것은 죽음을 상징하는 무의식적 자료의 예인데, 이것은 환자의 꿈에서 표현된 것이다.

> 내담자는 꿈속에서 매우 높고 가파른, 강철로 만든 다리를 두 사람과 건너고 있었는데, 그 두 사람의 이름은 원래 알고 있었지만 꿈에서 깨면서 잊어 버렸다. 그 두 사람은 갑자기 사라졌고 그는 모자를 쓰고 아래위가 연결된 작업복을 입은 유령처럼 보이는 남자를 보았다. 내담자는 그에게 전보를 전하는 전령인지 물었다. 그는 "아니요."라고 했다. "아니면 마부……?" 그는 "아니요."라고 답했다. 내담자는 계속 질문했고 꿈속에서 두려움을 느꼈다. 꿈에서 깨면서 그는 강철로 된 다리가 갑자기 무너지고 그는 깊은 심연으로 떨어지는 것 같은 환상을 보았다. (Freud, 1917, p.196)

무의식적 자료에 주의를 기울이는 것은 Freud에게 매우 중요했고, 모든 정신분석가에게 핵심적인 과제이다. 심리치료 과정을 소개한 부분에 설명된 대부분의 기법은 무의식적 자료를 의식적 자각 수준으로 올리기 위한 방법이다.

성격 구조

Freud는 성격 구조를 구성하고 있는 세 가지 시스템에 대한 가설을 제시했다. 그 세 가지 시스템은 원초아(id), 자아(ego), 초자아(superego)이다. 이 세 가지에 대해 간략히 설명하면, 원초아는 검열되지 않은 생물학적 힘을 의미하며, 초자아는 사회적 양심의 목소리이고, 자아는 원초아와 초자아 사이에서 이 두 가지를 중재하며 현실을 다루는 합리적인 사고이다. 이것들은 서로 별개의 시스템으로 존재하지 않고 하나의 전체로 함께 기능한다.

원초아 유아가 출생할 때, 유아는 모두 원초아의 덩어리이다. 배고픔, 목마름, 배설과 같은 유전적이고 생리학적인 힘은 유아를 움직인다. 원초아에는 의식적인 자각이 없으며 무의식적인 행동만 있다. 원초아가 작동하는 방식은 쾌락의 원리를 따른다. 원초아만 작동할 경우, 유아나 성인은 모두 쾌락을 추구하고 고통은 줄이려고 한다. 따라서 배가 고픈 유아는 쾌락의 원리에 따라 작동하기 때문에 엄마의 젖가슴을 찾는다.

신생아는 자신의 모든 에너지를 자신의 욕구를 만족시키는 데 쏟는다(쾌락 원리). 그리고 유아는 자신의 욕구를 만족시킬 대상에게 집중(cathect)한다(에너지를 투여한다). 담요나 젖가슴에 대한 집중, 즉 대상 집중(object cathexis)처럼 대상에 에너지를 투여하는 것은 욕구를 만족시키기 위해서이다. 이러한 일차적 과정(primary process)은 욕구의 좌절을 경감할 수 있는 어떤 대상의 이미지를 형성하는 수단이 된다.

엄마의 젖가슴에 대해 유아가 가진 이미지, 즉 배고픔과 갈증을 해소시켜 준다는 이미지는 일차적 과정의 한 예이다. 성인의 일차적 과정은 꿈이나 다른 무의식적 자료에 나타나는 소망적 환상에서 찾아볼 수 있다. 현실로부터 소망이나 환상을 구별하는 것은 자아가 해야 할 과제이다.

자아 자아는 유아 주변의 세계와 유아 내부의 충동이나 욕구 사이에서 그 두 가지를 중재하여 조절해야 한다. 자아는 만족을 지연시키거나 쾌락 원리의 작동을 잠시 중지함으로써 현실 원리를 따른다. 예를 들면, 아동은 음식에 대한 자신의 욕구가 만족되지 않을 때 바로 울어 버리는 대신 음식을 달라고 요청하는 방법을 배운다. 이러한 현실적인 사고는 이차적 과정(secondary process)이라고 지칭하는데, 이것은 일차적 과정을 따라서 환상적 사고를 하는 것과 완전히 대비된다. 현실을 검증하고 계획하며 논리적으로 생각하고 욕구를 만족시키기 위해 계획을 세우는 것 등은 자아가 수행하는 기능이다. 자아는 원초아를 통제하고 제어하는데, 이것을 반에너지 집중(anticathexis)이라고 한다. 이러한 방법으로 우리는 내 마음대로 할 수 없을 때라도 울거나 화에 압도된 행동을 하지 않을 수 있다.

초자아 원초아와 자아가 개인적인 차원이라면, 초자아는 부모의 가치 또는 좀 더 넓게는 사회의 기준을 반영한다. 아동이 부모의 가치를 받아들이면서 자아 이상(ego ideal)이 형성된다. 양심이 부모가 인정하지 않는 행위를 의미한다면, 자아 이상은 부모가 인정하는 행위이다. 따라서 사람은 어떤 행위의 좋고 나쁨을 평가하기 위해 도덕적 규칙이나 가치관을 발달시킨다. 예를 들면, 초자아는 분개함과 같은 강력한 가치 평가를 포함하는데, 이것은 개인의 정치적, 사회적 삶에 큰 영향을 끼친다(Wurmser, 2009). 초자아는 합리성과는 무관하며 완벽함과 이상적인 어떤 것에 집착하여 원초아와 자아가 기능하지 못하게 방해하고, 생리적인 욕구(원초아)와 완벽성으로 향한 현실적인 노력(자아)을 통제한다.

원초아, 자아, 초자아 사이에서 갈등이 발생하면 바로 불안이 뒤따른다. 욕구 충족으로 향한 힘(에너지 집중)과 그 힘의 제어(반에너지 집중) 과정을 거쳐 충동적인 에너지를 특정한 방향으로 몰면서 조절하는 것이 자아와 초자아의 목적이다. 원초아는 욕구로만 구성되어 있다. 원초아가 지나치게 강할 때, 사람은 충동적이거나 탐닉에 빠지거나 심지어 파괴적이 될 수 있다. 초자아가 지나치게 강하면, 사람은 자신을 위해 비현실적으로 도덕적이거나 완벽주의적인 기준(초자아)을 세우고, 결과적으로 자신은 무능력하거나 실패했다고 느낀다. 불안은 이와 같은 원초아, 자아, 초자아 사이의 갈등으로부터 발생한다. 자아가 감지하는 불안은 위험이 임박했으며 그것에 대해 무엇인가 해야 한다는 것을 알리는 신호이다.

Freud(1926)는 불안을 세 가지 유형으로 개념화했는데, 그것은 현실적 불안, 신경증적 불안, 도덕적 불안이다. 낯선 사람이 따라올 때 느끼는 것은 현실적 불안이다. 두려움의 근원은 외적인 세계이며, 이때 경험하는 불안은 그 상황에 적절하다. 반면, 신경증적인 불안과 도덕적 불안은 개인 내면세계에서 유래하는 위협을 의미한다. 신경증적 불안은 어떤 사람이 자신의 감정이나 충동(원초아)을 통제하지 못해, 부모나 다른 권위적인 인물로부터 처벌받을 일을 할까봐 염려할 때 발생한다. 도덕적 불안은 그들이 부모나 사회적 기준(초자아)을 위반할까봐 염려할 때 경험한다. 자아가 불안에 대처하기 위해서는 방어기제가 필요하다.

방어기제

불안을 처리하기 위해서 자아는 그 상황을 다룰 수 있는 방법을 가져야 한다. 자아방어기제는 무의식적으로 현실을 부정하거나 왜곡한다. 그것은 감당하기 어려운 경험이 의식화되지 않게끔 유지한다(McWilliams, 2014). 자아방어기제가 너무 자주 사용되지만 않는다면, 그것은 스트레스를 경감시킬 수 있는 적응적인 기능을 한다. 그러나 지나치게 사용되면, 그것은 병리적인 것이 되며 사람은 현실을 회피하는 패턴을 형성한다. 아래에는 많은 사람들이 일반적으로 사용하는 방어기제의 예를 제시했다(Schultz & Schultz, 2013).

억압 중요한 방어기제 중 하나로 억압(repression)은 불안의 근원이 되며 다른 방어기제의 기초가 된다. 억압은 고통스러운 경험이나 수용할 수 없는 충동을 제거함으로써 고통스러운 생각이나 기억, 감정 등을 의식 차원에서 밀어낸다. 생후 첫 5년의 기간에 발생한 성적 학대와 같은 외상적 사건은 억압되어 무의식적 차원으로 들어가기 쉽다. Freud(1894)는 히스테리성 장애를 가진 내담자를 치료할 때, 그는 내담자가 자신의 외상적 특성을 지닌 성적 또는 다른 경험을 억압해서 손의 마비와 같은 전환 반응(conversion reactions)을 보인다고 생각했다.

부정 부분적으로 억압과 유사한 특성을 가진 부정(denial)은 개인이 생각하거나 느끼는 것, 심지어 보는 것까지도 왜곡하거나 자각하지 않는 방법이다. 예를 들어, 자신이 사랑하는 사람이 자동차 사고로 사망했다는 이야기를 들었을 때, 그는 그 사건이 발생한 것 자체를 부정하거나 사랑하는 사람이 사망했다는 사실을 부정할 수 있다. 어떤 사람이 자신의 신체 이미지를 왜곡하는 것 역시 다른 형태의 부정이다. 거식증이나 저체중 때문에 고통을 받는 사람조차 자신이 뚱뚱하다고 생각할 수 있다.

반동 형성 수용할 수 없는 충동을 회피하는 방법 중 하나인 반동 형성(reaction formation)은 원래의 충동과는 극단적으로 반대되는 행동을 하는 것을 의미한다. 자신을 불편하게 만드는 욕구와 반대되는 행동을 함으로써 사람은 욕구 때문에 초래되는 불안을 직면하지 않아도 된다. 예를 들면, 자신의 남편을 미워하는 어떤 여인은 과도한 사랑이나 헌신적인 행동을 함으로써 남편에 대한 미움 때문에 초래될 결혼생활의 파경이라는 위협적인 상황을 피할 수 있다.

투사 자신이 수용할 수 없는 감정이나 생각의 기원을 타인에게로 돌리는 것이 투사(projection)의 바탕이 된다. 강력한 성적, 파괴적 추동 때문에 위협받을 때 사람들은 파생되는 불안을 수용하는 대신 감정을 타인에게로 돌릴 수 있다. 예를 들면, 불행한 결혼생활을 하는 남자는 자신의 친구들이 모두 불행한 결혼생활을 하고 있어서 자신의 생활과 공통점이 많다고 생각할 수 있다. 이런 방식으로 그는 결혼생활에서 겪는 불편감을 정면으로 다루지 않을 수 있다.

전치 전치(displacement)란 불안해지면 사람들은 그들의 감정을 위험이 될 수 있는 사람이나 대상이 아닌 상대적으로 안전한 사람이나 대상에게 쏟아내는 것을 의미한다. 예를 들면, 어떤 아이가 자신보다 몸집이 큰 아이에게 공격당했을 때, 그는 자신을 괴롭힌 아이에게 대드는 것은 안전하지 않으며, 그렇게 하는 것이 자신의 불안을 경감시킬 수도 없다. 대신 그 아이는 자기보다 몸집이 작은 아이에게 싸움을 걸 수 있다.

승화 승화(sublimation)는 전치와 일면 유사한데, 이것은 욕구(보통은 성적 또는 공격적 욕구)를 좀 더 수용할 수 있는 사회적 행동으로 수정하는 것을 의미한다. 승화의 일반적인 형태는 직접 운동 경기에 참여하거나 열광적인 관중이 되는 것 등이다. 달리기, 태클, 고함치기 등은 어떤 운동 경기에서는 적합한 행동이지만, 대부분의 다른 상황에서는 부적합하다.

합리화 성과가 좋지 않거나 실패, 또는 상실을 설명하기 위해 사람들은 핑계를 만들고, 그렇게 함으로써 자신의 불안을 줄이거나 실망감을 경감시킬 수 있다. 시험을 잘 보지 못한 사람은 자신이 똑똑하지 못하거나 공부할 시간이 부족했다거나 시험이 불공평했다는 식으로 말할 수 있다. 사실 어떤 때에는 무엇이 현실적이며 논리적인 이유이고 무엇이 합리화(rationalization)인지 구별하기 어려운 경우도 있다.

퇴행   퇴행(regression)이란 이전의 발달 단계로 돌아가는 것을 의미한다. 스트레스가 있을 때, 사람은 이전에는 적절했을지 몰라도 현 발달 단계에서는 미성숙한 행동을 할 수 있다. 학교에 첫 등교하는 날 아동이 부모에게 매달리거나 손가락을 빨거나 울거나 좀 더 안전했던 시기로 돌아가려고 하는 것은 흔히 볼 수 있는 일이다. 대학생의 경우, 다음 날 두 개의 시험이 있을 때, 공부를 더 하기보다 고등학교 때 즐거웠던 시간을 상상하거나 좀 더 편안하고 안전한 시점으로 돌아가려고 할 수 있다.

동일시   다른 사람의 특성과 닮음으로써 사람들은 자신의 불안이나 다른 부정적 감정을 줄일 수 있다. 경기에서 승리하는 팀과 동일시(identification)함으로써 그는 자신이 그 경기에 아무런 기여도 하지 않았음에도 불구하고 성공했다는 느낌을 가질 수 있다. 교사, 음악가, 운동선수 등과 동일시함으로써 그들은 실제로는 자신에게 없는 어떤 능력을 가지고 있다고 믿을 수 있다. 그렇게 함으로써 사람들은 열등감보다 자신에 대해 만족하고 가치 있다고 느낄 수 있다.

주지화   정서적인 주제가 직접적으로 다루어지기보다 추상적인 사고 과정을 통해 간접적으로 처리되는 것을 주지화(intellectualization)라고 한다. 예를 들면, 자신의 배우자가 이혼하자고 할 때, 그는 자신의 상처와 고통을 다루는 대신 인생의 목적과 관련된 주제에 심취하려고 할 수 있다.

이러한 자아방어기제는 아동기에 발생된 무의식적 경험을 다루는 방법이다. 언제, 어떤 과정을 거쳐 방어기제가 작동하는지는 아래에 논의될 심리성적 발달 단계에서 발생한 사건에 의해 좌우된다.

심리성적 발달 단계

Freud는 성격 발달과 자아방어기제를 비롯한 원초아, 자아, 초자아는 생후 초기 5년간의 심리성적 발달 과정에 따라 좌우된다고 생각했다. 심리성적인 구강기, 항문기, 남근기는 5~6세 이전에 나타나며, 이후 6년 정도는 상대적으로 두드러지지 않는 단계(잠재기)가 된다. 그후, 사춘기가 나타나는 청소년기부터는 성기기가 시작된다. Freud의 이론은 생물학적인 추동과 쾌락 원리에 기초한다. 따라서 그는 발달 단계가 달라짐에 따라 서로 다른 신체 부위가 쾌감의 초점이 된다고 보았다(Freud, 1923). Freud는 유아기에는 일반적인 성적 만족을 신체의 여러 부위를 통해서 경험하다가 만족되는 부위가 점점 성기기로 집중된다고 생각했다.

구강기, 항문기, 남근기에 관한 아래의 설명은 아동 발달 과정에서 성적인 충동이 점점 집중되는 과정을 보여 주고 있다(Ryckman, 2013).

구강기 태어나서 대략 18개월까지의 기간에 나타나는 단계로 구강기 단계는 먹는 것과 입으로 빠는 것에 욕구 충족의 초점이 있으며, 입술, 입, 목 등의 부위가 관련된다. 구강기에는 욕구를 충족하기 위해 엄마에 의존하는 정도, 즉 엄마와의 관계가 극도로 중요하다. 입은 섭취하고 먹는 기능뿐 아니라 붙잡고 물고 뱉고 닫는 기능도 가지고 있다. 먹기와 붙잡는 기능은 이후 구강적 합병(oral incorporation)이라고 지칭되는 성격 특성의 발달과 관련될 수 있다. 물기, 뱉기는 빈정댐, 냉소, 논쟁 등을 포함한 공격적 특성과 관련될 수 있다. 한편 아동이 구강기 단계에서 엄마에게 지나치게 많이 의존하는 것을 배운다면, 아동은 이 단계에 고착되며 성인이 되어서도 지나치게 의존적으로 될 수 있다. 반면, 아동이 부주의나 불규칙한 수유 때문에 불안을 경험한다면 그 아동은 초기 단계뿐 아니라 성인기에도 불안정감을 경험할 수 있다.

항문기 18개월에서 3세 사이에는 항문이 쾌감의 주요 근원이 된다. 몸을 만지거나 배설물을 가지고 장난하는 것과 같은 신체 탐색 과정은 중요하다. 성인이 이러한 행위에 대해 혐오스러운 반응을 하면, 아동은 자존감이 낮아질 수 있다. 이 시기에 아동은 대장 운동의 조절, 배변 훈련으로 인한 부모와의 갈등을 경험하는데, 이러한 경험은 이후의 삶에서 청결이나 질서에 지나친 관심을 보이는(배변 보유 쾌감적) 성격이나 무질서나 파괴성을 보이는(배변 배출 쾌감적) 성격과 관련된다. 아동은 자신의 신체에 대해 조절력을 습득할 뿐 아니라 그들은 다른 사람에 대한 통제력을 가지려고 노력한다.

남근기 3세부터 5, 6세 사이에는 성적 욕구 만족의 근원이 항문에서부터 성기 주변으로 이동한다. 이 시기에는 남성의 성기나 여성의 클리토리스를 만지거나 문지르면 성적인 쾌감을 얻을 수 있다. 거세 불안은 남아가 자신의 성기가 제거될지도 모른다는 두려움에서부터 파생된다. 자위 행위가 파괴적인 것으로 간주되었던 빅토리아 시대에 자위 행위를 중지시키려는 부모의 시도는 남아에게 자신의 성기를 잃을지도 모른다는 두려움을 초래했을 수도 있다. 만약 남아가 옷을 벗은 여성을 이미 본 적이 있다면, 남아는 아마 그 여성이 자신의 성기를 잃었다고 생각할 수도 있다. 여아의 남근 선망(penis envy)이라는 개념은 여아가 자신은 왜 성기가 없는지 궁금해하며, 아마 자신이 뭔가 잘못해서 성기가 없어졌다는 생각을 하는 것을 의미한다. Freud는 이후의 성격 문제는 거세 불안이나 남근 선망에 그 원인이 있다고 믿었다. 부모에 대한 성적인 욕구는 남아의 경우는 오이디푸스 콤플렉스로, 여아의 경우는 엘렉트라 콤플렉스(이 개념은 Freud의 후기 저작물에서는 나타나지 않는다.)로 발달할 수 있다. 고대 그리스의 작가 소포클레스의 한 연극 작품에서 어머니와 결혼하고 아버지를 죽인 후 왕이 되는 한 젊은 청년의 이름에서 유래한 오이디푸스 콤플렉스는 어머니에 대한 성적인 사랑과 아버지에 적개심을 지칭한다. 이와 같은 외상적 경험을 통해 아동은 결국 동성인 부모와 동일시하고 다른 성의 부모에 대해서는 성적인 사랑에서부터 성적인 색조가 없는 사랑으로 변화하며, 나중에는 다른 성에 대한 애정을 발전시킨다. 이러한 방식으로 다른 성에 대한 성적인 느낌이 승화된다. 이 발달 단계에서 겪는 어려움은 성 정체성에 관련된 문제를 유발하며 결과적으로 동성 또는 이성과의 관계에 영향을 미칠 수 있다.

잠재기 오이디푸스 콤플렉스와 관련된 갈등이 해소되면, 아동은 잠재기로 진입한다. 대략 6세에서 12세(혹은 사춘기) 사이에 나타나는 잠재기는 심리성적인 발달 단계가 아닌데, 그 이유는 성적인 에너지(구강기 및 항문기 충동)가 다른 곳으로 유도되기 때문이다. 이 시기에 리비도는 억압되며 아동은 이러한 에너지를 학교, 친구, 스포츠, 취미생활에 투여한다. 성적인 충동이 억압되긴 하지만 이전 단계에 대한 억압된 기억은 여전히 존재하며 이후의 발달에 영향을 끼칠 것이다.

성기기 성기기는 대략 12세 전후의 초기 청소년기에서 시작해서 일생에 걸쳐 지속된다. Freud는 성인기 발달보다는 아동기 발달에 좀 더 관심을 가졌다. 성기기에서 성적인 에너지의 초점은 자기 쾌감(자위)보다는 다른 성에게로 향한다. 다른 성적인 대상에 에너지가 집중되는 성기기와는 반대로 이전의 세 단계(구강기, 항문기, 잠재기)는 자기애에 좀 더 집중된다.

Freud의 심리성적 발달 단계 이론은 다른 정신분석가들로부터 많은 도전을 받았다. 모든 정신분석 이론가들이 무의식의 중요성을 받아들이고 Freud가 제시했던 자아, 원초아, 초자아의 개념을 활용하지만, 그들과 Freud의 가장 커다란 차이는 욕구와 심리성적 발달 단계에 관련해서 드러났다. 또 다른 이론가들은 원초아 기능보다는 자아의 기능, 그리고 유아와 부모 간의 관계의 중요성을 강조했는데, 이와 관련된 내용은 다음 절에서 소개될 것이다.

자아심리학

Freud는 "원초아가 있는 곳에는 반드시 자아가 있을 것이다."라고 말했다. Freud를 추종했던 사람들은 심리성적 추동(원초아)과 사회적이면서 비추동적(nondrive) 동기(자아)를 통합시키는 방법을 발견했다. 정신분석 이론 모형에 이와 같은 요소를 첨가한 이론가로는 Anna Freud와 Erik Erikson이 가장 많이 알려져 있다. Anna Freud는 정신분석을 아동에게 적용했으며 자아방어기제의 개념을 확장시켰다. 자아심리학을 Freud의 발달 이론에 접목시키면서

Erik Erikson은 발달 단계를 성인기까지 확장했으며, 각 단계마다 관련된 사회적이면서도 비심리성적인 동기를 소개했다.

Anna Freud

National Library of Medicine

Anna Freud

Anna Freud(1895~1982)는 유치원 아동을 대상으로 연구했으며, 지금은 안나 프로이트 센터(Anna Freud Center)로 불리는(Target, 2012), 런던의 햄스테드 클리닉(Hampstead Clinic)에서 아동들에게 심리분석적 심리치료를 제공했다. 그녀의 저술에는 정상적인 아동과 문제아동 모두에 대한 내용이 반영되어 있다(Midgley, 2013; Young-Bruehl, 2008). 아동의 발달 과정을 평가할 때, 그녀는 아동의 성적이거나 공격적인 추동뿐 아니라 의존성으로부터 자기 숙달과 같은 다른 유형의 발달을 고려했다. 다양한 행동의 점진적인 발달은 성장선(developmental lines)이라고 지칭되어 왔다. 예를 들면, 그녀는 아동은 다른 아동을 알아차리지 못하는, 세상에 대한 자기중심적(egocentric) 태도에서부터 그들이 실제 관계를 형성할 수 있는 급우로 향한 타인중심적 태도로 어떻게 이전하는지 보여 주었다(A. Freud, 1965). 성장선 개념을 통해 자아의 중요성은 점점 더 많이 강조되었다.

Anna Freud는 원초아뿐 아니라 자아도 정신분석 심리치료의 초점이 되어야 한다고 생각했다(Blanck & Blanck, 1986). 『자아와 방어기제(The Ego and the Mechanisms of Defense)』(A. Freud, 1936)라는 책에서 그녀는 당시 여러 정신분석가에 의해 발견된 10개의 방어기제에 대해 기술했는데, 그 대부분은 이 장의 앞부분에서 이미 논의되었다. 앞에서 논의된 것 외에, 그녀는 '공격자에 대한 동일시'와 '이타주의'를 추가했다. 공격자에 대한 동일시란 어떤 사람이 자신을 공격하고 외상을 입힌 사람의 역할을 적극적으로 취하는 것이며, 이타주의란 '무기력함을 피하는 데 도움이 되는 것'을 의미한다. 그녀는 현실적 상황에 대한 방어에 대해서도 기술했는데, 그것은 동기가 내부에서뿐 아니라 외부 세계로부터도 발생할 수 있다는 점을 지적한 것이다(Greenberg & Mitchell, 1983). 아동 발달을 연구한 경험으로 그녀는 다양한 방어가 어떻게 발달하는지 설명할 수 있었으며 방어기제가 비정상적이거나 부적응적일 뿐 아니라 외부 세계를 다루는 적응적이면서도 정상적인 기능이 있음을 깨달았다.

Erik Erikson

Erik Erikson

Courtesy of Kathleen Olson

Anna Freud의 제자였던 Erik Erikson(1902~1994)은 자아심리학에 많은 기여를 했는데, 그중 가장 중요한 것은 아마도 아동과 성인의 발달을 포괄한 심리사회적 발달 단계에 대한 그의 설명일 것이다. Freud의 심리성적 발달 단계 이론에서 시작해서 그는 개인이 외부 세계와 상호작용하는 과정에서 그 발달 단계가 성장과 발달에 미치는 영향에 대해 설명했다. Erikson이 제시한 8단계는 삶의 중요한 시점에서 적절히 다루어야 하는 위기에 초점을 맞추고 있다. 만약 이러한 위기나 발달 과제를 효과적으로 극복하거나 완수하지 않으면 다른 발달 단계에서 위기에 직면했을 때 어려움을 겪을 수 있다. Freud가 제시한 단계와 달리 하나의 단계는 종결되는 것이 아니라 삶 전체를 통해 유지된다. 예를 들면, 첫 번째 단계인 신뢰 대 불신 단계는 유아기에 시작된다. 이것이 성공적으로 완수되지 않는다면, 이 주제는 삶 전체의 어떤 시점에 영향을 미칠 수 있다.

Erikson이 제시한 8단계의 심리성적 단계는 아래에 간략히 설명되어 있다. 이 단계는 Freud가 제시한 심리성적 발달 단계와 비교될 수 있기 때문에 Freud가 제시한 단계는 Erikson이 제시한 단계 옆의 괄호 속에 표시해 두었다(Ryckman, 2013).

유아기: 신뢰 대 불신(구강기) 유아는 자신의 엄마가 음식과 안전을 제공할 것이라는 신뢰를 형성해야 한다. 그렇게 함으로써 엄마가 잠시 옆에 없더라도 불안이나 분노를 경험하지 않을 수 있다. 이러한 기초적 욕구가 만족되지 않을 경우 대인관계에서 불신이 초래될 수 있다.

초기 아동기: 자발성 대 수치와 의심(항문기) 방광과 대장 운동을 부모로부터 비난받지 않고 자신감 있게 조절할 수 있는 능력이 이 단계에서 필요한 중요한 사건이다(Erikson, 1950, 1968). 만약 부모가 아동을 지나치게 의존하게 만들거나 비판적이면 부모와의 상호의존성은 훼손될 수 있다.

학령전기: 주도성 대 죄책감(남근기) 이 단계에서 아동은 다른 성의 부모와 경쟁하는 것 같은 느낌과, 같은 성의 부모에 대한 분노 감정을 극복해야 한다. 그들의 에너지는 능력감과 주도성으로 집중된다. 그들은 환상에 탐닉하기보다 사회적이고 창조적인 놀이 활동에 참여하는 것을 배운다. 이러한 활동에 참여하는 것을 습득하지 못할 경우, 그 아동은 삶에 주도적인 태도를 가지는 것에 대해 죄책감을 발달시킬 수 있다.

학령기: 근면성 대 열등감(잠재기) 이 시점에서 아동은 학교생활에 필요한 기초적 기술과 성역할 정체성을 습득해야 한다. 아동이 기초적인 인지 기술을 발달시키지 못하면 부적절감이나 열등감을 가지게 될 수 있다.

청소년기: 정체성 대 혼란(성기기) Erikson의 모형에서 핵심적인 이 시기 동안 아동은 자신이 스스로를 이해하는 방식으로 다른 사람들도 자신을 이해할 것이라는 자신감을 발달시킨다. 이 시점에서 청소년은 교육이나 진로와 관련된 목표를 형성해가고 삶의 의미와 관련된 주제를 다룬다. 이러한 과제가 수행되지 않으면, 역할에 대해 혼란스러워 하며, 결과적으로 교육이나 진로와 관련된 목표를 설정하기 어렵다.

초기 성인기: 친밀성 대 고립(성기기) 사회나 직장에서 협력적인 관계가 발달하는데, 이

때 다른 사람과 친밀한 관계를 형성한다. 이것이 완수되지 않으면 소외감이나 고립감이 발달할 수 있다.

성인 중기: 생산성 대 침체(성기기) 사람은 타인과의 친밀성을 넘어 다른 사람이 성장하도록 돕는 책임도 완수해야 한다. 사람이 생산성이나 성취감을 맛보지 못할 경우, 그들은 무관심과 무감동의 상태를 경험한다.

성인 후기: 통합 대 절망(성기기) 사람이 60대(또는 그 이후)에 도달해서 자신의 삶을 잘 살지 못했다는 느낌이 들면, 삶에서 원했던 것을 성취하지 못하는 것에 대해 자책하고 후회할 수 있다. 삶을 성공적으로 영위했을 때 그 사람은 자신이 축적한 삶의 지식을 다른 사람에게 전수한다. Erik Erikson과 64년의 결혼생활을 유지하고 그의 작업에 깊이 관여했던 Joan Erikson은 90세가 되었을 때 아홉 번째의 단계를 추가했다(Erikson, 1997). 그녀는 '혐오 대 지혜'라고 명명할 것을 제안했는데, 80세나 90세에 도달한 사람들이 초월적 노년(gerotranscendence)(Tornstam, 1997)을 향해 발달하는 단계로서, 이 단계에서는 사람들이 물질적이고 합리적인 사고방식에서 마음과 영적인 평화를 추구하는 상태로 이동한다.

이 단계들은 전 생애를 포함하지만, Erikson이 정신분석적 심리치료에 가장 중요하게 기여했던 점은 청소년 및 아동과 함께했던 작업이었다(Schultz & Schultz, 2013). 그는 놀이 치료 영역에서 몇 가지 혁신적인 접근을 개발했고, 많은 상담자와 심리치료자는 그가 제안했던 청소년기의 정체성 위기 개념이 유용하다는 사실을 알게 되었다. 그와 다른 자아 심리학자들의 연구는 자아방어기제와 타인과의 현재 관계, 무의식적 과정에 대비되는 의식적 과정, 그리고 전 생애 발달을 강조함으로써 단기적 상담 모형을 적용하는 상담자나 분석가가 내담자에게 적용할 수 있는 개념적 접근 모형을 제공했다.

대상관계 심리학

이론의 적용

대상관계(object relations)란 아동이 어렸을 때의 주요 타자 또는 사랑의 대상, 특히 엄마와의 사이에서 발달하는 관계를 의미한다. 여기에서 주요 초점은 관계에 대한 외부의 관점이 아니라 그 관계를 아동이 이해하는 방식, 의식적 또는 무의식적으로 내면화하는 방식에 있다. 특히 관심을 끄는 부분은 초기 내면화된 관계가 그들이 성인이 되었을 때에도 영향을 미치고 성격을 형성하는 과정이다. 대상관계 이론가들은 단순히 엄마와 아동의 외적인 상호작용을 검토하는 것이 아니라, 유아와 아동의 심리적, 심리내적 과정을 이론화한다. 그들은 사람들이 엄마로부터 분리하여 독립적인 사람으로 성장하는 과정, 즉 개별화(individuation)라고 불리는 과정에 관심을 둔다. 내면화된 관계를 강조하는 바로 그 점이 심리적 발달 단계에서 자신을 표현하는 내적인 추동을 강조했던 Freud와 크게 다르다. 많은 이론가들은 대상관계를 설명하는 이론적 구성 개념을 개발하고, 대상관계의 발달 단계를 기술했으며, 그들의 연구를 Freud의 추동 이론과 연결시켰다. 가장 영향이 컸던 이론가로는 Balint(1952, 1968), Bion(1963), Blanck & Blanck(1986), Fairbairn(1954), Guntrip(1968), Jacobson(1964), Kernberg(1975, 1976), Klein(1957, 1975), Mahler(1968, 1979a, 1979b), Winnicott(1965, 1971) 등을 들 수 있다. 대상관계 이론에 관한 개괄적인 내용은 Flanagan(2011a)과 Williams(2012)에서 찾아볼 수 있다.

대상관계 심리학의 전반적인 내용에 대해 설명하기 위해, 필자는 Donald Winnicott과 Otto Kernberg가 기여한 점을 제시할 것이다. Winnicott은 아동이 엄마나 타인과의 관계를 형성할 때 발생할 수 있는 문제를 설명하고, 그에 관한 해결책을 제시했다. 좀 더 최근에 들어서 Kernberg는 대상관계의 발달과 그것이 정상적인 행동 및 심리적 장애, 특히 경계선 성격 장애에 끼치는 영향에 관한 유용한 통찰을 제공했다. 이들이 기여한 점에 대해 논의함으로써 발달 초기 아동과 엄마의 관계가 성인기의 성격 발달에 미치는 영향에 관해 광범위하게 설명할 수 있을 것이다.

Donald Winnicott

영국 소아과 의사인 Donald Winnicott(1896~1971)은 대상관계에 대한 체계적인 이론을 제공하지는 않았다. 그러나 "그의 생각은 Freud 이후 정신분석가와 심리치료자들이 치료 실제에서 맞닥뜨리는 공통적이고 중요한 주제를 이해하는 데 그 누구보다 큰 영향을 끼쳤다"(Bacal & Newman, 1990, p.185). 그는 그에게 심리적인 문제에 대해 도움을 구했던 아동과 그들의 가족들을 만나면서 유아와 엄마의 관계를 직접 많이 관찰했다(Abram, 2013; Newman, 2013; Winnicott, 1965, 1975). 전이적 대상(transitional object), 충분히 좋은 엄마(good-enough mother), 그리고 참 자기(true self)와 거짓 자기(false self) 등의 개념은 아동과 성인을 대상으로 도움을 주는 심리치료자가 초기 아동기의 엄마에 대한 애착의 중요성과 그것이 이후 삶에 미치는 영향을 이해하는 데 특히 유용했다.

유아는 그들이 생활하는 세계의 모든 측면을 창조하고 통제하는 것 같은 느낌을 경험하는 상태에서 타인의 존재를 자각하는 상태로 점진적으로 옮겨간다. Winnicott(Abram, 2013; Greenberg & Mitchell, 1983; Newman, 2013)은 헝겊 인형이나 유아가 덮는 담요와 같은 전이적 대상은 그러한 전이과정이 일어나게 하는 방법이라고 생각했다. 이러한 전이적 대상은 전적으로 유아가 환경을 통제하고 있다는 상상에 의한 것도 아니고, 그의 엄마처럼 전적으로 그의 통제 밖에 있는 것도 아니다. 따라서 헝겊으로 만든 토끼 인형에 대한 애착은 유아로 하여금 자신을 전적으로 주관적인 세계 속의 중심으로 느끼는 자리에서부터 다른 사람들 속의 한 사람으로 경험하는 자리로 점차 옮겨가게 한다(Greenberg & Mitchell, 1983, p.195). 성인기에 전이적 대상이나 전이적 현상은 혼자 생각 속에서 유희하거나, 창조적이고 새로운 생각을 발전시키는 형태로 표현될 수 있다(Greenberg & Mitchell, 1983).

　의존적 상태에서 독립적 상태로 옮아가는 건강한 발달을 위해서 부모라는 환경은 매우 중요하다. Winnicott(1965)은 '충분히 좋은'이라는 용어를 사용했는데, 이것은 유아 초기에 유아의 몸짓이나 욕구에 적응하여 그 욕구를 충족시키지만, 나중에 필요할 때에는 점차 독립하도록 돕는 엄마를 지칭한다. 그러나 유아가 좌절을 견디는 법을 습득해야 하는데, 이를 위해 엄마는 완벽하기보다 충분히 좋을 필요가 있다. 만약 엄마가 지나치게 자신의 세계에 빠져 있기만 하거나 유아를 차갑게 대하고 안아 주지 않으면 유아에게 충분히 좋은 엄마는 경험되지 않으며, 참 자기는 발달하지 않을 수 있다. 참 자기는 유아와 엄마 사이의 차별성이 분명한 곳에서 경험할 수 있는 자발성과 실재한다는 느낌을 제공한다. 반면 거짓 자기는 대상관계의 발달 초기에 충분히 좋은 엄마를 경험하지 못할 때 발달할 수 있다(St. Clair, 2004). 거짓 자기를 가진 유아는 엄마에게 순종적이며 본질적으로 그들에게 기대된다고 생각하는 행동을 하며, 그들과 엄마 사이가 적절하게 분리되어 있지 않다. 즉, 이러한 유아는 자신의 자기를 발달시키기보다 엄마의 자기를 받아들였다. Winnicott은 엄마의 불충분한 양육에서 파생되는 거짓 자기는 정신분석에서 성인 내담자가 경험하는 많은 문제의 원인이 된다고 생각했다(Bacal & NewMan, 1990).

　심리치료에 대한 Winnicott의 관점은 대상관계 이론적 접근에 대한 자신의 관점과 일치한다. 그는 내담자로 하여금 자신이 치료에서 관심의 중심이라는 느낌을 가지게 함으로써 거짓 자기를 다루고, 그렇게 함으로써 초기 아동기에 경험한 양육에서 결핍된 것을 수정하는 것이 심리치료 목표라고 생각했다. 조절된 형태의 퇴행, 즉 내담자가 초기 의존적인 상태로 돌아가는 방법이 사용되었다. 그렇게 하기 위해 상담자는 내담자의 원래 모습이 무엇이며 내담자의 주관적 세계에서 사랑 또는 미움의 대상이 되어야 한다. 상담자는 내담자에 대해서 화를 내거나 흥분하지 않으면서 내담자의 비합리성이나 강한 감정 표현을 다루어야 하며 참 자기의 발달을 격려해야 한다(Winnicott, 1958).

Otto Kernberg

1928년 오스트리아 본에서 출생한 Otto Kernberg는 정신분석가인 동시에 훈련과 수련 감독을 제공하는 분석가이면서 교육자, 그리고 생산적인 저술가였다. 현재 생존하고 있으면서 영향력 있는 이론가인 그는 대상관계 이론과 추동 이론을 통합하려고 시도했다(Kernberg, 2013). 그가 역점을 둔 영역은 경계선 성격 장애의 치료와 내담자의 문제를 이해하는 과정에서 (Freud의 추동 이론보다는) 대상관계 이론이 가진 유용성 부분이었다. Margaret Mahler와 Edith Jacobson의 영향을 받은 그는 대상관계의 5단계 모형을 제기했는데, 그 모형이 매우 복잡하기 때문에 이 책에서는 소개하지 않는다. Kernberg의 개념 중 여기에서 소개할 것은 분열이다. 이 개념(이것은 원래 대상관계에 관한 핵심적 연구자인 Melanie Klein에 의해 논의되었다.)은 경계선 성격 장애에 관한 Kernberg의 관점과 연결된다.

분열(splitting)은 공존할 수 없는 감정들을 따로 떼어 놓는 과정을 의미한다. 이것은 정상적인 과정이면서 동시에 방어적인 것이다. 이것은 원치 않는 자기의 일부분이나 타인의 위협적인 부분을 다루는 무의식적인 수단이다. 예를 들면, 자신에게 사탕을 주지 않는 보모를 모든 면에서 나쁘다고 보는 아이는 분열 기제를 사용하고 있다. 그 아이는 보모를 온전한 사람이 아니라 나쁜 사람으로만 본다. 분열은 정신분석이나 정신분석적 심리치료, 특히 경계선 장애를 가진 내담자의 치료 과정에서 자주 관찰되는 방어기제이다. Kernberg(1975)는 분열 기제를 사용하는 내담자의 예를 제시했다.

경계선 성격 장애의 발생 이유를 기술하면서 Kernberg(1975)는 경계선 장애를 가진 모든 내담자는 막대한 정도의 좌절 경험을 가지고 있으며, 그들의 초기 몇 년 동안 공격성을 보였다고 말했다. 만약 한 아이가 성장 초기에 좌절이 많았다면, 아이는 강한 분노를 경험하며 엄마(또는 아빠)를 향해 화를 내면서 행동함으로써 자신을 보호할 것이다. 엄마는 보호하는 충분히 좋은 엄마보다는 위험하고 적대적인 엄마로 보일 것이다. 이러한 초기 발달 때문에 그런 경험을 한 성인은 자신이나 타인의 이미지 속에서 사랑과 분노의 감정을 통합하는 데 어려움을 겪을 수 있다. 이런 방식으로 그들은 상담자를 포함한 타인을 '분리'하여 전적으로 나쁘거나 어떤 때에는 전적으로 좋다고 본다.

대상관계 이론의 주요 개념을 수많은 대상관계 이론가 중에서 한두 사람의 관점만 소개함으로써 대상관계 이론의 복잡함과 깊이를 전달하기는 매우 어렵다. 유아와 엄마 사이의 상호작용에 대한 Winnicott의 통찰이 대상관계 심리학에 끼친 영향이 크기 때문에 정신분석과 심리치료에서 그의 통찰을 적용하는 것은 필수적이다(Abram, 2013). Kernberg의 관점은 특히 초기 아동기 경험과 이후 아동기, 청소년기, 성인기에 발생하는 문제를 연결시키는 데 특히 도움이 된다. 엄마(또는 타인)과 맺는 초기 관계에 대해서 이 이론가들이 강조하는 점은 Kohut의 자기심리학 중에서 발달적 측면과 밀접하게 관련된다.

Kohut의 자기심리학

정신분석 내에서 또 하나의 주요 발전이라고 할 수 있는 영역은 자기심리학이다. 자기심리학은 Heinz Kohut(1913~1981)에 의해 소개되었다. 그가 저술한,『자기의 분석(The Analysis of the Self)』(1971), 『자기의 회복(The Restoration of the Self)』(1977), 『어떻게 분석이 치료적일 수 있는가?(How Does Analysis Cure)』(1984)와 같은 저작은 많은 비평가와 추종자로부터 많은 반응을 이끌어냈다(St. Clair, 2004). Kohut의 연구는 Flanagan(2011b), Goldberg(2011), Terman(2012) 등에 의해 상세히 설명되었다. Kohut의 전기(Strozier, 2001)는 Kohut과 그

의 이론을 설명하고 있다. 자기심리학의 핵심은 자기애(narcissism)를 강조한다는 것인데, Kohut에게 있어서 자기애는 병리적인 조건이 아니라 인간발달 과정의 일부이다. Freud는 자기애를 자기 사랑 또는 자기몰두 때문에 나타나는 타인 사랑 또는 관계형성 능력의 결여로 간주한 반면, Kohut은 자기애를 자신에 대한 사랑이 타인에 대한 사랑으로 발달해가는 과정을 이끄는 주최자라고 생각했다. Kohut의 이론을 이해하는 데 필수적인 개념은 자기(self), 대상(object), 자기대상(selfobject)이다. 자기몰두(self-absorption)(과대자기)와 강력한 힘을 가진 부모의 관심(이상화된 자기)은 4세 이전의 아동 발달 과정에서 발생한다. 초기 발달 단계에서의 어려움은 그 사람이 타인과 관계를 형성하거나 자신을 보는 방식에 영향을 끼친다.

자기나 이와 관련된 개념들은 정신분석의 여러 분파에 의해 서로 달리 규정된다. Kohut은 자신의 내담자를 공감적으로 이해함으로써 자기를 이해하게 되었고(이에 대해서는 이 장의 후반부에 기술될 것이다), 반면 Winnicott은 어린 아동을 체계적으로 관찰함으로써 개인을 설명했다(St. Clair, 2004). 기본적으로 자기란 성장하고 변화하는 구조적 과정이지만 그 과정은 대체로 무의식적이다(Riker, 2010). 그 과정은 핵심적인 목적을 인격에 제공하는 섬세한 과정이며, 삶의 기술과 목표의 패턴을 좌우한다(Wolf, 1988, p.182). Kohut은 연구를 진행하면서 자기라는 개념을 더 많이 사용한 반면, 자아, 원초아, 초자아와 같은 개념은 점점 더 적게 사용했다. 이러한 점에서 그의 연구는 자아나 대상관계를 중시한 정신분석가의 저술들보다 Freud로부터 더 많이 멀어져갔다. 유아기에 자기의 초기 형태는 이상화된 부모의 이미지로 구성된 대상(object)과 '내가 대단하지 않아?'로 표현되는 부분인 과대자기, 즉 주체(subject)로 구성된다. 자기대상(selfobject)은 사랑의 대상이 되는 전체 대상으로서의 사람이 아니라, 개인이 자기의 기능을 아직 수행할 수 없을 때 기능을 대신 수행해 주는 타인에 관한 무의식적 사고나 이미지이다(Riker, 2010). 예를 들면, 엄마의 칭찬을 많이 받은 어린 아동은 자신이 원하면 언제나 장난감을 가지고 놀 수 있는 것처럼 다른 아이에게 반응한다. 이 경우 어머니의 칭찬은 아이의 '자기대상'으로 기능한다(Hedges, 1983; St. Clair, 2004). 왜냐하면, 아이의 정신적인 표상의 세계에서는 자신과 어머니를 구별하지 않기 때문이다.

Kohut은 아동의 발달과정에서 성적인 에너지와 공격적 추동의 역할을 인정하기는 했지만, 자기애의 역할에 좀 더 초점을 두었다. 그는 Mahler처럼 발달 초기에 유아는 자신과 어머니를 구별하지 못하기 때문에 경험하는 전능감을 가진다고 생각했다(St. Clair, 2004). 욕구가 좌절될 때(예: 먹고 싶은데 먹지 못할 때) 아이는 자기가 중요하다는 이미지, 즉 과대자기를 형성한다. 욕구가 충족되면, 아이는 욕구 충족으로 경험되는 완벽성을 자신이 동경하는 자기대상, 즉 이상화된 부모 이미지로 귀속시킨다.

자기감(sense of self)은 아동이 원하는 것을 부모로부터 얻지 못하는 것 같은 사소하고 부모의 공감적 태도를 수반한 좌절을 통해 발달한다. 과장된 자기('나는 내가 원하는 것을 얻을 자격이 있다.')와 이상화된 부모 이미지('나의 부모는 훌륭하다.') 사이의 긴장 상태가 발생한다. 이 두 가지 사이의 긴장은 양극성 자기(bipolar self)를 형성한다. 다시 말하면, 아동은 부모가 자신에게 해주기를 기대하는 것을 하는 것(이상화된 자기대상)과 자신이 원하는 것(과대자기)(Kohut, 1977) 사이에서 선택한다. 어린 아동은 자신이 원하는 것을 얻지 못할 때 불끈하는 울화, 즉 자기애적 분노를 터뜨린다.

지금까지 설명한 것처럼 자기애는 발달을 촉진하는 주최자이며 이러한 분노의 경험은 정상적이다. 이러한 분노 폭발은 거울 자기대상(mirroring selfobject)이 사라지기 때문에 발생한다. 거울 되기는 부모가 아이에게 자신은 아이와 함께 있기 때문에 행복하다는 것을 보여줄 때 이루어진다. 이러한 방법으로 과대자기는 지지되며, 아동은 자기 어머니가 자신을 이해하고 있음을 알고(이때 어머니는 아이의 이미지를 아이에게 반영해 준다), 거울 역할을 하는 부모를 자신의 과대자기 속으로 통합시킨다. 따라서 어떤 의미에서 부모는 아동의 한 부분이며, 거울의 역할을 수행하는 것으로 이해된다(Patton & Meara, 1992).

아동이 어떤 단계에 고착되거나 과대자기 또는 이상화된 자기대상이 정상적으로 발달하지 않을 때, 성인기에 문제가 발생한다. 예를 들면, 반영적(거울이 되는) 어머니를 경험하지 못할 때, 그 아이는 이후에 우울하게 되며, 어렸을 때 경험하지 못한 타인으로부터의 사랑을 지속적으로 찾아다닌다. 어떤 사람들은 부모와 충분한 관계 경험(이상화된 자기대상 경험)을 하지 못하고, 이상적이고 완벽한 배우자나 친구를 찾아다닐 수 있지만, 결국 실패하고 마는데, 그 이유는 그 누구도 그들의 기준을 맞추어 줄 수 없기 때문이다.

Kohut은 심리적인 문제를 자기대상의 장애(selfobject disorders), 또는 자기 장애(self disorders)라고 지칭했다. 적절한 자기대상을 발달시키고, 결과적으로 강한 자기를 발달시키는 과정에서 겪은 문제는 장애를 설명할 수 있는 근거가 된다고 생각했다. 예를 들면, 정신증은 안정된 자기애적 이미지나 안정적인 이상화 대상이 없을 때 발생하는 장애라고 보았다. 그 결과 사람은 이상화 대상(적절한 부모)을 잃어버리지 않고 자신을 보호하기 위해 망상을 발전시킨다. 경계선 성격 장애를 가진 내담자들은 자기의 손상이 심각하지만, 방어기제는 그 개인이 기능하기에 충분할 정도로 적절한 경우로 본다(Wolf, 1988). 자기애적 성격 장애는 과대자기와 이상화된 자기대상은 성격의 다른 부분과 충분히 통합되지 않았고, 자기존중감을 잃은 경우이다(Kohut, 1971).

치료적 접근 측면에서 Kohut은 자기애적 성격 장애와 경계선 성격 장애에 주목했다. 그의 접근은 대체로, 내담자가 과대자기와 이상화된 자기대상의 성공적인 발달을 경험할 수 없었기 때문에 초래된 부적절하고 손상된 자기를 이해하고 그에 대해 공감적 태도를 취하는 것이었다. Kohut은 정신분석을 하면서 내담자들이 Kohut 자신과의 관계에서 자기애적 결핍을 표현한다는 사실을 발견했다. Kohut이 이러한 관계(전이)를 어떻게 경험했는지는 나중에 다시 설명하고자 한다.

관계적 정신분석

정신분석에 대한 또 다른 관점은 Greenberg & Mitchell(1983), Mitchell(1988)의 『정신분석에서 관계적 개념(Relational Concepts in Psychoanalysis: An Integration)』이라는 저작물에서 시작된다. Mitchell과 그의 동료들은 추동 이론이 대상관계 이론이나 자기심리학 이론 같은 초기의 관계 이론과는 다른 성격 이론을 제공한다고 보았다. 사회구성주의에 영향을 받은 관계적 심리치료자들은 내담자의 반응 양식에 자신들이 기여한 부분은 없는지 면밀히 검토했다. 그들은 치료적 중립성은 결코 도달될 수 없다고 생각했다. 오히려 그들은 자신을 정신분석이나 정신분석적 심리치료의 도구로 활용했는데, 그 결과 내담자를 관찰만 한 것이 아니라 그들의 이야기에 대해 자신의 반응을 보여 주었다.

Greenberg(2001)는 관계적 정신분석의 관점을 설명할 때 네 가지의 전제를 내세웠고, 그것을 다른 관점의 정신분석과 구별했다. 첫째, 관계적 정신분석은 각각의 분석가와 심리치료자가 자신의 성격에 기초하여 내담자에게 사적으로 영향을 끼친다는 점을 알고 있다. 둘째, 각각의 분석가-내담자 쌍은 분석가와 내담자 간의 상호작용에 의해 영향을 받는다. 셋째, 치료 장면에서 어떤 일이 발생할지는 예측할 수 없으며, 분석가와 내담자 사이의 상호작용에 의해 영향을 받는다. 넷째, 분석가는 주관적 참여자이며, 객관적이 될 수 없다. 거리를 둔 객관성이란 존재하지 않는다. 이 네 가지 가정을 따르면, 정신분석은 추동, 대상관계, 자기심리학에서 설명된 분석가의 태도보다 덜 권위적이다. 분석가는 유용한 정신분석적 생각을 개발하고 내담자의 변화를 돕기 위해 자기성찰이라는 훈련된 능력을 사용하는 전문적 능력을 활용한다(Aron & Lechich, 2012a; Mitchell, 1998).

Mitchell(2000)은 네 가지 상호작용 양식을 설명했는데, 이 양식들은 관계적 정신분석이 치료적 관계를 이해하는 방식을 보여 준다. 첫 번째 양식은 사람들이, 보편적인 의미에서의 관계를 형성하는 방식(예: 형제간에 어떻게 작용하는지)을 의미한다. 두 번째 양식은 사람들이 자신의 감정을 주고받는 방식(예: 갓난아기를 안아 줌으로써 사랑을 전달하는 것)을 의미한다. 세 번째 양식은 사람들이 각자 자신의 다양한 역할을 이해하고 그에 따라 행동하는 방식(예: 딸이나 엄마의 역할을 하는 것)과 관련된다. 이러한 인식은 의식적일 수도 있고 무의식적일 수도 있다. 네 번째 양식은 상호주관성이다. 상호주관성의 개념으로 정신분석을 이해하면, 분석가와 내담자는 서로 영향을 주고받는 것으로 볼 수 있다. 따라서 여기에서는 2인의 심리학이 존재한다. 이것은 분석가가 내담자에게만 영향을 미치고, 내담자는 분석가에게 영향을 미치지 않는 것으로 보는 전통적인 1인 심리학과는 대비된다.

Mitchell(1999)은 매주 만났던 내담자인 코니(Connie)와의 상담을 아래와 같이 묘사했다. 코니는 Mitchell이 인사할 때 자신의 이름을 부르지 않았다는 것 때문에 화를 내 Mitchell을 놀라게 했다. Mitchell은 이것이 코니의 문제(1인 심리학적 관점) 때문에 나타나는 증상으로 이해하기보다, 그는 이 상황을 분석가와 내담자의 관점, 그리고 그들 간의 상호작용(2인 심리학적 관점)을 검토했다.

Mitchell의 양식: 코니

상담을 시작한 지 1~2개월쯤 되었을 때, 코니는 큰 불편감을 호소하면서 상담을 시작해서 나를 놀라게 했다. 그녀는 이 상담이 어떻게 도움이 되는지 알고 싶어 했다. 그녀는 내가 그녀에게 인사를 하는 방식, 즉 이름도 모르는 이전 내담자가 대기실을 떠나자마자 자신의 이름도 부르지 않고 인사하는 방식이 너무 비인간적이라고 느꼈다. 처음 이 말을 들었을 때, 나는 그녀의 이러한 비난에 잠시 화가 났다. 왜냐하면 그녀가 둔 거리감 때문에 나는 그녀와의 상담에서 어려움을 겪고 있었기 때문이다. 나는 혹시 내가 상담을 시작할 때나 마칠 때 그녀에 대해 정서적 반응을 거의 하지 않음으로써 복수하고 있었던 것은 아닌지 돌아보기 시작했다. 나는 때때로 내담자를 꽤 사무적으로 대하는 경향이 있었다. 그리고 나는 통상적으로 내담자가 와 있다는 사실을 알고 있다는 신호로 '안녕하세요.'라고 인사하고 그들의 이름을 부르지 않은 채 상담실로 들어오라고 말하곤 했다. 우리는 이러한 상호작용에 관한 코니의 경험을 탐색했지만, 그녀는 여전히 화가 나 있었다. 나는 상담실에서든 밖에서든 사람들과 인사할 때 통상적으로 내담자의 이름을 부르지 않는다는 점을 설명했다. 그녀는 나의 태도가 보이는 익명성을 견딜 수 없으며, 때때로 내가 그녀의 이름을 부르지 않으면 상담을 계속할 수 없다고 했다. 우리는 그녀의 이름을 기계적으로 부르는 것은 상식적으로 받아들일 수 없지만, 나 자신에게 진솔할 수 있는 방법을 찾아 보겠노라고 했다. 그리고 나는 그 방법을 찾았다. 나는 그녀의 이름을 즐겨 부를 수 있었고, 나의 인사에 대한 그녀의 반응 역시 이전보다 부드러워졌다. 나는 '자, 이제 작업을 시작합시다.'라고 말하는 것 같은 나의 태도가 약간 압박을 가하는 점이 있다는 것도 깨닫게 되었다. 나는 심지어 다른 내담자들을 맞이할 때나 떠나보낼 때 그들에게 인사하는 방식을 바꾸기 시작했다. 코니와 나는 뭔가 관계에서의 거리와 친밀함, 존재와 상실 등과 관련된 주제에 대해 작업하고 있다는 점을 알게 되었다. 그러한 주제는 그녀의 초기 외상이나 결핍과 무관하지 않으며, 바로 지금 여기의 우리 관계에서도 일어나고 있었다. 만날 때와 떠날 때 새롭게 인사하기 시작한 한두 달 이후부터 코니는 일주일에 한 번만 만나서는 자기가 하고 싶은 이야기를 다 하기에 부족하다고 하면서 일주일에 두 번씩 상담을 하기 시작했다. (Mitchell, 1999, pp.102~103)

다른 형태의 정신분석과는 달리 Mitchell의 주관성과 취약한 부분이 꽤 분명하게 묘사되었다. 상담자의 주관성과 자신에 대한 자각을 강조하는 것은 관계적 정신분석의 전형적인 특징이다.

내담자를 이해하는 과정에서 다섯 가지 접근인 추동 이론, 자아심리학, 대상관계 심리학, 자기심리학, 관계적 정신분석 중 어떤 접근을 얼마나 취하는지는 정신분석가와 심리치료자 간에 큰 차이가 있다. 원래 정신분석은 내담자를 이해하기 위해 Freud의 추동 이론만 사용했다. 그렇게 추동 이론만 적용하는 사람들은 고전적 정신분석가 혹은 전통적 정신분석가라고 불린다. 어떤 정신분석가들은 이 다섯 가지 접근 중 한 가지만 사용하기도 하지만 점점 많은 분석가들은 이러한 접근을 조합하여 적용한다. Pine(1990)의 접근은 내담자를 이해하는 과정에서 네 가지 접근에 초점을 맞추었다. 거기에는 추동 이론, 자아심리학, 대상관계 심리학, 자기심리학적 접근이 포함되어 있지만 관계적 정신분석은 포함되어 있지 않다. Pine(1990)은 네 가지 접근을 이 책에서 설명된 것과 똑같은 방식으로 설명하고 있지는 않지만, 그는 한 회기 내에서 내담자를 이해하기 위해 어떻게 네 가지 접근을 넘나들며 적용하는지 설명했다. 정신분석가와 심리치료자가 내담자의 초기 발달을 어떻게 이해하는지는 치료적 기법의 적용 방식에 큰 영향을 끼친다.

치료를 위한 정신분석적 접근

정신분석가들은 추동 이론, 자아심리학, 대상관계 심리학, 자기심리학, 관계적 정신분석 등과 같이 내담자에 대한 이해방식은 서로 다르지만, 그들이 사용하는 심리치료적 접근은 유사하다. 심리치료 목표의 측면에서 그들은 무의식적 동기에 대한 통찰을 강조한다. 검사를 사용하거나 내담자의 꿈이나 다른 자료들을 경청할 때, 그들은 무의식적 자료를 이해하는 데 역점을 둔다. 정신분석과 정신분석 심리치료 중에서 어느 접근을 취하는지에 따라 그들이 내담자에게 보이는 중립성이나 공감적 태도의 수준이 달라진다. 그러나 이 두 가지 접근 모두 내담자의 무의식적 자료를 이해하기 위해 저항을 다룬다. 이 각각의 주제는 이 장의 치료적 접근 부분에서 더 상세하게 논의할 것이다.

전이의 분석이나 꿈 분석, 역전이 반응(내담자에 대한 상담자의 느낌)의 분석 등은 위에 소개한 다섯 가지 접근으로 이해할 수 있다. 꿈이나 전이, 역전이의 분석에 이 다섯 가지 관점을 적용해 봄으로써 이 접근의 특성과 치료적 자료를 이해하는 방법을 좀 더 명료하게 이해할 수 있을 것이다.

심리치료 목표

정신분석과 정신역동적 심리치료는 사람의 성격이나 인격 구조를 변화시키기 위해 고안되었다. 이 과정에서 내담자는 자신 내면의 무의식적인 갈등을 해소하고 그러한 문제를 좀 더 만족스럽게 다루는 방법을 개발한다. 자기 이해는 정신분석을 통해 아동기 경험을 재구성하고 해석하며 분석함으로써 성취된다. 분석을 통해 증진되는 통찰은 감정과 행동의 변화를 유발한다. 그러나 변화가 없는 통찰은 충분한 목표가 아니다(Abend, 2001). 꿈 분석을 비롯한 여러 가지 방법으로 무의식적 자료를 의식 수준으로 끌어올림으로써 개인은 자신이나 타인에게 그동안 반복적으로 비생산적인 방식을 사용해서 대처해 오던 문제를 좀 더 효과적으로 다룰 수 있다.

무의식적 자료를 탐색함으로써 문제해결을 꾀하는 것은 대부분의 정신분석에서 공통적으로 강조하는 접근이다(Levey, 2012). Freud에 의하면, 사람은 성적이거나 공격적인 추동(원초아 과정)에 대한 자각을 증가시킴으로써 타인과의 상호작용에서 자신의 행동을 통제(자아 과정)하게끔 할 수 있다고 보았다. 자아심리학적 정신분석은 자아방어기제를 이해하고 그것을 외부 세계에 적합하게 긍정적으로 수정하는 것을 강조했다. 대상관계 이론을 적용하는 상담자들은 초기 아동기에서 찾아볼 수 있는 분리와 개별화 주제를 탐색하는 것이 자기나 타인과의 관계를 개선할 수 있다고 보았다. 이와 다소 유사하게, 자기심리학자들은 성인기에 타인과의 관계를 형성할 때 문제를 야기할 수 있는 자기에 대한 몰입 또는 부모에 대한 이상화된 관점의 영향력에 초점을 맞추었으며, 그들은 이러한 초기 경험을 치유하려고 했다. 관계적 정신분석가들은 대상관계적 분석가들이나 자기심리학자들과 유사한 목적을 가지고 있었다. 다만, 이 책에서 그들 간의 차이점은 지나치게 단순하게 기술되었다. 임상 장면에서 정신분석가들은 내담자와 상담할 때, 앞서 기술한 목표 중 몇 가지를 가지고 작업할 수 있다.

많은 정신분석학자들과 정신역동적 심리치료자들은 공유하는 일반적인 목표가 있다 (Gabbard, 2004, 2005). 내담자는 자신의 내면세계에 있는 무의식적인 갈등을 좀 더 효과적으로 해결할 수 있어야 한다. 정신역동적 또는 정신분석적 심리치료의 결과, 내담자는 자신을 좀 더 잘 알고 자신을 좀 더 진실하고(authentic) 실재적(real)으로 느낄 수 있어야 한다. 타인에 대한 자신의 반응을 이해함으로써 내담자는 가족, 친구, 동료와 좀 더 개선된 관계를 가질 수 있어야 한다. 상담이 끝난 후, 내담자는 실제 발생한 사건과 그 현실에 대한 자신의 관점을 구별할 수 있어야 한다. 이러한 목표는 모든 유형의 정신분석에 적용된다.

평가

무의식적 자료는 서서히 드러나기 때문에 가족사, 꿈, 그리고 그 밖의 무의식적 내용에 대한 평가 과정은 분석이나 상담 과정 전체에 걸쳐 계속된다. 어떤 정신분석가는 상담 초기에 구조화된 방식으로 가족사나 사회적 관계에 관련된 배경을 탐색하기도 하고, 또 어떤 분석가는 내담자가 상담에 적합한 사람인지를 평가하기 위해 초기 몇 회기를 할애하거나 실험적인 분석 회기를 진행하기도 한다. 성격 발달에 대한 그들의 이해를 적용함으로써 앞서 설명했던 일, 즉 그들은 무의식적 동기, 초기 아동기 관계에 관련된 주제, 방어기제, 또는 내담자의 문제를 평가하는 데 도움이 될 만한 다른 자료에 대해 듣는 일을 수행한다. 『정신분석적 심리치료자를 위한 평가 지침(A Guide to Assessment for Psychoanalytic Psychotherapists)』(Cooper & Alfilé, 2011)은 정신분석적 평가에 관한 체계적 접근 방식을 제공한다.

어떤 분석가는 평가할 때, 투사 검사나 다른 검사를 사용한다. 아마도 분석가들이 가장 많이 사용하는 검사는 로샤(Nygren, 2004)일 텐데, 그 검사는 내담자들이 감정과 동기를 투사할 수 있는 모호한 자료(잉크 반점)를 제시한다. Freud의 추동 이론에 포함된 개념을 측정하도록 고안된 검사는 블래키(Blacky) 검사인데, 이 검사는 블래키라는 수컷 강아지와 블래키의 어머니, 아버지, 형제가 등장하는 12개의 만화로 구성되어 있다. 측정되는 차원들은 구강 애착, 항문 배출성, 오이디푸스 콤플렉스의 강도 등이 포함된다(Blum, 1949). 상담의 진전 정도를 평가하기 위해 단축형과 확장형 작업 동맹 척도가 개발되었는데, 이것은 치료적 관계를 측정한다(Busseri & Tyler, 2003; Goldberg, Rollins, & McNary, 2004). 작업 동맹 척도는 일차적으로 연구를 위해 사용되지만, 상담자가 내담자의 문제를 평가하는 데에도 도움이 될 것이다.

정신분석, 심리치료, 정신분석적 상담

정신분석, 정신분석적 심리치료, 정신분석적 상담은 기간이나 사용되는 기법 측면에서 서로 다르다. 대체로 정신분석은 내담자가 긴 의자에 누워 있고, 분석가는 그 내담자 뒤에 앉아 있는 장면에서 이루어진다. 피분석가는 분석가를 일주일에 2회, 3회, 혹은 5회도 만날 수 있지만, 가장 통상적으로는 일주일에 4회 정도 분석 회기를 가진다. 정신분석적 심리치료는 서로 얼굴을 마주 본 상태에서 이루어지며, 일주일에 1~3회 정도 만난다. 정신분석적 상담에서는 일주일에 1회 정도 회기를 가진다. 일반적으로 내담자가 자신의 마음속에 떠오르는 모든 생각을 보고하게 하는 자유연상은 정신분석에 비해 심리치료나 상담에서는 덜 사용된다. 정신분석에서 분석가는 무의식과 초기 발달 과정에 대한 탐색이 상대적으로 자유롭게 허용되는데, 때때로 이것은 심각한 장애를 가진 사람들에게는 오히려 효과가 적을 수 있다. 일반적으로 정신분석을 할 때 상담자는 얼굴을 마주보며 심리치료를 할 때보다 적게 말하며 간헐적으로만 명료화하거나 해석을 제공한다. 대부분의 정신분석가는 심리치료를 한다. 무의식적인 과정을 탐색하거나 상담자로부터 제공되는 상호작용에 대한 인내심 등이 정신분석을 선택하려고 할 때 중요한 고려 사항이지만, 이와 동시에 비용에 대한 고려도 중요하다. 일주일에 4회씩 1년간 정신분석을 하려면 약 2만 달러 이상의 비용이 들 수도 있다.

　　정신분석적 심리치료와 정신분석적 상담 간의 차이점은 그 둘과 정신분석 간의 차이보다는 덜 분명하다. 정신분석적 상담에 대한 논의에서 Patton & Meara(1992)는 내담자의 문제를 탐색할 때, 내담자와 상담자 사이에 작업 동맹이 가지는 중요성을 강조했다. 심리치료자처럼 상담자도 제안, 지지, 공감, 질문, 그리고 저항에 대한 직면과 함께, 명료화나 해석과 같은 통찰지향적인 개입을 사용한다(Patton & Meara, 1992). 이러한 기법은 다양한 형태의 상담과 심리치료에서 사용되지만, 자유연상, 꿈과 전이의 해석, 역전이 주제는 정신분석 심리치료의 핵심적 기법이며, 이들에 대해서는 다음 절에서 논의할 것이다.

자유연상

내담자가 분석가로부터 자유연상(즉, 자신이 자각하고 있는 모든 것들을 관련지어보는 것)을 해보라는 요청을 받으면, 내담자는 자신의 무의식적 자료를 꺼내 놓아 분석가로부터 점검을 받는다. 자유연상의 내용은 신체적 감각, 감정, 환상, 사고, 기억, 최근 사건, 분석가 등이 될 수 있다. 내담자를 의자에 앉히지 않고 긴 의자에 눕게 하면 좀 더 자유롭게 연상하게 할 수 있다. 자유연상은 무의식적 자료는 행동에 영향을 주고, 그것을 자유롭게 표현함으로써 의미 있는 자각을 시킬 수 있다는 가정 하에 이루어진다. 분석가는 무의식적 의미를 듣고, 또 불안을 자극하는 자료임을 보여 주는 불일치나 연상을 찾아서 경청한다. 말실수와 생략된 자료 등은 내담자에 대해 상담자가 가지고 있는 지식의 맥락 속에서 해석될 수 있다. 내담자가 자유연상을 하기에 어려움을 겪는다면, 분석가는 가능할 때 이러한 행동을 해석하며, 적절할 때 그 해석을 내담자와 공유한다.

치료적 중립성과 공감

관계적 정신분석에 비해 전통적인 정신분석은 중립성과 공감이 동시에 성취될 수 있는 것으로 본다. 분석가는 내담자의 외부 환경에 속하는 분석가의 특성에 의해 가능하면 적게 영향을 받은 자료를 내담자가 연상해 주기를 원한다. 그래서, 예를 들면 분석가의 휴가에 관해 내담자와 이야기하거나 상담실 내부의 눈에 띄는 곳에 가족 사진을 놓아두는 것은 분석가가 내담자의 무의식적 동기나 감정, 행동을 이해하는 과정을 방해하는 것으로 본다. 분석가가 자기 자신에 대해 개방할 때, 그들은 그러한 개방이 내담자에게 어떤 영향을 끼칠지 면밀히 생각한다. 이렇게 한다는 것이 분석가가 차갑거나 내담자에 대해 관심을 두지 않는다는 것을 의미하지 않는다. 오히려 분석가는 내담자의 경험과 감정에 대해 공감적이다. 사실상 공감은 정신분석의 핵심적 개념으로 이해할 수 있다(Ornstein, 2011). 내담자의 감정에 직접적으로 반응하기(분노, 상처, 행복감 등)보다 내담자의 감정을 이해하고 자유연상을 촉진함으로써, 분석가는 내담자의 전이 관계(분석가에 대한 감정)가 발생하는 것을 허용한다. 아마도 Kohut만큼 정신분석에서 내담자를 관찰하는 방법으로 공감의 중요성을 강조한 사람은 없을 것이다. Hedges(1992)는 1981년 Kohut이 사망하기 직전에 열렸던 한 학술회의에서 내담자의 초기 아동기 양육 욕구에 대해 Kohut의 진술을 예로 제시했다.

이전에 해오던 분석을 갑자기 중단했다가 다시 상담실을 방문한 첫 회기에서 그녀는 긴 의자에 누워 분석을 받고 있는 자신이 마치 딸깍 소리를 내며 뚜껑이 곧 닫힐 것 같은 관 속에 누워 있는 것처럼 느껴진다고 말했다. 그녀는 우울증이 심했으며, 때때로 나는 그녀를 잃을 수도 있으며, 그녀는 결국 자신의 고통에서 벗어나는 방법으로 자살할 것이라는 생각도 했다. 그녀를 분석했던 기간 중 가장 심각했던 시점에서…… 아마 분석을 시작한 후 1년이나 1년 반쯤 된 시점 같은데, 그녀는 아주 위험했고, 나는 '당신이 이야기하는 동안 잠시만이라도 제 손가락을 잡고 있도록 허용하면 어떻겠는지, 아마도 도움이 될 것 같은데……'라고 말하고픈 느낌이 갑자기 들었다. 매우 확신이 없는 방법이었다. 나는 그러한 방법을 좋은 방법이라고 추천하지 않지만 절박했다. 나는 정말 많이 걱정스러웠다. 그래서 자리에서 조금 일어나 그녀에게 손가락 두 개를 내밀었다. 이제 나는 여러분에게 이 이야기의 좋은 점에 대해서 알려 주려고 한다. 왜냐하면 분석가는 항상 분석가로 남아 있기 때문이다. 어쨌든 나는 그녀에게 두 개의 손가락을 내밀었다. 그녀는 손가락을 붙잡았고, 나는 곧바로 해석을 했다. 물론 그녀에게가 아니라 나 자신에게 했다. 그것은 아주 어린 아이가 젖이 나오지 않는 젖꼭지를 치아 없는 잇몸으로 물고 있는 것과 같았다. 그렇게 느껴졌다. 나는 아무 말도 하지 않았다. 그러나 나 자신을 위한 분석가로서 그것에 반응했다. 그것은 더 이상 필요하지 않았다. 나는 그것이 분석의 방향을 바꾸었다고 말하지는 않겠지만, 매우 위험한 상황에서 어렵고 꽉 막힌 파국을 극복하고 그런 방향으로 시간을 벌기에 도움이 되었고, 몇 년 동안 상담이 진행되면서 어느 정도 긍정적이고 성공적으로 분석을 종료할 수 있었다. (Hedges, 1992, pp.209~210)

이 사례는 극적이면서 보기 드문 공감의 예이다. 그러나 이 사례는 대상관계 이론과 자기심리학의 관점에서 Kohut이 내담자를 이해하는 방식과 내담자에 대해 그가 반응하는 방식을 보여 준다.

저항

분석 또는 심리치료 중에서 내담자는 분석 과정에 저항할 수 있는데, 이 과정은 대체로 무의식적이면서 상담 시간에 지각하기, 약속을 잊어버리기, 상담에 대한 흥미를 잃어버리기 등 다양한 형태를 띤다. 어떤 경우 내담자들은 기억하거나 상담 시간에 자유연상을 하는 데 어려움을 겪는다. 다른 경우 그들은 상담 장면 밖에서 과도한 음주나 외도 등과 같은 다른 문제를 보이는 방법으로 저항한다. 저항을 자주 유발하는 근원 중 하나는 전이저항인데, 이는 분석가와 경험하기를 원하거나 두려워하는 상호작용이 실제 발생하는 현상으로서 내담자는 이를 통해 분석가와 맺고 있는 관계를 관리하고 조절한다(Horner, 1991, 2005). 전이저항과 내담자의 지각에 대해 상담자의 개방적 태도를 보여 주는 짤막한 사례는 다음과 같다.

> 내담자: 저는 지난 시간에 당신이 원했지만, 말하지 않았던 제 꿈에 대한 제 자신의 느낌을 이야기하지 않아 당신이 저에게 화가 났다는 것을 느꼈어요. 당신 목소리를 듣고 알아차렸어요.
>
> 상담자: (상담자는 이것은 내담자의 왜곡된 지각이라는 것에 대해 확신하고 있었다.) 제 목소리가 어떠했는지 저는 잘 모릅니다. 하지만 당신이 지각한 것을 당신이 어떤 방식으로 해석했는지가 중요한 것 같습니다.
>
> 내담자: 저는 당신을 기쁘게 하기 위해 정말 열심히 노력했다는 것을 알아차렸어요.
>
> 상담자: 지금까지 오랫동안 이러한 생각이 당신이 저를 대할 때의 태도를 좌우했는지 궁금하네요.
>
> 내담자: 그럼요. 저는 제가 이 방에서 무엇을 해야 할지 모르겠어요. 저는 당신으로부터 오는 메시지를 찾았지요. (Horner, 1991, p.97)

저항을 잘 듣는 것은 아주 중요하다. 저항을 언제 해석할지 여부는 상황의 맥락에 의해 좌우된다.

해석

자유연상, 꿈, 말실수, 증상, 전이 등이 내담자에게 의미가 있으려면 그러한 자료들은 내담자에게 해석되어야 한다. 자료의 성격에 따라서 분석가는 성적으로 억압된 자료나 외상적 또는 불편감을 일으키는 억압된 기억 또는 불만족스러운 양육과 관련된 불편감에 대한 방어를 해석할 수 있다. 정신분석 내의 다양한 이론(예: 추동 이론)을 활용하거나 통합하는 방식으로 해석하는 일은 복잡할 수 있다(Eagle, 2011). 분석가는 그가 하는 해석의 내용뿐 아니라 그것을 내담자에게 전달하는 과정에 대해서도 유의해야 한다(Arlow, 1987). 분석가는 그러한 자료를 수용할 수 있고 그것을 자신의 관점으로 통합할 수 있는 내담자의 준비를 고려해야 한다. 분석이 너무 깊으면 내담자는 그 분석을 수용해서 의식 차원에서 자각할 수 없다. 해석과 관련하여 고려해야 할 또 다른 측면은 내담자가 보여 주는 심리 장애이다. 덜 복잡한 장애와 비교해 볼 때 경계선 성격 장애를 가진 내담자와의 상담에서 해석은 다른 기능을 수행한다(Caligor, Diamond, Yeomans, & Kernberg, 2009). 내담자의 무의식적 자료를 평가하는 방법의 일환으로 상담자는 자신의 무의식적 과정에 조율해야 하는데, 이는 내담자의 무의식적 내용에 조율하기 위해 필수적이다(Mitchell, 2000). 일반적으로 무의식적 자료가 전의식에 가까울수록 내담자는 그것을 수용하기 쉽다.

꿈 분석

이론의 적용

정신분석적 심리치료에서 꿈은 무의식적 자료를 드러내고 해결되지 못한 주제에 관해 통찰을 제공하는 중요한 수단이다. Freud에게 있어서 꿈은 "마음의 무의식적 활동에 관해 지식을 얻을 수 있는 왕도"(Freud, 1900)였다. 꿈 분석을 통해 소망, 욕구, 두려움 등이 밖으로 드러날 수 있다. Freud는 어떤 동기나 기억 등은 자아가 수용할 수 없기 때문에 그것들이 상징적인 형태를 띠고 꿈으로 나타난다고 생각했다. Freud는 꿈이 억압된 원초아적 충동과 자아방어 사이에 이루어지는 일종의 타협이라고 생각했다. 꿈의 내용은 꿈을 꾼 사람이 지각하는 방식에 해당되는 겉으로 드러난 내용과 그 꿈속에 내재된 상징적이고 무의식적 동기를 의미하는 잠재적 내용으로 구분된다. 꿈을 해석할 때, 분석가와 심리치료자는 내담자에게 꿈의 다양한 측면에 관해 자유연상을 하고 꿈의 여러 부분에 의해 촉발되는 느낌을 기억해 보라고 한다. 내담자가 꿈을 탐색하는 과정에서 심리치료자는 그들이 수행하는 자유연상을 점검하고, 그러한 자료가 가지고 있는 억압된 의미를 자각하도록 도움으로써 그들이 가지고 있는 문제에 대한 새로운 통찰을 얻게끔 도와준다. Freud가 억압된 성적이고 공격적인 추동에 초점을 둔 반면, 다른 분석가들은 다른 형태의 꿈 분석을 사용했는데, 그들은 자아심리학, 대상관계 심리학, 자기심리학, 관계적 정신분석 정신분석 접근을 강조했다.

꿈

Mitchell(1988, pp.36~38)은 어떤 꿈 하나를 예로 들면서 꿈 해석에 접근하는 세 가지 다른 방법을 설명했다. 꿈속에서 내담자는 어디로 가는지도 모른 채 지하철을 타고 있었는데, 그녀는 신체적, 정신적으로 괴로운 상태에 있었다. 그녀는 몇 개의 가방과 가죽으로 된 손가방을 들고 있었다. 꿈속에서 그녀는 자신의 주의를 끄는 것이 나타나면, 가방과 손가방을 뒤로 하고 자리를 떠나 그것이 무엇인지 탐색했다. 그녀가 자신의 자리로 돌아왔을 때, 손가방이 사라졌고, 손가방을 잃어버린 자신에게 심하게 화를 냈다. 그 후 심한 두려움이 뒤따랐다.

Freud의 추동 이론을 활용한 해석

다양한 추동이 드러나는 방식을 점검할 것을 강조한다. 꿈속에서 나타나는 여러 가지 물건은 서로 다른 의미를 가지고 있다. 지하의 터널은 항문기적 추동의 상징이다. 기차는 남근의 상징이다. 손가방은 거세를 의미하며, 여성의 성기를 상징한다. 꿈속에서 관계적 측면은 덜 중요하다. 사람들은 그 자체로는 덜 중요하지만, 그들은 추동이나 방어와 관련된다. 꿈속에서 사람들은 욕구나 처벌의 대상이 될 수 있다. 꿈속에서 갈등은 손가방의 분실과 그에 따른 자기비난의 형태로 나타나며, 그것은 처벌에 대한 두려움을 암시한다. 욕구(추동)를 가지는 것과 그 결과 발생하는 일은 꿈에 관해 추동 모형에 기초한 해석에서 중요하다.

대상관계 이론을 활용한 해석

꿈은 꿈을 꾸는 사람이 독자적인 자신을 보는 방식과 타인과의 관계에서 자신을 보는 방식을 알려 주는 것으로 여겨진다. 꿈을 꾼 사람이 타인과 관계를 형성하는 한 가지 방법은 강박적인 충성심인데, 그렇게 함으로써 그녀는 타인과 정서적인 친밀감을 느낀다. 그러나 그녀는 충동적으로 자신의 사적인 흥밋거리를 추구하려는 부분도 있는데, 이 부분은 타인과의 관계를 단절시킬 수 있는 위험이 있다. 그녀가 두려워하는 것은 그녀가 타인의 욕구에 주의를 기울이기보다 자신의 사적인 욕구를 추구하면 자신이 누구이며 타인과의 관계를 형성하는 방법을 모르게 될 것이라는 점이다. 이 주제는 그녀의 분석적 심리치료 과정에 주요 초점이 될 수 있다. 심리치료에서 그녀는 Freud의 이론 모형과는 달리 그녀가 타인(분석가 포함)과 관계를 형성하는 방법을 통해 자신을 이해하기 시작한다.

자기심리학을 활용한 해석

자기심리학에서는 내담자의 자기감(sense of self), 인간으로서의 자신이 누구인지, 내담자의 두려움과 감정 등을 중시한다. 이 접근에서는 내담자가 지나친 염려를 하고 있는지 여부가 중요한 질문이다. 내담자는 자신이 지나치게 충동적일 수 있다는 점 때문에 염려할 수 있다. 또한 자신이 점점 약해지는 것을 염려할 수 있다. 꿈에 나온 손가방은 내담자의 자기이며 그것은 가족들이 그녀를 보는 방식을 반영한다. 그녀는 자신이 가족들로부터 자신의 가치를 인정받기 위해서는 가족에 대해 책임을 짊어져야 한다는 왜곡된 사고방식을 가지고 있을 수 있다. 이러한 관점에서 보면 손가방을 잃어버렸다는 것은 내담자가 있는 그대로의 자기에 대한 감각을 잃어버릴 가능성을 상징한다.

분석가 또는 심리치료자의 관점과 내담자가 가진 문제 및 장애의 특성에 따라 분석가나 심리치료자는 꿈속에 나타난 무의식적 자료를 이해하기 위해 위에 제시한 방법 중에서 선택해서 사용할 수 있다. 또한 자아심리학이나 이 책에서 소개하지 않은 다른 정신분석적 접근, 예를 들어 Sullivan이나 Hornet 등은 꿈에 대해 또 다른 방식을 제시할 수도 있다. Mitchell(1988)은 꿈을 분석할 때 꿈 자체뿐 아니라 반복되는 꿈속에서 발견되는 다양한 변화, 그리고 내담자가 수년간의 분석을 통해 얻게 된 지식 등도 활용할 수 있다고 했다.

전이의 해석과 분석

내담자와 분석가의 관계는 정신분석적 상담에서 빼놓을 수 없는 가장 중요한 부분 중 하나이다(Levy & Scala, 2012). Arlow(1987)는 가장 효과적인 해석은 전이를 분석하는 것이라고 생각했다. 해석을 하고, 그것의 정확성을 평가하는 방법을 습득하는 것은 정신분석적 상담의 훈련 과정에서 매우 중요한 요소이다(Gibbons, Crits-Christoph, & Apostol, 2004). 내담자는 그들이 마치 자신의 초기 관계, 특히 부모에게 했던 것처럼 분석가에게 반응함으로써 그들의 초기 관계를 다루게 된다. 내담자가 3~4세경에 자신의 어머니와 정서적인 갈등을 겪었다면, 그때의 분노는 분석가에게 전이될 수 있다. 내담자가 전이 관계에서 표현되는 부모에 대한 초기 감정을 이겨내도록 돕는 것은 분석가가 해야 할 과제이다. Messer(2013)는 상담자가 전이의 주제를 다루기 위해 치료적 동맹관계를 활용했던 사례에서 통찰과 정서의 중요성을 보여 주었다.

정신분석의 네 가지 접근(추동 이론, 자아심리학, 대상관계 심리학, 자기심리학)은 모두 초기 무의식적 자료를 기초로 전이를 분석한다. 다만, 그 네 가지 접근은 그들이 유념하여 경청하는 것이 무엇인지에 따라 차이가 있다. Pine(1990)은 남성 내담자를 유혹하는 여성 내담자가 등장하는 가설적인 사례에서 그 행동을 네 가지 다른 방식으로 해석할 수 있음을 보여 주었다. 이 예에서 내담자는 "아동기에 아버지와의 관계에서 유혹적이고 성적인 특성을 내포한 정서를 경험했고, 그러한 정서는 그녀를 강하게 흥분시킬 정도였지만, 그녀의 어머니가 옆에 있어서 아버지를 잃은 것 같고 그 결과 심각한 거절을 경험했던 여성"(p.5)으로 묘사된다. 아래에는 서로 다른 네 가지 접근에 따라 서로 다른 분석가의 반응과 각각에 대한 Pine의 간략한 설명이 제시되어 있다.

1. "당신이 하루 종일 다른 사람과 함께 있었다고 말했는데, 그걸 보니 당신의 어머니가 휴가를 떠났고, 당신은 여기에서 유혹적이 되어도 안전하다고 느끼는 것 같군요. 제

생각에는 제가 당신 아버지처럼 당신 곁을 떠나 당신의 어머니와 함께하려 하지는 않을 사람이라는 것을 당신이 이해하게 된 것 같습니다." (추동 이론: 성적인 추동, 아버지와 함께하고자 하는 소망이 해석되었다.)

2. "당신의 어머니가 당신에 대해 비판적이었던 상황에 대해 다시 이야기를 꺼내고 있다는 것을 당신이 갑자기 알아차리게 되는 일은 자연스러운 일이지요. 제 생각에는 당신이 지금 제게 유혹적이었음을 비난하는 것 같네요. 그리고 당신이 어머니를 이 방에 데리고 옴으로써 당신과 저 사이에 아무런 일도 일어나지 않게 하려고 하는 것 같습니다." (자아심리학: 해석의 초점은 유혹 및 유혹으로 인한 죄책감과 관련된 불안에 있다. 해석은 내담자의 방어기제를 중심으로 이루어진다.)

3. "당신은 만약 저와의 관계에서 당신은 흥분되고 유혹적이지만 제가 그에 대해 그만큼의 흥분감으로 반응하지 않았을 때, 당신은 그러한 흥분감에 의해 압도될 것 같은 두려움 없이 당신의 흥분을 감당하기를 바라는 것 같습니다." (대상관계 이론: 해석은 초기 대상관계(부모)에서 있었던 강력한 경험을 다루는 것과 관련된다.)

4. "당신이 깊은 공허감을 느낄 때, 유혹의 감정은 당신의 내면을 꽉 채우고 당신이 살아 있는 것 같은 느낌을 주었습니다. 그렇기 때문에 그러한 느낌은 당신에게 특별히 중요한 것이 되었습니다. 당신의 아버지가 어머니에게로 관심을 돌렸을 때, 당신은 당신이 아버지로부터 성적인 관계가 아니라 치유를 원하고 있었다는 사실을 그가 모르고 있다고 느껴졌겠습니다." (자기심리학: 아버지의 관심이 어머니에게로 돌아갈 때, 과대자기 내에서 겪는 고통스러운 주관적 경험에 초점이 있다.) (Pine, 1990, p.6)

위에서 제시한 네 가지 접근 방법이 모두 해석의 형태를 띠고 있지만, 경청의 대상이 되는 핵심적인 요소에 있어서 네 가지 유형의 심리학적 관점 사이에 미묘한 차이가 있음을 보여 주고 있다. Kernberg(경계선 성격 장애에 대해서)와 Kohut(자기애적 성격 장애에 대해서)은 모두 전이를 그들의 이론적 접근에 통합시켰는데, 이와 관련된 예는 이 장의 뒷부분에 제시되어 있다.

역전이

정신분석적 상담자들은 내담자에 대한 자신의 반응(역전이)에 대해 서로 다르게 접근했다. Moeller(1977)는 역전이에 대해 세 가지 다른 접근 방식을 소개했다. 첫째, 역전이에 대한 전통적인 해석 방법은 그것을 내담자에 대한 비합리적이고 신경증적인 상담자의 반응으로 보는 것이다. 둘째, 역전이를 좀 더 포괄적으로 보면, 그것은 의식과 무의식을 포함하여 내담자에 대한 감정의 총체를 의미한다(Gabbard, 2004). Eagle(2000)은 상담 중에 상담자가 가지게 되는 모든 생각과 감정이 내담자의 내면세계를 반영하는 것으로 가정하지 말아야 한다고 경고한다. 역전이에 대한 세 번째 관점은 역전이를 내담자의 전이에 상응하는 것으로 보는 것이다.

즉, 내담자의 감정은 상담자의 감정에 영향을 끼치며, 그 반대도 성립한다. 이런 방식으로 역전이를 이해하면, 상담자는 '나는 내담자의 어머니가 느꼈음직한 감정을 느끼고 있는 것은 아닌가?'라는 생각을 할 수 있다. 따라서 상담자는 내담자와 그들의 감정, 그리고 그들 사이의 상호작용을 이해(또는 공감)하려고 시도한다. 역전이 주제를 다루는 관점은 매우 다양하다.

관계적 반응

관계적 접근을 따르는 상담자와 분석가는 역전이를 해석하는 것 이상의 작업을 한다. 그들은 상담에서 이루어지는 작업에 영향을 끼치는 주제를 탐구한다. 이와 관련된 사례는 앞에서 소개되었는데, 여기에서 Mitchell(1999)과 코니는 Mitchell이 코니 자신의 이름을 부르지 않는 것에 대한 코니의 염려에 대해 논의했다. 상담자가 이와 같은 것을 할 때, 그들은 2인 심리학 접근 또는 상호주관적 접근을 적용하고 있다는 것을 의미한다. 정신분석적 접근에서 전이와 역전이를 관계적 접근과 연결하는 것은 도움이 될 때가 많다(Rigas, 2012).

정신분석, 정신분석적 심리치료, 정신분석적 상담이 상담 기간이나 상담에서 긴 의자를 사용하는지 여부, 무의식적 자료를 탐색하고 해석할 때 강조하는 부분 등 다양한 점에서 서로 다르지만, 많은 공통점도 가지고 있다. 이 모두는 5세 이전의 관계와 동기가 아동, 청소년 심지어 성인의 현재 기능에 어떻게 영향을 끼치는지를 검토한다. 그리고 일반적으로 그것들은 내담자로 하여금 현재 행동과 중요한 삶의 주제에 대해 통찰하도록 하는데, 그렇게 함으로써 현재 기능에 영향을 끼치는 무의식적 자료에 대한 내담자의 더 많은 자각과 내담자의 행동, 감정, 인지 과정의 변화를 추구한다. 내담자의 문제를 평가하기 위해 투사적 검사나 객관적 검사를 사용할 수도 있지만, 그보다는 내담자의 아동기 발달에 대한 분석가나 상담자의 이론적 고찰을 통해서 분석적 자료를 평가한다. 이러한 자료의 대부분은 일상생활이나 감정, 꿈, 그리고 내담자 생활 속의 다양한 사건에 관련된 자유연상에서 수집한다. 상담 관계가 발전하면서, 분석가나 상담자는 전이(내담자가 상담자와 형성하는 관계로서, 이것은 어렸을 때 부모와의 관계에서 형성했던 관계를 반영하는 것)와 역전이(내담자에 대한 상담자의 반응)를 관찰한다. 꿈을 비롯한 여러 경로를 통해 얻게 된 자료 외에 내담자-상담자 간의 관계에 대한 면밀한 관찰 결과를 해석하고 내담자와 논의함으로써 내담자가 자신의 문제에 대해 통찰하도록 한다.

심리 장애

내담자의 문제를 해결하는 과정에서 정신분석, 정신분석적 심리치료, 정신분석적 상담 간에 일치된 방법을 찾기는 매우 어렵다. 상담 기간, 무의식적 자료를 중시하는 정도, 그리고 정신분석가들 사이의 다양한 의견차 때문에 심리적 문제에 대해 구체적인 절차를 설명하는 것은 어렵다. 필자는 이 절에서 내담자의 문제를 해결하는 다섯 가지 접근과 개념을 예를 들어가며 설명하려고 한다. 다섯 가지 접근이란 추동 이론(Freud), 자아심리학(Erikson), 대상관계(Kernberg), 자기심리학(Kohut), 관계적 정신분석(Mitchell)을 의미한다. 나는 여기에서 각각의 심리적 문제를 해결하기 위한 접근방법을 제시하기보다, 각 이론가별로 그들이 심리적 문제를 다루는 방법을 소개하는 데 초점을 맞추어 소개하고자 한다. Freud가 어떤 젊은 여성과 상담했던 사례는 성에 대한 그의 개념을 히스테리와 관련지어 설명하고 있다. Anna Freud나 Erik Erikson 같은 많은 정신분석가는 정신분석적인 원리를 아동의 치료에 적용했다. 필자는 Erik Erikson이 자아심리학적 관점으로 악몽과 불안 때문에 어려움을 겪는 3세 여아를 어떻게 상담했는지 보여줄 것이다. Otto Kernberg는 대상관계 이론적 관점을 경계선 성격 장애 내담자에게 적용한 사람으로 잘 알려져 있으며, 편집증과 함께 경계선 장애를 보이는 남성 내담자의 사례가 이런 적용방식을 잘 보여 준다. 자기심리학도 많은 심리 장애를 가진 사람들에게 적용되었지만, 그것은 주로 자기애의 발달 과정에 초점을 두고 있다. Kohut이 자기애적 성격 장애를 가진 내담자와 했던 작업은 상담관계에서 발생하는 전이를 이해하여 개념화하는 방식에 대해 많은 통찰을 제공한다. 아래의 예 중에서 Freud와 Erikson의 단기 개입은 정신분석적 상담이라고 칭할 수 있는 한편, Kernberg와 Kohut의 장기적이고 특성상 깊은 수준의 개입은 정신분석적 심리치료의 정의에 부합한다. 또한 나는 우울증 사례를 소개할 것인데, 이 사례는 Mitchell이 샘(Sam)이라는 내담자를 대상으로 관계 모형에 근거하여 정신분석을 실시한 것이다.

히스테리의 치료: 카타리나

Freud의 초기 작업의 대부분은 히스테리 증상을 호소하는 내담자를 대상으로 했다. 그리고 그의 작업은 『히스테리에 관한 연구』(Breuer & Freud, 1895)에 제시된 다섯 사례로 정리되어 있다. 카타리나(Katharina)의 사례는 내담자와 한 회기만 만났던 매우 짧은 상담 작업이었다는 점, 그리고 Freud가 알프스로 휴가를 떠났을 때 있었던 일이라는 점에서 특이하다. 그러나 이 사례는 히스테리 문제에 대한 Freud의 몇 가지 접근 방법을 보여 준다. Freud라는 인물 자체 또는 그가 정신분석에 끼쳤던 영향을 기술한 방대한 문헌에서 그가 내담자에게 보여 주었던 친절함은 자주 누락되곤 한다. 그러나 이 사례에서는 Freud의 친절함이 꽤 분명하게 드러나는데, 이 사례는 초기 외상적 성 관련 사건을 다룰 때 무의식적 과정과 억압이라는 방어기제의 중요성을 잘 보여 주고 있다. 나중에 Freud는 히스테리 장애를 가진 내담자가 '사실'이라고 보고하는 것이 실상은 환상에 불과하다고 믿게 되었지만, 카타리나와의 경험에서는 그렇게 생각하지 않았다. 사실, 1895년 이전의 저작물에서 그는 다음과 같이 말하고 있다.

성적인 트라우마에 기반하고 있는 모든 히스테리 사례의 분석에서 우리는 원래 아동에게 아무런 영향이 없었던 전-성적인(pre-sexual) 시기의 인상도 그 여자아이 또는 결혼한 여성이 성적인 삶에 관해 알게 되는 시점에서는 트라우마와 같은 힘을 가진다는 점을 발견하게 된다. (p.133)

1893년 여름, Freud는 동부 알프스 지역으로 등산을 떠났다. 그리고 그가 산꼭대기에 앉아 있을 때, 18세의 카타리나가 그에게 다가와 그가 의사인지 물었다. 왜냐하면, 그녀는 방문객 명단에서 그의 이름을 발견했기 때문이다. 놀랍게도 그녀는 숨이 차는 현상(이것은 높은 산에 올라왔기 때문에 생긴 현상이 아니었다.)과 목에 뭔가 막혀 있어서 숨이 막힐 것 같은 느낌, 그리고 심한 두통을 호소했다. Freud는 그들이 주고받았던 대화를 기록했다.

"그러한 증상이 어디에서 오는지 알 수 있니?"

"아니요."

"그러한 증상이 언제부터 생겼니?"

"2년 전부터예요. 제가 다른 산에서 이모와 함께 살 때지요(이모는 거기에서 대피소를 운영하고 있었는데, 우리는 18개월 전에 이곳으로 이사했어요). 하지만 그런 일은 지속됐어요."

내가 분석을 시도해야 하는가? 나는 이렇게 높은 산 위에서 최면을 시도할 수 없었지만, 몇 마디 이야기 정도는 할 수 있었다. 나는 요행을 바라는 수밖에 없었다. 나는 여자아이의 경우 불안이 공포의 결과로 나타나는 경우를 자주 보아왔다. 그 공포감은 처녀의 순결한 마음이 처음으로 성이라는 세계를 접했을 때 그 마음을 압도하는 공포감이다.

그래서 나는 말했다: "네가 그 증상이 어디에서 오는지 잘 모른다면, 내가 나의 생각을 이야기해 보려고 하는데, 2년 전 그 당시 너는 어떤 당황스러운 것을 보거나 들었을 것 같아. 아마 네가 보지 않았으면 더 좋았을 어떤 것이지.

"정말, 그래요. 제 숙부가 제 사촌인 프란치스카와 함께 있는 것을 보았어요." (pp.126~127)

당시 Freud는 정신분석을 할 때 여전히 최면을 사용하고 있었다. 물론, 얼마 지나지 않아 최면은 더 이상 사용하지 않게 되었다. Freud가 숙부라고 지칭했던 남성은 사실 카타리나의 아버지였다. Freud는 카타리나의 비밀보장에 관한 권리를 보호하고 싶었기 때문에 그는 이 사례에서 아버지 대신 숙부라고 신분을 바꾸어 기록했으며(1895), 30년이 지나기 전까지 이 사실은 공개되지 않았다. 카타리나가 Freud와 이야기하는 동안 카타리나는 자신이 14세가 되던 해 아버지가 자신에게 성적인 의도를 가지고 그녀에게 다가왔던 몇몇 경험을 이야기했고, 이후 그녀는 아버지가 술에 취했을 때에는 아버지를 밀쳐내야 했다. 아버지가 그녀의 사촌인 프란치스카와 성관계를 하고 있는 것을 보는 순간, 그녀가 보였던 신체적 반응을 통해 Freud는 깨달았다. "그녀는 두 사람이 성관계를 하는 장면이 싫었던 것이 아니라 그 장면 때문에 떠올랐던 기억이 싫었다. 그리고 이 모든 것을 고려해 볼 때, 그녀가 '숙부의 몸을 느꼈던' 그날 밤의 경험에 대한 기억이 이 증상을 만들었다"(p.131). 이것으로 Freud는 그녀가 무의식적으로 심리적 문제를 신체적 증상으로 전환시킨 이유에 대한 결론을 내릴 수 있었다.

> 그녀가 자신의 이야기를 마쳤을 때, 나는 그녀에게 말했다. "이제 나는 네가 그 방을 들여다 보았을 때 네가 무슨 생각을 했는지 알 것 같아. 너는 '숙부가 그날 밤, 그리고 그 이전에도 너와 함께하고 싶었던 경험을 그녀와 하고 있다.'라고 생각했던 거지. 그것이 네가 혐오스러웠던 것 같아. 왜냐하면, 너는 네가 밤에 잠에서 깨어나서 그의 몸을 느꼈을 때의 그 느낌이 기억났던 것이거든."
>
> "정말 그런 것 같아요. 그것이 제가 혐오스러워했던 것이고 제가 그때 했던 생각이에요." 라고 그녀는 대답했다.
>
> "한 가지만 더 이야기해 줄 수 있겠니? 너는 이제 성인이 된 여성이고 그런 일에 대해 모두 알고 있잖아……."
>
> "네 그래요."
>
> "그러면 한 가지만 내게 말해 주면 좋겠다. 네 몸에서 네가 느낌을 느꼈던 부분이 어느 부분이니?"
>
> 그녀는 더 이상 분명하게 답하지 못했다. 그녀는 마치 그녀가 뭔가 들켜서 더 이상 말할 것이 없는 어떤 핵심적인 부분을 인정해야 할 것 같은 사람처럼 당황스러운 듯 미소를 지었다. 나는 그 촉감이 무엇인지 상상할 수 있었고, 그녀는 이후에 그것이 무엇인지 해석을 통해 알게 되었다. 그녀의 표정은 마치 나의 추측이 옳다고 생각하고 있음을 말하는 것 같았다. (pp.131~132)

이 사례는 우리가 사는 시대에서 일어나는 것과는 매우 다르지만, 이와 같은 전환 장애는 요즘에도 발생한다. Freud가 제시한 다른 히스테리 장애 사례는 훨씬 복잡하지만, 원치 않는 성적인 기억 또는 트라우마의 표현이라는 점과 그것을 의식 수준으로 올려 자각하는 것이 Freud가 했던 작업이라는 점에서는 공통적이다.

아동기 불안: 메리

성인의 불안 장애에 대한 정신분석은 세 살인 메리(Mary)에 대한 Erikson의 정신분석과는 매우 다르지만, 여러 가지 개념적인 접근 방식은 유사하다. 이제 막 세 살이 된, "영리하며, 귀엽고, 꽤 여성스러운"(Erikson, 1950, p.197) 메리는 악몽을 꾸었고, 친구들과 놀다가 심한 불안 발작을 일으켰다. 메리의 어머니는 의사의 조언에 따라 아이를 데리고 Erikson을 찾아갔는데, 메리는 '악몽에 대해 이야기를 나누기 위해' 남자 의사를 만나게 될 것이라는 이야기를 들었다. 이 사례는 전체를 이 책에서 논의하기에는 너무 길지만(pp.195~207), 사례 내용 전체에 걸쳐 메리에 대한 Erikson의 부드러우면서 세심한 반응이 잘 드러나 있다. Erikson과 처음 만났을 때, 메리는 팔을 벌려 어머니를 껴안고 있었고, 조금씩 Erikson을 쳐다보았다. 몇

분 후, 어머니는 그 자리를 떠났고, 메리는 인형을 하나 집어 들어 그 방의 다른 장난감들을 툭툭 쳐 보았다. 마지막에는 인형의 머리로 장난감 기차를 바닥으로 밀쳤는데, "기관차가 넘어졌을 때 메리는 갑자기 움직이지 않더니 하얗게 질렸다"(p.199). 그러고 나서 메리는 소파에 기댔고, 그 인형을 자신의 허리에 붙이고 있다가 바닥에 그것을 떨어뜨렸다. 메리는 다시 인형을 집어들었다가 허리에 붙였고 다시 떨어뜨렸다. 마지막에는 메리가 어머니를 향해 소리쳤다. Erikson은 자신의 반응을 다음과 같이 묘사했다.

> 이상하게도 나 역시 그 아이가 성공적으로 소통하고 있다는 것을 느꼈다. 아동과 함께 작업할 때, 초기에는 항상 말이 필요한 것은 아니다. 나는 아이의 놀이가 의사소통을 시도한다고 느꼈다. (p.199)

Erikson은 그 회기를 계속 분석했다.

> 이 놀이 시간에 땅에 떨어져 있던 인형은 처음에는 손발을 연장시킨 도구이자 공격성을 드러내는 도구였다. 그러다가 극도로 불안한 상황에서는 아랫배 부분에서 잃어버린 그 무엇이 되었다. 메리가 남성의 성기를 그렇게 공격적인 무기로 생각하는 것인가? 그리고 메리는 남성의 성기와 같은 것을 갖고 있지 않다는 사실을 극적으로 표현하고 있는 것인가? 엄마의 설명에 따르면, 메리는 어린이집에 다니기 시작하면서 처음으로 남자아이들과 함께 화장실을 가는 경험을 했을 개연성이 크다. (p.200)

여기에서 Erikson은 남근 선망을 지칭하고 있는데, 이것은 Freud가 제안한 것으로서, 어린 여자아이가 자신이 가지고 있던 남근을 잃었고, 그것을 가지고 싶어 하는 바람을 의미한다. 그러나 Erikson은 메리의 발달에서 심리성적인 측면뿐 아니라 심리사회적 발달을 함께 고려했다. 그는 놀이 시간에 메리가 자신의 어머니로부터 자발성을 획득해가는 것과 놀이실에서 장난감을 가지고 놀 때 메리의 주도성, 그리고 인형을 밀면서 놀 때 메리의 공격성을 관찰할 수 있었다.

두 번째 회기에서 메리는 블록으로 자신의 장난감 암소의 요람을 만들기 시작했다. 그 후 메리는 Erikson은 방에 남겨둔 채 엄마를 방 밖으로 내보냈다. 메리는 Erikson에게 함께 놀자고 졸랐고, Erikson으로 하여금 장난감 암소를 입구로 들이밀면서 암소가 말하듯이 소리를 내게 했다. 이렇게 하면서 메리는 매우 즐거워했고, Erikson과 함께 놀고자 했던 메리 자신의 바람을 성취하는 것처럼 보였다. 사실 메리는 자기를 귀찮게 여기는 아버지에게 거절당해왔었다. Erikson은 이 사건을 '아버지 전이'의 한 사례로 보았다(p.204). 이 상황에서 메리는 Erikson에게 적극적으로 지시하면서 놀았는데, 이와 같은 것은 자신의 집에서는 할 수 없었던 것이었다.

Erikson은 메리에게 다른 친구들, 특히 남자아이가 집에 방문하도록 하는 것이 필요하다고 메리의 부모에게 조언했다. 메리는 악몽을 꾸었지만, 나중에는 악몽도 사라졌다. 추수 회기에서 메리는 안정을 찾았고, Erikson이 휴가를 떠날 때 탔던 기차의 색깔에 대해 관심을 보였다. Erikson은 메리가 특히 기관차가 보이는 기찻길까지 아버지와 함께 산책하는 것을 특히 즐거워했다는 사실을 나중에 알게 되었다. Erikson은 기관차가 남근을 상징한다는 점 외에도 불안을 사라지게 했던 아버지와의 사회적 상호작용에 유의하여 이 사례를 설명했다.

경계선 성격 장애: R 씨

Kernberg의 저술이 경계선 성격 장애를 가진 내담자를 대상관계 이론에 근거하여 상담하는 과정에 대해 영향을 끼쳤기 때문에 이 절의 초점은 이러한 어려운 심리 장애에 두고자 한다. 간단히 말하면 Kernberg는 경계선 장애를 4세 이전 아동이 경험한 심각한 좌절과 공격성의 결과라고 생각했다(Kernberg, 1975). 어린 아동이 한쪽 또는 양쪽 부모로부터 심하고 지속적인 좌절을 경험했을 때, 그들은 자신의 공격적 정서를 부모에게 투사하고, 부모에 대한 그들의 이미지를 왜곡함으로써 자신들을 보호한다(St. Clair, 2004). 이러한 일이 발생하면, 부모는 자신을 사랑하기보다 잠재적으로 위협적이며 위험한 인물로 보이는데, 그 결과 나중에 사랑 또는 성적인 관계 역시 양육적이기보다 위험한 것으로 보일 개연성이 크다. 이것은 결국 경계선 장애를 가진 사람을 만들어내기 쉬운데, 그들은 자신과 타인에 대한 사랑과 분노의 이미지를 통합하기 어려우며, 그 결과 그들의 반응을 자신이나 타인에 관해 모두 좋음 또는 모두 나쁨으로 '분열(split)'시킨다. 상담에 관한 Kernberg(1975)의 접근은 상담자로 향한 부정적 전이를 주로 다루는데, Kernberg는 주로 상담 관계를 구조화함으로써 내담자가 상담자에 대한 부정적 전이 감정에 따라 반응하지 않도록 한다. 더욱이 그는 외부 사건을 정확하게 해석하는 능력을 감소시키는 병리적 방어에 대해서도 직면을 시도한다.

성격 장애에 관한 Kernberg의 접근을 이해할 때, 부정적 전이와 관련된 다음의 두 용어를 이해하는 것이 도움이 된다. 전이 정신증(transference psychosis)은 내담자가 어렸을 때 부모와의 관계에서 겪었던 초기 분노와 파괴적 관계에 반응하는 것을 의미한다. Kernberg는 이러한 전이가 상담 초기에 드러나며, 대체로 부정적이고 혼란스럽다는 사실을 알게 되었다. 투사적 동일시(projective identification)란 투사의 초기 형태로서, 내담자는 자신의 성격에서 부정적 측면을 취하여 그것을 다른 사람에게 투사한 후, 그것을 찾아내어 관련을 맺고 무의식적으로 그 사람을 통제하려는 시도를 의미한다. 상담에서 상담자가 투사적 동일시를 체험할 때에는, 원래는 내담자가 가지고 있었는데, 이제는 상담자도 느끼게 되는 감정으로 투사적 동일시를 체험할 개연성이 크다. 투사적 동일시를 상담에 적용하면서 Kernberg(1975, p.80)는 "그것은 마치 내담자가 상담자를 자신의 통제하에 둘 수 있는지 여부에 자신의 모든 삶을 거는 것 같다."라고 했다.

이 사례에서 Kernberg가 적개심과 의심이 많은 내담자와 상담하면서 부정적 전이와 투사적 동일시 개념을 적용하고 있는 것이 잘 드러난다.

R 씨는 40대 후반의 사업가로, 자신과 유사한 수준의 사회경제적 지위 또는 문화적 환경에 속한 여성과는 성관계가 불가능하고, 매춘부나 낮은 사회경제적 지위를 가진 여성하고만 성관계가 가능하다는 점 때문에 상담을 요청했다. 그는 또한 자신이 동성애일지도 모른다는 두려움과 직장에서의 관계 문제를 가지고 있었다. R 씨는 과도하게 음주하는 습관이 있었으며, 그것은 대부분 여성과 성관계를 얼마나 잘 할 수 있는지에 대한 불안과 관련되어 있었다. 그는 아이들을 자주 때릴 만큼 극도로 가학적인 아버지와 우울하고 만성적으로 불평이 많고 순종적이어서, 내담자가 보기에 아이들을 아버지로부터 효과적으로 보호하지 못했던 어머니 밑에서 자랐다. 다섯 형제 중에서 둘째 아들이었던 내담자는 아버지의 공격성과 형의 놀림 혹은 거절의 주요 대상이 되었다. 그에 대한 진단 결과, 심각한 편집적 성격, 경계선적 성격 구조, 강하면서도 억압된 동성애 욕구 등이 드러났다. 치료는 매주 3회씩 정신분석적 심리치료가 적용되었다.

상담하던 어느 날 R 씨는 내가 불친절하고 회기를 시작할 때 인사를 하면서 내가 그를 상담하기 귀찮아하는 인상을 주었다고 했다. 한편 이런 막연한 불만과는 반대로 어느 날에는 내가 길 반대편에서 걸어가는 내담자를 보면서 땅에 침을 뱉었다고 심하게 화를 내고 분개했다.

나는 내가 침을 뱉는 것을 분명히 보았고 그렇게 확신하는지 물었다. 그는 화를 내면서 자신이 확신하고 있고, 내가 마치 그것이 사실이 아닌 척하면 안 된다고 했다. 내가 왜 그런 식으로 그에게 행동했을지에 대해 질문했을 때, 그는 화를 내면서 나의 동기에 대해서는 관심이 없고, 전적으로 불공평하고 나쁜 내 행동에 대해서만 관심이 있다고 했다. 내가 그를 불편해하고 인정하지 않으며, 심지어 그를 싫어한다고 보는 그의 지각이 가학적 아버지와의 관계에서 전이를 촉발시켰다고 해석하려는 나의 노력은 무위로 돌아갔다. 오히려 그는 그의 직장에 있는 모든 사람들이 그렇듯이 내가 그의 아버지처럼 그를 함부로 대할 수 있을 것이라고 했다. 그러고 나서 그는 내가 자신을 보면서 침을 뱉었다는 그의 말에 깜짝 놀라는 척하는 나의 반응(말보다는 어투)에 대해 극도로 분노했다. 그는 나를 구타하고 싶은 충동을 참기 어려우며, 실제 나는 그 시점에서 그가 나를 신체적으로 공격할지도 모른다는 염려도 했다. 나는 그에게 지각은 전적으로 틀렸으며, 나는 그를 본 적이 없고, 길바닥에 침을 뱉는 것으로 보일 만한 행동을 한 적도 없다고 했다. 그리고 나는 내가 그에게 거짓말을 하고 있는지, 아니면 사실을 말하고 있는지 그가 결정해야 할 것이라고 말해야 했지만, 나는 이것이 내가 믿고 있는 것이라고 할 수밖에 없었다. (Kernberg, 1992, pp.235~236)

Kernberg는 그 이후에 그의 설명에 대한 내담자의 행동과 반응에 대해 논의했다.

그가 자신 속에서 인정할 수 없었던(그러면서 그는 나의 행동을 통제하고 그가 두려워했던 공격적 반응을 촉발시킨) 공격성을 내게로 돌리는 것과 자신의 공격성에 대한 두려움을 표현하는 일의 하나로 나를 통제하려는 그의 시도는 전형적인 투사적 동일시를 반영한다. 그러나 이러한 기제를 해석하기보다 나는 내담자와 나 사이에서 보이는 현실 지각 자체의 차이를 강조함으로써 정신증적인 핵심의 존재를 드러냈는데, 이것에 대해서는 그것이 그에게 속한 것인지, 아니면 내게 속한 것인지를 확인하지 않은 채 회기 내에서 분명히 존재하는 정신증적 특성임을 기술했다. R 씨의 반응은 극적이었다. 그는 갑자기 눈물을 터뜨렸고, 자신을 용서해 달라고 했다. 그리고 그는 나에 대한 강력한 사랑을 느꼈으며, 이것이 동성애적인 의미를 가지고 있을지도 모름에 대해 염려하고 있었다고 말했다. 나는 그가 자신의 감정을 드러냄으로써 자신이 비현실적인 현실 지각을 하고 있음을 스스로 이해하게 되었고, 내가 싸움으로 발전시키지 않고 그의 옆에 머물러 있음에 대해 그가 감사하고 있으며, 같은 맥락에서 이제 그는 나를 자신의 아버지와는 반대로 그가 오랫동안 바랐던 이상적이고 따뜻하며 사랑을 주는 아버지로 봄으로써 느끼는 감정을 표현하는 것이라는 것을 내가 알게 되었다고 그에게 말해 주었다. R 씨는 이러한 느낌을 자각했으며, 강한 남자와의 관계에서 자신이 오랫동안 바랐던 것에 대해 이전보다 훨씬 자유롭게 말했다. (pp.236~237)

이 발췌문은 Kernberg가 강력한 분노를 초기 아동기에 생긴 부모와의 부정적 관계가 상담자에 대한 전이로 나타난 것으로 이해하고 있음을 보여 주고 있다. Kernberg는 또한 아동기의 초기 대상관계와 관련된 두 개의 개념, 즉 전이 정신증과 투사적 동일시의 예를 보여 주었다.

자기애적 성격 장애: J 씨

Kohut은 자기애적 성격 장애나 문제는 초기 아동기에 부모로부터 충분한 관심(과대자기)을 받지 못했거나 충분한 존경을 받지 못하는 데서 기인하는 것으로 본다. 자기애적 성격 장애의 원인은 양육의 경험이 부적절함으로써 아동이 자기에 대해 긍정적인 느낌을 발전시키지 못했기 때문이다. 아동이 (보통은 무의식적으로) 부모가 옆에 없었거나 아이에 대해 관심이 없었거나 또는 결함이 있을 때, 아동은 자신을 관계 내에서 자기중심적으로 성장할 수 있다 (Kohut, 1971, 1977).

부모와의 부적절한 관계 경험은 상담 과정에서 거울 되기 또는 이상화라는 두 가지 종류의 전이로 드러난다. 거울 전이에서 내담자는 자신을 완벽한 것으로 보고, 다른 사람, 특히 상담자에게도 완벽함을 전한다. 따라서 거울 전이는 과대자기로 구성된 초기 아동기 주제가 들어나는 것이다. '거울 되기'라는 용어는 상담에서 내담자가 훌륭함을 인정하고 확인함으로써 상담자가 내담자의 과대자기 욕구를 알아 줌을 의미한다. 이상화 전이에서는 훌륭한 사람이 내담자가 아닌 상담자이다. 내담자는 그들이 잃었던 완벽한 어머니나 아버지를 상담자에게 투사한다.

상담에서 Kohut은 그녀의 모든 주의를 자기나 부모에게 돌리기 어려웠던 어려움에 대해 조율하고 공감적으로 이해한다. 치료적 성장은 상담자로부터 얻고자 했던 주의나 칭찬의 욕구가 내담자의 삶 속에서 맺은 중요한 사람으로부터 얻는 것으로 대체될 때 일어난다. 즉, 상담자는 하나의 연결고리로 기능하여 내담자가 상담자만 향하던 관심을 나중에는 타인에게로 옮겨가도록 한다. Kohut(1971, 1977, 1984)은 자기애적 성격 장애를 비롯한 여러 장애를 다루기 위한 개념화나 치료 과정을 기술하는 다양한 용어를 개발했다.

J 씨 사례는 자기애적 장애에 대한 Kohut(1971)의 접근 방법을 보여 준다. 30대 초반의 작가인 J 씨는 자신의 작품 활동의 생산성과 불행감 주제로 Kohut에게 수년간 정신분석적 심리치료를 받았다. 그는 슈퍼맨처럼 하늘을 나는 꿈을 꾸었는데, 이것은 그의 과대자기를 보여 주는 부분이었다(p.169). 상담이 진행되면서 J 씨는 더 이상 하늘을 날아다니지는 않았지만, 대신 걸어다녔다. 그러나 이러한 꿈속에서 그는 발이 결코 땅에 닿지 않았다는 사실을 알았고, 다른 사람들도 그 사실을 알고 있었다. 따라서 꿈이 보여 주듯이 그의 과대성은 줄어들었지만 완전히 사라지지는 않았다.

정신분석에서는 사소해 보이는 사건이 중요한 자료를 제공하기도 한다. 어떤 회기에서 J 씨는 Kohut에게 면도할 때 사용하는 솔과 면도날을 물에 헹구고, 세수를 하기 전에 세면대를 닦았다고 말했다. Kohut은 이 사실을 말하는 내담자의 거만한 태도에 관심을 둠으로써 그는 내담자의 아동기 경험에 대해 탐색하기 시작했는데, 그는 내담자의 과대성과 어머니의 관심이 결핍된 것에 초점을 맞추었다.

> 강한 저항이 있기도 했지만(깊은 수치심, 지나친 자극에 대한 두려움, 외상적인 실망감에 대한 두려움 때문에), 그의 자기애적 전이는 분석가로부터 찬양어린 수용을 받음으로써 확인되는 몸-마음-자기라는 실체를 경험하고 싶은 그의 욕구 쪽으로 형성되고 있었다. 그리고 우리는 분석가가—마치 완전히 소유하고 통제할 수 있는 것(예: 보석, 가구, 접시, 은제 식기 등)만 사랑할 수 있었던 자기중심적인 엄마처럼—내담자보다는 물질적인 소유물을 더 좋아하거나 내담자를 자신의 과대성을 보여 주는 도구로 사용할 수 있을 때에만 내담자의 가치를 인정하고, 만약 내담자가 자신의 몸과 마음의 실체를 드러내려는 주도성을 가지거나 자신의 독자적인 자기애적 보상을 경험하면 자신을 수용하지 않을 것이라는 염려 등으로 점철된 전이 속에 내재된 핵심적인 역동을 점점 더 많이 이해할 수 있었다. 분리된 정신 영역을 통해서만 자기애적 욕구를 공개적으로 드러내는 방법으로 오랫동안 숨겨온 원시적이고 정돈되지 않은 과대-과시적 신체-자기가 수용되기 바라는 깊은 열망을 내담자가 경험하는 것은 자신의 성격에 내포된 이러한 측면에 대한 통찰이 증가한 이후에야 가능했다. (pp.182~183)

Kohut은 J 씨를 여러 가지 방법으로 도와주었다. Kohut은 누군가 자신에게 거울 역할을 하고 인정해 주기 바라는 J씨 욕구를 알아줌으로써 J 씨의 어머니가 제공하지 못했던 관심의 중요성을 인정해 주었다. Kohut이 자신의 통찰을 J 씨와 나누었을 때, 그는 Kohut을 자신의 욕구를 만족시키는 사람이 아닌 진정한 한 인간으로 보기 시작했다.

——— 우울증: 샘

Mitchell이나 여러 관계적 정신분석가들에게 가족력이나 무의식적 요소는 다양한 방법으로 탐색된다. 한 가지 중요한 방법은 상담자-내담자 관계의 발달이다. 이러한 탐색은 위에 제시된 사례보다 아래에 제시될 사례에서 더 분명하게 드러난다. 관계적 접근을 개발하는 방법에 대한 Teyber & McClure(2011)의 설명은 내담자와 상담할 때 상담자가 관계적 진술을 어떻게 사용하는지에 대해 몇 가지 아이디어를 제공한다. 그러나 Teyber와 McClure의 접근은 아래에 제시된 Mitchell이나 여러 동료들이 사용했던 개념적 설명을 제공하지 않는다.

샘(Sam)은 한 여성과 오랜 관계를 지속하고 있는 성인 남성 내담자이다. Mitchell(1988)은 샘을 우울증과 강박적 과식 증상을 가진 내담자로 기술했다. 샘에게는 나면서부터 심각한 뇌손상을 입은 여동생이 있었다. 샘의 동생이 출생하기 전, 샘의 아버지는 쾌활했지만, 여동생의 문제나 가족의 질병, 사업 실패 등으로 샘의 부모는 모두 우울해졌다. 샘의 부모는 점점 무력하고 초라해졌다. 샘은 그들과 현실 세계를 잇는 연결고리와 같은 사람이었다.

분석적인 탐색을 통해 샘의 마음 깊이 박힌 '손상된 자기'라는 감각과 우울은 그가 가족과 애착을 유지하는 기제로 기능한다는 점이 밝혀졌다. 샘과 그의 가족은 우울을 신조 또는 삶의 방식으로 삼고 있음이 점점 분명해졌다. 그들은 이 세상을 고통스러우며 괴로움으로 가득 찬 곳이라고 보았다. 인생을 즐기는 사람들은 피상적이고 이성적으로나 도덕적으로 결함이 있으며, 그 자체로 경솔하고 멋이 없는 사람들이었다. 샘은 심하게 괴로워하는 사람들에게 끌렸으며 그들에게 극단적으로 공감적이고 도움이 되고자 노력하다가 나중에는 마치 덫에 걸린 것같이 느끼곤 했다. 샘이 할 수 있는 가장 친밀한 경험이란 함께 우는 것이었다. 기쁨과 즐거움은 개인적이고 단절된 것이며 거의 수치스러운 것이었다.

샘과 그의 분석가는 이러한 형태의 유대가 그와 분석가 사이의 관계에 어떤 영향을 끼치는지를 함께 탐색했다. 그들은 분석가의 괴로움, 샘의 세심한 돌봄, 그리고 함께 고통 속에서 영원히 시들어가는 모습과 관련된 환상을 탐색했다. 샘의 아주 민감하고 따뜻하며 동정적인 태도로 함께하는 모습은 미묘한 방식으로 분석 회기를 슬프지만 아늑한 곳으로 만드는 데 기여했는데, 분석가 역시 자신이 이러한 현상을 즐기고 있음을 발견했다. 이러한 유대감을 제공하는 샘의 능력은 매우 위로가 되는 동시에 불안감을 야기했다. 분석가는 이러한 아늑한 분위기는 샘 자신이 분석가에게 크고 깊게 도움이 되고 있다는 샘의 믿음과 관련되어 있음을 알게 되었다. 분석가는 전능한 치유자이면서 동시에 도움이 필요한 사람이었다. 이러한 믿음은 샘의 주의깊은 돌봄에 굴복하게 만드는 강력한 역전이적 끌림(분석가가 이것을 알아차리고 있었다.)을 촉발했는데, 이러한 끌림과 함께 그것에 대한 거리 두기나 반감 등의 반응으로 나타나는 강력한 저항도 교차되며 나타났다. 이와 같은 샘의 우울을 지속시키는 기제와 다른 형태의 유대감을 찾으려는 역전이적 노력은 어떤 특정 회기에서 매우 분명하게 드러났다.

진로와 사회적 영역에서 일정 정도의 성취를 이룬 어느 날 샘은 좋은 기분 상태에서 상담실을 방문했다. 반면에 바로 그날 분석가는 우울한 상태에 있었다. 분석가가 이해하기로는 자신의 기분 상태는 샘과 무관했지만, 샘의 관심과 배려는 여느 때처럼 진정성이 있었다. 회기 초기에 샘의 기분은 급격히 가라앉으면서 그는 몇몇 고통스러운 경험과 흠이 많은 자신에 대한 무망감에 관해 이야기하기 시작했다. 분석가는 샘의 급격한 기분 변화에 관해 의아해하면서 샘의 이야기를 중단시켰다. 그들은 샘의 우울한 반응과 그 이전의 불안함을 역추적해 가면서 어떤 일이 발생했는지 재구성해 보았다. 샘은 매와 같은 감각으로 분석가의 우울을 알아차렸다. 그는 타인의 고통 앞에서 마냥 행복해하거나 흥분된 자신을 발견하고는 경악했다. 그 후 샘은 바로 우울감에 빠졌다. 고통스러워 하는 타인 앞에서 활기차고 생기 넘치는 것은 혐오에 가득 찬 복수를 촉발하고 관계를 완전히 파괴시킬 위험이 있는 아주 야만적인 범죄였다. 그가 애정을 가진 사람들에 대한 그의 접근은 그 사람들과 공유할 수 있는 가장 낮은 수준의 기분 상태로 내려가는 것이었다는 점을 샘과 분석가는 알아차렸다. 타인의 우울감과 조율하고 그들의 상태를 지속적으로 확인하지 않고 그저 자신과 자신의 삶을 즐거워하는 것은 반역을 일삼는 악당으로 간주되고, 그 결과 이것은 완전히 고립되는 것을 의미했다. 회기 중에 분석가는 자신은 기분이 좋은 샘을 혐오하지 않을 뿐 아니라 그의 열정과 활기로 인해 오히려 기분이 좋아질 수도 있다(실제 그 회기에서 그런 상태였다.)는 사실을 생각해 보았는지 탐색했다. 그는 그런 생각을 전혀 하지 못했다고 했으며, 만약 그렇다면 대단한 일이고 깊이 생각해 보아야 할 부분이라고 답했다. 이 회기와 이후의 유사한 상호작용이 있은 후, 그들의 관계는 조금씩 변화했다. 그들은 이전의 패턴에 대해 명시적으로 이야기하고 새로운 가능성에 대해서 탐색했다. 샘은 타인의 정서 상태와 무관하게 자기 자신의 경험을 소유할 권리가 있다고 느끼기 시작했다. (Mitchell, 1988, pp.302~304)

앞에 제시한 다섯 개의 사례는 정신분석과 정신분석적 심리치료의 복잡함에 관한 통찰을 제공함과 동시에 추동 이론, 자아심리학, 대상관계 심리학, 자기심리학, 관계적 정신분석 관점의 예를 보여 준다. 앞에 제시된 장애의 종류는 다르지만, 모든 사례는 무의식적 힘과 현재 기능 수준에 미치는 초기 아동기 발달의 영향력을 보여 준다. 또한 대부분의 예는 내담자와 상담자 간의 전이 관계에 초점을 두고 있다. 상담에서의 차이는 내담자의 나이와 성, 그리고 심리장애의 종류뿐 아니라 해석을 비롯한 정신분석에 대한 여러 가지 접근 방법 등과 관련된다.

단기 정신분석적 심리치료

정신분석이 3~8년간(혹은 더 길게) 매주 4~5회기를 필요로 하고, 정신분석적 심리치료가 최소한 3~4년에 걸쳐 적어도 일주일에 한 번은 만나야 하기 때문에 많은 정신건강 전문가들이 더 단기 형태의 치료를 제공할 필요성을 느낀다. 만약 이것이 성공적으로 이루어진 다면 이는 내담자가 부담해야 하는 비용을 상당히 많이 줄이고, 심리적 고통에 대해 더 신속한 해결책을 제공하며, 대기자 명단에 올라 있는 기간을 줄임으로써 정신건강 서비스를 더 효율적으로 제공할 뿐 아니라, 결과적으로는 더 많은 내담자들에게 더 많은 서비스를 제공할 수 있다. 단기 정신분석적 심리치료의 접근 방법이 다양하다는 점을 통해 이러한 심리치료의 인기를 짐작할 수 있다(Bloom, 1997; Messer & Warren, 1995). 단기 정신분석적 심리치료는 영국의 Malan(1976)의 힘을 받아 추진되어 왔다. 단기적 접근을 적용하기 위해서 Malan은 내담자를 선정하는 문제, 상담을 위해 설정해야 하는 목표의 선택 문제, 그리고 상담이 지속되는 기간의 문제 등을 다루어야 했다.

일반적으로 최근의 단기 정신분석적 심리치료는 Kernberg와 Kohut이 묘사한 것 같은 심각한 성격 장애를 가지고 있는 이들보다는 신경증적이고, 동기가 있으며, 구체적인 문제를 가진 사람들을 위해 고안되었다. 상담의 길이는 대략 12~40회기인데, 그중 몇 가지 접근은 12~16회기 정도의 제한이 명시되어 있기도 하다. 짧은 기간이라는 틀 안에서 작업하기 위해서는 초점이 분명한 목표를 진술하는 것이 중요하다. 단기 상담자들은 장기 상담자와 비슷한 진단적 또는 개념적 접근을 사용함에도 불구하고 그들이 사용하는 기술은 그렇지 않다. 정신분석가와 정신분석적 심리치료자가 자유연상을 사용하지만 단기 상담자는 이러한 기법을 좀처럼 사용하지 않는다. 대신 그들은 질문하기, 재진술하기, 직면하기, 전이를 빠르게 다루기 등을 선호한다. Binder & Betan(2013)은 단기 정신분석적 심리치료를 하기 위해 필요하다고 생각하는 개념과 치료 방법을 설명했다. 단기 심리치료를 더 설명하기 위해, Lester Luborsky의 핵심 갈등관계 주제 기법(Core Conflictual Relationship Theme Method)을 더 논의하고자 하는데, 이는 전이 관계의 이해에 기반을 두고 있다.

1975년 이래로 Lester Luborsky와 그의 동료들은 핵심 갈등관계 주제 기법의 타당한 측면을 증명하고 서술하는 80편 이상의 논문을 저술해 왔다. 핵심 갈등관계 주제 기법은 전이의 이해를 위한 구체적인 방법이며 경계선 성격 장애(Drapeau & Perry, 2009; Vinnars, Frydman Dixon, & Barber, 2013)나 만성 피로(Vandenbergen, Vanheule, Rosseel, Desmet & Verhaeghe, 2009)와 같은 복잡한 문제뿐만 아니라 단기 심리치료에도 이용될 수 있다(Luborsky & Crits-Christoph, 1998). 핵심 갈등관계 주제와 관련되는 작업 동맹의 붕괴에 대한 연구는 단기 정신분석적 심리치료의 접근의 효과에 대하여 더욱 더 많은 증거를 제공한다(Sommerfeld, Orbach, Zim, & Mikulincer, 2008). Luborsky(1984)와 Book(1998)은 핵심 갈등관계 주제 기법을 단기 심리치료에 적용하는 것에 대해 세부적으로 설명했다. 이 방법은 세 단계로 구성되는데, 이 모든 단계들은 핵심 갈등관계 주제에 대한 상담자의 이해를 다루고 있다.

내담자의 핵심 갈등관계 주제를 결정하기 위해서, 상담자는 내담자의 관계 일화에 대한 설명과 이야기를 들어야 한다. 종종 상담자는 관계 일화(relationship episode)에 대해 세 가지 중요한 요소를 글로 작성한다. 이러한 세 요소는 소망, 타인으로부터의 반응, 자기로부터의 반응(Luborsky, 1984)을 포함한다. 내담자의 소망은 관계 일화 안에 표현된 열망을 표현한다. 이것은 내담자의 실제 타인으로부터 오는 반응(혹은 예상된 반응)이 어떠할지 예상하는 것을 통해 결정된다. 상담자는 또한 관계 상황에의 응답이 무엇인지 듣는데, 이것은 자신으로부터 나온다(자기로부터의 반응). 상담에서 논의된 관계는 때때로 내담자의 근거 없는 상상일 수도 있고 실제 상황일 수도 있다. 핵심 갈등관계 주제는 상담자가 5~7개 정도의 관계 일화를 내담자와 함께 논의함으로써 내담자에게 전달할 수 있다. 그렇게 함으로써 상담자는 "당신은 ⋯⋯한 관계에 있고 싶어 하는 것처럼 보이는군요."(Book, 1998, p.22)라고 말할 수 있다.

Book(1998)은 핵심 갈등관계 주제 기법의 세 가지 단계를 묘사하기 위해 브라운 부인(Mrs. Brown)의 사례를 사용하였다. 이 사례는 상담 초기 부분이며 여기에는 요약되어 제시되어 있다.

보통 네 회기로 이루어지는 첫 번째 단계의 목적은 핵심 갈등관계 주제가 내담자의 일상 관계에서 어떠한 역할을 하는지에 대해 알도록 돕는 것이다. 내담자는 자신이 왜 다른 사람들로부터 특정한 반응을 할 것이라고 예상하는지, 또는 왜 다른 사람들이 그녀에게 특정한 방식으로 반응하는지 궁금할 것이다. 예를 들어, 브라운 부인은 종종 그녀가 이룬 성과를 다른 사람들에게 말하지 않고 혼자 간직하는데, 이는 타인들이 그 성과를 바보 같다고 생각하거나 중요하지 않은 것으로 볼 것이라 생각하기 때문이다. 이것 때문에, 그녀는 다른 사람과의 관계에서 거리를 두고, 다른 사람들이 그녀의 존재와 성취를 간과하고 실망한다고 느낀다. 다음에 제시되는 2회기 치료에서의 발췌한 아래의 사례는 핵심 갈등관계 주제에 상담자가 어떻게 초점을 맞추는지를 보여 준다. 이 대화에서 브라운 부인은 동료인 베스(Beth)와의 관계를 이야기하고 있다.

> 내담자: 베스와 저는 누가 프레젠테이션을 할지 논의하고 있었어요. 저는 그녀가 해야 한다고 이야기했죠.
>
> 상담자: 왜요?
>
> 내담자: 그녀가 더 경험이 많아요.
>
> 상담자: 그래서요?
>
> 내담자: 그녀가 이것을 더 잘 해낼 가능성이 더 크니까요.
>
> 상담자: 만약 그녀가 프레젠테이션을 한다면 어떨까요?
>
> 내담자: 그녀가 발표하는 방식이 듣는 사람들을 사로잡을 겁니다.
>
> 상담자: 만약 당신이 프레젠테이션을 한다면 어떨까요?
>
> 내담자: 무슨 말씀이시죠?
>
> 상담자: 만약 당신이 프레젠테이션을 한다면 다른 사람들이 어떻게 반응할까요? (타인으로부터의 응답을 탐색한다.)

내담자: 저는 그렇게 잘 해낼 것이라고 생각하지 않아요.

상담자: 그들이 보기에 그렇다는 말이지요?

내담자: 네, 저는 그들이 이렇게 생각할 것을 알아요. ······ 발표가 바보 같았다고.

상담자: 당신이 무슨 말을 하고 있는지 알고 있나요?

내담자: 네? (당황한 기색)

상담자: 바로 이 점이 우리가 지금까지 이야기해 온 것이 아니었나요? 당신이 최선을 다하여 앞으로 나아가고, 당신 자신과 당신의 생각을 드러내더라도(그녀의 소망), 다른 사람들이 당신과 당신의 생각을 바보 같고 가치 없다고 여길 것(타인으로부터의 반응)이라는 두려움의 또 다른 예가 아닌가요?

내담자: 아! 그래서 제가 입을 다물어 버린 거죠? (자기로부터의 반응) 오, 이런. 그게 다시 있었군요. 저는 심지어 이것을 깨닫지도 못했어요.

상담자: 네, 당신이 미처 깨닫지도 못한 채 이런 방식으로 자신을 통제하고 그 과정에서 자신의 변화를 방해하는지 흥미롭지요. (Book, 1998, pp.66~67)

상담의 첫 번째 단계에서 상담자는 그녀의 일상적인 삶과 관련이 있는 핵심 갈등관계 주제를 이해하는 데 초점을 맞춘다. 이를 통해 내담자는 그녀가 이전에는 인식하지 못했던 삶에서의 관계 주제를 의식화하게 된다. 그녀는 비로소 이전의 무의식적인 행동을 조절할 수 있을 것이다.

보통 5~12회기에 해당하는 두 번째 단계에서 내담자는 '타인으로부터의 반응'을 다룬다. 이것은 상담에서 중요한 단계로, 이때에는 전이의 형태로 나타나는 '타인으로부터의 반응'과 관련된 어린 시절의 근원적 이유가 다루어진다. 여기에서 상담자는 타인으로부터의 반응에 대한 내담자의 예상이 과거의 타인으로부터 배웠던 태도, 감정, 행동에 의해서 어떻게 영향을 받는지를 해석한다. 내담자는 과거에 그 기점을 찾을 수 있는 무의식적 태도가 어떻게 현재의 태도에 영향을 미치는지에 대하여 배울 수 있다. 브라운 부인의 예에서, 상담자는 그녀의 현재 관계가 어떻게 아버지와의 초기 관계에 의해 영향을 받았는지에 대해서 이해할 수 있도록 돕는다. 그녀는 아버지에 의해 칭찬받기를 원했지만, 좀처럼 인정이나 칭찬을 받지 못했다. 그녀가 자신의 이러한 점을 깨닫게 되면서, 그녀는 점점 더 적극적으로 자신이 성취한 것을 동료나 가족과 공유할 수 있게 되었다.

세 번째 단계에서 초점을 맞추는 부분은 종결인데, 보통 13~16회기에 해당한다. 이 단계에서 상담자와 내담자는 버려짐에 대한 두려움, 분리, 상실과 같은 보편적인 주제를 다룬다. 상담자는 또한 상담 과정 중에서 경험한 변화가 지속되지 않을지도 모른다는 염려에 대해 논의할 수 있다. 그뿐만 아니라 이 단계는 상담자에게 핵심 갈등관계 주제를 다시 다룰 기회를 제공한다.

브라운 부인의 예로 돌아와서 상담자는 그녀가 11회기와 12회기에 늦었다는 점과 이전보다 말을 적게 했다는 점을 관찰했다. 이 점을 함께 논의한 후, 그들은 마치 현재 내담자인 브라운 부인보다 그녀를 대체할 다른 내담자에게 상담자가 더 많은 관심을 가질 것이라는 그녀의 생각에 따라 그녀가 행동하고 있다는 것을 발견했다. 이것은 상담자에게 아버지가 그녀에게 했던 경멸과 비슷한 경험과 연관되는 핵심 갈등관계 주제로 돌아가는 기회를 주었다. 이러한 방식으로 상담자는 브라운 부인이 자신의 성취를 타인과 공유하는 데 더욱 더 자유로워지고, 관계에서 거리감을 덜 느끼도록 하는 전이 문제를 다루었다.

이러한 간단한 예에서 볼 수 있듯, 정신건강 전문가는 시간이 제한되어 있지만 구체적 방법으로 접근한다. 상담자는 내담자가 언급하는 관계에 주의를 기울이면서 그의 소망, 타인의 반응, 자기의 반응 등을 경청한다. 관찰과 해석을 통해 내담자는 이전에는 무의식 세계에 있던 감정, 태도, 행동을 이해할 수 있게 되고, 결과적으로 변화를 경험한다. 이러한 방식에서 중요한 것은 전이 문제의 이해인데, 이 전이는 초기 관계의 태도와 행동을 반영하며, 이후의 관계, 특히 상담자와의 관계에 영향을 끼친다.

최신 동향

모든 고전적 심리치료 이론 중에서 가장 오래된 정신분석은 지속적으로 번영, 발전하고 있다. 경제적, 사회적인 이유로 인하여 정신분석의 실제는 변화하고 있다. 또한 두 개의 정신분석적 쟁점이 현재 관심을 받고 있는데, 그것은 처치 매뉴얼과 2인 모형 대 1인 모형의 주제이다. 이 주제에 대해서는 이미 충분히 설명되었다.

이 책에서 다루고 있는 다른 모든 이론보다도 정신분석에 관한 저서들이 훨씬 더 많을 것이라는 생각은 아마 옳을 것이다. 큰 대학 도서관에는 일반적으로 천 권 이상의 정신분석 관련 도서가 구비되어 있다. 이 영역에 관련된 많은 책들이 계속 출판되고 있지만, 정신분석에 관한 저서만 전문적으로 출판하는 출판사는 극소수이다. 대다수의 이러한 서적들은 연구에 관한 것이 아니라 정신분석 개념을 어떻게 치료에 적용하는지에 관한 것들이다. 이러한 작업에는 이전의 정신분석 저자들이 내세운 논란과 논쟁이 내포되어 있다. 논의되는 주제 중 하나는 한 사람의 이론가가 Freud를 어느 정도 수정하거나 벗어나더라도 여전히 정신분석의 틀 속에 포함된다고 간주될 수 있는지 여부와 관련된다. 예를 들어, 몇몇의 저자들은 Kohut의 자기심리학이 정신분석의 영역을 벗어났다고 진술할 것이다. 정신분석적 심리치료자의 수가 많다는 점과 그들이 연구보다는 아이디어의 기술을 강조한다는 이유 때문에 관점이 정리되지 못하고 수많은 다양한 관점이 존재한다. 이러한 현상은 저서뿐만 아니라 다음과 같은 여러 정신분석 관련 학술지에서도 나타난다.『현대정신분석(Contemporary Psychoanalysis)』,『응용정신분석 연구지(Journal of Applied Psychoanalytic Studies)』,『미국 정신분석협회지(Journal of the American Psychoanalytic

Association)』,『정신분석 탐구(Journal of Psychoanalytic Inquiry)』,『국제정신분석(International Journal of Psychoanalysis)』,『정신분석적 대담(Psychoanalytic Dialogues)』,『정신분석 계간지(Psychoanalytic Quarterly)』,『신경정신분석(Neuro-Psychoanalysis)』,『아동정신분석 연구(Psychoanalytic Study of the Child)』,『정신분석 연구 및 정신분석적 심리학(Psychoanalytic Reviewm and Psychoanalytic Psychology)』.

처치 매뉴얼의 등장은 정신분석을 더 보편적인 것으로 만들었고, 정신분석에 직접적으로 관련되지 않은 이들도 더 쉽게 이해할 수 있는 방법을 제공했다. 처치 매뉴얼에는 정신분석가들이 무엇을, 어떻게 하는지에 대하여 명시되어 있다. Luborsky(1984)와 Book(1998)은 이 책의 앞부분에 기술된 단기 정신역동적 심리치료에 적용할 16회기 모형을 제시했다. Luborsky & Crits-Christoph(1998)는 면담 전략을 사례와 함께 제시함으로써 핵심 갈등관계 기법의 적용 과정을 학생들과 상담자들에게 구체적으로 설명했다. 처치 매뉴얼이 점점 더 많은 정신건강 전문가에게 제공됨으로써 여러 전문가들은 복잡하고 때로는 비밀스러운 것으로 간주되었던 모형을 좀 더 쉽게 이해할 수 있게 되었다. 새로운 정신건강 전문가들의 정신분석 훈련은 핵심 갈등관계 주제 기법과 같은 것을 설명한 처치 매뉴얼을 가지게 될 때 더 쉽게 이루어질 수 있을 것이다. 이러한 처치 매뉴얼은 상담자가 특정한 기법을 적용하기 위해 따라야 하는 절차를 명시하기 때문에, 매뉴얼은 연구자에게 연구에서 상담자 변인을 더 확실히 통제할 수 있는 방법을 제공한다. 정신역동적 처치 매뉴얼은 행동 치료와 인지 치료 상담과 같이 좀 더 정의하기 쉬운 개념을 가진 치료 방법을 서로 비교할 수 있게 해 준다.

매우 다른 흐름이 관계적 모델(이전에 설명하였듯), 또는 1인 심리학과 대비되는 2인 심리학 안에서 관심을 받아왔다. 2인 심리학은 내담자와 상담자가 어떻게 서로 영향을 미치는지에 대해 초점을 맞춘다. 이와는 대조적으로 1인 심리학은 내담자 개인의 심리학을 강조한다. 2인 심리학은 포스트모더니즘과 관계주의 접근의 Mitchell(1997, 1999, 2000)과 같은 작가들의 저술에 기초해 있다.『관계 이론과 심리치료의 실제(Relational Theory and the Practice of Psychotherapy)』에서 Wachtel(2008)은 최근 관계 모델이 적용되는 양상에 대하여 설명했다. 2인 심리학적 접근은 구성주의자의 관점인데, 이는 분석가가 내담자의 반응에 기여하는 점에 깊이 유의한다. 이 접근은 정신분석적 심리치료에 관한 통합적 설명 속에 소개되어 있는데, 여기에서는 관계적 정신분석 작업이 다른 여러 정신분석 접근과 어떻게 조화될 수 있는지를 보여 준다(Aron, 2012; Aron & Lechich, 2012b). 이 접근은 정신분석이 무엇인지에 대해 알지 못하는 많은 내담자가 정신분석을 시작할 때(Quindoz, 2001), 그리고 다양한 사회경제적·문화적 배경을 가진 내담자가 정신분석에 입문하는 데 도움을 줄 수 있다. 그러나 Chessick(2007)은『정신분석의 미래(The Future of Psychoanalysis)』에서 내담자-상담자 관계가 지나치게 과장될 수 있고, 정신분석가는 정신역동 원리에 충분히 주의를 기울이지 않을 수 있다고 경고했다.

정신분석을 다른 심리치료 이론과 함께 사용하기

정신분석을 다른 심리치료 이론과 함께 사용하는 것에 대하여 다양한 종류의 이론적 경향성을 가진 수많은 정신건강 전문가들은 내담자를 이해하는 데 정신분석적 개념을 사용한다. 그러한 전문가들을 지칭할 때 정신역동(psychodynamic)이라는 용어를 사용한다. 이것은 일반적으로 정서, 무의식적 동기, 추동이 인간의 행동에 영향을 끼치고, 방어는 긴장을 감소시키기 위해 사용된다(McWilliams, 2014)는 생각을 의미한다. 정신분석이라는 용어는 자아, 원초아, 초자아라는 중요한 정신적 기능이나 구조뿐 아니라 인간의 발달에는 중요한 단계가 있다는 신념을 포함한다(Robbins, 1989). 정신역동과 정신분석의 두 용어 사이의 구분은 분명하지 않으며, 따라서 서로 혼용된다. Gelso & Fretz(1992)는 이 장에 나오는 많은 다른 개념을 사용하지만 자유연상 혹은 해석과 같은 상담 기법에 의존하지 않는 전문가를 지칭하기 위해 '분석적 지식에 근거한 심리치료(analytically informed therapy)' 또는 '상담'이라는 용어를 사용하였다. 몇몇 전문가들은 정신분석적 모형을 적용하여 내담자를 이해하는 한편, 행동주의적, 인지적, 인간중심적 기법을 사용하여 상담을 진행한다. 그들의 접근은 그들이 더 다양한 종류의 기법을 사용한다는 점에서 단기 정신분석과 다르다.

비정신분석적인 전문가들이 개념적 접근을 정신분석에서 빌려오는 것처럼, 정신분석적 전문가들은 다른 이론에서 개입 기법을 빌려온다. 그들의 저서에서, 정신분석가들은 세부적인 기법보다 아동 발달, 의식적·무의식적 절차의 상호작용, 초자아, 자아, 원초아의 심리학적 구조와 같은 성격 이론과 관련된 주제에 초점을 더 맞추는 경향이 있다. 상담자들은 정신분석 심리치료 혹은 상담의 실제에서 내담자의 심리적 기능에 관해 그들이 이해하는 바와 일관성을 유지하는 한, 실존주의적 개념 또는 게슈탈트 상담 기법을 사용할 수 있다. 인지 상담과 정신분석을 혼합하여 적용하는 방식은 증가하는 추세이다(Luyten, Corveleyn, & Blatt, 2005). Owen(2009)은 부정적 정서와 관련되는 부적응적 패턴을 찾는 인지행동적 기법과 정신분석을 연결한 계획적 심리치료 모델을 발전시켰다. Delisle(2013)는 대상관계 이론을 게슈탈트 치료에 통합시켰다. 또한 상담자는 내담자의 경험을 이해하고 강조해야 한다는 것을 지적한 인간중심적 관점이 사용되었다. 일반적으로 긴 의자가 사용되는 정신분석으로 더 접근할수록 정신분석 전문가들은 다른 이론 기반의 기법을 더 적게 사용하는 경향이 있다.

연구

정신분석과 정신분석적 심리치료는 너무 오래 걸리고, 그 개념 역시 무의식이나 아동기 초기 발달에 대하여 매우 정의하기 어렵고 복잡한 개념을 다루기 때문에 그들의 효과성을 검증할 실험을 고안하는 것은 매우 어렵다. 이 절에서는 가능한 한 실제 상담 장면에서 정신분석과 정신분석적 심리치료의 효과를 장기적으로 연구한 두 개의 예를 소개했다. 각각의 연구들은 경계선 성격 장애, 약물남용, 우울증, 범불안 장애 등에 관한 정신역동적 심리치료의 효과를 설명하고 있다.

30년 넘게 지속되며 75개 이상의 관련 연구물을 산출한 조사 연구에서 Wallerstein(1986, 1989, 1996, 2001, 2005, 2009)은 상담 기간 동안 42명의 내담자를 추적했는데, 절반은 정신분석, 그리고 절반은 정신분석 심리치료에 할당했다. 캔자스주 토피카(Topeka)의 메닝거 클리닉(Menninger Clinic)에서 수행된 이 연구의 목적은 심리치료 안에서 무엇이 일어나는지 그리고 내담자와 상담자의 어떠한 요소가 변화를 설명하는지에 대한 연구였다. 표본의 독특한 점은 내담자들이 메닝거 재단(Menninger Foundation)에서 치료를 받기 위해 외국 혹은 미국 전역에서 왔다는 점이었다. 대부분은 심각한 심리학적 문제를 가지고 있던 내담자로부터 내담자의 사례 기록과 내담자, 상담자, 그들 간의 상호작용에 관한 임상적 평가가 수집되었다. 그리고 상담 종료 후 3년, 그리고 가능한 경우 8년 이후에 추수 평가가 이루어졌다. 연구자들은 통찰을 유발하고 저항과 전이를 분석하도록 고안된 표현 기법 및 해석을, 방어를 강화하고 내적 갈등을 억압하도록 고안된 지지 기법과 비교하려고 했다. 놀랍게도 연구자들은 이러한 두 가지 접근의 구분이 모호해졌다는 것을 발견했다. 긍정적인 변화를 설명하는 주요 변인은 '전이 치유', 즉 상담자를 기쁘게 하기 위해 변화하려는 열망을 의미한다. Wallerstein(1989)이 설명했듯, 내담자는 본질적으로 다음과 같이 말한다. "나는 당신의 지지와 존중, 그리고 사랑을 얻고 유지하기 위해서 나 스스로의 변화에 동의하고 또 그것을 강하게 열망했습니다"(p.200). 전반적으로 연구자들은 내담자가 자신의 문제에 대해 내적 갈등의 해결과 통찰이 없는 상황에서도 지지적 기법으로부터 변화가 발생한다는 사실을 알게 되었다. 정신분석과 정신분석적 심리치료로부터 유발되는 변화는 양쪽 모두 비슷했으며, 지지적 접근은 특별히 효과가 있었다.

정신분석적 심리치료에 관련된 또 다른 일련의 연구에서, Luborsky, Crits-Christoph, 그리고 그들의 동료들은 치료 전에 예측된 치유를 예견하는 변인을 연구한 후, 치료가 종료된 이후 7년 동안 추수 연구를 진행했다. 이 연구에서(Luborsky, Crits-Christoph, Mintz, & Auberach, 1988), 42명의 여러 상담자들이 총 111명의 내담자와 함께 상담했다. 비효과적인 상담 회기와 효과적인 상담 회기를 구분하여 비교해 볼 때, 효과적인 상담 회기에서는 상담자가 흥미를 많이 가지고 힘이 넘치며, 내담자의 상담 작업에 훨씬 잘 관여한 반면, 비효과적인 상담 회기에서는 상담자가 능동적이지 않고, 참을성이 없으며, 또는 적대적인 모습을 보였다. 상담 요인을 설명함에 있어서 그들은 내담자의 감정을 상담자가 이해하는 것의 중요성을 강조했는데, 이는 내담자의 자기이해 수준을 높이고 그들 스스로의 내적 갈등을 경감시켰다. 그들은 또한 심리치료에서 긍정적인 변화와 동반된 신체적 건강에 대해서도 주목했다. 성공적인 상담에 기여하는 또 다른 중요한 요소는 내담자가 상담 성과를 이해하고 그것을 활용하게끔 하는 상담자의 능력이었다.

경계선 성격 장애로 진단되어 일 년 정도 치료를 받은 90명의 내담자를 대상으로 이루어진 연구에서 전이중심 심리치료(transference-focused psychotherapy), 역동적 지지 심리치료(dynamic supportive treatment), 변증법적 행동 심리치료(dialectical behavior therapy) 간의 비교가 이루어졌다(Clarkin, Levy, Lenzenweger, & Kernberg, 2007). 이 세 집단 모두에서 내담자들은 우울, 불안, 사회적 기능 측면에서 진전을 보였다. 그러나 오직 전이중심 심리치료만이 유의한 정도로 자극 과민성과 언어적 폭력 및 직접적 폭력을 줄였다. 전이중심 심리치료와 역동적 지지 심리치료는 충동성의 몇몇 측면을 개선시켰다. 이 연구는 정신분석에 기반한 심리치료에 긍정적인 효과가 있다는 것을 말한다.

몇몇 연구자들은 코카인 약물 중독자의 치료에 관해 연구했다. Crits-Christoph 등(2008)은 코카인 약물 남용 공동치료 연구소에서 축적한 자료를 사용하여 정신역동적인 기법 위주의 심리치료가 개인적 약물 상담에 비해 덜 효과적이었다는(양쪽 집단 모두 집단 약물 상담을 받았다.) 사실을 밝혀냈다. 그러나 양쪽 치료는 모두 코카인 사용을 상당한 수준으로 감소시켰다. 12개월 동안 지속된 추수 평가에서 지지적-표현적 심리치료가 개인적 약물 상담보다 가족이나 사회적 관계 영역의 문제를 크게 개선시켰다. 코카인 중독 내담자 106명에 대한 또 다른 연구에서는 코카인 사용을 줄이는 것에 초점을 맞춘 약물 상담 기법이 코카인을 사용하는 이유를 이해하게끔 하는 기법보다 더 큰 효과를 보였다(Barber et al., 2008). 그러나 낮은 수준의 지지적-표현적 심리치료를 수행하면서도 작업 동맹이 강할 때에는 중상 정도의 효과를 보였다. 코카인 남용 문제를 가진 내담자를 대상으로 한 연구에서 Barber 등(2001)은 정신분석적 지지적-표현적 심리치료를 받은 내담자와 상담자와 강한 작업 동맹을 형성한 내담자 집단이 강한 작업 동맹을 가지지 못한 사람들보다 치료에 더 오래 머물렀다. 흥미롭게도 인지 치료의 경우에는 상담자와 강한 동맹을 형성한 내담자라도 약한 동맹을 형성한 내담자들만큼이나 치료과정에 오래 머물지 못했다. 이러한 연구들에서 밝혀낸 사실은 다소 복잡한 양상을 보이며, 몇몇의 심리치료 연구에서 확실한 결론을 이끌어 내는 것이 어렵다는 것을 알 수 있다.

몇몇 연구들은 우울증에 관한 정신분석과 정신역동적 심리치료의 장기적 효과를 비교했다. 한 연구에서 평균 234회기가 진행된 정신분석과 평균 88회기가 진행된 정신역동적 심리치료의 효과를 비교했다(Huber, Henrich, Clarkin, & Klug, 2013). 치료를 마친 후 1년, 2년, 3년에 걸친 추수 연구가 이루어졌다. 장기적 정신분석을 받은 내담자는 정신역동적 심리치료를 받은 내담자에 비해 성격적 기능, 사회적 관계가 개선되었으며, 우울증이 감소되었다. 326명의 내담자를 대상으로 한 연구에서(Lindfors, Knekt, Heinonen, & Virtala, 2014), 연구자들은 중간 정도의 심리적 증상을 가진 내담자는 단기 상담보나는 장기 상담으로부터 더 큰 도움을 받았다는 발견했다. 12주 동안의 지지·표현 역동적 심리치료와 12주의 표준적 심리치료를 비교한 파일럿 연구에서, 단기 역동적 심리치료를 받은 내담자가 표준적 심리치료를 받은 내담자에 비해 유의미하게 낮은 수준의 증상과 부적 행동을 보고했다(Gibbons et al., 2012). 유아와 아동기 자녀를 둔 58명의 여성 내담자를 대상으로 한 연구에서 개인 심리치료를 받은 내담자나, 집단 상담 또는 개인 상담과 집단 상담을 함께 받은 개인 내담자 모두 우울증의 수준이 낮아졌지만, 개인 심리치료를 받은 내담자가 더 효과적이었다(Kurzweil, 2012). 정신역동적 심리치료에 관한 증거 기반 연구에서 Drisko & Simmons(2012)는 정신역동적 심리치료가 우울증을 비롯한 다른 장애의 심리치료의 효과를 지지하는 증거를 발견했다.

범불안 장애의 치료를 위한 정신역동 심리치료법의 효과를 점검한 세 개의 다른 연구가 있다. Crits-Christoph 등(2004)은 범불안 장애를 가진 이들이 그들의 불안증상과 걱정하는 생각을 상당한 정도로 줄였다는 것을 발견했다. Crits-Christoph, Connolly, Azarian, Crits-Christoph & Shappel(1996)은 단기 지지적-표현적 정신역동적 심리치료가 16주에 걸쳐서 29명의 내담자에게 다른 패턴의 향상을 보였다는 점을 알아냈다. 분석 심리치료와 인지 치료를 비교하는 1년간의 추수 연구에서 Durham 등(1999)은 인지 치료가 몇몇 변인에서 분석 심리치료에 비해 더 낫다고 결론지었다. 범불안 장애를 가진 내담자는 증상 자체의 감소, 약물 사용의 감소, 확실하게 줄어든 약물 사용과 같은 더욱 긍정적인 변화를 촉진했고, 그들이 분석 심리치료보다 인지 치료를 받았을 때 치료에 대해 더욱 긍정적이었다. 한 문헌 연구는 불안 장애에 관한 정신분석적 치료 관련 연구보다 인지 치료 관련 연구가 많음에도 불구하고, 정신역동적 심리치료가 유망한 접근 방법이라고 했다(Slavin-Mulford & Hilsenroth, 2012).

최근의 정신분석 연구자들은 어떻게 애착 이론이 정신분석과 관련이 있는지를 보여 주었다. 애착 이론은 지난 70여 년 동안 수많은 연구의 주제가 되어 왔다. 그것들은 주로 유아-엄마 간의 유대에 관한 연구이면서, 그것이 어떻게 이후의 아동기, 청소년기, 성인기 발달에 영향을 끼치는지에 관한 연구들이었다(Ainsworth, 1982; Bowlby, 1969, 1973, 1980). 상담자를 안전기지로 보고, 그리고 이러한 관점을 다양한 애착 유형과 연관시키는 것은 정신분석적 상담 회기에서 분석가들에게 도움을 준다(Eagle & Wolitzky, 2009). 애착 이론은 심리치료에서 내담자의 안정애착 경험의 하나인 이해받는 느낌의 중요성을 설명하는 데 도움이 된다(Eagle, 2003). 애착 연구를 정신분석적 심리치료에 적용하는 것은 『애착 이론과 성인에 관한 임상 연구(Attachment Theory and Research in Clinical Work with Adults)』(Obegi & Berant, 2009)에 더욱 풍부하게 설명되어 있다. 최근의 연구자들은 애착 이론이 다른 치료 접근, 특히 대상관계 이론 접근을 활용하는 심리치료자에게 어떤 도움을 제공하는지를 보여 주고 있다(Cortina, 2013; Eagle, 2013; Holmes, 2011).

정신분석 이론의 틀 안에서 연구를 수행하려는 연구자들이 겪는 어려움에는 주제 자체가 복잡하다는 점과 수년 또는 그 이상의 시간 동안 연구에 헌신해야 한다는 것 등이 포함된다(Eagle, 2007; Wallerstein, 2009). Wallerstein, Luborsky, Ainsworth & Bowlby 등의 연구자들은 각각 30년 이상 많은 노력을 쏟아부었다. 그러한 연구들은 정말 귀한 가치가 있다. 상대적으로 새로운 발견에 의하면, 장기 정신역동적 심리치료와 정신분석적 심리치료를 지지하는 연구들이 증가하고 있다(Leichsenring, Abbass, Luyten, Hilsenroth, & Rabung, 2013; Rabung & Leichsenring, 2012). 이러한 결론에 동의하면서 Lindfors 등(2014)은 상대적으로 기능이 좋은 내담자들에게도 단기 심리치료보다는 장기 심리치료가 효과적일 수 있다고 했다.

성 관련 주제

다른 심리치료 이론에 비추어 볼 때, 여성 심리 발달과 여성에 관한 Freud의 관점은 대체로 다른 이론보다 많은 비판의 대상이 되었다. 이르게는 1923년부터 Horney(1967)는 Freud의 남근 선망 개념이 오이디푸스 단계에서 여아가 남근을 가지고 있지 않기 때문에 남아에게 열등감을 느낀다는 것, 즉 여성이 남성보다 열등하다는 것을 시사한다는 점에서 그 개념을 비판했다. 여성의 성에 관한 Freud의 문헌을 검토하면서 Chasseguet-Smirgel(1976)은 Freud의 관점이 일련의 없음과 관련된 이론임을 지적했다. 그것은 여성은 남성의 성기가 없고, 오이디푸스 단계의 온전한 발달이 없으며, 남아의 경우 사회적 가치를 내면화하게끔 하는 거세 불안이 없기 때문에 충분한 초자아의 발달이 없다는 것이다. 수많은 저자들(예: Chodorow, 1978; Sayers, 1986)은 Freud가 여성이 여러 방면에서 남성보다 열등하다는 것을 믿었다는 점에 대해 비판했다.

Chodorow(1996a, 1996b, 1999, 2004)는 정신분석가들이 여성에 대해 막연히 일반화하는 경향이 있을 것이고, 여성 개인에 주의를 기울이지 않을 것이라고 우려했다. 그녀는 상담자-내담자 관계에 존재하는 다양한 공상과 전이 그리고 역전이 관계에 대해 개방적인 태도를 가져야 함을 강조했다. 이와 같이 일반적이거나 보편적인 개념으로 이해하지 않아야 한다는 관점은 Enns(2004)의 관점, 즉 Freud 정신분석과 대상관계 심리학에 대한 그녀의 비판을 반영한다.

대상관계 이론가들은 부모-아동의 관계보다 엄마-아동의 관계를 강조했다는 점 때문에 비판받아 왔다. Chodorow(1978, 2004)는 엄마와 딸의 초기 관계와 엄마와 아들의 초기 관계가 남아와 여아에게 다른 관계 경험을 제공한다고 주장했다. 그녀는 엄마-아빠-아들의 삼각관계와 엄마-아빠-딸의 삼각관계를 비교했는데, 전자에서는 아들이 자신의 의견을 주장하지만 감정은 억압하는 한편, 후자에서는 딸이 자신을 엄마의 대리자로 간주하여 온전히 개별화된 자기감을 발달시킬 수 없다고 했다.

아동들은 처음부터 양쪽 성의 사람들에게 의존적일 수 있으며 그들과의 관계를 통해 개별화된 자기감을 이루어낼 수 있다. 이렇게 해야 남성다움은 의존성의 부정이나 여성에 대한 가치절하로 발전하지 않을 수 있다. 한편 여성적 성격은 개별화에 덜 몰두하게 되고, 여아들은 전지전능해야 할 것 같은 모성에 대한 두려움이나 여성이라면 자기희생적이어야 할 것 같은 기대를 덜 발달시키게 될 것이다. (Chodorow, 1978, p.218)

성에 관한 주제는 정신분석 성격 이론뿐만 아니라 정신분석 심리치료의 실제에서도 발생한다. 왜 여성 혹은 남성 내담자가 성이 같거나 다른 상담자를 찾는지를 검토하면서 Deutsch(1992)와 Person(1986)은 몇 가지 관점을 제시했다. 여성 내담자는 남성 상담자가 성 차별주의자이고 여성을 이해할 수 없을 것이라 염려하고, 여성적 역할 모델을 원할 수 있으며, 이전부터 여성을 더 신뢰할 수 있을 거라는 확신을 가지고 있을 수 있다. 어떤 여성 내담자는 그들의 아버지와의 상호작용, 남성이 더 강한 힘을 가지고 있을 거라는 믿음, 그들의 어머니에 대한 부정적 태도 때문에 남성 상담자를 더 좋아할 수 있다. 비슷한 방식으로 남성 내담자는 그들과 부모 사이에서 경험했던 상호작용의 형태에 따라서 남성 혹은 여성 상담자를 더 선호할 수 있다. 또한 어떤 남성 내담자는 여성 상담자가 남성 상담자보다 더 잘 보살펴줄 것이라는 사회적 기대를 가지고 있다. 때때로 내담자는 다른 성의 상담자에게 느끼는 성적인 감정을 두려워할 수도 있다.

최근의 저자들은 성과 관련된 다른 주제들도 다루었다. 『정신분석에서 여성의 몸(Women's Bodies in Psychoanalysis)』이라는 책에서 Balsam(2012)은 여성의 신체가 어떻게 그들의 정신적 발달에 관한 이해를 제공하는지 다루었다. Stone(2012)은 모성과 엄마됨에 관한 정신분석적 관점을 제시했다. 정신분석적 관점을 활용하여 Chodorow(2012)는 직장, 모성, 폭력 등의 상황에서 여성이 접하는 많은 주제에 대해 논의했다. 여성에게만 모든 초점이 맞추어진 것은 아니다. Moss(2012)는 『남성을 바라보는 13가지 방식: 정신분석과 남성성(Thirteen Ways of Looking at a Man: Psychoanalysis and Masculinity)』이라는 책에서 동성애, 동성애 혐오증, 성전환 등의 주제를 다루었다.

성의 주제가 널리 논의되고 또한 글로도 쓰였으며, 정신분석 이론이 역전이 감정에 대하여 주의를 기울일 것을 강조했기 때문에 많은 정신분석가들은 내담자가 가지고 있는 성 관련 주제에 익숙하게 되었다. 그러나 몇몇 저자들은 그들 자신이 믿는 정신분석적 이론 그 자체에 포함된 성적 편견에 대해 계속 염려하기도 한다.

다문화 관련 주제

정신분석학은 1890년대 비엔나에서 형성되기 시작했다. 과연 이 이론이 120여 년 이상이 지난 현재, 전 세계적으로 수많은 다른 사회의 사람들에게 적절한가? Freud의 정신분석학적 관점이 시공간을 초월할 수 있을지에 대해서 의견이 일치하지 않는 것은 분명한 사실이다. 어떤 측면에서 보면 자아심리학, 대상관계 이론, 자기심리학의 발전은 작은 의미에서 서로 다른 문화적 요소에 대한 답변을 반영하고 있는 것처럼 보인다. 예를 들어, Freud는 신경증 내담자, 특히 히스테리 내담자의 심리치료에 가장 관심이 많았다. Kernberg와 Kohut 같은 후기 이론가는 경계선 장애, 자기애적 장애와 같은 심각한 장애를 다루었는데, 그것은 그들이 자주 만났던 내담자들의 장애였다. Freud의 오이디푸스 콤플렉스 개념은 특히 취약하여 사회적·문화적 요인의 영향을 많이 받는다. 아버지와 매우 짧은 시간 동안만 상호작용할 수 있는 문화권의 경우, 어머니에 대한 사랑이나 아버지에 대한 분노(남자아이의)에 대한 개념은 아이들의 삶에서 아버지가 중요한 역할을 하는 문화권에서의 개념과 다를 수 있다. 초기 어머니와의 관계를 다루는 대상관계 심리학은 그만큼 문화적으로 영향을 덜 받을 수 있다. 예를 들어, 생후 첫 달까지 유아가 어머니의 돌봄을 받는 것은 보편적이다. 그러나 바로 그 직후부터 영아는 어머니뿐 아니라 할머니, 이모, 고모, 누나, 언니, 아버지, 보육원 선생님, 양부모와 중요한 관계가 될 수 있다. 일반적으로 정신분석 이론가들은 사회적·문화적 요소를 내적인 심리적 기능보다 덜 중요하게 여겼다(Chodorow, 1999).

이러한 문화적 관심사에 대해서는 자아심리학자인 Erik Erikson의 초기 연구가 많이 기여했다. Erikson의 많은 저서들(1950, 1968, 1969, 1982)은 사회적·문화적 요소가 어떻게 많은 문화권에 속한 사람들의 전 생애에 걸쳐 영향을 미치는지에 대한 관심을 보여 주었다. 그는 연구에서 토착 미국 원주민(남다코타주의 Sioux족, 태평양 연안의 Yurok족)의 자녀양육 관습에 대해 각별한 관심을 보였는데, 이러한 연구들은 아동 발달의 문화적 측면에 대해 포괄적인 관점을 제공해 주었다. 그 어떤 정신분석적 관점의 저자도 Erikson만큼 다문화적 관점에 관심을 보인 사람은 없었다. 학교, 대학, 직장을 가거나 집을 떠나면서 부모로부터 이별하는 방식에 문화적 차이가 있음에도 불구하고, 대상관계 이론가들, 관계적 이론가들, 자기심리학자들은 문화적 차이보다 발달적 주제의 유사성에 주목해 왔다. 인류와 문화가 어떻게 추동 이론, 자아심리학, 대상관계 심리학, 관계적 정신분석 내의 정신분석적 원리와 상호작용을 하는지는 정신분석학의 연구 영역으로 그 자리를 지켜왔다(Berzoff, Flanagan, & Hertz, 2011; Mattei, 2008).

다양한 문화권의 사람들에게 그 영역을 넓히는 것은 최근 정신분석적 상담자들이 추구하는 중요한 방향이 되었다. Jackson & Greene(2000)은 전이와 같은 정신분석 기법이 아프리카계 미국인 여성에게 적용될 수 있는 여러 가지 방법을 보여 주었다. Greene(2004)은 정신역동적 접근이 아프리카계 미국인 레즈비언들에게 더욱 세심하게 다가가며, 그래서 더욱 적절하다는 점을 보여 주었다. Thompson(1996)과 Williams(1996)는 피부 색깔이 정신분석적 기법을 다루는 데 얼마나 중요한 문제인지에 대해 논의했다. 그들은 아프리카계 미국인과 히스패닉계 내담자를 상담하면서, 내담자의 자기지각이 어떻게 해서 피부 색깔이 밝거나 어두운 정도가 관련되는지를 지적했는데, 이 주제는 특히 다른 가족 구성원과 비교했을 때 두

드러진다고 했다. 그들은 또한 피부 색깔이 상담자와 전이 관계 형성에 어떤 영향을 끼치는 지를 논의했다. 상담자가 소수 문화에 속할 때, 피부 색깔은 주류 문화의 배경을 가진 내담 자의 전이 관계와 저항에 대한 이해방식에 큰 영향을 미칠 수 있다.

다양한 국가의 저자들은 다른 문화적 배경을 가진 내담자들이 정신분석이나 정신역동 적 심리치료에 반응하는 방식에 다양한 문화적 가치가 어떻게 영향을 끼치는지를 관찰했 다. 중국에서는 집단의 이익이 개인의 이익보다 더 중요하다. 물론 이런 현상은 현대화가 이 루어지면서 계속 변화하고 있다. 집단의 이익을 중시하는 태도는 중국인 상담자가 정신분석 적 심리치료를 습득하고 적용하는 방식, 그리고 내담자가 심리치료를 경험하는 방식에 영향 을 끼친다(Yang, 2011; Zhong, 2011).

Chamoun(2005)은 아랍-이슬람 문화에서 정신분석의 적합성 여부를 논의하면서, 종교 적 가치나 다른 문화적 가치 간의 충돌로 인해 그들이 정신분석을 받아들이는 데 어려움이 있다는 사실을 알게 되었다. 『초승달과 긴 의자: 이슬람과 정신분석의 교류(The Crescent and the Couch: Cross-currents Between Islam and Psychoanalysis)』(Akhtar, 2008)[1]는 18개 장에 걸쳐 성적 가치, 가족 구조, 종교적 정체성의 형성과 같은, 이슬람교를 신봉하는 내담자에게 정신 분석을 적용할 때 고려해야 할 다양한 주제를 설명하고 있다.

또 다른 탐색의 영역이 된 것은 2개 국어를 할 수 있는 능력이 정신분석에 끼치는 효과 이다. Javier(1996)와 Perez Foster(1996)는 언어를 습득한 나이가 초기 기억의 재구성에 어떻 게 영향을 미치는지에 대해 논의했다. 또한 내담자가 주요 언어로 영어가 아닌 다른 언어를 사용하는데, 상담자는 영어로만 말을 한다면 다양한 전이 혹은 저항 관련 문제가 발생할 수 있다. 두 저자 모두 방어기제의 형성이 언어 습득과 어떻게 관련되고, 언어가 어떤 방식 으로 경험을 조직하는지에 대해 설명했다. 상담자와 내담자가 유사한 문화적 배경(히스패 닉이고 스페인어를 말할 때)을 가지고 있는 사례 연구에서, 상담이 영어와 스페인어로 이루 어질 때 상담자와 내담자의 반응에서의 차이와 같은 문화적 주제가 논의되었다(Rodriguez, Cabaniss, Arbuckle, & Oquendo, 2008).

집단 상담

정신분석 심리치료자들은 집단 상담으로 내담자를 도우려는 노력을 하면서, 초기 아동기 경험에 기초를 둔 행동의 무의식적 결정 요소에 유의했다. 집단 정신분석의 뿌리를 Freud의

---

1 책 제목의 'Crescent'는 초승달이라는 의미가 있지만, 동시에 이슬람교를 지칭하기도 한다. 많은 이슬람 국가의 국기에 초승 달이 포함되어 있는데, 이는 이슬람교 또는 이슬람교의 유일신을 상징한다. 따라서 'The Crescent and the Couch'는 이슬람교 와 정신분석을 의미한다. —옮긴이 주.

제자였던 Sandor Ferenczi의 연구에까지 거슬러 올라가 찾을 수 있음에도 불구하고(Rutan, 2003), 집단 상담에 대한 많은 개념적 접근은 추동-자아심리학적 관점(Rutan, Stone, & Shay, 2007; Wolf, 1975; Wolf & Kutash, 1986)을 취했는데, 이 관점은 집단 내 행동에서 개인의 심리적인 과정에 영향을 끼치는 억압된 성적, 공격적 추동에 초점을 맞추었다. 이와 더불어 집단지도자들은 자아방어기제가 사용되는 양상과 오이디푸스적 갈등이 집단구성원과의 상호작용과 집단지도자에게 영향을 끼치는 양상을 관찰했다. 대상관계 이론의 영향력이 커짐에 따라 집단지도자들은 집단 상호작용에서 개인의 심리학적 과정에 영향을 끼치는 분리와 개별화 주제에 초점을 맞추었다. 그러한 지도자들은 참여자들이 지도자나 다른 참여자들과의 관계에서 의존성의 문제를 처리하는 방식, 집단 압력과 영향에 반응하는 방식을 검토함으로써 다룰 수 있을 것이다. 집단지도자들은 Kohut의 자기심리학 관점을 이용하여 내담자들이 다른 집단구성원에게의 공감하는 능력뿐 아니라 자신의 관심사와 타인의 관심사를 통합하는 방식에 초점을 맞추어 작업할 수 있다.

Wolf & Kutash(1986)는 지도자가 마주칠 수 있는 다양한 형태의 저항을 묘사하면서 정신분석적 집단 작업에 대한 간략한 통찰을 제시했다. 어떤 구성원들은 처음에는 상담자에게, 나중에는 구성원 한 사람 한 사람에게 돌아가면서 '사랑에 빠지거나' 애착 관계를 형성할 수 있다. 또 어떤 구성원들은 집단을 부모 같은 태도로 접근하면서 집단을 지배하려고 하는 반면, 어떤 이들은 참여하기보다 단지 관찰만 할 수도 있다. 또 어떤 구성원들은 자신은 돌아보지 않으면서 다른 구성원을 분석하려고 할 수 있다. 이러한 모든 예들은 내담자가 자신의 정신적 과정이나 자신이 이겨 보려고 애쓰는 주제에 대해 자각하지 않고 다른 곳으로 주의를 전환시키려는 노력의 일환이다.

개인적 정신분석 심리치료처럼 집단 상담에서도 꿈, 저항, 전이, 작업 동맹에 기초한 해석과 자유연상과 같은 기법이 사용된다(Corey, 2012; Rutan, Stone, & Shay, 2007). 그뿐만 아니라 집단지도자는 구성원이 다른 구성원에 대한 통찰과 해석을 공유할 수 있도록 촉진한다. 집단 상담에서 지도자는 구성원에게 자신의 공상과 감정에서부터 자유연상을 시작할 수도 있고 다른 구성원이 제시한 소재로부터 자유연상을 해보라고 하거나(Wolf, 1963), 자신이나 타인의 꿈에 대해 자유연상을 하라고 요청할 수도 있다. 꿈의 해석에 초점을 두는 집단 상담은 꿈을 해석하기 위해 안전하고 수용적인 분위기를 제공한다(Blechner, 2011). 집단지도자가 이러한 내용을 해석할 때, 그들은 무의식적 행동 속에 숨겨진 의미에 대해 가설을 세운다(Corey, 2012). 유사한 방식으로, 구성원이 타인의 행동에 대한 통찰을 공유할 때, 구성원은 이러한 해석에서 여러 가지를 배울 수 있다. 만약 이러한 통찰의 시점이 적절하지 않거나 정확하지 않다면, 이것과 관련된 사람은 구성원의 해석을 거부하는 경향이 있다. 꿈의 내용을 말하고 자유연상을 하며 그에 대해 해석하는 일은 집단에서 매우 중요한 요소이다. 구성원이 누군가의 꿈을 논의하고 해석할 때 그들은 또한 자신의 중요한 부분에 대해서도 배울 수 있다. 개인 상담에서처럼 집단 상담에서 작업 동맹은 중요하다. 정신역동 집단 상담을 다론 작은 연구에서 Lindgren, Barber & Sandahl(2008)은 상담의 중간 시점에서 집단 전체로서의 동맹이 상담 성과와 어떻게 관련되는지를 보여 주었다. 지도자가 구성원, 지도자와 각각의 구성원, 지도자와 집단 전체 사이에서 발생하는 많은 전이에 유의해야 할 일이 필요하지만, 그래도 집단 상담은 개인 상담에 비해 구성원에게 자신의 무의식이 자신과 타인에게 어떻게 영향을 끼치는지를 알려줄 수 있는 좀 더 많은 기회를 제공한다. 20회기 집단 상담과 80회기 집단 상담을 비교해 보았을 때, Bakali, Wilberg, Klunsøyr & Lorentzen(2013)은 두 가지 집단 상담 모두 집단원의 성장을 돕기 위해 유사한 발달적 접근을 따르고 있음을 발견했다.

요약

1800년 후반, 정신분석학이 발전한 이후, 정신분석 이론은 심리치료에서 강한 영향력을 행사해 왔다. 오늘날 많은 정신분석 심리치료자와 정신분석적 상담자는 Freud의 개념을 사용했을 뿐 아니라, 의식과 무의식이라는 Freud의 구성 개념을 활용하는 후기 정신분석 이론을 통합하면서 발전을 도모했다. 많은 사람들은 그가 제시한 성격의 구성 요소인 원초아, 자아, 초자아의 개념도 자신의 관점에 통합시키면서 발전을 도모했다. 그러나 상대적으로 심리성적 단계, 즉 구강기, 남근기, 잠복기, 성기기의 개념은 잘 따르지 않는 편이다. Anna Freud와 Erik Erikson을 포함하는 자아심리학자들은 사회적 요인을 고려하고, 전 생애를 아우르는 단계에서 문제를 경험하는 내담자를 도와야 한다는 점을 강조했다. 이러한 풍부한 이론 체계를 더 발전시킨 것은 대상관계 이론가들의 노력이었는데, 그들은 3세 이전의 아동 발달과 유아가 주변 사람, 특히 엄마와 관계를 형성하는 방법, 초기 관계의 박탈이 성인기의 심리 장애에 영향을 끼치는 과정에 특히 관심을 가졌다. 자기심리학은 유아의 자기몰두로부터 시작되는 자기애의 자연스러운 발달 과정과 유아 초기의 아동-부모 간의 관계 문제가 성인기의 과대자기와 자기몰두의 느낌으로 발전하는 과정에 관심을 두었다. 관계적 정신분석가들은 현재의 내담자-상담자 관계뿐 아니라 위에서 제시한 모든 이론가들이 제기한 주제를 다룰 수 있다. 정신분석 심리치료자들은 상담에서 아동 발달을 이해하는 이러한 방식 중 한 가지 이상을 복합적으로 사용할 수 있다.

비록 다양한 개념적 접근이 존재함에도 불구하고, 대부분은 Freud가 무의식적 자료를 의식적 깨달음으로 가져오기 위해 발전시킨 기법을 사용한다. 자유연상 기법과 꿈에 대한 논의는 무의식적 자료를 제공한다. 그런데 그 무의식적 자료는 내담자가 자신의 심리적 장애를 이해할 수 있게끔 그에게 해석될 수 있다. 내담자와 상담자의 관계(전이와 역전이 문제)는 심리치료 작업에 중요한 소재를 제공한다. Kernberg(경계선 성격 장애), Kohut(자기애적 성격 장애), Mitchell(관계적 정신분석)은 특정한 유형의 내담자가 상담자와의 관계에서 경험하는 다양한 방식에 대해 논의했다. 정신분석 심리치료에 대한 많은 저술이 있기 때문에 다양한 장애에 관한 심리치료 관련 주제와 심리치료 절차에 대한 불일치 및 다양한 관점이 있다.

정신분석과 정신분석적 심리치료가 장기간 진행될 수 있기 때문에 전통적 개인 상담과 는 다른 방법을 창안하고자 하는 노력이 있어 왔다. 예를 들어, 집단 상담은 추동(Freud 이 론), 자아심리학, 대상관계 이론, 자기심리학, 관계적 정신분석에서 제공된 아이디어를 통 합시킬 수 있다. 단기 개인 상담 역시 이와 비슷한 개념적 체계를 사용할 수 있다. 그러나 그 기술들은 더욱 직접적이고 직면적이기 때문에 자유연상은 종종 이러한 치료에서 제외된 다. 인간의 발달과 무의식적 과정을 바라보는 다양한 관점이나 심리치료에 대한 새로운 접 근 방법이 발달한다는 것은 정신분석의 특징인 창조성이 지속적으로 발현되고 있다는 표 식이다.

이론의 적용

실습

CengageBrain.com에 나와 있는 디지털 자기 측정 도구, 핵심 용어, 동영상 사례(이론의 적 용), 사례 연구 및 퀴즈 문제로 정신분석의 개념을 자세히 연구하고 실습할 수 있다.*

추천 자료

이론가들이 새로운 정신분석적 개념을 만들면서 개념을 설명하기 위해 자신의 고유한 용어를 개발하는 일이 많다. 이러 한 현상은 정신분석적 개념에 익숙하지 않은 독자들을 혼란스럽고 압도되게 한다. 필자는 정신분석에 관한 배경이 그리 많지 않더라도 비교적 쉽게 이해할 수 있는 자료들을 아래의 추천 자료에 포함시키고자 했다.

Gay, P.(1988). *Freud: A life for our time*. New York: Anchor Books.

이것은 아주 잘 정리된 프로이트의 전기이다. 그의 가 족, 정신분석의 발달, 내담자와의 작업, 동료와 추종자 와의 상호작용 등이 기술되어 있다.

Freud, S. (1917). *A general introduction to psychoanalysis*. New York: Washington Square Press.

이 자료는 The Complete Psychological Works of Sigmund Freud의 15권과 16권에 포함된 것들로서 비엔나 대학 교에서 이루어진 강의 모음이다. 당시 그는 정신분석에 익숙지 않은 청중들을 대상으로 강의를 했기 때문에 그 는 실언, 실수, 꿈 등을 이해할 때 무의식적인 요소의 중 요성을 분명하고 이해하기 쉽게 설명했다. 그뿐만 아니

라 그는 신경증적 문제에서 추동과 성의 역할에 관해서 도 논의했다.

Gabbard, G. O.(2004). *Long-term psychodynamic psychotherapy: A basic text*. Washington, DC: American Psychiatric Association.

이 책은 어떻게 장기적인 분석이 수행되는지를 간략하고 명료하게 기술한 책이다. 장기적 정신역동 심리치료에서 사용되는 방법을 사례에서 발췌하여 제시하고 있다.

McWilliams, N.(2014). Psychodynamic therapy. In N. McWiliams, L. S. Greenberg, & A. Wenzel (Eds.), *Exploring three approaches to psychotherapy* (pp.71-127). Washington, DC: American Psychological Association.

이 자료는 정신분석적 심리치료에 대해 명료하고 이해

* 해당 서비스는 유료로 이용하실 수 있습니다.

하기 쉽고 간략하게 기술했다. 이 자료는 미국 심리학회에서 출판한 2개의 비디오, 남성 내담자 심리치료의 세 접근, 여성 내담자 심리치료의 세 접근 등의 보조 자료와 함께 출간되었지만, 비디오 자료의 유무와 무관하게 이 자료 자체로도 참고할 가치가 있다.

McWilliams, N.(2004). *Psychoanalytic therapy*. New York: Guilford.

정신분석적 심리치료자가 되려고 하는 학생들을 위해 저술된 이 책은 심리치료 실무에서 학생들이 접할 주제에 관한 지침을 알려 주는 매우 실용적인 자료이다.

Horner, A. J.(1991). *Psychoanalytic object relations therapy*. Northvale, NJ: Aronson.

Horner는 대상관계의 발달 단계와 대상관계 접근 심리치료에 관해 명료하게 기술하고 있다. 전이, 역전이, 중립성, 저항 등의 중요한 치료적 주제가 다루어졌다. 몇 사례들은 대상관계 접근 심리치료를 실제에 적용하는 방식을 보여 준다.

Thorne, E., & Shaye, S. H. (1991). *Psychoanalysis today: A casebook*. Springfield, IL: Charles C. Thomas.

다양한 문제 유형의 내담자들을 정신분석적 접근으로 다룬 사례 연구집이다. 19개의 상담 사례가 소개되어 있다.

Teyber, E., & McClure, F. H. (2011). *Interpersonal process in psychotherapy: An integrative model* (6th ed.). Belmont, CA: Wadsworth Cengage Learning.

이 교재는 학생들이 관계적 심리치료 기술을 학습하게끔 하는 데 도움이 된다. 관계적 반응 방식을 보여 주는 수많은 사례가 제시되어 있다. 이 책은 대상관계나 관계적 정신분석보다는 내담자에 관한 상담자의 반응에 초점이 맞추어져 있다.

CHAPTER 3

융학파 분석과 심리치료

융학파 분석과 심리치료의 개요

Carl Jung은 중년기 또는 중년기 이후에 발달한다고 생각했던 개인의 영적인 측면에 관심이 있었다. 그의 글들은 병으로 인한 내담자의 고통을 치료하는 것과 내담자의 무의식과 의식에 대한 호기심을 보여 준다. 그의 치료적 접근은 내담자가 꿈과 환상적인 요소를 통해 무의식적 측면을 발견하고 의식적 자각을 통해 무의식을 알아차리도록 돕는 것을 강조한다. 이러한 접근은 개인이 자신만의 독특하고 유일한 정신적 측면을 깨달을 수 있도록 돕는다. 이러한 무의식에 대한 강조는 Jung의 성격과 심리치료에 대한 관한 이론의 설명에서 확인할 수 있다.

Jung은 역동과 무의식이 인간의 행동에 영향을 미친다는 것에 매료되어 무의식이 Freud가 이론화했던 억제된 성적, 공격적 충동 이상의 것을 내포한다고 믿었다. Jung에 의하면 무의식(unconscious)은 오로지 개인적인 것이 아니라 집단적인 것이다. 공유된 진화적 역사로부터 나오는 마음 내면의 힘과 이미지를 집단무의식(collective unconscious)이라고 정의한다. 융은 특히 모든 인간이 가지고 있는 공통성, 즉 원형(archetypes)이라고 불리는 보편적 패턴의 상징에 관심이 있었다. 인간의 성격에 대한 연구를 통해 Jung은 의식의 모든 단계에서 작동되는 정신(psyche)의 태도나 기능을 식별할 수 있는 분류 체계를 개발할 수 있었다. Jung 이론의 기본적인 형태를 세운 개념은 Jung 자신과 내담자의 무의식적 과정을 관찰한 것에서 비롯되었다.

융학파 분석과 심리치료의 역사

Carl Jung

Jung의 선조들이 몸담았던 신학과 의학은 Jung의 분석심리학의 발달에 있어 중요한 분야이다(Bain, 2004, Ellenberger, 1970; Hannah, 1976; Jung, 1961; Shamdasani, 2003). 그의 친할아버지는 스위스의 바젤에서 잘 알려진 의사였고, 외할아버지는 스위스 바젤 개혁 교회에서 중요한 지위에 있던 유명한 신학자였다. 게다가, 8명의 그의 숙부들도 목사였다. 그래서 Jung은 장례식과 교회의 예식을 이른 나이부터 접했다. 비록 집안이 부유하지는 않았지만, 그의 가문은 바젤에서 잘 알려져 있었다. 그의 삼촌처럼, 아버지도 목사였는데 나중에 그는 자신의 신학적 신념에 대해 의문을 가졌다.

Jung은 1875년 스위스의 작은 마을인 캐스윌에서 태어나 다소 고독하고 때로는 우울한 유년기를 보냈다. 어린 시절에 Jung은 스위스의 산, 숲, 호수나 강에 둘러싸여 성장했으며, 자연은 Jung의 전 생애기에 걸쳐 중요한 부분이 된다. 학교에 입학하고 몇 년이 지나지 않아서 Jung은 뛰어난 학생이 되었다. 유년기 동안에 Jung은 그 누구와도 공유하지 않았던 꿈, 공상, 체험이 있었다. 다락방에서 홀로 위안을 찾았던 Jung(1961)은 그곳에서 비밀모임이나 두루마리 모형을 사용해서 의식이나 예식을 행하곤 했다.

중학교 졸업 후 Jung은 1895년에 스위스 바젤의 의과대학에 들어가 장학금을 받았다. 의과대학에 다니는 동안 그는 철학 공부를 계속했고 폭넓게 책을 읽었다. 그는 식탁이나 칼이 이유 없이 갈라지거나 부서지는 등의 초심리학적인 경험을 몇 번 하게 되면서 영적인 것에 관심을 갖게 되었다. 그가 1902년에 쓴 학위 논문인 이른바 『불가사의한 현상의 심리학과 병리학에 관하여(On Psychology and Pathology of So-Called Occult Phenomenon)』는 그의 15

세 사촌의 영적인 경험이나 강신술과 초심리학에 대해 읽은 내용을 부분적으로 다루고 있다. 초심리학에 대한 관심은 그의 연구에서 지속적으로 다루어졌으며 학문적 글에 반영되었다.

Jung의 전 생애 동안 Jung은 철학, 신학, 인류학, 과학, 신화와 같은 다양한 분야의 책을 폭넓게 읽었다. 그는 6세 때 라틴어를 배우기 시작했고 이후 희랍어도 배웠다. 철학적으로, 그는 연역적이고 보편적인 지각의 형태에 대한 Immanuel Kant의 견해에 영향을 받았다. 이런 개념은 집단무의식의 선구자 격이라 할 수 있는데, 개인은 현실을 있는 그대로 보지 못하지만 지각은 그들이 자신들이 보고 있다고 믿는 것에 영향을 끼친다는 것이다. 철학적으로 Jung에게 영향을 끼친 또 하나는 보편적 무의식(universal unconscious)을 포함하여 무의식에는 세 가지 차원이 있다는 Carl Gustav Carus의 개념이다. Carus의 연구와 유사한 것은 Eduard von Hartmann에 의해 설명되었던 무의식 기능의 세 수준에 관한 서술(그중 하나가 보편적 무의식에 대한 서술이다.)이다. Hartmann과 Carus의 보편적 무의식에 대한 개념은 Jung의 집단무의식 개념을 발전시키는 데 영향을 주었다. 18세기에 Gottfried Leibniz는 무의식의 비합리적인 면에 대해 저술했는데, 이러한 사상은 Jung의 무의식 개념에 영향을 주었다. 이후 Arthur Schopenhauer는 개인의 성욕에 기초한 비이성적인 힘과 개인의 행동에 의해 성욕이 억제되는 방식에 대해 서술했다. 이러한 철학적인 개념들이 성격에 대한 Jung의 이론에 반영되었다.

Jung의 지적인 관심은 넓고 다양했다. 초기 문화 인류학자들의 업적은 Jung의 이론적 개념에 많은 영향을 주었는데, 문화인류학자인 Johann Bachofen은 인류 문화의 사회적 진화와 문화를 아우르는 상징의 역할에 대해 관심이 있었다. 또한 문화를 아우르는 보편성을 추구하면서, Adolf Bastian은 개인 심리의 유사성은 문화의 의식, 상징, 신화를 조사해 봄으로써 이해될 수 있다고 믿었다. 세계 전역의 민화와 신화의 유사성을 이해하는 시도를 통해 George Creuzer는 설화 속 상징의 중요성과 설화의 기저에 있는 원시적이거나 발달되지 않았다기보다는 비유적이라 할 수 있는 근원적인 사상을 발견하였다. 이런 많은 문화 안의 상징에 대한 세 학자들의 강조는 Jung의 원형 개념에 직접적인 영향을 주었다.

정신과 의사인 Eugen Bleuler와 Pierre Janet과 함께한 Jung의 훈련은 좀 더 실제적인 수준에서 정신의학에 대한 그의 접근에 영향을 주었다. Jung은 Bleuler의 지도 아래 취리히의 부르그홀츨라이(Burgholzli) 정신 병원에서 정신과 의사의 수련을 받았다. 그곳에 있는 동안 Jung과 Franz Riklin은 좀 더 발전된 과학적 방법론을 사용하였고, 사람들이 주어지는 특정한 단어를 듣고 처음 생각나는 단어를 대답하게 하는 단어 연상 테스트를 연구하였다. Jung은 몇몇 사람들이 어떤 특정 단어에 대해 평균 반응 속도보다 느리거나 빠르게 반응하는 것을 발견하고, 이런 단어가 그 사람들에게 특별한 의미를 지니고 있을 것이라고 믿었다. 이러한 발견은 콤플렉스라는 개념으로 발전되었다. Jung은 정서적으로 강력한 단어나 생각의 집합체인 콤플렉스가 개인의 인생에 영향을 미치는 무의식적 기억을 나타낸다고 믿었다. Jung

은 1902년에 병원을 휴직하고 Janet과 함께 프랑스에서 최면을 연구했다. Jung의 훈련의 대부분은 조현병 내담자와 함께하는 것이었는데, 그는 '정신 장애를 일으키는 것'이 무엇인지 호기심이 아주 컸다(Jung, 1961, p.114).

Jung은 1903년에 『아니마와 아니무스(Animus and Anima)』(Jung, E., 1957)를 쓴 정신분석가이자 그의 이론을 발전시키며 함께 작업한 Emma Rauschenbach와 결혼했다. 그는 자서전 『기억, 꿈, 사상(Memories, Dreams, Reflections)』(1961)에서 가족에 대해 많이 언급하지는 않았지만, 내면세계를 연구하는 일에 균형을 잡게 해 주었던 가족(그는 네 명의 딸과 한 명의 아들이 있다.)의 중요성에 대해 고백한다. 특히 Jung의 가족은 그가 집필이나 연구를 거의 하지 않고 꿈과 환상을 분석하며 자신의 무의식을 탐험하는 데 헌신한 6년의 시기 동안 Jung에게 현실과 무의식 사이의 균형을 잡도록 해 주는 중요한 역할을 했다.

> 기묘한 내적 세계와 대치되는 현실세계에서의 평범한 생활을 한다는 것은 나에게 정말 중요한 것이었다. 내 가족과 내 직업은 나로 하여금 나는 실존하며 평범한 사람이라는 것을 확인시켜 주며 내가 무의식으로부터 돌아올 수 있는 근거지가 되어 주었다. 무의식적 자료는 내가 감당할 수 없을 정도로 엄청난 것이었다. 하지만 나의 가족과 내가 알고 있는 사실, 즉 내가 스위스 대학으로부터 의학 박사 학위를 받았고, 내담자를 도와야 하고, 나에게는 아내와 다섯 아이들이 있고, 내가 쿠스나흐트(Kusnacht)의 제스트라세(Seestrasse) 228 거리에 산다는 사실이 내가 정말로 존재하고 있고, Nietzsche처럼 영적인 힘 안에서 빙빙 도는 백지가 아니라는 것을 계속해서 증명해 주었다. (Jung, 1961, p.189)

Jung이 고통스런 6년(1913~1919)을 보내게 된 한 가지 이유는 Sigmund Freud와의 관계를 단절해 버린 것이다. Freud와 Jung 두 사람은 서로의 저서를 통해 서로의 연구에 대해 알고 있었다(Aziz, 2007). 1907년 봄에 그들은 거의 13시간 동안 함께 이야기를 나누었다. 6년 동안 교류하면서 그들은 서신을 자주 주고받았고 이 서신은 아직도 보존되어 있다(McGuire, 1974). Freud를 만나기 전에 Jung은 여러 공격으로부터 정신분석을 옹호하였으며 정신분석에 굉장한 흥미를 갖게 되었다. Freud에게 『조발성 치매에 관한 심리학(Psychology of Dementia Praecox)』(Jung, 1960d)의 복사본을 보내 주었으며 Freud는 이에 깊은 인상을 받았다. Jung이 정신분석에 관여했다는 것은 그가 국제정신분석협회(International Psychoanalytic Association)의 첫 번째 회장이었다는 사실로 증명된다. 그러나 Jung은 협회의 시작 당시부터 Freud의 정신분석에 대해 한계를 느끼고 있었는데, 그는 나중에 이렇게 썼다. "Freud 이전에는 어떠한 것이 성적으로 용인되지 않았고 이제는 모든 것이 성적으로만 설명된다"(Jung, 1954a, p.84). 게다가 Jung은 Freud가 인정하지 않았던 사상인 주술과 초심리학에 흥미가 있었다. 사실 Jung은 영적인 것에 대한 관심 때문에 많은 정신분석가로부터 인정받지 못했다(Charet, 2000). 1909년에 Jung과 Freud는 강연을 위해 매사추세츠주 우스터에 있는 클라크 대학에 함께 가게 되었다. 여행을 하는 동안 그들은 서로의 꿈을 분석해 주었다. 이때 Jung

은 자신이 생각하기에 정확하고 솔직한 방법이 아니라 Freud가 받아들일 만한 방식으로 꿈을 해석하고 있는 자신의 모습을 발견하면서 자신과 Freud 사이의 이론적 차이점이 크다는 것을 깨닫게 되었다. Freud는 Jung을 자신의 후계자이자 자신의 '황태자'로 보았다. 1910년에 Freud는 Jung에게 다음과 같은 서신을 보냈다.

> 사랑하는 나의 아들 알렉산더, 마음을 편하게 가져라. 나는 나를 야만인으로 보는 모든 심리학과 문명세계로부터의 찬사 등 내가 정복했던 것보다도 훨씬 많은 것을 네가 정복할 수 있게 남겨 줄 것이다. 그게 네 마음을 밝혀줄 것이다. (McGuire, 1974, p.300)

알렉산더라고 부른 것은 Freud 자신을 알렉산더 대왕의 아버지였던 마케도니아의 필립 2세에, Jung을 알렉산더 대왕에 비유한 것이다.

1911년에 Jung은 『전이의 상징(Symbols of Transformation)』(1956)이라는 책에서 오이디푸스 콤플렉스는 자신과 다른 성의 부모를 향한 성적인 이끌림 그리고 같은 성의 부모에 대한 공격성과 적개심이 아니라 영적이고 정신적인 욕구와 유대감의 표현이라고 하였다. Jung은 이것이 Freud와의 우정을 잃게 할 것이라는 것을 알았고 실제로 그렇게 되었다. 1913년 1월에 Freud는 Jung에게 "나는 우리가 모든 개인적인 관계를 완전히 끝내기를 제안한다."고 편지를 썼다(McGuire, 1974, p.539). Jung은 그 뒤 『정신분석 연감(Psychoanalytic Yearbook)』의 편집위원직에서 사임했고 국제정신분석협회의 회장 자리에서도 사퇴했다. 비록 Jung은 그의 많은 개념에 있어서 Freud에게 그 공을 돌렸지만, 그들은 서로 다시 만나지 않았다(Roazen, 2005). 이러한 단절이 Jung을 힘들게 했으며, 다음과 같이 말하였다. "내가 Freud와 헤어졌을 때 나는 미지의 세계에 던져진 것을 알았다. Freud 없이는 결국 내가 아는 것은 아무것도 없었다. 하지만 나는 암흑 속으로 발걸음을 떼었다"(Jung, 1961, p.199). 이렇게 해서 Jung은 6년간 자신의 무의식을 탐험하는 시간을 시작하게 된 것이다.

파란만장한 이 시기 이후 Jung은 저술과 강의, 심리치료와 내담자에 대한 헌신에 대단히 열정적이었다. 게다가 그는 종종 여행까지 했다. 무의식에 대한 지식을 쌓기 위해, Jung은 원시 사회의 사람들을 만나는 것이 가치 있는 것이 될 것이라고 느꼈다.

1924년에 그는 뉴멕시코의 푸에블로를 방문했다. 이때 이후로 그는 탕가니카의 아프리카 부족과 함께 머물렀고, 아시아 지역을 여행했다. 여행을 하는 동안 Jung은 주술사들이나 사람들과 대화를 나눈 것에 대한 일기를 썼다. 다른 문화에 대한 더 깊은 탐구는 중국 문학과 민속학의 전문가였던 Richard Wilhelm과 친분을 쌓으면서 이루어졌다(Stein, 2005). Jung은 마음에 대해, 특히 집단무의식에 대해 더 많은 것을 배우기 위해 연금술, 점성학, 점, 텔레파시, 천리안(투시력), 예언, 비행접시를 연구했다. 다양한 신화, 상징, 민속을 공부하는 과정에서 Jung은 중세 연금술에 대한 상당한 책을 수집할 수 있었다. 연금술에 대한 관심은 중세 연금술사의 글을 통해 사용된 상징주의로부터 나온 것이었다. 이러한 관심은 모두 무의식의 기능에 연관된 집합적 심상(collective imagery)을 나타낸다. Jung은 그 스스로를 상징적으로 나타내기 위해 석조 세공과 그림을 이용하였다. 그는 상징적 의미를 가진 자신의 개인적인 피난처로서 취리히 호수의 끝에 탑을 세웠다. 이후 세 번의 보수 공사를 하면서 탑을 확장시켰지만, 자신의 무의식에 가까운 장소로 남길 원하는 마음에 그 어떤 현대적 시설도 설치하지 않았다.

Jung은 1961년 6월 6일에 사망할 때까지 끊임없이 생산적으로 일했다. 그는 하버드 대학교와 옥스퍼드 대학교로부터 명예학위를 수여받았고 많은 상과 표창을 받았다. 또한 그는 텔레비전, 잡지, 방문자들의 많은 인터뷰에 응해 주었다. 그의 학문적 결실은 막대한데, 그 작업의 대부분은 프린스턴 대학교에서 20권으로 출간되었다.

Jung 이론과 관련된 사상과 Jung 심리치료는 많은 인기를 끌고 계속해서 발전하고 있다 (Shultz & Shultz, 2013). Carl Jung의 사상은 Jung 협회의 인기가 대변해 주듯이 미국을 비롯해서 전 세계적으로 발전해나가고 있다(Kirsch, 2000). 세미나와 교육 포럼은 지역사회와 전문적인 단체에서 열리고 있다.

융학파 훈련기관은 미국에서, 그리고 전 세계에서 찾아볼 수 있다. 3,000명 이상의 자격을 가진 융학파 분석가들이 있는데, 그들은 분석심리학의 국제 협회의 멤버들이다. 미국에서는 몇몇 훈련학회가 있는데 가입 조건이 약간씩 다르다. 훈련은 300시간 이상의 개인 분석 훈련과 전문가 수련 전까지 최소 3년 이상의 수련이 요구된다. 수련 내용은 역사나 종교, 인류학, 신화학, 민화, 콤플렉스의 이론과 같은 주제를 포함한다. 또한 훈련생은 내담자의 분석에 대해 감독을 받아야 한다. 꿈 작업은 이론과 수련 둘 다에서 매우 강조된다.

융학파 분석가의 국제적인 모임은 1958년 이래로 3년마다 열리고 있다. 융학파 분석과 심리치료를 다루는 몇 가지 저널은 다음과 같다. 『분석심리학 저널(The Journal of Analytical Psychology)』, 『융학파의 이론과 실제 저널(The Journal of Jungian Therapy and practice)』, 『융 저널: 문화와 정신(Jung Journal: Culture and Psyche)』.

융의 성격 이론을 이용한 개념화

전체성(wholenss)과 통합(unity)의 개념은 개인에 관한 Jung의 관점에서 지도적인 개념이다. Jung에게 이 전체성은 정신(psyche)으로 대표되는 것이었는데, 이것은 의식과 무의식의 생각, 감정, 행동을 모두 포함하는 것이다. 사람들은 인생을 사는 동안에 자신의 전체성을 발달시키려고 노력한다. Jung은 자기(Self)를 모든 성격의 중심이자 전체(totality)로 보았다. 성격의 또 다른 측면은 개인의 태도와 정신적으로 기능하는 방식을 포함한다. 또한 Jung은 아동기, 청소년기, 중년기, 노년기에 따른 정신 발달에 대해서도 기술했다. 이번 절의 자료는 Jung(1961), Harris(1966), Mattoon(1981), Shultz & Shultz(2013), Whitmont(1991), 그리고 Jung의 전집을 참고한 것이다.

의식의 단계

이론의 적용

개인의 성격을 설명하는 데 있어서 Jung은 의식의 세 가지 단계를 정의했다. 인지, 감정, 행동을 포함하는 영혼과 마음, 정신의 개념은 의식의 모든 단계에 존재한다. 성격을 표현하는 의식의 단계에는 자아(ego)에 초점을 두는 의식, 의식 단계로 기억되거나 가져 올 수 있는 사고나 기억을 포함하는 개인무의식, 모든 인류의 보편적인 주제나 요소로부터 비롯되는 집단무의식이라는 세 단계가 있다. 존재와 지각의 보편적인 방식을 나타내는 이미지나 사고를 나타내는 무의식과 원형에 관한 연구(100쪽 참고)는 Jung의 저서들뿐만 아니라 융학파 분석가들의 주된 관심사다. 따라서 이제부터 의식보다는 집단무의식에 대해 더 많이 다루게 될 것이다.

의식 단계 의식 단계는 사람들이 직접 인식하고 알 수 있는 유일한 단계에 속한다. 출생을 시작으로 의식 단계는 인생 전체에 걸쳐 지속적으로 성장하며, 사람들의 성장에는 개인차가 있다. Jung이 개성화(individuation)라고 부르는 이 과정은 자신을 최대한 알고자 하는 것이 목표이다(1959b, p.275). 개성화는 무의식의 내용을 의식으로 가져 오게 되면서 일부 이룰 수 있게 된다(Jung, 1961, p.187). 사람들이 자신의 의식을 키워감에 따라 보다 좋은 개성화를 발달시키게 된다. 의식 과정의 중심에는 자아(ego)가 있다.

융학파 분석에서 자아는 현재 의식을 구성하는 수단으로 언급된다. 자아는 의식에 도달할 지각, 사고, 기억, 감정을 선택한다. 조직화된 구조로 되어 있는 자아는 개인이 무의식적인 인식, 사고, 감정과 의식으로 인해 혼란스럽지 않도록 자기 자신에 대한 감각과 매일의 연속성을 제공한다. 방대한 양의 무의식적 자료(기억, 사고, 감정)를 걸러내는 과정을 통해 자아는 통일감과 일관성을 이루는 동시에 개성화를 표현하고자 한다.

개인무의식 자아가 받아들이지 않은 경험, 사고, 감정, 지각은 개인무의식에 저장된다. 개인무의식에 저장된 자료는 아마도 현재의 기능과 관련되지 않거나 사소한 경험일 수도 있다. 그러나 개인적 갈등, 해결되지 않은 도덕적 문제, 감정적으로 격양된 생각은 억압되어 있거나 접근하기 힘들지도 모르는 개인무의식의 중요한 부분이다. 종종 이러한 요소가 개인무의식으로 꿈을 통해 나타나기도 하고 꿈을 연출하는 데 적극적인 역할을 수행할 수도 있다. 때때로 사고, 기억, 감정은 서로 결합되거나 한 주제로 묘사된다. 이렇게 결합된 요소가 어떤 사람에게 정서적인 영향을 갖게 되는 것을 콤플렉스(complex)라고 부른다.

콤플렉스의 정서성은 개인에게 작은 감정적 충격을 주는 사고와 구별된다. Bleuler와 함께한 Jung의 단어 연상 작업은 콤플렉스의 개념을 발달시켰다. Adler(열등감 콤플렉스)와 Freud(오이디푸스 콤플렉스)가 자신들의 이론에서 콤플렉스의 개념을 발달시켰지만 Jung은 콤플렉스에 대한 다른 관점을 발전시켰고, 이는 그의 이론에 중요한 부분이 되었다.

이 책에서 소개된 다른 이론가들이 정의한 콤플렉스와 Jung의 콤플렉스가 구별되는 것은 바로 원형적 핵심(archetypal core)에 대한 Jung의 강조에 있다. 따라서 각 콤플렉스는 개인 무의식뿐만 아니라 집단무의식에서 나온 요소를 가진다. 원형에 기초를 둔 일반적인 콤플렉스의 예는 모친 콤플렉스, 부친 콤플렉스, 구세주 콤플렉스, 순교자 콤플렉스가 있다. 이러한 콤플렉스는 단어 연상 테스트를 통해 발견할 수 있다. 비정상적인 반응 방식은 개인이 그 단어에 대해 정서적인 반응을 갖고 있다는 신호인데, 이것을 연관된 주제의 다른 단어들과 묶게 되면 콤플렉스를 갖고 있다는 것을 의미하는 것일 수 있다. 사람들은 자신의 콤플렉스를 의식하지 못하기 때문에 이런 콤플렉스를 의식화하는 것이 상담자의 목표가 된다. 모든 콤플렉스가 부정적이지는 않다. 사실 몇몇 콤플렉스는 꽤나 긍정적일 수 있다. 예를 들면, 정치인이 되고 싶어 하거나 권력을 갈구하는 사람은 나폴레옹 콤플렉스를 가지고 있다고 할 수 있을 것이다. 이런 사람은 나폴레옹 콤플렉스를 가짐으로써 자신과 사회를 위한 긍정적인 사회 목표를 이룰 수 있도록 자극을 받게 된다. 만약 권력을 얻는 데 실패하게 되면, 긍정적이었던 콤플렉스는 부정적인 것으로 변하게 되거나, 의식적 사고 혹은 무의식적 영향이 대립하는 초월적 기능(transcendent function)을 불러오게 된다. 초월적 기능은 이 두 대립적 태도 또는 상태의 중개 역할을 하고, 이러한 과정은 일반적으로 새로운 상징을 통해 발현되는 제3의 힘이 된다. 어떤 의미에서, 개인은 초월하거나 갈등을 극복할 수 있고, 다른 관점으로 볼 수 있다. 이것이 Jung 이론의 핵심적인 개념이고 Miller(2004)의 저서 『초월적 기능: 무의식과 대화를 통한 심리적 성장이라는 융의 모델(The transcendent function: Jung's model of psychological growth through dialogues with the unconscious)』에서 설명되었다. 임상적으로, 초월적 기능은 전이와 다른 여러 주제를 함께 다루고 치료적 성장을 위한 기회를 제공한다(Ulanov, 1997). 치료적 작업에서 분석가는 무의식의 치료적 시도의 매우 중요한 측면에 해당하는 콤플렉스의 다양성에 직면하게 된다. 비록 콤플렉스의 중요성에 초점을 두긴 하지만 융학파의 분석가는 특별히 콤플렉스 안의 집단무의식의 역할에 대해서 그리고 개인의 기능의 다른 측면에 대해서도 특별히 관심을 가지고 있다.

집단무의식　Jung의 심리치료 이론과 다른 이론들 사이에 가장 큰 차이점은 바로 집단무의식으로, 이는 개인무의식과는 정반대로 어떤 특정 인물과 관계있는 생각이나 개념을 포함하고 있지 않다. 집단무의식을 구성하는 심상과 개념은 의식으로부터 독립되어 있다(Harris, 1996; Whitmont, 1991). 집단이라는 용어는 모든 인류에게 공통적이고 그들에게 중요한 것을 의미한다. 따라서 집단무의식은 "그들의 기본적인 패턴을 잃어버리지 않고 다양하게 나타나는 표현인 신화적 요소를 묘사하는 형태에 있어서 인류 마음의 타고난 경향"(Jung, 1970a, p.228)으로 언급된다. 모든 인간은 비슷한 생리구조(뇌, 팔, 다리)와 환경(어머니, 해, 달, 물)을 가지고 있기 때문에, 개인들은 일반적으로 공통된 방식으로 세상을 보고, 환경의 공통점과 차이점을 생각하고 느끼고 반응하는 능력이 있다. Jung은 특별한 기억과 의식적 이미지는 유전되지 않는다고 아주 분명하게 언급했다. 오히려 보편적인 사고와 생각에 대한 경향인 원형이 유전된다고 보았다(Hunt, 2012). 원형은 경험이 인식되고 구조화되는 방식이다(Jung, 1960b, p.137). 원형의 개념은 융학파 심리학을 이해하는 데 기본이 되며, 이제 여기에 초점을 두고 자세히 다룰 것이다.

원형

원형(archetypes)은 내용은 없지만, 형태는 가지고 있다. 원형은 가능한 지각의 형태를 나타낸다(Jung, 1959a, 1959c; Hollis, 2000). 쉽게 말하면 원형은 어떤 개인의 반응들을 패턴화시키는 역할을 한다. 원형은 집단무의식에서 의식으로 이어지는 경로이며, 이는 행동으로 이어지게 될 수도 있다. Jung은, 정서적 내용과 힘을 가지고 있으며 수천 년 동안 지속되어온 원형에 관심이 있었다. 예를 들면, 죽음의 원형은 강력한 감정을 수반하며 누구에게나 공통적인 경험이다. 죽음뿐 아니라 탄생, 죽음, 힘, 영웅, 아이, 나이 든 현자, 대지(the earth mother), 악마, 신, 뱀, 집단(unity)에 관해 Jung이 서술한 원형은 많이 있다. 이 원형은 이 책의 상징주의 부분에서 언급되는 내용인 원형적 심상으로 표현된다. Jung이 성격 구성에서 가장 중요하다고 언급한 원형은 페르소나, 아니마와 아니무스, 그림자, 자기이다(Shamdasani, 2003). 물론 페르소나는 성격(personality)의 일상적인 기능과 가장 관련되어 있고, 자기 원형(self archetype)은 성격이 제 기능을 하는 데 가장 결정적이다.

라틴어로 가면(mask)을 의미하는 페르소나(persona)는 개인이 대중에게 자신을 드러내는 방식이다. 개인은 부모, 직장인, 친구 등 다양한 역할을 한다. 개인은 다른 사람에게 어떻게 보이고 싶은지와 다른 사람의 기대에 따라 이러한 역할을 수행한다. 아이에게는 친절하게 대하고, 텔레마케터에게는 무례하게 대하는 식으로 사람들은 페르소나를 다양하게 쓴다. 페르소나는 한 개인이 특정한 상황 속에서 감정, 사고, 행동을 통제하는 데 도움이 된다. 그러나 만약 페르소나에 너무 치중하면, 개인은 자신으로부터 멀어지고 피상적이게 되어서 진정한 정서를 경험하기 힘들다.

아니마(anima)와 아니무스(animus)는 다른 성(性)의 감정, 태도, 가치와 같은 특성을 나타낸다. 남성에게 아니마는 남성의 정신 안에 있는 여성성을 말하며, 느낌과 정서와 같은 특성을 나타낸다. 여성에게 아니무스는 여성의 정신 안에 있는 남성성을 말하며, 논리와 이성과 같은 특성을 나타낸다. 남성과 여성이 그들 안에 반대 성의 한 부분을 가지고 있다는 생각은 생물학적인 근거를 갖고 있다. 남성과 여성 모두 남성 호르몬과 여성 호르몬을 생산하는 정도는 사람에 따라 다양하다. 사람들이 반대 성의 어떤 정신적 특성을 자신의 성격의 일부로 삼는지도 사람들마다 다양하다.

아니마와 아니무스 개념에 내포되어 있는 가정은, 여성은 전통적으로 정서적이며 양육적이고, 남성은 전통적으로 논리적이고 강하다는 것이다. 그렇다고 아니마와 아니무스를 이런 전통에 따라 너무 제한적으로 볼 필요는 없다. Harding(1970)은 아니무스가 여성에 따라 어떻게 다르게 기능하는지에 대해 기술하였다. Emma Jung(1957)은 여성이 아니무스의 발달 과정에서 겪을 수 있는 네 가지의 주요 원형에 대해서 기술하였다. 또한 다른 집필자들은 아니마와 아니무스의 개념을 발전시키고 Jung의 생각을 수정하려고 했다(Hillman, 1985). Jung은 균형 잡힌 성격을 가지기 위해서 남성은 자신의 아니마를, 여성은 자신의 아니무스를 표현해야 한다고 믿었다. 만일 이 과정을 거치지 않으면, 사람들은 미성숙하게 되고 진부하게 여성스럽거나(feminine) 남성스러울(masculine) 수 있는 위험을 안게 된다. 심리치료에서 아니마와 아니무스를 탐구하는 것은 개인 성격의 무의식적 표현일 뿐 아니라 개인의 성적 취향에 대한 탐구와 상담자와의 전이 관계에 나타나는 성적 관심을 이끌 수 있다(Schaverien, 1996).

그림자(shadow)는 잠재적으로 가장 위험하고 강력한 원형으로, 우리 자신의 의식적 자각과 가장 차이가 있는 우리 성격의 한 부분을 나타낸다. 그림자에는 수용할 수 없는 성적, 동물적, 공격적 충동이 포함되어 있다(Shamdasani, 2003). 그림자에 대한 현대의 관점은 때때로 미국 문화에서 악당이 어떻게 찬양받는지를 보여 준다(Rohleder, 2013). 예를 들어, 영화「배트맨」의 조커와 영화 또는 소설인「양들의 침묵」에서의 한니발 렉터가 있다. 그림자의 충동적인 본성은 Freud의 이드(id)와 다소 유사하다. Jung은 남성은 다른 남성에게 자신의 부정적이고 동물적인 감정을 포함하고 있는 그림자를 투사하며, 이로 인해서 남성들 사이에 악감정이 유발된다고 믿었다. 이런 Jung의 설명이 어쩌면 남성들 사이의 잦은 다툼이나 전쟁을 일부 설명해 줄 수 있을지도 모른다. 여성의 경우에는 남성처럼 겉으로 분명히 드러나지는 않지만, 그들 또한 자신의 그림자적 충동을 다른 여성에게 투사한다고 믿었다. 사회적 기대를 통해 스스로를 표현하는 페르소나 원형은 그림자의 중재 역할을 한다. 좀 더 넓게 보면, 그림자는 남녀 모두에 의해 많은 대상에 투사될 수 있다.

지금까지 논의한 것처럼 그림자가 부정적인 원형으로 나타나지만, 긍정적인 부분도 갖고 있다. 그림자를 올바르게 표출하게 되면 창의성, 활력, 영감의 근원이 될 수 있다. 어쨌든, 만약 그림자가 억압되면, 개인은 어색해지고, 자신에게 접촉하지 못하고, 두려움에 사로잡힐 수 있다. 그런 개인에게 심리치료의 목표는 그림자를 의식으로 불러오도록 돕는 것이다.

자기(self)는 성격의 조직과 통합을 가져오는 힘(에너지)이다. 그것은 성격의 중심(의식과 무의식의)이 되며, 의식과 무의식적 과정을 하나로 합치는 역할을 한다. 자기는 자아 형성의 개념과 비슷하다고 볼 수 있다(Roesler, 2008). 개성화가 비교적 잘 되지 않은 사람이나 아이의 경우, 자신의 콤플렉스나 원형의 징후를 잘 인지하지 못하기 때문에 '자기'가 무의식에 맞추어져 있을 수 있다. 반대로, '자기'에 비해 그 기능이 제한적이며 자기의 일부인 '자아(ego)'는 의식의 중심에 있다(Ekstrom & PDM Task Force, 2007). 사람들이 성숙해지고 개성화를 이루게 됨에 따라 자아와 자기 사이의 관계가 강력해지게 된다.

Jung에게 있어서 자기의 개발과 인식은 인간 삶의 목적이 된다. 사람들이 성격 기능을 완전히 발달시키게 될 때, 자기 원형(self archetype)에 접촉할 수 있게 되며 무의식적 자료를 의식으로 더 많이 가져올 수 있게 된다. 자기에 대한 지식은 의식적·무의식적 사고 모두의 접촉을 요하기 때문에 융학파의 분석심리학에서는 무의식적 과정을 이해하는 방법으로 꿈을 강조한다. 더 나아가, 영적, 종교적 경험은 무의식에 대한 더 많은 이해를 가져올 수 있으며, 이런 과정을 거친 후에야 의식적으로 인식할 수 있게 된다. 한 개인의 성격을 발달시키기 위해서 상담자는 내담자의 무의식적인 생각과 감정을 의식으로 옮겨올 수 있게 도와준다.

상징 원형은 내용이 아니라 형태를 가진 이미지다. 상징(symbols)은 내용이며, 원형이 외부로 표출된 것이다. 원형은 꿈, 판타지, 환상, 신화, 동화, 예술 등에서 발생하는 상징을 통해서만 표현될 수 있다. 다양한 방법으로 표현되는 상징은 미래에 응용(활용)할 수 있는 인류의 저장된 지혜를 나타낸다. Jung은 여러 문화에서 원형적으로 표현된 온갖 종류의 상징을 이해하려고 상당한 노력을 기울였다.

Jung은 인류학, 고고학, 문학, 예술, 신학, 세계 종교에 대해 광범위한 지식을 갖고 있었기 때문에 원형의 상징적 표현에 대한 탁월한 지식을 남길 수 있었다. 예를 들면, Jung(Jung, 1954e, 1957)은 연금술에 대해 관심이 많았던 덕분에 내담자에게서 나타난 원형을 발견할 수 있었다. 현자의 돌[1]이나 흔한 금속을 금으로 바꾸는 방법을 찾고 있던 연금술사는 풍부한 상징적 물질을 통해 자신을 표현하였다. Jung은 또한 상징을 이해하는 데 많은 재료를 제공해 준 신학과 동화에도 조예가 깊었다. 아프리카, 아시아, 미국 원주민 문화권의 많은 사람들과 영성과 꿈에 대해 이야기를 나눈 것은 Jung의 상징에 대한 지식을 증가하는 데 도움을 주었다. Jung의 호기심은 방대했다. Jung은 왜 그토록 많은 사람들이 날아다니는 미확인 비행물체를 보았다고 믿는지에 대해서도 이해하고자 하였다. 꿈, 전설, 역사적인 사건에 대해서 이야기를 나누면서 Jung은, 날아다니는 미확인 비행물체가 다른 행성(무의식)에서부터 지구로 괴이한 생명체(원형)를 싣고 오는 전체성(totality)을 나타내는 것이라고 결론지었다 (Hall & Nordby, 1973, p.115). 이런 결론에 다다르면서, Jung은 비행접시와 같은 상징의 역사와 의미에 대해 자신이 알고 있는 것을 의미하는 이른바 확대(amplification)라는 개념을 사용하였다. Jung은 내담자를 치료할 때, 내담자의 꿈속에 나타난 특정 이미지에 관해 알 수 있는 만큼 알아가면서 내담자의 꿈에 확대를 적용하였다. 꿈의 의미나 다른 무의식적 자료를 확대하기 위해서 융학파 분석가들은 많은 다른 문화 속의 많은 상징의 역사와 의미에 관한 지식을 갖고 있어야만 한다.

신화, 연금술, 인류학, 영성, 그리고 그 밖에 다른 분야에 관한 그의 연구를 보면, Jung은 특정한 상징들은 중요한 원형을 표현하는 경향이 있다는 것을 발견하였다. 예를 들면, 페르소나의 일반적인 이미지는 드라마와 종교적인 행사에서 사용되는 가면이다. 성모마리아, 모나리자 등과 같이 잘 알려진 여성들은 남성 속에 있는 아니마를 표현한다. 이와 유사하게 예

---

[1] 현자의 돌(the philosopher's stone): 비금속을 황금으로 변화시켜 준다는 전설 속의 물질. 실현 불가능한 이상을 빗대기도 한다.—옮긴이 주.

만다라

수, 아더 왕 같은 남성의 상징은 여성 속에 있는 아니무스를 표현한다. 악마, 히틀러, 잭 더 리퍼[2]와 같은 악한은 그림자를 표현한 것일 수도 있다. Goldberg(2012)는 「스타워즈」가 현대 사회의 신화에서 어떤 개인이 영화와 어떻게 연결되는지, 그리고 캐릭터들이 각각 다른 원형의 상징을 어떻게 나타내는지를 보여 주었다. 또 다른 예로, 해리포터는 영웅의 원형을 대표하는 상징일 수 있다(Gerhold, 2011).

특히 중요한 상징은 자기를 의미하는 만다라(mandala)이다. 만다라는 원형이며 대개 네 구역으로 구성된다. 상징적으로 그것은 통합을 이루고자 하는 노력과 요구를 나타낸다. Jung은 만다라가 성격의 중심을 나타내는 상징이라고 보았다. 네 가지 요소는 바람의 네 방향인 불, 물, 흙, 공기 또는 삼위일체와 성모로 대변될 수 있다. 이것은 Jung과 그 밖의 사람들이 설명해온 원형적인 표현의 한 예일 것이다. 만다라는 주의력결핍 과잉행동 장애(Attention Deficit Hyperactivity Disorder: ADHD)가 있는 청소년의 치료 과정에 가치가 있는 것으로 나타났다(Green, Drewes, &, Kominski, 2013). ADHD를 경험하는 청소년들이 만다라를 그리고 칠하며 이러한 경험을 논의하는 것은 긍정적인 치료 효과가 있을 수 있다.

성격의 태도와 기능

자신과 내담자를 관찰하면서 Jung은 성격 유형이라고 하는 성격의 차원을 알아냈다(Ryckman, 2013). 이 차원은 의식과 무의식의 두 요소를 모두 가지고 있다. Jung이 먼저 연구한 첫 번째 차원은 외향성(extraversion)과 내향성(introversion)으로 구성된 태도이다. 이후에, 그는 가치 판단에 사용되는 사고와 감정과, 자신과 세상을 인식(수용)하는 감각과 직관이라는 기능을 발전시켰다. Jung은 태도와 기능을 심리 유형에 결합시켰는데, 이는 MBTI와 그와 유사한 검사들의 구성에 사용되었다. 그러나 그는 이에 관해서 독단적인 범주라기보다 경향성이라고 조심성 있게 표현했다. 사람들에게 하나의 기능은 다른 기능보다 더 잘 발달된다. 네 가지의 기능 중에서 가장 덜 발달한 것은 무의식과 비슷한데, 이는 분석 치료적인 암시를 내포하여 꿈과 판타지로 표현된다(Jung, 1971).

태도 내향성과 외향성은 Jung이 성격을 바라보는 관점에서의 두 가지의 태도 또는 성향이다. 간단히 말하면 외향적인 사람은 외적 세계, 다른 사람, 다른 것에 관심을 더 쏟는 반면에, 내향적인 사람은 자신의 사고나 생각에 더 많은 관심을 쏟는다. 내향성과 외향성은 서로 반대되는 양극(polarities)이다. 사람들은 내향성과 외향성 모두를 가질 수 있을 뿐 아니라, 그들의 삶에서 두 가지 모두를 사용할 수도 있다. 사람들이 성장해감에 따라 태도 중 하나가 더 지배적이 되거나 더 많이 발달하게 된다. 지배적이지 못한 태도는 무의식적이 되기가 쉬우

2　영국 희대의 살인마. 1888년 8월 7일부터 11월 10일까지 런던 이스트엔드 화이트채플 행정구와 그 근처에서 매춘부 7명을 살해한 살인범의 별명. 영국의 미해결 범죄 가운데 하나이다. ―옮긴이 주.

며 예상하지 못한 방식 또는 미묘한 방식으로 사람들에게 영향을 끼치게 된다. 예를 들면, 내향적인 사람은 외향적인 사람에게 끌리거나 매력을 느끼게 될 수 있는데, 이것은 외향성이 자신의 무의식적인 면을 나타내기 때문이다. 외향적인 사람에게도 비슷한 설명이 적용될 수 있다. 평소 주변 세계에 관심이 많고 활동적이고 외향적인 사람들이 조용해지고 사색에 잠기는 것은 그들의 무의식인 내향적인 태도가 이전에 비해서 활성화되는 것이다. Jung이 내향성과 외향성의 태도가 성격을 설명하는 데 유용한 측면이라는 것을 알게 되었지만, 내향성과 외향성이라는 태도만으로는 사람들 간의 차이를 설명하기에는 너무 단순하고 부족하다고 생각했다(Jung, 1971).

기능 태도의 성격 차원으로 추가할 수 있는 개념에 대해 10년이 넘도록 고심한 끝에 Jung은 사고, 감정, 감각, 직관이라는 네 가지 기능을 구상했다. 그는 이성적인 기능인 사고와 감정을 다음과 같이 설명한다.

> 최근의 발표에서 표현되었던 개념들을 심리적 기능에 대응하는 개념으로 생각했고, 같은 태도 유형의 사람들 간의 다른 점을 결정하는 기준으로 사용했다. 예를 들어, 사고는 일반적으로 알려진 방식대로 생각했는데, 왜냐하면 많은 사람들이 다른 이들보다 습관적으로 생각을 더 많이 한다는 사실과, 이에 따라 어떤 중요한 결정을 내리는 데 있어서 사고 기능에 더 많이 의존한다는 사실을 깨달았기 때문이다. 또한 사고 유형의 사람은 세상을 이해하고 세상에 적응하기 위해서 사고를 사용하며 어떤 일이 일어나든지 간에 그것에 대해서 생각하고 반성하거나 적어도 사고에 의해 제재받는 원칙에 따르게 된다. 또 다른 유형의 사람들은 느낌이라는 감정적 요소를 더 선호하며 사고를 눈에 띄게 등한시한다. 이들은 느낌에 의해 행동하게 되며 이들이 심사숙고를 하게 하기 위해서는 대단한 사건이나 상황을 필요로 한다. 감정형의 사람들은 사고형과는 정반대의 성향을 보이게 되며, 두 유형의 사람들이 사업에서 동업을 하거나 부부생활을 하게 될 때 이들의 차이점이 가장 확연히 나타나게 된다. 여기서 우리가 확실히 짚고 넘어가야 하는 점은 어떤 사람이 외향적이든 내향적이든 사고를 더 선호할 수 있지만, 이는 그 사람의 태도 유형의 성향일 뿐이며, 감정형 사람들에게도 마찬가지의 설명이 적용된다. (Jung, 1971, pp.537~538)

그러므로 사고와 감정 둘 다 결정이 요구된다. 사람들이 사고를 사용할 때면, 대부분 이들은 생각들을 연결하고 세상을 이해하기 위해 자신의 지적 기능을 사용하게 된다. 이들이 감정 기능을 사용할 때면, 어떤 주관적인 경험에 대해 드는 긍정적 또는 부정적 느낌이나 가치를 바탕으로 결정을 내린다.

감각과 직관은 비이성적인 기능으로 볼 수 있는데, 이들이 자극을 받아들이거나 반응하는 것과 관련되어 있기 때문이다. 이 두 기능은 평가나 의사 결정과 무관하다. 사고형과 감정형처럼 감각형과 직관형은 양극을 이루고 있다. 감각은 시각, 청각, 촉각, 후각, 미각 그리고 개인의 신체에서 일어나는 감각에 대한 반응을 포함한다. 이것은 대개 신체와 관련 있으며 대개는 의식적이고, 세부적인 것에 주의를 기울이고 있음을 나타낸다. 반대로 직관은 대개는 더 큰 관점에서 보며, 말로 표현하기 힘든 예감 또는 추측을 선호한다. 종종 애매하거나 불분명하고, 대개는 무의식적이다. 예를 들면, '조앤(Joan)에 대한 느낌이 좋지 않아. 이유는 모르지만, 그래.'와 같은 식이다.

태도와 기능의 조합 두 가지의 태도와 네 가지의 기능을 각각 결합하여 8개의 심리 유형을 설명할 수 있다(Schultz & Schultz, 2013). Jung은 사람들이 모든 사람을 8개의 카테고리에 적용하려고 할지도 모른다는 것을 걱정하였다. Jung의 의도는 정보를 분류하는 것을 돕는 것이었다. Jung에게 있어서 사람들은 저마다 성격을 이루고 있는 고유한 태도와 기능의 패턴을 가지고 있다. 8개의 심리 유형에 대해, 가장 중요한 특성에만 초점을 맞추어서 간단히 설명하면, 왼쪽에 있는 내향적 태도와 네 가지 기능의 조합과 오른쪽에 있는 외향적 태도와 네 가지 기능의 조합이다(Myers, McCaulley, Quenk, & Hammer, 1998).

내향적 사고형: 자신만의 고유한 생각을 추구하기 좋아하고 아이디어를 받아들이는 데에는 특별한 관심이 없다. 그들은 아마 타인과 상호관계할 때나, 계획을 세울 때 생각을 끌어내려 할 것이다.

외향적 사고형: 외부에 관심이 있으면서도, 타인에게 자신이 세계관을 강요할 것이다. 과학 분야나 실용 수학 분야에 종사하는 사람들은 어떤 실제적인 문제를 푸는 데 자신의 사고 기능을 사용할 수도 있다.

내향적 감정형: 강한 감정은 내부에 간직하고, 가끔씩 단호한 표현으로 터트린다. 창의적인 예술가는 감정을 작품으로 드러내고자 한다.

외향적 감정형: 타인과의 상호작용이 때때로는 감정적일 수 있다. 그러나 다른 때에는 사회적이고, 친근하기도 하다.

내향적 감각형: 심리적 자극에 특히 몰두하면서, 세계를 인식하는 데에 초점을 둔다. 이들은 말을 해서 표현하는 것보다, 예술적이고 창의적으로 표현하는 것을 선호한다.

외향적 감각형: 등반 타기와 같은, 경험적인 감각과 신나는 활동에 참여하는 것이 이 유형의 특징이다. 종종 자료와 정보를 모으고, 실용적이고 현실적이다.

내향적 직관형: 자신의 생각과 심상을 이해하는 것이 힘들 수 있기 때문에, 이 유형의 사람은 자신의 통찰과 직관에 대해 의사소통하는 데 어려움이 있을 수 있다.

외향적 직관형: 신기하고 참신한 것을 즐기고 타인들에게 새로운 아이디어와 개념을 전파한다. 이들은 한 가지 대상에 관심을 가져야 하는 상황이 힘들 수 있다.

심리 유형을 평가하는 다양한 방법이 존재하지만, 모든 사람을 8개 카테고리로 분류하려는 과대평가나 분류의 위험은 여전히 존재한다. 8개 유형을 이해하는 가장 좋은 방법은

Jung이 사람들의 특성을 설명하기 위해 어떤 식으로 성격의 태도와 기능을 조합하였는지를 이해하는 한 방법으로 생각하는 것이다.

기능의 강도 네 가지 기능은 사고-감정, 감각-직관이라는 두 양극을 나타내기 때문에 사람들은 네 가지 기능을 모두 경험한다. 하지만 모든 사람들에게 네 가지 기능이 똑같이 발달하지는 않는다. 가장 잘 발달된 기능을 나타내는 우월 기능은 의식적이며 가장 우세한 기능을 나타낸다. 두 번째로 발달이 잘된 기능은 보조 기능으로 우월 기능이 작동하지 않을 때 우월 기능을 대신하여 나타나게 된다. 가장 발달이 안 된 기능은 열등 기능이라고 불린다. 의식적인 우월 기능과는 다르게, 열등 기능은 억압되어 있고 무의식에 존재하게 되며 꿈이나 환상에서 표출된다. 일반적으로 이성적 기능(사고 또는 감정)이 우세할 때, 비이성적 기능(감각-직관)은 보조적이다. 정반대의 경우도 물론 가능하다.

기능 강도 또는 우세와 관련된 개념은 난해한 개념이다. 융학파 분석가들은 꿈과 창조적인 활동에서 표출되는 내담자의 열등 기능을 탐색하는 것이 유용하다고 본다. 다음 예는 일반적으로 내향적인 사고 유형을 가진 개인이 열등감을 어떻게 탐구했는지를 보여 준다. 이 사례는 융학파 유형의 용어 사용을 설명할 뿐만 아니라, 원형 재료(이 경우, 아니마)와 관련된다.

이러한 열등감의 사용을 보여 주는 사례가 있다. 요구가 많은 아버지로부터 압력을 받은, 학교와 대학에서 우수한 성적을 거둔 한 젊은 엔지니어는 대학 졸업 후, 반문화적 약물 경험과 동료들의 영향을 받아 '종교적 경험'을 탐색하기 위한 목적으로 첫 직장을 그만둘 동기 부여를 받았다. 그는 서부 해안으로 떠돌면서 다양한 공동체적 환경에서 살면서 종교적인 감정뿐만 아니라 성적 감정도 탐색했다. 그는 결국 자신의 지배적인 이성애 성향을 동성애로 바꾸려고 노력했지만, 절제되고 남성적인 자기표현과는 반대로, 과장되고 거짓된 여성적인 성격과 변덕스러운 페르소나에 영향을 미치면서 가장 터무니없고 성공적이지 못한 동성애자가 되어 버렸다. 그는 이러한 실험들의 압박으로 어리석고 혼란에 빠졌고, 정신병으로 병원에 입원했다. 그가 '융학파' 담당자를 만나자고 요청했고, 결국 재활센터 분석가에게 의뢰받게 되었다.

몇 번의 탐색 후에, 그 분석가는 이 환자가 아버지의 지나친 요구에서 헤어나려는 시도가 그를 극한까지 내몰았다고 결론 내렸다. 그는 자신의 아버지가 자신을 위해 감당할 수 없는 자신의 일부를 발견하기 위한 시도로서 자신의 열등감으로 도망쳐야만 했다. 먼저, 일반적으로 신뢰할 수 있는 보조적으로는 외향성 감각을 지닌 내향적인 사고 유형으로, 그는 마약과 종교 집단에 참여함으로써 상대적으로 열등한 내향적인 직감으로 전환했다. 그 후 공동체의 생활은 그의 아니마에 의해 이끌려 나온 열등한 외향적 감정을 자극했다. 그는 열등한 외향적인 감정인 여성의 역할을 하면서 아니마의 정체성을 띠게 되었다. 확실히, 그는 원래 아버지와의 관계에서 자신이 차지했다고 느꼈던 '여성' 역할에 대한 무의식적인 캐리커처를 만들어 아버지에게 복수를 하고 있었다. 그러나 재치있기는 하지만 모든 보상은 그의 인생을 망치고, 정신적으로 그의 성격을 왜곡시키는 것이었다. 슬프게도, 그는 정말로 아버지가 원했던 강박적인 엔지니어와 매우 흡사했다.

분석가는 환자의 우월 기능으로 복귀하는 것을 부드럽게 지지하는 태도를 취했고, 내담자는 열등 기능에 대한 추가적인 탐색을 조용히 단념했다. 분석가는 내담자가 처음에 요구했던, 직관적인 접근 방식을 융학파의 감정으로 단호히 거절했다. 이 접근으로 환자의 거의 파괴형 조현병과 같은 어리석음이 사라졌다. 그는 이성애적 기능을 재개했고, 지배적인 내향적 성격을 회복했으며, 공학에 관련된 덜 야심적인 분야에서 일을 추구했다. (Sandner & Beebe, 1982, pp.315~316)

복잡하기는 하지만, 이 예는 어떻게 한 융학파 분석가가 내향성 태도와 사고 기능을 지원하면서 내담자를 이해하는 데 있어서 열등 기능에 주의를 기울이는지를 보여 준다.

성격 발달

Jung은 성격의 발달보다는 무의식과 특질에 더 관심을 두었으므로 그의 발달 단계는 Freud나 Erikson보다 덜 개발되어 있다(Jung, 1954d). Jung은 아동기, 청소년기 및 청년기, 중년기, 노년기라는 기본적인 4단계로 인생을 분류하였다. Jung이 가장 관심을 가졌으며 가장 많은 글을 썼던 인생 단계는 중년기였다.

아동기 Jung(1954b)은 아동의 정신적 에너지가 먹기, 잠자기 등과 같이 주로 본능적인 것이라고 믿었다. 부모의 역할은 아동이 혼란스럽거나 규율이 없지 않도록 아동의 에너지를 이끄는 것이다. Jung은 아동 문제의 대부분이 가정에서의 문제에서 기인한다고 느꼈다. 만일 부모 중 한 명의 문제나 부모 둘 모두의 문제가 해결될 수 있다면 아동의 불복종적 행동이나 다른 문제가 줄어들게 될 것이다. Fordham(1996)은 아동 발달에 대한 Jung의 접근법을 개발하기 위해서 Melanie Klein이 기술한 것처럼 대상관계 이론을 이용하였다. 일반적으로, 아동기는 부모로부터 분리하여 자아 정체성을 개발하는 시기이다(Schultz & Schultz, 2009).

청소년기 사춘기의 청소년은 학교 교육과 직업 선택과 같은 많은 인생의 선택에 직면하면서 다양한 문제가 생길 수 있다. 더 나아가, 그들은 이성과 어울리면서 생겨나는 불안을 포함하여 성적인 본능으로부터 생겨나는 어려움을 겪을지도 모른다. 그들이 성장하고 발달해가면서, 비교적 결정할 것이 거의 없는 아동기로 다시 돌아가기를 희망할지도 모른다. 사춘기의 사람들이 맞닥뜨리게 되는 이러한 갈등과 결정의 시점은 외향성과 내향성에 따라 다르게 다루어진다. 직면하게 되는 여러 문제에 대처하기 위해서, 청소년은 부모의 기대에 의해서가 아닌 자신의 우월 기능을 바탕으로 세상에 대처할 수 있는 효과적인 페르소나를 발달해야만 한다. 이들이 청년기에 들어서면서 자신의 성격을 발견하게 되고 자신의 페르소나에 대한 이해를 발달시키게 된다.

중년기 중년기에 대한 Jung의 관심은 아마도 Jung 자신이 중년의 위기를 겪었으며, 그 위기속에서 자신의 내면을 조심스레 재검토하고 자신의 꿈과 창조적인 작업을 통해 자신의 무의식을 탐구했다는 것으로 설명될 수 있을 것이다. 더 나아가, Jung의 많은 내담자들이 중년기였는데, 그들은 성공하였으며 삶의 의미와 관련한 문제를 생각하고 있었다. 사람이 직업, 가족, 사회에서 안정이 되면 삶에서 무의미 또는 상실감을 인식할 수도 있다(Jung, 1954f). 사실상, 융학파 분석가가 되고자 하는 많은 사람들이 다른 심리요법에서 수련을 하려고 하는 전형적 나이인 20대이기보다는 주로 중년의 나이다. 중년의 나이에 혹은 사춘기에서 중년으로 가는 과도기에는 다양한 주제를 접할 수 있다. 예를 들면, Jung은 영원한 청년, 푸에르 에테누스(puer aeternus)[3]를 확인한다. 푸에르 에테누스는 무의식적으로 어머니에게 달라붙어 사춘기를 보내서 스스로 책임을 지는 데 어려움을 겪는 남성이다. 영원한 소녀, 푸에르 에테르나(puella aeterna)[4]는 아버지에게 달라붙어 성인기의 책임을 받아들이는 데 어려움을 겪는 여성을 말한다. 그럼에도 불구하고, 그러한 사람들이 창의적이고 에너지가 넘칠 수 있다(Sharp, 1998).

노년기 Jung은 노년기의 사람들이 자신의 무의식에 더욱 더 많은 시간을 많이 보낸다고 믿었다. 하지만 Jung은 연장자일수록 자기 삶의 경험을 이해하고 그 경험으로부터 의미를 찾는 데 시간을 바쳐야 한다고 느꼈다(Jung, 1960e). Jung에게 있어서 노년은 반추하고 지혜를

---

3 푸에르 에테누스: 그리스 신화에서 푸에르 에테누스는 이마쿠스, 디오니소스, 에로스와 같이 영원히 젊은 청년의 모습으로 나타난다. 푸에르 에테누스는 현대 소설의 테마로도 등장한다. 「피터팬」, 「도리언 그레이의 초상」은 모두 푸에르 에테누스를 주인공으로 하고 있다. 신경증 이론에서 푸에르는 나이를 먹었음에도 불구하고 사춘기적 심리 상태에서 벗어나지 못한 사람을 가리킨다. 푸에르는 어머니에 대한 지나친 의존을 특성으로 한다. 모성 콤플렉스를 가진 남성을 푸에르 에테누스라고 부른다. —옮긴이 주.

4 푸에르 에테르나: 젊음을 안겨주는 영원한 청년, 푸에르 에테누스가 있다면, 우리와 세계에서 섬세하면서도 꺾을 수 없는 아름다움을 주는 영원한 소녀, 푸에르 에테르나가 동시에 존재한다. 융학파 분석 심리학에서는 부성 콤플렉스를 가진 여성을 '영원한 소녀'라고 부른다. 부성 콤플렉스는 현실의 아버지가 지나치게 일방적인 경우(매우 권위적, 폭력적이거나 혹은 극도로 약할 때) 신화적 부성상이 그대로 남아 자식의 정신세계를 지배하는 형태로 나타난다. 이들이 인식하는 신화적 아버지는 실제의 아버지와 거리가 있다. 이들은 현실적인 아버지를 내면화하는 데 실패한 것이다. 그들은 성장 후에도 여전히 현실적 부모와 신화적 부모를 분리하지 못하는, 부모 문제에 관한 한 유아적 심리 상태에 머물러 있다. 부성 콤플렉스에 사로잡힌 여성의 첫 번째 특징은 극도의 자기 절제를 보인다. 분석심리학에서는 이런 여성의 삶을 '특수요원 훈련을 받는 듯 사는 삶'으로 묘사한다. 이들은 아버지로부터 '특별한 부름'을 받았다고 느끼며 그에 부응하기 위해서 극단의 의지를 발휘한다. 따라서 주변에서 칭송을 받는 사람이 되는 경우가 많다. [출처] 정혜신, 『사람 VS 사람』—옮긴이 주.

개발하는 시간이었다. 연장자들은 종종 죽음과 죽음이라는 운명의 주제에 대해서 생각하는데, 이 주제는 Jung의 글과 꿈에서도 반영되었다(Yates, 1999). 예를 들면, Goelitz(2007)는 어떻게 병에 걸려 죽음을 앞둔 사람들에게 꿈의 작업이 도움이 될 수 있는지를 기술하고 있다. Jung의 많은 내담자들이 은퇴할 나이였는데(Mattoon, 1981), 심리 발달은 나이에 관계없이 계속된다는 신념을 반영하고 있다.

Jung의 분석에서 정신 에너지뿐만 아니라 무의식 수준과 성격의 차원에 대한 지식과 이해가 중요하다. 특히, 꿈, 판타지 등의 수단에 의해 만들어지는 원형적 요소를 통해 무의식을 다루는 데 있어서의 정통성이 주요한 초점이다. Jung의 성격 이론의 이러한 요소에 대한 개관은 다음 절에 나오는 Jung의 분석과 치료 과정과 관계가 있다.

융학파 분석과 심리치료

Jung의 심리치료법은 주로 무의식의 요소를 의식으로 가져오는 것과 관계가 있다. 무의식을 의식으로 가져오기 위해서 평가 방법은 투사법(projective technique: 주관을 반영하는 기법), 유형을 측정하는 객관적 도구, 꿈과 환상에서의 재료를 평가하는 식으로 이루어졌다. 치료적 관계는 유연한 관계로, 분석가들은 내담자가 개인적이고 집단적인 무의식을 의식으로 가지고 오도록 하는 데 분석가 자신의 정신에 관한 정보를 사용한다. 이렇게 하기 위해서, 꿈, 적극적 상상 등의 탐구 방법이 많이 사용된다. 또 다른 조사 영역은 전이와 역전이(상담자의 내담자에 대한 감정 전이)인데, 이것은 심리치료 과정에 영향을 미치는 관계에 관한 주제를 시험하는 것을 말한다. 여기서는 Jung의 분석과 심리치료의 중요한 측면에 관한 간략한 토의만을 제공한다.

심리치료 목표

Jung의 관점에서 삶의 목표는 개성화(individuation)이다(Hall, 1986). 언급한 것과 같이, 개성화란 자신만의 독특한 정신적 실제에 관한 의식의 깨달음을 말한다. 개인이 자신의 강점과 한계를 인식하고 자신에 대해 계속 알아가면서, 그 자신의 의식과 무의식의 부분을 통합하게 된다. Mattoon(1986)은 분석의 목표에 대한 간략한 설명에서 융학파 분석의 목표는 의식과 무의식의 통합인데, 이는 개성화를 이루기 위한 전체성을 얻기 위해서라고 설명했다.

융학파 치료의 목표는 내담자가 아동기, 청소년기, 중년기, 노년기 중 어느 발달 단계에 있는지에 따라 달라질 수 있다(Harris, 1996). 아동에게 있어서 심리치료의 목표는 아동의 자기 원형(정상적인 발달)에 방해되는 문제에 관련하여 도움을 주는 것일 수 있다. 사춘기의 청소년과 청년에게 있어서는 흔히 페르소나보다는 자신들의 정체성과 자기(Self)를 이해하는 데 초점을 둔다. 중년의 내담자의 경우, 돈을 벌고 가족을 부양한다는 실용적인 문제에서 보다 덜 물질적이고 보다 영적인 측면으로 심리치료의 목표가 옮겨질 수 있다. 70세 이상의 사람들의 경우, 전체 과정으로서의 삶을 바라보고 평정을 가지는 것이 심리치료 목표의 일부가 된다. 물론, 사람들이 또 다른 목표를 가질 수도 있다. 하지만 우리 일생 동안의 단계와 관련하여 이러한 것은 일반적인 목표이다.

분석, 심리치료, 상담

여러 저자들이 융학파 분석, 심리치료, 상담의 정의에 있어 다소 차이를 보이지만, 융학파 분석가(Jungian analyst)라는 용어는 분석심리학 국제협회(International Association for Analytical Psychology)가 인정하는 기관에서 정식으로 교육과 훈련을 받은 사람을 지칭한다. 융학파 치료와 융학파 분석을 비교하는 데 있어서, Henderson(1982)은 장시간에 걸쳐 한 주에 여러 번의 회기를 포함하는 정신분석이 심리치료보다 더욱 집중적이라고 믿는다. Henderson이 보기에 심리치료는 상담자에게 위기 개입을 제공하고 심리적 통찰에 대한 즉각적인 필요를 충족시킬 수 있게 하는 식으로 더욱 간결한 작업이다. Henderson과는 반대로, Mattoon(1981)은 심리치료와 정신분석은 방법이나 내용적인 측면으로 볼 때 별 차이점이 없다고 본다. 하지만 Mattoon은 많은 융학파 분석가가 분석이 심리치료에 비해 꿈과 같은 무의식적 자료를 더 많이 다룬다고 믿는다는 점을 인정하고 있다. 상담에 관하여, Mattoon은 상담자가 보통 심리치료자나 정신분석가에 비해 무의식적 요소를 덜 다룬다고 보고 있다. 아마도 의견이 이렇게 다양한 이유는 분석가 자신이 가진 다양한 배경(심리학, 사회복지 업무, 성직자 혹은 도움 직업과는 무관한 직업) 때문일 것이다. 많은 이들이 30대 혹은 40대에 제2의 직업으로 분석가가 된다(Hall, 1986). 일반적으로, 상담자와 심리치료자가 그 자신의 분석과 특정한 교육을 통하여 Jung의 무의식에 대한 강조에 더 많이 노출되면 될수록 그들의 일에 있어 무의식의 요소를 사용하는 데 더 편안함을 느낀다.

평가

Jung의 분석가가 사용하는 측정 방법의 범위는 객관적·주관적 성격 테스트에서부터 그 자신의 꿈을 사용하는 것에 이르기까지 다양하다. 비록 Jung은 사용할 만한 표준화된 성격 측정 도구는 거의 없었지만 내담자를 이해하기 위해 광범위한 방법을 사용했다. 『정신 장애 진단 및 통계 편람』(DSM-II, III, IV-TR, 5)과 같은 진단 분류 체계가 개발되면서, 많은 비판뿐만 아니라, Jung의 유형학(인간형을 몇 가지로 분류하고, 그에 따라 성격을 이해하려고 하는 학문 분야)을 진단 범주와 관련지으려는 제한된 시도가 있었다. 투사 검사(projective tests)가 개발되고 있을 때 검사 도구 개발자들의 Jung 심리학에 대한 이해와 지식이 이들이 개발한 검사의 설계에 영향을 미쳤다. 아마도 Jung의 개념에 대한 측정에 있어서 가장 위대한 노력은 심리학적 유형을 측정하려고 시도한 객관화 검사(objective inventories)일 것이다. 이 모든 노력이 평가에 대한 Jung의 독창적인 접근법에서 비롯될 수 있다.

Jung의 내담자를 이해하는 네 가지 방법(단어 연상, 증상 분석, 병력, 무의식 분석)에 대한 서술은 치료법에 대한 그의 주관적이고 인간적인 접근법을 이해함으로써 제대로 알 수 있다.

> 임상적 진단은 의사들에게 어떤 방향을 제공해 주기에 중요하다. 하지만 이런 임상적 진단이 내담자에게 도움이 되지는 않는다. 여기서 결정적 요소는 바로 이야기이다. 오직 이야기만이 그 사람의 배경과 고통을 보여 주며, 이 시점에 도달해야만 의사의 치료가 효과를 나타낼 수 있다. (Jung, 1961, p.124)

이런 주의사항을 전제로 하여, Jung은 내담자에 대해 알 수 있는 네 가지 방법을 기술하였다. 첫째, Riklin과의 작업에서 그가 개발한 단어 연상법인데, 이것은 한 개인을 혼란스럽게 할 수 있는 콤플렉스를 찾아내는 방법을 제시하고 무의식에 대한 탐색을 가능하게 하였다(Jung, 1973, p.157). 둘째, 고통스러운 기억을 되가져오기 위하여 최면술을 사용하였다. Jung은 증상 분석(symptom analysis)이라 불리는 최면술이 외상 후 스트레스 장애에만 도움이 된다고 느꼈다. 셋째, 병력(case history)을 정신 장애 발달의 역사를 추적하기 위해 사용하였다. Jung은 병력을 사용하는 것이 때때로 내담자로 하여금 태도의 변화를 가져오는 데 도움이 된다는 것을 발견하였다(Jung, 1954a, p.95). 이 방법이 무의식의 특정한 부분을 의식으로 가져올 수 있게 해 주지만, Jung에게 있어서 가장 의미 있었던 방법은 바로 네 번째 방법인 무의식의 분석이었다. 의식적 재료가 고갈되었을 때에만 사용되는 방법으로 탐색에 대한 접근법은 다양한데, 보통 환상이나 꿈에 연관이 있는 내담자의 원형적 요소에 관심을 기울이는 것이 포함되었다. 다음의 사례에서는, Jung이 내담자에 대한 분석을 촉진시키기 위해 내담자에 대한 Jung 자신의 꿈, 즉 Jung 본인의 무의식을 어떻게 사용했는지를 보여 준다. 본인의 꿈을 사용하고 해석하는 방법은 일부 정신분석가들이나 융학파 상담자들이 사용하는 방법이다(Spangler, Hill, Mettus, Guo, & Heymsfield, 2009).

> 언젠가 매우 지적인 한 여성이 방문한 적이 있었는데, 이 내담자는 여러 가지 이유로 나의 의구심을 자극했다. 초반에는 분석이 굉장히 잘 진행되고 있었는데 시간이 좀 지나고 나는 그녀의 꿈에 대한 제대로 된 분석을 하지 못하고 있다고 느끼기 시작했으며 우리의 대화가 상당히 겉돌고 있다는 생각이 들기 시작했다. 그래서 나는 이 문제에 대해 내담자와 함께 이야기를 나누기로 결정했고, 그녀도 물론 뭔가가 잘못되고 있다는 것을 느끼고 있었다. 그녀와 이 문제에 대해서 이야기를 꺼내기 바로 전날 밤, 나는 다음과 같은 꿈을 꾸었다.
>
> 나는 느지막한 오후 햇살을 받으며 계곡을 고속도로를 따라 걷고 있었다. 내 오른쪽으로는 가파른 언덕이 있었다. 그 언덕의 꼭대기 부분에는 성이 하나 있었는데, 그 성에서 가장 높은 타워에 한 여자가 난간 같은 곳에 앉아 있었다. 그녀의 모습을 제대로 보기 위해 나는

내 머리를 최대한 뒤로 젖혀야만 했다. 나는 뒷목이 뻐근함을 느끼며 잠에서 깼다. 꿈에서조차 나는 꿈속의 여인이 내 내담자라는 것을 알 수 있었다.

나는 이 꿈을 즉각적으로 해석할 수 있었다. 머리를 있는 대로 뒤로 젖히는 방식으로 꿈속에서 내 내담자를 봐야 했다는 것은, 현실에서는 아마도 내가 그녀를 내려다보고 있었다는 것을 의미했다. 결국 꿈이란 의식적 태도에 대한 보상적 기능을 하기 때문이다. 내 꿈에 대한 이야기와 해석을 그녀에게 해 주었다. 이 과정에서 나와 그녀가 처한 상황에 즉각적인 변화가 일어났으며, 치료는 다시 한 번 진전을 보이기 시작했다. (Jung, 1961, p.133)

비록 Jung이 내담자를 이해하려고 아주 개인적인 접근법을 사용하기는 하였지만 그의 성격 이론은 로르샤흐 검사(Rorschach Test)와 주제통각 검사(Thematic Apperception Test: TAT)라는 두 가지 중요한 투사법의 발달에 영향을 주었다. Ellenberger(1970)의 말대로 Hermann Rorschach는 Jung의 유형학에 관심이 있었는데, 특히 그 자신의 로르샤흐 검사의 발달과 관련하여 내향성과 외향성 기능에 관심이 많았다. 로르샤흐 채점에 사용된 여러 가지 방법 중에서 좀 더 잘 알려진 것 중 하나는 융학파 분석가인 Bruno Klopfer에 의해 개발되었다. 다른 융학파 분석가, 특히 McCully(1971)는 로르샤흐의 개발에 기여하였다. 주제통각 검사의 창설자인 Henry Murray는 Jung과 함께 취리히에서 연구를 하였으며 최초의 Jung 훈련 연구소를 개시하는 데 관여하였다. 로르샤흐 검사와 주제통각 검사의 사용과 관련하여 융학파 분석가들 사이에 다양한 차이가 존재하는데, 일부는 어느 투사법을 다른 기법이나, 심리 유형에 대한 객관적 시험보다 선호하기도 하며 아예 테스트를 사용하지 않는다.

그레이-휠라이트 융학파 검사(Gray-Wheelwright Jungian Type Survey: GW)(Wheelwright, Wheelwright, & Buehler, 1964), 마이어스-브릭스 유형 척도(Myers-Briggs Type Indicator: MBTI)(Myers et al., 1998), 싱어-루미스 성격 검사(Singer-Loomis Inventory of Personality: SLIP) (Singer & Loomis, 1984)라는 유형을 측정하는 세 가지 객관적 시험 검사법이 개발되었다. 세 도구들은 모두 103쪽에 설명되어 있는 기능과 태도의 다양한 조합에 대한 점수를 채점한다. GW는 융학파 분석가들에 의해 50년이 넘게 사용되고 있는 반면에, SLIP은 최근 25년 사이에 개발되었다. 오늘날까지 가장 널리 알려진 것은 MBTI로서, 많은 상담자들에 의해 사용되고 있으며 전문가가 사람들로 하여금 자신이 어떤 방식으로 결정을 내리고, 정보를 받아들이고, 자신의 내면세계나 외부세계를 연결시키는지 이해할 수 있도록 도움을 주고 있다 (Sharf, 2014). MBTI는 흔히 그 개념을 보다 폭넓은 융학파 이론에 연결시키지 않은 채로 사용된다. GW와 MBTI는 모두 양극의 가정을 사용하지만 SLIP의 경우는 양극의 가정을 사용하지 않는다(Arnau, Rosen, & Thomson, 2000). 예를 들어, 사고와 감정은 양극 척도의 양끝에 존재하지만 SLIP에서는 각 기능이 각 태도와 짝을 이루어 8개의 개별적 척도를 만들게 된다. 이 도구가 제공하는 자료는 이번 장의 '연구' 부분에서 다룬다. 이 도구가 Jung의 유형학에 대한 객관적 측정이기는 하지만, Jung의 유형은 DSM-5 범주에 직접적인 연관은 없다.

치료적 관계

Jung에게 있어서 내담자와 내담자의 정신적 문제와 무의식의 과정을 받아들이는 것은 매우 중요한 것이었다. 실제로 Jung은 수년간 정신병으로 병원에 입원해 있으면서 심각한 문제를 갖고 있는 내담자에게 종종 매료되었다. Freud를 포함한 Jung의 동료들은 Jung의 관심사를 공유하지 않았기 때문에 Jung의 이러한 관심에 난처해했다. Jung은 분석가의 역할은 분석가 본인의 경험을 사용하여 내담자가 무의식을 탐구할 수 있도록 도움을 주는 것이라고 보았다. 정신분석을 받는 사람(analysand)으로서의 이전 경험이 분석가로 하여금 인간의 정신을 탐험하는 어려운 과정에 대해 존경심을 가지게 한다. 이것의 중요성은 다음 인용문을 통해 알 수 있다.

> 심리치료자는 내담자만을 이해해서는 안 될 것이며, 심리치료자 본인을 이해하는 것도 내담자를 이해하는 것만큼이나 중요하다. 이런 이유로 교육 분석(training analysis)이라고 불리는 분석가 본인에 대한 분석이 필수 요소이다. 내담자에 대한 치료는 의사로부터 시작된다. 의사 본인이 자신과 자신의 문제점에 대처하는 법을 알 때, 비로소 의사는 내담자로 하여금 내담자 자신에 대하여 그리고 내담자가 갖고 있는 문제점에 대처할 수 있도록 가르침을 줄 수 있을 것이다. 교육 분석에서 의사는 반드시 의사 본인의 정신을 아는 것을 배워야 하며 이 과정에 진지하게 임해야 할 것이다. 만약 의사가 이를 행할 수 없다면, 내담자 역시 할 수 없을 것이다. (Jung, 1961, p.132)

Jung의 심리치료 접근법에서 인간성은 필수적인 것이었다. 이것은 '상처받은 상담자(wounded healer)'라는 개념에서 볼 수 있다(Samuels, 2000; Sharp, 1998). 분석가는 내담자의 고통(그림자에 의해 표현되는 분노와 고통스런 영향력)에 영향을 받게 된다. 분석가 자신의 그림자를 통해 나타나게 되는 분석가 자신의 무의식 변화를 인지하는 것(예: 아랫배가 죄이는 것)은 내담자가 갖고 있는 다양한 문제에 대한 통찰을 제공해 주게 된다. 이러한 반응은 Jung 자신이 그랬던 것처럼 융학파 상담자에게 다양한 개입의 선택을 이끌어 내게 된다.

> 당연히 의사는 소위 '방법'이라고 하는 것과 친숙해져야 한다. 하지만 어떤 특정한 틀에 박힌 접근법에 빠지지 않도록 경계해야 한다. 일반적으로는 이론적인 가정을 경계해야 한다. 오늘은 타당할지도 모르는 가정이 내일은 다른 가정과 똑같은 것일 수도 있다. 나의 분석에서 그러한 가정은 아무런 역할도 하지 못한다. 나는 의도적으로 매우 비체계적이다. 내 생각에는 사람들을 다루는 데 있어서 오로지 각자에 대한 이해만이 효과가 있을 것 같다. 우리는 각 내담자마다 다른 언어를 필요로 한다. 어떤 분석에서는 내가 Adler의 말을 하는 것을 들을 수 있고, 또 다른 분석에서는 Freud 말을 하는 것을 들을 수 있다. (Jung, 1961, p.131)

비록 Jung이 심리치료 작업에 있어서 개인적이고 내담자중심 접근법이라 불리는 것을 취하긴 했지만, 보다 분명하게 분석 작업을 이해하도록 하기 위해서 그와 다른 사람들은 분석 과정의 단계를 명시해왔다.

심리치료의 단계

분석적 심리치료를 보다 깊이 있게 설명하기 위해서, Jung은 네 가지 단계에 대한 개요를 서술했다(G. Adler, 1967, p.339; Jung, 1954c). 이 네 가지 단계는 치료의 다른 측면을 나타내지만 순차적일 필요는 없으며 모든 분석 과정에 나타날 필요는 없다. 첫 단계는 정화(catharsis)의 단계로 지적이고 감정적인 비밀스런 고백을 포함한다. 두 번째 단계는 해명 혹은 해석인데, 이는 Freud로부터 빌려온 개념이며 전이적 관계의 해석에 크게 의존한다. 세 번째 단계는 개인의 사회적 욕구와 우월감이나 권력에 대한 갈망에 초점을 둔 Alfred Adler의 통찰의 일부를 포함하는 것이다. 이 시점에서는 사회적 교육 혹은 내담자가 안고 있는 문제점을 사회와 연관 짓는 것이 필요하다. 네 번째 단계는 변형 혹은 개성화로, 이는 사회적으로 충족되려는 욕구를 넘어서 개인의 독특하고 특수한 패턴과 개인의 성격을 이해하는 데 초점이 있다.

꿈 분석

이론의 적용

Jung에게 있어서 꿈 해석은 분석의 핵심이었다. "꿈은 단순히 기억이 재생산되고 있는 것도 아니며 경험으로부터 추출된 것도 아니다. 꿈은 무의식의 창의성이 온전히 드러나는 것이다"(Jung, 1954a, p.100). 또한 꿈은 정신의 상태가 상징적으로 나타나는 것이다(Hall, 1986, p.93). Jung에게 있어서 꿈은 중요한 것이었지만, 모든 꿈이 똑같은 가치를 가지고 있지는 않았다. Jung은 '작은 꿈'과 '큰 꿈'을 구분하였다. 큰 꿈보다 더 일반적인 작은 꿈은 개인의 무의식에서 나오며 종종 그날그날의 활동을 반영한다. "반면 중요한 꿈은 종종 평생 동안 기억이 나고, 가끔 정신적 경험의 보물창고에서 가장 값어치 있는 보석으로 판명되기도 한다"(Jung, 1960c, p.290). 큰 꿈에 나타나는 이미지는 여전히 알 수 없거나 무의식의 재료를 상징하는 것이다. 꿈의 해석에 대해 논의하기 전에 꿈의 구조뿐만 아니라 꿈의 재료를 회복시키는 것에 관해 실제적 고려가 이루어진다.

꿈의 재료 꿈 재료의 근원은 다양하다. 꿈의 재료는 과거 경험의 기억, 억압된 과거의 중요한 사건, 별 의미 없는 일상, 혹은 과거의 사건, 마음속 깊숙이 자리 잡고 있는 충격적인 비밀에 대한 기억일 수도 있다. 때때로 꿈은 차가운 방이나 소변을 보고 싶은 욕구 같은 물리적 자극에서 오기도 한다. 꿈의 근원은 중요하지 않다. 중요한 것은 그 이미지가 꿈꾸는 사람에게 어떤 의미를 가지느냐이다(Mattoon, 1981).

꿈과 그 이미지를 기억해내는 것이 항상 쉽지만은 않다. 대부분의 분석가는 내담자에게 꿈의 내용이 기억난다 할지라도 한밤중에 가능한 한 빨리 꿈을 노트에 기록하라고 조언한다. 노트 대신에 녹음기를 사용할 수도 있다. 더러 꿈에서 깨어나고 얼마 지나지 않아 꿈의 내용을 잊지만, 가끔은 잠에서 깨어난 후 얼마 지나지 않아 기억이 날 수도 있다. 세부 사항들이 종종 상징적으로 의미 있을 수 있으며 기억해내지 못했더라면 작은 꿈일 수 있던 꿈을 의미 있는 큰 꿈으로 바꿀 수 있기 때문에 세부적이고 작은 요소라도 꿈에 대한 가능한 한 모든 정보를 기록해야 한다(Harris, 1996). 꿈이 전체적으로 완전히 기억되는 경우, 보통 특정한 구조를 따르게 된다.

꿈의 구조   꿈의 서술은 그 내용에 있어서 매우 다양하다고 보고되고 있기는 하지만 많은 꿈은 네 가지 기본 요소를 가지고 있다(Jung, 1961, pp.194~195). 꿈의 서술은 꿈의 장소, 꿈 속에 나온 주요 인물, 꿈을 꾼 사람과 그 상황의 관계, 때로는 시간 등을 설명하는 것으로 시작한다. "저는 여동생과 헛간에 있었어요. 한 농부가 건초 한 더미를 가지고 오고 있었어요. 이른 저녁이었고 우리는 몹시 피곤했어요." 다음으로 꿈의 두 번째 부분은 이야기 전개로 꿈속에서 전개된 긴장과 갈등을 말하는 것이다. "그 농부는 우리에게 화가 나 있었고 우리가 신속하게 그 건초를 헛간에 내려 주길 원했어요." 세 번째 부분은 꿈속에서 변화가 일어나게 되는 결정적 사건이다. "농부의 얼굴이 사납고 위협적으로 변했어요. 그는 트랙터에서 내려서 우리를 향해 왔어요." 꿈의 마지막 단계는 결론 또는 해결책이다. "여동생과 저는 헛간에 있는 두 개의 다른 문으로 나갔어요. 저는 최대한 빨리 달렸어요. 하지만 농부가 건초 쇠스랑을 들고 제 발뒤꿈치까지 왔어요. 저는 가쁘게 숨을 쉬며 깨어났어요." 꿈의 완전한 구조를 앎으로써 분석가는 세부 사항이 간과되지 않았으며 그 부분을 빠뜨리지 않았다는 것을 확실히 할 수 있다. 물론, 꿈꾸는 사람이 때로 꿈의 일부분 혹은 조각조각만 기억할 수도 있다. 그러한 꿈의 조각은 완전하게 꿈을 기억할 때보다 해석에 있어서 더 많은 주의가 필요하다.

꿈 해석   꿈 해석에서 Jung의 목적은 꿈의 상징적 의미를 내담자의 의식 상태와 연관시키려는 것이었다(Jung, 1960c). 꿈 분석에 대한 그의 접근 방식은 꿈의 성격에 따라 달라졌다. 이미지(심상)는 때때로 개인의 연상을 반영했고, 어떤 때는 원형적 연상을 반영하기도 했다. Jung은 더 나아가 꿈 이미지나 패턴 속에서 연속성을 찾았고, 꿈 이미지의 주관적 또는 객관적 의미에 주의를 기울였다.

  개인적 연상을 드러내는 꿈은 꿈을 꾼 사람이 깨어 있을 때의 삶과 관련이 있다. 그러한 꿈은 개인의 일상적 사건의 측면뿐 아니라 가족, 과거, 친구, 문화적 배경에 관한 정보의 측면에서도 해석되어야 할 필요가 있다. 개인적 연상이 있는 꿈이 원형적 연상의 꿈보다 훨씬 더 자주 있지만, 두 연상 모두 큰 의미가 있다.

  다음 꿈은 Jung과 그의 지인이 관련된 것으로, Jung이 꿈에 붙이는 큰 의미를 설명하는 데 도움이 될 수 있다. 이 경우 꿈꾼 이는 Jung의 연관성을 보지 못했다(Jung, 1954b).

  꿈을 꾼 사람은 50세 정도의 보통 학력을 가진 남성이었다. 나는 그를 단지 약간만 알았고,

가끔 우리의 만남은 우리가 그의 입장에서 꿈 해석의 '게임'이라고 부르는 유머러스한 농담으로 이루어졌다. 이런 경우들 중 한 번은 내가 아직도 그 일을 하고 있는지 웃으면서 물었다. 나는 그가 분명히 꿈의 본질에 대해 매우 잘못 알고 있다고 대답했다. 그때 그는 내가 해석해야 할 꿈이 있었다고 말했다. 나는 그렇게 하겠다고 말했고, 그는 나에게 다음과 같은 꿈을 말했다.

그는 홀로 산에 있었고, 그의 앞에서 우뚝 솟은 것을 볼 수 있는 매우 높고 가파른 산을 오르고 싶었다. 처음에 등반은 힘들었지만, 그 후 그는 더 높이 올라갈수록 정상을 향해 끌리는 듯한 느낌이 들었다. 그는 점점 더 빨리 올라갔고 점차 일종의 황홀감이 그를 엄습했다. 그는 자신이 실제로 날개를 타고 올라간다고 느꼈고, 꼭대기에 다다랐을 때 몸무게가 전혀 나가지 않는 것처럼 느껴졌고, 빈 공간으로 가볍게 발을 내디뎠다. 여기서 그는 깨어났다.

그는 내가 그의 꿈에 대해 어떻게 생각하는지 알고 싶어했다. 나는 그를 평소에 알고 또한 그가 등산 애호가라서 몽상가처럼 언어를 사용한다는 것을 또 한 번 입증한 것을 보고 놀라지 않았다. 나는 그가 등산에 대해 대단한 열정을 가지고 것을 알았기에 그에게 그것에 대해 말하게 했다. 그는 이 사실에 매달리며, 산악 안내인 없이 혼자 가는 것을 얼마나 좋아하는지 나에게 말했다. 왜냐하면 그 위험이 그에게 엄청난 매력을 주었기 때문이다. 그는 또한 나에게 몇 번의 위험한 산행에 대해 말했고, 그가 보여 준 대담함은 나에게 특별한 인상을 주었다. 나는 그가 그런 위험한 상황을 찾도록 강요한 것이 분명 거의 병적인 즐거움으로 인한 어떤 것일 수 있는지 자문했다. 더 심각하게 분명히 비슷한 생각이 그에게 떠올랐는데, 왜냐하면 그는 산에서 죽음을 맞이하는 것이 매우 아름다운 것이라고 생각했기 때문에 위험에 대한 두려움이 없다고 덧붙였다. 이 말은 그 꿈을 의미심장하게 비추었다. 분명히 그는 위험을 찾고 있었다. 아마 쓸데없는 자살 생각을 하고 있었을 것이다. 하지만 왜 그는 일부러 죽음을 추구해야 하는가? 뭔가 특별한 이유가 있을 것이다. 그러므로 나는 가족도 있는데 더 이상 그러한 위험에 노출되어서는 안 된다는 말을 했다. 그는 그 말에 대해 절대 '산을 포기하지 않을 것'이라고 단호하게 대답했다. 그는 그 도시와 가족으로부터 벗어나기 위해 산을 올라야만 했다. "집에 붙박여 있는 것은 나와 맞지 않습니다."라고 그는 말했다. 여기에 그의 열정에 대한 더 깊은 이유가 있다. 나는 그의 결혼이 실패작이고 그를 집에 머물게 할 만한 것이 아무것도 없다고 생각했다. 또한 그는 자신의 직업적인 일에 넌더리가 난 것처럼 보였다. 산에 대한 그의 묘한 열정은 그에게 참을 수 없는 존재로부터 벗어나는 길임에 틀림없다는 생각이 들었다. 그래서 나는 개인적으로 그 꿈을 다음과 같이 해석했다. 그는 그럼에도 불구하고 여전히 삶에 매달렸기 때문에 산을 오르는 것이 처음에는 힘들었다. 그러나 그가 더 많은 열정을 품을수록, 그것은 그를 유혹하고 그의 발에 날개를 달아주었다. 마침내 산은 그를 완전히 사기 사신을 유혹했나. 그는 모든 체중의 감각을 잃고 산보나 너 높이 올라가서 빈 공간으로 들어갔다. 분명히 이것은 산에서의 죽음을 의미한다.

잠시 후, 그는 갑자기 이렇게 말했다. "글쎄, 우리는 많은 이야기를 나눴어요. 당신은 제 꿈을 해석하려고 합니다. 당신 생각은 어떻게 어떻습니까?" 나는 그에게 내 생각, 즉 산에서 죽음을 노리고 있다고 솔직하게 말했고, 그러한 태도로는 그가 그럴 가능성이 매우 높다고 말했다.

"하지만 그건 말도 안 돼요. 반대로, 나는 산에서 건강을 찾고 있어요." 그가 웃으며 대답했다.

공허하게도 나는 그가 상황의 심각성을 보게 하려고 했다. (Jung, 1954b, pp.60~63)

6개월 후, 그는 '공중으로 뛰어내렸다.' 산악 안내인은 그와 한 젊은 친구가 어려운 지점에서 밧줄을 타고 내려오는 것을 지켜보았다. 그 친구는 산등성이에서 임시 거점을 발견했고, 꿈을 꾸었던 그는 그 친구를 따라 내려오고 있었다. 산악 안내인이 나중에 보고한 것처럼, 그는 갑자기 밧줄을 놓았다. 그는 그의 친구에게 넘어졌고, 둘 다 쓰러져 죽었다. (Jung, 1970a, p.208)

많은 개인적 연상을 가지고 있는 꿈 내용과 반대로, 원형적 연상을 보이는 꿈은 개인무의식보다는 집단무의식을 반영하는 내용을 포함한다. 원형은 형태는 있지만, 내용은 없기 때문에 분석가는 신화, 민간전승이나 종교에서 나타난 상징의 지식을 이용해야만 한다. 이 지식으로 분석가는 확대 과정을 통해 내담자에게 내용의 의미를 확장시킬 수 있다.

다음의 상징적인 꿈 해석의 짧은 예는 되풀이되는 꿈을 Jung과 연관시킨 신학자의 것이다. Jung은 꿈을 꾸는 자에게 친숙한 성서의 상징을 이용하여 그 꿈을 꿈꾸는 자에게 연결시키지만 당사자는 받아들이지 않는다.

그는 자주 반복되는 어떤 꿈을 꾸었다. 그는 울창한 숲으로 덮인 낮은 계곡의 아름다운 경치를 가진 비탈에 서 있는 꿈을 꾸었다. 꿈속에서 그는 숲 한가운데에 호수가 있다는 것을 알았고, 또한 그는 지금까지 그가 그곳에 가는 것을 항상 무언가가 방해했다는 것을 알았다. 하지만 이번에는 이 계획을 수행하려고 했다. 그가 호수에 다가가자 분위기가 이상해졌다. 그리고 갑자기 가벼운 돌풍이 수면 위로 지나가 어두운 물결을 일으켰다. 그는 공포의 비명을 지르며 잠에서 깼다.

처음에 이 꿈은 이해할 수 없는 것처럼 보인다. 그러나 신학자로서 꿈꾸는 그는 갑작스러운 바람으로 인해 물이 휘몰아치고, 병자들이 뒹구는 베데스다 연못을 떠올려야 했다. 베데스다 연못은 천사가 내려와 물을 건드려 치유력을 얻는 곳이다. 가벼운 바람은 소망하는 곳으로 부는 성령이다. 그리고 그것은 꿈을 꾼 사람이 두려움에 떨게 했다. 눈에 보이지 않는 존재는 즉 삶을 살아가게 하며 그를 떨게 하는 존재의 징조를 떠올리게 한다. 꿈꾸는 자는 베데스다 연못과의 연관성을 받아들이기를 꺼렸다. 그는 아무것도 원하지 않았다. 왜냐하면 그런 것들은 성경에서만 만나거나, 아니면 일요일 아침에 설교 제목으로 만나며, 심리학과 아무런 관련이 없기 때문이다. 모든 경우에 성령에 대해 이야기해도 좋지만, 반드시 경험해야 할 현상은 아니다! (Jung, 1959a, pp.17~18)

꿈 해석의 다른 중요한 특징은 꿈속 이미지를 객관적으로 다룰지 아니면 주관적으로 다룰 것인지를 결정하는 것이다. 객관적 해석에서는 꿈속 대상과 사람들은 그들 자신을 나타낸다. 주관적 해석에서는 대상이나 사람들은 각각 꿈을 꾼 사람의 일부를 말한다. 예를 들어, 식당 안에서 낯선 남성과 대화를 하고 있는 꿈을 꾼 여성의 경우 꿈속의 남자는 그녀의 아니무스를 나타내는 것으로 볼 수 있다(Jung, 1960a). Jung은 꿈속 등장 인물이 꿈을 꾼 사람에게 중요할 때에는 객관적 해석이 일반적으로 적합하다고 보았다. 등장 인물이 꿈을 꾼 사람에게 중요하지 않을 때에는 주관적 해석이 적합할 수 있다. 객관적 해석을 할 때에는, 꿈의 요소들 사이에 어떤 주제가 있는지를 보는 것이 종종 도움이 되기도 한다. 예를 들면, 공원 바닥에서 울고 있는 꼬마 아이들과 갓난아기들과 함께 있는 꿈을 꾸는 여성의 경우, 꼬마 아이들과 갓난아기들을 출생 주제와 연결 지을 수 있다. 융학파 분석가는 한 주제에 관련되는 상징을 확장시키고 그것을 내담자의 삶에 관련지을 수도 있다.

Beebe(2005)는 악몽이나 혼란스러운 꿈을 다루는 세 가지 다른 방식에 대해 썼다. 그는 상담자들이 이러한 혼란스러운 꿈을 꿈의 종류에 따라 다르게 접근한다고 생각한다. 영화 같이 종종 극적인 어떤 악몽은 꿈을 꾼 사람의 인생의 다음 단계를 상징한다. 두 번째 종류의 꿈은 다른 사람의 그림자 원형과의 상호작용을 다룬다. 세 번째는 두 번째와 거의 반대다. 그 꿈은 꿈을 꾸는 사람이 꿈속에서 다른 사람의 두려움과 걱정을 경험하고 있는 것이다. 상담자는 이러한 꿈을 적합한 범주에 따라 다르게 작업해야 한다.

가능하면, 융학파 분석가는 일련의 꿈을 가지고 작업하는 게 도움이 된다고 한다. 꿈을 이해하기 어려울 경우에는 그 꿈을 이전에 꾼 꿈이나 이후에 꿀 꿈에 연관시키는 것이 도움이 된다. 여기서 중요한 의미를 갖는 것은 반복되는 꿈이나 세부적 사항은 바뀌지만 반복적으로 나타나는 주제에 관한 꿈이다(Mattoon, 1981). 이런 경우, 원형적 연상이 상당한 도움이 될 수 있다. 분석가는 꿈을 분석하면서 꿈이 꿈을 꾼 사람에게 어떤 기능을 갖는지를 평가하려고 노력한다.

꿈의 보상적 기능 Jung은 대부분의 꿈이 보상적이고 개인의 성격을 조절하는 과정의 일부라고 생각했다(Whimont, 1991). 문제는 꿈이 꿈을 꾸는 이를 위해 어떤 역할을 하는가이다. 꿈속의 무의식적 자료를 의식으로 가져옴으로써, 꿈을 꾸는 이는 꿈의 목적을 밝힐 수 있을지도 모른다. 꿈은 확인하거나, 맞서거나, 과장하거나, 혹은 의식적 경험과 다른 식으로 연관을 지으면서 의식을 보상할 수도 있다. 하지만 모든 꿈이 보상적 기능을 갖는 것은 아니다. 어떤 꿈은 미래의 일이나 행동을 예견하기도 하고, 또 어떤 꿈은 무의식으로부터의 외상적 사건을 나타내기도 한다.

요약하면, 꿈에 대한 융학파 접근법은 상당히 까다롭고 복잡하다. 꿈속의 상징, 원형적 표현, 꿈 해석의 방법에 대해 설명하는 방대한 양의 문헌들이 존재한다. 융학파 분석에서 꿈은 분석 과정에 굉장히 중요한 요소이지만, 가끔 분석가는 꿈을 거의 꾸지 않는 내담자를 마주하게 되기도 한다. 따라서 분석가는 다양한 종류의 치료 방법을 사용할 수 있어야 할 것이다.

적극적 상상

이론의 적용

융학파 분석가는 종종 새로운 무의식적 자료가 의식으로 부상할 수 있도록 하기 위해 다양한 방법을 시도한다. 이 과정에 도움을 주는 한 가지 방법이 바로 적극적 상상(active imagination)이다. 적극적 상상의 주된 목적은 무의식으로부터 콤플렉스와 이러한 콤플렉스에 관련된 정서적 요소를 의식으로 떠오르게 하는 것이다(Mattoon, 1981, p.238). 적극적 상상은 언어적으로나 비언어적으로 행할 수 있지만, 흔히 꿈이나 환상에서 등장하는 사람이나 가상의 누군가와 가상의 대화를 진행하는 방식으로 행해진다. 이 접근법은 시간이 가면서 더 깊어지고 내담자의 몇 가지 문제를 다룰 수 있기 때문에, 경험이나 이미지에 대한 수동적 환상과는 다르다. 적극적 상상은 개인의 아니마나 아니무스와 같은 원형이나 '나이 든 현자' 원형을 나타내는 상징과 같이 행해진다. 이 접근법을 사용하기 위해서, 내담자는 과거에 분석적 심리치료를 접해 본 경험이 많아야 하지만 그렇다고 해도 적극적 상상은 배우기가 어려운 접근법이다. 이 접근법은 Watkins(2000)와 Hannah(1981)에 의해 보다 자세히 설명된다. 적극적 상상의 실례가 이 방법의 극적이면서 때로는 감정적인 측면을 보여 주도록 도와줄 것이다.

> 30대의 한 내담자는 완전히 가려진 어두운 형체에 위협을 느끼는 환상이 반복되었다. 그는 결코 그것의 정체를 밝힐 수 없었다. 나는 그것을 억누르려고 하지 말고, 이 형체에 집중하려고 애써 보라고 말했다. 그는 그렇게 했고, 결국 그가 어떻게 어두움 뒤의 막을 벗겨낼지 상상할 수 있었고 그때서야 그것이 여성의 모습이라는 것을 발견했다. 그는 그 여성의 얼굴을 덮고 있는 마지막 베일을 벗기기 위해 엄청난 용기를 내야 했고, 그 얼굴이 자신의 어머니라는 것을 발견하면서 엄청난 충격에 휩싸였다. 환상의 실체와 심리적 현실에 대한 접촉을 통해 가려진 베일을 벗고, 충격적인 발견을 가능케 한 것은 단순히 용기였다. (G. Adler, 1967, p.366)

Gerhard Adler는 이 반복되는 환상을 다루는 다른 방법으로 형체와 대화를 해 보거나 형체에게 이름을 물어보는 방법이 있다고 언급한다. 즉, 적극적 상상은 의식의 중심인 자아를 집단무의식과 연관시킬 수 있는 방법이다.

역전이에 대해 이야기하면서, Schaverien(2007)은 상담자가 자신의 적극적 형상화를 통해 어떻게 역전이에 관련된 문제를 좀 더 잘 이해할 수 있을지 설명한다. 이러한 방식으로 융학파 분석가는 자신의 상상력이 자신의 무의식으로부터 의식으로 시각적 또는 청각적 심상을 제공할 수 있게 하며, 이렇게 시각화 또는 청각화된 심상과 내면의 대화를 갖는다. 적절하다면 그는 이 경험을 내담자와 나누는데, 내담자가 토론을 통해 다른 내용을 무의식으로부터 의식으로 가져올 수 있도록 하기 위해서이다.

그 밖의 여러 기법

융학파 분석가는 무의식적 과정이 의식화되도록 돕기 위해 다양한 창의적 기법을 사용한다. 그 예로 춤과 동작 심리치료, 시, 공예품 등이 있다. 내담자는 자신이 만들고 있는 것이 어떤 것인지에 대한 인식이 없이 예술적 표현을 사용할 수 있으며 상징적 가치를 지닌 작품을 창조한다. 무의식에 접촉할 수 있는 또 한 가지 방법은 빈 의자를 사용해 가상의 누군가와 대화를 하는 게슈탈트 기법이 있다.

어른과 아동 모두에게 사용되는 기법은 모래 놀이 치료(sandplay)이다. 이는 모래 상자(sandtray)를 사용하는데, 사람들은 모래 상자에서 갖가지 작은 인형이나 모형에 의미를 부여할 수 있다. Castellan & Donfrancesco(2005)는 사람들이 모래 상자 안에 배치하려고 선택하는 인형이나 모형은 그 사람의 성격을 나타내게 되는데, 보통은 내담자 자신의 무의식적 측면을 나타낸다고 언급한다. Zoja(2011)는 전쟁과 자연 재해와 같은 위기 상황에 처한 사람들에게 모래 놀이의 이용에 영향을 미치는 문화적 문제를 논의하면서 모래 놀이의 많은 용도를 설명한다. 모래 놀이는 많은 문화권에서 널리 사용되었다. 융의 이론을 모래 놀이의 이론적 기반으로 사용하는 것은 문화적 주제에 대한 관심 때문에 유용할 수 있다(Ammann, 2011). 융학파 치료자가 사용하는 모래 놀이 및 기타 기법은 내담자의 필요에 따라 선택된다.

지금까지 논의된 심리치료는 꿈 재료, 적극적 상상, 그 밖의 여러 기법을 이용하여 무의식을 평가하는 방법이다. 현재까지 논의된 기법이나 심리치료에서는 분석가와 피분석가 사이의 관계에 대해서는 논의되지 않았다. 정신분석과 마찬가지로 융학파 분석에서 중요한 측면은 전이와 역전이다. 융학파 분석에서 분석가와 피분석가 사이의 전이와 역전이와 같은 관계는 Jung의 성격 이론과 구체적으로 연관을 가지고 있다.

전이와 역전이

전이(transference)와 역전이(countertransference)는 투사(projection)에서 비롯된 것으로 한 개인의 특성이 마치 다른 대상이나 사람에게 속해 있는 것처럼 반응을 보이는 과정이다. 내담자가 자신이나 중요한 타인의 측면을 분석가를 향해 투사할 때, 이것은 전이로 여겨진다. 분석가가 무의식적 감정이나 특성을 내담자에게 투사할 때는 역전이라고 부른다. 내담자나 분석가가 심리치료 과정에 좌절감을 느끼거나 불만족스러워하는 등 전이와 역전이는 둘 다 부정적이 될 수 있는데, 여기서 좌절감이나 불만족스러운 느낌은 부모와의 불화나 말다툼과 같은 개인 경험의 특성에서 비롯된 것일 수도 있다. 마찬가지로, 전이와 역전이는 한 개인이 자신의 어머니와의 따뜻한 관계를 다른 사람에게 투사하는 식으로 긍정적일 수도 있다. 융학파 분석에서만 볼 수 있는 전이와 역전이의 독특한 측면은 바로 개인적 경험에서 비롯되는 투사뿐만 아니라 집단무의식에서 비롯되는 원형적 재료에서 비롯되는 투사에 대한 강조일 것이다(Perry, 2008).

전이와 역전이에 대한 Jung의 관점은 50년도 더 되는 저술 기간에 걸쳐서 상당히 많이 달라졌다. 그가 Freud의 영향을 많이 받던 시기에, 그는 일반적으로 분석에서 전이 문제의 작업이 심리치료에 중요한 부분이라는 Freud의 견해에 동의했다. Jung이 원형과 그것의 상징에 대한 연구에 몰두하면서, 개인의 전이가 분석에서 중요하지 않고, 전이를 피할 수도 있다고 생각했다. 그러나 나중에는 전이가 원형적 차원을 가지고 있다고 생각하기 시작했고, 상담자에게 투사될 수 있는 원형적 재료를 기술하는 데 많은 노력을 쏟았다(Jung, 1954e).

융학파 분석에서 전이와 역전이의 역할을 설명하기 위해 다음의 사례를 살펴보자. 여성 분석가가 어머니에 의해 비난받고 과소평가되어 심각한 불안을 느끼는 여성과 함께 작업한 이 사례는 몇 가지 중요한 문제를 보여 준다. Ulanov(1982)는 자신의 내담자가 자신감이 부족하고 분노가 많이 억압되어 있었는데, 이 사실을 분석이 진행되고 나서 서서히 깨달았다고 기술했다. 다음 단락에서 첫 번째 문장은 전이 관계를 요약한 것이다. 이 단락의 나머지 부분에서는 Ulanov가 원형과 역전이 과정에서의 역할에 대해 자각한 것을 기술한다.

> 전이 과정에서 그녀는 어머니를 기쁘게 하려고 애쓰던 방식대로 나를 기쁘게 해야 할 필요가 있었다. 모든 어머니와의 문제는 우리 곁에 있었고, 나는 어머니 역할의 원형에서 다른 여러 부분들이 각각 다른 시간에 있는 나에게 영향을 미친다는 것을 느낄 수 있었다. 때로는 내가 여성 내담자가 결코 갖지 못한 좋은 엄마로 반응하기 원하는 것을 발견할 수도 있다. 또 어떤 때는 그녀의 광적인 불안이 내게 그녀의 머뭇거림을 빨리 끝내기 위한 퉁명스러운 반응을 생각하게 했다. 내담자가 인사를 하기도 전에 문에서 "미안해."라고 인사한 날처럼 나는 웃고 싶었고 엄마의 별자리에서 벗어나고 싶었다. (p.71)

이제 Ulanov는 내담자의 상담자로부터의 전이가 어머니의 비판을 더 잘 이해할 수 있도록 분리되었음을 설명한다.

> 내담자의 전이로 인해 그녀는 과거에 어머니와의 실제 관계로 되돌아갔다. 내담자가 나를 실제 어머니와 다른 것으로 인식했기 때문에 그녀는 어머니에 대한 억압된 분노에 직면할 위험을 무릅쓴다. 또한, 그녀는 어머니의 비판이 자신에 대한 과소평가로 인해 어떻게 지속되었는지 알게 되었다. (pp.71~72)

여기에서 Ulanov는 내담자의 전이에서 원형의 역할에 대해 논의한다.

> 어머니 원형과 관련된 문제는 그녀의 모든 개인적인 투쟁 가운데서 생겨났다. 그녀의 진짜 어머니 주위의 연관 및 기억을 위해, 어머니의 형태로 나에게 전이 감정을 섞어서 어머니 원형과 관련하여 연결된 심상 및 영향, 행동 패턴 및 환상을 나타냈다. 내담자는 행복한 의존

의 느낌에 도달했고, 그것은 그녀는 실제의 부정적인 어머니와는 경험하지 못했지만 어머니 이미지에 대한 진정한 반응이 될 수 있다. 어머니는 몹시 고통스러워서 아이를 위한 안전한 피난처가 될 수 없었고, 그녀는 깊은 슬픔에 이르렀다. 따라서 그녀는 자신의 상처를 넘어서 서, 어머니의 힘든 상태를 인식하고 부모에 대한 진정한 연민을 느꼈다. 내담자는 어머니의 문제가 자신의 운명에 중요한 실마리로 작용하는 것을 보고 자신의 해결해야 하는 특정한 과제를 설정하면서, 이 모든 것이 어디서 비롯되었는지 궁금할 수 있다. 그녀는 이제 그 모든 상처와 함께 그녀 자신의 삶의 방법의 본질적인 부분으로서 그 관계를 받아들일 수 있었다. (p.72)

내담자의 전이는 분석가가 자신의 문제 및 역전이 문제를 인식하게 한다.

역전이의 측면에서 나는 내담자의 문제가 나 자신의 문제에도 영향을 미치며 내 어머니와도 경험했고 어떤 것은 끝났으며, 어떤 것은 치료를 쉽게 방해하기도 하고, 다른 것들은 방해하 지 않도록 더 많은 일과 주의를 필요로 한다는 것을 발견했다. 좋으면서도 나쁜 '어머니'의 삶 의 문제는 나에게 그에 대해 생각하고, 다시 느끼며 작업하게 했다. (p.72)

이 예시는 내담자와 치료자의 각 입장에서 전이와 역전이의 상호 관계를 보여 준다. 더 나아가 원형적 상징(어머니)의 사용은 전이와 역전이 현상에 관한 논평으로 통합된다.

무의식이나 꿈 재료에서 단서를 찾는 것은 융학파 정신분석가들 사이에서 전이와 역전 이 문제를 다루는 데 흔히 사용되는 방법이다. 더 나아가, 심리치료 과정 전체에 걸쳐서 흔 히 원형적 재료에 대한 해석이 사용되기도 한다. 전이의 해석에 있어서 융학파 상담자는 정 신분석가에 비해 비전이적 내용이나 재료 내용의 현실성에 더 초점을 둘 수도 있다(Astor, 2001).

심리 장애

다양한 진단 정신병리학적 문제에 대해서 융학파 접근법을 보여 주는 일은 여러 가지 이유 에서 힘든 일이다. 상당수의 융학파 분석과 심리치료는 수년에 걸쳐 진행되며 진단적 분류 에 관련된 행동보다는 무의식 속에서 나타나는 원형을 다룬다. 더욱이, 일부 융학파 분석가 는 대상관계 이론이나 Heinz Kohut의 자기심리학을 융학파의 무의식 접근에 복합적으로 사 용하기 때문에, 융학파 분석을 다른 접근법과 분리하여 생각하는 것 자체를 어렵게 만든다. 또한, 신화나 민속 문화, 그리고 융학파 분석가에 의해 언급되는 광범위한 종류의 원형에 지 식이 있지 않고서는 분석에 대한 융학파적 접근을 이해하기란 쉽지 않은 일이다. 그런 상세 한 정보는 이 책의 능력 밖의 부분이다.

따라서 여기에 제시된 네 가지 진단 영역에 대한 정보가 모든 융학파 분석가가 이러한 장애를 다루는 모든 방법을 보여 주지는 않지만 여러 가지 다양한 종류의 개념적, 치료적 접근법을 잘 보여 준다.

다음에 논의할 우울증의 사례에서는 한 젊은 여성이 오빠의 죽음과 로맨틱한 연인 관계의 상실에 대해 상심하여 마음 아파하고 있으며, 꿈 재료를 가지고 작업하는 것과 다른 사람들과의 관계에 대한 작업이 제시되어 있다. 불안신경증에 대한 사례에서는 Jung이 어떻게 내담자의 문제를 개념화했고 치료적으로 어떤 방법을 사용했는지를 보여 주고 있다. 무의식의 원형적 재료를 살펴봄으로써 경계선 장애와 정신 장애에 대한 개념화와 치료법이 제시된다.

우울증: 젊은 여성

융학파 심리치료에서 우울증은 꿈의 성질에 따라서 그리고 내담자가 회기에서 꺼내는 다른 소재들에 따라 독특한 방식으로 다루어진다. 아래에서 이야기될 사례의 경우, 한 젊은 여성이 10년 전에 세상을 떠난 오빠의 죽음과 로맨틱한 연인 관계의 상실에 대해 상심하고 있다. Linda Carter(Cambray & Carter, 2004)는 자신이 자신의 내담자와 '타인'(내담자의 죽은 오빠와 옛 남자 친구)의 관계를 어떻게 바라보고 있는지가 설명되어 있다. Carter는 이러한 '타인'을 내담자 주변을 어슬렁거리는 영혼 또는 내담자를 침입한 유령 같은 존재로 보고 있다. 이러한 관점은 융학파 분석에서의 영적인 부분을 보여 주고 있다. Carter의 설명에서는 그녀 자신과 내담자 사이의 관계의 성격을 보여 주고 있으며, 또한 중요한 타인과의 관계를 상실한 내담자에게 자신이 어떻게 도움을 주는지를 보여 준다.

우리는 피분석가의 암시적 전달을 통해 피분석가의 인생에서 의미 있는 타인에 대한 느낌을 알 수 있게 된다. 분석 영역에 있어서 이러한 '타인'의 존재는 피분석가를 이끌어 주고 도움을 주는 영혼일 수도 있고 피분석가를 침입하고 방해하는 유령 같은 존재일 수 있다. 예를 들면, 영감을 주는 교사에 대한 기억이 피분석가의 버릇이나 몸짓 혹은 어조에서 결합되어 나타날 수 있다. 반대로 정신증이 있는 어머니를 구체화하게 되면 피분석가는 불안증으로 나타나는 설명할 수 없는 과다각성된(hyperaroused) 공황을 교감신경계를 통해 경험하게 되거나, 회기에서 아무 말도 안 하거나 상담 자체의 중단을 일으킬 수 있는 과다각성된 분열을 부교감신경계를 통해 경험하게 될 수도 있다. 회기의 분석 시간 중에 이런 암시적 의사소통이나 꿈을 통해서 우리도 이런 구체화된 '타인'에 대해 잘 알게 되고 반응하며, 때때로 전의식적으로도 반응하게 된다.

이러한 종류의 '타인'의 존재감에 대한 한 가지 예는 내담자가 자신의 죽은 오빠의 생일날 분석에 참여했을 때 일어났다. 내담자의 오빠는 10년 전 24세 때 사망했다. 나는 내담자와 그녀의 현재 연애 관심사와 연관 지어서 죽은 오빠에 대해서 많은 이야기를 나누었는데, 이런 관심사는 그녀의 꿈속에서도 나타났다. 이전 회기 도중에 내담자는 짝사랑하는 남자가 나무에서 추락하여 사망하는 꿈에 대해서 이야기했다. 내담자와 죽은 오빠의 관계의 중심성(centrality)과 오빠의 죽음에 따른 상실은 관계적으로, 감정적으로, 그리고 직업 선택에 있어서 강력한 영향을 미쳤다. 이제 이 새로운 남성은 그리움의 중심이 되었으며 우리는 이 새 남성의 성격과 내담자의 죽은 오빠의 성격에서 많은 공명(resonance)을 발견했다. 하지만 죽은 오빠가 내담자의 곁에 없듯이, 이 새 남성도 내담자의 곁에 있어 주지 않았다. 그 후에, 우리는 그녀가 꿈속에서 보았던 그 나무가 내담자의 정신적 삶 속에서 세상의 축으로 그리고 이 새 남성이 상징하는 중심적 위치로 간주하여 이야기를 나누었다.

내담자가 죽은 오빠의 사랑스러운 면과 별난 점에 대해서 애정을 담아 추억에 잠길 때, 나 역시도 죽은 오빠에 대한 내담자의 암시적 지식을 통해서 그녀의 오빠의 존재감을 즐기고 있다는 것을 발견하였다. 나는 사실적인 정보보다도 훨씬 많은 것을 알게 되었으며, 그녀의 오빠가 실제로 어땠는지에 대한 '느낌'이 있었다. 그가 매력과 장난기가 있을 것이라는 느낌을 갖고 있었으며 그에게 끌리는 나 자신을 발견했다. 그는 자석같이 사람을 끌어당기는 대단히 매력적인 성격의 소유자였으며, 나의 내담자는 오빠의 자기애적 조종 성향을 알고 있었음에도 오빠에게 '싫어'라고 거절하지 못하곤 했다. 이러한 패턴은 매력적이지만 감정적으로는 가질 수 없는 남자 친구와 내담자의 관계에서 그대로 반복되어 나타났다. 진정으로 친밀한 관계를 발전시키기 위해서, 내담자는 오빠가 존재하지 않는다는 현실과 현재 그녀의 삶에서 관심의 중심이 되고 있는 남성을 직시하고 슬퍼할 필요가 있었다. 이 과정은 그녀가 슬픔의 감정과 비탄의 감정을 받아들이면서 시작되었다. 나는 내담자와 함께 그녀의 오빠의 존재감에 대해서 흥분을 느꼈으며 그 후에는 처음에는 근친상간의 장벽에 의해서, 그리고 때 이른 죽음에 의해서 그와 접촉할 수 없다는 사실에서 생기는 큰 상실감을 느꼈다. 나는 내담자가 오빠가 마치 살아있는 듯 존재감이 생생하다고 말할 때, 그처럼 생생한 존재감을 잃은 게 얼마나 감당하기 벅찰지에 대해서 언급해 주었다. 이것이 내담자는 물론이고 나까지도 참고 있던 눈물을 쏟아내게 만들었다. 은연중에 내담자의 목소리, 얼굴 표정, 오빠의 유머에 대해 키득거릴 때, 그리고 그의 죽음에 대한 눈물은 방 안에서 내담자와 나 사이에 그녀의 오빠를 완벽하게 불러왔고, 나는 마치 내가 실제로 이 복잡한 젊은 남성을 알고 있으며 알아볼 수 있다는 느낌을 받았다. 그녀와 나는 강력한 연대감을 경험했고 그 순간은 전형적인 만남의 순간이었다. 우리는 그녀의 오빠와 서로에 대한 암묵적 지식을 실제 정보와 꿈 상징의 직접적인 해석과 통합하여 잘 다루었다. 핵심적인 콤플렉스로서 존재하던 죽은 오빠를 놓아줌으로써 결과적으로 내담자는 자신의 다른 창의적인 면과 관계적 선택에 눈을 뜰 수 있었다. 이런 점에서, 꿈의 심상화는 고통스럽지만 내담자에게 꼭 필요했던 변화를 예견할 수 있었다. (Cambray & Carter, 2004, pp.136~137)

불안신경증: 소녀

내담자를 개념화하고 치료하는 데 있어서 융학파 분석가 본인의 무의식이 수행하는 역할에는 저마다 차이가 있다. 이번 사례는 불안 장애가 있는 여성과 작업하는 데 있어서 Jung의 무의식이 얼마나 중요한 부분이었는지를 보여 준다. 다음날 만날 예정이었던 한 매력적인 젊은 여성에 관해 듣기도 전에, Jung은 미상의 젊은 여성이 자신에게 내담자로서 찾아오는 꿈을 꾸었다. 꿈에서 Jung은 이 여성을 어찌해야 좋을지 몰라 당혹스러워했으며 그녀에게 문제의 원인이 어디에 있는지 이해하지 못했다. Jung은 갑작스레 그녀가 아버지에 관한 드문 콤플렉스를 가지고 있다는 것을 깨달았다. 이 사례에 대한 Jung의 설명은 Jung이 정신건강에 있어서 상담자와 내담자의 영성(spirituality)을 얼마나 중요하게 생각하는지를 보여 준다.

이 소녀는 몇 년간 심각한 불안신경증으로 고통을 받아왔다. 나는 그녀의 병력을 알아보는 것부터 시작했지만, 아무런 특별한 점을 발견하지 못했다. 그녀는 잘 적응된, 완전히 계몽되어 서양화된 유대인이었다. 처음에 나는 그녀의 문제가 뭔지 이해할 수 없었다. 갑자기 내 꿈이 떠올랐고, '세상에, 이 여성이 바로 내 꿈에 나온 어린 소녀로구나.'라고 생각했다. 하지만 나는 그녀에게서 아버지 콤플렉스의 흔적을 전혀 찾을 수 없었기 때문에, 나는 이런 경우에 부딪힐 때면 종종 그렇듯이 그녀의 할아버지에 대해서 물어봤다. 아주 잠시 동안 그녀는 두 눈을 감았고 나는 단번에 문제의 중심이 할아버지에 관련되어 있다는 것을 깨달았다. 그래서 나는 그녀에게 이 할아버지에 대해서 이야기해 보라고 하였고, 그로써 그녀의 할아버지가 랍비였으며 유대교 종파에 소속되어 있었다는 것을 알 수 있었다. 나는 그녀에게 "하시딤(Chassidim)을 말하는 건가요?"라고 물었고, 그녀는 그렇다고 대답했다. 나는 질문을 계속해 나갔다. "할아버지가 랍비였다면, 혹시라도 차딕(zaddik)이셨나요?" 그녀가 대답했다. "네, 맞아요. 듣기로 할아버지는 일종의 성자셨대요. 그리고 투시력이 있으셨다네요. 하지만 그건 다 말도 안 되는 말이잖아요. 투시력 같은 게 세상에 어디 있어요!"

그것으로 나는 병력을 결론지었고 그녀의 신경증의 역사를 이해했다. 나는 그녀에게 설명했다. "자, 이제 저는 당신에게 당신이 받아들이지 못할지도 모르는 걸 말해 줄 거예요. 당신의 할아버지는 차딕이셨어요. 당신의 아버지는 유대교 교리에 따라 변절자가 되셨고요. 당신의 아버지는 비밀을 지키지 못하고 신을 등지셨어요. 그리고 당신은 신에 대한 두려움으로 인해 신경증이 생긴 거랍니다." 이 말에 그녀는 번개를 맞은 것처럼 충격을 받았다. 다음날 저녁 나는 또 다른 꿈을 꾸었다. 내 집에서 환영파티가 열리고 있었는데, 이 소녀도 와 있었다. 그녀가 내게로 다가와서 물었다. "우산 있으세요? 비가 꽤 많이 오네요." 나는 우산을 하나 찾아서 이리저리 더듬거리며 우산을 펴서 그녀에게 우산을 건네려던 찰나였다. 무슨 일이 벌어졌는가? 나는 마치 그녀가 여신인 마냥 무릎을 꿇고 그녀에게 우산을 건네주었다.

이 꿈을 그녀에게 말해 주고 일주일 후에 그녀의 신경증이 사라졌다. 그 꿈은 그녀가 단지 철없는 어린 소녀가 아니라, 그러한 표면 아래에는 성자의 자질이 있음을 나에게 보여 주었다. 그녀는 신화적인 개념이 전혀 없었기 때문에 자기 성격의 가장 근본적인 특징에 대해 표현할 아무런 방법을 찾지 못했다. 그녀의 모든 의식적인 활동은 장난삼아 하는 연애, 의상, 성관계로 초점이 맞추어져 있었는데 이런 것들 외에는 아는 게 없기 때문이다. 그녀는 오직 지식만 알았으며 무의미한 삶을 살고 있었다. 하지만 실제로 그녀는 신의 비밀스러운 뜻을 수행할 운명을 지닌 신의 자식이었다. 그녀는 영적 활동이 요구되는 부류에 속해 있었기에 나는 그녀 내면의 신화적이고 종교적인 생각을 깨워야만 했다. 그래서 그녀의 삶은 의미를 찾았고, 어떠한 신경증의 흔적도 남지 않았다. (Jung, 1961, pp.138~140)

내담자의 불안을 무의식적으로 알아차리는 것에 의지함으로써, Jung은 문제의 원인에 도달할 수 있었다. 내담자를 만나거나 어떤 일이 일어나기 전에 그 내담자나 그 일에 관한 꿈을 꾸는 것은 Jung에게 흔한 일이었다. 이런 일들이 Jung이 초심리학에 관심을 갖는 데 큰 역할을 하였다.

Jung이 이 소녀 내담자를 만나기 전에 처음 꾸었던 꿈은 의미 있는 우연이라고 생각될 수도 있다. Jung은 어떤 인과관계가 없는 이런 우연을 많이 관찰했다. 그는 사건의 원인과는 관계가 없지만 의미와는 관련이 있는 사건을 설명하기 위해 동시성(synchronicity)이라는 용어를 사용했다(Hogenson, 2009; Main, 2007).

경계선 장애: 에드

경계선 장애 과정에 대해 집필을 하는 과정에서 Schwartz-Salant(1989, 1991)는 원형적 상징의 중요성에 대해 강조한다. 특히 연금술적 상징이 유용하다고 보았는데, 구체적으로는 연금술에서의 전체성의 개념에 바탕을 둔 융합(coniunctio)[5]의 개념을 유용하다고 생각했다. 융의 이론에서 융합은 전체성(wholeness)의 발달뿐만 아니라 자아와 무의식과 같은 융의 두 개념이 함께 나타나는 것을 의미한다. Schwartz-Salant에게 있어서, 경계선 장애 내담자는 개인적인 감정을 통하지 않고 원형적 주제를 통해 자신을 표현하기 때문에 경계선 장애를 가진 내담자와 의사소통을 한다는 것은 어려운 일일 수 있다. 내담자는 종종 의식으로 가져오기 상당히 까다로운 무의식적 자료를 산출하는 꿈에서 매우 구체적인 연관성을 나타내기도 한다.

예를 들어, Schwartz-Salant(1991)는 몇 시간이고 누군가가 자신을 왜 그런 식으로 대했는지를 생각하기도 하는 38세의 똑똑한 남성인 에드(Ed)의 사례를 제시하고 있다. 에드는 종종 자신과 타인의 행동의 도덕성에 대해 비판적이었다. 에드를 돕는 과정에서, Schawartz-Salant는 에드의 내면에서 결합되어 존재하는 그의 양면으로 나타나는 '융합' 원형을 다룬다. 또한 상담자는 자신과 에드를 결합을 원하지 않고 때로는 상반되게 행동하는 전이적 커플로 보았다. Schwartz-Salant는 이것을 다음과 같이 좀 더 극적으로 표현했다(1991, p.171).

---

5   연금술사는 서로 상극인 요소를 사용하여, 대극 간의 끌어당김이 결국 둘을 수렴하게 만들며 거기서 새로운 산물이 탄생된다고 보았다. —옮긴이 주.

"내가 부조화로 나 자신과의 조화를 깨뜨릴 때마다 에드는 굉장히 난폭하게 굴었고 나를 때리고 싶어 했다." 에드는 상담자와 함께 자신의 내면에서 서로 싸우고 있지만 서로 접촉을 원하지 않는 내면의 양면을 살펴보고 나서야 상태가 호전되기 시작했다. 에드는 그 스스로가 중요한 원형이나 전이 테마를 인식하게 되면서 개성화가 증가했다.

정신증 장애: 내담자

Bleuler와의 초기 훈련 동안에, Jung은 많은 정신증 내담자와 작업할 기회가 있었다. Jung은 특히 내담자의 비논리적이고 일관성 없는 수다 속에 내재되어 있는 상징에 관심을 가졌다. Jung은 조현병 내담자들의 언어적 표현을 무의식의 소재가 목소리를 내는 것으로 받아들였다. Perry(1987)는 『정신증적 과정에서의 자기(The Self in Psychotic Process)』라는 저서에서 가장 불안해질 때 '중심'에 대한 탐구를 가장 많이 하게 되는 한 조현병 내담자의 사례를 제시하고 있다. 이 내담자는 상징에 대한 지식이 없었음에도 불구하고 4중의 중심인 만다라(103쪽 참고)를 여러 번에 걸쳐 설명했다. 그녀의 정신증적 과정에서, Perry는 부모가 지배(parental domination)하고 있는 개성화 발달과 연관이 되는 죽음과 환생의 주제를 보았다. Perry에게 있어서 정신증의 언어는 개인의 문화에 노출되는 것에서 비롯되는 것이 아니라 집단무의식으로부터 발생하는 것이다. Perry는 그의 저서에서 언급한 내담자뿐만 아니라 다른 내담자들에게서도 자연스레 나타나는 만다라 상징을 이에 대한 근거로 들고 있다. 그에게 있어서, 이는 자기(Self)가 모든 사람의 정신의 중심이라는 것을 주장하는 근거가 된다(Perry, 1987).

단기 심리치료

융학파 분석가에게 분석 시간은 내담자가 필요로 하는 부분이나 분석가의 접근법에 따라서 상당히 다양하다. 융학파 분석 이론과 대상관계 이론을 조합하여 발달적 접근법을 사용하는 분석가는 일주일에 두 번 이상 회기를 갖게 되기가 쉬운 반면에, 보다 정통적인 융학파 분석을 추구하는 분석가는 일주일에 한 번 혹은 두 번의 회기를 갖는다. 분석 기간 역시 일년 이하에서부터 몇 년에 이르기까지 상당히 다양하다. 피분석가가 한동안 분석을 중지했다가 다시 재개하는 것은 융학파 분석에서 자주 있을 수 있는 일이다. 하지만 융학파 분석에는 단기 또는 시간제한적 접근법은 없다. Harris(1996)는 문제가 좁은 범위에 한정되어 있다면, 융학파 분석의 준거 기준을 단기 심리치료에 사용할 수 있다고 제안한다.

때때로 융학파 분석가는 자신의 내담자와 접촉을 거의 하지 않을 수도 있는데, 이런 경우는 주로 분석이 적절한 치료가 아닐 때 발생하게 된다. Jung은 때로는 Adler나 Freud와 연관되는 방법을 사용하거나 자신이 생각하기에 적절하고 편리한 방법을 사용하는 등 분석에 있어서 제약을 두지 않았다. 일반적으로, 융학파 분석가는 융학파의 무의식 탐구에 연관이 없는 방법의 사용의 제약에 있어서 차이를 보인다. 또한 몇몇 내담자 문제는 융학파 분석에는 적합하지 않다는 것을 보여 줄 수 있다. 예를 들어, Jung은 그가 심리치료를 종결하기로 결정한 의사의 사례를 제시한다(1961, p.135). 왜냐하면 꿈 재료의 본질이 Jung에게 드러났는데 그것은 그 내담자가 정신병을 발달시킬 가능성이 있다는 것이었다. 이와 같은 사례에서는 융학파 분석가는 무의식의 탐색이 개성화가 아닌 정신분열로 이끌 수 있다는 것을 인지한다.

최신 동향

Jung의 개념은 대중에게 점점 더 인기를 얻었다. 그중 한 가지 이유는 현대적 삶 속에서 신화의 중요성을 다룬 Joseph Campbell의 TV 시리즈 「신화의 힘(The Power of Myth)」 때문이었다. 이 TV 시리즈와 이에 근거해 출판된 책(Campbell & Moyers, 1988)에서는 Jung의 집단무의식과 원형을 다룬다. 『늑대와 함께 달리는 여인들(Women Who Run with the Wolves)』(Estes, 1992)이라는 베스트셀러에서는 '야생의 여성' 원형을 설명하고 있다. 『무쇠 한스 이야기(Iron John)』(Bly, 1990)라는 책에서는 '남성 원형'의 중요성에 대해 이야기한다. 이러한 책들이 융학파 치료를 대중에게 더 많이 알리는 역할을 했지만, 융학파 치료의 발달에 영향을 주고 있으며 진행중인 두 가지 중요한 문제가 있다. 바로 후기 융학파 관점과 포스트모더니즘이다.

후기 융학파 분석 관점을 설명하는 데 있어서 Samuels(1997)는 분석적 작가들을 발달적, 전통적, 원형적이라는 세 가지의 중복되는 영역으로 분류하였다. 영국에 기반을 둔 융학파 분석의 발달적 학파는 융학파의 사고를 Klein & Winnicott(Solomon, 2008)와 같은 많은 대상관계 이론가의 사고와 조합한다. Fordham(1996)의 작업은 이론적 요지를 잘 나타내고 있다. 전통적 학파는 Jung이 기술했던 그대로 Jung의 생각을 활용한다. 전통적 학파에서는 내담자와 치료자 간 관계를 매우 중요하게 보고 있으며, 발달적 문제와 원형의 강조 사이의 균형을 맞추고 있지만 전이나 역전이에 관련된 부분은 어린 시절을 언급하는 것뿐만 아니라, 미래를 다루는 의미를 갖는 것으로 본다(Hart, 2008).

Hillman(1989, 1997, 2004)에 의해 가장 잘 설명되는 원형적 학파는 페르소나, 아니마와 아니무스, 그림자와 같은 것을 강조하기보다는 광범위한 원형에 집중하는 모습을 보인다(Adams, 2008). Hollis는 『원형적 심상(The Archetypal Imagination)』(2000)이라는 책에서 원형에 뿌리를 둔 심상이 어떻게 심리치료 기능을 가질 수 있는지를 보여 준다. 이번 장 뒷부분의 '성 관련 주제' 부분에서 볼 수 있듯이, 미국 내의 분석가들 사이에서 원형적 심상을 사용하는 사례가 증가하고 있다. 원형적 심상과 상징은 대중을 위한 교육 세미나에서 종종 토론 주제로 사용되곤 한다.

몇몇 작가에 의해서 포스트모더니즘적 사고가 융학파 이론에 접목되었다.

Haucke(2000)는 융학파 심리학이 어떤 식으로 건축, 히스테리, 정신병과 같이 다양한 현대 문화에 관해 새로운 관점을 제시해 주고 있는지를 보여 준다. 그 밖의 융학파 심리학 작가들은 포스트모더니즘적 접근법을 과학에 접목시키는데, 이는 Jung의 생각이 광범위하고 포괄적으로 적용된 것이다. Beebe(2004)는 내담자와 융학파 분석 상담자 사이의 대화는 세계관을 시험해 보고 그러한 시각을 넓히는 기회라고 주장한다. Beebe는 치료적 대화를 경험에 의해 복제될 수 있는 세계관의 하나로 본다. 융학파 분석가가 인권 작업을 통해 사회적 문제에 개입해야 하는지는 융학파 치료자가 고려해야 할 또 다른 쟁점이다(Berg, Salman, & Troudart, 2011). Wilkinson(2004)은 조금 더 생물학적인 시각을 취하는데, 융학파 분석 이론을 심리-뇌-자기 관계에서 유용한 관점으로 본다. 이러한 과학의 광범위한 관점들은 융학파 성격 이론과 심리치료가 설 자리를 마련해 주고 있다.

융학파 분석과 심리치료를 다른 심리치료 이론과 함께 사용하기

융학파 상담자들은 다른 이론에서 나온 개념을 종종 사용하기도 한다. Jung이 일을 시작한 후 초창기 동안에 Jung과 친밀한 관계를 유지했던 Freud의 이론과 Jung의 이론 사이에 많은 유사성을 찾아볼 수 있다. 융학파 분석가들은 종종 Freud의 아동 발달 개념을 사용하는 것이 도움이 된다고 말한다. Jung이 이 주제에 대해서 저술을 하긴 했지만, Jung은 다른 분야에 더 많은 공을 들였다. 융학파 분석의 발달학파(developmental school) 혹은 영국학파라고 불리는 다수의 융학파 분석가는 아동기 발달을 보다 심층적으로 살펴보는 애착 이론(Knox, 2009)과 대상관계 이론가의 작업에 매료되었다. 심리치료의 정신역동 이론이 융학파 분석에 가장 밀접하게 관련이 있지만, 융학파 사람들은 무의식적 자료를 의식으로 불러올 수 있는 빈 의자 기법과 같은 게슈탈트 기법을 사용하기도 한다.

융학파 분석가는 아니지만 대상관계나 그 밖의 정신분석적 이론을 사용하는 이들은 Jung의 원형에 대한 개념이 무의식적 행동에 대해 새로운 통찰을 제공해 줄 뿐만 아니라 유용하다는 것을 발견할 수 있을지도 모른다. 개인무의식에 대한 융학파 개념이 정신분석의 무의식 개념에 상응할 수도 있지만 Jung의 집단무의식에 상응하는 개념은 존재하지 않는다. 이 개념을 사용하기 위해서는 집단무의식과 원형적 상징의 원형적 형성(archetypal formation)에 대한 지식을 필요로 한다. Morey(2005)는 대상관계 이론과 융학파 이론을 통합하려는 시도는 상당히 어렵다는 것을 경고하고 있다. 보다 쉽게 통합할 수 있는 것은 Jung의 콤플렉스에 대한 개념인데, 이는 프로이트학파의 콤플렉스보다 훨씬 광범위하며 보다 포괄적이다. 덧붙여서, 나이 든 내담자와 작업하는 정신역동 상담자에게 있어서는 Jung이 인생의 후반기에 대해 강조한 것이 훨씬 더 가치 있을 수 있을 것이다. Donahue(2003)는 사례들을 통해서 자아 발달과 인간관계 이론이 어떤 식으로 융학파 치료와 조합될 수 있는지를 보여 준다.

　　정신역동 개념을 업무상 사용하지 않는 정신건강 전문의들에게 있어서는, Jung의 태도와 기능에 관한 유형론을 사용하는 것이 한 개인의 성격을 이해하는 도구로서 도움이 될 수도 있을 것이다. 내향성과 외향성의 태도는 상담자로 하여금 내담자의 내적·외적 세계에 주의를 기울일 수 있도록 해 준다. 또한 융학파의 유형론은 사람들이 세상을 어떻게 바라보고 있는지(감각 또는 직관) 그리고 사람들이 어떤 식으로 판단을 내리고 결정을 하는지(사고 또는 감정)에 대한 통찰력을 제공해 준다. 이러한 개념은 MBTI를 비롯한 다른 도구를 사용하여 측정될 수 있지만 심리치료 회기에서 나오는 깊이 있는 정보를 제공해 주지는 못한다. MBTI나 성격의 태도와 기능은 많은 조력 전문가(helping professionals)에 의해 널리 사용되고 있다. 이러한 개념은 비교적 이해하기도 쉬우며 무의식적 자료의 작업에서는 필수적인 특정 훈련이나 수련 감독(흔히 개인 분석을 포함하여)을 필요로 하지 않는다.

연구

비록 Jung이 콤플렉스의 개념을 연구하기 위해서 단어 연상 검사를 사용하였지만, Jung은 자신의 다양한 개념에 대한 자신의 가설을 확인하기 위해 신화, 민화, 그리고 내담자의 꿈을 증거로 사용하였다. 다양한 융학파 개념과 가설에 대한 가장 완벽한 논평은, 많은 구인들(constructs)과 관련지어 증거를 설명한 Mattoon(1981)에 의해 이루어졌다. 융학파와 관련된 대부분의 연구는 Jung의 태도와 기능이라는 그의 유형론과 관련한 것이다. 일반인 여성과 식습관 장애를 가진 여성의 꿈의 차이점을 조사한 연구의 예는 융학파 개념에 대한 연구를 보여 준다. 융학파 분석과 기타 정신 요법의 효과를 비교하는 연구는 존재하지 않는다. 융학파 분석은 그 치료 과정이 길고, 결과와 과정 측정에 있어서 개인무의식이나 집단무의식에 관련된 개념을 다루어야 하며, 접근법에 있어서 분석가마다 스타일이나 다른 이론들의 통합에 있어서 큰 차이점을 보이기 때문에 그 효과성을 평가하기가 가장 까다로운 치료법일지도 모른다. 이번 절의 대부분은 Jung의 성격에 대한 개념에 관한 것, 특히 태도와 기능에 관한 연구에 초점을 맞추고 있다.

　　그레이-휠라이트 검사(Gray-Wheelwright Jungian Type Survey: GW; Wheelwright, Wheelwright, & Buehler, 1964), 마이어스-브릭스 유형 척도(Myers-Briggs Type Indicator: MBTI; Myers, McCaulley, Quenk, & Hmmer, 1998), 싱어-루미스 검사(Singer-Loomis Inventory of Personality: SLIP; Singer & Loomis, 1984; Arnau, Rosen, & Thompson, 2000)라는 세 검사법은 내향성이나 외향성뿐만 아니라 사고, 감정, 감각, 직감의 기능을 측정하기 위해서 개발되었다. 연구 도구의 측면에서 보자면 MBTI가 다른 두 개의 검사법보다 많은 관심을 받아오고 있다. 예를 들면, MBTI는 15,000~25,000명의 샘플을 보유하고 있으며, 이

샘플로부터 미국의 여성의 75%가 사고보다는 감정을 선호하며, 미국 남성의 56%가 감정보다는 사고를 선호한다는 추정이 나왔다. 미국 원주민 고등학생과 흑인 고등학생 사이에서는 외향성, 감각, 사고를 선호하는 것으로 나타났다(Nuby & Oxford, 1998). 200명의 호주와 캐나다 성인을 대상으로 한 연구에서는 외향적인 사람에게 있어서 동기 부여를 하는 요인은 자신의 행동에 대한 결과로 받게 되는 사회적 관심인 것으로 나타났다(Ashton, Lee, & Paunonen, 2002). 또한 MBTI는 서로 떨어져서 길러진 일란성 쌍둥이와 이란성 쌍둥이에 관한 연구의 주제가 되어오고 있는데, 이 연구에서는 서로 떨어져서 길러진 쌍둥이가 외향성, 내향성, 그리고 사고-감정의 영역에서 구체적으로 비슷한 성향을 보이는 것으로 드러났다(Bouchard, Hur, Horn, 1998). MBTI 유형 분류 체계를 융학파 이론에 연결시키면서, Cann & Donderi(1986)는 직관적 유형의 사람이 원형적 꿈을 더 잘 기억해내고 내향적 타입의 사람이 일상적인 꿈을 더 잘 기억하는 것에서 볼 수 있듯이, 유형과 기억해내는 꿈의 종류('작은 꿈' 또는 원형적 꿈) 사이의 연관성을 발견하였다. 꿈 체험에 대해서는, Jacka(1991)는 감각에서 높은 점수를 받은 학생에 비해 직관적 학생이 꿈을 보다 정서적으로 강렬하고 혼란스러운 것으로 보고 있다는 것을 발견하였다. 이런 다양한 연구는 MBTI 유형에 관련된 다양한 종류의 신체적, 정신적 특징을 보여 준다.

일반 인구에서 유형을 다양한 요인에 관련짓는 연구에 비해 내담자에 대한 연구는 상당히 부족하다. Brink & Allan(1992)은 12명의 식욕부진과 폭식증 내담자의 꿈을 연구하는 데 있어서, 내담자의 꿈의 내용을 91개 문항 척도를 사용하여 11명의 일반 여성과 비교하였다. 그들은 섭식 장애를 가진 여성이 꿈의 끝부분에 파멸을 묘사하는 시나리오의 꿈을 더 많이 꾸며, 성공하지 못한다는 태도, 공격당하거나 감시당하고 있다는 이미지를 더 많이 갖고 있다는 것을 발견하였다. 섭식 장애를 가진 여성은 일반 여성에 비해 비효율적이라는 느낌, 자기혐오, 자기 스스로를 돌보는 능력 결여, 몸무게에 대한 강박, 증오라는 정신적 특성에서 상당히 높은 점수를 기록했다. 저자들은 섭식 장애를 가진 여성과 작업하는 분석가에게 내담자가 자기(Self)의 발달을 이루게 하는 방법으로 어머니와 딸 사이의 상처를 다루어 보기를 추천한다. 하지만 좋은 어머니와 좋은 아버지의 원형을 탐구하는 과정에서 내담자의 어머니를 탓하지 말 것을 경고했다. 식욕부진으로 진단받은 6명의 여성을 대상으로 한 연구에서, Austin(2009)은 이 여성들이 좋아지기 위해서는 이 여성들이 식욕부진의 중심에 있는 공격적이고 자기혐오적인 에너지를 해결해야 할 필요가 있다고 말한다. 이러한 감정을 더 많이 인지하게 되고 삶의 기술을 발달시키면 이 여성들은 점차 회복할 수 있을 것이다.

성 관련 주제

Jung뿐만 아니라 많은 융학파 저자와 분석가에게 있어서 성에 관련된 개념적 문제는 굉장히 중요한 부분이었다. 융학파 저자들에게 있어서 개인의 반대 성의 측면을 나타내는 아니마와 아니무스 원형은 추후 더 많은 연구를 하게 하는 원천이 되고 있다. 역사적으로 이런 관심의 일부는 초기 분석가에 여성이 많다는 점에서 비롯되었다. 이들 초창기 여성 분석가의 저서는, 여성주의자나 아니무스에 관련된 발달적 문제를 다루어온 비교적 최근 저자의 저서와 마찬가지로 중요하게 여겨져 오고 있다. 또한 남성 운동의 지도자들은 남성이 자신에 대해서 보다 잘 알 수 있도록 돕기 위해서 융학파의 원형을 사용했다. 성 문제에 관련된 많은 저서는 개성화를 이루려고 노력하는 남성과 여성을 도우려는 바람뿐만이 아니라 남성과 여성 사이의 갈등을 반영한다.

융학파 분석의 역사에 대한 논평에서 Henderson(1982)은 다양한 여성 분석가가 융학파 분석 관련 영역에 대한 글과 연설을 통해 어떻게 공헌했는지를 설명하였다. Henderson은 Jung이 여성에게 매력을 느낀 이유 중에 하나는 바로 "남성이나 여성이라는 두 성 모두가 각자의 성에 따라 고정관념적인 역할에 제한을 갖지 않는다는 관계의 원칙"(p.13)이라고 믿었다. Freud 이론이나 1920년대와 1930년대의 그 어떤 심리학적 문헌에서도 다루어지지 않은 남성과 여성 모두에게 중요한 문제를 아니마와 아니무스의 원형이 다루었다. 이러한 원형적 개념은 남성과 여성이 각자 자신의 여성적인 측면과 남성적인 측면을 바라보는 것을 도와주는 역할을 하는 것으로 볼 수 있다. 하지만 조금 더 좁은 관점에서 보면, 아니마와 아니무스라는 개념은 성역할의 편견을 강화시킨다는 이유로 비판을 받아오고 있다. 실제로 Jung은 남성과 여성의 역할을 다르게 보고 있었다는 것을 보여 주는 발언을 다음과 같이 한 적이 있다. "그 어떤 여성도 남성적인 직장에 종사하거나 남성처럼 공부하고 일을 함으로써 자신의 여성적 천성에 부합하지 않고 있으며 자신의 천성에 직접적인 타격을 입힐 수도 있다는 사실에서 벗어날 수 없을 것이다"(Jung, 1970b, p.117). 이런 발언과는 상반되게도 Jung은 여성 분석가를 높게 평가하였다. 상담자가 자신에게 다른 관점을 제시해 줄 수 있는 사람과 대화를 할 필요가 있다는 것을 설명하는 과정에서, Jung은 다음과 같이 말했다. "여성은 이러한 역할을 수행하는 데 특히 재능이 있다. 여성은 종종 뛰어난 직관과 예리한 임상적 통찰을 갖고 있으며, 남성이 감추고 있는 비밀을 꿰뚫어 볼 수 있으며, 때로는 남성의 아니마의 뒤에 숨어 있는 음모까지도 꿰뚫어 본다"(Jung, 1961, p.134). 이렇게 Jung 스스로가 여성에 대해 갖고 있던 차이 나는 관점이나 여성에게 영향을 끼치는 차별에 대한 인식은 융학파 상담자의 창의적인 반응을 불러왔다.

Jung 이론의 남성적, 여성적 측면을 다루는 것은 몇몇 융학파 분석가의 과업이 되고 있다. 『융: 페미니스트에 대한 재시각(Jung: A Feminist Revision)』(2002)에서 Rowland는 다양한 Jung의 생각에 여성주의 관점을 적용한다. 그녀의 작업은 융학파 분석에서 여성주의의 영향력을 발전시키는 데 도움을 주었다(Kirsch, 2007). 『양성성(Androgyny: The Opposites Within)』(2000)에서 Singer는 사람들이 다양한 문화로부터의 상징에 대한 논의를 통해 어떻게 자신의 남성적·여성적 측면을 통합시킬 수 있는지를 보여 준다. Ayers는 『엄마-유아 애착과 정신분석(Mother-Infant Attachment and Psychoanalysis: the Eyes of Shame)』(2003), 『남성의 수치심 (Masculine Shame: From Succubus to the Eternal Feminine)』(2011)에서 여성과 남성의 수치심과 관련된 원형 문제를 다루었다. 『남성, 여성, 관계(In Men, Women, and Relationships – A Post-Jungian Approach: Gender Electrics and Magic Beans, Goss)』(2011)에서는 아니마 혹은 아니무스와 같은 원형에 주의를 기울이는 방식이 관계를 다루는 데 도움이 된다는 것을 보여 준다.

Young-Eisendrath(1997)는 오늘날 북미 사회에서 문제가 되고 있는 남녀 문제에 대한 상징으로서 그리스 신화에 나오는 최초의 죽음이 존재하는 여성(first mortal woman)인 판도라를 사용했다. 판도라는 제우스와 다른 신들로부터 불을 훔친 남자를 벌하기 위해 제우스에 의해 창조되었다. 판도라는 매우 아름다운 한편, 자신의 성적 매력을 이용하여 남성들을 조종하고 기만적이다. Young-Eisendrath는 남성이 여성을 성적 대상으로만 보는 경향이 있는 점을 다루기 위해서 판도라의 신화를 사용한다. 또한 그녀는 여성이 미모에 치중하다 보면 섭식 장애를 일으킬 수 있다는 점을 다루기 위해서 이 신화를 사용한다. 『성과 욕망: 판도라의 저주 풀기(Gender and Desire: Uncursing Pandora)』의 주제가 바로 판도라의 저주로부터 자유로워지는 방법인데, 여기에서는 성역할과 문제를 이해하는 데 있어서 창의적인 접근법을 사용하고 있다.

융학파 원형 개념은 남성과 남성이 갖고 있는 문제와 발달을 설명하기 위해서도 사용되고 있다. Bly(1990)와 Moore & Gillette(1991, 1992)는 의식(ritual)과 왕, 전사, 마법사, 연인과 같은 남성 원형에 대한 자각의 필요성을 이야기한다. 이 세 명의 저자들은 이러한 원형적 형태를 보여 주는 신화나 이야기를 통해 남성으로 하여금 자신의 힘(power)과 접촉할 수 있도록 돕기 위한 집단을 이끌었다. Collins(1993)이 지적했듯이, 이런 저서는 남성의 여성적인 측면 (아니마)을 희생양으로 삼아 남성을 보다 전체적이고 일반적으로 남자답게(masculine) 하며 남성의 주제를 강조한다. Collins(1993)는 남성의 자각(male awareness)을 이루기 위해서는 아버지, 아들, 그리고 여성 원형적 요소를 이해하고 통합시킬 필요가 있다고 생각했다. 융학파 이론 내에서 성 문제를 다루는 문헌들이 지속될 것으로 보인다.

다문화 관련 주제

종종 융학파 분석가는 훈련 기간 도중에 다음과 같은 말을 듣곤 한다. "당신이 내담자를 치료할 때, 당신은 문화를 치료하는 것입니다"(Samuels, 1991, p.18). Samuels의 이런 발언은 바로 분석가가 신화나 민화를 포함하여 피분석가의 문화에 대한 지식을 갖고 있어야 한다는 사실을 말하고 있는 것이다. 또한, 내담자를 치료함으로써 분석가는 내담자가 자신의 문화에 어떤 식으로든 긍정적인 영향을 줄 수 있도록 돕는다는 것을 의미한다. Jung이 인류학, 신화, 연금술, 종교 민화에 관심을 가졌다는 점에서 볼 수 있듯이, Jung은 모든 문화에 대해서 관심을 가졌다. 원형적 심상의 보편성에 대한 관심으로 인해, Jung은 미개한 문화권의 사람들과 그들의 꿈과 민화에 대해서 이야기하기 위해 다양한 나라와 대륙(미국, 이집트, 아시아, 아프리카)으로 여행을 했다. 하지만 다양한 문화의 심리를 일반화시키면서 Jung은 자신의 관점이 인종차별적이라는 비판을 받게 되었다. 종교와 영성에 대한 Jung의 관심은 넓고 다양했다. 종교적 상징이 자신의 집단무의식의 개념과 관련이 있었기 때문에, Jung은 이런 종교적 상징에 관한 문헌을 읽기 위해 여러 언어를 배웠다. 여러 나라와 대륙을 여행하며 다른 문화의 사람들과 대화를 나눈 것이 Jung에게 자신이 가지고 있던 신화, 민화, 종교에 대한 지식을 자신의 원형적 기억의 개념에 연관 지을 수 있게 해 주는 소재를 제공해 주었다.

분석가와 연구자가 다양한 문화로부터의 민화와 꿈에 대한 연구를 진행하면서 Jung이 했던 인류학적 연구는 지속되고 있다. Heyer(2012)는 무슬림 이란 남성이 기독교 미국 분석가의 치료를 받는 사례를 발표하면서 문화적 문제를 다루는 것의 중요성을 보여 주었다. 다른 문화적 문제의 예시는 중국 문화의 연구에서 찾아볼 수 있다. 여성의 발을 더욱 매력적으로 만들기 위해 중국에서 여성의 발을 묶던 관습을 폐지한 것은 여성의 고통과 희망과 정신적 변화의 상징으로 여겨진다(Ma, 2010). 도교와 불교를 살펴보면, Liang(2012)은 이러한 종교의 개념과 Jung의 자아, 개인주의, 동시성 개념 사이의 유사점을 보여 준다. Petchkovsky(2000)는 중앙 호주 원주민들이 동물 및 미생물적인 요소에 주관성을 어떻게 부여하는지에 대해서 연구하였다. Petchkovsky, San Roque, & Beskow(2003)는 일부 원주민들은 Jung이 세상을 바라본 관점이 자신의 관점과 비슷하다고 했다는 것을 발표했다. 중앙 호주 지역에서의 높은 자살률을 조사한 후, Petchkovsky, Cord-Udy, & Grant(2007)는 자살률을 '보다 큰 유럽 출신의 오스트리안 지역사회(Larger Euro-Australian community)'의 실패한 양육의 결과로, 특히 정신건강 서비스와의 관계에서의 실패로 보고 있다. 아프리카 전통 치유자와의 작업에서 Maiello(2008)는 아프리카 문화에서의 조상 숭배의 중요성을 배웠으며 이것을 융학파 관점에 관련지었다. Michan(2003)은 멕시코 사람의 성격과 문화 내에서의 풀리지 않은 갈등을 고대 아스텍 신화의 테마에서 발견했다. Krippner & Thompson(1996)은 16개의 미국 원주민 사회가, 서구 사회의 깨어 있는 세계와 꿈꾸는 세계가 확실한 차이를 보이지 않는다는 것을 보여 준다. 이 같은 연구에서 의식적이든 무의식적이든 문화적 경험이 융학파의 원형적 소재와 치료와 연관된다.

Jung의 학문적 호기심은 방대했지만, 문화에 대한 그의 관점은 편협했다. 1930년대와 1940년대에 Jung은 종종 인종과 민족의 심리학을 언급했다(Martin, 1991). Jung은 정신적 특성이 기독교인, 유대인, 스위스인이나 '원시적인 아프리카인' 등 다양한 집단에 따라 다른 것이라고 생각했다. 나치즘이 시작되던 시기에, Jung은 유태인 심리학에 대해 언급했던 것으로 인해 반유대주의자로 생각되어 많은 사람들의 공격을 받았다. 반유대주의 혐의를 둘러싼 의혹은 Maidenbaum & Martin(1991)의 논문에서 전체적으로 완벽하게 탐색된다. Drob(2005)은 유대 신비주의의 책, 『카발라(Kabbala)』(2005)에서 Jung의 꿈 이론에 대한 관점에 대해서 논의한다. Joseph(2007)은 Jung이 『카발라』의 소재를 어떻게 이해했고 이것이 종교적인 이해와는 어떻게 다른지를 설명한다. Jung이 인종차별 혐의를 받았던 부분 때문에 융학파 분석가는 Jung의 사고가 전체적으로 복잡하다는 점을 지적하고 민족적 혹은 인종적 특징을 일반화하지 않기 위해 상당히 조심해오고 있다.

다른 문화에 대한 지식을 융학파 분석가들이 어떻게 사용하는지는 Sullwold(1971)가 물건들이나 다른 아이들을 향해 육체적으로 파괴적으로 행동하던 6세 남자아이(내가 이 남자아이를 내 동료에게 연결해 주었는데 그의 사무실에는 유리로 된 칸막이가 산산조각 나 있었다.)와 한 작업에 나타나 있다. Sullwold는 이 남자아이와의 작업에서 다양한 인형, 작은 건축물, 그리고 다양한 여러 가지 물건으로 구성된 모래 상자를 사용했다. 이 아이는 멕시코와 미국 원주민 혼혈이었지만 정통파 유대교도 부모님에게 입양되었다. 아이는 자신의 인디언 전통에 대해서 인지하지 못하고 있었지만, '인디언 가이드(Indian Guides)'라는 소년단체에서 자기 이름을 '매의 눈'이라는 미국 원주민식으로 지었다. 초반 모래 상자 작업에서, 아이는 카우보이 인형과 미국 원주민 인형을 사용하였으며 스스로를 미국 원주민과 동일시하였다. 이 아이를 이해하는 데 있어서, Sullwold는 자신이 Hopi와 Zuni 의식과 종교에 대해서 알고 있던 지식을 활용했다. Sullwold는 아이가 모래 상자에서 동물 인형을 가지고 노는 과정에서 표현된 '위대한 어머니'와 같은 원형적 이미지를 관찰할 수 있었다. 이 소년의 미래에 대한 평가에서 Sullwold는 다음과 같이 진술했다.

> 앞으로 이 소년의 건강은 이 소년이 자신의 자아(ego)의 힘을 유지하고 자신의 에너지를 창의적으로 사용하는 방법을 개발하여 이 소년이 갖고 있는 엄청난 영적인 힘과 정신적 힘이 이 소년을 휩쓸지 않고 어두컴컴한 괴물들의 우리에 던지지 않는 스스로의 능력에 달려 있다. (Sullwold, 1971, p.252)

따라서 Sullwold는 이 아이가 갖고 있는 문제의 원인이 되는 영적인 힘과 집단무의식의 중요성을 강조하고 있다. 창의적인 표현은 이 소년의 의식 과정이 닿지 않는 힘의 긍정적 분출구가 되어 주는 것이다.

집단 심리치료

집단 심리치료는 비교적 소수의 융학파 분석가들이 사용한다. 집단 치료를 사용하는 분석가는 집단 치료를 개인 분석의 대체용으로 보지 않고 부속물 정도로 보고 있다. Jung은 개인과 사람들이 집단에 순응하고 일치하려는 압박을 중요하게 생각했기에 집단 치료에 대해서는 회의적이었다(Sharp, 1998). 하지만 일부 융학파는 집단 치료에서 긍정적인 가치를 보기도 한다. 집단은 개별적 존재를 유용한 방식으로 다룰 수 있고 넓은 개념의 리비도를 제공할 수 있으며, 원형과 집단무의식에 접근할 수 있는 유용한 방법을 제공한다(Hecht, 2011). 꿈

집단은 집단의 지도자가 있든 없든 진행되고 있으며, 일부는 온라인상으로 진행되고 있다 (Harris, 1996). 구성원이 어떤 꿈을 집단에 제시하면, 이 꿈은 토론의 초점이 되기도 하며 비슷한 꿈을 꾼 적이 있는 다른 구성원은 제시된 꿈에 대해 이야기할 수도 있다. 또한, 꿈을 심리극을 사용하여 집단이 재연해 볼 수도 있다. 일부 융학파 분석가는 참여자를 어느 구성원의 상상 속 여행에 관심을 집중시키도록 함으로써 적극적 상상을 치료 집단에서 활용할 수도 있다. 추가적으로, 융학파 분석가는 원한다면 게슈탈트 알아차림(gestalt awareness)이나 다른 집단 기법을 활용할 수도 있겠다. 개성화에 대한 강조 때문에 집단 치료는 개인 분석을 대신할 수 있는 것이 아니라 부가적으로 시행되는 것으로 존재해 오고 있다.

요약

Jung은 Freud의 무의식적 과정에 대한 강조, 심리치료에 꿈을 사용하고 해석하는 것, Freud의 성격에 대한 발달적 접근법과 궤도를 같이한다. 아마도 Jung만의 독창적인 공헌은 집단무의식과 집단무의식으로부터 나오는 원형적 이미지와 패턴일 것이다. 원형적 이미지는 보편적인 것이며 다양한 문화로부터 전해져오는 신화, 민화, 동화 속에서 찾아볼 수 있다. Jung은 특히 페르소나(개인의 사회적 역할), 아니마와 아니무스(개인의 성격의 무의식적 반대 성의 측면), 그림자(자아에 의해서 거부되거나 무시된 성격의 무의식적 측면), 자기(성격의 중심)에 대해서 강조했다. 그 밖에도 나이 든 현자, 위대한 어머니, 사자(lion) 등의 다양한 다른 원형들도 존재한다.

성격 유형(내향-외향, 사고-감정, 감각-직관)의 공헌은 잘 알려져 있지만 분석에서 활용할 때에는 분석가에 따라 큰 차이를 보인다. Jung이 인생 전체에 걸친 발달적 문제에 대해서 집필하기는 했지만, 특히 중년기 문제과 내담자의 삶에 있어서 영성의 역할에 특히 관심을 가졌다. Jung은 때때로 콤플렉스(원형적 심상에 연관 있는 격한 감정으로 꽉 찬 생각)가 내담자의 삶에서 어느 때고 일어날 때면 이것을 가지고 작업하곤 했지만, 특히 중년기에 일어난 콤플렉스를 가지고 많은 작업을 하였다. Jung의 무의식적 과정에 대한 관심은 그의 모든 성격 구조의 밑바탕에 깔려 있으며 그의 이론의 중심적인 부분이다.

분석의 초점은 무의식적 과정에 대한 인식을 제공하기 위해 이러한 무의식적 과정을 가지고 작업하는 것이다. 이는 주로 꿈 소재를 가지고 하게 되지만 적극적 상상이나 환상 접근법이 사용되기도 한다. 꿈속에서나 다른 소재들로부터의 원형적 테마를 인식함으로써 분석가는 피분석가가 기존에는 인식하지 못했던 무의식적 자료를 인식할 수 있도록 돕게 된다. 분석가와 피분석가 사이의 문제(전이와 역전이)을 다루는 데 있어서, 분석가는 내담자의 꿈에서 나온 소재를 종종 이용한다. 심리치료가 진행됨에 따라 피분석가는 보다 강하고 통합된 자기를 발달시키게 된다.

융학파 분석가가 되기 위해서는 융학파 기관에서 훈련을 받아야 하는데, 여기에는 정신적, 심리치료적 과정에 대한 정보나 인류학, 신화, 민화 등 분석가가 원형적 상징과 작업하는 데 도움이 될 만한 다른 분야의 지식이 포함되어 있다. 이러한 훈련 과정은 분석가로 하여금 자신의 내담자가 개성화를 이루고 자신만의 독특한 정신적 현실을 자각할 수 있게 도와줄 수 있도록 준비시켜 주게 된다. 개성화에 대한 강조 때문에 집단 치료보다는 개인 치료가 선호된다. 무의식적 과정의 개념에 대한 관심과 Jung의 심리치료에 대한 접근법에 대한 관심은 지속적으로 확대되고 있다.

이론의 적용

실습

CengageBrain.com에 나와 있는 디지털 자기 측정 도구, 핵심 용어, 동영상 사례(이론의 적용), 사례 연구, 퀴즈 문제로 융학파 분석과 심리치료의 개념을 자세히 연구하고 실습할 수 있다.*

추천 자료

Jung, C. G. (1956). *Two essays on analytical psychology*. New York: Meridian Books.

이 두 에세이는 개인무의식과 집단무의식에 대한 융학파의 핵심적 개념을 제시한다. Freud와 Adler 그리고 세 가지 주요 원형(페르소나, 아니마, 아니무스)에 대한 Jung의 견해, 또한 심리치료에 관한 Jung의 접근법에 대한 정보도 포함되어 있다.

Jung, C. G. (1963). *Memories, dreams, reflections*. New York: Pantheon Books.

Jung의 인생 말년에 쓰인 이 자서전적 회상은 그의 생각의 발달과 무의식적인 과정에서의 투쟁을 기술한다. 그는 또한 그와 Freud의 관계 그리고 심리치료에 대한 그의 접근법에 대해 논의한다.

De Laszlo, V. (1990). *The basic writings of C. G. Jung*. Princeton, NJ: Princeton University.

1959년 랜덤하우스(Random House)에 의해 처음 출판된 Jung의 선별된 글들은 의식, 무의식, 분류 체계, 치료, 인간 발달에 관한 내용을 포함하고 있다.

Harris, A. S. (1996). *Living with paradox: An introduction to Jungian psychology*. Pacific Grove, CA: Brooks/Cole.

이 짧은 책은 융학파의 성격 이론과 치료 기법의 주요 특징을 기술한다. 융학파 심리학의 최근 쟁점과 그 실제가 논의되고 있다.

Whitmont, E. C. (1991). *The symbolic quest*. New York: Putnam.

이 개요에서는 Jung의 주요 개념과 이를 보여 주는 임상 자료가 함께 제시된다. 이것은 융학파 사상에 대한 좋은 소개가 될 것이다.

---

*해당 서비스는 유료로 이용하실 수 있습니다.

CHAPTER 4

아들러학파 심리치료

아들러학파 심리치료의 개요

아들러학파 성격 이론을 이용한 개념화
생활양식
사회적 관심
열등감과 우월감
출생 순위
아들러학파 이론의 심리치료와 상담
치료 및 상담의 목표
치료적 관계
평가와 분석
    가족 역동과 가족 구도
    초기 회상
    꿈
    기본적인 오류
    자질

통찰과 해석
재정향
    즉시성
    격려
    '마치 ~처럼' 행동하기
    하던 일 멈추기
    상상하기
    내담자 수프에 침 뱉기
    악동 피하기
    버튼 누르기 기법
    역설적 의도
    과제 설정과 계약
    과제
    인생 과제와 심리치료
    종결과 면담 요약하기

일부에서는 Adler를 신프로이트학파로 분류하기도 하지만 그의 견해는 Freud와 상당한 차이를 보인다. 개인의 성격이 6세 이전인 초기에 형성된다는 신념을 제외하면 Adler는 Freud의 견해와 여러 측면에서 다르다. Adler는 개인의 사회적 본성, 즉 심리적 건강은 개인이 공동체와 사회에 기여한 정도에 의해 측정될 수 있으며 또한 생활양식, 생활방식, 장기 목표는 가족 구도, 초기 회상(아동기 사건에 대한 기억), 꿈을 알아 봄으로써 확인할 수 있다고 보았다. 개인은 권한이나 지위를 얻으려고 시도하지만, 그 과정에서 그릇된 우월감이나 열등감을 느끼게 하는 잘못된 신념을 가질 수 있다. 아들러학파 상담은 내담자가 이러한 신념에 대한 통찰력을 기르고 목표를 달성할 수 있도록 돕는다. 치료적 목표를 달성하기 위하여 창조적인 전략을 사용하는 것과 개인이 자신의 인지, 행동, 감정을 바꾸도록 조력하는 것이 아들러학파 심리치료 및 상담의 전형적인 특징이다.

아들러학파 상담자에게 있어서 교육 활동은 심리치료와 상담의 접근법으로서뿐만 아니라 자녀 양육, 학교 문제, 결혼과 가족 문제 등에 대한 접근법으로서도 중요하다. 아들러학파 상담자는 지역사회에서 생활상의 문제를 가진 개인을 돕기 위한 클리닉과 상담센터를 발전시켰다. 아들러는 최초로 아동 상담소를 개설한 심리학자 중의 한 명이다. 아들러는 비엔나에서 아동 상담소를 운영하였다.

아들러학파 이론의 역사

Courtesy of the Adler School of Professional Psychology

Alfred Adler

1870년 2월 7일, Alfred Adler는 중산층의 헝가리계 유대인 부모 사이에서 6형제 중 셋째이며 차남으로 오스트리아 비엔나 근처의 작은 마을인 루돌프샤인에서 태어났다. Freud가 유대인이 대부분인 지역에서 성장한 반면, Adler의 주위에는 다양한 민족이 섞여 있었다. 그는 유대 문화보다 비엔나식의 문화에 익숙하였으며 그의 저술에 반유대주의가 배어 있었지만 성인이 된 이후 개신교로 개종하였다(Bottome, 1939; Ellenberger, 1970; Oberst & Stewart, 2003).

Adler의 초기 생애는 몇 가지의 심각한 질병과 충격적인 사건들로 점철되었다. 비타민D 결핍으로 인한 구루병은 그의 자아상에 악영향을 미쳤을 것이고 후두 발작으로 인해 호흡 곤란을 겪기도 하여 울기라도 하면 질식의 위험에 빠지기도 하였다. 5세 때 심각한 폐렴 발병은 치명적이었다. 게다가 3세 때 한 침대에서 자던 남동생의 죽음을 경험하였고 집 밖에서 일어난 두 번의 사고를 겪으면서 죽을 고비를 넘겼다. 이 정보가 정확한지는 알 수 없지만 이것은 열등감(대부분 신체적 열등감)과 사회적 관심이라는 Adler의 중요한 개념을 발달시키는 데 영향을 미친 인생관에 초기부터 노출되었음을 의미한다.

초기 학창시절 평범한 학생이었던 Adler는 수학에서 낙제를 하게 된다. 교사가 Adler의 아버지에게 학교를 그만두고 기술을 배우게 하는 것이 좋겠다고 권유하였지만 아버지는 그에게 공부를 계속하도록 격려하였다. 훗날, Adler는 우수한 수학 성적을 받은 것은 물론이고 다방면에서 뛰어난 학생이 되었다. 그는 공부를 열심히 하면서도 늘 음악을 사랑했고 그가 어렸을 때 외웠던 오페레타를 부르곤 했다.

중등학교 졸업 후 1888년에 비엔나에 있는 의대에 입학하였고, 일 년간 군복무를 마친 후

1895년에 졸업하였다. 이 기간 동안에도 음악에 대한 관심은 여전하였고 사회주의 발달에 관한 정치적 모임에도 관심을 가졌다. Adler는 1897년에 사회주의에 많은 관심을 가지고 헌신한 러시아 출신의 유학생 Raissa Epstein과 결혼하였다. 1898년에 Adler는 안과 의사로 개업했다가 이후에 일반의를 거쳐, 몇 년 후 환자의 신체적 상태는 물론, 심리적이고 사회적인 상태에 대해서도 배울 필요가 있다는 신념으로 정신과 의사가 되었다. 전인(whole person)에 대한 이러한 관심은 말년에 그의 저술과 정신의학에 대한 태도에 반영되었다.

1902년에 Freud는 Adler를 자신의 정신분석학 모임에 초대하였다. Adler는 초기의 4명의 회원 중 한 명으로 1911년까지 비엔나 정신분석학회에 남아 활동했다. 1905년 초, 그는 의학과 교육학 저널에 정신분석학에 근거한 논문을 작성하여 1907년에 처음으로 발표하였는데『기관 열등감과 심리적 보상에 관한 연구(Studies of Organ Inferiority and Its Psychical Compensation)』(Adler, 1917)를 통하여 당시 정신분석학에 크게 기여하였다. 그러나 Adler의 견해는 생물학적 욕구와 달리 주관적으로 지각하는 것과 사회적 요인의 중요성을 강조하면서 정신분석학적 이론과는 점차적으로 멀어지게 되었다. 1911년 Adler는 비엔나 정신분석학회의 회장이 되었지만 23명의 회원 중 9명과 함께 학회를 탈퇴하였다. 학회의 일부 회원들은 Freud와의 화해를 시도하였지만 실패하였다. 이후 Adler는 정신분석학적 연구나 조사와는 다른 방향의 학회를 창설하였고 1년 후 개인심리학회로 명명하였다. 1914년 Adler는 Carl Fürtmuller와 함께『개인심리학 학술지(Zeitschrift für Individual-Psychologie)』를 발간하였다.

제1차 세계대전 발발로 인해 Adler는 활동이 지지부진하자 그 기간 동안 군의관으로 다시 복무하였다. 오스트리아-헝가리 연합군이 전쟁에서 패배하고 기근, 전염병을 비롯하여 여러 비극적인 사건들이 비엔나를 덮쳤다. 이러한 사건들은 Adler의 사회주의적 입장을 확고하게 하였다. 오스트리아의 패배로 오히려 Adler는 학교와 교사 양성 기관을 개혁하면서 그의 교육적 견해를 이행할 수 있는 기회를 얻게 되었다.

1926년에 Adler는 유럽과 미국에서 매우 활발히 논문을 발표하고 강연을 다녔다. 1927년 10월, 그는 오하이오주 스프링피드의 위튼버그 대학에서 열린 위튼버그 심포지엄에 참석하고 그때 이후로 그는 미국에서 많은 강연을 하였다. 1935년 유럽에서 나치 정권의 득세가 예견되자, Adler 부부는 뉴욕으로 망명하였다. 1932년 롱아일랜드 의과대학에서 의료심리학과의 학과장으로 임명된 이래 Adler는 이 대학에 근무하였다. 그는 미국에서 개인적인 연구를 계속하면서 전 세계로 강연을 다니다가 유럽에서 순회강연 중이던 1937년 스코틀랜드 애버딘에서 심장마비로 사망하였다. 그의 자녀인 Kurt와 Alexandra는 심리치료학자로 활동하면서 아버지의 작업을 이어가고 있다. Adler는 심리학과 정신의학에 중요한 영향력을 미친 성격 및 심리치료 이론을 남겼다(Carlson & Maniacci, 2012).

아들러 심리학 및 심리치료에 영향을 미친 사람들

Adler의 성격 및 심리치료의 이론을 살펴보기 전에, Adler에게 영향을 미친 몇 가지 사항을 탐색하는 것이 도움이 될 것이다. Ellenberger(1970, p.608)는 개인이 자신의 삶에서 이성을 사용하는 것뿐만 아니라 자신과 타인이 실제적 지식을 습득하는 데 도움이 되는 방법을 찾으려는 Kant의 욕구가 Adler에게 어떻게 영향을 주었는지를 보여 주었다(Stone, 2008). Adler와 Friedrich Nietzsche는 둘 다 권력의지라는 개념을 사용하였는데, Adler는 유능감을 얻기 위해 노력하는 것으로 이 개념을 사용하였고, Nietzsche의 경우 다른 사람을 넘어서는 힘을 지칭하는 것으로 Adler와 상당한 차이를 보인다. 앞서 설명한 것처럼 Adler는 사회주의, 특히 Karl Marx의 사상에 영향을 받아 사회적 평등사상을 인식하고 동조하였지만 볼세비키의 '폭력에 의한 사회주의의 집행'에 대해서는 강력히 반대하였다(Ansbacher & Ansbacher, 1956). 또한 그는 다른 사람들의 철학적 저술들을 비롯하여 가까이에 있는 동료들에게도 영향을 받았다.

특히, Adler의 몇 가지 이론적 구조는 Hans Vaihinger의 책 『'마치 ~인 것 같은' 철학(The Philosophy of 'As If')』(1965)의 영향을 받았다. '가상성(fictionalism)'이라는 개념은 Adler의 '가상적 목표(fictional goal)' 개념에 영향을 주었다(Ansbacher & Ansbacher, 1956). '가상(fiction)'은 실제 존재하지 않는 신념이지만 그것은 Kant가 오래전에 서술한 이상처럼 우리가 현실에 실질적으로 대처하는 데 사용된다(Stone, 2008). Ansbacher & Ansbacher(1956)는 '모든 사람은 평등하게 태어났다.'라는 것을 '가상'의 예로 들었다. 이것은 일상적인 삶에서 지침을 제공하기는 하지만 현실은 아니다. 그것은 '객관적' 사실이 아니라 하더라도 다른 사람과 상호작용을 하는 데 있어 유용하다. 이러한 '마치 ~인 것 같은' 철학은 그것이 절대적 사실인 것처럼 행동하는 태도와 가치를 나타낸다(Watts, 1999). 아들러는 이 허구의 개념이 내담자로 하여금 삶의 의미를 찾도록 돕는 데 유용하다는 것을 발견하였다(Stone, 2011).

Adler는 Freud와 함께 초기 학회를 하면서 자신의 이론을 구체적으로 명시하고 개발할 수 있는 틀을 마련하였다. Freud 학회에 소속되었던 1902년부터 학회를 떠났던 1911년 사이, Adler의 견해는 Freud와 점점 더 멀어지게 되었다. 몇 가지 예를 들면, 무의식의 역할, 사회적 쟁점의 중요성, 욕구 이론과 생물학 등 많은 측면에서 의견을 달리하였다. Freud와 Adler 사이의 의견 차이는 결코 좁혀지지 않았다(Ansbacher & Huber, 2004). Adler는 종종 Freud와 자신의 견해 사이에 차이가 있음을 설명했지만, 꿈과 무의식 요인을 강조하는 것은 Freud의 견해를 따랐다. 또한 노년기에 발생하는 신경증과 기타 갈등의 발달에 있어 초기 아동기의 중요성을 의미 있게 강조하는 부분에서도 Freud를 인정하였다. 그러나 미국과 유럽에서 아들러학파의 생각이 확장되어 가자 Adler의 개념에 반감을 가졌던 프로이트학파의 저항을 받기도 하였다.

Adler가 비엔나에서 뉴욕으로 왔을 때, 아들러학파 상담에서 가장 주목할 만한 지지자인 Rudolf Dreikurs는 Freud의 이론적 배경을 가진 심리학자와 심리치료자로부터 인정받기까지 많은 어려움을 겪었다(Griffith & Graham, 2004; Maniacci, Sackett-Maniacci, & Mosak, 2013; Oberst & Stewart, 2003). Dreikurs와 그의 동료들은 아들러학파 이론을 적용하며 많은 혁신적인 기법들을 적용하였다. 예를 들어, Dreikurs는 중다치료의 개념을 제시했다 (Dreikurs, 1950). 그는 1인 이상의 심리치료자를 활용, 초기 회상의 체계적인 분석, 심리치료에 대한 창의적인 접근법 등 심리치료에 관한 여러 개념을 제시하였다(Dreikurs, 1950). 많은 아들러학파 치료자는 집단 치료의 새로운 접근, 초·중등 학생을 위한 교육의 방식, 비행 청소년, 범죄 행위, 약물과 알코올 의존, 빈곤 등을 다루기 위한 프로그램을 연구하였다. Adler가 사회 개선을 위해 필요하다고 강조한 것은 그의 지지자에 의해 계속 이어지고 있다.

아들러학파 성격 이론을 이용한 개념화

내담자 삶과 삶의 문제에 대해 Adler는 광범위하고 개방적이며 통합된 유기체인 전체로서의 개인뿐만 아니라 사회의 나머지 부분과 상호작용하는 것의 중요성을 강조하였다. Adler의 관점에서 총체적 유기체로서 강조되는 개인은 자신의 운명에 책임감을 갖고 창조적이며 목표를 추구하는 존재로서의 개인을 의미한다(Griffith & Graham, 2004; Sweeney, 2009). Adler는 저서에서(Ansbacher & Ansbacher, 1970; Maniacci, Sackett-Maniacci, & Mosak, 2013) 전체로서의 개인과 공동체의 사회적 본질이 충돌하거나 보완하면서 개인이 완벽함 또는 우월감을 향해 나아가려는 노력을 면밀히 조사하였다. 이렇게 개인과 공동체를 강조하는 것은 Freud가 성격 이론에서 기본적으로 생물학적 욕구를 강조한 것과 정면으로 대조되는 것이다. 아들러학파 이론의 개념을 더 구체적으로 이해하기 위하여 Adler의 개인심리학의 바탕에 깔려 있는 생활양식, 사회적 관심, 열등감, 출생 순위와 같은 기본 개념을 알아 보자.

생활양식

생활양식은 인간이 자신의 삶에서 부딪히는 난관에 적응하는 방법이나 해결책과 목표달성의 수단을 결정할 때 반영된다. Adler에 의하면, 생활양식은 초기 아동기에 발달되는 것으로 (Ansbacher & Ansbacher, 1956), 아동은 개인적인 방식으로 완전성이나 우월감을 획득하기 위해 노력한다. 예를 들면, 주변의 친구로부터 괴롭힘을 당하고 있는 아동은 언어적인 것으로 다른 아동을 조종하는 양식을 형성할 것이다. 이러한 행동은 아동이 경험했던 열등감에 대한 보상이 될 수 있다. 생활양식은 일련의 열등감을 극복하면서 형성되는 것으로 대부분 4~5세에 결정되며 그 이후에는 거의 변하지 않는다. Adler에 의하면, 삶에서 드러나는 생활양식의 표현은 어린 시절의 생활양식이 정교화된 것이다. 앞에서 제시한 예에서 자기 생각대로 하기 위해 다른 아동을 언어로 조종하는 양식을 형성한 아동은 지각을 하거나, 과제를 형편없이 했을 때, 또는 친구와의 약속을 어겼을 때 탁월한 변명거리를 찾아내는 청소년이 될 수도 있다. 성인이 된다면 다른 사람이 물건을 구입하도록 설득하는 일을 하거나 부족한 업무 실적에 대해 핑계만 늘어놓을 수도 있다. 이러한 행동은 특정 시점에서 나타난 타인의 반응 때문이 아니라 어린 시절에 개발된 생활양식에서 기인하는 것이다.

아들러학파 상담자는 서로 밀접하게 관련되어 있는 다섯 가지 주요 과제, 즉 자아 발달, 영적 발달, 직업, 사회적 관계, 사랑 등에 개인이 어떻게 접근하는지를 관찰함으로써 생활양식을 이해할 수 있다고 강조했다(Maniacci, Sackett-Maniacci, & Mosak, 2013; Sweeney, 2009). Adler는 "유익한 일을 수행하는 사람은 발전하는 인간 사회의 중심에 살면서 그것이 개선되도록 돕는다."(Ansbacher & Ansbacher, 1956, p.132)라고 기술하였다. 직업의 선택은 생활양식의 표현으로 볼 수 있다(Sharf, 2014). 예를 들면, 아동기에 괴롭힘을 당했던 사람은 사고를 당했을 때 유용한 보험에 아직 가입하지 않은 타인을 설득하고 납득시키는 보험설계사가 되는 것으로 생활양식이 나타날 수 있다. 또한 생활양식은 사랑의 방식뿐만 아니라, 친구 및 지인과의 관계를 맺는 방식에서도 나타난다. 직업, 사회적 관계, 사랑, 자아 발달, 영적 발달은 별개의 것이 아니라 서로 연관된 것이다.

아들러학파 상담자는 다양한 주제를 가지고 있는 서로 다른 개인 및 집단의 생활양식을 연구하였다. 예를 들면, Mwita(2004)는 초기 기억이 시민권리 운동에서 인종적, 사회적 정의를 추구하는 Martin Luther King의 성격과 지도력에 어떠한 영향을 미쳤는지 조사하였다. 그는 인종차별과 관련된 Martin Luther King의 세 가지 기억에 대해 논의했다. 예를 들면, Martin이 아주 어렸을 적에 점원이 그와 그의 아버지에게 '유색인 전용' 의자에 앉으라고 하자, 그의 아버지는 매우 화가 나서 Martin의 구두를 사지 않았던 것을 기억했다. 독일 대학의 White, Newbauer, Sutherland, & Cox(2005)는 독일 대학 출신의 유대인 대학살 생존자 30명에 대한 생활양식을 조사하였는데, 그 결과 많은 사람들이 교육과 예술에 가치를 둔 생활양식을 가지고 있음을 발견하였다. 또한 목표 설정과 장래에 대해서도 중요하게 여기고 있었다. 폭음과 관련한 연구에서 Lewis & Watts(2004)는 과음하는 대학생은 사교성 있고 인정을 추구하지만 규칙과 규정에는 저항하는 생활양식을 갖고 있음을 확인하였다. 생활양식 주제는 매우 다양하여 상담자가 선택할 수 있는 보편화된 목록은 없으며 내담자가 이야기한 것에서 주제를 결정해야 한다.

사회적 관심

사회적 관심은 직업, 사회, 사랑에 대해 저술한 Adler 후기 연구에서 광범위하게 논의되었다(Ansbacher & Ansbacher, 1970). 사회적 관심은 소질, 능력, 부차적인 역동적 특징의 세 단계로 발전한다(Ansbacher, 1977). 개인은 사회적 관계를 갖고 협력하기 위한 선천적 능력이나 소질을 가지고 있다. 소질이 개발된 이후에 개인은 다양한 활동을 통하여 사회에 협력하는 능력을 발전시킨다. 이러한 능력이 개발되면 부차적인 역동적 특성은 다양한 활동의 태도와 관심으로 나타나며, 이것은 사회적 관심의 표현 수단이 된다. Adler는 사회적 관심이 선천적인 개념이지만 이것을 지속적으로 개발하는 데 부모-자녀 관계가 매우 중요하다고 보고 있다.

사회적 관심이 발달하기 시작하고 훈련되는 첫 번째 관계는 어머니와 자녀의 유대관계이다. Adler는 아동의 협동심과 우정을 개발하는 데 어머니의 역할을 강조하였다. 어머니가 자녀를 깊은 사랑으로 보살피면 아동에게 보살핌의 모델이 된다. 또한 어머니가 남편, 아동의 형제, 그 밖의 친구들과 친척을 사랑하는 것도 사회적 관심의 모델이 된다. 만약 어머니가 자녀가 아니라 친구와 친척에게만 집중하거나 친구나 친척이 아니라 남편에게만 집중한다면, 사회적 관심의 개발에 대한 자녀의 잠재성은 좌절될 수 있다. 사회적 관심이 끊임없이 좌절되면, 아동은 다른 사람을 지배하려고 하거나 개인적 이익을 위해 다른 사람을 이용하거나, 다른 사람과의 관계를 피하는 식으로 대인관계의 태도를 형성할 수 있다. 비록 사회적 관심의 개발에 있어 어머니와 자녀의 관계가 가장 초기에 형성되고 가장 의미 있는 관계이기는 하지만, 아버지와 자녀의 관계 또한 중요하다. 아버지는 자신의 가족, 직업, 사회제도에 대해 호의적인 태도를 가져야 한다. Watts(2003)는 아들러학파 이론 중 가족 간의 유대와 부모와의 애착의 중요성에 대해 기술하였다. Adler에 따르면 정서적·사회적 분리를 경험하거나 부모가 권위주의적이면 아동은 사회적 관심을 발달시키는 것이 어렵다. 아버지와 어머니 사이의 관계는 아동에게 중요한 본보기이다. 결혼생활이 행복하지 않고 부모가 자주 싸우면 아동은 사회적 관심을 개발할 기회를 잃게 된다. 부부간의 용서는 사회적 관심의 행동이며 관계를 증진시킬 수 있다(McBrien, 2004). 부모와의 관계는 훗날 자녀의 낭만적인 관계와 전반적인 적응에 작용하여 이후 아동의 생활양식에 영향을 미칠 것이다.

아들러학파 상담에 있어 사회적 관심은 매우 중요한 개념으로, 이것은 정신건강을 측정하는 수단으로 사용된다. 사회적 관심이 결여되면, 그 사람은 자기중심적이고 다른 사람을 무시하는 경향이 있으며 목표 추구가 부족하다. 사회적 관심은 사람의 전 생애를 걸쳐 중요한 역할을 한다. 나이가 들어 개인이 더 이상 일을 하지 않거나 가족을 양육하지 않는다 하더라도, 격려하고 사회적 관심을 장려하는 것은 의미 있는 삶을 개발하는 데 도움이 될 수 있다(Penick, 2004). Adler는 당대의 다른 성격 이론학자나 심리치료자와 비교하여 문제가 있는 범죄자나 반사회적인 사람들의 사회적 관심에 흥미를 보이며 사회적 관심의 개발을 돕고자 하였다(Ansbacher, 1977; Ansbacher & Ansbacher, 1956, pp.411~417).

열등감과 우월감

이론의 적용

비엔나 정신분석학회의 회원이었던 시기에 Adler는 다른 사람에 비해 특정한 질병에 잘 걸리는 사람에 대해 설명하였다. 개인은 신체의 어떤 기관이나 일부가 다른 부분보다 강하거나 약하다는 것이다(Oberst & Stewart, 2003). 더 약한 것은 질병이나 질환에 걸릴 가능성이 있다. 이러한 몸의 기관이나 부분은 태어나면서부터 열등하기 때문에 개인은 이러한 열등감을 극복하기 위한 활동에 잠여함으로써 보상하려고 한다. 고전적인 예로 그리스 철학자 Demosthenes는 청소년기에 말더듬이였지만 입에 재갈을 물고 발표하는 연습을 함으로써 훌륭한 연설가가 되었다. 좀 더 일반적인 예는 아동기 질환을 보상하기 위하여 지적 능력을 개발한 경우를 들 수 있다. 개인은 심리적 적응을 통해 육체적 열등감을 극복하려고 한다. Adler는 이 개념을 초기에 개발하고 이후에는 소홀히 하였는데 대신 사람들이 신체적 열등감을 인식하는 것보다 자신의 사회적 열등감을 어떻게 지각하는지에 관심을 가졌다.

유아는 태어날 때 어느 정도의 열등감에 노출된다. Adler의 경우 열등감은 인생에서 성취를 이루고 목표를 달성하게 하는 동기가 되었다. 열등감은 열등감 콤플렉스로 빠져들지 않는 이상 인간의 약점이 아니다. 아동의 부모와 손위 형제는 크고, 더 힘이 세며 자신보다 더 독립적이다. 일생을 통하여 개인은 완벽과 완성을 위해 추구하며 삶에서의 자신의 위치에 오르려고 노력하는데 열등감을 우월감 또는 완벽함으로 전환하고자 할 때, 신체적 장애, 응석받이, 방임의 세 요소는 자신감과 사회적 관심의 발달을 저해할 수 있다(Ansbacher, 1977). 신체적 장애는 아동기 질환과 같이 앞에서 서술한 기관 열등감을 말한다. 응석받이 아동은 자신에게 주어지는 것만 기대하면서 의존하지 않거나 열등감을 극복하려는 노력은 하지 않을 수 있다. 응석받이의 네 가지 유형(과잉집착형, 과잉지배형, 자유방임형, 과잉보호형)에 관한 Capron(2004)의 연구는 응석받이에 대해 자세한 이해를 할 수 있게 하였다. 방임 아동 또는 자신을 원치 않는다고 느끼는 아동은 자신의 열등감을 극복하려고 하기보다는 다른 사람을 회피하거나 달아나려고 애쓸 것이다. Adler는 응석받이나 버릇없는 아동의 경우 훗날 우월감을 추구하거나 사회적 관심을 개발하는 데 실패할 것이라고 설명하였다.

> 극도의 좌절, 지속적인 망설임, 과민성, 성급함, 과장된 정서, 후퇴 현상, 신체적·정신적 장애는 약점을 보여 주고 지지가 필요하다는 것을 보여 준다. 신경증 내담자들에게서 발견할 수 있는 이러한 모습은 항상 내담자가 조기에 습득한 응석받이의 생활양식을 아직 버리지 못했다는 증거가 된다. (Ansbacher & Ansbacher, 1956, p.242)

개인에게 있어 열등감을 극복하고 우월감을 갖거나 숙련되고자 하는 열망을 갖는 것이 정상이고 인생의 중요한 목표가 되지만 일부 열등감 콤플렉스와 우월감 콤플렉스는 정상적이지 않다. 열등감 콤플렉스라는 용어는 아들러학파 심리학에서 여러 가지 의미를 가졌으나, 이것에 대해 Adler는 그의 최근 저서에서 "사회적으로 실현 가능한 방법으로 주어진 문제를 해결할 수 있을 만큼 강하지 못하다고 자신과 타인에게 보여 주는 것"(Ansbacher & Ansbacher, 1956, p.258)이라고 기술하였다. 어떤 사람이 자신의 능력과 특징이 타인의 능력과 특징보다 열등하다고 심각하게 느낀다면 이것은 다양한 형태로 나타날 수 있다. 즉, 개인은 다른 사람보다 덜 총명하고 매력적이지 않으며 육체적으로도 건장하지 못하다고 느끼거나 그 밖의 다른 측면에서까지 열등감을 느끼게 될 것이다. Adler는 심리치료를 받으러 오는 신경증 내담자에게서 종종 열등감 콤플렉스와 우월감 콤플렉스가 나타남을 발견하였다. Adler에 의하면 우월감은 열등감을 극복하기 위해 자신의 중요성을 과장하는 수단이 된다. 사람들은 실제로 자신이 다른 사람보다 유능하지 않다고 느낄 때 잘못된 우월감을 유지하기 위해 강하고 유능한 것처럼 보이려는 노력을 할 수 있다. 거만한 사람은 "다른 사람이 나를 제대로 알아주지 않으니 내가 누구인지 보여줄 필요가 있다."라고 하면서 열등감 콤플렉스를 드러낸다(Ansbacher & Ansbacher, 1956).

> 어떤 사람이 우월한 것처럼 행동한다면 그 이면에는 열등감을 감추려는 매우 특별한 노력이 있음을 의심해 볼 수 있다. 마치 너무 작은 사람이 키가 커 보이려고 발끝으로 걷는 것과 같은 것이다. 가끔 우리는 두 아동이 키를 비교하면서 이 같은 행동을 하는 것을 볼 수 있다. 더 작을 것 같아 걱정하는 아동은 몸을 쭉 뻗고 매우 부자연스럽게 행동하는데 이것은 그 아동이 더 커 보이려고 노력하는 것이다. 만약 그 아동에게 '네가 너무 작다고 생각하니?'라고 묻더라도 아동은 그렇다고 대답하지 않을 것이다. (p.260)

우월감 콤플렉스는 아동에게서 더 분명히 드러나지만 어른이나 아동 모두 자신의 우월감 콤플렉스를 알아차리는 것은 어렵다. 일반적으로 사람들은 우월하기 위해 노력하지만 열등감을 덮기 위해 우월감 콤플렉스를 발달시키지는 않는다. 우월감 콤플렉스가 있는 사람은 주로 잘난 척하고 자기중심적이며 오만하거나 빈정거리는 행동을 한다. 이런 사람들은 다른 사람을 우습게 보거나 비난함으로써 자신이 중요한 사람이 된 것처럼 느낀다.

우월하거나 완벽하기 위해 노력하는 것은 자연스럽고 기본적인 개인의 동기가 되지만 우월감 콤플렉스의 경우는 그렇지 않다. 아무리 우월감이나 유능감을 추구한다고 해도 개인은 부정적인 방향으로 행동할 수도 있고 긍정적인 방향으로 행동할 수도 있다. 비윤리적인 사업이나 정치적 행위를 통해 부와 명예를 얻으려고 노력하는 것은 부정적인 방향으로 우월성을 성취하는 것이다. 반면 긍정적인 방향으로 우월성을 추구하려는 것은 사업, 사회적 돌봄, 교육, 따뜻한 방법으로 다른 사람을 돕는 것을 의미한다. 우월감에 대한 긍정적인 노력은 사회적 관심이 높음을 의미한다. 이것은 또한 상당한 열의가 있어야 하며 목표를 성취하기 위해 활동해야 하므로 완벽을 위한 건강한 노력이라고 할 수 있다(Schultz & Schultz, 2013).

출생 순위

여러 면에서 가족은 사회의 축소판이다. Adler에 따르면 출생 순위는 아동이 사회와 관계 맺고 자신의 생활양식을 개발하는 데에 영향을 미칠 수 있다(Maniacci, Sackett-Maniacci, & Mosak, 2013). 또한 가족 안에서 정해진 역할은 실제 출생 순위보다 더 중요하다. 아들러학파 상담자는 출생 순위를 단순히 가족에서의 순서로 보는 연구에 대해 비판적 견해를 가지고 있다(Stewart & Eckstein, 2012; Stewart, 2012). 예를 들어, 세 명의 자녀가 있는 가족에서 첫째가 둘째보다 한 살 많고 둘째가 막내보다 열두 살이 더 많다면, 아들러학파 상담자는 이 가족 구도를 어린 아이와 나이 든 형제(첫째와 둘째 아이)가 있는 가족으로 본다. 이때 막내는 한 자녀 가정의 외둥이처럼 길러질 수 있다. 더 중요한 것은 가족 상황의 맥락을 강조하는 Adler의 주관적인 접근이다.

아들러학파 이론의 심리치료와 상담

아들러학파는 심리치료와 상담에 매우 폭넓게 이바지하였고(Carlson, Watts, & Maniacci, 2006; Sweeney, 2009; Watts, 2003) 개인 치료에 있어서 많은 개념과 기법을 만들었다. 이 장에서는 먼저 일부 아들러학파에 의해 서로 다른 것이라고 주장되고 있는 상담의 목표와 심리치료의 목표에 대해 논의하였다. 그런 다음 Dreikurs(1967)의 심리치료에 관한 네 가지 과정을 활용하여 아들러학파 심리치료와 상담을 설명하였다. 첫 번째 과정은 관계 맺기이다. 협력적인 관계는 심리치료의 전 과정에 걸쳐 유지해야 한다. 두 번째는 내담자의 문제를 평가하고 분석하는 과정으로 초기 회상, 가족 구도, 꿈의 분석 등이 포함된다. 세 번째, 아들러학파 상담에서 내담자의 말을 해석하는 것이 중요한데, 이것은 특별히 심리치료 목표와 관련된다. 네 번째 과정인 재정향은 내담자-상담자의 작업을 통해 얻어진 인지와 해석을 바탕으로 내담자로 하여금 이전의 비효율적인 신념과 행동으로부터 대안을 찾도록 돕는 것이다. 아들러학파 상담은 매우 다양한 재정향 기법을 만들었고 이러한 기법의 많은 사례가 지금까지 이어지고 있다. 이 단계는 서로 겹쳐지기도 하고 항상 여기에 설명한 순서대로 사용되는 것은 아니지만 이러한 과정은 아들러학파 상담의 심리치료와 상담 과정을 잘 이해할 수 있게 해 준다.

치료 및 상담의 목표

심리치료와 상담 간에는 차이가 있으며 이는 아들러학파 치료의 목표에 직접적인 영향을 미친다. Dreikurs(1967)에 의하면 생활양식을 변화시키고자 하면 심리치료가 필요하지만 생활양식 안에서 변화를 만들어내려고 한다면 상담이 적절하다. 또한 의미 있는 변화가 있다면 심리치료를 마칠 때 생활양식의 변화로 나타날 것이다(Mosak, 1958). 반면에 Dinkmeyer & Sperry(2000)는 상담을 개인이 자기패배적인 행동을 바꾸고 문제를 보다 효과적으로 해결할 수 있도록 돕는 과정으로 보았다. Sweeney(2009)는 상담은 관계를 다루는 직접적인 문제일 경우에 적절하며 심리치료적이기보다는 교육적이고 예방적이라고 본다. 일반적으로 문제가 내담자의 삶 전반에 걸쳐 만연한 것이 아니라 하나의 인생 과제에만 한정된 것이라면 상담으로 충분하다(Manaster & Corsini, 1982). 그러나 실제로 현장에서 상담과 심리치료 사이의 차이점은 오히려 미미하다. 일반적으로 아들러학파는 상담과 심리치료를 둘 다 시행하는데 그들은 특별한 문제에 대한 그들의 관점보다는 현재 내담자에게 나타나는 문제에 집중한다. 심리치료와 상담에서 목표로 하고 있는 것은 내담자의 사회적 관심을 증가시키는 것이다. 상담과 심리치료는 명확히 구분 지을 수 없기 때문에 다음의 논의는 상담과 심리치료 두 가지에 모두 적용된다.

치료적 관계

좋은 치료적 관계를 맺기 위한 노력으로 아들러학파 상담에서는 존경과 상호신뢰의 관계를 수립하고자 하였다(Dreikurs, 1967). 이런 관계를 발전시킴으로써 내담자와 상담자의 목표가 비슷해질 수 있다. 목표가 다르다면, 상담자는 내담자가 심리치료에 저항하는 과정으로 받아들이게 될 가능성이 있는데, 그럴 때 대부분 상담자는 내담자에게 심리치료에 적합한 목표를 교육한다. 예를 들어, 내담자가 주도적으로 상담 과정에 참여할 수 있음을 알지 못한다면 상담자는 내담자가 협조하도록 격려하며 상담 과정을 통해 자신의 증상, 감정, 태도가 변화할 수 있음을 인식시켜야 한다. Dreikurs(1967)에 따르면 치료를 성공으로 이끌기 위해서는 치료적 관계가 무엇보다 중요하다. 격려는 치료의 전 과정을 통해 계속되어야 하는 중요한 과정으로 해결중심 접근법을 적용할 때 유용하다(Watts, 2000, 2003). 내담자가 목표를 설정하도록 격려하면 목표를 명료하게 할 수 있다. 관계를 발전시킴으로써 상담자는 상담 목표를 계획하는 것뿐만 아니라, 내담자가 자기 자신과 자신의 목표를 표현하는 것을 잘 듣고 관찰할 수 있어야 한다.

개인은 고유하기 때문에 대부분의 활동은 의미가 있다(Manaster & Corsini, 1982). 내담자가 상담실에 들어오는 것, 앉는 것, 질문 방식, 시선의 이동은 모두 중요한 자료가 될 수 있다. 상담자가 이러한 정보를 읽어낼 수 있다면 다음 전략을 세울 수 있다. 종종 내담자는 게임을 하거나 치료적 과정을 어렵게 만드는 상황을 설명하면서 치료를 고의로 방해할 수도 있다(Manaster & Corsini, 1982). 내담자는 치료받으러 오기까지 고민했고 개인적 어려움을 가지고 있기 때문에 이러한 문제는 치료적 관계에서 나타날 수 있다. 상담자는 치료를 고의로 방해하는 내담자와 부딪히지 말고 그러한 행동을 무시하거나 내담자의 관심을 교육적 차원으로 돌릴 수 있다. 이러한 행동이 나중에 나타날 경우, 상담자는 내담자의 자기 패배적인 행동을 통찰할 수 있도록 도와준다.

치료를 고의로 방해하거나 저항하더라도 상담자는 내담자를 공감해야 한다. 공감하는 것은 감정뿐만 아니라 신념에도 집중하는 것이다. 내담자가 서서히 이야기를 꺼냄에 따라 아들러학파 상담자는 내담자의 생활양식을 이해하게 된다. 때로 공감적 반응은 생활양식을 인정한다는 것을 의미하기도 한다. 아들러학파 상담자에게 있어 신념은 감정의 결과이다(Dinkmeyer & Sperry, 2000). "나는 다른 사람을 도와야만 한다.", "나는 최고가 되어야 한다.", "누구도 나를 이해하지 못한다.", "나는 열심히 노력하지만 되는 일이 없다."와 같은 진술은 주로 자신이나 다른 사람에 대해 낙담한 것을 나타내는 생활양식을 반영한 신념의 예이다. 이러한 신념을 표현하는 내담자의 진술에 대하여 아들러학파 상담자는 감정뿐만 아니라 그 신념 자체에 대해서도 반응한다. 예를 들어, Dinkmeyer & Sperry(2000, p.63)는 '나는 즐거워야만 한다.'라는 신념을 가진 내담자 미첼(Michelle)에게 어떻게 반응해야 하는지 보여준다.

미첼: 저는 상사에게 호감을 사려고 무엇이든지 해요. 하지만 그는 만족하지 않죠. 저는 그를 이해할 수가 없어요.

상담자: 당신은 당신이 기쁘지 않다면 노력할 의미가 없다고 느끼고 있는 것 같군요.

상담자는 내담자가 감정뿐만 아니라 '나는 즐거워야 한다.'는 신념까지도 지각하게 돕는다. 단지 '당신은 혼란스러워 하는군요.' 정도의 반응은 감정에 대한 반응일 뿐, 내담자로 하여금 즐거워야 한다는 신념이 어떻게 혼란스러운 감정을 느끼게 만드는지를 알아차리게 하지는 못한다. 내담자가 자신의 감정과 신념을 명확히 이해할 수 있는 경우라면, 미첼의 말에 더 강한 반응을 하는 것도 적절하다.

상담자: 당신이 즐겁지 않다면, 노력할 필요가 없다고 믿는 것이 괜찮을까요? 상사가 당신의 노력을 몰라주는 것 때문에 당신은 비협조적이고 심지어 아무것도 하지 않는 것까지 정당화하고 있네요.

이러한 말은 내담자가 자신의 의도를 더 잘 알아차리도록 한다. 또한 상담자는 내담자에게 비협조적이거나 아무것도 하지 않음으로써 상황을 변화시킬 수 있는 힘을 가지고 있음을 알게 한다. '……이 가능할까요?'와 같이 상담자가 모호한 반응을 보이는 것은 상담자의 반응이 정확하고 적절한 것인지의 여부를 내담자가 결정하게 만든다. 상담자는 내담자에게 자신의 신념을 강요하지 않는다.

평가와 분석

평가는 관계의 형성에서부터 시작된다. 아들러학파 상담에서는 대부분 첫 회기에서 내담자에 대한 많은 관찰이 이루어진다. 이러한 관찰 내용은 이후 평가에서 비교 대상으로 활용할 수 있다. 몇몇 아들러학파 상담자는 비형식적인 평가를 사용하는 반면, 또 몇몇 사람들은 투사적 기법, 생활양식 질문지 또는 표준화된 면담 등을 사용한다. 생활양식에 관한 정보를 수집하기 위한 구체적이고 상세한 많은 방법이 Dreikurs에 의해 개발되었고 그 외 아들러학파 상담자들도 여러 가지 방법과 질문지를 개발하였다(예: Clack, 2002; Kern, 1997). 그중 하나인 BASIS-A는 소속하기-사회적 관심 갖기(Belonging-Social Interest: BSI), 타인에게 맞춰 주기(Going Along: GA), 주도권 잡기(Taking Charge: TC), 인정 추구하기(Wanting Recognition: WR), 불안정성(Being Cautious: BC) 등 5가지 사회적 관심을 재는 검사이다. 이러한 검사와 투사기법, 생활 양식 질문과 비정형 평가는 가족 역동 및 초기 회상에 대한 정보가 포함된다. 그 밖에도 비형식적인 평가로 얻을 수 있는 정보로는 꿈을 통해 얻는 자료가 있다. 또한 아들러학파 상담자는 사람들이 경험하는 문제뿐만 아니라 내담자의 삶에서 스스로에게 긍정적인 작용을 하는 자원도 평가하고자 한다. 이러한 측면이 장점이라고 할 수 있고 치료에서 성공적인 결과를 가져다 줄 수 있는 접근 방법이다.

가족 역동과 가족 구도 개인의 생활양식을 평가함에 있어 초기 가족관계(형제, 부모와의 관계 및 친구, 교사와의 관계)에 주의를 기울이는 것은 매우 중요하다(Oberst & Stewart, 2003; Sweeney, 2009). 가정은 사회의 축소판으로 사회적 관심의 발현, 불만 또는 좌절이 그 안에서도 나타난다. 아들러학파 상담자는 출생 순위를 강조한다고 알려져 있지만, 그들은 내담자와 형제간의 역동, 가정 내에서 부모-자녀 상호작용의 역동, 시간의 흐름에 따른 가족의 변화 등에 더 관심을 가진다. 내담자가 자신의 아동기 발달을 어떻게 인식하느냐 하는 것은 내담자의 목표 달성을 돕는 과정에서 수행하는 치료적 해석과 개입을 위한 기초를 형성한다.

출생 순위와 관련하여 여러 가지 다양한 형태의 질문이 사용된다(Manaster & Corsini, 1982). 내담자는 자신이 기억하는 대로 형제에 대해 설명한다. 그러면 상담자는 내담자가 가지고 있는 가족 구성원에 대한 생각과 그가 가족 안에서 어떻게 생활양식이 발달했는지를 알 수 있다. 한 남성 내담자가 자신의 형이 영리할 뿐만 아니라 육체적으로도 건강하다고 이야기한다면, 아들러학파 상담자는 내담자가 매우 건강하다고 느끼는 것이 어떤 것인지, 혹시 생길 수도 있는 열등감을 어떻게 다루었는지 탐색하도록 한다.

형제관계에서의 상호작용과 관련한 정보도 얻어진다. 형제의 나이와 터울도 중요하다. 예를 들면, 어떤 가족에 4명의 자녀가 있다면 여러 가지 상호작용을 나타낼 수 있다. 첫째 아이가 막내를 돌볼 수도 있고, 첫째 아이와 둘째 아이가 어울리면서 두 동생을 괴롭히거나, 첫째 아이부터 셋째 아이까지 어울리면서 막내를 괴롭힐 수도 있다. 아이들이 학교에 가려고 집을 나설 때 이러한 상호작용은 바뀔 수 있다. 아들러학파 상담자(Dinkmeyer & Sperry, 2000)는 내담자가 성인인 자신을 묘사하는 것과 거의 같은 방식으로 아이로서의 그들 자신을 묘사하고 있음을 발견하였다. 이러한 자료의 수집에 있어서 아들러학파 상담자는 한 가지 질문을 하고 이어지는 다음 질문을 하는 형태로 진행하거나 자료를 수집하면서 가설을 시험해 볼 수 있다. 어떤 경우 이 과정은 한 시간이 될 수도 있고, 3~4시간이 될 수도 있다.

여러 가지 특징을 지닌 형제관계의 상대적 평가는 대부분 도움이 되는 자료이다. Shulman & Mosak(1988), Sweeney(2009)는 힘든 노동을 하거나, 기질이 나쁘거나, 거만하거나, 운동을 잘하거나, 귀엽거나, 자책하거나, 이기적이거나, 정말 사심이 없음 등과 같은 특징으로 형제관계를 평가하도록 하였다. 또한 아들러학파 상담자는 심각한 질병이나 부상, 학교 또는 지역사회에서의 징계 문제, 또는 특별한 업적이나 성취와 같은 의미 있는 일에 대해 질문할 수도 있다. 대가족이라면 상담자는 형제간의 관계에 집중할 것인지 형제 집단에 집중할 것인지를 결정해야 한다. 예를 들면, 아홉 명의 자녀가 있는 가족의 경우 상담자는 생활양식을 분석하기 위해 정보를 체계적으로 정리할 필요가 있다. 초점은 상대적으로 형제관계보다 형제 집단에 맞추어질 것이다.

부모의 가치관, 상호작용, 자녀와의 관계는 아들러학파 상담자에게 중요한 정보이다. 각각의 부모는 어떤 사람이었는지, 자녀 또는 형제관계를 어떻게 각각 분리하여 지도하였는지를 질문한다. 부모의 사이가 얼마나 좋은지와 이 관계가 여러 지점에서 어떻게 적절하게 변화될 수 있는지에 관한 정보는 매우 가치가 있다. 만약 부모가 이혼했거나, 한 부모가 사망했거나, 조부모가 함께 산다면 내담자의 생활양식을 확인할 때 이러한 이 질문을 수정하여 사용한다. 이것은 내담자 자신의 지각과 형제 및 가족과의 상호작용이 그의 인식에 어떻게 영향을 주는지에 관하여 알려준다.

초기 회상 초기 회상은 개인 생활양식을 알아내는 데 필수적인 정보이다. 초기 회상은 실제 사건 가운데 내담자가 회상하는 기억이다.

> 사건이 실제로 그렇게 일어났는지는 중요하지 않다. 단지 내담자가 그 사건이 일어났다라고 생각하는 것이 중요하다. 같은 가족 구성원이 동일한 사건을 기억하고 있다 하더라도 일반적으로 삶에 관한 기본적인 인생관에 따라 그들의 기억은 서로 다르게 나타난다. (Dreikurs, 1967, p.93)

상담에서 초기 회상에 관한 정보를 수집할 때 몇 가지 질문을 하여 가능한 한 매우 구체적인 정보를 얻는 것이 중요하다. Adler(1958)에 의하면 기억은 저절로 발생하는 것이 아니라 그것이 자신의 삶과 관계될 때 기억하는 것이다. 어린 시절에 경험했던 많은 사건 중 회상할 수 있는 몇 가지 기억은 당연히 개인이 삶을 살아가는 방식과 관련이 있다. 이러한 기억은 개인의 기본적인 인생관을 강화하고 반영하는 것이다. 초기 회상은 실제로 일어나지 않은 것일 수도 있다. "제가 세 살이었을 때, 어머니는 제가 이웃집 푸들과 노는 것을 좋아했다는데 그 푸들은 애교가 많고 제가 못살게 굴어도 참았다고 이야기하곤 했어요." 초기 기억을 알아내는 것은 비교적 간단하다. "당신의 가장 최초의 기억을 떠올려 보시겠어요? 최초의 특별한 기억으로 돌아가는데 들었던 이야기가 아니라 기억하고 있는 대로 일어났던 일에 대해 이야기 해주세요." 내담자가 상담자의 요구대로 기억을 떠올렸다면 이야기를 시작한다. "당신이 아주 어렸을 때 일어났던 또 다른 특별한 기억을 떠올려 보세요." 아들러학파 상담은 그들이 얼마나 많은 초기 회상을 사용하는지에 따라 달라진다. Adler는 한두 개의 초기 회상만 활용했지만 Dreikurs는 내담자가 주로 10개 이상의 초기 회상을 떠올리도록 하였다. 일반적으로 아들러학파 상담자는 시작할 때뿐만 아닌 치료 과정 전반에 걸쳐 초기 회상을 활용한다.

Adler는 최근의 기억도 유용하게 사용될 수 있지만 4~5세에 생긴 오래된 기억에서 시작하는 것이 생활양식이 확고해졌을 시점에서 출발하는 것이기 때문에 가장 도움이 된다고 생각했다. 내담자의 초기 기억 중 하나에 대한 Adler의 분석을 살펴보면, 내담자는 32세 남자로 어떤 일을 시작할 때 불안 발작을 경험한다. 학교에서 시험을 보기 전에 시험을 치르지 못할 만큼의 불안이 자주 발생하자 괴로워하며 학교에 가지 않고 집에 있으려고 하였다. Adler는 그를 "홀어머니의 응석받이 장남"(Ansbacher & Ansbacher, 1956, p.355)으로 묘사하였다.

그가 회상하는 가장 최초의 기억은 다음과 같다. "제가 네 살 때쯤, 어머니가 양말을 짜고 있었고 저는 창가에 앉아 길 건너편에서 집을 짓고 있는 노동자들을 보았습니다." Adler의 분석은 다음과 같다. "응석받이 아이는 세심히 돌봐주는 어머니가 있는 상황을 떠올렸다. 그러나 중요한 사실은 그는 사람들이 일하는 모습을 지켜본다는 것이다. 즉, 삶에 대한 그의 자세는 방관자인 것이다. 그는 그 이상의 어떤 것도 하지 않는다." Adler는 "그가 삶에 대한 최선의 준비를 하고자 하였다면 관찰한 것에서 무언가를 발견했을 것이다. 이 내담자는 단지 미술품을 관찰했을 뿐이다."라고 결론지었다(Ansbacher & Ansbacher, 1956, p.356).

여러 가지 기억 속에 공통적으로 존재하는 주제를 살펴보는 것은 기억 분석을 할 때 중요하다. 내담자가 자신이 설명하는 사건에 관여되었는지, 또는 앞에서 언급한 상황에서의 남자처럼 단지 그것을 관찰하고 있는지와 같이 기억 속에서 개인이 처한 상황도 살펴보아야 한다. 또한 기억 속에서 표현되는 감정을 깨닫는 것과 그것을 지속하는 것이 필요하다.

꿈 생활양식을 평가하는 데 있어 아들러학파 상담은 어린 시절 꿈과 최근에 자주 꾸는 꿈에 관심을 갖는다. 치료 과정 동안 상담자는 내담자로 하여금 꿈과 연관 지어 보도록 격려한다. Adler는 꿈은 의도적인 것이며 현재의 문제를 다룰 수 있는 방법이 될 수 있다고 보았다. 또한 꿈을 통해 개인이 좋아하는 것이나 미래에 대해 갖는 두려움도 알아낼 수 있다. 아들러학파 상담에서 꿈을 나타내는 고정된 상징은 없으며 꿈을 꾼 사람을 이해하지 못하고는 꿈을 이해할 수 없다(Maniacci, Sackett-Maniacci, & Mosak, 2013).

예시와 같이 Dreikurs(1967)의 꿈에 대한 논의는 아들러학파 상담이 어떻게 꿈을 이해하고 해석하는지 이해하는 데 많은 도움이 된다. Dreikurs는 꿈이 심리치료에 대한 내담자의 태도를 어떻게 드러내고 있는지 설명한다.

> 내담자의 꿈은 다음과 같다. 그는 한 남자와 구명보트에서 구조 요청을 하고 있었다. 그들은 상선을 발견하고는 그쪽으로 향해 배를 움직였다. 그때 그들은 상선을 억류하려고 수평선 뒤에서 오고 있는 일본 군함을 보았다. 그들은 잡히지 않으려고 상선으로부터 멀리 달아나기로 결정했다.
>
> 내담자가 구조 상황에서 어떤 위험을 본 것이 분명하다. 꿈과 현재 생활 상황을 설명함으로써 좋아질까 염려하고 있는 자신을 인정하게 한다. 그런 다음 내담자가 삶의 위험을 직면하도록 해야 할 것이다. 그가 자신의 명성이나 우월함이 위협받는 상황에 놓였다고 느낄 때 자신의 태도를 적절하게 할 수 있게 된다면 상황을 피하기 위한 알리바이를 만들지 않아도 될 것이다. (p.223)

또 다른 예에서 Dreikurs(1967)는 꿈이 치료에서의 변화나 움직임을 어떻게 보여줄 수 있는지 알려준다.

나의 내담자 중 한 명은 매우 독특한 형태의 꿈을 꾸었다. 모든 꿈은 매우 짧았고 어떠한 행동도 없었다. 그는 꿈에서도 자신이 현실에서 하는 것과 마찬가지로 끊임없이 문제를 회피하기 위한 최선의 방법을 찾았고 대부분 어떠한 실제적인 행동도 하지 않았다. 그가 어려워하는 상황에 대한 꿈을 꾸었는데, 이러저러한 방법으로 행동하면 어떻게 될 것인지를 알고 있었지만 꿈속에서조차 그는 어떤 것도 하지 않았다. 그가 꿈에서 움직이고 행동하기 시작했을 때, 그는 실제 삶에서도 움직이기 시작했다. (p.226)

Dreikurs가 꿈의 임시적 특성에 관하여 강조하는 점은 Maniacci, Sackett-Maniacci, & Mosak(2013)을 비롯한 다른 아들러학파 상담자의 견해와 일치한다. 꿈은 현재의 변화와 진전을 평가하는 데 사용될 수 있으며, 생활양식을 평가하는 측면에서 꿈은 가족 구도와 초기 회상에 보조적으로 사용할 수 있다.

기본적인 오류 초기 회상에서 파생된 기본적인 오류는 개인의 생활양식에 대한 자기패배적인 측면에 관한 것이다. 기본적인 오류는 흔히 다른 사람으로부터의 철회나 회피, 이기심 또는 권력에 대한 열망을 나타낸다. 기본적인 오류는 모두 Adler의 개념 중 사회적 관심과 대립되는 개념이다(Dinkmeyer & Sperry, 2000, p.95).

기본적인 오류는 각각의 개인에게 다양하게 나타나지만 Mosak & Maniacci(2008, p.82)는 오류에 대한 유용한 범주를 다음과 같이 제시하였다.

1. 과잉일반화: 여기에는 '모두', '절대', '모든 사람', '아무것도' 등의 말을 사용한다. 과잉일반화의 예는 "모든 사람은 나를 좋아해야 해.", "나는 절대로 옳은 것을 할 수 없어.", "모든 사람은 나에게 상처를 줘."와 같은 것이다.

2. 안정에 대한 그릇된 확신 또는 불가능한 목표: 사회는 자신에게 나쁘게 돌아가고 있다고 생각하여 불만을 경험할 가능성이 있다. 예를 들면, "사람들은 나를 이용하려고 해.", "나는 절대 성공하지 못할 거야."와 같은 것이다.

3. 인생과 삶의 요구들에 대한 잘못된 지각: "삶은 너무 힘들어.", "나는 쉴 수가 없어." 등을 예로 들 수 있다.

4. 자신의 가치를 최소화하거나 부인하기: 이것은 "나는 멍청해.", "아무도 날 좋아하지 않아." 등과 같이 가치가 없다고 표현하는 것이다.

5. 그릇된 가치: 이것은 주로 행동과 관련이 있다. 예를 들면, "당신의 길을 가려면 다른 사람을 속여야 해요.", "당신이 이용당하기 전에, 타인을 이용해라."와 같은 것이다.

이러한 내용이 기본적인 오류를 확인하는 데 필요하다 하더라도, 사람들은 자신의 생각에 대한 많은 방어를 나타내므로 오류를 변화시키는 것은 매우 어려운 일이 될 것이다. Manaster & Corsini(1982)는 삶에 대한 부정적인 생각을 보여 주기 위한 내담자의 기본적인 오류 몇 가지를 예로 제시하였다.

결혼에 네 번 실패한 남성

1. 그는 여자를 믿지 않는다.

2. 그는 인생에서 혼자라고 느낀다.

3. 그는 자신의 성공에 대해 확신이 없다. 하지만 그것을 인정하지 않는다. 그는 미소 짓는 비관론자이다.

알코올의존자 간호사

1. 그녀는 자신이 인류에 속하지 않는다고 느낀다.

2. 자신이 사람들을 거부하면서도 사람들이 자기를 거부한다고 생각한다.

3. 그녀는 사람보다 사물을 더 믿는다. (p.102)

Manaster & Corsini(1982)에 따르면, 사람들은 자신들이 이러한 기본적인 오류를 가지고 있다는 것을 잘 알지 못한다. 사람들이 한 가지 기본적인 오류 때문에 치료를 받으러 오더라도 그들은 몇 가지 서로 연관된 오류들을 가지고 있다. 치료를 통해 상담자가 현재의 기본적인 오류를 명료하게 해주면 내담자는 이해하게 되고 그가 기본적인 오류를 범하는 미래의 상황을 인식하게 된다.

자질 가족 구도, 초기 회상, 꿈, 기본적인 오류는 종종 개인이 어떤 문제를 가졌는지 발견하도록 하기 때문에, 올바른 것을 찾는 데 유용하다(Watts & Pietrzak, 2000). 개인의 생활양식 분석은 긴 시간이 걸리기 때문에 내담자의 자질에 대해 토론하면서 낙담하고 있음을 발견하게 하는 것이 더 좋을 수 있다. 일부 상담 사례에서, 자질은 명백하게 드러나는데 다른 한편으로 내담자는 자신의 자질을 알지 못한다. 자질은 정직, 학문적이거나 직업적인 기술, 대인관계 기술 또는 가족에 대한 배려와 같은 많은 특성을 포함하고 있다. 예를 들면, 타인에 대한 사회의 부조리함에 관해서 글을 쓰는 섬세한 작가는 사회적 관계에서 어려움을 겪을 수 있는데 그의 글에 나타난 민감성의 자질을 타인에게 적용하면 내담자에게 도움이 될 것이다.

통찰과 해석

상담자는 개인의 가족 역동, 초기 회상, 꿈, 기본적인 오류를 분석하고 평가하는 과정을 통하여 내담자가 자신의 행동에 대하여 통찰할 수 있도록 설명한다. 해석의 시점은 내담자의 목표를 향해 진행하는 과정에 따라 달라진다. Dreikurs(1967, p.60)는 목표와 목적과 관련하여 해석이 이루어지는 것이지 상담자가 심리적 상태를 해석하는 것은 아님을 강조한다. Dreikurs에 의하면, 상담자가 내담자에게 자신이 없거나 열등감을 느끼는 것처럼 보인다고 말하는 것은 내담자가 목표와 의도를 변화하는 데 도움이 되지 못하기 때문에 불필요하다. 상담자는 내담자가 목표를 성취하는 데 방해가 되는 잘못된 목표와 행동에 대해 통찰력을 길러야 한다. 내담자가 자신의 행동에 대해 통찰력을 기르면 그 통찰에 따라 행동하게 된다. 때로 상담자는 내담자의 내적 세계와 사적 논리를 알 수 있는 사람이 아무도 없기 때문에 내담자에게 해석을 조심스럽게 이야기해 준다. 의견은 종종 '~이 가능할까', '내가 보기에 ~인 것 같아', '~인지 궁금해'와 같은 가설적 문장의 질문이나 상태 진술의 형태를 취한다. 이러한 방식으로 해석을 설명한다면 내담자는 상담자에게 방어적이지 않고 항의를 최소화할 것이며 상담자의 해석을 받아들이는 데 거부감을 덜 가질 것이다.

해석은 치료 과정 내내 일어난다. Adler가 보여 준 두통을 겪는 젊은 여성의 사례는 해석을 설명하기에 좋은 예이다. 이 사례에서 Adler는 '가족 역동'과 '사회적 관심'을 잘 보여 준다.

> 이 소녀는 미모가 뛰어났지만 어머니는 응석받이로 양육했으며 주정뱅이 아버지에게는 학대를 받았다. 이 소녀는 여배우가 되어 수많은 사람과 바람을 피웠고 결국 그녀는 늙은 남자의 정부가 되었다. 명백히 이용하려는 그녀의 태도는 그녀가 깊은 불안감과 겁을 가지고 있다는 것을 보여 준다. 그녀는 이 관계 때문에 곤경에 빠지게 된다. 어머니는 그녀를 비난했고 그 남자는 그녀를 사랑했으면서도 이혼을 하지 못했다. 이 기간 동안 그녀의 여동생이 약혼을 했는데 이 경쟁 기간 동안 그녀는 두통과 심장 떨림으로 고통받기 시작했다. 그리고 그녀는 그 남자에 대해 매우 신경질적이게 되었다. (Ansbacher & Ansbacher, 1956, p.310)

Adler는 두통이 분노로 인한 것이라고 설명했으며, 한동안 억눌렀던 긴장이 다양한 신체적 반응으로 폭발할 수 있다고 했다. Adler는 비사회적인 사람이나 아이들이 이 환자와 같은 방식으로 성질을 내보일 수 있다고 보았다. Adler는 그녀의 행동을 다음과 같은 방식으로 해석하였다.

> 그 여성의 증상은 결혼을 서두르려 분투하던 신경증적 방법으로 인한 것이었고, 이는 전혀 효과적이지 못하였다. 그 유부남은 그녀의 지속된 두통에 대해 매우 근심하였으며 나를 찾아와 빨리 이혼을 하고 그녀와 결혼을 하겠다고 이야기했다. 그녀가 직면한 질환의 치료는 사실 쉬운 일이었으며 사실 내가 없었어도 해결될 수 있었을 것이다. 그녀는 충분히 강했고 그녀의 두통이 돕고 있었기 때문이다.
>
> 나는 그녀에게 두통과 여동생을 향한 경쟁적 태도 사이의 관련성에 대해 설명하였다. 그녀는 정상적인 수단을 통해서는 우월함을 추구하려는 목표를 이룰 수 없다고 느꼈다. 그녀는 관심이 자신에게만 몰두해 있는 아이였으며, 성공하지 못할까 무서워 두려움에 떨고 있었기 때문이다. 그녀는 자신이 자기 자신밖에 모른다는 것과 곧 결혼하려는 사람을 좋아하지 않는다는 것을 받아들였다. (Ansbacher & Ansbacher, 1956, pp.301~311)

내담자 행동에 관한 Adler의 설명은 가족 구도와 사회적 관심(혹은 결여)에 대한 Adler의 해석 및 강조와 일치한다. 해석을 활용하는 법은 다음 장에서 다루도록 하겠다.

이론의 적용

재정향

재정향 단계에서 내담자는 목표를 완수하기 위하여 신념과 행동을 변화시킨다(Dreikurs, 1967). 초기 회상, 가족 역동, 꿈에서 파생된 통찰은 내담자와 상담자가 내담자의 생활양식을 탐색함으로써 바뀔 수 있는 치료적 목표를 완수하도록 돕는 데 사용된다. 이렇게 함으로써 내담자가 위험을 감수할 수 있고 인생 초기에 만들어진 것 중 바꾸고 싶은 행동의 변화를 가져올 수 있다. 아들러학파 상담자는 창의적으로 행동 기반 기법을 개발하여 행동의 새로운 형태를 이끌어 내었다(Carlson, Watts, & Maniacci, 2006; Dinkmeyer & Sperry, 2000).

즉시성 상담에서 지금 순간에 무슨 일이 일어났는지에 대하여 상담자의 경험을 표현하는 것을 즉시성이라고 한다. 내담자 역시 언어적이든, 비언어적이든 치료의 목표와 관련된 무엇인가를 전달하는데, 이것에 반응을 보이는 것은 상담자에게 도움이 될 수 있다. 왜냐하면 내담자의 행동이 돌연, 또는 어디선가 갑자기 나타날 수 있기 때문에 이러한 의사소통에 대해 가정하고 있는 것이 유용하다. 다음은 즉시성에 대한 예이다.

> 조앤: (시선은 무릎에 올린 손을 바라보며 상담자에게 부드럽게 말한다.) 나는 해리에게 제가 얘기할 때 집중해서 들어달라고 말하고 싶어요. 그런데 그는 절대 듣지를 않아요.
>
> 상담자: 지금 당신은 해리에게 당신의 얘기를 들어줬으면 좋겠다고 말했다고는 하지만 부드러운 목소리로 쳐다보지도 않고 말하는 모습은 당신이 내 얘기를 들어주지 않을 것이라는 걸 이미 알고 있다고 말하는 것처럼 보여요. 그렇지 않나요?

이 예에서 상담자는 조앤(Joan)이 해리와의 관계 개선에서 스스로 방해하는 것을 보여 주는 언어적, 비언어적 행동을 대비시켰다. 치료적 진술의 끝에서 추가적인 질문을 더함으로써 상담자는 관찰한 것에 조앤이 반응하도록 하였다.

격려 아들러학파 치료의 전 과정에서 사용되는 격려는 관계를 형성하고 내담자 생활양식을 평가하는 데 유용하다(Carlson, Watts, & Maniacci, 2006). Watts(2013)는 격려를 사람들과 함께하는 방법의 하나로 보았다. 그는 아들러학파 치료를 격려의 과정으로 보았다. 격려의 중요성을 강조한 Kelly & Lee(2007)의 연구를 보면 격려는 아들러학파 상담의 초기 구성 요소로서 상담자에 의해 행해지는 것이다. 재정향 단계에서 격려는 행동과 변화를 가져오기 위한 것으로 신념과 자기인식에 초점을 맞추면 상담자는 내담자가 열등감과 낮은 자아 개념을 극복하도록 도울 수 있다. 재정향 기간에 개인은 기꺼이 위험을 감수하고 새로운 일에 도전하려는 마음을 지지받는다.

> **내담자:** 저는 제 일이 짜증나요. 저는 제가 더 잘할 수 있다는 것을 알아요. 하지만 상사
> 가 저에게 지시하는 일은 저를 곤란하게 하는 일들뿐이에요.
>
> **상담자:** 당신이 생산적이고 효과적인 전략을 만들어낸 것처럼 들려요. 그것에 대해 듣고
> 싶군요.

이 예에서 내담자는 일에 불만이었다. 상담자는 내담자가 가진 자산에 주목하게 하고
내담자의 생각을 질문함으로써 격려하였다.

Adler에 의하면 격려는 '더 열심히 노력해라. 네가 할 수 있다는 것을 믿는다.'를 넘어서는
것이다. Adler가 조현병 증상을 겪고 있는 소녀를 격려하는 극적인 사례에는 그의 독창성과
인류애가 잘 나타나 있다.

> 조현병 증상을 겪고 있는 소녀를 치료해 달라고 부탁받았다. 소녀는 8세 때부터 이 증상을
> 앓고 있었고 지난 2년간 정신병원에 입원해 있었다. 그녀는 개처럼 짖었으며, 침을 뱉고, 옷
> 을 찢어 버리고는 손수건을 먹으려 했었다. 우리는 그녀의 관심이 인류로부터 얼마나 멀리
> 떨어져 있는지를 볼 수 있었다. 그녀는 개처럼 행동하고 싶어했다. 그리고 우리는 그녀를 이
> 해할 수 있었다. 그녀는 그녀의 어머니가 자신을 마치 개처럼 대한다고 느꼈다. "내가 처음 그
> 녀와 이야기했을 때 8일 내내 그녀는 말 한마디 하지 않았다. 나는 계속 말을 걸었다. 그리고
> 서 3일 후에야 그녀는 혼란스러워 하며 이해할 수 없는 방식으로 이야기하기 시작했다. 나는
> 그녀에게 친구가 되어 주었고 그녀를 격려하였다. …… 내가 다음에 말을 걸었을 때 그녀는
> 나를 때렸다. 나는 어떻게 행동할까 고민하다가 그녀를 놀라게 할 유일한 답은 저항하지 않
> 는 것이라고 생각했다. (그 소녀가 육체적으로 힘이 세지 않았음을 상상할 수 있을 것이다.)
> 나는 그녀가 날 때리는 것을 내버려 두었고 친근하게 바라보았다. 이것은 그녀가 예상하지
> 못한 것이었고 그녀의 모든 저항을 해제시켰다. 그러나 그녀는 여전히 다시 얻게 된 용기를
> 가지고 뭘 해야 할지 알지 못했다. 그녀는 창문을 깨고는 유리로 자신의 손을 잘랐다. 나는
> 그녀를 책망하지 않고 손에 붕대를 감아 주었다. 이러한 폭력을 마주할 때 일반적 방법은 그
> 녀를 방에 가두어 잠가 놓는 것인데 이것은 잘못된 방법이었다. 우리는 그녀를 위한다면 다
> 르게 행동했어야 했다. …… 나는 아직도 그녀를 가끔씩 만난다, 그리고 그녀는 10년 동안 건
> 강한 상태를 유지하고 있다. 그녀는 스스로 돈을 벌고 동료들과 화해했다. 그리고 그녀를 본
> 누구도 그녀가 정신증으로 고통받았다는 것을 믿으려 하지 않았다. (Ansbacher & Ansbacher,
> 1956, pp.316~317)

이 예는 격려가 상담자의 일부로서 용기와 활기를 줄 수 있음을 보여 준다.

이론의 적용

'마치 ~처럼' 행동하기 이 기법은 내담자가 실패할 것이라고 생각하기 때문에 두려워하는 행동을 하도록 돕는다. 내담자는 '마치 ~처럼' 행동하기의 행동을 하도록 요청받는다 (Maniacci, Sackett-Maniacci, & Mosak, 2013). 만약 내담자가 새로운 행동을 시도하고 싶어 하지 않는다면, Mosak & Dreikurs(1973, p.60)는 그들에게 새 옷을 입는 것 같은 방법으로 새 역할을 시도하도록 요구한다. 매력적인 옷이 새로운 사람으로 만들어 주지는 않지만 자신감과 같이 새로운 기분을 느끼게 해 준다. 아동과 '마치 ~처럼' 기법을 작업한다면 아동이 가상현실 속에 있는 것처럼 행동하도록 격려하기 위하여 놀이, 장난감, 미술 재료를 사용하는 것으로 변형할 수 있다(Watts & Garza, 2008).

> 내담자: 교수님께 이야기하는 것이 어려워요. 지난 시험에서 실수를 해서 수학 교수님께 이야기를 해야 해요. 하지만 두려워요.
>
> 상담자: 교수님과 이야기하는 것이 어렵군요. 하지만 제 생각에는 다음주에 당신이 수학 교수님과 이야기를 했으면 좋겠어요. 당신이 실수했다는 것을 알고 우연히 설명하는 것처럼 행동해 보세요.

이 상황에서 내담자는 비교적 솔직하게 생각나는 대로 작업을 시작한다. 내담자가 잘하지 못한다면 상담자는 무엇이 '마치 ~처럼' 행동하기 경험을 방해했는지 탐색해야 할 것이다.

Watts(2013)는 이 기법의 새 버전을 '마치 ~처럼' 행동하기라고 불렀다. 이 접근법에서 Watts는 처음에 "만약에 당신이 되기를 원하는 사람처럼 행동한다면 어떻게 다르게 행동할 것인가?"라는 질문을 한다(Watts, 2013). 상담자는 그 후 이와 비슷한 질문들에 대한 답을 얻고 내담자에게 그 사항들의 어려움 정도에 따라 위계를 매기게 한다. 그 후 내담자는 다음주에 가장 덜 어려운 상황을 시도하고 다음 회기에서 내담자가 한 행동에 대해 이야기한다.

하던 일 멈추기 내담자가 변화하고자 노력하고 목표를 향해 시행해나갈 때 '하던 일 멈추기'가 필요할 수 있다. 일반적으로, 살아가면서 행동이 반복되기 때문에 '하던 일 멈추기'를 하려면 조금 더 신경을 써야 한다. 비록 처음에는 실패하기도 하고 바꾸기를 바라는 행동을 이미 한 다음, 행동을 멈추게 된다 하더라도 연습을 반복하면 변화하려는 행동을 하기 전에 하던 일을 멈출 수 있을 것이다. 이렇게 할 때, 내담자는 효과적인 변화를 가져오게 되고 목표 달성이 더 쉽게 이루어지는 것을 알게 된다. 그렇게 하면서 그들은 "오, 알겠어요. 지금 해냈어요!"와 같이 '아하' 반응을 보인다(Sweeney, 2009).

> 실비아(Silvia): 알렉스(Alex)가 화를 내기 시작하면 제가 침실로 들어가 문을 걸어 버리는 걸 알아요.
>
> 상담자: 당신은 겁을 먹으면 피하고 싶어 한다는 걸 아는군요.

실비아: 그가 화를 낼 때마다 제가 방에 숨어 있는 것 같아요.

상담자: 이렇게 해 보세요. 알렉스가 화를 낼 때, 행동을 멈추고 이렇게 말해 보세요. '알렉스, 나는 당신이 화를 내서 겁이 나요. 우리가 이 문제를 풀기 위해 얘기한다면 나는 침실로 들어가지 않을게요.'

이후 실비아가 방에서 나가고 싶은 충동을 느꼈을 때, 그녀는 방을 나가려고 하는 것에 대해 인식하고 '하던 일을 멈춘다.' 그녀는 자신이 하려는 것을 멈추고 알렉스와 이야기를 하였고 이렇게 하여 자신의 행동을 변화하려는 신념을 자각하였다.

상상하기 때때로 상담자는 내담자에게 무엇을 완수하는 데 도움이 될 수 있는 상상을 하도록 제안한다. Adler는 무엇인가를 수행하는 것을 정신적으로 그려보는 것은 자신을 정신적으로 회상하는 것보다 더 많은 영향을 가질 수 있다고 보았다. 예를 들어, 룸메이트가 방에서 담배 피우는 것을 적극적으로 말리고 싶다면, 그는 정중하고 침착하게 룸메이트에게 온순한 요구를 말하는 자신을 그려볼 수 있다(Mosak & Maniacci, 2008).

이 개념을 확장하면 상상은 한 가지의 정신적 그림이 아니라 연속된 그림이 될 수 있다. Kaufman(2007)은 시각적 사진을 보여 주는 것이 만성적인 스트레스를 다루는 데 유용할 수 있다고 보았다. 시각적 형상화가 내담자에게 발생하는 문제를 대처하는 데 사용할 수 있으려면 교육이 필요하다. 룸메이트가 방에서 금연하기를 바라는 내담자의 상황으로 설명하면, 내담자로 하여금 룸메이트에게 방에서 금연하라고 얘기하는 성공적인 대화를 상상해 보도록 요청한다. 상담자는 처음 룸메이트에게 말하는 방식을 보여 주고 그런 다음 내담자가 어떤 방에서, 룸메이트가 어떻게 하고 있을 때, 그리고 룸메이트에 대한 대처로 상담자가 보여 준 본보기를 사용하는 모습을 상상해 본다.

내담자 수프에 침 뱉기 이 말은 어린아이들이 기숙학교에서 다른 사람의 음식에 침을 뱉어 다른 사람의 음식을 뺏어 먹기 위해 사용하는 방식에서 나왔다. 기법으로서 상담자는 내담자가 하는 행동의 목적을 평가하고 그런 다음, 그 행동이 매력적이지 않다고 지적한다. 예를 들어, 좋은 봉사자 역할을 하는 어머니가 자녀를 위하여 자신이 얼마나 많은 시간과 돈을 희생하고 있는지 설명한다면, 상담자는 자신의 삶을 위한 시간과 자기표현에 대한 욕구가 없는 것이 얼마나 불행한 것인지를 지적하는 것이다. 상담자는 그 어머니에게 자신의 행동을 계속할 수 없다고 말하지는 않았지만 그 행동이 그녀에게 덜 매력적으로 보이게 만들었다.

악동(진퇴양난) 피하기 악동(tar baby)이라는 용어는 인종적인 의미를 가지고 있지만 아들러학파 상담 이론에서는 내담자에게 의미 있거나 문제의 원인이 되는 까다로운 부분을 다룰 때 상담자가 주의해야 한다는 것을 나타내려고 **악동**이라는 말을 사용하였다. 자기를 보호하기 위한 몇몇 행동은 변화하기가 매우 어렵고 내담자에게 특별히 중요한 것일 수 있다. 그 패턴이 잘못된 가정에 기초해 있을 수 있고 목표를 달성하지 못하게 할지라도 내담자는 습관적으로 그러한 인식에 매여 있을 것이다. 더 나아가, 내담자는 자신의 지각을 유지하기 위하여 상담자도 다른 사람처럼 행동하도록 만들 것이다. 예를 들어, 자신이 가치 없다고 느끼는 내담자는 짜증스럽게 행동하여 상담자가 짜증을 부리도록 유도한다. 그렇게 하여 자신이 정말 무가치하다는 지각을 확신한다. 상담자는 악동 만나는 것을 피함으로써 이 덫에 걸리지 않도록 주의해야 한다. 더 정확히 말하면, 상담자는 내담자의 비효율적인 지각이나 행동을 지적하여 정신적 건강을 이끌 수 있는 행동으로 변화하도록 격려해야 한다.

> 내담자: 새로운 동료들이 우리 가게에 왔을 때, 그들을 도와주려고 했어요. 하지만 그들은 나를 무시하는 것 같았죠. 당신도 역시 제가 고민을 털어놓을 때 진심으로 듣지 않고 저를 무시하고 있다는 것을 알아요.
>
> 상담자: 당신은 제가 당신을 무시하기를 바랄지도 모르죠. 하지만 그렇지 않아요. 직장에서 당신에게 어떤 일이 일어났는지 더 듣고 싶군요.

상담자는 내담자가 자신을 무시한다고 생각하려는 것을 피하고자 했다. 그는 그렇지 않다는 것을 말하고 내담자 목표를 향해 진행하였다.

버튼 누르기 기법 Mosak(1985)에 의해 개발된 이 기법은 내담자가 눈을 감고 그들의 경험 중 기분 좋은 일을 기억하게 한다. 그리고 즐거운 이미지와 함께 감정에 집중하도록 한다. 그런 다음 상처받았거나 화가 나거나 실패했던, 즐겁지 않은 이미지를 떠올리게 하고 다시 즐거운 장면을 만들어내도록 한다. 이렇게 하여 아들러학파 상담자는 내담자가 자신의 생각 속에서 주제를 결정하는 것만으로도 그들이 원하는 대로 어떠한 감정도 만들어 낼 수 있음을 보여 준다. 이 기법은 내담자에게 자신의 기분을 바꿀 수 있는 힘이 있음을 알게 한다.

역설적 의도 이 전략의 경우 Adler는 '증상 서술하기'로, Dreikurs는 '반암시(anti-suggestion)'로 다양하게 서술하였다. 이 기법에서는 내담자에게 더 많은 증상을 만들어내도록 한다. 예를 들어, 엄지손가락을 빠는 어린아이에게는 더 자주 손가락을 빨게 한다. 강박적으로 손을 씻는 사람은 더 자주 씻도록 한다. 증상을 더 드러냄으로써 상담자는 내담자가 실제 상황의 본질을 알아차리게 하며 내담자로 하여금 자신의 행동에 대한 결과를 받아들이게 한다. 내담자의 행동이 받아들여지면 내담자는 더 이상 그 부적절한 행동을 좋아하지 않게 된다. 이 방법을 사용하려면 증상을 더 드러내도록 처방할 때 상담자가 자신감을 가져야 하고 내담자는 행동에 대한 시각을 바꾸어 그것을 변화하도록 해야 한다.

과제 설정과 계약 때로 내담자와 상담자는 문제에 대하여 특별한 행동을 하기로 계획하기도 한다. 선택 사항이 있다면 상담자와 내담자는 최선의 선택을 하기 위한 방법을 결정한다. 비교적 간단하고 성공 가능성이 높은 과제를 설정하면 상담자가 내담자를 격려하는 것이 더 용이하다. 내담자가 실패하였을 경우, 내담자와 상담자는 계획을 더 효과적으로 수정하기 위해 무엇이 필요한지에 대해 평가한다.

예를 들면, 허리 부상에서 회복되고 있는 내담자가 직업을 구하려고 한다. 내담자가 구인 광고를 찾아 연락한 다음, 직업을 얻겠다는 계획을 하고 있다면 상담자는 계속적인 관찰을 통해 내담자가 광고를 어떻게 결정할 것인지, 좋은 직업 안내에 대한 설명이 부족한 광고라면 어떻게 할 것인지, 출처는 어디인지 논의할 수 있다. 상담자는 직업을 구하는 것 자체를 과제로 설정하는 것이 아니라 직업 선택 행동에 초점을 맞출 수 있다. 이렇게 하여 상담자는 수개월이 걸릴 수도 있는 현실적인 직업 선택보다 직업 선택 과정을 계속 관찰함으로써 자연스럽게 목표 달성을 이룰 수 있다.

과제 과제를 완수하도록 내담자를 돕는 것으로 아들러학파 상담에서는 과제를 내 주는 것이 유용하다고 본다. 과제는 일반적으로 치료 회기 동안 완수하기 비교적 쉬운 것으로 한다. 과제를 내는 것은 내담자의 생활에 영향을 미치지 않도록 주의 깊게 이루어져야 한다. 앞의 예에서 살펴보면, 상담자는 내담자가 화요일 전에 직업을 구하는 것과 관련하여 병원 사회복지사에게 전화하도록 하거나 다음 회기 전에 취업할 고용기관에 세 번 전화를 하도록 제안할 수 있다. 몇몇 과제는 매주 하는 것을 기본으로 제시할 수도 있다. 아동에게 일주일 동안만 혼자 잠자리에 들도록 과제를 제시하면 그 아동은 그렇게 하려고 노력하며 마침내 해내는 것을 볼 수 있다. 그런 다음 아동과 상담자는 다음에 무엇을 진행할지 의논한다.

인생 과제와 심리치료 앞에서 언급한 바와 같이 아들러학파 상담은 사랑, 직업, 사회적 관계, 자기발달과 영성 발달의 다섯 가지 주요 인생 과제를 밝히고 있다. Manaster & Corsini(1982)는 이러한 영역에 대하여 내담자의 만족도를 확인해 보아야 한다고 제안하였다. 예를 들면, 내담자에게 가족(남편, 아내, 자녀)과의 행복감, 일에 대한 만족, 친구와 사회 관계(지역)에서의 만족을 평가하는 것이다. 이러한 활동을 통해 내담자가 스스로 인식하기는 어렵지만 심리치료가 필요한 문제가 드러날 수 있다. 이는 치료적 목표를 달성하기 위한 변화와 진행의 도구로서 심리치료의 전 과정을 통해 사용될 수 있다.

종결과 면담 요약하기 아들러학파 상담에서는 분명하게 시간을 제한하는 것이 도움이 된다고 생각하는 편이다. 어린아이와의 회기는 30분 정도, 어른은 45~50분 정도로 이루어진다. 회기의 마지막에 상담자는 내담자와 관계된 새로운 소재를 꺼내지 않도록 하고 상담을 통해 내담자가 인식한 것을 분명히 하기 위해 중요한 면담 내용을 요약한다. 이 시점에서 과제 제시가 논의될 수 있다. 또한 상담 동안 논의되었던 주제에 대해 한 주 동안 그들이 생활하는 환경에 적용하도록 내담자를 격려한다.

이러한 활동 지향적 접근은 아들러학파 상담 기법에서 자주 사용된다. 이 기법들은 다른 이론의 상담자들에게 사용될 수 있지만 아들러학파 상담 기법과 같은 방식으로 자주 개념화되지는 않는다. 아들러학파 상담자는 효과가 있고 아들러학파 상담 원칙에 부합된다면 다른 상담자의 기법을 인용하기도 한다(Carlson, Watts, & Maniacci, 2006; Watts, 2003). 많은 다른 상담자와 마찬가지로 아들러학파 상담자는 반응이 효과적이라고 느낄 때, 명료화, 직면, 정서적 지지를 제공하며 질문하고 내담자를 안심시킨다. 또한 그들은 내담자가 받아들일 준비가 되어 있을 때 조언하며 더 적절한 목표 지향적 변화를 이끌어 내는 데 유머가 효과적인 방법이 되기도 한다고 본다(Mosak, 1987). 일반적으로 이러한 기법은 활동 지향적 접근으로 묘사되며 아들러학파 상담에서 내담자가 치료적 목표에 도달하도록 하기 위해 사용된다.

심리 장애

아들러학파 상담은 심리치료와 상담에 대해 실용적인 접근을 취한다. 이에 대해 이 장에서는 네 가지 사례를 통해서 설명하고자 한다. 우울증 진단을 받은 젊은 여성의 콤플렉스 사례에서는 가족 구도와 초기 회상을 사용하여 적극적으로 개입하는 것이 묘사되었다. 청소년에 관한 짧은 사례에서는 범불안에 대한 아들러학파 상담 접근을 묘사하였으며 경계선 성격 장애와 섭식 장애에 대한 아들러학파 상담 개념에 대한 개요도 제공하였다.

우울증: 셰리

아들러학파 상담에서 우울증 내담자는 "열등감을 극복하고 우월성을 획득"(Sperry & Carlson, 1993, p.141)하기 위하여 매우 열심히 노력하지만 실패하는 사람이다. 이렇게 그들은 사회적 관심을 잃고 자기에게 몰입된다. Dinkmeyer & Sperry(2000)는 우울한 개인은 종종 자기 뜻대로 하지 못한 것에 대해 화를 낸다는 점에 주목한다. 우울증 내담자가 자신을 설명할 때 분노라는 단어를 사용하지 않는다. 그렇게 하면 상황을 해결해야 하거나 자신을 화나게 한 사람을 직면해야 할지도 모르기 때문이다. 또한 우울증 내담자들은 가족이나 사랑하는 사람이 자신을 불쌍히 여기고 걱정하게 함으로써 다른 사람들보다 우월성을 얻는다. 이렇게 하여 우울한 사람은 사회적 관심은 거의 드러내지 않으면서 타인의 관심을 받는 상황의 중심에 놓이게 된다.

아들러학파 상담은 우울증 내담자가 어린 시절에 형성한 왜곡되고 비관적인 인식에 대한 통찰력을 갖게 하는 데 도움이 된다. 더 나아가 상담자는 내담자가 신념과 행동을 바꾸어 자기에게 몰입하는 것을 줄이고 사회적 관심을 개발하도록 돕는다. 심리치료의 재정향 단계로 진행되면서 우울증 내담자들은 우울한 행동 패턴이 반복되려고 할 때 **하던 일을 멈추는 것**을 배우는데, 하던 일을 멈추면 그들은 지금까지 해왔던 것과 다른 것을 할지 말지 결정하게 된다. 이때 상담자는 내담자가 새로운 신념, 행동, 지각을 갖도록 격려함으로써 다른 사람이 내담자 자신을 얼마나 깊이 존중하는지와 내담자의 부정적인 지각이 유년기 경험의 잘못된 인식에서 비롯되었다는 것을 알려줄 수 있다. Mosak & Maniacci(2008)는 우울증 내담자에게 우울하게 되는 것은 자신이 우울을 선택했다는 의미임을 보여주기 위하여 **버튼 누르기 기법**을 사용한다. 이런 방식으로, 우울증 내담자는 자신의 감정을 바꾸는 방법을 배운다. 이 사례에서는 아들러학파 상담자가 우울증 내담자로 하여금 자신의 우울한 감정과 신념을 이해하도록 하고 변화를 돕는 몇 가지 접근법을 설명한다.

우울증에 대한 아들러학파 상담 접근 방식을 좀 더 상세하게 설명하기 위해, Peven & Shulman(1986, pp.101~123)이 연구한 셰리(Sheri)의 사례를 요약하였다. 여기에서는 아들러학파 치료 중 특히 초기 회상과 가족 역동의 활용에 초점을 맞추었다. 셰리는 신경증적 우울 증상을 보이는 33세의 미혼 여성이다. 그녀는 이전에도 심리치료를 받았던 경험이 있으며 현재 Peven에게 2년 반 동안 심리치료를 받고 있다. 그녀는 사춘기 이전 아버지와의 근친상간 관계에 의해 생긴 '결함이 있는' 감정을 이야기하였다. 더불어 열등, 수면 곤란, 설사와 체중 감소의 증상도 있었다. 부모는 이혼했고, 둘 다 재혼했다. 셰리에게는 아버지와 함께 일하고 있는 유부남인 오빠가 있었다.

상담자는 첫 번째 회기에서 다양한 아들러학파 상담 기법을 사용했다. 예를 들면, Adler의 '질문하기'를 사용하였는데 셰리에게 자신에게 증상이 없다면 무엇을 할 것인지 물었다. 셰리의 대답은, "직업을 바꾸고, 재미있는 것들을 배우고, 친구들과 함께 더 많은 시간을 보내고, 관심 있는 공부를 하고, 결혼을 하고, '그림을 그리고 책을 읽고 운동을 하면서 자신을 개발'하는 것"(p.102)이었다. 셰리는 근친상간의 경험에 대한 고민과 아버지를 향한 강한 분노를 이야기하였다. 그녀가 매우 화가 났기 때문에, 상담자는 아버지에게 많은 돈을 보상으로 받음으로써 아버지에게 복수할 수 있는 방법을 제안했다. Peven은 "때때로 초기 면담에서 나는 내담자에게 새로운 어떤 것을 말하거나 제안함으로써 깊은 인상을 주려고 한다. 그들에게 첫 면담이 무엇인가를 생각하게 하는 기회가 되기를 바라기 때문이다"(p.103).

치료 4개월 후, 셰리는 우울증이 악화되어 약물 치료를 받게 되었다. 그녀는 자살에 대해 상의했고 걱정이 될 만큼 주체할 수 없이 울어대는 증상이 나타났지만 우울증의 원인이 된 자신의 문제를 살펴볼 준비는 되지 않았다.

이 무렵 Peven은 관습적인 생활양식을 분석하여 다른 상담자인 Shulman과 함께 다음의 요약 형식으로 셰리의 생활양식을 해석하여 설명하였다.

가족 안에서 아버지는 독재자로 군림하고 있고 두 명의 자녀 중 한 명은 딸이다. 각각의 가족 구성원은 서로 다른 방식으로 아버지의 권력 행사에 반응하였는데 어머니는 아버지에게 덜 위협적인 존재가 되기 위해 열등한 여성처럼 행동하였고 자신의 기반을 확고히 하기 위해 여성스러운 면을 풍기려고 하였다. 오빠는 아버지를 모방했고 그러자 그('주니어 황제')를 갈등에 빠지게 했지만, 오빠는 응석을 다 받아주는 어머니로부터 지지받았다. 셰리는 겉으로는 규범을 준수하고 내면적으로 적개심을 갖는 어머니를 모방했다. 이 가족에게 있어 다른 사람에 대한 지배력을 갖는 것이 가치 있는 일이어서 그것은 어떻게 해서든 달성되었고 여성은 평가절하되었다.

셰리는 여성으로 태어난 것, 둘째로 태어난 것, 가족 구성원을 당연히 가치 있는 존재로 인정하지 않는 가족 역동 때문에 열등한 위치에 있다는 것을 깨달았다. 다른 사람의 자리를 차지하려면 싸우거나 속여야 했다. 가장 어리고 가장 약한 존재인 셰리는 자신이 아버지에게 복종하면, 총애를 받을 것이고 그러면 어느 정도 대리 권력을 획득할 수 있다는 것을 알았다.

이 가족은 누구도 신뢰할 수 없었고 모든 관계는 경쟁적이었다. (p.105)

치료의 초기 몇 달 동안 가족 역동에 대한 이러한 분석과 더불어, 초기 회상에 대한 자료를 얻을 수 있었다.

4세. 나는 내 침대에 서 있었다. 오빠의 침대는 다른 벽 쪽에 붙어 있다. 나는 방 건너편에 있는 인형을 갖고 싶었으나 가질 수 없었다. 나는 운다. 나는 실망한다. 나는 방에서 혼자이다.

2세. 나는 거실에서 바닥 주위를 기어다니고 있었다. 사람들은 거기에 있고 TV가 켜져 있었다. 나는 주변을 기어가거나 멈추거나 주변을 둘러본다. 모두들 TV를 보고 있다. 나는 고독을 느낀다.

5세. 집 안. 부모님이 시내에서 돌아오고 있었다. 그들은 개를 가지고 들어왔다. 나는 정말 행복했다. 그들이 오는 것이 신나고 기뻤다.

6세. 1학년. 나는 이웃집 남자아이를 때렸다. 그가 나를 화나게 해서 내가 팔로 멱살을 잡고 그를 휘둘렀다. 그다음 그를 놓는데 장대에 머리를 부딪쳤다. 누군가 와서 그를 도와주었다. 나는 범죄자가 된 것처럼 기분이 나빠져서 거기에 서 있었다. 나는 스스로에게 '넌 어떻게 그럴 수 있어?'라고 말했다. (p.106)

Peven과 Shulman에 의하면 이러한 기억은 원하는 목표를 달성하는 데 있어 좌절했던 것과 함께 다른 사람들이 셰리의 감정을 무시했음을 알려 주었다. 그녀는 사회망의 중심에서 벗어나 있으며 그녀의 행동은 거의 받아들여지지 않았다. 6세 때의 사건에서 그녀는 다른 누군가를 다치게 하는 것 때문에 기분이 상했다. 행복한 기억으로 보고된 단 한 가지 역시 다른 사람들의 행동 때문이었다(그녀의 부모님이 개를 데리고 돌아왔을 때). 상담자는 셰리에게 초기 기억에 대해 다음과 같은 분석을 제시했다.

> 나는 내가 원하는 것을 이루기에 너무 작고, 사방이 막혀 있다. 그리고 나를 도와줄 사람은 아무도 없다. 다른 사람에 둘러싸여 있지만, 난 여전히 혼자이다. 다른 사람들과의 관계에서, 최소한 나는 나 자신에 대하여 긍정적인 감정을 갖도록 배려받고 올바르게 행동하는 사람이 되고 싶다. 나는 다른 사람들로부터 긍정적인 감정을 얻지 못한다. (p.106)

Shulman과 Peven은 위의 가족 역동과 초기 회상으로부터 셰리의 기본적인 오류를 알아냈는데 다음과 같다.

> 그녀 자신에 대하여 부정적으로 느끼도록 훈련되었다.
> 그녀는 자신의 목표는 성취하기 불가능한 것이며 목표를 달성하려고 어떤 것을 하기에는 자신이 무능한 사람이라고 취급한다.
> 그녀는 자신이 유일하게 할 수 있다고 생각하는 것은 괴로워하는 것과 하늘을 원망하는 것이다. (p.107)

셰리는 그녀의 생활양식을 분석받고 추가적으로 상담자가 제공하는 모든 것을 따르기로 동의하였으나 치료적 관찰을 다룰 의지는 없었다.

치료가 시작된 첫해에 셰리는 주로 자신과 다른 사람에 대해 불평하였지만 점차 그녀 자신에게 집중하기 시작했다. 2년의 치료 후에 그녀는 아버지에게 편지를 쓰고 그를 다시 만나기 시작했다. 이즈음에 셰리는 자신의 행동을 스스로 선택하고 우울해하지 않을 수 있다고 결심했다.

치료가 시작되고 1년 정도 되었을 때, 상담자는 셰리에게 더 많은 초기의 기억을 물어보았는데 이전 기억과는 차이를 보였다. 셰리가 여전히 자신의 결점을 드러내는 것으로 나타났지만, 이전 기억에서 보였던 것과 같은 거부적인 사건은 보이지 않았다.

치료 후반기에 셰리가 개발한 통찰의 예는 다음의 짧은 대화를 통해 볼 수 있다.

내담자: 저는 다른 사람 3명과 앉아 있어요. 우리는 휴가 중이에요. 다른 사람들이 제 주위를 돌아다니고 있어서 매우 불안해요. 싫어요.

상담자: 당신이 항상 주목받기를 원한다면 그것은 신경증이에요.

내담자: 알아요.

상담자: 음, 당신은 항상 주목받기를 원하지는 않는군요. 미소는 무슨 뜻입니까? [분명히 셰리는 인식 반응(재인 반응)을 했다. 즉, 그녀는 무의식적으로 미소를 숨기지 않고 지었다. 아들러학파 상담에서 인식 반응은 갑자기 나타나는 것으로 완전히 의식적인 것은 아니어서 해석이 필요하다(Dreikurs, 1967).]

내담자: 모르겠어요.

상담자: Dreikurs 박사는 이렇게 하곤 합니다. 당신이 '~해야만'이라는 단어를 써서 '나는 주목받아야만 기분이 좋다.'라고 한다면 그것은 기본적인 오류지요. 제가 '나는 주목받고 싶어요.'라고 말하는 것은 괜찮아요. 그럼 문제가 되는 것이 어떤 것이냐고요? '오로지 내가 중심일 때에만 행복하다.'라고 하면, 그것은 신경증 내담자의 특징이 됩니다. (p.116)

치료의 후반부로 접어들면서 셰리는 상담자의 해석, 설명과 지지를 더 많이 받아들였다.

치료를 받는 동안 셰리는 남성과 다양한 관계를 가졌고 몇몇과는 꽤 어려웠다. 심리치료가 끝날 무렵, 그녀는 오래 지속되는 관계를 시작하였고 우울 증상도 향상되었으며 아버지와의 관계도 개선되었다. 비록 그를 용서하지 않았지만, 그녀는 학대받은 감정에 관하여 더이상 연연해 하지 않았다.

이 어렵고 복잡한 사례에서 강조되는 것이 있다. 그들은 치료적 통찰을 위해 초기 회상과 출생 순위를 적용하였다. 또한, 변화를 가져오는 몇 가지 아들러학파 상담의 기법이 사용되었다.

범불안 장애: 로버트

아들러학파 상담에서는 개인의 대처 불능을 나타내는 것으로 범불안, 긴장, 발한, 가슴 두근거림, 그 밖의 유사한 신체 증상을 관찰하였다. 흔히 그런 개인은 인생에서 실패를 경험했으며 어려운 결정을 내린다 하더라도 매우 망설이며 이루어진다. 생리적 스트레스 증상은 패배를 피하거나 어리석은 결정을 하지 않으려고 애쓸 때 나타난다. 이것은 내부적으로 내담자는 열등하고 결정을 못하거나 다른 사람들에게 관심을 갖는 것이 불가능하다고 느끼게 하며 외부적으로 다른 사람이 개인이 갖는 불안을 알아차릴 수 있게 하고 불안 증상을 가지고 있음을 이용하여 다른 사람들을 조종할 수 있다(Dinkmeyer & Sperry, 2000).

치료에서 내담자를 격려하는 것은 매우 중요해지고 있다. 상담자는 개인이 사회적 관심을 개발하고 그의 자존감을 증대시키는 데 도움이 될 방법을 찾는다. 상담자에게 있어 불안 증상은 잠재적인 악동으로 작용할 수 있으므로 상담자는 동정하거나 은인이 되려고 하는 것을 피해야 한다. 내담자가 효과적인 대처 전략을 개발하도록 하고 주변 활동에 관심을 가지게 되도록 교육하는 것이 중요하다.

불안과 학교 공포증을 경험하고 있는 청소년에 대한 간단한 사례는 아들러학파 상담을 설명하는 데 도움이 된다(Thoma, 1959, pp.423~434). 집에서 가출하고 자살 노트를 남겼던 로버트(Robert)를 치료하면서 Thoma는 다양한 아들러학파 상담 전략을 설명하였다. 로버트는 복통을 포함하여 여러 가지 신체적 증상을 호소하면서 학교생활을 피하려고 했고, 자신은 열등생이며 어리석다고 생각했기 때문에 학급에서도 좀처럼 입을 열지 않았다.

그는 아버지와 관계가 소원했고 부모는 둘 다 아프거나 허약했다. 정서적인 감정은 절망적인 좌절감과 과도한 피로였다. 로버트에게는 매우 의미 있는 사회인 학교에 공식적으로 전문가 참여 접근을 위해 교사, 상담자, 간호사 및 자문 정신과 의사로 구성된 팀이 꾸려졌다. 로버트는 학교 상담자와 매주 만나면서 치료를 받았고 교사들은 그를 학업에 참여시키며 학습 경험을 촉진하기 위한 노력을 했다. 상담자는 로버트에게 의견이 다를 경우 자신의 의견을 표현하도록 하였으며 남성 교사와 친밀한 관계를 맺고 격려를 받았다. 전체 팀이 결합하여 격려를 하면서 스포츠 행사 참여 및 교사와 또래와의 관계가 발전되고 학교에 잘 출석하는 등 향상된 모습을 바탕으로 로버트의 사회적 관심이 성장하였다.

섭식 장애: 주디

아들러학파 상담은 섭식 장애의 개념에 대해 아동이 부모의 과잉보호를 받거나, 응석받이거나 과잉 통제되는 상황에서 발생한다고 정의한다. 보통 부모 중 한 사람 또는 부모 모두가 자녀에게 비현실적인 희망과 기대를 가질 수 있는데 완벽에 대한 이러한 요구는 다른 부모 또는 형제자매에 의해 도전(방해)을 받지 않는다. 어린 소녀는 인정받기 위해 부모를 모델링하여 '내가 당신이 시키는 대로 하면, 당신도 내 일을 인정해야 한다.'는 식의 순응하는 태도를 개발한다. 소녀는 나이가 들수록, 완벽을 위해 노력하지만 스스로 완벽할 수 있을 것이라고 믿지 않는다. 마찬가지로 만약 가족이 식습관이나 외모를 강조하는 경우, 섭식 장애가 발달할 가능성은 훨씬 더 높다. 섭식 장애를 가진 여성은 오히려 적극적으로 반항을 하기보다 신체의 감각과 기능, 허기, 감정을 부인할 가능성이 더 높으며 다른 사람들이 자신을 보는 것과 달리 자신을 왜곡되게 볼 수 있다(Carlson, 1996, pp.529~532).

다음의 간단한 사례는 과식증에 대한 아들러학파 상담 접근을 설명한다(Carlson, 1996). 세 딸 중 둘째인 주디(Judy)는 17세이고 부모는 딸들에게 많은 기대를 하고 있다. 주디의 언니는 학교에서 우수하고 유능하게 생활함으로써 완벽하게 되려고 노력했다. 주디는 수영선수권 대회에서 우승하여 아버지를 기쁘게 하려고 했지만, 이것은 어머니가 만족하는 모습이 아니었다. 그녀는 수영과 학업 성취로 부모를 기쁘게 하려고 애썼지만 10대를 보내면서 자신이 원하는 완벽함을 달성할 수 없다는 것을 깨달았다. 그녀는 체중이 많이 늘어났고, 다이어트에 과도하게 열중하기 시작했다. 그녀의 초기 회상은 다음과 같이 요약된다.

"인생은 싸움이며 위험하다.", "당신이 완벽한 상태로 있지 않으면 모든 사람들이 당신을 힘들게 할 것이다.", "사람들은 내가 대우받기를 바라는 방식으로 나를 대하지는 않는다." (p.531)

그녀의 기본적인 오류는 자신을 비판하는 다른 사람들에게 방어적인 존재이며 마법에 걸려 쫓겨난 공주처럼 불쌍한 존재여서 다른 사람들과 좋은 관계를 형성할 수 없다고 믿는 것이다. 주디의 치료는 의료적 상태를 평가하는 것으로 시작되었다. 이후 상담자는 완벽주의와 염세주의적인 주디의 신념 때문에 문제가 유발된 것인지 조사하였다. 주디가 자기 개념을 높이고 스스로 강하다고 느끼도록 돕기 위해 격려가 사용되었다.

——— 경계선 장애: 제인

정신분석 이론은 경계선 장애를 발달의 억압된 수준으로 보고 있지만, 아들러학파 이론은 기능의 한 형태로 다룬다(Croake, 1989; Shulman, 1982). 아들러학파 상담에서 경계선 장애는 방임된 아동이나 학대받은 아동뿐만 아니라 때때로 응석받이 아동에게서도 발견된다. 부적절한 자녀 양육으로 인해 이러한 개인은 다른 사람과의 상호작용에서 자기중심적 관점을 갖게 되고 진실한 사회적 관심도 보이지 않는다. 가끔 그들이 다른 사람에게 관심을 나타낼 수 있지만 그것은 자신에게 이익이 될 경우에만 그렇다(Croake, 1989). 경계선 장애를 가진 것으로 확인된 사람들은 무작위로 또는 일관성 없는 방식으로 부모의 지지를 받았기 때문에 일반적으로 다른 사람들로부터 지지를 거의 또는 전혀 느끼지 못한다. 이러한 일관성이 없는 지지로 인해 그들은 부적응적인 모습을 보이거나 조종하려는 양식을 취함으로써 다른 사람들의 관심을 지속적으로 추구한다. 충분한 관심을 받지 못하면 분노할 것이지만 또한 그들은 다른 사람을 기쁘게 하기 위해 지속적으로 노력하여 주목을 받을 수 있다. 아들러학파 상담의 관점에서 "경계선 성격 장애는 좌절감 및 빈약한 자기개념과 염세주의의 산물이다"(Croake, 1989, p.475).

경계선 장애의 치료에서 아들러학파 상담자는 경계선 행동을 바꾸는 것은 긴 회기에 걸쳐 몇 번이고 반복적으로 관점을 바꾸어가며 노력해야 한다고 본다. 경계선 장애에 대한 아들러학파 상담은 자신과 타인의 관점에 대한 신념과 같은 허구의 지도를 직면하게 하는 것이 특징이다(Croake, 1989). 이러한 허구의 지도는 아들러학파 상담자에게 끊임없이 설명과 교육을 요구하면서 다른 사람들이 행동하는 방식에 대하여 종종 비합리적인 기대를 한다. 그들을 치료하는 데 있어 아들러학파 상담은 경계선 장애 내담자들에게 다른 사람들을 보는 시각을 보다 유연하게 가질 것을 요구하며 내담자들이 자신에 대한 기대를 보다 합리적으로 할 수 있도록 돕는다. 아들러학파 상담은 무조건적 수용과 함께 부적절한 내담자의 행동을 관찰하면서 내담자를 격려한다. 또한 경계선 장애 내담자가 다른 사람들과 협력하도록 권장하여 사회적 관심을 증진시킨다. 경계선 장애 내담자에 대한 아들러학파 상담자의 수용, 격려, 교육적인 접근은 다음의 간단한 사례에서 설명하였다.

제인(Jane)은 26세의 백인 여성으로 경계선 성격 장애에 대한 DSM-Ⅲ-R 기준을 충족한다. Croake(1989)는 일주일에 두 번씩 45회기 이상 그녀를 만났다. 후반 회기의 대부분은 정신과 레지던트와 함께 한 복합적인 치료 회기였다. 제인이 보고한 초기 회상은 성적 학대의 이력이었다. 현재 그녀는 남성들과 단편적인 만남을 하며 만족스럽지 않은 연애관계를 이어가고 있다. 또한 대학에서 시간제로 일하고 있으며, 직업을 구하고 있는 중이다. 제인은 4~6세 사이에 발생한 초기 회상을 이야기했는데, 그것은 어머니는 요리를 하고 있었고 자신은 어머니에게 양아버지가 자신에게 바지를 벗으라고 한 것을 이야기하는 것이었다.

Croake(1989)는 그녀와 함께 다음과 같은 대화를 나누었다.

> 상담자: 자신에게 관심이 있는 사람과 관심 없는 사람으로 두 집단 나누는 것이 공평한 가요?
>
> 제인: 누구나 그렇지 않나요?
>
> 상담자: 그렇지는 않아요. 그러나 저는 당신이 누군가에게 마음을 사로잡히는 동안 왜 언쟁이 오가는 관계를 갖는지, 그 사람에게 심하게 화를 내는지 잘 알 수 있습니다.
>
> 제인: 무슨 말인지 잘 모르겠어요.
>
> 상담자: 당신은 누군가가 당신에게 친절하면, 그들이 당신을 좋아한다고 느끼는 것 같아요. 만약 그들이 비판적으로 당신을 해석하여 설명을 한다면, 당신은 그들이 더 이상 당신을 좋아하지 않는다고 믿죠.
>
> 제인: 글쎄요, 친구가 나를 비판하는 것은 확실히 좋지 않죠. (분노 감정)
>
> 상담자: 당신은 지금 방금 내가 당신을 비판했다라고 생각하는 것 같아요.
>
> 제인: 그러지 않았나요?
>
> 상담자: 나는 당신의 방식에 대하여 설명을 하고 있었어요. 나는 당신을 깎아내리는 것이 아닙니다.
>
> 제인: 나는 당신이 나를 깎아내리는 것처럼 느꼈어요.
>
> 상담자: 당신을 공격할 만한 모든 것에 대해 항상 방어 자세로 자신을 보호하는 것은 어려워요. 이번 회기에서 당신은 무엇을 배웠습니까?
>
> 제인: 당신은 제가 너무 쉽게 상처받는다고 말하고 있는 것 같아요. (pp.478~479)

Croake는 그녀의 분노 감정을 다루는 동시에 행동과 작용방식의 학습에 대해서도 제인에게 도움을 준다. 그는 그녀가 지나치게 단순화되고 이분화하는 생각을 벗어나도록 하였으며 또한 감정 표현을 촉진하는 것이 충분하지 않았기 때문에 제인의 감정 바탕에 있는 신념을 이해할 수 있도록 돕는다. 이것은 상담자와 제인 사이의 마지막 교류로 묘사되었다. 매우 복잡한 사례 중 제한적으로 제시된 이 대화는 경계선 장애에 대한 아들러학파 치료적 접근을 보여 주는 것이다.

단기 심리치료

Adler는 8~10주 내에 내담자를 치료할 수 있다고 보았다(Ansbacher & Ansbacher, 1970). 그는 대부분의 내담자를 일주일에 두 번 만났으므로 상담 회기의 전체 수는 종종 20회기보다 적을 것이다. 단기 심리치료의 개념을 대부분 간단한 것으로 간주하지만 많은 아들러학파 상담자에게는 일반적인 것이다(Shlien, Mosak, & Dreikurs, 1962). Kern, Yeakle, &

Sperry(1989)가 50명의 아들러학파 상담자에 대해 조사한 결과, 86%의 내담자가 1년 미만의 치료를 받았으며, 53%의 내담자는 6개월 미만의 치료를 받았음이 밝혀졌다. 문제의 경중에 의해 회기의 수는 다양하게 변화하였다.

아들러학파 상담은 목표 제한보다는 시간을 제한하는 데 중점을 둔다. Manaster(1989)는 "아들러학파 상담자는 주어진 시간이 얼마가 되었든 가능한 한 짧은 시간 내에 충분하고 완전한 치료를 시도한다."(p.245)고 서술한다. Kurt Adler(1989)는 각각 두 번씩 내담자를 만나고, 치료한 두 사례를 설명한다. Manaster(1989)는 진단의 범주가 치료의 길이와 관계가 있다고 생각하지 않았다. 왜냐하면 치료의 기간을 결정하는 것은 증상 자체가 아닌 "증상을 선택한 감춰진 이유"(p.247)이기 때문이다. 문제의 초점을 활동 중심적이고 목표 지향적으로 맞춤으로써 아들러학파 상담자는 치료를 위해 필요한 시간을 제한할 수 있다(Ansbacher, 1989).

Nicoll(1999) 및 Bitter & Nicoll(2000)의 아들러학파 관점을 근거로 하는 성격 이론 및 심리치료에서의 단기 치료 방법은 평가적 접근으로 내담자의 행동을 이해하는 세 가지 수준을 포함한다. 단기 심리치료는 네 가지의 서로 겹쳐지는 단계로 진행된다.

이해의 세 가지 수준은 '(1) 어떻게 느끼는가, (2) 목적이 무엇인가, (3) 이유는 무엇인가'로 나타낼 수 있으며, 수준 (1)은 행동에 대한 내담자의 행동과 감정 확인, 수준 (2)는 증상의 목적이나 기능 결정, 수준 (3)은 내담자가 자신의 삶의 의미를 만드는 데 사용되는 '이유'나 근거, 논리를 결정한다.

이러한 이해의 세 가지 수준은 다음 치료적 변화의 4단계에 적용되는데 (1) 표출된 문제 행동의 설명, (2) 상호작용 평가의 기본 규칙, (3) 상호작용 규칙에 대한 내담자의 재정향, (4) 새로운 행동 절차 처방이다. 행동 용어로 설명할 때, 상담자는 내담자에게 '나는 ~하다', '나는 ~를 가지고 있다', '나는 ~ 때문에 괴롭다'와 같은 표현보다, 행위 동사('~하는 중'으로 끝나는 동사)를 사용해 보도록 권한다. 문제를 서술할 때 일어나는 상호작용의 기본 규칙을 듣는 동안 상담자는 내담자에게 증상에 대해 이해하고 있음을 보여 주는 자세를 취한다. 재정향, 또는 변화 과정은 상담자가 증상의 세 가지 수준을 이해할 때 나타난다. 그런 다음 상담자는 내담자에게 자신이 무능하지 않고 유능하다고 생각하는 것과 같이 상호작용의 규칙이 변경될 수 있다는 것을 보여 준다. 새로운 행동 방식을 규정하는 것은 재정향 과정을 따른다. 유능한 자신을 보기 시작한 내담자에게 매일 하루를 마무리하며 직장에서 있었던 일 중 성공 목록 세 가지를 목록으로 만들도록 한다.

최신 동향

Adler는 항상 개별적인 심리치료 서비스의 범위를 넘는 사회와 교육 문제에 대하여 폭넓은 관심을 가지고 있었다. 유럽과 미국 모두에서, 아들러학파는 공립학교 내의 프로그램과 교육 시스템을 개발하는 것에 적극적이었고 또한 학교에 있는 교사와 상담자에게 도움이 되었다(Carlson, Dinkmeyer, & Johnson, 2008; Lemberger & Milliren, 2008). 이러한 부분적인 활동으로 인해 아들러학파 상담은 성인과의 상담에 비해 아동 및 가족 상담으로 잘 알려져 있다. 아들러학파는 개별적인 심리치료뿐만 아니라 교육 시스템을 통해 작업함으로써 사회 전체에 큰 영향을 미칠 수 있다고 보았다.

Dreikurs와 그의 제자 및 동료들은 미국에서의 아들러학파 치료 및 교육 아이디어의 개발을 담당했다. 자녀 지도, 상담 및 심리치료, 가족 상담에 인증서를 제공하는 교육 기관은 뉴욕, 시카고, 세인트루이스, 데이튼, 포트 웨인, 클리블랜드, 미니애폴리스, 버클리, 샌프란시스코, 몬트리올, 밴쿠버 등 미국과 캐나다 전역에 확산되어 있다. 이러한 교육기관은 미국 전역의 많은 대도시 내의 지역 아들러학파 단체에서 만들어졌다. 아들러학파 심리학북미협회(NASAP)는 분기별 저널인 『개인 심리학 저널(Journal of Individual Psychology)』[과거 『개인 심리학(Individual Psychology)』], 뉴스 레터인 『NASAP 뉴스 레터』를 발행하고 있다. 박사과정의 수련과 관련하여 전문적인 심리학을 다루는 아들러 학교에서는 임상 심리학 박사학위를 수여한다. 아들러학파 심리학의 북미협회는 약 1,200명의 적은 회원이 있지만 아들러학파 상담을 실천하는 사람들은 이보다 더 많다. 또한 아들러학파 이론은 많은 인지 이론과 실존주의, 게슈탈트, 현실 심리치료, 가족 심리치료자에게 영향을 주었다.

아들러학파는 아들러학파 심리학이 정체되지 않고 새로운 방향으로 나아가도록 하기 위하여 자신의 발전 방향을 비평하였다. Mosak(1991)은 아들러학파 학습 이론, 발달지각 이론, 직업 결정에 관한 정보 및 기타 생활 활동을 포함하여 자신의 연구에 과학적 심리학의 여러 분야를 통합하고자 하였다. 아들러학파는 사회 문제에 관심을 갖기 때문에 Mosak(1991)은 사회 복지, 빈곤, 노숙자, 차별, 여성 문제를 더 많이 포함해야 한다고 보았다. Watts(2000)는 아들러학파 상담이 이러한 문화적 다양성과 영성 등의 현대 사회의 문제에 대하여 어떻게 최신 상태로 유지할 것인가를 설명한다. 2005년에 미국에서 발생한 허리케인의 희생자를 돕는 현장에 아들러학파가 참여한 것은 사회적 문제에 대한 관심을 보여 준 사례이다. 아들러학파 심리학이 성장하고 역사에서 사라지지 않기 위해서는 새로운 응용 프로그램이 만들어져야 할 필요가 있다.

아들러학파 심리치료를 다른 심리치료 이론과 함께 사용하기

심리치료 이론가들이 아들러학파 상담 원리를 광범위하게 활용하는 것과 마찬가지로 상담자와 심리치료자들은 Adler에 의해 개발된 개념과 기술을 사용한다. Watts(2003)는 다른 심리학적 접근들이 아들러학파 심리치료와 통합하여 얼마나 많이 사용될 수 있는지 설명하였다. 많은 상담자들은 아들러학파 심리치료의 활동 중심적이고 목표 지향적인 접근 방식이 특히 단기 심리치료에서 자신의 업무에 지침으로 활용될 수 있다는 것과 아들러학파의 관계에 대해 협력적인 부분과 내담자에 대한 격려의 강조가 심리치료적 개입에 도움이 되는 지침이라는 것을 인정하였다.

발달상의 관점에서 가족 구도와 출생 순위에 초점을 맞추면 내담자의 관점과 환경(부모뿐만 아니라 형제와 다른 사람들까지도)과의 상호작용에 대한 광범위한 틀이 만들어진다. 초기 회상이 갖는 가장 중요한 점은 많은 상담자들이 내담자의 초기 발달에 대하여 탐색하는 데 사용할 수 있다는 것이다. 또한 아들러학파 치료는 목적이 명료하여 심리치료자와 상담자에게 상담의 목적을 분명하게 해 준다. Adler는 내담자가 자신의 목표를 달성하도록 도와주는 것이 중요함을 강조하였다(Griffith & Graham, 2004; Sweeney, 2009). Adler는 생활양식에서 개인의 기본적인 오류를 확인하는 것에 초점을 맞추고 상담자가 심리치료의 목표에 집중하며 다른 문제로 벗어나지 않도록 돕는다.

관계의 발달, 생활양식의 분석, 해석, 통찰과 재정향의 심리치료를 통해 아들러학파는 내담자의 목표를 달성하는 것을 촉진하고자 한다. 행동주의 상담자에 의해 목표가 어느 정도 강화되면 격려는 내담자가 그들의 문제에 대하여 해결책을 찾아내도록 돕는 것이다. 격려가 아들러학파에 의해 개념화되면서 다양한 심리치료 및 상담의 형태에 적용될 수 있었다(Carlson, Watts, & Maniacci, 2006; Watts & Pietrzak, 2000).

아들러학파 상담자는 자신의 치료에 통합하여 사용할 수 있는 다른 이론을 적극적으로 찾는다. 이야기 심리치료(Hester, 2004) 및 기타 구성주의 심리치료(Jones & Lyddon, 2003)와 같은 적극적인 치료들이 아들러학파 치료와 통합되는데 게슈탈트 치료와 아들러학파 심리치료(Savard, 2009)는 서로 다양한 부분을 공유할 수 있다. 단기 인지행동 치료와 아들러학파 치료(Freeman & Urschel, 2003) 또한 잘 어울릴 수 있다. 애착 이론은 사회적 관심과 삶의 과제를 완성하는 능력과 비슷한 개념을 다룸으로써 아들러학파 이론에 대한 유용한 관점을 제공한다(Weber, 2003). 다른 이론적 관점의 활용에 대하여 개방적인 태도는 아들러학파 치료의 중요한 특징이다.

연구

아들러학파 상담의 개념과 심리치료 연구에 있어서 다른 심리치료 이론과 비교하여 결과를 도출한 연구는 거의 이루어지지 않았다. 연구 사례가 적은 이유 중의 하나는 일반적으로 아들러학파가 사례에 대한 치료적 변화에 관한 연구 방법을 선호하기 때문이다(Maniacci, Sackett-Maniacci, & Mosak, 2013). 아들러학파는 개인의 주관적인 성격을 강조하기 때문에 상대적으로 집단 간의 비교 연구는 아들러학파 상담 개념과 심리치료에 충분한 이해를 제공하지 못할 것이라는 우려가 있다. 출생 순위와 사회적 관심은 아들러학파 성격 이론의 중요한 두 가지 영역으로 대부분의 연구는 세부적인 영역에서 이루어지게 되고 일반론적 연구 결과에 대해서는 간략히 논의된다.

Croake & Burness(1976)는 아들러학파 상담 연구 집단에 참여한 부모와 참여하지 않은 부모의 태도를 비교하였는데, 그 결과 가족 상담의 4~6회기 이후 어떠한 차이도 발견되지 않았다. 그러나 Lauver & Schramski(1983)는 아들러학파 상담 부모 연구 집단의 다른 연구를 검토하는 과정에서 자녀 양육과 아동에 대한 태도에서 긍정적인 변화를 발견하였는데 연구 집단에 참여한 이후 아동에 대하여 권위주의가 감소되고 보다 허용적인 태도를 갖게 되었다. Spence(2009)는 아들러학파 원칙에 따라 효과적인 부모-자녀를 위한 체계적 훈련(STEP-Teen)을 사용하여 부모가 청소년과의 상호작용에서 자녀를 도울 수 있는 새로운 양육 기술을 배울 수 있다는 점을 밝혔다.

아들러학파 심리학에서 가장 주목을 받는 영역은 출생 순위이다. 출생 순위에 관한 연구에서 쟁점은 지각된 출생 순위 혹은 심리적 출생 순위와 다른 실제 출생 순위의 사용이다. Stewart(2012)는 실제 출생 순위보다 지각된 혹은 심리적 출생 순위가 사용되었을 때 완벽주의와 비합리적 신념, 다른 심리적 변수 등을 잴 때 더 큰 효과를 보인다고 판단하였다. 출생 순위에 대한 상당 수의 연구는 첫째, 막내, 외동에 특히 중점을 두었다. 이 연구에 대해 대한 자세한 설명은 Derlega, Winstead, & Jones(2005)와 Schultz & Schultz(2013)에서 확인할 수 있다. 출생 순위에 관한 연구는『개인 심리학 저널』(Stewart & Eckstein, 2012)에서 연구 주제로 다루어졌다. Eckstein 등(2010)의 문헌 연구에는 첫째에 관한 연구와 함께 출생 순위 유형별 공통적 성격 특징을 보여 주는 200개의 연구가 나타나 있다.

Adler는 첫째 아이가 다른 형제보다는 높은 수준의 학문 및 직업적 성취를 달성할 것이라고 보았다. Maddi(1996)는 대학 내에서 다른 순위의 학생들과 비교하여 첫째 아이가 훨씬 많다는 것을 여러 연구를 통하여 보고하였다. 9~13세 134명의 아동에 대한 연구에서 대처 자원의 수준(가족 지지, 또래 수용, 사회적 지원)은 첫째와 외동일 경우 높았고, 중간 아동에서 낮았다(Pilkington, White, & Matheny, 1997). 완벽주의 평가에서, Ashby, LoCicero & Kenny(2003)는 중간 아동이 적응적 완벽주의자보다, 완벽을 추구하지 않거나 부적응적 완벽주의자일 가능성이 더 많다고 보고하였다. Fizel(2008)은 중간 아동이 완벽하게 적응하기보다 부적응적 완벽주의자일 가능성이 더 크다는 것을 지지하는 연구 결과를 보고하였으며, 또한 첫째가 적응적 완벽주의자와 관련 있다는 것을 보고했다. 외동에 관한 Falbo(2012)의 연구에 의하면 외동아이는 많은 형제자매가 있는 또래보다 학업 능력 점수가 높았다. 하지만 점수 차이가 크지는 않았다. 일반적으로 외동과 첫째 아동이 특별히 책임감을 갖는다는 것에는 일부(만장일치는 아님)의 지지를 받고 있다.

Adler는 막내가 가족의 다른 구성원에 의해 버릇이 없거나 응석받이가 될 가능성이 있다고 밝혔다. 그는 막내의 응석을 받아주는 것은 다른 사람에게 의존하게 하고 어려운 삶의 과제를 다루는 데에 문제가 발생할 수 있다고 보았다. 연구 결과를 살펴보면, Barry &

Blane(1977)의 연구에서는 알코올의존자 중에 막내가 지나치게 많았고 Longstreth(1970)는 첫째보다는 나중에 태어난 아동이 위험한 활동을 할 가능성이 높다고 보고했다. 첫째는 낭만적인 관계에 대하여 불합리한 신념을 가장 높게 나타내었고, 막내에게서는 가장 낮았다 (Sullivan & Schwebel, 1996). 이렇듯 성격 특성과 출생 순위 문제의 관계는 아주 복잡하다 (Schultz & Schultz, 2013).

Crandall(1981)은『사회적 관심에 대한 이론과 평가(Theory and Measurement of Social Interest)』에서 Adler의 사회적 관심의 개념, 사회적 관심과 이타주의, 미래에 대한 낙관론, 협력과 공감 사이의 긍정적인 관계를 수치화하였다. Dinter(2000)는 사회적 관심을 가지는 것과 자기효능감에 대한 인식 사이의 관계를 발견하였으며, Johnson(1997)은 아들러학파 상담자 훈련에서의 사회적 관심에 대한 역할을 연구하였다. 사회적 관심에 관한 연구를 살펴보면 Watkins & Guarnaccia(1999)는 높은 사회적 관심이 긍정적인 개인 특성과 많은 관련이 있음을 보고하였다.

아들러학파 연구는 특히 심리치료로 인한 변화에 관한 연구가 부족하다. 초기 회상, 가족 구도, 생활양식 개발의 사용에 초점을 맞추는 사례 연구가 도움이 될 수 있으며 아들러학파 상담의 행동중심 기법의 효과에 대한 기록도 도움이 될 것이다.

성 관련 주제

이론 발달 초기에 Adler는 남성 사회에서의 여성의 역할에 관심을 가졌다. 그는 20세기 초 비엔나에서 다음의 방식으로 남성과 여성의 상대적 역할을 보았다.

> 남성이 지배를 하면서 남성은 자신의 이익, 생산 과정, 노동의 분배에 있어 여성 위치에 영향을 주었다. 남성은 여성의 삶의 범위를 규정하였고, 영향을 주는 입장에 있었다. 여성은 주로 남성의 관점에 따라 삶의 형태를 결정하였다.
>
> 여성이 남성의 특권에 불만을 느끼며 오늘날 문제로 제기되자 남성은 여성보다 우월감을 갖기 위해 지속적으로 노력했다. (Ansbacher & Ansbacher, 1978, p.5)

따라서 남성이 여성보다 뛰어난 역할을 하고 있었다. Adler에 따르면 남성과 여성은 모두 우월하고 싶거나 남성처럼 되고 싶어 했다. 신경증적 남성은 완벽을 추구하는 하나의 방법으로 자신의 개인적인 발전보다는 '남성'에 초점을 둔다(Ansbacher & Ansbacher, 1956). 그는 여성은 사회가 부여한 한계를 거부하는 욕구로서, 남성은 우월감 콤플렉스로 나타나는 욕구로 '남성적 저항'이라는 용어를 사용하였다(Sweeney, 2009). Adler의 견해는 모든 개인이 최선을 다하기 위해 우월성을 추구해야 한다는 것이다. 당시 시대에서의 성역할 기대는 이러한 견해를 방해했지만 Adler는 여성들이 임신중절 수술을 할 수 있는 권리를 가지고 있어야 한다며 여성의 권리 운동을 지지했다(Ansbacher & Ansbacher, 1978). Adler가 성별 문제에 대해 광범위하게 저술한 그의 작품은 상당 부분 여성의 열등감 신화에 대하여 다루었고, 그의 집필은 『남녀 사이의 협력(Cooperation Between the Sexes)』이라는 도서명의 책으로 Ansbacher & Ansbacher(1978)에 의해 완성되었다. Bottome(1939)는 여성에 대한 Adler의 태도가 부분적으로 평등을 강조한 마르크스주의와 사회주의에 대한 관심의 결과일 수 있다고 주장한다. 또한 철학적, 정치적 견해에 관심이 많았던 Adler의 아내 Raissa는 여성의 권리에 대한 분명한 견해를 가지고 있었다. 이 같은 평등의 시각은 Dreikurs와 그의 동료에 의해 전수되었다(Sweeney, 2009). 아들러학파는 초기 여성주의자 또는 남성 우월의 신화를 지적하는 최초의 저명한 심리학자로 Adler를 꼽는다(Bitter, Robertson, Healey, & Jones Cole, 2009). 여성주의와 아들러 치료를 혼합하여 자해를 하는 내담자를 돕는 치료 기법으로도 사용되고 있다(Healey & Craigen, 2010).

다문화 관련 주제

아들러학파 상담에서의 정서적 건강이란 개인이 사회적 관심을 가까이에 있는 가족을 넘어 광범위한 문화적인 단체에까지 확장하도록 개발해야 한다는 것을 의미한다. Newlon & Arciniega(1983)에 의하면 많은 소수 민족(아메리카 원주민, 멕시코 미국인, 아프리카 미국인)은 개인의 정체성과 함께 사회적 단체의 정체성을 중요하게 생각한다. 남아프리카의 우분투(Ubuntu) 지역 여성과의 치료 과정에서, 연구자들은 사회적 관심과 친밀감에 따라 치료적 개입이 특히 효과적이라는 것을 발견했다(Brack, Hill, Edwards, Grootboom, & Lassiter, 2003). Hill, Brack, Qalinge, & Dean(2008)은 AIDS 클리닉에 대한 전통적인 남아프리카 치료자(주술사)의 관습을 연구함으로써 주술사의 관습과 아들러학파 상담 사이의 유사성이 있음을 설명하였다. 아시아계 미국인들과의 작업에 있어서는 상담자가 내담자의 가정환경뿐만 아니라 사회적 관심에 주의를 기울이는 것이 내담자의 사회적, 문화적 맥락을 고려하는 것만큼 중요하다(Carlson & Carlson, 2000). 사회적 관심은 티베트의 대승불교에서 자비심에 대한 관점과도 연관이 있고(Ran, 2010), 코란(Koran)과 다른 이슬람 문헌 속에서 자주 발견된다(Alizadeh, 2012). 또 다른 연구를 보면 유럽과 북아메리카뿐만 아니라 중국에도 사회적 관심의 개념을 적용해 볼 수 있다(Foley, Matheny, & Curlette, 2008). 일반적으로 사회적 관심을 측정하는 BASIS-A 검사의 다섯 척도는 중국 전역에 걸친 개인 사례별 삶의 질이 미국에 있는 개인과 비슷하게 나타났다.

　다문화의 내담자들과 사회적 관심과 다른 사회 문제를 측정할 때 상담자는 더 주의를 기울여야 한다. Newlon & Arciniega(1983), Arciniega & Newlon(1983)은 상담자들이 다양한 문화의 사람들과 상담할 때 알아야 할 몇 가지 사회적 문제를 '언어, 문화적 정체성, 가족 역동, 지리적 위치'로 설명하였다.

- 언어: 가족 구성원은 자신들의 모국어와 영어 사용 능력에서 유창성과 이용도가 차이가 난다. 개인의 언어 사용과 언어의 역할에 관심을 갖는 것은 개인 치료와 상담에 도움이 될 수 있다.
- 문화적 정체성: 개인이 그들 자신에게 라벨을 붙이는 방식과 그들 자신을 보는 시선은 중요할 수 있다. 예를 들면, 아시아계 미국인 내담자가 자신의 정체성을 미국인, 아시아인 또는 일본인 중 무엇을 받아들이는가와 같은 문제이다.
- 가족 역동: 출생 순위의 문제는 소수민족에서 광범위하게 파악할 수 있어야 한다. 예를 들면, 대부분의 스페인 가정에서는, 삼촌, 조부모, 사촌 또는 친구가 아동 양육에 있어서 중요한 역할을 할 수 있다. 또한 멕시코계 미국인과 미국 원주민 문화에서는 다른 문화에서보다 첫째가 형제 양육에 대한 더 많은 책임을 가질 수 있다.
- 지리적 위치: 개인이 거주하거나 성장하는 곳의 이웃 또는 지역은 문화적인 집단 안에서 차이가 있을 수 있다. 예를 들면, 아프리카계 미국인이 미국의 남부에서 생활하는 것과 서부 해안에서 생활하는 것은 매우 다른 문화에 놓이게 되는 것이다. Newlon & Arciniega(1983)는 "철저한 소수민족의 지역에 살고 있는 가족은 이웃과 밀접하게 살고 있어 가족이라는 개념 그 자체를 다르게 본다."(p.9)라고 설명한다.

다른 문화적인 집단을 이해하기 위해 사회적 맥락을 강조하는 것은 아들러학파에게 의미 있는 일이다. 이 책에서 아들러학파 치료를 다른 이론과 비교하여 논의하는 것에 대하여 Sweeney(2009)는 아들러학파 치료가 특히 문화적인 문제에 민감하게 반응하는 방법이라고 밝히고 있다. Sperry(2012)의 연구에는 문화적 유능성에서 사회적 관심, 수용, 관용이 중요함을 보여 주었다.

집단 상담과 심리치료

아들러학파 상담의 집단 상담과 심리치료의 접근 방식은 다양한데 아들러학파 이론을 적용함으로써 교육적이며 창조적인 방법으로 진행된다는 특징이 있다. Sweeney(2009)는 여러 가지 형태를 갖는 것은 아들러학파 집단 치료의 기본이 될 수 있다고 설명한다. 아들러학파 집단에서 대표적인 것은 생활양식 집단이다. 이 집단에서 구성원은 가족 관계, 형제 사이의 비교, 초기 회상을 비롯한 작은 생활양식을 개발한다. 지도자와 몇몇 구성원은 개인의 잘못된 지각, 자원, 목표를 설정한다. 그런 다음 집단은 개인의 신념과 목표 측면에서 각각 구성원의 생활양식을 논의할 수 있다. 구성원은 서로서로 변화의 단계로 발전하도록 돕는다. 집단에서 구성원은 각 구성원의 생활양식에 주목할 수 있다.

Dinkmeyer & Sperry(2000)는 개인이 그들의 사회적 관심을 높임으로써 보다 효과적인 관계로 나아갈 수 있도록 돕기 위해 '목적 분석 워크숍(teleoanalytic workshop)'을 고안하였다. 워크숍에는 사회적 관심, 생활 과제와 도전, 격려 및 용기와 같은 주제의 강의가 포함된다. "자신의 강점, 우선순위, 자존감, 가족 분위기, 가족 구도, 자원에 대하여 자신을 소개하는 것"(p.231)을 포함한 주제로 집단에서 두 사람, 그다음 네 사람, 그리고 여덟 사람, 이후에 큰 집단으로 의사소통을 시작하며 각각의 주제에 따른 경험은 개인이 의사소통 기술을 향상하도록 돕는다.

아들러학파 상담은 Moreno의 심리극 기법을 변형하여 사용하기도 한다. 심리극은 자신의 문제해결을 돕기 위해 행동을 사용하는 것을 말한다(Blatner, 2000, 2003). 극작가나 훈련된 심리극 상담자는 내담자가 문제 상황이나 관계를 시연할 수 있도록 돕는다. 다른 사람(간혹 내담자 문제와 관련된 실제 인물)이 심리극 안에서 역할을 연기할 수도 있다. 이 과정에서 내담자는 무대를 돌아다니고 내담자의 삶에서 다루기 어려운 주제를 표현한다. 자신의 문제를 행동으로 보이거나 행동화된 문제를 바라볼 때, 내담자는 자신의 문제에 대한 통찰과 그것을 다룰 새로운 전략을 개발한다. Shulman(1971)은 마이더스 기법을 개발하였는데 구성원이나 지도자가 내담자에게 그가 갖고자 하는 세계와 관계를 창조하는 역할을 하도록 하는 것이다. '활동 심리치료(action therapy)'(O'Connell, 1975)를 통하여 구성원은 집단에서 자존감을 가진 인격체로서 서로 지지하고 격려하는 방법으로 상황을 시연한다. 이러한 사회적 교류의 형태는 집단 안에서 사회적 관심을 활성화한다.

요약

아들러학파 치료와 상담은 개인을 커다란 사회적 체계 속의 부분이며 주관적이며 인간적인 존재라고 가정한다. 아들러학파의 관점은 개인의 생활양식과 6세 이전에 형성된 세계 및 자신에 대한 관점의 측면에서 발달하고 있다. 개인은 그들이 진실이라고 믿는 것에 신념과 확신을 갖는다. 아들러학파는 이러한 개인의 본성을 인지하고 사회와 소통하는 신념에 초점을 맞추는 것을 강조한다.

아들러학파 상담은 가족 구도, 초기 회상, 꿈에 대한 정보 평가를 통하여 내담자를 이해한다. 설문지와 면담을 통하여 실시된 생활양식 분석은 상담자가 중요한 삶의 목표, 사랑, 일, 사회 참여, 자아 발달, 영성 발달을 추구할 수 있도록 내담자를 격려함으로써 도움을 주는 과정에 기초로 활용된다.

아들러학파 상담의 치료적 과정은 교육적으로 보인다. 아들러학파 상담은 잘못된 인식과 기본적인 오류를 바로잡는 것으로 내담자를 격려하고 지지한다. 이렇게 함으로써 내담자는 다른 사람들과 협력하고 다양한 방법으로 사회에 이바지하도록 학습한다. 아들러학파 상담은 상상하기, 버튼 누르기 기법, '마치 ~처럼' 행동하기 등 많은 획기적인 활동 기법을 개발하였다.

아들러학파 상담은 아동 보호기관, 결혼 상담, 집단 상담에 관한 교육 활동을 강조하였으며 아들러학파 상담에서는 심리치료의 체계보다 사회적 환경 안에서 생산적으로 기능하는 사람을 돕기 위한 예방적 목표에 초점을 맞춘다. 또한 실용적 접근을 하기 때문에 Adler의 생각과 일치하는 다른 치료적 접근 중 치료적이고 교육적 전략을 활용한다. Adler의 사상은 많은 이론가가 그들의 이론적 관점을 개발하는 데 사용되고, 차용되고 받아들여지고 있으며 아들러학파는 자신들의 사상에 대한 소유권을 주장하기보다 사회의 진보에 대하여 더 많이 고려한다.

이론의 적용

실습

CengageBrain.com에 나와 있는 디지털 자기 측정 도구, 핵심 용어, 동영상 사례(이론의 적용), 사례 연구, 퀴즈 문제로 아들러학파 심리치료의 개념을 자세히 연구하고 실습할 수 있다.*

추천 자료

Ansbacher, H. L., & Ansbacher, R. (Eds.). (1956). *The individual psychology of Alfred Adler*. New York: Basic Books.
저자는 많은 Alfred Adler의 저술을 이 책에 담아내었다. 특히 저자의 의견은 어떻게 아들러 이론이 발전해 왔는지를 이해하는 데 도움이 된다.

Ansbacher, H. L., & Ansbacher, R. (Eds.). (1970). *Superiority and social interest*. Evanston, IL: Northwestern University Press.
이 책은 1931년에서 1937년까지 Adler의 후기 저술 모음집이다. 이 책에는 심리치료에 관한 Adler의 관점과 다양한 심리적 장애의 치료와 개념화에 관한 Adler의 견해가 담겨져 있다.

Ansbacher, H. L., & Ansbacher, R. (Eds.). (1982). *Cooperation between the sexes*. New York: Norton.
이 책은 여성과 남성, 사랑과 결혼 그리고 성에 관한 Adler의 저술 모음집이다. 성 문제(gender issue)에 관한 Adler의 관점이 잘 나타나 있다.

Carlson, J., Watts, R. E., & Maniacci, M. (2006). *Adlerian therapy: Theory and practice*. Washington, DC: American Psychological Association.
이 책에는 아들러학파의 성격 이론과 심리치료, 생활 양식 평가와 치료 및 상담적 접근에 관한 정보가 잘 나와 있다.

Maniacci, M. P., Sackett-Maniacci, L., & Mosak H. H. (2013). Adlerian psychotherapy. In D. Wedding & R. J. Corsini (Eds.), *Current psychotherapies* (10th ed., pp. 55–94). Belmont, CA: Cengage Learning.
이 장에서는 아들러학파 심리치료의 적용, 역사적, 이론적 측면이 가장 중요한 개념을 중점으로 묘사되어 있다.

Sweeney, T. J. (2009). *Adlerian counseling and psychotherapy: A practitioner's approach* (5th ed.). New York: Routledge.
이 책은 아들러학파 상담과 심리치료의 훌륭한 입문서이다. 이 책은 아들러학파 성격 이론, 건강 (Wellness), 평가 방법, 격려 그리고 치료적 기술 등을 다루고 있다. 또한 아동 상담, 진로 상담, 가족 치료, 부부 치료와 집단 상담도 포함하고 있다.

---

* 해당 서비스는 유료로 이용하실 수 있습니다.

CHAPTER 5

실존주의 심리치료

실존주의 심리치료의 개요

실존주의 성격 이론을 이용한 개념화
세계 내 존재
네 가지 존재 방식
    주변 세계
    공존 세계
    영적 세계
    고유 세계
시간과 존재
불안
삶과 죽음
자유, 책임, 선택
소외와 사랑
의미와 무의미
자기 초월
진솔성 추구
진솔성과 가치의 발달

실존주의 심리치료
실존주의 심리치료의 목표
실존주의 심리치료와 상담
평가
    초기 평가
    평가 도구로서의 꿈
    객관화 및 투사화 검사 사용하기
치료적 관계
    치료적 사랑
    저항
    전이
    치료 과정
삶과 죽음
자유, 책임, 선택
    자유
    책임
    선택
소외와 사랑
의미와 무의미

인간과 인간의 실존에 관한 철학적 접근에 기초하여 실존주의 심리치료는 중요한 인생의 주제를 다룬다. 실존주의 심리치료는 기술이나 방법을 처방하기보다는 삶의 주제에 대한 태도에 관한 접근이다. 주제는 삶과 죽음, 자유, 자신과 타인에 대한 책임, 인생의 의미 찾기, 무의미 등을 다루는 것을 포함한다. 실존주의 심리치료는 다른 심리치료들보다도 개인이 자기 자신에 대하여 인식하고, 일상 사건과 현재의 문제를 뛰어넘어 실존적 문제를 볼 줄 아는 능력을 시험한다. 개인은 홀로 존재하지 않기 때문에 다른 사람들과 진실하고 친밀한 관계를 형성하는 것은 전체 실존주의 심리치료 주제 중 하나이다.

정신분석으로 훈련받았던 최근의 실존주의 상담자들은, Freud가 생물학적인 충동과 무의식적 과정을 강조하는 것에 만족하지 않았던 유럽의 정신과 의사들이다. 그들은 내담자를 Freud 이론의 확장으로 보는 것이 아니라, 지금 눈앞에 있는 내담자와 내담자에게 일어났던 일과, 내담자를 있는 그대로 바라보는 일에 관심이 있었다. 19세기 서구 유럽 철학자의 영향으로, 실존주의 심리치료자들은 내담자들이 힘겨운 책임, 외로움, 절망, 죽음에 대한 두려움 등으로 야기된 불안을 어떻게 다루는지에 대한 이야기를 들었다. 이 장에서는 구체적인 접근이 아닌(비록 몇 개는 기술되었을지라도) 위에서 언급된 실존적 주제가 중점적으로 다루어진다.

실존주의 심리치료 치료의 역사

실존주의 치료는 유럽 철학자들의 초기 연구로부터 시작되었다(van Deurzen, 2010, 2012a). 그 첫 번째는 아마 Søren Kierkegaard인데, 그는 인생의 불안과 불확실성에 대해 기술했다. 19세기 Nietzsche는 주체성과 힘의 의지를 강조하면서 유럽에 실존적 사고를 대중화시켰다. Heidegger와 Jaspers는 실존주의를 더 발전시키는 동시에 실존 철학을 더 정교한 체계로 만들었다. 프랑스의 철학자 Sartre는 실존주의보다 비판적인 관점을 제시하였다. 또, 신학자들은 자신의 종교적 신념과 실존 철학의 요소를 연결하는 중요한 성명을 발표했다. 또한 Dostoyevski, Camus, Kafka와 같은 작가들은 연극과 소설과 그 밖에 다른 저서에서 실존주의적 주제를 다루었다.

이러한 여러 철학자와 신학자와 작가에 익숙해지면 실존적 심리치료 이해에 도움이 되는 배경 지식이 될 것이다. 실존주의 심리치료 개념과 실존 철학 개념은 주요 실존 사상의 간단한 개요를 형성하는 수단을 제공한다(van Deurzen & Kenward, 2005).

실존주의 철학자

덴마크의 철학자인 Søren Kierkegaard(1813~1855)는 실존주의의 시조로 불린다(Lowrie, 1962). 인간의 합리성을 강조해 온 Georg Wilhelm Friedrich Hegel의 견해와 방향을 달리했기 때문이다. 비교적 짧을 생애를 살았던 Kierkegaard는 인간 존재의 갈등과 문제를 다룬 책인 『불안의 개념(The concept of Dread)』 『이것이냐 저것이냐(Either/Or)』를 저술했다. Kierkegaard는 인간은 신처럼 영원하기를 갈망하지만 '존재하는 시간이 한시적'이라는 사실을 다루어야만 하는 존재로 보았다. 인간은 자신의 한시적인 본성을 최대한 잊어버린 채 삶의 사소한 문제들을 처리한다. 청소년기에 이르면, 인간은 자신의 유한함을 인식하게 되고, 고통과 불안과 고뇌를 다루어야만 한다는 사실이 Kierkegaard에게 철학적이고 개인적인 관심의 주제였다. 이러한 경험이 없다면 인간은 단순히 반복되는 삶을 살 뿐이며, 선택과 자유에 관한 주제에 직면할 수가 없다(Gron, 2004). 이러한 불편한 상태를 다루는 것이야말로 인간이 되는 과업이자 Kierkegaard 관점의 초점이다.

독일 철학자 Friedrich Nietzsche(1844~1900)는 인간의 주체성이 중요함을 강조하였다. 그는 인간의 이성에 초점을 두는 것은 잘못된 안내이며, 오히려 인간 본성의 비이성적인 측면이 인생에 중요한 역할을 한다고 믿었다. 특히, 그는 인간이 억압하려고 하는 분노와 죄책감과 적개심의 역동성을 강조하였다(May, 1958a). Nietzsche는 유럽인들이 창조적인 수단을 통하기보다는 자기혐오와 공격성을 통해 자신의 억압된 본성을 표현하는 데 관심을 가졌다고 한다. 그는 '초인(superman)'이라는 개념을 만들어냈는데, '힘의 의지(will to power)'를 스스로 개발하고자 하는 인간은 창조적이고 역동적이며 지도자의 자리를 성취한다고 주장했다. 사실 인간은 자신의 잠재력을 실현하고 대담하게 자신의 실존을 살아가면서 Nietzsche가 말하는 '힘의 의지'를 획득하기 위해 노력한다. 비록 Kierkegaard는 신학에 근거를 두고, Nietzsche는 '생명력'에 근거를 두지만, 두 사람 모두 인간의 주관적이고 비이성적인 본성을 강조하여 다른 실존주의 철학자들과 심리치료자들에게 직접적인 영향을 주었다.

Edmund Husserl(1859~1938)의 현상학은 실존주의적 심리치료가 발전하는 데 부분적으로 기여했다. Husserl에게 현상학은 개인의 의식을 통해 경험되는 대상에 대한 학문이었다. 현상학의 방법론은, 현상이나 대상을 직관하거나 집중하는 것과, 현상의 다양한 측면을 분석하는 것과, 자신의 선입견으로부터 자유로워지는 것을 포함한다. 이것은 관찰자가 다른 사람들을 위해 직관하고 분석한 현상을 이해하기 쉽게 하기 위함이다(Engler, 2014). 이러한 접근법은 심리치료에서도 사용되며, 나중에 논의하겠지만 심리 실험의 실존주의적 방법에서도 사용된다. 지향성(intentionality)은 현상학의 개념과 관련이 있다. 지향성이라는 것은 환경을 의도적으로 관찰하기 위해 대상을 마음으로 가져오는 과정이다. 현상학의 개념은 게슈탈트 학자와 실존주의 학자들에게 매우 중요하게 다루어 왔다.

아마 실존주의 치료의 발달에 가장 직접적인 영향을 준 철학자는 Martin Heidegger(1889~ 1976)이다. 그는 Husserl에 이어 프라이부르크 대학의 철학과 학장을 맡았다. Heidegger의 『존재와 시간(Being and Time)』(1962)은 실존주의 치료에서 특별히 중요한 저서인데, 그 이유는 그가 이 책에서 '현존재(Dasein)'라고 불렀고 '세계 내 존재(being-in-the-world)'라고 번역되는 존재의 인식을 강조하였기 때문이다. 현존재는 자기 자신과 다른 사람과 세계를 실험함으로써 높은 수준의 의식과 독특성을 획득하려는 것을 의미한다. Heidegger는 관습적으로 생각하거나 단순 반복적으로 기계적인 삶을 살아가는 것을 의미하는 일상인(Das Man)과 현존재를 구별한다. 인간은 자신의 존재가 선택에서 비롯된 것이 아니라 자기에게 던져진 존재를 소유한 결과임을 깨닫게 되었을 때, 이해할 수 없고 위협적인 세계와 맞닥뜨리는 것에 대해 공포와 고통을 경험하게 될지도 모른다고 보았다. 만약 인간이 세계에서 관습적으로 행동하고 생각하고 순응하면서 살아간다면, 그들은 '진실한 존재가 되지 못한다'. 만약 인간이 진실하지 않은 상태에서 시작하더라도 죽음의 필연성과 공허를 받아들이고 자신의 기분과 느낌을 인식하게 된다면, 그들은 '진실한' 존재로 나아가게 된다. 세계 내 존재의 행동은 인간이 자신의 삶을 의식적이고 활동적으로 인식하는 것뿐만 아니라 자기가 속한 세계 속의 다른 사람의 필요와 다른 사람의 삶도 적극적으로 살피는 것도 의미한다.

나중에 철학 교수가 된 임상정신과 의사였던 Karl Jaspers(1883~1969)는 인간의 존재와 관련된 모든 문제들을 수반하는 철학을 발전시키기 위해 노력했다. 인간 상황에 관한 Kierkegaard의 저서와 지식 이해에 관한 철학자인 David Hume의 연구에 영향을 받은 Jaspers는 인간을 죽음, 고통, 투쟁, 죄책감에 관련된 상황을 지속적으로 만나게 되는 존재로 보았다. Jaspers는 우리가 그런 상황에 대처하여, 현존재(being-oneself: 선택과 결단을 통하여 자신에 대한 확신과 인식에 의존하는 상태)로서 그러한 상황을 '초월하는' 방법을 찾아야만 한다고 믿었다. 이때 현존재란, 관찰과 경험을 통하여 세상을 이해하는 것을 의미하는 방식인 '거기에 있음(being there)'이라는 말과 대조된다. 현존재는 자기 인식을 통해서뿐만 아니라 토론, 교육, 정책, 다른 수단과 통하는 다른 사람들과의 의사소통 등을 통해서도 달성된다.

소설, 연극, 비평으로 널리 알려진 Jean-Paul Sartre(1905~1980)는 인간 존재의 의미에 관한 주제를 다루었다(Macgregor, 2012). 이 주제에 대한 Sartre의 답은 세상과 인간이 존재해야 하는 이유를 설명하는, 근본적인 근거가 없다는 것이다. 따라서 개인은 근거를 반드시 찾아야만 한다. 인간은 자유다. 그리고 개인은 환경적인 한계 상황 속에서 반드시 선택해야 하고 지속적으로 결정해야 한다. 왜냐하면 개인은 자유롭도록 운명 지어졌기 때문이다. Sartre는 실존주의 정신분석학에서는 개인의 본래의 선택을 사실로 받아들이는 것을 다루는 것이 아니라 개인에게 발생한 감정 문제를 다루어야 한다고 믿었다. 인간은 자신의 자유와 허무를 직면하기 어려우므로 심리치료자는 내담자가 "내 인생이 비참한 이유는 내가 사생아이기 때문이다."라는 식의 변명을 직면할 수 있도록 도와야 한다. Sartre는 인간이 어떤 상황에 처했는지에 관계없이 변화되기 위한 선택을 할 수 있다고 강조한다.

실존주의적 사고의 발전을 위해 철학자들이 기여했을 뿐만 아니라 신학자들도 중요한 공헌을 했는데, 유명한 이들로는 존재론적 대화에 관한 Martin Buber(1878~1965)와, 신뢰에 관한 Gabriel Marcel(1889~1973)과, 용기에 관한 Paul Tillich(1878~1965)가 있다. Buber는 실존주의 철학을 유대교의 하시디즘 관점과 결합시키면서 나와 너 관계(betweenness)를 강조하였다. 나는 결코 혼자서 존재할 수 없다. 만약 한 사람이 인간 개인으로 대우받는다면 너도 역시 존재한다. 만약 한 사람이 사물처럼 조작되거나 취급된다면, 그 관계는 가톨릭 관점에서 나와 그것(I-it)의 관계가 된다. Marcel은 사람 대 사람의 관계를, 사물이나 그것(it)으로 서로 이해하는 것이 아니라, 사랑과 희망과 신뢰를 통해 서로를 이해하는 것을 의미하는 '참여를 통한 존재'라는 관점에서 설명하였다. 개신교 신학자인 Paul Tillich는 의미 있는 삶을 만들어갈 수 있는 인간의 능력에 대한 믿음과 신뢰를 포함하는 용기를 강조한 사람으로 가장 유명하다. 이러한 철학자들은 사람과 신과의 관계를 강조하였는데, 이는 Sartre의 존재의 의미에 관한 회의적인 시각과는 대조된다.

많은 소설가와 극작가들 중에서도 가장 유명한 Dostoyevsky, Camus, Kafka는 인간 존재의 부정적인 관점을 표현하였다. 러시아 소설가인 Fyodor Dostoyevsky는 『지하 생활자의 수기(Notes from Underground)』에서 주인공의 행동에 대한 의식과 의식의 문제를 다룬다. 프랑스의 소설가이자 철학자인 Albert Camus는 Sartre처럼 무의미한 세상을 이해하려고 애쓰는 부조리를 강조했다. 이보다 훨씬 이전에, 존재의 허무에 의문을 제기하는, 절망적이고 좌절하는 상황을 나타냈던 Franz Kafka의 저서에서도 이와 비슷한 태도를 볼 수 있다. 존재론적 주제를 다룬 이야기, 소설, 연극이 실존 철학 사상을 대중화하는 데 기여했다.

지금까지 살펴본 실존주의 치료의 철학적 선행 연구에 대한 간략한 개요는 중요한 철학적 업적에 대한 겉핥기식 탐색일 뿐이다. 앞서 보았듯이, 실존주의 내에는 의견을 달리하는 다양한 시각이 존재한다(van Deurzen, 2010, 2012a) 예를 들어, 신학적 철학자들의 낙관적인 관점과 실존 작가들의 비관적인 관점이 대조된다. 다양한 철학자들이 실존주의를 형성해 온 영향으로 인하여 실존 철학의 추종자들도 광범위하게 다양하다. 예를 들어, Gelven(1989)은 Heidegger가 다른 철학자보다 실존주의에 더 훌륭한 기여를 했다고 믿는 반면에, Cannon(1991)은 실존주의에 Sartre의 기여가 보다 실질적이라고 생각한다. 그럼에도 불구하고 Medard Boss와 Ludwig Binswanger와 같은 초기 실존주의 심리분석가들은 Heidegger의 실존 철학에 크게 의존한다.

실존주의 심리치료의 창시자

일찍부터 Binswanger, Boss, Viktor Frankl은 실존주의 철학의 신념을 사용하는 실존주의 정신의학 옹호자였다. 그들의 저서에는 명확하고 분명한 심리치료 이론을 제시하지 않았다(van Deurzen, 2012a). 오히려 그들의 저서는 때때로 시적이고 은유적이다. 그들의 관심은 실존의 의미와 실존으로 인하여 파생된 결과에 있었다. Binswanger, Boss, Frankl이 실존주의 치료에 공헌한 것은 아래에 더 자세히 기술될 것이다.

스위스 정신의학자인 Ludwig Binswanger(1881~1966)는 개인의 욕구와 동기에 관한 Freud의 이론에 흥미를 가졌지만, Heidegger의 '세계 내 존재' 개념에서 더 많은 영향을 받았다. 저서 『세계 내 존재(Being-in-the-World)』(1975)에서 표현된 Binswanger의 주요 업적은 기본적인 의미 구조에 대한 그의 견해인데, 이것은 개인이 삶의 문제를 다루기 위해 특정한 상황을 초월하여 자신의 세계에서 의미를 인식할 수 있는 개인의 선천적인 능력을 의미한다. 의미를 인식하는 보편적인 능력은 선험적 실존(existential a priori)이라고 불리며, 이 능력은 개인들로 하여금 삶의 방향과 방식을 결정하는 기회를 제공한다. Binswanger는 세상을 대하는 내담자의 시각과 현재의 경험에 초점을 맞춤으로써, 내담자들이 자신의 행동의 의미를 이해하고 자기가 속한 세계와 동료와 자신과의 관계를 이해함으로써 자신의 행동의 의미를 이해하고 진실한 자신이 되도록 도울 수 있었다(Bühler, 2004).

비엔나에서 Freud에게 분석을 받았던 다른 스위스 정신의학자 Medard Boss(1903~1990)는 Freud와 매우 친밀했다. 비록 몇 명의 정신분석학자들로부터 훈련을 받기도 했지만, Boss는 Martin Heidegger의 철학에 강한 영향을 받았다. 그는 저서 『정신분석과 현존재 분석(Daseinsanalysis)』(1963)에서 실존주의와 정신분석학을 통합하면서, 개인을 세계 내 존재에서 다양한 수준을 포함하는 보편적 주제의 개요를 서술하였다. Boss는 개인들은 같은 세계에서 공존해야 하며, 다른 사람들과 함께 그 세계를 공유해야 한다는 점을 강조했다. 그렇게 함으로써 개인들은 다른 사람들과 다양한 수준의 개방성과 명확성으로 관계를 맺으며(실존의 공존성), 시간의 맥락 속에서도 관계를 맺는다(실존의 일시성: temporality of existence). 개인의 심리 상태는 자신이 어떻게 세계와 관계를 맺는지에 따라 결정된다. 예를 들어, 슬픈 사람은 불운을 인식하며, 행복한 사람은 인간관계에서 즐거운 사건에 초점을 맞춘다. 또 다른 중요한 실존적 주제는 죄의식인데, 우리가 무엇인가를 선택하는 대신 다른 가능성을 거부해야만 할 때 발생한다. 그 가능한 선택을 다 이루지 못함에 대한 죄책감은 결코 완전히 없어지지 않는다. 예를 들어, 성직자가 되는 대신에 변호사가 되기로 결심한 한 사람은 그 결정을 온전히 받아들이지 않을지도 모른다. 결국 죽을 수밖에 없는 존재인 개인은 자신을 최상의 존재로 만들어야 할 책임이 있다. 이 실존적 주제들은 Boss의 내담자와 심리치료 작업에 많은 영향을 미쳤다.

비엔나에서 태어난 Victor Frankl(1905~1997)은 비록 Binswanger와 Boss의 관점과 기본적으로 일치하는 관점을 가지고 있지만, 심리치료 접근을 다른 방식으로 발전시켰다. Boss와 Binswanger처럼 Frankl 또한 정신분석의 영향을 받았다. 그러나 제2차 세계대전 동안 독일 강제수용소에서의 경험은 그에게 '죄의식'과 '피할 수 없는 죽음'과 같은 실존적 주제를 지속적으로 접촉하게 함으로써, 그의 실존주의 치료 이론을 발전시키는 데 영향을 주었다. Frankl에게 중요한 개념은 개인의 자유와 자신과 타인에 대한 책임감이다(Gould, 1993). 개인의 가장 기본적인 욕구는 존재의 의미를 이해하는 것이라는 생각에 근거한 개념인 의미 치료(logotherapy)는 Frankl의 유명한 책 『죽음의 수용소에서(Man's Search for Meaning)』(1963/1992)에서 수준 높은 언어로 제시되어 있으며, Frankl의 삶의 상황을 쓴 『빅터 프랭클—회고록: 자서전(Victor Frankl—Recollections: An Autobiography)』(1997)에서도 볼 수 있다. 비록 Frankl은 특별한 기법을 사용했지만, 그가 강조하는 것은 기법이 아니라 개인의 가치의 실현, 삶의 의미, 시간의 의미에 초점을 둔 실존적 또는 영적 질문을 다루는 것이었다

(Hillmann, 2004). 『의미 치료 국제포럼(International Forum For Logotherapy)』 저널에는 의미 치료에 대한 기술과 Frankl의 실존주의 심리치료에 관한 기사를 담고 있다.

실존주의 심리치료의 최근 공헌자들

Rollo May

몇몇 현대 실존주의 심리치료자들은 심리치료에서 실존적 주제를 적용해왔다. 40년 넘게 글을 쓰면서, Rollo May는 일반 독자와 전문가를 위해 실존적 주제와 치료법을 확장시켰다. Irvin Yalom과 James Bugental은 여러 저서를 집필했는데, 그 책들은 심리치료자들이 실존적 주제를 심리치료 실제에 적용하는 데 특히 도움이 된다(Krug, 2008). 다른 개념들은 Laing(1961)과 van Deurzen(2010, 2012a)으로부터 나온다. 현대 실존주의 치료자들의 연구는 이 장에서 광범위하게 사용될 것이다.

현대 실존주의 치료의 저자로 가장 잘 알려진 Rollo May(1909~1994)는 Binswanger와 Boss의 견해에 영향을 받았다. 하지만 May에게, 개인적으로는 물론이고 전문적으로도 가장 큰 영향을 끼친 이는 Paul Tillich, 특히 그의 저서 『존재로의 용기(The Courage to Be)』(1952)이다. May는 논문과 저서를 통하여 자유와 책임을 받아들이고 개인의 정체감을 발달시키는 것, 내적인 힘을 기르는 것, 불안 등과 같은 중요한 실존적 주제들을 다루었다. 그의 초기 저서로는 『불안의 의미(The Meaning of Anxiety)』(1950, 1977)를 예로 들 수 있다. May의 불안에 대한 친숙함은 독서에서 비롯된 것뿐만 아니라, 폐결핵으로 2년 동안 입원한 경험에서 비롯되었다. May는 『자아를 잃어버린 현대인(Man's Search for Himself)』(1953)에서 현대 사회에서 개인이 느끼는 불안과 외로움에 대해 썼다. 발간된 두 책(May, 1961; May, Angel & Ellenberger, 1958)은 기존의 심리치료와 실존주의 심리학을 함께 결합시킨 점에서 중요하다. 제목에서도 볼 수 있듯이, 『사랑과 의지(Love and Will)』(1969), 『힘과 무죄(Power and Innocence)』(1972), 『창조할 수 있는 용기(The Courage to Create)』(1975), 『자유와 운명(Freedom and Destiny)』(1981)과 같은 그의 많은 저서들은 중요한 실존적 주제를 다루었다. 마지막 저서 중의 하나인 『신화의 외침(The Cry for Myth)』(1992)에서 May는 오랫동안 지녀왔던 고전문학에 대한 관심과 실존주의에 대한 관심을 결합시켰다. 심리치료에 대한 May의 접근은 정신분석적 개념과 실존적 주제의 통합을 보여 준다.

아마도 실존주의 치료에 대한 가장 철저하고 포괄적인 설명은 Yalom(1980)의 글에서 찾을 수 있을 것이다. 이 장에서 이미 언급된 많은 실존주의 철학자들과 심리치료자들의 영향을 받은 Yalom(1931~)은 죽음, 자유, 소외, 허무 등과 같은 주제를 다룸으로써 실존주의 치료에 심층적 접근을 보여 준다. 그의 치료적 접근은 저서로 출판된 두 가지 사례 연구인, 『사랑의 처형자(Love's Executioner)』(1989)와 『폴라와의 여행(Momma and the meaning of life)』(1999)에서 볼 수 있다. 그는 사례집에서뿐만 아니라 저서에서 사례 자료를 자주 사용하여 내담자의 실존적 주제에 관심을 갖는 심리치료자들에게 많은 도움이 되었다.

실존주의 치료에의 접근을 함께 수반한 또 다른 저자는 James Bugental(1915~2008)이다. 그의 저서는 내담자들로 하여금 진솔성 추구를 통해서 자신의 실존적 이해를 발전시키는 데 중점을 두었다(Bugental, 1979, 1981; Schulenberg, 2003). 그의 저서에서 그는 자기 인식과 자아실현을 향상시키는 개인의 능력을 강조하는 인본주의적인 관점을 가진다. 그가 발전시킨 실존적 주제들은 Yalom의 주제(예: 변화, 우연, 책임, 포기)와 비슷하지만 일치하지는 않는다(Krug, 2008). Bugental은 저서 『심리치료는 당신이 생각하는 것이 아니다(Psychotherapy Isn't What You Think)』(1999)에서 치료 회기 동안 발생하는 경험의 순간(in-the-moment)에 중점을 두는 심리치료 접근을 설명한다.

이 장에서 설명된 미국의 실존주의자뿐만 아니라 두 명의 영국인 실존주의자 또한 영향력이 있다. 영국에서 R. D. Laing(1927~1989)은 내담자를 존경으로 대하는 실존주의적 철학에 근거를 둔, 심각하게 왜곡된 내담자들을 위한 치료 공동체를 설립하였다(Cooper, 2003). Emmy van Deurzen(공식적으로는 van Deurzen-Smith라고 알려짐)은 다른 저서들과 함께 『심리치료에서의 역설과 열정(Paradox and Passion in Psychotherapy)』(1998), 『실존주의 상담과 심리치료의 실제(Existential Counseling and Psychotherapy in Practice)』(2012a), 『심리치료와 행복의 정복(Psychotherapy and the Quest for Happiness)』(2009), 『매일 수수께끼: 실존적 심리치료 핸드북(Everyday Mysteries: A Handbook of Existential Psychotherapy)』(2010)을 썼다. '영국 실존주의 치료 학교'로 알려진 그녀의 업적은 영국에서 실존주의 치료에 적극적인 관심을 불러일으키는 데 도움을 주었다.

비록 모든 철학자들과 심리치료자들의 실존적 관점에는 차이점이 있지만 많은 공통점도 있다. 실존 철학과 실존주의 치료 부분에 제시된 실존적 접근은 대부분의 실존주의 치료자들에게 공통적인 주제를 보여 주고 있다.

실존주의 성격 이론을 이용한 개념화

이론의 적용

실존주의 심리학은 개인이 만나게 되는 상황에서, 역동적이거나 변화무쌍한 상황이 발생하고 발전하며 형성되는 이행 과정을 다룬다. 진정한 인간이 되기 위해서는 개인이 '나는 어떤 사람이 될까?', '나는 누구인가?', '나는 어디에서 왔을까?'라는 질문을 하면서 자기 자신이 세계 내 존재임을 자각하고 있어야 한다. 인간은 자신의 계획과 운명에 책임을 진다. 실존주의는 개인이 어떻게 객관적인 세계와 다른 사람들과 자신의 의식과 관계를 맺는지에 관심을 가진다. 실존심리학은 사람과 그 사람의 세계를 이해함에 있어서 시간의 중요성을 강조한다. 여기서 시간은 과거와 미래는 물론이며 특별히 현재를 말한다. 불안은 때때로 적대적이거나 무관심하게 인식되기도 하는 세계 속에서 선택을 해야만 할 때 발생된다. 이 장에서 설명된 주된 실존적 주제는 Yalom(1980)의 모델을 따르며 삶과 죽음, 자유와 책임과 선택, 소외와 사랑, 의미와 허무를 포함한다. 개인들이 이러한 주제들을 정직하고 진실하게 다루는 방법은 그들의 실존적이며 심리적인 행복에 영향을 미친다.

세계 내 존재

자기 자신과 다른 것들을 의식적으로 알아차리게 되는 능력은 인간이 다른 종들과 구별되는 점이다. Boss(1963)와 Binswanger(1975)는 주변 사건에 대하여 생각하고 심사숙고할 수 있으며, 의미를 자신의 책임으로 여길 수 있는 개인의 능력을 의미하는 용어인 '현존재' 혹은 '세계 내 존재(being-in-the-world)'라는 용어를 사용했다. 이 개념은 사람이 많은 사건들에 관하여 결정하고 선택할 수 있다는 의미를 함축하는 '자신을 위한 존재(being-for-itself)'라는 용어로 Binswanger를 비롯한 다른 사람들(May, 1958b)에 의해서도 표현된 바 있다. 그들은 '자기 존재 선택에 책임을 지는 사람'을 의미하는 '현존재 선택하기(Dasein choosing)'(May, 1958b, p.41)라는 용어를 사용하였다. 그 자체로의 존재는 그 자체로 놀라운 경험이 될 수 있다. Van Deurzen(2012b)은 조현병으로 고통받고 있는 25세 여성 실비(Sylvie)의 사례를 제시한다. 실비는 부모님과 함께 살고 있고 부모님 집을 좀처럼 떠나지 않고 있다.

> 그녀는 환상과 상상력으로 가득찬 거대한 집합체로 그녀만의 작은 세계를 가득채웠다. 그녀만의 세계와 사고는 진짜 현실 세계에서는 누구와도 공유할 수 없었다. 그녀는 신체적으로 무능감을 느꼈다. 그녀는 더 이상 옷을 입지 않고 모퉁이의 가게를 가며 두려움을 너무 많이 느끼고, 개인 위생을 위한 기본적인 일상 습관에도 문제를 보였다. 그녀는 개인적 차원에서 완전히 왜곡된 시각을 가지고 있었고, 사회적 차원 역시 부모님마저 그녀만의 세계에서는 환영받지 못하는 손님이 되어 버릴 정도로 사회적 위험과 금기를 감지하는 체계가 완전히 없어졌다. 정신적인 차원에서는 희망적인 생각과 긍정과 부정 모두로 가득찼고 그녀가 우상화하는 환상의 세계는 파멸과 파괴로 가득채워졌다. 실비는 자신이 누구인지, 무엇을 원하는지, 무엇을 할 수 있고 무엇을 해야만 하는지를 스스로 알 수 없었다. (pp.179, 180)

Van Deurzen(2012b)은 자기 존재로서의 삶이 어떤 과정으로 힘들고 두려운 경험이 될 수 있는지에 대한 예를 제시하고 있다. 다음으로는 May(1958b)가 영적인 위험을 감지하고 그의 내담자가 어떻게 '존재로서' 경험하는지 서술하고 있다.

May(1958b)는 '나는 존재한다(I am).'라는 문구를 사용해 인간 존재에 대해 완전한 의미를 설명하고자 했다. May는 4개월 동안 치료를 진행한 성매매 여성의 사생아였던 내담자의 사례를 제시한다. 다음과 같이 꿈속에서 '나는 존재한다.'를 경험한 사례를 이야기한다.

> 나는 빈민 지역에 고가도로 아래를 걷고 있었던 기억이 난다. '나는 사생아다.'라는 생각을

하며 걸었다. 나는 그 사실을 받아들이려고 애쓰는 고통 속에서 땀이 쏟아졌다. '나는 특권을 가진 백인들 사이에 서 있는 유일한 흑인이다.', '나는 볼 수 있는 사람들 사이에 서 있는 시각 장애인이다.'와 같은 생각을 완전하게 받아들여야 한다는 사실 역시 알고 있었다. 그날 밤늦게 일어나 불현듯 밀려드는 생각이 있었다. '나는 내가 사생아라는 사실을 받아들였다.' 그리고 '나는 더 이상 아이가 아니다'. 그러다가도 '나는 사생아.' 그것도 아니다. '나는 사생아로 태어났다.' 그래서 무엇이 남았는가? 남은 것은 '내가 나'라는 것이다. '내가 나'로서 접촉하고 수용하는 행동은 '내가 존재했을 때부터 나는 그렇게 존재할 권리를 가진다.'는 생각을 내가 처음에 나에 대해 했던 생각처럼 더 강하게 유지시켜 주었다. (May, 1958b, p.43)

May에게 이 강력한 힘을 가진 '나는 존재한다.'라는 경험은 내담자의 문제를 해결하기 위한 전제조건으로서 중요하다. 더구나 이것은 자기 자신의 경험일 뿐이며 상담자나 사회와의 관계와 관련이 있는 것이 아니다. May에게 '나는 존재한다.'라는 경험은 주제-객체의 관계에서 주체인 자아와 같은 것이 아니라 "나는 다른 것들(주변의) 가운데에서 생성하는 주체로서 나 자신을 알 수 있는 존재이다"(May, 1958b, p.46). 그래서 '존재(being)'는 경험이며, 이는 자아 발달과는 다르다. 이 경험은 존재론적 경험인데, 이는 존재의 과학(science of being) 또는 현존-존재론(existence-ontology)과 관련이 있다.

네 가지 존재 방식

실존주의자들은 세계 내 존재의 네 가지 방식을 확인하였다. 인간 존재는 주변 세계(Umwelt), 공존 세계(Mitwelt), 고유 세계(Eigenwelt), 영적 세계(Überwelt)에 동시에 존재한다. 주변 세계는 생물학적 세계 혹은 환경을 의미한다. 공존 세계는 '세계와 함께(with-world)' 그리고 인간관계 영역과 관련이 있다. 고유 세계는 '자신의 세계(own world)'이며 개인이 자기 자신과 맺는 관계를 의미한다. 영적 세계는 영적이거나 종교적 가치와의 관계를 의미한다. 주변 세계, 공존 세계, 고유 세계는 Binswanger에 의해서 소개되었고, 영적 세계는 최근에 van Deurzen에 의해 추가되었다.

주변 세계는 우리가 일반적으로 생각하는 세계, 사물, 환경, 생명이 있는 존재 등이다. 모든 동물과 인간은 잠자고 걷고 살고 죽는 것과 같은 욕구, 본능, 자연법칙과 순환을 포함하는 주변 세계를 가지고 있다. 주변 세계는 인간과 동물에게 주어진 '내던져진 세계(thrown world)'이다. 그런 통제할 수 없는 요소의 사례는 폭풍, 홍수, 질병, 노화가 있다. 실존주의자들은 주변 세계를 무시하지는 않지만, 그것을 존재의 유일한 방식으로도 생각하지 않는다.

공존 세계는 오직 인간만이 가질 수 있는 상호관계를 일컫는다. 동물이 짝짓기하는 본능적인 관계나 짐승 무리 본능은 주변 세계에 속한다. 인간에게 다른 사람들과의 관계의 의미는 그 사람이 얼마나 그 관계 속에 깊이 빠져드는지에 달려 있다. May가 말했듯이, "관계의 본질은 만남 속에서 두 사람이 모두 변화되는 것이다(1958b, p.63)". May는 인간의 만남

속에서 상대방과의 상호 인식을 언급하고 있다. 한 사람이 사물(조롱의 대상 또는 성관계의 대상)처럼 여겨질 때, 그 사람은 비인간화되고 하나의 도구로서(주변 세계) 취급되며, 다른 사람의 욕구 충족의 수단이 된다.

영적 세계는 van Deurzen-Smith(1997, 1998; Cooper, 2003)가 세계에 관한 믿음의 중요성을 강조하기 위해 추가한 것이다. 흔히 이러한 믿음은 본질적으로 종교적이고 영적이다. 예를 들면, 북아일랜드에서의 가톨릭과 신교와의 갈등처럼 전쟁은 믿음의 갈등에서 가끔 발생된다. 영적 세계는 이상적인 세계이며 사람들이 세계가 어떻게 되기를 원하는 방식이다.

사람의 '자신의 세계(own world)'인 고유 세계는 주관적이고 내면적인 경험 그 이상의 것인데, 우리가 세계를 보는 자기 인식이다. "저것은 멋진 석양이다."라는 문장을 잘 살펴보면, 문장 속에 '나에게(for me)' 또는 '나는 믿는다.' 또는 '나는 인지한다.'라는 구절이 암시되어 있다. May(1958b)가 지적한 것처럼 일본과 같은 동양의 언어에서는 서양의 언어에서는 언급되지 않는 자신('for me')에 관한 언급을 포함한다. 자신 알기(self-knowing)에 관한 질문은 의식과 자기 인식의 개념처럼 이해하기 어려운 것은 명백한 사실이다.

> 이러한 현상은 우리 모두에게 매 순간 일어난다. 그것은 실제로 우리의 호흡보다 더 가깝다. 이 현상은 우리와 매우 가까운 곳에 있어서 아무도 이 사건에서 무슨 일이 일어나고 있는지 모른다. (May, 1958b, p.64)

Binswanger와 May는 정신분석과 행동 치료와 인지 치료에 비판적인데, 그 이유는 기본적으로 주변 세계는 다루지만 고유 세계를 다루지 않기 때문이다. 세계 내 존재의 네 가지 방식이 항상 서로 관련이 있다는 것을 강조하는 것은 중요하다. 매 순간 개인은 주변 세계라는 환경에서, 공존 세계라는 인간관계 속에서, 영적 세계라는 영적인 가치와 함께 자기 인식이라는 고유 세계 속에 있다. 예를 들면, 한 여성이 식사를 할 때, 그 여성이 음식을 먹는 물리적 행위의 의미로 생물학적인 세계 속에 있으며, 만약 다른 사람과 함께 먹는다면 다른 사람들과 관련되어 있다는 의미로 다른 사람들과의 관계의 영역에 있으며(만약에 혼자 먹는다면 다른 사람들과 분리되어 있다고 느낄 것이다), 만약 혼자 먹더라도 식사하기 전에 영적인 가치를 염원하는 감사 기도를 드릴 수 있으며 그 여성은 먹는 행위에 대한 자기 인식을 한다. 실존 분석가들은 세계 내 존재가 시간과 공간의 맥락 속에서 일어난다고 인식하였다. 시간은 실존주의 작가들에게 특별한 관심사이다.

시간과 존재

시간이 실존적 주제의 중심에 있으며, 시간이 몇 가지 관점에서 다르게 생각될 수 있다고 믿는 대부분의 실존주의 작가들이 시간에 특별한 관심을 가지며 매료되었다. 주변 세계에서 시간은 시계나 달력의 공간 시점의 측면에서 '시계 시간(clock time)'으로 볼 수 있다(May, 1958b). 공존 세계에서는 시간은 양적인 의미를 적게 가진다. 예를 들면, 서로가 알고 지내는 기간의 숫자로는 한 사람이 다른 사람을 얼마나 많이 보살폈는지를 측정할 수 없다. 영적 세계에서도 시간은 양적인 의미를 적게 가지지만, 개인들이 자기의 종교나 신념체계에 대해 쏟는 관심은 아주 다르다. 고유 세계에서 시간은 '시계 시간'과 관련이 거의 없다. 누군가가 자기 인식의 통찰이나 자기 인식의 순간을 체험했을 때 그 경험은 즉각적이며 깊이가 있다.

실존주의 치료자들은 미래, 과거, 현재에 초점을 둔다. 여기에서 미래는 먼 미래라기보다는 가까운 미래인데, 과거나 현재로부터 완전히 벗어난 미래를 의미하지는 않는다. 개인은 항상 자기실현의 과정 속에 있으며 가까운 미래를 향해 나아가고 있다. 과거에 초점을 두는 것은 오로지 주변 세계의 영역인 역사와 발전에 초점을 두는 것이다. May(1958b)는 다음과 같은 방식으로 과거를 미래와 연결시킨다. "내담자가 심지어 과거의 중요한 사건을 회상할 수 있느냐 없느냐는 것까지도 미래에 관한 그 내담자의 결정에 달려 있다"(1958, p.70).

Minkowski(1958)는 흥미로운 66세 남성의 사례를 제시한다. 이 남성은 오직 현재에 대해서만 생각할 수 있고 '미래에 나는 아무것도 할 수 없을 것이다.'라고 생각했다. 이 같은 그의 무력감은 불안과 우울을 야기시켜 정신적인 고통을 주고 있었다. 이 사례의 특이한 점은 Minkowski가 2개월 동안 이 내담자와 함께 지내며 이 내담자를 매우 자주 관찰할 수 있었다는 점이다. 이 내담자는 학대의 망상에 사로잡혀 있었고 주변의 모든 것들이 그를 죽음으로 내몰 것이라고 느끼고 있었다. 그는 모든 것이 자신을 위해 설계되고 주변에 있는 모든 것을 자신을 집어삼키고 있다고 믿고 있었다. 예를 들어 그는 시계를 손으로 본다거나 스프링, 나사 같은 것을 그가 먹어야 한다고 여겼다. 이 내담자가 현재에 집착하며 미래를 파악하지 못하는 상태는 다음과 같이 설명된다(Minkowski, 1958).

> 그 내담자를 만난 첫날부터 나의 관심은 다음과 같은 부분에 정신이 쏠렸다. 내가 도착했을 때 그는 자신이 결국 처형당할 것이라고 굳게 믿고 있었고 그 계속되는 악몽 속에서 잠들지 못했다. 나 또한 밤새 잠들 수 없었다. 나는 나 자신에게 아침이 되면 그의 모든 공포는 없어질 것이라며 나를 위로했다. 하지만 다음 날에도, 그 다음 날에도 같은 장면은 반복되었고 3일, 4일이 지나고 나서 나는 희망을 포기했지만 그의 태도는 변하지 않았다. 무슨 일이 있었던걸까? 나는 평범한 인간으로서 관찰된 사실로부터 미래에 대한 결론을 도출했다. 하지만 그는 여전히 똑같은 모습이었고 같은 미래를 연관지어도 더 나아진 점을 찾아낼 수 없었다. 나는 그가 매일 밤마다 과거와 현재를 오가며 매일 밤 고문을 계속 당하고 있다는 사실을 알고 있었다(p.132).

Minkowski는 내담자의 장애가 미래를 향한 혼란스러운 태도 중 하나이며 이러한 망상은 단지 하나의 측면일 뿐이라고 지적했다. 기존의 정신병리학적 관점과 다른 점은 이 내담자는 망상 때문에 미래에 대처할 수 없었다는 점이다. 실존적 심리치료의 측면에서도 시간의 역할이 중요한 관점임을 강조한다. 조증과 우울증을 설명할 때 Ghaemi(2007)는 조증은 시간의 가속화로, 우울증은 시간의 감속화로 설명한다. 조증이 있는 내담자는 그들이 겪는 문제에 대한 통찰력이 부족한 반면에 우울증을 겪는 내담자는 문제에 대해 통찰력 있는 모습을 보이는 경향이 있다. Minkowshki의 내담자는 그의 문제에 대한 통찰이 없다. Macgregor(2012)는 Minkowski의 시간 개념을 사용하여 우울증에 대한 심리치료적 관점의 한 방법을 제공한다. 시간이란 실존주의 치료자들이 내담자의 문제를 이해하는 데 지속적으로 활용하고 있는 개념이다.

심리치료에 있어서 시간의 개념과 관련된 것은 타이밍의 개념이다. Ellenberger(1958)는 그리스어로 질병이 호전되거나 악화되는 결정적인 순간을 포착하는 시점을 표현하는 용어인 카이로스(kairos)를 설명한다. 심리치료에 있어서 개입의 시기는 매우 중요한 사항이 될 수 있다. 예를 들어, 알코올의존증으로 힘들어하는 사람이 어떤 결정적 시점에 다른 사람으로부터 알코올의존증에 관련된 조언을 듣거나 직면했을 때 좋은 결과를 볼 수도 있다. Ellenberger(1958)는 심리치료자가 적절한 시기에 개입할 때 "엄청 나게 빠른 치유"(p.120)가 일어날 수 있다는 것을 믿는다.

불안

다른 실존주의자들처럼 May(1977)는 불안의 의미를 다른 심리치료 이론가들보다 훨씬 넓게 정의했는데, 정상적 불안과 신경증적 불안으로 구분하였다(May & Yalom, 2005). 실존주의 치료자들이 관심을 두는 정상적 불안의 중요한 일부분이 실존적 불안이다(Cohn, 1997). 불안이 신체적 증상을 가지고 있긴 하지만 불안은 존재라는 기본 본질에서 발생한다. 사람들은 자신을 둘러싼 세계에 직면해야 하고, 예측하지 못하는 상황('내던져진 조건')을 다루어야 하며, 그들의 세계 내에서 자리를 잡아가야 한다.

May & Yalom(2005)에 의하면, 정상적 불안은 신경증 불안과 구분되는 세 가지 특징이 있다. 첫째, 정상적 불안은 개인이 삶을 다루는 상황에 적절하다. 둘째, 정상적 불안은 보통 억제되지 않는다. 예를 들어, 심각한 질병은 죽음을 생각나게 할 것이다. 셋째, 정상적 불안은 죽음, 책임감, 선택과 같은 실존적 딜레마에 직면하는 기회를 제공할 수 있다.

실존적 불안은 수많은 실존주의 작가들의 관심의 대상이었다. Tillich(Weems, Costa, Dehon, & Berman, 2004)는 우울과 두려움이 실존적 불안과 어떤 관계가 있는지를 다루었다. Lucas(2004)는 실존적 불안을 사람이 과거에 선택하지 않은 것에 대한 후회의 감정으로부터 발생된 것으로 본다. 이러한 후회는 자기 자신을 속인 실존적 죄책감을 유발할 수도 있다. Kesebir & Pyszczynski(2012)는 Kesebir & Pyszczynski(2012)는 죽음에 대한 걱정을 다루기 위해 내담자가 실존적 불안을 어떻게 사용할 수 있는지를 설명한다.

반대로, 신경증적 불안은 상황에 전혀 어울리지 않는 반응이나 특별한 사건에 대한 부적절한 반응이다. 예를 들면, 질병을 너무 두려워한 결과, 식사 전이나 식사 중에 여러 번 손을 씻는 남자는 신경증적 불안을 경험하고 있는 것이다. 이때의 불안은 그 상황에 전혀 어울리지 않고 비생산적이며 내담자에게 별 도움이 되지 않는다. 게다가 그 내담자는 불안의 근원이 될 수도 있는 두려움을 억누르기도 한다. 이 신경증적 불안 또는 강박증의 사례에는 실존적 요소가 있다. 그 사람은 자신을 죽음으로 이끌지도 모르는 질병에 대한 불안을 통제하지 못한다. 그 사람은 삶의 불확실성을 다루기보다는 오히려 강박적으로 손을 씻는 행동을 한다. 실존적 심리치료자는 종종 내담자들에게 신경증적 불안이 잠재되어 있는 실존적 문제를 다루도록 용기를 북돋워 주며 돕는다.

삶과 죽음

삶에 대해서 우리가 한 가지 확실한 것이 있다면 그건 바로 삶의 끝이 있다는 것이다. 우리는 어떻게 죽을지, 얼마나 오래 살지 알지 못하지만, 죽음에 대한 인식은 피할 수 없다. 사람들은 친밀한 인간관계가 죽음에 대한 불안을 완화시킨다는 사실을 발견하기도 한다(Mikulincer, Florian, & Hirschberger, 2004). 죽음에 대한 인식은 두려움을 야기할 수 있지만, 창조적 삶으로 발전시키도록 이끌 수도 있다(May, 1981). Yalom(1980)은 암 환자에 대한 연구를 통해 개인이 곧 닥쳐올 죽음에 어떻게 대처하는지를 자세히 설명하였다. Yalom은 자기의 논의를 성인에게만 국한시키지 않는다. 그는 많은 연구를 인용하면서 아동이 죽음을 어떻게 다루는지 보여 준다. 즉, 아동은 죽음을 의인화하거나('죽음은 나쁜 아이들을 잡아간다'), 일시적인 상황이나 잠자는 것으로 죽음을 이해하거나, 아동은 죽지 않는다고 믿고 죽음을 부인함으로써 죽음을 다룬다.

Frankl은 제2차 세계대전 당시 수용소에서의 4년간 경험을 통해 죽음에 대한 통찰력 있는 시각을 갖게 되었다(Frankl, 1997). 그는 매일매일 죽음으로 이어질 수 있는 상황을 선택하는 데 직면했다.

본능적으로 나는 그 장교에게 다가갔고 나의 무거운 짐을 알아차리지 못하게 바로 옆에 섰다. 그때 나는 그와 바로 마주 보았다. 그는 날렵한 몸에 키가 큰 남자였고 유니폼은 그에게 아주 잘 어울렸다. 긴 여정 후의 너저분하고 암울한 우리와는 아주 대조적인 모습이었다. 그는 왼손으로 오른쪽 팔꿈치를 받치면서 다소 부주의한 태도를 취했다. 그는 오른손을 들어 올렸고, 오른손의 집게손가락으로 아주 천천히 오른쪽 그리고 왼쪽을 가리켰다.

우리 중 누구도 그 손가락의 미묘한 움직임 뒤에 숨겨진 사악한 의미에 대해 전혀 알지 못했다. 지금은 더 오른쪽으로, 또 지금은 왼쪽으로 손가락이 움직였다. 더 자주 움직이는 것은 왼쪽이었다. 그리고 내 차례가 왔다. 누군가가 나에게 오른쪽으로 지목당하는 것은 '작업팀으로 가는 것'을 의미하며, 왼쪽으로 지목당하는 것은 환자들과 일을 할 수 없는 사람들이 보내지는 특별한 캠프로 가는 것임을 의미한다고 말했다. 나는 그저 매번 내 차례가 처음으로 오길 기다렸다. 내 가방의 무게가 나를 왼쪽으로 짓누르고 있었고 하지만 나는 똑바로 서 있기 위해 애썼다. 그 남자는 나를 훑어보았고 잠시 망설이는 것 같더니 두 손을 내 어깨에 올려놓았다. 나는 영리한 사람으로 보이려 노력했고, 그 남자는 내가 오른쪽으로 몸을 돌리도록 내 어깨를 돌렸다. 그리고 나는 오른쪽으로 넘어갔다.

그날 저녁에서야 그 손가락 게임의 의미를 알 수 있었다. 그것은 우리의 '존재'와 '존재가 아닌 것'에 대해 내린 첫 번째 평결이었다. 90% 정도는 곧 죽음을 맞을 것을 의미했고, 이들의 형량은 이내 몇 시간 내에 결정되어 집행되었다. 왼쪽으로 지목당해 보내진 사람들은 그 역에서 바로 화장장으로 가야 했다. (Frankl, 1992, p.25)

이러한 경험들은 Frankl이 삶의 의미에 대해 인식할 수 있도록 했다. 그는 죽음을 위협으로만 보는 것이 아니라 개인이 자신의 삶을 충분하게 살고 의미 있는 일을 할 수 있는 기회로 죽음을 최대한 활용할 것을 주장하는 것이다(Gould, 1993). 따라서 죽음에 대한 인식은 공포와 두려움보다는 창의성과 충분한 삶으로 이어질 수 있다.

위의 예에서 Frankl은 인간이 실존적 상황에 처하게 되는 긴급한 상황, 즉 죽음이 경계에 있는 상황에 대해 다루었다(May & Yalom, 2005). 모든 경계 상황에서 죽음은 가장 강력하다. 자기 자신이나 가까운 가족의 임박한 죽음을 맞이할 때, 사람은 현재에 살게 되며 자신과 자신의 상황에 대해 더 잘 인식할 수 있다. 이러한 경계 상황은 사람에게 깊은 의미를 제공한다.

사별로 인한 슬픔과 이를 위한 상담은 많은 상담자들에게 중요한 주제이기 때문에, 여러 책에서 이 주제에 대해 많은 견해를 제공한다. 『보다 냉정하게, 보다 용기 있게(Staring at the Sun: Overcoming the Terror of Death)』(Yalom, 2008)에서 Yalom은 죽음의 의미와 죽을 수밖에 없는 운명을 극복하는 많은 사람들의 사례를 제공한다. 『죽음에 대한 태도에서 실존적, 영적 주제들(Existential and Spiritual Issues in Death Attitudes)』(Tomer, Eliason, & Wong, 2008)은 18장에 걸쳐서 죽음에 대한 상담 접근뿐만 아니라 죽음에 대한 태도와 관련된 주제를 다룬다. 『죽음이 심리치료 장면에 들어올 때: 심리치료와 상담에서의 실존적 관점(When Death Enters the Therapeutic Space: Existential Perspective in Psychotherapy and Counseling)』(Barnett, 2009)은 치료에 영향을 미치는 세계 내 존재, 자유, 시간, 의미, 진솔성, 외로움과 같은 실존적 주제를 다룬다.

자유, 책임, 선택

인생을 살아가면서 누리는 자유에는 그에 상응하는 책임이 따른다. 실존주의자들은 개인이 일관된 계획을 지닌 구조화된 경험 세계로 들어오지도 않고 그 경험 세계를 내버려 두지도 않는다고 믿는다(May & Yalom, 2005). 오히려 자유를 추구함에 있어서, 개인은 자신의 세계, 인생 계획, 선택에 대한 책임을 가진다. 자유, 책임, 선택이라는 용어가 언뜻 보기에는 관련이 없는 것처럼 보이지만, 삶을 주도함에 있어서 우리가 어떤 방법으로 책임질 것인지 선택할 자유가 있듯이 세 용어는 통합적으로 밀접한 관련이 있다.

자유는 인간이 긍정적으로 소중하게 여기는 원칙처럼 보이지만, Camus와 Sartre는 자유를 더 부정적으로 보았다. 진실로 자유롭기 위해서, 개인은 운명의 한계에 직면해야 한다. Sartre의 관점은 인간은 자유롭도록 운명 지어졌다는 것이다(Sartre,1956). 인간은 자신의 세계를 창조할 책임이 있는데, 이때 자신의 세계는 현실에 근거를 두는 것이 아니라 허무에 근거를 두고 있다. 그의 저서에서, Sartre는 마치 사람이 언제라도 부서질 수 있는 얇은 베니어 합판 위를 걷는 것 같은 또는 바닥이 보이지 않는 구덩이에 남겨진 채 존재하는 것 같은 개인의 느낌을 제시한다. Sartre는 우리가 선택을 함으로써 진정한 내가 누구인지를 형성한다고 믿는다.

책임이란 자신의 선택이 자기 자신에게 있다는 것과 정직하게 자유를 누리는 것을 말한다. Sartre는 나쁜 신념(bad faith)이라는 용어를 사용하였는데, 이는 인간이 유한하며 한계가 있음을 뜻한다. "나는 어릴 때 학대당했기 때문에 내 자녀에게 잘 대해 줄 수 없다." 또는 "나는 좋은 고등학교에 가지 않았기 때문에 좋은 대학에 갈 수 없다."라고 말하는 것은 자신의 문제에 대해 다른 사람을 원망하고 자신의 한계를 시험해 보지도 않는 나쁜 신념을 가지고 행동하는 것이다. 실존적 관점에서 보면, 강박적으로 손을 씻는 사람은 나쁜 신념에서 비롯된 행동으로 볼 수 있다. 그들은 질병과 죽음의 의미를 다루기보다는 반복적이고 강박적인 행동을 선택하고 있다. 책임은 또한 타인을 돌보며 자신의 문제를 타인의 탓으로 돌리지 않는 것을 포함한다.

자유를 논하면서, May(1969)는 책임이 행동으로 변화되는 과정으로 의지(willing)라는 개념을 사용한다. 의지에는 소망하기와 결정하기의 두 가지 면이 있다. May(1969)는 심리적 질병이란 공허와 절망을 함축하는 상태, 즉 소망하는 것을 할 수 없는 무능함이라고 말했다. 내담자가 선택한 것을 소망하고 행동으로 옮길 수 있도록 감정을 일으키는 것이 실존주의 치료자들의 치료의 한 부분이다.

사람들이 자신의 소망과 욕구를 표현할 때, 소망과 욕구를 반드시 선택해야만 한다. 소망과 욕구를 선택하고 표현하는 과정에서 심한 공포를 야기하거나, 다른 사람이 자신을 대신하여 선택하게 하는 욕구로 나아갈 수도 있다. 사람들이 선택을 할 때, 선택의 다른 측면도 감수해야만 한다. 만약 도라(Dora)가 프레드(Fred)와 결혼해서 부부가 되기로 결정한다면, 도라는 다른 남자와의 데이트는 하지 않는 것도 감수해야만 한다. 만약 프레드와 결혼하지 않기로 결정한다면, 도라는 결과적으로 발생할 수 있는 외로움을 감수해야만 한다. 선택에 대한 책임은 개인에게 커다란 불안을 야기할 수 있는데, 이는 개인이 처한 상황과 좋은 신념을 발휘하게 하는 개인의 능력에 달려 있다.

소외와 사랑

우리는 인간이기 때문에, 그 어떤 상담자나 배우자조차도 우리를 완전하게 알 수 없으며, 우리는 우리의 삶, 과거, 현재, 미래에 대해 생각하는 능력과 사고를 가지고 있는 홀로된 존재이다(Cowan, 2009). 소외를 논하자면, Yalom(1980)은 소외를 개인 상호간 소외(interpersonal isolation), 개인 내 소외(intrapersonal isolation), 실존적 소외(existential isolation)라는 세 가지 유형으로 구분한다. 개인 상호간 소외는 다른 사람과 물리적, 심리적, 사회적으로 거리를 두는 것과 관련이 있다. 예를 들어, 조현병을 가진 사람은 관계를 발전시키는 능력의 결핍 때문에 다른 개인으로부터 소외된다. 개인 내 소외는 인간이 자신의 욕구를 알아차리지 못하도록 방어기제나 다른 방법들을 사용함으로써, 자기 자신과 분리될 때 일어난다. 실존적 소외는 개인 상호간 또는 개인 내 소외보다 더 본질적이다. 그것은 세계로부터 분리되는 존재를 의미한다. 실존적 소외 속에는 심오한 외로움과 소외감이 있다.

Yalom(1980)은 실존적 소외감에서 오는 지독한 외로움과 공포를 설명하는 내담자의 꿈 사례를 제시한다.

> 나는 깨어나서 내 방에 있다. 갑자기 나는 모든 것이 변하고 있다는 것을 알아차리기 시작한다. 창문틀이 늘어나면서 요동치고, 책장은 으스러지고, 문손잡이가 사라지고, 문에 구멍이 생기면서 점점 더 커지고 있다. 모든 것이 형태를 잃고 녹아내리기 시작한다. 거기에는 더 이상 아무것도 없으며, 나는 소리치기 시작한다. (Yalom, 1980, p.356)

Yalom(1980)은 자신의 삶에 책임을 지는 데서 오는 소외를 지칭하는 용어로 "자기 자신의 부모가 되는 것과 같은 외로움"이라는 말을 사용한다. 자기 자신을 돌보고 자기 자신에게 부모가 해 주는 것과 같은 안내를 해 줄 때 자기 자신의 부모가 된다.

어떤 사람이 죽음에 직면할 때 실존적 소외감은 강렬하다. 차량 속에 앉아서 운전 중에 건물과 충돌하는 경험은 극단적인 실존적 소외와 불안을 느끼는 순간이다. 완전히 혼자이며 완전히 속수무책이 되는 느낌은 공황상태의 '허무감(nothingness)'을 자아낼 수 있다.

사랑하는 관계는 실존적 소외감과의 연결 수단이다. Buber(1970)는 두 사람이 상대방을 충분히 경험하는 '나와 너' 관계의 중요성을 강조한다. Yalom(1980)은 그러한 관계가 자유로워야 한다고 경고한다. 상대방을 돌보는 것은 서로 상호적이며 적극적이어야 하고, 상대방을 충분히 경험하는 방식으로 이루어져야 한다. Yalom(1980)은 개인이 관계에서 자신을 잃어버릴 때 발생하는 혼돈(fusion)을 언급한다. 실존적 소외를 회피하기 위해 개인은 자신의 느낌을 다른 사람에게 의존하기도 한다. '자신과 유사한 경험(I-sharing)'의 개념은 친밀감을 생성하는 긍정적 용어이다(Pinel, Long, Landau, & Pyszczynski, 2004). '자신과 유사한 경험'에서는 연결감 또는 애정의 감정이 누군가가 상대방이 경험하는 것과 똑같은 방식으로 어떤 순간을 경험할 때 발달한다. '자신과 유사한 경험'은 실존적 소외에 반대되는 실존적 유대감을 생성한다.

의미와 무의미

의미에 대한 사람들의 질문은 치료 현장에 자주 등장하는 주제이며, 삶에 대한 일반적인 관심사이기도 하기 때문에 치료 현장에서 이 의미의 역할을 다루는 연구와 논문 역시 많다

(Wong, 2012). 사람이 살아가는 동안 다양한 시기에 '내가 왜 여기에 있는가?', '삶에서 나는 어떤 의미를 찾는가?', '내 삶에서 나에게 목적의식을 주는 것은 무엇인가?', '나는 왜 존재하는가?' 등의 삶의 의미에 대한 질문이 떠오를 것이다. May & Yalom(2005)이 지적한 것처럼, 인간은 자신의 삶에 중요한 의미를 필요로 한다. 의미에 대한 의식은 개인과 세계에서 일어나는 사건을 해석하는 방법을 제공하며, 인간이 어떻게 살고 어떻게 살기를 바라는지에 대한 가치를 개발할 수단을 제공한다.

Sartre와 Camus 등은 인생의 부조리에 대해 쓰면서, 무의미에 대한 질문을 충분히 다루었다. Frankl 등(Hillmann, 2004)은 인생의 의미 탐구와 계발의 중요성에 초점을 두었다. Frankl은 개인이 자신의 삶이나 물질적 가치를 초월하는 정신적 의미는 보지 않는다고 걱정하였다.

역설적으로 Yalom은, 병으로 인하여 죽음에 임박한 사람들이 자신의 질병보다 우선시하였던 것을 훨씬 초월하는 삶의 의미를 찾는다는 사실을 밝혀냈다. 다음은 죽음에 직면하여 의미를 찾는 Yalom의 내담자 사례이다.

> 에바(Eva)는 50대 초반에 난소암으로 사망했던 내담자인데 남달리 열정적인 삶을 살았다. 그 삶 속에서의 이타적 행동은 그녀에게 항상 강력한 삶의 목적을 제공하였다. 그녀의 죽음 또한 비슷했다. 그녀의 죽음은 '좋은 죽음'(이 표현을 사용하기를 나는 좋아하지 않지만)으로 간주할 수 있다. 에바가 삶의 마지막 두 해 동안 만났던 모든 사람들은 그녀로 인해 삶이 풍성해졌다고 하였다. 그녀가 처음 암에 대해 알았을 때, 그리고 다시 암의 전이와 치명적인 증세에 대해 알았을 때, 그녀는 절망에 빠졌지만 재빨리 이타주의적 삶을 사는 계획을 세움으로써 절망으로부터 자신을 구해냈다. 그녀는 병동에서 불치병에 걸린 아동 환자들을 위해 자원봉사를 했다. 그녀는 재산을 어떻게 기부할 것인지에 대해 합리적인 결정을 내리기 위해 수많은 자선 단체들을 면밀히 검토했다. 그녀가 암에 걸린 이후로 그녀의 오랜 친구들이 그녀와 가까이 만나는 것을 피했다. 그러나 그녀는 의도적으로 친구들을 한 명씩 만나서, 그들이 자신을 피하는 이유에 대해 자기가 이해할 수 있으며 그것에 대해 유감을 갖지 않는다고 이야기했다. 오히려 그녀를 향한 감정을 그녀에게 이야기해 보는 것이 그들이 죽음을 맞이했을 때 도움이 될 것이라고 말했다. (Yalom, 1980, p.432)

자기 초월

자신보다 나은 무언가를 추구하려 하기 때문에 당면한 상황과 개인적 이익을 초월하는 것이 인간의 실존적 본성이다(May, 1958b; Yalom, 1980). Buber(1961)는 비록 인간이 그들이 원하는 것이 무엇이며 그들에게 의미 있는 것이 무엇인지를 스스로에게 질문하면서 시작하지만, 그 질문을 자기 자신에 한정해서 끝내지 않아야 하며, 오히려 자신을 잊고 세상 속에 자신을 몰두시켜야 한다고 주장한다. Boss(1963)는 개인에게는 자신의 존재를 이해하며 존재에 대한 책임감을 가질 능력이 있기 때문에 자신이 당면한 상황을 초월하기 위한 능력을 가지고 있다고 말한다. 상상력과 창의력을 사용함으로써 개인은 다른 사람을 인식하고 그 사람에 대하여 책임 있는 행동을 하기 위하여 자신의 욕구를 초월한다. 인간은 상상력을 통해 시간과 공간을 초월할 수 있다. 우리는 B. C. 100년 고대 로마나 저 멀리 3,000년 떨어진 은하계에 있는 우리 자신을 생각할 수 있다. 또한 우리는 스스로를 초월할 수 있고 다른 사람의 위치에 자신을 놓아둘 수 있으며 그 사람들이 경험하는 고통이나 행복을 느낄 수 있다. Kierkegaard(1954)가 쓴 것처럼, 상상력은 개인이 자신의 한계를 넘고, 그들의 존재와 다른 사람의 존재를 심사숙고하도록 도와주는 개인의 가장 중요한 능력이다.

자신을 초월하는 사람의 수많은 사례들이 있다. 가끔 뉴스는 인간이 다른 사람을 살리기 위하여 어떻게 자신의 삶을 포기하는지 상세하게 설명한다. Yalom(1980)은 개인이 죽을 병에 걸렸다는 것을 알게 되면서 내면으로 자신의 병에 집중하기보다 오히려 자신을 초월하고 고통 중에 있는 다른 사람을 돕고 돌보았던 많은 이들의 사례를 제시한다. 가슴 아픈 개인적인 상황에서 Frankl은 임박한 죽음에 직면했을 때의 자기 초월을 설명한다.

> 병실에서의 넷째 날, 주치의가 내게 발진 환자가 있는 다른 캠프에서 의료 업무를 자원해 맡아 줄 것을 요청해 야간 근무조로 가게 되었다. 친구들의 충고에도 불구하고(그리고 이러한 업무에 대해서 대학 시절 경험이 전무하다는 것에도 불구하고) 나는 이 자원봉사를 하기로 했다. 나는 내가 일하는 현장에서 짧은 시간 내에 죽을 수도 있다는 것을 알았다. 하지만 내가 죽음을 맞이해야 한다면, 내 죽음에는 어떤 의미가 있을 것이다. 나는 생산적이지 않은 노동자로 내 삶을 망치는 것보다, 별로 하는 일 없이 지내는 것보다 의사로서 주변 사람을 도우려고 노력하는 것이 더 의미 있다는 것을 의심하지 않았다. (Frankl, 1992, pp.59~60)

Frankl(1969)은 자기실현을 위해서 먼저 자신 스스로를 초월할 수 있어야 한다고 강조했다. Frankl은 인간이 얻을 수 있는 비논리적(영적) 차원은 자기 초월을 통해서 이루어진다고 하였다. 이러한 방식으로 사람은 삶에서 생물학적, 심리적 가치를 넘어서서 삶의 의미를 성취하게 된다. 개인이 자신의 존재를 초월 할 때에만 이들은 오직 자신의 진정한 자기를 이룰 수 있다고 하였다.

진솔성 추구

이론의 적용

진솔성을 추구하는 길은 종종 실존주의 치료의 초점이 된다(Craig, 2009). 진솔성(authenticity)은 인간 존재의 한계에 정면으로 맞서는 의지를 포함하는 "참된 진정성과 존재의 인식(awareness of being)"(Bugental, 1981, p.102)을 나타낸다. 진실하게 되는 것과 관련된 주제는 도덕적 선택, 삶의 의미, 인간 존재와 관계가 있다.

진솔성은 각각의 실존주의자들(Thompson & Heaton, 2012)마다 다르게 정의하고 있다. 진솔성에 대한 정의를 내리기 위해 몇 가지 방법을 비교해 보려고 한다. 진솔한 개인과 진솔하지 않은 개인은 각각 다르다. 진솔한 사람은 그들만의 목표와 가치를 가지고 있는 반면 진솔하지 않은 사람은 다른 사람의 가치에 근거한 목표를 가지고 있고 그 중요성에 대해 덜 인식하고 있다. 사회적인 상호작용 상황에서는 진솔한 사람은 친밀감을 추구할 가능성이 높은 반면, 진솔하지 않은 사람은 피상적인 관계를 맺는 데 더 관심이 있다. 보다 넓은 의미로 보면, 진솔한 개인은 사회(학교와 정부를 포함한)에 관심이 있는 반면, 진솔하지 않은 개인은 그다지 관심이 없다. 자기 자신을 인식함에 있어서 진솔한 개인은 진솔하지 않은 개인보다 변화에 더 유연하고 개방적이다. 진솔한 개인은 자유, 책임, 죽음, 소외, 의미와 관련된 주제로 인한 실존적 불안을 경험한다(Craig, 2009). 이와는 대조적으로, 진솔하지 않은 개인은 비겁해서 위험한 결정을 내리거나 변화에 대한 용기를 갖지 못할 뿐만 아니라 기회를 놓쳐 버린 것에 대한 죄의식을 경험한다. 진솔한 사람은 불안을 야기하는 실존적 위기를 경험하는 반면, 진솔하지 않은 개인은 위기에 대처할 때 부적응적 방법에 의지하거나 정신증을 경험할 가능성이 더 크다. 또한 실존적 불안보다 자신이 한 일에 대한 수치심을 더 크게 느낄 수도 있다(Stolorow, 2011). 이처럼, 진솔한 개인은 자신에 대한 진정한 인식을 가지고 있으며 위기에 대처했을 때 실존적 질문과 위기를 실제로 경험하며 행동한다.

진솔성과 가치의 발달

실존적 저자들의 주요한 초점은 개인의 존재에 있기 때문에, 진솔성과 가치의 발달에는 그다지 많은 주의를 기울이지 않는다(Baum & Stewart, 1990). 그러나 May(1966)는 실존적 인식의 네 가지 발달 단계를 설명했다. 첫 번째 단계는 유아의 경험에 대한 순수함과 개방성이다. 두 번째 단계는 2~3세의 아동이 주변 세계의 가치, 특히 그들의 부모에 반응하는 것이다. 아동은 부모의 행동을 수용하고 요구하며 저항하고 이용함으로써 반응한다. 세 번째 단계는 개인으로서 자기 자신에 대한 인식이다. 네 번째는 개인이 자신을 벗어난 시점에 서서 세상을 인식하며 어떻게 세상과 관련되는지를 인식할 수 있는 초월적 인식 단계이다. 응석을 받아주는 것이 아니라 독립과 성취에 용기를 북돋아 주면서, 부모는 자녀가 가치를 발달시키고 스스로 독립하도록 돕는다. 부모에 대한 과다한 의존은 융합으로 이끌 수 있으며, 자기 초월을 발달시키는 것을 어렵게 할 수 있다. 마찬가지로 Frankl(1969)은 청소년들은 독립하고자 하는 욕구와, 비록 부모의 가치관과 충돌한다 할지라도 그들 자신만의 가치를 발달시키고자 하는 욕구가 있다고 보았다. 그렇게 함으로써, 청소년들은 진솔성(참된 진정성과 자기 존재에 대한 인식)을 발달시킬 수 있다.

이번 절에서는 심리치료자들이 내담자의 이야기를 경청할 때 사용하는 개념에 대하여 설명하였다. 이러한 개념으로 불안, 삶과 죽음, 자유와 책임, 소외와 사랑, 의미와 무의미와 같은 주제를 다루었다. 다음 장에서는 실존주의 심리치료자가 이러한 주제를 활용해 실존주의 심리치료에서 긍정적인 변화를 어떻게 만들어낼 수 있는지에 대하여 살펴보려고 한다.

내담자의 진솔성 발달을 돕기 위해서는 특별한 기술보다 이러한 주제가 더욱 중요하다.

실존주의 심리치료

실존주의 심리치료는 태도와 주제와 관련된 관심사를 다루기 때문에, 실존주의 심리치료의 목표는 삶의 의미나 목적을 찾고 자신의 실존을 충분히 경험하는 것과 같은 주제에 초점을 맞춘다. 평가 도구가 때로는 사용되지만(이 장의 후반 참고), 중요한 실존적 과제와 주제에 대한 평가를 허용하는 것은 우선적으로 치료적 관계에서이다.『실재 상담 및 심리 요법의 기술(Skills in Existential Counselling and Psychotherapy)』에서 van Deurzen & Adams(2011)는 다양한 실존적 주제를 다루는 법을 설명할 때 내담자와 상담자의 관계가 중요하다는 것을 강조한다. 내담자를 돕는 데 있어서, 많은 실존주의 치료자들은 내담자와의 진실한 관계 형성을 방해하는 저항과 전이 문제를 다룬다. 내담자를 작업하면서, 실존주의 치료자들은 다른 사람의 죽음이나 언젠가 죽을 수밖에 없는 내담자의 죽음과 같은 중요한 실존적 주제들에 대해 다양하게 접근할 것이다. 또한 내담자들은 삶을 주도하는 자유에서 비롯된 선택과 결정에 책임지는 것을 힘겨워한다. 실존주의 치료자들이 내담자와의 관계를 통해 접근하는 주제는, 외로움과 소외로 인한 힘겨움과는 반대되는, 다른 사람을 적절하게 사랑하고 친밀한 관계를 맺기 위한 힘겨움이다. 자신의 인생의 의미를 찾고 진실하게 다른 사람을 사랑할 수 있게 되는 것이 주제와 관련된다. 실존주의 치료자들이 주요한 실존적 주제에 어떻게 접근하는지가 이 절의 주제이다.

실존주의 심리치료의 목표

진솔성은 심리치료의 기본적인 목표이다. 심리치료를 하는 동안에 내담자들은 자신의 인생이 얼마나 진솔하지 않은지에 대해서 배우고, 존재의 충분한 능력을 실현시키기 위해 무엇을 해야 하는지에 대해 배운다(Cooper, 2003; Craig, 2009). Frankl에 의하면, "내담자들은 자기 존재의 목적을 찾고 그것을 추구해야 한다. 상담자는 내담자들이 가장 적극적으로 그것을 추구하도록 도와야 한다."라고 한다(1965, p.54). 개인은 인생에서 추구하는 어떤 과제가 있다는 인식이 발달할 때 의미 있는 가치를 보다 잘 실현시킬 수 있을 것이다. 이와 마찬가지로, van Deurzen-Smith(1998)는 치료의 목표는, 개인이 언제 자신을 속이는지를 깨닫게 하고 진실하게 되도록 돕는 것이라고 믿는다. 치료는 내담자가 자신의 신념과 가치를 이해하고, 그 신념과 가치에 대하여 자신감을 가지며, 그 신념과 가치를 바탕으로 삶에서 새로운 방향으로 이끌 수 있는 선택을 하도록 도와야 한다. 살아 있다는 느낌은 개인이 인생을 공포, 지루함, 증오, 편협함으로 보는 게 아니라 흥미, 상상력, 창의성, 희망, 기쁨으로 바라보도록 치료할 때 발생한다.

May에게 "치료의 목적은 내담자가 자신의 존재를 현실로 경험하는 것이다"(1958b, p.85). 증상을 치료하는 데 역점을 두는 것이 아니라, 개인이 그들의 실존을 충분히 경험하도록 돕는 것이다. 달리 말하면 신경증적인 사람들은 자신의 주변 세계(Umwelt: 생물학적 세계)에 대해 지나치게 관심을 가지지만, 고유 세계(Eigenwelt: 자기 자신의 세계)에는 충분한 관심을 가지지 않는다는 것이다. 이런 점에서 심리치료의 목표는 상담자의 고유 세계에 의해 압도 당하지 않고 내담자의 고유 세계를 발달시키도록 돕는 것이다. 상담자는 내담자가 고유 세계를 경험할 때 함께 있어야 한다. May(1958b)는 내담자에 대해 알고자 할 때 "당신은 어떠세요?"라고 묻지 않고 "당신은 어디에 있어요?"라고 묻는다. May는 내담자가 어떻게 느끼는지, 문제를 어떻게 설명하는지에 대하여 알기를 원하는 것이 아니라, 내담자들이 자기 자신으로부터 얼마나 분리되었는지에 대하여 알기 원한다고 한다. 내담자가 자신의 불안에 직면하는 것 같은가? 아니면 그 불안으로부터 도망가는 것 같은가? May(1958b, p.85)가 지적한 것처럼, 불안을 감소하기 위하여 경험에 초점을 두기보다는 행동의 기제(mechanism)에 초점을 두는 게 더욱 쉽다. 예를 들어, 광장공포증(공공장소나 집 밖에 있는 것에 대한 공포) 증세를 보고하는 내담자는 자신이 집을 떠날 때 경험하는 신체적 불안과 공포와 불안을 수반하지 않고 얼마나 멀리 갈 수 있는지에 대해 설명할 것이다. 광장공포증의 치유는 실존주의 심리치료의 부산물일 수 있지만 실존주의 심리치료의 목표는 개인이 문화적 기대에 적응하거나 맞추기보다는 자신의 실존을 경험하고 살아 있음을 충분히 느끼고 사는 것이다.

실존주의 심리치료와 상담

전형적으로, 실존주의 심리치료자들과 상담자를 따로 구분하지 않는다. May가 실존주의 심리치료의 저자이지만, 실존주의 상담에 대해서도 썼다(May, 1989). 실존주의 심리치료자의 저서에서는 실존주의 상담이 기간이 더 짧고 덜 강렬함(일주일에 두세 번 만나지 않고 한 번 만나기)을 암시하는 것 같다. 게다가, 상담은 '사별'이나 '내담자 자신의 죽음에 직면하기' 등 특별한 주제에 초점을 맞출 것이다. 그러나 이것은 아마 인위적인 구분일 수 있다. 심리치료라고 불리든 상담 또는 분석이라 불리든 간에, 실존주의 심리치료자들의 임무는 실존적 주제에 초점을 둔다. 실존적 주제를 다룰 때 중요한 것은 사용되는 기술이나 기법이 아니라, 죽음, 자유, 책임, 소외, 무의미 등 그 주제 자체이다. 이러한 주제는 종종 심리치료자의 개인적 경험과 전문적인 훈련을 포함하는 상담자나 심리치료자의 존재에 대한 반영이기도 하다.

평가

실존주의 심리치료자들은 진단적 범주(DSM-5)나 특정한 불만스러운 행동에 주의를 기울이기보다는 오히려 실존적 주제에 주의를 기울인다. 처음 문제가 제시될 때, 상담자들은 책임감, 죽음, 소외, 무의미 등과 연관된 주제를 들으려고 귀를 기울인다. 그리고 나서 상담자들은 내담자의 꿈에 나타난 실존적 주제에 대해서도 비슷한 평가를 할 것이다. 어떤 상담자들은 실존적 주제를 평가하기 위해 특별히 고안된 객관적인 검사를 사용한다.

초기 평가 모든 내담자가 실존주의 상담과 심리치료에 적합하지는 않다. 상담자로부터 조언과 제안을 바라는 사람들은 실존적 접근에 의해 좌절되기 쉽다. 만약 내담자가 오직 신체적 긴장의 해소를 위한 도움만을 바라고, 그 긴장을 유발하는 더 광범위한 주제를 다루는 것을 원치 않는다면, 실존주의 심리치료는 적합하지 않다. 상담자는 소외, 무의미, 책임, 죽음 등과 같은 주제에 귀를 기울임으로써, 상담자는 심리치료 작업에 어떠한 주제가 요구되는지 확인한다. 그다음, 상담자는 내담자의 진솔성, 즉 내담자가 자신의 문제에 대해 얼마나 인식하고 그 문제에 대해 얼마나 책임감을 가지는지를 평가한다. 상담자는 내담자가 상담에 충분히 전념할 수 있는지, 그리고 삶의 문제를 정직하게 직면할 수 있는지를 평가해야 한다 (van Deurzen-Smith, 1995). 그렇게 함으로써, 상담자는 내담자가 적절한 때에 도덕적인 결정을 하도록 돕는다(van Deurzen, 1999).

평가 도구로서의 꿈 깨어 있는 것과 마찬가지로 실존주의 심리치료자들에게는 꿈도 하나의 존재 방식이거나 세계 내 존재이다(Cooper, 2003). 깨어 있을 때의 사건들은 다른 사람들과 연결되어 있고 공유되어 있는 반면에, 꿈속의 사건은 다른 사람들과 연결되지는 않지만 특별한 사건이고, 꿈꾸는 사람의 존재를 이해하는 출발점이다(Cohn, 1997). Boss(1977)는 꿈은 깨어 있을 때의 경험을 이해하는 데 도움을 주고, 깨어 있을 때의 경험은 꿈을 이해하는 데 도움을 줄 수 있다고 느꼈다. 중요한 것은 상담자의 해석이 아니라, 내담자의 꿈에 대한 경험이다.

실존주의 심리치료자들은 내담자의 꿈을 주의 깊게 들으면서 내담자의 의식 경험을 능가하고 존재의 다른 측면을 드러내는 주제에 민감하게 주의를 기울일 수 있다. Deurzen-Smith(1988)는 브랜다(Brenda)와 함께하는 꿈 작업에서 꿈의 중요한 의미를 밝혀내는 데 집중하였다. 한 꿈에서 브랜다는 늑대들에 쫓겨 무릎까지 오는 눈을 뚫고 도망쳤다. 이 꿈은 두 번째 꿈으로 이어졌다.

> 그녀는 갑자기 눈밭과 썰매에 있는 자신을 발견했다. 늑대가 흩어져 눈을 뚫고 뛰어가는 사람들을 죽였다. 그녀가 일어났을 때 강렬한 죄책감을 느꼈다. 그 죄책감은 그녀가 눈을 뚫는 달리기 선수가 되어 현실에서 처해 있는 곤경에서 벗어나길 시도하는 현실의 노력과 같은 것이었다. 안전하지만 무자비한 캠프의 참가하는 느낌과도 같았다. 그녀의 죄책감은 그녀에게 그녀가 가진 열망이 다른 사람들보다 더 많은 것을 의미하고 있음을 상기 시켰다. (p.168)

이 내담자와의 치료 과정에서 van Deurzen-Smith는 브랜다에게 중요한 실존적 주제들을 평가하는 데 있어서 꿈 소재를 빈번하게 사용하였다.

Yalom(1980)은 최근에 사랑하는 사람이나 친구의 죽음을 경험한 사람들과, 일반적인 사람들을 비교대상으로 하여 죽음에 대한 꿈이 얼마나 자주 나타나는지에 대해 연구하였다. 질병에 대한 꿈, 무기를 가지고 있는 누군가에게 쫓기는 꿈, 삶을 위협하는 폭풍이나 화재를 만나는 꿈은 많은 사람들이 빈번하게 꾸는 꿈이다. 이 꿈은 흔히 실존주의 심리치료자들이 죽음과 죽어가는 것에 대한 주제를 논의하는 기회가 된다.

객관화 및 투사화 검사 사용하기 대부분의 평가가 상담자와 내담자 사이의 상호작용 과정에서 이루어지지만, 어떤 실존주의 상담자들은 투사 검사와 객관화 검사 도구를 활용한다. 몇몇 상담자들은 실존적 주제를 평가하기 위해 로르샤흐 검사와 주제통각 검사(TAT)를 사용해왔다. 예를 들면, Murray의 주제통각 검사(1943)는, 실존적 주제에 대해 간접적으로 관련이 되어 있는 자기비하, 소속, 지배성, 놀이에 대한 욕구를 평가한다.

실존적 개념에 직접적으로 관련된 더 많은 객관화 검사들이 있는데, 특정한 주제를 측정하도록 개발되었다. 삶의 무의미에 대한 Frankle의 관심을 근거로 하는 생애 목적 테스트(Purpose in life Test: PIL)(Crumbaugh & Henrion, 1988)는 20개 문항으로 구성된 척도인데, 이것은 개인의 삶의 목적, 세계관, 죽음 등의 관점을 조사한다(Crumbaugh & Henrion, 1988). 4개 문항으로 구성된 PIL 축약 버전은 안정적인 신뢰도를 보이며 심리적 고통을 예측할 수 있다(Schulenberg, Schnetzer, & Buchanan, 2011). Noetic Goals 검사(SONGS)는 PIL을 보완하기 위해 개발되었다(Baczwaski, 2011). Noetic Goals 검사에서의 높은 점수는 삶의 의미를 찾는 데에 동기 부여가 되었음을 의미하는 지표다. 자살 행동 검사지는 성인들과 청소년들의 자살 위험을 파악하는 데 도움이 되는 검사임이 확인되었다(Baczwaski, 2012). Templer의 죽음에 대한 불안척도(Death Anxiety Scale)는 암, 심장병, 전쟁 등의 문화적이고 개인적인 관점을 반영하는 문항을 포함하고 있다(Beshai & Naboulsi, 2004). 질병에 대하여 긍정적인 것이 망상인지 아니면 실존적 성장인지를 측정하는 실버 라이닝 설문지(Silver Lining Questionnaire)는 Sodergren, Hyland, Crawford, & Partridge(2004)가 타당화시켰고, 요인 구조 또한 McBride, Dunwoody, Lowe-Strong, & Kennedy(2008)가 지지했다. 일반적으로 이러한 검사 도구들은 심리치료보다는 실존적 주제에 관한 연구에 더 적합할 수 있다.

치료적 관계

전체 실존주의 치료의 초점은 심리치료 회기 동안, 세계 내 존재인 두 사람에게 초점이 맞추어져 있다. 이 진정한 만남은 현재 일어나는 상담자와 내담자의 주관적 경험을 포함한다(van Deurzen & Adams, 2011; van Deurzen & Iacovou, 2013). Yalom(1980)이 치료적 사랑으로 언급한, 내담자에 대한 상담자의 태도는 전이와 저항을 포함한 다른 치료적 주제의 핵심이다. 상담자와 내담자의 관계에 중요한 초점을 두는 실존주의 치료의 과정은 실존주의 심리치료자들 사이에서도 의견 차이가 있다. 예를 들면, Bugental(1987)은 이를 내담자와 깊어지고 발전하는 관계와 내면의 자아에 대한 탐색을 특징으로 하는 하나의 과정이라고 설명하고 있다. 이 주제는 다음 단락에서 좀 더 자세히 설명된다.

치료적 사랑 치료적 관계는 특별한 형태의 나와 너(I-Thou) 관계이다(Buber, 1970). Yalom은 이 관계를 서로 호혜적이지 않는 "사랑하는 친구 관계"(1980, p.407)라고 썼다. 다시 말하면, 내담자는 상담자를 다양한 방식으로 경험할 수 있지만, 상담자는 자신의 개인적 필요에 의해 내담자의 성장을 방해하지 않는 진정한 참 만남을 발달시키려고 애써야 한다. 어떤 의미로 상담자는 동시에 두 장소에 존재한다. 즉, 자기 자신에게 진술하고 내담자에게도 진술하게 마음을 여는 것이다(Buber, 1965; Yalom, 1980).

내담자를 진정으로 돌봄으로써, 상담자는 내담자와 상담자 사이에 친밀감이 발전하게 된다. 내담자가 화를 내고, 적대적이며, 진실하지 못하고, 자기도취에 빠져 있으며, 우울하고, 여러 가지 점에서 별로 매력적이지 않을지라도, 상담자는 내담자에 대한 진술한 사랑의 감정이 있어야 한다(Sequin, 1965). 치료적 관계가 발전하면서 내담자는 상담자와의 진정한 개방과 함께하는 분위기를 경험한다. Bugental(1987)은 상담자가 진정으로 진술할 때 내담자와의 관계에서 발생할 수 있는, 친밀감의 교류를 경험하는 사례를 제시한다. 이 사례에서, 베티(Betty)는 아버지와의 관계에서의 고통을 탐색하고 있는데 그 고통은 그녀가 나이를 먹어 가면서 바뀌었다.

내담자: 제가 일곱 살 생일 파티 때 아버지가 제게 준 목걸이에 대한 이야기로 계속 돌아간다는 사실을 알아요. 저는 이게 무엇을 의미하는지 잘 모르겠지만, 오늘 또 그게 생각이 나네요.

심리치료자: 음……, 음.

내담자: 저는 오늘 그 목걸이를 했어요. 보이지요? (그녀는 자신의 목에 걸려 있는 목걸이를 상담자에게 보여 주면서 말했다.)

심리치료자: 네, 매우 좋네요.

내담자: 단지 아이 때 받았던 선물이라는 것을 아는데…… (울면서)

심리치료자: 아는데?

내담자: 그러긴 한데 제게는 너무나 큰 의미가 있어요. (계속 울면서)

심리치료자: 음…….

내담자: 아버지는…… (흐느끼면서) 그때 아버지는 저를 사랑했어요. 아버지는 그때 저를 사랑했어요. 저는 아버지가 저를 사랑했다는 사실을 알아요. (소리 내어 울음)

심리치료자: 아버지는 그때 당신을 사랑했군요.

내담자: 네, 아버지는 그때 저를 사랑하셨어요. (울음이 진정된다. 목소리가 작아지고, 좀 더 생각에 잠기며) 그런데 그때 제가…… 그런데 그때 제가……, 내가 무슨 일을 했지? 제가

했던 어떤 일 때문에 아버지가 더 이상 저를 사랑하지 않았고, 늘 화가 나 있으셨어요. 제가 무엇을 잘못했죠? (항의하는 목소리로 다시 소리 내어 운다.)

심리치료자: (낮은 목소리로, 집중하면서) 당신이 무슨 일을 해서 아버지가 더 이상 당신을 사랑하지 않게 되었나요?

내담자: (울음을 멈추면서, 눈에 초점이 사라지며 뭔가를 떠올리려 하며) 네, 맞아요. (깊게 생각하면서) 네, 맞아요. 그게 뭐였지? 내가 무슨 일을 했지? 오!

심리치료자: (조용히 기다린다.)

내담자: 제가 알아요. (다시 흐느낀다. 얼굴은 일그러진다.) (잠시 호흡을 멈추며, 어떤 것도 알 수는 없지만 내면에서 많은 생각과 감정이 일어난 듯하다.)

심리치료자: (조용히 천천히 숨을 쉰다.)

내담자: 알겠어요. (조용하게, 단호하게, 체념한 듯) 저는 알아요. 제가 여자가 되었어요!

베티의 마음의 문이 열리는 순간에, 그녀는 자신이 오래전부터 알고는 있었지만 아주 오랫동안 스스로에게 모른 척해왔던 것이 많다는 사실을 깨닫게 되었다. 이 내면의 깨달음이 너무 커서 줄여서 말로 표현할 수 없을 정도였다. 내면의 알아차림이 확장되어가면서 그 안에 치유/성장의 역동이 있다. 그 인식의 순간에 말이 필요 없다. 상담자와 내담자는 정서적으로 아주 가까워져 있다. 서로의 머리와 몸은 서로를 향해 있고 충분히 손을 잡아주거나 안아줄 수도 있지만 그렇게 하지 않는다. 왜냐하면 '진정한 친밀감'을 지금 느끼고 있기 때문이다. (Bugental, 1987, p.44)

저항 실존주의적 관점에서 저항은 내담자가 책임지지 않을 때, 소외되어 있을 때, 감정에 대한 인식이 없을 때, 그렇지 않다면 삶에서 진솔하지 않기 때문에 일어난다. 저항은 드물게 상담자를 향해 저항이 나타나기도 하지만, 내담자가 압도할 만한 위협에 압도당해 있거나 세계관이 부정확하거나 자신에 대한 관점이 부적절할 때 이를 다루는 하나의 방식이다. 저항으로 표현되는 것은 내담자의 두려움뿐만이 아니라, 자신과 세상을 다루는 자신의 용기 있는 방식이기도 하다.

내담자는 치료 장면에서 흐느껴 울거나, 불평하거나, 중요하지 않은 내용을 말하거나, 상담자를 유혹하거나, 그 외 진솔하지 않은 다른 방법으로 저항을 나타낸다. 상담자는 이러한 문제를 보이는 내담자를 지지해 줌으로써 내담자와 실제적이며 친밀한 관계를 형성하려고 해야 한다(van Deurzen, 2001a). Schneider(2008)는 저항이 실제 중요한 주제에 이르는 데 방해물이 된다고 본다. 그는 조심스럽지만 잠깐, 직접적으로보다는 간접적으로 그 문제들을 다룰 것이다. "제가 지금 너무 강하게 당신을 밀어붙이고 있지는 않은지 궁금해요." (Schneider, 2008, p.77)가 신중한 표현의 한 예이다.

전이 Cohn(1997)이 지적하였듯이, 전이 관계에 지나치게 초점을 맞추게 되면 내담자와의 진정한 관계 형성을 방해한다. Bugental(1981)은 어떤 저항은 "전이를 통해 나타난다."(p.145)고 인정하였다. 그는 함축적이든 명백하든 상관없이 내담자가 상담자에게 특별히 관심을 가질 때 이를 인정하는 것이 중요하다고 믿는다. 예를 들어, 도움을 청하기 위해 내담자가 상담자를 계속해서 지나치게 칭찬한다면, 상담자는 이 행동이 내담자의 어머니나 아버지와의 관계 문제로 인한 행동인지를 탐색할 것이다. 그때 상담자와 내담자는 실제적이고 진정한 관계를 형성해가는 과정에서 진전을 경험할 수 있다. 이러한 방식으로 상담자는 정신분석가처럼 무의식적 자료에 초점을 맞추는 것이 아니라 현재의 치료 과정에서 발생하는 것에 초점을 맞춘다(Davis, 2007).

치료 과정 심리치료 과정 내내, 실존주의 심리치료자들은 온전히 현재에 현존해서 내담자와 마주한다. 만약 상담자들이 지루함을 느끼게 되면, 상담이 끝나기만을 기대하거나, 내담자에게 집중하지도 않을 것이고, 내담자와 참만남도 이루어지지 않는다. 비록 실존주의 심리치료자들이 치료적 관계에서 진정한 만남의 중요성에 대해 동의하더라도 진정한 만남을 저해하는 주제를 접하게 될 때 상담자가 진행하는 접근은 다양하다. 상담자들은 그러한 주제를 다루면서 자신의 감정과 경험을 드러낼 수 있는데, 그렇게 하는 것이 내담자 자신의 진정성을 충분히 발달시킬 수 있다. 상담자들은 진정성을 추구해갈 때 삶과 죽음, 자유와 책임, 선택, 소외와 사랑, 무의미 등과 같은 중요한 실존적 주제를 탐색할 수 있다.

삶과 죽음

Yalom이 관찰했던 것처럼 "죽음에 대한 불안은 삶의 만족과 반비례한다"(1980, p.207). 개인이 진정성 있게 살아갈 때, 죽음에 대한 불안과 공포는 줄어든다. Yalom은 사람들이 죽음에 대한 주제를 부인하거나 회피하기 위해 두 가지 방식을 선택한다고 언급하였다. 자신이 특별하다는 믿음과 자신을 죽음으로부터 구해 줄 궁극적 구원자에 대한 믿음이 그것이다. 이러한 주제를 인식하게 되면 상담자들이 '죽음' 문제를 직접적으로 다루는 데 도움이 된다. 이러한 주제는 사별 후 슬픔에 빠져 있는 사람, 죽어가는 사람, 자살을 시도하는 사람을 직면시킬 수 있다. 실존주의 치료자들이 이 주제를 다루는 방식은 이 장에서 제시되어 있다.

Yalom(1980)은 사람들이 자신은 허약하지 않고 불사조이며 죽지 않는다는 생각을 확고히 하기 위해 애쓰는 여러 가지 방식을 보여 준다. 자기애적 생각은 개인의 특별함과, 자신은 질병과 죽음의 영향을 받지 않는다는 믿음을 강조한다. 죽음에 대한 파악이 점진적으로 올 수도 있고 갑작스럽게 오기도 한다.

> 얀(Jan)은 유방암에 걸렸고 암이 뇌까지 전이되었다. 의사들은 마비가 올 것이라고 사전에 경고했다. 그녀는 그 말을 듣긴 했지만, 마음 깊은 곳에서 그 가능성이 자신에게는 일어나지 않을 것이라고 느꼈다. 마비가 오고 움직일 수 없을 정도로 약해지자 얀은 자신의 '특별함'이

근거 없는 믿음이었음을 갑자기 깨달았다. 그녀는 '예외'는 없다는 것을 배웠다. (p.120)

'피할 수 없는 죽음'에 대한 또 다른 방어는 궁극적 구원자에 대한 믿음이다. 내담자들은 치명적인 병에 걸렸을 때, 아무도 자신을 구해 주지 못할 것이라는 사실을 직면해야만 한다. 내담자들은 종종 마술을 부리지 못하는 의사들에게 화를 내기도 하고 좌절하기도 한다. 의사들이 자신의 병 치료에 실패할 것이라는 사실을 믿을 수 없다. 또 다른 '궁극적 구원자'의 예는 배우자나 부모 또는 형제와 같이 함께 삶을 살고 있는 사람들이다. 그들은 배우자나 형제, 부모가 죽어갈 때 구할 수 없는 상황임에도 자신의 모든 에너지를 다 쏟아붓는다.

사별로 인한 슬픔은 상담자들이 다루는 일반적인 주제이다. 그 상실감은 부모나, 배우자, 아이, 친구, 애완동물 등의 죽음일 수 있다. 실존주의 심리치료자들은 슬픔과 양가감정, 죄책감, 분노 등의 감정을 솔직하게 다룬다. 더욱이 Yalom(1980)은 사랑하는 사람의 죽음을 통해 사람들이 자신의 죽음에 어떻게 직면하는지를 보여 준다. 때때로 꿈은 사랑하는 사람의 죽음뿐만 아니라 자신의 죽음에 대한 공포까지도 다룰 수 있는 소재를 보여 준다. 죽음의 주제를 다룰 때 상담자는 자신의 신념체계와 자신의 두려움과 불안을 인식하고 있어야 한다. 만약 상담자가 죽음에 대한 불안을 부인하는 것을 선택한다면 그 상담자는 내담자와 작업을 할 때 죽음에 대한 주제를 다루는 것을 피하게 되기 쉽다.

자살 가능성이 있는 내담자를 다루는 것은 삶보다는 죽음을 선택할 수도 있는 사람을 다루는 것이다. Van Deurzen-Smith(1988)는 수면제를 과다 복용한 17세 수잔(Susan)의 예를 들었다. 그녀는 이해받지 못하고, 조롱받고, 무력감을 느꼈다. Van Deurzen-Smith는 수잔의 자살 시도를 겁쟁이가 아니라 용기 있다고 표현한다. 수잔은 자신의 행동에 가치를 부여했으며, 자신의 자살 시도의 중요성을 깎아내리거나 자기에게 미안함을 표현하거나 자신을 가르치려 하는 사람들에게 화가 났다. Van Deurzen-Smith의 접근 방법은 수잔이 자신의 실존을 직면하도록 돕는 것이다.

수잔과의 실존주의 상담은, 이해받지 못하고 조롱거리가 되었으며 희망이 없다던 자신의 삶에 대해 그녀가 갖고 있는 관점을 인정해 주고, 이러한 삶의 관점이 좀 더 건설적으로 바뀔 수 있도록 돕는 것이었다. 삶은 그렇게 어려운 것이 아니며 종국에는 사람들이 그녀를 이해해 줄 것이라고 말하는 것은 가식이다. 삶이 기본적으로 사람들이 공평하지 않다는 삶에 대한 그녀의 인식은 그녀가 느끼는 현실의 문제였다. 만약 그녀가 오로지 혼자 용감하게 죽겠다는 용기를 가졌다면 인생을 용감하게 살 수 있는 용기도 분명히 있을 수 있음을 상기시킬 필요가 있다. 최소한 그녀에게 더 이상 환상은 남아 있지 않기 때문에 계속되는 실망감으로 더 이상 무기력해지지 않고 이제 앞으로 나아갈 수 있는 것이다. (p.35)

심리치료자들은 수잔의 삶과 죽음에 대해 배려하고 보살피는 동시에 단도직입적으로 접근한다. 상담자는 수잔이 자신의 살 권리와 죽을 권리에 대한 충분한 책임감을 가지도록 돕는다. 이러한 예에서 삶과 죽음에 대한 상담자와 내담자의 태도는 매우 중요하다. 어떤 특정한 기법이 중요한 것은 아니다.

개인이 죽음을 피할 수 없는 운명으로 인식하도록 돕기 위한 집단 기법과 훈련이 있지만, Yalom(1980)은 기법을 사용하기보다 개인적인 문제를 직접적으로 다루는 것을 선호한다. 그렇지만 사람들이 자신의 죽음과 장례식을 상상해 보는 상상 기법(guided fantasies)이 아마 도움이 될 수 있다. 그 외에 노인이나 병으로 죽음을 앞둔 사람들과 이야기를 나누어 보거나 자신의 사망기사나 비석문을 써보도록 하는 실습이 있다(May & Yalom, 2005). 개인의 죽음에 대한 두려움과 불안을 다루기 위해 사용되는 모든 접근 방법은 개인이 세계 내 존재로서 충분한 경험을 하게 하는 데 도움을 줄 수 있다.

자유, 책임, 선택

상담과 심리치료에서 자주 등장하는 주제는 내담자들이 반드시 해야 하는 선택과 결정이다. 실존주의 치료자들은 내담자를 목적을 가지고 책임 있는 선택을 할 수 있는 세상에 내던져진 존재라고 본다. 실존적 관점은 내담자에게 세계 내 존재로서의 자유와 그 안에 내재하는 책임을 경험하게 하는 것이다.

자유 실존주의 심리치료자는 자유를 내담자가 자신의 문제에서 벗어나 스스로를 직면하고 변화할 수 있는 기회로 본다(Fabry, 1987). 과거에 어떤 일(예: 아동학대, 충격적인 사건, 재정적 어려움)이 있었음에도 불구하고, 내담자들은 자신의 삶을 변화시키고 삶의 의미를 찾기 위한 자유를 가지고 있다(van Deurzen, 2009). 이러한 이유로 많은 실존주의 치료자들은 과거에 머무르기보다는 현재에서 작업하는 것을 더 선호한다. 내담자들이 과거가 현재에 영향을 미친다고 과거에 대해서 말하지만, 초점은 변화에 대한 내담자의 자유에 있다. 변화에 대한 자유는 흥미로울 수도 있지만 아주 두려울 수도 있다. 예를 들면, Yalom(1980)은 남편이 자신에 대한 모든 결정을 내리는 구속된 결혼생활을 20년째 해온 보니(Bonnie)에 대해 다음과 같이 설명하였다. 그녀는 혼자 있는 것을 아주 두려워했다.

> 그녀는 남편이 말할 수 없이 구속적이지만 그녀가 표현한 것처럼 거리를 활보하는 자유보다 감옥과 같은 결혼생활을 더 좋아했다. 그녀가 말하기를 자신은 때때로 타락한 독신 남자나 찾아다니는 한 무리의 정숙하지 못한 여성들로부터 쫓겨난 사람일 뿐이며 아무 존재도 아니라고 말했다. 치료 장면에서 그녀에게 별거를 생각해 보는 것에 대해 물어보는 것만으로도 아주 심한 불안성 호흡항진증 발작을 일으켰다. (p.139)

청소년들이 자신들의 가족에 대해서 불평을 쏟아부으며, 자신들이 원하는 대로 오고 갈 수 없고, 담배를 필 수 없다는 등 자유가 없다고 불평하는 것은 지극히 정상적이다. 실존주의 심리치료자들은 청소년들이 느끼는 그 구속감에 초점을 두고 자기주장을 강조하기보다는, 그들 자신에게 스스로 선택을 할 수 있는 능력이 있음을 발견하도록 돕는다(van Deurzen, 2012a).

책임 자유는 책임을 수반한다(Schneider, 2008). 상담자들은 내담자가 그들 자신과 현재 상황에 대하여 책임을 지려는 내담자의 의지가 각각 굉장히 차이난다는 사실을 만나게 된다. 내담자들은 종종 자신의 어려움을 호소하며, 부모님, 회사의 상사, 배우자나 다른 사람들을 탓하기도 한다. 내담자가 좀 더 책임감을 가진 사람이 되도록 돕는 과정에서 상담자는 내담자가 스스로 자신의 고민을 만들어냈다고 가정한다. 내담자는 자신의 문제에서 자신의 역할을 확인하고 부모님이나 배우자, 다른 사람들을 비난하는 것을 멈추게 되면서 치료에서 진전이 있게 된다. 책임에 대한 상담자의 언급은 개입해야 할 가장 결정적 시점, 즉 카이로스(kairos)를 생각하다가 적절한 시점에 이루어져야 한다.

베티(앞에서 언급한 베티와는 다른 내담자)와 작업을 하면서 Yalom(1989)은 그녀와 있는 자신이 지루하고 화가 나는 것을 발견하였다. 항상 투덜거리는 베티는 비만이며 외로운 30대 여성이다. 그녀는 자신의 일, 척박한 캘리포니아 문화, 자신의 비만에 대한 사람들의 태도, 비만이 유전이기 때문에 살을 뺄 수 없는 것 등에 대해 불만을 늘어놓았다. 그녀는 치료시간에 불평하고, 이야기를 늘어놓고, 자신이 우울할 수밖에 없는 객관적인 이유를 설명하려고 애쓴다. 그러면서도 농담도 꺼내고 게이의 외모에 대해서 근거 없는 이야기도 한다. 결정적인 상황에서, Yalom(1989)은 베티가 저항에도 불구하고, 그녀 자신의 상황에 대해 책임지고자 하지 않는 그녀의 태도와 가식에 대하여 지속적으로 직면시킨다.

> 심리치료자: 저는 당신이 즐거운 척하는 것보다, 당신의 존재에 대하여 당신이 말하는 것에 관심이 있습니다. 당신은 저와 즐겁게 시간을 보내기로 작정한 것 같습니다.
>
> 내담자: 음, 흥미로운 이론이군요, 박사님.
>
> 심리치료자: 당신은 우리가 첫 번째 만남 이후로 계속 이런 태도로 오고 있어요. 당신은 자신의 삶이 완전히 절망적이라고 말하는데, '우리는 정말 즐거운 시간을 보내고 있지 않느냐'는 식으로 아주 쾌활하게 말하네요.
>
> 내담자: 그게 제 방식이지요.
>
> 심리치료자: 당신이 그렇게 즐거워할 때, 당신이 얼마나 고통스러운지 제게 보이지는 않아요.
>
> 내담자: 고통 속에서 있는 것보다는 낫죠.
>
> 심리치료자: 하지만 당신은 도움을 받기 위해서 여기에 왔어요. 당신이 저를 즐겁게 해주는 것이 왜 그렇게 필요한가요?

베티는 얼굴을 붉혔다. 그녀는 이러한 사실의 직면에 동요한 것 같았다. 그녀는 몸을 의자 뒤로 젖혔다. 그녀는 작은 손수건으로 이마를 닦으며 한동안 침묵했다.

내담자: 제트(Z)라는 용의자는 묵비권을 행사하고 있습니다.

심리치료자: 베티, 저는 오늘 좀 끈질길 겁니다. 당신이 저를 즐겁게 하려는 것을 멈춘다면 어떤 일이 일어날 것 같습니까?

내담자: 저는 즐거운 게 잘못되었다고 전혀 생각하지 않아요. 왜 모든 것을 그렇게……. 그러니까, 잘 모르겠어요. 당신은 언제나 그렇게 심각하죠. 그래도 이것이 저예요. 이것은 제 방식이에요. 저는 당신이 무엇을 말하는지 잘 모르겠어요. 제가 당신을 즐겁게 한다는 말이 무슨 어떤 의미죠?

심리치료자: 베티, 이것은 중요해요. 우리가 여태까지 해왔던 것 중에서 가장 중요한 것이에요. 당신이 옳아요. 하지만 당신은 제가 의미하는 것을 정확히 알고 있어요. 지금부터 이후의 상담에서 당신이 저를 즐겁게 하려는 순간, 제가 그것을 중단시키고 제가 지적해도 괜찮을까요?

베티는 동의하였다(그녀는 결코 내 제안을 거절할 수 없었다). 나는 내 마음대로 할 수 있는 상당히 자유로운 도구를 하나 가지게 되었다. 그녀가 낄낄거리며 천박한 억양을 쓰거나, 나를 즐겁게 해주려 하거나, 어떤 상황을 진지하지 않고 가볍게 말할 때마다 그녀를 즉각 제지할 수 있도록 허락을 받았다(물론 우리가 새롭게 동의했던 사실을 상기시키며).

3~4회기가 지나자 그녀는 심각하게 자신의 삶을 이야기하기 시작하게 되었고, 나를 즐겁게 하려는 행동은 처음으로 사라졌다. 그녀는 다른 사람들이 자기에게 지속적으로 관심을 가지도록 하기 위해서, 다른 사람을 기쁘게 하는 역할을 할 수밖에 없었던 사실을 알게 되었다. 하지만 여기 상담실에서는 지금까지와는 반대다. 그녀가 나를 즐겁게 하려고 하면 할수록 나는 그녀에게 관심을 덜 가지게 되고, 거리가 더 느껴진다고 말하였다.

지금 나는 덜 지루하다. 나는 시계를 보는 것이 줄어들었다. 베티와 상담 중에 이따금 시간을 확인하는데, 예전처럼 몇 분 남았는지 보기 위해서 시계를 보는 것이 아니라, 새로운 주제를 제시할 수 있는 충분한 시간이 있는지를 보려는 것이다. (pp.97~98, 99)

이것은 베티와의 치료에 있어서 전환점이 되었다. 그녀는 상당히 많이 나가는 몸무게를 줄이게 되었으며, 남성들과의 관계도 발전시키고, 자신의 삶에 대해 책임을 지게 되었다. 책임 있는 선택을 함으로써, 베티는 우울증이 줄어들었고, 자기 자신과 다른 사람들에게 좀 더 마음을 열고 정직할 수 있게 되었다.

선택 May(1969)는 선택의 과정을 소망하기, 의지를 가지기, 결정하기로 설명한다. 어떤 개인은 너무 우울해서 소망하는 것이 거의 없을 수 있다. 그러한 경우에 상담자는 내담자가 자신의 감정에 대해 더 인식하도록 도와야 한다. 어떤 내담자들은 충동적이거나 강박적으로 행동함으로써 소망하기를 회피할 수 있다. 다시 말하면, 그들은 행동하지만 그들이 원하는 것에 대해 생각하지 않는다. '의지를 가지기'를 통하여 사람은 결정할 수 있는 어떤 지점까지 자신을 비춰볼 수 있다. '의지를 가지기'는 변화하고 결정하는 능력을 포함한다. 결정하고 나서 행동이 따라온다. 이 과정에 함축되어 있는 것은 소망하기, 의지를 가지기, 결정하기에 대한 책임감이다. 내담자들이 만족스럽지 않은 직업을 그만두거나 결혼을 해야 하는 것과 같은 중요한 일을 결정하게 될 때 내담자들은 공포에 빠져 있으면서 책임감을 강하게 느낄 수도 있다.

선택을 다룰 때, 실존주의 심리치료자는 상담자가 내리는 의사결정의 중요성만큼이나 내담자가 내리는 의사결정이 중요함을 알고 있다(Cooper, 2003). 다음에 나오는 예는 Bugental(1981)이 내담자의 우유부단함을 어떻게 다루는지를 명료하게 보여 준다.

> 텔마(Thelma)의 딸은 텔마가 좋아하지 않는 소년과 사귀기를 원한다. 열일곱 살인 그녀의 딸은 자신의 일을 스스로 처리하겠다고 하고, 텔마는 딸을 아직 어린아이 취급한다. 텔마는 과보호하는 것을 원하지 않고, 딸과 잘 지내고 싶다. 하지만 솔직히 텔마는 딸이 사귀기를 원하는 남자아이의 소문에 대해 염려하였다. 그녀는 상담자에게 이런 상황을 상당히 길게 말하다가 멈추고, 주제를 변경하려고 하는 것 같았다.

> 심리치료자: 그러면 당신이 무엇을 할 수 있나요?
>
> 내담자: 하다니요? 제가 무엇을 할 수 있을까요?
>
> 심리치료자: 그거 좋은 질문이군요. 당신은 무엇을 할 수 있을까요?
>
> 내담자: 저는 그것에 대해서는 어떤 것도 할 수 없어요. 딸아이는 사귀려고 하고, 그게 다예요.
>
> 심리치료자: 그러면 당신은 딸이 존(John)과 함께 사귀는 걸로 결정하셨나요?
>
> 내담자: 저는 결정하지 않았어요. 그 애가 결정했죠.
>
> 심리치료자: 아니요, 당신도 결정했네요. 당신은 딸이 존과 함께 사귀는 것을 선택했어요.
>
> 내담자: 당신이 무슨 말을 하는지 모르겠어요. 딸아이가 우기는 거라니까요.
>
> 심리치료자: 그것은 딸의 행동이죠? 당신이 하는 일은 딸의 끈질긴 요구를 수용하고 있는 거네요.
>
> 내담자: 글쎄요, 그렇다면 난 딸이 사귀도록 놔두지 않을 거예요. 그러면 우리 딸은 불행할 것이고, 한동안 제 삶을 최악으로 만들겠지요.
>
> 심리치료자: 그래서 이제 당신은 딸이 존과 만나는 것을 허락하지 않도록 결정했군요.
>
> 내담자: 음, 이게 당신이 원하는 것 아닌가요? 제가 어떻게 해야 한다고 당신이 말했잖아요?
>
> 심리치료자: 저는 당신이 무엇을 해야 한다고 말하지 않았어요. 이건 당신의 선택이에요. 하지만 당신은 딸이 선택을 하거나 제가 선택을 한다고 주장하시는 것 같아요.
>
> 내담자: 제가 어떻게 해야 할지 모르겠어요.
>
> 심리치료자: 어려운 선택이죠.

그래서 텔마는 자신의 선택에 직면하기 시작한다. 딸이 존과 사귀는 것에 대해 처음에 허락을 했든 거절을 했든 간에 텔마가 자신의 선택에 대해 결정을 내리는 절차가 위와 같이 이루어져야 하는 것은 분명하다. (pp.345~346)

자유, 책임, 선택, 이 세 주제는 밀접하게 관련되어 있다. 자유로움을 경험하는 내담자는 자신의 삶 속에서 선택함으로써 주어지는 책임을 두려워하거나 반길 것이다. 베티의 사례에서 보이듯이, 스스로의 삶에 책임을 짐으로써 내담자는 자신의 삶에서 소외와 고독을 줄일 수 있다.

소외와 사랑

사람은 이 세상에 혼자 나와서 혼자 세상을 떠난다. 다른 사람과 관계를 맺는 것에 대한 인식은 실존주의 상담의 중요한 부분이다. 외로움과 소외감을 탐색해 보는 것은 치료적 관계에서 중요한 요소이다. 성인이 되어 가족으로부터 떨어지게 되면서, 새로운 사랑의 관계를 발전시켜 나가야 하는 문제가 생긴다. 종종 심리치료 장면에 사람들은 다른 사람과 친밀한 관계를 맺는 데 어려움을 보인다. 편집증이나 조현병같이 가장 심각한 범주의 정신 장애를 가진 내담자들은 가장 기본적인 수준에서조차도 다른 사람과 대화를 나눌 수 없을 정도의 극심한 고독감을 보여 준다. 실존주의 심리치료자에게 도전은 내담자의 고독감에 영향을 주기 위하여 관계에서 친밀하고 심리치료적인 사랑을 경험하게 하는 것이다.

앞에서 언급했던 Yalom(1980)의 치료적 사랑(therapeutic love)이라는 개념에서는 내담자의 외로움을 직접적으로 다룬다. 이 부분에 있는 각각의 예들은 내담자와의 친밀한 상호작용을 보여 준다. 앞에서 나오는 베티의 경우처럼, 그러한 친밀감은 내담자를 자극해서 자신의 삶을 변화시킬 용기를 북돋아 주어 다른 사람과 친밀감을 발전시킬 수 있도록 한다. 그러나 Bugental(1981)은 '심리치료자의 사랑'에 대한 글에서, 내담자가 의존성이 발달될 수 있어서 오직 상담자와만 친밀감을 형성할 수 있을 뿐, 다른 사람과는 친밀한 관계를 맺지 못할 수 있음을 경고한다. 그는 너무 자주 전화하고, 특별한 만남을 요구했으며, 몇 번의 위기 상황이 있었던 캐서린(Kathryn)의 예를 제시한다. 그는 한계를 설정함으로써 어렵게 관계를 안정시킬 수 있었다. 치료적 관계는 내담자가 사랑을 받지만 줄 필요가 없는 상호적인 관계가 아니다. 그런 점에서 치료적 관계는 내담자가 찾고 있는 부정확한 표현의 관계가 될 수 있다. 두 사람이 서로 사랑을 주고받는 관계를 필요로 한다. 상담자는 진실한 보살핌이 수반되는 사랑과 친밀감이 함께했을 때, 서로 주고받는 관계는 삶의 의미를 높여 줄 수 있음을 알려 준다.

의미와 무의미

Frankl(1969, 1978, 1992, 1997)은 오랫동안 내담자(그리고 일반인)가 삶에서 의미를 찾도록 돕는 일에 관심을 가져왔다. Hillmann(2004)이 언급한 것처럼, 의미는 심리치료에 대한 Frankl 이론의 기본 개념이며, 정신이 건강한 자아에 이르는 열쇠이기도 하다. 만약 누군가가 인생의 의미를 찾으려고 한다면 찾아내지 못할 것이다.

의미는 사람이 삶을 살면서 다른 사람과 관계를 맺을 때 드러난다. 지나치게 자신에게만 초점을 맞추게 되면 삶에 대한 관점을 잃게 된다. Frankl에게는, 자기 자신에게 몰두되어 있는 내담자를 도울 때, 불안과 심리적 어려움의 원인을 찾으려고 하면 그 내담자는 더욱 자기중심적이 될 뿐이다. Frankl(1969)에게 해결책은 오히려 내담자가 의미를 발견할 수 있는 사건이나 사람을 기대하는 것이다.

삶에서 가치와 의미의 중요성에 관심을 집중한 Frankl은 의미 치료(logotherapy)를 창안하였다(Hillmann, 2004; Schulenberg, Hutzell, Nassif, & Rogina, 2008). 의미 치료의 네 가지 독특한 기법은, 개인이 자신을 초월하도록 돕고, 자신의 문제를 건설적인 관점으로 바라보도록 돕는다. 그 네 가지 기법이란 '태도 수정(attitude modulation)', '반성 제거(dereflection)', '역설적 의도(paradoxical intention)', '소크라테스식 대화(Socratic dialogue)'이다. 태도 수정에서는, 신경증적인 동기를 건강한 동기로 바꾼다. 예를 들어, 책임감 있는 삶을 방해하는 장애물을 제거함으로써 자살하려는 동기에 의문이 제기되고 재정립된다. 반성 제거에서는, 내담자들이 고민하고 있는 삶의 문제에서 벗어나 다른 것에 초점을 두도록 한다. 예를 들면, 성기능 문제를 겪고 있는 내담자는 자신의 즐거움을 무시해 버리고, 파트너의 성적 즐거움에 집중하도록 요구한다. 이와 비슷하게, 역설적 의도는 내담자들에게 자신의 증상을 오히려 증가시키게 함으로써 내담자가 자신의 증상에 대하여 덜 걱정하고 때로는 유머로 바라보게 함으로써 내담자의 주의를 다른 곳으로 전환시킨다(역설적 의도의 예는 아래에 제시할 것이다). Guttmann(1996)은 소크라테스식 대화가 의미 치료의 주된 기법이라고 생각한다. 이것은 내담자들이 자신의 삶에서 의미를 발견하고, 현재의 상황을 평가하며, 자신의 강점을 깨닫도록 안내하는 데 사용될 수 있다. 9장과 10장에서 충분히 논의되겠지만, 소크라테스식 대화는 여러 질문으로 구성되어 있는데, 이 일련의 질문은 내담자가 신념과 가설에 대한 결론에 이르도록 내담자를 돕는다. 이러한 질문은 부분적으로는 내담자의 잘못된 인식에 대한 상담자의 인식에 기반을 둔다. 이러한 기법은 내담자가 자기 자신에게 몰두하는 경향을 감소시켜 주며, 다른 사건과 타인에 대한 관심을 통해 자신의 삶에서 의미를 발견할 수 있도록 돕는다.

몇몇 실존주의 상담자들은 Frankl의 접근 방식에 반대하는데 그 이유는 실존적 주제보다는 기법을 강조하는 것처럼 보이기 때문이다(Yalom, 1980). 그들이 선호하는 것은 의미를 발견하는 과정을 방해하는 주제를 찾음으로써 내담자들이 자신의 삶에서 의미에 대해 더욱 충분히 인식하도록 돕는 것이다. 상담자와 내담자가 관계를 형성하고 상담자가 보살피는 분위기를 형성하여 진심으로 상담에 임할 때 상담에서 내담자를 힘들게 하는 문제를 공유하게 되고, 그렇게 함께하는 작업에서 의미가 드러난다.

삶과 죽음, 자유와 책임감 그리고 선택, 소외와 사랑, 의미와 무의미 등의 주제는 서로 관런이 있다. 이 모든 주제는 내담자의 실존이나 세계 내 존재에 관련된 주제를 직접적으로 다룬다. 내담자와 관계를 형성하는 것, 치료적 사랑을 보여 주는 것, 내담자와 그 자신을 연관시키는 것 모두가 상담자가 내담자의 세계로 들어가는 방식이다. 상담자는 내담자에게 그들이 혼자가 아니며, 실존적 주제를 다루는 데 있어서 그들의 어려움에 대해 도움을 줄 수 있다는 것을 보여 준다.

심리 장애

여기에서 명확해질 수 있는데, 실존주의 심리치료자들은 정신 장애 진단 범주가 아닌 실존적 주제에 초점을 맞추어 심리 장애를 개념화하고 치료한다. 그러나 실존주의 심리치료자들이 다양한 다른 정신 장애에 어떻게 그들의 방법을 적용하는지 살펴보는 것은 도움이 될 것이다. 실존적 불안에 대한 첫번째 사례는 van Deurzen(2009)이 제시한 사례로 어머니(내담자)와 아들의 실존적 불안에 대해 설명한다. '실존적 불안을 어떻게 다룰 것인가'에 초점이 맞추어져 있다. Bugental(1976, 1987)은 우울한 내담자를 상담할 때 우울을 '의기소침한 상태'로 우울을 설명하고, 그러한 내담자들을 상담하는 데 세 가지 단계를 제시한다. Yalom(1980)은 경계선 장애를 가진 내담자를 상담할 때 다른 사람들로부터 소외감을 느끼는 경계선 장애 내담자에게는 '관계 형성'의 중요성을 강조한다. 종종 역설적 의도는 강박 장애(Obsessive-Compulsive Disorder: OCD)를 가진 내담자에게 적용된다. Lukas(1984)는 내담자가 '자기 밖으로 나아가도록' 도와주고, 강박적 행동에 대한 자신의 접근을 변화시켜 자기 자신의 존재로 더 많이 인식하도록 도와준다. Bugental(1981)은 알코올의존자에게 자신의 삶에 대한 책임감을 갖는 것과 자기 비난 행동을 중단하는 것이 중요함을 제기한다. 다른 실존적 주제들이 위에서 언급된 사례의 다양한 장애와 관련되어 있지만, 이러한 실존적 주제가 위에서 언급된 장애에만 해당하는 것은 아니다. 몇몇 실존적 주제가 여기서 언급된 어떤 장애의 사례에서도 야기될 수 있다.

불안: 나탈리와 아들

불안 장애는 종종 높은 실존적 불안을 포함한다. 나탈리(Nathalie)와 그녀의 아들인 제이슨(Jason)의 사례에서 어머니인 나탈리는 아들과 아들 친구 아담(Adam)의 우정, 그리고 아담의 자살 사건으로부터 야기된 실존적 문제에 직면한다. 실존적 불안은 이 사례에서 매우 현실적으로 나타나는데 이는 일반화된 불안 장애 증상과 함께 나타나고 있다. 나탈리와 그의 아들 모두 아담의 자살 사건을 어떻게 대처해야 할지에 대한 선택에 직면해 있는 상황이다. 나탈리의 마음을 무겁게 하는 것은 아담과 아담의 가족에 대한 아들 제이슨과 그녀가 느끼는 책임감에 대한 질문이다. 그녀가 아담과 그의 가족에게 느끼는 책임감과 대조되는 또 하나는 아들에게 느끼는 그녀의 책임감이다. 아담의 죽음을 다루는 데 있어서 어머니와 아들 모두는 실존적으로 중요한 문제에 직면한다.

나탈리는 내가 수련 감독을 했던 치료자의 내담자였다. 그녀는 17세 아들을 둔 40대 여성이었다. 나탈리는 광장공포증 때문에 심리치료를 받았다. 그녀는 야외 활동을 하자마자 심각한 공황 발작이 일어났고 그로 인해 집에만 있어야 했다. 그녀의 공포증은 어느 정도 경감되었고, 그녀는 불안에 대한 새로운 형태의 공격이 발전된 양상으로 그녀를 공격했을 때에만 치료 회기에 참가하였다. 이번에 이 형태의 불안은 일반화되었고 특정한 사건으로 인해 분명하게 촉발되었다.

나탈리의 아들 제이슨은 불쾌한 왕따 사건에 연루되었고 그 사건에는 어렸을 때부터 제이슨과 친구였던 아담이라는 친구도 엮여 있었다. 아담의 부모가 학교에 와서 불만을 제기한 이후에 제이슨과 그 친구들에게 학교는 이들을 훈육하기 위한 징계 절차를 내렸다. 하지만 그 이후에도 괴롭힘은 계속되었고 이것은 아담이 방에서 숨진 채 매달려 발견될 때까지 계속되었다. 아담은 더 이상 삶의 가치가 없다고 적어 놓은 편지도 함께 남겼다. 그의 죽음은 왕따 사건과 직접적인 관련이 있는 것처럼 보였다. 나탈리의 아들 제이슨은 이 사건에 거의 확실하게 관련되어 있었고 경찰에게 심문을 받았다. 제이슨은 아담의 죽음에 모든 책임을 부인했다. 그들은 곤경을 모면하려 했다. 아담의 장례식에 참석하고 며칠 후, 제이슨은 무너져 내렸고 그의 엄마에게 자신과 친구들이 아담을 반복적으로 조롱하고 협박하며 폭력을 가했음을 말했다. 제이슨이 보기에 아담의 자살은 갱단의 위협에 의해 직접적으로 촉발된 것이 분명해 보였다. 제이슨은 그 갱단의 주변 집단에 불과했고 제이슨은 아담이 그가 스스로 죽음을 선택한 날 학교에서 집으로 가는 길에 아담에게 직접적인 공격을 가한 3명의 다른 소년들을 알고 있었다. 그 소년들은 또 제이슨에게도 그가 알고 있는 것을 경찰에게 말하면 아담에게 가했던 것처럼 폭력을 행사할 것이라고 협박했다. 경찰은 사실 이러한 사건을 이미 알고 있었지만 아담의 죽음은 명백하게 자살이라고 했다. 하지만 제이슨은 경찰의 심문을 받을 때 진실을 얘기하지 않았고 이에 대한 심각한 죄책감과 앞으로의 행동에 대해 진퇴양난과 같은 당황스러움을 느꼈다.

나탈리는 아들이 다른 소년을 죽음에 이르게 한 상황에 연루된 것을 깨닫고 공포심에 얼어붙었다. 그녀는 아담의 성장 과정을 알고 있었고 그에게 일어난 일에 대하여 엄청나게 큰 책임감을 느꼈다. 그녀는 엄청난 두려움에 휩싸였다. 그녀는 제이슨과 또 다른 소년들에게 피해가 갈 수 있기에 누구에게도 말할 수 없었다. 하지만 그녀가 알게 된 범죄 행위를 용서하기 위해서는 침묵을 유지할 수 없었다. 그녀는 사실 아들이 갱단의 일부일 수 있다는 사실에 직면할 수 없었다. 그녀는 그 불안으로 인해 다시 예전 증상에 빠져 집에 남아 있었고 여러 번 치료 회기를 취소했다. 마침내 그녀가 치료 회기에 왔을 때, 그녀는 치료자에게 그녀를 힘들게 만든 무슨 일이 있었는지 얘기하기를 피했다. 그녀는 아들 친구 아담이 죽은 사건

이후로 집밖에 나가는 것이 안전하지 않다고만 이야기했다. 이것은 처음 들어서는 이해하기 힘든 이상한 진술이었다. (van Deurzen, 2009, pp.137~138)

나탈리의 경험은 강력한 실존적 불안이었다. 그녀는 삶의 위험을 인식하고 있었고 또한 매 순간 이러한 위험에 직면하며 그녀 스스로의 책임감을 느꼈다. 그녀가 이전에 가진 태도는 어느 곳에서도 안전하기란 불가능하기 때문에 위험으로부터 도망가는 것이었지만 이제는 더 이상 그것 때문에 포기할 수 없었다. 그녀는 용감하게 살고 이 문제에 대해 크게 외칠 기회를 치료과정을 통해 제공받았지만 그녀는 그 도전을 다시 한번 피하고 싶었다. 이제는 그녀가 제이슨에게 벌을 주기 위해 목소리를 높일지 아니면 침묵을 지키면서 정말 일어난 일을 은폐할지를 선택하게 되었다. 그녀는 이제 피하는 것이 좋은 선택지가 아님을 깨달았다. 이제는 그녀만 마비되는 것이 아니라 아들 또한 그럴 수 있다는 것을 다시 알게 되었다. 오래지 않아 그녀는 치료자와 함께 그녀의 딜레마를 공개적으로 알리고 그것이 올바른 방향으로 이끌어 줄 것이라는 사실을 받아들였다. 나탈리는 치료자가 자신의 경험을 병리화시키지 않거나 축소시키지 않는다는 것을 확인할 때만 오직 그렇게 할 수 있다고 치료자에게 말했다.

나탈리는 이러한 도덕적 딜레마를 해결하는 데 경험이 없는 것이 당연했다. 왜냐하면 이전에는 부인하고 회피해왔기 때문이다. 하지만 이제 나아갈 방향이 없는 듯한 막다른 골목에서 빠져나오는 것처럼 그녀가 회피를 직면하도록 돕는 것이 가능해졌다. 이 도전에 직면하는 것은 다시 그녀에게 자유롭게 돌아다닐 수 있는 자유를 되찾아줄 유일한 방법이었다. 그녀는 그녀의 광장공포증을 극복하는 것이 그녀의 두려움에 직면하고 가장 두려워하는 것으로부터 빠져나오게 해 줄 것이라고 요구했다. 그 결과 그녀는 삶에서 이러한 문제에 직면하는 만큼 똑같이 강하게 만들 것이고, 그 새로운 힘으로 어려운 상황을 해결할 방법을 찾아내는 가장 좋은 기회를 얻을 것이라는 것을 알게 되었다.

그녀는 이 문제를 직접 탐색하는 데에 동의했다. 그녀는 처음으로 자신이 주로 제이슨에 대해 걱정한다는 것을 생각했다. 그녀는 만약 제이슨이 아담의 사건에 연루된 것이 밝혀지면 아들의 장래에 성공할 기회를 잃지 않을까 걱정했다. 그녀에게 이것은 재앙과 같다는 것을 인정했다. 왜냐하면 제이슨은 매우 영리하고 그녀를 자랑스럽게 해 주는 아들이었기 때문이다. 아들의 성공은 그녀가 학문적 재능이 부족한 데 대한 보상이기도 했다. 그리고 이것은 그녀에게 매우 중요한 문제였다. 그녀는 17세 때 학교를 그만두기를 강요받았는데, 제이슨에게도 같은 일이 일어날까봐 두려웠다. 심리치료자는 처음에 나탈리가 제이슨의 잠재적인 성공을 부러워할 수도 있다는 가설을 세웠다. 이것은 나탈리는 제이슨이 시험에 합격할 기회를 박탈당하길 바라는 마음일 수도 있다는 내용이었다. 제이슨이 그녀를 능가하지 않도록 말이다. (p.138)

다음 회기에서 드러난 것은 나탈리가 제이슨이 계속 자신의 행동에 대한 진실로부터 벗어나 숨게 되면 영원히 수동적 방관자로만 남을 것이라고 느꼈다는 것이다. 다시 말해 제이슨은 그녀 자신처럼 될 것이다. 직면하고 대항하기를 무서워하도록 말이다. 더 현실적인 도덕적 딜레마는, 그녀가 직면하고 대항하고 또 아들에게 그렇게 살라고 가르칠 정도로 충분히 강인한가 하는 것이다. 이것은 그녀가 행동으로 취해야 할 질문이었다. 아담에게 정말 무슨 일이 일어났었는지 사람들이 알도록 해야 하는지 아닌지에 대해서는 아마 끝없는 논쟁이 이어질 것이다. 아담의 자살이 일어난 중요한 요인은 바로 왕따였다는 사실이 공개적으로 밝혀졌다. 물론 그것은 진실을 말하기 위해 여전히 중요했다. 또한 그것은 아담의 가족에게 중요한 문제였다. 제이슨과 나탈리가 비겁하고 방어적인 자세를 취하기보다는 진실된 자세를 취하는 것이 그 진실을 알리는 데에도 중요했다. 조금 지나서 나탈리는 아들에게 이러한 것들을 이야기할 용기가 생겼음을 발견했고 제이슨도 똑같이 느꼈다는 것을 알았다. 제이슨은 자신이 실제로 한 일을 인정하고 다른 사람들도 그렇게 함으로써 자기존중감을 회복하길 바랐다. 제이슨은 자신이 침묵이 가져올 결과가 말하는 이후의 결과보다 더 두려웠다. 친구의 죽음으로 그의 의무를 수행하는 것은 또 다른 문제였다. 여기서 흥미로운 점은 제이슨과 엄마 모두 다른 친구들을 연루시킬 수 없다는 이유로 침묵을 지킨 것처럼 만들었다는 점이다. 그들도 이제는 친구를 보호하기 위해 이 진실을 숨기는 것은 죽은 친구인 아담을 위해서도 더 이상 누구를 보호하기 위해서도 필요한 것이 아니라는 것을 깨달았다. 마침내 제이슨이 특별한 처벌을 받거나 다른 누군가를 직접적으로 연루시키지 않고 깨끗하게 자백할 수 있을 것이라는 게 분명해졌다. 그러한 행동이 도덕적으로도 올바르고 정서적으로도 더 명료해질 것이라는 것 또한 명백해졌다. 제이슨은 자신의 잘못을 인정했고 그에 따른 견책을 받아들였을 때 자존감은 회복되고 많은 사람들로부터 인정을 받았다. 그는 여전히 그를 괴롭힌 갱단과의 관계를 관리해야만 했지만 그는 이것이 큰 손실이 아니고 이점일 수 있음을 깨달았다. 나탈리는 이런 아들을 매우 자랑스러워했고 아들이 진실하게 행동하도록 도왔던 공로에 대해 조금은 인정했다. 나탈리는 그녀와 아들이 진실한 행동을 함으로써 자존감을 회복했음을 느꼈다. 제이슨은 시험에 합격해, 처음 기대보다 더 엄마를 만족시켰다. 그녀의 운명과 제이슨은 운명적으로 연결되어 있었다. 그들의 관계는 진실의 관문을 통과하면서 함께 더 강해졌다. 그들은 그들 스스로와 서로가 더 옳은 일을 할 수 있는 사람이 되었다고 느꼈다. 이것은 나탈리가 강력한 불안으로부터 벗어나 삶의 자신감을 회복하고 다시 삶의 흐름으로 돌아가는 모습이었다. (pp.139~140)

우울증: 캐서린

Bugental(1987)은 우울증이 있는 내담자를 상담할 때 내담자들의 상태를 '의기소침'한 것으로 표현하기를 선호했다. 그에게 '의기소침함'이란, 의도하고 소원하는 것이 차단되는 것을 의미한다. 우울하거나 의기소침한 사람들은 가치 있게 할 만한 일이란 아무것도 없으며 애써서 고민하며 할 일도 없다고 느낀다. 또는 가만히 혼자 있고 싶어 하며 세상에 관여하기를 원하지 않을 수 있다.

Bugental은 '의기소침함'을 다루기 위해 심리치료적 접근에 기초가 되는 세 가지 단계를 제안한다. 첫 번째 단계는 내담자가 무심코 자신의 무기력함에 대해 보고하거나 자신의 우울증에 대해 농담을 할 때, 상담자는 직접적으로 내담자의 무관심을 직접적으로 다룬다. 두 번째 단계는 무관심이 좀 줄어들면 주의를 환기시키고 내담자가 자신의 우울증이나 의기소침함 때문에 느끼는 죄책감이나 비난을 감소시켜 주는 과정이 포함된다. 세 번째 단계에서 내담자는 자신의 의기수침함을 수용하고, 그것을 느끼도록 도와준다. 이것이 일어나면, 내담자는 실존적 불안이나, 죽음에 대한 두려움, 무의미함, 소외감 등을 느낄 가능성이 있다. 이때 책임감과 선택의 주제를 심리치료에서 다룬다.

van Deurzen-Smith(1988)는 Bugental의 모델을 사용한 것은 아니지만, 산후 우울증으로 진단받은 캐서린(Catherine)이라는 젊은 여성에게 상당히 비슷한 접근을 시도한다. 캐서린은 절망감을 느꼈으며, 자신의 아기를 돌볼 수 없었다. 남편과 어머니는 캐서린에게 잠시 멀리 떠나 휴식을 취할 것을 권했다(자유를 주었다). 그러나 이것은 캐서린이 원하는 것이 아니었으며, 오히려 문제를 더욱 악화시켰다. 캐서린은 남편과 어머니에게 굴복할 때보다 저항할 때 더욱 살아있음을 느꼈다. 첫 단계로, 캐서린은 자신의 우울증을 인정하고 아기를 갖는 것에 대한 그녀의 환멸감을 다루도록 도움을 받았다. 상담자는 캐서린이 자신이 지쳐 있으며 우울하다는 사실을 받아들이고, 아기와 함께하고 싶은 욕구와 즐거움을 재발견하도록 도왔다. 본질적으로 상담자는 캐서린이 아기의 엄마가 되는 경험을 온전하게 가지는 것에 대한 잃어버린 욕구과 동기를 회복하도록 도왔다. 비록 Bugental의 세 단계를 정확하게 따르지는 않았지만, 캐서린이 그녀 자신과 아기에 대한 통찰력을 얻게 되면서 "우울증이 불안으로 바뀌고 삶에 대한 관심이 증가하였다"(p.55). van Deurzen-Smith은 "불안은 피할 수 없는 위기에 대한 그녀의 드러난 준비 상태이며 삶에 대한 그녀의 관심을 의미한다."(p.55)라고 말했다. 캐서린이 아기에 대한 자신의 책임감을 받아들임으로써 그녀는 자신감이 더욱 향상되었고 자신 있게 남편과 어머니를 대했다. 방향감과 의지를 갖게 해주는 것이 그녀가 삶을 진솔하게 살도록 도와줄 것이다.

경계선 장애: 애너

경계선 장애로 진단받은 젊은 여성과 상담을 하며, Yalom(1980)은 그녀가 다른 사람들과의 관계에서 경험했던 "소외의 바다에 다리를 놓도록"(p.396) 도왔다. 애너(Anna)는 자살 시도 후에 병원에 입원했으며 매우 괴로워하며 소외되어 있었다.

애너는 심리치료 과정에서 집단 치료에 참여하면서 도움을 받았다. 그녀는 자기 자신을 위선적이며 진실한 감정을 느끼지 못하는 사람이라며 비난해왔다. 종종 그녀는 자신이 어디에도 소속되어 있지 않으며, 다른 사람들과 관계를 맺지 못하는데, 다른 사람들은 모두 친밀한 관계를 잘 맺는다고 느꼈다. 그녀는 집단에서 집단구성원의 경험과 자신의 경험을 서로 개방하면서 다른 집단구성원의 세계로 들어가 보도록 격려받았다. 한 회기에서 애너는 집단 중 몇 명의 집단구성원들과 관계를 맺을 수 있었으며, "그중 한 명을 위해 함께 눈물을 흘리게 되었다"(p.396). Yalom은 그녀가 이런 경험을 해 보는 것뿐만 아니라, 그 경험에 대해 재음미해 보고 그 경험이 어떠했는지 이야기해 보는 것이 중요함을 언급했다. 애너는 살아있음과 연결되어 있음을 느꼈고, 평소의 소외감도 느끼지 못했다고 말했다.

경계선 장애가 있는 개인을 다루는 것은 길고도 복잡한 일이다. 이 사례의 요지는 경계선 성격 장애를 가진 내담자가 다른 사람들과 의미 있는 방식으로 관계를 맺게 되면 심리치료에 도움이 될 수 있다는 점이다. 이 사례에서, Yalom은 소외라는 주제에 집중해서 경계선 장애가 있는 사람을 치료하고자 한다.

강박 장애: 여성 내담자

Frankl(1969, 1992, 1997)은 내담자들이 삶에서 의미를 다루도록 돕기 위해 의미 치료를 개발했다. 그는 강박 장애 내담자를 상담하면서 역설적 의도를 창안했는데, 이것은 내담자들이 자신의 문제를 다루기 위해서 자신을 벗어나도록 돕는 방법이다. 역설적 의도는 내담자가 삶 속의 사건들에 새로운 의미를 부여하도록 강조한다(Hillmann, 2004). 그러면 두려운 것이 더 이상 두렵지 않게 될 수 있다. 내담자들이 상담자를 신뢰하고 자신에 대하여 농담을 하며, 문제와 자기 자신을 분리할 수 있는 능력을 가질 때, 내담자들은 역설적 의도에 대해 긍정적인 반응을 경험할 가능성이 크다. 내담자 삶의 실존적 주제에 초점을 주었던 많은 실존주의 심리치료자들의 접근과는 달리 의미 치료 접근은 간결하며 활기 있다(Guttmann, 1996; Schulenberg et al., 2008).

낮 동안에 강박적으로 수차례 거울을 보는 여성 내담자를 다루는 아래의 사례에서, Lukas(1984)는 역설적 제안을 할 뿐만 아니라 역설적 의도에 그녀 자신이 참여한다.

나의 내담자 중 한 명은 거울에 대해 강박적이다. 그녀는 머리가 만족할 만큼 잘 빗겨졌는지 확인하기 위해 하루에 20회나 거울 앞으로 간다. 내가 그녀에게 '머리카락 헝클어뜨리기' 게임에 참여하도록 제안할 때까지 '역설적 의도'에 부정적이었다. 그 게임은 누가 열 손가락으로 누가 머리카락을 더 많이 헝클어뜨리는지를 보는 것이다. 그런 다음 우리 옆을 지나가는 사람들에게 머리카락이 얼마나 헝클어졌는지 보여 주기 위하여 역설적 의도로 손을 잡고 건물 주변을 뛰어다녔다. 사람들이 작은 관심조차 보이지 않고 우리 옆을 지나쳐가면, 머리카락이 충분히 헝클어지지 않았기 때문에 그렇다고 보고 더욱 심하게 머리를 헝클어뜨렸다. 이 게임으로 여태까지 모든 역설적 의도들에 저항해왔던 내담자의 협력을 얻게 되었다. 물론 아무도 우리에게 관심을 기울이지 않았다. 요즘 누가 다른 사람의 머리가 단정한지 그렇지 않은지에 신경을 쓰겠는가? 나의 내담자는 이 점을 깨달았고, 그녀는 "내 머리카락이 쭈뼛쭈뼛 서도록 두세요. 엉망인 채로 그냥 두세요."라는 역설적 소원을 가짐으로써 거울을 보러 가는 강박증을 극복할 수 있었다. 8주 후 그녀의 거울 강박증은 사라졌다. (Lukas, 1984, p.24)

Lukas는 역설적 의도를 사용할 때, 상담자가 내담자와 동일시하며 내담자의 문제를 심각하게 받아들인다는 것을 보여 주는 것이 중요하다고 느꼈다. Lukas는 자신이 내담자와 함께 역설적 의도에 참여할 때 비록 처음에는 그 역설적 의도가 어처구니없어 보일지라도 내담자들이 역설적 의도를 잘 받아들이는 것을 알게 되었다(p.83).

이론의 적용

알코올의존증: 해리

마약 중독자나 알코올의존자에게서 흔히 드러나는 실존적 주제는 그들이 자신의 삶에 대해 책임지기를 거부한다는 점이다. Bugental(1981, p.340)은 그들이 자신의 행동에 대해 책임을 지기보다는 오히려 자신을 비난한다고 지적한다. 만약 상담자가 내담자의 자기 비난 행동을 허용하고 지지한다면, 상담자가 병을 악화시키는 문제를 야기할 수 있다. 이것은 문제를 더욱 악화시킬 수 있다. 아래 사례에서, Bugental(1981)은 해리(Harry)의 자기 비난을 직면시키면서 해리가 자기 행동에 대해 책임져야 할 필요성에 대해 초점을 맞춘다. Bugental은 해리가 자신이 책임을 회피하려고 자신을 비난하고 있음을 끈질기게 설명한다.

> 해리는 주말 동안 술을 한바탕 마신 후에 종종 그랬던 것처럼, 이번 화요일 아침에도 심한 죄책감과 부끄러움을 느꼈다.
>
> 내담자: 그래요, 제가 또 마셨어요! 고주망태가 되어 비틀거리며 집 주변을 돌아다니면서 아내 레아(Leah)와 아이들을 겁에 질리게 만들었어요. 저는 다 큰 남자랍니다. 그냥 저를 마음껏 취하게 좀 내버려 둬요. 그리고…….
>
> 심리치료자: (나는 그의 말을 막았다.) 당신이 자신을 심하게 꾸짖을 때엔 꽤 열성적이신 것 같네요.
>
> 내담자: 제기랄, 전 정말 좋은 게 하나도 없어요. 모든 게 엉망진창이고 제 가족도 뭔가 잘못되어가고 있어요. 왜 레아는 저 같은 얼빠진 놈을 참아주는 건지…….
>
> 심리치료자: 당신은 좋은 게 하나도 없다는 겁니까?
>
> 내담자: 맞아요. 저는 한 번도 중요했던 적이 없어요. 아버지는 제가 어머니를 하도 걱정시켜서 편찮으시게 만들었다고 말씀하셨어요. 만약 제게 뭔가 좋은 점이 있었더라면, 그랬더라면…….
>
> 심리치료자: 자, 나쁘게 생각할 게 있나요?
>
> 내담자: 무슨 뜻이죠?
>
> 심리치료자: 자, 당신은 좋은 점이 없어요. 그리고 좋은 점이 있었던 적조차 없었어요. 그래서 그것은 당신의 책임이 분명히 아닙니다. 누군가가 당신을 망쳐 놓았군요. 그러니까 신이나 당신의 부모님이 말이죠. 그렇다고 해서 당신이 그 짐을 질 필요가 없어요.
>
> 내담자: 뭐라고요? 저는 잘못된 것의 책임을 지고 있어요. 안 그래요? 뭘 말하는 거죠?
>
> 심리치료자: 물론입니다. 당신은 잘못을 책임진다고 하면서도 책임감은 회피하고 있죠.
>
> 내담자: 그건 똑같은 것입니다.

심리치료자: 그래요? 전 그렇게 생각하지 않아요. 저는 당신이 비난하는 것을 여러 번 들었어요. 그리고 당신이 하는 그 비난은 제가 봤을 때, 자신의 음주에 대해 마음의 빚을 조금 갚는 것뿐이에요. 당신은 자신에 대해 책임감을 가진 적이 없었어요. 오직 비난만 했지요.

내담자: 그런데 그게 뭐가 다르죠?

심리치료자: 좋아요. 생각해 봅시다. 만약 당신이 술을 마시기 전에 당신이 느꼈던 감정에 대한 책임감을 가졌다면, 만약 술을 마시기 시작하는 것에 대한 책임감을 가졌다면, 만약 당신이 술에 취했을 때 레아와 아이들을 어떻게 대했는지에 대한 책임감을 가졌다면, 술 때문이라고 비난하는 대신……. 각각의 시점에서 당신이 했던 일을 알기 위해 스스로 책임감을 가졌다면, 어떤 일이 일어났을 것이라고 생각하나요?

내담자: 그렇게 하지 않았겠죠. 그런데 젠장, 저는 그런 식으로는 생각하지 않아요. 저는 단지 긴장했고, 그리고 술을 마시면 느긋해질 수도 있다고 생각해요. 제가 그걸 미처 알기도 전에…….

심리치료자: 바로 그 점입니다. '당신이 그것을 미처 알기도 전에'……. 당신은 책임감을 가지지 않아요. 당신이 오직 하는 거라곤, '나는 나쁘지 않아!'라는 노래만 계속 부르고 있지요.

해리는 이번 시간에 전반적인 통찰을 얻지는 못했다. 그러나 우리는 이번 시간에 두 가지 중요한 요점을 이미 파악했기 때문에 그것을 앞으로 반복해서 이야기할 것이다. (1) 그는 책임을 피하기 위해 비난을 사용한다. (2) 만약 그가 책임감을 받아들였다면, 자신이 하는 행동을 충분히 인식하고 다시는 음울한 결과로 빠지는 옆길로 새지 않을 수 있다는 것을 발견할 수 있다는 점이다. 이 두 가지 사실을 인식하게 됨으로써 해리는 자신이 주기적으로 술을 마시고 싶어 하는 욕구의 원인에 대해 질문을 던져 보는 진심어린 노력을 처음으로 하게 되었다. (Bugental, 1981, pp.339~340)

단기 심리치료

실존주의 심리치료에서는, 삶에 대한 태도와 내담자에 대한 태도를 제시하기 때문에, 단기 실존주의 심리치료는 원래의 실존주의 심리치료보다 훨씬 더 체계적일 수 있음을 의미한다. 많은 실존주의 심리치료자들이 정신분석의 배경을 갖고 있는데, 정신분석과 실존적 태도가 결합되면 대체로 내담자의 문제가 깊이 다루어진다. 장기 상담 모델을 더 선호하기는 하지만 Bugental(2008)은 실존주의 접근의 인간중심 치료에 대한 단기 상담의 틀을 제시했다. Frankl의 의미 치료도 치료에 2~3개월이 요구되지 않는 또 다른 단기 접근법이다. 또한 사랑하는 사람의 죽음이나 실직과 같은 위기를 겪고 있는 내담자를 상담하는 성직자와 상담자는 단기 실존적 접근을 종종 단기적으로 사용한다.

Bugental(2008)의 단기 치료 모델은 실존주의 치료를 단기 치료 접근으로 이끌기 위해 세 가지 원리를 제안한다. 첫째, 상담자가 주는 통찰이나 제안보다는 내담자의 자기 발견이 중요하다. 둘째, 내담자는 자신의 문제에 대해 스스로 해결책을 찾는 능력을 개발할 수 있도록 도움을 주어야 한다. 셋째, 내담자가 장기 실존주의 치료를 원한다면 단기 치료가 장기 실존주의 치료를 방해하는 방법으로 이루어져서는 안 된다. 이 원리들에 따라 다음에 설명되는 여섯 단계의 단기 실존주의 치료 접근 방법을 제시할 수 있는데, 이는 치료의 명백한 목표를 가지고 있다.

- 1단계—평가: 상담자는 심리치료 목표가 분명한지를 확인해야 한다. 또한 상담자는 내담자가 자신의 문제를 탐색하기 위하여 실존적 접근을 받아들일 만한지의 여부와, 그 탐색을 시행에 옮길 만큼 충분히 심리적으로 강한지의 여부(분노나 우울과 같은 감정에 휘둘리지 않고)를 평가해야 한다.
- 2단계—문제 확인하기: 간결하고 명확하게 표현될 수 있는 구체적 목표를 가지고 내담자와 계약서를 작성한다.
- 3단계—탐색 과정을 안내하기: 내담자에게 현재에 초점을 두도록 안내하고 나서 그 문제 상황과 관련된 에너지와 감정에 초점을 맞춘다. 비록 저항이 있더라도, 그 저항에 초점을 두어서는 안 된다.
- 4단계—저항 확인하기: 오히려 내담자가 겪고 있는 갈등의 단서를 확인하는 데 저항이 사용될 수 있다.
- 5단계—치료적 작업: 상담자와 내담자 모두 심리치료는 시간에 의해 제한받는다는 사실을 항상 인식하고 있어야 한다. 비록 심리치료 목표에 관련된 다른 주제들이 이야기될 수 있지만 심리치료의 목표를 벗어나서는 안 된다.
- 6단계—종결: 한정된 시간을 지켜야 한다. 마지막 회기에서는 심리치료에서 달성된 부분은 무엇이며, 여전히 다루어져야 할 부분은 무엇이며, 그것을 어떻게 할지를 평가해야 한다.

이 단기 모델은 제한적으로나마 실존적 접근을 사용할 수 있는 방법을 제공한다. 단기 실존주의 심리치료에서 삶, 죽음, 자유, 책임, 선택, 소외, 사랑, 삶의 의미를 찾기 등 실존적 주제 중에서 한두 가지 주제를 중점적으로 다룰 수 있다. 사별로 인한 슬픔, 이혼, 실직과 같은 문제는 현재 일어나는 한정된 문제이므로 단기 모델에 적합할 수 있다. 그렇지만 흔히 단기 실존주의 심리치료를 통해 장기 실존주의 심리치료가 필요함을 느낄 수 있다.

Frankl(1969, 1992)과 그의 동료들(Fabry, 1987; Lukas, 1984)은 다른 단기 치료 방법을 개발했다. 의미 치료는 태도 수정, 반성 제거(dereflection), 역설적 의도라는 기법을 사용하기 때문에, 적극적이고 도전적이다. 게다가 많은 의미 치료자들은 내담자가 자신의 삶에서 의미를 찾도록 돕기 위해서 소크라테스식 대화를 사용한다. 의미 치료가 특히 강박 신경증과 같은 일반적 정신 장애에 사용되기도 하지만 너무 많은 여유 시간이 있거나 약물 남용과 같이 자신의 삶에서 거의 의미를 경험하지 못하는 정신학적 신경증(noögenic neuroses)에 특히 유용하다. 이러한 의미 치료 접근법은 단지 몇 회기만이 필요하기도 하고, 몇 달간의 회기가 필요하기도 하다(Hillmann, 2004).

상담자, 간호사, 사회복지사, 성직자 등은 흔히 단기 위기 상담을 한다. 일반적인 위기에는 자신이 죽어가는 것, 사랑하는 사람의 죽음, 실직, 갑작스런 질병, 이혼, 비슷한 수준의 삶의 사건 등을 포함한다. 이 전문가들이 실존적 주제를 다룰 수 있는 지식과 상담 기술을 결합함으로써 내담자의 고통에 공감할 수 있을 뿐만 아니라 내담자가 다른 관점에서 자신의 삶을 점검해 볼 수 있도록 도울 수 있다.

최신 동향

실존주의 심리치료에 대한 관심은 서유럽과 북미에서 가장 높았다. 그러나 지금은 라틴아메리카, 동유럽, 오스트랄라시아에도 상당한 규모로 성장했다. 전 세계 곳곳에 실존주의 치료를 위한 센터가 있다. 실존주의 치료의 주요 흐름은 현존재 분석(중앙 유럽, 미국)이라고 할 수 있다. 또한 의미 치료(세계 곳곳에 많은 치료센터들이 있다), 실존적·인간적 또는 실존적·통합적 치료(미국, 라틴아메리카, 중국), 실존적 현상학적 치료(영국, 유럽), 철학을 강조한 실존주의 치료(동·서 유럽, 중앙·라틴 아메리카)도 그 흐름을 함께하고 있다. 현재 많은 국가와 몇몇 주요한 국제적 연합체가 존재한다. 현존재 분석을 위한 국제 연합회(International Federation for Daseinsanalyse)는 여러 나라의 회원들이 있다. 다양한 의미 치료 같은 연합체도 마찬가지이다. 실존분석협회(The Society for Existential Analysis)는 1988년 영국에서 설립되었으며 연차대회를 운영하고 있으며 『실존적 분석(Existential Analysis)』이라는 학술지를 출간하고 있다. 실존적 상담자와 심리치료자들의 국제연합체(International Collaborative for Existential Counsellors and Psychotherapists: ICECAP)는 그 주도권을 잡고 세계 최초로 실존주의 치료를 위한 국제 대회(World Congress for Existential Therapy)를 조직해 2015년 5월 런던에서 모든 산하 학회가 다 모여 대회가 개최되었다. 거기에는 리투아니아를 거점으로 둔 동유럽 실존주의 치료 연합회(Eastern European Association for Existential Psychotherapy)와 아르헨티나와 멕시코를 거점으로 한 남미 실존 연합회(Latin American Existential Association)도 포함되어 있다.

실존주의에 기반을 둔 훈련 프로그램은 아르헨티나, 브라질, 페루를 포함한 많은 남미국뿐만 아니라 알바니아, 오스트리아, 체코, 덴마크, 영국, 아일랜드, 이탈리아, 폴란드, 루마니아, 스웨덴, 호주, 중국, 캐나다, 멕시코, 과테말라, 도미니크공화국, 에콰도르, 미국에서 가능하다. 대부분의 실존주의 치료 전문가들(그리고 대부분의 일반 치료자들)은 1930년대와

1940년대에는 정신분석적 접근을 지향했기 때문에, 많은 실존주의 치료 저서들은 이러한 시대적 배경을 반영한다. 그러나 최근에는 인간중심 치료, 게슈탈트 치료, 융학파 치료, 여성주의 치료, 인지행동 접근의 배경을 가진 심리치료자들이 실존적 접근을 함께 사용하고 있다. 실존주의 치료의 전파는 체계적인 연구보다는 수련 감독, 시연, 독서 등을 통해 이루어 졌기 때문에, 현재 실존주의 치료의 영향을 평가하는 것은 극히 어렵다. 현재 유럽에는 리젠트 대학교와 미들섹스 대학교의 심리치료 및 상담 프로그램을 포함하여 실존주의 치료를 기반을 둔 박사 과정 프로그램들이 다양하게 자리잡고 있다. 미국에는 듀케인(Duquesne) 대학교와 세이브룩 대학교 역시 실존적 심리치료 연구와 훈련에서 기회를 제공하고 있다. 이것은 실존주의 치료를 기반으로 하여 더 많은 연구가 활발이 이루어지고 있으며 이를 위한 연구 센터도 증가하고 있음을 의미한다(van Deurzen, 개인적 교신, 2013. 11. 19.).

현상학을 강조하는 실존주의 치료는 포스트모더니즘 사상의 일부 측면을 강조하기도 한다. 진솔성을 강조하는 실존주의 치료자는 내담자가 현실을 보는 자신의 견해, 즉 죽음 또는 책임에 대한 견해를 부인하지 않고 잘 인식하도록 돕는다. 실존주의 치료자는 자신의 인식에서 나올 수 있는 기법에 의해 좌우되기보다 내담자의 주관적 경험에 보다 집중한다.

현재의 순간에 대한 육체적, 인지적, 정서적 반응에 대한 알아차림에 초점을 맞춘 마음챙김(mindfulness: 불교 저서에서 유래된 접근)은 심리치료와 관련하여 현시대에 중요한 주제이며, 내담자 경험의 과정 및 진솔성 개념에 초점을 두는 실존주의 치료와 상당히 일치한다(Claessens, 2009; Nanda, 2009). 마음챙김에 기반한 개입은 암 치료와 같은 의학적 환경에 적용되었다(Tacón, 2011). 이러한 마음챙김에 기반을 둔 개입은 암 치료와 같은 의료 현장에도 적용되고 있다. 마음챙김은 내담자가 자신의 현실에 대한 관점을 알아차리도록 돕기 때문에 포스트모더니즘으로 볼 수도 있다.

실존주의 심리치료를 다른 심리치료 이론과 함께 사용하기

실존주의 치료의 가치는 모든 심리치료의 기저에 있는 기본 가정(assumptions)을 다룬다는 데에 있다. 의미 치료에서 사용하는 몇 가지의 기법을 제외하고는 특정한 기법이 없기 때문에, 실존주의 치료자들은 다른 심리치료 접근 방법의 기초가 될 수 있다. 내담자의 문제에 대처하기 위하여 하나 이상의 이론적 접근에 대한 전문성을 가지고 있다면, 심리치료자들은 그때 실존적 주제에 주목할 수 있다. May & Yalom(2005)에 따르면, 대부분의 상담자들은 내담자의 문제를 주변 세계(Umwelt)에 대한 관계로 다루거나 다른 사람들과의 관계를 다루는 공존 세계(Mitwelt) 속에서 다루지만, 소수의 상담자들은 개인의 관계를 자신과의 관계인 고유 세계(Eigenwelt)나 영적 자아와의 관계를 다루는 영적 세계(Überwelt)로 다룬다(van Deurzen-Smith, 1997, 1998). 실존주의 치료가 다른 심리치료와 구별되는 점은 자기 관계성(self-relatedness)과 자기 인식성(self-awareness)이다. Van Deurzen & Iacovou(2013)가『관계 치료에서의 실존적 관점(Existential Perspectives on Relationship Therapy)』에서 보여 주었듯이 실존적 치료는 관계에 대한 다양한 치료적 접근을 보여 주고 있다. 최근 연구는 실존적 치료가 다른 치료 이론과 어떻게 통합될 수 있는지 보여 준다. Hickes & Mirea(2012)는 인지적 행동 통합 기법이 서로 상호작용하며 어떻게 함께 활용되는지에 대하여 설명하였다. 의미 치료와 인지행동 치료 또한 함께 사용하여 치료 효과를 더 향상시킬 수 있다(Ameli & Dattilio, 2013). Wolfe(2008)는 불안 장애를 치료할 때 실존적 주제와 인지행동적 기법이 서로 어떻게 통합할 수 있는지를 보여 준다. 관계적 정신분석과 실존주의 심리치료 둘 다 '치료적 관계'를 강조하기 때문에, 내담자를 상담할 때 두 이론을 조합하여 적용하는 것이 가능하다(Portnoy, 2008). 실존주의 치료자들은 또한 다양한 실험적 기법을 사용하는 게슈탈트 치료의 표현 치료가 이 두 심리치료를 통합할 수 있는 한 가지 방법을 제공한다는 것을 발견하게 된다(Kondas, 2008). 일부 전문가들(예: Schneider, 2008, 2012; Schneider & Krug, 2010; Shumaker, 2012)은 다양한 상담 이론을 활용해 실존적 주제를 사용하는 법을 제시하면서, 상담자가 기존의 이론을 사용하여 실존-통합적 접근을 시도하는 데 도움을 제공하고 있다. 사례에서 보여 준 대로, 다양한 실존적 주제가 인식되는 동안에 실존주의 치료자들은 다양한 경청 기술, 직면 기법 등의 반응 기법을 적용한다. 이를 보면 실존주의 치료자들이 실존주의 철학 및 태도를 통합하기 전에 상담 기법을 먼저 개발해왔음을 추정해 볼 수 있다.

연구

실존주의 치료가 다른 이론의 기법을 사용하기 때문에, 실존주의 치료의 효과성을 연구하는 것은 매우 어렵다. 대부분의 실존주의 치료적 관점은 '인본주의(humanistic)'라는 이름으로 인간중심, 게슈탈트, 체험적 치료법 등과 연결시키는 경향이 있다(Elliott, 2001, 2002). 집단 치료에서 실존적 목표가 달성되는지를 측정했던 몇 편의 연구가 여기에서 소개된다. 죽음, 불안, 의미와 같은 실존적 주제를 심리치료의 주제 및 개인적 특성과 관련시키는 연구들이 더 일반적이다. 이러한 연구들에서는 면담과 객관화 테스트와 같은 전통적인 측정 방법을 사용한다. 이러한 내용을 이 부분에서 다룬다.

먼저 실존적 집단 치료에 대한 효과를 긍정적으로 지지하는 연구들이 있다. 문제해결 능력 향상에 대한 집단 치료의 치료적 효과를 알아보는 연구가 진행되었는데, 연구 결과는, 인지적 통합적 치료법이 실존적 교류분석적 치료법보다 그 기술 향상에 있어서는 더 효과적이었다(Ghanbari-e-Hashem-Abadi, Bolghan-Abadi, Vafaei-e-Jahan, & Maddah-Shoorcheh, 2011). 문제해결 능력 향상이 실존주의 치료의 정확한 목표는 아니지만 문제해결 능력 향상에 어느 정도 도움이 되는 것으로 밝혀졌다. 노르웨이의 한 연구는 우울증 내담자를 대상으로 실존적 역동 집단 치료와 통제 집단으로서 표준적 집단 치료를 비교하였다. 실존적 역동 집단 치료를 받은 집단은 관계 문제에 대하여 통제 집단보다 더 큰 향상을 보였다(Stålsett, Gude, Rønnestad, & Monsen, 2012). 배우자와 사별한 네 그룹의 집단 과정을 다룬 연구(Lieberman & Yalom, 1992; Yalom & Lieberman, 1991; Yalom & Vinogradov, 1988)에서는 실험 집단의 심리적 기능이 심리치료에 참여하지 않은 집단에 비해 어느 정도 향상되었음을 보고했다. 연구자들은 실험 집단에서 실존에 대한 알아차림이 증가했음을 시사했는데, 집단지도자가 집단에서 가장 도움이 되는 역할은, 집단구성원의 정체성과 미래의 삶에 대한 책임감 같은 실존적 문제와 주제에 관심을 기울여 주는 것이라고 제안한다. 다른 연구에서는 유방암 초기 단계에 있는 여성들을 대상으로 인지적 실존 집단 치료가 효과적인지 조사했는데(Kissane et al., 2003), 환자들은 가족 기능, 대처 기술, 자기 성장에서 향상을 보고했다. 그중 몇몇 여성에게서 암이 재발했는데, 이는 심리치료에 부정적인 영향을 끼쳤다. 집단 치료에서 실존적 주제의 변화를 측정한 연구가 소수이지만 Page, Weiss & Lietaer(2002)는 연구 문헌에 대한 검토를 통해 실존 집단 치료 참여자들은 자신에 대한 평가가 향상되었다고 제안한다.

어떤 연구는 다양한 실존적 문제를 다룬다. 예를 들어 미국 남부를 휩쓴 허리케인 카트리나를 경험한 사람들을 대상으로 심각한 심리적 고통과 관련된 실존적 불안에 대해 연구했다. 이러한 정보는 실존적 불안과 관련된 문제를 이해하는 데 정보를 제공한다(Scott & Weems, 2013). 미국 대학생을 대상으로 한 연구(Otway & Carnelley, 2013)는 타인 회피 애착과 낮은 수준의 자기 초월성의 관계를 밝히기도 했다(p.177).

일반적인 주제인 죽음에 대한 염려, 특히 사랑하는 사람의 상실을 주제로 다양한 연구들을 조사했다. Edmonds & Hooker(1992)는 가족 중 한 사람의 죽음으로 슬퍼하는 대학생들을 대상으로 한 연구에서, 상실에 대한 슬픔이 실존적 관심을 증가시키는 긍정적인 영향을 줄 수 있음을 발견했다. 최근에 배우자와 사별했으며 65세 이상인 188명을 대상으로 한 연구에서 Fry(2001)는, 개인적인 의미, 종교, 영성이 사회적 지지 및 신체적 건강보다 심리적 건강을 예측하는 데 더 중요한 요소임을 발견했다. Lantz & Raiz(2004)는 노부부를 대상으로 한 심리치료에서 버텨 주기, 말하기, 극복하기, 존중하기를 포함한 실존적 활동에 집중했다고 보고했다. Lichtenthal 등(2009)은 말기 암 환자의 연구에서, 죽음에 임박함이 실존적 고통이나 정신 장애와 관련이 없음을 보고했다. 오히려, 이 내담자들은 불치병임을 인정하고, 그들 생애의 끝을 더 갈망하는 경향이 있었다. 이러한 발견은 Yalom과 동료들이 배우자의 사별 연구를 하면서 관찰한 사실과도 일치하는 것으로 보인다.

성 관련 주제

실존주의 치료자들은 이 장에서 다루어진 주제들이 보편적이며, 남성과 여성에게 적용 가능하며, 남성과 여성에게 다르게 영향을 끼치는 생물학적 요소와 사회적 요소에 집중할 필요가 없다고 본다. 여성의 실존적 주제에 영향을 끼치는 생물학적 요소는 임신, 출산, 사산, 원치 않는 임신 등이 있다. 앞서 살펴보았듯이, 산후 우울증으로 고통을 겪었던 캐서린의 경우가 그 예이다.

문화와 사회에 따라 남성과 여성에 대한 성역할 기대는 다를 것이다. 그러나 성역할에 대한 고정관념은 개인들이 실존적 주제를 다루는 데에 영향을 끼치는 것이 분명하다. 실존주의를 포함하는 인본주의 심리학의 기여는 남성뿐만 아니라 여성들도 자신의 잠재력을 발현시켜 자아실현에 이르도록 깨닫고 고정관념을 탈피하도록 격려한다(Serlin & Criswell, 2001). 많은 사회에서 여성이 남성에게 복종하기를 기대하기 때문에, 여성은 어떻게 진솔하게 선택을 할 것인지의 문제를 다루어야 한다. 이와는 대조적으로, 남성은 자신에게 너무 많은 책임이 부여되었다고 느끼며, 그 책임으로부터 도망가려 할 수도 있다. Brown(2008)은 여성에게 권력을 부여하고, 여성이 수행하는 다양한 역할과 여러 정체성을 바라볼 필요에 대한 여성주의 관점의 저서가 중요함을 강조한다. 상담자는 내담자의 성역할에 대한 고정관념을 인식함으로써 내담자가 두려워하는 실존적 문제를 다룰 수 있도록 도울 수 있다. 게이나 레즈비언들에게는 사회적 지지, 종교적 지향, 실존적 건강이 자존감을 높이는 데 중요한 요소였다(Yakushko, 2005). 성역할과 더불어 동성애에 대한 혐오감을 드러내는 사회적 문제 또한 중대한 실존적 도전이다.

다문화 관련 주제

실존에 관한 주제는 이 주제를 다루는 데 있어서 많은 다인종적, 다문화적 관심을 필요로 한다(Taylor & Nanncey, 2011). 다른 문화를 가진 집단에 영향을 미치는 구체적인 주제들을 아래 기술하려고 한다. 『동서양의 실존심리학(Existential Psychology:East-West)』에서 Hoffman, Yang, Kaklauskas, Francis, & Chan(2009)은 종교적 가치가 사람들의 매일의 삶에서 직면하는 도전과 기회에 어떻게 영향을 주는지 보여 주는데, 이는 실존주의 치료가 다양한 종교적, 문화적 경험에 실존적 주제를 적용할 수 있도록 허용한다. 동서양 간에는 사고에서 차이가 있다. 예로 들면, 많은 동양의 종교는 실존 철학보다 인간과 다른 살아있는 생물, 그리고 무생물을 구분하는 것을 중요하게 다루지 않으며, 오히려 우주를 하나로 바라보는 경향이 있다. Loy(1996)는 불교와 실존주의에 내재하는 공통성을 설명하는데, 어떻게 불교와 실존주의가 의존과 적개심을 초월하고자 하며 서로 유사한 주제를 다루는지 보여 준다. Rice(2008)는 미국 흑인들을 상담한 경험을 토대로 자유, 의미, 존재, 실존과 같은 실존적 주제가 흑인과 백인 모두에게 중요한 문제라고 본다. 반면에, Comas-Díaz(2008)는 라틴계 남녀 사이에서는 영성을 중요하게 생각하는데, 이는 심리치료의 과정이나 치유를 보는 방식에 영향을 미칠 수 있으며, 이러한 점들 때문에 다른 문화권의 사람들이 심리치료에 반응하는 방식과 다를 수 있다. 문화 간 상담을 논하며, Vontress(2003) 및 Vontress & Epp(2001)은 내담자와 상담자가 동일한 문화적 배경을 가져야 하며, 다양한 실존적 주제를 다루어야 한다고 강조한다. Frankl의 의미 치료가 전 세계적으로 인기를 얻었던 것에 비추어 보면 실존주의 치료는 보편적인 심금을 울리는 것 같다.

실존주의 치료가 개인의 책임과, 소외와 '죽음의 한계'에 대한 인간의 발버둥을 강조하기 때문에 사회문화적 요인이 간과될 수 있다. 문화적 가치와 실존적 주제를 검토해 봄으로써 실존 철학 그 자체로서는 제공하지 못하는 한 가지 관점을 제공한다. Vontress & Epp(2001)은 새로운 문화권을 방문하거나 이주하게 되었을 때 개인이 경험하는 불안을 문화적 불안이라고 불렀다. 문화적 불안은 우리가 다른 언어를 사용하는 국가를 방문하거나, 우리와는 다른 문화에서 살아왔던 이웃이 사는 곳으로 이주했을 때 나타난다. 실존적 불안처럼 문화적 불안도 두통과 같은 신체적 증상을 초래할 수 있다. 문화권이 서로 다른 집단의 문화적 가치와 관련된 실존적 주제를 연구하는 것은 실존주의 치료의 적용을 확장시킨다. 상담자들이 (내담자의) 외부로부터 오는 차별과 억압의 압력을 인식함으로써 실존적 주제와 위기에 영향을 미치는 요소들을 더 잘 이해할 수 있게 된다.

van Deurzen-Smith(1988)는 실존주의 상담이 특히 문화 간 주제를 다루는 데 적절하며, 실존적 주제가 위기 상황을 다루는 데 도움을 줄 수 있다는 것을 발견한다. van Deurzen-Smith(1988)는 학업을 위해 아프리카에서 영국으로 온 청년 가브리엘의 예를 든다. 가브리엘은 고국에서 유능하고 존경받는 사람이었다. 하지만 영국에서 그는 동료 학생들의 기대감이 부담스러워 수업 참석을 중단했으며, 영국으로 유학하러 온 자신의 결정에 의문을 가졌다. 가브리엘은 고국으로부터 고립되어 혼자 있다고 느끼며 문화적 불안을 경험하기 시작했다.

그는 그가 가진 고국의 문화를 유지하기 위해 낯선 환경으로부터 자신이 받는 영향을 깨끗이 씻기 위한 의식을 매일 지속하기 시작했다. 그 의식은 물을 이용해 씻어내는 의식이었는데, 어느 날 이 물이 대학 기숙사 복도로 흘러 넘치는 사건이 일어났다. (pp.31~32)

가브리엘은 이 물난리에 대해 책임지기를 부인했는데 그 이유는 물난리의 원인이 자신의 조상들이 자신의 새로운 삶에 대해 탐탁치 않게 여겨 일어난 일이라고 생각했기 때문이다. 이러한 설명을 듣던 학교 관리자와 동료 학생들은 가브리엘의 정신 상태를 의심했다. 이것은 그들이 자신의 문화적 경험을 바탕으로 가브리엘의 행동을 판단했기 때문이다. van Deurzen-Smith는 가브리엘에게 사용했던 실존주의 상담 접근에 대해 다음과 같이 설명했다.

우선 첫째로 필요한 것은 그의 '소외'와 의사소통에서 일어난 문화에 대한 오해를 상담자가 파악하는 것이 필요했다. 가브리엘은 자신의 관점으로 상황을 충분히 설명할 적절한 기회를 갖지 못했다. 둘째로, 그는 사람들이 자기에게 기대하는 것에 대해 정확한 이해가 부족했다. 개인의 책임과 명예를 서양의 개념으로 가브리엘에게 쉽게 이해시키기란 매우 어려운 일이었다. 그 사건에서 자신의 책임을 부인하지 않아야 한다고 요구받았을 때, 그는 뭔가 비난받는 느낌이 들었다. 이 사건의 원인이 조상이라는 그의 언급에 대해 사람들이 보이는 거부 반응을 보고 그는 화가 났다. 주술에 대한 서양인의 거부감이 개인에 대한 모욕으로 받아들였다. 그는 그의 관점에서 이해받을 필요가 있는 반면에 자신에 대해 잘못 이해하고 있는 (다른 사람들의) 관점을 들어볼 필요가 있다. (p.33)

기본적으로 van Deurzen-Smith가 한 일은 그가 당면한 상황을 넘어서도록 돕는 것이며, 자신으로부터 한 발짝 벗어나서 상황을 보도록 돕는 것이었다. 더욱이 van Deurzen-Smith는 가브리엘의 문제를 소외라는 실존적 문제의 관점에서 이해하고, 새로운 문화 상황에서 일어난 그의 위기를 다루고 있다.

집단 상담과 심리치료

집단 상담과 심리치료는 실존적 주제를 다루는 데 있어서 탁월한 방식이 될 수 있다(Saiger, 2008). Corey(2012)는 실존 집단의 목적을 사람들이 "삶에 대한 자기 탐색을 해보도록"(p.218) 돕는 것으로 보았다. 집단의 분위기는 개인이 자신의 내면을 탐색하도록 돕고, 유사한 목표를 가진 다른 사람들과의 경험을 나누어 보면서 자신의 주관적인 경험에 주목하도록 한다. 이런 방법으로, 의미 있는 문제와 질문들이 다루어질 수 있으며 소중하게 여겨질 수 있다. 여기서는 이 장에서 논의된 네 가지 주요 실존적 주제인 삶과 죽음, 자유·책임·선택, 소외와 사랑, 의미와 무의미에 대해 집단 상담의 관점에서 간단히 다룬다.

삶과 죽음

집단 상담은 알아차림과 진솔성을 가지고 삶을 온전하고 목적적으로 사는 것과 관련된 주제를 다룰 수 있는 훌륭한 기회를 제공한다. 실존 집단 상담에 대한 Corey(2012)의 접근을 보면 다음과 같은 질문을 한다. 당신의 삶은 얼마나 의미가 있는가? 만약 당신이 이제 곧 죽을 것이라는 것을 안다면, 당신은 이 질문에 어떻게 대답할 것인가? 한 번도 해보지 않았던 것에 대해 결정을 내려 본 적이 있는가? 집단은 사람들에게 변화에 대한 슬픔, 변화 과정에서의 어려움, 죽음과 미완성에 대한 두려움을 표현할 수 있는 안전한 장소이다. Elizabeth Bugental(2008)은 노년층을 위한 집단 과정을 기술하면서, 그들이 삶에 대한 폭넓은 시각 속에서 어떻게 지혜를 집단 과정에 가져올 수 있는지 쓰고 있다.

자유, 책임, 선택

집단에서 개인은 그들 자신의 존재와 행동과 고통에 대해 책임질 수 있다. 실존 심리치료자들은 집단구성원이 스스로를 희생하는 사람이나 무력한 사람으로 여기는 것을 실존주의 치료자들이 관찰하게 된다면 그들은 집단구성원에게 자신의 삶에 대해 책임을 지지 않는다고 지적한다(Corey, 2012).

Yalom은 내담자들을 "동시에 태어난 존재, 즉 각 개개인이 집단에서 동등한 발걸음으로 시작한다."(1980, p.239)고 본다. Yalom에 의하면, 집단이란 다른 구성원과 지도자의 피드백을 통해 개인이 자신의 책임을 알아차리게 되는 훌륭한 장소이다. 집단에서 내담자는 자신의 행동이 다른 사람에게 어떻게 보이는지, 자신이 다른 사람에게 어떤 감정을 느끼게 하는지, 자신의 행동이 다른 사람들의 의견에 어떤 영향을 미치는지, 집단에서의 행동이 그들 자신에 대한 그들의 의견에 어떻게 영향을 미치는지 등을 배울 수 있다. 집단에서 그 집단구성원은 자신에 대해 책임을 질 뿐만 아니라 집단을 잘 돌아가게 할 의무가 있다. 이처럼, 집단은 하나의 작은 사회 시스템이다(Yalom, 1980). 집단 과정을 인식하고, 집단원이 집단에서 적절하게 행동할 수 있도록 격려하며, 집단원의 집단 참여 문제를 논의하는 것은 집단지도자의 임무이다.

소외와 사랑

집단 경험은 타인과의 친밀하고 실질적인 관계를 형성할 수 있는 기회를 제공한다. 개인은 자기 자신이 되어서 진솔하게 되는 것을 배울 수 있으며, 집단이 대가를 지불해 주는 경험이라는 것을 발견한다. 집단에서 배운 사람들과 관계를 형성하는 방식을 집단 밖에 있는 사람들에게도 적용해 봄으로써 친밀감을 개발시킬 수 있다. 친밀감의 발달은 6개월 동안 집단에서 수동적이며 주변인으로 있었던 이브(Eve)의 예에서 잘 설명된다.

> 나는 이브에게 다른 집단구성원에게 관심을 가지려고 노력해 볼 수 있는지 물었다. 그녀는 순순히 구성원들 근처로 가서 진부한 말투로 각각의 사람들에 대한 자신의 느낌을 이야기했다. 나는 그녀에게 "각 구성원들에게 당신이 했던 피드백이 얼마나 위험한 행동이었는지를 1점부터 10점까지의 척도로 표시한다면 어떻게 등급을 매길 수 있나요?"라고 물었다. 그녀는 "매우 낮아요. 대략 2~3점 정도."라고 조심스럽게 말했다. 나는 그녀에게 "당신이 한두 단계 더 올린다면 무슨 일이 생길까요?"라고 물었다. 그녀는 자신이 알코올의존자였다는 것을 집단구성원에게 얘기할 것이라고 대답했다. 이것은 그녀가 아무에게도 말하지 않았던 정말 뜻밖의 내용이었다. 나는 그녀가 좀 더 마음을 개방하도록 돕기 위해 여러 달 집단 상담에 참여해왔는데, 그 사실을 구성원에게 어째서 말할 수 없었는지 물어보았다. 이브는 자신이 집단 내에서 얼마나 외로움을 느꼈으며, 방 안의 모든 사람들로부터 단절되었는지 털어놓았다. 하지만 그녀는 자신의 알코올 문제에 대해 수치심으로 얼굴이 붉어졌다. 그녀는 알

코올 문제 때문에 다른 사람들과 '함께' 할 수 없었으며 사람들에게 자신을 드러내는 게 힘들었다고 주장했다.

나는 이브의 생각을 뒤집었다(여기서부터 실제적인 심리치료 작업이 시작되었다). **그녀는 술에 빠진 것 때문에 자신을 숨긴 것이 아니라, 자신을 숨겼기 때문에 술에 빠진 것이다!** 그녀는 세상과 연결되지 않았기 때문에 술에 빠진 것이다. 그때 이브는 집에 올 때 상실감과 외로움을 느꼈다고 이야기했다. 그때 그녀는 다음 두 가지 중 하나를 하는데 자신을 매우 어린 어린아이라고 상상하고 큰 어른에게 보살핌을 받는 상상을 하거나, 상실과 고독의 고통을 술로 달랬다고 말했다. 그녀는 점차 자신이 어떤 특정한 목적을 위해서만, 즉 보호와 보살핌을 받기 위해서만 다른 사람과 관계를 맺으며 그 과정에서도 단지 부분적으로 사람들과 관계하고 있음을 이해하기 시작했다. (Yalom, 1980, p.394)

집단은 종종 개인 상담에서는 얻을 수 없는 친밀감을 발달시키며 다른 사람과 관계를 맺는 방법을 제공한다.

의미와 무의미

집단 경험은 개인이 자신의 가치를 재검토하고, 집단에서의 다른 사람의 가치와 자신의 가치를 비교해 보도록 허용한다. 삶의 의미를 강조하는 것은 실존 집단 치료의 중요한 초점이 될 수 있다(Saiger, 2008). 종종 어떤 집단구성원은 다른 집단구성원의 가치에 도전을 하는데 다른 집단구성원의 삶의 목적과 자기 정체성에 대한 인식을 다루도록 강제한다(Corey, 2012). 그 가치가 집단에서 드러났으나 아직 검증되지 않았을 때 구성원들이 직면하고 도전하는 것 같다. 이와 같은 방법으로 집단구성원과 지도자는 개인이 삶 속에서 의미와 목적을 찾고자 할 때 지지적이지만 직면하기도 한다.

그들은 중요한 삶의 주제를 다루기 때문에 실존 집단은 1년 이상 만나며, 정서적으로 강렬한 것 같다. 지도자가 참여자 간에 거짓 없는 관계를 만들어가기 때문에, 다른 참여자들에 대한 돌보는 마음과 관심이 발달한다. 그들 자신이 됨으로써(진솔해짐으로써) 집단지도자는 개인적 성장을 위해 자기 자신과 다른 집단구성원들에게 도전해 보도록 구성원을 격려한다.

요약

실존주의 치료는 삶에 대한 태도, 존재 방식, 자신, 타인, 환경과의 상호작용 방식이다. 19세기 서유럽의 철학에 뿌리를 둔 실존 철학이 스위스 정신과 의사 Ludwig Binswanger와 Medard Boss에 의해 심리치료에 적용되었다. 미국과 유럽에 다른 실존주의 치료자들은 인간의 경험에 영향을 미치는 다양한 주제를 시험해 왔다.

자신, 타인, 환경과의 개인적 관계에 초점을 두는 실존주의 치료자들은 보편적인 주제에 관심이 있다. 이 장에서 실존적 주제는 심리치료적 과정에서 개인이 삶에서 의미를 찾도록 돕고 성격을 개념화할 수 있는 방법을 제공한다. 모든 개인들은 세상에 '내던져졌으며', 궁극적으로는 죽음을 맞이한다. 개인들이 자신과 다른 사람들의 죽음을 어떻게 맞이하는지는 실존주의 치료자들에게 중요한 관심사이다. 개인을 희생자로 보는 것이 아니라, 자유를 행사하고 선택할 수 있는 능력을 가진 자신의 삶에 책임을 질 수 있는 존재로 본다. 이러한 염려에서 유래될 수 있는 불안을 다루는 것이 실존주의 치료의 한 측면이다. 다른 사람들과 관계를 형성할 때 조종하는 관계가 아닌 진실로 친밀한 관계를 형성하도록 돕는 것이 실존주의 치료의 목표인데, 이러한 문제는 고독감과 외로움에서 발생한다. 삶에서 의미를 찾는 것은 Viktor Frankl과 그의 의미 치료를 사용하는 사람들의 특별한 관심사이다. 대부분의 실존주의 치료자들은, Frankl이 예외적으로 구체적인 실존 기법을 제시하긴 했지만 심리치료에서 기법에 초점을 두지 않으며 태도나 주제에 관심을 갖는다.

집단 상담에서 실존적 주제에 대한 탐색이 이루어졌다. 실존 집단 치료에서는 구성원 간의 관계뿐만 아니라, 자신의 지각에 대한 개인의 경험을 강조한다. 자신의 성(gender)과 문화적 정체성에 따라 생물학적 조건과 사회적 현실이 다를지라도 실존적 주제는 문화와 성을 초월한다.

이론의 적용

실습

CengageBrain.com에 나와 있는 디지털 자기 측정 도구, 핵심 용어, 동영상 사례(이론의 적용), 사례 연구, 퀴즈 문제로 실존주의 심리치료의 개념을 자세히 연구하고 실습할 수 있다.*

추천 자료

Yalom, I. D. (1980). *Existential psychotherapy*. New York: Basic Books.

이 장의 일부 자료의 출처인 이 훌륭한 책은 여기에서는 간략히 다루고 있는 실존적 주제를 보다 깊이 있게 다룬다. Yalom은 실존적 주제를 설명하기 위해 많은 임상적 예를 사용한다.

Yalom, I. D. (1989). *Love's executioner*. New York: Basic Books.

이 10가지의 사례 연구 중에서, Yalom은 심리치료에 대한 그의 실존적 접근을 보여 준다. 이 사례들은 매력적

이며 잘 전개되어 있다.

Yalom, I. D. (1999). *Momma and the meaning of life: Tales of psychotherapy*. New York: Basic Books.

Yalom 심리치료 작업에서 얻은 여섯 가지 사례를 기술하고 있으며, 흥미롭게 잘 서술되어 있다.

Bugental, J. F. T. (1987). *The art of the psychotherapist*. New York: Basic Books. Norton.

Bugental은 심리치료에 대한 그의 심도 있는 접근을 기술했으며, 이 책은 명확하고 잘 정리되어 있다.

---

*해당 서비스는 유료로 이용하실 수 있습니다.

Deurzen, E. van. (2009). *Psychotherapy and the quest for happiness*. London: Sage.

이 책은 인생의 많은 어려운 문제들을 다루고 있다. 제목에서 알 수 있듯이, 이 책은 삶의 목표가 무엇이어야 하는지 그리고 행복이 타당한 목표인지 여부를 검토한다. 이 책은 실존주의 이론의 적용에 대해 더 배우고자 하는 학생들에게 도움이 될 수 있는 책이다.

Deurzen, E. van., & Adams, M. (2011). *Skills in Existential Counselling and Psychotherapy*. London: Sage.

이 책은 내담자-상담자 관계 및 실존적 태도를 강조하며, 실존주의 상담자가 되는 데 도움을 준다. 수많은 사례 예시들은 실존적 심리치료에 맞는 내담자들을 개념화하고 반응하는 방법을 보여준다.

Deurzen, E. van., & Kenward, R. (2005). *Dictionary of existential counseling*. London: Sage.

이 책은 철학적, 치료적 용어에 대한 간략한 정의를 제시한다. 실존주의 철학자와 치료자의 기여에 대한 간략한 설명이 포함되어 있다.

Frankl, V. (1992). *Man's search for meaning*. Boston: Washington Square Press.

매우 유명한 이 책의 26판에서는 Frankl이 제2차 세계대전 중 나치 강제수용소에서 겪은 경험을 통해 의미를 찾아낸 자서전적 이야기다. 또한 그는 의미 치료(logotherapy)의 발달과 의미 치료의 기본적인 접근에 대해 설명한다.

인간중심 심리치료

처음에는 비지시적 치료(non-directive therapy)라 불렸고, 이후에 내담자중심 치료, 그리고 현재는 인간중심 치료라 불리고 있는 이 치료적 접근은 Carl Rogers가 개발한 것으로, 사람들이 충분히 기능하게 되는 쪽으로 나아가는 경향이 있다고 믿는 긍정적인 인간관을 갖고 있다. Rogers의 이론은 치료를 수행하는 일련의 기법이라기보다 존재 방식(a way of being)을 나타낸다. Rogers는 진단과 조언 및 설득보다는 이해와 배려를 강조하면서, 치료적 변화는 소수의 어떤 조건이 충족되면 일어날 수 있다고 보았다. 그 조건이란 내담자가 불안하거나 일치성이 결여되어 있으면서 상담자와 접촉한 상태에 있어야 한다는 것이다. 그리고 상담자는 말과 비언어적 행동 및 감정이 서로 일치한다는 점에서 진솔해야 한다. 또한 내담자를 수용하고 무조건적으로 배려하는 마음이 있어야 한다. 아울러 내담자의 사고

와 생각, 경험 및 감정을 이해하고, 공감적으로 이해한다는 것을 내담자에게 전달해야 한다. Rogers는 상담자가 제공하는 이런 조건을 내담자가 지각할 수 있다면 치료적 변화가 일어날 것이라고 믿었다.

Rogers는 진실성, 수용 및 공감이라는 핵심 개념을 인간의 다양한 행동에 적용하였다. 그는 개인적인 변화를 가져오는 긍정적인 도구로서 집단 과정에 전념하였고 성장을 가능하게 하는 집단구성원의 특성을 신뢰하였다. 이 이론이 적용될 수 있는 또 다른 영역은 부부 상담과 교육 및 행정이다. Rogers는 특히 생애 후반부에 국가 간 분쟁을 다루고 세계 평화를 증진하는 일에 인간중심 개념을 적용하는 데 전념하였다. 인간중심 치료는 변화했고 성장했으며, 이와 마찬가지로 성격과 심리치료에 대한 Carl Rogers의 접근도 변화하고 성장했다.

인간중심 심리치료의 역사

Michael Rougier/Time & Life Pictures/Contributor/Getty Images
Carl Rogers

Carl Rogers는 1902년에 시카고 교외 오크 파크(Oak Park)에서 태어났는데, 5남1녀 중 넷째였다. Rogers(1961)는 부모님이 다정하고 애정 어린 분들이었고 자녀의 행동을 통제했다고 기술했다. 부모님 두 분 다 종교적으로 근본주의자였기 때문에 자녀들은 춤과 알코올, 카드놀이, 극장은 가까이 해서는 안 되는 금기사항이라고 배웠다. Rogers가 12세 되던 해에 잘 나가던 토목기사이자 도급업자였던 아버지는 시카고 남부에 있는 농장으로 가족의 거처를 옮겼다.

Rogers는 청소년기 삶의 대부분을 혼자 하는 활동을 하면서 보냈다. 중고등학교를 세 번이나 옮겨 다녔고, 다니는 학교마다 장거리 통학을 했기 때문에 방과 후 활동에 참여하지 않았다. 그는 모험 이야기와 농업 관련 저술을 읽는 데 대부분의 시간을 보냈다. 여름이면 들판에서 농기구를 작동하면서 오랜 시간을 보냈다(Kirschenbaum, 2009). 농사에 대한 흥미는 그가 농장에서 가축을 치고 특정한 유형의 나방을 수집하고 길러낸 데서도 나타났는데, 이러한 관심 때문에 이후 위스콘신 대학교에 진학했을 때 농업을 전공했다. 하지만 종교 대회, 특히 중국에서 개최된 대회에 참여한 경험으로 인해 진로 목표를 목회로 바꾸었다(Rogers, 1961). Rogers는 중국에 있는 동안, 어린 시절에 배웠던 종교관에 의문을 갖고 종교에 대한 관념의 폭을 넓혔다.

Rogers는 위스콘신 대학교를 졸업하면서 Helen Elliott과 결혼했고, 유니언 신학교에서 공

부하려고 뉴욕으로 갔다. 그곳에서 2년 과정을 마친 후 임상 및 교육 심리학을 공부하려고 콜롬비아 대학교 사범대학으로 편입했다. 1931년에 그는 임상심리학 박사 학위를 받았다. 목회 대신 심리학을 공부하게 된 한 가지 이유는 어쩌면 Rogers가 다른 사람들에게 무엇을 해야 하는지에 대해 말하기를 꺼려했기 때문일 수 있다. 그는 자신이 반드시 특정한 믿음을 공언해야 하는 어떤 분야에 있어야 한다고 느끼지 않았다(Mearns & Thorne, 2007).

인간중심 치료의 발달 과정은 네 단계 혹은 국면으로 나누어 볼 수 있다. 첫 번째, 발달 단계는 Rogers가 전문가로 일했던 초창기 시절을 포함한다. 두 번째, 비지시적 단계는 이론의 발달이 시작되고 내담자에 대한 이해와 이해의 전달을 강조하는 것이 특징이다. 세 번째, 내담자중심 단계는 성격 및 치료적 변화에 대한 이론을 좀 더 발전시키고 기법보다는 사람에 대한 초점을 유지하는 특성을 담고 있다. 네 번째, 인간중심 단계는 개인 치료를 넘어서 부부 상담과 집단 치료, 정치적 활동 및 변화로 그 적용 범위를 넓힌다. 이 단계들의 점진적인 발달과 Rogers가 심리치료에 기여한 부분을 다음에 논의하고자 한다.

그가 처음 일했던 곳은 뉴욕의 로체스터에 있는 아동 학대 예방 협회(The Society for the Prevention of Cruelty to Children)의 아동 연구 부서였다. 로체스터에서 보낸 12년 중 처음 8년간은 법정과 사회 기관에서 의뢰한 사회·경제적으로 혜택받지 못한 비행 아동을 진단하고 치료하는 일을 했다(Rogers, 1961). 그의 초창기 심리치료는 정신분석 개념에 영향을 받았지만, "상처가 되는 것이 무엇인지, 어떤 방향으로 나아가야 하는지, 핵심 문제가 무엇인지, 묻혀 있는 경험은 어떤 것인지를 아는 사람은 내담자다."(Rogers, 1961, pp.11~12)라는 것을 깨닫게 되면서, 그의 관점은 점차 달라졌다. 로체스터에 있는 동안 그는 『문제 아동의 치료(The Clinical Treatment of the Problem Child)』(1939)를 집필했고 사회복지사와 심리학자를 훈련시키고 수련 감독을 했다.

1940년에 Rogers는 오하이오주 콜롬비아로 직장을 옮겨 오하이오 주립대학교에서 임상 심리학 분야의 교수생활을 시작했다. 그는 정교수 직위를 제안받았는데, 주된 이유는 그의 저서가 거둔 성공 때문이었다. 오하이오 주립대학교에 있는 동안 그의 이론적 접근은 두 번째(비지시적) 단계로 진입했다(Holdstock & Rogers, 1977). Rogers는 1940년에 미네소타 대학교에서 논문을 발표했는데, 이때 심리치료에 대한 그의 관점이 임상 분야에 새로운 기여를 하고 있다는 점을 깨닫게 되었다. 그의 접근은 내담자가 스스로 책임진다는 데 초점을 두었다. 중요한 것은 내담자와 상담자의 관계인데, 내담자가 자신의 감정과 자기 자신을 탐색하고, 그 결과 자신의 삶에 대해 좀 더 책임을 지도록 신뢰와 허용이 주어지는 관계이다. 내담자 감정에 대한 이해로 이어지는 감정의 반영과 명료화가 이 시기 Rogers 치료의 핵심이었다. 질문은 거의 사용하지 않았는데, 그 이유는 질문이 내담자의 자기 성장을 저해할 수 있다고 여겼기 때문이다. 미네소타에서의 강연과 그의 저서인 『상담과 심리치료(Counseling and Psychotherapy)』(1942a)에 대해서는 논란이 많았는데, 일부는 Roger의 견해를 열렬히 받아들였고 일부는 극렬하게 비판했다(Mearns & Thorne, 2007).

Rogers는 어떻게 이런 새로운 비지시적 접근을 개발하게 되었는가? 로체스터에서 아동을 치료하는 동안 그는 Otto Rank가 이끄는 세미나에 영향을 받았다. 이 밖에도 로체스터 클리닉에서 일했던 사회복지사 Elizabeth Davis와 Rank의 학생이었던 Jessie Taft는 Rank의 견해에 대한 그들의 해석을 공유했고, 이것이 Rogers의 사상에 상당한 영향을 미쳤다 (DeCarvalho, 1999). Rank는 이미 Freud의 정신 분석적 접근에서 떨어져 나왔기 때문에 자아(ego)와 원초아(id)에 초점을 두지 않았고, 오히려 개인의 창의성에 깊은 인상을 받았다. Rank에게 치료 목표는 개인이 자신의 고유성과 자기 삶에 대한 책임을 받아들이도록 도와주는 것이었다. 자기 스스로 힘 북돋우기와 자기 표현하기라는 목표를 달성하기 위해 상담자는 전문가나 권위자의 역할보다는 비판단적인 조력자의 역할을 수행할 필요가 있다는 것이다 (Rank, 1945). 기존의 정신분석가와는 달리 Rank는 기법이나 과거사보다 개인의 고유성과 개인의 경험에 주의를 기울일 필요성을 강조했다.

Rank에 비해 Adler의 이론적 관점은 Rogers의 심리치료에 직접적인 영향을 덜 미쳤다. 하지만 Rogers와 Adler는 공통적으로 개인의 가치 및 다른 사람들과 좋은 관계를 갖고자 하는 욕구를 강조했다. 두 사람 모두 사람들을 총체적으로 보아야 하고, 창의적이고 책임감 있게 발달할 수 있는 존재로 보아야 한다고 생각했다. Watts(1998)는 사회적 관심에 대한 Adler의 관점이 Rogers가 치료적 변화에 필요한 핵심 조건을 발전시키는 데 강한 영향을 미쳤을 것으로 보았다.

인간중심 치료 이론의 발전에 중요한 개념은 자아실현(self-actualization)이다(Bohart, 2007a; Gillon, 2007; Levitt, 2008; Mearns & Thorne, 2007). 자아실현은 Kurt Goldstein(1959)에 의해 창안된 개념으로서, 사람들은 건강한 발달을 추구하고 그것을 달성할 능력이 있으며, 이런 발달은 자신에 대한 충분한 표현으로 이어진다는 의미를 갖고 있다. Goldstein의 저작은 Abraham Maslow(1968, 1987)에 의해 더 진전되었고, 그는 이후 인본주의 심리학을 발전시켰다. Maslow는 상담자가 아니었기에 '정상적인' 사람들의 욕구와 특성에 초점을 맞추고 사랑과 창의성 및 '절정 경험(peak experiences)', 즉 개인이 완전한 이완을 느끼거나, 좀 더 보편적으로는 강렬한 흥분을 느끼는 상태에 대해 기술하였다. Maslow(1987)는 자유와 합리성 및 주관성을 포함한 인간됨의 중요한 측면을 강조하였다. Maslow(1987)는 인간의 욕구에 대한 서술에서 배고픔 및 갈증과 같은 생리적 욕구와 안정과 안전 욕구뿐만 아니라 소속감, 사랑, 자존감 및 자아실현 추구의 중요성에 대해서도 기술하였다. Maslow에게 자아실현은 한 개인이 자신이 될 수 있는 전부가 됨으로써 의미와 성취감을 주는 삶을 영위함을 뜻하였다. Maslow의 긍정적 인간관은 Rogers의 인간관과 일치하는데, 둘 다 인본주의(humanism)라고 불리는 긍정적이고 낙관적인 인간관을 채택한다는 점에서 그러하다.

추가적으로 인간성과 심리치료에 대한 Rogers의 관점은 실존주의 저자들의 영향도 받았다(Cooper, O'Hara, Schmid, & Wyatt, 2007). 실존주의와 인간중심 치료 둘 다 자유와 선택, 개인의 가치 및 자기 책임의 중요성을 역설한다. 많은 실존주의 문헌에서 불안과 의미성

(meaningfulness), 책임, 죽음과 같은 힘든 인간 경험(Rogers의 인간관보다는 좀 더 염세적인 관점)을 다루고 있기는 하지만 Buber와 May와 같은 저자들의 관점은 인간중심 치료와 많은 공통점을 갖고 있다. Rogers와 May(Kirschenbaum & Henderson, 1989)는 활발하게 서신을 주고받았는데, 그 내용을 보면 Rogers의 긍정적인 인간관과 May의 좀 더 부정적인 실존적 인간관이 대비를 이룬다. 이와 더불어 Rogers는 '나와 너' 대화에 대한 Martin Buber의 관점과 인간관계가 사람들에게 미치는 영향을 중시했다(Cissna & Anderson, 1997). Rogers는 현재에 존재하기와 내담자의 현상학적 세계에 대한 이해를 강조하는 실존주의 입장을 공유하였다.

　Rank와 Adler 및 실존주의와 인본주의 사상가들의 영향을 Rogers의 저술에서 볼 수 있기는 하지만 그의 많은 초기 저술은 매우 실용적이고 그 자신의 임상 경험을 반영하고 있다. 그의 저서인 『상담과 심리치료』(1942a)에서는 상담 관계의 본질과 비지시적 접근의 적용에 대해 기술하고 있다. 상담 과정에 대한 그의 관점과 Herbert Bryant라는 내담자와의 치료 내용을 광범위하게 발췌한 부분은 비지시적 단계에서 적용한 그의 치료 양식을 보여 준다. Rogers는 내담자의 주관적 상태로 충분히 들어가서 Herbert Bryant라는 사람이 되는 것이 어떤 것인지를 느끼려 한다.

　1945년에 Rogers는 오하이오주를 떠나 시카고 대학으로 옮겼고, 그곳에서 자신의 이론을 발전시키고 이론의 효과성을 검증하는 연구를 계속하였다. 내담자중심 단계는 『내담자중심 치료: 실제 적용과 시사점 및 이론(Client-Centered Therapy: Its Current Practice, Implications, and Theory)』(1951)의 출간과 더불어 시작되었다. 이 책에서는 내담자중심 치료의 개념을 확장하여 성격 이론과 아동 및 집단, 리더십 훈련과 교육 분야 적용을 포함하도록 하였다. 그리고 감정의 반영 및 경험하는 자기(experiencing self)와 이상적 자기(ideal self) 간의 부조화라는 개념을 충분히 논의하였고, 치료 과정에서 일어나는 내담자와 상담자의 성장에 대해서도 논의하였다. Brodley(1994)는 1940~1986년에 Rogers가 실시했던 심리치료 중 녹음된 회기들을 상세하게 분석하여, Rogers가 비지시적 단계보다 세 번째 단계(내담자중심)에서 좀 더 이론적으로 일관성을 보였음을 보여 주었다. 세 번째 단계에서 내담자에 대한 그의 반응은 거의 다(96%) '공감적으로 따라가는 반응'이었다. 이에 비해 그 이전 단계에서는 내담자의 참조 체계보다는 그 자신의 참조 체계에서 나온 개입을 더 많이 하였다.

　시카고 대학교에 있는 동안 Rogers는 심리학 교수이자 대학 상담센터 소장의 직무를 수행하였다. 이 시기 동안 대학원 학생 및 동료들과 함께하는 훈련과 연구에 관여했다. 미국 심리학회는 그의 업적을 인정하여 1956년 탁월한 과학적 공로상(Distinguished Scientific Contribution Award)을 수여하였다. 이 상의 수상과 『내담자중심 치료』의 출간 덕분에 Rogers는 미국 안팎에서 상당히 인정받게 되었다.

　Rogers의 학문적 업적 때문에 심리치료 접근에 있어서 그가 보여 준 강력함과 진지함이 가려질 소지가 있다. 시카고 대학에 있는 동안 그는 한 젊은 여성과 강렬한 치료적 관계를 맺게 되었다(Rogers, 1972). 이 여성과의 치료에서 Rogers는 내담자의 자기와 그 자신의 '자기'를 분리하는 데 어려움을 느꼈다. 동료들에게 도움을 요청했지만 강렬함이 너무 심하다고 느꼈다. 어느 날 아침 그는 이 내담자를 다른 상담자에게 의뢰한 후 사무실 밖으로 나가 아내와 함께 6주 동안 시카고를 떠나 있었다. 때때로 Rogers의 저술에는 사적인 측면을 드러내고 치료적 반응뿐만 아니라 내면의 감정에 대한 논평도 들어 있어 그의 심리치료 작업에 대한 더 깊은 통찰을 제공해 준다.

1957년에 Rogers는 위스콘신 대학교에서 교수직을 맡았는데, 처음에는 심리학과에 재직했고 이후에는 정신의학과로 소속을 옮겼다. 그는 심리학과에서 일하는 것을 무척 고통스러워했고 학과 동료들과 자주 갈등을 빚었다(Mearns & Thorne, 2007; Sanders, 2004a). 위스콘신 대학교에 있는 동안 야심찬 연구 프로젝트를 추진하여(Rogers, Gendlin, Kiesler, Truax, 1967) 심리치료가 조현병이 있는 입원 환자에게 미치는 효과를 조사하였다. 이 연구는 많은 어려움과 갈등에 봉착했고 유의한 결과를 별로 얻어내지 못했다. Rogers는 위스콘신 대학교에서의 위치가 만족스럽지 않았기 때문에 1963년에는 대인관계 연구에 전념하는 서부 행동과학 연구소(Western Behavioral Science Institute)로 이직했다.

위스콘신을 떠나기 전에 Rogers는 『인간이 되어간다는 것에 대하여(On Becoming a Person)』(1961)를 출간했는데, 이 책은 그 이전의 저서들보다 훨씬 더 많은 인정을 받게 되었다. 심리학자와 심리학자가 아닌 사람 모두를 위해 쓴 이 책은 그의 인생 철학과 연구, 가르치는 일, 사회적 쟁점에 관한 그의 관점을 기술한 내용을 담고 있었고 사적이면서도 강력했다. 이 책은 인간 중심 단계의 시작을 알렸고, 모든 사람들에게 영향을 미치는 쟁점들을 다루기 위해 심리치료에 대한 접근을 넘어선 내용을 포함했다. 캘리포니아주 라호야에 소재한 서부 행동과학 연구소에 있는 동안 그는 참만남 집단(encounter groups)(Rogers, 1970)과 교육(Rogers, 1969)에 에너지를 집중했다.

1968년에 Rogers는 다른 사람들과 함께 인간연구센터를 설립하였고, 이곳에서 자신을 가리켜 '상근 연구원(resident fellow)'으로 불렀다. 이 센터는 Rogers가 전 세계를 여행하고 국제적인 쟁점에 관여하는 데 일종의 작전 기지 역할을 하게 되었다. 『Carl Rogers와 개인의 힘(Carl Rogers on Personal Power)』(1977)은 문화적 배경이 서로 다른 사람들에게 인간중심 원리를 어떻게 적용하여 정치적 변화를 가져올 수 있는지를 다룬 것이다. Rogers는 종종 남아프리카 흑인과 백인, 북아일랜드의 개신교도와 가톨릭교도와 같이 분쟁 당사자를 상대로 워크숍을 진행했다(Barrett-Lennard, 1998). 1980년에 출간된 『존재의 양식(A Way of Being)』이라는 저서에서도 나타나듯이, 정치적 변화는 계속해서 Rogers에게 상당한 양의 에너지와 관심을 차지하는 주제로 남았다. Rogers는 또한 정신건강에 관한 자문가로서 미국 중앙정보국(CIA)에도 관여했는데(Demanchick & Kirschenbaum, 2008), 이 사실은 최근에 공개되었다. 생애 마지막 10년 동안 Rogers는 그의 생애 초기의 한 부분을 차지했던 영성의 문제로 되돌아갔다(Mather, 2008). Rogers는 1987년 2월 85세의 나이로 영면할 때까지 여행하고 집필하며 지치지 않고 일하면서 계속해서 배움에 대한 열성과 열망을 보였다.

인간중심 치료는 지속적으로 국제적인 관심을 받고 있고, 여러 나라 전문가들이 인간중심 치료에 기여하고 있다. Mearns(2003)는 영국에서 인간중심 접근은 다른 접근들보다 우세하다고 보았다. 영국 인간중심 접근 협회와 인간중심 및 체험적 심리치료와 상담을 위한 국제협회(World Association for Person-Centered and Experiential Psychotherapy and Counseling)는 1,000명이 넘는 회원을 갖고 있다. 학술지『인간중심 및 체험적 심리치료(Person-Centered and Experiential Psychotherapy)』는 2002년부터 영국에서 출간되고 있다. 미국에서는 인간중심 접근의 발전을 위한 협회의 후원으로『르네상스』라는 소식지를 발간하고 있는데, 이 협회는 전세계적으로150여 명의 회원을 갖고 있고 훈련과 워크숍, 국제학회를 후원하고 있다. 이 외에도 라호야에 있는 인간연구센터는 워크숍과 훈련 세미나를 개최하고 Carl Rogers 기념도서관을 운영하고 있다.

인간중심 성격 이론을 이용한 개념화

Rogers는 사람들이 변화하고 성장하도록 돕는 데 개인적으로 강한 관심이 있었다. Rogers(1959)는 성격 이론을 개발하기 전 치료적 변화에 대한 자신의 생각을 체계적으로 제시하는 일에 힘을 쏟았다(Rogers, 1959). 성격에 대한 그의 이론과 내담자 주제를 개념화하는 접근은 비정상적 행동뿐만 아니라 정상적 행동을 포함하고 있고, 충분히 기능하는 사람이 되도록 개인적으로 성장해나가는 과정의 개요를 서술한 그의 심리치료 이론을 확장시킨 것으로 볼 수 있다. 이와 더불어 Rogers는 충분히 기능하는 수준으로의 발전을 저해하는 힘과 그것을 촉진하는 힘이 무엇인지 살펴보았다. Rogers는 사람들 간의 관계 증진을 결정하는 요인에 면밀하게 주의를 기울여 개인 치료를 넘어서는 관계하기의 모델을 기술할 수 있었다. Rogers가 남긴 저술 중 소수에서만 성격 이론이나 내담자 관심사의 개념화를 주로 다룰 뿐이고(Holdstock & Rogers, 1977; Rogers, 1959), 그가 기울인 노력의 많은 부분은 개인 치료와 집단 및 사회 전반에서 사람들이 성장하고 변화하도록 돕는 일에 초점이 맞춰져 있었다.

심리적 발달

인간은 출생 이후부터 내적 경험과 외적 경험의 측면에서 현실을 경험한다. 사람들은 제각기 생물학적으로 그리고 심리학적으로 독특하며, 환경의 다양한 사회적, 문화적, 물리적 측면을 경험한다. 유아는 발달하면서 쾌와 불쾌의 정도의 관점에서 그들의 환경을 점검한다. 따뜻함과 배고픔 같은 다양한 신체 감각도 분별해간다. 이런 과정을 부모가 방해하면(예: 배고프지 않은데도 아이에게 먹기를 강요하면) 아이는 '유기체적 감지 능력(organismic sensing)' 혹은 환경에 대한 자신의 반응을 신뢰하는 능력을 발달시키는 데 어려움을 갖게 될 수 있다

(Holdstock & Rogers, 1977).

아이들이 자신에 대한 인식을 갖게 되면 주변 사람들에게 긍정적인 존중을 받고 싶은 욕구가 생긴다. 아이들이 자라면서 자신의 신체적 욕구를 좀 더 효과적으로 다루게 되고 주위 사람에게 긍정적인 존중을 받고자 하는 욕구는 커지게 된다. 이런 욕구에는 다른 사람에게 사랑받고, 정서적으로 그리고 신체적으로 접촉하고, 가치 있게 여겨지고 배려받고자 하는 욕구가 포함된다(Schultz & Schultz, 2009).

다른 사람들에게 자신이 긍정적 존중을 받고 있다는 개인의 지각은 자기 존중에 직접적인 영향을 미친다. 다른 사람들(예: 부모, 교사, 친구)이 자신을 가치 있게 여긴다고 믿는 아이들은 자기가치감이나 자존감을 발달시킬 가능성이 높다. 게다가 아이들은 다른 사람들과의 상호작용을 통해 자신의 욕구뿐만 아니라 다른 사람들의 욕구를 충족시키는 데서도 만족감을 경험한다. 타인에 의한 긍정적 존중과 자기 존중에 대한 욕구가 필수적인 욕구임에도 불구하고, 사람들은 이런 조건이 조성되지 못하는 경험을 많이 하게 된다.

발달과 조건 부여

사람들은 생애 전반에 걸쳐 가치의 조건(conditions of worth), 즉 개인의 발달을 제한할 수도 있는, 다른 사람의 신념이나 가치를 기준으로 자신의 경험을 평가하는 과정을 경험한다. Rogers는 가치 조건이 자기에 대한 개인의 경험과 다른 사람들과의 상호작용 간의 불일치(incongruence)를 유발한다고 보았다. 사람들은 다른 사람에게서 조건적인 긍정적 존중을 얻기 위해 자신의 경험을 무시하고 다른 사람의 가치나 신념을 수용할 수 있다. 사랑받는다는 느낌을 갖기 위해 자신의 신념과 가치에 귀 기울이지 않고 다른 사람들을 기쁘게 하려고 행동하는 사람들은 가치 조건에 따라 움직이고 있는 것이며, 그 결과 불안을 경험할 가능성이 있다.

존중이 조건적으로 주어지면 사람들은 자기 자신과의 접촉을 놓치고 자신으로부터 소외감을 느낄 수 있다. 이러한 조건적 존중을 다루기 위해 사람들은 방어기제를 발달시키게 되고, 그 결과 '사람들이 나에게 어떻게 하든 간에, 그들이 나를 좋아하게 하려면 모든 사람들에게 친절해야 해.'와 같이 세상에 대한 부정확하고 경직된 지각을 갖게 된다. 이런 사람들은 긍정적인 자아 개념을 갖고자 하는 욕구와 다른 사람들을 기쁘게 하려는 욕구 간의 갈등으로 인해 불안을 경험할 가능성이 있다. 이 밖에도 한 집단의 가치와 또 다른 집단의 가치가 둘 다 사람들의 자기감(sense of self)과 일치하지 않는 경우가 있는데, 이 때문에 사람들은 불안을 경험할 수도 있다.

개인의 경험과 자아 개념 간의 불일치가 크면 클수록 개인의 행동은 더 혼란스러울 수 있다. 따라서 자기에 대한 견해와 경험 간의 갈등이 극심한 경우 정신증이 발병할 수도 있다. 대체로 Rogers는 왜곡의 강도에 따른 심각성의 연속선상에서 행동을 분류했다. 흔히 사용되는 방어기제로는 합리화, 환상, 투사, 편집증적인 사고가 있다(Holdstock & Rogers, 1977). 합리화와 같은 방어기제는 아주 흔하고 다음 예시와 같이 사소하다.

앨버타(Alberta)는 '나는 유능한 영업사원이다.'라고 믿고 있는데, '직장에서 해고되는' 경험을 한다. 이때 그녀는 다음과 같이 합리화한다. "상사가 나를 싫어하지 않았다면 해고되지 않았을 거야." 따라서 앨버타는 고객에 대한 자신의 무례한 행동은 무시하고 자신의 행동을 합리화한다. 이 경우 자기에 대한 견해와 경험 간에 갈등이 있다.

Rogers는 개인이 경험하는 가치 조건에 대항하기 위해서는 개인의 자기 존중이 높아질 수 있도록 다른 어떤 사람들로부터 무조건적인 긍정적 존중이 주어져야만 한다고 믿었다. 흔히 사람들은 그들을 판단하기보다는 있는 그대로의 가치를 인정해 주고, 따뜻하고 수용적이며 존중해 주는 방식으로 행동하는 사람들을 찾고자 한다. 비록 사람들이 가족이나 친구와는 무조건적인 긍정적 존중을 경험하지 못한다 해도, 상담자는 반드시 이런 조건을 제공해야 한다.

자기 존중과 관계

Rogers 성격 이론의 중요한 부분은 개인적 관계의 본질이다(Rogers, 1959). Rogers는 관계 개선의 과정을 기술하면서 일치성(congruence)을 강조했는데, 이는 상담자나 이야기를 듣고 있는 사람이 다른 사람이 전달하는 바를 정확하게 경험하고 알아차리는 과정을 뜻한다. 말하는 사람의 입장에서 자신이 이해받고 있고, 공감적인 경청이 이루어지고 있으며, 판단받고 있지 않다고 느낀다면 관계가 개선된다. 이때 개인은 무조건적인 긍정적 존중을 감지하고 다른 사람이 듣고 있다는 느낌을 받는다. 이런 관계에서는 상담자나 이야기를 듣고 있는 사람이 상대방의 심리적 경험을 이해하고 이해한 바를 전달하며 상대방과 '조율된' 상태에 있기 때문에, 이런 관계를 일치성이 있다고 말할 수 있다. 때때로 얼굴 표정이나 어조가 말과 조화를 이루지 못하는 경우와 같이, 사람들의 내면에는 불일치가 있다. 듣는 사람이 말하는 사람의 행동에서 불일치를 지각한다면 이런 지각을 다음과 같은 말을 통해 전달할 수 있다. "부모님이 이혼하셔서 기쁘다고 말하지만 목소리는 슬프게 들리는군요." 따라서 듣는 사람이 상대방의 현재 경험을 지각하고 전달하는 정도에 따라 관계 개선이 이루어질 수 있다.

충분히 기능하는 사람

Rogers는 인간의 발달을 긍정적인 움직임 혹은 성장으로 보았기 때문에 충분히 기능하는 사람(fully functioning person)에 대한 관점은 그의 이론과 일치한다(Rogers, 1969). 사람들이 충분히 기능하려면 다른 사람들로부터 긍정적 존중을 받고자 하는 욕구를 충족시키고 자신에 대해 긍정적 존중을 해야 한다. 이런 욕구들이 충족되고 나서야 최적 수준의 심리적 기능을 경험할 수 있다(Bohart, 2007a, b; Gillon, 2007).

Rogers는 일치성과 심리적 성숙을 구성하는 것에는 개방성과 창의성 및 책임이 포함된다고 보았다. Rogers(1969)에 따르면, 충분히 기능하는 사람은 방어적이지 않고 새로운 경험을 통제하지 않으며 그것에 열려 있다. 다른 사람들 및 자신과의 일치된 관계에 대한 이러한 개방성에 힘입어 사람들은 새로운 상황과 오래된 상황을 창의적으로 다룰 수 있다. 그리고 이러한 적응성 덕분에 결정을 내리고 자신의 삶에 대한 책임을 질 수 있는 내적 자유를 경험한다. 충분히 기능하는 상태의 일부로서 사람들은 사회적 책임 및 다른 사람들과 충분히 일치된 관계에 대한 욕구를 자각하게 된다. 이런 사람들은 자신에게만 몰입하기보다는 공감적으로 의사소통하고자 하는 욕구를 느낀다. 이들에게 옳다는 느낌을 주는 것은 자신의 욕구뿐만 아니라 다른 사람들의 욕구를 이해하는 것을 포함한다.

Rogers는 충분히 기능하는 사람이 되려는 목표를, 한 개인이 달성할 수는 없지만 그것을 위해 노력해야 하는 하나의 이상으로 보았다. 그는 효과적인 관계에서는 사람들이 이런 목표를 향해 나아간다고 믿었다. 그의 목표는 가족 구성원으로서, 집단지도자로서 그리고 개인 치료자로서 일치되고 수용적이며 이해하는 사람이 되도록 인격적인 성장을 이루고, 또한 이를 통해 주변의 사람들도 이렇게 하도록 돕는 것이 그의 목표였다.

인간중심 심리치료 이론

Rogers 심리치료 이론의 발달은 상담자로서의 경험과 동료들과의 상호작용 및 치료 과정에 대해 그가 수행했던 연구의 결과로 이루어진 것이었다. 그는 사람들이 자신의 경험과 성장을 좀 더 알아차리게 되어 일치되고 자기수용적인 인간이 되도록 도와주는 것을 치료 목표로 삼아야 한다고 믿었다. 평가는 치료 과정의 일부로 간주되며, 개인의 현재 알아차림과 경험하기에 대한 평가가 이루어진다. 심리적 변화는 진솔하고 수용적이며 공감적인 관계, 특히 내담자가 그렇게 지각하는 관계를 통해 이루어진다. 내담자와 상담자가 이런 치료적 과정을 어떻게 경험하는지는 성격 변화에 대한 Rogers의 심리치료 개념화의 한 부분을 이룬다.

심리치료 목표

심리치료 목표는 상담자가 아니라 내담자에게서 나온다. 내담자는 허위나 피상성에서 벗어나 자신의 다양한 면면을 좀 더 깊이 이해할 수 있는 좀 더 복합적인 사람이 된다. 그 결과 타인에 대한 수용뿐만 아니라 자신의 경험에 대한 개방성과 자신이 '진정으로 그러해야 하는 자기'(Kierkegaard, 1941)가 되는 것에 대한 신뢰가 생겨난다. 목표는 자기주도적인(self-directed) 방식으로 나아가는 것이 되어야 하며, 다른 사람들을 기쁘게 하고 다른 사람들의 기대에 부응하는 것에는 관심을 덜 두어야 한다. 자기주도성이 커지면 사람들은 더 현실적으로 지각하고 문제해결도 더 잘할 수 있으며 다른 사람들에게 덜 방어적으로 된다. 따라서 상담자는 내담자의 상담 목표를 선택하지 않고, 내담자가 좀 더 충분히 기능할 수 있도록 긍정적 자기 존중감을 높여 주는 치료적 분위기를 만들도록 애써야 한다.

평가

심리치료에서 심리 진단이 적절한지에 대해서는 인간중심 치료자들 간에 약간의 의견 차이가 있기는 하지만 대다수 인간중심 치료 저자들은 심리 진단이 필요하지 않다고 본다(Bozarth, 1991). Boy & Fine(1989, 1999)은 심리 진단이 내담자를 깊고 의미 있는 방식으로 이해하는 것과 일관되지 않는다고 여긴다. Seeman(1989)은 유일하게 심리 진단이 유용한 경우는 심리적 기능에 영향을 미치는 생리학적 장애를 평가할 필요가 있을 때라고 본다. 흥미롭게도 Rogers(Kirschenbaum, 2009)는 초기 심리치료 활동에서는 진단적 절차를 활용했지만 이후에는 내담자의 기능에 초점을 두어 이런 절차를 포기했다. 대부분의 인간중심 치료자들에게 평가는 상담자가 내담자의 경험과 욕구를 공감적으로 이해하려고 노력하는 과정에서 자연스럽게 이루어지는 것이다.

진단의 목적을 가진 평가는 인간중심 치료에서 거의 혹은 전혀 어떤 역할도 하지 않지만, 심리검사가 적절한 때도 있다. Bozarth(1991)는 내담자가 요청한다면 심리검사를 사용할 수 있고, 특히 진로 상담인 경우 더욱 그렇다고 제안했다. 또한 내담자나 상담자가 판단하기에 내담자의 의사 결정이나 혹은 다른 목적을 위해 내담자 외부의 참조 체제를 사용하는 것이 유익한 경우가 있을 수 있다. 기본적으로, Bozarth는 검사 정보가 내담자와 상담자 관계 맥락 안에서 적합한 것이어야 한다고 본다. 예를 들어, 인간중심 치료자가 내담자를 위한 어떤 결정을 내리기 위해 검사에 의존한다면 그것은 적절하지 않을 것이다. 의사결정은 내담자의 책임이다. Rogers는 진단 도구나 평가 도구의 가치를 의문시하기는 했지만, 이런 도구가 연구 목적을 위해서는 가치가 있음을 인정했다. 또한 그는 치료 과정의 단계를 측정하기 위해 과정 척도(Rogers & Rablen, 1958)를 개발했다. 다른 연구자들(Carkhuff, 1969; Hamilton, 2000; Truax & Carkhuff, 1967)은 내담자와 상담자 관계에서 치료적 조건을 측정하는 척도를 개발했다. 이런 척도는 조력 기술을 가르치는 방법을 개발하는 데 중요한 역할을 했다(Carkhuff, 1987; Egan, 2014). 인간중심 치료자는 대부분 이런 척도를 연구 목적을 위해 사용해야 하고 치료할 때 사용해서는 안 된다고 생각한다.

비지시적인 태도

이론의 적용

Rogers에게 치료적 비지시성은 매우 중요한 것이었다. 내담자에게 자시하지 않고, 질문을 하거나 제안을 하는 대신 내담자의 경험을 반영함으로써 Rogers는 그들이 심리적으로 성장하도록 자유롭게 해줄 수 있었다(Bozarth, 2012). 내담자는 흔히 감정 정화, 즉 감정을 분출하는 과정을 추구한다(Von Glahn, 2011). 인간중심 치료는 비지시성의 틀 안에서 내담자의 심리적 상처를 줄이는 탁월한 기회를 제공한다. 비지시적인 태도에 관한 한 가지 관점에서는 비지시성이 공감과 무조건적인 긍정적 존중의 맥락에서 사용되면 그것은 실제로 지시적이라는 주장이 있다. 왜냐하면 그것은 내담자가 긍정적인 치료적 변화를 높이는 쪽으로 성장하고 나아가도록 돕기 때문이라는 것이다(Frankel, Rachlin, & Yip-Bannicq, 2012). 어떤 인간중심 치료자들은 내담자가 치료자에게 질문을 던질 경우, 비지시성의 분위기를 유지한다면 질문에 직접 답해도 된다고 한다(Moon & Rice, 2012). 어떤 치료자들은 모든 치료자가 하는 모든 말이 반영될 필요는 없다고 본다. 어떤 경우에는 비지시적으로 되기가 힘들 수 있다. Sommerbeck(2012)은 지시적인 현장에서 비지시적인 치료를 하는 것이 어떤지를 살펴보았다. 그녀는 정신과 병동에서 비지시적인 심리치료자가 경험한 어려움을 기술했는데, 그곳에서 정신의학과 소장은 사적인 내용이라서 그녀가 내담자에게 요구하지 않으려고 하거나 내담자에게 누설하고 싶지 않았던 정보를 원했다. 비지시성의 개념은 다음에 논의할 내담자 변화를 위한 필요충분 조건과 관련된다.

내담자 변화를 위한 필요충분조건

인간중심 치료의 핵심은 성격이나 치료적 변화를 가져오는 여섯 가지 필요충분조건이다(Gillon, 2007; Kalmthout, 2007; Rogers, 1957, 1959; Tudor, 2011). Rogers는 임상 경험을 토대로 다음과 같은 (1) 심리적 접촉, (2) 불일치, (3) 일치성과 진실성, (4) 무조건적인 긍정적 존중 혹은 수용, (5) 공감, (6) 공감과 수용의 지각이라는 여섯 가지 조건이 모두 충족되면 내담자에게 변화가 일어날 것이라고 보았다

심리적 접촉 두 사람이 서로에게 영향을 줄 수 있는 관계가 존재해야 한다. Brodley(2000)는 현존(presence)의 개념에 대해 기술했는데, 이것은 상담자가 그저 내담자와 같은 방에 있는 것이 아니라 내담자에게 주의를 기울이고 집중할 수 있는 자신의 능력을 발휘하는 것을 의미한다.

불일치 내담자는 심리적으로 취약한 상태, 즉 두려워하거나 불안하거나 혹은 다른 방식으로 심리적 고통을 받고 있는 상태에 있어야 한다. 이런 심적 고통 상태는 자신에 대한 내담자의 지각과 그의 실제 경험 간의 불일치를 시사한다. 때때로 사람들은 이런 불일치를 알아차리지 못하지만, 알아차림이 증진되면서 치료적 경험에 좀 더 개방되어간다.

일치성과 진실성 치료적 관계에서 상담자는 진정으로 자기 자신이어야 하며 '거짓된' 모습을 보여서는 안 된다. 일치성은 자신의 신체에 대한 온전한 알아차림, 다른 사람들과의 의사소통에 대한 알아차림, 자발성, 다른 사람들과의 관계에 대한 개방적 자세를 포함한다(Cornelius-White, 2007). 일치성은 또한 내담자에게 공감적이며 무조건적인 긍정적 존중을 제공할 수 있는 능력을 포함한다(Wyatt, 2000). Rogers(1966)는 진실성(genuineness, 일치성과 유사함)을 다음과 같이 정의하고 있다.

　　치료에서 진실성은 상담자가 내담자와의 만남에서 실제 자기가 된다는 것을 뜻한다. 상담자는 겉치레 없이 그 순간 자기 안에서 일어나는 감정과 태도를 개방적인 자세로 받아들인

다. 여기에는 자신에 대한 알아차림이 포함된다. 즉, 상담자의 감정이 자신에게(자신의 알아차림에) 허용되며, 상담자는 그 감정을 생생히 느끼고, 심리치료 관계에서 경험해 보며, 감정이 지속된다면 내담자에게 전달할 수 있다. 상담자는 내담자를 직접적으로 마주하고, 인간 대 인간으로 만난다. 상담자는 자신을 부정하지 않고 자기 자신으로 존재한다. (p.185)

Rogers가 분명하게 밝히고 있듯이, 상담자가 자신의 모든 감정을 내담자에게 드러내는 것이 진실성의 의미는 아니다. 이보다는 상담자가 자신의 감정에 접근하고 또한 적절하다고 판단되는 경우, 치료 관계를 촉진하기 위해 그것을 활용하는 것을 의미한다. 진실성은 그 자체로 충분조건은 아니다. 살인자는 진솔할 수 있지만 충분히 기능하는 사람이 되기 위한 다른 조건들을 충족시키지 못한다. 다음 예시는 상담자의 진솔한 반응을 보여 준다.

> 내담자: 저는 길을 잃었어요. 완전히 잃었어요. 방향감이 전혀 없어요.
> 심리치료자: 당신은 길을 잃었다고 느끼고 어디로 가야 할지 모르고 있네요. 당신의 절망감이 감지되고, 저는 여기에 당신과 함께, 이런 어려운 시기에 당신과 함께 여기에 있다는 느낌이 드네요.

상담자는 자신을 개방적으로 표현하고 있다. 진정으로 내담자가 느끼는 바를 느끼고 있고, 자신의 감정을 알아차리고 있으며 내담자를 위해 함께 있고자 하는 열망을 표현하고 있다.

이론의 적용

무조건적인 긍정적 존중 혹은 수용 상담자는 수용하는 데 어떤 조건을 달아서는 안 되며 내담자를 있는 그대로 받아들이고 내담자의 진가를 인정해야 한다(Bozarth, 2007; Rogers, 1957). 좋은 감정뿐만 아니라 상처받고, 고통스럽고, 기괴하고, 특이한 감정도 상담자가 수용해야 한다. 심지어 내담자가 거짓말을 하더라도 상담자가 수용하면, 결국 내담자는 자신의 거짓말을 직면하고 상담자에게 그것을 인정하게 될 것이다(Brice, 2004). 수용은 내담자에게 동의하는 것이 아니라 한 분리된 개체로 내담자를 배려한다는 뜻이다. 내담자를 수용하지만 동의하지는 않음으로써 상담자는 조종당하지 않을 것이다. 분명히 상담자가 내담자에 대해 항상 무조건적인 긍정적 존중을 느낄 수는 없다. 이것은 상담자가 달성하려고 애써야 할 목표이다.

내담자를 있는 모습 그대로 인정해 줌으로써 상담자는 사람의 긍정적 혹은 부정적 속성에 대해 판단하지 않는다. 다른 사람들이 내담자에게 부여한 가치 조건을 상담자는 조성하지 않는다. 상담자가 보여 주는 무조건적인 긍정적 존중을 내담자가 중시하게 되면 내면에서 긍정적 자기 존중이 커지게 된다. Bozarth(2007)는 무조건적인 긍정적 존중을 치료적 변화의 주된 조건으로 여긴다.

다음에 발췌한 내용에는 조현병이 있는 젊고 우울한 내담자에 대한 Rogers의 따뜻함이나 무조건적 긍정적 존중을 보여 주는 예시가 들어 있다. 한 회기를 마칠 무렵, Rogers는 내담자인 짐에게 다음 주 화요일에 자신을 보러 오고 싶은지 묻는다. 답을 듣지 못한 채 Rogers

는 다음과 같이 제안하면서 응답한다.

심리치료자: 저는 그 시간에 당신과 약속을 잡아 두겠어요. 왜냐하면 저는 분명히 그때 당신을 보고 싶으니까요. (상담 약속 카드에 기록한다.)

(50초의 침묵)

심리치료자: 그리고 또 제가 하고 싶은 말은…… 만약 너무 힘든 상태가 계속되면 주저하지 말고 그 사람들한테 제게 전화해 달라고 부탁하라는 거예요. 그리고 당신이 나가 버려야겠다고 결심한다면 그 사람들이 내게 전화하게 해주면 정말 고맙겠어요. 그렇게 해서 제가 당신을 먼저 만날 수 있게 말이에요. 제가 말리려고 애쓰진 않을 거예요. 그저 당신을 보고 싶어서요.

내담자: 오늘 떠날지도 모르겠어요. 어디로 갈지는 몰라요. 그래도 상관없어요.

심리치료자: 마음이 정해졌고 당신은 떠날 것이라는 느낌이 드네요. 당신이 어디로 간다는 건 아니지만요. 당신은 그저……, 그저 떠날 거란 말이죠, 음?

(53초 침묵)

내담자: (낙담한 어조로 중얼거리며) 그래서 제가 가고 싶어하는 거예요. 무슨 일이 일어나든지 상관없으니까.

심리치료자: 뭐라구요?

내담자: 그래서 제가 가고 싶어하는 거예요. 무슨 일이 일어나든지 상관없으니까.

심리치료자: 음, 음. 그래서 당신이 가고 싶어 한다구요? 자신에 대해 정말 상관하지 않으니까. 무슨 일이 일어나든 당신은 전혀 상관하지 않는단 말이죠. 그런데 전 이렇게 말하고 싶어요. 저는 당신에게 관심이 있고, 저는 무슨 일이 일어날지 걱정한다고요.

(30초 침묵)

(짐이 울음을 터뜨리고 알아들을 수 없게 흐느낀다.)

심리치료자: (부드럽게) 어쩐지 그 말이…… 모든 감정이 쏟아져 나오게 만드는군요.

(35초 침묵)

심리치료자: 그리고 당신은 울고 울고 또 우는군요. 그리고 그렇게 안 좋은 기분을 느끼고. (짐은 계속 흐느끼고, 그러고 나서 코를 풀고, 숨을 크게 몰아쉰다.)

심리치료자: 당신 내면에서 얼마나 안 좋은 느낌이 드는지 어느 정도 알 수 있을 것 같아요……. 당신은 그저 흐느끼고 또 흐느끼는군요.

(짐은 머리를 책상에 대고 마구 꺽꺽거리며 숨을 헐떡이며 흐느낀다.)

심리치료자: 제 짐작에 지난 며칠 동안 당신이 느껴왔던 안에 갇혀 있던 감정이…… 그저 마구 쏟아져 나오는군요.

(32초 침묵, 흐느낌은 계속된다.)

심리치료자: 거기 티슈가 있으니 쓰세요……. 음, (동정적으로) 가슴이 갈기갈기 찢겨 나

가는 것 같은 느낌이군요.

(1분 56초 침묵) (Rogers et al., 1967, p.409)

내담자에 대한 배려와 따뜻함이 분명히 드러난다. 어조와 말이 상담자에게서 우러나는 배려로 내담자에게 지각되려면 이 둘은 상담자 안에서 일치해야 한다. Rogers가 하는 것과 같은 말은 수용을 표현하고 배려를 강조함으로써 내담자가 느끼는 소외감을 줄여 준다.

공감 공감한다는 것은 자신의 관점과 가치관에 영향받지 않고 다른 사람의 세계로 들어가는 것이다(Freire, 2007; Rogers, 1975). 그렇게 하려면 공감하는 사람이 다른 사람의 지각 세계에서 길을 잃지 않도록 충분히 분리되어야 한다. Rogers는 공감의 과정을 다음과 같이 훌륭하게 묘사하고 있다.

> 공감적이라 불리는, 다른 사람과 함께하는 방식에는 여러 가지 측면이 있다. 공감적으로 함께하는 방식은 다른 사람의 사적인 지각 세계로 들어가 그 안에서 충분히 편안해지는 것을 의미한다. 그것은 상대방 안에서 일어나고 있으며 변화하고 있는, 느낌으로 받아들여지는 의미(felt meanings)에 매순간 민감하고 또한 상대방이 경험하고 있는 두려움이나 격분, 부드러움, 혼란 혹은 다른 무엇이든 간에 그에 민감하다는 뜻이다. 그것은 잠정적으로 상대방의 삶 속에서 살아보고, 판단하지 않은 채 그 안에서 조심스럽게 돌아다녀 보며, 그가 어렴풋이 자각하고 있는 의미를 감지하면서도 본인이 전혀 알지 못하는 감정을 캐내려고 애쓰지 않는 것을 뜻한다. 왜냐하면 그렇게 하려고 애쓰면 너무 위협적일 수 있기 때문이다. 그것은 당사자가 두려워하는 어떤 요소를 당신이 신선하고 두려워하지 않는 눈으로 보면서 그의 세계에 대해 당신이 감지한 것을 전달하는 것을 포함한다. 그것은 당신이 감지한 것이 정확한지를 상대방에게 자주 확인해 보고 확인 작업을 통해 얻게 되는 반응에 의해 길 안내를 받는 것을 의미한다. 당신은 상대방의 내적 세계에서 그 사람에게 믿을 만한 동행자다. 당신은 그의 경험의 흐름에서 가능한 의미를 지목해 줌으로써 그가 이런 유용한 부분에 초점을 맞추고 그 의미를 좀 더 충분히 경험해 보며, 그 경험에서 앞으로 나아가 보도록 도와준다. (Rogers, 1975, p.4).

Rogers에게 공감은 하나의 과정이다. 그는 상담자로서 경력 초기에 "내담자의 감정 반영하기"라는 문구의 사용을 중단했는데, 그 이유는 이에 대해 많은 상담자들에게 오해를 받았기 때문이다. 어떤 이들은 Rogers가 이 말에 부여한 의미를 내담자가 한 말을 똑같이 반복하거나 마지막 몇 마디를 반복하는 것으로 오해했다. 이러한 오해 때문에 Rogers는 반영하기나 공감적 경청보다 공감적 태도에 대해 언급하기를 선호했다(Rogers, 1975). Zimring(2000)은 공감이 내담자가 내면에 숨겨진 어떤 진실을 찾도록 돕기보다는 내담자가 성장하고 자신의 존재 양식을 바꾸도록 돕는다고 덧붙였다.

다음 예시는 앞서 소개했던 조현병 내담자인 짐과의 상담 회기 축어록 일부를 발췌한 것이다. 우울한 상태에 있는 짐에 대한 Rogers의 공감적 태도가 분명하게 나타나 있다.

> 내담자: 아뇨. 전 정말 아무한테도 쓸모가 없어요, 예전에도 그랬고, 앞으로도 그럴 거예요.
>
> 심리치료자: 지금 그렇게 느낀다는 거죠, 음? 당신이 자기 자신에게도 아무 쓸모가 없고, 다른 어떤 사람에게도 쓸모없으며, 앞으로도 아무에게도 쓸모가 없을 것이다라고요. 당신은 전적으로 아무런 가치가 없다, 음? 그건 정말 안 좋은 감정이죠. 당신은 아무짝에도 쓸모가 없다고 느낀다는 거죠, 음?
>
> 내담자: 네, (나지막하고 낙담한 목소리로 중얼거린다.) 그게 요전날 같이 시내로 나갔던 그 남자가 제게 했던 말이에요.
>
> 심리치료자: 당신과 함께 시내로 나갔던 그 남자가 진짜 당신이 아무 쓸모가 없다고 말했다구요? 방금 그렇게 말했나요? 제가 제대로 알아들었나요?
>
> 내담자: 으음.
>
> 심리치료자: 제가 제대로 알아들었다면 제 짐작에, 그 말뜻은 이런 것 같네요. 당신에게 어떤 의미가 있는 누군가가 있는데, 근데 그 사람이 당신에 대해 어떻게 생각하는가? 아니, 그 사람이 당신이 아무짝에도 쓸모 없다고 생각한다고 말했어요. 이 일이 정말로 당신을 뿌리채 흔들어 놓았군요. (짐이 조용히 눈물을 흘린다.) 그 말이 눈물이 나게 하는군요.
>
> (20초 침묵)
>
> 내담자: (다소 반항적으로) 전 그래도 상관 안 해요.
>
> 심리치료자: 당신은 자신에게 전혀 상관하지 않는다고 말하네요. 그렇지만 제 짐작에 당신의 어떤 부분은 상관하는 것 같군요. 왜냐면 당신의 어떤 부분이 그 때문에 울고 있으니까요.
>
> (19초 침묵)
>
> 심리치료자: 제 짐작엔 당신의 어떤 부분이 이렇게 느끼는 것 같아요. "내가 또 상처받고 있구나. 마치 지금까지 살아오면서 사람들이 날 좋아하지 않는다고 느낄 때 받아온 상처만으로는 부족하다는 듯이 말이야. 여기 내가 마음 붙이기 시작한 사람이 있는데, 바로 그 사람이 날 좋아하지 않는구나. 그래도 난 상관하지 않는다고 말할 거야. 그 일로 인해 나한테 뭔가 달라지도록 내버려 두지 않을 거야……. 그런데도 여전히 눈물이 내 뺨을 흘러내리는구나." (Rogers et al., 1967, p.404)

공감과 수용의 지각 상담자가 내담자를 무조건적으로 수용하고 공감적으로 이해하는 것만으로는 충분하지 않다. 내담자도 어떤 식으로든 자신이 이해받고 수용받고 있다고 지각해야 한다. 공감과 수용은 언어적이거나 비언어적인 방식으로 전달될 수 있지만, 그것은 자연스러워야 하며 억지로 하거나 인위적이어서는 안 된다. 앞서 소개한 예시에서 상담자 반응 부분을 소리 내어 읽어 보면 부자연스러운 표현과 진솔한 표현 간의 차이를 감지할 수 있을 것이다. Rogers는 진실성과 수용 및 공감의 조건이 내담자에게 전달되고 지각되면, 치료적 변화가 일어날 것이라고 믿었다.

Bozarth(1996)는 진실성, 수용, 공감의 개념 간의 관계에 대해 언급하면서 이 세 가지 조건에 대한 Rogers의 저술을 개관하였다. Bozarth(1996)는 다음과 같은 결론에 도달했다. "진실성과 공감적 이해는 변화를 위한 주된 조건, 즉 무조건적인 긍정적 존중을 위한 두 가지 맥락적 태도로 간주된다"(p.44). 궁극적으로 Bozarth는 이 세 가지가 한 가지 조건이며 상담자가 치료 중에 가져야 할 태도로 보아야 한다고 생각했다.

다른 저자들은 인간중심 치료의 다른 측면에 대해 논의했지만, Rogers가 제안한 여섯 가지 조건은 항상 핵심으로 남아 있다. 예를 들어, 많은 저자들 가운데 C. H. Patterson(Myers & Hyers, 1994)은 내담자에게 공감적 태도를 전달할 때 구체성을 곁들여야 할 필요가 있다고 언급했다. 그는 상담자는 내담자가 자신의 문제를 진술할 때 구체적으로 말하도록 격려해야 하고, 상담자 자신도 일반화와 명칭 붙이기를 피하면서 반응을 구체화해야 한다고 생각한다. 조력 관계의 방법을 기술하는 대부분의 저서(예: Egan, 2010)에서는 진실성과 수용 및 공감에 대한 Rogers의 개념뿐만 아니라 구체성을 강조한다.

치료에서 내담자의 경험

내담자들이 치료실에 올 때는 대체로 아무런 힘이 없다고 느끼거나 우유부단하거나 무력감을 느끼는 괴로운 상태에 있다. 치료적 관계는 이들의 내면에 존재하지만 수용할 수 없었던 두려움이나 불안, 죄책감, 분노 혹은 수치심을 표현할 수 있는 기회를 제공한다. 여섯 가지 필요충분조건이 충족되면 내담자는 자신과 다른 사람을 더 잘 수용하고 자신을 창의적으로 표현할 수 있게 될 것이다. 이들은 치료 과정에서 자기 자신과 자기 탐색 과정에 대한 책임을 맡음으로써 새로운 방식으로 자신을 경험하게 될 것이고, 그 결과 자신에 대한 이해가 깊어지고 긍정적인 변화가 일어날 것이다. 심리치료에서 내담자의 경험이 어떤 것인지를 보여 주기 위해 오크 부인(Mrs. Oak) 사례(Rogers, 1953, 1961)에서 발췌한 내용을 소개하고자 한다.

책임 경험하기 치료에서 내담자는 치료 관계 안팎에서 자신에 대한 책임이 스스로에게 있음을 배운다. 상담자가 내담자의 경험을 강조하면 내담자는 처음에는 좌절하거나 당혹감을 느낄 수 있지만, 인간중심 치료자들은 내담자가 곧 이것을 수용하고 반기게 된다고 믿는다.

치료자 경험하기 점차 내담자는 상담자의 공감과 무조건적인 긍정적 존중의 진가를 알게 된다. 또한 배려받고 충분히 수용되는 느낌을 받는다(Rogers, 1953). 진정으로 배려받는 경험은 내담자가 자신과 다른 사람을 깊이 배려하는 데 도움이 되며, 이것은 오크 부인이 Rogers와 함께하는 30회째 회기의 시작 부분 발언에 나타난다.

내담자: 제가 아주 놀라운 걸 발견했어요. 그건…… (웃음) 선생님께서 이게 어떻게 돌아가는지 진짜 관심을 가진다는 걸 알게 됐다는 거죠. (두 사람 함께 웃음) 그게 어떤 느낌을 주냐 하면요, 일종의 '그럼 이 일에 선생님을 끼워 주지, 뭐', 그러니까 제가 시험 답안지에다 정답을 적었을 수도 있어요. 그런데 갑자기 내담자 상담자 뭐 이런 것 가운데 선생님이 진짜 어떤 일이 일어나는지에 대해 관심을 가진다는 걸 깨닫게 됐다는 거죠. 그건 무슨 계시처럼 불현듯 떠오른 깨달음이에요. 아니, 그것으로는 설명이 안 돼요. 그건…… 음, 생각해 보면 그건 일종의 이완이라고 하는 게 가장 가까운 것 같아요. 느슨해지는 건 아니고 (멈춤) 긴장하지 않고 바로잡는 상태와 같은. 이게 말이 된다면요. 잘 모르겠어요.

심리치료자: 이건 어떤 새로운 아이디어가 아니라 제가 진짜 관심을 갖고 있었다는 것을 진정으로 느낀 어떤 새로운 경험이고, 제가 이해한 게 맞다면, 제가 관심을 갖도록 당신이 허용해 줄 용의가 있다는 말로 들리는군요.

내담자: 네. (Rogers, 1961, p.81)

오크 부인은 배려받은 경험을 묘사하는 데 어려움이 있지만 표현하는 방법을 찾아낸다. Rogers는 이 새로운 경험에 공감적으로 반응하고 그녀의 배려를 받아들인다.

탐색 과정 경험하기 치료자의 배려와 공감을 통해 내담자는 두렵거나 불안을 불러 일으키는 경험을 탐색할 수 있게 된다. 이런 태도는 내담자의 변화와 발달을 가능하게 해 준다 (Kalmthout, 2007). 추정으로 감지하는 느낌이 아니라 깊이 느껴지는 감정을 탐색함으로써 내담자는 완전한 솔직함과 자각의 느낌을 경험할 수 있다. "저는 딸을 사랑해요. 하지만 그 애가 저에게 격렬하게 화내는 모습을 보면 이런 마음에 정말 의문이 생겨요."에서처럼, 자기 안에 있는 모순도 탐색할 수 있다. 다음 예시에서 오크 부인은 30회째 회기 마지막 부분에서 자신의 탐색 과정에 대해 언급하고 있다.

내담자: 저는 새로운 유형, 아마도 유일하게 가치 있는 유형의 학습을 경험하고 있어요. 여기에서 저한테 도움이 되지 않는 게 무엇인지 자주 말씀드렸잖아요. 그러니까 제 말은 제가 가진 획득된 지식은 저한테 도움이 되지 않는다는 뜻이에요. 하지만 여기서의 학습 과정은 아주 역동적이어서, 그러니까 아주 많이 모든 것, 그러니까 저의 한 부분이어서 제가 그것으로부터 어떤 걸 얻으면 그건 가치 있는 어떤 것, 그러니까, 제가 여기서 경험하는 것을 일종의 획득된 지식으로 정리할 수 있을지 궁금해요.

심리치료자: 다시 말하면, 여기서 일어나고 있는 학습의 유형은 아주 다른 종류, 그 깊이가 아주 다른 유형이고, 매우 생동적이면서 매우 실재적인 것이란 말씀이네요. 그리고 그 자체로 당신에게 매우 가치가 있다는 거네요. 그런데 당신이 제기하고 있는 의문은 "이러한 더 깊이 있는 학습 수준에서 일어난 것이 무엇인지를 내가 과연 머릿속

에서 지적으로 선명하게 그려낼 수 있을까?"라는 거죠.

내담자: 음, 그런 것 같아요. (Rogers, 1961, pp.85~86)

오크 부인은 자신의 비(非)지적인 학습 경험을 말로 표현하려고 애쓰고 있고 Rogers는 공감 반응을 통해 탐색에 대한 그녀의 감각을 명료화하는 데 도움을 주고 있다.

자기 경험하기 자기 탐색을 통해 성격의 가장 깊은 층들이 앞으로 나오고 있고 그것들이 실재적인 것이라는 깨달음이 생긴다(Rogers, 1953). 사람들이 자신의 분노와 적대적인 감정을 다루게 되면서 점차 자신과 다른 사람들에 대한 긍정적인 감정도 만나게 된다. 그들은 "가면 뒤로 가보게"(Rogers, 1961, p.108) 되는 것이다. 본질적으로 그들은 자신이 진정으로 어떤 사람인지와 자신의 내면 세계를 탐색하고 있는 것이고, 이와 함께 자신이 마땅히 그래야 한다고 여겨온 사람의 가식적인 모습을 내려놓고 있는 것이다. 오크 부인의 35회째 회기에서 발췌한 다음 예시에서는 그녀의 자기표현에서 긍정적 방향성이 나타난다.

내담자: 네, 음, 이제는 괜찮다는 느낌이 들어요, 정말. ……그런데 또 다른 것도 있어요, 자라나기 시작하고 있는 어떤 느낌인데요. 아니, 거의 모습이 만들어졌다고나 할까요? 이런 류의 결론, 그러니까 심각하게 잘못된 어떤 것을 찾기를 중단하겠다는 것. 뭐, 그 이유는 모르겠어요. 하지만 말하자면 이런 거예요. 이제 저 자신한테 이런 말을 하고 있는 것 같아요. 제가 알고 있고, 지금까지 발견해 온 바에 의하면, 두려움이 아닌 건 확실하고, 그리고 제가 충격을 두려워하는 것도 아니라는 게 분명하고, 그러니까 그런 게 있다면 제가 반겼을 거라는 거죠. 하지만 제가 탐색해 본 곳들, 거기서 배운 것들을 보면, 그리고 또 제가 모르고 있는 걸 함께 고려해 보더라도, 어쩌면 이건 날짜를 기억해 둬야 하는 것 중 하나일 것 같은데, 다음과 같이 말하고 있다는 거죠. 그러니까, 난 지금, 그걸 정말 찾을 수가 없어요. 그렇죠? 그리고 지금, 그러니까 사과하거나 은폐해야 한다거나 하는 느낌이 전혀 없이 그저 단순하게 이 시점에서 나빠 보이는 어떤 걸 찾을 수가 없다는 거죠.

심리치료자: 그게 이런 말인가요? 당신이 지금까지 자기 안으로 점점 더 깊이 들어가 보면서, 또 거기서 발견하고 배운 것들을 생각해 보니, 아무리 멀리까지 가 봐도 당신이 발견하는 것들은 아주 나쁘고 끔찍한 게 아니라는 확신이 점점 더 강하게 자라고 있다, 그것들의 성격은 아주 다르다?

내담자: 네, 그런 것 같아요. (Rogers, 1961, p.101)

Rogers는 오크 부인이 어눌한 말로 표현하고 있는, 자신이 되어가고 있는 경험에 공감하고 있다. 그의 공감적 반응은 그녀가 자기 내면에서 씨름하고 있는 것을 더 명료하게 말로 표현해 준다.

변화 경험하기 오크 부인처럼 내담자가 씨름하는 가운데, 심지어 여전히 혼란을 느끼고 있을 때라도 진전되고 있다는 느낌이 존재한다(Kalmthout, 2007). 내담자는 어떤 주제를 꺼내어 놓고 논의하며 감지하고 다른 주제로 넘어간다. 상담자의 따뜻한 현존은 내담자가 불편하고 어려운 주제를 다룰 수 있게 해 준다.

내담자는 긍정적 자기 존중이 충분하다고 느끼게 되면 심리치료 종결 가능성을 제기할 것이다. 치료적 관계가 깊은 관계였기 때문에 내담자와 상담자는 상실감을 경험할 수 있다. 종결 과정을 논의하는 데는 몇 회기가 걸릴 수도 있고, 내담자가 의미 있는 치료적 관계의 상실을 처리할 수 있도록 도와주기 위해 회기 간 간격을 늘일 수도 있다.

내담자는 상담자와의 만남을 아주 깊이 느끼는데, 이런 과정은 매우 점진적으로 이루어질 수 있다. 상담자의 진실성, 수용, 공감은 내담자의 긍정적 자기 탐색을 촉진하는 데 도움이 되고, 동시에 내담자가 혼란스러운 생각과 감정을 다루는 데도 기여한다. 내담자는 심리치료 관계와 내면의 자기에 대한 강렬한 탐구에 개인적으로 깊이 관여하기 때문에 촉진적이고 공감적인 상담자와는 다른 방식으로 심리치료 관계를 경험할 가능성이 있다. 내담자는 폭넓게 다양한 감정을 포함한 깊은 느낌의 방식으로 자신의 변화를 경험하는 데 반해, 상담자는 내담자에 대한 배려와 공감을 경험한다.

인간중심 치료의 과정

많은 심리치료 면담에 참여하고 그것을 들어보고 난 후, Rogers(1961)는 심리치료에서 진전이 이루어지는 7개의 단계, 즉 닫혀 있는 상태에서부터 경험에 열려 있지 않음, 자신에 대해 알아차리지 못함에서 정반대 상태인 경험에 대한 개방성, 자기 인식 및 긍정적 자기 존중에 이르는 단계를 기술할 수 있었다. 이 단계들은 분별하기가 다소 어렵고 치료적 성장의 여러 측면을 결합한 것이기 때문에, 여기에서는 단계를 나열하기보다는 Rogers가 치료적 관계의 결과로 일어난다고 믿었던 변화 중 몇 가지를 기술하고자 한다. Rogers는 단계를 기술하면서, 사람들은 어떤 주제를 개방적이고 일치된 태도로 다루는 데 있어서는 많은 진전을 보이지만 다른 주제에 대해서는 덜 개방적일 수도 있다는 점을 지적했다. 심리치료 과정의 중요한 측면은 감정과 그것을 기꺼이 전달하려는 자세, 경험에 대한 개방성, 다른 사람들을 대할 때 친밀함에서의 변화를 포함한다.

사람들이 변화에 대한 개방성의 초기 단계에 있을 때에는 감정을 표현하지 않거나 감정에 대한 책임을 지지 않으려 할 것이다. 그들은 점차적으로 자신의 감정을 표현할 것이고 그에 대한 두려움이 줄어들 것이다. 더 높은 단계에 이르면 감정을 경험하고 상담자에게 기꺼이 전달할 수 있게 될 것이다.

치료적 과정 전반에 걸쳐서 사람들은 내적으로 일치된 상태, 즉 자신의 감정을 좀 더 알아차리게 되는 상태가 된다. 어떤 사람들은 알아차림이 너무 결여되어 치료적 과정을 시작하는 것조차 어렵거나 불가능하다고 여길 수도 있다. 그들은 자신에 대한 시각이 너무나 경직되어 있어 상담자를 포함하여 다른 사람들과의 관계로부터 스스로를 단절시킬지도 모른다. 치료에서 진전이 있게 됨에 따라 사람들은 자신이 어떤 식으로 자신의 문제에 기여해왔는지를 이해하게 되고 문제를 다른 사람 탓으로 돌리지 않을 수 있다. 상담자가 보여 주는 진실성, 수용, 공감의 경험은 내담자가 다른 사람을 대하는 방식에 변화를 가져온다. 그리고 친밀함에 대해 좀 더 열린 자세를 보이게 되는데, 여기에는 자발성이 늘어나고, 다른 사람들과 좀 더 자신 있게 상호작용하는 것이 포함된다.

내담자가 심리치료 과정의 단계를 거쳐나가면서 진전하는 과정은 고르게 혹은 깔끔하게 이루어지기보다는 점진적으로 이루어지는데, 이런 과정을 통해 Rogers가 묘사했던 충분히 기능하는 사람에 더 가깝게 된다. 상담자의 진솔한 배려가 느껴지는 가운데 두려움과 불안 및 수치심을 나누는 경험은 내담자들이 자신의 경험을 신뢰하고 자기 삶에서 풍요로움을 느끼고 생리학적으로 좀 더 이완되며 삶을 좀 더 온전히 경험하도록 하는 데 도움을 준다(Rogers, 1961).

심리 장애

Rogers는 변화를 위한 여섯 가지 필요충분조건이 모든 심리 장애에 적용된다고 믿었다. 내담자의 장애와 상관없이 상담자가 내담자에게 진솔하고 무조건적인 긍정적 존중을 보이며 공감한다면 심리 장애의 개선이 이루어진다는 것이다. 일부 비판자들은 인간중심 치료자가 모든 내담자에게 똑같은 접근을 적용한다는 점을 지적한다. 이런 지적에 대해 인간중심 치료자는 내담자 인간됨의 고유한 특성을 반영하면서 내담자에 따라 각기 다른 접근을 사용한다고 응답한다. 어떤 인간중심 치료자들은 내담자의 장애를 진단할 수도 있지만, 그렇게 하는 이유는 대체로 보험회사에 치료비 환불을 요청할 목적이거나 기관에서 요구하는 사항이기 때문이다.

이 절에서는 우울증, 애도 및 상실, 경계선 장애에 인간중심 치료를 실제로 적용하는 예시를 제시하고자 한다. 우울한 내담자에 대한 Rogers의 심리치료 예시는 그의 치료 양식을 보여 주는 데 유익하다. 아버지가 사고로 사망한 7세 소년에 대한 심리치료는 인간중심 심리치료의 폭넓은 적용 범위를 보여 준다. 내담자중심 놀이 치료는 응급차를 두려워하는 5세 아동 토니를 치료하기 위해 적용된다. 내담자중심 놀이 치료가 언어만을 사용하는 심리치료와 다소 다른 면이 있지만 이론적으로는 Rogers의 이론과 일치한다.

우울증: 대학원생

모든 심리 장애를 다루는 데 있어서 Rogers는 내담자 내면의 깊은 감정에 공감했다. 흔히 그는 내담자가 표면적인 자각 저변에 있는 강한 감정을 알아차리게 도와주었다. 우울한 사람들에게는 슬픔과 무기력, 절망, 낙담이 존재한다. 하지만 Rogers는 그 사람 내면에 존재하는 내적인 힘에도 공감했고 내담자가 자신의 결정과 판단에 대해 책임지도록 도와주었다.

다음 예시에서 Rogers(1961)는 젊은 대학원 여학생이 자신의 삶과 선택에 대한 책임이 자신에게 있음을 깨닫도록 도와주고 있다. 이 여학생은 자살을 고려했었고 많은 문제로 고민하고 있었다. 고민의 일부는 그녀는 자신이 무엇을 해야 하는지 다른 사람들이 말해 주기를 바라는데, 교수들이 자신을 충분히 이끌어 주거나 가르쳐 주지 않아서 원망스럽다는 것이었다. 다음은 치료를 종결한 회기에서 발췌한 것이고, 이 부분에 대한 Rogers의 논평으로 마무리된다.

내담자: 그러니까 제가 제자리에서 맴돌면서 그걸 하고 있지 않았나, 어떤 걸 조금씩 얻을 뿐이지 제대로 찾지 못하고, 진짜 핵심에는 이르지 못하고 있는 게 아닌가 하고 묻게 돼요.

심리치료자: 어쩌면 당신은 여기저기서 그저 조금씩만 얻고 있을 뿐, 한 군데도 제대로 깊이 파고들지 못하고 있었다 그런 말이군요.

내담자: 음, 그래서 제가…… (천천히, 그리고 매우 사려깊게) 그런 종류의 기반을 가지고, 그러니까 그건 정말 저한테 달렸어요. 제 말은 **다른 어떤 사람이** 저에게 가르쳐 줄 걸 **기대할 수는 없다**는 게 정말 분명한 것 같아요. (아주 부드럽게) 정말이지 제 스스로 해야 할 거예요.

심리치료자: 당신을 가르쳐 줄 수 있는 사람은 한 사람밖에 없다는 사실이 분명하게 보이기 시작한다는 거군요. 어쩌면 어느 누구도 당신을 가르쳐 줄 순 없겠다는 깨달음 같은 것 말이죠.

내담자: 음, (오랫동안 멈춤. 그동안 생각하면서 앉아 있음) 저는 온갖 두려움의 증상을 갖고 있어요. (부드럽게 소리 내어 웃음)

심리치료자: 두려움이라고요? 이게 아주 겁나는 일이다, 그런 뜻인가요?

내담자: 음. (아주 오랫동안 멈춤. 분명히 자기 안에서 일어나는 감정과 씨름하는 듯이 보임)

심리치료자: 그게 무슨 뜻인지 좀 더 하고 싶은 말이 있나요? 그게 당신에게 정말 두려움의 증상을 준다는 것 말이에요.

내담자: (웃음) 저는, 어…… 제가 알고 있는 게 분명한지는 잘 모르겠지만. 제 말 뜻은……, 그러니까 제가 떨어져 나온 것 같아요. (멈춤) 잘 모르긴 하지만 어떤 취약한 지점에 있는 것 같아요. 하지만 제가 이런 말을 꺼냈고 그리고 어쩐지 전 말하지 않는데 그 말이 그냥 불쑥 나왔어요. 그건 제가 풀어준 어떤 것 같아요.

심리치료자: 당신의 일부가 아닌 것 같군요.

내담자: 그러니까 제가 놀랐어요.

심리치료자: 마치 '아이고, 맙소사, 내가 무슨 말을 한 거지?' (두 사람 다 껄껄 웃음)

내담자: 정말이지, 이전에는 그런 느낌이 있었다는 생각은 들지 않아요. 그러니까 이건 정말

저의 일부인 어떤 걸 말하고 있는 느낌이에요. (멈춤) 혹은, 어, (아주 당혹스러워하며) 어떤 느낌이냐면, 잘 모르긴 하지만 저한테 어떤 힘이 느껴진다는 것, 그런데 그게 좀 두렵다는 걸 깨닫는, 두려움의 느낌이 있어요.

심리치료자: 그러니까, 그런 어떤 말을 하는 게 한편에서는 힘을 느끼게 하지만 동시에 다른 한편에서는 당신이 한 말에 대해 두려움을 느끼게 한다는 의미인가요?

내담자: 음, 그런 느낌이 있어요. 예를 들면, 지금 제 안에서 느끼고 있는 이 느낌. 일종의 용솟음침, 혹은 힘이나 분출. 마치 정말 크고 강한 어떤 것 같은……. 그런데 그건 처음에는 그냥 홀로 바깥에 나와 있고 지금까지 제가 갖고 있던 지지에서 떨어져 나온 것 같은 신체적인 느낌이라 할 수 있는 어떤 느낌이었어요.

심리치료자: 그게 깊고 강한 그리고 용솟음치는 어떤 것이라고 느낀다는 거군요. 그리고 그와 동시에 그런 말을 하면 마치 갖고 있는 지지에서 떨어져 나오는 것 같은 느낌도 든다는 거군요.

내담자: 음. 어쩌면, 모르긴 하지만, 그건 제가 그동안 갖고 있던 일종의 패턴의 동요가 아닌가 하는 생각이 드네요.

심리치료자: 그게 꽤나 중요한 어떤 패턴을 흔들고 있고, 충격을 줘서 헐겁게 하네요.

내담자: 음. (멈춤. 그런 다음 조심스럽지만 확신을 갖고) 제 생각에는…… 모르긴 하지만 어떤 느낌이냐면 제가 해야 한다고 알고 있는 걸 좀 더 하기 시작할 것 같은……. 제가 해야 할 필요가 있는 일들이 아주 많거든요. 제 삶의 많은 영역에서 새로운 행동 방식을 배워야 하는 것 같아요. 그런데…… 어쩌면…… 그중 몇몇 영역에서는 조금 더 잘하고 있는 제 모습을 그려 볼 수 있어요.

나는 이 예시를 통해서 독특한 한 사람이 되어가는 과정에서 경험되는 힘, 자신에 대해 책임지는 것, 또한 책임지는 데 따르는 불편함이 어떤 것인지를 독자들이 어느 정도 감지할 수 있기를 바란다. '선택하는 사람은 나 자신이다.' 그리고 '어떤 경험이 나에게 어떤 가치가 있는지를 결정하는 사람은 나 자신이다.'라는 것을 인식하는 일은, 힘을 느끼게 하면서도 겁나게 하는 깨달음이다. (pp.120~122)

이론의 적용

이론의 적용

애도와 상실: 저스틴

인간중심 치료자들은 진단을 내리거나 제안하지 않고 애도를 경험하고 있는 사람을 공감한다. 그 사람이 애도와 관련이 없는 어떤 주제에 대해 이야기하고 있더라도 내담자의 관심사에 머물고 내담자의 화제 전환을 따라간다.

다음 예시에서 도나 로저스(Donna Rogers. Carl Rogers와 특별한 관계는 아님)는 유치원 생인 7세의 저스틴(Justin)을 도와주고 있다. 도나는 초등학교에서 일하고 있는 대학원생이 다. 저스틴은 행동할 때 화를 내고 다른 애들과 싸우고 자신의 행동을 고치려 하지 않기 때 문에 교사가 상담에 의뢰한 아동이었다(Rogers & Bickham, 1995). 이 아이의 아버지는 알 코올의존증 전력이 있었는데 넉 달 전에 자동차 사고로 사망했다. 또한 약간의 가정 폭력 도 있었다. 저스틴은 이제 막 아버지의 상실을 다루기 시작했다. 이번은 세 번째 상담 회기이 다. 짤막하게 발췌된 다음 대화에서 도나는 저스틴이 하는 말에 공감하고 있다. 저스틴은 미 움의 감정에서부터, 다른 사람들에게 고약하게 대하는 것을 깨닫기, 귀에 신체적으로 이상 이 있는 것, 머릿속에서 고함소리가 들리는 느낌, 아버지의 죽음, 가두어져 있는 눈물로 옮 겨가고 있다. 도나의 반응은 아동이 자신의 경험을 표현하는 것을 촉진하고 있다(Rogers & Bickham, 1995, pp.96~97).

> 저스틴: 운동장에 있는 애들이 다 저를 미워하는 것 같아요. 왜냐하면 제가 모든 애들한 테 고약하게 굴었거든요.
>
> 도나: 친구들한테 정말 고약하게 굴었구나.
>
> 저스틴: 어, 어. 제가 얼마나 거칠게 노는지는 몰라요. 그런데 걔들하고 거칠게 놀아요. 그 렇지만 걔들이 저한테 말을 안 해 주기 때문에 잘 몰라요.
>
> 도나: 어쩌면 걔들이 네가 자기들한테 상처주고 있다는 말을 해 주면 더 쉬울 거고, 그럼 넌 그런 행동을 멈출 수도 있다는 거지.
>
> 저스틴: 그럼 제가 그만둘 거예요.
>
> 도나: 네가 그만둘 거라고?
>
> 저스틴: 왜냐면 걔들은 친구잖아요. 그리고 이젠 친구가 별로 많지 않거든요. 왜냐하면 걔들이 이젠 저하고 친구 안 해 줘요. 왜냐하면 제가 걔들하고 거칠게 놀았는데, 얘 들이 말을 안 해 줬어요. 이제 사람들이 없어요. 같이 버스 타는 애들 중에는 딱 한 애가 절 좋아해요. 걔가 크리스토퍼예요.
>
> 도나: 말하고 같이 놀 사람이 아무도 없으면 정말 힘들지, 힘들고말고. 어쩌면 널 도와줄 친구가 몇 명 있으면 너 안에 갇혀 있는 이런 것들이 조금은 풀어질 수도 있을 텐데.
>
> 저스틴: 그래서 기분이 안 좋아요. 그래도 병원 같은 덴 안 갈 거예요. 왜냐하면 병원 같 은 덴 가고 싶지 않아서 엄마한테 말하고 싶지 않아요. 계속 아픈데 우리 집엔 약이 없어요. 귀가 꽉 막혀서 들리지도 않아요. 의사 선생님께 가 봤어요. 그런데 여전히 안 들려요. 끈적거리는 게 그 안에 꽉 찼거든요. 우리 엄마한테나 우리 집에 귀를 깨 끗이 닦아내는 그런 게 별로 없어요. 나중에 엄마가 몇 개 사오긴 했는데, 별로 쓰지 는 않아요. 그래서 고막 뒤에 그런 게 또 꽉 찼어요. 고막을 적시는 것 같아요. 물 같 은 게, 고막을 적셔요. 마치 고막 안에 있는 것 같아요.

도나: 네가 잘 듣지 못하게 만드는 어떤 게 있다는 말 같구나.

저스틴: 이쪽 귀로만 들을 수 있어요. 이쪽 귀를 막으면 이쪽 귀로는 들을 수가 없어요. 잘 들을 수가 없어요. 근데 이쪽 귀를 막으면 들을 수 있거든요. 그 안에서 계속 울림이 있는 것 같아요. 이쪽 귀를 막으면 울림이 있어요.

도나: 네 안에 이런 게 있는데, 그게 꽉 막혀 있고 잘 나오지 않고 네 머릿속에 큰 소음이 들리는 것 같다는 말이구나. 그럼 정말 혼란스럽지. 많은 일들이 일어나고 있구나. 그럼 힘들지.

저스틴: 이쪽 귀 안에 뭐가 있는 것 같아요. 그 끈적거리는 것 안에 뭐가 있는데, 그 안에서 말하고 고함지르는 것 같아요. 그 끈적거리는 것 안에서 고함지르는 것 같아요.

도나: 네, 머릿속에서 누가 고함치고 있구나.

저스틴: 그 끈적거리는 것 안에서 누가 고함지르는 것 같아요. 왜냐하면 그 사람들은 그 끈적거리는 것 안에 빠지고 싶지 않거든요. 그래서 고함지르고 있어요. 그래서 머리가 아파요.

도나: 누군가 안에서 고함지르면 아프구나.

저스틴: 울림이 있는데, 이쪽 귀에만 그래요.

도나: 그 사람들은 빠져나올 수 없을까 봐 겁이 나는 모양이구나.

저스틴: 네, 그들은 빠져 나오려고 애쓰고 있는데, 그쪽 귀에서, 근데 나올 수가 없어요.

도나: 마치 그들이 덫에 빠진 것 같구나. 근데 어떻게 해야 할지 모르고 있고.

저스틴: 마치 저처럼요.

도나: 너도 덫에 빠진 느낌이 드는구나. 근데 어떻게 해야 할지 모르겠고.

저스틴: 아빠가 죽었어요. 저도, 엄마도 모두 다 힘들었어요. 어떤 느낌이 들었냐 하면요, 울 수 없을 것 같아요. 왜냐하면 제가 아빠에 대한 노래를 부르면 다른 사람들을 울게 만들 수 있거든요. 있잖아요, 제가 버스에 타서 이 노래를 불렀는데 여자애 둘이 울었어요. 왜냐하면 아주 아름다운 노래였어요. 근데 전 안 울었어요. 왜냐하면 전 우는 게 힘들었어요. 눈물이 고여도 제 눈물은 안에 갇혀 있는 것 같았어요, 여기 저 밑에요. 새장에 갇혀 있는 것 같은 느낌이 들었어요.

도나: 너 안에 이 모든 게 들어 있구나…….

저스틴: 그게 갇혀 있어요.

도나: 그래. 그것들은 나올 수 없구나. 때론 너도 그것들이 나왔으면 하고 바라지만 말이야.

저스틴: 그것들이 열쇠를 잃어버린 것 같아요.

도나: 열쇠를 잃어버렸구나.

불안·공포: 토니

인간중심 치료는 5세 아동인 토니와의 내담자중심 치료의 적용을 통해서도 예시될 수 있다. 인간중심 놀이 치료는 치료자가 내담자에게 공감적이라는 점에서 인간중심 치료와 매우 유사하다(Nuding, 2013; Smyth, 2013; Van Fleet, Sywulak, & Sniscak, 2010). 이 둘 간의 주된 차이점은 인간중심 놀이 치료에서는 내담자가 주로 장난감과 놀고 치료자는 내담자의 비언어적 행동에 대해 공감적이라는 것이다. 이에 대한 주된 예외적 상황은 내담자가 치료자에게 보조자와 같은 역할이나 자신은 교사 역할을 할 때 학생이 되어 달라고 요구할 때이다. 이 두 치료 간의 또다른 차이점은 놀이 치료는 대체로 인형, 피규어(figures), 접시, 트럭, 물, 모래 상자를 포함한 온갖 종류의 장난감으로 가득찬 방에서 이루어진다는 점이다.

다음 사례에서 5세 토니는 엄마와 함께 자동차 사고를 당했기 때문에 응급차를 무서워했다. 그는 아주 경미한 부상을 입었지만 엄마는 목에 심각한 부상을 당해 구급차에 실려 병원에 갔다. 엄마는 밤새 병원에 있었다. 토니는 아버지가 도착할 때까지 사고 현장에서 경찰관과 함께 있었다. 사고 후 한 달간 토니는 괜찮았지만 평상시보다 더 조용했다(Van Fleet, Sywulak, & Sniscak, 2010).

> 사고 후 한 달쯤 되었을 때 가족은 차를 타고 시내를 통과하고 있었는데 맞은편에서 오는 차량 가운데 구급차를 보았다. 사이렌 소리가 짧게 울렸고 표시등이 번쩍거렸다. 토니는 즉각 소리를 질렀고 뒷좌석에서 손발을 마구 휘둘렀다. 그의 부모는 아이를 진정시키려 애썼지만 소용이 없었고, 극한 고통에 처한 토니의 행동은 거의 한 시간 동안 지속되었다. 다음 날 가족이 TV 프로그램을 함께 보고 있을 때 화면에 나온 응급차가 또 다른 강렬한 반응을 촉발했다. 그런 다음 토니는 실제로나, TV에서나, 심지어 시사 잡지 사진으로 보든 간에 응급차에 노출되는 모든 상황에서 반응을 보였다. 몇 달간 이런 상황을 수습하려고 했지만 실패로 끝나 그의 부모는 도움을 청했다. (p.141)

놀이 치료 첫 회기에서 토니는 심리치료자에게 거의 말을 하지 않았다. 그는 놀이방을 탐색하고 장난감 몇 개를 만지거나 갖고 놀았다. 그는 그중 어느 장난감과도 오랜 시간을 보내지 않았다. 심리치료자는 그의 탐색 행위를 다음과 같이 반영했다. "넌 그 군인들을 확인해보는구나…… 너는 막 총을 찾았구나. 그리고 총이 어떻게 작동하는지 보려고 하는구나. ……빵! 그 자루를 맞추는구나……. 너는 그 가면이 웃긴다고 생각하는구나. 오오, 그건 전혀 좋아하지 않는구나. ……쿵! 그 자루를 다시 맞췄구나. 그 느낌을 좋아하는구나……. 모래를 느끼고, 손가락 사이로 흘러 내리게 하고……."

두 번째 놀이 치료 회기에서 토니는 좀 더 탐색했고 그런 다음 모래 상자 옆에 자리를 잡았다. 그는 소형 의료진 인물 모형을 가지고 모래에서 수술실 장면을 만들었다. 그는 또한 한 여성 인물을 병상에 놓았다. 다시 한 번 심리치료자는 토니가 하는 행동과 그가 표현하는 감정을 무엇이든 반영했다. "뭔가 만들고 있는 것 같구나. …… 그 의사는 방금 마스크를 썼구나. 아, 두 사람이 그 여자분 수술을 하고 있구나. 그 사람들은 그 여자분에게 여러 가지를 시도하고 있구나. 그들은 여자분 상태가 어떤지 걱정하고 있는 것처럼 보이네." 이 마지막 발언에서 토니는 심리치료자를 쳐다보고 고개를 끄덕였다. 그 시점부터 토니는 자신의 놀이에 대해 내레이션을 했다. "이건 얼굴에 덮으면 사람들을 잠들게 하는 거야. …… 이 여자분은 잠자고 있고 이 사람들은 그녀를 치료하고 있어." 토니는 그 회기의 거의 전부를 이 의료 장면을 만드는 데 사용했는데, 이 장면은 사고 후 엄마에게 일어났던 일에 대한 두려움과 관련된 것처럼 보였다.

세 번째 회기에서 토니는 큰 봉제 인형을 선택했고 그 인형 목에 청진기를 둘렀다. 토니는 자신이 의사이고 심리치료자는 간호사라고 알렸다. 토니는 인형을 가리키면서 환자를 검진해야 한다고 말했다. 토니의 지시에 따라 토니가 장난감 의료 기구를 사용해서 환자의 심장과 혈압을 체크하는 동안 심리치료자는 인형을 붙잡고 있었다. 그런 다음 토니가 말했다. "이제 무릎반사를 체크해야 해. 간호사, 나한테 망치 건네 줘." 간호사 역할을 맡은 심리치료자는 토니에게 연장을 건네주면서 "선생님, 여기 망치가 있어요."라고 했다. 토니는 마치 무릎반사를 체크하는 것처럼 봉제인형의 축 늘어진 다리를 잡고 그것을 위로 차 올렸다. 토니는 계속해서 그 '환자'의 두 다리를 여러 번 체크했다. 심리치료자는 여전히 환자 역할을 하면서 다음과 같이 말했다. "와, 의사 선생님, 무릎반사를 확실하게 체크해야 하나 봐요. 환자가 괜찮은지 확실히 살피시네요." 그 회기의 나머지 시간 동안 토니는 펀칭백과 씨름을 하면서 보냈다.

토니는 네 번째 아동중심 놀이 치료 회기에 의사놀이로 되돌아가서 다시 무릎반사, 심장, 혈압을 체크했다. 이번에 토니는 인형에게 여러 군데 주사를 놓는 척했다. 5분 경보에 토니는 구급차를 꺼내고 등이 켜지는 버튼을 누르고 방을 일주했다. 토니가 차보다 덩치가 더 큰 봉제인형을 차 위에 올려놓고는 좀 더 몰았다.

심리치료자는 의사 놀이가 사고, 특히 부상과 엄마로부터의 분리를 둘러싼 두려움에 직접 관련된 것이라고 믿었다. 토니는 점점 놀이를 주도했는데, 이것은 토니가 두려움을 점진적으로 이겨내고 있다는 것을 보여 준다. 동시에 토니의 부모는 토니가 응급차를 보더라도 반응을 적게 보이고 시사 잡지 사진 몇 개를 다시 보여 달라고 요청했다고 보고했다. 토니는 그 사진들을 조심스럽게 보았고 이전처럼 '무너지는 반응'을 보이지 않았다.

이어진 놀이 치료 회기에서 토니는 의사와 구급차 놀이를 계속했다. 9회기에 토니는 심리치료자에게 자기와 함께 구급대원 역할을 해달라고 요청했다. 토니가 이끄는 대로 심리치료자는 높은 데서 떨어져 도움이 필요한 봉제인형 옆으로 달려갔다. 이 회기 후에 토니는 더 이상 의사 놀이를 하지 않았다. 대신, 그는 펀칭백, 부엌 세트, 공룡과 놀았다. 토니의 부모는 응급차에 대한 격하게 반응적인 행동이 나타난 일이 더 이상 없었다고 보고했다. 토니는 놀이에서 주도성을 발휘함으로써 그의 불안을 지배했고, 이제는 좀 더 자신을 통제할 수 있다고 느끼는 것처럼 보였다. (pp.141~143)

위의 사례에서 심리치료자는 공감적이다. 심리치료자는 무조건적 긍정적 존중을 보여 주고 진술하다. 대학원생 사례에서 Carl Rogers는 내담자가 치료에 대한 느낌을 이해하려고 애쓰는 동안 내담자의 말을 따라간다. 7세 저스틴과 5세 토니를 비교해 보면, 심리치료자가 매우 일관되고 두 소년에게 공감적으로 반응한다. 토니의 심리치료자는 토니가 어떤 역할을 해달라고 요청할 때만 반응을 바꾼다. 이 내담자들(그리고 이 교재의 다른 내담자들)은 모두 서로 다르다. 따라서 심리치료자의 공감적 반응의 속성도 매우 다르다.

단기 심리치료

인간중심 치료에서는 치료 기간과 종결을 결정하는 데 있어서 내담자가 주된 역할을 한다. 상담자가 내담의 고통에 대해 공감적이고 수용적이라는 것은 내담자의 관심사를 최대한 깊이 있게 이해하고, 가능하면 심리치료에 인위적인 제약을 가하지 않는다는 뜻이다. 하지만 진실성 조건에 따르면, 매주 5회기의 면담을 요구하는 등 내담자의 요구가 지나치면 상담자가 내담자에게 한계를 정할 필요가 있다. 전형적으로 인간 중심 치료자는 내담자를 몇 주에서 몇 년 동안 주 1회 만난다. 보통 인간중심 치료자는 단기 치료 모델을 사용하지 않는다.

최신 동향

인간중심 치료가 현재 당면하고 있는 여러 가지 쟁점 가운데 여기에서는 세 가지의 다양한 쟁점과 동향을 논의하고자 한다. Rogers 생애 후반부에 각별히 중요하게 다루어졌던 영역 중 하나이면서 인간중심 치료자에게 여전히 중요하게 여겨지는 영역은 갈등과 평화라는 국제적 관심사에 인간중심 원리를 적용하는 문제다. 절충주의와 다른 치료적 모델과의 결합이라는 쟁점은 인간중심 치료자 사이에 논쟁의 원천이 되어오고 있다. 주로 유럽에서 시행되고 있는 훈련 프로그램에서는 이러한 쟁점과 인간중심 치료에서 중요한 다른 쟁점을 다루는 접근이 개발되어 왔다.

사회적 시사점

Rogers의 저술(1951, 1961, 1970, 1977, 1980)이 전 세계적으로 알려지게 되면서 그는 세계 곳곳에서 많은 사람들을 대상으로 인생철학과 심리치료에 대한 견해에 대해 강의해 달라는 요청을 받았다. 집단에 대한 Roger의 저작은 서로 다른 문화 간에 소통을 증진하고 정치적 긴장을 완화시키기 위해 적용되어 왔다(Rogers, 1970). 그는 80세가 넘었을 때도 남아프리카에서 흑인과 백인이 함께 참여하는 집중적인 워크숍을 이끌었고, 북아일랜드의 전투적인 개신교도와 가톨릭교들도 참여하는 집단에서 촉진자 역할을 했다. 그는 또한 브라질, 프랑스, 이탈리아, 일본, 폴란드, 멕시코, 필리핀 및 구소련에서도 워크숍을 진행했다. 그가 이런 국가들에 미친 영향은 지대하여 전 세계적으로 대학과 상담 연구소에서 그의 원리를 가르치고 실제에 적용해 오고 있다. Cilliers(2004)는 인간중심 집단이 어떻게 21세기에 남아프리카에서 계속해서 적용되고 있는지에 대해 기술하였다.

　　Rogers는 소련과 미국 간의 정치적 긴장이 극심할 뿐만 아니라 많은 다른 중요한 국가적, 국제적 분쟁과 테러, 국지전, 핵 분쟁의 위협이 있을 때에도 심리치료를 가르치고 실제에 적용했다. 북아일랜드에 있는 사람들과 같이 정치적 분쟁을 겪고 있는 사람들과의 작업에서 Rogers는 진실성, 수용, 공감의 원리를 대집단에 적용하였다. 이런 작업은 극히 위험했다. 북아일랜드에서는 서로 대화를 나누는 파벌은 대의를 저버리고 반역하는 사람으로 여겨져 암살될 수도 있었다. 하지만 Rogers는 사람들이 이해의 힘을 고통과 두려움 및 불안을 느끼고 있는 정적에게도 베풀어 준다면, 적들 간의 긴장이 줄어들 것으로 보았다. Saley & Holdstock(1993)은 인간중심 원리를 망명중인 남아프리카 흑인과 백인에게 적용한 하나의 사례로서, 참여자들이 인간중심 원리에 기초한 논의를 통해 정치적 박해에 대한 두려움에도 불구하고 걸림돌을 성공적으로 무너뜨리고 친밀감과 자기개방을 하는 방향으로 나아갈 수 있었다고 보고하였다. Cilliers(2004)는 이런 논의가 어떻게 남아프리카에서 정부 집단의 정치적 분위기를 바꾸는 데 효과적일 수 있는지를 보여 준다. 이런 작업은 Rogers 사후에도 지속되어 오고 있고, 그중 일부는 캘리포니아주 라호야에 있는 Carl Rogers 평화 연구소가 후원하고 있다. 이 연구소는 지역의 지도자와 국가 지도자들을 한데 모아 이들이 실제 위기 상황과 잠재적 위기 상황을 타결할 수 있게 지원하려고 노력하고 있다.

이론적 순수성 대 절충주의

Rogers의 이론적 개념들은 인간중심 치료자들에게 딜레마를 던져줄 수 있다(Sanders, 2004b). 한편으로 인간중심 치료는 상담자가 지켜야 하는, 치료적 변화를 위한 필요충분조건을 제시한다. 또 한편으로 Rogers는 반교조적인 접근을 택하여, "나는 지시적이고 통제적인 방식의 심리치료를 선호하는 심리학자나 심리치료자에게 인간중심 입장을 납득시키기보다는, 그들의 목표와 의미를 명료화하도록 도와주고 싶다."(Hutterer, 1993, p.276)라고 말했다. Rogers는 다른 사람의 신념에 대해서 매우 개방적이면서도 그 자신의 인간중심적 관점에 깊이 전념했다. 인간중심 치료를 하는 이들은 종종 다른 유형이나 양식의 심리치료를 적용할지 말지를 결정해야 하는 상황에 부딪힌다. Sanders(2004b)는 인간중심 치료와 관련이 있지만 똑같지는 않은 심리치료가 많이 있음을 인정한다. 그가 쓴 책, 『인간중심 국가의 부족: 심리치료학파 소개(The Tribes of the Person-Centred Nation: An Introduction to the Schools of Therapy)』(2004b)에는 고전적인 내담자중심 치료(이 장에서 소개됨), 포커싱중심 치료(focusing-oriented therapy), 체험적 인간중심 치료 및 심리치료에 대한 실존적 접근을 다룬 각각의 장이 포함되어 있다.

훈련 동향

인간중심 모델의 훈련은 이 접근을 배우고자 하는 학생들에게 문제가 될 수 있다. 그동안 미국에서 이 모델은 유럽에서만큼 인기를 누리지는 못했다. 미국에서는 시카고 상담 센터 (Chicago Counseling Center)에서만 공식적인 훈련 프로그램을 제공하고 있다. Mearns(1997a, 1997b)는 스코틀랜드의 스트래스클라이드(Strathclyde) 대학에서 개발한 개인의 역동에 초점을 두고 있는 훈련 모델을 소개하였다. 학생과 교수진이 훈련에 대한 책임을 공유하는 것은 인간중심 접근에서 자기실현에 초점을 두는 것과 관련성이 있다. 교수진의 무조건적인 긍정적 존중을 통해 자기수용이 개발된다. 인간중심 접근의 정신에 맞게 교육 과정은 참여자 개개인에 맞게 개별화되는데, 참여자에 대한 평가와 사정도 마찬가지다. 훈련 프로그램의 많은 부분은 참여자의 자기평가에 기초하여 진전된다. 약 35개의 다양한 훈련 프로그램이 영국에서 제공되고 있다. 그 밖에 공식적인 훈련 프로그램은 프랑스, 독일, 그리스, 슬로바키아 공화국, 스위스 및 그 외 다른 나라에서 제공하고 있다.

인간중심 심리치료를 다른 심리치료 이론과 함께 사용하기

이 책에서 논의되는 모든 이론가는 내담자와 상담자 관계의 중요성과 함께, 상담자가 내담자에게 도움을 주고 싶어 해야 한다는 점을 인정한다. 그러나 진실성, 수용, 공감을 적용하는 방식에 대해서는 의견 차이를 보인다. 예를 들면, 역설적 치료를 적용하는 Viktor Frankl과 Jay Haley 같은 이론가는 내담자에게 진술하지 않다고 비난받을 수 있다. 합리적 정서행동 치료(REBT)의 Albert Ellis나 자기심리학자 Heinz Kohut과 같은 이론가(Kahn & Rachman, 2000)는 내담자에 대해 공감을 경험하지만 Rogers와 같은 방식으로 그것을 보여 주지 않을 수도 있다. 인지행동 치료자는 내담자를 수용하지만 그들의 행동을 변화시키려고 노력한다. 그러나 거의 모든 이론가는 심리치료 실제에서 진실성, 수용, 공감 원리를 활용한다. 학술지 『심리치료: 연구와 실제 및 훈련—특집: 필요충분조건, 50년을 즈음하여(Psychotherapy: Research, Practice, and Training, entitled Special Section: The Necessary and Sufficient Conditions at the Half-Century Mark)』(2007, 44권 3호)에서는 Carl Rogers가 제시했던 내담자 변화를 위한 필요충분조건이 기여한 바를 논의하는 12편의 논문이 실려 있다. Rogers의 기여는 심리치료 실제에 지속적인 영향을 끼쳐왔는데, 그가 제안했던 변화를 위한 조건은 매우 유익하기는 하지만 변화를 위해 필요하거나 충분하지는 않다는 데 대해 논문 저자들은 의견 일치를 보이는 것 같다.

특히 심리치료 초기 단계에서 다른 이론가들은 내담자가 걱정하고 우려하는 것을 공감적으로 경청할 가능성이 있다. 그들은 치료 과정에서 방해받지 않고 언어적, 비언어적으로 내담자에게 전적으로 주의를 기울임으로써 진실성과 일치성을 보이고, 내담자를 비판하거나 비웃지 않는다. 이 모든 행동은 Rogers의 원리와 일관된다.

인간중심 치료의 적용에 있어서 어떤 인간중심 치료자들은 다른 이론, 특히 실존주의 치료와 게슈탈트 치료를 활용할 수도 있다. 실존주의 치료자들은 인간 조건, 현재에 존재하기, 자기를 경험하기에 관심을 둔다는 점에서 Carl Rogers가 중요하게 여겼던 가치를 공유한다(Sanders, 2004a). 게슈탈트 치료 또한 강한 실존적 토대를 갖고 있는데, 인간중심 치료보다 더 신체적이고 적극적인 방식으로 현재의 알아차림을 강조한다. O'Leary(1997)는 내담자와 상담자 관계에 초점을 두는 인간중심 치료가 어떻게 자기 지지와 상호의존성을 강조하는 게슈탈트 치료와 통합될 수 있는지를 보여 주었다. Greenberg의 과정-체험적 정서중심 치료에서는 내담자와 좋은 관계를 형성하는 토대로서 인간중심 치료를 활용하고, 그런 다음 내담자가 자신의 삶에서 중요한 사건과 주제를 경험하도록 도와주기 위해 게슈탈트 치료를 사용한다(Greenberg, 2011; Greenberg, McWilliams, & Wenzel, 2014).

일반적으로 인간중심 치료자는, 본질적으로 좀 더 지시적인 인지행동 치료자보다 내담자에 대해 '알아가는 것(knowing)'을 강조하는 이론을 활용할 가능성이 더 높다. 하지만 Tausch(1990)는 인간중심 치료자가 이완 기법과 같은 행동적 방법을 활용하기를 원할 수도 있는 상황을 제시하였다. 일부 저자들은 다른 심리치료와의 통합이라는 쟁점을 다루었고(Sanders, 2004b), 더 구체적으로 인지행동 치료와의 접목을 다룬 저자도 있다(Casemore & Tudway, 2012). 앞에서 언급했지만, Sanders(2004b)는 포커싱중심, 체험적, 실존적 치료에 대해 서술했는데, 그는 이 심리치료들이 인간중심 치료와 공통점이 많다고 보았다. Farber & Brink(1996)는 Rogers의 상담 사례 중 일부를 내담자중심, 정신분석적, 인지적, 행동적 및 그외 다른 이론적 관점에서 논의한 글을 모아, 어떻게 다른 이론들이 인간중심 관점에 접목될 수 있는지에 대한 통찰을 주고 있다. 다른 이론을 사용하는 데 있어서 대부분의 인간중심 치료자는 '이런 다른 이론적 개념들이 Rogers의 필요충분조건과 어느 정도 일관성이 있는가?'라는 질문을 던진다.

연구

Rogers는 내담자를 돕기 위한 인본주의적이고 현상학적인 접근을 주창하면서, 이와 동시에 심리치료 개념의 효과성과 치료 성과를 타당화하기 위해서는 연구 방법의 사용이 필요하다고 생각했다. Rogers는 심리치료 연구의 선구자였는데, 이는 그의 초창기 논문에서 훈련과 연구 목적을 위해 치료 회기를 녹음해야 한다고 주장했던 데서도 볼 수 있다(Rogers, 1942b). 경력 전반에 걸쳐 Rogers(1986)는 연구를 통해 인간중심 치료의 가설을 검증하고, 이론적 설명을 추가하며, 개인의 성격과 심리치료에 대한 더 깊은 이해를 얻을 수 있다고 믿었다. 일반적으로 인간중심 치료에 대한 연구는 두 가지 유형으로 나누어지는데, 그 하나는 치료적 변화를 위한 진실성과 수용 및 공감(핵심 조건)의 중요성에 대한 검증이고, 다른 하나는 인간중심 치료와 다른 심리치료의 효과성을 비교하는 연구이다.

핵심 조건에 관한 연구

치료적 변화에서 공감과 진실성 및 수용의 역할에 관한 연구는 40년 이상 수행되어 왔다. 초창기 연구는 Rogers의 핵심 개념을 측정하는 도구를 개발하는 데 초점을 두었는데, 이후 이런 연구에 대한 비판이 따랐다. 최근에는 이런 연구가 많지 않지만, 다양한 관점에서 핵심 조건, 특히 공감을 검토하고 있다.

핵심 조건에 대한 초창기 연구는 내담자에게 진솔하고 정확하게 공감하며 수용적이고 개방적인 상담자는 효과적으로 치료적 변화를 가져온다는 결론을 도출했다(Truax & Carkhuff, 1967; Truax & Mitchell, 1971). 관련 선행 연구를 개관한 글에서 Truax & Mitchell은 정확한 공감과 소유하려는 욕심 없는 따뜻함 및 진실성을 측정하는 도구를 사용한 30개 이상의 연구를 인용하였다. 이런 많은 연구에서 적용한 전형적인 접근은 평정자에게 심리치료 회기를 녹음한 테이프를 듣게 하고 내담자 진술에 대한 치료자의 반응을 이미 개발된 평정 척도에 따라 평가하도록 하는 것이었다. 그 이후, 또 다른 개관 연구를 수행한 Beutler, Crago & Arezmendi(1986)는 진실성과 수용 및 공감이 내담자 변화를 위한 필요충분조건이라는 명백한 증거는 없다고 결론 내렸다.

Barkham & Shapiro(1986)는 핵심 조건의 효과성을 측정하기 위해 평정 척도를 사용했던 연구에 대한 비판을 설명하면서 초창기 연구의 방법론적 접근이 갖고 있던 네 가지 주요 문제점을 지적했다. 첫째, 평정은 핵심 조건의 양에 대한 내담자 시각이 아니라 평정자 자신의 시각을 포함했다. 둘째, 초창기 연구는 평정을 위해 회기 전체가 아니라 4분 길이의 분량만을 사용하는 경향이 있었다. 셋째, 오디오 테이프를 듣는 것만으로는 핵심 조건의 비언어적 전달을 알려 주지 않는다. 넷째, 사용된 평정 척도들은 구체성이 충분하지 않다는 비판을 받았다. 또한 심리치료의 초기, 중기 혹은 후기 단계에서 이루어지는 공감이나 진실성 및 수용에 대해서는 관심을 충분히 기울이지 않았다는 비판도 있어왔다.

이런 비판에 대해 부분적으로나마 응답하는 시도로 Barkham & Shapiro(1986)는 심리치료의 다양한 국면에 있는 24쌍의 내담자와 상담자를 연구했다. 연구자들이 발견한 것은 내담자는 상담자가 치료 후반부 회기에서 좀 더 공감적이라고 느낀 데 반해, 상담자는 상담의 초기 회기에서 자신이 좀 더 공감적이었다고 믿고 있었다는 사실이었다. 이들은 또한 공감에 대한 내담자와 상담자의 정의에서도 차이점을 발견했다. 어떤 범주에서는 해석, 탐색, 반영, 조언, 안심시키기와 같은 진술이 공감적이라고 여겨졌다. 이 연구는 공감 개념의 복잡성을 부각하고 이것이 단일한 것이 아님을 시사한다.

　　Bachelor(1988)는 공감에 대한 또 다른 관점을 제공했는데, 그녀는 내담자가 어떻게 공감을 지각하는지를 연구했다. 그녀는 심리치료에 참여하고 있던 내담자 27명의 공감적 지각에 대한 기술을 분석하여 공감에 대한 서로 다른 네 가지 범주로 구분하여 구체적으로 명시할 수 있었다. 인지적, 정서적, 공유적, 양육적 지각이 그것이다. 인지적 양식의 내담자는 자신의 가장 내밀한 경험이나 동기가 이해받을 때 그것을 공감으로 지각했다. 정서적 양식의 내담자는 상담자가 자신의 감정 상태에 함께할 때 공감을 경험했다. 공유적 공감이 지각되는 경우는 상담자가 내담자 문제와 관련되는, 자기 삶의 어떤 견해를 노출하는 때였다. 양육적 공감은 다른 것에 비해 그 빈도가 낮았는데, 상담자가 주의를 집중하고 안정감과 지지를 제공할 때 지각되었다. Bachelor의 연구가 시사하는 점은 공감을 하나의 차원이 아니라 다양한 방식으로 보아야 한다는 것이다.

인간중심 치료의 효과성

지난 25년 남짓 인간중심 치료의 성과 연구는 산발적으로 이루어져 왔다. 초창기에는 Rogers와 동료들(1967)이 소규모의 조현병 내담자 집단을 대상으로 연구를 수행했다. 그 이후 이와 유사한 입원 환자뿐만 아니라 다양한 다른 임상 집단에 대한 연구가 이루어져 왔다. 내담자중심 치료를 다른 심리치료와 비교하는 연구에 대한 상세한 개관은 공통적인 결과와 함께 최근 연구 동향을 보여 주고 있다(Kirschenbaum & Jourdan, 2005). 전형적인 성과 연구의 예시들을 다음에 제시하고자 한다.

　　Rogers는 위스콘신 대학교 재직 중 조현병을 가진 28명의 내담자에 대한 심도 있는 연구를 수행했는데, 이 인원 중 절반은 통제 집단에 속했다. 연구자들은 Rogers의 핵심조건이 입원 과정과 입원 기간에 미치는 효과에 관심이 있었고, 그 결과는 두꺼운 책에 제시되어 있다 (Rogers et al., 1967). 연구 결과를 요약하면, 높은 수준의 공감과 따뜻함 및 진실성을 경험했던 내담자는 낮은 수준의 조건을 경험했던 내담자에 비해 병원에서 더 적은 시간을 보냈다. 9년 후 실시된 추수 연구에서도 같은 결과가 확인되었다(Truax, 1970). 불행히도 높은 수준의 핵심 조건을 경험했던 내담자와 아무런 처치도 받지 않았던 통제 집단 간에는 차이가 발견되지 않았다. 낮은 수준의 공감과 따뜻함 및 진실성을 경험했던 내담자는 통제 집단이나 높은 수준의 조건을 경험했던 내담자보다 입원 일자가 더 많았다. 몇 가지 분석에서 핵심 조건의 중요성에 대한 약간의 지지가 있기는 했지만, 높은 수준의 핵심 조건을 경험했던 내담자가 통제 집단보다 더 효과가 있었지만 실망스럽게도 그 차이는 미미했다.

　　작업 동맹(working alliance, 치료적 관계)에 초점을 둔 한 연구에서는 34명의 우울한 내담자 심리치료에서 인간중심 치료와 과정 체험적 치료(인간중심 치료와 게슈탈트 치료를 통합한 접근)를 비교하였다(Weerasekera, Linder, Greenberg, & Watson, 2001). 이 두 심리치료 방법 간에는 차이점이 별로 발견되지 않았지만, 16~20회기에 이르는 치료의 중반부에서 과정 체험적 집단이 인간중심 치료 내담자에 비해 작업 동맹 척도에서 더 높은 점수를 얻었다.

또 다른 연구에서는 에이즈 검사에서 양성 반응이 확인된 209명의 흑인 여성을 대상으로 하였다(Szapocznik et al., 2004). 이 연구에서는 단기 가족 치료와 지역사회 서비스 기관에 의뢰하는 접근과 인간중심 치료를 비교하였다. 가족 치료 접근인 구조적 생태계 치료(structural ecosystems therapy)가 심리적 고통 및 가족과 관련된 짜증스런 문제를 줄이는 데 있어서 인간중심 치료나 외부 기관으로 의뢰하는 것보다 더 유익했다. 가족 지지를 이끌어 내는 데 있어서는 세 처치 간에 차이가 없었다. 심리치료 초기에 가장 크게 고통 받고 있던 여성들이 가장 많은 고통의 경감을 보고 한 것으로 나타났다.

Kirschenbaum & Jourdan(2005)은 내담자중심 치료나 비지시적 치료를 통제 집단이나 다른 심리치료와 비교한 연구를 검토하면서 1970년대부터 2005년까지 유럽과 미국에서 수행된 연구를 소개하였다. 이들은 또한 치료적 동맹과 Rogers의 핵심 조건과 같이 치료적 성공에서 공통적인 요인을 기술하였다. 흥미롭게도 내담자중심 치료에 대한 최근 연구의 대다수는 벨기에와 독일에서 이루어졌고, 미국에서는 상대적으로 소수만 진행되었는데, 1960년대와 70년대에는 대부분의 연구가 미국에서 이루어졌다. Greenberg, Elliott & Litaer(1994)는 18개 연구 결과를 토대로 효과 크기를 산출하여 모든 연구에서 심리치료 전과 후 사이에 긍정적인 변화를 발견했는데, 대부분의 연구에서는 심리치료 종료 후 3개월에서 1년 사이에 추수 척도를 사용하였다. 내담자중심 치료를 대기자 통제 집단이나 무처치 통제 집단과 비교했을 때 모든 연구에서 내담자중심 치료의 효과 크기가 좀 더 강력한 것으로 나타났다. 하지만 5개 연구에서 내담자중심 치료를 행동 치료와 인지 치료와 비교했을 때 행동 치료와 인지 치료의 효과 크기가 근소하게 더 강력한 것으로 나타났다. 내담자중심 치료를 두 가지 다른 유형의 역동적 치료와 비교했을 때 한 연구에서는 내담자중심 치료가 좀 더 긍정적인 결과를 보였지만, 다른 연구에서는 차이가 없었다. 불안 치료를 다루는 19개 연구를 메타분석한 결과 Elliott(2013)은 인간중심 치료가 불안을 치료하는 데 효과적이지만 정서중심 치료나 인지행동 치료만큼 효과적이지는 않았다고 보고했다.

Greenberg와 동료들(1994)은 체험적 치료를 특정적으로 연구한 데 비해, 다른 연구자들은 광범위한 범주의 심리치료를 분석에 포함시켰다. 5,613명의 내담자 표본에 대한 분석에서 인지행동 치료나 인간중심 치료, 정신역동 치료 중 어느 것이 적용되었더라도 그 효과성에서는 별 차이가 발견되지 않았다(Stiles, Barkham, Mellor-Clark, & Connell, 2008). 또 다른 연구에서는 인지분석적 치료(cognitive analytic therapy)와 인간중심 치료 및 인지 치료를 비교했는데, 결과적으로 모든 심리치료에서 임상적인 개선이 나타났다(Marriott & Kellett, 2009). Gibbard & Hanley(2008)는 697명의 내담자를 5년 동안 추적 연구한 결과, 인간중심 치료가 불안과 우울을 호소하고 단기간이나 장기간 문제를 경험했던 사람들에게는 대기자 통제 표본에 비해 좀 더 효과적이었다고 보고하였다. 인간중심 치료에 대한 연구에서 알 수 있는 것과 같이 결과는 복잡하지만, 이러한 연구는 인간중심 치료가 다른 치료들만큼 효과적이라는 사실을 보여 준다.

성 관련 주제

일부 저자들(Bozarth & Moon, 2008)은 성(gender) 관련 주제를 인간중심 이론에 명시적으로 포함시키면 Rogers의 필요충분조건에 어떤 것을 추가하기 때문에 무엇이 인간중심 이론 구성 요소에 대한 Rogers의 관점에 어긋난다고 보지만, 이러한 견해에 동의하지 않는 저자들도 있다. Wolter-Gustafson(2008)은 성의 맥락을 반영하는 주제에 공감하면 사람들이 서로를 충분히 수용하고 서로 간의 의사소통을 증진하는 데 도움이 된다고 한다. Proctor(2008)는 남성과 여성으로 구성된 상담자와 내담자 쌍을 살펴보았는데, 연구 결과 인간중심 치료를 하는 상담자들이 성과 권력의 역할을 좀 더 잘 이해할 수 있는 것으로 나타났다. 또한 상담자는 성과 권력 주제를 더 잘 이해함으로써 폭력적인 남성이 자신의 행동을 변화시키도록 좀 더 효과적으로 도와줄 수 있다(Weaver, 2008). 남성성의 주제를 다루는 일은 상담자가 남성에 민감한 접근을 제공할 수 있게 도와줄 수 있다(Gillon, 2008). 상담자가 자신의 가치로 인해 내담자를 이해하는 일이 방해받지 않도록 할 수 있다면 청소년의 성 정체감 형성의 발달을 도와줄 수 있다(Lemoire & Chen, 2005). Brice(2011)는 동성애자를 공공연히 차별하는 국가에서 온 동성애자 내담자를 상담할 때 고려해야 하는 정치적, 치료적 쟁점을 다루었다.

다문화 관련 주제

Rogers(1977)는 특히 생애의 마지막 20년 동안 인간중심으로 사고하고 존재하는 방식을 모든 문화에 적용하고 싶어 했는데, 그의 이런 열망은 『개인의 힘에 대한 칼 로저스의 견해(Carl Rogers on Personal Power)』의 '인간중심 접근과 피억압자'라는 제목이 붙은 장에서 볼 수 있다. Rogers는 문화 간 의사소통을 증진하기 위해 북아일랜드와 폴란드, 프랑스, 멕시코, 필리핀, 일본, 구소련 및 그 외 여러 나라에서 대규모 워크숍을 진행했다.

몇 명의 저자들은 인간중심 치료와 동양적 사고 간의 유사성을 거론하였다. Rogers는 자신이 인간중심 치료를 발전시키는 데 도교가 영향을 주었다고 글에서 밝혔다(Moodley & Mier, 2007). Miller(1996)는 어떤 식으로 도교 철학에서 개인이 자기 존재를 수용해야 한다고 강조하는지 제시하였다. 인간중심 치료자는 치료 작업에서 이것을 위해 노력하고 이를 내담자에게 간접적으로 전달한다. 이와 유사하게 불교 철학도 인간중심 치료와 마찬가지로 다른 경험에 대한 개방성을 강조한다(Harman, 1997; Wang, 2003). 동양적 치료에서 자기는 고정된 존재가 아니라 하나의 과정으로 간주된다. 이런 과정에서 개인은 자기 자신을 수용하고 신뢰하기를 배운다. 명상은 이런 과정을 돕고 온전히 기능하는 인간이 되어가도록 작업하는 데 도움을 주기 위해 활용될 수 있다(Bazzano, 2011). Singh & Tudor(1997)는 좀 더 광범위한 접근을 택하여, 문화적 관점에서 변화를 위한 Rogers의 여섯 가지 조건을 논의하는 근거로 인종과 문화 및 민족성을 규정하였다. 이들은 인간중심 개념이 어떻게 시크교도와 이슬람교도 내담자에게 적용될 수 있는지를 보여 주는 예시를 제공하였다.

서구적 앎의 방식은 자아중심적이라 불리고, 비서구적 앎의 방식은 사회중심적으로 불려왔다. O'Hara(1997)는 1977년에 Carl Rogers와 함께 공동체 워크숍 참석차 브라질을 방문했던 경험에 대해 이야기하였다. Rogers는 대체로 집단구성원 한 사람 한 사람을 공감하고자 할 것인데, 이것은 자아중심적 접근의 한 예라고 할 수 있다. 이에 비해 O'Hara는 사회중심적 관점에서 이루어진 공감을 기술하였다. 그 공동체에서 Rogers가 공식적인 발표를 해야 하는가를 놓고 구성원들이 합의를 이끌어 내지 못하는 교착 상태가 발생했다. 그날 밤 흑인 브라질 종교인 마쿰바[1]의 대표가 집단이 빠져 있던 교착상태를 간접적으로 풀어 주는 의식을 거행했다. 이 경험으로 집단의 긴장이 풀어졌고, 이런 경험은 Rogers의 공식적인 강연보다 더 풍요로워 보였다. 이런 방식으로 공감은 교착 상태에 대한 Rogers의 관점에 의지하는 접근보다 어떤 경험에 대한 지각을 공유하는 집단에서 나왔다. 이 상황에서 Rogers의 접근은 포스트모더니즘의 틀에 알맞다. 왜냐하면 그는 그 자신의 지각을 다른 사람들에게 강요하지 않았고 그들 자신의 지각이 발달하도록 허용했기 때문이다.

진실성, 수용 및 공감의 핵심 조건이 사회적으로나 정치적으로 바람직한 관계 방식이라고 믿었던 Rogers의 신념은 일련의 문화적 가치로 볼 수 있다. 일부 저자들은 이 조건들이 범문화적으로 보편성을 갖는지, 인간중심 접근이 모든 문화권의 내담자에게 적절한지에 대해 의문을 제기한다. 일부 아시아 문화권 출신의 사람들의 경우, 심리치료를 받으러 오는 것은 최후의 방책일 수 있으며, 따라서 이들은 서서히 주어지는 것이 아니라 즉각적으로 제공되는 지시나 조언을 원할 가능성이 있다(Chu & Sue, 1984). 권위자를 존경하고 그들에게 지시받기를 배우는 문화권에서는 덜 지시적인 인간중심 접근으로 전환하는 것이 어려울 수 있다. 카타르에서 인간중심 치료를 하는 것은 권위자의 지도를 받지 않고 문제에 접근하는 방식에 익숙하지 않은 내담자에게 어려운 과제를 던져준다(Al-Thani & Moore, 2012). 이와 유사하게 시리아에서는 교육이 권위주의적 방식으로 이루어지고 있기 때문에 이곳에서 인간중심 치료 기술 훈련을 제공하는 일은 때로 학생들이 받아들이기 어렵다(Hett, 2013). 또한 많은 문화권에서는 Rogers처럼 개인의 힘을 북돋우기보다는 가족과 사회 단위의 의사결정에 초점을 둔다. 남아프리카에서 자라고 생의 대부분의 시간을 그곳에서 보낸 Holdstock(2011)은 자족과 독립을 강조하는 서구의 입장과 상호관계성을 강조하는 아프리카의 입장 간의 긴장을 설명한다. 하지만 다른 문화권 출신의 내담자에게 반응하는 방식에 대한 인간중심 관점에서는 공감적 경청의 중요성이 강조된다(Lago, 2007). Glauser &

---

1 Macumba. 브라질에서 행해지는 부두교(敎)와 그리스도교가 혼합된 주술. —옮긴이 주.

Bozarth(2001)는 상담과 문화에 대한 다음의 진술에서 인간중심 접근을 잘 요약하고 있다.

> 상담 회기에서 상담자가 어떤 말을 하고 어떤 행동을 할지는 내담자의 인종적 정체성이나 문화에 대한 상담자의 지각이 아니라 내담자에 대한 상담자의 경험과 그 경험에 대한 내담자의 지각에 그 근거를 두어야 한다. (p.144)

집단 상담

Rogers는 집단의 힘에 대한 강한 믿음을 갖고 이에 헌신했는데, 개인의 성장을 위한 집단뿐만 아니라 서로 다른 인종이나 민족에 속하는 사람들 간의 갈등을 줄이기 위해 만들어진 집단에 대해서도 마찬가지였다. 1960년대부터 Rogers는 집단 과정을 통해 서로가 성장하도록 도울 수 있는 개개인의 힘을 깊게 신뢰했고, 이런 믿음은 그의 저서『Carl Rogers와 참만남 집단(Carl Rogers on Encounter Groups)』(1970)에 나타나 있다. 인간중심 집단은 개인적으로 문제를 갖고 있는 사람들을 돕는 하나의 중요한 수단으로 계속 남아 있다(Schmid & O'Hara, 2007).

개인 치료에 대한 Rogers의 철학은 집단을 촉진하는('이끌다'라는 단어보다 그가 선호했던 용어) 과정에도 동일하게 적용되었다. 개인과 마찬가지로 집단도 긍정적인 방향으로 발전하리라고 믿을 수 있는, 그 자체의 방향성을 갖고 있는 하나의 유기체로 여겼다. Rogers는 이런 믿음을 집단의 목표에 적용시켜, 집단 목표는 촉진자가 아니라 구성원에게서 나올 것이라고 보았다. 촉진자의 목표는 집단을 이끄는 것이 아니라, 핵심 조건을 촉진하여 사람들이 서로에 대해 좀 더 진솔하고 수용적이며 공감하게 됨으로써 집단을 이끄는 지도력을 덜 필요로 하게 만드는 것으로 보았다. 하지만 이와 함께 Rogers(1970)는 구성원 개개인이 심리적으로 안전하다고 느낄 수 있는 집단 분위기를 촉진자가 조성할 필요가 있다는 점을 인식했다.

인간중심 치료의 핵심 조건이 차지하는 역할은 집단 과정에 대해 Rogers(1970)가 쓴 글에서 분명히 나타난다. 집단에 있는 사람들은 집단에 전념하기를 원하거나 참여하거나 조용히 있기를 원하거나 간에 상관없이 있는 그대로 수용된다. Rogers에게 핵심은 공감적 이해다. 촉진자는 어떤 구성원이 집단 안에서 그 순간에 무엇을 전달하려고 하는지를 이해하려고 노력한다. 결과적으로 Rogers는 집단 과정에 대해서는 거의 언급하지 않았다. 그는 구성원들이 스스로 그렇게 하는 것을 선호했다. 하지만 어떤 집단 촉진자들은 집단 과정에 대한 언급은 집단 느낌에 대한 공감적 이해를 반영한다고 본다. Rogers는 자신의 느낌과 충동 및 환상을 알아차리고 그런 반응을 신뢰하며 집단 참여자와의 상호작용을 통해 그것에 어떻게 반응할지를 선택하는 것이 중요하다고 여겼다. 그의 이런 철학을 많은 집단에 적용해 본 경험을 토대로 Rogers는 대부분의 집단이 발달 단계에서 거쳐 간다고 여겼던 과정을 구체적으로 제시할 수 있었다.

집단에서 핵심 조건들이 충족되면 신뢰가 발달하고, 다음에 간략하게 제시하는 것과 비슷한 과정이 일어난다(Rogers, 1970, pp.14~37). 먼저 집단에서 무엇을 해야 하는지, 또 집단의 움직임에 대한 책임이 누구에게 있는지에 대해 구성원 간에 혼란이 일어날 것이다. 이와 함께 개인적인 문제와 취약함의 느낌을 탐색하는 데 대한 저항이 나타날 수 있다. 그런 다음 집단구성원들은 과거의 감정을 노출할 수 있었는데, 이런 감정이 현재 감정을 표현하는 것보다 안전했기 때문이다.

집단에서 신뢰가 발달하면서 구성원은 좀 더 내면의 자기를 노출하게 되어 자기 자신이나 다른 구성원 혹은 집단지도자에 대한 부정적인 감정에 대해 논의하기도 했다. 점차 개인적으로 좀 더 의미 있고 집단에 있는 사람들에 대한 즉각적인 반응을 반영하는 소재가 등장했다.

Rogers는 대인 간 상호작용이 좀 더 의미 있게 되면서 집단 안에서 일어나는 변화를 관찰하였다. 구성원이 서로를 솔직하게 대하게 되면서 의사소통의 수준이 점점 깊어졌고, 서로 솔직하게 긍정적 피드백과 부정적 피드백을 주고받았다. 구성원이 서로 가까워지고 진정성을 갖고 접촉하면서 집단 안에서 좀 더 긍정적인 감정과 친밀감을 표현하고 경험할 수 있게 되었다. 이것은 흔히 행동의 변화로 이어져, 꾸미는 행동이나 매너리즘이 줄어들고 문제에 대한 새로운 통찰이 일어났으며, 사람들을 대하는 좀 더 효과적인 방식을 배우게 되었다. 이런 변화는 구성원 및 각자의 삶에서 중요한 사람들과의 상호작용을 통해 일어났다.

Rogers는 집단 과정에 내재한 힘을 인식했지만 이와 함께 집단에 수반되는 위험 요소도 깨닫고 있었다. 그는 긍정적인 변화가 일어난다 해도 구성원이 원하는 만큼 오래 지속되지 않을 수도 있음을 우려했다. 또한 집단에서 경험하는, 상당히 긍정적이고 따뜻할 수 있는 관계들이, 배우자나 부모와의 관계와 같은 집단 밖의 친밀한 관계를 위협할 수도 있다. 어떤 사람들은 다른 구성원과 깊은 감정과 생각을 공유한 결과, 집단이나 워크숍이 끝날 때 자신이 취약하고 노출되었다는 느낌을 받을 수 있다. 이런 위험 요소들을 논의하기는 했지만, Rogers는 집단 과정에 내재하는 긍정적인 치유적 힘에 대해 강한 믿음을 가졌기 때문에 이런 위험 요소들은 아주 적고, 긍정적인 개인적 성장 가능성이 잠재적인 위험보다 더 크다고 믿었다.

요약

Carl Rogers의 인간중심 접근에서 핵심적인 요소는 사람들이 자신을 이해하고 자신의 행동과 태도를 변화시키며 충분히 자기 자신이 될 수 있는 능력을 발달시킬 수 있다는 믿음이다. 사람들은 부분적으로는 다른 사람으로부터 긍정적인 존중(따뜻함, 배려, 애정)을 받음으로써 긍정적 자기 존중(자신감 있는 태도)을 얻는다. 하지만 다른 사람으로부터 가치 조건(제한된 배려나 조건적인 애정)을 받으면 자신감이나 자기 존중이 결여되어, 불안이나 방어, 혹은 혼란된 행동이 유발될 수 있다.

　　심리적 스트레스를 경험하고 있고 자기 존중의 수준이 낮은 사람들을 돕기 위해서 Rogers는 인간중심 치료의 핵심 조건을 제공하면 긍정적 변화를 가져올 수 있다고 믿었다. 내담자의 경험에 공감하고(내담자의 관심사에 대한 완전하고 정확한 이해를 제공), 내담자의 개별성을 수용하고 존중하며, 진솔하게 행동함(진정으로 느껴지는 바를 말함)으로써 상담자는 내담자가 좀 더 충분히 기능하는 사람이 되도록 도와줄 수 있다. 이렇게 하려면 내담자는 상담자가 제공하는 공감과 수용 및 진실성을 지각할 수 있어야 한다.

　　Rogers는 심리치료에 대한 인본주의적 접근과 더불어 연구에도 전념하여 인간중심 치료의 핵심 조건의 효과성을 측정하는 몇 개의 초기 연구에 관여했다. Rogers는 계속해서 연구를 중시했으나 나이가 들면서 그의 관심사는 개인 치료와 평가가 아닌 다른 주제로 옮겨 갔다.

　　1964년 학자로서의 삶에서 벗어나자 Rogers는 다양한 주제에 관심을 쏟았다. Rogers에게 한 가지 중요한 영역은 참만남 집단과 구성원 개개인에게 긍정적인 변화를 가져올 수 있도록 함께 노력하는 사람들의 집단에 내재한 힘이었다. 다른 관심 영역은 부부 상담과 교육 및 수련 감독이었다. 생애 마지막 10년 동안 Rogers는 정치적 변화와 세계 평화를 증진하고 정치적 분쟁에 휘말린 사람들의 고통을 줄이기 위해 인간중심 치료의 개념을 적용하였다. 이런 일을 하기 위해 Rogers는 많은 나라를 방문하여 갈등 당사자들이 참여하는 소규모 및 대규모 집단을 촉진했다. 집단지도자가 다른 사람에 대한 공감과 수용 및 진실성을 전달함으로써 구성원들은 이런 조건들을 경험하고 그것을 각자의 삶에 통합시킬 수 있을 것이라고 Rogers는 믿었다. Rogers가 보여 준 다른 사람들에 대한 배려와 따뜻함, 다른 사람의 경험에 대한 공감의 지속적인 강조는 그가 수행한 심리치료와 활동의 전형적인 요소이며, 동시에 인간중심 치료의 본질이기도 하다.

이론의 적용

실습

CengageBrain.com에 나와 있는 디지털 자기 측정 도구, 핵심 용어, 동영상 사례(이론의 적용), 사례 연구 및 퀴즈 문제로 인간중심 치료의 개념을 자세히 연구하고 실습할 수 있다.*

* 해당 서비스는 유료로 이용하실 수 있습니다.

추천 자료

Kirschenbaum, H. (2009). *The life and work of Carl Rogers*(Carl Rogers의 생애와 업적). Alexandria, VA: American Counseling Association.

이 책은 Carl Rogers에 관한 역사적이면서 이론적인 개관서이다. 그의 생애 초창기에 미친 영향과 그가 심리치료 분야에 남긴 수많은 업적을 기술하고 있다.

Rogers, C. R. (1951). *Client-centered therapy*(내담자 중심 치료). Boston: Houghton Mifflin.

치료 과정과 변화가 일어나게끔 하는 조건에 대한 Rogers의 관점이 기술되어 있고, 집단과 교육 및 개인 치료의 적용점에 대해서도 다루고 있다.

Rogers, C. R. (1961). *On becoming a person*(사람이 되어간다는 것). Boston: Houghton Mifflin.

가장 널리 알려진 저작 중의 하나인데 이 책에서 Rogers는 자서전적인 내용과 심리치료에 대한 관점을 제시한다. 또한 연구의 위치라든가 교육과 가족생활 및 대인관계를 위한 내담자중심 원리의 적용점과 같은 좀 더 폭넓은 질문도 다룬다.

Rogers, C. R. (1980). *A way of being*(존재의 방식). Boston: Houghton Mifflin.

Rogers가 78세 때 출간된 책으로 그의 생애 전반에 걸친 사건과 사상에서의 변화를 언급하고 있다. 특히 흥미로운 내용은 사회적, 정치적 쟁점에서 치료자 역할에 대한 그의 관점이다.

CHAPTER 7

게슈탈트 심리치료: 체험적 심리치료

게슈탈트 심리치료: 체험적 심리치료의 개요

체험적 심리치료에는 여러 가지가 있다. 이 심리치료들은 접근 방식은 다르지만 공통적으로 현재 시점에서 내담자의 사태 경험하기에 초점을 둔다. 내담자는 때때로 어떤 문제에 대해서 이야기하는 것보다 그 문제를 내적으로 느껴보거나, 다 털어놓고 말하거나, 행동으로 재연함으로써 그 문제를 경험한다. Eugene Gendlin(1996)은 그가 '포커싱(focusing)'이라고 부르는 접근을 개발했는데, 이것은 개인이 조용히 내면의 자기를 알아차리도록 안내하는 방법이다. 내담자들은 내면의 자기와 접촉함으로써 내적인 주제를 해결하고 자신의 삶에서 긍정적인 변화를 만들어낼 수 있다. 이와는 대조적으로, Alvin Mahrer(2005)는 내담자와 상담자가 주로 눈을 감은 채 같은 방향을 향해서 서로 가까이 앉게 한다. 그리고 나서 내담자는 자신의 삶에서 극적인 순간에 대해 이야기하고, 상담자는 내담자와 함께 이 순간이 주는 감정적인 의미를 되짚어 본다. 이렇게 하는 과정에서 내담자는 매 회기 평화로움과 이해심을 갖게 되고, 이것이 치료적 변화로 이어진다. 게슈탈트 치료는 가장 인기 있고 잘 알려져 있는 체험적 심리치료이며, 자기 자신과 다른 사람들에 대한 알아차림의 증진을 통해 변화를 이루어내는 데 초점을 둔다. Leslie Greenberg는 과정 체험적 치료(process-experiential therapy)로서, 게슈탈트 치료와 비슷하지만 좀 더 통합적 접근인 정서중심 치료(emotion-focused therapy)를 개발하였다(Greenberg, 2011, 2014; Paivio, 2013). 정서중심 접근은 게슈탈트 치료와 아주 비슷하다. 하지만 정서중심 치료는 그 접근에서 Rogers의 인간중심 치료의 구체적인 원리를 접목한 반면에 게슈탈트 치료는 비공식적으로 그렇게 한다. 게슈탈트 치료는 다른 체험적 치료에 비해 전 세계적으로 훨씬 더 널리 활용되고 있기 때문에, 이 장에서는 게슈탈트 치료를 제시하고자 한다.

게슈탈트 치료는 한 개인을 전인(全人), 즉 행동의 총합 이상인 존재로 간주한다. 게슈탈트(gestalt)라는 용어는 둘 이상의 부분으로 이루어진 전체의 역동적인 구성을 가리킨다. 게슈탈트 치료는 인간의 경험을 자료의 근원으로 높이 평가하는 현상학적 방법으로 현실에 대한 내담자와 상담자의 경험을 강조한다. 이 심리치료는 또한 자신에 대한 책임과 자신의 현재 경험을 결정할 수 있는 개인의 능력을 강조한다는 점에서 실존주의적 접근이다. 그리고 다른 체험적 치료와 마찬가지로 게슈탈트 치료도 과거나 미래와 관련된 주제를 현재로 가져와서 다룬다. 게슈탈트 치료의 목표는 개인의 성장과 통합을 가져오는, 자기 자신과 타인 및 환경에 대한 알아차림이다.

게슈탈트 치료는 자기와 타인 간 적절한 경계의 설정을 중시한다. 경계는 타인과 의미 있는 접촉이 가능하도록 충분히 유연해야 하지만 개인이 자율감을 경험할 수 있도록 충분히 견고해야 한다. 개인이 자신과 타인 간의 경계에 대해 명확하지 않으면 접촉과 알아차림에서 혼란이 발생하여 정신 병리가 생길 수 있다. 치료에 대한 접근은 자신에 대해 책임지기와 자신의 언어, 비언어적 행동, 정서, 자기 내면의 갈등 및 타인과의 갈등에 민감해지는 데 초점을 둔다. 게슈탈트 치료에서는 알아차림을 촉진하는 다수의 창의적인 실험과 연습이 개발되어 있어 상담자가 내담자와의 공감적인 관계에서 활용할 수 있다. 개인 치료와 함께 집단 치료는 게슈탈트 치료의 중요한 한 부분이다. 개인 치료 및 집단 치료 모두 사람들이 자기 내면의 갈등과 타인과의 갈등을 해소하고 현재에서 드러나는 과거의 문제를 다루도록 돕는다.

게슈탈트 심리치료의 역사

게슈탈트 치료를 배우는 데 있어서 이 이론의 창시자 Fritz Perls와 그의 사상에 영향을 준 다양한 심리학 이론과 심리치료 이론을 이해하면 도움이 된다(Clarkson & Mackewn, 1993).

National Library of Medicine

Fritz Perls

Perls는 정신분석 훈련을 받았지만, 다른 심리학 이론과 철학적 접근의 영향을 받아 정신분석과는 매우 다른 치료 체계를 개발하였다.

Frederick S. (Fritz) Perls(1893~1970)는 게슈탈트 치료를 창시하고 발전시켰으며 대중화한 인물이다. 그는 나이 든 중산층 독일계 유태인 부모 밑에서 세 자녀 중 막내로 독일 베를린에서 태어났다. 그의 가족은 나치즘의 영향을 받았고, 그의 큰 누이는 유태인 수용소에서 사망했다(Shepard, 1975). Perls 자신과 누이의 말에 따르면, 그는 어렸을 때 집에서도 학교에서도 문제아였다고 한다. 7학년을 두 번이나 낙제했고 자퇴를 요구 받았다. 14세 때 복학할 때까지 그는 잠시 상업에 종사했다. 이후 의학을 공부했고, 23세에는 제1차 세계대전에 위생병으로 자원하여 학교를 떠나 처음에는 병사로, 이후에는 장교로 복무했다.

1920년에 의학 공부를 마치고 학위를 받은 후 뇌손상 병사들을 위한 연구소에서 Kurt Goldstein의 조교로 일했다. Perls는 Goldstein의 영향을 받았는데, Goldstein은 뇌손상 병사들을 게슈탈트 심리학의 관점에서 보면서 병사들이 자기 자신과 환경을 어떻게 지각하는지에 초점을 두었다. 이 연구소는 프랑크푸르트에 있었는데, 그곳에 있는 동안 Perls는 12세 연하인 미래의 아내 Laura Posner를 비롯하여, 이후 자신이 만들어낼 이론에 많은 영향을 준 여러 명의 사람들을 만났다.

Perls는 비엔나와 베를린 정신분석 연구소에서 정신분석가로 훈련받았다. 그의 수련 분석가는 Wilhelm Reich였는데, 그는 게슈탈트 치료에 관해 Perls가 생각을 발전시켜 나가는 데 있어서 특히 큰 영향을 준 인물이었다. Perls는 또한 Helene Deutsch, Otto Fenichel, Karen Horney와 같은 정신분석가에게서도 영향을 받았다. 이 시기에 그는 Adler, Jung, Freud도 만났다. 1934년 나치즘의 출현으로 Perls는 독일을 떠나 남아프리카로 갔다.

그는 1935년에 남아프리카 정신분석 연구소를 설립하였다. 남아프리카에 있는 동안 『전체주의와 진화(Holism and Evolution)』(1926)의 저자인 Jan Smuts를 만났는데, 이 만남은 Perls가 게슈탈트 치료를 발달시키는 데 영향을 미쳤다. 남아프리카에서 12년을 지낸 후 뉴욕으로 자리를 옮겼다. 거기에서 Paul Goodman과 Laura Perls와 함께 1952년에 뉴욕 게슈탈트 치료 연구소를 세웠다. 뉴욕에서 9년을 보낸 후에는 다양한 도시와 국가에서 거주하거나 방문하기도 했고, 마이애미, 샌프란시스코, 로스앤젤레스, 이스라엘, 일본, 캐나다에서는 게슈탈트 훈련센터를 설립하기도 하였다. 1964년부터 1969년까지는 캘리포니아주에 있는 에살렌(Esalen) 연구소에 상주하는 정신과 의사로 일했다. 1969년에는 캐나다 브리티시컬럼비아의 밴쿠버 섬에 있는 코위찬호(Cowichan Lake)로 이주해서 심리치료 공동체 설립을 주도하다가 약 6개월 후인 1970년에 세상을 떠났다.

Perls가 게슈탈트 치료를 발달시켜 나가고 정신분석으로부터 멀어진 것은 그의 초기 저술과 후기 저술의 극명한 대비를 보면 알 수 있다. 남아프리카에서 지내는 동안 그는 『자아와 배고픔 및 공격성(Ego, Hunger and Aggression)』(1969a, 초판은 1947년에 발간되었다.)을 저술했는데, 이 책에서는 전체 유기체(whole organism)에 대한 그의 생각과 정신분석의 전통적인 생각을 결합시켰다. 그는 또한 배고픔 본능(hunger instinct)에 초점을 두고 그것을 심리적 기능과 연결시켰다(Spagnoulo Lobb, 2007). 사람들은 먹기와 심리적 기능에서 자신이 씹을 수 있는 것(음식, 생각 혹은 관계)을 물어 떼어낸 다음 그것을 씹어서 소화시킨다(생각해 보고 그것을 통해 생리적 혹은 심리적 자양분을 얻는다). Perls가 "정신적 신진대사(mental metabolism)"라고 불렀던 것은 게슈탈트 치료에서는 심리적 기능을 나타낸다. 앞서 언급한 책에서 그는 집중 치료(concentration-therapy)를 묘사하는데, 이것은 "유기체를 좀 더 풍요로운 삶으로 일깨우는"(Perls, 1969a) 것을 목표로 하는 게슈탈트 치료를 일컫는 초창기 용어였다. 이 책에서 공식적으로 밝히지는 않았지만 Laura Perls도 여러 장을 저술하였다. 1951년에 Perls는 Ralph F. Hefferline과 Paul Goodman(1951/1994)과 함께 『게슈탈트 치료: 인간 성격에 있어서 흥분과 성장(Gestalt Therapy: Excitement and Growth in the Human Personality)』을 집필하였다. 이 책은 2부로 구성되어 있는데, 1부에서는 게슈탈트 치료 이론을 기술하고, 2부에서는 감각과 신체에 대한 알아차림의 증진을 돕는 활동을 소개하고 있다(Stoehr, 2009).

　　Perls의 후기 저작들은 좀 더 비형식적인 양식을 따른다. 『게슈탈트 치료 축어록(Gestalt Therapy Verbatim)』(1969b)에는 게슈탈트 치료 이론에 관한 내용이 들어 있고 세미나 참석자들의 질문과 그의 답변도 포함되어 있다. 하지만 이 책 내용의 대부분은 꿈에 관한 4주간의 집중 워크숍과 주말 훈련 모임에 참여한 사람들을 대상으로 Perls가 실시한 심리치료를 녹취한 축어록이다. Perls의 자서전인 『쓰레기통 안과 밖(In and Out of Garbage Pail)』(1969c)은 매우 비형식적인 양식으로 쓰였는데, 시와 유머 그리고 자신의 작업에 대한 논평도 담고 있다. 그가 집필 중이던 두 권의 책은 사후에 유작으로 출간되었다. 그 첫 번째 저서인 『게슈탈트 접근(The Gestalt Approach)』(1973)에는 게슈탈트 치료에 대한 이론적인 자료와 치료 장면을 녹화한 필름에서 녹취한 축어록이 포함되어 있다. 두 번째 책은 Patricia Baumgardner가 완성한 『프리츠의 유산(Legacy from Fritz)』(1975)인데, 이것은 집단 훈련 세미나에 참여한 사람들과 함께 작업하는 Fritz Perls의 모습을 담은 필름을 녹취한 축어록이다. 마지막에 출간된 4권의 저서에는 많은 사례들이 포함되어 있어 Perls가 집단 훈련에서 개인을 대상으로 심리치료 작업을 하는 방식의 좋은 예시를 보여 준다.

　　Perls의 사망 후에도 게슈탈트 치료는 계속 발전하여 세계 전역에 500개 이상의 게슈탈트 치료 연구소가 있고, 미국에도 무수히 많은 연구소가 있다. 게슈탈트 치료 유럽 협회(The European Association for Gestalt Therapy)는 게슈탈트 치료자와 훈련 연구소 그리고 유럽 지역 각국의 협회를 포괄하는 단체이다. 이 단체의 한 가지 역할은 게슈탈트 치료의 표준을 세우는 것이다. 이 표준은 30개 유럽 국가에서 120,000여 명의 게슈탈트 치료자에 의해 사용되고 있다. 게슈탈트 치료 발전을 위한 협회(The Association for Advancement of Gestalt Therapy)는 게슈탈트 치료를 위한 주요한 국제기구이다. 게슈탈트 치료의 이론과 실제의 발전을 위한 포럼으로는 『국제 게슈탈트 저널(The International Gestalt Journal)』 『게슈탈트 리뷰(The Gestalt Review)』, 『영국 게슈탈트 저널(The British Gestalt Journal)』, 『오스트레일리아와 뉴질랜드 게슈탈트 저널(Gestalt Journal of Australia and New Zealand)』이 있다. 각종 모임과 학술대회 또한 게슈탈트 치료의 최근 발전에 대해 발표할 수 있는 기회를 제공하고 있다(Gary Yontef, 개인적 교신, 2013. 12. 10.).

게슈탈트 심리치료의 발전에 영향을 미친 이론가와 이론적 접근

Perls는 정신분석가로 훈련받고 Freud의 이론에 영향을 받았지만, 그가 의대생으로 그리고 정신과 의사로 일했던 프랑크푸르트가 지적으로 풍요로운 도시였다는 이점을 최대한 활용했다. 그는 언어적 행동과 비언어적 행동에 관한 Wilhelm Reich의 생각에 영향을 받았고, 창조적 중립(creative difference)에 관한 Sigmund Friedlander의 생각에도 매력을 느꼈다. Goldstein의 조수로 일했던 경험을 통해 게슈탈트 심리학의 심리치료적 적용을 처음으로 접할 수 있었다. 좀 더 이론적이고 철학적인 관점에서 보면 Perls의 게슈탈트 치료는 Kurt Lewin의 장 이론(field theory)과 현상학 및 실존주의에서 영향을 받아 발전하였다. 좀 더 개인적인 수준에서는 Perls의 아내 Laura가 게슈탈트 치료자이자 저술가, 교육자로서 게슈탈트 치료에 커다란 기여를 했다. 이런 다양한 영향이 Perls가 게슈탈트 치료를 발전시켜 나가는 데 있어 지적인 밑받침이 되어 주었다.

Wilhelm Reich는 Perls의 훈련 분석가라는 역할과 그의 저술을 통해 Perls에게 특히 지대한 영향을 미쳤다. Reich는 내담자들의 언어와 얼굴 표정 및 신체 자세에 주목했다. 그는 리비도를 아동기 성에 내재된 에너지로 보기보다는 개인에게 나타나는 흥분으로 보았다. Reich는 사람들이 자신의 리비도를 억압하기 위해 사용하는 방어를 신체 무장(body armor)이라 불렀다. Reich에게 심리치료란 내담자들이 자신의 언어에 포함된 긴장과 신체 자각에 주의를 기울임으로써 덜 경직되도록 도와주는 일을 포함하는 활동이다. Perls는 이후 『자아와 배고픔 및 공격성』(1969a)의 서론에서, 내담자 안에서 신체 자각에 주목함으로써 "저항의 심리학을 땅으로 끌어내려 준"(p.5) Reich에게 각별한 찬사를 표했다.

철학자 Sigmund Friedlander의 이론은 Perls의 양극성 개념에 영향을 미쳤다. Friedlander는 모든 사태가 영점(a zero-point)과 관련되며, 이 점으로부터 상반되는 양쪽의 구분이 생긴다고 보았다. 영점은 개인이 어느 한쪽으로 창의적으로 움직일 수 있는 균형점(a balance point)이기도 하다. Perls는 "한가운데서 깨어 있는 상태를 유지함으로써 우리는 어떤 사태의 양면을 다 보고 불완전한 절반을 완성시키는 창의적인 능력을 획득할 수 있다."(1969a, p.15)라고 하였다. 어떤 사람이 외적 요구나 내적 요구의 어느 한쪽이나 다른 쪽으로 너무 멀리 가 있으면, 균형을 잡거나 중심을 향해 움직일 필요성을 느끼는 경향이 있다. Perls는 자주 심리치료에서 내담자들이 균형감이나 중심을 잡았다는 느낌, 혹은 자신의 욕구에 대한 통제감을 갖도록 도와주려 하였다.

Perls는 Kurt Goldstein의 영향도 받았는데, 뇌손상 군인들을 위한 연구소에서 Goldstein

과 함께 일한 경험뿐만 아니라 그의 저서(1939)를 통해서도 영향을 받았다. Goldstein은 행동이 수행(수의적인 활동, 태도, 감정)과 과정(신체 기능)으로 구성된다고 보았다. Friedlander와 마찬가지로, Goldstein도 유기체는 자신의 욕구들 간에 균형을 이루려는 방향으로 움직인다고 생각했다. 이렇게 함으로써 유기체는 환경의 압력과 타협하게 된다고 보았다. 이러한 과정에서 유기체는 '자기실현'을 위해 분투한다(Bowman & Nevis, 2005).

　Goldstein은 불안을 앞으로 일어날 일로 인해 초래될 수 있는 결과에 대한 두려움에서 비롯되는 것으로 보았는데, Perls(1969a)는 불안에 대한 이러한 관점이 게슈탈트 치료와 관련된다고 보았다. 또한 불안은 성격의 부분적인 측면이 개인 전체와 분리되도록 하여 성격의 분열을 유발할 수 있다. 의미론자인 Alfred Korzybski뿐 아니라 Goldstein은 심리치료에서 언어의 정확성을 강조했다는 점에서 또 다른 기여를 했다. Goldstein은 뇌손상 군인들을 치료하면서 이들은 추상적으로 사고하는 능력이 결여되어서 언어를 충분히 사용하지 못한다는 점을 관찰했다.

　장 이론(field theory)은 Lewin과 몇 명의 다른 게슈탈트 심리학자에 의해 만들어졌다(Parlett & Lee, 2005). 게슈탈트 심리학과 유사하게 장 이론은 어떤 사태가 그 일부로 포함되는 전체 장을 봄으로써 그 사태를 연구한다. 부분들 간의 관계 및 부분과 전체와의 관계가 이 연구의 대상이다. 이것은 일종의 분류의 접근이 아니라 기술적인 접근(a descriptive approach)이다. 장 이론은 장이 관찰자에 의해 규정된다는 점에서 현상학적 접근을 취한다. 즉, 어떤 사태를 이해하려면 관찰자가 그 사태를 보는 방식을 알아야만 한다는 것이다. 가설을 세우기 위해 장 이론을 이용하는 한 가지 예가 '자이가르닉(Zeigarnik) 효과'인데, Bluma Zeigarnik은 장 안에 남아 있는 긴장 때문에 미완성된 과제가 완성된 과제보다 더 기억에 남을 수 있다는 가설을 세우고 그것을 입증하였다(Woodworth & Schlosberg, 1954).

　게슈탈트 심리학자들의 이론뿐만 아니라 Reich, Friedlander, Lewin 및 Goldstein의 이론에 내재된 현상학적 접근은 Perls의 게슈탈트 치료에 영향을 미쳤다. 현상학적 관점에 따르면 개인의 행동은 현실에 대한 그의 지각을 연구해야만 이해할 수 있다. 현상학자들은 지각과 지각하는 과정 둘 다를 연구한다. 환경은 관찰자와 별개로 존재하지만 관찰자의 지각을 통해서 알 수 있는 어떤 것으로 간주된다(Watzlawick, 1984). 알아차림에 초점을 두고 그것을 증진시키는 것은 Perls의 게슈탈트 치료 접근의 중요한 측면인데, 아마도 그것은 Reich와의 교육 분석 경험에서 그에게 가장 강력한 인상을 남겼던 부분이었을 것이다. 현상학적인 관점에서 Perls는 내담자의 알아차림뿐만 아니라 장 전체, 즉 내담자와 상담자의 상호작용에 대한 상담자의 알아차림에도 관심을 가졌다(Watzlawick, 1984).

　Perls는 게슈탈트 치료를 Ludwig Binswanger의 현존 분석(Daseinanalysis)과 Viktor Frankl의 의미 치료(logotherapy)와 함께 실존주의 심리치료에 속하는 세 가지 접근 중 하나로 보았다. 실존주의는 현상학에 뿌리를 두고 있기 때문에 실존주의자는 존재의 직접적인 경험, 기쁨과 고통, 다른 사람들과의 관계에 초점을 둔다. 진정성(authenticity)에 대한 실존주의자의 개념은 알아차림에 대한 게슈탈트 개념과 유사한 면이 있는데, 둘 다 자신에 대한 정직한 평가와 이해를 내포한다. 실존주의에서는 행위와 감정 및 생각에 대한 개인의 책임성을 강조하는데, 이것도 게슈탈트 치료와 맥락을 같이 한다. 실존주의 저술가 Martin Buber 또한 '나와 너(I-thou)' 관계의 중요성에 대한 개념을 통해 게슈탈트 치료 발전에 영향을 미쳤다 (Doubrawa & Schickling, 2000; Harris, 2000). 게슈탈트 치료처럼 실존주의도 과거나 미래보다는 현재에 초점을 둔다. 실존주의가 게슈탈트 치료에 미치는 영향을 평가하기란 어려운 일이지만, 이 둘 사이에는 많은 유사성이 있다.

좀 더 개인적인 수준에서 Laura Posner Perls는 게슈탈트 치료에 매우 중요한 기여를 했다. Bloom(2005)은 그녀를 게슈탈트 치료의 발달에 있어서 매우 중요한 인물로 평가한다. 그녀는 1905년 독일 프랑크푸르트 인근에서 태어나 1930년에 Fritz Perls와 결혼하였고 1932년 프랑크푸르트 대학에서 이학박사 학위를 받았다. Laura Perls는 Max Wertheimer와 실존주의자 Paul Tillich와 Martin Buber의 영향을 받았다(Humphrey, 1986). 그녀는 Fritz Perls의 첫 번째 저서인 『자아와 배고픔 및 공격성』의 집필에 기여했을 뿐만 아니라, 그의 두 번째 주요 저작인 『게슈탈트 치료』로 이어지는 토론에도 참여했다. 또한 뉴욕 게슈탈트 치료 연구소 설립에 관여하여 1952년 연구소를 창립하였고, 1990년 85세의 나이로 별세할 때까지 훈련 집단을 진행하고 연구소를 이끌었다. 그녀는 Fritz Perls의 생애 마지막 15년의 대부분을 물리적으로는 그와 떨어져 지냈지만 서로 연락을 유지했고, 게슈탈트 치료와 관련된 일들에 대해 의논했다. 그녀가 출판물로 남긴 것은 별로 없기 때문에 게슈탈트 치료에 공헌한 바를 평가하기는 어렵다. 하지만 그녀가 남긴 한 가지 공헌은 부부관계를 포함하여 관계의 유지를 존중한 것이었는데, 이것은 그녀의 남편이 관계의 발달보다는 알아차림에 초점을 두었던 것과 대비를 이룬다(Rosenblatt, 1988).

게슈탈트 성격 이론을 이용한 개념화

알아차림과 자기 및 타인과의 관계는 게슈탈트 성격 이론에서 가장 강조하는 부분이다. 게슈탈트 치료에서 많은 주요 개념들은 전경 및 배경과 같은 게슈탈트 심리학 개념에 기반을 두고 있다. 내담자를 개념화할 때 게슈탈트 치료자는 개인과 그 개인에게 즉각적으로 영향을 미치는 타인 혹은 대상 간의 접촉에 주목한다. 또한 게슈탈트 치료자는 개인과 환경 간의 경계뿐만 아니라 자기와 타인 간 접촉의 깊이에 초점을 둔다. 게슈탈트 개념화는 개인의 중요성, 특히 개인이 자신과 자신의 환경에 대해 오감과 신체 감각 및 정서적 느낌을 알아차리는 것의 중요성을 강조한다. 자기 자신 및 타인과 접촉한 상태에 대해 주의 기울이기와 자신과 타인에 대한 알아차림은 과거나 미래가 아니라 현재에서 일어난다. 이런 개념들은 다소 모호하여 좀 더 상세한 설명을 제시하고자 한다.

게슈탈트 심리학과 게슈탈트 심리치료

게슈탈트 심리학은 Max Wertheimer가 창안했고, 그 뒤 Wolfgang Kohler와 Kurt Koffka가 발전시켰다. 게슈탈트 심리학은 기본적으로 심리적 현상이 특정한 부분이 아니라 전체로 구성된 것으로 보는 관점에 근거한다. 게슈탈트 심리학자들은 시각적, 청각적 차원의 지각을 주로 연구했고, 학습이란 사람들이 지각의 장에서 정확한 반응을 찾으려고 시도하는 지각 문제로 보았다(Wagemans et al., 2012a, 2012b). 이렇게 시도하는 가운데 사람들은 '아하' 하고 반응하거나, "이제 알겠네.", "이제 이해가 되네. 이제 다 어떻게 서로 연결이 되는지가 보이네."라고 하면서 깨닫는 경험을 한다. 한 현상의 어떤 속성은 그 현상의 부분만 보면 알 수 없고 전체를 보았을 때 비로소 알 수 있다. 예를 들어, 수학의 대수를 배우고 있는 한 학생이 해당 공식들을 알고 있다 해도 이런 공식들을 한데 연결할 수 있어야 비로소 문제에 대한 해답을 얻을 수 있을 것이다.

게슈탈트 심리학에서 '장(field)'은 '전경'과 '배경'의 관점에서 생각해 볼 수 있다. 전경은 두드러지게 나타나는 것이고, 배경은 뒷부분에 있는 것이다. 예를 들면, 그림 7.1에서 당신이 삼각형을 본다면 그것이 전경이고, 이 지면의 나머지와 당신의 주변은 배경이 된다. 삼각형과 책의 한 면 그리고 주변이 장을 구성한다(Parlett & Lee, 2005). 전경은 그것의 강도와 형태의 양호성에 있어서 차이가 있다. 삼각형 1에서 일련의 점들은 삼각형으로 지각된다. 삼각형 2의 점들은 불완전한 게슈탈트(Gestalt)이지만 역시 삼각형으로 볼 수 있다. 세 번째 제시된 일련의 점들은 아주 약한 게슈탈트로서 두 개의 선이나 하나의 각, 혹은 삼각형으로 볼 수 있다. 게슈탈트 심리학자들은 사람들이 이런 일련의 점들과 같은 현상을 어떻게 보는지 설명하기 위해 게슈탈트 법칙 혹은 지각의 법칙을 발전시켰다. 실제로 Boring(1950)은 114개가 넘는 법칙을 열거했다.

심리치료자들은 이런 개념을 감정과 신체 감각에 적용해왔지만, 게슈탈트 심리학자들은 그렇게 하지 않았다(Wallen, 1970). 실제로 게슈탈트 심리학자들은 Perls가 느슨하고 부정확한 방식으로 게슈탈트 심리학을 게슈탈트 치료에 적용시킨 것에 대해 매우 비판적인 입장을 보였다(Henle, 2003; Shane, 2003). Sherrill(1986, p.54)은 게슈탈트 심리학과 게슈탈트 치료를 비교한 논문에서 다음과 같이 기술하고 있다. "게슈탈트 치료자들은 이 두 게슈탈트 체계 간에 밀접한 연관성이 있다고 보지만, 게슈탈트 심리학자들은 어떠한 유의미한 유사성도 부정한다."

▌**그림 7.1**
삼각형의 완성 단계

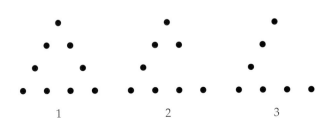

게슈탈트 심리학 개념을 게슈탈트 치료에 적용하는 것에 대한 게슈탈트 심리학자들의 비판에도 불구하고 전경과 배경의 개념은 게슈탈트 치료의 이론적 근거를 이해하는 데 중요하다. 전경이 불완전하거나 불분명하면 배경으로 밀려날 수밖에 없고 이런 상태는 그 개인의 주의를 산만하게 한다(Polster & Polster, 1973, p.30). 일례로, 뱀을 무서워하는 남자아이는 뱀이라는 개념을 확실하게 전경으로 가져올 수 없다. 즉, 완전한 전경을 만들 수 없다. 이 아이가 뱀을 만질 수 있고 무서워하지 않을 수 있을 때 전경이 완성된다.

Wallen(1970)은 완전한 게슈탈트 혹은 배경과 대비된 명확한 전경의 형성을 방해하는 걸림돌 세 가지를 들고 있다. 첫째, 다른 사람과 자신에 대한 지각적 접촉이 미흡한 경우다. 예를 들면, 친구에게 어떤 말을 하면서 그 친구를 쳐다보지 않고 다른 데를 보고 있는 경우다. 둘째, 욕구 표현이 가로막혀 있는 경우 완전한 게슈탈트가 형성될 수 없다. 친구에게 애정을 표현하고 싶지만 그렇게 하기를 억누르고 있는 경우가 그 예라 할 수 있다. 셋째, 감정이나 지각의 억압이 완전한 게슈탈트 형성을 가로막을 수 있다. 누군가가 자신을 모욕했는데도 상처받았다는 것을 표현하지 못한다면 완전한 게슈탈트 경험이 이루어지는 과정이 방해받을 수 있다. 이런 사람은 불안을 느끼거나 위장 근육이 약간 긴장된다는 것을 경험하거나, 다른 방식으로 게슈탈트를 완성시키지 못하는 상태를 경험할 것이다.

따라서 상담자는 내담자가 긴장 상태를 알아차리고, 전경이 가득 차고 완전하도록 게슈탈트를 완결 짓게 도와주려고 노력한다. 이런 과정에서 상담자는 내담자가 주변 사람들과 접촉을 개선하도록 도와준다. 모험을 하고 경험에 대한 걸림돌을 제거하는 작업은 사람들이 자신의 경계를 발견하는 데 도움을 준다.

접촉

"접촉은 성장의 활력소로서 자신과 세상에 대한 자신의 경험을 바꾸는 수단이다"(Polster & Polster, 1973, p.101). 접촉은 융해(fusion)와 다른데, 그 이유는 접촉은 분리감(a sense of separateness)이 유지될 때 존재하기 때문이다. 융해 상태에서는 분리가 없다. 접촉은 다른 사람 및 대상과 함께 있을 때 이루어지는 어떤 속성이지만, 사람들이 다른 사람들과의 접촉을 알아차리는 경우는 드물다. 접촉과 함께 경계에 대한 침범의 감각뿐만 아니라 자기감(sense of self)도 느낄 수 있다. 자폐증 아동은 접촉에서 어려움이 많다. 게슈탈트 치료는 다른 사람들과의 접촉을 발달시키도록 이러한 아동들을 도와줄 수 있다(Audet & Shub, 2007). Polster & Polster(1973)에 따르면, 정체감을 잃지 않으면서(융해되지 않으면서) 다른 사람들 및 사물과 활기차고 생산적인 접촉을 유지하는 방법을 배우는 것은 많은 사람들에게 결코 쉽지 않은 일이다.

많은 접촉은 평상적이고 한 개인의 일상에서 흔히 이루어지지만, 게슈탈트 치료에서 일어나는 접촉 에피소드는 강력하고 의미 있을 수 있다. Polster & Polster(1973)의 다음 글은 치료적 접촉의 힘을 보여 주는 예다.

집단의 한가운데 앉아서 자신이 이전에 마약 중독자이자 매춘부였고, 4년 전에는 한 아이를 낳아서 입양 보냈던 적이 있다는 이야기를 하고 있는 스무 살의 사랑스러운 젊은 여인이 경험하는 바를 지켜 보라. 이제 그녀는 새로운 삶의 궤도에 들어서서 젊은 마약 중독자들을 돕는 일을 하면서 대학에 다니고 있는 중이었다. 괴로운 감정의 어느 한 정점의 순간에 그녀는 집단에 있던 남성 중 한 사람을 향해 자신을 안아달라고 요청했다. 지명된 남성이 고개를 끄덕이자 그녀는 잠시 주저하다가 그에게로 갔고, 그는 그녀를 안아 주었다. 이때 그녀는 긴장을 풀고 소리내어 울었다. 울음이 어느 정도 진정되자 그녀가 고개를 들고 올려다 보았는데, 자신이 남성의 품에 안기고 그 방에서 관심의 초점이 된 것에 대해 집단에 있던 다른 여성들이 어떻게 느낄지 무척 겁이 난 모양이었다. 나는 그녀가 안기는 법에 대해 다른 여성들에게 무엇인가를 가르쳐줄 수 있겠다고 말했다. 그녀는 분명히 안기는 것을 편안해 했고, 유려한 우아함과 반기면서 마음을 끄는 분위기를 풍겼다. 그런데 이것은 누가 배워서 손해볼 태도는 아니었다. 잠시 동안 그녀는 차분함을 느꼈고, 그 남성의 품에 안겨 있으면서도 여전히 그 집단에 있던 다른 여성들의 반응에 관심을 두었다. 그런데 실제로 많은 여성들은 감정적으로 깊은 감동을 받았고, 이 젊은 여성에 대해 판단하고 있지 않았다. 그 후 이 젊은 여성은 집단에서 좀 더 매력적이고 이끌어 주는 역할을 하고 있던 여성 중 한 명에게 자신을 안아줄 수 있는지 물어보았다. 이 드라마의 힘은 너무나 강력해서 요청받은 여성이 정말 이 여성을 안아주고 싶은 마음이 들 수밖에 없을 정도였다. 요청받은 여성은 젊은 여성이 앉아 있는 자리로 걸어가서 그녀를 품에 안았다. 이때 마지막 내려놓기가 이루어졌고, 젊은 여성은 이전보다 더 깊은 울음을 터뜨렸다. 다 울고 나자 긴장이 사라졌고 이 여성은 더 이상 자의식을 느끼지 않았으며 집단과 온전히 하나됨을 느꼈다. (Polster & Polster, 1973, pp.104~105)

Perls는 접촉의 수준을 신경증의 다섯 개 층으로 기술했다(1969b, 1969c, 1970). 심리적으로 성숙해지려면 이 다섯 개 층, 즉 허위, 공포, 교착, 내파, 외파를 하나하나 벗겨야 한다. 각 층을 제거하면 점차 더 강력한 환경과의 접촉이 드러난다.

1. 허위층(the phony layer)은 진정성이 없거나 패턴화된 방식으로 다른 사람들에게 반응하는 것을 말한다. '안녕하세요.'와 '좋은 하루 보내세요.'라는 인사말이 그 예다. 좀 더 실질적인 예를 들면, 당신이 누군가에게 어떤 것을 팔려고 그 사람에게 친절하게 대하려고 애쓰는 것이다.

2. 공포층(the phobic layer)에서는 심리적 고통을 회피하려 한다. 예를 들어, 우리는 어떤 중요한 관계가 끝났다는 것을 스스로에게 인정하고 싶어 하지 않는다.

3. 교착(impasse)은 우리가 변화하거나 움직이기를 두려워하는 지점이다. 이 층에서는 꼼짝 못하고 갇혀 있다는 느낌 외에는 느끼는 것이 별로 없을 수도 있다. Perls(1970, p.25)는 부부가 더 이상 서로 사랑하지 않는 상태의 결혼생활을 예로 들었다. 부부는 각각

상대방이 어떤 모습이어야 한다는 생각은 갖고 있지만, 상대방이 진짜 어떤 사람인지는 모른다. 그들은 서로를 비난하고 교착 상태에 빠져 있다. 이 층에서 사람들은 내적 지지나 외부의 지지를 별로 느끼지 못한다. 이것은 치료적 변화를 위해 특히 중요한 수준이다.

4. 내파층(the implosive level)에서 우리는 우리의 감정을 경험하고 우리의 참 자기를 알아차리기 시작하지만 이것이 감정에 대해서는 별로 도움이 되지 않을 수 있다.

5. 외파층(the explosive layer)과의 접촉은 진정성이 있고 겉치레가 없다. Perls는 우리가 참으로 생기 있고 진정성을 갖게 되려면 외파층을 경험할 필요가 있다고 보았다. 앞에서 제시한 젊은 여성의 예는 외파층 경험이 어떤 것인지를 보여 준다.

접촉 경계

접촉 경계는 다른 사람이나 대상과 연결되거나 분리되는 과정을 말한다. 좀 더 구체적으로 말하자면, 나-경계(I-boundaries)는 한 사람과 다른 사람, 어떤 사람과 대상, 혹은 사람과 그 사람의 어떤 속성을 구분하는 어떤 것들이다(Polster & Polster, 1973, pp.107~108). 나-경계는 한 사람의 삶의 경험에 의해 형성된다. Polster & Polster(1973)에 따르면, 다음과 같은 관점에서 나-경계를 기술할 수 있다.

- 신체 경계(body-boundaries)는 감각을 제한하는 경계나 혹은 허용하지 않은 영역에 감각을 두는 경계를 말한다. Polster & Polster(1973, pp.115~116)는 발기 부전을 호소하던 한 남성의 예를 들어, 그 남성이 처음에는 단지 머리 움직임만을 알아차렸는데 점차 다리에서 떨리는 감각도 알아차리게 되었고, 그런 감각이 몸 안에서 평온함으로 이어진다는 것도 알게 되었다. 따라서 그의 신체 경계는 확장되었다.

- 가치 경계(value-boundaries)는 우리가 바꾸기를 저항하면서 고수하려는 가치를 말한다. 낙태 반대의 가치를 갖고 있는 한 남성이 미혼인 17세 딸의 원치 않은 임신 문제를 다루어야만 할 때 가치 경계가 도전받고 바뀌거나 강화될 수 있다.

- 친숙성 경계(familiarity-boundaries)는 자주 반복되지만 생각해 보거나 도전해 보지 않은 사태들을 말한다. 예를 들면, 매일 똑같은 직장에 가고 늘 가던 길로 출근하거나 동료와 정형화된 방식으로 상호작용하는 것을 포함한다. 그러다 어떤 사람이 일자리를 잃거나 배우자에게 거부당하는 일을 경험하면, 친숙성 경계에 대한 도전은 극히 충격적일 수 있다.

- 표현성 경계(expressive-boundaries)는 어린 시절에 배우게 된다. 우리는 고함지르지 않기, 칭얼거리지 않기, 만지지 않기 등을 배운다. 미국 사회에서는 흔히 남자는 울면 안 된다고 배운다. 따라서 남자가 중요한 타인들과 접촉하려면 자신의 표현성 경계를 확장해야 할 필요가 있을지도 모른다.

접촉 경계 장애

자기와 다른 사람들 간의 경계가 모호해지거나, 무너지거나, 혹은 다른 방식으로 장애가 발생하게 되는 경우가 종종 있다(Clarkson, 2004). 사람들은 때때로 대상 혹은 다른 사람의 자애롭고 유익한 측면과 거리를 둔다. 어떤 의미에서 그런 사람들은 불균형 상태에 있고 그들의 욕구는 충족되지 않고 있다. 대상 혹은 사람들과의 접촉이 거부된다면 그 대상이나 사람과의 상호작용은 다음 다섯 가지 패턴 중 한 가지를 따르게 된다. 내사, 투사, 반전, 편향, 융합이 바로 그것이다(Polster & Polster, 1973).

내사(introjection)는 전체를 삼키는 것 혹은 검토하지 않은 채 다른 사람들의 관점을 수용하는 것을 의미한다. 예를 들어, 아동은 흔히 부모의 견해를 가치가 아니라 하나의 사실로 받아들인다. 아동이 자라면서 부모의 관점을 내사하는 일은 줄어든다. 내사는 어떤 때는 적절한 것일 수 있지만 어떤 때는 그렇지 않을 수 있다. 내사는 상황에 따라 건강한 것일 수도 있고 병리적인 것일 수도 있다.

투사(projection)는 자신의 어떤 속성이 다른 사람들에게 속한다고 여기고 그것을 무시하거나 자신의 속성이 아니라고 부인하는 것을 뜻한다. 죄책감이나 분노감이 들 때 흔히 사람들은 그것을 다른 사람 탓으로 돌린다. 이렇게 하면 일시적으로 기분이 나아질 수도 있지만 다른 사람들과 충분히 접촉할 가능성은 줄어든다. 투사에서는 자기 자신의 어떤 면이 다른 사람들에게 전가되는데, 그 결과 자신과 타인 간의 경계가 확장된다. 공부를 하지 않고서 시험에서 낙제했다고 교수를 비난하는 것이 투사의 한 예이다.

반전(retroflection)은 다른 누군가에게 하고 싶은 것을 우리 자신에게 하는 것을 말하거나 혹은 다른 사람들이 우리에게 해 주기를 바라는 것을 우리 자신을 위해 하는 것을 말한다. 다른 사람이 도와주기를 바라면서도 "나 혼자 할 수 있어."라고 하는 말은 반전의 한 예이다. 이러한 행동의 목적은 우리가 자족감을 느끼도록 하는 데 있지만, 그 결과 우리는 혼자라고 느끼고 다른 사람들과 단절되어 있다고 느낄 수 있다. 반전에서는 원래 한 사람에게서 나와서 다른 사람들에게 가야 할 어떤 기능이 방향이 바뀌어 그 사람 본인에게 되돌아온다. 극단적인 예로 자살은 살인을 대체하는 행동이 된다. 좀 더 상징적인 의미로 손톱 물어뜯기는 다른 사람들에 대한 적개심이나 그들의 머리를 물어뜯는 행위를 대체하는 행동일 수 있다. 이렇게 상징적으로, 손톱을 물어뜯는 사람은 자신이 다른 사람들을 대하고 싶은 방식으로 자기 자신을 대한다.

편향(deflection)은 다양한 정도의 접촉 회피를 말한다. 핵심을 말하지 않거나 과하게 공손하거나 끊임없이 말을 늘어놓는 사람은 편향을 보이고 있다. 즉, 접촉을 피하고 있는 것이다. 다른 예로는 어떤 사람에게 직접 말하기보다 무엇인가에 대하여 말하거나 강한 감정을 약한 감정으로 대체하기를 들 수 있다. 특히 심리치료 과정의 초기에 내담자들이 편향을 보이는 것은 흔히 있는 일이다. 즉, 문제에 대해 추상적으로 말하거나 마치 다른 사람의 문제인 것처럼 말하거나 관련이 없는 세세한 내용을 포함시키기도 한다. 신체 접촉을 피하는 것도 편향 접촉의 한 가지 예이다.

융합(confluence)은 자기 자신과 다른 사람들 간의 경계가 약해지거나 감소할 때 일어난다. 관계에서는 두 사람이 서로의 감정과 생각이 같다고 지각할 때가 있는데, 실은 이 두 사람은 각자의 감정과 가치를 덜 자각하고 있는 것이다. 다른 사람들에게 인정받고자 하는 욕구가 강한 사람들은 융합을 경험할 수 있다. 그들은 다른 사람들에게 인정받으려고 자신의 진정한 감정과 견해를 포기한다. 따라서 이들에게는 자신이 진정으로 어떻게 느끼거나 생각하는지를 아는 것이 어려운 일이다.

O'Leary(1997)는 융합과 공감을 비교하였는데, 이를 통해 인간중심 치료와 게슈탈트 치료가 서로 근접하도록 하는 데 기여했다. 건강한 융합은 다른 사람이나 집단에 대한 공감으로 경험될 수 있다. 하지만 건강하지 못한 융합은 개인을 다른 사람들로부터 소외시킬 수 있는데, 그 이유는 융합하는 사람들은 무조건적인 긍정적 존중이나 이해 없이 다른 사람들에게 동조하기 때문이다. O'Leary와 동료들(1998)은 인간중심적 게슈탈트 집단이 모델링을 통해 그리고 공감과 융합 및 다른 게슈탈트 접근 가르쳐 주기를 통해 어떻게 내담자들이 상담자에 의한 융합의 건강한 표현을 경험할 수 있는지를 보여 준다.

게슈탈트 치료자들은 접촉이 건강한 것이고 만족스러운 심리적 기능을 위해 필요하다고 가정한다. 내사와 투사, 반전, 편향, 융합은 접촉을 감소시키거나 피하거나 다른 식으로 저항하는 방법이다. 이들이 건강한 방식으로 사용되고 있는지 아니면 건강하지 못한 방식으로 사용되고 있는지를 판단하는 데 있어서 Frew(1988)는 두 가지 주요한 기준을 적용한다. 그는 사람들이 자신이 무엇을 하고 있는지, 그리고 자신의 특정한 양식이 어떻게 작동하는지를 자각하고 있는지를 알아보려 한다. 그는 또한 그런 양식을 통해 사람들이 자신의 현재 욕구를 충족시키는지를 평가하고 싶어 한다. 자신이 무엇을 하고 있는지 그리고 자신의 욕구가 어떻게 충족되고 있는지를 알아차린다는 것은 개인이 다른 사람들과 사물과의 경계와 접촉하고 있는 정도를 나타낸다. 게슈탈트 치료자들은 개인 치료와 집단 치료에서 사람들이 그들 자신이나 다른 사람들과의 심리적 접촉을 어떻게 피하는지를 주시한다.

알아차림

자신에 대한 알아차림은 게슈탈트 치료에서 내담자 주제를 개념화하는 중요한 부분이다. 알아차림은 다른 사람들 및 대상과의 접촉뿐만 아니라 자기 내면과의 접촉을 뜻한다(Clarkson, 2004). Polster & Polster(1973)는 다음 네 가지 유형의 알아차림을 제시했다. (1) 감각 및 행위에 대한 알아차림은 보는 것, 듣는 것, 만지는 것 혹은 그 외 다른 감각을 통해 감지하고, 움직임이나 음성 표현을 통해 자신을 표현하는 것과 관련된다. (2) 느낌에 대한 알아차림은 감정적 느낌 및 땀에 젖은 손바닥이나 짧은 호흡과 같은 신체적 느낌에 대한 알아차림을 말한다. (3) 필요에 대한 알아차림은 대학 졸업이나 복권 당첨과 같이 앞으로 일어나기를 바라는 일에 대한 열망을 알아차리는 것이다. (4) 가치와 평가에 대한 알아차림은 다른 사람들, 사회적 주제 및 영성적 주제, 그리고 이들과 관련된 사태들에 대한 평가 등을 포함하여 앞서 언급한 것보다 좀 더 큰 단위의 경험에 관한 알아차림을 말한다. 알아차림이란 기억해낸 어떤 것이 아니라 지금 일어나고 있는 것을 말한다.

온전히 알아차린다는 것은 자신의 경계와 접촉하고 있다는 것이다. Polster & Polster(1973)가 톰(Tom)에 대해 묘사한 다음 예시는 이 내담자가 감각과 행위, 감정 및 욕구를 좀 더 알아차리도록 치료자가 어떻게 도와주는지를 보여 준다. 이 예시는 게슈탈트 치료자가 알아차림의 증진에 얼마나 가치를 두는지를 나타내고 있다.

한 치료 회기에서 발췌한 다음 내용은 순간순간의 알아차림을 따라가는 것을 보여 주는 예시이다. 이 회기에서 톰은 자신의 턱이 굳어 있음을 알아차리는 데서 시작하여 여러 중간 단계를 거쳐 정형화된, 자신의 말하는 방식을 느슨하게 하고 어린 시절의 몇 가지 기억을 되살리기에 이르렀다. 목회자인 톰은 말할 때 자신이 원하는 대로 단어들을 발음할 수 없다고 느꼈다. 그의 목소리는 기계음 같은 음조를 띠었고 그는 금속성 소리를 내는 로봇처럼 단어를 내뱉었다. 나는 톰의 턱이 특이하게 각이 져 있다는 사실에 주목하고 턱에서 무엇이 느껴지는지를 물어보았다. 그는 굳어 있음을 느낀다고 했다. 그래서 나는 그에게 입과 턱의 움직임을 더 과장되게 해 보라고 요청했다. 그는 이러한 제안을 받고 자신이 매우 억제되어 있다고 느꼈고, 처음에는 당혹감, 그런 다음 고집스러움에 대한 알아차림을 말해 주었다. 그는 부모님이 그에게 말할 때 분명하게 말소리를 내라고 들볶곤 했고 그는 애써 일부러 그렇게 하지 않으려고 했던 일을 기억해냈다. 이때 그는 목에서 조임을 알아차렸다. 그는 자연스러운 호흡에 기대기보다, 근육이 긴장된 채 억지로 소리내어 말하고 있었다. 그래서 나는 톰에게 말소리를 낼 때 공기를 좀 더 불어넣어보라고 요청하면서, 공기를 더 사용하고 공기를 지지의 근원으로 느낌으로써 말하기와 숨쉬기를 협응하는 법을 알려 주었다. 그는 제대로 협응하지 못했고, 심할 정도로 잘 못해서 거의 말을 더듬을 지경이었다. 그래서 나는 그에게 말을 더듬어본 적이 있는지 물어보았는데, 그는 깜짝 놀란 듯 보였다. 그때 그에게 말하기와 숨쉬기를 협응하는 데 어려움이 있음을 알아차리게 되었고, 그는 예닐곱 살 때까지 말을 더듬었다는 것을 그때까지 까맣게 잊고 있었다는 사실을 기억해냈다. 그는 서너 살 무렵 어느 날 일어났던 일의 한 장면을 떠올렸다. 그의 어머니가 멀리 떨어진 곳에서 전화를 했는데, 그에게 원하는 게 무엇인지 물어보았다. 그는 '아이스크림(ice cream)'이라고 말하려고 애썼는데, 어머니가 잘못 알아듣고 '나는 소리질러(I scream)'로 말했다고 생각하고, 그가 동생에게 소리지를 것이라고 말한 것으로 받아들여 몹시 화를 냈다. 그는 또 다른 장면도 기억해냈다. 그 장면에서 어머니는 화장실에 있었고 그때 그는 거기에서 나오는 어떤 소리를 들었는데, 처음에는 그것이 엄마의 웃음소리라고 생각했다. 그러다 그것이 웃음소리가 아니라는 것을 깨닫고는 깜짝 놀랐다. 엄마는 히스테리를 부리듯 울고 있었던 것이다. 톰은 불일치가 주는 끔찍한 느낌을 다시 한번 떠올렸다. 이런 이야기를 하면서 그는 엄마에게 오해받고 또 자신이 엄마를 오해했을 때 겪었던 혼란스러운 느낌을 알아차리게 되었다. 이처럼 오래된 감각을 되살려낸 후 그의 말소리는 좀 더 열렸고 턱도 부드러워졌다. 그는 안도감을 느꼈고 새로워진 느낌을 받았다. (Polster & Polster, 1973, pp.212~213)

이론의 적용

현재

게슈탈트 치료에서는 현재를 통해 과거와 미래 사건을 보게 된다. 현재가 중요한 또 다른 이유는 개인의 신체 및 감각 체계는 현재 시점에서만 볼 수 있기 때문이다. Yontef(2007)는 내담자가 자기수용을 경험하고 순간의 알아차림을 느끼며, 떠오르는 것에 전념할 수 있도록 현재의 즉각적인 순간에 초점을 두는 데에는 많은 이점이 있다고 본다. 사건에 대해 이야기를 하는 내담자는 그 사건으로부터 떨어져 있고 현재에 있지 않다. 이렇게 가장 중요한 것은 현재이지만 개인의 과거사와 미래 계획도 고려 대상이다. 게슈탈트 치료자들이 평가하는 것은 흔히 과거와 미래가 현재에서 기술되는 방식이다.

과거가 어떻게 현재에 영향을 미치는지를 살펴보는 한 가지 방식은 미해결된 과제라는 개념을 통해서이다(Joyce & Sills, 2001). 이 개념은 표현되지 않고 있지만 과거에서 비롯된 것으로 현재에서 다루어지고 있는 감정을 말한다. 이러한 감정은 분노, 미움, 죄책감, 두려움 등일 수도 있고, 여전히 개인의 내면에 있는 기억이나 환상일 수도 있다. 때때로 미해결된 과제는 돈이나 성, 혹은 다른 주제에 대한 집착의 형태를 띨 수도 있다. 미해결된 과제에 대한 작업을 통해 내담자는 게슈탈트를 완성한다. 이런 작업이 완결되면 과거에 대한 집착이 종결된다. 이와 유사한 개념으로 Handlon & Fredericson(2007)이 제안한 미해결된 쾌락이 있다. 이것은 개인이 어떤 활동의 즐거움을 누릴 수 있도록, 마무리 짓지 않은 채 내버려 둔 어떤 즐길 만한 일을 완결시킬 수 있는 것을 말한다.

앞서 제시한 예에서 톰은 과거를 현재로 가져온다. 굳어 있는 턱은 늘 부모에게서 분명하게 말하라고 잔소리를 듣곤 했던 일을 떠오르게 한다. 그것은 또한 '아이스크림'을 말하려는 그의 시도를 엄마가 잘못 받아들인 일과 관련된 미해결된 과제를 상기시키고, 또한 엄마가 웃는 게 아니라 울고 있음을 깨달았을 때 그가 느꼈던 불일치의 감정을 떠올리게 한다. 과거를 현재로 옮겨놓음으로써 그는 안도감을 느낄 수 있었다. 미해결된 과제가 완결되었다. 이 예시에서 톰은 엄마에 관하여 말한 것이 아니라 심리치료 시간에 그 상황을 느끼고 있다는 점에 주목하라. Yontef & Jacobs(2014)가 지적하고 있듯이 과거를 현재로 가져올 수 있도록 정서와 비언어적 행동을 다룰 수 있는 현재에 머물러 있는 것이 중요하다.

게슈탈트 심리치료 이론

게슈탈트 치료의 기본적인 목표는 알아차림을 통해 성장과 개인적 통합을 이루어내는 것이다. 이것은 좋은 치료적 관계의 형성을 통해 달성된다. 이러한 치료 목적에 따라 치료자의 역할은 다른 이론에서 제시하는 것과는 차이가 있고, 현재와 알아차림의 활용을 강조한다. 게슈탈트 치료에서 평가의 상당 부분은 상담자가 내담자를 순간 순간 관찰하는 것을 통해 이루어진다. 관찰은 내담자와 상담자에게 문제를 개관하는 데 유익한 정보를 제공한다. 이런 평가를 통해 상담자는 내담자의 알아차림을 증진시킬 수 있는 언어적, 비언어적 절차를 도출해낸다. 알아차림에 대한 접근들을 통합하는 데에는 창의성과 경험이 요구된다.

치료 목표

Perls는 치료 목표를 내담자들이 성장하도록 돕는 것이라고 하였다(1969b, p.26). 이러한 정의에서 내포하는 것(Passons, 1975)은 자기 자신에 대한 책임, 즉 내담자가 다른 사람이 아니라 자기 자신을 의지하도록 돕기를 강조하는 것이다(Perls, 1969b). 상담자는 내담자가 자신이 할 수 있다고 스스로 생각하는 것보다 훨씬 더 많은 것을 할 수 있다는 것을 보도록 도와주어야 한다. 이렇게 하면 내담자는 좀 더 알아차리게 되고 자기실현을 향해 나아간다.

성숙과 성장이라는 목표에는 통합의 달성이라는 목표가 내포되어 있다. Perls는 "자신이 속해 있는 사회에 의해 삼켜지거나 혹은 사회로부터 완전히 철수하지 않은 채 사회에 관심을 갖고 접촉하면서 살 수 있는 사람은 잘 통합된 사람이다."(1973, p.26)라고 말했다. 통합은 한 사람의 감정과 지각, 생각 및 신체 과정이 좀 더 큰 전체의 일부를 이룬다는 것을 의미한다(Gary Yontef, 개인적 교신, 1998. 9. 1.). 어떤 사람이 충분히 통합되어 있지 않으면 빈틈들이 있고, 그 사람은 접촉 경계 장애를 경험할 가능성이 있다. Perls(1948)는 이전까지 소외되어 있던 부분들의 통합을 치료의 매우 중요한 목표로 여겼다.

성숙과 성장 및 통합에 기본적인 것은 알아차리는 능력의 개발이다(Yontef & Jacobs, 2014). Perls는 "알아차림은 그 자체로 치유적일 수 있다."(1969b, p.16)라고 했다. 그는 유기체나 개인은 온전한 알아차림을 통해 자신을 조절하고 최적의 수준에서 기능할 수 있다고 보았다. 충분히 알아차리는 사람들은 자기 주변의 환경을 알아차리고 자신의 선택에 대해 책임지며 자기 자신을 수용한다.

Zinker(1978, pp.96~97)는 게슈탈트 치료에서 사람들이 자신과 환경에 대해 좀 더 온전히 알아차릴 수 있도록 도와주는 방식을 좀 더 상세하게 소개하고 있다.

- 자신의 신체, 감정, 환경을 좀 더 온전히 알아차리게 된다.
- 자신의 경험을 다른 사람들에게 투사하기보다 자기 자신의 것으로 인정하고 받아들인다.
- 다른 사람의 권리를 침해하지 않으면서 스스로를 만족시킬 수 있도록 자신의 욕구와 기술을 알아차리는 법을 배운다.
- 감각(냄새 맡기, 맛보기, 만지기, 듣기, 보기)과 좀 더 충분히 접촉함으로써 자신의 모

든 측면을 음미하게 된다.

- 징징거리거나 비난하거나 죄책감을 만들어 내는 대신에 자신을 지지할 수 있는 힘과 능력을 경험한다.
- 자기 주변에 민감하며, 위험할 수 있는 환경의 측면들로부터 자신을 보호할 수 있다.
- 자신의 행동과 결과에 대해 책임지는 것은 좀 더 큰 알아차림의 한 부분이다.

치료가 전개되면서 사람들은 점차 좀 더 편안하게 자신의 에너지를 경험하고 생산적이고 온전한 방식으로 그것을 사용한다(Zinker, 1978). 이것이 게슈탈트 치료의 일반적인 목표다. 상담자는 자신이 관찰한 것을 말해 주고 내담자가 좀 더 알아차리도록 격려함으로써 내담자가 자신의 목표를 달성하도록 도와준다.

게슈탈트 치료는 자신을 억제하는 사람들에게 특히 적합하다. 예를 들어, 과도하게 사회화되었거나, 어떤 면에서 자신이 억눌려져 있거나 제약되어 있다고 느끼는 사람들이 이런 유형에 해당한다. 완벽주의적이거나 공포증이 있거나 우울하다고 느끼는 사람들은 자신과 다른 사람들에 대한 알아차림을 억제한다. Shepherd(1970)는 게슈탈트 치료를 통해 내담자들이 자기 자신과 접촉하고 관습적인 목표나 관계에 불만족을 경험하게 되면서, 많은 사회적 상호작용에서 좌절감을 느끼고, 그들이 이룬 성장이나 알아차림의 경험을 공유하지 않는 사람들과 그들 사이에 공통점이 적다고 느낄 위험이 있다고 경고한다.

치료 관계

게슈탈트 치료가 효과를 내는 데에는 좋은 치료 관계가 중요한 역할을 한다. 게슈탈트 치료는 Carl Rogers와 Martin Buber의 저술에 영향을 받았고, 좀 더 근래에는 자기심리학과 관련된 접근인 상호주관성 이론에서 나온 개념에도 영향을 받고 있다. 게슈탈트 치료에 영향을 미친 이 모든 것은 내담자를 이해하고 이러한 이해를 내담자에게 전달하는 방식에 초점을 둔다. 이후에 설명할 게슈탈트 치료적 개입은 내담자와 상담자 관계의 맥락 안에서 적용된다.

내담자의 경험에 조율하는 것은 Rogers에게는 중요한 부분이었다. 게슈탈트 치료자들도 이 점에 동의하면서, 공감을 강조하는 Rogers의 입장에 동조한다. 상담자가 진술하고 또한 자신이 내담자를 이해하고 있음을 보여 주는 것은 치료의 중요한 측면이다(Elliott & Greenberg, 2007). 상담자의 공감적인 반응은 내담자에게 지속적으로 지지를 제공하는 원천이다. 이에 더해 내담자는 스스로 치료에 대한 동기 부여와 지적 능력, 치료에 대한 전념을 통해 자기 자신을 지지한다(Yontef, 1995).

알아차림을 통해 성장을 이끌어 내려면 상담자와의 의미 있는 관계가 필수적이다(Yontef, 2007; Yontef & Jacobs, 2014). 나와 너 관계(I-thou relationship)에 대한 Buber(1965)의 논의는 대화적 관계(a dialogic relationship)에 대한 게슈탈트 관점을 이해하는 데 중요하다. 대화는 상대편에게 무엇인가를 하기 위해서가 아니라 그 사람을 만나거나 이해하기 위해 존재한다. 이러한 대화에서 사람들은 상대편과는 분리된 자신의 존재를 알아차리는 가운데 상대편을 충분히 알아차리게 된다. 대화는 일어나는 것이지, 어떤 성과를 염두에 두고 그 방향으로 몰아가는 것이 아니다. 대화에서 상담자는 진솔하면서 동시에 내담자의 욕구에 초점을 둔다. 대화적 관계에 대한 상세한 기술은 Hycner & Jacobs(1995)의 책에서 찾아볼 수 있는데, 이들은 Buber의 저술과 상호주관성 이론에 영향을 받았다. 상호주관성 이론가들은 정신분석의 틀 안에서 저술하면서, 내담자와 상담자 간의 쌍방향적인 관계의 중요성을 강조한다(Sapriel, 2012).

게슈탈트 치료에서 이루어지는 평가

전통적으로 게슈탈트 치료는 진단이나 평가라는 주제를 체계적으로 다루지 않았다. 전형적으로 게슈탈트 치료자들은 내담자의 신체 움직임이나 감정, 감각 혹은 그 외 다른 소재를 포함하는 치료의 순간순간에 관심을 기울인다. Joyce & Sills(2001)는 심리치료에서 다룰 수 있는 문제를 파악하기 위해 내담자와 상담자가 함께 작업할 수 있는 진단적 접근의 게슈탈트 치료를 권장한다. 이들은 내담자 알아차림과 접촉 경계 장애를 광범위한 유목으로 분류하여 평가하는 간략한 '내담자 평가지'를 고안하였다. Yontef(1988)는 게슈탈트 치료가 그 자체로는 자기애적 성격 장애나 경계선 성격 장애와 같이 심각한 문제를 가진 내담자들을 돕기에 충분한 진단적 정보를 제공하지 않는다고 하였다. 그는 대상관계 이론과 상호주관성 이론에 기초하여 얻어낸 발달적 관점에서의 통찰이 배경 지식을 제공하고, 게슈탈트 치료 과정은 이것과 통합된 방식으로 적용될 수 있다고 본다. Yontef(2001)는 분열성적 기능(schizoid functioning, 다른 사람들과 정서적 유대감을 형성하기가 어려움)을 보이는 사람들의 아동기 주제를 설명하면서 이런 통합된 적용 방식의 예시를 보여 주었다. 다른 심리치료적 접근들을 어떤 방식으로 치료에 통합하는지는 게슈탈트 치료자들마다 다르기 때문에 평가에 대한 게슈탈트 치료의 접근도 상담자에 따라 크게 다르다.

게슈탈트 치료자들이 사용할 수 있는 평가에 대한 접근으로 주기적 접근(a cyclical approach)을 들 수 있다(Clarkson, 2004). Melnick & Nevis(1998)는 경험하기의 주기(experiencing cycle)를 활용하여 다섯 가지 단계(감각/알아차림, 에너지 동원, 접촉, 해소/종결, 철회)에 주목하여 어떻게 장애의 유형을 진단하는지 설명하고 있다.

- 감각/알아차림(sensation/awareness)은 감각을 통해 경험을 받아들이는 것을 포함한다. 경계선 성격 장애가 있는 내담자는 감각의 유입 과정에서 왜곡이 있기 때문에 흔히 관계를 유지하는 데 어려움을 겪는다.
- 에너지 동원(mobilization)이란 알아차림에서 어떤 욕구나 바람의 형성으로 나아가는 것을 의미한다. 공포증과 그 외 다른 불안을 경험하는 사람들은 행위하는 쪽으로

움직이기보다 행위나 사태를 피하는 경향이 있다. 미국에서 파리로 가고 싶은 어떤 사람이 비행기 타기를 두려워하여 파리로 가지 않을 수도 있다. 이런 사람들은 자신의 바람을 행동으로 옮기기 위해 실행하기를 주저할지도 모른다.

- 접촉(contact)은 정서적 흥분을 일으키고 자기 자신 및 다른 사람들과 접촉하는 것을 의미한다. 연기하듯(histrionically) 기능하는 사람들은 매우 감정적이지만 정작 자신의 느낌은 잘 알아차리지 못하거나 다른 사람들과 정서적으로 잘 관계하지 못할 수도 있다. 그들은 느긋해질 필요가 있고 자신의 날 감정(raw feelings)만이 아니라 자기 자신과 다른 사람들에 대한 감정을 좀 더 알아차려야 한다.

- 해소/종결(resolution/closure)은 사람들이 경험에서 물러나면서 일어나는 것이다. 외상 후 스트레스 장애가 있는 사람들은 강도나 강간과 같은 외상 경험에서 벗어나는 데 어려움을 겪는다. 게슈탈트 치료자들은 종결을 위해서는 반드시 문제를 해소하고 그 문제에 대한 감정을 표현하는 방법을 찾아야 한다는 점을 이들이 인정하도록 도와준다.

- 철회(withdrawal)는 경험하기의 주기가 종결에 이르러 다른 접촉 경험으로 이동하면서 일어난다. 어떤 점에서 이것은 해소/종결 단계의 끝이다. 외상 후 스트레스 장애를 가진 사람들은 해결/종결에 어려움을 겪듯이 철회에서도 어려움을 겪기 쉽다. 이들은 다른 경험으로 넘어가기가 어렵다.

게슈탈트 치료자들이 전통적인 진단 범주를 점점 더 많이 활용하고 있고, 행정의 목적과 보험에 의한 치료비 환급의 목적을 위해서도 그렇게 할 필요가 있기는 하지만, 그들은 동시에 사례를 개념화하고 내담자를 평가하기 위해 다양한 접근을 활용할 수 있다. 많은 게슈탈트 치료자들은 평가 과정의 일부로 정신분석의 관계적 모델과 같은 다른 심리치료 체계를 활용하고 있어서(Jocobs, 2005) 게슈탈트 치료자들이 사용하는 평가 기법은 다양할 가능성이 높다.

치료적 변화

게슈탈트 치료에서는 내담자와 상담자가 충분히 현전함(fully present)으로써 충분히 기능하는 '나와 너' 관계의 형성을 가능하게 한다. 상담자의 방어적이지 않은 자세와 자기 자신 및 내담자에 대한 알아차림은 변화를 위한 분위기를 조성한다(Yontef & Fuhr, 2005). 변화는 내담자의 소망 탐색을 통해 일어난다(Yontef & Jacobs, 2014). 좌절감을 느끼는 부분이 있다면 상담자는 그것을 살펴본다. 탐색해 보자는 상담자의 제안을 내담자가 따르기를 주저한다면 상담자의 지시를 따르도록 밀어붙이기보다 부드럽게 내담자의 주저함을 탐색한다. Beisser(1970)는 변화 과정이 역설적이라고 언급하면서, "변화는 우리가 자신이 아닌 어떤 사람이 되려고 애쓸 때가 아니라 우리 자신이 되려고 할 때 일어난다."(p.77)라고 했다.

내담자가 심리치료에서 교착 상태에 빠지고 변화하는 데 어려움이 있을 때 Perls(1969b)는 아무런 진전이 없다는 그 느낌에 머물러 보라고 제안하였다. Perls는 어떤 사람들은 무슨 일이 일어날까 봐 두려워하기 때문에 진전을 만들 수 없다고 보았다. 어떤 내담자는 "내가 내 친구 해리(Harry)와의 관계를 솔직하게 들여다보면 어떤 친구관계도 남아 있지 않을 테고 아마 나한테는 친구가 한 명도 없을 거예요."라고 말할지도 모른다. 게슈탈트 치료자는 내담자가 이런 막힘을 경험하고 해리와의 관계를 탐색할 때 일어날지도 모른다고 예상하는 것을 실험해 보거나 상상하도록 도와준다. 이러한 교착 상태를 해결해 나가는 작업이 게슈탈트 치료의 변화 과정에서 중요한 부분이다.

변화 과정은 Miriam Polster가 기술한 통합의 3단계 과정을 살펴보면 좀 더 명확하게 이해할 수 있다(Polster, 1987). 첫 번째 발견(discovery) 단계에서 내담자는 자기 자신이나 어떤 오래된 문제 혹은 상황에 대한 새로운 관점을 갖게 된다. 두 번째 조절(accommodation) 단계에서는 자신이 선택할 수 있는 대안들이 있고 이전과는 다른 행동을 시도할 수 있음을 알게 된다. 이 과정에서 상담자의 지지가 특히 중요하다. 세 번째 동화(assimilation) 단계에서는 새로운 행동을 선택하고 시도하는 것에서 더 나아가 자신이 처한 상황에서 변화를 만들어 내는 법을 배우게 된다. 이 시점에서 내담자는 자신이 다른 사람들에게 원하는 것을 얻어내는 데 있어서 자기주장적으로 행동하는 경향이 있다. 그런데 내담자들이 깔끔하게 이 세 단계에 따라 진전을 보이는 것은 아니며, 또 일부는 각 단계를 충분히 경험하지 못할 수도 있다. 하지만 내담자 성장에 대한 Polster의 모델은 변화 과정을 개관할 수 있는 하나의 틀을 제공한다.

알아차림 증진하기

이론의 적용

이 절의 목적은 치료 관계의 맥락에서 내담자 알아차림의 변화를 가져오기 위해 게슈탈트 치료자들이 사용하는 다양한 방법을 보여 주는 것이다. 게슈탈트 치료자들은 인지적 방법이나 행동적 방법과 같은 기법을 사용할 수 있지만, 이런 기법은 어디까지나 내담자가 어떤 다른 것을 해 봄으로써 무엇인가를 배울 수 있도록 도와주는 실험이다. 게슈탈트 치료자들은 알아차림의 증진이라는 목표에 초점을 두고 내담자 성장을 촉진하기 위해 많은 연습과 실험을 개발해왔다. 연습은 집단이나 개인 상담에서 사용되는 구체적인 기법을 말한다. 실험은 내담자가 교착 상태에 부딪히거나 알아차림을 힘들어할 때 이런 어려움에 맞게 상담자가 고안해 내는 혁신이다. 치료에서 적용된 연습을 통해 내담자가 어떤 것을 배우거나 알아차림을 얻는 새로운 방법을 배우게 되면 그때 연습은 실험이 된다. 어떤 기법은 비교적 단순한데, 그 예로 알아차림에 대해 언급하거나 그것을 강조하는 것을 들 수 있다. 또 어떤 기법은 언어적 혹은 비언어적 행동을 통해 알아차림을 증진한다. 어떤 연습과 실험은 자기에 대한 알아차림을 증진하고, 또 어떤 것은 다른 사람에 대한 알아차림을 증진한다. 흔히 빈 의자에 말하기를 포함하는 자기 자신과의 대화는 자기의 다른 부분을 알아차리게 되는 수단이다. 시연하기(enacting), 즉 자기 자신이나 다른 사람의 여러 부분에 대해 역할 연기를 하는 것은 변화를 가져오는 극적인 게슈탈트 실험이 될 수 있다. 게슈탈트 치료자는 알아차림을 높이는 수단으로 꿈을 다루는 방법을 창의적으로 고안해왔다. 게슈탈트 치료자들은 또한 치료 회기에서뿐만 아니라 내담자의 일상에서 알아차림의 증진을 강화할 목적으로 과제를 활용한다.

알아차림 진술문과 질문 알아차림이 비교적 단순한 질문을 통해 증진될 때도 있다 (Passons, 1975, p.61). 예를 들어, 어떤 내담자가 어머니와 나눈 전화 통화 내용에 대해 이야기 한다면, 상담자는 현재 시점에서 내담자에게 일어나고 있는 반응에 초점을 두기 위해 단순 히 "지금 알아차리고 있는 게 무엇인가요?"라는 질문을 던진다. 때로 상담자는 다음과 같이 좀 더 면밀하게 알아차림에 초점을 둔다. "멜, 당신은 그 의자에 앉아 있으면서 무엇을 하고 있는지를 알아차릴 수 있나요?"라고 물어보거나 혹은 한 걸음 더 나아가 '나는 당신이 ……하고 있다는(혹은 ……인) 것을 깨닫고 있다.'라는 진술문을 사용하여(Passons, 1975, p.63), "멜, 당신은 의자에 앉아서 무릎을 쳐다보고 있다는 걸 알겠네요."라고 말한다. 그리고 알아 차림을 증진하기 위해 내담자가 '지금 내가 알아차리고 있는 것은……'이라는 문장을 사용 하도록 요청하는 것이 적절한 경우도 있다. 예를 들어, "멜, 당신이 거기에 앉아서 무릎을 쳐 다보고 있는 동안, '지금 내가 알아차리고 있는 것은……'이라는 문구를 써서 문장을 완성시 키고, 그런 다음 '지금 나는 책상 위에 있는 사전을 알아차립니다. 지금 나는 선생님 뒤에 있 는 램프를 알아차립니다.' 등과 같은 다른 문장들을 만들어 볼 수 있을까요?"라고 말할 수 있 다. 이런 진술문과 질문은 치료 작업 과정에서 비교적 쉽게 활용할 수 있다.

알아차림 강조하기 때로는 단순히 내담자가 어떤 행동을 반복하도록 요청하는 것이 유용 하다. 예를 들어, '손을 다시 한 번 비틀어 보세요.'라고 말한다. 게슈탈트 용어를 빌려 표현하 자면, 이런 개입은 전경을 좀 더 분명하게 하고 배경과 좀 더 분리되도록 한다. 이와 유사하 게 내담자에게 자신이 느끼고 있는 감정에 '머무르도록' 요청하는 것은 전경을 앞으로 가져 오게 함으로써 알아차림을 선명하게 해 준다. 어떤 행동을 과장해 보는 것도 내담자의 지금 알아차림을 강조한다. 예를 들어, 어머니에 대해 비판적인 아들에게 자기 목소리에서 비판 적인 어조를 과장해 보라고 요청함으로써 그것과 좀 더 접촉하도록 하는 것이 적절할 수 있 다. Levitsky & Perls는 "당신에게 문장을 하나 제안해도 될까요?"(1970, p.148)라는 문구를 사 용할 것을 제안하였다. 이 말을 시작으로 해서 상담자는 현재 만남에서 내담자가 더 알아차 렸으면 하고 그가 바라는 특정한 부분을 골라낸다. 반대로 하기(reversal)는 이와 비슷하지만, 알아차림을 증진하는 데 있어서 과장하기와는 정반대의 접근이다(Levitsky & Perls, 1970, p.146). 이 기법에서는 보통 나긋나긋하게 말하는 내담자에게 말소리를 크게 하고 건방지게 들리도록 소리를 내라고 요청한다. 이렇게 함으로써 나긋하게 말하는 자신의 어투에 대한 알아차림을 높이는 것이다.

언어를 통한 알아차림 증진하기 게슈탈트 치료자는 간접적이고 모호한 말보다 내담자에게 자신과 자신의 성장에 대한 책임을 부여하는 말을 선호한다. 예를 들어, '그것'과 '당신'과 같은 대명사를 '나'로 바꿈으로써 상황에 대한 책임을 개인에게 돌릴 수 있다. 이와 관련하여 Passons가 제시한 예는 다음과 같다.

> 내담자: 올해는 데이트를 많이 못했어요. 내년엔 다를 거예요.
> 심리치료자: 다를 거라고요? 누구에 대해 말씀하시는 건가요?
> 내담자: 저요, 제가 다를 거라고요.
> 심리치료자: 무엇을 다르게 하실 건가요? (1975, p.78)

이 상황에서 상담자는 데이트를 많이 하는 일이 일어나기를 기다리기보다 데이트를 잡는 책임을 내담자가 지도록 도와주고 있다.

어떤 동사(verbs)의 사용은 책임과 알아차림을 증진할 수 있는 내담자의 능력을 저해한다. Passons는 이러한 흔한 예로 다음 세 가지를 제시하였다(1975, pp.81~87).

- '할 수 없다' 대 '하지 않겠다': 내담자는 '나는 어떤 이유 때문에 이것을 하지 않기를 선택한다.'라는 뜻으로 '나는 하지 않겠다.'라고 말하는 것이 더 적절한데도 흔히 '할 수 없다'라는 단어를 사용하는데, 이런 말은 내담자에게 '자신이 어떤 것을 할 수 없다.'는 느낌을 준다.
- '필요로 하다' 대 '원하다': 대개 소망(wants) 목록은 필요 목록보다 훨씬 길게 마련이다. '나는 인기 있는 사람이 될 필요가 있다.'보다 '나는 인기 있는 사람이기를 원한다.'와 같이 '원한다.'라는 단어를 사용하는 것이 유용하다. 이 단어가 더 정확하고 덜 급박하며 불안을 적게 유발한다.
- '해야 한다' 대 '선택한다': **'필요로 하다**(need)'와 마찬가지로 '**~해야 한다**(must)'도, '**~하기를 선택한다**(choose to)'는 말에는 없는, 급박함과 요구 및 불안을 내포한다. '**선택한다**'는 말은 선택에 대한 책임을 내담자에게 부여한다.

다른 동사를 사용해서 실험하는 것과 마찬가지로, 질문을 평서문으로 바꾸는 것도 흔히 내담자의 책임을 강조하는 데 유용하다. 사실 어떤 질문은 질문이라기보다 선언문이라 할 수 있다. 이런 유형의 질문은 내담자의 책임을 축소시키고, 그 결과 알아차림을 제한한다.

> 내담자: 저를 아시잖아요. 제가 내년에 학교에 가지 않는 게 더 낫다고 생각하지 않으세요?
> 심리치료자: 그 질문 속에 당신의 답이 있는지도 모르겠네요. 그 질문을 평서문으로 바

꾸어 본 다음 어떤 말을 하고 싶으신지 알아 봅시다.

내담자: 내년에 학교에 가는 건 나한테 맞지 않아. 어쨌든 지금은 아니야. (Passons, 1975, p.91)

이것은 내담자의 알아차림과 책임성을 축소시키는 언어 사용의 몇 가지 흔한 예이다. 게슈탈트 치료자는 적절하다고 판단되는 시점에 내담자의 언어 사용을 주의 깊게 경청함으로써 내담자가 자신에 대한 알아차림을 증진하도록 도와준다.

비언어적 행동을 통한 알아차림 비언어적 행동에 주목하기는 게슈탈트 치료자들에게 특히 유용할 수 있다. Passons는 치료에서 비언어적 행동에 주목해야 할 이유로 다음 네 가지를 제시하였다(1975, pp.101~102). 첫째, 각각의 행동은 특정 순간 어떤 사람에 대한 표현이다. 둘째, 사람들은 일반적으로 자신이 몸으로 무엇을 하고 있는지를 의식하기보다 자신이 하고 있는 말을 듣는 데 더 집중한다. 셋째, 비언어적 행동은 대개 즉흥적인 데 비해 언어적 행동은 흔히 사전에 생각해 본 것이다. 넷째, 통합된 방식으로 기능하는 사람에게는 비언어적 표현과 언어적 표현은 서로 조화를 이룬다. 상담자들은 입, 턱, 목소리, 눈, 코, 목, 어깨, 팔, 손, 몸통, 다리, 발 등의 신체 일부 그리고 몸 전체에 반응을 보일 수 있다.

내담자: 대학 진학에 대한 압박이 정말 느껴집니다. 대학 졸업장 없이는 제가 할 수 있는 게 정말 없는 것 같아요.

심리치료자: 이런 압박에 대해 당신은 어떻게 반응하고 있나요?

내담자: 저는 다른 사람들만큼 대학 진학에 대해 들뜨지는 않아요. 그래서 그것에 대해 별로 하는 건 없어요. (이 말을 하면서 팔짱을 낀다.)

심리치료자: 조앤(Jo Anne), 지금 팔에 집중해서 그 상태로 있어 볼 수 있겠어요?

내담자: 네.

심리치료자: 그 상태에서 뭐가 느껴지나요?

내담자: 팔이 단단하네요. …… 마치 제가 매달려 있는 것 같아요.

심리치료자: 어디에 매달려 있죠?

내담자: 저 자신한테요. 만약 이렇게 하지 않으면 사람들이 절 이리저리로 몰아붙일 거예요. 사람들은 제가 이런 상황에서 어떻게 버텨낼 수 있을지 몰라요. (Passons, 1975, pp.117~118).

Passons(1975)는 조앤이 자신에게 맞지 않는 쪽으로 사람들이 방향 제시를 할까봐 두려워서 압력에 저항하고 있다는 논평을 제시한다. 그녀가 자신의 저항에 얼마나 또 어떻게 관여하고 있는지를 좀 더 알아차리게 되면 자신이 대학 진학에 반대하고 있는 이유를 알게 될 것이다. 그렇게 되면 대학에 가는 것과 가지 않는 것을 두고 좀 더 명료한 결정을 할 수 있을 것이다.

자신과 타인에 대한 알아차림　때로 사람들은 다른 사람이 '되어 봄'으로써 자신과 다른 사람을 이해할 수 있다. 이 접근은 흔히 인종 관계 워크숍에서 적용되는데, 여기에서는 인종이 서로 다른 사람들에게 각자 상대방의 역할을 해 보라고 요청한다. 내담자에게 어머니가 되어서, 그가 새벽 2시에 집에 들어올 때 어머니가 할 말을 해 보라고 요청하는 것은 내담자에게 '당신이 새벽 2시에 들어오면 어머니가 뭐라고 생각하실까요?'라고 묻는 것보다 종종 더 유용하다. 이런 식으로 내담자는 자신과 다른 사람 간의 분별에 대한 알아차림을 좀 더 기를 수 있다.

　　때로는 내담자가 감정이나 비언어적 행동 같은 자기의 일부분에 대해 좀 더 알아차리는 것도 도움이 된다(Passons, 1975). 예를 들어, 내담자가 '제가 마르시(Marcie)에게 아주 차갑게 대할 때도 종종 있어요.'라는 말을 할 수 있다. 이에 대해 상담자는 '목소리에 냉정함을 담은 차가운 자기가 되어 보세요. 그리고 마르시가 여기 있다고 생각하고 그녀에게 말해 보세요.'라고 반응할 수 있다. 상담자가 내담자 신체의 일부에 대해 비슷한 기법을 적용할 수도 있다. 예를 들어, 내담자가 말하면서 상담자에게 손가락질을 하고 있다면 상담자는 '그 손가락이 하고 싶은 말이 뭔지 들어 봅시다. 손가락이 힘차게 나를 향하고 있거든요. 할 수 있다면 거기다 말을 붙여 보세요.'라고 할 수 있다. 이와 같이 아주 다양한 상황에서 상담자는 내담자가 자신을 좀 더 알아차리게 되도록 자기 전체에서 분리시킨 일부분이 되어 보거나 다른 사람이 되어 보도록 요청하는 기법을 선택할 수 있다.

감정에 대한 알아차림 증진하기　게슈탈트 치료에서는 감정에 주의를 기울이는 것이 특별히 중요한데, 그 이유는 감정이 사람을 움직이게 하는 에너지를 제공하고 그 사람에게 중요한 환경적 측면에 대한 지향을 제공하기 때문이다(Passons, 1975). 게슈탈트 치료자는 표현된 감정에 공감적으로 반응하기도 하지만 감정 표현을 촉진하기 위한 활동을 개발하여 자주 사용하기도 한다. Polster & Polster는 어떻게 감정이 때로는 엉뚱한 사람을 향하거나 제대로 표현하지 못하는지를 논의하였다(1973, p.226). 그들은 필리스(Phyllis)의 예를 제시했는데, 상사에 대한 그녀의 원망과 분노는 그가 그녀의 삶에 미치는 실제 영향력에 비해 부풀려져 있었다. 필리스가 상사에 대한 분노와 관련된 교착 상태를 넘어설 수 있도록 도와주기 위해서는 좀 더 창의적인 접근이 필요했다.

　　어느 날 나는 필리스가 특별한 관심을 많이 필요로 하는 사람이라는 것을 알게 되었기에 그녀에게 그런 관심을 받는 데 익숙한지 물어보았다. 그녀는 자신이 사랑에 빠졌던 두 남성을 기억에 떠올렸는데, 그들은 정말 그녀에게 '스타' 대접을 해주었다. 하지만 두 관계 모두 그녀가 갑작스럽게 거부당하는 것으로 끝났다. 두 번째 이런 일이 일어난 후 그녀는 자신이 원하는 특별 대우를 받도록 스스로에게 허용하지 않았다는 것을 깨달았다. 그래서 나는 그녀에게 상상 속에서 이 두 남성에게 자신을 표현해 보라고 요청했다. 이렇게 하면서 그녀는 격분과 상실, 원망, 굳은 의지가 뒤섞인 복합적인 감정에서 빠져 나왔는데, 그녀는 이전에 이런 감정을 처리하지 않은 채 갖고 있었고 자기 삶의 상당한 부분을 이러한 감정 중심으로 구성해 왔다. 필리스는 상상 속에서 이 남성들에게 말함으로써 미해결 상태로 있던 감정을 표출하였다. 깊은 감동을 주는 이런 경험을 따라가면서 그녀는 차분해졌고 더 이상 상사에 대해 강한 분노를 느끼지 않았다. 그녀는 마침내 상사의 중요성을 그녀의 삶에서 좀 더 적절한 수준으로 낮출 수 있었다. 필리스는 상사를 중심에 두었던 신경증적인 체계에서 벗어나 자신의 감정에 좀 더 유기적으로 맞는 체계로 이동했다. (Polster & Polster, 1973, p.227)

자기 대화를 통한 알아차림 통합된 기능은 게슈탈트 치료의 중요한 목표이기 때문에 게슈탈트 치료자는 개인에게 속한 여러 측면 가운데 통합되지 않은 부분에 주의를 기울인다. Polster & Polster는 각 개인을 "결코 끝나지 않는 양극성의 연속"(1973, p.61)으로 본다. 양극성의 갈등은 흔히 내사(introjection)에서 비롯된다. 예를 들어, 어떤 사람이 자기 것으로 동일시한 종교적 가치와는 다른 부모의 종교적 가치를 내사했다면, 내사된 부모의 가치를 다룰 수 있도록 그것을 외부로 투사하는 것이 유용할 때가 종종 있다. 상반되는 경향성 간에 대화를 갖도록 하면 통합 수준이 높아지고 내담자의 자기 비난이 줄어들 가능성이 있다.

상전(top dog)과 하인(underdog) 간의 갈등은 개인 내면에 있는, 자신이 정당하다고 느끼고 도덕주의적이며 요구가 많은 사람, 흔히 '비판적인 부모'로 간주되는 면과 무기력하고 약하며 수동적인 면 간의 갈등이다(Strümpfel & Goldman, 2002).

우리 내면에 있는 이 두 부분은 지배권을 놓고 끊임없이 힘겨루기를 한다. 상전은 우리에게 해야 할 일을 말해 주는데, 하인은 늑장 부리고 해야 할 일을 뒤로 미룬다. 하인은 상전보다 좀 더 힘이 있을 수도 있다. 왜냐하면 하인은 치료적 변화의 성취를 방해할 수 있기 때문이다. 이런 갈등은 개인의 내면 안에서 대화가 이루어지게 해 준다.

이론의 적용

자기 대화는 빈 의자 기법과 두 의자 기법을 사용하여 이루어질 수 있다. 빈 의자 기법에서는 내담자가 한 의자에 앉고 자기 삶에서 중요한 사람(과거, 현재, 혹은 미래)이 마치 빈 의자에 앉아 있는 것처럼 그 사람에게 말을 한다. 이런 식으로 내담자는 그 사람에게 자신의 생각과 느낌을 표현한다. 두 의자 기법에서는 개인이 한 의자에 앉으면 어떤 하나의 역할을 맡고(예: 상전) 다른 의자에 앉으면 다른 역할(예: 하인)을 맡아서 해 본다. 내담자가 역할을 바꾸게 되면 자리도 다른 곳으로 옮긴다. 이때 상담자는 내담자에게 자신이 했던 말의 내용과 말한 방식에 주목하게 한다. 이렇게 함으로써 상담자는 내담자가 부인하고 있었을지도 모르는 감정과 접촉하도록 도와준다. 이런 식으로 '의자'가 사용되면 내담자는 자신의 면면에 대하여 말하는 대신 그것을 경험하게 된다. 대화는 신체의 한 부분 대 다른 부분(예: 한쪽 손과 다른 쪽 손)과 같은 다양한 상황에서 활용할 수 있고, 내담자와 다른 사람 간에, 혹은 내담자 자신과 어떤 건물이나 성취와 같은 어떤 대상 간에도 대화가 이루어질 수 있다. 이런 대화 작업을 진행하려면 상담자에게 경험과 훈련이 필요하다.

Elliott과 동료들(2004)은 비판적인 자기(상전)와의 작업에 적용하는 빈 의자나 두 의자 접근에 대해 상세하게 기술하였다. 이들은 두 의자 작업을 6개 부문으로 나누어 상담자가 언제 두 의자 작업을 도입하는지, 어떻게 두 의자 대화를 시작할 수 있는지를 보여 준다. 그런 다음 분열을 심화하고 부분적인 해소로 나아가는 방법을 논의한다. 비판적인 자기를 완화시키고 나서 좀 더 충분히 갈등을 해소하도록 작업하는 방법을 설명한다. 이들은 내적인 자기비판에 대해 작업하는 방법을 보여 줄 뿐만 아니라 내담자가 다른 사람과의 관계에서 겪고 있는 문제를 다룰 때 두 의자 기법을 사용하는 방법도 예시를 통해 보여 준다.

다음 예시는 상담자가 린(Lynn)이라는 내담자와 나눈 대화의 일부인데, 상담자가 어떻게 내담자가 내뱉는 어떤 말에서 출발하여 두 의자 기법을 소개하고 시도하는 쪽으로 나아가는지를 보여 준다(Elliott et al., 2004).

> 린: 저는 저 자신이 되고 싶고 제가 느끼는 걸 표현하고 싶어요. (p.222)

이 말은 린이 자신의 경험하는 자기(her experiencing self)를 표현하고 있음을 상담자에게 환기시켜 준다. 상담자는 6장에서 기술했던 '인간중심 치료'를 활용하여 린의 경험을 반영해 준다.

> **심리치료자:** (부드럽게) 네, 당신에게는 있는 그대로의 자신이 되어 자기가 원하는 걸 말하는 게 정말 어렵다는 거죠.
>
> 린: 네, 선생님 말씀이 꼭 맞아요. (흐느낌)
>
> **심리치료자:** 그렇군요. 이제 심호흡을 해 보세요.
>
> 린: 선생님께서 '나 자신이 되라'고 말씀했을 때 정말 제 속에 뭔가 건드려졌어요.
>
> **심리치료자:** 당신이 스스로를 닫아 버리는 느낌이 있다는 말 같네요.
>
> 린: 네, 그 때문에 걱정도 되네요. 나는 자기존중감이 없다는 건가?
>
> **심리치료자:** 네, 그건 다른 쪽이 하는 말이군요. 하지만 뭔가가 있군요. 당신 자신이 되는 건 나쁘다는 것요.
>
> 린: 그래요, 제 마음에 대해 말하는 건 나빠요. 왜냐하면 (코를 훌쩍임), 그런 말씀을 하셨던 부모님한테서 이런 생각이 나왔다는 건 알고 있는데요. 그런 데다가 짐(Jim, 그녀의 남편)한테도 그걸 받고 있어요. 선생님이 아시다시피 제가 요즘 힘들잖아요. 제 마음속에 있는 것이지만, 그걸 표현하고 싶어요. 그런데 (멈춤) 전 억눌러 버려요. (p.224)

이 시점에서 내담자는 자신에 대해 비판적이다. 상담자는 린의 비판적인 측면과 수동적인 측면 간에 분열이 있음을 인식한다. 그래서 이제 린에게 치료의 흐름을 끊지 않는 방식으로 두 의자 기법을 사용하는 방법을 보여 주려고 한다.

> 심리치료자: (부드럽게) 우리 어떤 걸 한번 시도해 볼까요? 잠깐 이쪽으로 오실래요? (내
> 담자 맞은편에 갖다 둔 의자를 가리키며)
>
> 린: 네. [비판자 의자(critic chair)로 옮겨간다.]
>
> 심리치료자: 당신은 이런 식으로 스스로 억누르고 있고, 자제하고 있다고 말하고 있어
> 요. 그래서 어쩌면 우리는 당신이 스스로에게 어떻게 하는지를 다루어 볼 수 있을 것
> 같군요. 그렇게 해 보실래요? 이 사람의 등을 떠밀고 있는 자가 누구든 그 사람을 여
> 기에다 앉혀 보세요. 당신 자신이 되는 걸 어렵게 만드는 사람, 그 사람이 부모님이
> 든, 짐이든, 아니면 당신 자신이든, 그렇다고 느껴지는 사람이면 됩니다. 이 사람을 억
> 누르세요. 이 사람이 자신이 되는 걸 막으세요. (p.225)

이제 린은 두 의자를 사용하는 데 동의한다. 상담자는 린이 앉아 있는 의자 맞은편에 있
는 두 번째 의자를 옮긴다. 두 의자 대화에서 상담자는 내담자가 문제를 시연하는 데 있어서
구체적으로 말하도록 격려한다. 그래야 린은 자신이 어떻게 스스로를 통제하고 비판하는지
를 경험할 수 있다. 린은 내면의 비판적인 자기를 이용하여 상담자에게 말한다.

> 린: 그런 말 하지 마. 사람들이 널 비웃게 하면 안 돼. 그런 말 하면 사람들이 널 비웃을 거
> 야. 넌 아는 게 아무것도 없잖아!
>
> 치료자: 그 사람에게 말해요. '넌 네가 무슨 말을 하는지도 모르잖아!'
>
> 린: 야, 넌 쓸모없는 인간이야. 네 입에서 나오는 말은 아무 의미도 없어. 중요하지도 않고
> 그냥 멍청함 그 자체야. 넌 멍청하고, 하는 말도 앞뒤가 안 맞잖아.
>
> 치료자: 됐나요? 이제 자리를 바꾸어 볼까요? [내담자는 경험자 의자(experiencer chair)로
> 옮겨 앉는다.] 저 사람이 당신에게 그런 말을 할 때 어떤 느낌이 드나요?
>
> 린(경험자로서): 어, 넌 틀렸어. (p.226)

린은 빠르게 대화에 몰입한다. 그래서 상담자는 대화를 계속하게 하고 린이 비판적인 자
기 저변에 있는 느낌을 알아차리게 도와준다.

> 심리치료자: 당신은 저 사람이 틀렸다고 느끼는군요. 그래서 무시당하고 상처받은 느낌
> 이 들고. (멈춤) 지금 마음속에서 올라오는 게 뭐든 간에 그 안에 머물러 보세요.
>
> 린: 제가 어떻게 느끼는지 말하고 싶어요.
>
> 심리치료자: 당신이 느끼는 것, 당신이 원하는 걸 말하고 싶군요. 저 사람에게 당신이 느
> 끼는 걸 말해 보세요.
>
> 린: 난 내가 중요한 사람이라고 느낀다……. (p.227)

이 짧은 대화에서 상담자는 린이 자신의 중요한 두 부분을 분리시켜 이 두 측면을 경험

하도록 돕고 있다. 두 의자 기법을 사용할 때 상담자가 유의해야 할 점은 이러한 방식의 작업에 대해 내담자가 어느 정도 마음의 준비가 되어 있는지 알아보는 일이다. 만일 두 의자 대화가 내담자에게 두렵거나 도움이 되지 않는다고 느껴진다면 상담자는 종종 문제에 대해 논의하는 수준으로 물러난다.

시연을 통한 알아차림　내담자 존재의 어떤 부분을 극적으로 드러내는 것이 시연(enactment)의 기본이다. 자신이 소심한 작은 개처럼 느껴진다고 말하는 내담자에게는 소심한 작은 개처럼 행동해 보라고 요청할 수도 있다. 이전의 어떤 경험을 시연하거나 소심함과 같은 어떤 특성을 시연할 수도 있다. 집단으로 작업하는 경우 시연에 몇 사람의 구성원을 포함시킬 수도 있다. 시연은 알아차림을 위한 대담한 접근이므로, 내담자를 당혹스럽게 만들려는 의도가 아니라 내담자가 자신의 특성이나 미해결된 과제를 좀 더 알아차리도록 도와줄 수 있는 방식으로 적용해야 한다. 다음 예시에서 Miriam Polster(1973)는 여성에 대한 신뢰와 관련된 시연을 묘사하고 있다.

> 예를 들어, 한 워크숍에서 거대한 곰 같은 남성이 있었는데, 이 남성은 현대판 팔스타프(Falstaff)[1]같이, 골격이 거대하고 배가 불룩하게 나왔으며 얼굴은 불그스름했고 정다운 태도를 보이는 사람이었다. 할(Hal)은 몸집이 엄청나게 크고 물리적 힘도 엄청나게 커서 워크숍 장면의 시각적인 요소를 지배할 정도였지만 집단 회기 대부분 말을 하지 않고 조용히 있었다. 그가 입을 열고 말을 할 때면, 흘겨보면서 마치 자신을 보호하듯 심하게 어깨를 구부린 상태로 말했고 특별히 어떤 사람을 향해 말하지 않았다. 그의 얼굴 표정에는 공포가 서려 있었고 몸가짐은 모호하고 방향성이 없게 느껴졌다. 할은 언제 어느 때 일어날지 모를 공격을 두려워하는 듯 보였다. 자신의 침묵에 대한 질문을 받았을 때 그는 우두머리 행세를 하는 여성, 특히 권위적 인물 역할을 하는 여성을 대하는 것이 무척 어렵다고 했다. 자신은 어떤 사람에게도 등을 돌리지 않을 것이고 또 누군가가 자신의 등 뒤에 있어 줄 것이라 신뢰하지도 않을 것이라고 말했다. 따라서 할은 자신의 저항을 침묵과 불신 그리고 구부정한 어깨로 표현했던 것이다. 나는 그가 구부정한 어깨와 침묵과 불신을 활용하도록 했다. 먼저 나는 일어나서 할의 뒤로 걸어가서 내가 그의 등 뒤에 있으니 어떻게 느껴지는지 물어보았다. 그는 바닥에 앉아 있었다. 나를 보려고 몸을 돌렸을 때 그는 손을 아래로 내려놓고 쭈그리고 앉았다. 그래서 그의 저항은 쭈그려 앉기로 옮겨갔다. 나는 다시 한번 그의 주변을 걸으면서 그의 침묵과 불신의 쭈그려 앉기를 치료적으로 활용할 수 있는 방법을 찾아보았다. 이번에 나는 그의 등으로 올라가서 그 위에 쭈그리고 앉아 이렇게 하는 나에 대해 무엇을 할 수 있는지를 물었다. 담뱃재처럼 나를 털어내어 버리는 것을 포함해서 그가 자유롭게 할 수 있었던

1　세익스피어의 『헨리 4세(Henry IV)』와 『윈저의 유쾌한 아낙네들(The Merry Wives of Windsor)』에 등장하는 쾌활하고 재치 있는 허풍쟁이 뚱뚱보 기사 —옮긴이 주

반응의 종류는 다양했다. 그런데 만약 내가 그의 저항 에너지가 그런 방향으로 갈 것으로 감지했다면 그의 등에 올라타지 않았을 것이다. 그는 "제가 선생님을 등에 태우고 방을 한 바퀴 돌 수 있겠죠."라고 말했다. 그는 자신의 처방약을 선택했던 것이다. 나를 태우고 방을 도는 행위는 그가 통제할 수 있는 상황이었다. 여성이 자기 위에 있는 것처럼 보이는 형국이었지만 할은 상황을 지배하는 느낌을 거꾸로 자기 자신에게로 돌렸다. 그는 또한 위협적인 상황을 재미있는 놀이로 바꾸어 자신의 힘을 이용하고 큰 기쁨을 이끌어 내고, 자기 내면과 나와 집단과의 일체감을 발달시켰다. 그가 자극되는 모습을 보면서 집단도 달아올랐다. 함성과 재미가 그에게 자신의 힘을 확인시켜 주었다. 나로서는 즐겁게 코끼리 등을 탄 것 같았다. 우리 두 사람을 움직이는 사람은 할이었으며, 그가 움직임의 속도와 방향과 재미를 대부분 결정했다. 우리가 방을 한 바퀴 돌고나서 제자리로 돌아온 뒤 내가 그의 등에서 내려오자 그는 웃을 수 있었고 이제는 나에 대해 조심스러운 마음을 갖지 않게 되었다고 시원스럽게 말할 수 있었다. 그리고 워크숍의 남은 시간 동안 자신이 목소리를 낼 것이라는 기대감을 보였는데, 실제로 그는 그렇게 했고, 집단의 중심 인물이 되어갔다. 이렇게 할은 저항을 두드러지게 하고 에너지를 동원함으로써 저항의 힘을 풀어 놓았고 그 힘을 우리의 상호작용에서 독특하고 시의적절하게 사용했다. 그는 여성에게 지배당하는 대신 지배할 수 있었다. 그리고 행동하지 않는 교착상태를 유지하면서 그런 상태를 의심과 투사로 채우는 대신 풍성한 세부 내용과 예측할 수 없는 결과가 따르는 실제 경연 속으로 들어왔다. (1973, pp.55~56)

이 예시에서 Miriam Polster는 게슈탈트 알아차림 기법과 즐거운 유머감에 대한 믿음을 보여 준다. 치료자의 그런 행동은 치료 맥락에서 떼어놓고 보면 이상하고 부적절해 보인다. 하지만 게슈탈트 치료 맥락 안에서 그것은 치료적으로 일관성이 있고 할이 여성을 신뢰하는 것과 관련된 주제를 다루는 데 유익하다. 왜냐하면 말과 몸의 위치 잡기 및 동작에 의해 알아차림이 증진되기 때문이다.

꿈을 통한 알아차림 Perls에게 꿈 작업은 개인의 통합을 증진하는 가장 좋은 방법 중 하나였다. Perls(1970)는 꿈을 개인의 가장 자발적인 표현으로 보았다. Perls의 방법은 꿈을 해석하는 것이 아니고 내담자가 현재 시점에서 꿈의 내용대로 다시 살아 보고 꿈속의 여러 부분의 역할을 맡아 보도록 하는 것이었다. 즉, 내담자가 꿈속의 여러 인물과 사물의 역할을 맡아 봄으로써 소외되어 온 자기의 부분들과 동일시해 본다는 것이다. Perls는 흔히 두 의자 기법을 활용하여 내담자가 꿈의 부분들의 역할을 해 보게 하고 나서 이 부분들 간에 대화를 하도록 했다.

Enright(1970, p.121)는 가만히 있지 못하고 남을 조종하는 데 능한 어떤 여성이 곧게 뻗은 나무가 있는 숲에서 구불구불하게 난 길을 따라서 걷고 있는 꿈을 꾼 예를 들고 있다. 그는 그녀에게 이런 나무 가운데 하나가 되어 보라고 했다. 이런 역할 연기에서 그녀는 좀 더

고요하고 깊이 뿌리내려져 있다는 느낌을 경험했다. 그녀는 이런 느낌을 현재의 삶으로 가져와서 그 속에서는 이런 느낌이 결여되어 있다는 것과 그것을 얻어낼 수 있는 가능성을 경험했다. 그녀가 구불구불한 길이 되었을 때 눈에 눈물이 맺혔고 자신의 삶에 존재하는 구부러짐과 자신이 그렇게 하기로 선택한다면 그것을 똑바로 펼 수 있는 가능성을 경험했다.

Enright는 Perls의 꿈 작업 예시를 들었다(Gaines, 1979에서 재인용).

내가 Fritz의 꿈 작업을 처음 본 것은 그 집단에서였다. 그 자리에 있던 머리가 희끗희끗하고 다소 우울한 55세의 심리학자가 기차역에서 친구 몇 사람을 배웅하고 있는 꿈을 꾸었다고 했는데, 그 꿈 작업은 아주 감동적이었다. Fritz는 그에게 자기 자신, 친구, 기차가 되어 그 꿈을 경험해 보도록 했다. 그런데 이것을 통해 얻어낸 것이 별로 없는 듯했다. 그때 Fritz 는 "기차역이 되어 봐요."라고 말했다.

내담자: 무슨 말씀이세요? "기차역이 되어 봐요."라니요?

Fritz: 그 역에 대해 묘사해 봐요. 다만 '나'를 계속 주어로 해서.

내담자: 그러니까, 난 낡고 다 허물어져 가고 관리를 제대로 못 받고 있고 실제로 시대에 뒤처져 있어요. 와서 나를 이용하세요. 그런데 나에게 관심 두지는 마세요. (그리고 그는 울기 시작했다.)

나는 그때 깊은 감동을 받았는데, 나 역시 그것을 나의 일부로 느꼈던 것 같다. (Gaines, 1979, p.135)

또 다른 창의적인 꿈 작업 접근은 Zinker(1971, 1978, 1991)가 제시한 것이다. 그는 내담자가 꿈속의 사물이나 인물의 역할을 하도록 하는 대신, 다른 집단구성원들에게 그 역할을 맡긴다. 이 방법은 먼저 내담자가 꿈 작업을 하게 하고, 그런 다음 어떤 집단 실험을 고안해서 내담자뿐만 아니라 집단구성원들이 꿈에 등장한 부분의 역할을 해 봄으로써 유익함을 얻도록 하는 것이다. 구성원은 각자에게 특별히 맞는 어떤 주제를 시연할 수 있다. 꿈을 꾼 당사자는 꿈의 과정과 진행을 경험하고 필요하다면 꿈속의 행위를 바꾸기도 한다. 그리고 때로는 이 작업에서 감독이나 코치 역할을 하거나 꿈의 결론이 다르게 나오도록 실험하기도 한다. Perls의 방식에서 관객은 주로 관찰(그리고 때때로 참여)을 통해 참여하는 데 비해 Zinker의 접근에서는 집단 전체가 꿈 해석에 적극적으로 참여한다.

치료 장면 밖의 알아차림: 과제 상담자는 내담자에게 과제를 부여하여, 알아차림을 가로막고 있는 영역을 직면하게 만들 수 있다. 어떤 경우에는 내담자에게 자신의 부분들 간 혹은 신체 부위들 간의 대화를 글로 적어 보라고 요청한다. 또 어떤 경우에는 정보를 찾아보거나 치료 과정과 잘 맞는 어떤 특정한 과제를 하도록 요구할 수 있다. 치료 과정에서 알아차림이 이루어지게 되면 내담자는 자기 자신과 다른 사람들에 대한 알아차림을 증진하는 데 유용한 좀 더 어려운 과제를 수행할 준비가 될 수도 있다. 한편, 자신과 타인에 대한 증진된 알아차림은 심리치료 작업을 위한 추가적인 소재를 제공한다.

회피에 대한 알아차림 느낌이 존재하지만 본인이 그것을 알아차리지 못하고 있다면 그 사람은 그 느낌을 회피하고 있는 과정에 있다. 회피는 수동적인 과정이 아니라 적극적인 과정이다. 그는 행복감이나 외로움, 두려움 혹은 슬픔과 같은 감정을 피하려고 에너지를 쓰고 있을 수 있다. 게슈탈트 치료자가 아닌 상담자라면 감정 표현은 흔히 어떤 것을 하는 것으로, 회피는 어떤 것을 하지 않는 것으로 간주할 수도 있다. 게슈탈트 관점에서 보면 회피하고 있는 사람은 적응하려고 애쓰고 있는 중이다. 상담자는 내담자가 감정을 자기 것으로 받아들이고 여러 가지 주제에 관한 알아차림을 경험하도록 도와줌으로써 그가 회피하고 있는 감정을 통합하는 데 도움을 줄 수 있다.

알아차림 강조하기, 언어나 비언어적 행동을 통한 알아차림 증진하기, 그리고 자기 대화는 사람들이 자신의 회피 행동을 알아차리도록 돕는 데 유용할 수 있다.

통합과 창의성

전인(全人)에 대한 게슈탈트의 초점은 그 범위가 넓기 때문에 언어적 행동과 비언어적 행동 및 감정을 포함한 모든 부분에 주의를 기울이고 그것을 통합하고자 한다. 앞서 기술한 알아차림에 대한 접근은 심리치료 과정 중 어느 때라도 적용할 수 있다. Perls는 놀이와 발견의 통합을 강조함으로써 치료에서 창의성의 중요성을 설명한다.

> 내담자가 자기 것으로 인정하기를 거부하는 어떤 것이라도 복구할 수 있고, 복구의 수단은 이해와 놀이, 자신의 거부된 부분들이 되어 보기이다. 놀이를 통해 자신이 이미 이 모든 것 (오직 다른 사람들이 자신에게 줄 수 있다고 스스로 생각하는 것)을 갖고 있음을 발견하게 하여 내담자의 잠재력을 높인다. (Perls, 1969b, p.37)

따라서 기법은 따로따로 적용되는 것이 아니라 모두 전인의 통합이라는 방향에 맞춰져 있다. 이것을 어떻게 하는지는 접촉 경계 장애에 따라 다르다. 예를 들어, 어떤 사람이 분노를 다른 사람이나 다른 어떤 것에 투사한다면 언어 과정에 주의를 기울이는 것이 중요하다. 그 사람이 자신의 감정에 대해 좀 더 책임지는 나라는 단어 대신 당신이나 그것이라는 단어를 사용하는가? 투사를 인정하고 나면 투사했던 것을 수용하고 수정하며 동화시킬 수 있고, 그래서 통합할 수 있다. 다른 경계 장애(내사, 반전, 편향, 융합)에 대해서는 전인의 통합을 위한 다른 접근이 필요하다. 알아차림의 통합은 창의적인 과정을 통해 일어나는데, 이런 과정은 기술하기가 어려울 뿐만 아니라 접근 방식의 수도 무수히 많다.

치료 과정은 이중적으로 독특하다. 한 인간으로서 상담자의 독특한 창의적 과정이 내담자의 독특한 창의적 과정과 만나 상호작용하기 때문이다(Spagnolo Lobb & Amendt-Lyon, 2003). Erving Polster는 다음의 간략한 예시에서 심리치료에서 일어날 수 있는 창의성과 경외감과 활기를 보여 주고 있다(Hycner, 1987에서 재인용).

> 이 여성은 심리치료 첫 회기에 왔다. 그녀는 남편과 별거 중이고 이런 현실에 대해 깊이 슬퍼하고 있다. 그녀는 많이 운다. 그녀는 치료실에서도 우는 모습을 보이지만, 씩씩한 여성처럼 보이기도 한다. 그런데 그녀가 울고 있는 방식을 보면, 울음이 그녀에게 어떤 만족이나 해소를 주지 못하고 심지어 상실의 차원조차도 인정해 주지 않을 것 같다. 그래서 나는 그녀에게 울지 않으려고 애쓰지 말고 울음에 말을 붙여 보라고 요청했다. 이것은 많은 게슈탈트 치료자들이 적용할 만한 아주 단순한 개입이었다. 그녀가 결국 무슨 말을 했는지는 정확하게 기억나지 않지만, 그녀는 말을 하면서 눈물을 몇 방울 흘리는 정도가 아니라 울음을 터뜨렸다. 그런 다음 그녀는 "내 안에 있는 이 많은 사랑을 이제 어디다 두죠?"라고 말했다. 그래서 나는 (가장 경건한 목소리로) "온 세상이 간절히 그걸 원하고 있죠."라고 말했다 이 말이 그녀 경험의 색조를 전반적으로 바꾸어 놓았다. 그녀는 자기 안에 무엇이 있는지, 온 세상에 그것을 위한 자리가 있다는 것을 깨달았던 것이다. 그리고 그것이 그녀의 가슴속에 갇혀 있을 필요가 없다는 것도. (Hycner, 1987, p.55)

Polster가 이 내담자를 깊이 존중한다는 것은 분명하다. "온 세상이 간절히 그걸 원하고 있죠."라는 말은 그의 존재와 경험과 내담자와의 상호작용 그리고 내담자를 배려하는 마음에서 나온 것이다. 앞서 서술한, 알아차림에 대한 여러 가지 접근 가운데 그 어느 것과도 꼭 맞지는 않지만, 창의적이고 즉흥적이며 감동적인 이 말은 그 시점에 치료 시간의 분위기를 바꾸어 놓았다. 이런 말은 Buber의 '나와 너' 관계 혹은 게슈탈트 치료자가 치료 관계에 부여하는 중요성과 일관된다.

이론의 적용

위험

알아차림을 통해 강력한 변화를 가져올 수 있는 만큼, 게슈탈트 치료는 잘못 적용될 소지도 있다. 저명한 게슈탈트 치료자인 George Brown은 "모든 심리치료 가운데, 게슈탈트 치료가 다른 사람에게 정말 잔인하고 상처 줄 가능성이 가장 크다."(1987, p.37)라고 말했다. 그는 상담자가 스스로 의심해 보지 않고, 또한 게슈탈트 이론을 분명하게 이해하지도 못한 채 게슈탈트 치료 기법에 매혹되지 않도록 유의하라고 했다. 윤리와 윤리적 문제에 관심을 두는 것은 게슈탈트 치료의 중요한 측면이다(Bernhardtson, 2008). Yontef(1987)는 '게슈탈트 치료 더하기(gestalt therapy and)'의 사용에 관해 우려했는데, 일부 상담자가 게슈탈트 치료의 이론에 치료 작업의 기반을 두지 않으면서 다른 심리치료 이론에 게슈탈트 치료를 부분적으로 적용하는 것에 관해 언급했다. 게슈탈트 치료의 오용을 막으려면 사전 준비가 무엇보다 중요하다.

Resnick(1984)은 게슈탈트 치료자가 되기 위한 준비에 관해 논의하면서 상담자 수련 과정에 다음 세 영역을 포함시켜야 한다고 했다. 교육 분석과 학문적 준비 및 수련 감독이 그것이다. 교육 분석은 자기 대화가 심리치료의 중요한 부분이면서도 초심 상담자(내담자)와 상담자 간에 관계가 형성될 수 있을 정도로 집중적이어야 한다. 학문적 준비에는 성격 이론과 심리치료 이론 및 진단에 관한 공부를 포함시켜야 한다. 수련 감독은 여러 명의 게슈탈트 치료자에 의한 인지적·체험적 수련 감독이 들어 있어야 한다. 이러한 수련은 상담자가 실제 경험을 하고, 탄탄한 이론적 기반을 갖고, 윤리적인 태도를 갖는 데 도움이 된다. 게슈탈트 치료의 즉흥성은 마치 상담자가 느끼거나 감지하는 것은 무엇이든 적절하다는 뜻으로 오해받기 쉽다. 다음에 제시되는 사례는 심리치료에서 알아차림에 대한 접근과 통합적인 기법이 어떤 맥락에서 적용되는지를 보여 준다.

심리 장애

일부 게슈탈트 치료자는 앞서 290쪽에서 기술한 진단 범주를 활용하기도 하지만 많은 상담자는 그렇게 하지 않는다. 게슈탈트 치료자가 흔히 사용하는 방법은 내담자가 현재 하고 있는 행동과 말을 반영하는 것이다. 이 절에 수록된 예시에서는 게슈탈트 치료자가 우울과 불안, 외상 후 스트레스 장애 및 약물 남용의 문제를 겪고 있는 내담자를 어떻게 돕는지 보여 준다. 다음 예시에서는 치료 시간에 나타나는 우울을 다루는 한 가지 방법을 제시한다. 이어서 불안에 대한 치료적 반응과 내담자가 주제에서 벗어나기를 원하더라도 불안한 감정에 머물러 있게 하는 치료적 반응도 제시한다. 현재 시점에서 과거를 되살려내고 미해결된 과제를 완결함으로써 외상 후 스트레스 장애를 치료하는 게슈탈트 접근이 이런 장애에 대한 심리치료 유형의 예시로 제시된다. 약물 남용 사례에서는 15년간 재활 과정 중에 있는 한 약물 중독자를 돌보면서 내담자에게 자신의 신체적 변화에 말을 부여하게 하는 접근은 중독 치료에 대한 게슈탈트 접근의 한 가지 예를 보여 준다. 이러한 접근들은 많은 공통점을 갖고 있으면서 다양한 방식을 통해 내담자의 알아차림을 증진하고 있다.

우울증: 여성

게슈탈트 치료자가 아닌 많은 상담자는 우울증을 진단 범주의 하나로 보지만 게슈탈트 치료자들은 우울의 정도가 치료 회기 중에도 변동한다고 보는 경향이 있다. 다음 사례에서 Strümpfel & Goldman(2002)은 어떻게 두 의자 기법이 사용될 수 있는지를 보여 준다. 내담자는 우울한 27세 여성이다. 그녀는 남편이 강박적인 도박꾼일 뿐만 아니라 그의 아버지도 그런 경우였다. 내담자는 남편에 대한 책임감을 느꼈고 남편이 도박을 하러 나가면 그에게 버림받은 느낌을 받았다. 내담자는 심리치료를 시작하기 전에 두 번 남편 곁을 떠난 적이 있

었다. 이에 대해 그녀의 원가족이 보여 준 반응은 "훌륭한 아내는 남편 곁을 지킨다."(p.207)
는 것이었다. 여기서 상담자는 두 의자 기법을 사용 하여 내담자가 자기비판(자신의 상전)을
다루도록 도와준다. 다음 발췌문에서 전환(비판적이거나 가혹한 상전을 완화하기)이 그 모
습을 나타내기 시작한다. (미시적 수준의 개입은 괄호 안에 명시하였다.)

> 내담자: 저는 중요하지 않고, 아무것도 모르고, 멍청하다는 느낌이 들어요.
>
> 심리치료자: 알겠어요. 여기(비판자 의자)로 오세요. 저 사람이 멍청하다고 느끼게 만들어 보
> 세요. [실제보다 더 극적으로 보이게 하기]
>
> 내담자: 넌 중요하지 않아. 넌 멍청해. 넌 아무 쓸모가 없어.
>
> 심리치료자: 다시 한 번 저 사람을 중요하지 않은 사람으로 만들어 보세요. [과장하기]
>
> 내담자: 넌 멍청해. 네가 무슨 말을 하든 아무 상관이 없어. 네가 하는 말은 아무 의미가 없어.
> 넌 정말 아는 게 하나도 없어.
>
> 심리치료자: 됐어요. 이제 이쪽 의자로 오세요. 저 여자가 당신을 깎아내리고 조롱할 때 어떤
> 느낌이 들었나요? [감정 표현을 장려함]
>
> 내담자: 음, (한숨) 그냥 저 여자 말이 맞고 원래 그렇다는 느낌이 들어요.
>
> 심리치료자: 방금 이렇게 말할 때 어깨를 좀 구부리고, 앉아 있는 의자에서 몸이 아래로 꺼
> 지는 걸 알아차렸나요? 좀 더 구부려 보세요. 절망감을 느껴 보니 어떤가요? [반복]
>
> 내담자: 네가 나한테 그렇게 말하니 마음이 아파. (흐느낌)
>
> 심리치료자: 네, 저 사람이 당신에게 그렇게 말하니 마음이 아프네요. 저 사람한테 원하는
> 게 뭔가요? [감정 표현을 장려함]
>
> 내담자: 네가 날 무조건적으로 받아주면 좋겠어. 내 말을 좀 들어주면 좋겠어.

이런 대화가 진행되는 후반부에,

> 심리치료자: 자, 이제 다시 이쪽(비판자 의자)으로 자리를 바꾸어 보세요. 저 사람이 자신이
> 중요하다고 느끼고 싶어 하고 자기 말을 들어주면 좋겠다고 하네요. 이제 뭐라고 말할 건
> 가요?
>
> 내담자: 알았어요. 음, 듣고 보니 그 말이 일리가 있네요. [비판자가 누그러지기 시작함]
>
> 심리치료자: 그렇다면 저 사람 욕구를 이해한다는 말인가요?
>
> 내담자: (울면서) 음, 그래, 미안해. 네가 그런 대우를 받을 이유는 없지. [누그러지기를 반영하
> 는 좀 더 상세한 발언]

이 대화에서 상담자는 내담자가 절망감을 넘어서 내면의 주된 감정인 슬픔과 외로움, 그리
고 이런 감정에 수반되는 인정 욕구와 접촉하도록 돕고 있다. 상담자는 이런 감정을 확인하
고 타당화해 줌으로써 내담자의 자기를 강화하여 스스로 비판적 자기에 맞설 수 있게 해 주
고 있다. 이 대화의 후반부에서 내담자가 다른 의자로 자리를 옮겼을 때 비판적 자기는 완화

되고 좀 더 수용적으로 변한다. 대화가 끝날 무렵 내담자는 보살핌을 원하는 저변의 욕구와 접촉하기 시작한다.

16주에 걸친 심리치료가 끝날 무렵 내담자는 더 이상 우울하지 않았고 남편이 도박을 했을 때 죄책감이나 책임감을 느끼지 않았다. 내담자의 자존감과 대인관계도 의미 있게 개선되었다. (pp.208~209)

불안: 남성

우울증을 치료하는 것처럼 불안에 대한 치료 접근도 치료 회기 중 불안이 일어날 때 이루어진다. 다음 예시에서 Naranjo(1970)는 불안이 일어나면 내담자가 상담자의 요청을 피하려고 시도하더라도 내담자에게 그 순간에 머물러 보라고 요청함으로써 불안의 표현에 반응한다. 인용된 부분의 마지막에 제시된 Naranjo의 말은 내담자가 상담자에게 감사하는 마음에 대한 책임을 회피하는 것을 다룬다는 점에서 유익하다.

내담자: 심장이 뛰고 있고 손에서 땀이 납니다. 겁이 나네요. 지난번 선생님과 작업했던 때가 기억나는데…….

심리치료자: 지난주 이야기로 되돌아 가시는데, 그렇게 해서 저한테 하시고 싶은 말씀이 무엇인가요?

내담자: 저를 드러내는 게 두려웠습니다. 그런데 그런 다음에는 다시 안도감을 느꼈죠. 하지만 진짜 문제는 나오지 않았다는 생각이 듭니다.

심리치료자: 왜 지금 그 말을 하고 싶은 건가요?

내담자: 이 두려움에 직면해서 제가 피하고 있는 게 뭐든지 간에 그걸 끄집어내고 싶어요.

심리치료자: 알았어요. 지금 당신이 원하는 게 그거란 말이죠. 지금 이 순간에 당신이 경험하고 있는 걸 따라가 보세요.

내담자: 그 전에, 이번 주에 기분이 훨씬 좋았다는 말씀을 덧붙이고 싶네요.

심리치료자: 덧붙이는 이 말을 하는 동안 느껴지는 경험에 대해 어떤 말을 해 주실 수 있나요?

내담자: 선생님께 고마움을 느낍니다. 선생님께서 이걸 아시면 좋겠어요.

심리치료자: 무슨 말씀인지 알겠어요. 자, 이제 이 두 문장을 비교해 보세요. "나는 고마움을 느낍니다."라고 말하기와 지난주 심리 상태에 대해 말하기. 무엇 때문에 당신의 느낌을 직접적으로 말하는 것보다 이야기하기를 선호하는지 말해 줄 수 있나요?

내담자: "선생님께 고마움을 느낍니다."라고 말하면 여전히 설명해야 한다는 느낌이 들 것 같아요. ……아! 이제 알겠네요. 고마움에 대해 말하는 게 저한테는 너무 직접적인 표현으로 느껴져요. 선생님께서 짐작하시게 하거나, 아니면 제 감정이 어떤지 아시도록 하지 않고서 그냥 기분 좋으시게 하는 게 더 편하게 느껴져요.

이 내담자는 양가감정 때문에 고마움의 감정을 표현하고 이것에 대해 책임지기를 회피했던 것이다. 내담자는 상담자에 대한 소망을 알아차리는 대신 상담자를 기쁘게 하려고 시도하면서, 감정을 노출하는 대신 행동화했던 것이다. (Naranjo, 1970, pp.57~58)

외상 후 스트레스 장애: 유대인 대학살 생존자

외상적인 사건과 그것으로 인한 행동은 미해결된 과제라는 게슈탈트 치료 용어에서 찾아볼 수 있다(Serok, 1985). 이 용어는 개인이 과거 사건으로 인해 현재에 대한 온전한 알아차림을 형성하지 못한다고 개념화한다. 과거 사건은 에너지를 요구하고 그 사람의 삶의 질에 영향을 미친다. Perls, Hefferline, & Goodman(1994)이 지적한 것처럼, 외상적인 순간은 실제로 개인이 긴장감과 위험한 폭발성 수준이 아주 높은, 좌절스럽거나 위험한 순간의 연속일 수 있다. '미해결된 과제'가 해소되지 않으면 개인은 일상생활을 저해하는 강박 행동이나 권태 혹은 자기 패배적인 행위와 같은 일상의 과제와 무관한 반응을 보일 수도 있다.

Serok(1985)은 유대인 대학살 생존자를 치료하는 과정에서 세 자녀를 둔 40세의 기혼 여성을 돕기 위해 재현해 낸 환상을 활용했다. 이 여성은 불안과 우울증에 시달린다고 했고, 성생활을 포함해서 대부분의 생활 영역에서 기능하는 데 어려움이 있다고 했다. 그녀가 5세 때, 어머니는 어린 딸이 나치에게 잡혀가지 않도록 숙모에게 맡겼다. 심리치료 작업의 대부분은 5세 때 일어난 어머니와의 분리를 재연하는 데 초점을 두었다. 당시 상황 전부를 탐색했다. 분리가 일어난 복도, 다른 수용자들, 무장 경비원, 경비원 옆에 있던 여러 마리의 개. 때때로 Serok은 그녀에게 경비원더러 자기를 왜 이렇게 험하게 대하는지 물어보라고 제안했다. 때때로 내담자는 치료실 안에서 걸어다니다 당시 장면의 세부 사항을 추가적으로 기억해 내기도 했다. 후반부에는 생애 초기 경험에서 숙모와 다른 사람들과의 분리에 초점을 두고 치료가 진행되었다. 1년 반 동안 이루어진 치료 결과, 내담자는 자신의 에너지에 대해 좀 더 잘 통제할 수 있는 능력을 갖고 모성과 몸치장하기, 교육 및 성생활에서 충분한 자기표현을 경험하기 시작했다. 그런데 이런 외상을 다루는 일은 내담자와 상담자 모두를 고갈시킬 수 있기 때문에 치료 과정에 상당히 전념할 것을 요구한다.

약물 남용: 마이크

게슈탈트 치료는 중독 문제의 모든 단계에 적용되어 왔다. 부인(denial)은 중독에서 중요한 방어기제인데, 게슈탈트 기법은 약물 남용자가 자기 자신 및 다른 사람과의 관계에 대해 좀 더 잘 알아차릴 수 있게 도와줄 수 있다. Clemmens(1997)는 신뢰, 수치심, 자신감 및 권태와 같은 재활 과정에서 다룰 수 있는 중요한 주제를 제시했다. 이러한 주제는 내담자가 약물을 사용하지 않게 될 때와 수년 뒤 재활 과정을 유지하는 때에 다룰 수 있다.

다음 예시에서 Clemmens(1997)는 게슈탈트 치료가 15년 동안 재활 과정을 지속해 온 중독자에게 어떻게 적용될 수 있는지를 보여 준다. 마이크(Mike)는 가족과 접촉이 되지 않는 느낌과 자신이 그들과의 관계를 훼손하고 있는 것과 관련된 주제를 다루고 있다. Clemmens 는 마이크의 신체 알아차림에 주의를 기울인다.

> 마이크는 15년 동안 재활 과정 중에 있는 마약 중독자로서 '자신과 접촉이 안 되는' 느낌을 호소하면서 심리치료를 받으러 온 내담자다. 나는 마이크의 가슴과 복부를 보면서 호흡이 얕고 느리다는 것을 알아차렸다. 이런 식의 호흡 때문에 그가 자신의 삶과 가족에 대해 말할 때 모습은 뻣뻣해 보였다. 나는 마이크의 호흡 방식에 대해 내가 본 대로 말했다. 그는 놀라면서(내가 신체적 행동에 대해 언급하면 많은 내담자가 이런 반응을 보인다.) "그게 무슨 뜻인가요?"라고 물었다. 나는 그 뜻이 무엇인지 확실히 알지는 못하지만 호흡을 가지고 실험을 해 보면 그가 알아낼 수 있을 것으로 생각한다고 대답했다.
>
> 마이크는 그렇게 하겠다고 동의했고, 처음에는 좀 더 깊은 심호흡을 했고, 나중에는 들이쉴 때마다 가슴과 복부를 숨으로 가득 채우고 내쉴 때마다 다 비워냈다. 이렇게 하면서 마이크는 몸을 떨기 시작했다. 나는 그에게 이 경험을 지속시킬 수 있는지 물어보았다. 몇 분 후 마이크는 좀 더 리듬감 있는 방식으로 호흡을 조절하기 시작했다. 그가 내는 소리는 마치 신음소리와 같았다. 턱이 떨리면서 마이크는 울기 시작했다. 나는 그에게 울음에 어떤 말이 담겨 있는지 물었고, 그는 "잘 모르겠어요."라고 답했다. 나는 그 회기를 시작할 때 그가 했던 말, "저 자신과 너무 접촉이 안 돼요."라는 말을 제안했다. 그는 이 말을 하려고 세 번 시도했고, 매번 가슴이 차오르고 눈물이 핑 돌았고, 다음과 같이 덧붙여 말했다. "그리고 너무나 큰 고통을 느껴요. …… 바로 이거네요. 전 너무 접촉이 안 되고 제 삶에 대해 너무 슬퍼요." 우리는 그 회기의 남은 시간을 자신과 다른 사람에 대해 그가 접촉하지 못하고 있는 것이 무엇인지를 살펴보았다. (Clemmens, 1997, p.148)

Clemmens & Matzko(2005)는 게슈탈트 치료적 관점에서 약물 남용의 심각성 수준에 따라 다르게 고안된 약물 남용 치료에 대한 개념화를 제시한다. 그들은 또한 약물 의존 문제가 있는 내담자를 위한 치료 접근을 제시하는데, 여기에는 내담자 기능에 대한 관심, 현재에서 문제 경험하기, 회기 중 일어나는 경험 이해하기, 내담자와 함께 회기에 적극적으로 참여하기 등이 포함되어 있다.

단기 심리치료

전형적으로 게슈탈트 치료자는 일주일에 한 번 내담자를 만난다. 치료 회기가 주당 1회가 되지 않으면 회기 중 드러나거나 다루어진 심리치료 소재를 내담자가 활용하지 못할 뿐만 아니라 상담자와 관계를 형성하지 못할 위험의 소지가 있다. 하지만 회기를 너무 잦게 잡으면 내담자가 퇴행해서 자신이 현재 당면한 문제를 다루지 않게 될 위험성이 있다. 어떤 게슈탈트 치료는 단기로 이루어지기도 한다.

Houston(2003)은 한 가지 흥미로운 단기 심리치료 접근을 게슈탈트 치료에 적용하였다. 그녀는 질문지를 개발하여 내담자가 상담자를 만나기 전에 작성하도록 하였다. Houston은 『단기 게슈탈트 심리치료(Brief Gestalt Therapy)』라는 저서에서 6회기 내지 8회기의 심리치료 모델을 제시하고, 치료의 초기와 중기 및 종결기에 다룰 수 있는 주제를 제안하였다. 추가적으로, 내담자가 치료실 밖에서 자신의 문제에 대한 작업에 적극적으로 참여하게 하는 데 유용한 과제나 실험에 대해서도 설명하였다. Houston의 모델에서는 이 장에서 기술한 방법 거의 대부분이 활용된다.

최신 동향

게슈탈트 치료에서는 내담자와 관계 주제에 초점을 두고 내담자가 문제를 현재 시점으로 가져오도록 돕는 데 있어서 갑작스럽거나 거친 방법보다는 좀 더 부드러운 기법을 사용하는 추세가 지속되고 있다(Yontef & Jacobs, 2014). Perls는 게슈탈트 시연에서 창의적이고 강한 접근을 사용한 것으로 알려졌지만, 요즘 게슈탈트 치료자는 기법이 내담자와의 지속적인 치료 관계에 미치는 영향에도 관심을 둔다. 특히 관계에서의 어려움과 관계 그 자체의 속성을 살펴보고 다룬다(Gary Yontef, 개인적 교신, 2013. 12. 12.).

이 장의 시작 부분에서 논의했듯이 Greenberg와 그의 동료들(Elliott et al., 2004; Greenberg, 2011; Greenberg, McWilliams, & Wenzel, 2014; Paivio, 2013)은 정서중심 치료를 개발하였다(이전에는 과정 체험적 혹은 체험적 심리치료라고 불렀다). 정서중심 치료는 인간중심 치료의 관계 구축 측면과 게슈탈트 치료의 정서와 능동적이고 현상적인 알아차림 실험을 결합한다. Greenberg와 그의 동료들은 상담자가 내담자의 정서를 이해하고, 자신이 이해한 바를 내담자에게 전달하는 데 초점을 둔 접근을 제시하는데, 이것은 Perls의 치료적 대화에서는 발견되지 않는 부분이다. 이들의 접근은 관계중심적이고 덜 직면적인 방식으로 옮겨가는데, 이는 근래 많은 게슈탈트 치료자가 전형적으로 보이는 경향이기도 하다.

최근 관심받고 있는 또 다른 영역은 수치심인데, 특히 정신역동적 지향의 게슈탈트 치료자들이 주목하고 있다. Jacobs(1996)는 아동기에 유발된 수치심은 대인관계뿐만 아니라 독립심에도 영향을 미칠 수 있다고 본다. Jacobs는 치료 관계에서 수치심이 어떻게 일어나는지 또 어떻게 그것을 다룰 수 있는지를 보여 준다. Clemmens(2012)는 치료자와 다른 사람들과의 관계에서 수치심이 어떻게 보일 수 있는지에 대해 다소 다른 관점을 갖고 있다. Greenberg & Iwakabe(2011)는 정서중심 치료와 관련해서 수치심을 살펴본다. 이들은 심리치료에서 수치심에 대해 어떻게 접근하고 인정하고 바꾸는지를 기술한다. 일반적으로 이 저자들은 심리치료에서 수치심의 중요성을 다루고 내담자가 수치심에 대처하도록 돕는 다양한 방법을 제안한다.

다양한 관심 주제를 살펴보고 그것을 게슈탈트 치료 원리와 관련시켜 논의한 저자들도 있다. 많은 심리치료 이론이 마음챙김(mindfulness) 주제를 결합하고 있다. 마음챙김은 내담자가 현재 일어나고 있는 내면과 외부의 경험에 주의를 기울이도록 도와줌으로써 알아차림에 초점을 맞춘다(Fodor & Hooker, 2008). 근래 심리학 문헌에서 주목받고 있는 또 다른 주제는 용서다. Harris(2007)는 게슈탈트 치료에서 용서를 다루는 방법을 보여 준다. 과학적 관점에서는 뇌생물학을 적용하여 사람들이 자기 자신을 어떻게 지각하는지 이해하려고 시도하고 있다(Brownell, 2009; Delisle, 2013; Philippson, 2012). O'Neill(2008)은 양자물리학을 적용하여 장 이론에 관한 Lewin과 다른 심리학자들의 개념을 확장시켜 그것을 게슈탈트 치료에 적용하는 방법을 제시했다.

게슈탈트 심리치료를 다른 심리치료 이론과 함께 사용하기

게슈탈트 치료자는 알아차림에 대한 게슈탈트 접근을 다른 심리치료 이론과 함께 사용하는 것에 대해 신중한 입장을 보인다. Yontef(1987)는 게슈탈트 개념을 충분히 자신의 치료적 접근에 통합시키지 않은 채 게슈탈트 치료의 요소를 다른 심리치료 체계의 요소와 결합하는 사람들에 대해 비판적이다. 일부 상담자들은 게슈탈트 치료 이론의 구성 개념을 넘어섰기 때문에, Yontef는 경계선 장애와 내담자에게 통합된 접근을 적용해야 하는 필요성을 분명하게 이해하지 못한 채 다양한 기법을 사용하는 상담자들에 의해 게슈탈트 치료 전체가 훼손될까 봐 염려한다.

일부 게슈탈트 치료자는 게슈탈트 치료를 정신역동적 접근에서 유래한 심리치료와 통합하는 것이 유용하다고 본다. 예를 들면, Delisle(2013)은 게슈탈트 치료의 자기 개념이 어떻게 대상관계 치료와 통합될 수 있는지를 보여 준다. 그리고 Philippson(2001)은 관계적 정신분석(relational psychoanalysis)을 고찰하면서 이 이론이 게슈탈트 치료자에게 접촉 과정과 그것의 발달을 이해하는 데 도움되는 중요한 통찰을 주고 있음을 보여 준다. 그는 내담자의 아동기 발달에 관한 정신역동적 이론의 관점이 접촉 및 게슈탈트 형성과 같은 개념에 보탬이 된다고 본다. Spagnulo & Lobb(2013)은 주로 게슈탈트에 기반을 두고 있지만 정신분석에 영향을 받은 접근을 소개한다. Cannon(2009)은 실존적 정신분석을 게슈탈트 치료와 결합하면 일부 치료 작업의 초점을 현재에 맞추게 되어 내담자에게 도움이 된다고 본다. Savard(2009)는 아들러학파의 치료와 게슈탈트 치료를 좀 더 세밀하게 비교해봄으로써 어떻게 이 각각의 이론에 대한 이해를 높일 수 있는지를 논의하였다. Ginger(2008)와 Tobin(2004)은 행동적 접근, 안구운동 둔감화와 재처리 요법(8장에서 소개하는 EMDR)을 게슈탈트 치료와 함께 적용하는 방법을 보여 준다. 정신분석 치료에 근거한 발달적 개념을 게슈탈트 치료의 알아차림 접근과 결합하는 주제에 관한 저술은 앞으로도 계속 중요한 비중을 차지할 것으로 보인다.

연구

어떤 점에서 게슈탈트 치료는 매우 실험적인 접근이다. 상담자들이 자주 내담자가 시도해 볼 수 있는 실험을 고안해내기 때문이다. 하지만 이런 개별적인 실험은 반복 가능한 과학적 연구에는 적합하지 않다. Perls, Hefferline, & Goodman이 말한 대로, "우리는 실험주의자들 이 가장 용서할 수 없다고 여기는 죄, 즉 실험에 실험자를 포함시키는 죄를 차분하게 저지 르고 있다는 사실을 직면해야 한다"(1994, p.8). 많은 연구자는 스스로 인정하고 싶든 그렇 지 않든 간에 자기가 수행하는 연구의 일부이며 그 연구에 영향을 미치고 있다는 것이 이 저 자들의 주장이다. 개별적인 실험을 강조하는 이들의 입장은 이들이 집필한『게슈탈트 치료 (Gestalt Therapy)』의 절반 정도의 분량이 게슈탈트 치료 원리 자체의 타당성을 사람들이 직 접 검증해 볼 수 있는 일련의 실험이 차지하고 있다는 사실에서도 드러난다. 이런 실험에는 신체에 대한 감각을 분명히 하기, 알아차림을 통합하기, 집중하는 데 초점 두기와 같은 연습 이 포함되어 있다. 이런 연습은 게슈탈트 치료자들이 내담자가 이전에는 몰랐던 자신의 면 면을 탐색하도록 도울 때 사용하는 실험의 전신이다.

　　게슈탈트 치료를 다른 접근에 의한 치료와 비교하거나 무처치(no treatment)와 비교한 연 구는 다양한 심리 장애에 대해 수행되어 왔다. Strümpfel & Courtney(2004)는 우울증과 성 격 장애, 신체화 문제와 약물 남용 등의 장애에 관한 연구를 검토하여 상세한 개관을 제시 하였다. 이들은 또한 4개월에서 3년에 이르는 추수 연구도 개관하였다. 게슈탈트 치료는 일 반적으로 심리치료 대기자로 구성된 통제 집단이나 혹은 무처치 집단에 비해 유의한 개선 을 보인다. Wagner-Moore(2004)도 두 의자 기법을 적용할 때 일어나는 긍정적 변화의 증거 를 제시하는 경험적 연구를 개관하였다. 흔히 인지행동 기법이나 내담자중심 치료와 비교 해 볼 때, 어떤 상황에서는 어떤 특정한 심리치료가 좀 더 유익할 수도 있지만 모든 심리치료 는 비슷한 결과를 보이는 경향이 있다.

　　몇 가지 전형적인 연구의 예를 제시하자면, 먼저 23명을 대상으로 실시한 뱀 공포증 치 료를 비교한 연구에서 Johnson & Smith(1997)는 게슈탈트의 빈 의자 기법 대화 접근 치료 를 받았던 참여자들이 체계적 둔감화 치료를 받은 참여자들만큼 호전이 있었음을 발견하 였다. 그리고 이 두 집단 모두 비전통적인 통제 집단보다 더 호전되었다. 우울증 연구에서 는 Greenberg & Watson(1998)이 과정 체험적 집단(게슈탈트와 인간중심 치료 둘 다 사용한 다.)이 인간중심 치료만큼 우울증에 효과적이었음을 보여 주었다. 과정 체험적 치료는 인 간중심 치료보다 치료 중반까지 더 빠른 변화를 가져왔다. 이 연구는 Goldman, Greenberg

& Angus(2000)에 의해 반복 실시되었고, 그 결과는 비슷하게 나타났지만 과정 체험적 치료 가 우울 증상 감소에 더 효과적이었다. 주요 우울증 내담자 43명을 대상으로 18개월 후 추 수 질문지를 사용한 연구에서 Ellison, Greenberg, Goldman & Angus(2009)는 정서중심 치료 (과정 체험적 및 게슈탈트 치료와 유사하다.)가 인간중심 치료보다 우울증을 더 효과적으 로 감소시켰음을 발견하였다. 게슈탈트 기법의 사용이 심리치료 효과를 높이는 데 도움이 되었던 것으로 보였다. 우울증에 대한 또 다른 연구에서는 과정 체험적 치료와 인지행동 치 료를 비교하였는데, 이 연구에서는 16회기의 심리치료를 받은 내담자 66명을 연구하였다 (Watson, Gordon, Stermac, Kalogerakos, & Steckley, 2003). 이 두 가지 심리치료 모두 내담자가 자존감을 높이고 스트레스를 경감시키며 자신과 다른 사람에 대한 태도를 향상시키는 데 도움을 주었다. 과정 체험적 치료를 받은 사람들은 인지행동 치료를 받은 사람들보다 대인 관계 문제를 더 적게 보고하였다. 이 연구들은 과정 체험적 치료가 증거 기반 심리치료로 간 주될 수 있음을 보여 주는 연구로 거론된다.

최근 연구는 치료의 특정한 측면과 다양한 심리장애에 대한 유용성에 초점을 두고 있다. 한 연구는 우울한 사람들의 자기 이해를 높이고 감정에서 새로운 의미를 찾기 위해 어떻게 내담자의 내러티브(이야기)가 정서중심 치료와 통합될 수 있는지를 보여 주었다 (Angus, 2012). 또 다른 연구에서는 우울한 내담자를 위한 내러티브 치료와 정서중심 치료 의 통합을 검토하면서 치료에서 획기적인 순간의 유용성을 평가했다(Cunha et al., 2012). 이 러한 순간에는 행위, 성찰, 항의, 재개념화, 변화 수행하기가 포함되었다. 또 한 연구는 아동 학대 외상을 경험했고 정서중심 치료를 받은 성인을 대상으로 하여 치료에서 유익했던 사 건을 보고하는 것이 얼마나 유용한지를 평가하였다(Holowaty & Paivio, 2012). 폭식 장애가 있는 성인을 대상으로 한 한 연구는 정서중심 치료와 다이어트 상담이 체중 감소를 위한 가능성 있는 접근임을 보여 주었다(Compare, Calugi, Marchesini, Molinari, & Dalle, 2013). 배우자에게 폭력을 행사한 전력이 있는 교도소에 수감된 남성들을 3년간 추적 조사한 연 구에서는 정서중심 치료 참여가 통제집단에 비해 재발률을 유의미하게 줄였음을 보여 주 었다(Pascual-Leone, Bierman, Arnold, & Stasiak, 2011). 이러한 연구들은 심리치료 연구의 다 양한 접근을 보여 준다.

그 밖의 연구들은 치료 관계에 초점을 두었다. Watson과 그녀의 동료들은 과정 체험적 치료와 인지행동 치료에서 치료 관계(작업 동맹)의 차이점을 연구하였다. 일반적으로 인지 치료자는 질문을 더 많이 했고, 과정 체험적 치료자는 내담자에게 좀 더 많은 지지를 제공 하였다. 작업 동맹 수준이 낮은(좀 더 어려운 내담자-치료자 관계 주제가 존재하는) 회기와 작업 동맹 수준이 높은 회기를 비교해 보았을 때, 두 유형의 치료자들은 모두 작업 동맹 수 준이 낮은 회기에서 좀 더 많은 지지를 제공하였다(Watson & McMullen, 2005). 치료 관계에 관한 또 다른 연구에서는 과정 체험적 치료자와 인지행동 치료자 간에 공감과 수용 및 일치 성 수준에 있어서 차이점을 발견하지 못하였다(Watson & Geller, 2005). 하지만 과정 체험적 치료자의 내담자는 인지행동 치료자의 내담자보다 치료자에 의해 좀 더 존중받고 있다는 느낌을 보고하였다.

빈 의자 기법은 Leslie Greenberg가 수행한 일련의 연구에서 초점이 되어온 주제이다. 그는 제자 및 동료와 함께 갈등 해결에 있어서 빈 의자 기법의 효과성을 평가하였다(Strümpfel & Courtney, 2004). 예를 들어, Clarke & Greenberg(1986)는 인지적 문제해결 집단과 빈 의자 기법 사용 중심 게슈탈트 집단 및 대기자 통제 집단을 비교하였다. 내담자는 2회기 심리치료에 참여하였고 미결정과 의사결정의 단계에 대한 사전 검사와 사후 검사를 받았다. 의사결정을 촉진하는 데 있어서 두 가지 상담적 접근이 무처치보다 더 효과적이었지만 정서적인(게슈탈트) 집단이 인지행동적인 접근보다 더 효과적이었다. 이런 결과를 놓고 Clarke & Greenberg는 게슈탈트 접근이 인지행동적 접근보다 의사결정 문제에 대한 초점을 유지하는 데 있어서 좀 더 성공적이었을 것이라는 설명을 제시하였다. Greenberg의 연구 대부분은 빈 의자 기법이 내담자의 자기 비난을 줄이고 자기 이해를 높이는 데 유익하다는 것을 보여 주었다(Elliott et al., 2004). 빈 의자 기법은 또한 심리교육 집단보다 용서를 촉진하고 감정적인 상처를 해소하도록 돕는 데 더 효과적인 것으로 밝혀졌다(Greenberg, Warwar, & Malcolm, 2008). 빈 의자 기법은 심리교육 집단에 비해 구체적인 증상 및 전반적인 증상을 감소시키는 데에도 더 유용했다. 빈 의자 기법은 구체화할 수 있고 통제할 수 있기 때문에 대부분의 게슈탈트 실험보다 연구에 특히 적합하다.

많은 치료자들은 경계선 장애가 있는 내담자에게는 빈 의자 기법 사용을 피하는데, 그 이유는 이런 내담자들은 감정을 통제하는 데 어려움이 있고 다른 사람들을 전부 다 좋거나 전부 다 나쁜 사람으로 보는 경향(양극화)이 있기 때문이다. Pos & Greenberg(2012)는 이러한 어려움을 인식하고 빈 의자 기법을 통해 이러한 내담자들이 자기 이해와 일관된 느낌의 경험을 증진하는 데 구조를 제공할 수 있는 몇 가지 방법을 제안하였다. Greenberg와 동료들은 사람들이 정서를 처리하는 방식을 설명하는 모델을 개발하였는데, 이 모델은 게슈탈트 치료와 정서중심 치료에 대한 이해를 돕는다. 이 모델은 정서중심 치료의 적용이 긍정적인 효과를 가져올 것이라고 예측한다(Pascual-Leone & Greenberg, 2007).

성 관련 주제

게슈탈트 치료에서 성차(gender differences)를 논의할 때, 남녀 모두 지도자 역할을 수행해왔고 게슈탈트 치료의 발전에 관여해왔다는 점을 지적할 필요가 있다. Laura Perls는 게슈탈트 치료의 시초부터 적극적으로 관여하여 게슈탈트 치료에 관한 초기 저작의 일부를 저술하기도 하였다. 뉴욕 게슈탈트 치료 연구소에서 보여 준 지도력은 그녀가 훈련시킨 많은 게슈탈트 치료자들에게 강력한 영향을 미쳤다. 새로운 치료자들에게 수련 감독을 제공하고 워크숍을 이끈 많은 사람들이 여성이었고, 이 점이 게슈탈트 치료에서 성 문제를 인식하고 균형 있는 접근을 유지하는 데 도움이 되었다.

일반적으로 남성과 여성은 개인의 알아차림과 성장을 증진하는 게슈탈트 접근에 다르게 반응하는 경향을 보인다. 남성과 여성은 전이와 역전이, 학대, 관계 문제 같은 심리치료 주제에 대해서도 다른 반응을 보일 수 있다(Amendt-Lyon, 2008). 게슈탈트 치료는 여성이 자신이 갖고 있는 힘에 대한 감각을 알아차리고, 흔히 사회적 제한과 기대로 인해 긴장을 유발하고 힘을 가로막는 장애물을 알아차리도록 도와줌으로써 여성의 힘을 북돋워줄 수 있다. 여성이 게슈탈트 치료를 통해 힘에 대한 감각을 기르고 자신의 능력을 충분히 알아차리게 된다면, 여전히 변하지 않은 채 남아있는 사회적 기대에 대처 하는 새로운 방법을 개발해야 할 필요가 있을 것이다. 남성은 자라면서 자신의 감정을 드러내지 않고 숨겨야 하고, 힘든 경험을 다루기보다는 억압해야 한다고 배우기 때문에 게슈탈트 치료는 이들이 연인과 아버지, 동료 등의 역할을 수행하는 데 걸림돌이 되는 것이 무엇인지를 알아차릴 수 있는 기회를 제공할 수 있다. 게슈탈트 치료는 남성이 슬픔과 분노와 같은 오랫동안 숨겨둔 감정에 접근하도록 도움을 줄 수 있다(Novack, Park, & Friedman, 2013). 그러나 남성이 자신의 감정과 비언어적 행동 및 자신의 다른 측면들에 대해 좀 더 알아차리게 되면 자기표현에 적절한 사회적 맥락이 무엇인지를 탐색해야 할 것이다.

Miriam Polster는 여성 영웅의 부족으로 인해 여성에게 영향을 미치는 사회적 제약의 주제를 다루었다. 『이브의 딸(Eve's Daughters)』(1992)이라는 저서에서 그녀는, 전통적으로 영웅은 남성이었고 여성은 남성을 위한 지지자라는 의미의 여성 주인공이었거나, 아름답지만 기만적인 트로이의 헬렌처럼 부정적인 속성을 지닌 인물이었다는 점을 지적했다. Polster는 영웅 이미지는 너무나 훌륭한 어떤 행위를 목격한 사람들이 그것에 대해 이야기하여, 대대로 그 이야기가 전해져 오는 데서 나온다고 하였다. 여성의 영웅적 행위에는 시민권 운동 참여, 아동 권익 옹호, 과학적 업적이 포함될 수 있다. Polster는 여성이 영웅적인 여정의 일환으로 남성 영웅의 여정을 돕기보다는 다른 여성을 도와야 한다고 보았다. 영웅적인 업적을 남기는 여성은 지지와 지식 및 힘이 결합된 모습을 보여 주는데, 이런 모습은 다른 여성도 이처럼 성취할 수 있게 해 준다. Polster는 영웅적 행위에 대한 시각, 즉 여성의 영웅적인 성취를 남성의 그것과 나란히 놓고 보는 새로운 영웅주의(neoheroism)를 역설했다. Polster의 책은 개인적인 알아차림뿐만 아니라 사회적인 힘 북돋우기와 알아차림을 강조한다는 점에서 게슈탈트 저술에서 흔치 않은 저작이다.

게슈탈트 치료자는 동성애자 내담자의 관심사도 다룬다. 레즈비언 커플을 돕는 방법에는 공동체와 정치적 쟁점 및 원가족 문제에 대한 관심 갖기뿐만 아니라 게슈탈트 실험 및 기법의 사용이 포함된다(Brockmon, 2004). Kondas(2008)는 가정 폭력 피해자이면서 게이인 내담자를 대상으로 하여 게슈탈트 치료에서 내파(implosion)와 외파(explosion)의 개념을 다룸으로써 이들에게 도움을 주는 방법을 보여 준다. Iaculo & Frew(2004)는 동성애자가 자신의 동성애를 다른 사람들에게 밝히는 과정을 게슈탈트 접촉 주기와 비교하여 병렬적으로 묘사하였다. 내담자와 상담자의 관계는 게이인 내담자가 자신의 동성애를 공개적으로 밝히는 과정(coming out)을 도와주는 데 있어서 매우 중요하다고 기술되어 있다.

다문화 관련 주제

게슈탈트 치료는 문화적으로 다양한 집단과 작업하는 데 있어서 여러 가지 측면에서 효과적이다(Wheeler, 2005). 게슈탈트 치료자는 게슈탈트 실험을 활용하여 내담자가 자신의 문화를 논의하고 지각하는 것을 도와줄 수 있다. 또한 내담자와 상담자 관계는 현재에 초점을 두기 때문에 그 바탕에 문화와 관련된 주제가 있고 심리치료 관계를 방해한다고 치료자가 지각하는 주제를 다룸으로써 문화 간 장애물을 극복할 수 있는 기회가 주어진다. 예를 들어, 백인 상담자가 아시아계 미국 여성 내담자가 과묵하다고 보면서, "당신의 나지막한 목소리에 말을 붙여 볼 수 있을까요?"라고 물어볼 수 있다. 이러한 개입을 통해 내담자는 백인 상담자에게 자신이 이해받을 수 있을지 염려하고 있는 마음을 말로 표현할 수도 있다. 또한 내담자가 아시아 문화와 미국 문화에서 스스로 지각하는 자기 모습들 간에 대화를 하게 함으로써 자신의 문화적 갈등에 대해 좀 더 잘 알아차리게 될 수도 있다. Cheung & Nguyen(2012)은 아시아계 내담자들이 수치심과 관련된 주제를 다루고, 친구나 가족에게 '체면을 잃을까 하는' 염려를 다루며, 직접적인 맞닥뜨림을 요구할 수도 있는 어려운 주제를 해결하고, 죄책감이나 갈등을 유발할 수 있는 주제에 대한 내적인 통제감을 갖도록 돕는 데 빈 의자 기법을 활용할 수 있다고 제안하였다. 이와 같은 주제를 다룰 때 대화나 다른 게슈탈트 실험에서 내담자에게 자신의 모국어나 방언을 사용하게 할 수도 있다. Joyce & Sills(2001)는 문화적 주제를 다룰 때 상담자가 자신의 문화적 인식에 주의를 기울이도록 몇 가지 제안을 하였다. 일반적으로 내담자의 즉각적인 경험에 대한 상담자의 감수성에는 내담자 문화에 대한 감수성이 포함된다.

다른 관점에서 보면 게슈탈트 치료는 다른 문화적 배경을 가진 내담자와 작업하는 데 있어서 문제를 야기할 소지가 있다고 볼 수 있다. 예를 들어, Tagay & Voltan-Nilufer(2012)는 융합의 경계선 장애는 터키 사람들 가운데 흔히 발견되는 부모에 대한 의존을 반영한다고 제안하였다. 이들은 이러한 의존은 종교적 가치 체계에 기반한 것으로 터키 내담자들과 치료 관계를 발전시키는 일을 어렵게 할 수 있다고 보았다. 게슈탈트 치료는 깊은 감정을 유발할 수 있기 때문에 내담자의 문화적 전통이 감정 표현을 막는다면 이것은 문제가 될 수 있다(Joyce & Sills, 2001). 많은 문화권에서는 감정을 드러내는 것이 약함과 취약성을 보이는 것으로 여겨지며, 남성에게는 특히 그러하다. 또 일부 문화권에서는 다양한 가족 구성원과의 상호작용을 제한하거나 금지하는 전통이 있다. 예를 들어, 많은 아시아 문화권에서는 연상의 가족 구성원, 특히 부모를 대할 때는 흔히 권위에 대한 존경과 예의를 갖추어야 한다는 규범이 있다. 그들에게 분노를 드러내 보이는 것, 심지어 대화 중에 그렇게 하는 것도 사람들에게 심적인 불편을 초래할 수 있다.

일부 게슈탈트 저자는 사회나 문화와 게슈탈트 치료의 관계를 넓은 의미에서 보았다. Staemmler(2005)는 문화권에 따라 의사소통이 달라지는 방식에 주목하였다. 그는 게슈탈트 치료자가 내담자와 의사소통하는 방식이 내담자의 문화권에 따라 어떻게 불일치한지, 그 양상을 스스로 점검할 수 있는 방법을 논의하였다. Slemenson(1998)은 '상처받은 사회를 어떻게 치유하는가', 그리고 '게슈탈트 치료를 어떻게 사회적 요구에 맞게 적용하는가'라는 물음을 제기하면서 아르헨티나와 직접 관련되지만 다른 국가에도 시사점을 갖는 광범위한 쟁점에 관해 성찰하였다. 이러한 언급이 시사하는 바는 게슈탈트 치료자가 자기 자신에 대한 내담자의 알아차림뿐만 아니라, 문화적 요인이 내담자의 자기 자신과 가족, 친구, 지인 및 사회 전체 구성원에 대한 알아차림에 미치는 영향에 대해서도 민감해야 한다는 것이다.

집단 상담

집단 상담은 항상 게슈탈트 치료에서 보편적인 개입 방식이 되어 왔다(Corey, 2012). 1960년대와 1970년대에 게슈탈트 치료자는 개인 치료보다는 집단 상담으로 더 잘 알려져 있었다. 집단의 유형은 세 가지로 나눌 수 있다. 첫째, 뜨거운 자리(hot seat)는 구성원 한 사람이 치료자와 상담하고 나머지 구성원은 관찰하는 집단 유형이다. 둘째, 과정 집단(process groups)인데, 이 집단에서는 현재 집단의 과정에 주의를 기울인다. 셋째, 과정 집단의 변종인 과정 주제 집단(process-thematic groups)으로 과정에 주의를 기울일 뿐만 아니라 집단 전체에 관련된 주제를 시연한다. Frew(1988)는 게슈탈트 치료자 251명에게 설문을 실시한 결과, 치료자 70%가 현재 심리치료에서 집단 상담을 실시하고 있음을 확인하였다. 집단 상담을 실시한다고 보고한 치료자 가운데 4%는 뜨거운 자리를 주로 사용하거나 그것만 사용한다고 보고하였고, 대부분(60%)은 다양한 지도 방식을 사용한다고 보고하였다. 집단 치료는 계속해서 중요한 치료 접근으로 활용되고 있으며, 구성원에게 다른 사람들과의 상호작용을 개선할 수 있는 기회를 제공한다(Feder, 2006; Schoenberg, Feder, Frew & Gadol, 2005).

뜨거운 자리 접근은 Perls와 James Simkin에 의해 대중화되었다. 하지만 이 접근은 1970년대부터 점점 더 적게 활용되고 있다. 이 접근에서는 한 구성원이 집단지도자와 함께 적게는 몇 분에서 길게는 40분까지 개인 작업을 한다. 이와 같은 일대일 작업에서 나머지 구성원은 참여하지 않는다. 이들은 개인 작업이 끝난 후에 개인 작업을 관찰하면서 각자 어떤 영향을 받았는지에 대해 말할 수는 있다. 구성원이 모두 한 차례씩 지도자와 일대일 작업을 하는 기회를 가지고 나면, 두 번째로 구성원마다 개인 작업을 하는 차례가 시작된다. 뜨거운 자리 방법을 활용하는 게슈탈트 치료자 가운데 일부는 집단 역동을 이 접근에 포함시켜 집단 과정과 뜨거운 자리가 결합된 접근을 적용한다. Perls(1969b)는 뜨거운 자리 접근이 개인 치료보다 우월하며, 관객 역할을 하는 나머지 구성원은 뜨거운 자리에 있는 사람에 대한 관찰을 통해 배운다고 생각했다.

Kepner(1994)는 게슈탈트 집단 과정에 대해 설명하면서 인격적 성숙을 개인과 다른 사람 간의 접촉의 결과에서 비롯되는 경계 현상이라고 묘사했다. 게슈탈트 과정 집단은 집단 알아차림을 증진할 수 있는 실험과 연습을 포함할 수 있다. Kepner는 게슈탈트 치료 집단의 세 가지 발달 단계를 제시했다. 첫째, 정체성과 의존 단계로서 집단을 위한 한계와 경계 설정을 포함한다. 이 단계에서는 집단에서 사용될 접근의 모델링과 구성원 간의 대인 간 접촉을 권장한다. 둘째, 영향과 역의존성(counterdependence) 단계에서는 구성원이 집단의 영향과 권위, 통제를 다룬다. 구성원뿐만 아니라 지도자도 직면받을 수 있고 견해 차이가 공공연히 표출될 수 있다. 또한 집단에서의 역할과 사람이 구별된다. 예를 들어, 집단에서 속죄양 만들기가 나타나고 어떤 사람이 '희생자'로 지목되면 지도자는 그 역할과 사람을 구별해 줄 수 있다. 셋째, 친밀성과 상호의존성 단계에서는 구성원 간에 친밀감이 형성된다. Kepner는 집단이 꾸준히 이 셋째 단계에서 기능하려면 1, 2년 정도 함께 작업하는 경험이 필요하다고 보았다. 이 시점에서 지도자는 그다지 개입을 하지 않는 자문가 역할을 한다. 모든 집단이 이 세 번째 단계에 도달하지는 않는다. 이 단계에서는 심지어 애도와 고통과 같은 무거운 주제가 다루어질 때도 빨리 처리된다. 이러한 구조는 집단 운영을 위한 어떤 방식이 아니라 Kepner가 관찰한 과정에 대한 기술이다.

Zinker(1978)는 구성원이 흔히 작업하는 주제는 가족 갈등, 애도, 열망, 해결되지 못한, 심리적 외상과 같은 일상에서 일어나는 주제라고 보았다. 그는 꿈 작업에 대한 자신의 접근처럼 구성원이 이런 주제를 현재로 가져오도록 그것을 시연하게 한다. Zinker(1994, 2008)는 집단 알아차림은 '지금 여기'의 진술문, 예를 들어 "당신은 웅크리고 있고 어깨를 귀 옆에 갖다 붙이고 있네요.", "조앤, 존이 ……라고 말할 때 당신 턱이 굳어 있었어요."라는 말에서 나온다고 생각한다. Zinker(1994, 2008)는 집단 알아차림 과정을 촉진하려면, 다른 사람들에게 말할 때 쳐다보기, 사람들의 이름 부르기, 자신과 다른 사람의 몸짓언어 알아차리기, 사람에 대해서 말하는 대신 그 사람에게 직접 말하기, 다른 사람이 어떤 주제에 대해 작업하고 있을 때 끼어들지 않기, 1인칭으로 말하기, 질문을 평서문으로 바꿔 말하기, 다른 사람의 욕구와 가치 존중하기를 제안했다. 이러한 가치는 게슈탈트 치료자들이 '지금 여기' 접근을 강조한다는 것을 구체적으로 보여 준다.

Kepner와 Zinker의 과정 및 주제 작업이 보여 준 접근에 따르면 집단에서 강렬한 역동이 일어날 수 있기 때문에 게슈탈트 치료자는 치료적 안전이라는 주제에 주목해왔다. Feder(1994, 2006)는 집단 안전과 관련된 가장 중요한 변인은 치료자의 접근이라고 본다. 구성원을 배려하고 존중하며 유연성을 보여 주는 지도자의 자세는 구성원이 겪고 있는 접촉 경계 장애에 유해하기보다 치유적인 경험을 할 수 있게 해 준다. 구성원을 선별하는 작업 또한 집단 과정이 효과적으로 진행되고 구성원이 그 과정에서 서로 해를 끼치거나 해를 입지 않도록 하는 데 도움이 된다. Feder는 '안전 지표(safety index)'를 사용하여 구성원에게 각자가 경험하는 안전의 수준에 0에서 10까지 수치를 부여하도록 요청하는 것이 유익하다고 보았다. 그는 종종 집단 전체에 현재의 안전 수준을 점검하고 구성원에게 현재 경험을 살펴볼 것을 요청한다. 구성원 중에 이미 서로 알고 있는 기존의 관계가 있는지 알아보는 것도 집단의 안전을 확립하는 데 도움이 될 수 있다. 게슈탈트 치료 집단에 구성원으로 참여하고, 이후에는 공동 지도자로 집단을 이끌어 보는 경험은 초심 집단 치료자가 집단을 지도할 때 안전감을 경험하게 하는 데 도움이 될 것이다.

요약

게슈탈트 치료의 창시자 Fritz Perls는 정신분석 훈련을 받았지만 그가 개발한 치료 기법은 아주 다른 접근으로 발전했다. Perls는 현상학과 실존주의에 의해 영향을 받아 전인(全人)을 강조했다. 장 이론과 게슈탈트 심리학은 그가 자신의 심리치료 이론을 위한 용어를 만들어 내는 데 도움을 주었다. 그는 전경과 배경이라는 게슈탈트 심리학 개념을 사용하여 자기 자신과 다른 사람 및 주변 환경의 사물에 대한 개인의 알아차림에 대해 논의할 수 있었다. 과거나 미래를 현재로 가져오기에 대한 강조는 게슈탈트 치료에서 대단히 중요한 비중을 차지하는 개념이다. 게슈탈트 치료는 개인이 자기 자신 및 다른 사람과 잘 접촉하고 있는지 아니면 잘 못하고 있는지를 살펴보고, 내사, 투사, 반전, 편향, 융합 등의 접촉 경계 장애가 있는지 관찰한다. 게슈탈트 치료자들은 또한 개인이 경험하고 있는 양극성 혹은 정반대인 두 부분을 찾아본다. 개인에 대한 이런 관점은 심리치료 실제에 영향을 준다.

　게슈탈트 치료자는 전인이 되기 위한 성장과 통합에 있어서 알아차림의 중요성에 초점을 둔다. 그리고 '지금 여기'에서 나타나는 언어적·비언어적 행동을 포함하여 개인의 접촉 경계 장애를 평가한다. 게슈탈트 치료자는 치료적 관계의 맥락에서 내담자의 비언어적 행동과 감각 및 감정에 대한 알아차림에 주의를 기울임으로써 내담자가 알아차림을 증진할 수 있게 도와준다. 적용되는 기법으로는 자신과의 대화 및 양극성과 접촉 경계를 시연해 보기 등이 있다. 꿈은 많은 게슈탈트 치료자에게 치료적 경험의 중요한 한 부분으로 여겨지는데, 꿈속에 등장하는 사물과 사람은 모두 개인의 표상으로 간주된다. 게슈탈트 실험과 연습은 자신에 대한 알아차림을 심도 있게 하기 위한 목적으로 개인 치료와 집단 치료에서 적용된다. 치료자가 게슈탈트 기법을 직접 체험해 보고, 훈련과 수련 감독을 받는 경험은 자신의 알아차림을 증진하고 경험을 통합하며 상담자로서 성장하고 성숙해가는 데 필요한 요건이다.

이론의 적용

실습

CengageBrain.com에 나와 있는 디지털 자기 측정 도구, 핵심 용어, 동영상 사례(이론의 적용), 사례 연구, 퀴즈 문제로 게슈탈트 심리치료의 개념을 자세히 연구하고 실습할 수 있다.*

추천 자료

Polster, E., & Polster, M. (1973). *Gestalt therapy integrated: Contours of theory and practice.* New York: Brunner/Mazel.

이 탁월한 책은 현재 알아차림, 전경과 배경, 접촉 경계, 게슈탈트 실험을 다룬다. 사례 예시가 아주 잘 쓰여 있다.

Passons, W. R. (1975). *Gestalt approaches in counseling.* New York: Holt, Rinehart, & Winston.

개인 상담과 집단 상담을 위한 게슈탈트 실험과 연습이 체계적으로 그리고 예시와 함께 상세하게 기술되어 있다.

Clarkson, P. (2004). *Gestalt counselling in action* (3rd ed.). London: Sage.

이 간략한 책은 몇 가지 사례 예시와 함께 게슈탈트 상담을 개관을 제시한다. 건강한 접촉 주기와 그것을 상담에 적용하는 접근에 초점을 두고 있다.

Greenberg, L. S. (2011). *Emotion-focused therapy.* Washington, DC: American Psychological Association.

이 책에서는 게슈탈트 치료가 아니라 정서중심 치료로 기술되어 있지만, 방법은 매우 유사하다. 증거 기반 치료법이 상세하게 기술되어 있다. 독자들은 다른 기법들과 함께 빈 의자 기법을 사용하는 많은 방법을 배울 수 있을 것이다.

Perls, F. (1969). *Gestalt therapy verbatim.* Moab, UT: Real People Press.

이 책의 서두에는 Perls의 강연과 청중들의 질문에 대한 답변이 실려 있다. 이 책의 2부에는 Perls가 진행한 꿈 작업, 세미나, 주말 워크숍의 축어록이 제시되어 있다.

---

* 해당 서비스는 유료로 이용하실 수 있습니다.

행동 심리치료

행동 심리치료의 개요

1950년대 말에 시작된 행동 치료는 지난 100년에 걸쳐 발전되어온 행동주의의 과학적 원리를 토대로 하고 있으며 초기 치료적 접근은 대부분의 Pavlov의 고전적 조건 형성 개념과 Skinner의 조작적 조건 형성의 효과에 기초를 두었다. 이 연구는 관찰 학습에 관한 연구와 더불어 치료적 행동주의 기법 개발의 기초를 제공하였다. 행동 치료자들은 내담자에게 강화, 소거, 행동 조형, 모델링과 같은 기본 원리를 적용하며 세부적인 평가를 통해 과학적인 방법을 적용하고 있다.

지금까지의 행동 치료는 일반적으로 소리를 지르는 것과 같이 관찰될 수 있는 행동에서부터 다른 사람이 무언가 하는 것을 보고 배우는 것과 같이 관찰 불가능한 행동에까지 적용되었다. 최근에는 많은 심리치료자들이 행동주의적 접근과 함께 인지적 접근을 결합하여 내담자의 사고에 주목하고 있다. 이 장에서는 여러 가지 구체적인 문제를 다루는 데 있어 행동주의적 전략을 적용하여 설명하였으며 행동 치료가 매우 많은 기법을 포함하기 때문에 여기에 모두 서술하지는 않았다.

행동 심리치료의 역사

National Library of Medicine

Ivan Pavlov

다른 심리치료 이론에 비해 행동 치료는 경험주의 심리학과 인간 및 동물에 관한 학습 과정 연구에 그 뿌리를 두고 있다. 오늘날 실제 이루어지고 있는 행동 치료와 거의 비슷한 접근법이 사용되기도 하였지만, Ivan Pavlov의 연구 이전에는 행동 변화의 원리를 설명할 만한 체계적인 행동 연구가 이루어지지 않았다(Farmer & Nelson-Gray, 2005; Wolpe, 1990). 먹이를 받기 전에 개가 침을 흘리는 것에 대한 Pavlov의 관찰은 고전적 조건 형성(반응적 조건 형성)의 연구로 발전하였다. Pavlov의 조건 형성 실험에 영향을 받은 John Watson은 이러한 개념을 인간 행동에 적용했다. 학습에 관한 또 다른 중요한 접근 방법인 B. F. Skinner의 조작적 조건 형성은 환경적 영향력이 개인의 행동에 어떻게 악영향을 미치거나 조형하는지를 설명한다. 고전적 조건 형성과 조작적 조건 형성은 둘 다 개인의 외부로 드러나는 관찰 가능한 행동에 관한 연구이다. 반면, Albert Bandura의 사회적 인지 이론은 내재적이고 인지적인 과정을 다루면서 개인이 관찰을 통해 어떻게 학습하는지 혹은 환경을 어떻게 인식하는지를 설명하였다. 이러한 조작적 조건 형성, 고전적 조건 형성, 사회학습 이론의 세 가지 접근이 행동 치료의 현재 추세이며 이 장에서 좀 더 자세히 설명하겠다.

고전적 조건 형성

개의 소화 과정을 연구하면서 Pavlov는 먹이가 개의 혀에 닿기 전에 개가 침을 흘리는 것을 관찰하였다(Hyman, 1964). 치밀한 관찰을 통해 그는 개가 먹이를 줄 때의 소리나 먹이 모양과 같은 환경적 요소로 인해 학습한다고 결론지었다. 그는 개에게 먹이(무조건 자극: UCS)를 주기 전에 소리나 빛(조건 자극: CS)과 같은 중립 자극을 보여 주었다. 먹이(UCS)가 보였을 때 침을 흘리는 것은 무조건 반응(UCR)이다. CS(빛이나 소리)가 UCS(먹이)와 같이 제시되었을 때, CS는 저절로 개에게서 조건 반응(CR)인 침을 분비하게 하였다. 그러므로 학습된 행동은 조건 자극(CS)이 제시될 때 나타나는 조건 반응(CR)이다.

고전적 조건 형성은 인간을 포함하여 다양한 종과 행동 유형에 적용되었다. 예를 들면, Pavlov는 이미 조건 형성된 자극인 메트로놈의 박자와 검은 상자를 짝지워서 이차적 조건 형성 혹은 고차적 조건 형성을 설명하였다. 다른 실험에서는 무조건적 자극을 제시하지 않은 상태에서 조건 형성된 자극(CS)에 얼마나 오랫동안 반응하는지를 연구하여 CS(빛)가 CR(침 분비)을 일으키지 못하는 CR의 소거를 입증하였다. 이러한 방식으로 학습 과정에 관한 과학적인 연구가 발전되기 시작하였다. 고전적 조건 형성에 대한 연구와 행동주의 원리가 증가하면서 연구자들은 그 원리가 매우 복잡하다는 것을 발견하였다. 예를 들면, 고전적 조건 형성은 실험에서 설명되는 것처럼 항상 짝을 이루어 발생하지는 않았다.

1900년도 초, 존스 홉킨스 대학교의 경험주의 심리학자 John Watson은 Pavlov의 연구에 영향을 받았는데 특히 사고나 상상과 같은 내적 정신 과정에 의지하지 않고 관찰 가능한 자극과 반응을 직접 연구한 접근의 객관성을 높이 평가하였다(Watson, 1914). Watson(Watson & Rayner, 1920)의 유명한 실험은 고전적 조건 형성 모델을 사용함으로써 어떻게 정서적인 반응이 아동에게 조건 형성될 수 있는지를 설명하였다. 11개월 된 남자아이 앨버트(Albert)는 큰 소리를 들으면 두려워하고 깜짝 놀라는 모습을 보이지만 흰 쥐에 대해서는 두려움을 느끼지 않았다. 그러나 앨버트에게 흰 쥐를 보여 주기 전에 바로 옆에서 큰 소리가 들리게 하자 아이는 두려워하였다. 1주간에 걸쳐 소리와 흰 쥐를 7번 쌍을 이루어 제시하자 앨버트는 흰 쥐만 나타나도 울음을 터트렸다(Beck, Levinson, & Irons, 2009). 앨버트의 실험과 같은 조사에 기초를 둔 Watson의 실험(1914, 1919)은 많은 다른 심리학자들에게도 영향을 미쳤다.

Mowrer & Mowrer(1938)는 고전적 조건 원리에 관심을 갖고 방광의 긴장을 알람과 짝을 지은 배뇨 알람 시스템을 개발하여 뉴 헤븐 아동센터에서 야뇨증을 가진 아동들에게 적용하였다. 잠든 아이가 배뇨할 때 소변이 옷에 스며들면 연결된 전기 회로를 통해 알람이 울리는 것이다. 이것이 여러 번 반복되자 아이는 방광 긴장을 느껴 배뇨가 일어나기 전에 스스로 일어나게 되었다. 이 같은 방법은 야뇨증을 치료하기 위해 6~12주에 걸쳐 실시되는 하나의 과정으로 70년 이상 사용되어 왔다(Spiegler & Guevremont, 2010).

조작적 조건 형성

고전적 조건 형성이 UCS 전에 CS를 제시하는 것과 같은 선행사건에 초점을 두는 반면에 조작적 조건 형성은 행동의 선행사건과 결과에 초점을 둔다. 오늘날 행동 치료는 조현병 및 자폐증과 같은 심각한 정신 장애에 이르기까지 폭넓게 활용되고 있는데, E. L. Thorndike와 B. F. Skinner의 실험에 토대를 둔 조작적 조건 형성(도구적 조건 형성)이 행동주의 원리를 적용하는 기초를 제공하였다. 이 연구는 심각한 정신 장애인 조현병, 자폐증과 같은 다양한 문제에 적용할 수 있는 행동 원칙의 토대를 이루었다.

Pavlov와 같은 시대에 연구를 해왔지만 Edward L. Thorndike(1898, 1911)는 학습을 연구

하는 데 통제적 실험 절차를 사용하였다. Pavlov가 반사행동을 연구한 것에 비해 그는 새로운 행동을 학습하는 것에 관심을 가졌다. 고양이를 대상으로 하여 상자 밖에 먹이를 놓은 후 어떻게 고양이가 빗장을 풀고 탈출하여 먹이를 먹는지 관찰하였다. 상자에서 처음 탈출할 때에는 시행착오를 겪었으나 나중에는 고양이가 점점 더 빠르게 상자에서 탈출할 수 있었다. Thorndike는 걸쇠를 누르는 데 걸리는 시간을 기록하여 학습 곡선을 고안하였으며 실험과 관찰을 통해 "행동은 결과에 의해 결정된다. 강화는 행동의 증가를 일으키고 처벌은 행동의 감소를 일으킨다."(Ryckman, 2013)라는 효과의 법칙을 도출해 낼 수 있었다. 본질적으로, 빗장을 만지는 것과 같은 올바른 반응은 강화되고, 상자의 틀을 물어뜯는 것과 같은 잘못된 반응은 약화되었다. 효과의 법칙에 더하여, Thorndike는 동물이 생존하고 잘 기능하기 위해서 학습한다는 적응적 본성의 중요성을 강조하면서 실험을 통해 행동에 관한 많은 이론을 이끌어냈다.

Yvonne Hemsey/Contributor/Getty
Images News/Getty Images

B. F. Skinner

조작적 조건 형성과 관련하여 가장 잘 알려진 인물은 B. F. Skinner(1904~1990)이다. Thorndike가 고전적 조건 형성과 조작적 조건 형성을 유사하게 보는 반면에 Skinner는 이 두 가지가 많은 차이가 있다고 설명하였다. 기본적으로 조작적 조건 형성은 행동이 체계적으로 변화하면서 학습이 이루어진다는 것이다. 예를 들어, 작은 공간인 스키너 상자 속의 비둘기는 조명 장치를 쪼도록 하였다. 실험자가 비둘기가 받을 수 있는 먹이의 양을 조절하는데(강화) 비둘기의 '쪼는 행동'은 자동으로 기록된다. 빨간색 조명보다 초록색 조명에 대해 선택적으로 강화하면 비둘기가 빨간색 조명이 아니라 초록색 조명을 쪼도록 학습할 수 있다. Skinner의 많은 연구가 실험용 동물을 대상으로 진행된 반면 조작적 조건 형성의 원리는 인간 행동에까지 적용되었다.

복잡한 인간 행동에 조작적 조건 형성 원리를 적용한 Skinner(1953)의 연구는 많은 관심을 받았다. 그는 정부, 교육, 사업, 종교, 심리치료 그리고 인간 상호작용의 다양성에 이르기까지 조작적 조건 형성과 관련지어 글을 썼다. 그의 소설 『월든 투(Walden Two)』(1948)는 어떻게 조작적 조건 형성이 이상적인 사회의 기초가 되는지에 관해 보여 준다. 그러나 제한된 실험실 결과를 인간의 삶에 적용하는 것은 Skinner의 관점에 대한 논쟁거리가 되고 있다.

사회적 인지 이론

고전적 조건 형성과 조작적 조건 형성은 사람들이 직접적으로 관찰할 수 있는 분명한 행동에 초점을 두는 반면에, 사회적 인지 이론은 개인에게서 직접적으로 관찰할 수 없거나 적어도 관찰이 쉽지 않은 숨겨진 행동의 연구에 초점을 둔다. 이러한 행동들은 생리적 반응(혈압, 근 긴장도 등), 사고(관찰, 기억, 상상), 감정(슬픔, 분노, 정서)을 의미한다. '인지행동적'이라는 용어는 주로 외현적 행동과 내현적 행동 모두에 관심을 갖는 연구와 심리치료에서 사용되었다. 이 영역에서 특별히 주목할 만한 기여를 한 사람은 Albert Bandura이며 Mary Cover Jones와 같은 초기의 연구자를 꼽을 수 있다.

Watson의 제자인 Jones(1924)는 토끼를 두려워하는 3세 소년 피터(Peter)의 심리치료에 대하여 설명하였다. 피터에 관한 Jones의 심리치료는 사회학습 이론 중 관찰과 모델링의 두 가지 중요한 측면을 보여 준다. 피터가 토끼와 함께 즐겁게 노는 아이들을 모델로 관찰하게 함으로써 피터의 두려움을 치료하였다. 이러한 방법으로 피터는 토끼를 두려워하지 않아도 된다는 것을 알게 되었다. 그 후에 Jones는 피터가 좋아하는 음식을 먹을 때 토끼를 우리에 넣어 약간 거리를 두고 피터 근처에 두었다. 며칠이 지난 후에, Jones는 토끼를 피터에게 점점 더 가까이 가져다 놓았고 결국 토끼와 함께 있어도 괜찮다는 것을 확인하도록 하였다. 그러자 마침내 피터는 토끼와 함께 놀 수 있었고 토끼를 어루만질 수 있게 되었다. 이러한 예에서 Jones는 피터의 외현적 행동과 내현적 행동 두 가지에 대해 연구하였다.

Albert Bandura

1960년대 Albert Bandura에 의해 시작된 사회적 인지 이론은 이전에 사회 학습이라 불리었던 것으로 심리적 기능에서 사고와 상상의 역할을 강조하였다(Bandura, 2007, 2012). Bandura는 환경(environment)과 기억, 신념, 선호, 예측, 상상, 자기인식 등을 포함한 개인적 요소(personal factors), 행동(behavioral actions)의 상호작용을 포함하는 세 영역 간 상호작용 체계(triadic reciprocal interaction system)를 제안하였다(Martin, 2004). 이러한 세 요소들은 각각 다른 두 요소에 영향을 주면서 상호작용한다. Bandura 이론에서 중요한 점은 개인이 다른 사람을 관찰함으로써 학습한다는 것이다. 이러한 세 요소의 핵심은 행동을 조절하는 인지 구조와 지각의 틀인 자기 체계(self-system)이다(Bandura, 1978, 1997, 2000). 이러한 인지 구조는 사고, 행동, 감정에 영향을 미칠 수 있는 자기 인식, 자기 유인 그리고 자기 강화이다. 이와 관련이 있는 것은 자기효능감으로, 이 개념은 사람들이 삶에서 어려운 과업을 얼마나 잘 해결할 수 있다고 인식하는지를 다루고 있다(Bandura, 1986; Ryckman, 2013). 강한 자기효능감은 중요한 과업을 성취하는 능력, 관찰을 통해 배우는 능력, 성공할 수 있다는 강한 믿음, 낮은 불안 수준 등과 관련이 있다.

고전적 조건 형성과 조작적 조건 형성이 행동 치료의 중요한 요소이며 오늘날까지 활용되고 있으나, 최근에는 인지적 접근과 행동적 접근을 함께 활용하는 것이 더 일반적이다. Bandura와 같은 이론가들이 융통성을 보임으로써 심리적인 장애를 다양하게 조망할 수 있는 많은 방법들이 갖추어졌다.

행동 치료의 최신 동향

1960년대 이전에 행동 치료는 심리치료, 사회사업, 교육, 정신의학 등의 분야에서 거의 사용되지 않았으나, 1970년대 이후에는 산업, 아동 양육, 운동수행 능력 향상, 요양소, 정신병원 및 기타 기관 등에서의 삶의 질 향상 등 수많은 영역에 적용되어 왔다. 그뿐만 아니라 행동 치료는 내담자와 심리치료자가 심리적인 기능을 향상시키기 위해 공동으로 노력하는 과정으로서 더 높이 평가되었다. 다른 심리치료에서와 마찬가지로 행동 치료에서도 내담자와의 관계는 중요하다.

행동 치료를 적용하는 사례가 증가하면서 행동주의 전문가와 그들의 출판물의 수가 급격하게 늘어났다. 그 결과 1966년에 시작된 행동 및 인지 치료 학회(Association for Behavioral and Cognitive Therapies)의 회원 수가 2014년에는 4,000명을 넘어섰다. 이 단체는 미국에서 설립되었지만 행동 치료 학회들은 수많은 나라에서 설립되었고 행동 치료에 관한 관심이 높아지면서 행동 치료만을 다루는 저널들이 많이 등장하였다. 중요한 저널은『행동 장애(Behavioral Disorders Journal)』,『심리치료(Therapy)』,『오늘날 행동적 기법(Behavioral Technology Today)』,『행동 동기화(Behavior Modification)』,『행동 치료자(The Behavior Therapist)』,『행동 치료(Behavior Therapy)』,『행동주의 연구와 심리치료(Behavior Research and Therapy)』,『행동인지 심리치료(Behavioral and Cognitive Psychotherapy)』,『행동주의 중재(Behavioral Interventions)』,『아동·가족 행동 치료(Child and Family Behavior Therapy)』,『인지행동 훈련(Cognitive and Behavioral Practice)』,『인지 치료와 연구(Cognitive Therapy and Research)』,『응용행동 분석 학회지(Journal of Applied Behavior Analysis)』,『행동 치료와 경험적 정신의학 학회지(Journal of Behavior Therapy and Experimental Psychiatry)』,『정신병리와 행동평가 학회지(Journal of Psychopathology and Behavioral Assessment)』,『합리정서 인지행동 치료 학회지(Journal of Rational-Emotive and Cognitive-Behavior Therapy)』 등이다. 이러한 저널 중 거의 대부분은 행동 치료의 연구와 실제 사이에 밀접한 관계가 있음을 보여 주고 있다.

행동주의 성격 이론을 이용한 개념화

이 책에서 설명되는 대부분의 심리치료 이론과 달리, 행동 치료는 일반적인 성격 이론 없이 파생되었다. 학습 이론은 성격을 설명하기 위해 개발되었지만, 실제 행동 치료와는 거의 통합되지 못하였다. 예를 들면, Dollard & Miller(1950)는 Hull(1943) 연구의 일부를 토대로 정신분석적인 개념을 학습 이론의 용어로 번역하였다. Mowrer(1950)는 심리 장애를 설명하기 위한 두 개의 중요한 학습 과정, 즉 문제에 대한 해결책을 찾으려는 경향과 기대와 신념에 기초한 학습을 제안하였다. Rotter(1954)는 행동 잠재력, 기대, 강화 가치(reinforcement value), 상황적 요인 등을 강조하는 사회학습 이론을 개발하였다. Eysenck의 특성 이론은 외향-내향과 안정성-신경성에 초점을 둔 기저 행동에 기반을 두었다(Eysenck, 1970). Mischel(1973)은 사람들의 행동이 언제나 일관성을 갖지만 상황의 특성에 따라 달라질 수 있다고 믿어 성격 발달에 있어 능력, 개인의 구성 개념(personal constructs), 가치, 자기통제 체계 등의 중요성을 강조해왔다. 이러한 이론이 상대적으로 행동 치료의 실제에 거의 영향을 미치지 못한 반면, 앞에서 논의된 것처럼, Bandura의 사회학습 이론은 모델링의 연습과 자기관찰을 강조함으로써 행동 치료에 많은 영향을 주었다. 이러한 이론에 기초가 되는 중요한 원리들은 고전적 조건 형성과 조작적 조건 형성, 관찰 학습 연구를 통해 발전되어 왔다.

조작적 조건 형성으로부터 나온 행동주의의 기본 원리는 강화, 즉 어떤 행동의 결과가 그 행동이 다시 일어날 가능성을 증가시키는 과정이다. 강화가 부족하면 행동이 소거될 수 있다. 다양한 과정을 통해 행동은 조형, 축소(변별), 확장(일반화), 또는 변화될 수 있다. 기본적인 학습의 또 다른 핵심 원리는 관찰을 통한 학습의 원리이다. 행동에 관한 연구가 시사하는 것은 행동은 선행사건(행동이 수행되기 전에 일어나는 사건)과 결과(행동이 수행된 후 일어난 사건)를 가진다는 것이다(Spiegler & Guevremont, 2010). 행동 치료의 한 가지 중요한 측면은 각각의 구체적인 상황에 주의를 기울인다는 것이다. 이 장에서 제시하는 사례들은 이러한 기본적인 행동의 원칙들을 예시하는 치료적 상황과 그 밖의 상황을 보여 준다.

정적 강화

이론의 적용

개인이 수행한 행동의 결과로 주어지는 긍정적인 사태를 정적 강화(positive reinforcement)라고 한다. 긍정적 사태가 행동에 뒤따르면 그 행동의 빈도는 증가하고 그 사태는 정적 강화물이다(Miltenberger, 2012; Piazza, Roane, & Karsten, 2011). 만약 당신이 샌드위치를 가져오는 친구에게 "고마워."라고 말한다면, 당신이 보여 주는 고마움의 표정은 친구의 행동에 정적 강화물이 되어 당신의 친구가 미래에 당신이나 다른 누군가에게 이와 같은 어떤 행동을 할 기회를 증가시키는 것이다. 만약 그 친구가 당신을 위해 다시 긍정적인 어떤 행동을 한다면, 당신의 정적 강화가 관찰된 것이고 이것은 다른 사람으로 하여금 어떤 것을 하도록 어떤 것을 제공하는 보상과는 다르다. 보상은 선호하는 사태가 뒤따르는 반응의 빈도를 증가시킬 가능성을 반드시 증가시키지는 않는 반면에, 정적 강화물(positive reinforcer)은 반드시 반응의 빈도를 증가시킨다. 정적 강화는 간단해 보이지만 행동에 다양한 영향을 미칠 수 있게 활용할 수 있다(Ishii, 2013).

정적 강화는 긍정적 행동 변화에 있어서의 효과성과 문화적 가치와의 친화성 때문에 가장 널리 사용되는 행동 치료 절차 중의 하나이다(Groden & Cautela, 1981). 간헐적인 정적 강화는 연속적인 정적 강화보다 효과가 더 오래 지속된다. 간헐 강화(intermittent reinforcement)는 시간 간격에 따라 주어지거나(간격 계획) 일정한 횟수의 바람직한 반응 후에 주어질 수 있다(비율 강화).

Kazdin(2001)은 Kirby & Shields(1972)가 학교 성적이 좋지 않고 숙제를 잘 하지 않는 7학년 학생을 대상으로 사회적 강화의 사용에 관해 수행한 연구의 간단한 사례를 제시하였다. 이 사례에서, 칭찬은 정적 강화물로 사용되었고 바람직한 반응에 대해 칭찬해 주는 비율을 점점 더 높이는 간헐 강화 계획이 제공되었다. 처음에는 칭찬을 자주했고 후에는 점점 줄여갔다.

예를 들면, 한 프로그램에서 톰이라는 7학년인 13세 소년의 행동을 변화시키기 위해 칭찬이
사용되었다(Kirby & Shields, 1972). 톰의 지능은 보통이었지만 과제를 수행하지 못했고 특히
수학 과제를 수행하지 못했다. 또한 수업 시간에도 거의 집중하지 못해서 계속 과업에 대해

상기시켜 주어야만 했다. 톰의 수학 과제 수행 능력을 향상시키기 위해 칭찬을 사용했는데, 톰이 수학 과제를 완성하면 수학 공책에 정답에 대한 칭찬을 하였다. 처음에는 모든 반응에 대해 칭찬을 받았지만 이후에는 칭찬을 받기 위해서 요구되는 바람직한 반응의 수가 점차적으로 늘었다. 그 칭찬은 단지 "잘했어.", "훌륭해." 등과 같은 말을 하는 것이었다. (p.160)

부적 강화

정적 강화처럼 부적 강화(negative reinforcement)도 어떤 행동의 빈도를 증가시킨다. 이것은 행동을 감소시키거나 약화시키는 벌과 혼동해서는 안 된다. 부적 강화는 바람직한 행동을 했을 때, 선호하지 않는 과제나 결과를 면하게 해 줌으로써 그러한 바람직한 행동의 빈도를 증가시키는 것이다. 예를 들어, 만약 당신이 비가 올 것 같아 친구를 만나러 갈 때 우산을 들고 나왔는데 친구를 기다리는 동안 실제로 비가 온다면, 당신은 우산을 펼 것이고 결국 비를 맞지 않게 될 것이다. 이러한 경험은 이후에도 비가 올 것 같은 날씨가 되면 밖에 나갈 때 우산을 가지고 가는 행동의 빈도를 더 높이게 될 것이다(Spiegler & Guevremont, 2010).

소거

강화물이 철회되거나 유용하지 않을 때 개인은 행동하기를 중단한다. 소거(extinction)는 더 이상 강화가 제시되지 않는 과정이다. 소거의 예는 아이가 우는 것을 무시하는 것, 일을 하는데 대가를 지불하지 않는 것, 당신에게 말하고 있는 누군가에게 반응하지 않는 것 등이다. 부모가 아이를 키울 때도 소거의 기본적인 원리를 사용할 수도 있다. 예를 들어, 만약 아이가 엄마의 바지를 붙잡고 매달릴 때 엄마는 그 행동을 무시함으로써 그 행동이 사라지게 할 수 있다. 만약 엄마가 아이를 따뜻하게 반응해 준다면, 엄마는 바지를 움켜잡는 행동을 바람직한 것으로 강화하는 결과를 초래하게 된다. 반면에 적절한 행동을 강화하고 싶을 때 강화를 하지 않는다면 적절한 행동은 소거될 수도 있다. 예를 들어, 자녀가 장난감을 가지고 얌전히 잘 놀고 있을 때 아버지가 자녀에게 관심을 보이지 않고 잡지만 읽고 있으면, 자녀가 하고 있는 적절한 놀이 행동이 소거될 위험성이 있다.

일반화

행동이 강화되면 그것은 다른 행동에도 일반화(generalization)될 수 있다. 강화는 한 자극에서 반응한 방식이 다른 비슷한 자극에도 전이되어 일어날 가능성을 증가시킨다. 그러므로 한 사람이 대인관계에서 어려운 문제에 봉착했을 때 그 문제를 효과적으로 해결하였다면, 그러한 해결방식은 유사한 다른 상황에도 일반화될 것이다. 특정한 상황에서 화가 난 특정한 사람을 대하는 방법을 학습하게 되면, 사람들은 같은 사람이 다른 상황에서 화가 났을 경우와 같은 상황에서 다른 사람이 화가 났을 경우에도 그들을 대하는 방법도 학습하게 된다. 예를 들어, 만약 아이가 수학 시험을 잘 봐서 칭찬을 받는다면 아이는 수학 문제를 더 열심히 풀려고 할 뿐만 아니라, 이 행동은 다른 과목에도 일반화될 수 있다. 하나의 경험이 다른 경험에 일반화될 수 있는 것이 중요한 것처럼 다른 상황들 사이에서 변별할 수 있는 것도 중요하다.

변별

주어진 자극 조건에 따라 다르게 반응할 수 있는 능력은 개인에게 있어 아주 중요하다. 예를 들면, 운전자는 빨간색과 초록색 교통 신호등을 변별(discrimination)할 수 있어야 한다. 만약 그들이 색맹이라면, 신호등의 위치를 중심으로 이들을 변별하는 법을 학습해야만 한다. 사회적 상호작용 속에서 아이들은 괴롭힘 가해자에게는 친구와는 다르게 어떻게 대처해야 하는지를 배우게 된다. 또한 담임교사와 함께 있을 때와 임시 교사와 함께 있을 때 다르게 행동할 수 있다는 것을 배우게 된다. 개개인은 "오늘 멋져 보여요."라는 말에 대해 그 말을 하는 사람과 목소리의 톤에 따라서 다르게 반응하면서 미묘한 차이를 만들 수도 있다. 요약하면, 변별은 어떤 반응들은 강화를 받고 다른 반응들은 무시되어 소거가 일어나도록 할 때 나타나는 것이다.

조형

심리치료자들은 내담자의 행동을 만들고자 할 때 강화, 소거, 일반화, 변별 등을 사용한다(Ryckman, 2013). 조형(shaping)은 바람직한 행동에 접근하는 반응을 강화함으로써 원래의 행동에서 바람직한 행동까지 점차적으로 학습하는 것이다. 예를 들면, 부모가 아장아장 걷는 아이에게 걷는 법을 강화할 때 조형이 일어난다. 처음에는 아이가 부모의 손을 잡고 걷고 그 다음에는 가구를 붙잡고 걷고 그 후엔 어떤 것도 붙잡지 않고 몇 걸음을 걸으며 또 거실의 한 끝에서 다른 끝으로 걷게 될 때, 각각 칭찬을 한다. 아이들은 각각의 새로운 목표 행동을 성취하게 되면, 이전의 목표는 더 이상 칭찬을 받지 않고 새로운 목표 행동을 했을 때만 칭찬을 받는다.

관찰 학습

사회적 인지 이론에서 Bandura는 강화만으로는 학습과 성격 이론을 설명하기에 충분하지 않다고 말한다. 그는 다른 사람의 행동을 관찰하고 모델링하는 것을 통해 많은 학습이 일어난다고 주장한다(Bandura, 1977, 1997, 2012). 예를 들면, 아이들은 부모, 친구, 텔레비전, 영화, 책을 보며 학습할 수 있다. 학습의 과정에서 행동적 과정과 마찬가지로 상징적으로 관찰과 기억을 표상화한 인지적 과정도 중요하다(Bandura, 1986, 1989a). Bandura는 관찰 학습(observation learning)의 과정으로 주의집중, 파지(把持), 운동 재생, 동기화라는 네 가지 기본적인 기능을 설명한다.

주의집중 과정 관찰 과정에서 중요한 것은 관찰되는 사람이나 상황과 마찬가지로 집중하는 과정 그 자체이다. 무엇인가를 보는 것만으로는 충분하지 않다. 관찰하기 위해서는 정확하게 그것을 지각해야만 한다. 예를 들어, 한 학생이 강의를 하고 있는 교수를 본다면, 그는 다양한 각도에서 제공되고 있는 것들에 주의를 기울일 것이다.

또한, 한 개인이 관찰 대상이나 관찰되는 상황에서 연상하는 형태가 주의집중에 영향을 준다(Bandura, 1989a). 부모의 모습은 아이들에게 관찰의 중요한 모델이 된다. 사람에 따라 매력과 흥미 면에서 다양하게 모델이 정해질 수 있다. 광고주들은 잠재적 고객인 대다수 청중의 관심을 불러일으킬 만한 운동선수나 연예인을 이용함으로써 이것을 기회로 활용한다. 그렇게 함으로써 광고주들은 스타 자체가 아니라 상품에 관심을 끌고자 한다.

파지 과정   관찰이 성공적으로 이루어지기 위해서는 모델의 행동을 기억해야 한다. Bandura는 관찰된 모델을 다시 상기시키기 위한 인지적 체계로 상징적 표상과 언어적 표상을 설명하였다. 상징적 표상은 두 친구들이 각각 다른 어제 일에 대해 이야기하는 것을 상상하는 것과 같은 사건의 정신적 표상이다. 언어적 표상은 때때로 자기 독백으로 불리는데 목소리를 거의 내지 않는 사건의 묘사를 일컫는다. 예를 들면, 골프를 배우려는 사람이 "나는 인터로킹그립으로 퍼터를 잡고 있다."고 혼잣말을 하는 경우이다. Bandura는 언어적 표상은 쉽게 저장될 수 있기 때문에 관찰된 사건을 기억하는 데 특히 효과적이라고 믿었다. 효과적인 관찰을 위해서는 상황에 대한 기억을 직접 시연해 보는 것이 필요하다.

운동재생 과정   이것은 모델의 행동을 관찰하고 기억하여 관찰한 것을 표면적 행동으로 재생하는 것이다. 야구선수의 모자 쓰는 방식을 모방하는 것은 상대적으로 간단한 것이어서 잘 따라 하기 위한 연습이 거의 필요하지 않다. 하지만 유명한 운동선수가 야구를 하는 방식을 모방하는 것은 다른 문제이다. 고도의 기술이 필요한 행동을 모방하기 위해서는 매우 빠르고 정확한 지각력과 운동 기술이 요구된다. 만약 누군가가 관찰한 행동을 모방하는 데 성공했다 하더라도 상당한 기간이 경과한 뒤까지 모방된 행동이 유지된다고 보기는 어렵다.

동기화 과정   만약 개인이 관찰하고 모방한 행동을 표면적 행동으로 드러내었을 때 그 행동이 강화를 받는다면 지속할 가능성이 있다. 또한 그 행동이 성공을 가져온다면 그러한 방식을 주로 사용하게 될 것이다. 동기화가 모델링에 중요할 수 있다. 만약 수학 교사가 분수를 설명하고 학생이 분수를 잘 풀 때 강화한다면, 그 학생은 수학 교사의 행동을 모방할 것이고 분수 문제를 푸는 데 그 교사의 방식을 사용할 것이다.

Bandura는 강화가 외적으로만 이루어지는 것이 아니라 내적으로, 즉 개개인 자신으로부터 이루어지질 수도 있음을 분명히 하며 내적 강화의 두 가지 형태로서 대리강화(vicarious reinforcement)와 자기강화(self-reinforcement)를 설명하였다. 대리강화는 누군가가 행동을 수행하여 보상을 받는 모습을 관찰하면 같은 행동을 따라 함으로써 강화를 받으려고 하는 것을 말한다. 자기강화는 마치 운동선수가 특별한 목표를 세우는 것처럼 사람들이 자기를 위한 기준을 세우고 기대를 만족하기 위해 스스로 보상할 때 일어난다.

자기효능감 Bandura(1989b, 1977)와 Ryckman(2013)에 따르면, 자기효능감(self-efficacy)은 다양한 상황에서의 대처 능력에 대한 개개인의 인식이다. 높은 자기효능감을 가지고 있는 사람들은 성공을 기대하고 이것은 실제 성공을 가져오기도 한다. 반면에 낮은 자기효능감을 가지고 있는 사람들은 과업을 수행하는 자신의 능력에 대해 스스로 의심을 한다. 그래서 성공의 가능성이 낮아지고 자기존중감도 낮아지게 된다. 높은 자기효능감을 가지고 있는 사람은 성공을 반영하는 상징적 표상과 언어적 표상을 가지기 쉽다. 즉, 높은 자기효능감을 가지고 있는 학생은 자신이 시험을 잘 볼 수 있다고 마음속으로 떠올리고 다가오는 시험에 대해 자신감 있게 생각한다.

Bandura(1989b, 1977)는 자기효능감의 인식과 관련하여 자기효능감이 수행 성취, 대리경험, 언어적 설득, 낮은 정서적 각성이라는 네 가지 주요한 원천으로부터 온다고 본다. 수행 성취는 과거의 성공이 높은 기대감을 만들고 높은 효능감을 가져온다는 것이다. 대리경험은 타인의 행동을 관찰하는 기회를 의미하며 "나도 저렇게 할 수 있어." 혹은 낮은 자기효능감을 가진 사람들은 "나는 저렇게 할 수 없다고 생각해."라고 말하는 것이다. 언어적 설득은 부모, 친구, 다른 사람들로부터 받는 격려와 칭찬으로 수행에 대한 기대감을 갖게 한다. 낮은 수준의 불안(정서적 각성)은 강한 자기효능감을 초래하며 개개인이 더 정확하고 침착하게 수행하도록 한다. Bandura는 자기효능감에 관한 이러한 네 가지 원천 중에서 개인의 수행 성취가 가장 강력한 요소라고 본다.

행동과 그것이 성격에 미치는 영향에 관한 많은 이론이 있지만 대부분의 행동 치료자들의 기본은 강화의 원리와 관찰 학습이다. 이것은 개인의 내현적 행동과 외현적 행동의 변화를 돕기 위한 기법을 개발하기 위해 다양한 방식으로 사용되어 왔다.

행동 치료 이론

행동 치료에 관한 지배적인 이론은 없다. 오히려 행동주의의 기본 원리에 맞게 기법들이 개발되어 왔다. 그리고 몇몇 이론들은 특정 장애의 치료를 위해 고안되었다. 행동 치료의 목적은 바라는 행동 변화에 따라 달라진다. 평가도 마찬가지로 실제 상황과 가상의 상황에서 내담자 행동에 관한 보고와 관찰에 초점을 둔다. 이러한 목표와 평가를 위하여 행동 치료자들은 두려움과 불안을 감소시킬 수 있는 체계적 둔감화와 같은 다양한 기법을 사용한다. 행동 치료자들은 사건이 발생된 실제 상황에서 작업하거나 내담자가 사건을 상상하도록 하기도 한다. 또한, 행동 치료자들은 새로운 행동을 모방하고 가르치기 위해 다양한 전략을 개발해왔다. 일부 심리치료자들은 행동주의 접근을 자기 교습이나 다른 인지 기법과 결합함으로써 내담자가 그들의 문제를 더 효과적으로 대처하도록 돕기 위한 추가적인 창조적 접근법들을 개발해왔다.

행동 치료의 목표

행동 치료의 현저한 특징은 구체적인 목표에 대해 강조하는 것이다. 내담자와 함께 일하는 작업 환경에서 일찍이 행동 치료자들은 목표 행동(명백하고 정확하게 정의될 수 있는 행동)의 변화에 초점을 둔다. 그들은 활동과 사건을 정의하여 개인이 왜 계속 그렇게 행동하는지를 설명한다. 심리치료자는 우선 여러 가지 문제를 가지고 있는 내담자와 어떤 문제를 다룰 것인지를 함께 결정한다. 목표 행동의 예로는 금연하기, 아이들과의 싸움 줄이기, 출석률 높이기, 집 안에서 바깥문이 모두 잠겼는지 여부의 확인을 줄이는 것 등을 들 수 있다. 행동 치료자는 다양한 목표와 목표 행동에 대해 작업한다(Miltenberger, 2012).

행동 치료자는 주로 기능적 분석을 수행하며, 행동과 선행사건, 그것과 연관된 결과를 평가하며 어떤 상황에서 그 행동이 일어나고 있고 어떤 결과가 그 행동을 계속 유지하게 만드는지 등을 확인한다. 심리치료자는 어떤 변인이 행동을 조절하는 데 기여하는지에 관한 가설을 설정하고 기능적 분석을 통해 얻은 정보를 바탕으로 행동적 개입 방법을 선택한다(Miltenberger, 2012). 기능적 분석은 목표를 좀 더 구체화한다. 행동 치료자는 항상 분명한 기능적 분석을 하지는 않더라도, 행동에 대한 평가를 수행한다.

적절한 목표를 선택하는 것은 평가의 일부분이 되기도 한다. 행동 치료자는 행동의 선행사건과 결과에 대해 파악하여 내담자가 특정한 목표를 확인하도록 돕는다. 평가가 계속되면서 내담자는 심리치료자의 도움을 받아 목표가 가진 장점과 단점, 어떻게 목표가 성취될 수 있는지 그리고 그렇게 하고 있는 가능성을 탐색할 수 있다. 행동 평가는 행동 치료 과정 및 심리치료 종료 이후에도 계속되는 과정으로 성취하고자 하는 목표와 관련된 변화의 측정은 행동 치료와 기능적 분석의 연속적인 일부이다. 목표를 향한 진전과 관련된 상세한 평가 방법은 다음 장에서 설명하였다.

행동 평가

광범위한 특성이나 특징보다 오히려 구체적인 행동을 평가하는 것이 행동 평가의 특징이다. 초점은 내담자의 문제와 상황에 관한 독특한 세부 사항을 결정하는 데 있다. 그러므로 행동 치료자들에게 『정신 장애 진단 및 통계 편람』(DSM-5)은 심리치료를 하는 데 있어 중요하지 않을 수 있다. 행동 평가는 과거의 행동보다 현재에 초점을 두고 특정한 각각의 행동을 시험하는 데 있다. 예를 들면, 계획성 있게 자신의 과제를 수행하는 것에 어려움을 겪는 대학생에게는 하루 동안 자신의 활동 목록을 작성해 보도록 한다. 행동 치료자들은 행동주의적 면담, 보고서와 평가, 내담자의 행동 관찰, 그 밖의 여러 방법들을 통해 내담자에 관한 정보를 수집한다(Spiegler & Guevremont, 2010). 이러한 방법은 한두 가지로 한정하지 않고 다양한 방법을 사용하기도 한다.

행동 면담 초기 행동 면담은 평가 과정의 필수적인 일부이다. 행동적인 측면에서 문제를 이해하는 것이 핵심이다. 예를 들어, 내담자가 학업에 어려움을 겪고 있다면 심리치료자는 내담자의 성적이 어떠한지, 어떤 과정에서 어려움을 겪고 있는지, 그 어려움의 본질이 무엇인지에 관해 알고 싶어 할 수도 있다. 구체적인 행동의 선행사건과 결과에 대해 물어봄으로써 심리치료자는 목표 행동에 대한 정보를 평가한다. 예를 들어, 내담자가 언제 어떤 과정에서 공부를 미루는지에 대해 묻는다면 행동 치료자는 내담자에게 수집할 필요가 있는 다른 정보에 대해서도 이야기할 것이다.

행동 치료자들이 주로 하는 질문은 목표 행동에 대한 세부 사항을 발견하는 것과 관계가 있다. 그들은 무엇을, 언제, 어디서, 어떻게, 얼마나 자주라는 말을 종종 사용한다(Spiegler & Guevremont, 2010, p.85). 다음의 간단한 사례를 살펴보자.

> 심리치료자: 오늘 여기에 온 이유가 무엇입니까?
> 내담자: 우울해서요.
> 심리치료자: 우울감을 느끼기 시작한 것은 언제부터입니까?
> 내담자: 세 달쯤 전부터에요. 우울해서 침대에서 일어나기 힘들었어요.
> 심리치료자: 그때 이후로 얼마나 자주 우울합니까?
> 내담자: 세 달 전부터 그런 이후 두 번 이상 그랬어요.
> 심리치료자: 언제 우울한가요?
> 내담자: 아침에요. 그 이후로 계속 악화되는 것 같아요.

이러한 방식으로 행동 치료자는 문제를 발견한다. 사례에서 보는 것처럼 심리치료자는 내담자가 힘들어하는 문제에 대해 궁금한 것을 물어본다.

행동 보고와 평가 내담자가 바라는 변화를 평가하는 효율적인 방법은 문제 행동을 평가하기 위해 개발된 도구를 사용하는 것이다. 자기보고식 검사지는 주로 내담자가 5점이나 7점 척도로 매우 간단하게 자신을 평가하도록 하거나 목록에 '예' 또는 '아니요'로 답하도록 한다. 자기보고식 검사지는 우울, 공포, 불안, 사회적 기술, 건강 문제, 성 기능 장애, 결혼생활 문제 등을 평가하기 위해 제작되었다.

또한 부모, 교사, 동료 및 타인이 내담자의 행동을 기술하는 체크리스트와 평가 척도도 매우 유용하다. 이러한 방식으로 체크리스트와 평가 척도를 사용하는 것은 평가자들 간의 신뢰도, 즉 개인의 같은 행동에 대한 평가자들의 관찰 결과에 관하여 평가자들 간의 긴밀한 합의를 도출할 수 있다는 점에서 중요하다.

행동 관찰 자기보고와 타인의 평가에 더하여 직접적인 관찰 절차가 사용될 수 있다. 내담자가 목표 행동을 수행하는 횟수를 기록하게 함으로써 즉각적인 기록을 할 수 있는데, 관련된 행동이 일어나는 날짜, 시간, 장소, 활동을 적을 수 있는 다이어리가 유용하다. 내담자가 자신의 행동을 기록하게 하는 방법은 반응성이라는 한 가지 문제가 있다. 반응성(reactivity)이란 행동이 관찰되고 기록된다는 것을 알기 때문에 나타날 수 있는 내담자 행동의 변화를 말한다. 어떤 상황에서는 반응성이 바람직한 행동 변화를 달성하는 데 유용할 수도 있다.

반응성을 배제하기 위해서 심리치료자는 자연적 관찰이나 모의적 관찰을 사용할 수 있다. 자연적 관찰(naturalistic observation)은 관찰자가 빈도, 기간, 목표 행동의 강도를 기록하는 것을 의미한다. 예를 들어, 관찰자가 보육원에 들어가서 세 살 난 아이들의 사회적 상호작용을 기록하는 것이다. 모의적 관찰(simulated observation)은 자연적 상황보다 더 정확한 데이터를 얻기 위해 밖에서 행동을 관찰할 수 있도록 마이크로폰과 일방경 등을 설치하여 관찰하는 것이다. 자연적 관찰과 모의적 관찰 둘 다 시간을 많이 필요로 하기 때문에, 심리치료자는 가끔 부모와의 불편한 관계 등과 같은 행동을 실현해 보도록 요구하는 역할 연기를 활용한다.

생리학적 측정 심리치료자는 스트레스나 공포의 척도로 신체적인 기능에 관한 다양한 측정치를 사용할 수 있다. 일반적인 척도에는 혈압, 맥박, 호흡, 피부 전기전도율 등이 포함된다. 경우에 따라서 행동 치료는 고혈압을 낮추기 위한 심리치료의 경우와 같이 생리학적인 징후를 구체적으로 변화시키기 위해 사용되기도 하였다.

평가가 특히 심리치료 초기에 이루어지는 것이기는 하지만 목표 행동의 지속 상태를 평가하기 위한 면담은 심리치료 과정 전반에 걸쳐 계속된다. 그뿐만 아니라 자기보고식 평가, 자연적 관찰, 모의적 관찰, 역할 연기 관찰 등은 심리치료적 과정에서 언제라도 사용될 수 있다. 이러한 정보를 수집함으로써 지속 상태가 평가되고 목표 행동의 변화가 측정될 수 있다.

일반적인 심리치료 방법

행동 치료자들은 공포와 불안을 감소시키고 행동을 변화시키기 위해 행동주의 원리에 기반을 둔 다양한 방법들을 개발해왔다. 먼저 가장 주목할 만한 접근 중의 하나는 이완과 점진적인 심상 전략(imaginal strategies)을 활용하는 Joseph Wolpe의 둔감화 방법이다. 몇몇 접근법들은 상상 전략을 활용하고 어떤 접근법들은 불안을 야기하는 실제 환경에서 실행하며 또 다른 기법들은 다른 사람의 행동을 모델링하는 전략을 활용한다. Donald Meichenbaum은 행동적 접근법과 인지적 접근법을 결합하여 스트레스를 관리하는 방법을 개발하였다.

이 절에서는 이러한 내용에 관하여 자세히 설명하겠다.

체계적 둔감화

이론의 적용

Joseph Wolpe

Joseph Wolpe(1915~1997)에 의해 개발된, 체계적 둔감화는 특별한 상황, 사람, 사물에 대해 극심한 공포나 불안을 보이거나 일반적인 공포증을 가진 내담자를 치료하기 위해 고안되었다. 기본적 접근 방법(Wolpe, 1958)은 내담자의 불안한 감정을 이완으로 대체하도록 하는 것이다. 첫 번째 단계는 내담자에게 그들의 불안한 감정을 이완 반응으로 대치하도록 가르치는 것이다. 두 번째 단계는 내담자를 불안하게 만드는 사건을 불안의 수준에 따라 평가하고 위계를 정하는 것이다. 세 번째 단계는 내담자가 이완된 상태에서 불안 유발 상황을 상상하게 하는 것이다. 전에 불안을 유발했던 사건에 대한 생각과 이완을 결합시키기 위해 이를 점진적으로 반복하게 되면, 내담자는 체계적으로 이전에 불안을 일으켰던 상황에 둔감화된다.

인용된 C 양의 사례에서 나타난 체계적 둔감화의 세 가지 주요 단계는 이완, 위계목록 작성, 둔감화이다(Wolpe, 1990).

이완 단계적 이완의 과정은 Jacobson(1938)에 의해 처음 개발되었다. 기본적으로 이 과정은 점점 더 깊은 수준의 이완에 이르기 위해 팔, 얼굴, 목, 어깨, 가슴, 배, 다리 근육 등을 긴장시키고 이완하는 것이다. 심리치료 기간 동안 Wolpe(1990)는 내담자들에게 하루 두 번 10~15분씩 이완 훈련을 하도록 하였다. Wolpe는 이완을 가르치는 데 5~6회기를 활용하기도 하였다. C 양에게 이 기법을 소개할 때 다음과 같은 방식으로 시작하였다.

> 저는 지금 당신이 완전히 이완되도록 하기 위해 필요한 활동을 알려줄 것입니다. 제가 당신의 손목을 잡아당기면 이에 저항하기 위해서 당신의 이두박근에 힘을 주어 긴장시키십시오. 당신이 근육에서 느껴지는 감각에 매우 주의하여 인식하기 바랍니다. 그리고 제가 당신에게 가했던 힘을 뺄 때 당신은 서서히 팔을 펴십시오. 팔을 펴면서 이두박근의 긴장이 풀리는 것을 인식하세요. 자연스럽게 당신은 팔을 의자 팔걸이에 올리고 휴식을 취할 것입니다. 당신은 멀리 갔다 왔다는 생각을 하게 될 것입니다. 이것이 완전히 이완된 것입니다. 그러나 사실 팔 근육이 부분적으로나 많이 이완되었음에도 불구하고 근섬유의 수치는 그대로이고 실제적으로 수축되어 있습니다. 저는 당신에게 '팔을 계속해서 펴세요. 당신이 팔을 펴고 있는 동안에도 이두박근이 펴지도록 계속 시도하세요.'라고 말할 것입니다. 이것은 우리가 원하는 대부분의 정서적 효과를 주는 부가적인 근섬유의 이완 행동입니다. 시도해 보고, 무슨 일이 일어나는지 살피세요. (Wolpe 1990, p.156)

이완은 위와 같은 방법으로 몸의 각 부분에 초점을 맞추어 각각 다른 회기에 진행된다. 이완의 수준은 연상된 불안 상황과 짝지어질 수 있기 때문에 심리치료가 진행되는 내내 이완 연습을 하는 것이 중요하다. 다른 이완훈련법들은 복식호흡법을 포함하고 있다. 복식호흡법은 흉식호흡이 아니라 상복부나 하복부를 천천히 부풀리고 내쉬는 호흡법이다.

불안위계 내담자에게 불안을 유발하는 사건에 대해 아주 자세하고 구체적인 정보를 얻는 것은 불안위계를 작성하는 데 있어서 필수적인 과정이다. 종종 공포의 종류에 따라 몇 가지 위계가 작성된다. 불안을 이끌어 내는 사건을 기술한 후에 내담자들은 불안을 가장 많이 유발하는 것부터 가장 적게 유발하는 것까지 목록을 적는다. 항목은 각 사건에 대해 0부터 100까지의 수치를 정한다. 이러한 방법으로 완전히 이완된 상태를 0으로 나타내고 아주 높은 불안 상태를 100으로 나타내는 주관적 불편감 척도(SUDs. 이하 SUDs)가 만들어진다. 이 도구는 주관적인 것이므로 해당 개인에게만 적용해야 한다. 높은 SUDs 수치를 보인 사건은 체계적 둔감화가 진행되면서 낮은 SUDs 수치를 보이게 된다.

Wolpe(1990, p.166)는 심각한 불안 때문에 시험에 실패하고 있어서 심리치료를 받고자 하는 24세의 미술과 학생 C 양의 사례를 소개하였다. 계속된 C 양과의 면담에서 그녀는 시험을 볼 때뿐만 아니라, 타인이 지켜볼 때나 조사받을 때, 비평을 받을 때, 평가절하될 때, 논쟁하거나 의견이 다를 때에도 불안을 느낀다는 것이 발견되었다. Wolpe의 도움으로 최근 고민을 바탕으로 한 C 양의 간단한 불안 위계가 작성되었으며 이들은 SUDs에 따라 다음과 같이 목록화되었다(많은 목록들은 열 가지 이상의 항목을 가지고 있는 긴 목록들이다).

타인들 간의 의견충돌

1. 엄마가 가정부에게 소리를 지른다. (50)
2. 여동생이 언니에 대해 투덜거린다. (40)
3. 여동생이 아버지와 싸운다. (30)
4. 어머니가 여동생에게 소리를 지른다. (20)
5. 그녀가 처음 보는 두 사람이 싸우는 것을 본다. (10)

이와 같은 위계목록이 작성되면 Wolpe는 둔감화 과정을 시작할 준비를 한다.

둔감화 이완 과정이 완전히 숙달되지 않더라도 둔감화 과정을 시작할 수 있다(Wolpe, 1990). 첫 번째 둔감화 과정 중에 내담자를 이완시킨 다음, 심리치료자는 내담자에게 어느 정도의 불편감을 느끼는지를 묻는다. 만약 그들이 느끼는 불편감이 25를 넘는 높은 수준이라면 이완을 계속한다. 첫 번째 장면은 배경에 있는 꽃과 같이 중립적인 것을 제시한다. 이것은 내담자가 얼마나 잘 연상하고 시각화할 수 있는지를 평가할 기회를 제공한다. 심리치료자는 다음에 제시되는 C 양을 대상으로 한 Wolpe의 작업에서와 유사한 방법으로 진행한다. 먼저 심리치료자는 그녀에게 중립적인 장면을 상상하게 한 다음, 시험과 관련된 불안위계 목록 중 1번을 연상하게 했다. 그런 다음 차례로 불안 위계 목록 중 5번 상황까지 연상하도록 했다.

심리치료자: 저는 당신에게 여러 장면을 상상하도록 요청할 것입니다. 당신은 그 장면을 분명히 상상할 것이며 그 장면은 당신의 이완 상태를 조금 또는 심각하게 방해할 수도 있습니다. 만약 당신이 힘들거나 걱정된다면 저에게 말씀하십시오. 장면이 당신의 마음에 명확하게 떠오르면 왼쪽 두 번째 손가락을 2.5센티미터 정도 올려 주세요. 그럼 먼저 상쾌한 아침에 신호를 기다리며 친숙한 길모퉁이에 서 있는 당신의 모습을 그려 보십시오. 차, 오토바이, 트럭, 자전거, 사람, 신호등이 보입니다. 그리고 이러한 것들과 관련된 소리가 들립니다. (몇 초 후에 내담자가 자신의 왼쪽 손가락을 든다. 심리치료자는 5초간 멈춘다.)

심리치료자: 그 장면의 상상을 멈추세요. 그 장면을 연상했을 때 불안이 얼마나 올라갔나요?

C 양: 조금도 올라가지 않았어요.

심리치료자: 이제 이완하기 위해 다시 한 번 집중을 해야 합니다. (이완 지시가 재개되면서 20~30초간 다시 정지하였다.)

심리치료자: 이제 저녁에 집에서 공부를 하는 당신의 모습을 연상합니다. 5월 20일, 정확히 시험 1달 전입니다. (15초 후에 C 양이 손가락을 들었다가, 다시 그 장면에 5초간 멈춘다.)

심리치료자: 그 장면에서 멈추세요. 불안이 얼마나 올라갔나요?

C 양: 15 정도인 것 같아요.

심리치료자: 이제는 같은 장면(시험 1달 전)을 다시 상상합니다.

이것을 두 번째 실시했을 때 불안의 상승은 5SUDs였고, 세 번째에서는 0이었다. 수치는 개인과 장면에 따라 달리 주어졌다. 처음 수치가 30이 넘었을 때, 반복하여 그것을 낮추는 것은 쉽지가 않다. 하지만 예외도 있다. 또한 초기에 10의 상승이 있더라도 어떤 내담자는 반복적인 둔감화 과정을 통해 수치를 감소시키기가 어렵다.

시험 불안위계의 첫 번째 장면에 대한 불안이 없어졌다면 심리치료자는 두 번째 장면으로 넘어간다. 대안적으로, 심리치료자는 다음에 내가 했던 것처럼, 다른 영역의 불안위계에서 C 양의 반응을 시험해 볼 수도 있다.

심리치료자: 당신은 버스 정류장의 벤치에 앉아 있는데 길 건너편에서 언성을 높여 싸우는 낯선 두 남자가 있다고 상상하세요. (이 장면은 두 번 주어진다. 내담자가 두 번째 상상에서 자신의 반응을 보고하면, 나는 둔감화 회기를 종결하였다.)

심리치료자: 다시 이완하세요. 이제 제가 5까지 세면, 눈을 뜨고, 편안하고 환기된 기분을 느끼세요. (Wolpe, 1990, pp.173~174)

17회기의 둔감화 회기가 끝나고 Wolpe는 C 양이 네 가지 위계목록 중 어떤 것을 연상하든 이완할 수 있었으며, 실제 상황에서도 이완할 수 있었다고 보고하였다. 4개월 후 C 양은 불안감 없이 시험을 보았으며 시험에 통과하였다.

둔감화에 대한 Wolpe의 접근법이 대표적이긴 하나, 변형된 접근법도 생겨났다. 몇몇 심리치료자들은 깊은 근육이완의 대체물로 긍정적인 생각을 사용했다. 둔감화는 대개 불안에 적용되었지만 분노, 천식 발작, 불면증, 악몽, 음주 문제, 언어 장애 등의 문제를 다루는데도 사용되어 왔다(Spiegler & Guevremont, 2010). 둔감화는 이 장의 다음 절에서 논의될 다른 행동적 절차와 비교했을 때, 장기간의 과정이기 때문에 1970년대에 비해 사용 빈도가 훨씬 줄어들었다(Hazel, 2005). Wolpe는 체계적 둔감화의 적용을 원하지 않는 반응이 새로운 원하는 반응으로 대체되는 역조건 형성(counterconditioning)으로 설명한다. 그러나 다른 행동 원리들도 이 과정을 설명하는 데 사용될 수 있다. 몸의 일부분을 긴장시키는 신체적 행동과 장면을 상상하는 것 같은 내현적 행동은 변화를 가져올 수 있다는 점이 그러하다. 체계적 둔감화에서 불안 유발 장면에 대한 점진적인 노출은 연상된 장면을 통해 만들어지지만 다른 기법은 극적인 불안 유발 상황에 관한 장면을 활용한다.

심상적 홍수법

체계적 둔감화의 과정이 점진적이라면 홍수법은 그렇지 않다. 심상적 홍수법(imaginal flooding therapy)에서 내담자는 무서워하거나 불안을 유발하는 사물이나 사건의 정신적 심상에 노출되며, 불안이 점점 감소할 때까지 그러한 사건을 연상하도록 하는 경험이 계속된다. 실제 상황에 노출되는 것이 아니고, 강도를 당한다거나 비행기에 탑승한 것과 같은 무서운 상황을 상상하는 것이다.

심상적 홍수법의 기본적인 절차는 내담자에게 공포나 불안을 유발하는 특정 장면을 설정한 후, 내담자가 그 장면을 충분히 상상하게 하고 SUDs를 말하게 하는 것이다. 그런 다음, 내담자는 그 회기와 다음 회기에 그 장면을 다시 연상하고 SUDs를 말하게 한다. 계속되는 노출을 통해 SUDs는 그 경험이 더 이상 불편하지 않을 시점에 올 때까지 감소해야 한다.

엘리베이터 타는 것을 두려워하는 앨(Al)을 대상으로 한 심리치료의 예를 요약하여 아래에 연상 과정을 기술하였다. 앨에게 다음의 장면을 상상하게 하였다. 이 사례에서 앨은 불안이 가장 적은 장면에서 시작했으며 점진적으로 불안을 높여나갔다.

1. 내담자는 4층 빌딩의 4층에서 1층으로 내려가기 위해 엄마와 함께 엘리베이터에 탄다.
2. 내담자는 4층 빌딩의 4층에서 1층으로 내려가기 위해 혼자서 엘리베이터에 탄다.
3. 내담자는 30층 빌딩의 30층에서 지하로 내려가기 위해 혼자서 엘리베이터에 탄다.

앨은 이러한 각각의 상황에서 SUDs를 말한 후 심리치료자는 그가 불안을 더 이상 느끼지 않을 때까지 그 상황을 연상하도록 했다. 그 후에 심리치료자는 앨에게 다른 장면을 상상하도록 했다. 실제 심리치료에서는 더 많은 장면이 사용되었으며 앨이 엘리베이터를 연상하는 것에 좀 더 친숙하게 되었다. 이완 훈련은 좀 더 실제적인 상상을 하도록 하기 위해 주로 홍수법 시행 전에 실시하였고 불안을 낮추기 위해서 홍수법 시행 후에도 실시하였다(Keane, Fairbank, Caddell, & Zimering, 1989).

또 다른 심상적 홍수법은 Tomas Stampfl(1966)이 개발한 내파 치료(implosive therapy) 이다. 내파 치료에서 장면들은 실제보다 과장되며 가정들은 공포나 불안을 유발하는 장면에서의 자극에 관해 설정되었다. Stampfl(1970)은 장면들에 대한 내담자의 설명과 함께 장면에 대한 정신분석적 해석도 활용한다. 하지만 이 방법이 요즘은 잘 사용되지 않는다.

심상적 홍수법(내파 치료 포함)은 몇 가지 이유 때문에 폭넓게 사용되지 않는다. 높은 수준의 불안에 노출된 내담자의 경우 불안 수준이 감소하지 않을 수 있고 또한 홍수법과 내파 치료는 다시 불안을 경험해야 하는 내담자에게 불쾌한 감정을 일으킬 수 있다. 왜냐하면 내담자는 심리치료에 동참할지의 여부를 선택할 수 있는데 만약 이 접근이 지나치게 불쾌감과 불편감을 준다면 내담자는 선택하지 않을 것이기 때문이다(Spiegler & Guevremont, 2010). 또한 둔감화와 유사하게 홍수법도 불안 유발 사건에 대한 심상적 제시를 포함하고 있음에도 불구하고, 행동 치료자들은 실제 상황을 사용하는 것을 더 선호한다.

현장참여 심리치료법

'현장참여(in vivo)'라는 말은 내담자의 실제 환경 속에서 이루어지는 심리치료 절차를 말한다. 기본적으로 현장참여 심리치료법에는 두 가지 유형이 있는데, 하나는 체계적 둔감화와 비슷하게 두려워하는 자극에 점진적으로 접근하는 방법이며, 또 하나는 심상적 홍수법과 비슷하게 내담자가 두려워하는 상황에 직접적으로 접근하는 방법이다. 점진적 접근에서 내담자는 주로 불안 상황에 노출되는 것과 대립되는 이완 기법을 배우고 연습한다. 몇몇 사례에서 대립되는 반응, 즉 즐거운 심상은 불안이 경험되는 실제 상황과 경쟁하도록 하는 데 활용된다. 공포와 불안을 감소하기 위해 점진적 접근을 선택한 내담자는 심리치료자와 함께 불안을 불러일으킬 수 있는 상황과 위계를 설정하거나 사건의 목록을 정하는 것 등을 논의한다. 예를 들면, 앨의 엘리베이터 공포심에 대하여 다음과 같은 목록을 작성할 수 있다.

1. 심리치료자와 함께 엘리베이터 문으로 걸어간다.
2. 심리치료자가 엘리베이터 문의 열림 버튼을 누르는 것을 본다.
3. 내담자는 심리치료자가 보는 동안 엘리베이터 버튼을 누른다.
4. 심리치료자와 내담자는 같은 층에서 엘리베이터 안으로 들어갔다가 같은 문으로 다시 돌아 나온다.
5. 심리치료자는 엘리베이터 문을 잡고, 그동안 내담자는 엘리베이터 안을 걸어 다닌다.
6. 심리치료자와 내담자는 엘리베이터를 한 번 탄 후 내린다.
7. 내담자와 심리치료자는 엘리베이터를 타고 한 번 올라갔다가 내려온다.

8. 내담자와 심리치료자는 엘리베이터를 타고 두 번 올라갔다가 내려온다.

9. 내담자는 혼자 한 번 올라가고, 심리치료자와 만난다.

10. 내담자는 두 번, 세 번 계속해서 혼자 엘리베이터를 탄다.

만약 내담자가 언제라도 긴장하게 된다면, 심리치료자는 내담자가 이완 절차를 수행할 수 있도록 한다. 이 과정에서 내담자가 편안하게 느낄 때만 다음 단계로 진행하게 된다. 내담자가 심리치료자와 함께 있는 상황에서 이러한 활동을 수행해낼 수 있게 되면, 매일 엘리베이터를 타는 것과 같은 과제를 혼자 하도록 한다. 심리치료의 기간은 불안의 심각 정도에 달려 있다.

강도 높은 현장참여 심리치료법에서 노출은 아주 공포스러운 상황에 대해 이루어진다. 노출을 시작하기 전, 심리치료자는 내담자에게 심리치료가 효과적이라는 것과 심리치료자가 내담자와 함께 있을 것이라는 사실, 그리고 약간의 정서적 고통을 경험할 수 있다는 것 등을 알려준다(Spiegler & Guevremont, 2010). 엘리베이터의 예로 돌아가 보면, 심리치료자는 앨과 함께 한 번에 30분 이상 엘리베이터를 타고 오르내린다. 심리치료자와 함께하는 회기는 불안이 낮아졌다고 할 때까지 계속된다. 그 시점에서 심리치료자는 앨이 엘리베이터로 오르내리는 동안 1층에서 기다린다. 그리고 앨에게 매일 몇 번씩 엘리베이터를 타도록 한다. 이러한 방법으로 엘리베이터에 대한 불안 반응은 소거되고, 엘리베이터에 대해 불안해하지 않는 반응은 강화된다. 고강도의 현장참여법 사용은 오직 안전한 상황에서만 실시되어야 한다. 번개에 대한 공포 등 위험한 상황에서는 절대 사용해서는 안 된다.

가상현실 치료

1980년과 1990년에 처음 시작된 가상현실 치료는 컴퓨터가 만들어낸 환경에서 실행되는 심리치료이다(North, North, & Burwick, 2008; Wiederhold & Wiederhold, 2005). 대표적으로 내담자는 생리학 감지기가 달린 장갑과 머리 밴드, 조이스틱, 또는 이와 유사한 장치를 사용하는 환경과 상호작용할 수 있다. 이러한 장치는 컴퓨터에 내담자와 관련된 정보를 제공한다. 이러한 방법으로 내담자는 걷거나 시뮬레이션 방식으로 차를 운전할 수 있다. 가끔 진짜 엔진소리와 냄새가 나는 시뮬레이션 차를 '주행'하는 것과 같이 '복합적이고', '증강된' 시스템을 활용한다. 가상현실 치료의 가장 큰 한계점은 비용이다. 때때로 스크린이 머리에서부터 발끝에 이를 정도 또는 그 이상으로 큰 경우도 있고, 반원 또는 원형으로 설치될 수도 있다. 소프트웨어나 프로그램은 그들이 내담자의 피드백을 받아들이고, 컴퓨터 설정과 시각 및 청각적 피드백을 빨리 바꿀 수 있을 정도로 복잡하다(North, North, & Burwick, 2008; Wiederhold & Wierderhold, 2005).

다양한 심리적 장애에 관한 연구가 이루어졌지만 그중 가장 연구가 많이 된 것은 외상후 스트레스 장애(PTSD)와 광장공포증(agoraphobia)이다. 현역 군인과 재향 군인(veteran)을 대상으로 한 6개의 연구 결과 가상현실 치료가 PTSD에 효과적인 것으로 나타났다(Nelson, 2013). 10개의 연구에서는 가상현실 치료가 노출법만큼 효과적임을 보여 주었다. 대부분의 연구에서 사용된 가상현실 치료 장비는 머리에 착용하는 방식이었다. 사용된 가상현실 치료는 PTSD 증상의 특성을 잘 살린 것이었다(Gonçalves, Pedrozo, Coutinho, Figueira, & Ventura, 2012) . 또한 가상현실 치료의 효과는 현역 군인과 재향군인에게만 제한된 것이 아니었다. 이라크 전쟁에 참여하고 있는 미국 병사에게 가상 현실로 전쟁상황에 노출한 연구는 가상현실 치료가 PTSD를 감소시키는 데 효과적이라고 볼 수 있는 예비적 증거를 제시하였다(Reger & Gahm, 2008; Rizzo, Reger, Gahm, Difede, & Rothbaum, 2009). 이라크전에 참전한 재향 군인을 대상으로 한 연구 결과 20개 중 15연구에서 가상현실 치료를 받은 재향 군인들이 더 이상 PTSD 진단 기준을 충족시키지 않았다(Rizzo et al., 2011). 가상현실 치료를 받은 현역 군인들에 관한 연구에서도 가상현실 치료가 PTSD 증상을 완화시키는 데에 현저한 효과가 있음이 보고되었다. 이러한 연구결과를 볼 때 가상현실 치료는 PTSD 치료에 있어 효과적인 기법으로 보인다.

광장공포증을 가진 내담자를 대상으로 공황장애 여부와 관계없이 가상현실 치료가 사용되었다. 광장공포증 내담자를 대상으로 한 연구에서는 가상현실 치료만 실시한 것이 가상현실 치료와 인지 치료를 병행한 것과 큰 차이를 보이지 않았다(Malbos, Rapee, & Kavakli, 2013). 가상현실 치료와 항우울제 처방을 병행한 치료와 가상현실 치료만을 시행한 연구를 비교한 결과 두 치료를 병행한 것이 광장공포증 치료에 더 뛰어난 것으로 판명되었다(Lorenzo González et al., 2011). 한 연구에서는 가상현실 치료가 효과적으로 나타났지만 현장 참여 심리요법과 노출법을 병행한 것이 가상현실 치료와 인지 치료를 함께한 것보다 더 큰 효과를 보였다(Meyerbroeker, Morina, Kerkhof, & Emmelkamp, 2013). 공황장애를 동반한 광장공포증 치료의 연구에서 가상현실 치료는 인지 치료만큼 효과적으로 나타났다(Pelissolo et al., 2012). 이러한 연구들은 광장공포증 치료에 있어서 공황장애 존재여부와 상관없이 가상현실 치료가 도움이 된다는 것을 시사하고 있다.

가상현실 치료는 강박 장애와 같이 다른 불안 장애의 치료에도 사용된다. 비행(Krijn et al., 2007; Price & Anderson, 2007), 운전, 발표(Anderson et al., 2013; Safir, Wallach, & Bar-Zvi, 2012; Wallach, Safir, & Bar-Zvi, 2009), 높은 곳, 거미, 폐쇄 공간 등에 대한 공포(Malbos, Mestre, Note, & Gellato, 2008), 다양한 의료 절차 등에 대한 공포(Wiederhold & Wiederhold, 2005)와 같은 일반적인 공포증에서도 가상현실 치료가 사용된다. 가상현실 장비는 점점 빠르게 발전하고 가상현실 안에서 더욱 정확해지며 또한 비용이 저렴해지고 있다. 가상현실 치료가 정신건강에 적용되는 경우는 점차 많아질 것이다. 저자들은 가상현실 치료의 성공에 있어서 가상현실 치료가 현실 생활과 같다는 느낌의 역할과 인구통계학적 변인의 역할을 결정하기 위해 더 많은 연구가 이루어져야 한다고 제안하고 있다.

가상현실 치료의 예를 들기 위해 엘리베이터를 타는 데 공포를 가졌던 앨의 사례를 다시 살펴보자. 우리는 앨이 렌즈 대신에 컴퓨터 스크린이 달린 안경을 쓰는 시각 시스템을 사용하게 하거나 엘리베이터가 있는 빌딩의 로비를 보여 주는 화면들로 꽉 찬 방에 들어가게 할 수도 있다. 다리에 센서를 붙인 앨이 로비를 통과하여 엘리베이터 버튼을 누르고 엘리베이터 안으로 들어간다. 엘리베이터 안에서 불빛이 엘리베이터가 몇 층에 서 있는지를 알려 준다. 이렇게 진행되는 절차는 비용 부담이 크다. 그러나 앨이 같은 경로를 걷는 대신 조이스틱으로 대신한다면 효과는 덜하겠지만 비용은 저렴할 것이다. 앨이 현장참여 치료법을 시도할 준비가 될 때까지 이러한 두 가지 절차가 자주 활용될 수 있다. 앨이 엘리베이터에 대한 가상의 노출을 했기 때문에 현장참여 치료는 오래 걸리지 않을 것이다.

행동 치료자가 심상적, 가상현실적, 현장참여적 접근법을 사용하거나 점진적 또는 강렬한 접근법을 사용하든 간에, 행동 치료는 심리치료자의 목표 행동에 대한 평가와 내담자의 선호 모두에 달려 있다. 만약 불안이 심하고 내담자가 두려워한다면, 내담자는 더욱 점진적인 접근을 선택할 것이다. 내담자가 불편감을 좀 더 빨리 감소시키기 위해 강렬한 접근을 더 선호한 사례도 간혹 있다. 대개 현장참여 접근법에서는 실제 상황에 접근하는 것이 직접적이고 내담자가 사건을 연상해 내는 능력에 의존하지 않기 때문에 심상적 접근보다 변화가 빨리 나타나기도 한다. 하지만 번개, 지진에 대한 공포와 같은 종류의 두려움은 심상적 접근, 또는 가능하면 가상현실 절차를 적용해야 한다.

모델링 기법

모델링의 심리치료적인 사용은 대부분 Bandura(1969, 1971, 1976, 1977, 1986, 1997, 2007)의 업적에 기반을 두고 있다. 치료적 기법으로서의 모델링은 내담자가 다른 사람의 행동을 관찰하거나 그러한 관찰을 이용할 때 발생한다(Antony, 2011). 모델이 어떻게 행동하는지 배우는 것, 모델이 한 행동의 결과를 배우는 것이 이 기법의 핵심이다.

행동 치료에서 다섯 가지의 기본적인 모델링의 기능(Spiegler & Guevremont, 2010, p.267)은 가르치기, 촉진하기, 동기 유발하기, 불안을 감소시키기, 저지하기 등이다. 모델링은 누군가가 사과 껍질을 깎거나 야구공을 던지는 것을 지켜보기와 같은 시범을 통한 가르침에 의해 일어날 수 있다. 모델링은 아이가 군악대장의 행동을 모방하여 마치 군악대장처럼 과시하는 경우처럼 촉진자로서의 역할을 할 수 있다. 부모들이 아이들로 하여금 일이 얼마나 즐거울 수 있는지를 알 수 있도록 하려고 방청소하는 게임을 하는 경우와 같이, 모델링 행동을 강화함으로써 사람들은 다른 사람들이 그 행동을 수행하도록 동기를 유발시킬 수도 있다. 다른 아이가 물에 들어가는 것을 본 후 아이가 물에 들어가면 물에 대한 공포가 감소되는 경우처럼, 불안 감소는 모델링의 결과로 일어날 수 있다. 마지막으로, 흡연자에게 폐암으로 점점 죽어가는 흡연 내담자의 생생한 영화를 보여 주는 것으로 계속되는 행동을 못하게 할 수 있다. 이 부분에서 모델링의 다섯 가지 기능은 직접적 모델링, 상징적 모델링, 참여적 모델링, 내현적 모델링 등의 다양한 각도로 결합되어 있다.

직접적 모델링　기본적으로 직접적 모델링(live modeling)은 어떤 모델(경우에 따라서는 심리치료자)이 특정한 행동을 수행하는 것을 지켜보는 것을 언급한다. 모델링은 주로 여러 번 반복되는데 모델 관찰 후에 내담자가 관찰한 행동을 여러 번 반복한다. 앞서 언급했던 Jones(1924)의 연구에서 피터의 두려움은 다른 아동이 토끼를 가지고 노는 것을 두려워하지 않는 모델링 행동을 지켜봄으로써 감소되었다.

상징적 모델링　때때로 실제 모델이 유용하지 않거나 적합하지 않을 때 상징적 모델링(symbolic modeling)이 사용된다. 상징적 모델링의 일반적인 예는 직접적이기보다는 간접적으로 관찰할 수 있는 적절한 행동이 담긴 영화, 동영상이다. 또 다른 예는 사진, 그림책, 장난감이다. 예를 들면, 수술을 받으러 병원에 가는 아이가 나오는 아이들 책은 상징적 모델링으로서 수술에 대한 아이의 불안을 감소시킬 수 있다.

자기 모델링　때때로 내담자가 원하는 목표 행동을 스스로 수행하는 것을 녹화하는 것은 유용하다(Dowrick, 1991; Dowrick, Tallman, & Connor, 2005). 사회적으로 적합한 방법으로 다른 아이들과 상호작용하는 아이를 촬영하여 아이에게 그러한 영상을 보여 준다면 아이는 사회적으로 적합한 행동을 하는 자신을 관찰하고 부적합한 행동을 최근에 배운 사회 기술로 바꿀 수 있다.

참여적 모델링　모델이 내담자를 위한 행동을 하게 하고, 내담자가 그 행동을 따라 하도록 이끌고자 할 때 참여적 모델링은 유용하다(Millner, Farrell, & Ollendick, 2013). 만약 내담자가 사다리를 오르는 것에 두려움을 가지고 있다면, 심리치료자는 먼저 사다리를 오르는 행동을 보여 줄 수 있다. 그리고 인접한 사다리를 이용함으로써 내담자를 격려하고 필요할 때 신체적 지원을 해 주면서 내담자가 사다리를 오르는 것을 도울 수 있다.

내현적 모델링　모델을 관찰할 수 없을 때 이것은 내담자가 모델의 행동을 상상하게 함으로써 도움을 줄 수 있다. 내현적 모델링(covert modeling)의 과정에서 심리치료자는 내담자가 상상할 상황을 설명한다. Krop & Burgess(1993)는 의붓아버지에게 성적 학대를 받은 7세 청각 장애 소녀를 내현적 모델링의 예로 들었다. 학대의 결과로 소녀는 남성의 성기 주변을 부적절하게 만졌고 다른 부적절한 성적 행동을 보였으며 분노를 품고 있었다. 내현적 모델링을 사용하여 Krop & Burgess는 내담자가 결심하는 것에 대해 좋게 여기며 분노 대신 다른 아동과 잘 어울리는 세라(Sara)라고 불리는 소녀를 상상하도록 했다. 몇몇 장면은 부정적으로 행동하는 것보다 적극적인 행동을 취하는 것을 포함시켰다.

상징적이든 직접적이든 모델링은 다른 행동주의적인 전략과 함께 변화를 가져오기 위해 사용된다. 그중에서도 모델링은 대인 간 의사소통을 포함하는 상황에서 자주 사용된다. Wolpe(1990)와 많은 다른 행동 치료자들은 지나치게 공손하여 부정적인 감정을 표현하지 못하거나 자신의 감정을 표현할 권리가 있음을 느끼지 못하는 내담자에게 적합한 자기주장적 행동을 모범으로 삼아 따라 하게 했다. 자기주장 기술은 상황에 따라 각각 다르므로, 행동 치료자들은 다양한 상황에서 내담자를 연습시키고 본보기를 보여야 한다(Spiegler & Guevremont, 2010). 자기주장적 행동은 행동 치료자들이 모델링을 적용시킬 수 있는 가장 일반적인 사회 기술로 놀이, 중재, 만남과 같은 사회 기술에도 모델링 기법이 적용되었다. 또한 이러한 모델링 행동은 개인에게 사건을 관찰하고 얼마나 적합하게 수행했는지 스스로 이야기하도록 하는 인지행동적 접근에서도 사용될 수 있다.

자기교수 훈련: 인지행동적 접근

자기교수는 몇 가지의 자기관리 기법 중의 하나이다. Meichenbaum은 자기관리를 위한 접근법으로 개인이 자기 자신에게 하는 지시를 강조한다(Spiegler & Guevremont, 2010). Donald Meichenbaum(Meichenbaum, 1974; Meichenbaum & Goodman, 1971)에 의해 개발된 자기교수 훈련은 사람들이 전에 어려움에 처했던 상황을 다루는 데 있어 스스로를 효과적으로 가르치는 방법이다. 기본적인 과정은 심리치료자가 모델이 되어 적합한 행동을 하면 내담자가 그 행동을 참여적 모델링처럼 연습한 다음, 내담자는 자기 자신에게 지시를 반복한다. 자기교수 훈련은 불안, 화, 섭식 문제, 창의적인 일에 어려움을 겪는 것 등과 같이 다양한 행동에 적용될 수 있다.

주장 행동에 대한 자기교수 훈련의 적용에서 먼저 심리치료자는 셔츠를 허락 없이 빌리려는 룸메이트에게 정면으로 맞서는 방법과 같은 적합한 행동의 본보기를 보여 준다. 행동의 모델링 후에 내담자는 심리치료자와 함께 룸메이트에 대한 적절한 반응에 대한 역할 연기를 한다. 그리고 내담자는 스스로 반복하고 발전시킨다. "그가 나의 셔츠를 또 빌려갔어. '나에게 물어보지 않고 내 옷을 입는 일이 없으면 좋겠어. 먼저 나에게 물어봐 줬으면 좋겠어. 그러면 내가 너에게 셔츠를 빌려주는 게 기쁠 것 같아.'라고 지금 말할 거야." 이 간단한 사례에서 내담자는 자기 지시를 스스로 몇 번 반복한 후 자신의 룸메이트에게 적절한 시점에 그것을 사용하거나 변형하여 사용한다. 아이들에게 사용될 때 자기교수 훈련은 내담자가 듣고 연습할 수 있도록 내담자나 심리치료자가 지시를 녹음하여 사용하기도 한다. 부가적으로 내담자는 활동지를 사용하여 기록하기를 원할 수도 있고 다양한 상황이나 다양한 사람들과의 행동을 연습하기를 원할 수도 있다.

Donald Meichenbaum

스트레스 예방: 인지행동적 접근

Meichenbaum(1985, 1993, 2007)이 개발한 또 다른 자기관리 방법은 스트레스 예방 훈련

(Stress Inoculation Training: SIT. 이하 SIT)이다. 이는 홍역을 예방하기 위해 인체에 작은 스트레스를 주는 홍역 예방접종처럼 상대적으로 가벼운 스트레스 자극을 성공적으로 처리할 수 있는 기회를 제공해서 더 큰 두려움과 불안을 견딜 수 있도록 하는 것이다. Meichenbaum은 SIT 프로그램을 통해 스트레스 해결 방법에 대한 자신의 행동과 상태에 대한 신념을 바꿈으로써 스트레스를 처리할 수 있다고 본다. SIT 프로그램은 정보 제공, 이완 훈련, 인지 재구조화, 문제해결, 행동적 시연, 그리고 다른 인지행동적 기법을 폭넓게 포함하고 있다. 여기에서는 Meichenbaum의 스트레스 예방 훈련 3단계 모델을 설명하기 위해서 퇴근길에 심한 구타와 강도를 당한 벤(Ben)의 사례를 활용할 것이며 SIT가 개념적 단계, 기술획득 단계, 적용 단계에서 그에게 어떻게 적용되었는지를 개관할 것이다.

개념적 단계 첫 번째 단계에서는 정보가 수집되며 내담자는 문제에 대해서 생각하는 방법에 대한 교육을 받는다. 벤이 스트레스를 받는 상황과 걱정을 표현하면 심리치료자는 스트레스를 발생시키고 유지하며 증가시키는 사건 자체가 아닌 인지와 정서에 주목한다. 스트레스를 받거나 두려운 상황에 대한 자신의 말을 관찰하고 결과적인 행동을 점검한다. 심리치료 과정 동안 경과 기록이나 일기장을 쓰는 것이 좋다.

벤은 출근길의 두려움이 '또 강도를 당할 것 같아.', '나를 때리려고 어떤 사람이 저기에 있어.', '만약 내가 공격당한다면, 나는 아무것도 할 수 없어.'와 같은 자기 진술에 토대해 있음을 확인하였다. 심리치료자와 벤은 마음속 대화를 주의 깊게 조사하였고, 그는 스트레스를 주는 생각과 감정과 행동을 기록하도록 하였다. 이것은 두려움에 대한 대처 방법 개발을 위한 단계를 설정한다.

기술획득 단계 두려움과 스트레스에 대처하기 위해서 이완 훈련, 인지 재구조화, 문제해결 기술, 자기 강화 지시와 같은 많은 인지행동적 기법을 배운다. 스트레스에 대처하기 위하여 이완 반응이 공포 및 불안 반응과 경쟁하도록 Wolpe(1990)와 Jacobson(1938)이 개발한 이완 기법을 교육한다. 이완은 두렵고 불안한 반응과 경쟁하여 반응한다. 인지 재구조화는 부정적 사고를 대응적 사고로 바꾸는 것이다. 벤은 '두렵고, 아무것도 할 수 없어.'를 '내가 두려울 때, 나는 잠깐 멈출 거야.'로, 그리고 '나는 이 문제를 해결할 수 없어.'를 '한 번에 한 걸음씩, 천천히 호흡하고, 편안하게'로 대체할 수 있다. 문제해결은 그 상황을 어떻게 해결해갈 것인지에 대한 정신적 시연을 포함한다. 벤은 자신에게 '나는 그것에 대한 정보를 수집함으로써 상황을 바꿀 거야. 나는 다른 경로를 계획할 수 있고, 나는 사람들과 함께 걸을 수 있고, 나는 내 두려움을 통제할 수 있어.'라고 말할 것이다. 자기 강화는 '나는 회사에 걸어가고 있어. 그리고 나는 잘 하고 있어.', '나는 거의 매일 직장에 출근하고 편안함을 느껴. 나는 어제보다 더 잘 하고 있어.'와 같은 긍정적인 자기 진술을 제시함으로써 활용된다. SIT를 사용하는 심리치료자는 내담자에게 상황별 스트레스 대처 기술을 가르칠 것이다.

적용 단계 대처 기술을 배우고 나면 내담자는 실제 상황에서 대처 기술을 사용할 준비를 한다. 먼저, 벤은 훈련했던 자기 지시를 사용하면서 출근하는 장면을 정신적으로 시연한다. 벤은 회사로 걸어가는 동안 일어나는 상황을 좀 더 정확하게 시각화할 수 있다. 나아가 그는 이전에 개발한 대처 전략을 사용할 수 있다. 이러한 기술을 완전히 숙지하면 벤은 출근할 때 무엇을 할 것인지에 대하여 과제를 부여받는다. 이것은 점진적으로 진행하는데 한 무리의 사람들과 함께 걸으며 대처 진술을 연습하고 나중에는 사람들이 약 1m 뒤편에서 걸어오는 동안 대처 진술을 연습하는 방식으로 진행한다.

많은 다른 치료적 방법과 마찬가지로, SIT도 항상 원활하게 진행되는 것은 아니어서 재발 예방(relapse prevention)도 치료의 일부가 되어야 한다(Meichenbaum, 1985). 예를 들어, Marlatt & Gordon(1985)은 대응 행동이 개발될 수 있도록 심리치료 과정에 계획된 실패 경험을 포함시킬 것을 제안하였다. 스트레스 예방 훈련이 일부 특별한 목표 행동에 초점이 맞추어질 수 있지만, 그것은 내담자의 다른 행동에도 일반화할 수 있게 설계되어 있다. 이렇게 하여 내담자는 발생 가능한 다양한 스트레스 사건의 발생에 좀 더 잘 대처함으로써 자기효능감을 발달시킨다. 자기효능감 발달이 가능한 이유는 이완, 인지 재구조화, 문제해결 기술, 자기 강화 기법이 발달되고 연습되고 성공적으로 증명되기 때문이다. 벤은 이러한 세 가지 기법을 직장에서 상품을 팔려고 하는 고객을 다룰 때, 더 양심적인 아들이 되기를 바라는 아버지의 주장을 다룰 때, 그의 형제가 늦은 밤에 술에 취해 장황하게 이야기를 할 때 등과 같은 다양한 상황에 적용할 수 있다. Meichenbaum(1993)은 정신증 환자, 운동선수, 의학적 환자, 기계 기술자, 알코올의존자 등의 일반적인 스트레스, 분노, 불안, 고통 등을 다루는 것을 포함하여 많은 대상에 대한 다양한 SIT 적용 사례를 설명하였다.

행동 치료와 인지행동 치료는 둘 다 목표가 매우 분명하지만, 방법은 매우 다양하다 (Meichenbaum, 2007). 심리치료는 무섭고 불안한 장면을 연상하거나 실제 상황에서 그것을 맞닥뜨리도록 함으로써 행동을 교정하는 데 초점을 둘 수 있다. 이러한 접근은 내담자의 선호에 따라 점진적으로 또는 갑작스럽게 실행될 수 있다. 종종 적합한 행동의 모델링은 주어진 상황에 대처하는 방법으로 자신에게 지시하는 것과 같이 인지적 접근과 행동적인 기법을 결합하였을 때 치료적인 변화를 가져올 수 있다. 심리치료의 실제에서는 이러한 기법을 한 가지만 사용하는 경우는 드물고, 행동 평가를 바탕으로 하여 다양한 심리치료 방법들을 결합하여 활용한다. 이탈리아 간호사들이 암 환자들을 다루는 데에 SIT 기법이 사용된 것이 한 예이다. 간호사들은 SIT 교육을 받은 후, 핸드폰을 통해 SIT 기법을 활용 하는 데 도움을 받을 수 있었다(Villani et al., 2013). SIT는 독일에서 전쟁과 고문으로 인해 PTSD를 겪은 전쟁 희생자들에게도 활용되었다. 이 사례에서는 자신의 삶의 트라우마적인 이야기를 연대기적으로 풀어내는 내러티브 노출 치료(Narrative Exposure Therapy: NET)와 SIT가 비교되었다(Hensel-Dittmann et al., 2011).

심리 장애

행동주의 심리치료법은 평가, 조사, 내담자의 선호 등과 같은 다수의 변인에 의해 결정된다. 관찰 및 평가 도구를 포함한 철저한 평가는 종종 사용되는 기법에도 영향을 준다. 더욱이 장애 치료에 관한 일부 연구에서는 행동주의적 기법이 다른 기법에 비해 더 효과적이라는 결과를 제시하였다. 몇몇 방법들의 효과가 비슷하다면, 심리치료자들은 점진적 노출 방법이나 급진적 노출 방법 중에서 어느 것을 선택할 것인지를 결정할 선택권을 내담자에게 준다. 이러한 행동주의 기법을 사용하여 심리치료자들은 내담자의 삶에 긍정적인 변화를 제공할 수 있다.

다음의 사례들은 행동 치료에 대한 다양한 접근 방법을 보여 준다. 범불안 장애의 치료에서는 점진적 근육이완과 걱정행동 예방에 초점을 맞춘 구체적인 행동주의적 접근법이 사용되었고, 우울 사례의 치료에서는 이완 기법과 시간관리, 주장 훈련, 인지행동적 접근법 등이 사용되었다. 강력한 심리치료가 요구되는 강박 장애에서는 노출과 강박적 의식행동의 억제(Exposure and Ritual Prevention: EX/RP. 이하 EX/RP)라고 불리는 행동적 심리치료를 설명하고 예시하였다. 노출은 공포증을 위한 심리치료법으로도 제시되었다. 이러한 사례들은 심리 장애가 각각 다른 관점에서 평가되고 치료된다는 것을 보여 준다. 바탕이 되는 이러한 모든 접근은 평가, 목표 행동의 구체성, 행동의 변화, 새롭고 적응적인 방법론 등을 강조하고 있다.

범불안 장애: 클레어

다른 사람들과 마찬가지로 Brown, O'Leary & Barlow(2001)는 연구를 검토하고 분석한 후 범불안 장애에 대한 처치 매뉴얼을 개발했다.

이 접근은 인지 치료(10장 참고)와 행동 치료의 몇 가지 요소가 결합되었다. 이 과정은 12~15회기로 이루어져 있는데 2주 단위인 마지막 2회기를 제외하고 각 회기는 1주 단위로 구성되어 있다. 이 접근법의 개요는 표 8.1에 설명되어 있다. 표에는 각 회기에서 사용된 심리

▌표 8.1
범불안 장애의
심리치료 계획 개요
(계속)

출처: Brown, O'Leary &
Barlow, 2001, p.177.

1회기	2회기
• 불안과 걱정에 대한 내담자의 설명	• 자기관찰에 대한 검토
• 불안과 걱정의 본질에 대한 소개	• 불안의 본질에 대한 재검토, 3체계 모델
• 불안의 3체계 모형	• 불안의 생리적 기능에 대한 논의
• 치료의 개요(예: 자기관찰, 과제, 규칙적 출석의 중요성)	• GAD에서 유지 요인에 대한 논의
• 치료 원리에 대한 규정	• 과제: 자기관찰
• 과제: 자기관찰	

3회기	**9회기**
• 자기관찰 형식에 대한 검토 • 16 근육군의 점진적 근육이완(PMR)에 대한 당위성 • PMR 회기 중에 가정에서 연습할 수 있도록 녹음하기 • 과제: 자기관찰, PMR	• 자기관찰, 인지적 반박, 걱정 노출, 회상을 통한 이완 등에 대한 검토 • 회상을 통한 이완 연습 • 걱정 행동 예방(예: 근거, 걱정 행동 목록 작성, 행동 예방 실습의 개발)에 관한 소개 • 과제: 자기관찰(불안, 인지적 관찰, 반박), 걱정 노출, 걱정 행동 예방, 회상을 통한 이완
4회기	**10회기**
• 자기관찰 양식 재검토, PMR 연습 • 회기 내 16 근육군 PMR 변별 훈련 • 지속적 불안에 있어서 인지 기능의 역할에 대한 소개(예: 자동적 사고의 본질) • 과대평가에 대한 진술과 반박 • 인지적 자기관찰 양식 소개 • 과제: 자기관찰(불안, 인지적 관찰, 반박), PMR	• 자기관찰, 인지적 반박, 걱정 노출, 회상을 통한 이완에 대한 검토 • 단서 제어 이완에 대한 소개 • 과제: 자기관찰(불안, 인지적 관찰, 반박), 걱정 노출, 걱정 행동 예방, 단서 제어 이완
5회기	**11회기**
• 자기관찰, PMR, 과대평가 반박에 대한 검토 • 회기 내 8 근육군 PMR 변별 훈련 • 파국적 인지에 대한 진술 및 반박 • 과제: 자기관찰(불안, 인지적 관찰, 반박), PMR	• 자기관찰, 인지적 반박, 걱정 노출, 걱정 행동 예방, 단서 제어 이완에 대한 검토 • 단서 제어 이완 연습 • 시간 관리 또는 문제해결에 대한 소개 • 과제: 자기관찰(불안, 인지적 관찰, 반박), 걱정 노출, 걱정 행동 예방, 단서 제어 이완
6회기	**12회기**
• 자기관찰, PMR, 인지적 반박(과대평가, 파국화) 등에 대한 검토 • 회기 내 8 근육군 PMR 변별 훈련: 일반화 연습에 대한 소개 • 불안을 유발하는 인지 유형과 반박 방법에 대한 검토 • 과제: 자기관찰(불안, 인지적 관찰, 반박), PMR	• 자기관찰, 인지적 반박, 걱정 노출, 걱정 행동 예방, 단서 제어 이완에 대한 검토 • 이완 기법의 일반화 • 시간 관리 또는 문제해결 연습 • 과제: 자기관찰(불안, 인지적 관찰, 반박), 걱정 노출, 걱정 행동 예방, 단서 제어 이완, 시간 관리/ 문제해결 연습
7회기	**13회기**
• 자기관찰, PMR, 인지적 반박에 대한 검토 • 회기 내 4 근육군 PMR, 걱정 반응에 대한 소개(예: 심상적 훈련, 걱정의 위계, 회기 내 걱정 노출) • 과제: 자기관찰(불안, 인지적 관찰, 반박), PMR, 일별 걱정 노출	• 자기관찰, 인지적 반박, 걱정 노출, 걱정 행동 예방, 단서 제어 이완, 시간 관리/문제해결 연습에 대한 검토 • 단서 제어 이완 연습 • 기법 및 기술에 대한 검토 • 치료에 적용된 기법을 지속하기 위한 방법에 대한 논의
8회기	
• 자기관찰, PMR, 인지적 반박, 걱정 노출 연습에 대한 검토 • 회상을 통한 이완에 대한 소개 • 걱정 노출에 관한 근거 검토 • 회기 내 걱정 노출 • 과제: 자기관찰(불안, 인지적 관찰, 반박), 걱정 노출, 회상을 통한 이완	

치료 기법을 열거하였다. 회기 동안에 기법들은 다양한 관점에서 소개되었다. 예를 들면, 점진적 근육이완 훈련(PMR)을 교육한 후 3~13회기에 연습하고 재교육하였다. 걱정 행동 예방은 9회기에 소개하면서 심리치료 후반부에서 다루었다. 문제해결과 시간 관리는 마지막 2회기에 적용했으며 사고의 관찰과 변화는 심리치료의 시작 부분에서 다루었다. 인지 기법은 10장에서 자세히 다루기 때문에, 여기에서 제시된 사례에서는 행동적 기법(특히 점진적 근육이완과 걱정 행동 예방)을 보여 주는 데 초점을 맞출 것이다.

기혼 여성인 클레어(Claire)는 출장 가는 남편에 대한 걱정, 고등학교에서 미식축구를 하는 아들에 대한 걱정을 포함하여 걱정이 많다. 클레어의 상태가 범불안 장애의 기준에 맞는지 확실히 하기 위하여 먼저 주의 깊고 구체적인 평가를 하였다. 면담은 걱정의 본질과 긴장과 염려에 관한 경험에 초점을 맞추었다. 초기 두 회기는 심리치료를 검토하고 과제를 제시하는 것뿐만 아니라 걱정의 본질과 3체계 모형(생리학적, 인지적, 행동적)을 설명하는 데 초점을 맞추었다.

세 번째 회기에서 심리치료자는 클레어에게 이완 과정과 그것을 실행할 시간에 관하여 설명하였다. 클레어가 소요 시간에 대하여 관심을 보이자, 심리치료자는 이완 과정에 관한 근거를 설명하였다.

내담자: 과제를 하기 위해 시간을 내야 한다는 것을 알지만, 30분은 너무 길어요.

심리치료자: 시간의 압박 때문에 더 불안한 것 같군요. 이런 방식으로 생각해 보세요. 이완 과정을 매일 하는 것은 신체적으로나 정신적으로 스스로에게 도움이 되는 것이라고요. 당신의 인생에서 일어나고 있는 모든 일 중 '이러이러한 시간까지 마쳐야만 하는' 것들은 나중에 해도 괜찮습니다. 만약 일상적인 여러 가지 일들에 대해 이완을 적용하려고 한다면, 당신은 이완을 하는 내내 일을 끝내야만 한다는 압박감을 느끼게 될 것입니다. 그러면 이완되는 것을 전혀 느끼지 못할 것입니다. 당신이 어떤 부담도 갖지 않고 조급함이나 압박감도 느끼지 않을 때 이완 연습을 하셔야 합니다.

이완 과정의 순서는 근육을 긴장시킨 다음 긴장 수준을 풀어 주거나 힘을 빼는 것입니다. 고의적인 긴장을 통해 당신은 하루 중 언제 근육이 무의식적으로 긴장되는지를 변별할 수 있을 뿐만 아니라 이완의 느낌을 강하게 느낄 수 있습니다. 근육을 긴장시키는 것은 약간의 긴장감이나 압박감을 느끼는 것이지 고통스럽지는 않습니다. 팔, 다리, 배, 가슴, 어깨, 목, 얼굴, 눈, 이마 등에 주름을 생기게 했다가 풀어 주는 긴장과 이완의 과정을 순서대로 진행할 것입니다.

처음에는 조용하고 정숙한 장소에서 실행하세요. 집중은 이완 훈련의 핵심 요소이므로 근육을 긴장하고 이완하는 느낌에 완전히 주의를 집중할 수 있는 환경이 필요합니다. 전화, TV, 라디오가 없어야 하고, 연습하는 동안 주위에 아이들이 없는 것이 좋은데 잠들어 버리지 않도록 주의해야 합니다. 꽉 끼는 옷, 안경, 콘택트렌즈, 신발, 벨트와 같은 것들을 벗거나 느슨하게 하세요. 이 활동을 하루에 30분씩 두 번, 2주 동안 실시해야 합니다.

이제 회기 중에 심리치료자의 지시에 따라 내담자가 이완 활동을 하도록 오디오 기기로 이완 과정을 녹음한다. 이렇게 녹음된 것은 내담자가 집에서 연습할 때 사용하도록 한다.

심리치료자는 이완 절차를 진행하고 마지막에 이야기를 하면서 내담자의 반응을 확인한다. 심리치료자는 남은 회기 동안 내담자가 이완 활동을 꾸준히 하는지 지속적으로 모니터한다.

9회기에서 클레어와 심리치료자는 걱정 행동 예방 작업을 하였는데, 클레어는 일주일 동안 자신이 하지 못했던 몇 가지 행동을 확인하였다. 심리치료자는 다음과 같은 방법으로 걱정 행동 예방 절차를 소개하였다.

> **심리치료자:** 초반 회기에 몇 번 언급했던 것처럼 심리치료 프로그램에는 단기적으로 걱정을 덜기 위해 당신이 했거나 회피했던 특정한 행동과 활동을 확인하는 것도 포함되어 있습니다. 그러나 무엇을 했든, 그런 행동은 장기적으로는 당신의 걱정과 근심을 강화해서 오히려 역효과를 낳습니다. 오늘은 불안과 걱정 때문에 당신이 했던 행동 또는 회피했던 행동의 목록을 만들려고 합니다. 그런 행동과 활동의 예에는 신문의 특정 부분(예: 건강란이나 부고란)을 보지 않기, 집을 여러 번 청소하기, 약속 시간보다 일찍 가기 등이 포함됩니다. 클레어, 당신은 어떤 것을 할 수 있을지 알아 봅시다.
>
> **내담자:** 제가 생각하기에 가장 확실한 행동은 아들의 축구 경기를 보지 않는 것입니다. 아들이 홈경기에 와서 관람하라고 부탁하였고 저도 정말로 그렇게 하고 싶었습니다. 왜냐하면 아들의 팀에는 중요한 날이고 많은 행사를 했었거든요. 그러나 관람하러 가기가 힘드네요. 확실히 그래요.
>
> **심리치료자:** 그것이 하나의 경우가 되겠네요. 0점에서 8점까지 중에서 시합을 보러 가는 것에 대한 당신의 걱정은 어느 정도입니까?
>
> **내담자:** 7점 정도입니다.
>
> **심리치료자:** 목록에 넣을 수 있는 다른 것에는 어떤 것이 있을까요? 며칠 동안 청소하지 않는 것은 어떨까요?
>
> **내담자:** 음, 그것 역시 6점이나 7점쯤 될 것 같아요. (Brown, O'Leary, & Barlow, 2001, pp.192~193)

심리치료자와 클레어는 이와 같은 방식으로 위계목록을 작성하였다. 그런 다음 심리치료자는 검토한 것들을 요약하였고 그중 클레어에게 목록의 최하위에 있는 항목을 시도해 보도록 요구하였다.

> **심리치료자:** 우리는 목록으로 작성할 수 있는 몇 가지 일들을 다음과 같이 정리하였습

니다.

- 홈경기를 보러 가는 것: 7점

- 며칠간 청소하지 않는 것: 6~7점

- 남편이 집에 전혀 전화하지 않는 것: 6점

- 하루 동안 욕실 청소를 하지 않는 것: 5점

- 하루 동안 아침에 침대 정리를 하지 않는 것: 4점

- 하루에 한 번만 욕실 청소하는 것: 3점

- 남편이 퇴근할 때만 전화하는 것: 2점

　　이번 주 동안, 당신은 위계목록에서 마지막 항목, 즉 남편이 퇴근할 때만 전화하는 것을 시작할 수 있습니다. 매주 남편이 늦게까지 전화하지 않는다는 것을 알고 있을 때 매주 하루 동안의 당신의 불안 점수를 매겨본 다음, 남편이 전화한 이후의 당신의 불안 점수도 평가해 보세요. 그리고 그 결과를 저에게 보여 주세요. 만약 당신이 그날 남편에 관해 걱정하고 있는 당신의 모습을 보게 된다면, 당신의 인지 전략과 회상에 의한 이완 과정이 당신의 불안과 걱정을 통제하는 데 도움을 주는 수단임이 확실합니다. (pp.202~203)

　　범불안 장애 처치 매뉴얼(Brown, O'Leary, & Barlow, 2001)은 아주 복합적이고 구조적이다. 위의 사례에서 볼 수 있듯이, 세부 사항에 대해 상당히 주의를 기울일 필요가 있다. 심리치료자는 내담자에게 이완과 같은 절차에 대한 분명한 설명을 제공하는 것뿐만 아니라, 필요할 경우에는 해야 할 것들에 대해 내담자를 설득해야 한다. 또한 그 매뉴얼이 어떻게 실행되어야 하는지를 명확하게 제시하고 있다 하더라도, 심리치료자는 내담자가 내보이는 특정한 걱정을 다룰 수 있도록 잘 훈련되어야만 한다.

우울증: 제인

일반적으로 행동 치료자들은 내담자의 활동과 사회적 상호작용의 강화를 추구한다. 우울증 내담자는 보통 수동적이기 때문에 행동주의적 개입은 통제감과 선택권을 주어 긍정적인 변화를 유도한다. 이러한 변화를 이끌어 내기 위해 심리치료자는 내담자에게 자기 기분의 점수를 매기게 하거나 기억나는 즐거운 일 또는 혐오적인 사건을 물어봄으로써 기분을 평가하는 것부터 시작한다. 부가적으로, 우울증을 위한 해밀턴 평가 척도(Hamilton Rating Scale), 벡 우울증 척도(BDI)와 같은 다양한 척도를 활용하여 죄책감, 슬픔, 실패감 등의 감정을 평가하고 식욕, 수면, 건강, 성욕 및 기타 행동의 변화에 대해 평가한다. 이러한 정보를 바탕으로 심리치료자는 내담자를 위한 현실적인 목표를 설정하고 계획할 수 있다. 행동주의적 심리치료의 일반적인 가정은 행동의 변화가 생각과 감정의 변화를 가져온다는 것이다.

이처럼 행동에 중점을 두고 심리치료자는 내담자가 좀 더 효율적인 사회적 접촉이나 생산적인 일이 포함된 일상적인 활동을 늘려가도록 조력한다. 심리치료자는 식사, 잡지 등과 같은 보상을 제공하거나 즐거운 일을 할 시간을 제공하는 계약을 맺을 수 있다. 또한 적절한 행동에 대한 모델링, 역할 연기, 행동적 시연 등과 같은 사회성 기술 훈련과 즐거운 사회적 상호작용은 증가시키고 유쾌하지 않은 상호작용은 감소시키기 위한 방법도 고려할 수 있다.

이에 대한 예시로 7세와 5세의 아이를 둔 29세의 이혼한 어머니인 제인(Jane)의 심리치료를 살펴보려고 한다(Hoberman & Clarke, 1993). 제인은 울먹이는 어조로 직장에 자주 결근한 것에 대해 불평하였다. 그녀는 큰아이의 학교 성적을 걱정하였고 자녀 양육에 대한 전남편의 소홀함에 대해 속상해했다. 우울증에 대한 심리치료자의 관찰 내용은 벡 우울증 척도(BDI)에서 중증 우울증에 해당되는 평정 점수를 얻음으로써 재확인되었다.

제인의 우울증에 관한 평가와 심리치료는 동시에 시작되었다. 그녀는 자신의 슬픔과 걱정스러운 감정에 대하여 매일 기록하도록 하였다. 또한 그녀는 합당한 목표를 세우기 위해 320개 문항으로 된 유쾌하지 않은 사건 목록을 작성하였다. 첫 번째 공략해야 할 목표 행동은 그녀의 만성적인 지각으로 인한 문제에 관한 것이다. 자기 변화 계획을 작성함으로써 자신과 아이들이 직장과 학교에 가기 위한 준비를 하는 데 필요한 시간을 더 잘 예측할 수 있었고 그렇게 함으로써 직장에 늦는 횟수를 줄일 수 있었다. 그리고 그녀는 이완 기법을 학습하여 아이들로 인한 어려움에 대처해야 할 때와 같은 다양한 상황에 이완 기법을 사용했다.

제인은 자녀와의 문제로 스트레스를 받았기 때문에, 심리치료의 초점이 자기 관리에서 자녀관리 프로그램에 참여하는 것으로 바뀌었다. 자녀를 잘 관리할 수 있게 되어 제인은 자기통제감을 증가시킬 수 있었다. 그 다음으로는 시간관리 기술을 개발하고 즐거운 일에 참여하는 기회를 더 많이 늘렸다. 이러한 작업의 일부로 제인은 일주일 동안 하루에 두 가지의 즐거운 일에 참여하는 것에 동의하였다. 그녀의 자존감을 높이고 자기주장을 강하게 할 수 있도록 하기 위해 심리치료자는 자존감과 자기주장성에 관한 책을 읽는 것을 과제로 부여하였다.

이런 활동의 결과로 제인의 기분과 작업 수행 능력은 실질적으로 향상되었고 아울러 그녀의 벡 우울척도 점수도 현저하게 낮아졌다. 추가적으로, 그녀는 아들의 파괴적인 행동을 다루는 다양한 방법에 대한 역할 연기도 실시하였다. 그녀는 자녀에 대한 통제력이 증가하면서 자기효능감도 높아졌고, 지역에 있는 대학교에서 강좌를 듣기 시작했다.

강박 장애: 준

앞에서 언급했듯이, 행동 치료는 심리치료 결과의 효율성 측정에 전념하는 것으로 특징지어진다. 이것은 특히 노출과 강박적 의식행동의 억제(EX/RP)에서 분명해지는데, 이는 강박적인 의식이나 부적응적 행동 반응을 억제하는 것을 특징으로 한다. 연구자들(Franklin &

Foa, 2007, 2008; Riggs & Foa, 2007; Simpson et al., 2008; Simpson, Zuckoff, Page, Franklin, & Foa, 2008)의 연구 결과에 의하면, EX/RP는 강박 장애로 진단된 내담자의 70% 이상에서 효과적인 것으로 나타났으며, EX/RP는 공중화장실 변기에 접촉하면 AIDS에 감염될 것이라는 생각과 같은 강박적 사고를 하거나 하루에 여러 번 손을 씻는 행동 등과 같은 강박충동이 있는 사람들에게 적용되었다. 기본적으로 EX/RP는 한 번에 한두 시간 동안 불편감을 유발하는 상황에 노출시키도록 구성된다. 또한 개인은 이 상황에서 행했던 손 씻기와 같은 의식을 억제하도록 요구받는다. 대개 스트레스를 유발하는 상황은 경미한 것부터 심각한 것까지 단계가 나누어지며, 경미한 상황은 심리치료의 초기에 다룬다.

심리치료자들은 EX/RP를 사용할 때, 스트레스, 의식, 회피 등을 유발하는 단서를 확인하기 위해서 4~6시간을 필요로 한다. 필요하다면 세부적인 정보를 파악하기 위하여 평정 계획, 일지, 간단한 평가 도구 등도 사용한다. 일상적인 활동에 관한 기록이 작성되면 불안을 일으키는 활동, 생각, 의식 등에 대한 SUDs가 기록된다. 심리치료는 집중적으로 진행되는데 가능한 한 모임은 3주간에 주 5일씩 갖게 되며, 이후에는 빈도를 점차 줄여간다. 가정 방문 또는 야외 활동도 필요할 수 있으며 친구와 친척의 지지도 아주 큰 도움이 된다.

다음은 26세 기혼 여성인 준(June)의 사례에서 발췌한 것이다. 준은 청결에 대한 강박증을 가지고 있었다(Riggs & Foa, 1993). 준은 샤워하는 데 45분이 필요하며 하루에 손을 20회 정도 씻는다. 치료를 계획하면서 상담자는 심상적 노출법과 현장참여 요법을 적용하였다. 그 예는 다음과 같다.

심리치료자: 그래요, 이제 상담 첫 주 동안 일일 계획에 대해 의논하고 싶습니다. 첫 회기에서 이야기했던 것처럼 우리는 상상 속 그리고 현실 속에서 당신을 괴롭히는 것에 당신을 노출해야 합니다. 또한 샤워 시간을 제한하는 것도 실행할 것입니다. 당신이 상상할 장면은 당신이 씻지 않는다면 일어날 것이라고 두려워하는 피해에 대해 중점을 둘 것입니다. 실제 노출은 당신을 오염시키는 것들을 직면하는 데에 중점을 둘 것입니다. 씻는 것을 제한하는 것은 의례의식 없이 살아가는 법을 가르쳐 줄 것입니다. 상상 속에서 당신은 변기와 같이 두려워하는 것을 만지고 씻지 않고 나서 아파하는 자신을 그려볼 것입니다. 우리는 당신이 무엇이 문제인지 모르고 고쳐줄 수 없는 의사에게 진료받는 상상을 당신이 하고 있다고 생각됩니다. 그런 두려움을 가지고 있지요?

준: 네, 그렇습니다. 그리고 케니(Kenny)가 아프고 그것이 제 잘못으로 인한 것이라는 두려움도 있습니다.

심리치료자: 알겠습니다. 어떤 경우는 당신이 아플 것이고 다른 경우는 케니가 아픈 것이군요. 다른 사람이 당신이 주의 깊지 못해 책망하는 것도 추가해야 할까요? 이것도 두려우신가요?

준: 네, 특히 저희 어머니를 포함했으면 합니다.

심리치료자: 그래요. 당신의 어머니가 당신이 충분히 조심하지 않은 것에 대해 비난하는 것을 상상해 보세요. 이 이미지에 더 더할 것이 있을까요?

준: 아니요, 그렇게 하면 좋을 것 같습니다.

심리치료자: 실제 노출을 계획한 후에 더 자세히 장면을 구상할 수 있을 것 같습니다. 당신이 피하고 싶은 것과 만지기 두려운 것의 목록을 검토해 봅시다. 올바른 순서로 되어 있는지 확인해 주세요. 그리고 나서 우리는 매일 무엇에 관해 작업할 것인지 결정할 것입니다.

준: 네. (준은 목록을 거듭 살폈다. 그 목록에는 쓰레기통, 주방 바닥, 침대 바닥, 복도에 깔려 있는 카펫, 식물에 묻은 먼지, 물웅덩이, 자동차 타이어, 마른 개똥과 새똥 등이 포함되어 있었고 준이 수정을 요구할 시 수정되었다.)

심리치료자: 좋습니다. 이제 치료를 계획해 보죠. 첫째 날에 우리는 당신이 60점 이하로 표시한 것부터 시작할 것입니다. 이날에는 이 카펫을 만지는 것, 욕실 밖에 있는 손잡이, 제 책장에 있는 책, 조명 스위치 그리고 계단 난간을 만지는 것을 포함할 것입니다. 둘째 날에는 60~70점 수준의 항목들을 시도할 것입니다. 이날은 수도꼭지, 맨바닥, 더러운 빨래, 케니의 책상에 있는 물건들을 시도할 것입니다. (심리치료자는 3회기와 5회기도 위와 같이 세부적으로 알려 주었고 매일 어려움 수준을 높여 나갔다.) 둘째 주에는 최악의 상황에 접할 것인데 배수로, 타이어, 공공 화장실 변기, 새똥과 개똥 등을 만지는 것을 반복할 것입니다. 그리고 죽은 동물들을 찾아 그 옆을 걸어 보고, 그 옆에 도로를 만져볼 것입니다. (Riggs & Foa, 1993, pp.225~226)

현장참여 요법은 심리치료자의 창의성과 시간을 종종 필요로 한다. 다음의 예는 어떻게 심리치료자가 유머와 설득을 통해 내담자를 매력 없는 활동에 참여하게 하는지 보여 준다.

심리치료자: 이제 실제로 해 볼 시간이네요. 어제 도로 옆 죽은 동물을 찾아 다녔는데요. 1.6 킬로미터 옆에서 발견했습니다. 그곳으로 가볼까요?

준: 윽, 저를 위해서 그걸 찾아야 했다니 아주 대단하십니다.

심리치료자: 오늘은 운이 좋습니다. 어차피 오늘 어떻게든 찾아야 한다는 것은 알고 있으셨을 거예요. 그래도 이건 아주 가까운 거리에 있습니다.

준: 좋습니다.

유머 사용은 권장 사항이다. 내담자가 유머에 반응할 능력이 있다면 꽤 유용하게 사용될 수 있다. 심리치료자가 내담자를 보고 웃는 것이 아니라 같이 웃는 것이 중요하다.

심리치료자: (상담실 밖) 저 차 뒤에 있습니다. 같이 가서 도로 경계석과 그 옆 도로를 만져 봅시다. 조금 냄새가 나니까 직접적으로 만져 보라고 하지는 않을게요. 하지만 옆

에 서서 신발 바닥으로 만져 봤으면 좋겠습니다.

준: 윽, 이거 정말 죽었어요. 징그러워요!

심리치료자: 네, 조금 징그럽네요. 하지만 단순히 생각한다면 죽은 고양이일 뿐입니다. 이게 어떤 해를 끼칠 수 있을까요?

준: 잘 모르겠어요. 손에 세균이 옮지 않을까요?

심리치료자: 어떤 세균이요?

준: 죽은 고양이 세균이요.

심리치료자: 그건 어떤 종류일까요?

준: 잘 모르겠어요. 그냥 세균이지요.

심리치료자: 우리가 이미 다루었던 욕실 세균처럼요? (Riggs & Foa, 1993, p.228)

공포 장애: 6세 여아

동물, 비행(flying), 높은 곳, 혈액, 의료 절차 등에 대한 두려움과 사회공포증 등을 포함한 광범위하고 다양한 공포 장애에 관한 연구가 상당히 많이 이루어져 왔다. 가장 효과적인 것으로 밝혀진 방법은 노출법이다(Antony & Swinson, 2000; Hirai, Vernon, & Cochran, 2007; Ollendick, Davis, & Sirbu, 2009). Antony & Swinson(2000)은 그들의 처치 매뉴얼에서 노출은 자주 예측 가능한 상태에서 오랫동안 계속되어야 한다고 주장하였다. 또한 노출은 가능하면 심상을 통하기보다는 실제 상황에서 실시해야 한다. 그러나 번개나 지진에 대한 두려움이라면 실제 상황에서 실시하는 것이 어렵다. 일반적으로 노출은 내담자가 두려워하는 대상에 갑자기 노출시키는 것보다는 점차적으로 노출시킨다. 다른 공포증에 대한 전형적인 심리치료와는 다른 혈액 공포증과 같은 특정한 공포증에는 몇 가지 특수한 기법들이 사용된다. 모델링과 계획된 실천 등과 같은 다른 기법들 역시 도움이 될 수 있다. 아래의 사례는 개개인이 두려워하는 대상에 노출되는 환경에서 모델링과 연습을 모두 포함하여 사용하고 있다.

풍선 공포증이 있는 6세 여아의 심리치료는 모델링과 노출 기법의 적용을 예시하고 있다(Johnson & McGlynn, 1988). 그 아이의 어머니는 딸이 풍선이 있을 것 같거나 있었던 상황을 회피한다고 알려 주었다. 또한 그녀는 풍선과 관련한 악몽을 꾸었다. 심리치료자는 풍선을 가지고 노는 한 소녀를 모델로 활용하였다. 점차적으로 풍선에 대한 내담자의 두려움은 감소되었다. 그런 다음 비디오 영상에 나오는 모델이었던 어린 소녀가 내담자와 함께 실내에서 풍선을 가지고 놀이를 함으로써 풍선에 대한 두려움을 덜어 주었다. 그녀는 내담자에게 그녀의 행동을 모방하도록 요구하였다. 그 후에, 심리치료자는 풍선을 가지고 놀면서 모델로서 도움을 주었다. 심리치료가 종료되기 전에, 어머니는 어린 소녀가 풍선을 아무런 걱정 없이 접촉할 수 있다고 이야기하였다. 이후 2년간의 추수 관찰에서 어린 소녀는 더 이상 풍선에 대한 공포증이 나타나지 않은 것으로 밝혀졌다.

단기 심리치료

많은 행동 치료 접근들은 행동 변화에 중점을 두기 때문에 비교적 단기로 이루어지는 경향이 있다. 그러나 다양한 요인들이 심리치료의 기간에 영향을 미친다. 대개 목표 행동을 구체화하는 것이 어려울수록, 그리고 목표 행동이 많을수록 심리치료 기간은 더 길어진다. 물론 두려움이나 불안이 아주 강하고 비행기를 타지 않는 것과 같이 두려움의 대상을 회피하는 방법이 있다면, 이들을 치료하는 데 더 많은 회기가 필요할 것이다. 재정적인 지원, 지지적인 친구와 가족 구성원 등과 같은 자원들은 다양한 목표 행동을 달성할 수 있는 기회를 늘리는 데 효과적이다. 몇 가지 유형의 심리치료 전략들은 다른 전략들보다 오랜 시간을 필요로 한다. 즉, 심상적 접근법은 현장참여 기법보다 더 많은 회기를 필요로 할 수 있으며, 점진적인 방법은 집중적인 방법보다 더 많은 회기를 필요로 한다. 각 개인의 문제는 필요한 소요 시간이 모두 다르며 또한 심리치료 기간을 예측하는 것을 어렵게 하는 독특한 특징을 가지고 있다.

그러나 장애의 유형별 심리치료 기간에 관해서는 몇 가지 일반적인 지침들이 있다. 강박장애의 심리치료는 3주 동안 주당 다섯 번의 만남을 진행하여 이후 몇 달간은 매주 추수 상담을 필요로 한다. 우울증과 범불안 장애는 몇 달간 매주 만나야 하지만, 그 기간은 목표 행동을 평가하고 정의하며 치료하는 능력에 따라 달라진다. 더구나, 만약 현장참여 치료가 심리치료자의 사무실 밖에서 이루어진다면, 대개 주당 한 시간 이상의 시간이 필요하다. 많은 다른 심리치료자들도 그러하듯이, 행동 치료자들도 평가와 현장참여 치료를 하는 심리치료 초반에는 매주 만나기보다는 주당 몇 회기씩 만나는 것을 선호하며 현장 참여 치료 시에는 매주, 격주, 혹은 월별로 추수 회기를 진행하는 것이 좋다. 행동 치료가 인지 치료(10장)와 결합되는 경우에는 심리치료가 더 길어질 수도 있다.

최신 동향

행동 치료는 유아부터 노년에 이르기까지 전 연령에 걸쳐 적용될 수 있기 때문에 다양한 문제에 대해 적용되어 왔다. 연구와 적용이 진전될수록 새로운 아이디어가 생겨났으며 많은 아이디어들이 처치 매뉴얼로 문서화되고 명시되었다. 행동 활성화, 안구운동 둔감화, 변증법적 행동 치료 등과 같은 응용 방법이 새롭게 개발되고 있다. 또한 비자발적인 내담자와 관련된 윤리적인 문제가 일부 행동 치료자와 그 외의 심리치료자들의 주요 관심사가 되고 있다. 이런 각각의 영역에 관해서는 많은 저술들이 있기 때문에, 이 절에서는 이에 관해서 간략히 요약하여 제시하였다.

행동 활성화

행동 활성화(behavioral activation)는 주로 우울증 치료를 목적으로 개발되었다. 행동 활성화는 정적 강화에 기반을 둔 기법이다. 행동 활성화는 기본적으로 우울한 개인은 그들이 예전에 즐기던 활동에 참여하는 것보다 활동하지 않는 것(침대에 머무르는 것)을 선택한다는 것을 인식하는 기법이다. 이 기법은 정적 강화와 연관되어 있다. 정적 강화는 내담자가 일상생활을 하면서 마주하는 문제를 돕기 위해 정적 강화가 사용된다. 이 기법은 Ferster(1973)의 초기 작업에 기반을 두었다. 이 기법은 내담자가 더 활발해지도록 돕고 우울 증상을 감소시키도록 돕는 전략으로 이루어져 있다(Jacobson, Martell, & Dimidjian, 2001; Kanter & Puspitasari, 2012; Martell, Addis, & Jacobson, 2011). 위 연구자들은 내담자가 활동을 회피하는 패턴에서 적극적인 행동을 점진적으로 증가시키는 기법을 개발하였다.

행동 활성화 기법에서 심리치료자는 관계를 형성하면서 첫째로 내담자에게 우울의 특징을 가르친다(Antony & Romer, 2011). 치료의 목적은 내담자의 행동 변화이다. 행동 변화는 우울한 기분을 변화시킨다. 전형적으로 우울한 내담자는 덜 우울하거나 더 활발해질 때까지 자신은 아무것도 할 수 없다고 생각하며 치료를 시작한다. 심리치료자는 신중하게 이 신념에 도전하고, 내담자와 심리치료자는 점진적인 행동 스케줄을 계획한다. 이때 치료에서 단기 목표가 치료의 중점이 될 수 있지만 심리치료자와 내담자는 치료가 끝난 후 계속될 장기 목표 또한 의논하게 된다.

예를 들면, 엠마(Emma)는 자동차 공장에서 실직을 하였기에 상담실에 찾아왔다. 엠마는 자신이 친구도 없고 남편과 어머니도 자신이 어떤 일을 겪고 있는지 전혀 알지 못한다고 느끼고 있었다. 심리치료자는 엠마가 무엇을 회피하고 있고 무엇을 하지 않고 있는지 찾아낼 것이다. 심리치료자는 자신이 엠마의 문제와 연관된다고 생각하는 행동을 기능 분석할 것이다. 그러고 나서 심리치료자는 엠마가 문제행동이 있기 전에 무슨 생각을 하고 무슨 행동을 하는지(선행사건), 그리고 그녀가 문제행동 이후에 어떤 일을 하는지(결과)를 파악할 것이다. 엠마는 딸이 학교에 가고 나서 잠을 자고 TV를 시청한다. 심리치료자는 엠마가 아침 먹은 접시를 치우고 온라인으로 구인 공고를 찾아보는 목표를 설정하였다. 엠마는 이 일은 그녀가 할 수 있다고 동의하였다.

심리치료자는 계속 기능분석을 하면서 무엇이 우울을 촉발시키는지 찾아 내었다. 심리치료자는 엠마가 어떻게 회피 행동을 시작하는지, 그리고 어떻게 침구 정리와 같은 일상적인 일을 방해하는지도 찾아내었다. 심리치료자는 또한 엠마에게 스스로 자신 일상 활동을 기능 분석하도록 가르쳐 주었다. 심리치료자는 매일 한 일을 적는 일일 활동지를 작성하게 하였다. 다음 회기에서 심리치료자와 엠마는 엠마가 해 낸 활동에 대해 의논하였다. 과제의 완성은 심리치료자의 칭찬을 통해 엠마에게 정적 강화로 사용되었다. 엠마가 회피하던 행동 또한 논의되었고 엠마는 자신이 어떻게 할지를 알게 되었으며 침대에서 하루 종일 쉬는 것과 같은 행동을 피하게 되었다. 점점 엠마는 일과 속에서 매일 구직활동을 하기 시작하였다. 행동 활성화는 주된 치료적 개입으로, 혹은 Beck의 인지 치료와 같은 또 다른 치료의 일환으로 사용될 수 있다(Beck, 2011).

행동 활성화는 널리 활용되는 기법이고 주로 다른 치료와 함께 적용되지만, 이 기법이 내담자에게 맞추는 것이 아니라 단계별로 적용되어야 한다는 오해도 존재한다(Martell et al., 2001). 이 기법의 활용과 적용에 대한 문답이 제공된 처치 매뉴얼이 개정되었다(Lejuez, Hopko, Acierno, Daughters, & Pagoto, 2011). 처치 매뉴얼은 많은 연구에 기반을 두고 개발되었다(Kanter, Bowe, Baruch, & Busch, 2011; Kanter & Puspitasari, 2012). 이 연구들은 행동 활성화의 효과뿐만 아니라 내담자가 호전되면서 갑작스럽게 얻을 수 있는 이점이 있다는 것도 보여 준다(Hunnicutt-Ferguson, Hoxha, & Gollan, 2012). 연구를 통해 치료 전략에 영향을 미친 사례로 청소년 대상 연구에서, 치료자가 자살 위기군 내담자를 어떻게 돌봐야 하는지, 어떻게 가족을 치료에 참여시킬 수 있는지를 조사하였다(McCauley, Schloredt, Gudmundsen, Martell, & Dimidjian, 2011). 행동 활성화는 초기 연구에서 전달수단으로 인터넷의 효과성을 보여 주었기에 새로운 방식으로도 많이 사용되고 있다(Carlbring et al., 2013). 정적 강화 원리에 기반을 둔 행동 활성화는 여러 연구에 의해 우울증에 효과적인 치료법으로 지지받고 있다.

안구운동 둔감화와 재처리 요법

안구운동 둔감화와 재처리 요법(Eye-Movement Desensitization and Reprocessing: EMDR. 이하 EMDR)은 비교적 최근인 1987년에 Francine Shapiro에 의해 개발되었다(1997, 1999, 2001; Shapiro & Forrest, 2004; Shapiro, Kaslow, & Maxfield, 2007; Shapiro & Laliotis, 2011). 이 심리치료는 처음에 외상 후 스트레스 장애를 겪는 사람들을 위하여 설계되었지만, 그 이후 보다 더 광범위하게 적용되어 왔다. 이 방법은 인지 치료와 행동 치료 기법을 결합하여 사용한다. 즉, 먼저 행동 평가를 한 다음 심상적 홍수법을 사용하고 Meichenbaum의 인지행동 수정법과 유사한 인지적 재구조화를 실시한다.

Shapiro(2001; Leeds & Shapiro, 2000; Shapiro & Forrest, 2004; Shapiro & Laliotis, 2011)는 안구운동 둔감화와 재처리 요법을 8단계로 설명하였으며, Luber(2009)는 정신 장애, 연령 집단, 부부 및 집단 활동 등에 따라 다르게 활동할 수 있는 다양한 프로토콜을 제시하였다. 『아동용 안구운동 둔감화 및 재처리 요법과 심리치료 방법(EMDR and the Art of Psychotherapy with Children)』(Adler-Tapia & Settle, 2008)은 EMDR을 아동들에게 적용하기 위한 종합적인 접근 방법이다. 초기의 세 단계에서는 행동 평가에 대해 소개한다. 첫 번째 단계에서 심리치료자는 내담자의 정보를 수집하고 EMDR이 초래하게 될 스트레스를 내담자가 견딜 수 있는지의 여부를 결정한다. 두 번째 단계에서 심리치료자는 EMDR이 어떻게 실행되고 EMDR의 결과로 내담자가 회기 도중에 어떤 느낌을 받을지에 대하여 설명한다. 세 번째 단계에서 심리치료자는 내담자를 둔감화하기 전에 기본적인 정보를 수집하는데, 대개 내담자에게 한 가지 기억을 선택하여 가장 낮은 스트레스 수준을 0점으로, 가장 높은 스트레스 수준을 10점으로 체크하는 주관적 불편감 척도(Subjective Unit of Discomfort: SUD. 이하 SUD)에 체크하도록 한다.

이러한 준비가 다 되면, 심리치료자는 가장 오랜 기간을 요하는 둔감화 단계로 이동한다. 이 시점에서 심리치료자는 내담자에게 정신적 충격이 큰 이미지를 생각하게 하고 심리치료자가 자신의 손을 움직일 때 느끼는 감정에 주목하라고 요구한다. 내담자는 심리치료자가 손을 가능한 빠르게 앞뒤로 움직일 때 그 이미지와 감정에 집중한다. 보통 심리치료자는 손바닥을 내담자의 얼굴에서 약 30센티미터 떨어지게 한 상태로 손가락 두 개를 위로 든다. 양쪽 눈의 안구 운동을 15~30회 정도를 한 단위로 하여 실시한다. 한 단위의 안구 운동을 실시한 이후에, 심리치료자는 내담자에게 눈의 힘을 풀고 숨을 쉬라고 말한다. 그런 다음 내담자는 자신의 느낌, 이미지, 감각과 생각을 이야기한다. 심리치료자는 "지금 무엇을 경험하고 있습니까?"라고 물을 수 있다. 안구 운동은 가장 일반적인 접근이긴 하지만 이러한 정보 처리 체계를 활성화하기 위한 유일한 방법은 아니다. 심리치료자는 손을 두드리거나 반복적인 언어적 단서를 사용할 수도 있다. 이러한 둔감화 과정은 회기의 종결이 거의 다다랐을 때까지 또는 SUD 평가점수가 0점이나 1점 수준으로 낮아질 때까지 계속된다.

내담자가 둔감화된 이후 다섯 번째 단계는 긍정적인 인지를 증가시켜 주는 것이다. 이 단계에서는 새로운 긍정적인 인지가 형성되기 때문에 설치(installation) 단계라고 불린다. 이 단계에서 개인들은 긍정적 인식과 바람직한 목표 행동에 초점을 맞추도록 요구받음으로써 긍정적 생각은 원래의 사고와 연결된다. 이 시점에서 연계성을 높이기 위해 안구 운동이 실시된다.

긍정적 인지가 형성되었을 때, 내담자는 여섯 번째 단계로 이동하여 신체 정밀검사를 수행한다. 여기에서 내담자는 긴장이나 불편감이 있는지 확인하기 위해 자신의 머리부터 발끝까지 세밀하게 살펴본 다음, 불편한 곳이 있다면, 긴장이 해소될 때까지 안구 운동을 지속적으로 실시한다.

마지막 두 단계에서 내담자는 감정적인 평형상태로 되돌아간다. 회기 중간 중간에 내담자는 괴로움을 야기하는 생각, 심상, 꿈 등을 기록한다. 이러한 것들이 기억에 떠오르게 되면 내담자는 전에 배웠던 자기 위안이나 이완 연습을 적용하고, 그런 다음 모든 과정을 재평가하고 재검토한다. 대개 EMDR은 하나의 목표를 달성하기 위해 4~6회기 정도 진행되며 각 회기는 보통 90~120분 동안 진행된다.

PTSD 치료를 필두로 하여 EMDR에 관한 많은 연구가 진행되었다. 먼저 다룰 것은 EMDR을 활용한 연구와 아이들에 관한 연구이다. 무선적으로 표집된 38개의 연구를 대상으로 메타분석을 실시한 연구에서 EMDR과 정신적 외상에 초점을 맞춘 인지행동 치료는 스트레스 관리법이나 다른 심리치료법들보다 외상 후 스트레스 장애를 치료하는 데 더 효과적인 것으로 밝혀졌다(Bisson et al., 2007). 성인을 대상으로 한 140개의 메타분석을 실시한 연구에서 EMDR은 단기 절충 치료(brief eclectic therapy)보다 PTSD 증상을 감소시키는 데 더 빠른 것으로 나타났다(Nijdam, Gersons, Reitsma, de Jongh, & Olff, 2012). 다른 종류의 연구에서 뇌 유도 신경자극 인자(Brain-Derived Neurotrophic Factor: BDNF) 단백질이 복합적인 PTSD를 치료할 때 EMDR에 치료적 반응을 하는 데 기여하는 것으로 나타났다(Park, Park, Lee, & Chang, 2012). 비행 공포증 치료에는 EMDR과 인지행동 치료 모두 효과적이었다(Triscari, Faraci, D'Angelo, Urso, & Catalisano, 2011). 시험 불안 치료에서 EMDR과 생체 자기 제어(biofeedback) 기법을 스트레스 면역 훈련과 비교해 본 결과, EMDR이 전반적으로 스트레스 면역 훈련보다 더 뛰어난 효과를 보였다(Cook-Vienot & Taylor, 2012). Shapiro(1999)는 몇몇 연구에서 실시한 EMDR 심리치료 방법이 자신이 기술한 방법과 얼마나 유사한지에 대해 의문을 제기하였다. 더 나아가 그녀는 심리치료 절차에서 사용된 안구 운동은 자신의 복합적인 여러 방법 중의 하나에 불과한 것이라고 지적하면서 '안구운동 둔감화와 재처리 요법'이라는 명칭이 일부 심리학자들로 하여금 이러한 복합적인 절차에 대한 잘못된 개념을 갖게 했을 것이라고 주장하였다. 많은 연구가 EMDR이 증거 기반 심리치료라는 것을 보여주고 있지만, 빠른 안구 운동의 활용 필요성에 대한 의문점은 여전히 제기되고 있다.

EMDR은 성적 학대 혹은 트라우마를 경험한 아이들을 대상으로 빈번히 사용되어 왔다. Adler-Tapia, Settle & Shapiro(2012)는 EMDR을 적용하는 방법과 사례연구 등 아이들을 치료하는 방법을 설명하였다. 보고서를 포함하는 통제와 비통제 등 8개 연구에서는, 트라우마를 겪는 아이와 청소년을 치료하는 데 EMDR이 인지행동 치료보다 더 뛰어나지는 않지만 그와 비슷하게 효과적인 것으로 나타났다(Field & Cottrell, 2011). PTSD를 가진 아이들을 대상으로 무작위 실험과 통제실험을 실시한 5개의 연구를 살펴보면, Greyber, Dulmus & Cristalli(2012)는 EMDR이 몇몇 연구에서는 PTSD를 치료하는 데에 있어 효과적이었지만 PTSD 아이들을 치료하는 데에 있어 다른 치료법들만큼 긍정적인 결과를 보여 주지 못했다고 밝혔다. 15개를 검토한 연구에서는 한 사건이 트라우마를 일으켰을 때 트라우마를 겪는 아이와 청소년을 치료하는 데 EMDR의 역할이 매우 강조되었다. 하지만 다수의 사건들로 트라우마를 겪는 PTSD를 치료하는 연구들은 거의 이루어지지 않았다(Fleming, 2012). PTSD 아이들과 어른들 그리고 다른 장애 치료의 효과성 연구는 계속해서 이루어지고 있다.

변증법적 행동 치료

변증법적 행동 치료(Dialectical Behavior Therapy: DBT. 이하 DBT)는 1980년대에 자살 의도를 가진 내담자를 치료하기 위한 방법으로 Marsha Linehan에 의해 개발되었지만, 이후에 경계선 성격 장애로 진단받은 내담자에게 우선 적용하기 위한 심리치료법으로 발전하였다(Linehan, 1993a, b; Linehan & Dexter-Mazza, 2008; Neacsiu, Ward-Ciesielski, & Linehan, 2012; Van Dijk, 2012). 이러한 내담자들은 다른 어떤 심리 장애보다 심리치료자들을 어렵게 만든다. 경계선 성격 장애를 가진 내담자들은 심각한 기분 변화, 약물 남용, 성적인 행동과 같은 충동적인 행동, 자해 행동을 보인다. 그들은 심리치료자와의 관계를 포함한 모든 관계를 모두 좋거나 모두 나쁜 것으로 볼 수 있다. 이러한 내담자들에게 DBT를 적용하여 치료하기 위해서는 전화 상담뿐만 아니라 최소한 1년간의 개인 치료와 집단 치료가 필요하다. 게다가, 다른 심리치료가 가지고 있지 않은 것을 달성하기 위해서는 심리치료 활동이 포괄적이고 정교할 필요가 있다.

Linehan은 경계선 성격 장애의 원인을 생물학적이며 환경적인 요인으로 보았다 (Linehan, 1993a, b; Linehan, McDavid, Brown, Sayrs, & Gallop, 2008; Neacsiu, Ward-Ciesielski, & Linehan, 2012). 그녀의 생물사회적인 이론은 유전적 요인, 태아기의 조건, 그리고 사람들이 주어진 환경에서 그들의 감정을 조절하고 문제에 대처하는 방법에 영향을 미칠 수 있는 기타 요인을 검토하였다. 이 이론에 의하면, 경계선 성격 장애를 가진 개인은 자신을 조절하는 데 어려움을 겪으며 강렬한 정서적 반응으로 인하여 상당한 정서적 취약성(emotional vulnerability)을 겪게 된다. 경계선 성격 장애를 가진 개인은 대개 열악한 환경을 경험하기도 한다. 이러한 환경에는 부모나 다른 양육자로부터의 방임이나 학대, 유기 등이 있다. 그러한 경험은 낮은 자아상, 자기 비판, 타인에 대한 신뢰 부족, 낮은 문제해결 능력 등을 갖게 할 수도 있다. Linehan은 경계선 성격 장애는 정서적 취약성과 열악한 환경과의 상호작용으로 인해 발생한다고 이론화하였다.

변증법적 행동 치료는 변증법(dialectical)과 행동(behavior)이라는 핵심 단어로 가장 잘 묘사될 수 있다. 변증법은 논쟁 속에 하나의 주장과 그 주장과 반대되는 입장이 존재하고 있다는 사실을 의미한다. 논쟁을 해결하기 위해서는 자기주장과 반대 입장을 통합한 종합(synthesis)이 도움이 된다(Spiegler & Guveremont, 2010). 이러한 과정은 경계선 증상이 있는 내담자에게 수용과 변화 사이에 균형을 맞추게 함으로써 증상을 감소시키고 그들의 생활에서 의미를 찾는 방법을 제공한다. 또한 행동은 부주의한 운전이나 자신의 팔을 절단하는 것과 같은 자기 파괴적인 행동을 변화시키기 위해 행동적인 방법을 사용해야 하는 필요성을 의미한다. 그 밖의 치료적인 방법은 개인 치료와 집단 치료에서 응용된 것이며 전화 상담은 위기 상황에서 개인이 활용할 수 있는 방법이다.

개인 심리치료 DBT에서 개인 치료의 첫 번째 단계는 내담자의 문제를 평가하고 심리치료 목표 달성을 위해 정진할 수 있는 능력을 평가하는 것이다. 심리치료자와 내담자는 심리치료 목적, 목표 행동, 사용될 심리치료 기법에 합의해야 하며 내담자는 개인 상담과 집단 상담에 참여하는 것에 동의해야만 한다. 경계선 성격 장애의 심리치료는 중도 탈락자가 발생할 가능성이 높기 때문에 이것은 중요한 과제이다. 또한 심리치료자는 수련 감독 계획을 수립하여 위기 상황에 처한 내담자를 잘 도울 수 있는 논제를 발표할 수도 있다. 심리치료자는 네 단계 중 어떤 단계에서부터 심리치료를 시작할 것인지를 결정한다.

DBT에서 네 단계는 내담자가 정상적인 삶을 유지하려는 목표의 중요도순으로 정해진
다. 심리치료자는 내담자가 보이는 문제의 본질에 따라 각 단계를 조정할 수 있다. 경계선 성
격 장애 증상을 가진 내담자는 대개 위기 상황을 경험하므로, 단계는 자주 변할 수 있다. 그
러한 단계는 다음과 같다.

- 1단계: 자살 시도와 같은 생명을 위협하는 행동, 앞뒤를 가리지 않고 운전하기 등의
  위험 감수 행동, 자신이나 다른 사람을 해하려는 의도 등을 가장 우선적으로 다루어
  야 한다. 경계선 성격 장애를 가진 사람에게 있어서 자기 파괴적인 행동은 흔한 일이
  기 때문에, 내담자의 안전을 보장하는 것이 중요하다.
- 2단계: 심리치료를 방해할 만한 행동에 주의를 기울여야 한다. 경계선 성격 장애를
  가진 내담자의 경우 심리치료가 어렵고 성공 확률이 낮기 때문에 내담자가 꾸준히
  심리치료를 받도록 하는 것이 중요하다. 내담자는 2단계에서 장애가 점점 줄어들면
  서 강력한 정서를 경험하게 되고 자신이 처한 환경에서 문제를 보다 효과적인 방법
  으로 다루는 방법을 배운다.
- 3단계: 내담자는 삶의 질을 높이고 자신의 일상적 사건에 대한 문제가 되는 반응을
  줄이는 방법을 다룬다. 예를 들어, 그들은 불안과 우울의 증상을 조절하려고 한다.
  약물 남용 다루기는 1단계와 2단계에서의 논제가 될 수 있지만, 약물 의존을 감소시
  키는 것은 3단계에서 계속된다. 가족, 친구, 동료와의 관계에도 주의를 기울인다.
- 4단계: 내담자는 주위의 문제에 적응하기 위해서 자신의 삶을 변화시키며 더 많은
  행복, 더 큰 자유, 영성 개발 등의 발견에 관심을 둔다. 타인과의 문제와 예기치 않은
  사건으로 인한 문제를 다루는 기술을 발전시키는 것도 중요한 과업의 하나이다.

치료 기술 DBT에서 특정 기술은 개인 치료에서도 사용되지만 적절한 경우에는 집단 치료
에서도 사용될 수 있다. 이러한 기술에는 타당화 및 수용 전략, 문제해결 및 변화 전략, 변증
법적 설득 등이 있다.

타당화 및 수용 전략 경계선 성격 장애를 가진 내담자는 종종 자신에게 해가 되는 행동
을 한다. 심리치료자는 내담자에게 행동의 유해성을 지적하기보다는 공감적으로 의사소통
을 해야 한다. 심리치료자는 비록 어떤 행동이 다른 문제를 유발한다 할지라도, 그 행동이
어떤 방식으로든 내담자의 스트레스를 줄여 주거나 도움이 될 수도 있다는 것을 내담자에
게 알려준다. 예를 들어, 만약 내담자가 아파서 걸을 수 없는 상태까지 술을 마신다면, 심리
치료자는 "아주 힘들 때 음주는 당신을 편안하게 해 주는 것처럼 느껴지고 술을 마시는 것
이 스트레스를 줄이는 데 도움이 되었습니다. 그러나 편안함을 갖기 위한 다른 방법도 있습
니다."라고 말할 수 있다. 이러한 반응으로 내담자의 행동은 수용되고 가능한 변화를 위한

제안이 이루어진다.

문제해결 및 변화 전략 경계선 성격 장애를 가진 내담자들이 자신의 인생목표 달성을 저해하는 행동을 변화시킬 수 있도록 하기 위해서 다양한 행동적 기법과 문제해결 기법이 활용될 수 있다. 때때로 심리치료자는 내담자의 목표 달성을 돕기 위해 정적 강화 혹은 모델링 기법을 사용하기도 한다. Meichenbaum의 자기교수 훈련과 스트레스 면역 훈련(p.309)은 인지 재구조화를 달성하기 위한 수단을 제공한다. 특히 공포증이나 강박 장애와 관련된 특정 문제에 대해서 심리치료자는 노출과 강박적 의식행동의 억제 기법을 사용할 수 있다(p.317). 그 밖의 인지행동적 기법들 역시 사용될 수 있다.

변증법적 설득 변증법은 양 극단 사이의 해결책을 발견하기 위해 노력하는 것으로서 앞서 설명되었다. 변증법적 설득(dialectical persuasion)을 활용하면, 심리치료자는 내담자를 수용하긴 하지만 변화를 유도하는 데 있어서 보다 효과적인 방법을 사용하기 위하여 내담자를 설득하려고 한다. 변증법적 설득은 행동, 믿음 및 가치에서의 불일치를 지적하며 내담자는 가치와 믿음에 일치하도록 행동을 변화시키는 데 도움을 받을 수 있다. 다음은 스트레스를 해소하기 위해 자신의 팔에 상처를 내는 23세의 여성에게 사용된 변증법적 설득의 예시이다.

> 내담자: 남자 친구의 집에서 나와 제 방으로 돌아왔을 때 저는 몹시 화가 나서 또 다시 제 팔에 상처를 냈어요. 하지만 그렇게 나쁘진 않았어요. 안심이 됐고 나중엔 기분이 나아졌거든요.
>
> 심리치료자: 당신의 말대로 하자면, 만일 열두 살 난 당신의 사촌이 누군가를 굉장히 화나게 했다면, 당신은 그 스트레스를 줄이기 위해 사촌의 팔에 상처를 낼 수도 있겠군요.
>
> 내담자: 그러지는 않을 거예요!
>
> 심리치료자: 왜 그러지 않을 거죠?
>
> 내담자: 그건 동생을 해치는 거예요. 전 그 애를 다치게 하지 않을 거예요.
>
> 심리치료자: 그렇다면 어떻게 할 건가요?
>
> 내담자: 저는 그 애를 편안하게 해 줬겠죠. 동생이 했던 다른 일들을 합리적인 관점에서 보라고 말할 거예요. 마음을 가라앉히라고 얘기하겠죠. 그 애는 고양이를 안아주는 걸 좋아하는데요, 그렇게 해 보라고 할 거예요.
>
> 심리치료자: 그것 참 좋은 생각이네요. 그런 생각들 중 자신에게 적용할 수 있는 것은 어떤 것이 있을까요?

이처럼, 심리치료자는 내담자에게 직접 직면시키지 않으면서 내담자 행동에서의 불일치를 지적한다. 그러면 내담자는 자신의 행동을 변화시키기 위한 어떤 대안을 개발하기 시작한다.

집단 기술 훈련 개인 치료와 함께 내담자는 1년 이상의 기간 동안 주당 2~3시간의 집단 기술 훈련에 참여한다. 집단지도자는 내담자의 개인 치료자가 되지 않도록 한다. 집단지도자는 내담자에게 제공하는 유인물을 포함한 매뉴얼에 따른다. 특히 초기 집단은 1~2단계에서 생명을 위협하는 행동 및 개인 치료를 방해하는 행동에 초점을 둔다. 집단지도자가 앞에서 설명된 몇 가지 기술을 사용할 수도 있지만, 교육을 받게 되는 기술은 핵심 마음챙김, 대인관계 효율성, 감정 조절, 스트레스 내성 등이 있다.

- 핵심 마음챙김 기술: '핵심(core)'이라는 단어가 의미하는 것처럼, 이 기술은 변증법적 행동 치료에 기초하고 있으며 훈련 과정을 통해 학습된다. 이 기술은 불교의 원리와 기법에 기초하고 있다. 초점은 현재에 있으며 자기 자신을 판단하지 않고 주의를 기울이는 데 있다. 참여자들은 다음과 같은 세 가지 마음 상태에 대해 배우게 된다.
  이성적 마음: 사실을 활용하여 합리적 혹은 논리적으로 생각하기.
  감정적 마음: 감정적으로, 왜곡된 사고에 의해, 분위기에 따라 결정되는 사고.
  현명한 마음: 이성적 마음과 감정적 마음의 결합 또는 통합.
  이 세 가지 개념은 참여자의 생각과 행동을 이해하고 평가하는 데 이용된다.
- 대인관계 효율성 기술: 내담자는 관계를 유지하고 다른 사람들과 소원해지지 않으면서 자신이 원하는 것을 얻기 위해 문제해결과 자기주장과 같은 기술을 배운다. 또한 내담자는 해야 할 것이 너무 많아 압도되지 않을 정도의 수준에서 그들이 하고 싶은 것과 '해야만 하는 것'을 검토하는 방법을 배운다.
- 스트레스 내성 기술: 대개 경계선 성격 장애를 가진 내담자는 스트레스에 대한 인내력이 작다. 내담자는 스트레스나 정서적 불편감을 참는 것을 배운다. 내담자는 화가 났을 때 스스로 주의를 환기시키는 방법을 배우고, 진정하거나 정서적 혼란을 감소시키는 방법을 배운다. 내담자는 변화를 달성하기 위해서 인지 재구조화를 사용할 수도 있고 다음에 해야 할 것의 장단점을 생각할 수도 있다.

위에 묘사된 기법들은 복잡하고 완성하는 데 오랜 기간을 요한다. 최근에는 다소 단기적이며 덜 복잡한 버전의 DBT가 주목을 받고 있다. 이 기법은 DBT 기법을 시행한 사람들에 의해 개발되었다. McCain & Wiebe(2013)는 『심리치료 핵심: 감정적인 조절 장애를 위한 변증법적 행동 치료 기법(Psychotherapy Essentials to Go: Dialectical Behavior Therapy for Emotion Dysregulation)』에서 시행하기에 복잡하지 않은 방법을 제공하고 있다. 또 다른 방법의 DBT는 저서 『정신건강과 회복을 위한 변증법적 행동 치료: 다양한 내담자 요구를 위한 중재와 활동(Dialectical Behavior Therapy for Wellness and Recovery: Interventions and Activities for Diverse Client Needs)』(Bein, 2014)에서 보이듯이 정신건강과 회복에 중점을 두고 있다. 이 학자들은 DBT의 적용을 확대하는 것뿐만 아니라 많은 사람들이 DBT의 효과성 연구에 주목하게 하였다.

변증법적 행동 치료는 경계선 성격 장애를 가진 사람을 치료하기 위한 증거 기반 (evidence-based) 실천의 준거에 부합하는 것으로 나타났다(Lindenboim, Comtois, & Linehan, 2007; Linehan & Dexter-Mazza, 2008). 예를 들면, 변증법적 행동 치료는 경계선 성격 장애와 약물 남용으로 진단받은 여성을 치료하는 데 있어서 비행동적 심리치료보다 효과적이라는 것이 밝혀졌다(Harned et al., 2008). 경계선 성격 장애 여성이나 높은 민감성을 가진 여성에 대한 연구에서 약물 치료와 변증법적 행동 치료를 병행 하는 것은 짜증, 공격성, 우울, 자해 등을 감소시키는 데 도움이 된다는 것이 밝혀졌다(Linehan et al., 2008). 독일에서 12명의 청소년을 대상으로 한 DBT 연구에 의하면, 치료의 끝 무렵과 그 후 추후 1년까지 자해 행동, 우울증, 감정적 행동 표출이 감소되었다(Fleischhaker et al., 2011). 다양한 문제를 겪고 있는 63명의 자살 위기 대학생의 연구에서 DBT는 다른 치료들보다 뛰어난 효과를 보였다(Pelissolo et al., 2012). 또 다른 소규모의 연구는 폭식증 여성이나 신경성 대식증 여성의 증상을 감소시키는 데 있어서 변증법적 행동 치료의 잠재성을 보여 준다(Chen et al., 2008). 참여자가 집단 기술 구성 요소로 학습한 기술을 얼마나 잘 실행하는지를 조사한 Lindenboim, Comtois, & Linehan(2007)은 대부분의 참여자가 일주일 동안 거의 매일 대부분의 기술을 실행한다는 것을 밝혀냈다. 많은 다른 연구들도 변증법적 행동 치료의 효과성을 입증하고 있어(Linehan & Dexter-Mazza, 2008), 변증법적 행동 이론은 증거 기반 심리치료로 간주된다.

윤리적 주제

윤리적 주제는 직업이나 이론적 지향과 관계없이 모든 정신건강 전문가들에게 중요하지만, 행동 치료자들은 윤리적 쟁점에 특별히 관심을 가지고 있었다(Bailey & Burch, 2005; Spiegler & Guevremont, 2010). 먼저, 일반 대중들은 행동 치료가 사람들의 의지에 반하여 다른 무언가를 하게 한다는 행동 수정에 대한 오해를 가지고 있다. 두 번째로, 행동 치료는 이 책에서 논의된 다른 어떤 심리치료 이론보다도 폭넓은 내담자 집단에 적용될 수 있다. 유아나 발달적으로 지체되고 자폐증이 있거나 심각한 정신증이 있는 내담자 등과 같은 대상에 대해서 행동 치료는 종종 유일하게 적절한 접근 방법이 되기도 한다. 이러한 상당수의 사람들이나 그 가족을 위해 행동 심리치료는 그들이 달성할 수 있는 목표에 대한 선택권과 그것을 달성할 수 있는 방법을 제공함으로써 독립적인 의사결정을 촉진하는 데 도움을 줄 수 있다(Spiegler & Guevremont, 2010). 하지만 행동 치료자들은 종종 치료적 변화에 동의하지 않거나 동의할 수 없는 내담자를 치료할 수도 있다. Bailey & Burch(2005)는 자폐증, 발달 장애 환자 및 내담자가 심리치료에 동의할 수 없는 기타의 경우에 발생하는 윤리적 딜레마의 사례를 제시했다.

일반적으로 어린 아동(Evans, 2008), 심각한 학습 장애를 가진 사람, 정신증을 가진 내담자 등과 같은 대상은 사전 동의를 받는 것이 불가능하다. 그러나 조현병을 가진 내담자가 정상적인 상태를 보이는 기간 동안에는 경우에 따라서 심리치료에 대한 부분적인 동의를 얻을 수도 있다. 비록 법적 보호자의 동의를 필요로 하기는 하지만 가능한 경우에 개인도 심리치료의 선택에 참여하기도 한다. 기관의 경우에는 윤리위원회가 비자발적인 심리치료를 승인하기도 한다. 법적, 윤리적 주제 모두에 대해 민감하게 반응하면서 40년 이상 동안 행동 치료의 실제가 만들어졌다.

행동 심리치료를 다른 심리치료 이론과 함께 사용하기

행동 치료자들은 몇 가지의 문제에 대해서는 다른 이론들을 활용하기도 하지만 그들의 접근법은 엄격하게 행동주의적 접근에 해당한다. 행동 치료자들은 어린아이나 언어가 어눌한 시설 수용자에게는 거의 전적으로 행동 기법을 사용한다. 예를 들어, 뱀과 같이 특정 대상에 대한 공포 반응이 있는 내담자들에게 노출과 같은 행동 치료가 단독으로 사용될 수 있다. 그렇지만 행동 치료자들은 품행 장애, 우울, 불안, 섭식 장애 등과 같은 많은 다른 문제들에 대해서는 종종 인지 전략도 함께 사용한다. 행동 치료자들이 게슈탈트 이론의 빈 의자 기법과 같은 하나의 기법을 행동주의적 관점으로 개념화할 수 있다면, 그들은 그것을 활용하기도 한다. 행동 치료자들은 보통 심리치료의 방법으로 한 내담자에게 하나의 기법만을 적용하는 것이 아니라 오히려 인지 전략이나 그 밖의 전략들을 활용하는 복합적인 치료적 접근법들을 사용한다.

다른 심리치료자들도 알게 모르게 행동 치료의 기법을 사용하기도 한다. Dollard & Miller(1950)가 지은 초기의 영향력 있는 저서인 『성격과 심리치료(Personality and Psychotherapy)』에서 신경증을 아동기에 학습된 행동으로 보았던 강화학습 이론의 관점으로 정신분석을 설명하고 있다. 아들러학파의 심리치료자들은 심리치료를 위한 접근법에 행동 기법을 통합시켰다. 또한 Albert Ellis는 그의 심리치료에서 행동적 기법들의 중요성을 인정하여 합리정서 심리치료(rational-emotive therapy)의 이름을 합리적 정서행동 치료(rational emotive behavior therapy)로 바꾸었다. Aaron Beck은 인지 치료를 위한 그의 접근법에서 행동주의적 기법들을 선택적으로 사용하였다.

내담자와 심리치료자가 서로 대화를 하고 있을 때, 특정한 행동적 원리가 작동하고 있을 가능성이 높다. 심리치료자는 미소 짓기, 관심 보이기, 고개 끄덕이기, 언어적으로 반응하기 등을 통해 내담자의 언어적 행동을 강화할 수 있다. 대부분의 심리치료법에서 내담자가 치료적 진전을 보이면, 심리치료자는 내담자의 진술에 대하여 언급해 주고 칭찬하며 따라서 긍정적인 강화를 제공한다. 게다가, 내담자의 불안한 모습에도 심리치료자가 침착한 상태를 보이면, 내담자는 불안해하지 않는 행동을 모방한다. 비록 많은 이론가들이 심리치료자의 역할을 모델과 강화자로 개념화하지는 않지만, 행동 치료자들은 그러한 역할을 잘 인식하고 있다.

연구

그 어떤 다른 심리치료보다도 행동 치료의 효과성에 관한 연구는 다양한 집단들과 다양한 장애를 대상으로 많이 연구되어 왔다. 여기에서 수백 개의 연구 결과를 모두 검토하는 것은 불가능하므로, 주로 연구 성과에 대한 폭넓은 시각을 제시하고 많은 연구 성과를 비교하는 연구(메타분석)뿐만 아니라, 정신역동 치료와 행동 치료를 비교하는 초기의 주요 연구에 대하여 논의하고자 한다. 강박 장애와 범불안 장애, 공포증 등의 심리치료 효과에 대한 논의도 제시된다.

증거 검토

메타분석은 많은 연구결과를 비교함으로써 광범위한 연구로부터 심리치료 효과에 대하여 결론을 이끌어 내는 방법이다. 메타분석은 경우에 따라서 특정 연령 집단이나 장애 집단에 관한 연구로 제한하기도 하지만, 그렇지 않은 경우에는 모든 연구를 포함시킨다. 심리치료에 대한 약 400건의 평가를 조사한 연구에서 Smith & Glass(1977)는 연구를 통계적으로 통합하고 분석한 후, "전형적 심리치료를 받은 내담자는 심리치료를 받지 않은 사람들보다 더 나아질 확률이 75% 이상"(p.751)이라고 결론을 내렸다. 행동 치료와 다른 심리치료 간의 효과 측면에서의 차이점은 발견되지 않았다. 개선된 설계를 가지고 보다 엄격하게 실시된 메타분석에서 Shapiro & Shapiro(1982)는 5년 동안 수행되었던 143개의 연구를 조사하였다. 연구의 대부분은 행동 치료에 관한 것이었고, 몇몇 연구들은 인지 치료에 관한 것이었으며, 정신역동 치료는 소수에 지나지 않았다. 일반적으로, 그들은 정신역동 치료보다는 행동 치료와 인지 치료에서 더 많은 효과가 있음을 발견하였다. 그러나 연구된 행동 치료 방법 중에서 가장 일반적인 기법인 체계적 둔감화보다는 인지 치료에서 더 많은 효과가 나타났다. 3,400명 이상의 내담자를 대상으로 한 74개의 연구에 대한 메타분석에서 Grawe, Donati, & Bernauer(1998)는 행동 치료와 인지행동 치료가 내담자중심 치료와 정신역동 치료 및 아무런 심리치료를 하지 않은 통제 집단보다 더 효과가 있음을 밝혔다. 사회성 기술 훈련, 스트레스 면역 훈련, 문제해결 훈련 등을 특징으로 하는 심리치료에서, 행동 치료와 인지행동 치료의 효과는 비교 집단보다 최소 75% 이상의 효과가 있었다. 현재, 대부분의 연구들은 한 번에 모든 유형의 문제를 연구하기보다는 특정한 장애에 초점을 맞추어 이루어지고 있다.

강박 장애

강박 장애의 행동 치료를 조사한 대부분의 연구는 노출과 강박적 의식행동의 억제(EX/RP)의 효과에 관한 것이었다. 강박 장애의 심리치료에 관한 19건의 연구에 대한 메타분석에서 심리치료자가 이끌어가는 노출은 심리치료자가 조력하는 자기 노출보다 더 효과적인 것으로 나타났고, 상상과 병행하는 현장참여 노출은 현장참여 노출만 하는 것보다 더 효과적인 것으로 나타났다(Rosa-Alcázar, Sánchez-Meca, Gómez-Conesa, & Marín-Martínez, 2008). 또한 EX/RP와 더불어 약물을 복용한 내담자들도 EX/RP만을 받은 사람들만큼 좋은 효과가 있었다. 12주 동안 EX/RP를 받은 122명의 내담자를 대상으로 한 연구에서, EX/RP만을 받거나 이와 더불어 약물도 함께 복용한 내담자들은 약물만을 복용한 내담자들보다 더욱 높은 심리치료 효과를 보였다(Foa et al., 2005). 정신약리학적 치료를 받지 않은 31명의 성인 강박 장애 내담자들을 대상으로 하는 연구에서 EX/RP를 포함하여 인지행동 치료가 시행되었다. 그 결과 증상이 크게 감소되었고 1년 후까지 유지되었다(Anand, Sudhir, Math, Thennarasu, & Janardhhan Reddy, 2011). 59명의 내담자들을 대상으로 하여 인지 치료와 EX/RP를 비교한 결과, 인지 치료는 3개월 이후에 회복세가 나타나 약간의 효과가 나타났지만 유의하게 나타나지는 않았다(Whittal, Thordarson, & McLean, 2005). 회복세를 조사할 때, EX/RP는 내담자들의 60~75%가 회복되는 경향을 보였지만, 약 25%만이 심리치료가 끝난 후에 증상이 전혀 나타나지 않았다(Fisher & Wells, 2005). Franklin & Simpson(2005)은 약물 치료와 EX/RP를 모두 사용하는 것이 효과적이라고 주장하였다. 강박 장애에 대한 인지 치료와 EX/RP 심리치료 방법에 대한 지속적인 관심은 이것을 하나의 연구 분야로 만들어가고 있다.

강박 장애에 대한 다른 연구는 심리치료의 다양한 측면들을 밝혔다. 첫 주에 3일간의 고강도 치료(6~10시간)와 2일간(6~8시간)의 치료를 실시하고 둘째 주에 EX/RP와 비슷한 치료를 실시한 후 비교해 본 결과 둘 다 동등하게 효과적이었다(Oldfield, Salkovskis, & Taylor, 2011). 인터넷 버전의 강박 장애 인지 치료는 온라인 지지 요법보다 훨씬 더 효과적인 것으로 밝혀졌다. 인지 치료와 EX/RP를 비교한 연구 결과, 강박 사고와 강박 행동의 변화 과정이라는 측면에서 두 가지 심리치료법 간에 차이점을 발견하지 못하였다(Anholt et al., 2007). 그러나 저자들은 강박 사고보다는 강박 행동의 감소가 인지 치료와 EX/RP 치료 모두에서 변화를 일으키는 방법이라고 결론을 지었다. 그러한 연구들은 심리치료의 유형과 심리치료 효과에 관한 세부 사항에 대한 정보를 확장시켜 준다.

범불안 장애

범불안 장애 관련 메타분석 결과는 전반적으로 인지행동 치료가 증상을 완화하는 데 효과적이라고 밝혀진다. 범불안 장애의 인지행동 치료를 조사한 10개의 연구에 대한 메타분석은 인지행동 치료가 노인들에 비해 특히 청년들의 불안을 유의하게 감소시켰다는 것을 보여 주었다. 이러한 결과는 6개월, 12개월 동안의 추수 검사에서도 유지되었다(Covin, Ouimet, Seeds, & Dozois, 2008). 불안 장애를 가진 노인들을 대상으로 한 12개의 메타분석에서는 인지행동 치료가 효과적이지만, 은퇴 연령보다 경제활동 가능 연령의 사람들에게 더 효과적인 것으로 밝혀졌다(Gould, Coulson, & Howard, 2012). 특정 변화 기법의 활용과 관련하여 Brown 등(2001)은 범불안 장애가 있는 내담자를 대상으로 실시된 성과 연구의 검토 결과에 근거한 인지 전략을 제안하였다. 그들은 불안에 노출하기, 기본적인 걱정 확인하기, 25~30분 동안 생생하게 걱정거리 상상하기 등을 한 다음, 내담자로 하여금 최악의 결과에 대한 대안을 만들어 보게 하는 방법은 효과적인 심리치료법이 될 수 있다고 제안하였다. 부가적으로, 시간 관리(책임지기, 주장하기, 의제 고수하기 등 포함)와 문제해결은 범불안 장애에 대한 효과적인 심리치료법에 해당된다.

많은 연구들은 서로 다른 대상 또는 Brown 등(2001)이 제기한 심리치료의 구체적인 측면들을 조사하였다. 노인들에게 있어서는 동기화, 교육, 이완, 노출, 수면 관리 등이 포함된 범불안 장애 치료법이 효과가 있는 것으로 밝혀졌다(Stanley, Diefenbach, & Hopko, 2004). 134명의 노인들을 대상으로 한 또 다른 연구는 강화된 일상적 돌봄과 비교하여 인지행동 치료는 범불안 장애가 있는 노인 내담자들의 우울 증상의 감소와 전반적인 정신건강의 증진에 도움이 되었음을 밝혀냈다(Stanley et al., 2009). 36명의 여대생을 대상으로 한 연구에서는 인지행동 치료를 단독으로 활용하거나 관계중심 치료(15장 참고)와 병행하여 인지행동 치료를 활용하여 범불안 장애의 재발 비율을 감소시켰다(Rezvan, Baghban, Bahrami, & Abedi, 2008). 비록 범불안 장애에 대한 대부분의 심리치료법이 개인 치료에 초점을 맞추고 있지만, 4~6명을 대상으로 14회기로 진행된 집단 치료는 2년에 걸쳐 효과를 보였다. 집단 치료는 불안, 문제해결, 인지적 노출 등에 대한 긍정적 신념을 재평가하는 것에 초점을 맞추었다(Dugas et al., 2003).

공포증

사회공포증과 거미 공포증과 같은 특정 공포증 연구뿐만 아니라, 다양한 공포증을 하나의 군집으로 보고 치료하려는 행동 치료의 효과가 연구되었다. 33개의 치료 연구에 대한 메타분석은 다양한 공포증에 대해 치료하지 않는 것보다 노출 치료를 하는 것이 훨씬 더 효과적임을 밝혔다(Wolitzky-Taylor, Horowitz, Powers, & Telch, 2008). 심리치료가 완료된 시점에서 현장참여 치료법이 상상적 노출 치료법과 가상현실 치료법보다 효과가 뛰어났지만 추수 연구에서는 그렇지 않았다. 또한 단회기 치료보다는 다회기 치료가 약간 더 효과적이었다. 그러나 다양한 공포증을 가진 7~16세의 아동 196명을 대상으로 한 연구에서, Ollendick 등(2009)은 공포증 증상을 감소시키는 데 있어서 공포증에 대한 1회기의 노출 치료를 하는 것이 아무런 처치를 하지 않는 것이나 교육 지원 치료를 하는 것보다 더 효과가 있다는 것을 발견하였다.

극심한 수줍음이나 사회공포증에 대한, Feske & Chambless(1995)의 메타연구에서는 인지행동 치료와 노출 치료법을 병행하는 것이 노출 치료법만 사용하는 것보다 더욱 효과적이지는 않았다. 295명의 내담자를 대상으로 한 이 연구는 인지행동 치료 집단, 인지행동 치료와 약물 치료 병행 집단, 약물 치료 집단, 위약 사용 집단을 비교하였다. 14주의 심리치료가 종료된 후에, 모든 접근법은 위약을 사용하는 집단보다는 더 효과가 있었지만 사회공포증에 대한 심리치료에서 접근법 간의 차이는 발견되지 않았다(Davidson et al., 2004). 비록 효과는 있었지만, 많은 내담자들은 여전히 사회공포증에 대한 몇 가지 증상들을 가지고 있었다. 325명의 내담자들을 대상으로 수행된 또 다른 연구에서 노출 치료를 약물 치료와 병행된 노출 치료, 약물 치료와 비교했다(Haug et al., 2003). 치료가 종료된 다음 1년 후에 노출 치료만 받은 내담자들은 더욱 많은 향상을 보인 반면, 다른 치료법들은 시간이 경과함에 따라 효과가 떨어지는 경향을 보였다. 이스라엘에서 17~24명의 집단구성원을 대상으로 한 집단치료에서는 사회 불안이 크지 않은 정도로 감소하였다(Aderka, Hermesh, Marom, Weizman, & Gilboa-Schechtman, 2011).

공학 기술을 활용하여 사회공포증에 접근하고자 하는 새로운 행동 치료 기법이 개발되고 있다. 36명의 내담자를 대상으로 한 연구에서 가상현실 치료가 사회공포증의 심리치료를 위해 사용되었다(Klinger et al., 2005). 내담자들이 불안에 대처하는 것을 돕기 위해 수행, 친밀감, 정밀한 조사, 자기주장이라는 네 개의 가상현실 치료법이 개발되었다. 이 심리치료법은 집단 인지 치료와 마찬가지로 효과가 있는 것으로 나타났다. 또 다른 연구에서는 소형 컴퓨터들이 이완, 인지적 재구조화, 불안 조절에 도움을 주기 위해서뿐만 아니라, 불안을 관찰하기 위한 일지를 작성하는 데 활용되었다(Przeworski & Newman, 2004). 이 연구에서의 이러한 방법은 개입 기법으로서 전망을 보여 주었다. 수줍음 감소와 사회 공포증 치료를 목적으로 고안된 6회기의 인터넷 프로그램과 개인 치료를 비교한 결과 Andrews, Davies & Titov(2011)는 두 종류 모두 동등하게 효과적이라고 밝혔다. 이러한 연구는 사회불안 증상 치료를 위해 과학기술이 많이 사용되고 있다는 것을 보여 주는 예이다.

몇몇 연구들은 거미 공포증을 완화시키는 것에 관심을 가졌고, Öst와 동료들은 개인이나 집단으로, 녹화나 매뉴얼을 통하여 노출 치료의 효과성을 연구하였다. 한 연구에서, 내담자들은 먼저 거미에 대응하기 위한 자조(self-help) 매뉴얼을 제공받았다. 만약 효과가 있으면, 연구자들은 연구를 종료하였고(Öst, Stridh, & Wolf, 1998), 만약 그것으로 충분하지 않으면 집단 치료를 제공하고 마지막으로 개인 치료를 제공하였다. 비록 집단 치료와 개인 치료가 매뉴얼이나 녹화 치료보다 더 효과적이지만, 공포증에 대한 단계적 접근법은 치료적 자원의 충분한 활용을 보여 준다. 가상현실 치료는 내담자가 가상적인 거미를 신체적으로 접촉하는 환상을 경험하게 하는 또 다른 연구에서 사용되었다(Hoffman, Garcia-Palacios, Carlin, Furness, Botella-Arbona, 2003). 8명의 거미 공포증이 있는 사람과 28명의 비임상적으로 공포증이 있는 사람들을 대상으로 한 연구에서, 거미를 접촉하는 환상을 가졌던 내담자를 대상으로 한 가상현실 치료법이 가상적 접촉 경험이 없이 제공된 가상현실 프로그램보다 더 효과적이었다. 33개월의 추수 연구는 45분간 3회기에 걸쳐 생물 거미에의 노출, 컴퓨터 기반의 간접 노출, 점진적인 이완 치료를 받은 45명의 내담자를 대상으로 실시되었다 (Gilroy, Kirkby, Daniels, Menzies, & Montgomery, 2003). 추수 연구에서 노출 치료는 둘 다 치료 효과가 유지되는 것으로 나타난 반면, 이완 치료는 그렇지 않았다. 인터넷에서 3시간 동안 1회기의 인터넷 기반의 거미 공포증 자조 치료는 살아 있는 거미에 노출시키는 치료만큼 거미에 대한 공포증을 효과적으로 감소시키는 것으로 밝혀졌다(Andersson et al., 2009). 노출 치료, 가상현실 치료 및 기타 심리치료법은 쥐, 뱀, 박쥐 등과 같은 다른 동물에 대한 공포증의 심리치료에도 적용되고 있다.

이 절에서 필자는 강박 장애, 범불안 장애, 공포증 등에 대한 연구의 간략한 개관만을 제시하였다. 이외에도 우울증, 알코올의존증, 조현병, 외상 후 스트레스 장애, 공황장애, 성 기능 장애 및 기타 장애에 관한 상당한 연구들이 존재한다. 행동 치료자들은 그들의 접근법을 발전시킴으로써 어떤 심리치료법이 특정한 특징을 보이는 내담자들에게 가장 효과가 있는지를 결정하기 위해서 조사 연구를 활용한다. 이러한 조사가 보다 정교해짐에 따라 정밀하고 정확한 연구를 계획하는 것에 대한 관심은 더욱 중요해지고 있다.

성 관련 주제

비록 가치의 문제가 행동 치료에 개입되어 있다 할지라도, 다른 모든 심리치료에서와 마찬가지로 용어와 기법은 성(gender)과의 관련성은 없다. 심리치료자와 내담자 간의 관계 측면에서, 행동 치료자들은 내담자가 행동 목표를 개발하고 달성하도록 도와줄 수 있는 변화에 초점을 맞춘다. 내담자가 여러 심리치료법 중에서 선택하게 하는 것은 심리치료자와 내담자 간의 동등성을 강조한다. 행동 치료의 두 가지 중요한 원리인 조작적 조건 형성과 관찰 학습은 성과 관련된 외적 요인이 개인에게 미치는 영향을 조망하는 방법을 제공한다.

조작적 조건 형성은 개인의 행동에 영향을 미치는 외적 요인을 조망하는 방법을 제공한다(Worell & Remer, 2003). 예를 들어, 우울함을 호소하는 여성을 치료하는 데 있어서, 어떤 심리치료자는 남편과 부모가 그녀의 지적인 측면이 아니라 단지 살림 기술만을 강화시키는 것을 관찰할 수도 있다. 심리치료자는 내담자로 하여금 신문에 기고하기와 같은 잠재적인 강화 요인에 해당하는 사건이나 활동을 확인하도록 하였다. 그녀의 글쓰기가 발전함에 따라, 적극적인 행동은 증가되고 우울한 행동은 감소되었다. 기사를 작성함으로써 그녀의 다른 행동들 또한 자주 향상될 것이며 따라서 글쓰기에 대한 강화는 친구들과의 사회적 행동과 사회적 문제와 관련된 활동을 증가시키도록 일반화될 수도 있다. 심리치료자들은 다른 사람들이 강화(집안일에 대한 칭찬)라고 생각할 수 있는 특정한 외적인 사건이 내담자를 강화하는 대신 어떻게 성 편견적인 행동을 강화하려고 시도하는지에 주목할 수도 있다.

Bandura(1977, 1997, 2012)의 관찰 학습에 대한 설명은 성 문제가 개인의 생활에 영향을 끼칠 때 그것을 평가하는 방법을 제시하고 있다. 사람들은 그들의 삶에서 모델이 누구인지를 인식하지 못할 수도 있다. 더 구체적으로, Bussey & Bandura(1999)는 성 발달이 관계와 사회성 변화에 어떻게 영향을 미치는지를 보여 준다. 예를 들어, 청소년들은 배우들을 관찰함으로써 신체와 외모를 가꾸려는 노력을 할 것이다. 그들은 신체를 날씬하게 유지하기 위하여 음식을 멀리하거나 근육질의 몸매를 만들기 위하여 과도한 중량의 기구를 들어올리며 운동을 할 수도 있다. 향상된 사회적 행동은 신체적으로 매력 있는 사람들보다는 다정하고 유머가 있는 사람들의 행동을 관찰함으로써 도출될 수도 있다. 행동 치료자들은 행동 변화가 전통적이거나 비전통적인 성역할 행동과 관련될 때 행동 변화를 일으키기 위한 적절한 모델로 참여할 수도 있다.

Spiegler & Guevremont(2010)는 행동 치료자들이 다양성의 문제에 계속적인 관심을 가질 필요가 있다고 지적하였다. 3개의 행동 치료 저널에서 추출한 4,635개의 논문들에 대한 검토 결과, 소수의 논문들(Sigmon et al., 2007)만이 성별 치료법의 비교와 같은 성 문제에 초점을 맞추고 있음이 밝혀졌다. 이러한 논문들의 시사점은 행동 심리치료자들이 성 편견을 피하는 것만으로는 부족하며 성 문제에 대해 적극적으로 관심을 기울일 필요가 있음을 보여 준다.

다문화 관련 주제

행동 치료는 변화를 유도하기 위해 계획된 적극적인 접근법이기 때문에, 많은 심리치료자들은 행동 치료를 다양한 문화적 배경을 갖고 있는 내담자들의 요구를 충족시키는 것으로 보아왔다. 이러한 가정에 도전한 Hays(2009)는 인지행동 치료자들이 현장에서 문화적으로 역량을 갖출 수 있도록 하기 위한 10단계 전략을 제시했다. 또한 『다문화 관련 주제들의 실제(Addressing Cultural Complexities in Practice)』(Hays, 2008)에서 그녀는 문화적으로 다양한 집단들과 함께 작업하기, 가난한 사람들을 대하기, 영어를 제2 언어로 사용하는 사람들의 문제도 다루었다.

행동 치료가 기능적 분석을 주도하는 경험주의를 강조하는 것은 많은 문화적 배경을 지닌 사람들을 돕기 위한 자산이라고 Tanaka-Matsumi & Higginbotham(1996)은 주장했다. 다문화(cross-cultural) 행동 치료자들은 한 문화에서 공통적으로 사용될 수 있는 스트레스에 관한 모호한 표현들을 찾아내어 그것들을 행동적 용어로 구체화하였다. 이를 수행함에 있어서 심리치료자는 내담자에게 자신의 문제를 표현하라고 요구한 다음, 심리치료자는 그 문제에 대한 자신의 모델을 제시한다. 그런 다음, 심리치료자와 내담자는 선행사건과 행동 결과가 되는 변수들을 확인한다. 다문화 지식은 행동을 이해하는 데 도움이 된다. 예를 들어, 발리와 하와이의 문화에서, 정신세계의 존재에 관해 말하는 것은 한 개인의 삶의 일부이며 따라서 조현병과 혼동되어서는 안 된다(Tanaka-Matsumi & Higginbotham, 1996). 또한, 치매 증상도 문화에 따라 다양할 수 있다(Shah, Dalvi, & Thompson, 2005). 특정한 문화적 규범 내에서 개인이 어떻게 대처하는지를 아는 것은 도움이 될 수 있다(Spiegler & Guevremont, 2010). 어떤 문화에서는 분노를 공개적으로 표현하는 것이 부적절한 것으로 생각될 수 있다. 이것을 아는 것은 심리치료자가 적절한 선행사건과 행동 결과를 확인하는 데 도움이 될 수 있다.

치료 전략을 개발할 때, 문화적 규범에 대한 지식은 매우 도움이 될 수 있다(Marlow, 2004). 전략들을 선택함에 있어서 서로 다른 문화적 배경을 가진 내담자와 협력하는 것은 매우 중요하다. 예를 들어, Higginbotham & Streiner(1991)는 약의 효용 및 그와 관련된 문제에 관한 문화적 신념에 관심을 기울임으로써 약물 오용 예방 모형을 개발하였다. 외상 후 스트레스 장애(PTSD)가 있는 5명의 아프리카계 미국인 여성을 대상으로 한 연구에서, Feske(2001)는 심리치료가 성공하기 위해서는 교통수단과 아동 보육을 제공할 필요성이 있음을 제기하였다. 폭식 장애를 가진 멕시코계 미국인 여성을 치료하면서 Shea 등(2012)은 가족의 역할, 장애를 향한 감정 그리고 치료에서 문화적 기대의 중요성을 다루었다. Wong(2013)은 수동성과 집단주의 등을 문화적 관점으로 보고 중국 내담자들을 대할 때 이것이 장애물이 될 수 있다고 하였다.

서로 다른 문화적 배경을 가진 개인들에게 행동 치료의 활용을 위한 일반적인 접근법으로 Tanaka-Matsumi & Higginbotham(1996)은 몇 가지 제안을 하였다. 심리치료자들은 무엇이 일탈 행동인가에 대한 문화 특수적인 정의를 알아야만 한다. 유사하게 자신들의 문화 속에서 수용될 수 있는 개인의 역할이 무엇인지에 대한 지식 또한 중요하다. 어떤 나라에서는 승려와 같은 특정한 개인들을 심리 장애에 도움을 줄 수 있는 유일한 사람으로 생각할 수 있고, 그 도움의 유형은 문화적 규범에 의해 제한될 수도 있다. 이것을 행동 용어로 제시하면, 문화적 집단은 어떤 행동이 강화되고, 집단 또는 개인 행동이 언제 강화되는지에 따라 달라진다. 예를 들어, 어떤 문화에서는 교사들이 하나의 집단인 학급 전체의 수행을 강화할 수도 있으며 또 어떤 문화에서는 개인적인 수행을 강화하는 것이 더 적절할 수도 있다.

집단 심리치료

다양한 집단 프로그램들이 대부분 심리 장애를 위해 사용되어 왔다. 집단 치료는 어떤 경우에는 개인 치료의 보완적인 방법으로 활용되기도 하지만 또 다른 경우에는 집단 치료를 유일한 치료 방법으로 사용하기도 한다. 어떤 절차들은 교실이나 정신병원의 병동과 같은 비자발적인 상황에서 사용하기 위해 개발되어 왔다(Spiegler & Guevremont, 2010). 그러나 많은 경우 치료를 선택할 수 있는 내담자들에게 적용하기 위해 개발되어 왔다. 어떤 유형의 행동주의 집단 치료이건 간에 중요한 것은 내담자가 양립할 수 있는 목표 행동을 어느 정도 공유한다는 것이다. 예를 들어, 행동주의적 집단은 불안 감소에 초점을 맞출 수 있다. 비록 개별 구성원의 구체적인 목표 행동은 다를지라도, 변화를 유도하기 위해 사용된 기법은 유사할 것이다. 이 절에서는 사회성 기술 집단과 주장 훈련 집단이라는 두 가지 구체적인 행동주의 집단 치료 유형을 설명하겠다.

사회성 기술 훈련

서로 다른 사회성 기술 훈련 프로그램이 아동(LeCroy, 2007) 및 최근에 정신증으로 진단된 개인과 같은 광범위한 사람들에게 적용되어 왔다(Lecomte et al., 2008). 그 예로서 네덜란드에서는 문제행동을 보이는 학생들에게 사회성 기술을 훈련 캠프를 통해 가르쳤다. 후에 6일간의 프로그램이 이어졌고 아이들이 보인 사회적 문제가 감소하였다(van Vugt, Deković, Prinzie, Stams, & Asscher, 2013). 캐나다(Koning, Magill-Evans, Volden, & Dick, 2013)와 일본(Ishizu & Isawa, 2011)의 연구에서는 사회성 기술 훈련이 자폐증을 가진 아이들에게 효과적인 것으로 나타났다. Lata & Shukla(2012)는 고아원 소녀들의 사회성 기술 부족을 극복하도록 돕기 위해 사회성 기술 훈련을 사용하였다. 스페인에서 조현병을 가진 성인 외래 환자들을 대상으로 한 단기 사회성 기술 훈련은 조현병 증상과 사회적 사회적 불편감을 감소시켰다(Rus-Calafell, Gutiérrez-Maldonado, Ortega-Bravo, Ribas-Sabaté, & Caqueo-Urízar, 2013). 이러한 연구들은 사회성 기술 훈련이 다양한 방식으로 사용될 수 있음을 보여 준다.

Rose & LeCroy(1991)는 많은 행동 치료자들이 활용하는 특징들(집단구성원에게 사회성 기술을 소개하고 역할 연기 기술을 가르침으로써 그들을 훈련시키기)을 통합하는 사회성 기술 훈련에 대한 일반적인 접근법을 제시하였다. 다음으로, 내담자가 자신의 업무를 수행하기 위해 동료를 대하기와 같이, 집단구성원이 역할 연기를 하게 될 문제 상황에 관한 세부사항을 구성하는 것이다. 집단이 그들의 문제 상황을 구성하고 논의했을 때, 개개인은 그러한 상황이 그 주에 발생하게 되면 어떻게 대처할 것인지에 대해 기록하도록 요구받는다. 집단 내에서 구성원은 그들이 처한 상황에 대처하기 위한 목표를 개발하고 다른 구성원과 함께 이러한 목표를 어떻게 충족시킬 것인지를 제안한다.

집단구성원을 위한 구체적인 행동 목표가 설정되면, 그들은 변화를 실행하기 시작한다. 문제 상황을 효과적으로 다루는 방법에 관한 역할 연기를 실행하는 심리치료자와 다른 집단구성원을 모델링하는 것은 변화에 있어서 중요한 단계에 해당한다. 문제 상황에서 다른 모델들이 어떻게 행동하는지를 관찰한 후에, 내담자는 그 상황을 연습해 보고 잘 수행된 것에 대한 피드백뿐만 아니라, 서로 다르게 수행된 것들에 대해 다른 집단구성원으로부터 피드백을 받는다. 내담자가 그 문제 상황을 연습하는 데 어려움을 겪는다면, 심리치료자나 다른 집단구성원은 역할 연기를 통해 제안해 줌으로써 내담자를 도울 수 있을 것이다. 내담자는 자신이 배운 것을 실제 상황에 적용하고 실행할 수 있도록 과제를 부여받는다. 예를 들어, 내담자는 자신의 직장에서 동료가 준 부담에 대처하는 데 있어서 새롭게 배운 방식을 연습할 것이다. 이러한 활동에 대해 기록을 남길 수 있고, 내담자의 새로운 행동 결과를 집단에서 논의할 수도 있다. 내담자 각자에게 피드백을 부여함으로써, 집단구성원은 서로에게 긍정적인 강화를 주고 동료애와 지지를 발달시킬 수 있다. 비록 초점이 집단 밖의 행동에 있을지라도, 다른 집단구성원과의 상호작용을 통하여 그들은 사회성 기술을 향상시킬 수 있을 것이다.

자기주장 훈련

사회성 기술 훈련 집단과 유사하게 자기주장 훈련 집단도 자신이 원하는 것을 요구하는 데 어려움을 겪는 사람들, 또는 분노나 반대하는 것 같은 부정적 느낌을 표현하는 데 어려움을 겪는 사람들을 위해 설계된 것이다. 주장성을 위한 접근 방법을 설계함에 있어서, Alberti & Emmons(2008)는 주장 훈련의 중요한 목표들을 제시하였다. 첫째 목표 중의 하나인 주장적, 공격적, 수동적인 행동을 확인하고 구별하고 방법을 배우는 것은 시범이나 역할 연기를 통해 이러한 행동 간의 차이점을 가르쳐주는 것이다. 또 하나의 목표는 개인들에게 그들은 자신을 표현할 권리를 가지며 이와 동시에 다른 사람들의 권리도 존중해야 한다는 것을 가르치는 것이다. 핵심적 목표는 주장 기술을 배우는 것이고, 이것은 실제 상황에서 설명되고, 실행되고, 시도된다. 주장 기술을 성공적으로 적용하려는 목표의 달성은 집단구성원과 집단지도자에 의해 제공되는 피드백과 회기 중간 중간에 부여되는 과제를 통하여 이루어진다.

가르치기, 시범 보이기, 모델링 등은 개인에게 적용하는 것만큼 집단에게도 쉽게 적용할 수 있는 행동 전략이기 때문에, 사회성 기술과 주장성 문제를 가진 집단 치료에 활용하기에 아주 적절하다. 집단은 다른 구성원과 함께 상황을 연습할 기회를 제공하고, 한 명보다는 여러 사람으로부터 피드백을 받을 기회를 제공한다. 집단지도자뿐만이 아니라 동료들에 의한 강화는 커다란 효과가 있다. 주장 훈련은 이스라엘의 팔레스타인 아랍 시민들과의 문화적인 문제 다루기(Dwairy, 2004), 사회공포증이 있는 이라크인들의 문제 다루기(Al-Kubaisy & Jassim, 2003), 국제 대학생들의 문제 다루기 등(Hijazi, Tavakoli, Slavin-Spenny, & Lumley, 2011)과 같은 다양한 문제에 적용될 수 있다.

요약

행동 치료는 Pavlov의 고전적 조건 형성에 관한 초기의 연구에서 시작하여 탄탄한 과학적 기반을 바탕으로 발전해왔다. 행동 치료의 발달에 영향을 주었던 다른 주요한 심리치료 연구는 Skinner의 조작적 조건 형성과 Bandura의 관찰 학습에 관한 연구이다. 그들의 연구로부터 출발한 기본적인 행동적 원리들은 치료적인 실제에 폭넓은 적용을 해 오며 발전해왔다. 여기에는 정적 및 부적 강화, 바람직하지 않은 행동의 소거, 바람직한 행동의 조형, 모델링 등이 포함된다. 개인의 행동 평가는 자기 보고, 역할 연기, 관찰, 면담, 행동 평정 등과 같은 척도를 통해 이루어지므로 평가될 행동을 구체적인 행동으로 분명하고 자세하게 제시하는 데 주의를 기울여야 한다.

고전적 조건 형성, 조작적 조건 형성, 모델링 등으로부터 추출된 기본적인 행동 원리들은 행동 치료 접근 방법의 발달에 직접적으로 영향을 미쳤다. 개인을 돕기 위해 사용되는 첫 번째 방법 중의 하나는 Wolpe의 체계적 둔감화 절차인데, 이는 공포와 불안을 감소시키기 위해 이완을 유도하는 점진적 과정이다. 다른 방법들은 공포 자극에 집중적이고 장기적인 노출을 활용하는 방법과 내담자가 자연적인 환경에서 불안에 대처하는 현장참여 절차를 활용하는 방법이다. 가상현실 기법은 자연적 환경을 모의로 실험하는 것이다. 역할 연기와 다른 방법들을 이용하는 모델링 기법은 관찰 학습으로부터 유래되었다. 최근 심리치료자들은 Meichenbaum의 스트레스 예방 훈련과 같은 포괄적인 절차를 만들기 위하여 행동 치료로부터 파생한 방법과 인지 치료로부터 파생한 방법을 통합해왔다. 다른 방법에는 행동 활성화, 안구운동 둔감화와 재처리 요법, 변증법적 행동 치료 등이 있다. 특정한 방법의 적용은 신중한 평가를 통해 이루어져야 하며 단 하나의 방법이 아닌 몇 가지 심리치료법(치료 패키지)을 포함해야 한다.

많은 조사 연구 결과에서 나타난 것처럼, 구체적인 절차는 앞에서도 기술하였듯이 다양한 장애에 적용되었다. 특징적인 행동 치료의 예시로는 우울증, 강박 장애, 불안, 공포증 등이 제시되었다. 다른 심리치료들과 달리, 행동 치료는 심각한 지적 장애나 심한 정신 장애를 가진 사람들, 아주 어린 아동들에게까지 적용할 수 있다. 행동 치료의 유용성과 다양한 심리적 문제에 대한 과학적 방법의 창의적 적용에 대한 강조는 행동 치료의 특징이다.

이론의 적용

실습

CengageBrain.com에 나와 있는 디지털 자기 측정 도구, 핵심 용어, 동영상 사례(이론의 적용), 사례 연구, 퀴즈 문제로 행동 심리치료의 개념을 자세히 연구하고 실습할 수 있다.*

추천 자료

Antony, M. M., & Romer, L. (2011). *Behavior therapy.* Washington, DC: American Psychological Association. Behavior therapy is explained in this compact book.

작은 규격의 책에 행동 심리치료를 설명해 놓았다. 행동 심리치료의 발달 역사는 치료 기법의 발달과 관련되어 있다. 장애 진단법과 심리치료의 다양한 접근법들을 다루고 있다.

Spiegler, M. D., & Guevremont, D. C. (2010). *Contemporary behavior therapy* (5th ed.). Belmont, CA: Wadsworth.

읽기 쉬운 책으로 행동 치료의 중요한 원칙과 치료 전략, 사례 등을 제공하고 있다. 이 책에는 인지행동 치료와 의약, 지역심리학(地域心理學), 그리고 다양한 내담자와 작업할 수 있는 접근법이 제공되어 있다.

Barlow, D. H. (Ed.). (2007). *Clinical handbook of psychological disorders: A step-by-step treatment manual* (4th ed.). New York: Guilford.

16개의 장으로 구성되어 있으며 각 장마다 다른 장애에 대한 연구 및 응용 사례, 대표 사례 등을 포함하고 있다.

CHAPTER 9

합리적 정서행동 심리치료

합리적 정서행동 심리치료의 개요

합리적 정서행동 치료(Rational Emotive Behavior Therapy: REBT)는 1950년대에 임상심리학자인 Albert Ellis(1913~2007)에 의해 개발된 이론으로, 정신분석과 인간중심 치료의 효과에 대한 회의감으로부터 시작되었다. 그는 좀 더 실질적이고 효율적으로 치료적 변화를 이끌어 낼 수 있는 접근법을 고안하였다. 그의 접근은 상당 부분 행동주의적이고 정서적인 측면을 지니고 있지만, 일차적으로는 인지적 요소가 주를 이룬다.

그의 이론의 핵심은 A-B-C 모형(Activating event-Beliefs-Consequences model)으로, 인간의 성격을 이해하고 성격의 변화를 이끌어 내기 위해 사용된다. 이 모형은 어떤 사건에 대한 개인의 초기 생각이나 추론은 정서적·행동적 결과(C)와 함께 촉발(A)된다고 본다. 여기에서의 정서적·행동적 결과는 개인의 신념체계(belief system: B)로부터 발생한다. 선행사건(A)이 즐거운 것일 경우에는 이로 인해 발생하는 신념도 무해한 것이기 쉽다. 그러나 선행사건이 불쾌한 것일 경우는 비합리적 신념이 발생할 수 있다. 이러한 비합리적 신념(B)은 종종 처리하기 어려운 정서적·행동적 결과(C)를 유발하게 된다.

심리치료자의 주요 역할은 이러한 비합리적 신념(B)을 논박(D)하는 일이다. 이는 심리치료자가 다양한 논박 기술을 사용하여 비합리적 신념에 도전함으로써 이루어진다. 또한 치료적 변화를 일으키기 위해서 논박 이외에도 다양한 인지적 기법이나 정서적·행동적 기법을 사용한다. 합리적 정서행동 심리치료(REBT)의 개요만 보면 상대적으로 단순해 보일지 몰라도, REBT를 시행하는 것은 그리 간단한 일이 아니다. 평가하고 논박하며 비합리적 신념을 변화시키는 일련의 과정을 시행하기 위해서는 내재화된 비합리적 신념을 능숙하게 평가할 수 있어야 하며, 개인, 가족, 집단을 위한 인지적, 정서적, 행동적 기법에 대한 광범위한 지식을 필요로 한다.

합리적 정서행동 심리치료(REBT)의 역사

Albert Ellis

REBT의 창시자이자 개발자인 Albert Ellis는 1913년에 피츠버그에서 태어났으며, 4세 때 뉴욕으로 오게 되었다. 그 이후로 뉴욕은, 그가 2007년에 93세의 나이로 세상을 떠날 때까지 일생 동안 삶의 터전이 되었다. 그는 뉴욕에서 성장기를 보냈으며, 그곳에서 모든 학업 과정을 마쳤고, 1959년에는 '합리적 삶 연구소(Institute for Rational Living, 후에 앨버트 엘리스 연구소라는 명칭으로 바뀌게 됨)'라는 훈련 기관을 설립했다. 세 형제 중 맏이였던 Albert는 어린 시절, 자주 병치레를 했고, 아홉 번에 걸쳐 병원에 입원하였는데, 주된 이유는 신장 질환 때문이었다. 그러한 어린 시절을 보내면서 Ellis는 자기 스스로 돌보고 책임질 수 있는 존재가 되기 위한 생활양식을 계발하였다. 그는 아침과 점심 식사를 준비하고 혼자 힘으로 학교에 다니며 스스로 자신의 일을 해낼 수 있다는 생활태도를 일찍부터 형성하였으며, 이는 이후 Ellis의 교육자 및 전문가로서의 삶에 대한 태도에도 영향을 주었다. 사업가였던 그의 아버지는 자주 집을 비웠으며, Ellis의 어머니는 가족에게 무관심한 사람으로 묘사되었다(Weiner, 1988, p.41). Ellis는 자신의 어린 시절을 돌이켜 보며 이렇게 회고했다. "나는 합리적 정서행동 치료를 자연스럽게 창안했다. 그것은 내가 아주 어렸던 시절부터 시작된 것과 마찬가지이다. 왜냐하면 그것이 나의 타고난 성향이기 때문이다"(Weiner, 1988, p.42). 그러나 Ellis는 사춘기를 겪으면서 또래 여자아이들과 함께 있는 것을 매우 부끄러워하였다. REBT의 전조적 예시가 되는 방법을 사용하여, 그는 스스로 뉴욕 식물원(Bronx Botanical Garden)으로 가서 한 달 동안 100명의 소녀들에게 말을 거는 노력을 하였다. 비록 이 방법을 통해 데이트를 하는 데는 성공하지 못했지만, 거절에 대한 공포를 줄이는 데는 도움이 되었다. 또한 Ellis는 여러 사람들 앞에서 이야기를 할 때에도 부끄러움을 느꼈는데, 이 공포를 극복하기 위하여 비슷한 방법을 사용하였고, 결국 강연을 즐길 수 있을 정도가 되었다.

Ellis는 1934년, 뉴욕 시립대학에서 학사 학위를 취득했다. 대학 졸업 후, 28세에 대학원에 입학할 때까지 그는 작은 회사의 인사 관리자로 일하면서 소설을 썼다. 1947년에 컬럼비아 대학교에서 박사 학위를 취득한 후에는, Richard Hulbeck으로부터 분석을 받으며 뉴저지 정신위생 클리닉에서 근무하기 시작했다. Richard Hulbeck은 정신과 의사였는데, 이후 Ellis의 초기 정신분석 작업에서 그를 수련 감독해 주었다. 1940년대에, Ellis는 성격 측정 질문지에 대하여 여러 편의 논문을 발표했다. 그리고 그 이후에는 성(性), 사랑, 부부관계를 주제로 책을 출간하며 많은 강연을 하였다(Ellis, 1986a). 엄청난 판매량을 기록하며, 인기가 높았던 책들로는 『죄책감 없는 성교(Sex without Guilt)』(1958), 『성 행동 백과사전(The Encyclopedia of Sexual Behavior)』(1961), 『사랑의 기술과 과학(The Art and Science of Love)』(1965)과 같은 것들이 있으며, 이 책들은 많은 미국인 독자들뿐만 아니라 결혼과 가족 치료에까지 영향을 끼쳤다.

1947~1953년 동안 정신분석 및 정신분석 심리치료를 시행하면서, Ellis는 점차 이러한 접근법에 실망하게 되었다. 비록 일부 내담자들은 기분이 나아짐을 느꼈지만, 그는 심리치료가 내담자들의 삶을 증상에서 자유롭게 하고, 좀 더 통제 가능하도록 도와준다는 측면에서는 거의 진전이 없었다고 생각했다. 16세부터 줄곧 철학에 관심이 있었던 Ellis는, 인간의 철학적 관점을 변화시키고, 자기 파괴적 행동에 대항할 수 있는 방법을 결정하기 위해서 철학으로 돌아가기로 했다(Ellis, 2005b). 1956년, 미국심리학회의 연차 대회에서 Ellis는 합리적 심리치료(rational therapy)에 대한 첫 번째 논문을 발표했는데, 이는 나중에 REBT라는 명칭으로 바뀌게 된다(Ellis, 1999b). 그는 이후에 '합리적 심리치료'라는 용어를 사용한 것에 대해 후회했는데, 많은 심리학자들이 합리적 심리치료를 정서적 측면이 배재된 심리치료로 오해했기 때문이다. 이는 Ellis의 의도와는 거리가 먼 것이었으며, 그는 자신의 입장에 대해 설명하고, 의미를 명확히 하고자 많은 시간을 보냈다. 비록 다른 심리학자들도 같은 시기에, 여러 내담자들을 다루는 직접적인 심리치료법을 개발하고 있었지만, 그 누구도 Ellis가 그랬던 것처럼 자신의 견해를 설명하는 데 있어서 그렇게 일관적이고 현저한 노력을 기울이지는 않았다.

Ellis는 세 개 대학의 심리학과 겸임교수로 재직하고 있었으면서도, 개인 및 집단 REBT 실무와 뉴욕에 있는 자신의 센터인 앨버트 엘리스 연구소에서 심리치료자들을 훈련시키는 일에 헌신하였다. 1959년에 설립된 이 연구소는 비영리 기관으로, 워크숍과 심리치료자 훈련, 개인 치료 및 집단 치료를 제공했다. 이 연구소는 정신건강 전문가들에게 13,000개 이상의 기본교육 수료증과 6,000개 이상의 전문교육 수료증을 수여해왔다. 또한 전 세계에 설립되어 있는 21개 이상의 산하 교육 센터를 통해 교육 프로그램을 제공하고 있다(Raymond DiGiuseppe, 개인적 교신, 2013. 12. 15.). Ellis는 또한『합리적 정서행동 및 인지행동 심리치료 학술지(Journal of Rational-Emotive Behavior and Cognitive-Behavior Therapy)』('합리적 생활'이라는 제목으로 알려짐)를 창간하기도 하였다. 그는 매우 활동적이었는데, 아흔이 넘는 나이까지 아침 9시부터 저녁까지 일주일 중 단 하루도 쉬지 않고 일했다. 그가 일주일 동안 하는 일에는, 각 30분간 진행되는 70명의 개인 내담자 심리치료 회기, 네 개의 집단 치료 회기, REBT 심리치료자들에 대한 수련 감독, 대중을 대상으로 하는 강의가 포함되어 있었다. 유명한 '금요일 밤 워크숍(Friday Night Workshops)'에서 그는 청중을 초대해 그들이 가진 문제를 해결하는 데 도움을 주었다. 일생 동안 Ellis는 20,000명 이상의 내담자와 일했고 350,000회 이상의 심리치료 회기를 진행했다(Raymond DiGiuseppe, 개인적 교신, 2013. 12. 15.). 게다가 그는 매년, 여러 편의 논문을 썼으며, 공동 저술 및 단독 저술을 통해 다수의 책을 출간하였다(Ellis, 1992c, 2004b, 2004d; Weiner, 1988). 그의 서적 중 일부는 그의 사후에 출판되었는데『성격 이론: 비평적인 입장(Personality Theories: Critical Perspectives, Ellis, Abrams & Abrams)』(Ellis, Abrams, & Abrams, 2009),『합리적 비합리적 신념(Rational and Irrational Beliefs)』(David, Lynn, & Ellis, 2010),『인지 정서 행동 이론(Rational Emotive Behavior Therapy)』(Ellis & Joffe Ellis, 2011) 등이 있다.

　　Ellis는 전문가 조직에서의 활동과 책과 논문을 출간하는 일에 있어서 매우 왕성한 활동을 하였다. 그는 미국심리학회 산하의 많은 분과와, 그 외의 많은 전문적 심리치료 및 성 교육 조직의 특별전문위원(fellow)이었으며, 이러한 기관들로부터 그의 리더십과 이 분야에서의 공헌을 인정받아 수많은 상을 수상하였다. 그는 열두 개 이상의 전문 학술지의 자문 편집장이나 부편집장으로 활동했다. 또한 Ellis는 REBT의 새로운 경향을 반영해가며, 800편에 가까운 논문을 저술하였고, 80권의 책을 출간하였다. 그중에서도『심리치료에서의 이성과 정서(Reason and Emotion in Psychotherapy)』(1962)는 REBT의 이론과 실제를 보여 주는 책으로서, 특히 중요하다고 할 수 있다.『인본주의 심리치료·합리적 정서 접근(Humanistic Psychotherapy: The Rational Emotive Approach)』(1973)에서는 REBT의 인간적인 측면을 발견할 수 있다. 또한, Ellis는 대중들이 주목할 만한 여러 권의 책을 출간하였다. 그중에서도 특히 눈에 띄는 것은 Robert Harper와 공동으로 저술한『합리적 삶으로의 새로운 지침서(A New Guide to Rational Living)』(1997)이다. 이 책은 현재 3판까지 개정되어 출간되어 있으며, 우리가 각자의 삶에 REBT의 개념을 어떻게 적용할 수 있는지 보여 준다(Ellis, 2004b).『스스로를 행복하고 현저하게 덜 혼란스럽게 만드는 방법(How to Make Yourself Happy and Remarkably Less Disturbable)』(1999a)에서는 불안, 우울, 화를 다루기 위해서 어떻게 REBT를 사용해야 할지에 대해 제안하고 있다.『합리적 정서 심리치료: 나와 당신 모두에 효과가 있음

(Rational Emotive Therapy: It Works for Me—It Can Work for You)』(Ellis, 2004c)에서는 Ellis가 자신의 경험에 대해 설명하고, 독자들이 자신의 문제를 해결하는 데 있어서 REBT가 어떤 도움을 줄 수 있는지에 대해 보여 준다.

개념화를 위한 합리적 정서행동 접근

Ellis의 내담자 문제에 대한 개념화는 심리학적, 생물학적, 사회학적 자료뿐만 아니라, 철학에도 기반을 두고 있다. 이러한 사고방식은 Ellis가 내담자의 얘기를 들을 때 열심히 사용하였던 성격 이론에 근거한 것이다. 그의 내담자 사례 개념화는 책임을 동반한 쾌락주의(responsible hedonism)와 인본주의(humanism)를 특징으로 하고 합리성에 관한 신념과 결합되어, 그의 성격 이론에 영향을 끼쳤다. Ellis는 현실세계에서 인지적, 행동적, 정서적인 심리적 좌절로 개인을 취약하게 만드는 생물학적, 사회적, 심리학적 요인에 관심을 두었다. Ellis는 그중에서도 특히 인지적 요인을 강조하였으며, 인간의 삶에 혼란을 가져올 수 있는 비합리적 신념에 주목하였다. Ellis가 비합리적 신념을 어떻게 바라보는지를 알게 되면 그의 치료적 개입을 보다 쉽게 이해할 수 있게 될 것이다.

철학적 관점

고등학교 시절, Ellis는 철학 공부를 즐겼다. 그는 특히 스토아학파 철학자들에 흥미가 있었고, 고대 로마 철학자인 Epictetus의 영향을 받았다. Epictetus는 다음과 같이 말했다. "인간은 일 자체 때문에 혼란스러워하는 것이 아니라, 그 일을 바라보는 관점 때문에 혼란스러워진다."(Dryden, 1990, p.1) 또한, Ellis는 Spinoza, Nietzsche, Kant와 같이 행복과 이성의 문제를 다루었던 유럽의 철학자들로부터 영향을 받았으며, Schopenhauer의 '의지와 사고의 표상으로서의 세계'와 같은 개념 역시 그에게 영향을 끼쳤다(Ellis, 1987b, p.160). John Dewey, Bertrand Russell, Karl Popper와 같은 현대 과학 철학자의 저서들은 그가 REBT를 발달시키는 과정에서 인지적 측면을 강조하도록 영향을 주었다(DiGiuseppe, 2010; Dryden & Ellis, 2001; Ellis, 1973, 1987a, 1991a, 1994a, 1996b, 1996c, 2003f, 2008). REBT의 철학적 토대에는 책임을 동반한 쾌락주의, 인본주의, 합리성의 개념이 포함되어 있다.

책임을 동반한 쾌락주의 비록 쾌락주의라는 용어가 즐거움을 찾고 고통을 피하는 개념을 의미하는 것이라고는 하지만, 책임을 동반한 쾌락주의는 약물 중독, 알코올의존증과 같이 고통을 초래하는 단기적 쾌락을 피함으로써, 장기적으로 즐거움을 유지시켜 나가는 것을 의미한다. Ellis는 인간이 종종 극단적으로 쾌락을 추구하기도 하지만 단기적 쾌락주의를 쫓기보다는 장기적 쾌락에 초점을 맞출 필요가 있다고 생각했다(Dryden & Ellis, 2001;

Ellis, 1985, 1987a, 1988, 2001c, 2001d; Ellis & Dryden, 1997; Walen, DiGiuseppe, & Wessler, 1980). 비록 REBT가 사람들에게 무엇을 즐겨야 할지에 대해서는 알려 주지 않지만, REBT 심리치료자들은 즐거움이 인생에서의 중요한 목표라고 믿는다. 이러한 관점이 무책임한 행동을 이끄는 것은 아니다. 왜냐하면, 쾌락 추구에 대하여 책임감 있는 태도를 갖고 있는 사람은, 자신뿐만 아니라 타인들을 향한 행동의 결과에 대해서도 생각하기 때문이다. 다른 사람을 조종하고 이용하는 것은 인간의 장기적 흥미에 속할 수 없다. Ellis가 책임질 수 있는 쾌락주의에 주목하고 있는 예를 그의 작업에서 찾을 수 있다. 그는 성(性)적 관심에 대한 비합리적 신념이 인간이 성적 쾌락을 경험하는 것을 방해한다고 보았다. 이러한 주제와 관련된 그의 많은 저서들은 책임질 수 있는 쾌락주의를 고무시키기 위한 하나의 방법이라고 할 수 있다.

인본주의 REBT 심리치료자들은 인간은 총체적이며, 목표지향적인 존재이고, 살아있기에 그 자체로서 중요한 존재라고 본다(Dryden, 1990, p.4). 이러한 태도는 윤리적 인본주의와 일치하는 것으로서 신의 권익을 넘어선, 인간의 권익을 강조한다. 이는 Ellis가 반종교주의적 입장을 표명했다는 오해를 낳기도 하였다. Ellis는 이에 대해 다음과 같이 말했다. "정신병리의 원인은 종교가 아니라 종교성(religiosity)이다. 종교성은 사실에 근거하지 않은 절대론적인 믿음이다."(Ellis, 1986a, p.3). Ellis(1986b, 2000)는 옳고 그름에 관해서나, 그릇된 행동을 하게 되면 천벌을 받는다는 것과 같은 절대론적인 관념을 심사숙고하지 않은 채 받아들이는 것은 죄의식, 불안, 우울 등과 같은 심리 장애를 유발한다고 믿었다.

Ellis(DiGiuseppe, Doyle, Dryden, & Backx, 2014; Ellis, 2004b; Ellis & Dryden, 1997; Ziegler, 2003)는 인간이 가능한 한 무조건적 자기수용(Unconditional Self-Acceptance: USA)을 할 수 있어야 한다고 생각했다. 우리는 우리가 실수를 한다는 것, 스스로 가치 있다는 것, 우리가 가진 자산과 자질 중 어떤 것은 우리가 가진 나머지 혹은 다른 사람들이 가지고 있는 것들보다 훨씬 강력하다는 것을 받아들여야 한다. "그러므로 Hitler와 Teresa 수녀는 인본주의적 측면에서는 동등하다고 할 수 있을 것이다. 그러나 인류를 향한 자비의 측면에서 보자면, Teresa 수녀는 Hitler보다 훨씬 앞서 있다"(Ellis & Dryden, 1997, p.205). 무조건적 자기수용을 획득하기 위하여 우리는 이 부분에 중점을 두고 작업할 필요가 있다. 무조건적 자기수용을 하지 못하면 우리는 스스로를 '가치 없는' 존재나 '쓸모없는' 존재로 비난하게 될지도 모른다. 이러한 관점의 연장선상에서 인간은 존재한다는 이유만으로도 훌륭한 존재로 인식될 수 있다(Ellis, 2001e; Ziegler, 2000). Ellis는 인종, 성별, 지적 능력과 같은 개인의 특성을 이유로 들어 누군가를 차별하는 것에 대하여 혐오를 표하며, 인간은 그 자신을 있는 그대로 수용될 수 있어야 한다고 보았다. 이는 Carl Rogers의 '무조건적인 긍정적 존중'의 개념과 비슷한 맥락이라고 할 수 있다(Dryden, 1998; Ellis, 1962, 1973, 1993, 2001c; Ellis & Dryden, 1997; Ellis & Joffe Ellis, 2011; Ziegler, 2003). 이와 같이 Ellis는 심리치료자와 내담자 모두 각자 자신의 행위나 수행 등에 대해서는 평가하고 비판할 수 있어야 하지만 자신의 존재 자체나, 본질적인 부분은 평가나 비판의 대상이 되어서는 안 된다고 보았다. 내담자의 행동에 거리낌을 느끼는 측면이 있다고 하더라도, 내담자를 수용하는 것이야말로 REBT의 일관된 철학이라고 할 수 있다.

합리성 합리성이란, 사람들이 자신의 가치와 목표를 달성하기 위하여 사용하는 유연하고, 효율적이며, 논리적이고, 과학적인 방법과 관련되어 있으며(Dryden & Neenan, 2004; Ellis, 1962, 1973, 1999a, 2001c, 2005b; Wilson, 2010), 감정과 정서가 배제된 상태를 의미하는 것은 아니다. REBT를 이용한 심리치료는, 개인이 삶에서 원하는 것을 합리적인(유연하고, 효율적, 논리적인) 방법을 통해서 어떻게 하면 더 많이 얻을 수 있는지를 보여 준다. 이는 어린 시절부터 몸에 배인 부모의 가르침이나, 종교적 교훈, 신념을 재평가할 수도 있음을 의미한다. 이러한 작업을 통해서 삶에 대한 새로운 철학을 발전시켜 나갈 수 있으며, 이는 장기적 행복을 증진시킬 수 있다.

위에서 간략하게 살펴본 이러한 철학적 개념을 내담자들과 함께 이야기하며 나누는 것은, 그들이 현재 느끼고 있는 어려움을 완화시키는 것에 도움을 줄 수 있을 뿐만 아니라, 그들이 자기 자신의 있는 그대로의 모습으로 문제에 대처할 수 있는 삶의 철학을 개발해 나가는 데에도 도움이 된다.

합리적 정서행동 이론의 개념화 기본 요인

Ellis는 개인의 성격 발달과 성격 장애에 영향을 끼치는 몇 가지 요인이 있음을 깨달았다. 여기에는 변화를 도우려는 심리치료자에게 일종의 도전이 될 수 있는 강력한 생물학적·사회적 측면이 포함되어 있다. 생물학적·사회적 요인에 따라서 정서적 혼란에 어느 정도 취약할지가 다양한 범위에서 결정되며, 이는 다음 절에 나오는 Ellis의 'A-B-C 성격 이론'을 통해 설명할 수 있다.

생물학적 요인 Ellis는 인간의 성격을 결정짓는 생물학적 요인의 힘에 대해 깊은 인상을 받았으며, 이에 대해 다음과 같이 말했다. "나는 여전히 현실에 사로잡혀 있다. 그러나 인간에게는 심각하고, 불필요하게 자신을 괴롭히는 강력한 생물학적 경향성이 있으며, 이는 문제를 더욱 심각하게 만든다. 인간은 또한 무의식적이고, 습관적으로 자신의 정신적 문제를 연장시키려는 성향이 있으며, 그것을 포기할지 말지에 대하여 극렬히 투쟁한다"(Ellis, 1987a, p.365). 인간은 자신 자신에게 상처를 주려고 하거나, 비합리적인 방식으로 생각하는 강력한 경향성을 타고난다는 것을 기술하며, Ellis(1976)는 인간이 원하는 것을 이루지 못하게 되었을 때, 누구나 그 사건에 대해 특정 방식으로 반응하는 선천적 경향성을 보인다고 믿었다. 이러한 반응은 사건 발생에 영향을 끼친 환경적 요소와는 무관하며, 자신과 타인을 몰아세우며 탓하는 방식으로 이루어진다. 또한 Ellis(1962)는 심각한 수준의 특정 심리 장애는 어느 정도는 유전되는 것이며, 매우 강한 생물학적 요인을 가지고 있다고 보았다. 그 예로, 조현병 같은 경우, 명확하고 논리적으로 사고하지 못하는 생물학적인 한계에 의한 것으로 설명된다. 그러나 Ellis는 인간은 합리적으로 사고하려는 생물학적 경향성을 가지고 있지만 합리적으로 사고하고 행동하는 것보다 비합리적으로 사고하고 행동하는 것이 훨씬 쉽게 느껴지는 것이라고 보았다.

사회적 요인 가족, 또래 집단, 학교 및 그 외의 다른 여러 사회 집단 내에서의 대인관계는 자신 자신과 타인에 대한 기대 형성에 영향을 끼친다(Ellis, 2003e). 자기 자신을 좋은 사람 혹은 가치 있는 사람으로 여길 수 있게 되는 것은, 자신에 대한 타인의 반응을 어떻게 해석하는지에 달라진다. 만약 주변 사람들로부터 수용되고 있다는 것을 느낀다면, 인간은 자신에 대해서도 좋은 감정을 갖게 된다. 부모나, 선생님, 혹은 동료들로부터 비난을 받게 되면, 자신을 못나고, 가치 없는 존재로 여기게 되거나, 그 외 여러 부정적인 방식으로 자신을 지각하는 경향이 있다. 합리적 정서행동 관점에서는, 자신이 못나고, 가치 없는 존재라고 느끼는 사람들은 보통, 주변 사람들의 생각이나 가치관에 대해 지나치게 많은 걱정을 하는 것으로 해석한다. Ellis에 의하면, 학교나 종교 단체와 같은 사회적 시설은 예절, 관습, 성 정체성, 가족 관계와 같은 측면에서 상대방을 대하는 적절한 방식을 제안하는데, 이것은 개인에게 절대주의적 가치를 촉발시키기 쉽다(Ellis, 1962, 1985, 2001c; Ellis & Dryden, 1997; Ellis & Harper, 1997). 인간은 타인과의 상호작용에 의해 성립된, '하지 않으면 안 되는 것(musts)', '당연히 해야만 하는 것(shoulds)'과 같은 생각을 다루어야만 하는 상황에 직면하게 된다. 예를 들어, 어떤 사람이 하루에 두 차례, 반드시 기도를 해야만 한다고 믿는다고 하자. 그 사람이 갖고 있는 신념은 일정 부분 종교적 훈련을 통해 학습된 것이라고 할 수 있다. Ellis는 이에 대해 기도하는 것에 대한 가치가 부적절하다고는 말하지 않는다. 대신에, 그는 '하지 않으면 안 되는 것', '당연히 해야만 하는 것'과 같은 절대적 신념에 대해 의문을 품어 볼 것을 권한다.

심리 장애에 대한 취약성 심리 장애에 얼마만큼 취약한가 하는 것은 사회적·생물학적 요인에 따라 달라질 수 있다. 인간은 대개 홀로 있든, 사회 집단 내에 있든 간에 스스로 즐거움을 찾고, 타인과의 친밀한 성(性)적 관계를 즐기며, 생산적으로 일하는 것을 즐기고, 다양한 오락 활동을 즐기고자 하는 목표를 가지고 있다(Dryden & Ellis, 2001, 2003). 역기능적 신념은 이와 같은 욕구와 대립되는 개념으로, 목표를 이루어 나가거나 즐길 수 있는 능력을 좌절시키는 역할을 한다. Ellis(1987a, pp.371~373)는 비합리적 신념의 예를 몇 가지 제공했는데, 이는 목표를 달성하는 데 대한 어려움을 경험하거나, 정신적 고통을 겪는 사람을 나타내는 지표가 된다.

이론의 적용

- 유능함과 성공에 대한 비합리적 신념—"나는 모든 과목에서 꼭 A학점을 받고 싶어. 나는 언제나, 모두 완벽하게 A학점을 '받지 않으면 안 돼(must)'. 그리고 늘 완벽하게 잘 해내야만 해."

- 사랑과 인정에 대한 비합리적 신념—"나는 세라(Sarah)에게 꼭 사랑받고 싶어. 나는 언제나 그녀에게 '인정받지 않으면 안 돼'."

- 불공평하게 대우받는다는 것에 대한 비합리적 신념—"나는 에릭(Erik)이 나를 사려 깊고, 공정하게 대해 줬으면 좋겠고, 언제든, 어떠한 조건에서든, 꼭 '그렇게 하지 않으면 안 돼'. 왜냐하면 나는 그를 항상 사려 깊고 공정하게 대하기 때문이야."

- 안전과 편안함에 대한 비합리적 신념—"나는 꼭 안전하고, 편안하고, 만족스러운 삶을 살기 원해. 내 인생은 무슨 일이 있어도 수월하고, 용이하고, 기쁨으로 가득 '넘쳐나지 않으면 안 돼'."

이러한 예들은 비합리적 신념의 일부분에 불과하다. Ellis에 의하면, 비합리적 신념을 더 자주 경험하는 사람일수록 심리 장애에 더욱 더 취약해질 수 있다. 『합리적 비합리적 신념: 연구, 이론과 임상실습(Rational and Irrational Beliefs: Research, Theory, and Clinical Practice)』(David, Lynn, & Ellis, 2010)에서 합리적·비합리적 신념과 관련된 문제들을 자세히 기술하고 있다. 이러한 신념이 생물학적인 요인에 기인하고 있는지 사회적 요인에 기인하고 있는지는 중요하지 않다. 그보다는 이러한 신념이 행복한 삶을 영위하길 원하는 사람에게 방해가 된다는 점을 기억해야 한다. 어떤 과정을 통해 인간의 사고 체계 내에 이러한 신념들이 자리 잡게 되는지, 다음 절에서 자세히 다루기로 한다.

합리적 정서행동 A-B-C 성격 이론을 이용한 개념화

합리적 정서행동 이론의 중심은 성격의 A-B-C 모형이며 이는 REBT를 이용하는 치료자들의 개념화에 있어 중요한 부분이다. 인간은 누구나 목표를 가지고 있으며, 이러한 목표는 선행사건(activating event: A)에 의해 지지받을 수도 있고, 좌절될 수도 있다. 우리는 이에 대해 의식적으로든, 무의식적으로든, 신념체계(belief system: B)를 바탕으로 대응하게 되는데, "이건 좋은 상황이야."라고 하는 것처럼 선행사건에 대해 어떠한 반응을 보이는 것을 말한다. 우리는 또한 선행사건으로 인한 정서적·행동적 결과를 경험하게 된다. 이 같은 체계는 선행사건이 기분 좋은 것이고, 자신의 목표를 지지하는 것일 때에는 개인에게 유용한 방향으로 잘 기능한다. 선행사건이 더 이상 우리가 가지고 있는 목표를 지지하지 못하게 되면, A-B-C 모형 체계 내에 심리 장애의 잠재 요인이 촉발된다. 이러한 잠재 요인은 신념체계를 비합리적이거나 역기능적으로 만들어 더 심각한 심리 장애를 유발할 수도 있다(Ellis & Joffe Ellis, 2011).

모든 일이 자신이 원하는 대로 일어나야만 한다고 믿게 되면, 정서 장애가 발생하게 된다. 특히 좌절에 대한 인내력이 낮을 경우 더욱 그렇다(Harrington, 2007). 이러한 개념이 단순하게 보일지 몰라도(Neenan & Dryden, 2011), 확장·지속되면 매우 복잡해질 수도 있다(Dryden, DiGiuseppe, & Neenan, 2003; Dryden & Ellis, 2001, 2003; Ellis, 1962, 2001c, 2004a; Ellis & Dryden, 1997). 지금부터 켈리(Kelly)의 사례를 통해 이러한 원리를 설명해 보기로 하자. 켈리는 심리학자가 되려는 목표를 가지고 있으며, 이에 대한 하위 목표로서 심리학 시험에서 좋은 성적을 얻고 싶어 한다.

합리적 신념: 기분 좋은 선행사건 선행사건이 기분 좋은 것일 때에는, A-B-C 성격 이론이 잘 작동하게 되며, 거의 모든 사람들에게 있어 드러나지 않는다. 켈리가 심리학 시험에서 A를 받으면(A: 선행사건), 심리학 시험을 잘 볼 수 있는 능력과 심리학자가 되겠다는 그녀의 신념(B)은 지지받는다. 결과는 그녀가 기쁨의 정서를 경험하고, 이후의 선행사건으로 작용하게 될 다음번 심리학 시험에 대한 행동적 기대가 발생하는 것이다.

합리적 신념: 불쾌한 선행사건 선행사건이 불쾌한 것일 때에는, 많은 신념과 결과가 다른 방향으로 발생할 수 있다. 켈리가 심리학 시험을 망쳤다고 하자. 이것이 선행사건이 되어(A) 그녀는, "이건 좋지 않은 상황이야. 나는 시험에서 실패하고 싶지 않아. 나는 절대 시험을 망치지 말았어야 하는데 망치고 말았어."와 같은 신념(B)을 경험할 것이다. 그녀는 시험에서 그녀가 보인 수행에 대해 절망적인 느낌을 갖지만, 이에 대해서 건강한 정서적 결과를 경험한다. 그녀는 또한 다음번 시험(다가올 선행사건)을 대비해 열심히 공부하고자 할 것이며, 이같은 행동적 결과를 재경험하지 않게 될 것이다.

비합리적 신념: 불쾌한 선행사건 자신이 가진 신념체계(B)와 일치하지 않는 방식으로 선행사건을 경험하게 되면, 인간은 비합리적 신념체계(irrational beliefs: IBs)에 따라 반응하게 된다. "이번에는 운이 없었어. 좋지 않은 상황이야."라고 말하는 대신에, "나는 반드시, 어떻게든, 무슨 일이 있어도 꼭, 내가 가진 목표를 달성해야만 해."라고 말하게 될 것이다. 이에 더하여, "목표를 달성하지 못하는 것은 정말 끔찍한 일이야.", "나는 견딜 수가 없어.", "나는 형편없는 사람이야." 등으로 이야기할 수도 있다. 이러한 비합리적 신념은 정서적 장애가 발생하게 되는 원인이 된다. 사람들은 대개 "나는 우울하고, 희망이 없어."라든가 "나는 정말 너무 많이 화가 나."와 같은 정서적 결과를 경험한다. 행동적 결과는 회피, 공격, 혹은 각종 부적절한 반응으로 나타난다. 켈리가 심리학 시험에 실패했을 때(A: 선행사건), 그녀는 "나는 시험에서 A를 받지 않으면 안 돼." 혹은 "나는 A를 받지 못했으니, 가치 없는 인간에 불과해."와 같은 신념에 따라 반응하게 될 것이다. 그녀는 깊은 절망감, 무가치한 느낌과 같은 건강하지 못한 정서적 결과를 경험할 것이고, 다른 과목의 공부 또한 포기하는 방식의 행동적 결과를 경험할 것이다.

혼란스러움에 대한 혼란 Ellis는 인간이 주로 자신이 가진 신념체계를 통해 스스로를 침울하게 만든다고 보았다. 우리는 불행한 선행사건으로 인해 발생된 결과에 대해 혼란스러운 감정을 경험할 수 있다. 사람들은 새로운 선행사건에 혼란스러운 감정의 결과를 귀인함으로써 자기 자신을 혼란스럽게 할 수 있다(DiGiuseppe et al., 2014). 켈리는 아마 새로운 선행사건에 직면하더라도 "나는 우울하고, 쓸모없게 느껴져."라고 이야기하는 것을 멈추지 않을 것이다. 이에 "정말 끔찍해!"와 같은 새로운 신념이 따라 발생할 것이다. 그리고 그녀는 가치 없다고 느끼는 감정과 침울한 기분이 더욱 커진 새로운 결과 안에 놓이게 될 것이다. 여기서 새롭게 발생한 침울한 감정(new C)은 "나는 이 세상에서 가장 쓸모없는 인간이야."와 같은 또 다른 비합리적 신념을 불러일으키고, 이 악순환은 계속 반복된다. 즉, 켈리는 시험 성적에 대해서 우울함을 느꼈지만, 우울해진 것 때문에 더 침울하고 의기소침해져 버렸다. 그녀는 시험을 망친 것에 대해 스스로 비난했고, 우울함을 느꼈다. 그녀가 스스로를 비난했던 것은, 매사에 비판적인 것에 대해 그녀를 비난하게 만든다. 또 자신이 비판적이라는 것을 알지 못한 것에 대해 스스로를 비난하게 되고, 결국 비난을 멈추지 못하는 것에 대해서까지 스스로 비난하게 된다. 이에 더해 그녀는 다음과 같이 말하게 될 것이다. "나는 다른 사람에 비해 더 비판적이야. 나는 다른 사람들보다 더 많이 우울해. 그리고 나처럼 희망도 없는 사람이 무엇을 이룰 수 있겠어." 이처럼 사람들은 그들이 가진 비합리적 신념체계에 압도당할 수 있다.

A, B, C 사이의 관계 비록 A-B-C 성격 이론이 다소 단순해 보일지 몰라도, Ellis는 A, B, C 사이의 다양한 상호작용에 대해 설명하고 있다. 선행사건, 신념, 결과는 각각 정서적·행동적·인지적 구성 요소를 가지고 있다. 그뿐만 아니라, 이들 각각(선행사건, 신념, 결과)은 서로 영향을 미치며 상호작용을 주고받는다. Ellis와 동료들(Browne, Dowd, & Freeman, 2010; DiGiuseppe et al., 2014; Ellis, 2001c, 2001e; Ellis & Joffe Ellis, 2011)은 인지, 정서, 행동이 어떻게 상호 영향을 미치게 되는지, 정서 장애를 이끄는 일련의 역기능적인 철학적 가정과 어떻게 결합되는지에 대해 기술하고 있다. Dryden(2013)은 합리적인 신념을 자세히 살펴서 합리적인 신념과 합리적인 듯 보이지만 아주 부분적으로만 합리적인 신념을 구분해야 한다고 제안한다.

반드시 해야만 하는 것 "나는 시험을 잘 보지 않으면 안 돼.", "나는 그 과목에서 꼭 A를 받아야만 해.", "나는 심리학자가 되지 않으면 안 돼." 등과 같은 '~하지 않으면 안 되는 것(musts)'은 결과에 내포되어 있다고 할 수 있다. Ellis(2001e, 2008)는 '하지 않으면 안 되는 것'은 지적·인지적 요소뿐 아니라, 강한 정서적·행동적 요소 또한 가지고 있다고 보았다. '하지 않으면 안 되는 것'은 목표, 비합리적 신념, 효과적이지 못한 결과의 일부분이라고 할 수 있다. Ellis(1962)는 '하지 않으면 안 되는 것'에 대한 12개의 목록을 만들었고, 이것들이 많은 사람들에게 공통적일 것이라 믿었다. 목록은 다음과 같다.

- 나는 내가 아는 모든 사람들로부터 사랑받아야만 한다.
- 나는 유능하고 적절해야 하며 가치 있을 만한 모든 측면에서 성취를 이루어내야 한다.
- 어떤 사람들은 사악하며, 이들은 자신들이 해 놓은 일에 대해 심한 비난과 처벌을 받아야만 한다.
- 내가 원하는 방식대로 일이 진행되지 않는다는 것은 끔찍한 일이다.
- 모든 일은 내가 원하는 방향으로 진행되어야 한다.
- 나는 내가 통제할 수 없는 위험한 상황에 대해 걱정하지 않으면 안 된다.
- 나보다 강한 사람이 있다면, 그 사람에게 의지해야만 한다.
- 나는 다른 사람들의 문제에 대해 걱정해야만 한다.
- 나는 내 문제에 대해 올바른 해법을 찾아야만 한다.

Dryden(1990)과 Ellis(1985, 1991a)는 이러한 비합리적 신념을 세 개의 범주로 구분하였는데, 자신에 대한 요구, 타인에 대한 요구, 세상에 대한 그리고(또는) 삶의 조건에 대한 요구가 그것이다. Ellis는 모든 종류의 '~해야만 한다(must)'의 진술에 대해 '머스터베이션(musterbation)'이라는 용어를 개발했다(DiGiuseppe et al., 2014; Ellis & Joffe Ellis, 2011). 머스터베이션은 일반적인 형태의 비합리적 신념이고 정서적 심리 장애를 초래한다. 켈리가 "나는 시험에서 A를 받아야만 해. 그렇지 않으면 나는 정말 멍청한 인간이야."라고 말하는 것은 비합리적 신념의 한 예를 보여 주는 것이라고 할 수 있으며, 이러한 비합리적 신념은 그녀에게 시험에 대한 불안, 공포, 공황 정서를 느끼게 할 수 있으며, 육체적 긴장을 초래하게 될 것이다.

낮은 좌절 인내력 좌절을 쉽게 견뎌내지 못할 것이라고 믿는 사람일수록 잘 견뎌낼 것이라고 믿는 사람에 비해 정서적 혼란을 경험하기 쉽다(DiGiuseppe et al., 2014; Harrington, 2005). "이건 너무 어려워.", "나는 이 중압감을 참을 수 없어.", "너무 놀라서 아무것도 할 수 없어."와 같은 진술은 좌절을 감당할 수 있다는 신념이 약한 경우의 예이다. 자신의 철학을, 불쾌하거나 불편한 일을 경험해서는 안 된다는 식으로 유지하게 되면, 목표를 성취하려는 과정에서 좌절을 경험할 수도 있다. 만약 켈리가 그녀의 낮은 시험 성적에 대해 쉽게 좌절한다면, 그녀는 앞으로 심리학자가 되겠다는 목표를 포기하게 될 것이며, 불안, 우울과 같은 정서들을 경험하게 될 것이다.

불안 혼란스러운 상황에 대한 낮은 좌절 인내력의 개념과 연결되어 있는 것이 바로 불안이다. Ellis(2003a, b)는 두 가지 유형의 불안에 대해 기술하고 있다. 하나는 불편 불안(discomfort anxiety)이고, 다른 하나는 자아 불안(ego anxiety)이다. 불편 불안의 측면에서는, 편안함을 느끼는 수준에 대해 위협을 받게 되면 원하는 것을 얻어야만 한다(낮은 좌절 인내력)고 믿는다. 자아 불안의 측면에서는, 자기 가치감에 대해 위협을 받게 되면 수행을 잘 해내야만 한다는 느낌을 갖게 된다. 불편 불안과 자아 불안 둘 다 원하는 것을 갖지 못하거나 원하는 것을 하지 못하게 되면, 그 결과는 매우 끔찍할것이라는 신념을 포함하고 있다. 켈리는 그녀가 꼭 받아야 한다고 믿는 A를 받지 못하게 된다면, 불편 불안을 경험하게 될 것이다. 그녀는 A를 받지 못하게 되면, 자아 불안을 경험할 수도 있을 것이다. 자신의 가치감이 위협받는다고 느끼게 되기 때문이다.

　　A-B-C 성격 이론과 개념화에 대한 체계적 접근은 성격 변화에도 중점을 두고 있다. 다음 절에서는 선행사건, 신념, 정서적·행동적 결과에 대한 치료적 접근에 대해 살펴볼 것이다.

합리적 정서행동 심리치료 이론

REBT의 특징은 단기 및 장기적 변화를 발생시키기 위한 인지적·행동적·정서적 전략과 철학적 재구성의 결합이라고 할 수 있다. 인지적 측면에 대한 강조는 인간의 신념에 강한 초점을 맞추었던 아들러학파 치료에 뿌리를 두고 있다. REBT의 목표는 A-B-C 성격 이론을 채택하여 사용할 것을 강조한다. 비록 평가 수단으로 사용되기는 하지만 A-B-C 이론은 평가뿐 아니라, 심리치료의 핵심이라고 할 수 있다. 합리적 정서행동 치료자들은 내담자와의 관계를 발전시키기 위하여 다양한 방법으로 접근한다. 그러나 모든 심리치료자들이 공통적으로 인정하는 것이 있다. 그것은 바로 내담자를 한 개인으로서 수용하는 것의 중요성이다. REBT의 핵심적 기법은 비합리적 생각에 대한 논박이라고 할 수 있다. 그러나 변화를 일으키고 내담자의 목표를 달성하기 위하여, 그 외의 여러 인지적·정서적·행동적 접근법이 다양하게 사용된다(Dryden, 2011; Rosner, 2011).

심리치료의 목표

REBT의 일반적인 목표는 사람들이 정서적 혼란과 자기 패배적 행동을 최소화할 수 있도록 하고, 자아실현을 통해 더 행복한 존재로 살 수 있도록 돕는 것이다(DiGiuseppe et al., 2014; Ellis, 2003d, 2004b, 2005b). 주된 하위 목표로는 사람들이 보다 명확하고 이성적으로 생각하도록 돕는 것, 보다 적절하게 감정을 느낄 수 있도록 돕는 것, 행복한 삶을 위한 목표를 성취하는 데 있어 보다 효율적이고 효과적으로 행동할 수 있도록 돕는 것 등이 있다. 내담자들은 효과적인 REBT 철학을 이용하여 우울, 불안, 죄책감과 같은 건강하지 못한 부정적 감정을 처리하는 법을 배운다.

　　Ellis(2004d, 2008)는 REBT의 철학을 다른 인지 치료들과 구별 지으며, REBT가 보다 효율적이고 세련되도록 만들었다. REBT가 사람들의 정서적 혼란을 최소화하거나 제거할 수 있도록 도와주는 것이라고는 하지만, 이 의미는 인간이 비합리적 신념과 자기파괴적인 사고에 압도당하여 겪을 수 있는 재혼란(redisturbing)을 미연에 방지하는 철학적 변화에 대한 가르침이라고 할 수 있다. A-B-C 철학은 내담자들이 새로운 증상을 만들어 내고 있거나, 이전의 증상들이 되살아나도록 하고 있을 때, 그들이 이를 알아챌 수 있도록 돕는다. REBT의 포괄적 목표는 A-B-C 성격 이론을 사용하여 내담자의 구체적인 목표에 적용될 수 있다 (DiGiuseppe et al., 2014; Dryden & Ellis, 2001, 2003; Dryden & Neenan, 2004).

평가

REBT의 평가에는 두 가지 중첩되는 유형이 있다. 첫 번째는 문제의 원인이 되는 인지적 요소와 행동적 요소에 대해 평가하는 것이다. 두 번째는 내담자의 문제를 확인하기 위해 A-B-C 성격 이론을 이용하는 것이다. 두 가지 유형의 평가 모두, 후자의 경우 특히 더 그렇지만, 심리치료 과정 내내 지속적으로 이루어진다. 그리고 이러한 평가는 심리치료자들이 내담자의 이야기를 들으며 세운 가설에 따라 행해진다.

치료 지향적 평가와 더불어, 내담자의 어려움을 측정하기 위한 여러 척도와 검사가 광범위하게 사용된다(Macavei & McMahon, 2010). DiGiuseppe 등(2014)은 밀론 임상다축(多軸) 질문지 Ⅱ(Millon Clinical Multiaxial Inventory: MCMI Ⅱ)와 정신 장애 진단 선별 질문지(Psychiatric Diagnostic Screening Questionnaire)처럼 앨버트 엘리스 연구소에서 사용되고 있는 몇가지 도구들에 대하여 목록을 작성하였다. Harrington(2005)은 내담자들과 함께 작업할 때, 좌절-불편 척도(Frustration-Discomfort Scale)를 사용하여 자아존중감과 좌절에 대한 낮은 인내력을 구별 지을 수 있다고 보았다. 또한 내담자들이 선행사건과 결과를 기입하도록 하는 REBT 자기 도움 양식(Self-Help form)(Dryden, Walker, & Ellis, 1996)과 같은 평가 양식을 통하여 중요한 비합리적 신념이 무엇인지를 밝힐 수 있다(그림 9.1 참고). 그 후에, 내담자들은 비합리적 신념을 논박하고 효과적이고 합리적인 신념으로 대체시킨다. 이러한 양식은 진단적 목적과 치료적 목적 두 가지를 모두 포함하고 있다. 다양한 평가 기법을 활용함으로써, 합리적 정서행동 치료자들은 선행사건, 정서, 비합리적 신념에 대해 평가할 수 있을 뿐만 아니라, 인지적 유연성, 사회적 문제해결 능력, 증상을 유지시키는 내담자의 논리에 대해서도 평가할 수 있다.

A-B-C 평가(A-B-C assessment)는 보통 첫 번째 회기를 시작할 때 이루어지며, 심리치료 과정 동안 계속된다. 심리치료자들은 내담자들이 특정 경험(선행사건)에 의해 유발되어 느껴지는 감정과 행동(결과)에 대해 설명할 때 귀기울여 듣는다. 내담자가 문제에 대해 이야기할 때에는, 심리치료자들은 내담자가 선행사건에 대해 가지고 있는 신념이 무엇인지를 주목하여 듣는다. 비합리적 신념이 무엇인지 밝혀내기 전에 정서적·행동적 문제에 대한 내담자의 설명을 얼마나 오래 들을 것인가 하는 것은 각 심리치료자들에 따라 다르다. 심리치료 과정이 진행됨에 따라, 심리치료자들은 새로운 비합리적 신념에 대해 듣거나, 이를 수정해 줄

▌**그림 9.1**

REBT 자기 도움
양식

출처: Windy Dryden and Jane
Walker.1992. Revised by The
Albert Ellis Institute, 1996.

REBT 자기 도움 양식

선행사건(A)

- 당신이 혼란스럽다고 느낄 때의 상황에 대해 간략하게 기술하시오.
  (카메라 렌즈에 무엇이 비칩니까?)
- 선행사건(A)은 내적인 것/외적인 것, 현실적인 것/상상에 의한 것 중 어느 것인가요?
- 선행사건(A)은 과거/현재/미래 중 언제 일어난 일인가요?

비합리적 신념(IBs)	비합리적 신념 논박하기(D)

비합리적 신념(IBs)을 밝혀내기 위해서

다음과 같은 것을 찾아 보시오.

- 독단적 요구
  (해야 한다, 완벽하게 한다, 하지 않으면 안
  된다)
- 두려움
  (끔찍하다, 소름끼친다, 무시무시하다)
- 낮은 좌절 인내력
  (나는 참을 수 없다.)
- 자기/타인 평가
  (나는/그는/그녀는 엉망이야, 형편없어)

논박을 위해서

다음과 같은 질문을 해 보시오.

- 이러한 믿음은 나의 어떤 부분에서 나오는가?
  자기 고양적인가, 자기 패배적인가?
- 나의 비합리적 믿음의 실체를 지지하는 증거는
  어디에 있는가? 현실과 일치되는 것인가?
- 나의 믿음은 논리적인 것인가?
  나의 취향에 따른 것인가?
- 정말 그렇게 끔찍한가(가장 최악의 상태인가)?
  나는 정말 견뎌낼 수 없는가?

(계속)

▌그림 9.1

REBT 자기 도움
양식(계속)

REBT 자기 도움 양식(계속)

결과(C)

건강하지 못한 주요 부정적 정서:

주요 자기 패배적 행동:

건강하지 못한 주요 부정적 정서에는 다음과 같은 것들이 있다.

• 불안	• 우울감	• 분노	• 낮은 좌절 인내력
• 수치심/당황	• 마음의 상처	• 시기 질투	• 죄책감

합리적 신념(RBs)

새로운 효과(E)

새롭게 생겨난, 건강한 부정적 정서:

새롭게 생겨난 건설적 행동:

이성적으로 생각하기 위해서

다음과 같은 것에 노력을 기울여 보시오.

• 독단적이지 않은 선호
  (바라다, 원하다, 하고 싶다)
• 잘못에 대한 평가
  (나쁘지만, 운이 안 좋았던 것뿐이다.)
• 높은 좌절 인내력
  (좋지는 않지만, 나는 견뎌낼 수 있다.)
• 자신과 타인에 대해 인간 전체에 대해 평가하지
  않기(나, 그리고 다른 사람들은 실수할 수 있는
  존재다.)

건강한 부정적 정서에는 다음과 같은 것들이 있다.

• 실망
• 걱정
• 짜증
• 슬픔
• 후회
• 좌절

수도 있다(Bernard & Joyce, 1984; DiGiuseppe et al., 2014).

치료적 관계

REBT에서는 평가 과정과 치료적 관계의 발달 간에 대개 밀접한 관련성이 있다. Ellis는 치료적 관계를 발전시키는 최선의 방법은 내담자가 현재 당면한 문제를 해결할 수 있도록 도와주는 것이라고 보았다(Ellis, 2004d; Ellis & Dryden, 1997). Ellis는 내담자에게 어떤 내용을 가지고 이야기를 나누고 싶은지에 대해 묻고 나서, 선행사건, 비합리적 신념, 정서적·행동적 결과를 밝혀냈다. 그는 두 회기나 세 회기 정도에 걸쳐 이러한 과정을 진행하였으며, 그 이후에는 가능한 한 다른 주제, 혹은 보다 큰 주제에 대하여 작업했다. 내담자들은 심리치료자가 그들의 말을 경청하고 있으며, 그들에게 반응하고 있다는 것을 보고 들었다. Ellis는 이것이 한 차원 더 높은 수준의 공감이라고 제안하며, 이를 통해 심리치료자들은 내담자의 이야기 기저에 깔려 있는 기본적인 철학을 이해한다. 내담자들은 이해받고 있다고 느낄 수 있을 뿐만 아니라, 자기 자신보다 심리치료자가 자신의 감정을 더 잘 이해하는 것 같다는 느낌을 갖게 된다.

Ellis의 영상을 처음 접하는(듣거나 보거나) 학생들은 그의 직설적, 확신에 찬 방식 때문에 종종 흥미를 잃곤 하지만 내담자들은 그의 방식을 다르게 경험한다.

> 집단구성원은 Ellis를 향한 온정과 존경의 느낌을 빈번히 보고했다. 우리가 의문을 제기하자, 그들은 Ellis가 많은 질문을 통해 그들에게 보살핌을 표현했으며, 자신들의 문제에 완전한 주의를 기울였고, 수용과 인내의 철학을 지지하며, 그들의 고통을 줄일 수 있는 즉각적 대처 방법을 가르쳤다는 것을 밝혔다. (Walen et al., 1980, p.32)

또한, Ellis는 심리치료자들의 멘토이기도 했다(Johnson, DiGiuseppe, & Ulven, 1979). 앨버트 엘리스 연구소에 있는 연구원 및 부연구원 150명 중 75%가 Ellis를 자신들의 멘토로 생각했다. 그들은 Ellis를 그들에게 수용, 지지, 격려를 아끼지 않는 훌륭한 선생님이라고 보았다.

내담자와 심리치료자 사이의 관계는 REBT에서 중요한 역할을 한다(DiGiuseppe et al., 2014; Dryden, 2009a). 심리치료 단계에 대한 윤곽을 가지고 있는 합리적 정서행동 치료자들(Dawson, 1991; DiGiuseppe & Bernard, 1983)은 첫 번째 회기에서의 라포 형성과 관계 수립을 중요하게 생각한다. 합리적 정서행동 치료자들은 보통 문제해결 작업에 들어가기에 앞서 REBT나 심리치료에 친숙하지 않은 내담자들에게 심리치료의 목적에 대해 설명하는 시간을 갖는다. 또한 어린아이들과 함께 작업을 할 때에는 REBT 방법을 적용하기 이전에, 천천히 그리고 조심스럽게 아이들과의 관계를 발전시켜 나간다(Bernard & Joyce, 1984).

A-B-C-D-E 심리치료적 접근

REBT의 핵심은 내담자가 가지고 있는 문제에 A-B-C 철학을 적용하는 것이라고 할 수 있다.

이러한 접근은 보통 첫 번째 회기와 그다음 회기에 걸쳐 이루어진다. 가능한 경우, 심리치료자들은 이러한 세 가지 측면 각각에 대해 설명해 주고 명확하게 하는 것을 선호한다. 또한 치료적 개입에는 D와 E를 이용하는 것이 추가적으로 필요하다. 논박(disputation: D)에는 비합리적 신념을 탐지하기, 합리적 신념과 비합리적 신념을 변별하기, 비합리적 신념에 반박하기의 세 가지 측면이 있다. 비합리적 신념에 대해 적극적이고 성공적으로 반박이 이루어지면 내담자들은 E(effective)를 경험하게 될 것이다. E는 새로운 효과를 가리키는 것으로서, 문제 상황에 대한 논리적 철학과 새로운 수준의 적절한 정서를 의미한다. A-B-C-D-E 모형을 가지고 작업하는 과정에서 심리치료자들은 모형을 내담자에게 적용하는 것에 있어 어려움이나 곤란을 겪을 수 있다. 다음 단락에서는 모형을 적용할 때의 어려움과 관련하여, 다섯 부분 각각에 대하여 몇 가지 예를 제공할 것이다. 자료의 대부분은 Walen 등(1980)에서 얻은 것들이다.

선행사건(A) 선행사건(activating event: A)은 두 부분으로 나눌 수 있다. 하나는 일어난 사건이고, 다른 하나는 내담자가 지각한 사건이다. 선행사건을 분명히 하기 위해 구체적인 것에 대해 묻는 것은 대체로 유용하다. 예를 들어, "제 지질학 성적은 형편없어요."라고 하는 선행사건은 지각과 평가가 결합되어 있는 것이라고 할 수 있다. 선행사건을 제대로 알아내기 위하여 심리치료자는 다음과 같은 질문을 할 수 있을 것이다. "이번 지질학 시험의 구체적인 점수는 어떻게 되죠?" 불필요한 세부 사항이나 모호함은 배제하고 선행사건에 대해 명확하고 능동적인 그림을 그리는 것은 매우 도움이 되는 일이다. 때때로 내담자들은 지나치게 많은 선행사건을 보고하는 경우가 있는데, 이럴 때 심리치료자는 오로지 몇 개의 선행사건에만 초점을 맞출 필요가 있다. 심리치료자들은 또한 이전의 결과가 선행사건으로 되는 순간에 대하여 경계할 필요가 있다. 때로는 발생 가능한 대립은 피하는 것처럼 선행사건을 바꾸는 것도 가능하다. 그러나 그렇게 하는 것은, 내담자들이 그들의 비합리적 행동을 다루거나 일시적 변화 이상의 것을 이루어내는 것에는 도움이 되지 못할 것이다.

결과(C) 내담자들은 대개 첫 번째 심리치료 회기를 결과(consequences: C)와 함께 시작하게 된다. 즉, "저는 정말 너무 우울해요."라는 이야기로 심리치료 회기를 시작하는 것이다. 경험이 부족한 심리치료자들은 신념과 결과를 구분하는 것에 때때로 어려움을 느낄 수 있다. 첫 번째 차이점은 내담자들이 경험하는 감정은 논박의 대상이 될 수 없지만, 신념은 논박의 대상이 된다는 것이다. 감정을 다룰 때에는 내담자들이 자신의 정서에 대하여 모호해지거나, 잘못 말하거나, 과장하여 표현하기 쉽다. 항상 그런 것은 아니지만, 보통의 경우 결과는 신념을 바꿈으로써 변화될 수 있다. 그러나 내담자들은 반드시 그러한 결과가 발생할 수 있도록 노력해야 한다. 예를 들어, 한 여성이 직장에서 더 잘 해내기를 원한다면 그녀는 자신을 쇠약하게 만드는 상사에 대한 분노 감정을 변화시킬 수 있도록 노력해야만 한다.

신념(B) 앞에서 다루었던 것처럼, 신념(beliefs: B)에는 두 가지 유형이 존재한다. 하나는 합리적 신념이고, 다른 하나는 비합리적 신념이다. 비합리적 신념은 절대주의적이고 극단적이며, 혼란스러운 정서를 초래하고, 목표를 달성해 나가는 데에 방해가 된다. 합리적 신념은 적응적이고 건강한 정서와 행동을 발생시킨다(David, Freeman, & DiGiuseppe, 2010; Szentagotai & Jones, 2010). 전형적인 비합리적 신념에 익숙해지는 것(Ellis, 1962, 1994c)은 신념을 밝혀내어 논박하는 것을 배우는 데 있어서 유용하다.

이론의 적용

논박(D) REBT의 공통적이고 중요한 접근은 바로 A-B-C 철학을 내담자에게 가르치고, 비합리적 신념을 논박(disputing: D)하는 과정이라고 할 수 있을 것이다(Ellis, 2003d). 논박은 세 개의 부분으로 구성되어 있다. 비합리적 신념을 탐지하기, 합리적 신념과 비합리적 신념을 변별하기, 비합리적 신념에 반박하기가 그것이다. 심리치료자는 우선 내담자가 가지고 있는 비합리적 신념을 찾아내고, 내담자가 스스로의 지각을 통해 비합리적 신념을 탐지해 낼 수 있도록 도와준다. 비합리적 신념은 몇몇 선행사건의 기저에 있을 수 있다. 예를 들어, 직업에 대한 스트레스를 경험하는 내담자가 있다고 하자. 그는 모든 사람이 그의 능력에 감탄해야 한다고 믿기 때문에 스트레스를 받을 수 있다.

"다른 사람들이 반드시 나를 똑똑하고 재치 있는 사람으로 생각해야 한다."는 비합리적 신념을 탐지하는 것이 논박의 첫 번째 과정이라고 할 수 있다. 다음 단계는 합리적 신념과 비합리적 신념을 변별하는 것이다. '~하지 않으면 안 된다(musts)', '~해야만 한다(shoulds)', '~하는 것이 당연하다(oughts)'는 등의 생각, 그리고 그 외의 다른 비현실적인 내적 요구에 대해 지각하는 것은 내담자가 어떤 신념이 합리적이고, 합리적이지 않은 것인지 배우는 데에 도움이 된다. REBT의 주된 강조점은 비합리적 신념을 논박하는 데에 있다. 심리치료자는 내담자에게 다음과 같은 질문을 던진다. "왜 당신이 직장에 있는 다른 어떤 사람보다 더 잘 해야만 하는 것입니까?", "왜 반드시 당신이 회사에서 일어나고 있는 모든 일에 대해서 알아야만 하는 것입니까?" 비합리적 신념을 논박함으로써 내담자들은 자신의 신념을 논리적인 것으로 바꾸고, 이를 통해 정서적 불편감은 사라지게 된다.

비합리적 신념을 논박하거나 반박할 때 사용되는 몇몇 전략이 있다. 강의, 소크라테스식 문답법(Socratic debate), 유머, 창조성, 자기 개방이 그것이다(Dryden, 1990, pp.52~54). 강의(짧은 강의가 더 낫겠지만)를 통한 접근을 사용하는 심리치료자는 내담자에게 왜 비합리적 신념이 자기패배적인 것인지에 대해 설명해 준다. 내담자로부터 심리치료자의 설명을 이해했는지에 대한 피드백을 받는 것은 매우 중요한 일이다. 단순히, '네' 혹은 '아니요'와 같은 답변을 받는 것으로는 충분하지 않다. 소크라테스식 문답법을 사용하는 심리치료자는, 내담자가 논쟁할 것을 격려하는 동시에, 논리의 부족함과 내담자 신념의 불일치성에 대해 지적한다. 따라서 내담자는 단순히 심리치료자의 관점을 수용하는 것이 아니라, 스스로 생각하게 된다. 우리는 유머가 내담자들의 비합리적 신념을 향한 것이지, 내담자들을 향한 것은 아니라는 것을 반드시 알아야 한다. 이야기나 비유와 같은 유머 및 창조적 접근을 사용함으로써, 심리치료자들은 내담자들과 논쟁적이지 않으면서도, 변화에 열린 마음을 갖게 하는 관계를 유지할 수 있다. 심리치료자의 자기 개방 또한 유용한 방법이다. 자기 개방은 심리치료자가 자신의 비합리적 신념을 다루기 위해 어떻게 A-B-C 기법을 사용하는지 알려 주는 것이다. 내담자의 비합리적 신념을 논박하는 것에 익숙해지면, 심리치료자는 새로운 심리치료 전략을 발전시켜 나갈 수 있다.

효과(E) 내담자가 자신의 비합리적 신념에 대한 논박을 마치고 나면, 이제 효과적인 (effective: E) 철학을 발전시켜 나갈 단계에 도달했다고 할 수 있다(DiGiuseppe et al., 2014; Ellis & Joffe Ellis, 2011). A-B-C 모형에 의하면, 이 철학은 내담자로 하여금 비합리적인 생각에 대한 대안으로 합리적 생각으로 발전시켜 나갈 수 있도록 도와준다. 이 새롭고 효과적인 철학은 내담자가 좀 더 생산적인 행동을 할 수 있도록 하고, 우울감과 자기혐오적 생각을 최소화시키며, 건강한 부정 정서를 느끼도록 해 준다. 이러한 결과는 내담자가 부정적인 선행 사건을 직시하고 의미 있는 목표를 추구하면서 만족스럽고 즐거운 감정을 가질 수 있을 때 가능해진다.

A-B-C-D-E 모형 적용의 예 아래의 대화 내용은 심리치료자가 A-B-C-D-E 모형을 통해 논박 기술을 사용하는 것을 특징으로 한다. 호주 국적의 청소년과 함께한 이 작업에서 Bernard는 A-B-C-D-E 모형이 이용되는 각각의 단계에 대해 설명하기 위하여 몇 가지 지도적 조언을 제공하고 있다(Bernard & Joyce, 1984).

감정과 선행사건에 대한 평가:

내담자: 정말 너무 우울해요.

치료자: 그 우울함은 어떤 느낌이죠?

내담자: 잘 모르겠어요……. 그냥 좀 끔찍한 것 같아요……. 마치 누군가 제 위장 안에서 저를 발로 차고 있는 것같이 아파요.

치료자: 누가 그랬죠?

내담자: 지난주에 우리가 함께 이야기 나눈 대로 해 봤어요. 저는 어젯밤, 학교에 있는 디스코텍에 갔어요. 지난주에 우리는 제인에게 함께 춤추자는 이야기를 어떻게 할지 검토했었잖아요. 뭐라고 말해야 할지 알고 있어서 그런지 그렇게 초조하지는 않았어요. 그리고 마침내 제인에게 갔는데, 제가 그녀에게 묻기도 전에 그녀는 다른 사람과 함께 춤을 추러 가 버렸어요. 그리고 그녀는 그날 밤 내내 저를 무시했어요.

내담자 감정에 대한 심리치료자의 공감적 반영:

치료자: 제인이 함께 춤을 추지 않아 매우 우울했겠네요. 당신은 진심으로 그녀가 당신

을 좋아해 주길 바랐는데 말이죠……. 그렇지 않나요?

내담자: 맞아요.

ABC 관계에 대한 평가:

치료자: 자, 그럼 이제부터 ABC 모형을 이용해서 왜 당신이 아직까지도 그렇게 많이 의기소침한지에 대해 설명해 볼 수 있을까요?

내담자: 결과(C)부터 시작하면, 저는 지금 우울한 것 같아요. 그리고 선행사건(A)은 제 연인과 다른 남자가 함께 춤을 춘 것이었어요.

행동적 결과에 대한 평가:

치료자: 좋아요, 그런 일이 있고 나서 당신은 어떻게 반응했나요?

내담자: 바로 그거예요! 저는 바로 포기해 버렸죠. 저는 춤을 추지도 않았고, 그녀에게 말을 걸지도 않았어요. 저는 단지 바깥으로 나와서 아버지가 저를 데리러 오실 때까지 기다리기만 했어요.

인지에 대한 평가:

치료자: 그래요. 그럼 신념(B)은 어떤가요? 다시 물을게요. 신념(B)은 무엇을 의미하죠?

내담자: 신념(B)은 제 생각들이에요……. 특별히 어떤 것이냐면……. 아, 기억이 잘 나지 않아요.

치료자: 비합리적?

내담자: 맞아요. 선행사건(A)에 대한 합리적 생각과 비합리적 생각을 의미해요.

치료자: 좋아요. 그럼 이제 선행사건(A)에 대해 어떻게 생각하나요? 생각해 보세요. 당신이 말할지도 모르는 이상한(nutty) 것들에 초점을 맞출 수 있는지…….

(반영적인 일시 정지)

내담자: 음, 저는 일종의 혼란스러움을 느껴요. 선생님도 아시다시피, 그녀는 결코 저를 조금이라도 좋아해서는 안 돼요. 그녀는 아마도 저를 얼간이라고 생각할 거예요. 저는 그녀가 그렇게 행동했을 때 정말 너무나 싫었어요. 제가 매우 하찮은 존재(바보)로 느껴지게 만들었어요.

치료자: 할 수 있다면, '나는 ~을 생각하고 있다.'로 문장을 다시 만들어 볼까요?

내담자: 저는 지금 제가 얼마나 하찮은 존재인지에 대해 생각하고 있어요……. 그리고 저는 제가 얼마나 그녀를 원하는지에 대해 생각하고 있어요.

치료자: 얼마나 원하고 있나요?

내담자: 다른 어떤 것보다도 더 많이요.

치료자가 ABC 평가 자료를 요약함:

치료자: 좋아요. 잘했어요, 마크. 당신은 당신이 가지고 있는 생각을 잘 탐지해냈어요. 당

신은 지금 의기소침하고 우울한 기분을 느끼고 있어요. 그러나 그것은 당신이 거절 당했기 때문이 아니라, 당신이 거절당하는 것은 견딜 수 없는 일이라고 스스로에게 계속 말하고 있기 때문이에요. 당신은 또한 당신이 그녀를 얼마나 원하는지에 이야 기하고, 그녀를 가질 수 없다면 죽어 버리겠다고까지 이야기하고 있죠. 그리고 결국 지금 당신의 방식은, 스스로를 점점 더 깊이, 깊이, 더 낮은 곳으로 저 먼 곳의 심연까 지 어쩌면 그보다도 더 먼 곳까지 몰아넣고 있는 일이에요.

내담자: 음······.

치료자는 내담자가 문제를 해결할 수 있도록 이끎—논박(D)과 효과(E)를 연결 짓기:

치료자: 자, 그럼, 좋은 책에는 우리가 고통에서 벗어나고자 할 때 어떤 방법을 생각해 볼 수 있다고 쓰여 있나요?

내담자: 지금 선생님의 벽에 걸려 있는 내용을 살펴보고 있어요······. 아, 맞아요. 논박(D). 제 생각들에 도전할 수 있을 것 같아요.

치료자: 당신은 그럼 어디부터 시작하면 될까요?

내담자: 네? 무슨 말씀이시죠?

치료자: 저는 당신이 세 개의 생각들 중 어느 하나라도 도전하고 변화시키는 것을 시작 으로, 기분이 더 나아질 수 있다고 생각해요. 거절당했다는 것 때문에 자신을 초라 한 존재로 여기는 생각, 행복해지기 위해서는 제인이 당신 곁에 있어야만 한다는 생 각, 거절당하게 되면 당신은 그것을 견뎌낼 수 없을 것이라는 생각, 자, 이 세 개의 생 각들 중에서 하나를 고르실 수 있으시겠어요?

내담자: 네, 좋아요.

치료자: 이전에도 이야기를 나눈 적이 있었지만, 개인적인 실패 경험에 대해 당신 자신을 심연으로 밀어 넣고, 스스로를 형편없다고 생각하는 경향은 어떤가요?

내담자: 저도 그러면 안 된다는 것을 알고 있어요. 제가 스스로를 형편없는 존재라고 표 현하는 것이 어리석다는 것도 알고 있죠. 왜냐하면 저에게는 잘 해낼 수 있는 다른 것들이 있으니까요.

치료자: 예를 들면, 어떤 것들이 있죠?

내담자: 저는 아버지의 말들과 함께 일하는 것이 능숙해요. 그리고 저는 기계를 가지고 작업하는 것을 매우 잘해요.

치료자: 좋아요. 그러니까 당신은 절대 형편없는 사람이 아니에요. 절대로요! 그리고 자 신에 대해 "형편없는 존재다, 엉망진창인 존재다."라는 식으로 스스로에게 말하고 있 음을 알게 되면, 당신 자신에게 말하는 내용을 이렇게 바꿔 보세요. "나는 내가 실패 하게 되면, 기분이 좋지는 않겠지만 그렇게 큰 문제는 아니야. 나는 다른 것들은 잘 해낼 수 있으니까."라고 말이에요.

> 내담자: 내가 무언가 일을 잘못했다는 것 때문에 나를 우울하게 만드는 것은 어리석은 일이에요.
>
> 치료자: 바로 그거예요! 자 그럼 이제, 어리석은 두 번째 생각에 대해 이야기해 봅시다. 바로 당신이 사랑스럽고, 매력이 넘치면서 재치까지 갖추고 있는 제인을 가져야만 한다고 생각하는 것이죠. 한 번 생각해 봐요, 타잔. 왜 당신은 제인을 가져야만 하는 거죠? (Bernard & Joyce, 1984, pp.89~91)

이와 같은 예에서, Bernard는 내담자의 비합리적 신념을 논박하기 위해서 소크라테스식 문답법을 사용하고 있다. 그는 또한 내담자에게 개념을 설명해 주기 위해 비유를 사용한 짧은 강의를 제공하고 있다. 대화 안에서 내담자가 벽보를 참조하고 있는데, 이는 심리치료자가 내담자로 하여금 A-B-C-D-E 모형을 잘 이해할 수 있도록 하기 위함이다. 논박 기법은 REBT에서 사용되는 주요한 인지적 접근법이라고 할 수 있다. 그러나 다른 방법도 여러 가지가 있다. 일부는 여기에서 설명했지만, 다음과 같은 책들을 찾아보면 더 많은 것을 알 수 있을 것이다. 『더 효과 있고 더 심도 있고 오래 지속되는 단기 심리치료(Better, Deeper, and More Enduring Brief Therapy)』(Ellis, 1996a), 『합리적 정서행동 치료자처럼 생각하고 개입하기(How to Think and Intervene Like an REBT Therapist)』(Dryden, 2009a), 『합리적 정서행동 치료: 차별적 특징(Rational Emotive Behaviour Therapy: Distinctive Features)』(Dryden, 2009b), 『REBT 실무자 가이드(A Practitioner's Guide to Rational Emotive Behavior Therapy)』(DiGiuseppe et al., 2014).

그 밖의 인지적 기법

합리적 정서행동 치료자들은 내담자가 합리적 신념을 개발할 수 있도록 도와주기 위하여 다양한 인지적 기법을 사용한다. 이러한 기법들 중 많은 것이 논박 기술을 사용하는 것을 지원하며 부가적으로 이용된다. 기법의 다양성은 합리적 정서행동 치료자들의 창의성을 보여 주는 것이며, 이들이 논박 기술만을 사용한다고 믿는 몇몇 사람들의 오해가 틀린 것임을 증명하는 것이라고 할 수 있다.

자기 진술에 대처하기 대처 진술을 개발하다 보면, 합리적 신념이 더욱 강화될 수 있다. 예를 들어, 많은 사람들 앞에서 이야기하는 것을 두려워하는 사람이 있다고 하자. 그는 아마도 하루에도 몇 번씩 다음과 같이 스스로에게 이렇게 말하고, 써내려갈 것이다. "나는 토씨 하나 틀리지 않고 완벽하게 이야기하고 싶지만 꼭 그렇게 해야만 하는 것은 아니야.", "대중 앞에서 이야기를 잘하지 못했다고 죽은 사람은 아무도 없어.", "나는 정확하게도 어눌하게도 말할 수 있는 사람이야."

비용 편익 분석 비용 편익 분석(cost-benefit analysis) 방법은 중독 문제나, 낮은 좌절 인내력 때문에 생기는 여러 문제들을 가진 사람들에게 특히 도움이 된다. 흡연 중독 문제가 있는 사람은 담배를 끊었을 때의 이점과 계속 흡연할 경우에 발생하는 불이익에 대하여 목록을 작성해 보라는 요청을 받을 수 있다(Ellis & Joffe Ellis, 2011). 그들은 하루에 10~20회 이러한 장단점에 대해 심각하게 생각해 보라는 지시를 받는다. 이 활동은 중독을 극복할 때 내담자에게 타당한 이유를 제공해 준다(Ellis, 1991b; Ellis & Velten, 1992).

심리교육적 방법 회기가 종료되었다고 해도 REBT가 끝난 것이 아니다. Ellis와 동료들은 다양한 자습서를 출간하였으며, 내담자들에게 이를 활용할 것을 추천한다. 예를 들어, Knaus(2008)는 불안함을 경험하는 내담자들을 위해『불안에 대한 인지행동 실습서: 단계별 프로그램(The Cognitive Behavioral Workbook for Anxiety: A Step-by-Step Program)』이라는 실습서를 저술했다. 보통 REBT의 원칙들을 가르쳐 주는 CD나 디지털 음성녹음을 듣는 것을 권장하며, 내담자의 심리치료 회기를 녹음한 것을 듣는 것 또한 권장한다. 그렇게 함으로써, 내담자는 심리치료 회기 동안 심리치료자가 세운 요점을 보다 잘 기억할 수 있게 된다(Ellis & Harper, 1997).

다른 사람들을 가르치기 Ellis는 내담자들이 적절한 순간에 그들의 친구나 동료들에게 REBT의 원칙을 가르칠 것을 권장했다. 다른 사람들이 내담자들에게 비합리적 신념을 보이는 순간에, Ellis는 내담자들로 하여금 친구들에게 합리적 신념이 어떤 것인지 알려 주기 위해 노력해 보라고 제안하였다. 다른 사람들에게 비합리적 신념을 이용하지 말라고 설득하며 노력하는 과정에서, 내담자들은 자신의 비합리적 신념을 논박할 수 있는 보다 효과적인 방법을 배우게 된다(Bard, 1980; Ellis, 1991b; Ellis & Joffe Ellis, 2001).

문제해결 REBT는 사람들이 무엇을 하길 원하는지, 무엇이 되길 원하는지에 대한 선택의 범위를 확장하도록 도움으로써 독단적인 비합리적 신념에 끌려가기보다는, 합리적 선택, 감정, 행동을 선택할 수 있도록 도와준다. 합리적 정서행동 치료자들은 실질적인 문제(직업을 찾는 것)와 실질적인 문제로 인해 초래되는 정서적인 문제(직업을 찾는 것에 대해 초조해하고 걱정하는 것), 두 가지 모두를 다룸으로써 내담자들이 생각할 수 있도록, 그리고 실행 가능한 선택을 할 수 있도록 도와준다. 실질적인 문제에 대한 어려움에 대해 작업하는 과정에서, 심리치료자들은 보통 A-B-C 성격 이론의 세부 내용을 활용한다(Ellis, 1991b, 2001c, 2001e; Ellis & Joffe Ellis, 2011).

이러한 인지적 전략의 대부분에 해당되는 공통된 맥락은 과제 선택하기이다. 과제는 회기를 통해 배운 내용을 익히고 내담자가 일상에서 연습해 보는 것을 말한다. 많은 기술들은, 자기 진술에 대처하기처럼, 하루에 단 몇 분만 투자하면 할 수 있는 것들이다. 그러한 방법을 반복적으로 활용한다는 것은, 비합리적 신념이 인간의 내부에 단단히 자리 잡고 있다고 보는 Ellis의 관점과 일치하는 것이라고 할 수 있다(Dryden & Ellis, 2001, 2003; Ellis, 1996a).

정서적 기법

다른 기법들과 마찬가지로, 정서적 기법은 심리치료 회기 내에서와 일상생활에서 수행하도록 선택된 과제 모두에 활용된다. 상상하기와 시각화하기와 같은 몇몇 기법들은 인지적, 정서적, 행동적 관점, 세 가지 측면 중 어느 것으로든 이해할 수 있다. 정서적 측면에 강조점을 두면, 상상하기는 정서적 심리치료 방법이 된다. 역할 연기 또한 인지적, 정서적, 행동적 요소를 모두 가지고 있는데, 이 기법은 비합리적 신념과 동반하여 나타나는 강력한 결과에 도달하기 위하여 사용된다. Ellis는 비합리적 신념을 변화시키기 위해서는 영향력 있고 강력한 접근이 필요하다고 보았다. 기법의 예로서, 상상하기 및 역할 연기와 더불어, 수치심-공격 연습, 단호한 자기 진술, 단호한 자기 대화도 함께 포함되어 있다. 이러한 모든 기법은 심리치료자의 완전한 수용과 함께 사용된다. 심리치료자는 내담자를 수용할 뿐만 아니라, 이러한 수용에 대해 내담자와 대화하고자 노력함으로써, 내담자는 자기 자신을 스스로 수용할 수 있게 된다.

상상하기 상상하기는 REBT에서 내담자가 가지고 있는 그들의 건강하지 못한 정서를 건강한 것으로 변화시키도록 도와줄 때 사용되는 기법이다. 한 남성의 예를 들어 보자. 그는 데이트를 하고 싶은 여성으로부터 거절당하게 되는 장면에 대하여 생생한 상상을 하게 될 것이다. 그는 이내 엄청나게 우울해질 것이고, 아무것도 생각할 수 없게 될 것이며, 자기 자신에 대해 매우 화가 나게 될 것이다. 이에 심리치료자는 부정적 상상은 마음에 그대로 두고 건강한 정서를 느낄 수 있도록 노력할 것을 독려한다. 즉, 데이트를 신청했던 여성에 대한 실망과 후회는 마음속에 간직한 채로, 자기 자신에 대해 우울하거나 화가 나는 마음은 없애도록 하는 것이다. 여성에게 데이트를 신청하고, 거절당하게 되고, 건강하지 못하고 부정적인 정서가 아닌 건강한 정서를 느끼고자 애를 쓰는 일련의 과정에 대한 상상하기는 우울과 부적응감을 줄이는 데 도움이 된다. 가급적이면, 이러한 기법은 여러 주에 걸쳐 하루에 한 번씩 연습이 이루어지도록 해야 한다(DiGiuseppe et al., 2014; Dryden & Ellis, 2001, 2003). 이 기법을 사용할 때, 심리치료자는 내담자가 비합리적 신념보다 합리적 신념을 발전시키고 시연을 통해 건강한 정서로 변화시킬 수 있다는 확신을 가져야 한다.

역할 연기 내담자의 감정을 이끌어 내기 위한 특정 행동들에 대해 시연하는 것은, 내담자가 이전에는 자각하지 못했던 정서를 촉발시킬 수 있다. 예를 들어, 한 여성이 남성에게 데이트를 신청하는 상황에서의 역할 연기를 통해, 그 여성은 이전에는 미처 자각하지 못했지만,

그녀가 가지고 있었던 강한 공포 감정을 자각할 수 있다. 상황에 대한 연할 연기를 계속 반복함으로써 내담자는 사회 기술을 사용하는 것에 대해 좀 더 편한 마음을 갖게 되고, 부적절한 정서적 자기 진술을 변화시킬 수 있는 기회를 갖게 된다(Ellis, 1986c; Ellis & Joffe Ellis, 2001).

수치심–공격 연습 이러한 훈련의 목적은 내담자로 하여금 다른 사람들이 그들을 못마땅하게 보더라도 수치심을 느끼지 않도록 하는 것이다. 심리치료 회기 내에서도 연습이 이루어질 수 있기는 하지만 연습은 보통 심리치료 장면 바깥에서 이루어진다. 사례에는 가게 점원에게 큰 소리로 외치기, 좌담회 중에 낯선 사람의 시선을 끌기 등과 같은 사회적 관습에 대한 가벼운 위반도 포함된다. 선생님이나 접수 담당자 같은 사람들에게 바보 같은 질문을 하는 것도 또 다른 예가 된다. 이러한 연습들은 내담자가 다른 사람들의 반감에 대한 불편함이나 실망스러움을 느끼지 않게 될 때까지, 그리고 스스로를 우울하고 수치스럽게 느끼는 것을 그만둘 때까지 계속된다. 훈련은 반드시 합법적인 범위 내에 있는 것이어야만 하고, 타인에게 해가 되어서는 안 된다(Neenan & Dryden, 2011). 부적절한 예로는 119 응급 구조대로 전화를 걸어 허위 메시지를 남기거나, 경찰관 역할 연기를 하면서 길 한가운데 서서 교통정리를 하는 일과 같은 것들이 있다.

단호한 자기 진술 "반드시 해야만 한다."는 신념에 대항하는 강력하고 단호한 방식의 진술은 비합리적인 신념을 합리적인 신념으로 바꿔나가는 데 도움이 된다. 만약 어떤 내담자가 시험에서 C학점을 받는 것은 끔찍하고 괴로운 일이라고 스스로에게 말했다면, 이 자기 진술은 "나는 A학점을 받길 원해. 그러나 꼭 그래야만 하는 것은 아니야!"와 같이 단호하며 좀 더 적절한 진술로 바뀔 수 있을 것이다. Ellis는 종종 강력한 진술을 제공하기 위한 방법의 하나로 외설적 표현들을 사용하기도 하였다(Dryden & Ellis, 2001, 2003; Ellis, 2001b).

단호한 자기 대화 자기 진술과 더불어, 자기 자신과 나누는 대화는 소크라테스식 문답법과 비슷한 종류의 것으로서 매우 유용한 기법이 될 수 있다. 스스로 비합리적 신념에 대항하여 강력하고 단호하게 논쟁하는 것은, 모든 자료가 내담자로부터 도출된 것이기 때문에 심리치료자-내담자 대화에 비해 유리한 부분이 있다. 자기 자신과 나눈 대화를 녹음하고, 계속 반복하여 들으며, 자신의 논박이 실제로 그렇게 강력할 수 있는지 내담자에게 결정하도록 하는 것은, 자신이 가지고 있는 힘을 마음에 깊이 새길 수 있도록 도울 수 있다(Ellis, 1986c; Ellis, Gordon, Neenan, & Palmer, 1997).

행동적 기법

합리적 정서행동 치료자들은 8장에서 설명했던 것과 같은 다양한 행동주의 심리치료 기법을 활용한다. 여기에는 체계적 둔감화, 이완 기법, 모델링, 조작적 조건 형성, 자기 관리 원칙 같은 것이 있다. 대부분의 행동주의적 기법은 과제를 통해 이루어진 다. REBT는 최근 몇 년 동안 새로운 행동적 기법을 개발해 오고 있다(Ellis, 2003f). 합리적 정서행동 치료자들이 자주 사용하는 세 가지 행동적 기법은 활동 과제, 강화와 처벌, 기술 훈련이다(Ellis, 1985, 1986c; Ellis & Dryden, 1997; Ellis & Joffe Ellis, 2011).

활동 과제 내담자의 '해야만 한다. 하지 않으면 안 된다.'와 같은 내부의 요구와 싸우기 위해서, 심리치료자는 비합리적 신념을 줄여 나갈 수 있는 과제를 고려해야 할 것이다. 예를 들면, 내담자가 다른 사람들이 자신에게 공정하게 대해야만 한다고 느끼는 상황에 직면하게 될 때, 심리치료자는 내담자들에게 그 불편한 상황에 남아서 힘들거나 편치 않은 일을 다룰 수 있도록 스스로 가르치도록 제안할 수 있다. 예를 들어, 내담자가 직장을 그만둬 버리는 것이 아니라 부당한 상사와 함께 일하도록 할 수 있을 것이다. 상사의 불공평한 비난을 계속 듣게 되더라도 정신적으로 그 비난을 논박하고, 상사의 신념체계를 내담자 자신의 비합리적 신념체계로 받아들이지 않는 것이다. 그 외의 다른 상황으로는 누군가에게 데이트를 신청하거나, 보고서를 엉망으로 써보는 등 의도적으로 실패를 시도해 보도록 하는 것과 같은 것들이 있을 것이다(Ellis, 1962; Ellis & Joffe Ellis, 2011). 내담자들은 보통 이러한 과제를 하게 되면 처음에는 불안해하거나 타인을 의식하지만 자신의 정서 기저에 깔려 있는 비합리적 신념에 대해서 이해하게 된다.

강화와 처벌 과제를 달성했을 때 스스로에게 보상을 해 주는 것이 도움이 된다. 예를 들어, 부끄러움을 많이 타는 사람이 세 명의 판매 사원과 대화하는 데 성공할 경우 읽고 싶었던 잡지를 읽을 수 있도록 허용하는 방식으로 보상하는 것이다. 과제 도전에 실패한 사람은 스스로에게 처벌을 준다. 처벌의 한 예로, 좋아하지 않는 자선단체에 100달러를 기부하는 것이 있다. 이러한 자기 처벌은 내담자들로 하여금 합의된 과제를 달성할 수 있도록 한다.

기술 훈련 워크숍과 집단은 대개 중요한 사회 기술을 가르쳐 준다. 한 예로, 자기주장 훈련 워크숍은 소심하고, 다른 사람들과의 관계에서 자신의 욕구를 충족시키는 것이 어렵다고 느끼는 사람들에게 유용하다(Ellis, 1991b). 의사소통 기술, 취업 면담 기술, 그 외의 다른 사회 및 일 관련 기술에 대한 워크숍은 개인 REBT를 보충해 준다(DiGiuseppe et al., 2014).

이러한 기법이 인지적, 정서적, 행동적 범주로 나누어져 있기는 하지만 실제 사용 장면에서는 어떠한 기법은 두세 가지의 범주에 모두 해당되기도 한다. 예를 들어, Ellis(1987c)는 다양한 방법을 적용하며 유머를 빈번히 사용했고, 특별하고 위협적이지 않은 방식으로 비합리적 신념에 도전하는 내용을 담아 그가 작곡한 노래를 내담자들에게 배우게끔 했다. 어떠한 기법을 사용할지에 대한 결정은 내담자와 함께 비합리적 신념에 대해 이야기를 나누고 나서 그 내용에 따라 달라진다. 앞에서 설명한 기법은 대개 논쟁적 기법을 따르고 있다. 심리 치료자들은 내담자들이 다양한 과제와 제안을 얼마나 잘 처리할 수 있는지 평가하고 나서, 다른 기법이나 방법을 할당하거나 수정을 가한다. 심리치료가 진행됨에 따라, 내담자들은 자신들의 문제에 대한 통찰을 발전시킨다.

통찰

REBT는 인지적 통찰에 대해 강조하고 있을 뿐만 아니라 행동적 변화를 이끌 수 있는 정서 적 통찰 역시 중요하다고 본다. 건강하지 못한 감정과 정서를 바꾸는 것은 세 가지 유형의 통찰을 필요로 한다. 통찰의 첫 번째 단계는 정서적 혼란이 과거로부터만 비롯되는 것이 아 니라 현재 내담자 스스로 선행사건을 해석하는 비합리적 신념으로부터 비롯될 수도 있음 을 인정하는 것이다. 즉, 내담자는 과거에 일어난 일에 대한 비합리적 신념 때문에 우울해지 는 것이다. 통찰의 두 번째 단계는 오래전에 시작되어 지금까지 이어져 오고 있는, 같은 종류 의 비합리적 신념을 어떻게 끊임없이 스스로에게 세뇌시키고 있는지를 아는 것이라고 할 수 있다. 즉, 비합리적 신념은 내담자들의 삶을 특징지을 수 있으며, 원래의 선행사건은 기억에 서 지워지더라도 비합리적 신념은 계속 남아있게 된다. 통찰의 세 번째 단계는 앞의 두 단계 에서의 통찰을 현실화하여 받아들이는 것과 관련되어 있다. 통찰을 통해 얻은 지식이 자동 적으로 인간을 변화시키는 것은 아니기 때문이다. 비합리적 신념에 대한 자각만으로는 충 분하지 않다. 비합리적 신념에 대한 적극적인 도전 및 합리적 신념의 개발, A-B-C 성격 이론 지식에 대한 활용이 필수적으로 요구된다. Ellis는, 세 단계의 통찰을 모두 얻음으로써 발생 한 변화는 매우 정밀한(elegant) 것이라고 말했다. 즉, 내담자들은 그들의 정서, 생각, 신념을 변화시키게 될 뿐만 아니라, 어떻게 그랬는지, 왜 그랬는지에 대해서도 알 수 있게 된다(Ellis, 2002; Ellis, 2003d).

심리 장애

REBT에서의 심리치료는 진단적 범주보다는 목표, 선행사건, 신념, 결과에 대한 평가에 기 초를 두고 있다. 그러나 Ellis & Joffe Ellis(2011)는 오늘날 사람들이 직면하는 가장 흔한 정서 적 문제를 바라보는 REBT 관점에 대하여 개략적으로 설명하고 있다. 심각한 수준의 혼란 을 경험하는 사람들(정신증, 경계선 장애, 강박신경증 내담자)에 대하여, Ellis(1991b, 2001b, 2002; DiGiuseppe et al., 2014)는 문제의 원인이 생화학적 이상에 있다고 보았다. 그는 약물 치료와 끈기 있게 REBT를 병행하는 것이 이러한 진단을 받은 내담자들의 정서적 혼란을 호 전시키는 데에 도움이 됨을 발견하였다. 이번 장에서는 불안 장애를 겪고 있는 성인과 우울 장애를 겪고 있는 14세 소녀의 심리치료 사례를 제공할 것이며, 이를 통해 심리치료 과정에서의 논박 및 인지적, 행동적, 정서적 접근법을 확인할 수 있을 것이다. 또한 강박신경증 내담자와 알코올 및 약물 중독 내담자의 심리치료에 대해서도 살펴보기로 하자.

불안 장애: 테드

Ellis는 불안 장애를 겪으며 공황 장애나, 신체적 증상을 동반할 수도 있는 내담자들에게 다른 인지적, 행동적, 정서적 접근법과 더불어 논박의 전략을 함께 적용하곤 했다. 그는 유의한 호전은 5~6주 안에 나타나며 심리치료는 10~20회기 정도로 끝낼 수 있다고 보았다 (Ellis, 1992a).

불안 장애에 대하여 Ellis가 어떻게 REBT를 사용하는지는 테드(Ted)의 사례에서 확인할 수 있다. 테드는 38세의 아프리카계 미국인으로, 10년 전에 결혼생활을 시작했으며, 어린 두 자녀를 두고 있다. 그는 허위 심장 발작(실제로는, 공황 발작)으로 인해 그의 내과의사로부터 의뢰되어 왔으며, 가슴 통증을 호소하였는데, 특히 저지시티에서 맨해튼으로 가는 기차를 타고 있을 때나 그 반대 방향으로 가는 기차를 타고 있을 때 그렇다고 했다. Ellis의 접근은 우선 간략한 가족사에 대한 정보를 수집하고, 밀론 임상다축 질문지 Ⅱ(MCMI Ⅱ)를 포함한 여러 개의 검사를 실시하는 것이었다. 테드의 검사 결과에서 높은 점수가 나온 척도는 단 하나뿐이었는데, 그것은 바로 불안 척도였다. 테드의 증상에 대한 결정을 내리고 가족 배경에 대한 정보를 수집하고 나서 가진 첫 번째 회기에서 Ellis는 테드의 '~하지 않으면 안 된다(musts)', '~해야만 한다(shoulds)', '~하는 것이 당연하다(oughts)'를 다루었다. 다음에 나오는 간략한 대화는 첫 번째 회기에서, Ellis가 테드의 '~하지 않으면 안 된다(musts)'에 도전하고, 그가 가지고 있는 비합리적 신념에 대해 설명하고 있는 부분이다.

치료자: 자, 우리가 당신이 기차를 탈 때 갖게 되는 생각과 태도, 그리고 심장 발작에 대한 당신의 생각과 태도를 바꿀 수 있다면, 당신에게 많은 도움이 될 것이고, 약을 복용할 필요도 없게 됩니다. 당신도 알다시피, 당신은 스스로 완벽주의자라고 이야기했습니다. 그래서 당신은 처음부터 일을 할 때 완벽하게 잘해야 한다는 생각으로 스스로를 초조하게 만들고 있어요. "나는 잘하지 않으면 안 돼! 나는 반드시 잘 해내야만 해!" 스스로에게 "나는 잘 해내고 싶지만, 만약에 실패……한다고 해도, 그래도 세상이 끝나는 건 아니야."라고 말하는 대신에요. 당신도 알죠? 당신은 그런 이야기를 거의 하지 않잖아요. 당신은 "나는 해야만 해! 나는 해야만 해."라고 말할 뿐이에요. 그리고 그런 말들은 당신을 불안하게 만들죠. 당신이 하고 있는 일이나, 성에 관해서나, 심장 발작을 겪는 것에 관해서나, 혹은 그 외의 다른 어떤 것에 대해서도 그런 말을 함으로써 스스로를 불안하게 만들어요. 그리고 그 이후에는 당신은 종종 스스로에게 이렇게 말하죠. "나는 불안해져서는 안 돼! 나는 불안해져서는 안 돼!" 그리고

그것은 당신을 더욱 더 불안하게 만들 거예요. 당신의 불안이 불안하기 때문이죠. 이제, 우선 제가 당신으로 하여금 당신의 불안과 당신 자신을 수용하도록 도울 수 있다면, 스스로를 소름끼치게 하는 것을 멈출 수 있을 겁니다. 그리고 두 번째로 정말 우리가 당신으로 하여금 당신의 완벽주의와 독단적 요구를 포기하도록 도울 수 있다면, 당신은 스스로를 불안하게 만들지 않아도 될 것입니다. 당신은 모든 일이 잘 되어야만 한다고 요구하는 습관 속에 갇혀 있어요. 그래서 일이 잘 풀리지 않으면, 그것들 때문에 결코 당신이 불안해져서는 안 된다고 생각해요. "나는 불안해져서는 안 돼! 나는 현명하고 분별력 있는 사람이어야만 해!"라고요. 그것이 바로 사람들이 자기 자신을 불안하게 만드는 방법인 것입니다. 견고하고, 힘 있는 '~하지 않으면 안 된다(musts)', '~해야만 한다(shoulds)', '~하는 것이 당연하다(oughts)'를 통해서 말이죠.

내담자: 마치 어제 있었던 일처럼 말이죠. 어제는 정말 오랜만에 제 인생 최악의 날이었어요.

치료자: 그래요, 무엇 때문이죠?

내담자: 기차를 타러 가면서 저는 "마음속에 뭔가 다른 생각을 할 필요가 있어."라고 말했어요.

치료자: 기차에 탔을 때 발생할 것만 같은 불안으로부터 당신의 주의를 흩트려 놓기 위해 그런 건가요?

내담자: 네, 맞아요. 저는 "나는 아이들을 위해 스포츠 물품을 사러 가는 길이다."라고 말했어요. 그래서 저는 여러 가게 중 한 군데로 들어가서 물건을 몇 가지 샀어요. 그리고 기차에 오르자마자 저는 일부러 책을 읽기 시작했어요. 기차에 오르고서 10분이 지났는데도, 저는 여전히 불안함을 느끼지 못했어요. 저는 정말 괜찮았어요. 그러나 곧 예전의 기억이 되살아났고, 저는 말했죠. "세상에, 기분이 괜찮은 것 같아." 그 순간, 또 다시 공황감이 느껴지기 시작했어요.

치료자: 괜찮아요. 아마도 당신이 그때 당신에게 했던 말은 "세상에, 기분이 괜찮은 것 같아. 그러나 아마도 심장 발작이 찾아오게 될 거야! 아마도 나는 꼼짝없이 발작을 겪게 되겠지!"와 같은 말이 아니었나요? 그런 식으로 생각하면 그렇게 되고 말아요! 왜냐하면 당신은 정말 또 다시 생각하고 있기 때문이에요. '나는 또 다시 발작을 겪어서는 안 돼! 또 발작을 일으킨다는 건 정말 바보 천치 같은 일이야!' 제 이야기가 맞나요?

내담자: 네, 맞아요. (Ellis, 1992a, pp.39~40)

첫 회기를 마치고 나서, 기차를 타면 발작을 겪게 된다는 테드의 비합리적 신념에 대해 Ellis는 계속적으로 논박했다. 그는 또한 기차를 탈 때 도움이 될 수 있을 만한 자기 진술을 제안했다.

치료자: 자, 당신이 기차에서 발작을 일으키고 있다고 가정해 보세요. 앞으로 어떤 일이 벌어지게 되나요?

내담자: 나에게 무슨 일이 생길 것만 같아요.

치료자: 무슨 일이 생길 것 같아요?

내담자: 오랜 시간 동안 저는 스스로에게 이렇게 말해왔어요. "괜찮아, 아무 일도 생기지 않아. 왜냐하면 내 심장에는 문제가 없고, 그렇다는 것을 알고 있으니까 말이야. 이건 정신적인 문제야. 내가 스스로 문제를 만들어내고 있는 거야."라고 말이죠. 그리고 곧, 제 자신을 이완시켜요. 그러나 저는 제가 매일매일 같은 일을 해야 한다는 결론에 도달했어요. 매일 저는 이런 일을 해야 하는 거죠.

치료자: 저도 알아요. 당신이 "나는 초조해져서는 안 돼! 나는 화를 내서도 안 돼!"라고 말하고 있다는 사실을요. "나는 초조해지고 싶지 않아. 그러나 만약에 초조해진다고 해도, 그저 내가 초조한 것일 뿐이야!"라고 말하는 대신에 말이죠. 당신도 알다시피, 당신은 당신 자신의 불안에 사로잡혀 있어요.

내담자: 네, 바로 그거예요!

치료자: 좋아요, 그러나 불안은 단순한 골칫거리에 불과해요. 그저 그 자체로 그만이에요. 불안은 당신을 죽이지 않아요. 단순한 고통을 줄 뿐이죠. 당신을 포함한 모두가 불안함을 느껴요. 그리고 누구나 그러한 마음을 갖고 살아가죠.

내담자: 저에게는 아주 큰 골칫거리예요!

치료자: 저도 알아요. 그러나 그저 그 자체로 그만이에요. 마치, 자, 가정해 보세요. 당신은 지금 당신이 가지고 있던 모든 돈을 잃어 버렸어요. 그건 정말 실제적인 고통이겠죠. 그러나 당신은 그렇게 많이 걱정하지는 않을 거예요. 왜냐하면, 당신은 더 큰 돈을 벌 수 있게 되리라는 것을 알고 있기 때문이죠. 그러나 당신은 스스로를 두렵게 만들고 있어요. '뭔가 끔찍한 일이 생길 것 같아. 사람들이 내가 이렇게 불안에 떨고 있는 모습을 본다고 생각해 봐! 정말 상상도 하고 싶지 않아!' 자, 사람들이 그렇게 한다고 가정해 보세요.

내담자: 저는 사람들의 생각 같은 건 신경 쓰지 않아요.

치료자: 자, 좋아요. 대부분의 사람들은 그것을 두려워합니다. 그러나 당신은 그렇지 않다면, 정말 잘하고 있는 거예요.

내담자: 기차로 걸어 들어갈 때 저는 제가 불안한 감정을 느끼기 시작한다는 것을 알고 있어요.

치료자: 당신이 그것을 알고 있다는 것은 당신이 그 일이 일어날까봐 두려워하고 있기 때문이에요. 만약 당신이 스스로에게 "알게 뭐야……! 만약 그런 일이 생긴다고 해도, 그저 일어난 일인 것뿐이야!"라고 강하게 이야기하고 진심으로 믿는다면, 그 후에 그 일은 결코 일어나지 않을 거예요. 매 순간 당신은 "나는 불안해져서는 안 돼! 나는 불

안해져서는 안 돼!"라고 이야기하죠. 그러나 그렇게 하면 당신은 불안해지게 될 거예요. (Ellis, 1992a, p.45)

첫 번째 회기의 나머지 시간과 두 번째 회기에서, Ellis는 내담자가 자기 자신을 의기 소침하게 만드는 방식들을 지적하면서, REBT의 핵심적 내용들을 계속해서 다루어 나갔다. Ellis는 테드의 핵심 문제에 빠르게 접근하였다. 그리고 그가 기차에서 발작을 겪는 것에 대하여 무언가를 할 수 있도록 도와주었다. 다음의 이야기들은 세 번째 회기에서 나온 것들이며, 테드가 열심히, 성공적으로 REBT의 원칙을 일상에 적용하고 있음을 보여 준다.

"기분이 훨씬 좋아요. 제가 무엇을 느끼든, 그것은 아무것도 아니에요. 불안감도 마찬가지죠. 저는 제 감정을 만들어내고 있어요. 제가 무엇을 느끼든 저는 단 몇 분 안에 그것을 사라지게 할 수 있어요. 그리고 제가 만약 제 불안에 대해의기소침해진다면, 저는 제 자신에게 그것에 대해 말해 줄 수 있어요."

"기차에 올라가도, 저는 그렇게 불안하지 않아요. 마치 오늘 아침처럼 말이에요. 저는 기차에 있는 동안 불안에 대해 완전히 잊어버리고 있었어요. 조금 후에 기억이 떠올랐지만, 저는 제 자신에게 말하기 시작했어요. '내가 지금 느끼고 있는 감정을 음미하는 것도 좋은 일이야.' 그런 것은 이제 더 이상 저를 괴롭히지 않아요. …… 그리고 지난주에는 며칠 동안 집으로 가는 길에 기차 안에서 잠이 들었어요. 그리고 제가 내려야 하는 역에 도착해서야 잠에서 깼죠. 그리고 저는 제 자신에게 말했어요. '몇 달 전에 나에게 무슨 일이 있어났든 간에 그것들은 모두 사라져 버렸다.'고 말이에요."

"그리고 심지어 직장에 있을 때에도, 저는 불안함을 느끼지 않아요. 저는 이전보다 훨씬 일을 잘하고 있어요. 모든 것을 빠르게 해내려고 했던 불안함을 느끼지 않으면서 말이에요. 저는 전보다 스스로 제 자신의 속도를 훨씬 잘 조절할 수 있게 되었어요. 제가 배운 또 다른 하나는 직장 내에서 저에게 못되게 구는 다른 사람들 때문에 의기소침해지지 않는 거예요. 제가 만약 침울해 있으면 그들은 저에게 같은 방식으로 계속 행동할 테니까요."

"제가 가진 불안에 대해 생각하기 이전에 저는 제가 신체적으로 문제가 있는 것이라고 생각했어요. 이제 저는 제가 아픈 감정을 만들어 낼 수 있다는 것을 알게 되었어요. 2~3분만 지나면 전 괜찮아요. 2주 전에는 불안을 줄이는 데 15분 정도가 걸렸어요. 이제는 2~3분 정도면 돼요. 그리고 공황을 전혀 느끼지 않는 날들도 있어요."

"어느 날은 기차를 타려고 하는데, 기차가 사람들로 가득 차 버린 거예요. 자리에 앉을 수도, 책을 읽을 수도, 주의를 딴 곳으로 돌릴 수도 없었어요. 그러나 그것이 저를 괴롭히지는 않았어요. 예전에는 다음 열차를 기다리곤 했었지만, 이번에는 그렇게 하지 않았어요. 저는 스스로에게 말할 수 있어요. '자, 봐, 불안함을 느낀다고 해도, 그건 네가 만들어 낸 거야. 그리고 너는 그것을 지워 버릴 수도 있어.'라고 말이에요." (Ellis, 1992a, p.51)

이것은 테드가 Ellis와 함께 가진 세 번째, 그리고 마지막 개인 회기의 내용이다. 이를 마치고 나서 그는 '앨버트 엘리스 연구소'에서 열리는 '금요일 밤 워크숍'에 나갔다. 그는 또한 여러 개의 네 시간짜리 워크숍에도 참석하였다. 테드와 그의 부인은 둘 다 그가 자신이 만들어낸 변화를 잘 유지하고 있고, 기차에 대한 공황 발작이 사라졌으며, 직장에서도 거의 불안해하거나 화내지 않게 되었다고 보고했다.

우울증: 페니

우울한 내담자와 함께 작업할 때, 합리적 정서행동 치료자들은 적절한 수준으로 매우 다양한 인지적, 정서적, 행동적 기법을 사용한다. 아래 나오는 사례에서, 중점적으로 보아야 할 부분은 페니(Penny)에게 적용하고 있는 인지적 기법이라고 할 수 있다. 페니는 14세의 학생으로 청각을 잃어버린 상태이다. 그녀는 희망이 없다고 느끼며, 그녀의 남자 형제들만큼 좋지 않으며, 그리고 그들이 자신 곁에 없을 때에는 신경이 과민해진다. 그녀는 자신의 어린 시절이 망쳐졌다고 느끼고 있는데, 이는 그녀가 형제들은 경험했던 모험적인 일들을 해 보지 못했다고 생각하기 때문이다. 페니는 자신이 능률적이지 못하다고 느끼며 학교 공부로 인한 곤란을 겪고 있다. 아래의 발췌 내용은 Marie Joyce가 페니의 비합리적 신념에 도전하고 그것을 변화시키기 위하여 어떻게 REBT를 사용했는지 보여 주고 있다.

> 치료의 주된 초점은 그녀에게 그녀의 비합리적 신념에 도전하도록 합리적 정서행동 방식을 가르치고 그녀가 자신의 불행한 감정에 대해 인과 귀인(causal attribution) 하는 것을 바꾸어 주는 데에 있다. 그녀는 새로운 인과 귀인 신념을 획득했다. "나의 불행한 정서에 대해서 무언가 할 수 있는 것들이 있다. 그리고 내가 바로 그런 것을 할 수 있는 사람이다." 게다가 그녀는 그녀의 통제하에 있는 요인을 배웠는데, 이를 다른 말로 하자면, 논박 기술의 학습과 그녀가 기울이는 노력에 대한 격려라고 할 수 있다. 이것들은 미래에 그녀에게 무슨 일이 일어날지에 대해서와 그녀가 그 일을 어떻게 느낄지에 대한 주요한 영향력을 가지고 있다. 논박의 대상이라고 배운 그녀의 가장 주된 비합리적 신념은 "나는 모든 순간에 내 형제들의 사랑과 인정을 받아야만 한다."는 것과 "나는 반드시 모든 순간에 학업을 잘 수행해야 하며, 그렇지 못한다면 실패한 것과 다름없다."는 것이다.
>
> 페니는 그녀와 그녀의 수행 둘 사이를 구별 짓는 것을 배웠고 그녀라는 사람 자체에 대해 총체적으로 평가하는 것을 중지하도록 배웠다. 집에서 하도록 부과된 과제는 그녀가 사람들에게 뭔가 해달라는 부탁을 받았지만 하고 싶지 않을 때(예: 높은 파도 위에서 서핑보드를 타는 일) 사람들에게 말해야 할 것을 정확히 연습해 볼 수 있도록 도와주었다. 학교 과제에 대한 생각을 다루기 위한, 심리치료 회기 내에서의 합리적 자기 언어(rational self-talk) 연습에서, 그녀의 생각보다 더 두렵고 상상을 초월하는 '파국화'를 경험해 봄으로써 낮은 성적을 받게 될 것이라는, 사건에 대한 과장된 평가가 줄어들었다. 심리치료자에 의한 유머

를 담은 과장 기법은 그녀가 자신의 지각을 새로운 관점에 닿을 수 있게 하도록 도와주었다. (Bernard & Joyce, 1984, pp.310~311)

여덟 차례에 걸친 심리치료 회기 후에 그녀는 훨씬 행복감을 느끼고 있으며 그녀의 수행으로 인해 그녀라는 사람 전체를 평가하지 않으며 과제를 해나가고 있다. 페니의 어머니가 보고한 그녀의 변화에는, 자기수용 수준의 상승, 선생님에 대한 새롭고 긍정적 지각, 독립적이고 조직적으로 과제를 하게 됨과 같은 내용이 포함되어 있었다.

강박증: 여성

Ellis(Ellis, 1991b, 1994b, 2001b; Ellis & Joffe Ellis, 2011)는 강박증에는 강한 생물학적 요인이 있다고 보았다. 그는 이 심리 장애의 원인을 신경전달물질의 부족, 특히 세로토닌 때문이라고 생각했다. 비록 Ellis가 약물 치료를 제안하기는 했지만, 그는 절대주의적 요구와 완벽한 확실성을 추구하는 내담자들과 함께 작업한다. 강박증 내담자들에 대한 그의 접근법은 그들에게 완벽한 확실성은 존재하지 않는다는 것을 보여 주고, 그들이 가진 신념체계에 도전하는 것이다. 다음에 나오는 내용은 Ellis가 REBT 심리치료를 적용한 한 강박증 여성에 대한 사례를 간략하게 기술한 것이다.

그녀는 모든 것이 확실하기를 바라는 내담자인데, 아기를 낳은 직후 아기가 다른 사람의 아기와 바뀌었을 것이라고 두려워하고 있다. 그녀는 아이가 바뀌지 않았다는 100%의 보증을 요구했는데, 물론 무엇으로도 그녀를 충족시킬 수는 없었다. 비록 내가 그녀에게 아이가 바뀌었다는 어떠한 증거도 존재하지 않고, 그럴 확률은 10억 분의 1에 불과하며, 아이의 얼굴도 그녀와 닮았다는 것을 보여 주었지만, 그녀는 여전히 그래도 바뀌었을 수 있고, 그러한 가능성에 대한 공포로 인해 매우 당황스러워했다.

이에 나는 세련된 REBT 기법을 사용하여, 그녀에게 설령 진짜로 아이가 뒤바뀌었다고 해도 그것이 그렇게 나쁜 것만은 아니라는 것을 보여 주었다. 왜냐하면, 내담자는 강박증 환자이고, 그녀의 어머니는 조현병 환자이며, 그녀의 가까운 친척 중 몇몇이 경계선 성격 장애를 가지고 있기 때문이다. 만약 그녀가 바뀐 아이를 데리고 있다면, 원래의 아이보다 정서적 혼란을 덜 경험하게 될 수 있는 것이다! 그녀에게 강력하게 REBT를 시행하고 나서 여러 주가 지나, 마침내 나는 그녀가 불확실성을 받아들이게 하였고, 그녀는 아이가 바뀌는 것과 같이 절대 일어날 것 같지 않은 일에 대해 덜 강박적으로 변화하고 있다. (Ellis, 1991b, pp.21~22)

알코올 및 약물 중독

Ellis와 동료들은 알코올 및 약물 중독 치료에 상당한 주의를 기울였다. 그들의 저서인 『알코올 및 약물 남용에 대한 합리적·정서적 심리치료(Rational-Emotive Treatment of Alcoholism and Substance Abuse)』에서 Ellis, McInerney, DiGiuseppe, & Yeager(1988)는 중독에 관한 REBT 이론과, 약물 중독 문제를 가진 사람들을 도와줄 수 있는, 구체적이고, 인지적, 정서적, 행동적 REBT 기법에 대해 설명하고 있다. 알코올이나 약물 중독자에 대한 그들의 접근과 심리치료는 내담자와 치료적 관계를 형성하고 달성할 수 있는 목표를 설정하는 것으로부터 시작된다(Ellis & Joffe Ellis, 2011). 내담자들은 그들의 음주와 약물 중독에 대한 역기능적 사고를 어떻게 논박하는지에 대해 배운다. 음주와 관련하여, 불가피함과 절망에 대한 비합리적 신념을 중독자들이 어떻게 논박할 수 있는지 보여 주는 사례가 제시되어 있다.

> 비합리적 신념: "저는 절대 다시 술을 마시면 안 되는데 안 되는 일을 했기 때문에 저는 가망이 없어요. 저는 항상 술에 취해 있게 될 것이고, 결코 술 마시는 것을 멈출 수 없을 거예요."
>
> 논박: "당신은 어떻게 어떤 것이 항상 그럴 거라고, 결코 변하지 않을 거라고 증명할 수 있죠?"
>
> 비합리적 신념(IB): "그렇지만 얼마나 여러 번 끊으려고 노력했지만 끊을 수 없었는지 보시면 아실 거예요. 제가 할 수 없다는 것을 증명하는 것이 아닌가요?"
>
> 논박: "아니에요, 그건 단지 당신이 아직 그 일을 해내지 못했고 그걸 해내기가 매우 어렵다는 걸 증명해 줄 뿐이에요. 그러나 매우 어렵다고 해서 그것이 불가능하다는 건 아니에요. 당신이 그렇게 생각해서, 실질적으로 그 일을 불가능하게 만들지 않는다면요."
>
> 대답: "아마도 당신 말이 맞는 것 같아요. 당신 말을 잘 생각해 볼게요." (Ellis et al., 1988, p.74)

내담자들이 중독적 행동에 대해 어느 정도 통제력을 보여 줄 수 있게 되면, REBT의 심리치료는 '인지적, 정서적, 행동적 자기 관리와 약물 남용에 대한 상황적 촉발 요인(situational triggers)' 쪽으로 초점을 옮기게 된다(Ellis et al., 1988, p.107). 심리치료의 최종 단계에서는 내담자들이 그들의 자제력을 계속 이어나갈 수 있도록 하는 실질적인 문제해결(이는 심리치료의 목표에 국한되는 것이 아니라 삶의 공통적 목표를 의미하는 것임)을 돕는 것에 몰두한다. 또한 알코올과 약물 중독을 촉발하는 주된 요인인 기저의 비합리적 신념을 이해하고자 노력한다. Ellis와 다른 심리치료자들은 중독의 원인이 무엇일지에 대해 연구했다. Ellis(1992d)에 의하면 중독에 대한 공통적 설명은, 낮은 좌절 인내력에 기인하고 있다는 것이다. 낮은 좌절 인내력의 개념으로 보면, 중독자들은 짧은 시간에 닥친 많은 불편함을 견뎌내지 못한다. Ellis는 중독을 설명하는 여섯 단계 모델을 제안했는데, 이것은 정서적 혼란감과 관련되어 있다. Ellis(1992d)에 의하면, 중독적 음주에 대한 REBT 이론이 이해되면, 치료자들과 중독자들은 그것을 중독과 관련된 생각, 감정, 행동을 무효로 만드는 데 사용할 수 있다. 이는 개인 치료 혹은 자조 집단에서 이루어질 수 있다. Bishop(2000)은 Ellis 등(1988)이 설명한 많은 방법을 사용하여 REBT를 개인 내담자에게 적용하고 있다.

알코올의존자 모임(Alcoholics Anonymous: AA)에 대한 대안적 자조(self-help) 조직으로, '자기관리와 합리성 훈련(Self-Management and Rational Training: SMART)'이 있는데, 알코올의존자 모임과는 몇 가지 측면에서 다르다고 할 수 있다(Ellis & Joffe Ellis, 2011). 가장 눈에 띄는 것은 고차원적 힘에 의존하거나, 구성원으로부터 종교적·정신적 신념을 요구하지 않는다는 점이다(Ellis & Velten, 1992). 또한, SMART는 알코올의존증으로부터 벗어날 수 있도록 도와주기 위해서 REBT에 기초를 둔 모형을 사용하고 있다. Ellis는 알코올의존자 모임이 도움이 된다는 것을 부정하지는 않았다. 이와는 대조적으로, Ellis는 SMART가 많은 사람들에게 효과적이며 SMART의 많은 접근법이 REBT와 일치하고 있다고 보았다.

단기 심리치료

일반적으로 REBT는 단기적 심리치료 개입이며, 대부분 5~12회기 안에 내담자들에게 도움을 줄 수 있다(DiGiusepp et al., 2014; Ellis, 1992a, 1996a). 좀 더 많은 자료를 제공하며, DiGiuseppe(1991)는 앨버트 엘리스 연구소의 731명을 대상으로 한 연구에서, 평균 회기 수는 16.5회, 중앙값은 11회였다는 것을 밝혔다. 표본의 25%는 23회 이상이었다. Ellis는 자기 자신에 대해서는 대부분의 회기가 절반인 30분 분량에만 해당된다고 하였다. 이는 다른 합리적 정서행동 치료자들의 전형적인 유형은 아니다.

『더 효과 있고, 더 심도 있고 더 오래 지속되는 단기 치료(Better, Deeper, and More Enduring Brief Therapy)』(1996a)에서 Ellis는 20회보다 적은 회기로 이루어진 상담에서 어떻게 REBT가 적용될 수 있는지 말하고 있다. 그는 깊고 좀 더 집중적인 단기 심리치료 방법뿐 아니라 단기 심리치료라는 것에는 적합하지만 덜 깊고, 덜 집중적인 방법에 대하여 설명하고 있다. 깊고 좀 더 집중적인 단기 심리치료 방법 중에 Ellis가 가장 좋아하는 세 가지인 논박하기, 최악의 상황을 수용하기, 투덜대지 않기 철학(anti-whining philosophy) 방법이 있다. 그러나 Ellis는 다른 이론가들의 작업을 포섭하면서 그가 이전 작업에서 사용하던 것보다 더 광범위하고 다양한 기법을 사용한다.

Ellis의 심리치료에 대한 접근은 가능한 한 빨리 변화를 발생시키는 것에 있다. "나는 효과 있음의 유전자를 가지고 있습니다. 반면에 Freud는 효과 없음의 유전자를 가지고 있습니다. 대부분의 분석가들이 그렇듯 말이죠."(Palmer, 1994, p.7)라고 그가 말한 대로 말이다. 그는 시골에서 사는 사람들과 함께 작업했다. 그들이 뉴욕에 방문했을 때 만나거나, 그들에게 전화로 물어보는 방식을 통하여 이루어졌다. 그에게는 단 한 회기만 그를 만나본 수백 명의 내담자가 있었다(Ellis, 1996a; Dryden & Ellis, 2003). 또한 Ellis는 '금요일 밤 워크숍'[지금은 '금요일 밤 라이브(Friday Night Live!)'라고 불림]을 제공했는데, 여기서 그는 자신의 문제를 개방하는 개인 지원자에게 REBT를 시연하여 보여 주었다. 그는 이 워크숍에 참석했던 사람들의 자료를 수집했는데, 많은 사람들이 워크숍에 단 한 번 참석했던 것만으로도 상당한 도움을 받은 것으로 나타났다. 실시간으로 진행된 대중을 위한 워크숍은 앨버트 엘리스 연구소에서 개최될 때까지 대중들의 자발적인 참여와 함께 훈련받은 REBT 심리치료자들에 의해 계속 이어졌다.

최신 동향

1950년대 초기에 발단된 이래로 계속, REBT의 A-B-C 이론은 강력한 인지적 초점을 유지하면서도 보다 복잡하고 완전한 형태로 성장하고 개발되어 왔다(David et al, 2010; Ellis, 2003c). 사실, 2005년에 이루어진 면담에서, Ellis는 A-B-C-D-E 모형에 'F'를 추가할 것을 제안하였다. F는 확실히 동의하는 가운데(forcefully agreeing) 효과(E)를 보다 견고히 하기 위한 새로운 합리적 신념을 적용하는 것이라고 할 수 있다(Bernard, 2009, p.70). Ellis는 모델의 정서적·행동적 측면을 강조하였는데 인간적이고 실존적인 요소 역시 중요하게 생각했다. 또한 Ellis는, 내담자들이 자신의 비합리적 신념을 바꿀 수 있도록 도와주는 것에 있어 새로운 기법을 포함시켜 적용하는 일에 매우 개방적이었다. 예를 들어, 그는 50년 이상 종종 REBT에 도움이 된다고 생각될 때 최면 기법을 사용하곤 했다(Ellis, 2001b). Ellis(1996c)는 또한 비합리적 신념을 표현하고 바꿔 나가기 위해 게슈탈트 실존 기법을 사용하기도 했다.

Ellis(2000, 2001a, 2001b, 2002)는 구성주의를 그의 이론에 접목시켰다. 그가 비합리적 신념을 탐색할 때에 단호하고 결정적인 관점을 취하고 있기 때문에, 그의 접근은 현실주의적인 것으로 보이기 쉽다(Guterman, 1996). 그는 내담자의 이야기를 듣고 그들이 가진 문제를 A-B-C 이론과 관련지어 이해하고자 하였다. 합리적 정서행동 치료에서의 '합리적(rational)'이라는 표현은 그가 내담자를 이해하는 데 있어 자신이 가진 관점에서의 추론을 이용하는 것으로 비춰질 것이다. 그러나 Ellis(1997)는 그가 가진 태도는 합리주의자라기보다는 구성주의자에 가깝다고 주장하였다. 내담자들은 REBT 기법에 각각 다르게 반응하는데, Ellis는 각각의 내담자들이 자신이 가진 문제를 특별한 방식으로 지각하는 것을 관찰하게 되었다. 그는 그의 접근법에 흠이 존재할 수도 있다는 것을 깨닫고 그것들을 찾아내기 위한 노력을 기울였다. 앞에서 언급한 대로, 그는 내담자들을 도울 수 있는 새롭고 창조적인 기법을 접목시키는 것에 개방적이었다. 좀 더 다른 시각으로 내담자를 바라보고자 하는 Ellis의 개방성은 내담자가 가진 생각을 통해 세상을 이해하고자 하는 구성주의적 관점과 일치한다고 할 수 있다.

REBT 이론, 기법, 연구의 발전에 있어 Ellis가 매우 중심적이고 활동적인 역할을 했기 때문에, Ellis가 세상을 떠난 이후의 REBT의 미래 방향은 불확실한 것처럼 보인다. 그러나 최근 출간된 세 권의 책은 초급(Neenan & Dryden, 2011), 중급(Ellis & Joffe Ellis, 2011), 고급(DiGiuseppe et al., 2014)의 관점에서 REBT에 대한 연구가 왕성하게 이어지고 있다는 것을 보여 준다.

다른 학자들도 개인이 직면하고 있는 현재의 문제에 REBT를 적용해왔다. 예를 들면, Jarrett(2013)은 이라크전 참전 군인들과 그 가족들을 위해 '참전군인 회복과 성장(Warrior Resilience and Thriving), 참전군인 가족의 회복과 성장(Warrior Family Resilience and Thriving)' 프로그램을 개발하였다. 이 프로그램은 회복탄력성, 감정 관리, 비판적 사고를 가르친다. 스마트폰과 같은 새로운 기기의 이점을 살린 접근도 이용한다. 마인드 맵핑(mind-mapping) 도구는 내담자들이 REBT 이론에 포함된 A-B-C 개념도를 그릴 수 있게 해 주어 그들이 가진 문제에 이러한 개념을 더 잘 적용할 수 있도록 해 준다(Warren, 2012). 다른 연구자들도 REBT 이론을 다른 혁신적인 프로젝트에 적용할 것이다.

합리적 정서행동 심리치료를 다른 심리치료 이론과 함께 사용하기

다른 이론의 기법들이 A-B-C 성격 모형과 조화를 이룰 수 있는 한, REBT는 그러한 기법을 활용한다. Flankl의 실존주의 심리치료(5장의 의미 치료)는 다소 비슷한 철학을 가지고 있기 때문에, 의미 치료는 REBT의 가치를 높일 수 있을 것으로 보인다(Hutchinson & Chapman, 2005). Adelman(2008)은 약물 중독 청소년의 심리치료를 위하여 REBT와 구성주의(12장)를 결합시켰다. 이란에서는 REBT와 예술 치료법이 대학생들의 자존감과 회복 탄력성을 높이는 데 성공적으로 사용되었다(Roghanchi, Mohamad, Mey, Momeni, & Golmohamadian, 2013). 게슈탈트 이론의 빈 의자 기법과 같이 그 외의 다른 기법들은 REBT의 정서적 접근법에 적용된다. Meichenbaum(8장 참고)과 Beck(10장 참고)의 모형은 REBT와 가장 가깝다고 할 수 있다. 많은 심리치료자들에게, Ellis의 REBT와 Beck의 인지 치료는 서로 비슷한 것으로 보인다. Hyland & Boduszek(2012)는 인지 치료와 REBT가 통합될 수 있는 방법을 제시한다. 그러나 Ellis(2003f, 2005a)는 REBT와 인지 치료에는 차이점이 있으며 그것은 바로 REBT가 가진 효과성이라고 주장했다. 이러한 주장에 반대하며, Padesky & Beck(2003, 2005)은 인지 치료의 효과성에 대해 강조하였다.

연구

합리적 정서행동 치료와 관련된 연구는 대략 300개 정도가 진행되어 왔다. 많은 연구들이 REBT와 다른 심리치료 체계를 비교하거나 다양한 통제/처치 집단을 비교하는 주제를 가지고 이루어졌다(Ellis & Joffe Ellis, 2011). 또한 REBT의 개념과 도구에 관한 연구는 비합리적 신념을 측정한다. 이번 절에서는, 성과 연구에 대해 개략적으로 설명하고 연구 결과를 보는 것과 함께, REBT에 대한 연구를 하는 것과 관련된 주제에 대해 살펴볼 것이다. 또한 REBT를 조사한 전형적인 효과 연구의 사례에 대하여 알아보고, 비합리적 신념과 그 외 REBT의 중요한 개념을 다루고 있는 몇몇 연구에 대해 보게 될 것이다.

세 개의 관련 문헌 고찰 논문에서, REBT와 다른 처치 집단 혹은 통제 집단을 비교하는 158개의 효과 연구를 조사하였다. 첫 번째 연구는, DiGiuseppe & Miller(1977)가 22개의 논문을 조사한 것이다. 이후에 McGovern & Silverman(1984)이 47개의 논문을 검토한 결과, 31개의 연구에서 REBT가 다른 심리치료 집단이나 통제 집단에 비해 유의하게 효과적이라는 것을 발견했다. REBT가 더 우수한 것이 아닌 것으로 나타난 연구에서는, 대개 집단 간에 유의한 차이가 존재하지 않았다. 1982~1989년의 89개 연구를 검토한 Silverman, McCarthy, & McGovern(1992)은 REBT가 49개의 연구에서 다른 심리치료 집단이나 통제 집단에 비해 유의하게 효과적이라는 것을 발견했다. 몇몇 사례에서 REBT는 다른 심리치료 기법과 연합되어 활용되었는데, 연합되었을 경우에 심리치료 효과가 가장 높은 것으로 나타났다. 191개의 연구를 기간을 나누어 메타분석(meta-analysis)을 실시하였는데 REBT 처치 결과의 유효성과 방법론적인 우수성을 1990년 이전과 1990~2003년으로 기간을 나누어 비교하였다. 그 결과, 방법론적인 우수성은 두 기간 모두에서 일관적으로 나타났는데, REBT는 두 기간 동안 적어도 경험적으로 지지받는 다른 심리치료법만큼은 효과적인 것으로 나타났다(Ford, 2009).

REBT를 이용한 연구들이 어떠한 것들이 있는지 몇 가지 소개한다. REBT, 인지 치료, 약물 요법 세 가지 심리치료를 비교한 한 연구에서, 세 가지 처치 모두 비합리적 신념을 줄이는 효과가 있음이 밝혀졌다(Szentagotai, David, Lupu, & Cosman, 2008). 6개월 후의 추수 조사에서, REBT는 주요 우울 장애를 겪는 내담자들의 증상과 우울감을 줄여 주는 것으로 나타났다(David, Szentagotai, Lupu, & Cosman, 2008). REBT를 성인 공황장애 치료에서의 시각/신체감각기능 관조 치료(visual/kinesthetic dissociation treatment)와 비교하는 연구도 있다(Simpson & Dryden, 2011). 시각/신체감각기능 관조 치료에서 내담자들은 처음에는 심리적 외상 사건 장면 위에서, 그 다음은 심리적 외상 사건과 같은 수준(그러나 사건과 너무 가깝지는 않은)에서 그들 스스로를 보게 된다. 그리고 심리치료자는 내담자가 안전한 상상의 시점에서 그 사건을 처리하도록 돕는다. 두 치료법 모두 치료 종결 시점과 한 달 후 사후 점검에서 성공적인 것으로 확인되었다(Simpson & Dryden, 2011). 이러한 연구들은 REBT의 효과를 보여 주었다.

REBT 효과에 관한 70개의 연구를 메타분석한 Lyons & Woods(1991)는 REBT 효과를 통제 집단 및 인지행동 수정 처치 집단, 행동 치료 집단, 그 외의 다른 심리치료 집단과 비교했다. 그 결과, 통제 집단과 역기능성 정도의 초기치(initial measures of dysfunction)에 비해서 REBT가 유의한 향상을 보이는 것으로 나타났다. 또한, 향상 정도는 심리치료자의 심리치료 경험과 심리치료 기간과 관련이 있었다. 그러나 그들은 이러한 연구 방법에 구조적 문제가 있음을 알게 되었다. 다시 말해, Ellis가 개발한 REBT가 실제적으로 얼마나 사용되고 있는지 평가하기가 어려웠던 것이다. 어떤 경우에는, 심리치료자가 REBT와 다른 방법들을 결합하여 사용할 수도 있고 원래의 REBT의 형태로 REBT를 사용할 수도 있다. 게다가 REBT는 많은 인지적, 행동적 전략을 활용하고 있다. REBT의 효과와 인지 치료의 효과를 분리시키는 것은 매우 어려운 일이라고 할 수 있다. 그러나 Lyons & Woods(1991)는 REBT와 다른 심리치료법을 가장 까다롭게 비교 평가한 연구들이 REBT 절차의 효과를 증명하고 있다는 것에 주목하였다. 이러한 결과는 변화의 측정 기준이 사용된 심리치료법과 상대적으로 관련성이 떨어질 때 나타났다. 예를 들어, 생리적 스트레스 수준을 기준으로 변화가 나타난 경우, 비합리적 신념 역시 변화한 것으로 나타났다. 후자의 경우 REBT의 일환으로 이루어진 학습을 통해 나타나는 것으로 보인다.

REBT는 보통 아동과 청소년에게 사용된다. 적절한 실험 기준에 대한 엄중한 기준을 충족시킨 19개의 연구에 대해 메타분석 기법을 적용하였다(Gonzalez et al., 2004). REBT는 아동과 청소년 모두에게 유용한 것으로 나타났으며, 특히 파괴적 사건의 빈도를 줄이는 데 효과적이었다. 연구자들은 또한, 청소년보다 아동에게 더욱 효율적이라는 것도 발견했다. 장기적으로 심리치료가 지속될수록 REBT의 효과는 더욱 커졌다. 놀라운 것은, 정신건강 전문가들보다 정신건강 전문가가 아닌 사람들이(non-mental health professionals) REBT를 실시하여 더 많은 변화를 이끌어냈다는 것이다. REBT는 주로 교육적 개입으로 채택되어 왔다[종종 합리적 정서행동 교육(Rational Emotive Behavior Education: REBE) 또는 합리적 정서교육(Rational Emotive Education: REE)로 언급된다]. 26개 연구를 메타분석을 통해 검토한 결과, REBE와 REE가 교실 장면에서의 비합리적 신념과 역기능적 행동을 감소시키며, 성인기 초기의 사람들보다는 아동과 청소년에게 더욱 효과적인 것으로 나타났다(Trip, Vernon, & McMahon, 2007). Banks & Zionts(2009)는 REBT가 정서적인 혼란을 경험하는 아동과 청소년에게 어떻게 적용될 수 있는지 보여 준다. Vernon(2009)과 Wilde(2008), 두 연구자 모두, 실제적이고 구체적인 개인 상담, 작은 집단, 교실 장면에서 아동과 청소년에게 효과적으로 사용될 수 있는 REBT 기법에 대해 서술하고 있다.

성과 연구 비평을 통하여, Haaga, Dryden & Dancey(1991)는 연구 조사에서 심리치료자가 잘하는지가 실제로 REBT를 대표할 수 있는 것인지에 대한 관심을 보여 주고 있다. 그들은 네 가지 조건을 가지고 검토하였다. (1) 이론을 고수함(심리치료자가 처치로 지시받은 행동을 얼마나 잘 수행하는가), (2) 순수성(이론을 고수하고 있다고 긍정적으로 여겨질 수 있는 심리치료자의 행동 비중), (3) 식별 가능성(어떤 심리치료를 하고 있는지 모르는 관찰자가 자신들이 관찰하고 있는 이론이 어떤 것인지 얼마나 잘 이야기할 수 있는가), (4) 우수성(심리치료자가 얼마나 심리치료를 잘 수행하는가). 비록 이러한 조합이 평가될 수는 있지만 측정하기 어렵고, 많은 연구들이 그것들을 다루지 않는다. 그러나 그렇게 하지 않고서는, 다른 이론과 REBT를 구별하고 있는 연구가 있는지를 알기가 어렵다. Haaga &

Davison(1991)은 연구에서 REBT와 다른 인지 치료들의 차이를 무시하는 것에 대하여 염려를 표했다. REBT 연구에서 흔히 사용되는 비합리적 신념의 정도에 대한 심리 측정의 특징을 검토하며, Terjesen, Salhany, & Sciutto(2009)는 표본의 신뢰도와 타당도에서 상당한 수준의 변산성이 있음을 발견했다. 저자들은 비합리적 신념에 대한 향후 방안뿐만 아니라, REBT 심리치료자들에게 추천할 만한 평가 도구의 발전과 관련하여 연구 결과의 의미에 대해 논의하고 있다.

치료적 효과에 대한 연구에 더하여 REBT의 개념에 대한 검토가 이루어져 왔다. 예를 들어, Woods, Silverman & Bentilini(1991)는 800명의 고등학생과 대학생을 대학으로 한 연구에서 자살 사고와 비합리적 신념 사이에 강한 상관관계가 있음을 발견했다. 203명의 대학생을 대상으로 한 연구에서는 비합리적 신념과 음주 문제 사이에 유의한 상관관계가 있음이 밝혀졌다(Hutchinson, Patock-Peckham, Cheong, & Nagoshi, 1998). 240명의 대학생을 대상으로 연구를 진행한 Harran & Ziegler(1991)는 비합리적 신념과 대학 생활의 어려움과 곤란에 대해 보고한 것 사이에 강한 상관관계가 있음을 알아냈다. Ziegler & Leslie(2003)는 192명의 대학생을 대상으로 Harran & Ziegler의 연구 결과를 반복 검증하였다. Ziegler & Leslie는 또한 두려움과 낮은 좌절 인내력에서 높은 점수를 보이는 학생일수록 낮은 점수를 보이는 학생들보다 더 많은 걱정과 곤란에 대해 보고한다는 것을 발견했다. 이는 높은 수준의 비합리적 신념은 '두렵게 만들기(awfulize)'나 '파국화(catastrophize)'의 경향이 있다는 Ellis의 관점과도 일치하는 것이다. REBT는 또한 행동 관리 문제가 있는 7학년생(미국)을 대상으로 한 분노 관리 프로그램에도 적용되었다. 통제 집단과 비교해 볼 때 분노 관리 프로그램에 있는 학생들은 관계 기관에 거의 의뢰되지 않았으며, 합리적 사고의 수준의 향상된 것으로 나타났다(Sharp, 2004). 이러한 연구들은 비합리적 신념과 생리적 스트레스의 측정 및 심리적 개념을 관련시키도록 도와준다.

성 관련 주제

내담자의 성별과 관계없이, 합리적 정서행동 치료자들은 내담자가 가진 비합리적 신념을 확인하고, 인지적·행동적·정서적 방법을 통해 건강한 정신 기능이 활성화되도록 함께 작업한다. 비합리적 신념의 근원은 남성과 여성이 서로 다른 것이 보통인데, 이는 내담자들이 반드시 순응해야만 한다는(must) 비합리적 신념에 따라 수많은 사회적 기대를 수용한 정도에 따라 달라진다. 여러 합리적 정서행동 저자들은 여성과 함께 작업할 때 심리치료자들이 자주 언급하는 사회적 및 다른 논점들을 밝히고 있다.

합리적 정서행동 치료는 여성들이 자신의 신념과 철학을 확인하고, 정서적이고 실제적인 어려움을 해결해 나가는 데 도움이 된다(Wolfe, 1985, 1993). REBT는 여성들에게 자신이 가진 문제를 어떻게 정의해야 하는지, 정서와 행동에 영향을 미치는 요인을 확인하려면 어떻게 해야 하는지, 그들의 행동을 바꾸는 것과 더 높은 자기수용을 향해 나아가는 것에 대하여 가르친다(Wolfe & Russianoff, 1997). Wolfe & Naimark(1991)는 심리치료자들이 여성 내담자들에게 남성들과의 관계, 가족들과의 관계, 그리고 공동체 활동 시 관계에서의 전형적 성역할 고정관념(sex-role stereotypes)에 도전할 것을 반드시 격려해야 한다고 보았다. Wolfe & Fodor(1996)는 '상류층' 여성들과 관련해서 이러한 문제들과, 여성들의 자기수용의 계발, 그리고 그 외 다른 문제들을 논의했다. 또한 성적인 문제를 겪고 있는 여성들을 돕기 위해 집단 치료를 활용하는 방법들이 개발되었다(Walen & Wolfe, 2000; Wolfe, 1993). Muran & DiGiuseppe(2000)는 강간에 의한 정신적 외상으로 고통받고 있는 여성들에게 도움이 되는 지침을 개발했다. Wolfe(1985)는 앨버트 엘리스 연구소에서 문제를 겪고 있는 여성들을 돕기 위하여 개발한 집단 유형 목록을 작성했다. 여기에는 자기주장, 효능감, 성과 관련된 것, 삶의 주기, 취업, 체중과 스트레스 관리, 엄마와 딸 사이의 의사소통과 같은 문제가 포함되며 모든 여성 심리치료 집단이 해당된다.

　　여성은 비합리적 신념을 촉진하는 수많은 성역할 사회화 메시지에 영향을 받기 쉽다(Wolfe & Naimark, 1991). 예를 들어, "매력적이고 귀여운 여성이 남편을 잘 만난다."와 같은 성역할 메시지를 들은 여성이 있다고 하자. 이와 연관된 비합리적 신념은 "나는 남자들 앞에서 내 주장을 내세우며 행동해서는 안 돼. 나는 내가 원하는 것을 먼저 이야기해서는 안 돼."와 같은 것들이다(Wolfe & Naimark, 1991, p.270). 또 다른 예로는 "여성에게는, 일보다는 사랑이 우선이 된다."와 같은 메시지가 있다. 이 사회화 메시지 뒤에 숨어 있는 비합리적 신념은 "나는 내가 하는 일에 몰두해서는 안 돼."라고 할 수 있다(p.269). Wolfe & Naimark은 성역할 사회화 메시지와 비합리적 신념에 관한 목록을 작성했다. 이와 더불어 공통된 정서적·행동적 결과와, 여성이 성역할 기대를 벗어나는 행동을 했을 때 남성과 여성이 각각 반응하는 방식에 대해서도 정리하였다.

　　다음은 REBT 치료자가, 성폭행을 당한 후 죄책감을 느끼는 것과 관련된 비합리적 신념을 어떻게 다루는지 보여 준다(Zachary, 1980, pp.251~252). 특히, 상담 대화의 끝부분에서 내담자의 비합리적 신념을 다루고 있다. 치료자는 인지 치료의 첫 회기에서 내담자가 심리적 외상 사건을 기술하는 부분에 A-B-C-D-E 이론을 개념적으로 적용하고 있다.

> **내담자:** 저는 파티에 가거나 여러 사람들과 함께 있을 때 불편함을 많이 느껴요. 더욱이 예전보다 눈에 띄게 성관계에 대한 흥미가 줄어들었어요. 아마도 그 관계가 확실하진 않지만 1년 반 전에 제가 예기치 못하게 성폭행을 당한 후부터 생긴 변화인 것 같아요.
>
> **치료자:** 최근에 인간관계에서 느끼는 불편함이 이전에 당한 성폭행과 관련있다고 느끼시는군요.

내담자: 네, 그런 것 같아요. 데이트를 신청해서 허락하고 그 사람을 만나게 되었는데 저는 그 사람에 대해 잘 몰랐어요. 그는 인적이 드문 곳으로 저를 데려가서 성폭행한 후 저를 버려둔 채 사라졌어요. 저는 지나가는 차를 얻어 타고 마을로 돌아가서 경찰에 신고하고 산부인과에서 검사도 받았어요. 제 변호사가 입회한 가운데 경찰은 제가 데이트를 승낙했기 때문에 성폭행을 당했다는 것을 증명할 방법이 없다고 말했어요. 아무런 희망이 없다고 해서 저는 모든 것을 포기해야만 했어요.

치료자: 그렇다면 지금 그 장면을 떠올리면 어떤 생각이 드나요?

내담자: 사실은, 생각이 왔다 갔다 해요. 어떤 때는 고소해야만 했다고 생각하다가 어떤 때는 포기하기를 잘했다는 생각도 들어요. 경찰과 변호사, 그들은 마치 제가 그 남자에게 나가자고 요청했다는 듯이 저를 대했어요. 제가 그들을 설득하려고 했다면 더 수치스러워졌을 거예요.

치료자: 지금 당신 마음속에는 계속 그런 생각이 떠오르고 어떻게 하는 게 최선이었을지 생각이 왔다 갔다 하고 있군요.

내담자: 맞아요. 저는 너무 많은 생각을 하고 너무 혼란스러워요.

치료자: 지금 당신은 그때 완벽하게 옳은 방법이 있었다고 생각하고 있어요. 그래서 그 생각으로 자기 자신을 끝없이 괴롭히고 있어요.

내담자: 흠, 심지어 제가 성폭행을 피할 수 있었을지도 모른다는 생각도 해요.

치료자: 어떻게 행동했을 거라는 말인가요?

내담자: 정확히는 잘 모르겠어요. 그 사람은 자기가 칼을 가지고 있다고 말했어요. 그러나 저는 실제로 그 칼을 보지 못했어요. 아마 칼을 갖고 있지 않았을 거예요. 아마 저는 소리를 지를 수 있었을 거예요. 강하게 저항하며 싸울 수도 있었고, 도망치려고 노력할 수도 있었어요. 그렇지만 저는 그가 저를 칼로 찌를까봐 너무 두려웠어요.

치료자: 그래서 그때 당신은 그가 칼을 가지고 있고, 순순히 그의 말을 따르지 않으면 당신을 다치게 하거나, 심지어 죽일지도 모른다고 믿었던 거죠.

내담자: 네, 하지만 지금 생각해 보니 그 사람이 정말로 그렇게 하려고 했는지 잘 모르겠어요. 그건 전적으로 저의 진술이에요. 그는 경찰에서 제가 그 사람을 유혹했다고 말했어요. 경찰은 그 사람의 말을 믿는 것처럼 보였어요. 심지어 제 변호사까지도 제 이야기에 의심을 품는 것처럼 보였어요.

치료자: 지금 이 얘기를 하면서 어떤 기분이 드나요?

내담자: 정신 나간 소리 같지만, 저는 제 자신에 대해 죄책감과 수치심을 느껴요. 성폭행한 건 그 사람인데 제가 오히려 죄책감을 느껴야 하다니!

치료자: 당신은 지금 죄책감, 수치심, 그리고 인간 이하의 존재로 대우받았다고 느끼고 있군요. 그리고 당신 자신에게 그날 그 사람에게 대항해서 싸웠어야만 했다고 얘기하고 있어요. 당신은 지금 당신이 만든 이야기에 갇혀 있어요. 당신은 성폭행을 당하

고 그때 옳은 행동을 하지 못했기 때문에 모든 것이 당신 잘못이고 당신은 인간 이하
의 존재에 불과하다고 스스로에게 말하고 있는 것처럼 보여요.

내담자: 네, 모두 사실이에요. 그래서 우리가 이 문제를 가지고 뭘 할 수 있다는 거죠?

치료자: 우리는 당신이 어떤 신념을 가지고 있는지 먼저 탐색하고 그것을 논리적으로 반
박할 거예요. 그리고 궁극적으로는 당신이 그 사건을 편하게 바라볼 수 있게 하는 거
죠. 자, 그럼 그 당시에 당신이 할 수 있었던 완벽하게 옳은 일이 있다는 당신의 신념
에 대해 얘기해 보죠. (Zachary, 1980, pp.251~252)

이어진 상담 회기에서, Zachary는 내담자가 그녀의 비합리적 신념(성폭행을 당했을 때
뭔가 다른 행동을 했어야만 했다는 생각)에 대해 새로운 관점을 가질 수 있도록 조력하였다.
그 후 치료의 초점을 성폭행 사건 그 자체를 넘어서 성폭행과 관련되어 반복적으로 떠오르
는 최근의 반추사고(rumination)로 확장하였다. 즉, Zachary는 내담자가 그 사건과 관련된 사
람들(성폭행 가해자, 조서를 꾸미던 경찰관, 내담자의 변호사)의 말과 행동 때문에 그녀 자
신을 비하하게 되는 비합리적 신념에 대해 논박하였다. 4개월간의 치료를 마친 후 내담자는
그 성폭행 사건에 대한 비합리적인 생각에서 벗어났고 실제 생활에서 이성과의 성관계를 포
함한 대인관계에서 큰 어려움 없이 생활할 수 있게 되었다.

다문화 관련 주제

합리적 정서행동 치료자들은 내담자의 문화적인 가치와 문제를 주의 깊게 경청한다. 그들
은 문화적 주제에 대한 이해를 충분히 쌓기 전에는 비합리적 신념에 대한 소크라테스식 논
박으로 빠져 들지 않는다. 예를 들어, Ellis(1991b)는 모르몬교도(Mormon) 여성 내담자와의
작업에 대해 다음과 같이 설명하고 있다. 그녀는 임신한 상태이고, 모르몬교도가 아닌 연인
과 결혼을 해야 할지 말아야 할지 대해 고민하고 있다. 그녀는 낙태를 고려하기도 했다. 만약
그녀가 그랬다면, 그녀는 교단으로부터 파문당했을 것이다. 내담자 문화에 대한 지식은 보
통 심리치료자의 행위를 결정하게 된다. 또 다른 예로, 모르몬교 신자인 심리치료자가, 외상
후 스트레스 장애를 겪고 있는 24세 여성 이슬람교도 내담자를 치료하기 위하여 REBT와
함께 코란을 어떻게 활용했는지에 대해 설명하고 있다(Nielsen, 2004). Ellis(1991b)는 다수의
중국인, 일본인 등 아시아 국가에서 온 내담자들을 치료했다. 비록 그가 그들의 전통적 가족
가치에 대해서도 다루기는 했지만, Ellis는 자신이 미국에서 온 내담자들과 함께한 작업과 비
슷한 접근법을 활용하고 있다는 것을 알게 되었다(Ellis, 2002). REBT는 노년의 아프리카계
미국인 내담자들에게 유능하고, 문화적으로 민감한 치료적 서비스를 제공할 수 있는 도구
로 권장된다(Sapp, McNeely, & Torres, 2007).

합리적 정서행동 치료는 다른 사람의 지지에 기대는 의존성에 반대하며 자기효능감에 대하여 강조한다. 예를 들어, 많은 아시아계 및 아프리카계 문화에서는 자립심(self-reliance)보다는 가족 및 공동체에 대한 신뢰를 강조하면서, 독립심보다는 상호의존성이 장려된다(Sapp, 1996). 그러한 사안들은 REBT 심리치료자들이 내담자의 비합리적 신념에 대한 평가를 수정하도록 만들 수도 있다. 그리고 이것은 어떠한 신념이 비합리적인 것이고 논박을 정당화시킬 수 있는지에 대한 그들의 결정에 영향을 끼친다. 문화적 관습이나 혹은 다른 이유들 때문에 무엇을 해야 할지 듣는 것이 익숙한 내담자들에게, 심리치료자는 소크라테스식 문답법이나 그 외의 다른 논박 기법을 사용할 때 내담자가 수동적으로 있기보다는 적극적으로 참여해야 한다는 것을 확실히할 필요가 있다. 콜롬비아, 코스타리카, 엘살바도르, 스페인에서 스페인어를 사용하는 사람들과 미국에서 스페인어를 사용하는 사람들을 대상으로 한 연구에서, Lega & Ellis(2001)는 '성격 속성과 신념 질문지(Attributes and Beliefs Inventory)'의 스페인어 번안 척도를 이용해 측정한 비합리적 신념 안에 문화적 차이가 있음을 확인했다. REBT는 홍콩(Si & Lee, 2008), 인도(Lakhan, 2009), 이란(Zare, Shafiabadi, Sharifi, & Navabinejad, 2007), 루마니아(David, 2007; David, et al., 2008; Szentagotai, et al., 2008) 등과 같은 국제적 환경에서 성공적으로 활용되고 있다.

집단 심리치료

REBT는 이틀간의 합리적 참만남 마라톤 집단, 10~20명의 사람들로 구성되는 9시간 집중 집단, 100명 정도의 청중과 함께하는 실제 심리치료의 공중 시연, 자기수용(self-acceptance) 구조화 집단 등에 적용될 수 있지만(Dryden, 1998), 여기서는 전통적인 집단 치료에 대해서만 알아보기로 한다(Ellis, 1992b; Ellis & Joffe Ellis, 2011). 이러한 집단은 보통 6~10명의 참여자로 구성되며, 일주일에 한 번, 2~3시간 정도씩 만나게 된다. REBT 집단의 목표는 구성원에게 그들의 행동에 대해서 어떻게 자신을 평가하고, 비난하고 있는지를 보여 주는 것이다. 집단은 또한 구성원이 다른 사람들을 평가절하하는 것을 멈추고, 자아나 개인적 특성이 아닌 오로지 자신의 행동만을 평가하도록 돕기 위해 노력한다. 집단구성원은 자기 자신 안에서와 다른 사람들과의 관계에서 직면하게 되는 어려움을 변화시키거나 회피하는 시도를 해보도록 지시받는다. 이렇게 하는 과정은 심리치료자 역할의 지시적이고 교육적 기능과 집단 과정의 토론을 결합시키는 것이다.

심리치료자들은 목적성을 가지고 집단을 '건강하지 못한' 방향이 아닌, '건강한' 방향으로 이끌어 나가고자 한다(Ellis, 1992b; Ellis & Joffe Ellis, 2011). 그들은 구조화된 방식으로 집단을 조직함으로써 누구 하나도 소외되거나 집단을 독점하지 않도록 한다. 심리치료자들은 이전에 내준 과제의 성과나 과제 달성의 실패와 같은 것뿐만 아니라, 개인구성원 각각의 진전이나 부족한 향상에 대해서도 이야기를 나눈다. 또한 그들은 집단 안팎의 행동에 관하여, 집단 내에서 이야기할 수 있을 것이다. 예를 들어, 심리치료자는 다음과 같이 말할 수 있을 것이다. "요한나(Johanna), 당신은 여기서 너무 낮은 목소리로 이야기하고 있어요. 우리는 당신이 무엇을 말하는지 거의 들을 수가 없어요. 사회 활동을 할 때에도 지금처럼 이야기하는 편인가요? 만약 그렇다면, 어떤 이유로 인해 그렇게 작은 목소리로 이야기하게 되나요?" (Ellis, 1992b, p.69) 집단의 지도자는 집단구성원의 인지적, 정서적, 행동적 연습이 집단 안에서 그리고 집단 바깥에서 모두 이루어져야 한다는 것에 대개 동의한다. 적절한 순간에 그들은 REBT의 중요한 측면에 간략하게 강의한다. 모임의 대부분은 구성원이 집단으로 가져오는 개인적 문제를 다루는 데 소요되지만, 그중 일부는 구성원이 서로를 어떻게 관련시키고 있는지 확인하는 데 사용되기도 한다.

집단이 성공하기 위해서는, 구성원이 서로에게 REBT 원칙을 적용할 수 있도록 도와가며 함께 작업할 필요가 있다(Dryden, 1998; Ellis, 1992b). Ellis는 구성원이 집단을 독점하거나, 지나치게 수동적이지 않으면서, 적절하게 집단에 참여하기를 원했다. 만약 집단에서 이야기를 하지 않는 구성원이 있을 경우, 집단지도자는 그 사람에게 모임에서 들은 다른 사람들의 문제에 대해 적어도 세 번은 말하도록 하는 과제를 부여할 수 있을 것이다. 만약 모임에 계속 지각하거나 결석하는 구성원이 있을 경우, 심리치료자 또는 집단구성원은 이 문제를 꺼내서 이야기를 나누어 볼 수 있을 것이다. 즉, A-B-C 이론의 관점에서 매번 지각하는 결과를 낳는 자기 패배적 행동을 평가해 보는 것이다. 만약 다른 구성원의 비합리적 신념에 대해 논박하는 것 대신에, 그들에게 실제적인 충고만 하는 사람이 있다면, 심리치료자와 다른 구성원이 이 점을 지적할 수 있을 것이다. 만약 과제를 거의 해오지 않는 구성원이 있다면, "이건 너무 어려워.", "이건 좀 더 쉬워야만 해."와 같은 비합리적 신념에 대해 논박해 볼 수 있을 것이다. 이와 같이 REBT 기법은 집단의 과정과 집단 내에서 나타나는 구성원의 문제, 두 가지 모두에 적용된다.

요약

합리적 정서행동 치료에서는, 정서적 혼란은 사건 그 자체뿐만 아니라, 사건에 대한 인간의 신념에서 비롯될 수도 있음을 주장하고 있다. 이러한 관점은 심리치료에 있어 성격 이론과 치료적 개입의 인지적 측면을 강조하는 접근법을 도출해 낸다. 그러나 또한 정서적·행동적 요소를 활용하기도 한다. 철학적 가정은 인본주의적, 쾌락주의적, 합리적(자기 조력적 및 사회 기여적)인 것에 있다. 비합리적(자기 패배적) 신념을 극복하고 각자 자신의 삶을 책임질 수 있게 되는 것의 초점은 인간과 인간의 잠재력에 있다. 합리성은 정서의 결여를 의미하는 것이 아니라, 삶을 영위하기 위해 이성을 활용하고, 우리 삶에 존재하는 비합리적(역기능적) 신념의 영향을 줄일 수 있는 인간의 능력이라고 할 수 있다. 책임을 동반한 쾌락주의는 인간의 장기적 행복 추구를 의미하는 개념으로, 알코올의존증의 경우처럼 장기적 고통을 초래할 수 있는 단기적 쾌락과는 반대의 의미라고 할 수 있다. Ellis의 공헌 중 눈에 띄는 것은 그가 성과 관련된 문제에 대한 심리치료법을 개발하고, 그의 저서들을 통해 성교육에 책임을 다했다는 점이다. 이는 Ellis가 증가하는 인간의 행복을 강조한 것에 대한 하나의 예라고 할 수 있다.

합리적 정서행동 치료는 비합리적 신념을 변화시키는 데 인지적, 정서적, 행동적 접근을 적용한다. 비합리적 신념을 다루는 주된 방법은 논박하기이다. 논박하기는 탐지, 변별, 비합리적 신념에 대한 반박을 포함한다. 다른 인지 치료, 행동 치료와 REBT를 구분 짓는 것은, REBT가 비합리적 신념의 발달과 관련하여, A-B-C 이론을 통한 이해를 보다 더 많이 강조하고 있다는 점이다. 그러나 REBT는 또한, 자기 자신, 녹음한 테이프, 정신교육적 자료를 통해 건설적인 진술을 반복하기와 같은, 다른 인지적 전략을 활용하기도 한다. 정서와 함께 상상하기를 활용한 방법, 수치스럽다고 느끼는 신념을 공격하고, 강력한 자기 진술을 연습하기는 REBT에서 사용되는 정서적 접근법의 종류들이다. 행동적 기법은 회기 밖에서 과제하기, 기술 훈련, 추구 행동에 대한 강화와 같은 것이 있다. 합리적 정서행동 치료자들은 주로 다른 인지 치료나 행동 심리치료로부터 얻은, 매우 많은 기법을 활용하는데, 비합리적 신념에 강하게 몰두된 내담자들이 이를 다루도록 돕기 위해서 그들 스스로 고안한 창조적인 방법을 활용하기도 한다.

합리적 정서행동 치료자들은 내담자들에 대한 끈기를 잃지 않으며, 그들을 완전히 수용하고자 한다. 도전하고, 직면하고, 납득시키는 것을 통해 내담자들의 행동을 논박하며, 심리치료 장면 안팎에서 이러한 활동을 활용함으로써 생각하고, 느끼고, 행동하는 것에 있어서 건설적인 변화를 이끌어 낼 수 있다. 적극적 심리치료법인 REBT는 비합리적 신념에 대한 통찰 및 절대주의적 신념이 자신에게 얼마나 해가 될지 깨닫게 되는 통찰을 포함하고 있으며, 이러한 통찰은 삶에서의 건설적 변화를 일으키게 된다.

이론의 적용

실습

CengageBrain.com에 나와 있는 디지털 자기 측정 도구, 핵심 용어, 동영상 사례(이론의 적용), 사례 연구, 퀴즈 문제로 REBT 심리치료의 개념을 자세히 연구하고 실습할 수 있다.*

---

* 해당 서비스는 유료로 이용하실 수 있습니다.

추천 자료

Ellis & Joffe Ellis (2011). *Rational emotive behavior therapy.* Washington, DC: American Psychological Association.

치료적 변화를 가져 오는 데 사용된 잘 쓰인 REBT에 대한 설명과 기법. 다양한 장애에 대한 치료 예들이 독자로 하여금 REBT가 적용될 수 있는 많은 방식을 이해하도록 돕는다.

Dryden, W. (2009). *How to think and intervene like an REBT therapist.* New York: Routledge.

초심 치료자를 위한 이 책은 경험 있는 치료자들이 내담자에게 어떻게 REBT 개입을 하는지를 보여 준다. 치료자-내담자 간 대화에 대한 많은 예와 전형적인 초심자의 오류에 대한 설명들이 제시되어 있다.

Neenan, M., & Dryden, W. (2011). *Rational emotive behavior therapy: In a nutshell* (2nd ed.). London: Sage.

이 짧은 책은 REBT에 대한 좋은 개관을 제공한다.

REBT의 정수가 치료자가 사용할 때 유용한 방식으로 기술되어 있다.

DiGiuseppe, R. A., Doyle, K. A., Dryden, W., & Backx, W. (2014). *A practioner's guide to rational emotive behavior therapy* (3rd ed.). Oxford, UK: Oxford University Press.

이 책은 고급 수준에서 쓰여 있다. 세부 사항이 제시되어 있고 치밀하다. 유익한 점은 내담자 대화에 있다. 비효율적 반응과 좋은 반응 둘다 논의되고 있다. 초심 REBT 치료자가 접할 수 있는 문제에 대한 예와 함정을 피하기 위한 제언이 제시되어 있다.

Dryden, W., & Ellis, A. (2003). *Albert Ellis live!* London: Sage.

이 책은 Ellis가 청중들에게 시연했던 5개 회기 및 REBT를 설명하는 도입 장으로 구성되어 있다. 각 장은 대화로 시작되고 Ellis에 대한 Dryden의 논평을 포함한다.

CHAPTER 10

인지 심리치료

인지 심리치료의 개요

Aaron Beck에 의해 발전된 인지 치료는 개인에게 영향을 미치는 신념체계와 행동 및 정서를 결정하는 사고에 초점을 맞춘다. 또한 왜곡된 신념을 이해하고 다양한 기법을 활용하여 부적응적 사고를 변화시키는 데 주력한다. 심리치료 과정에서는 개인이 인지하지 못하는 사고와 주요 신념체계에 주의를 기울인다.

최근 Beck은 인지 치료의 이름을 인지행동 치료로 변경하였다. 이러한 변화는 인지 치료가 치료 작업 중 행동 치료를 여러 방면에서 활용한다는 사실을 인정하는 것으로 볼 수 있다. 그러나 Beck의 이론을 사용하지 않으면서도 자신을 인지행동 치료자라고 하는 치료자들이 많다. 여기서는 두 이론을 분명하게 구분하기 위해서, Beck의 이론을 지칭할 때에는 인지행동 치료가 아니라 인지 치료라고 할 것이다.

인지 치료자들은 내담자와 협동하면서 왜곡된 신념을 이해하고 이를 변화시킬 수 있는 방법을 제안하는 교육적 역할을 수행하기도 한다. 이렇게 함으로써, 인지 치료자는 내담자가 문제를 해결하려고 오랫동안 시도해온 방법에 대한 새로운 대안을 내담자에게 과제로 줄 수 있다. 또한 치료적 전략을 세우기 위해 내담자들에게 왜곡된 사고를 기록하게 하거나 다양한 심리 장애에 따른 질문지를 제시하여 그들의 문제를 평가한다. 이러한 심리치료 접근을 통해, 인지 치료자들은 부적응적 사고의 유형과 우울 및 불안 장애 등의 많은 심리적 장애에 대한 구체적 치료 전략을 명확히 할 수 있다.

인지 심리치료의 역사

역사적으로 다양한 심리치료 접근들이 인지적 측면의 중요성을 강조해왔지만, Aaron Beck에 의해 비로소 그 체계가 제대로 갖추어졌다. 1921년에 태어난 Beck은 예일 대학교에서 의학 박사 학위를 받고 1946~1948년까지 로드아일랜드 병원에서 병리학으로 인턴과 레지던트 과정을 거친 후, 쿠싱 재향군인병원에서 신경학과 정신의학과에서 환자들을 진료했고 매사추세츠에 있는 오스틴 리그스(Austen Riggs) 센터에서 근무했다. 1953년, 미국 정신신경의학회(American Board of Psychiatry and Neurology)에서 정신과 전문의를 취득하였으며, 1956년에는 필라델피아 정신분석 연구소(Philadelphia Psychoanalytic Institute)를 졸업했다. 그 후 펜실베이니아 대학에서 의과대학 정신과 교수를 역임하고 현재는 명예 교수로 있다. 그의 초기 우울증 연구(Beck, 1961, 1964)는 이후 우울증 치료에 인지의 중요성을 논의한 책인 『우울증: 임상, 실험 및 이론적 측면(Depression: Clinical, Experimental, and Theoretical Aspects』(Beck, 1967)의 출판으로 이어졌다. 이후로 인지 치료와 다양한 정서 장애 처치와 관련된 25권의 책과 500편 이상의 논문을 발표했다. 현재 Beck은 필라델피아 발라 신위드(Bala Cynwyd)에 위치한 벡 인지 치료 연구소(Beck Institute for Cognitive Therapy and Research)의 이사로 있으며, 그의 딸이자 심리치료자인 Judith S. Beck이 연구소의 대표를 맡고 있다.

원래 Beck은 정신분석가로서 내담자들의 언어와 자유연상을 관찰하였다(Beck, 2001). 그 과정 중에 내담자가 스스로 인식하기 어려운 사고를 경험하고 있다는 것을 알게 되었고,

Beck은 내담자가 그 사고에 주의를 기울이도록 도와주었다. 이러한 사고는 자동적으로, 그리고 순식간에 일어나므로 내담자 스스로 통제하기는 어려운 것이었다. 그들이 자각하지 못하는 자동적 사고는 나중에 인식하기 쉬운 불쾌한 감정으로 이어졌다(Beck, 1991). Beck은 내담자들에게 현재의 생각을 물어봄으로써 과거, 현재, 미래를 특징짓는 좌절이나 무능감과 같은 부정적인 주제를 확인할 수 있었다.

Beck은 정신분석가로 훈련 받을 때, 자신의 '자동적 사고'와 Freud의 '전의식'을 비교했다. Beck(1976)은 사람들이 스스로에게 하는 말(독백)이나 자신 스스로를 관찰하는 방식에 주의를 기울였으며 그들이 지닌 내적 의사소통 체계에 관심을 가졌다. 개인이 이러한 내적 의사소통 체계를 통해 일련의 신념을 형성한다는 것은 이미 Ellis(1962)에 의해 연구되었다. 개인은 이러한 주요 신념을 통하여 자신이 경험한 것을 어떻게 지각하고 해석할지를 결정하며 도식(schema)이나 사고 패턴과 같은 자신만의 법칙이나 기준을 만든다. Beck은 그의 내담자들 중에서 특히 우울증이 있는 내담자들이 자기비난 혹은 자기비판과 같은 내적 대화를 함으로써 실패나 재앙에 대한 예언을 하고 현상을 더 부정적으로 해석하는 경향이 있다는 것을 발견했다.

이러한 관찰을 통해 Beck은 개인이 자신과 관련된 긍정적인 정보는 무시하고 부정적인 정보에만 집중한다는 부정적 인지 변환(negative cognitive shift)의 개념을 고안하였다. 우울한 사람들은 부정적인 면을 과장하거나 양자택일적 사고로 사건을 왜곡하는 경향이 있다. 그들은 "나는 결코 잘하는 것이 없어.", "삶은 결코 내 편이 아니야.", "나는 희망이 없어."와 같이 지나치게 일반화되고 과장된 말을 한다. Beck은 이러한 사고가 우울증이 있는 내담자에게서 자동적으로 발생한다는 것과 대부분은 무가치한 느낌, 사랑받지 못함과 같은 신념으로부터 시작된다는 것을 발견했다. Beck(1967)은 이러한 신념이 생애 초기에 형성되어 주요 인지 체계가 된다고 가정하였다. 예를 들어, 다음 주에 여러 시험을 앞둔 학생이 '나는 절대 합격하지 못할 거야. 나는 잘하는 게 아무것도 없어.'라고 생각한다고 하자. 이는 자신에 대한 무가치한 느낌으로부터 생성된 인지 도식에 의한 언어적 표현이다. 이 학생의 경우 스스로 시험 준비를 충분히 했다는 것을 알고 있고 이전의 학업 성적도 우수했음에도 불구하고 부정적 신념이 표현되었다. 이러한 신념이 잘못되었다는 것을 알면서도 바꾸지 못한다.

Beck의 초기 연구는 우울증에 집중되었지만, 자동적 사고, 왜곡된 신념, 인지 도식의 개념은 다른 장애에도 적용되었다. 예를 들어, Beck은 실패나 포기에 대한 두려움이 지배적인 불안 장애에 대해 설명했다. 그는 내담자들을 관찰하고 회기 기록을 분석하면서 다양한 심리 장애를 가진 사람들에게 나타나는 인지 도식을 확인하고 그들을 치료하기 위한 전략을 세웠다.

다른 이론들의 영향

Beck의 인지 치료 이론은 그의 임상적 관찰에 기반을 두고 있지만 그의 동료들은 기타 정신 요법, 인지심리학, 인지과학의 영향을 받았다. 정신분석가로서의 경험 덕분에 Beck은 정신분석의 개념을 그의 이론에 활용할 수 있었다. 또한 신념을 중요하게 강조한다는 점에서 Albert Ellis와 Alfred Adler의 이론과 유사성을 갖는다. George Kelly의 개인구성 이론(theory of personal constructs)과 Jean Piaget의 인지발달 이론은 성격의 인지적 측면을 이해하는 데 중요한 역할을 하였다. 인지과학의 한 측면인 지적 사고의 컴퓨터 모델의 발달도 인지 치료가 지속적으로 발전하는 데 기여했다.

정신분석 이론과 인지 치료 이론은 개인이 자각하지 못하는 신념에 의해 행동이 영향을 받는다는 관점을 공유한다. Freud가 무의식적 사고를 가정하는 반면, Beck은 고통을 주는 자동적 사고에 중점을 준다. Beck이 우울의 과정을 이해하기 시작하도록 만든 것은 '내향화된 분노가 우울이 된다.'는 Freud의 이론이었다. 즉, 심리적 장애에 대한 freud의 이론은 인지 치료 발전의 시발점이 되었다. 그러나 성격에 대한 인지적 관점과 심리치료 기술의 변화는 정신분석과는 매우 차이가 있기에 지속적으로 각광받지는 못했다.

이론과 활용에 있어서 보다 유사한 이론은 개인의 인지적 본성과 신념을 강조한 Alder의 이론이다. 아들러학파 학자들은 신념의 발달을 강조했고, 지각의 변화를 가져오는 수많은 전략을 만들었다. Adler와 Beck은 내담자와의 구체적이고 직접적인 대화를 통해 적극적인 치료적 접근을 시도하였다.

이와 유사하게, Albert Ellis(1962)는 비합리적 신념과 직면하는 적극적이고 도전적인 접근법을 사용하였다. Beck과 Ellis는 직접적인 상호작용을 통해서 내담자의 신념체계에 도전한다. 이들은 내담자의 부정확한 가정을 바꿈으로써 심리적 장애를 극복하게 하는 중요한 변화를 이끌어낼 수 있다고 생각했다. 두 사람의 이론에는 분명한 차이가 있지만, 체계의 공통점은 심리치료 분야에서 이들의 논문들과 두 접근의 효과성에 대한 연구들을 통해 인치 치료에 강력한 영향을 미쳤다는 공통점이 있다.

비록 인지 치료와 직접적인 관련은 없지만, 심리치료자인 Kelly는 개인구성 이론에서 성격 발달의 인지적 역할을 연구했다. Kelly(1955)는 성격의 기본 구성 개념을 설명하면서 "개인의 처리 과정은 그가 사건에 대해서 기대하는 방식을 따르며, 이것을 통해 심리학적인 경로가 만들어진다."(p.46)라고 하였다. 즉, 사람들은 세상을 바라보는 관점을 표현하는 개인적이고 이분법적인 구성 개념의 체계를 갖고 있다. 예를 들어, '똑똑하다-어리석다'와 같은 것은 사람들이 세상이나 타인들을 바라보는 개인이 가진 구성 개념이라 할 수 있다. 모든 사람들이 이러한 방법으로 사건을 이해하는 것은 아니고 어떤 사람들은 '강하다-약하다'와 같은 구성 개념으로 다른 사람들을 바라본다. Kelly의 개인구성 개념과 Beck의 도식화는 개인의 신념체계를 특성화하는 방법 면에서 유사하다. 두 접근법 모두 개인의 행동을 변화시키는 데 있어 신념의 역할을 강조한다.

개인 학습 방법에 관심을 가진 Piaget가 연구한 인지적 접근은 Beck의 접근과는 차이가 있다. Piaget(1977)는 아동의 지적인 능력에 대한 연구에서 주요 인지 발달의 4단계, 즉 감각

운동기, 전조작기, 구체적 조작기, 형식적 조작기를 제안하였다. 감각운동기는 출생에서 2세까지를 말하며, 이 시기에 영아들은 잡기, 보기, 소리내기 등을 통해 다양한 감각을 발달시킨다. 전조작기(2~7세)는 가감법과 같은 기본적인 지적 능력을 획득한다. 세 번째 단계인 구체적 조작기는 7~11세까지를 말하며, 이 시기의 아동들은 외부 세계에 대해 인식하고 잘 표현할 수 있으며 눈에 보이는 대상에 대해서만 조작이 가능하다. 이 시기의 아이들은 호랑이 4마리 더하기 호랑이 3마리는 할 수 있지만 4z 더하기 7z와 같은 것은 하지 못한다. 마지막 단계는 형식적 조작기로 이 시기에는 추상적 사고가 가능하다. 심리치료에서 Piaget의 이론이 미치는 영향에 대해 Ronen(1997, 2003)은 인지 치료의 심리치료 기법과 Piaget의 인지 발달 단계와 연결시키는 것이 도움이 될 수 있다고 말한다.

앞으로 인지 심리치료에 가장 많은 기여를 할 수 있을 것으로 보이는 포괄적으로 발전하고 있는 학문은 인지 과학이다. 기본적으로 인지과학은 지적인 기능에 대한 모델을 발달시키고 인간의 마음이 어떻게 작용하는지를 이해하는 데 관심이 있다. 인지 과학은 인지심리학, 인공지능, 언어학, 신경과학, 인류학, 철학을 아울러 인간의 지적인 과정에 많은 관점을 제시했다. 인지심리학에서는 사람들이 어떻게 선택을 하고 기억하고 규칙을 학습하고 사건들을 선택적으로 기억하는지 등을 연구한다(Friedenberg & Silverman, 2012).

최근 영향

인지심리학 관련 분야에 대한 연구는 새로운 심리치료법 개발에 있어 중요하다. 또 성과 연구(outcome research)는 인지 치료의 효과를 검증하고 새로운 심리치료법을 개발하는 데 중요한 역할을 한다. 연구에 대한 정보는 『인지 치료 및 연구(Cogitive Therapy and Research)』, 『인지 치료 저널(Journal of Cognitive Psychotherapy)』, 『인지와 행동의 실제(Cognitive and Behavioral Practice)』와 같은 인지 치료 저널에서 얻을 수 있으며, 조사 연구는 행동 치료나 다른 심리학 저널에서 발표하고 있다. 연구에 따르면 미국에서는 다양한 수련 기관에서 인지 치료 교육을 실시하고 있다고 한다. 특히 벡 인지 치료 연구소에서는 심리치료자들을 수련시키고 연구나 임상 활동에 참여하도록 하는 대규모 프로그램을 진행하고 있다. 미국에는 여러 인지 치료 센터가 있으며 적극적인 활동을 보이고 있다. 인지 치료는 1959년에 시작된 이래로, 치료 기법의 특이성과 긍정적인 연구 결과로 인해 더욱 유명해졌다.

인지 심리치료 성격 이론을 이용한 개념화

인지 치료자들은 개인의 성격에 영향을 미치는 사고에 관심을 가진다. 인지 과정이 심리 장애의 원인으로 간주되지 않더라도 사고는 대단히 중요한 구성 요소이다. 특히 개인이 자각하지 못하는 자동적 사고는 개인의 성격 발달에 있어서 중요한 영향을 미칠 수 있다. 개인의 신념과 인지 도식은 삶의 영역에서 그 사람이 하는 선택과 추론 방식을 이해하는 데 중요하다. 삶에 대한 불행감과 불만족을 주는 인지 왜곡과 부적절한 사고방식은 심리 장애를 이해하는 데 있어 흥미로운 점이다.

심리학적 장애와 인과관계

Beck에 의하면, 심리적 고통은 한 가지 원인에 의해 야기되지 않고 생물학적, 환경적, 사회적 요인의 결합에 의해 생겨난다(Beck, 1967; Clark, Beck, & Alford, 1999; Wills 2009). 때로는 어린 시절의 사건이 인지적 왜곡을 초래할 수도 있다. 경험이나 훈련의 부족은 비현실적인 목표 설정이나 부적절한 가정과 같은 비효율적이고 부적응적인 사고방식을 초래한다(Beck, Freeman, Davis, & Associates, 2004; Dobson, 2012; Wenzel, 2014). 개인이 스트레스를 많이 받는 상황에서 더 큰 위협을 인지하거나 예측하게 되면 사고의 왜곡이 일어날 수 있다. 부정확한 사고가 심리 장애를 일으켰다기보다는 여러 생물학적, 환경적 요소가 결합되어 복합적으로 나타나게 되었다는 의미이다(Beck & Weishaar, 1989). 심리적 고통의 원인인지 아닌지 여부와는 별개로 자동적 사고는 지각된 스트레스를 처리하는 과정에서 대단히 중요한 부분임에는 의심의 여지가 없다.

자동적 사고

이론의 적용

자동적 사고는 Beck의 인치치료 이론의 핵심 개념이며 선택이나 노력 없이 저절로 일어나는 것이다. 심리 장애를 가진 사람의 자동적 사고는 왜곡되거나 극단적인 경우가 많다(Wenzel, 2013, 2014). 예를 들어, 낸시(Nancy)는 백화점에 구매 담당 보조로 이력서를 내는 것을 미루고 있고 현재 판매원으로 만족하지 못하지만 다음과 같은 생각을 한다. '나는 너무 바빠. 연휴가 끝나면 이력서를 내야지. 이력서를 내려고 휴가를 사용할 수는 없어.' 심리치료자의 도움으로 이러한 생각이 핑계라는 것을 알아차리고 자신이 구직활동에 대해 '나는 자신을 잘 표현하지 못해.', '다른 사람들은 나보다 더 잘 할 거야.'와 같은 자동적 사고를 지니고 있다는 사실을 확인했다. 심리치료자는 낸시의 사고 과정을 살펴보기 위해 그녀와 대화를 시도했고 그 외 몇 가지의 자동적 사고를 파악할 수 있었다. 이러한 자동적 사고를 정리함으로써 핵심 신념과 도식을 그려볼 수 있다.

도식 발달에 대한 인지적 모델

인지 치료자들은 개인의 신념을 생애 초기에 시작되고 생애 전반에 걸쳐 발달하는 것으로 본다(그림 10.1). 초기 아동기의 경험은 자신과 세상에 대한 기본적 신념을 형성한다. 이러한 신념은 인지 도식을 형성한다. 보통의 경우, 부모나 주위 사람들로부터 지지와 사랑을 받으면 스스로를 '사랑받을 만한 사람'이라고 생각하게 되며, 성인이 되어서도 자신을 긍정적으로 받아들인다. 이와 반대로 심리적인 역기능을 갖고 있는 사람들은 부정적인 경험을 통

┃ 그림 10.1

인지적 발달 모형

출처: "Brief Therapy, Crisis
Intervention and the Cognitive
Therapy of Substance Abuse,"
by B. S. Liese, 1994, Crisis
Intervention, 1, 11–29 by
Harwood Academic Publishers
1994.

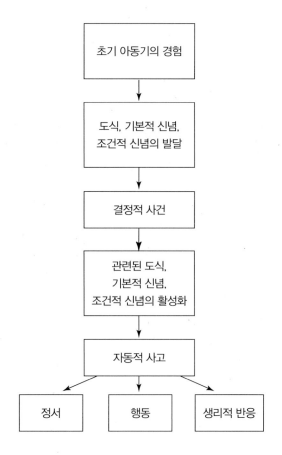

해 '자신은 사랑받지 못할 사람'이라는 신념을 갖게 된다. 이러한 발달적 경험은 결정적인
사건이나 외상 경험과 함께 개인의 신념체계를 형성하게 된다. 예를 들어, 선생님에게 놀림
을 받는 부정적인 경험은 '다른 사람들이 내가 하는 일을 싫어하며, 나는 무가치해.'라는 조
건적인 신념을 갖도록 만든다. 이러한 신념은 개인이 부정적 인지 도식을 형성하는 데 영향
을 미친다.

　　Young은 일반적 부적응 도식이 어린 시절의 다양한 심리적 장애로 이어질 수 있음을
확인했다(Kellogg & Young, 2008; Rafaeli, Bernstein, & Young, 2011; Riso & McBride, 2014;
Young, 1999; Young, Rygh, Weinberger, & Beck, 2008; Young, Weinberger, & Beck, 2001). 한 개
인의 초기 부적응 도식은 스스로 자신과 세상에 대해 진짜 그러하다고 가정하고 있는 것들
이다. 이러한 도식은 잘 변하지 않으며, 개인의 삶에 문제를 야기한다. 보통, 부적응 도식은
실업과 같이 개인의 삶에 찾아오는 변화로 인해 활성화된다. 이때 사람들은 강한 부정적 감
정으로 반응한다. 이는 보통 개인이 어린 시절에 겪은 가족과의 역기능적 경험에 의해 생겨
난다. 어린 시절에 이렇게 성립된 신념체계는 내적 기능이나 타인과의 관계에서 문제를 일으
키는 방식으로 현실을 바라보게 만든다. 이와 같은 부적응 도식은 보통 청소년기와 성인기
를 통해 지속된다.

　　초기 부적응 도식의 연구에 따르면, Young(1999)은 이를 18개의 초기 부적응 도식으로

나누고, 이를 단절과 거절, 자율과 수행, 손상된 한계, 타인중심성, 과잉경계 및 억제의 5개의 범주로 나누었다. 단절과 거절에 속하는 사람은 안정, 돌봄, 허용, 공감에 대한 자신의 욕구가 충족되지 않을 것이라는 신념을 가지고 있다. 자율과 수행의 도식을 가진 사람은 책임감을 가지지 못하거나 독립적으로 기능을 하지 못하고 자신은 늘 실패를 해왔고 앞으로도 그럴 것이라고 믿는다. 손상된 한계는 타인의 권리를 존중하지 않고, 협동할 수 없으며, 자신의 행동을 제어하기 어려운 도식이다. 타인중심성은 타인에게 관심받기 위해서 자신의 욕구보다 타인의 욕구를 지나치게 강조한다. 과잉경계 및 억제는 감정이나 충동을 억제하거나 완벽하고 높은 기준을 제시하는 도식이며, 이 사람들은 늘 근심하고 불안해한다. 또한 이들은 이러한 초기 부적응 도식의 발달을 인지하지 못한다.

치료에서의 인지 도식

개인이 세계에 대해 생각하는 방식, 중요한 신념들과 사람과 사건이나 환경에 대한 가정은 인지 도식을 구성한다. 인지 도식의 기본 유형에는 긍정적인(적응적인) 것과 부정적인(부적응적인) 것 두 가지가 있다. 같은 인지 도식이라도 사람에 따라, 상황에 따라 적응적이거나 부적응적일 수 있다. Freeman(1993)은 상황에 따라 긍정적일 수도 있고 부정적일 수도 있는 도식의 예를 다음과 같이 제시했다.

> 앨런(Allen)은 67세 남성이고 대규모의 다국적 기업에서 최고 경영자로 최근에 퇴직했다. 그는 고등학교를 마치고 회사의 밑바닥부터 일을 시작하여 대표의 자리에 오르기까지 50년이라는 세월을 회사를 위해 헌신했다. 그는 신체적으로 건강하고, 많은 돈을 벌었으며 가정생활이나 친구 관계도 매우 좋았다. 그러나 그가 심리치료를 받으러 왔을 땐 심각한 우울증을 앓고 있었다. 그가 성공하는 데 도움되었던 '사람은 자신이 만든 결과물로 평가받는다.', '만약 누군가 일을 못하면 그는 게으르고 가치 없는 존재다.' 등의 기능적 도식이 지금은 우울증을 겪는 데 한몫했다. 도식은 동일했지만, 그의 삶에 미치는 영향은 상당히 달랐다. (p.60)

Beck & Weishaar(1998)는 도식이 개인적 경험 및 다른 사람들과의 상호작용으로부터 발달한다고 언급했다. 도식의 일부는 인지적 취약성이나 심리적 고통 관련 성향(predisposition)과 관련이 있다. 예를 들어, 우울증이 있는 내담자들은 '나는 아무것도 할 수 없어.', '난 가치가 없어.', '다른 사람들은 나보다도 더 능숙해.'와 같은 부정적인 도식을 보인다. 이와 같이, 왜곡되거나 부정적 도식은 인지적 취약성을 나타낸다.

도식은 긍정적-부정적 차원 이외의 방식으로도 이해할 수 있다. 활동적 도식(비활동적 도식의 반대)은 일상에서 일어나는 사건을 통해 나타난다. 반면에 비활동적 도식은 특별한 사건에 의해 일어난다(Freeman & Diefenbeck, 2005). 강요적 도식(비강요적 도식의 반대)은 어린 시절에 가족이나 사회로부터 강화되어 습득된 것이다(C. A. Diefenbeck, 개인적 교신, 2006. 1. 2.). 가변적 도식(고정적 도식의 반대)은 비교적 쉽게 변할 수 있는 것들이다. 종교적 도식은 상당히 고정적이며 강력하다. Beck(1999)은 그의 저서인 『증오 속에 갇힌 사람들 (Prisoners of Hate)』에서 집단 학살을 일으키는 종교적 도식의 강력함에 대해 언급했다. 활동적-비활동적, 강요적-비강요적, 가변적-고정적 도식은 내담자에게 영향을 미치는 것을 볼 수 있는 유용한 관점을 제시한다.

심리치료자는 내담자가 부정적 도식을 표현할 때 내담자의 인지적 변화에 주목할 수 있다. 심리적 장애에 따라 특정한 인지왜곡이 나타난다. 심리치료자는 장애를 진단하는 것으로 내담자가 어떻게 자료를 통합하고, 이를 바탕으로 행동하는지 이해하게 된다. 예를 들어, 불안한 내담자는 운전을 하는 동안 지속적으로 위험을 감지하고 예측 가능한 교통 체증이나 사고에 대비하여 대체 경로를 지속적으로 찾을지도 모른다. 심리치료자는 내담자가 상황에 대해 설명하는 것을 듣고 내담자의 인지적 변화를 일으키는 감정적 변화를 지각할 수 있다. 이러한 변화 신호는 일종의 정서와 스트레스의 신체적 표현일 것이다. 그러한 사건이 일어났을 때의 인지 도식은 정서적이거나 '강렬할' 수 있다. 그런 경우 심리치료자는 "방금 무슨 생각을 했나요?"라고 물어봄으로써 '강렬한 인지'를 따라가야 한다. 상담 회기 동안 활동적이고 강렬한 인지가 무엇인지 알아보는 것은 부정적 인지 도식을 다루는 데 도움이 된다(C. A. Diefenbeck, 개인적 교신, 2006. 1. 2.).

Clark, Beck, & Alford(1999)는 인지적 개념, 정서적, 생리적, 행동적, 동기적인 다섯 가지 도식을 제시했다. 인지적 개념 도식은 인생 전반에 대한 진술, 해석, 의미 부여를 위한 방법을 제공한다. 핵심 신념은 인지적 개념 도식에 의해 형성된다. 정서적 도식은 긍정적인 감정과 부정적인 감정 모두를 포함한다. 생리적 도식은 과다호흡을 포함한 공황 반응과 같은 신체적 기능에 대한 인식을 포함한다. 행동적 도식은 공포 상황에서 달아나는 것과 같은 행동을 말한다. 동기적 도식은 대개 활동을 유발하는 행동적 도식과 연관되어 있다. 또한 동기적 도식은 고통 회피의 욕구, 식욕, 지적 욕구, 휴식 욕구, 바람을 의미하는데, 이 도식들 또한 적응적이거나 부적응적일 수 있다. 핵심 신념 활동지는 심리치료자가 어린시절부터 시작된 다양한 문제를 가진 내담자의 문제를 식별하고 작업하는 데 도움을 준다(Beck, 2011a).

인지적 왜곡

개인의 중요 신념 또는 도식은 인지적 왜곡에 영향을 준다. 도식은 주로 어린 시절에 형성되기 때문에, 도식을 지탱해 주는 사고 과정은 당시에 생성된 오류를 반영한다. 주로 정보처리 과정이 부적절하거나 효과적이지 못할 때 인지적 왜곡이 나타난다. Beck(1967)은 우울증에 대한 그의 초기 연구에서, 우울한 사람들의 사고 과정에서 흔히 관찰되는 몇 가지 주요 인지적 왜곡을 발견했다. Beck(2011b), Dobson(2012), Wenzel(2013)은 여러 심리 장애에서 나타나는 일반적인 인지적 왜곡에 대해 설명했다. 다음은 이 중 양자택일, 선택적 추상화, 독심술, 부정적 예측, 파국화, 과잉일반화, 낙인찍기 및 잘못된 낙인, 극대화/극소화, 개인화 등의 아홉 가지 인지 왜곡적 장애에 대한 설명이다.

양자택일적 사고 어떤 사안을 자신이 원하는 바에 완벽하게 부합하거나 실패했거나 둘 중 하나로 바라보는 사고방식으로, 양자택일적 혹은 이분법적 사고(all-or-nothing thinking)라고 한다. "만약 시험에서 A를 받지 못하면 나는 실패야."라고 말하는 학생은 이러한 사고에 빠져 있는 것이다. B(심지어 A-) 이하의 학점을 받는 것을 실패라고 생각하고 만족하지 못한다.

선택적 추상화 선택적 추상화(selective abstraction)는 사람들이 때때로 어떤 사건으로부터 자신의 우울과 부정적 사고를 지지하는 생각이나 사실을 선택적으로 추출해내는 것을 말한다. 예를 들어, 한 유능한 야구선수가 자신이 점수를 내거나 좋은 플레이를 한 것은 기억하지 않고 자신의 실수에만 집중한다면, 그 선수는 여러 가지 사건의 흐름 중에 특정 사건의 부정적인 결과에 선택적으로 집중하고 부정적 결론을 내려 우울해하는 것이다.

독심술 독심술(mind reading)은 우리가 대인관계에 있어서 상대가 우리에 대해 어떤 생각을 하고 있는지 안다고 생각하는 것이다. 예를 들어, 친구가 쇼핑을 같이 가려 하지 않기 때문에 자신을 더 이상 좋아하지 않는 것이라고 결론내리는 사람을 생각해 볼 수 있다. 사실은 다른 약속이 있거나 다른 이유 때문일 수도 있다.

부정적 예측 아무런 타당한 근거가 없음에도 좋지 않을 일이 일어날 것이라고 믿는 사람은 부정적인 예측(negative prediction)을 하고 있다고 할 수 있다. 예를 들어, 어떤 사람이 지난 번 시험을 잘 보았고 시험 준비를 충분히 해왔음에도 불구하고 시험에 실패할 것이라고 예측하는 것을 말한다. 이러한 상황에서 실패에 대한 예측은 사실과 무관할 때가 많다.

파국화 파국화(catastrophizing)는 어떠한 사건에 대해 과도되게 염려하고 두려워하는 것을 말한다. 예를 들어, '나는 부장님을 만나서 엉뚱한 소리를 할 것이고 나의 직장 생활은 위태롭게 될 것이다. 승진이라고는 꿈도 못 꾸겠지.'와 같은 생각을 해서 중요한 회의를 파국으로 치닫게 할 수도 있다.

과잉일반화 과잉일반화(overgeneralization)는 소수의 부정적인 사건에 기초하여 일반적인 규칙을 추출해내는 것을 말한다. 예를 들어, 고등학교 1학년 남학생이 '나는 수학을 못하니까 형편없는 학생이야.'라든가 '알프레드(Alfred)와 버사(Bertha)가 나에게 화가 났었지. 그래, 친구들은 나를 좋아하지 않고 나와 어떤 것도 함께하려고 하지 않아.'와 같은 사고를 들 수 있다. 그러므로 어떤 사건에 대한 부정적인 경험은 미래의 행동에 영향을 주고 한 방향으로 일반화될 수 있다.

낙인찍기 및 잘못된 낙인 자신에 대한 부정적인 관점은 오류 또는 실수로 자기에 대해 잘못된 명명하기를 함으로써 생성된다. 어떤 사건으로 인해 다른 사람과 불편한 관계에 있는 사람이 "나는 해리엇(Harriet)에게 말하는 것이 힘들어."라고 하지 않고, "나는 인기가 없어. 나는 바보야."라고 말한다. 이처럼 낙인찍기 및 잘못된 낙인(labeling and mislabeling)은 개인의 정체성과 그들 자신에 대해 잘못된 인식을 줄 수 있다. 기본적으로, 낙인찍기나 잘못된 낙인은 어떤 한 사람이 스스로에 대한 생각에 있어서 과잉일반화의 오류를 범한 것이라고 볼 수 있다.

극대화/극소화 극대화나 극소화(magnification or minimization)는 자신의 결점을 극대화하거나 장점을 극소화하는 것을 말한다. 이는 열등감과 우울감을 불러일으킨다. 극대화의 예로, 운동선수가 근육통을 느끼면서 '나는 오늘 경기에 나가지 못할 거야.'라고 생각하는 것이다. 이와 반대로, '오늘 정말 좋은 경기를 했지만 충분하지 않아. 내 기준에 맞추려면 멀었어.'라고 극소화할 수 있다. 극대화나 극소화의 왜곡된 신념을 가진 사람은 우울증에 걸리기 쉽다.

개인화 개인에게 의미가 없거나 관계가 없는 사건으로부터 개인화(personalization)라는 인지적 왜곡이 일어난다. 예를 들어, '내가 소풍갈 때마다 비가 오네.'와 '내가 쇼핑을 갈 때마다 차가 엄청 밀리네.'와 같은 생각이 이에 해당된다. 이러한 현상은 사람이 통제할 수 있는 것이 아니다. 사실은 그들이 외부 활동을 할 때마다 비가 오지 않았거나 쇼핑을 할 때마다 똑같은 수준의 교통 혼잡을 경험하지 않았을 수 있다. 교통 혼잡은 특정 시간대에 심한 경우가 많기 때문이다.

이러한 인지적 왜곡이 빈번하게 일어나면, 이로 인해 심리 장애나 고통이 발생할 수 있다. 행동으로부터 결론을 도출하고 추론하는 것은 인간에게 있어서 매우 중요한 기능이다. 개인은 사회적 관계, 애정 관계, 직장 등에 대한 계획을 세우기 위해 가능한 결과를 예측하고 그에 맞게 방향성을 설정해야 한다. 인지적 왜곡이 빈번할 때, 개인은 더 이상 성공적으로 이 일을 수행할 수 없고 우울과 불안을 경험하게 된다. 인지 치료자는 인지적 왜곡을 찾아 내담자가 자신의 실수를 수용하고 스스로 사고를 변화시키도록 도움을 주는 역할을 한다.

인지 심리치료 이론

인지 치료자들은 내담자의 목표를 방해하는 행동과 사고 패턴을 바꾸기 위해 협력적 작업 관계를 맺는다. 돌봄을 위한 심리치료 관계의 구축은 필수적이다. 인지 심리치료는 행동, 감정적 변화 시 사고 과정의 역할과 세심한 접근을 강조한다(J. S. Beck, 2011b). 인지 치료자들은 목표를 세우기 위해 목표 달성을 방해하는 내담자의 잘못된 신념이 무엇인가에 주의를 기울인다. 이러한 방향성은 내담자의 인지, 감정, 행동 등을 관찰하고 기록하며 측정하는 다양한 평가 방법 속에 반영되어 있다. 인지 심리치료의 특징은 심리치료자와 내담자가 상담 진행 과정에 대해 함께 논의하고 피드백을 제시함으로써 내담자의 목표 달성을 돕는다는 것이다. 내담자를 변화시키기 위한 심리치료 방식에는 인지적, 정서적, 행동적인 접근과 이 장의 주안점인 자동적 사고와 인지 도식의 변화를 위한 인지적 접근이 포함된다.

심리치료의 목표

인지 치료의 기본 목표는 개인이 좀 더 효과적으로 기능하기 위해 사고의 왜곡과 편향을 제거하는 것이다. 개인의 정보 처리 과정은 적응적이지 않은 감정과 행동을 유지하고 있기 때문에 주의를 기울여 살펴보아야 한다. 그뿐 아니라 내담자의 인지적 왜곡을 긍정적인 감정, 행동, 사고로 전환하기 위해 도전하고 시험하고 의논한다. 심리치료자들은 사고의 편견 또는 왜곡을 제거하기 위해 자동적 사고뿐만 아니라 인지 도식에도 주의를 기울인다. 즉, 인지 도식을 변화시키는 것은 인지 치료의 중요한 목표이다.

인지 도식의 변화는 세 가지 수준에서 이루어진다(Beck et al., 2004). 먼저 도식 재해석은 변화의 유형 중 가장 제한적인 형태이다. 이것은 개인이 도식을 알아차리기는 하지만 그것을 회피하는 것을 말한다. 예를 들어, 완벽주의자는 완벽주의 성향을 바꾸지 못하고 그 대신 이러한 자신의 특성을 필요로 하고 역량을 발휘할 수 있는 곳에서 전문가로 활동하기로 선택한다. 한편, 도식 수정이란 개인 도식의 변화가 부분적으로는 가능하지만 전체적인 변화는 어려운 경우를 말한다. Beck 등(2004)은 편집증을 가진 사람의 예를 들면서 그런 사람은 타인을 지속적으로 신뢰하기는 어렵지만 특정 상황에서는 신뢰하기도 한다고 말한다. 마지막으로 도식 변화의 가장 상위 수준인 도식 재조직이다. 편집증을 가진 내담자가 다른 사람을 신뢰하게 된 경우가 인지 도식의 재조직화가 이루어진 예이다. 도식 변화에 있어 이 세 가지 수준은 인지 치료에서 목표를 달성하기 위한 방향을 제시한다.

일반적으로, 목표를 세울 때 인지 치료자들은 구체적이고 우선적인 목표를 정하고 내담자와 함께 작업하는 데 초점을 두어야 한다. Freeman, Pretzer, Fleming, & Simon(1990)의 연구에서 보듯이 목표에는 정서적, 행동적, 인지적 요소가 포함된다.

> 우울한 영업사원 프랭크(Frank)는 상담 초기에 목표를 "될 수 있는 한 최고가 되기"라고 말했다. 하지만 이러한 방식으로 말하는 것은 상당히 모호하고 추상적이다. 프랭크가 이력서를 수정하거나 집안일을 하는 것조차 스스로 관리하지 못할 정도로 우울했다는 것을 고려해 볼 때, 이러한 목표는 관리하기 불가능한 것이었다. 상당한 논의 끝에 프랭크와 그의 상담자는 '덜 우울해하고 덜 불안해하기, 걱정하는 시간 줄이기, 적극적으로 일자리 찾기(이력서 수정하기, 적극적으로 구인 정보 찾기, 적절한 직장에 구직 신청하기 등)'를 포함하는 더 구체적인 목표에 동의했다. (pp.10~11)

목표를 구체화하고 확고히 하면 내담자들의 인지 도식과 감정 및 행동의 변화를 위해 사용할 방법을 고르기가 훨씬 수월해진다. 내담자들이 자신의 고민을 이야기할 때 굉장히 다양한 쟁점을 다루게 된다. Judith Beck(2005)은 모호하고 불확실한 목표를 다루는 여덟 가지 방법을 제시한다. 예를 들어, 그녀는 "토머스(Thomas)를 너무 무기력해서 목표를 설정하기 힘든 사람"이라고 묘사했다. 그래서 많은 심리치료자들이 토머스에게 목표를 물어보면 그는 "모른다."라고 대답했다. 그녀는 토머스를 위해 쓰레기 버리기나 부엌 청소하기 등의 작은 목표를 설정했다. 심리치료자는 몇 차례의 회기를 거친 후 토머스가 '나는 잘 할 수 없고 노력해도 실패할 거야.'라고 느끼고 있다는 것을 알아차렸고, 이러한 핵심 신념이 목표와 맞아 떨어졌다(pp.135~137). 우리는 짧은 예시를 통해 인지 치료자들이 어떻게 구체적인 목표에 집중하고 인지 도식을 관찰하는지를 살펴볼 수 있다.

인지 심리치료에서의 평가

치료 초기부터 전 과정에 이르기까지 내담자의 문제와 인지를 평가하는 것에 주의를 기울여야 한다. 이를 통해 내담자의 문제를 개념화하고 진단내릴 수 있기 때문이다. 평가가 진행될수록 내담자의 생각, 감정, 행동뿐만 아니라 치료적 기법의 효과성에도 초점을 기울여야 한다. 불안과 우울증과 같이 많은 다른 심리 장애에 적용할 수 있는 보다 구체적인 평가 전략이 이미 소개되고 있다(J. S. Beck, 1995, 2005, 2011b; Whisman, 2008; Wills, 2009). 여기에는 내담자 면담, 자기관찰, 사고 표집, 신념 및 가정 평가, 자기 보고식 질문지를 포함한 여러 가지 평가 기술을 사용하는 방법에 대해 기술한다(Beck et al., 2004; Whisman, 2008).

면담 초기 평가에서 인지 치료자는 내담자와 좋은 관계를 설정하는 동시에 다양한 주제를 살피게 된다. 드러난 주제들은 여러 심리치료자들에 의해 평가되는데, 여기에는 현재 문제, 성장 과정(가족, 학교, 직장, 사회관계 포함), 과거의 충격적 경험, 정신의학적 내력, 내담자의 목표 등이 포함된다. 심리치료자들은 먼저 구조화 면담(Beck et al., 2004) 또는 비구조화 면담을 실시한다. Freeman 등(1990)은 사건에 대한 자세한 보고서가 중요하다고 강조한다. 심리치료자들은 "일하러 가기 싫었나요?"와 같은 편향된 질문보다는 "일을 하러 가지 못했던 이유가 무엇이었나요?"라고 질문하는 것이 좋다. 사고를 측정하는 데 있어서 심리치료자들은 내담자가 자신의 감정과 사고를 구별하고, 관찰한 것을 근거로 추론하기보다는 관찰한 것 그대로를 객관적으로 보고할 수 있도록 훈련시킬 필요가 있다. 비록 내담자가 상세하게 기억하지 못한다 하더라도 기억의 정확성을 위해 지난 사건을 떠올리도록 해야 한다. 간혹 현장참여(in vivo) 면접과 관찰이 도움이 될 수 있다. 예를 들어, 내담자가 광장 공포증을 겪고 있다면 심리치료자가 직접 내담자의 집으로 가서 내담자와 함께 산책을 하거나 대화하는 과정에서 관찰과 평가가 이루어질 수 있다.

내담자의 경험, 감정, 행동을 노트에 정리해 두는 것도 매우 도움이 된다. Judith

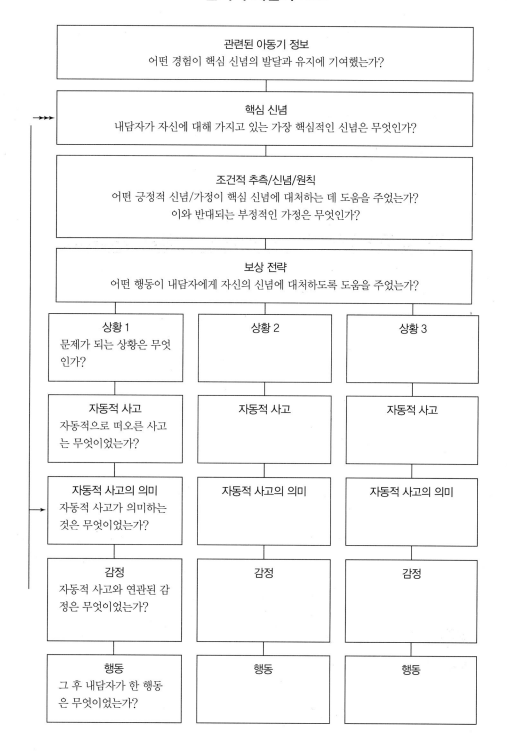

■ **그림 10.2**
인지적 개념화 도표

출처: *Cognitive Therapy: Basics and Beyond*, Guilford Press, 1995. Copyright © 1995 by J. S. Beck. Reprinted by permission.

내담자 성명(이니셜):   심리치료자 성명:

내담자 진단: Ⅰ축: Ⅱ축:

인지적 개념화 도표

| 관련된 아동기 정보 |
| 어떤 경험이 핵심 신념의 발달과 유지에 기여했는가? |

| 핵심 신념 |
| 내담자가 자신에 대해 가지고 있는 가장 핵심적인 신념은 무엇인가? |

| 조건적 추측/신념/원칙 |
| 어떤 긍정적 신념/가정이 핵심 신념에 대처하는 데 도움을 주었는가? |
| 이와 반대되는 부정적인 가정은 무엇인가? |

| 보상 전략 |
| 어떤 행동이 내담자에게 자신의 신념에 대처하도록 도움을 주었는가? |

| 상황 1 | 상황 2 | 상황 3 |
| 문제가 되는 상황은 무엇인가? | | |

| 자동적 사고 | 자동적 사고 | 자동적 사고 |
| 자동적으로 떠오른 사고는 무엇이었는가? | | |

| 자동적 사고의 의미 | 자동적 사고의 의미 | 자동적 사고의 의미 |
| 자동적 사고가 의미하는 것은 무엇이었는가? | | |

| 감정 | 감정 | 감정 |
| 자동적 사고와 연관된 감정은 무엇이었는가? | | |

| 행동 | 행동 | 행동 |
| 그 후 내담자가 한 행동은 무엇이었는가? | | |

Beck(1995)은 내담자에 관한 기록을 정리하기 위해 인지 개념화 도표를 개발했다(그림 10.2). 심리치료자가 도표의 아래쪽부터 시작해서 한 번에 하나씩 기록해 나간다. 대학 졸업 연주를 앞두고 있는 프레드(Fred)를 예로 들어 보자. 그는 음대 교수진들 앞에서 정확한 음정을 못 잡고 당황할까 봐 매우 두려워하고 있는 상황이다. 이런 경우, 심리치료자는 상황 1에 "연주를 하고 세 명의 음대 교수들이 평가한다."라고 기록한다. 그 후, 심리치료자는 프레드로 하여금 자동적 사고를 결정하도록 하고 '상황 1' 표 아래에 "교수들이 나를 끔찍하다고 생각할 거야."라는 사고를 기록한다. 그런 다음 '자동적 사고의 의미'란에 "부담으로 인해 주눅이 들었다."라고 채워 넣는다. '감정'에는 "불안"이라고 기록하고, '행동'에는 "그는 다섯 번 정도 노래를 불렀다."라고 쓴다. 심리치료자와 프레드는 이와 동일한 방법으로 두 가지 정도의 상황을 계속해서 더 관찰했다. 각 상황에서 심리치료자와 프레드는 자동적 사고, 의미, 상황에 연관된 정서와 행동을 결정했다.

심리치료자가 내담자의 핵심 신념을 평가하는 데 충분한 정보가 있다면, 가령 프레드의 '핵심 신념'에 관한 정보가 충분하다면 '어린 시절에 관련된 자료'를 통합하는 데 도움이 될 것이다. 그 후, '조건적 추측/신념/원칙'을 결정하기 위해서 조건문을 사용하는데, 아마도 프레드의 '핵심 신념'은 "나는 잘하는 것이 없어."일 것이고, 그의 '조건적 추측/신념/원칙'은 "만약 혼자 살아가야 했다면 난 망했을 거야."일 것이다. 이는 부정적 추측이다. 긍정적 추측은 "나는 다른 사람들과 함께할 때(예: 코러스로 참여해 노래할 때) 너무 좋아."가 된다. 마지막 표는 '보상 전략'이다. 프레드의 보상 전략은 "연습, 연습, 또 연습"과 "내가 얼마나 예민한지 여자 친구에게 계속 말해야 해."이다. 이 정보는 심리치료자가 내담자의 전략을 바꾸기 위한 목적으로 사용된다. 대체로 면담이 내담자의 정보를 얻는 데 있어 주요한 방법이긴 하지만 만약 심리치료자가 어떤 특정 정보를 얻고자 한다면 내담자에게 자유롭게 질문할 수 있다.

자기관찰 자기관찰(self-monitoring)은 심리치료자의 사무실 밖에서 내담자가 스스로의 사고, 정서, 행동을 평가하는 방법이다. 기본적으로 내담자는 자신의 느낌, 사고, 사건의 기록을 가지고 있다. 이를 일지나 녹음, 질문지를 이용하여 기록할 수 있다. 가장 일반적인 방법은 역기능적 사고 기록(Dysfunctional Thought Record: DTR. 이하 DTR)(J. S. Beck, 2005; Beck, Rush, Shaw & Emery, 1979)을 이용하는 것이다. DTR은 사고 기록지라고도 하는데 첫 번째 열에 내담자의 상황을 묘사하고, 두 번째 열에 자동적 사고를 적고 세 번째 열에 정서를 적고 강도를 백분율로 표시한다. 내담자는 심리치료 과정에서 자동적 사고를 기록하고 감정의 강도를 측정하기 위해 DTR을 지속적으로 사용하게 된다(그림 10.3). DTR은 다음 회기에 논의할 것에 대한 자료가 되며, 내담자들에게 자동적 사고에 대해 배울 수 있는 기회를 제공한다.

이론의 적용

척도와 질문지 자기보고식 질문지나 측정 척도들은 비합리적인 신념이나 인지적 왜곡 등

역기능적 사고 기록(예시)

지시 사항: 기분이 나빠지고 있음을 깨달았을 때 스스로에게 다음과 같이 물어본다. 지금 내 마음속에 무슨 생각이 스쳐 지나고 있는가? 그리고 최대한 빠르게 든 생각이나 이미지를 자동적 사고 칸에다 써 넣는다.

날짜/시간	상황	자동적 사고	감정	대안적 반응	결과
	1. 불편한 정서를 유발하는 실제적 사건, 사고의 흐름, 백일몽, 회상 등은 무엇인가? 2. 스트레스를 유발하는 신체적 감각 등이 있었다면 어떤 것들인가?	1. 어떤 생각 또는 상상이 당신의 마음을 스쳐갔는가? 2. 각각의 생각이나 상상을 얼마나 실제라고 믿었는가?	1. 그때 어떤 감정(슬픔, 불안, 분노 등)을 경험했는가? 2. 그 감정의 강도(0~100%)는 어떠했는가?	1. (선택 가능) 어떤 인지적 왜곡이 일어났는가?(예: 양자택일적 사고, 독심술, 파국화) 2. 표 아래의 질문들을 자동적 사고의 대안적 반응을 만들기 위해 활용하라. 3. 각각의 반응을 얼마나 믿는가?	1. 각각의 자동적 사고를 지금은 얼마나 믿고 있는가? 2. 지금 정서 상태는 무엇인가? 그 정서는 얼마나 강한가?(0~100%) 3. 이제 무엇을 할 것인가?(또는 무엇을 했는가?)
2/2	마크가 나에게 전화하지 않는다는 사실에 대한 생각	마크는 아마 나에게 별 관심이 없는 모양이다.(90%)	슬픔(90%)	결론 내리기 1. 전화하겠다고 하고는 전화하지 않았지만 우리가 지난번 마지막으로 만났을 때 그는 정말 나에게 관심 있는 것 같았어. 2. 아마 너무 일이 바쁘거나 깜빡 잊었을지도 몰라. 3. 최악의 경우는 아마 다시는 그로부터 전화가 오지 않는 거겠지. 그래도 뭐, 난 그럭저럭 살아갈 거야. 최선의 경우는 지금 바로 전화가 오는 건데, 보다 현실적으로는 하루나 이틀 후에 전화가 올지도 몰라. 4. 그가 나에게 관심 없다고 믿게 되면 정말 견디기 어려울 거야. 이런 내 생각이 틀렸을 수도 있다고 생각하면 희망이 생기는 느낌이야. 5. 내가 먼저 그에게 전화하는 것도 한 방법이야. 6. 만약 내 친구 조앤이 이런 상황에 빠져 있다면 난 분명히 그 애에게 전화해 보라고 했을 거야.(75%)	1. 자동적 사고=70% 2. 슬픔=60% 3. 나는 오늘 밤 일 마친 후에 그에게 전화를 할 것이다.

대안적 반응을 만들어 낼 수 있는 질문:

1. 그 자동적 사고가 진실 또는 거짓이라는 증거는 무엇인가?
2. 혹시 다른 설명 방법이 없는가?
3. 일어날 수 있는 가장 나쁜 결과는 무엇인가? 내가 견뎌낼 수 있는가? 기대할 수 있는 가장 좋은 결과는 무엇인가? 그렇다면 가장 현실적인 결과는 무엇인가?
4. 내 자동적 사고를 내가 정말 믿는다면 그 결과는 무엇인가? 내 생각을 바꾼다면 어떤 결과가 일어나는가?
5. 나는 그럼 어떻게 해야 할 것인가?
6. 만약 (친구)_____가 똑같은 상황에 처해 있고 이런 생각을 가지고 있다면 나는 그에게 뭐라고 해 주었을까?

▌ 그림 10.3 역기능적 사고 기록

을 측정하는 데 사용된다(Whisman, 2008). 벡 우울 척도 Ⅱ(Beck Depression Inventory Ⅱ: Steer, Brown, Beck, & Sanderson, 2001), 벡 절망 척도(Beck Hopelessness Scale: Beck, 1996), 자살 생각 척도(Scales for Suicide Ideation: Beck, 1991), 역기능적 태도 척도(Dysfunctional Attitude Scale: Weissman, 1979), 도식 질문지(Schema Questionnaire: Young & Brown, 1999)와 같이 구체적인 목적으로 개발된 구조화된 질문지들이 있다. 이러한 질문지들은 대체로 간단명료하고 이를 사용해 심리치료 과정에서 다양한 문제들을 살펴볼 수 있다. 예를 들어, 벡 우울 척도 Ⅱ는 21개의 문항으로 각 문항은 슬픔, 혐오, 죄책감, 분노, 무가치한 느낌 등을 측정할 수 있는 사지선다형으로 구성되어 있다. 문항은 8단어 이하로 짧다. 또한 미네소타 다면적 성격 검사(Minnesota Multiphasic Personality Inventory: MMPI)와 같은 심리 평가 도구도 유사한 목적으로 사용된다.

내담자로부터 자료를 모을 때, 특히 자동적인 사고를 포함하는 원자료(raw data)를 수집할 때 인지 도식과 주제를 추론해 내는 노력이 요구된다. 회기가 진행되는 동안 여러 자료가 축적되면 내담자의 다양한 인지 도식을 통찰할 수 있게 된다. 진행 과정은 내담자의 과제 수행하기, 질문지에 답변하기, 자동적인 사고를 기록하기 등이며, 평가도 이에 기반해 이루어진다. 이러한 과정은 내담자로 하여금 인지적 왜곡을 줄이고 자동적 사고에 적극적으로 도전해 보게 하며 부정적인 감정과 행동을 감소시킨다.

치료적 관계

이론의 적용

Beck의 관점에서 보면 인지 치료에서 상담자와 내담자 간의 관계는 협력적인 관계이다(Beck, 1976; J. S. Beck, 2011b; Dobson, 2012; Wenzel, 2014). 내담자와 상담자는 회기의 주제를 정할 때 협력해야 한다. 상담자는 함께 이야기해 볼 만한 주제를 제안할 수도 있고, 함께 다룰 주제에 대한 상담자의 제안에 관한 내담자의 의견을 물을 수도 있다. 또한 상담자는 내담자가 실시한 작업에 대해 상담자의 제안에 관한 피드백을 물어볼 수 있다. 상담자는 심리치료의 목표와 그 목표에 도달하는 방법을 결정하기 위해 내담자를 이끄는 인지, 행동, 감정이 무엇인지에 파악해야 하며, 이를 위해 전문적인 지식이나 기술을 사용한다. 내담자는 자신의 생각과 감정의 변화에 대한 정보를 상담자에게 제공함으로써 심리치료에 기여할 수 있고, 목표를 선택하는 데 참여하며 자신의 변화에 책임을 진다. 새로운 자료가 얻어지면 상담자와 내담자는 새로운 전략을 수립한다. 어떤 면에서 치료적 과정은 내담자와 상담자 모두 새로운 가정을 검증하는 공동의 과학적 탐색 과정으로 여길 수 있다(Kazantzis, Cronin, Dattilio, & Dobson, 2013). 이러한 과정에서 상담자는 내담자가 염려하는 것을 이해하고 내담자와의 관계를 발전시키기 위해 Carl Rogers의 접근(6장 참고)처럼 내담자의 감정에 초점을 맞추는 경청 기술을 사용할 수 있다. 내담자는 주어진 과제를 수행함으로써 이 과정에 책임을 져야 한다. 인지 치료자가 내담자의 피드백이나 제안과 염려에 대해 취하는 태도는 수용적인 편이지만, 심리치료의 과정 자체는 구체적이고 목표지향적이다.

치료 과정

접근법에 있어서 인지 치료는 다른 이론들에 비해 훨씬 더 구조화되어 있다. 회기 초반에는 내담자와 협력관계를 맺으면서 내담자의 문제를 평가하고 사례를 개념화한다. 심리치료가 진행됨에 따라 내담자가 자신의 잘못된 사고를 알 수 있도록 유도하는 접근법을 사용한다. 심리치료 과정에 있어서 자동적 사고를 식별하고 내담자에게 과제를 수행하게 하는 것 역시 중요한 측면인데, 이 작업은 회기 전반에 걸쳐서 이루어진다. 내담자가 자신의 목표에 도달함에 따라 상담은 종결에 이르고 내담자는 지금까지 배운 것들을 앞으로 어떻게 사용할지에 주력하게 된다. 심리치료가 진행되면서 내담자는 자신의 신념에 대해 인식하며 변화를 향해 나아간다. 특별히 중요한 것은 복잡하고 어려운 문제에 있어서 부정적인 인지 도식이 어떻게 발달되었는지 인식하는 것이다. 심리치료 과정에서의 이러한 측면들은 다음에서 상세하게 설명하고 있다.

유도된 발견 유도된 발견(guided discovery)은 소크라테스식 대화라고도 불리며, 내담자가 가진 부적응적인 신념과 가정을 바꾸도록 도와준다. 상담자는 기존의 정보를 사용하여 내담자의 부적응적인 신념에 도전하는 일련의 질문들을 하게 되는데, 이를 통해 내담자는 행동과 사고의 새로운 방법을 발견하는 지침을 얻는다.

> 내담자: 월요일에 있을 면접이 두려워요. 사람들은 제가 일을 잘 못할 거라고 생각할 거예요.
> 상담자: 당신의 그러한 추측은 무엇을 의미하나요?
> 내담자: 독심술 같은 것이죠. 제가 앞으로 어떤 일이 일어날지 알고 있는 것 같은 거요.
> 상담자: 그렇다면 당신이 가정하는 것은 뭔가요?
> 내담자: 새 직장 동료들이 저에 대해 어떻게 생각할지 이미 알고 있다는 거죠.

삼단 논법 소크라테스식 대화법의 구체적 형태이며, 내담자가 부정적인 생각을 수정하는 데 도움을 주도록 고안된 세 가지 질문으로 구성되어 있다. 각 질문은 부정적인 신념에 대해 질문하고 더 객관적인 생각을 이끌어 내는 방법을 제시한다.

1. 신념의 근거는 무엇인가?
2. 당신은 그 상황을 어떻게 다르게 해석할 수 있겠는가?
3. 그것이 사실이라면 무슨 함의가 있는가?

다음의 예는 소크라테스식 대화법이 어떻게 활용되는지와 이것이 개인의 신념을 어떻게 변화시킬 수 있는지를 보여 준다. Liese(1993)는 ADIS 환자에게 세 가지 질문 기법을 사용한 의사의 예시를 제시하고 있다.

의사: 짐(Jim), 당신은 몇몇 사람들이 당신의 병에 대해서 안다면 그들이 당신을 경멸할
    것이라고 몇 분 전에 말했어요. (반영) 이러한 생각에 대한 근거가 무엇인가요?

짐: 근거는 없어요. 단지 그런 식으로 느낄 뿐이에요.

의사: 당신이 '단지 그렇게 느끼는 거군요.' (반영) 혹시 이 상황을 다른 측면에서 볼 수 있
    나요?

짐: 제 진정한 친구들은 저를 버리지 않을 것이라고 생각해요.

의사: 만약 실제로 다른 사람들이 당신을 포기했다면, 이것은 무엇을 의미할까요?

짐: 제 진정한 친구들이 저를 포기하지 않는 한 그런 일은 참을 수 있다고 생각해요.

    (Liese, 1993, p. 83)

자동적 사고의 구체화 초기 개입에 중요한 점은 부정적인 생각에 대해 논의하고 기록하기
위해 내담자에게 질문하는 것이다. 역기능적 사고 기록(그림 10.3)을 사용하여 생각을 구체
화하고 다음 회기에 그것들을 가져오도록 하는 것은 앞으로의 심리치료에 도움이 된다. 다
음은 심리치료자가 내담자가 본인의 자동적 사고를 이해하도록 도와준 예이다.

첫 회기 동안, 나는 내담자에게 얼마나 부정적인 사고를 자주 하고 있는지에 대해 질문했고
그는 그렇게 자주는 아니고 가끔씩 그렇다고 대답했다. Beck의 우울 척도 점수가 38인 점
을 미루어 보아 훨씬 자주 부정적 사고를 할 것으로 예상했지만 하루에 두어 번 이상은 아
니라고 했다. 그래서 과제를 낼 때, 가능한 한 많은 생각을 기록할 것을 요청했다. 나는 그가
하루 동안에 여러 가지 부정적인 사고를 할 것이고 주말 즈음엔 50개 정도가 기록되어 있을
것이라고 말했다. 그러자 그는 "저는 못하겠어요. 너무 어려워요. 전 실패할 거예요."라고 대
답했다. 이에 대해 나는 "이미 3개가 나왔네요. 앞으로 47개만 더 모으면 됩니다."라고 했다.
(Freeman et al., 1990, pp.12~13)

과제 인지 치료는 회기마다 다음 회기까지 해올 수 있는 과제를 준다. 이는 상담실뿐만 아니
라 다른 현실 상황에서도 적용할 수 있도록 돕기 위함이다(J. S. Beck & Tompkins, 2007; J. S.
Beck 2011b). 과제의 목적은 내담자가 자료를 수집하고 인지행동적 변화를 검증하며 이전 회
기에서 다룬 내용을 연습해 보는 것이다. 내담자가 과제를 해오지 않았다면, 이는 내담자와
상담자 간의 관계에서의 문제를 나타내거나 과제 수행에 대한 왜곡된 신념 때문이라고 할 수
있다(J. S. Beck, 2011). 일반적으로 과제는 매 회기마다 논의되고 새로운 과제가 주어진다.

회기 구성 방식 내담자들의 여러 가지 문제에 대해 상담자마다 각자가 선호하는 자기만의
적합한 회기 구성 방식이 있기는 하지만, 모든 심리치료 회기마다 공통적으로 해야 하는 일
이 있는데 그것은 바로 내담자의 기분과 감정 상태를 체크하는 것이다(J. S. Beck, 2011b). 일

반적으로 상담자는 내담자의 기분, 지난 일주일간의 사건, 지난 회기에 대한 내담자의 피드백과 회기 이후 일어난 문제 등 내담자가 갖고 있는 문제점에 대해 물어본다. 또한 상담자는 내담자의 보다 나은 과제 수행을 위해 지난 과제를 함께 살펴보기도 한다. 보통, 회기의 초점은 내담자가 심리치료 초기에 제시한 호소 사항에 있다. 이후 회기에서 구체적인 내용을 다루었더라도 새로운 과제는 내담자가 초기 상담 회기 때 제시한 주 관심사와 관련이 있어야 한다. 상담자와 내담자 간의 협동적인 관계를 위해 매 회기에 대한 내담자의 피드백은 매우 중요하고 필수적인 요소이다.

종결   종결 또한 처음 회기와 마찬가지로 계획되어야 한다. 회기가 진행되는 동안에는 내담자가 자신의 생각과 행동을 관찰하고 보고하는지 그리고 목표를 향해 얼마나 진척되었는지를 계속 평가한다면, 종결 단계에서는 내담자가 앞으로 상담자 없이 이러한 것들을 어떻게 할 수 있을지에 대해 이야기한다. 즉, 내담자 스스로가 상담자가 되는 것이다. 이전에 내담자가 과제를 수행하는 데 어려움을 겪고 과거의 행동 패턴으로 되돌아간 경험이 있었다면, 심리치료가 끝난 후에 이러한 문제와 사건이 다시 일어날 경우 어떻게 할 것인지에 대해서도 작업을 해야 한다. 보통 심리치료가 종결된 후 2주에 한 번 혹은 한 달에 한 번 내담자와 만나기도 한다.

만약 심리치료 과정에서 또 다른 새로운 문제점이 발견된다 하더라도 여전히 심리치료 접근의 특성, 사고 강조, 과제 부여와 같은 전형적인 방법을 사용한다. 심리치료 과정에 있어서의 여러 기법은 사고, 행동, 정서의 변화를 가져오는데 이 중 몇 가지를 소개하면 다음과 같다.

재발 예방   Beck의 인지 치료에서는 내담자가 치료를 끝낸 후에도 문제가 재발할 수 있다고 본다. 부적응적 도식과 관련된 특정 생활 스트레스가 미래의 문제를 야기할 수 있다(Dobson, 2012). 이러한 재발을 예측하기 위해서 내담자와 상담자는 증상이 다시 발생했을 때 어떻게 대처할지에 대한 계획을 세우는데 1회기에서 2회기 정도를 할애해야 한다. 이때 그동안 치료에서 사용했던 전략을 복습하는 것도 종종 포함된다(Wenzel, 2013). 내담자에게 어떤 전략을 사용했는지 물어보고 그 기술을 어떻게 사용했는지에 대해 논의하는 것은 내담자가 그 기술을 사용하는 것이 익숙해지도록 하는 데 도움이 된다. 기술에 대해서 생각해 보고 그 기술을 미래에 어떻게 사용할지 계획하는 것 역시 재발을 예방하는 데 효과적일 수 있다. 대처 전략을 사용해야 하는 증상의 재발을 어떻게 감지할지, 추후에라도 상담자를 비롯한 전문가에게 내담자가 연락할 수 있는 리스트를 작성하는 것은 재발을 다루는 데 도움이 될 수 있다(Dobson, 2012; Wenzel, 2013).

치료적 기법

인지 치료는 내담자가 목표를 달성하도록 다양한 방법을 사용해왔다. 그중 몇 가지 기술은 자동적 사고, 부적응적 논점 또는 비효율적 인지 도식을 끌어내고 직면하도록 하는 데 초점을 맞추고 있다. 인지 치료의 일반적 접근은 자동적 사고나 비합리적 신념을 설명하는 것이 아니라 실험이나 논리적 분석을 통해 이것들을 측정하는 것이다. 말하자면, 한 내담자가 두 명의 지인과 대화를 할 때 아무도 내담자에게 집중하지 않을 때의 기분을 묻거나 지인들이 내담자에게 집중하는지 아닌지를 관찰하게 하는 것은 실험의 한 예이다. 그리고 내담자가 "저는 제대로 하는 것이 없어요."라고 할 때, "당신은 오늘 무엇을 제대로 해 보았나요?"라고 묻는 것은 질문의 한 가지 예이다. 또한 인지 치료자는 내담자의 감정과 행동의 변화를 위해 여러 기법을 사용하는데 내담자의 감정을 변화시키기 위한 몇 가지 기법은 6장, 내담자의 행동 변화를 위한 기법은 8장과 9장에서 소개되었다. 여러 인지 치료 기법은 Dattilio & Freeman(1992), J. S. Beck(2005, 2011b), Wenzel(2013)의 연구에 잘 나타나 있다. 『인지 치료 기법 새 지침서(The New Handbook of Cognitive Therapy Techniques)』(McMullin, 2000)에는 35개 이상의 기법이 설명되어 있다. Barlow(2007)는 『심리 장애의 임상적 지침서(Clinical Handbook of Psychological Disorders)』에서 여러 장애를 치료하는 데 사용된 기법을 소개하고 있다. 다음은 비효율적 사고 습관을 가진 내담자의 변화를 위한 8개 전략이다.

특이한 의미 이해하기 사람들이 하는 '말'은 자동적 사고와 인지 도식에 따라 서로 다른 의미를 가지게 될 수 있다. 상담자들은 내담자가 어떤 단어를 어떤 의미로 쓰는지 추측하는 것만으로 충분하지 않다. 예를 들면, 우울증 내담자들은 종종 '속상하다', '실패한다', '우울하다', '죽고 싶다'와 같은 모호한 단어를 사용하기 쉬운데, 이런 경우 내담자에게 자세히 질문함으로써 내담자나 상담자 모두 그 사고 과정을 이해할 수 있어야 한다.

> 내담자: 저는 진짜 실패자예요. 제가 하는 걸 보면 알 거예요.
> 상담자: 당신은 스스로 실패자라고 말하네요. 실패자가 된다는 건 어떤 의미인가요?
> 내담자: 원하는 것을 결코 가질 수 없고요. 또 모든 일에 있어서 실패하는 것이죠.
> 상담자: 정확히 뭘 잃는다는 것이죠?
> 내담자: 글쎄요. 뭘 잃었다고 정확히 말할 수는 없어요.
> 상담자: 당신이 무엇을 잃었는지 말할 수 있어야 할 것 같네요. 그렇지 않으면 당신이 실패자라는 주장을 제가 이해하기 어려울 것 같아요.

절대성에 도전하기 내담자들은 "직장의 모든 사람들은 나보다 똑똑합니다."와 같은 극단적인 말을 통해 고통을 표현한다. 그러한 표현은 주로 '모든 사람', '항상', '결코', '아무도'라는 단어를 포함한다. 상담자는 내담자가 사용하는 절대적 표현에 대해 질문하고 도전함으로써 내담자가 표현을 더욱 정확하게 할 수 있도록 도와준다. 상담자는 내담자가 절대적 진술(absolute statement)을 좀 더 구체적으로 표현할 수 있도록 그 말에 대해 질문하고 도전해야 한다.

내담자: 직장 동료들은 모두 저보다 능력이 띄어나요.

상담자: 모두라고요? 직장에 있는 모든 사람들이 당신보다 더 능력이 있다는 건가요?

내담자: 글쎄요. 꼭 그렇지만은 않아요. 직장에는 제가 전혀 모르는 사람들도 있거든요. 하지만 제 상사는 분명 저보다 똑똑한 것 같아요. 그녀는 일이 어떻게 진행될 건지를 아는 것 같거든요.

상담자: 직장 동료 모두가 당신보다 더 똑똑하다는 생각에서 당신 상사가 당신보다 더 능력이 있다는 생각으로 축소되었네요.

내담자: 제 생각에는 단지 제 상사뿐인 것 같아요. 그녀는 이 분야에서 많은 경험이 있고 무엇을 해야 할지를 알고 있는 것 같아요.

재귀인 내담자는 어떤 사건에 대하여 책임이 거의 없음에도 불구하고 상황이나 사건에 대한 책임을 그들 스스로에게 부여한다. 스스로에게 채찍질함으로써 내담자는 더욱 죄책감과 우울함을 느낀다. 재귀인(reattribution)의 기술은 내담자가 사건에 대한 책임을 공정하게 귀인하도록 돕는다.

내담자: 그녀가 날 떠난 건 모두 제 잘못이에요.

상담자: 사람 간의 관계에서 종종 문제가 생길 때, 두 사람 모두에게 일정 부분 책임이 있는 거예요. 자, 그 일이 모두 당신의 책임인지 아니면 당신의 여자 친구도 일정 부분 역할을 했는지 한번 생각해 보도록 합시다.

왜곡을 명명하기 앞에서 살펴본 양자택일적 사고, 과잉일반화, 선택적 추상화와 같은 인지적 왜곡을 명명하는 것(labeling of distortions)은 내담자의 합리적인 생각을 방해하는 자동적 사고를 범주화하는 데 도움을 준다. 예를 들어, 엄마가 자신을 항상 비난한다고 믿는 딸은 이런 사고가 왜곡인지 아닌지, 그리고 그녀가 엄마의 행동을 '과잉일반화'하는 것은 아닌지에 의문을 제기할 수 있다.

탈파국화 탈파국화(decatastrophizing)는 내담자가 일어날 가능성이 적은 결과에 대해서 두려워하는 경우 사용되는 기법으로 '가정(what-if)' 기법이다. 즉, 내담자가 확신할 수 없는 결과에 과잉 반응할 때 사용된다.

내담자: 이번 학기에 성적 우수자로 뽑히지 못하면, 저는 끝장이에요. 전 만신창이가 될 것이고, 로스쿨에 들어가지도 못할 거예요.

상담자: 정말 그 명단에 들어가지 못하면, 무슨 일이 일어날 것 같나요?

내담자: 글쎄요, 생각만 해도 끔찍하네요. 제게 무슨 일이 일어날지 저도 모르겠어요.

상담자: 그럼, 실제로 그 명단에 들어가지 못했다고 칩시다. 다음엔 어떤 일이 생길까요?

내담자: 아마도 제 성적에 따라 다르겠죠. 성적 우수자 명단에 들어가지 않는 것과 모두 B학점을 받는 것, 아니면 모두 C학점을 받는 것 사이에는 큰 차이가 있거든요.

상담자: 당신이 모두 B학점을 받는다면?

내담자: 기분이 안 좋겠지만, 다음 학기 때는 더 열심히 하겠죠?

상담자: 그렇다면 모두 C학점을 받는다면?

내담자: 더 열심히 공부하겠죠. 법률 대학원 입학에 타격이 될 수 있지만, 극복할 수 있을 거예요.

양자택일적 사고에 도전하기 내담자는 때때로 양자택일적이거나 흑백논리로 상황을 묘사한다. 앞의 예에서 볼 수 있듯이, 내담자는 결과에 대해 파국적으로 예상할 뿐만 아니라 결과를 성적 우수자가 되는지 아닌지로 나누기도 한다. 내담자가 장학생으로 선발되거나 떨어지거나의 문제로 나누는 이분법적 사고를 지양하고 연속선상에서 생각해 볼 수 있도록 상담자는 척도(scaling)라고 하는 과정을 사용한다. 성적은 다양한 학점으로 나타난다. 이 문제에 대해 성적 우수자 명단에 들거나 들지 않을 가능성으로 따지기보다 다양한 결과로 나타날 수 있는 학점을 가정해 본다면 내담자의 반응이 달라질 것이다.

장점과 단점 목록 만들기 내담자의 특정한 신념이나 행동의 장단점을 적는 것이 도움이 된다. 예를 들어, "나는 성적 우수자 명단에 들어야만 해."라고 말하는 학생은 이 신념으로 인한 장점과 단점을 적어 볼 수 있다. 이 접근법은 양자택일적 사고로부터 벗어나게 해 준다는 측면에서 '척도'와 비슷하다고 할 수 있다.

인지적 시연 앞으로 다가올 사건을 다룰 때 심상을 사용하는 기법도 도움이 된다. 한 여성이 상사에게 임금 인상을 요구한 뒤, 상사로부터 '어떻게 감히 나한테 그런 이야기를 할 수가 있지?'라는 말을 듣는 상상을 할 경우, 인지적 연습을 통해 이러한 파괴적인 심상을 대체시킬 수 있다. 즉, 그녀는 상상을 통해 상사에게 이러한 요청을 하고 그녀의 요구가 성사된 성공적인 상황을 떠올려 볼 수 있다. 인지적 시연(cognitive rehearsal)을 통해 상사가 요구를 들어주는 경우와 들어 주지 않는 경우, 각각의 상황에서 내담자가 자신의 요구를 적절하게 표현하도록 연습시킨다. 이때 상담자는 그 여성에게 상사와 면담하는 것을 상상하도록 하고 그 장면에 대해 질문한다.

그 외에 유용한 인지적 기법들은 내담자의 인지 도식과 자동적 사고에 관하여 질문한다는 점에서 비슷한 형식을 갖는다. 인지 치료자는 이외에도 행동 활성화, 행동적 시연, 사회적 기술 훈련, 독서 심리치료(bibliotherapy), 자기주장 훈련, 휴식 훈련과 같은 행동적 기술을 사용한다. 심리치료 활용에 있어서도 많은 기법이 인지, 정서, 행동의 변화를 위한 치료적 절차에 다양하게 사용되고 있다.

심리 장애의 인지적 치료 접근

인지 치료자들은 다른 심리치료 접근보다 특히 심리 장애를 위한 심리치료를 많이 개발해 왔는데, 그중에서도 다음에 설명되는 우울증과 범불안 장애에 관한 연구가 대표적이다. 이 두 장애에 대한 정밀한 심리치료 기법이 제공되고 심리치료를 지원하기 위한 연구가 꾸준히 실시되어 왔다. 이외에 강박 사고와 약물 남용에 대해서도 소개할 것이다. 내담자가 경험하는 인지적 왜곡의 형태는 다양하며 각 장애에 따라 여러 가지 다른 심리치료 기법이 있기 때문에 여기에 소개될 네 가지 장애에 대한 심리치료가 전체 장애에 적용된다고 할 수는 없다. 여기서 언급되는 심리치료에 대한 설명은 주로 인지 치료의 주 접근법만을 강조한 것이므로 심리 장애 심리치료의 전체를 다루는 것은 결국 이 책의 범위를 넘어서는 수준이라 할 수 있 겠다.

우울증: 폴

초기에 Beck은 우울증에 인지 치료(1967)를 적용했다. 인지 치료에 대한 많은 논문과 연구가 다른 심리 장애들보다 특히 우울증에 집중되어 진행되었다. Clark, Beck, & Alford(1999)는 『인지 이론과 우울 이론의 과학적 기초(Scientific Foundations of Cognitive Theory and Theory of Depression)』에서 인지 치료 이론에 대한 근거를 발표했다. 아래 문헌들은 우울증 치료에 서 Beck의 치료 접근의 적용을 보여 준다.

『우울증을 위한 인지행동 치료(Essential Components of Cognitive-Behavior Therapy for Depression)』(Persons, Davidson, & Tompkins, 2001), 『양극성 장애를 위한 인지 치료 (Cognitive Therapy for Bipolar Disorder)』(Lam et al., 1999), 『불안 장애를 위한 인지행동 치료: 실무자 지침서(CBT for Anxiety Disorders: A Practioner Book)』(Simos & Hofmann, 2013), 『우 울증을 위한 인지 치료의 적용(Adapting Cognitive Therapy for Depression)』(Whisman, 2008), 『자살 환자를 위한 인지 치료: 과학적·임상적 적용(Cognitive Therapy for Suicidal Patients: Scientific and Clinical Applications)』(Wenzel, Brown, & Beck, 2009), 『DSM-Ⅳ-TR 성격 장애 의 인지행동 치료(Cognitive Behavior Therapy of DSM-IV-TR Personality Disorders)』(Sperry, 2006).

우울증과 관련된 인지와 다른 전략을 적용하기 위한 틀을 마련해 주는 수많은 개념이 있는데 인지삼제(cognitive triad)도 그중 하나이다. 인지삼제란 우울한 사람들이 자신, 세상 과 미래에 대해 가지고 있는 부정적인 관점을 말하는 것이다. 그들은 스스로 무가치하고 외 로우며 부적합하다고 생각한다. 이와 유사하게 그들은 세상이 어려운 요구를 하고 자신들이 목표를 달성하지 못하게 막는다고 생각한다. 그들은 미래를 비관적으로 바라본다. 예를 들면, "문제는 더 악화될 것이고 난 성공할 수 없어."와 같은 것인데 이러한 관점을 가진 우울증 내담자들은 우유부단하고 희망이 없고 피곤하며 매사에 무관심하다. 그들은 앞에서 언급한 양자택일적 사고, 파국화, 과잉일반화, 선택적 추상화, 독심술, 부정적 예측, 개인화, 낙인찍기와 잘못된 낙인, 극대화 혹은 극소화를 포함하는 인지적 왜곡을 일으킨다.

이 장에서 설명하는 인지 왜곡은 일반적인 인지 치료 과정에서도 볼 수 있지만 특히 우울증을 다루는 과정에서의 인지 왜곡으로 이해하면 된다. 이제 이러한 내담자 중 하나인, 폴(Paul)에게 우울증 치료를 실시한 Liese & Larson(1995)이 제안한 심리치료 전략을 설명하고자 한다. 그들의 접근법을 요약해 보면 다음과 같다. 첫째, 폴의 기본적 신념과 인지 도식을 평가하고 그의 문제를 개념화할 수 있도록 협동적인 심리치료 관계를 맺는다. 다음으로 기본 신념과 관련된 중요한 정보를 알리고 교육한다. 사고와 행동의 변화를 위해 소크라테스식 대화, 세 가지 질문법, 일상(역기능적) 사고 기록과 같은 방법도 사용한다.

폴의 문제를 개념화한다는 것은 현재 문제점, 성장 과정, 기본적 신념과 자동적 사고의 전개를 파악할 수 있는 정신적 진단을 하는 것을 뜻한다. 폴은 38세의 변호사로 최근 AIDS 판정을 받았다. 그는 극도로 불안해하고 우울해하며 수면과 집중에 어려움을 호소했다. Liese & Larson(1995)에 따르면, 그는 중증도의 주요 우울 삽화를 겪고 있었다. 어린 시절의 폴은 학교에서 모범생이 되고 싶어 했고 실제로도 모범생이었다. 부모님과 학교에서의 관계를 통해 폴은 두 가지의 거대한 신념을 발달시켰다. "나는 다른 사람을 기쁘게 할 때 사랑받을 수 있어." 그리고 "나는 사랑받을 때 만족해"(Liese & Larson, 1995, p.18).

폴은 다른 남자와의 문란한 성적 관계를 통해 사랑과 인정을 갈구했는데, 이는 "외로움을 벗어나자."(p.18)라는 그의 갈망을 반영한 행동이었다. 그가 심리치료에 들어갔을 때, 그의 행동은 특정한 기본 신념을 반영했다.

> "이제, 저는 정말 사랑스럽지 않고 결점투성이예요."
> "저에게 중요한 모든 사람들을 실망시켰어요."
> "저의 행동 때문에 저는 AIDS에 걸릴 만해요." (p.18)

심리치료자는 폴의 문제를 인지 치료의 개념을 이용하여 설명해 주었고, 폴의 슬픔과 두려움에 대해 공감해 주었다. 폴은 자신의 상태가 위험하다는 사실에 매우 놀랐다. 두 번째 회기에서 폴은 자신의 상태를 도식적으로 이해하는 것이 '비인격적'이라고 지적했다. "당신은 한 사람으로서 저를 대하기보다 문제를 푸는 데만 관심을 가지는 것 같군요." 그러나 치료자와 이 생각에 대해 논의하면서 폴은 자신의 신념이 독심술을 반영하고 있다는 것을 배울 수 있었다. 또한 심리치료자가 자신을 진심으로 돕기 원하며 치료하고 있다는 것을 깨닫게 되었고, 이 심리치료가 자신의 문제를 함께 찾고 해결하는 데 집중되어 있다는 것을 알게 되었다. 심리치료자의 격려를 통해 폴은 점점 심리치료자를 인정하게 되었다(p.19).

우울한 폴을 돕기 위해서 심리치료자는 소크라테스식 대화(유도된 발견)를 사용했다. 이를 통해 폴은 그의 삶이 끝나지 않았다는 것을 깨달을 수 있었다.

심리치료자: 오늘 기분은 어떠세요? (열린 질문)

폴: 꽤 우울해요.

심리치료자: 우울해 보이는군요. (반영) 무엇에 대해서 생각하고 계시나요? (열린 질문)

폴: 지금 시점에서 볼 때, 인생을 낭비한 것 같아요.

심리치료자: "낭비했다"라는 말이 어떤 의미인가요? (열린 질문)

폴: 더 이상 중요한 것이 아무것도 없다는 것 같아요.

심리치료자: 아무것도 없군요. (반영) ······ (긴 침묵) 어떤 것이든 좋으니 중요하다고 생각되는 것이 있나요?

폴: (긴 침묵) 커트(Curt)는 중요해요, 제 생각엔.

심리치료자: 단지 '추측'인가요? (반영/질문)

폴: 아니요, 커트는 정말 중요해요.

심리치료자: 당신에게 중요한 또 다른 것들이 있나요? (열린 질문)

폴: 제 친구들도 여전히 저에게 중요하다고 생각해요.

심리치료자: 무엇이 당신 친구들이 당신에게 중요한 존재가 되게 만들었나요? (열린 질문)

폴: 그들은 진심으로 저는 걱정해 주는 것 같아요.

심리치료자: 당신이 커트와 당신 친구들이 중요하다고 생각했을 때 어떤 생각이 들었나요? (열린 질문)

폴: 글쎄, 제 인생이 완전히 낭비된 건 아닌 것 같아요.

심리치료자: 그러면, 당신의 인생이 낭비되지 않았다고 생각해 볼 때, 어떤 감정이 드세요?

폴: 화가 덜 나네요.

이 대화에서 심리치료자는 간단하게 폴이 커트와 그의 친구들과의 중요한 관계를 생각하게 이끌어 정서적 안정감을 느낄 수 있도록 돕는 것부터 시작하였다. 소크라테스식 대화는 부적응적 생각을 논박하거나 치료자의 조언을 구하는 것보다 폴이 스스로 자신의 긍정적 생각, 자원, 힘을 발견할 수 있도록 폴의 능력을 촉진시킨다. (pp.21~22)

인생을 허비했다는 감정에 대해 심리치료자가 다르게 시도한 세 가지 질문 기법을 살펴보자.

심리치료자: 조금 전 당신은 저에게 인생을 허비한 것 같다고 말했지요. (반영) 이 신념에 대한 증거가 무엇인가요? (질문 1)

폴: 증거는 없어요. 그냥 느낌이 그래요.

심리치료자: "그냥 느낌이 그래요."라고 했는데, (반영) 이 상황을 또 다르게 볼 수 있을까
요? (질문 2)

폴: 커트가 저를 중요하게 생각해 준다면 제 인생이 버려진 것 같지는 않을 것 같아요.

심리치료자: 만약 실제로 당신이 커트에게 그리 중요한 사람이 아니라고 한다면 그게 당
신에게 의미하는 바는 뭐죠? (질문 3)

폴: 친구들이 절 버리지 않는다면 견딜 수 있을 것 같아요.

간단한 대화를 통해, 심리치료자는 폴이 자신의 가치에 대해 좀 더 객관적으로 생각할
수 있도록 도움을 주었다. 실제로 폴은 삶의 의미에 대해 깨달았고 정서적으로 안정되기 시
작했다(p.23).

폴이 처음 심리치료를 시작했을 때 매일 역기능적 사고 기록(DTR)을 적어도 두 번씩 사용
했다. 그 당시 폴은 극심한 우울을 느꼈다고 했다. 그래서 '상황' 칸에는 "상담을 시작하다."라
는 글을 썼고 '감정' 칸에는 "우울"이라고 썼다. 폴은 상담을 받는 데 대한 자동적 사고를 "쓸
데없는 일이야. 아무 도움도 받지 못할 거야."라고 했고 '자동적 사고' 칸에 그렇게 썼다. 심리
치료자는 소크라테스식 접근을 사용해서 "상담은 쓸데없는 일이야."라는 그의 신념에 대한
보다 논리적인 반응을 찾아낼 수 있도록 도왔다. 폴은 보다 적절하고 대안적인 사고를 찾아
내게 되었는데, 그것을 다음과 같이 기술하였다. "사실 상담이 아무런 도움을 주지 못할 것
이라는 걸 확신할 수는 없다.", "뭔가 희망이 있을지도 모르는 일이다." (p.24)

덧붙여, 폴의 심리치료자는 매주 활동 계획서를 써오도록 과제를 내 주었다. 이러한 인
지 치료 접근을 통해 폴은 점차적으로 덜 우울하게 되었고 삶 속에서 의미를 찾아가게 되었
다. 이 사례에서 우리가 살펴볼 수 있는 중요한 측면은 부정적인 자동적 사고에 대해서 세밀
한 평가가 이루어져야 한다는 점이다. 이 장에서 소개된 것 이외에도 다양한 내담자의 우울
상태에 대해 적절히 사용될 수 있는 인지 치료적 접근들이 이 장에서 소개하는 것보다 훨씬
많이 알려져 있다(Persons, Davidson, & Tompkins, 2001; Whisman, 2008).

범불안 장애: 에이미

불안에 대한 인지삼제를 적용함에 있어서 Beck, Emery, & Greenberg(1985)는 위협의 역할에
대해 논의했다. 불안한 사람들은 세상을 재난이 일어나거나 언제 사람들이 자신을 해칠지
모르는 그런 위험한 곳으로 본다. 이런 위협이 자신에게 적용될까 두려워하고, 그러한 위협
을 극복하고자 노력하는 것조차 두려워한다. 이것이 미래에 대한 관점으로 확장되면 자신에
게 위협이 될 만한 사건에 대해서 전혀 손쓸 수 없다고 생각하게 된다. 즉, 불안한 사람은 사
건을 위험하다고 지각하고 자신의 능력은 과소평가한다.

Freeman & Simon(1989)은 불안의 주요 인지 도식을 과경계(hypervigilance) 도식으로 규

정하였다. 이 도식을 가진 사람은 주변 환경을 경계한다. 불안한 사람은 주변 환경에 매우 민감하게 반응하는 반면, 그렇지 않은 사람들은 주어진 환경적 요소를 지각하기는 하지만 환경을 위협적인 것으로 여기는 자동적 사고를 갖고 있지는 않다. 그들은 위험에 대해 정확한 평가를 하지 과도한 평가를 하지는 않는다.

앞서 언급하였듯이 Freeman 등(1990)이 말하는 인지적 왜곡에는 파국화, 개인화, 극대화 혹은 극소화, 선택적 추상화, 독심술, 과잉일반화 등이 나타난다. 불안한 내담자가 파국적일 때, 그들은 최악의 결과를 예측하고 만약 좋지 않은 일이 실제로 발생했다면 그 결과는 당연한 것이라고 생각한다. 다음의 예는 파국화에 대한 탈파국화의 치료적 개입을 보여 주는 것이다. 소크라테스식 문답법을 사용하여 심리치료자는 두려움을 자세하게 기술하도록 하고 '일어날 수 있는 최악의 상황이 무엇인가?'라는 물음을 통해 두려움에 대응하게 한다.

> 에이미(Amy)는 밖에서 먹거나 마시는 것에 대한 두려움 때문에 치료를 받았다. 그것에 대한 두려움은 에이미의 삶을 심각하게 제한했다. 그녀가 몇몇 친구들(그녀가 잘 알지 못하는 세라라는 친구를 포함한)과 커피를 마시러 나가기로 계획하고 있었을 때, 그녀는 자신이 '만약 내가 화가 나서 심하게 떨면 어떡하지?'라고 생각한다는 것을 인식할 수 있었다. 그녀와 치료자는 그 일이 일어날 가능성에 대해서 탐색했고 가능성이 있기는 하지만(이전에 일어난 적이 있어서) 그 가능성이 매우 작다고 결론을 내렸다(그녀가 여러 상황에서 매우 불안했지만, 오랫동안 심한 떨림을 겪지 않았기 때문에). 그런 다음 치료자는 "그럼, 한 번 당신이 너무 화가 나서 이전보다 더 심하게 떨었다고 해 보죠. 그랬을 때 일어나는 최악의 일은 무엇인가요?"라고 질문하면서 가능한 최악의 시나리오를 탐색하기 위해 화제를 돌렸다. 에이미는 "세라가 알아차리고 '무슨 일이야?'라고 물어보겠죠."라고 대답했다. 치료자는 "그래요. 만약 세라가 알아차리고 당신에게 물어봤다고 하죠. 그런 다음에 일어날 최악의 일은 무엇인가요?"라고 다시 질문하였다. 이번엔 에이미가 잠 생각하더니 "글쎄요, 저는 매우 당황할 테고, 아마도 세라는 저를 이상하게 생각하겠죠."라고 대답했다. 치료자는 한 번 더, "그래요. 그럼 그 다음에 일어날 최악의 일은 무엇인가요?"라고 물었다. 잠시 더 생각한 후에 에이미는 "아마도 세라는 더 이상 저와 어떤 것을 함께하길 원하지 않겠죠. 그러나 다른 사람들, 그러니까 저의 친구들은 아마 이해할 거예요."라고 대답했다. 마지막으로 치료자는 "그리고 만약 그런 일이 일어났다면요?"라고 물었다. 에이미는 "당혹스럽긴 하겠지만, 저에게는 좋은 친구들이 많이 있어서 굳이 세라라는 친구 없이도 살 수 있겠죠. 게다가 그녀가 그렇게 편협한 사람이라면, 누가 그녀를 필요로 하겠어요?"라고 결론을 지었다. (Freeman et al., 1990, p.144)

이처럼, 부정적 사고는 질문을 통해 식별되고 수정될 수 있다. 심리치료자들은 때로 두려움에 도전하기 위해 심상을 사용하거나 실제 행동을 해 보기도 한다. 종종 불안과 스트레스를 감소시키기 위해 이완 훈련을 병행하기도 한다.

강박 장애: 전기 기사

8장에서는 강박신경증을 다루기 위해 노출과 강박적(예: 차 문이 잠겼는지 20회 이상 확인하는 것) 의식행동의 억제(EX/RP)와 같은 인지행동적 접근을 설명했다. 강박 사고(어떠한 것에 대해 지속적으로 걱정하는 사고)가 있는 사람들은 다른 사람들이 일반적으로 안전하다고 여기는 상황에서 자신이 안전하다는 것을 확신하기 원한다. 예를 들면, 신체적으로 건강하지만 강박적인 사람은 자신이 암에 걸리는 것에 대해 반복적으로 걱정하는 반면, 강박적이지 않은 사람들은 낮은 위험성에 대해 계속 걱정하기보다는 일 년 혹은 이 년에 한 번씩 건강 검진을 받으면서 그 문제를 다룰 것이다.

Beck 등(2004)은 강박적 문제를 가진 사람들의 전형적인 자동적 사고가 다음과 같다고 설명한다.

- "내가 뭔가 안 챙겼으면 어떻게 하지?"
- "내가 확신이 설 때까지 이것을 계속 해야지."
- "언젠가 필요할지도 모르니까 이 오래된 램프를 갖고 있어야 해."
- "내가 하지 않으면 제대로 안 될 거야."(p.313)

Beck 등(2004)은 이런 자동적 사고를 기초로 강박적 사고를 하는 사람들은 그들만의 세계가 있다는 가정을 했다.

- "옳은 혹은 그른 행동, 결정, 정서가 존재한다."(p.313)
- "실수를 하는 것은 비난받아 마땅한 일이다."(p.314)
- "나는 나 자신뿐만 아니라 주변 환경도 완벽하게 통제해야 한다. 통제를 하지 못하는 것은 참을 수 없을뿐더러 위험하다."(p.314)
- "뭔가 위험한 것이 있다면 그것 때문에 늘 속상해할 것이다."(p.314)
- "사람은 마술적 의식이나 강박적 반추를 통해 재난이 일어나는 것을 막을 충분한 힘이 있다."(p.315)

이러한 사고들은 Taylor, Kyrios, Thordarson, Steketee, & Frost(2002)와 Purdon(2007)이 강박 장애와 연관된 문제를 다루는 관점과 상통한다. 이는 위협에 대한 과대평가, 불확실성에 대한 인내심 부족, 의무감, 정신적 제어, 완벽주의, 사고의 과중화를 포함한다.

위협에 대한 과대평가 강박 장애를 가진 사람은 어떤 상황에 있어서 끔찍한 일이 벌어질지 모른다며 위험 상황을 과대평가한다. 예를 들어, 어떤 사람은 자신이 수많은 위험에 직면해 있다고 믿는다. 이를 다루는 한 가지 방법은 사고의 내용보다 의미를 측정하는 것이다.

불확실성에 대한 인내심 부족 일어날 일에 대해 확실히 알아야만 하는 것은 강박 장애를 가진 사람들의 일반적인 신념이다. 예를 들어, 어떤 사람들은 '내가 휴가를 떠날 때 어떤 일이 생길지 예측할 수 없다면 무언가 잘못하고 있는 것이다.'라고 생각한다. 이런 경우, 휴가에서 일어날 수 있는 일에 대한 정보를 수집하며 시간을 사용하도록 하는 접근법을 통해 내담자가 혼자만의 생각에 빠져들지 않도록 도움을 줄 수 있다.

책임감 어떤 사람들은 위험으로부터 다른 사람과 자신을 보호해야 한다는 책임감을 느낀다. 그들은 자신들이 청소를 깨끗이 하지 않으면, 다른 사람들이 세균에 의해 해를 입을 수 있다고 믿는다. 이러한 사람들을 위한 효과적인 방법이 있는데, 그중 하나는 다른 사람들이 내담자와 비슷한 수준의 책임감을 가지고 있을 때 무슨 일이 일어나는지를 실험해 보는 것이다.

정신적 제어 강박 장애를 가진 사람들은 부정적인 사건이 발생할지도 모른다는 강박적 사고를 통제해야만 한다고 생각한다. 예를 들어, 비행기를 탄 사람이 사고가 발생할 것이라는 생각을 통제할 수 없으면 그는 스스로 미쳐 버리고 말 것이라는 신념을 가지게 될 것이다. 이러한 내담자에게는 생각을 이틀에 한 번씩 통제하고 이후에 그 결과를 비교해 보는 방법을 제안한다(Clark, 2004).

완벽주의 강박 장애를 가진 사람들은 어떤 문제에 대해 완벽한 해결책이 있어야 하며 실수는 있을 수가 없다는 관점을 가진다. 예를 들어, '수학 시험에서 모든 문제를 정확히 풀 수 없다면, 난 끝장이야.'라고 생각한다. 내담자가 다른 사람의 실수나 완벽한 행동에 대해 칭찬하고 질문해 보는 것은 자신의 완벽주의를 다룰 수 있는 유용한 방법이다.

사고의 과중화 이 관점은 어떤 사고가 특정 행동을 초래하고 책임지게 한다는 것이다. 그 예로 '어떤 사람이 누군가는 죽는다고 생각하면 이것은 이루어지게 된다.'가 있다. 이런 내담자를 돕기 위한 방법은 다음 장에서 소개할 것이다.

이 밖에도 강박 장애에 대한 여러 가지 관점이 있다. 연구자들은 일반적 강박 장애에 대한 다양한 신념을 관찰하고, 이러한 신념을 고치기 위해 다양한 방식을 활용했다. 강박 증상이 있는 사람들은 해야 하는 일을 하지 않았을 경우 죄책감을 자주 느낀다. 이러한 사람들은 안심한다는 것이 결코 가능하지 않으며, 가능하다 해도 잠시 동안의 불안을 경감시킬 뿐이다. 강박 사고를 다루기 위한 방법에는 여러 가지가 있지만 그중 한 가지 특정한 예를 들면, 인지적 접근인 사고-행동 융합을 들 수 있다. 이 접근은 강박적 사고에서 벗어나게 하는 데 사용된다.

여러 학자들이 행동과 사고의 융합에 관해 연구해왔는데, Rachman(1997)과 Wells & Matthews(1994)의 연구에 이어 Wells(1997)는 강박 장애를 가진 사람들이 어떻게 사고와 행동을 동일시하는지를 설명했다. 예를 들어, 어떤 아이를 괴롭히겠다는 사고를 가진 사람은 머지않아 그 아이를 실제로 괴롭히게 될 것이라고 여긴다. 이러한 사고와 행동의 융합은 과거의 행동과 연관 지어 설명할 수 있다. 과거에 스스로 잘하는 것이 없다고 생각했다면 자신이 객관적으로 잘하는 것이 없었기 때문이라고 생각한다. 과거에 누군가를 괴롭혔던 적이 있다면, 그 이유를 자신이 그 사람을 괴롭히고 싶다고 생각했기 때문이라고 여긴다. Needleman(1999)은 사실 차 사고를 내지 않았는데도 누군가를 치었다고 믿는 카를로스(Carlos)의 예를 소개했다. 심리치료자는 어떤 실험 상황을 설정하여 카를로스가 심리치료자의 엄지손가락 위로 망치를 들었고 '내가 할 수 있는 한 세게 이 심리치료자의 엄지손가락을 내려칠 것이다.'라고 반복적으로 생각하게 했다(p.220). 카를로스는 마지못해 그렇게 했다고 생각했지만, 자신이 심리치료자의 엄지손가락을 내려치지 않았다는 것을 발견하고서 침투 사고로부터 벗어날 수 있었다.

Wells(1997)는 사고와 정서가 융합된 사람들을 개념화하고 돕는 방법에 대해 몇 가지를 제안했다. 이러한 심리치료의 근본적인 목표는 내담자들의 침투 사고가 나중에 이어질 행동과 관련 없다는 것을 인식하도록 돕는 것이다. Wells는 이같은 사고에 관한 자료 수집을 통해 강박 장애에 대한 역기능적 사고 기록의 수정판을 개발했다.

또한 Wells는 행동이나 사건으로부터 사고를 분리하기 위한 몇 가지 방법을 제안했다. 첫 번째 단계는 사고-행동 융합이 발생할 때 내담자가 인지할 수 있도록 돕는 것이다. 사고와 사건이 융합되지 않도록 하는 데에도 유사한 접근을 사용한다. 그는 사고와 사건을 분리하기 위해 다음과 같은 소크라테스식 대화를 사용한다.

심리치료자: 당신은 콘센트 확인을 얼마나 오랫동안 했나요?

내담자: 거의 3년 동안요.

심리치료자: 깜빡하고 전원을 끄지 않았던 적이 있나요?

내담자: 아니요, 저는 계획적으로 돌아다니면서 콘센트 전원을 끄죠. 그런데 다시 집으로 돌아오면 확인하는 것을 멈출 수가 없어요.

심리치료자: 수많은 경험을 통해 당신이 가진 의심이 사실이 아니라는 것을 알면서도 여전히 그렇게 믿고 있군요. 무엇이 당신을 그렇게 만들었나요?

내담자: 모르겠어요. 아마도 전원을 제대로 끄지 않았었나 봐요.

심리치료자: 당신이 확인하러 갔을 때 그랬다는 증거를 발견했나요?

내담자: 아니요.

심리치료자: 당신은 계속해서 확인하고 있지만 여전히 이러한 문제를 가지고 있네요. 그렇다면 확인하는 것이 당신의 문제를 극복하는 데 얼마나 도움이 될까요?

내담자: 전혀 도움이 안 되죠.

심리치료자: 그렇다면 왜 멈추지 않죠?

내담자: 너무나 불편해요. 주말을 허비하곤 하죠.

심리치료자: 불편하다는 말의 뜻이 무엇이죠?

내담자: '전원을 끄지 않았으면 어떡하지?' 하면서 집착하게 돼요.

심리치료자: 그래서 당신은 여전히 그러한 생각이 사실인 것처럼 반응하고 있군요. 당신의 생각에 대해 다르게 행동해 보면 어떨까요?

내담자: 글쎄요, 저는 이미 이러한 생각이 어리석다는 것을 스스로에게도 여러 번 말 했어요.

심리치료자: 그것이 그런 생각에 빠지는 것을 멈추게 해 주던가요?

내담자: 아니요, 제가 모든 것을 기억할 수 있는지 머릿속으로 전원 끄는 것을 점검해 보곤 하죠.

심리치료자: 당신은 여전히 당신 생각이 맞는 것처럼 행동하고 있군요. 그것 자체가 문제인 것처럼 들리네요.

내담자: 가끔은 이런 게 더 기분이 좋을 때도 있어요. 그런데 전원이 꺼졌는지를 명확하게 기억할 수 없으면 기분이 나빠지고 결국 다시 확인을 하러 가게 되죠.

심리치료자: 오랫동안 행동이나 머리로 확인했던 것이 얼마나 효과적이던가요?

내담자: 도움이 별로 안 되죠. 그렇지만 확인을 안 하면 기분이 더 안 좋아요.

심리치료자: 좋아요. 우리는 곧 가능성을 탐색해 볼 수는 있죠. 그러나 당신의 사고를 다루기 위해서는 당신이 가진 전략을 가지고 무엇이든 해 보아야만 합니다. 확인하는 것 때문에 더욱 의심이 생기고 문제가 반복적으로 일어나는 것 같아요. (Wells, 1997, pp.254~255)

Wells(1997)와 Clark(2004)는 내담자가 행동과 사건으로부터 생각을 분리하는 것을 돕기 위해 여러 가지 인지 기법을 사용했다. 또한 8장 352~355쪽에서 설명한 노출과 강박적 의식행동의 억제 기법을 사용한다. Clark(2004)는 소크라테스식 대화, 유도된 발견, 과제가 상당히 도움이 된다는 것을 발견했다. 강박 장애를 다루는 여러 모델은 인지 치료에 관한 연구에서 개발되었으며 이것에 대해서는 475쪽에서 소개할 것이다. 철저히 자조적 책인『강박 장애로부터 탈출하기(Break Free from OCD)』(Challacombe, Salkovskis, & Oldfield, 2011)에서는 강박 관념을 다루는 다양한 접근들을 보여 주고 있다. 이러한 접근들은 위에서 설명된 몇 가지의 기술들을 사용한다.

약물 남용: 빌

약물 남용에 대한 인지 치료는 통합적이어야 해서 복잡한데,『약물 남용의 인지 치료(Cognitive Therapy of Substance Abuse)』(Beck, Wright, Newman, & Liese, 1993)에 잘 소개되어 있다. 많은 심리치료자들이 약물 남용자들을 위한 인지 치료 접근이 발전해가도록 노력을 기울여왔다(Liese & Beck, 2000; Liese & Franz, 1996; Newman, 2008). 약물 남용 내담자를 위한 인지 치료는 다른 장애에 적용되는 심리치료법과 비슷한 인지 모델을 따르기도 하지만 한 가지 중요한 차이점이 있다. 그것은 바로 치료적 관계 맺기에서의 어려움이다. 왜냐하면 약물 남용으로 만나게 되는 내담자들은 자발적인 참여가 적고 범죄적 상황에 연루되어 있거나 심리치료에 대한 부정적인 인식, 그리고 약물 사용에 대한 부정직함이 있기 때문이다. 더구나 내담자들은 약물 남용에 대해 자발적으로 밝히지도 않는다. 그들은 약물 남용에 대해 논하기를 꺼리고 우울증과 같은 다른 문제에 집중한다(Newman, 2008). 심리치료자들은 약물 사용량뿐만 아니라 약물을 사용하게 하는 충동의 심각성에 대해서도 알아보아야 한다(J. S. Beck, 2005). 약물이 제공되지 않으면 금단 증상과 우울을 보이기 때문에 약물 남용에 대한 갈망이 더욱 문제가 되는 것이다. 심리치료자는 목표를 정할 때 약물 남용의 제거뿐만이 아니라 경제적, 직업적 문제와 같은 다른 문제들까지도 해결할 수 있을지에 관해서도 관심을 두어야 한다. 무엇보다도 개인의 신념체계에 초점을 맞추는 것이 중요하다.

약물 남용자들의 세 가지 기본적 신념 유형으로 예상적, 안심 지향적, 허용적 신념이 있다(Beck et al, 1993). 예상적 신념은 강화적 상황에 대한 기대로서, '오늘 밤 앤디(Andy)를 본다면, 같이 약을 하며 즐길 수 있을 거야.'와 같은 것이다. 안심 지향적 신념은 심리적 또는 생리적 철회(withdrawal)로 인한 금단 증상의 제거와 관련 있다. 허용적 신념은 약물 사용에 대해 우호적인 생각을 가지게 한다. 예를 들어, '나는 약물을 사용해도 중독되지 않을 거야.' 또는 '약물을 사용해도 괜찮아. 다들 사용하고 있잖아.'가 있다. 이러한 허용적 신념은 자기 기만적이고 합리화나 변명이 될 수 있으며 매우 보편적이다. McMullin(2000)은 내담자의 이러한 진술에 대한 반응으로 사용될 수 있는 적절한 심리치료자의 반응 목록을 작성했다. "몇 잔의 술은 저에게 유익해요"(p.363)라는 말에 "최근에 그렇게 술을 마신 적이 언제인가요?"(p.364)라고 물을 수 있다. 인지 치료의 주된 초점은 다양한 문제적 신념을 직면시키고 변화를 유도하는 것이다.

Beck 등(1993)은 약물 중독자들의 신념체계 변화를 위해 다음과 같은 여섯 가지의 방법을 제시했다. 신념 평가, 인지 치료 모델에 내담자를 맞추기, 중독적 신념을 관찰하고 검사하기, 통제 신념을 개발하기, 새로운 신념을 활성화하기, 과제 수행하기(p.170). 각 신념에 대한 평가는 '이것에 대해 어떻게 설명하시겠어요?', '당신은 이것에 대해 어떻게 생각하세요?'(p.170)와 같은 질문을 통해 이루어진다. 더 세밀한 평가를 위해서, Beck 등은 갈망 신념 척도(Craving Beliefs Questionnaire), 약물 남용에 관한 신념(Beliefs About Substance Abuse), 약물 남용에 관한 자동적 사고(Automatic Thoughts About Substance Abuse)와 같은 약물 관련 질문지를 개발했다. 내담자의 신념에 대한 전반적인 평가를 실시하고 나면 중독 치료에 특정 인지 치료 모델을 적용시킬 수 있다.

약물 남용과 관련한 신념체계는 매우 고정적이고 견고한 경향이 있다. '마리화나는 환상적이야.', '넌 절대로 헤로인을 끊지 못해.', '코카인이 최고야.'와 같은 신념은 '그러한 신념이 자리 잡게 된 증거가 무엇인가요?', '그 신념이 옳다는 것을 어떻게 아나요?', '어디서 그러한 신념을 습득했나요?'와 같은 질문을 통해 관찰하고 검증해 볼 수 있다(Beck et al., 1993, p.177). 통제 신념체계나 새로운 신념체계를 활성화하기 위해서 심리치료자들은 소크라테스식 대화를 사용하여 역기능적 신념을 대체한다. 다음은 코카인을 사용하는 내담자를 다루는 예다.

심리치료자: 빌(Bill), 당신은 '약물로 인한 짜릿함 만한 것이 없다.'라는 신념을 가지고 있었는데, 예전보다는 덜 확고한 것 같군요.

빌: 솔직히 지금은 무엇이 제 신념인지 잘 모르겠어요.

심리치료자: 무슨 의미죠?

빌: 글쎄요, 여전히 친구들과 함께 그런 짜릿함을 느끼는 것은 즐거운 일이라고 생각해요. 하지만 이전보다 더 짜릿하고 만족스럽지는 않을 것 같아요.

심리치료자: 그렇다면…… 그것 말고는 당신과 친구들이 시간을 보낼 때 행복감을 느끼는 일이 있다면요?

빌: 음……, 그 친구들에 대해서는 잘 몰라요. 하지만 과거에는 친구들과 야구 경기나 라켓볼 경기 같은 스포츠를 즐겨 하곤 했죠.

심리치료자: 또 다른 것은요?

빌: 뭐, 수많은 것이 있었겠죠. ……그렇지만 코카인만큼 짜릿한 건 없어요.

심리치료자: 좀 더 생각해 보죠. 당신이 코카인을 접하기 전에 최고의 전율을 경험했을 때는 언제였나요?

빌: 음, 저는 모험을 좋아했죠. 좀 더 어렸다면 캠핑이나 하이킹, 암벽 등반을 했겠죠. 하지만 지금 저는 그때와 달라요.

심리치료자: "지금 저는 그때와 달라요."라는 말은 무슨 의미인가요?

빌: 더 이상 그러한 것에서 즐거움을 찾기란 어렵다는 얘기예요. 그러기엔 너무 오랜 시간이 흘렀네요.

심리치료자: 다시 그러한 일을 시도하기 위해 무엇이 필요할까요?

빌: 그냥 시작해 보면 되지 않을까요?

심리치료자: 과거에 당신이 캠핑이나 하이킹, 등반 같은 것을 했을 때 기분이 어땠어요?

빌: 최고였죠! 살아있는 기분이었어요.

심리치료자: 코카인을 접할 때와 비교하면요?

빌: (침묵)…… 여러 가지로 활동들이 더 좋았던 것 같아요.

심리치료자: 무슨 의미죠?

빌: 그러한 활동들로부터 진정한 짜릿함을 느꼈어요. 잠깐 느끼고 마는 것이 아니라 충분히 만족스러웠던 것 같아요.

심리치료자: 지금 당신은 이전에 가지고 있던 중독적 신념을 통제 신념으로 대체한 것 같군요. '나는 코카인이 없어도 충분히 만족할 수 있어.'

빌: 맞아요, 그 생각을 떠올릴 필요가 있어요. (pp.179~180)

통제 신념이 활성화된 후에는 반드시 훈련이 필요하다. 심리치료자들은 '마약으로 삶을 낭비하는 것은 나를 망치는 것이다.', '마약을 하면 내 삶은 엉망이 되어 버린다.'와 같은 메시지를 담은 플래시 카드를 사용해서 신념 강화 훈련을 한다. 내담자가 약물 사용에 대한 욕망에 사로잡히게 되면 이에 대응하기 위해 통제 신념을 사용한다. 회기 동안에 통제 신념을 사용하도록 훈련을 하면서 동시에 심리치료 외의 시간에 수행할 수 있는 과제가 할당된다. 통제 신념은 친구들과 약물을 사용하는 것과 같은 고위험 상황에 대처하기 위한 훈련이다.

약물 남용에 대한 인지 치료에 있어서 신념체계를 바꾸는 것이 필수적이기는 하지만 또 다른 문제가 여전히 남아 있다. 심리치료자는 내담자의 가족과의 관계나 재정적인 문제에 대해서도 도움을 주어야 한다. 일자리에 대한 스트레스나 여전히 약물을 사용하고 있는 친한 친구들도 내담자에게는 걱정거리가 될 수 있다. 또한 심리치료자는 약물 남용을 치료하는 과정에서 실수를 줄이고 대처하는 방법도 함께 지도해야 한다. 내담자는 또 다시 약물 사용에 빠지지 않도록 작은 유혹을 이길 수 있는 법을 배워야 한다. 전반적인 약물 치료 과정에서, 소크라테스식 문답법 이외에도 약물 중독자들의 왜곡된 신념을 바꾸는 데 도움이 되는 여러 기법들이 있다.

이 장에서는 우울 장애, 범불안 장애, 강박 사고, 약물 남용을 위한 인지 치료를 중점적으로 살펴보았지만 그 밖의 장애에도 인지 치료는 다양하게 적용되고 있다. 예를 들어, 광장공포증, 외상 후 스트레스 장애(PTSD), 애도, 폭식증과 거식증, 비만, 나르시시즘, 경계선 성격 장애, 조현병, 다중인격, 만성 통증 등이 있다. 몇몇 자료들은 각 장애에 대한 설명을 통해 주된 인지적 왜곡의 예들을 보여 주고 있으며 특정한 인지적 기법도 소개하고 있다.

단기 인지 치료

우울과 불안과 같은 장애를 다루는 인지 치료는 보통 12~20회기 정도로 단기간에 이루어지곤 한다. 주로 첫 달에는 매주 두 번 정도 내담자와 만나고, 그 후 몇 달 동안은 한 주에 한 번씩 회기를 진행한다. 과제 수행에 있어서 내담자의 의지, 문제의 심각성 정도, 그리고 내담자가 그 문제를 가지고 있었던 기간 등 많은 요소가 심리치료 기간을 결정하는 데 영향을 미친다. 자기애적 성격 장애, 경계선 성격 장애, 그리고 그 밖의 다른 성격 장애의 경우에는 심리치료 초기에 1주에 2~3회 정도 회기를 가지고 18~30개월 동안 회기가 진행된다. 심리치료자의 특성과 경험, 재발 가능성과 같은 요소도 인지 치료 기간에 영향을 미친다.

최신 동향

인지 치료는 임상 현장과 연구에서 활발하게 적용되고 있는 분야다. 일부 심리치료자와 연구자는 Aaron Beck의 이론을 보다 발전시켜 인지 치료의 새로운 적용 분야를 제시했다. 마음챙김(mindfulness)에 기초한 인지 치료는 8회기로 이루어진 집단 접근 방법으로 주요 우울증을 가진 사람들의 재발을 방지하기 위해 사용된다. 성격 장애와 심각한 정신적 문제를 가진 사람들을 위한 또 다른 접근법으로는 주요 인지 도식을 평가하고 변화시키는 도식 중심의 인지 치료가 있으며 처치 매뉴얼과 안내서가 있다. 덧붙여 다른 다양한 심리 장애의 치료를 위한 인지 치료 지침서를 소개하였다.

마음챙김에 기초한 인지 치료

인지 치료자들은 다양한 심리 장애에 대한 심리치료 전략으로 마음챙김 명상 기법을 개발했다(Teasdale, Segal, & Williams, 2003). 마음챙김은 15장의 동양 심리치료(676쪽)과 수용전념 치료(683쪽)에서 자세히 논의된다. 마음챙김에 기초한 스트레스 감소 접근은 사고와 정서를 좀 더 효과적으로 이해하는 방법으로 불교 철학을 기반으로 한다. 이는 사고나 감정의 내용을 바꾸고자 하는 접근은 아니다(Segal, Williams, & Teasdale, 2013). 마음챙김에 기초한 인지 치료가 사고와 정서를 변화시키는 데 중점을 두고 있지 않다는 점에서 유사하기는 하지만 적용 대상자가 다르다는 점에서 차이가 있다.

마음챙김에 기초한 인지 치료는 우울증 내담자의 재발을 방지하기 위해 사용되는 독창적인 집단 훈련 방법이다(Barnhofer et al., 2009; Crane, 2009; Fresco, Flynn, Mennin, & Haigh, 2011; Segal, Teasdale, & Williams, 2004; Segal, Williams, & Teasdale, 2002, 2013; Williams, Teasdale, Segal, & Kabat-Zinn, 2007). 이 접근법은 내담자가 부정적인 사고를 처리하는 데 도움이 되는 방법을 중점적으로 다루고 있다. 탈중심화(decentering)는 생각을 현실로 자각하는 것이 아니라 생각은 생각일 뿐이기 때문에 있는 그대로 수용하는 것을 말한다(Spiegler & Guevremont, 2010). 예를 들어, 만약 당신이 '나는 게을러.'라고 생각한다면, 그것은 진정한 자기개념이 아니라 단지 생각일 뿐이다. 마음챙김을 훈련하면 사고에 얽매이지 않을 수 있다. 만약 우울한 사람이 이처럼 사고에 있어서 좀 더 주의를 기울인다면 그는 이러한 현상이 우울증에서 흔히 접할 수 있는 것임을 자각하게 될 것이다. 이러한 사고 훈련을 통해 사람들은 우울증 재발을 방지할 수 있다(Spiegler & Guevremont, 2010).

마음챙김에 기초한 인지 치료는 각 회기당 2시간씩 8주 과정으로 구성된 집단 훈련 프로그램이다(Segal et al., 2002, 2004, 2013). 이 프로그램은 사고를 통제하기보다 오히려 사고, 감정, 신체적 감각을 통제하지 않는 것에 중점을 둔다. 사고, 감정, 신체적 감각을 수용함으로써 내담자는 변화를 통해 우울증의 재발을 방지할 수 있다. 처음 4회기 동안에는 사고, 감정, 신체적 감각에 어떻게 집중하는지를 배우고 훈련받지만 그에 대한 평가는 하지 않는다. 다음 4회기 동안에는 마음챙김 기법을 사용해서 감정의 변화를 자각한다. 내담자들은 그들이 정서적 및 신체적으로 느끼는 것이 사고에 어떻게 영향을 미치는지를 배우고 과제를 통해 일상에서 이러한 기법을 적용하는 법을 익히게 된다. 또한, 그들은 우울증의 재발을 방지하기 위해 가족들에게 도움을 구하기도 한다. 몇몇 연구에서는 마음챙김에 기초한 인지 치료가 우울증의 재발을 막는 데 도움을 준다고 보고하고 있다(Evans et al., 2008; Kuyken et al., 2008; Segal et al., 2004, 2013).

도식 중심의 인지 치료

Jeffrey Young과 그의 동료들(Kellogg & Young, 2008; Rafaeli et al., 2011; Riso & McBride, 2014; Riso, du Toit, Stein, & Young, 2007; Young, 1999; Young & Brown, 1999; Young et al., 2008)에 의해 개발된 도식 중심의 인지 치료는 Beck의 인지 치료를 기반으로 하면서 보완된 것으로, Beck의 인지 치료와 몇 가지 차이점이 있다. 몇 가지 차이점이 있다. 도식 중심의 인지 치료는 섭식 장애, 아동 학대, 약물 남용과 같은 문제뿐만 아니라 경계선 성격 장애와 같은 성격 장애를 가진 사람들을 위해 개발되었다. 또한 이 심리치료에서 내담자와 심리치료자의 관계가 매우 중요하다. 또한 이 접근에서는 초기 아동기에 형성된 도식을 전통적 인지 치료보다 더 많이 집중해서 탐색한다(Spiegler & Guevremont, 2010). 심리치료자들은 내담자의 어린 시절에 형성된 도식을 살필 때, 7장에서 논의된 게슈탈트 경험적 기법을 주로 이용한다.

앞서 언급했듯이(431쪽), 도식은 자신, 타인, 환경에 대한 일련의 신념들로 구성된 사고방식 또는 사고의 문제이다. Young(1999)과 Rafaeli 등(2011)은 아동기에 발생하는 심각한 심리 장애의 원인이 되는 18가지 초기 부적응적 도식을 제안했다. 이 18가지 도식은 다시 단절과 거절, 손상된 자율성과 수행 능력, 손상된 자기통제 및 한계, 과다한 타인중심성, 과도한 경계 및 억제의 5가지 영역으로 나누어진다.

Ⅰ 영역: 단절과 거절

- 유기/불안정: 불안정과 불신과 같이 신뢰 관계를 맺는 데 있어서의 장애 요인.
- 불신/학대: 타인이 자신을 해치거나 학대하거나 조롱하고 싶어 한다는 생각.
- 감정 박탈: 충분한 보살핌을 통해 정서적 필요를 채우지 못하고 실망을 준다는 생각.
- 방어/수치심: 비난이나 거절에 민감하게 반응하게 하는 불쾌하고 사랑받지 못한다는 열등한 감정.
- 사회적 고립/수치심: 혼자이며, 집단이나 단체에 소속되지 못한, 그리고 일반적으로 다른 사람들과 다르다는 기분.

II 영역: 손상된 자율성과 수행 능력

- 의존/무능감: 타인의 도움 없이는 스스로 통제할 수 없다고 생각하는 믿음.
- 위험 또는 질병의 취약성: 파국을 경험할 것이라고 생각하는 극도의 두려움.
- 융합/미발달된 자기: 특정한 사람 없이는 스스로 통제할 수 없다는 느낌.

III 영역: 손상된 자기통제 및 한계

- 특권의식/과대성: 자신은 다른 사람들보다 더 우위에 있고 특권을 받아야 한다고 믿음.
- 부족한 자기통제/훈련: 좌절에 대한 낮은 인내심을 포함해서, 스스로의 감정이나 행동 또는 둘 다를 통제할 수 없음.

IV 영역: 과다한 타인중심성

- 복종: 자신들의 선호나 욕구 또는 분노와 같은 감정을 억제함.
- 자기희생: 자신들의 욕구가 아닌 타인의 욕구를 충족시키는 데 집중함.
- 승인 추구/인정 추구: 타인들의 승인과 인정 또는 주목을 원하며, 타인의 기대에 부응하기 위해서 시간과 에너지를 사용함.

V 영역: 과다한 경계 및 억제

- 부정성/비관주의: 어떤 것이 잘 될 것이라는 신념과는 반대로 죽음, 실패, 갈등, 배신과 같은 문제에 집중함.
- 정서적 억제: 분노, 기쁨, 애정, 누군가에 대한 감정 그리고 연약함과 같은 정서를 보이는 데 실패함.
- 엄격한 기준/과잉비판: 잘 해야 한다는 엄청난 압박을 느낌. 그로 인해 기쁨, 건강, 관계에 손상이 발생함.
- 처벌: 잘못한 것에 대해 자신 또는 타인은 가혹한 처벌을 받아야 한다고 믿으며, 실수한 자신이나 타인을 용서하는 데 어려움이 있음.

그 밖에도 더 많은 도식들이 있지만 위에서 소개한 도식들이 가장 일반적인 예라고 할 수 있다. 특별히, 이러한 도식들은 아동기에 시작되고 성인기까지 이어져 지속적으로 나타난다. 이것이 사고나 사건에 대한 지각을 통해 활성화될 때, 사람들은 불안이나 우울감을 느끼게 되고 결과적으로 심리 장애를 나타내게 된다.

심리치료자의 첫 임무는 내담자의 주요한 문제의 주제를 파악하고 관련된 특정 도식을 평가하는 것이다. 이를 통해, 심리치료자는 먼저 문제의 원인이 되는 도식을 식별해야 한다. 둘째, 심리치료자는 상상 기법이나 역할 연기를 사용해서 도식을 활성화시킨다. 보통 상상 기법이나 역할 연기의 주제는 아동기에 겪은 충격적 사건인 경우가 많다. 이러한 도식은 심리치료 과정 중에 나타나는 내담자의 상태 변화에 맞추어 적절하게 다루어진다. 셋째, 심리치료자들은 도식이 활성화될 때 드러나는 내담자의 도식 또는 주제뿐만 아니라 함께 수반하는 감정과 행동도 함께 개념화한다. 마지막으로 심리치료자들은 내담자의 도식이나 주제에 대해서 알아낸 결과를 그에게 설명해 준다. 이러한 과정을 거치면 치료적 변화 단계가 시작된다.

심리치료자들은 일반적으로 이 장에서 설명한 인지행동 기법을 사용한다. 도식화와 관련하여 직접적으로 사용할 수 있는 몇 가지 특정 기법이 있다. 예를 들면, 경험적 또는 게슈탈트 형식의 기법인 도식 대화(schema dialogue)는 내담자의 도식이 전달하고자 하는 메시지를 가지고 함께 역할 연기를 해 보는 것이다. 그 후, 내담자는 도식에서 드러난 건강한 반응을 자신의 언어나 역할 연기로 표현해 볼 수 있다. 게슈탈트의 빈 의자 기법에서 한 의자는 내담자가 자신의 도식 메시지를 대변하는 자리로 사용하고, 다른 한 의자는 도식에 대한 건강한 반응이 나타나는 곳으로 사용할 수 있다. 또 다른 의자는 생애회고적 기법으로 심리치료자가 내담자에게 도식을 인정하거나 거부하는 근거에 대해 물어보는 것이다. 이와 함께 다양한 도식 중심적 기법은 여러 인지 치료 기법과 함께 사용된다. 도식중심적 심리치료에 대한 평가는 제한적이지만 몇몇 연구들은 이러한 접근을 지지하고 있다. 12개의 연구 분석은 도식 심리치료가 일반적으로 지지된다는 결과를 보여 주었다(Masley, Gillanders, Simpson, & Taylor, 2012). 도식 심리치료와 인지 치료를 비교한 연구는 두 치료 모두 우울 증상을 감소시키는 데 효과적이라는 것을 보여 주었다(Carter et al., 2013). 2개의 연구 리뷰에서는 경계선 성격 장애(Sempértegui, Karreman, Arntz, & Bekker, 2013), 기분장애 및 불안 장애를 진단받은 사람을 대상으로 한 도식 심리치료에 대해 효과가 있다는 결과를 보였다(Hawke & Provencher, 2011).

처치 매뉴얼

처치 매뉴얼에 관한 여러 자료들은 인지 치료가 특정 대상과 장애에 어떻게 적용되는지를 보여 준다. 구체적으로 『폭식증과 대식: 통합적 초인지와 인지 처치 매뉴얼(Treating Bulimia Nervosa and Binge Eating: An Integrated Metacognitive and Cognitive Therapy Manual)』(Cooper, Todd, & Wells, 2009)과 『섭식 장애를 위한 다단계 인지행동 치료: 이론, 실제 그리고 임상 사례(Multistep Cognitive Behavioral Therapy for Eating Disorders: Theory, Practice, and Clinical Cases)』(Dalle Grave, 2013)가 있고, 이외에도 『성격 장애를 위한 인지 치료: 임상 전문가를 위한 안내서(Cognitive Therapy for Personality Disorders: A Guide for Clinicians)』(Davidson, 2008)와 같이 섭식 장애나 성격 장애를 위한 인지 치료 적용에 관한 정보와 자료가 있다. 이러한 자료는 특정한 대상에 대한 면접 전략, 규정, 질문지와 같이 구체적인 내용을 담고 있으며, 처치 매뉴얼의 역할을 한다. 『양극성 장애를 위한 인지행동 치료(Cognitive-Behavioral Therapy for Bipolar Disorder)』(Lam et al, 1999)와 『양극성 장애: 인지 치료 접근(Bipolar

Disorder: A Cognitive Therapy Approach)』(Newman, Leahy, Beck, Reilly-Harrington, & Gyulai, 2001)은 양극성 접근에 있어서 우울증과 조증의 주기를 다루는 특정한 방안을 제시한다. 『자살 환자를 위한 인지 치료: 과학적·임상적 적용(Cognitive Therapy for Suicidal Patients: Scientific and Clinical Applications)』(Wenzel et al., 2009)과 같이 우울증 치료와 관련된 책은 자살 환자들을 위한 매뉴얼이라 할 수 있다. 또한 인지 치료는 정신증과 관련하여 『인지 치료 사례집(A Casebook of Cognitive Therapy for Psychoses)』(Morrison, 2001), 『조현병에 대한 인지 치료(Cognitive Therapy of Schizophrenia)』(Kingdon & Turkington, 2005), 『조현병: 인지 이론, 연구, 심리치료(Schizophrenia: Cognitive Theory, Research, and Therapy)』(Beck, Rector, Stolar, & Grant, 2009) 등이 있다. 이처럼 특정 장애에 관한 수많은 자료를 접할 수 있게 된 것은 인지 치료의 대중화와 수많은 학자들의 지속적인 연구의 결과라고 할 수 있다.

인지 심리치료를 다른 심리치료 이론과 함께 사용하기

인지 치료가 행동적 및 정서적 요소를 함께 가지고 있기 때문에 행동 치료나 합리적 정서행동 치료(REBT) 같은 다른 이론도 함께 적용하게 된다. 인지 치료를 수행할 때는 대개 노출, 정적 강화, 모델링, 이완 기법, 과제 등의 행동 치료를 함께 병행한다. 인지 치료는 내담자와의 협력 관계를 강조하고 행동적 및 인지적 과제를 통해 경험적 방법을 사용한다는 점에서 행동 치료와 유사하다. 인지행동 치료는 8장(행동), 9장(인지), 그리고 이 장(인지)에 걸쳐서 설명한 기법을 심리치료자가 재조합하여 사용하는 것을 말한다. 심리치료의 과정에서 행동 치료를 적용하는 동시에, 인간중심 치료의 공감적인 면을 고려하고 내담자의 기분과 느낌에 주의를 기울인다. Fodor(1987)는 행동적·정서적 심리치료를 더욱 잘 통합하기 위해 빈 의자 기법, 알아차림 훈련 등의 게슈탈트 기법을 사용할 것을 제안했다. 또한, 상상을 이용한 게슈탈트 접근은 내담자의 신념을 전반적으로 파악하고 부정적인 정서적 요인을 스스로 파악할 수 있도록 인지 평가의 한 가지 방법인 정서 반응을 사용한다(Edwards, 1989). 개인이 가진 문제의 비인지적인 면을 다룰 때 행동적이며 게슈탈트적인 방법을 함께 사용하면 더욱 융통성 있고 보다 나은 효과를 얻게 된다.

인지 치료는 REBT의 많은 기법과 전략을 공유하지만 중요한 차이점이 있다. REBT는 비합리적인 신념에 도전하는 반면, 인지 치료는 내담자로 하여금 자신의 신념을 시험해 볼 수 있고 시험해야 하는 하나의 가정으로 바라보게 도와준다. 또 다른 점은 인지 치료는 각 장애에 나타나는 행동과 느낌뿐만 아니라 거기에 따라 나타나는 각각의 인지적 왜곡과 도식을 확인함으로써 각 심리 장애마다 달리 접근하는 반면, REBT는 심리 장애의 고유한 특성과는 상관없이 비합리적인 신념 자체를 변화시키는 방법에 초점을 맞춘다. 두 심리치료가 심리 장애에 대한 철학적 접근에 있어서는 다르지만 각 분야의 전문가들이 내담자의 신념체계를 다루기 위해 소크라테스식 문답법을 사용한다는 점에서는 유사하다.

인지 치료는 원래 Beck이 정신분석에 아쉬움을 갖고 개발하기 시작한 것이기 때문에 정신분석적 구성 개념을 사용한다. 두 심리치료 접근 모두 행동은 신념의 영향을 받는다고 믿는다. 그러나 정신분석은 무의식적 신념을 강조한 반면, 인지 치료는 의식적 신념체계를 강조했다. 자동적 사고의 개념은 정신분석의 전의식과 비슷하다.

인지 치료가 다른 이론들을 활용하듯이 다른 이론들도 인지 치료를 활용한다. 행동 치료와 인지 치료는 세세한 평가와 경험을 강조한다는 공통점이 있다. 또한 아들러학파 심리치료자들과 REBT 심리치료자들은 많은 인지적 전략을 사용하고 그들의 접근법에 인지적 방법을 강조하였다. 다른 이론가들은 상세한 인지적 평가는 하지 않지만 인지적 왜곡을 검사하고 탈파국화와 같이 내담자의 변화를 위한 인지적 기법을 사용하기도 한다. 1960년대에 시작된 인지 치료는 폭넓게 사용되고 있으며 다른 이론들과 지속적으로 통합되어 다양하게 활용되고 있다.

연구

인지 치료의 효과성에 대한 연구는 오랜 기간 지속되어 왔는데, 특별히 행동 심리치료, 정신역동 심리치료, 정신약리적 심리치료 등과 비교되어 오면서 발전되어 왔다. Butler & J. S. Beck(2001)은 인지 치료에 관한 325개의 연구와 9,138건의 개인 사례를 바탕으로 한 14건의 메타분석을 보고했다. 메타분석은 다양한 심리 장애와 관련한 연구 결과를 보여 주는데 통제 집단이나 위약 집단과 대조적으로 인지 치료를 받은 집단에서 커다란 변화가 있었음을 보고한다. 인지 치료와 다른 심리치료법의 비교를 통해 우울증에 효과적인 심리치료 방법에 대한 메타분석도 이루어졌다. 또한 범불안 장애와 강박 장애에 대한 인지 치료의 효능에 관한 연구도 소개된다. 이번 장에서는 여타 심리 장애에 대한 인지 치료의 적용에 대해서는 언급하지 않고, 세 가지 장애에 관한 연구에 대해서만 매우 간략하게 보고하고자 한다. 여기서 소개되는 세 가지 장애에 관한 심리치료 기법은 증거 기반 심리치료라고 할 수 있다.

우울증 연구

Beck의 인지 치료적 접근을 통한 효과성에 대한 연구는 많은 관심을 받아왔으며 수많은 연구를 통해 메타분석이 이루어졌다. Robinson, Berman, & Neimeyer(1990)는 58개의 연구를 검토한 메타분석에서 우울증 내담자들이 약물 치료를 받았을 때와 비교해서 뒤지지 않을 정도의 도움을 심리치료를 통해 받았다는 것을 밝혔다. Gloaguen, Cottraux, Cucherat, & Blackburn(1998)은 임상 현장에서 무작위로 모은 성인을 대상으로 인지 치료를 수행하였고 72개의 연구를 발표했다. 그 결과, 대기자 명단, 항우울제 사용, 그 밖의 다른 심리치료들과 비교했을 때 인지 치료가 훨씬 더 효과적임이 밝혀졌다. 그러나 우울증 치료에 있어서 행동 치료와 비교해서는 유의미하게 나은 것으로 나타나지는 않았다. 우울한 성인을 대상으로 한 인지행동 치료에 관한 75건의 메타분석에 의하면, 다른 심리치료나 약리적 심리치료 하나로만 하는 것보다 인지행동 치료를 실시하는 것이 훨씬 더 효과적인 것으로 나타났다 (Cuijpers et al., 2013). 그러나 인지행동 치료와 약리적 심리치료를 병행하는 것이 약리적 심리치료만 하는 것보다 더 효과적인 것으로 보고되었다. 우울한 노년층에 관한 연구는 인지행동 치료가 치료 종결 시점과 6개월 후 모두에서 평소에 실시하는 치료나 치료 대기자들에 비해 우울 증상의 감소에 있어서 더 효과적임을 증명하기 위해 485개의 연구 중 23개의 연구를 선택한 메타분석을 사용하였다(Gould, Coulson, & Howard, 2012). 집단 인지행동 치료에 대한 32개의 메타분석에 따르면, 최대 6개월 동안 우울 증상이 어느 정도 감소한 것으로 나타났으나 6개월 이후로는 약간의 재발이 발생하는 것으로 보고되었다(Feng et al., 2012). 또한 최대 규모의 연구인 우울증 청소년 치료 연구(Treatment for Adolescents with Depression Study: TADS)는 인지행동 치료와 약리적 심리치료를 병행하는 것이 우울한 청소년들에게 효과적일 수 있다고 보고했다(Ginsburg, Albano, Findling, Kratochvil, & Walkup, 2005). Aaronson, Katzman, & Gorman(2007)은 많은 연구를 통해 이러한 결과를 입증하고 하나의 치료 접근을 사용할 때보다 약물을 포함한 심리치료가 훨씬 효과적이라고 결론을 내렸다. 기분 관찰, 인지적 왜곡 식별하기, 반대로 사고하기와 같은 인지적 접근은 우울증을 다루기에 유용하다(Rohde, Feeny, & Robins, 2005). 우울증 증상을 보이는 사람들에게도 인지 치료는 원하지 않는 행동을 줄이고 우울한 정도를 낮추거나 정상적인 수준으로 돌아오게 하는데 도움을 주는 것으로 나타났다(Bhar et al., 2008).

　　우울증 내담자를 위한 인지 치료의 적용은 여전히 광범위하게 연구되고 있는 주제이다. 예를 들어, 심리치료 중인 우울증 내담자에게 과제가 주어졌을 때와 그렇지 않을 때를 비교한 결과, 과제의 월등한 치료 효과를 나타냈다(Burns & Spangler, 2000). 흥미롭게도, 우울증의 심각도는 내담자의 과제 수행 여부와는 상관이 없었다. 그렇다면 인지 치료에 있어서 효과를 주는 것은 무엇일까? Tang & DeRubeis(1999)는 우울증에 대한 인지 치료 기법의 이점을 내담자가 이전에 자신을 우울하게 만들었던 문제를 다르게 인식하게 되는 점이라고 밝힌다. 178명의 개인을 대상으로 한 연구에서는 우울과 함께 낮은 수준의 불안을 가진 사람들보다 우울과 함께 높은 수준의 불안을 가진 사람들에게서 더 급격한 변화가 나타나는 것으로 보고되었다. 일부의 경우에서는 불안에 대한 급격한 변화가 긍정적인 결과를 낳지는 못할 때도 있었다(Forand & DeRubeis, 2013). 불안과 우울을 가진 60세 이상의 성인 62명을 대상으로 3개월간 추적 연구한 결과, 집단 인지행동 치료가 불안과 우울 증상을 감소시키는 데 효과적인 것으로 나타났다(Wuthrich & Rapee, 2013). 재발은 차도가 있는 성인의 우울증을 치료하는 데 있어서 인지행동 치료의 효과성을 조사하는 많은 연구자에 의해 연구되는 문제이다. 이 연구에서는 재발을 예방하기 위해 유지관리 인지행동 치료가 제공되었다

(Weck et al., 2013). 결과는 치료 후 1년 후에 측정되었고 작업 동맹 수준은 낮은 재발 수준과 유의한 관련이 있었지만, 치료자의 능력이나 치료 접근법의 준수 정도는 재발과 유의한 관련이 없었다(Weck et al., 2013).

최근에는 마음챙김에 기초한 인지 치료(p.417)와 도식 치료(p.417)에 대한 연구가 진행 중에 있다. 자살충동을 느끼는 만성적인 우울증 환자들은 마음챙김에 기초한 인지 치료 집단 또는 대기자 명단에 있는 통제 집단에 배정되었다. 마음챙김에 기초한 인지 치료 집단은 대기자 명단에 있는 집단보다 치료 후 삶의 목표가 더 구체적이었는데, 이는 우울의 감정을 감소시키는 것과 관련이 있는 것으로 나타났다(Crane, Winder, Hargus, Amarasinghe, & Barnhofer, 2012). O'Doherty와 그의 동료들(2014)은 우울증이 있는 관상동맥질환 환자를 대상으로 마음챙김에 기초한 집단 인지 치료를 실시한 결과, 대기자 명단의 통제집단보다 증상이 더 효과적으로 감소되는 것을 보고하였다. 우울증을 가진 개인의 재발을 예방하기 위해 8개 집단에서 마음챙김에 기초한 인지 치료와 인지 심리교육을 가르쳤을 때, 마음챙김에 기초한 인지 치료는 어린시절 정신적 외상 이력이 있는 참여자의 재발 방지에 도움이 되는 것으로 나타났다(Williams et al., 2013). 개인 인지행동 치료와 도식 심리치료를 비교했을 때, 둘 다 우울증을 치료하는 데 효과적인 것으로 밝혀졌다(Carter et al., 2013).

다른 심리치료 이론들과의 비교 연구도 진행되었다. Cottraux 등(2009)은 65명의 프랑스 내담자들을 대상으로 한 인지 치료와 인간중심 치료의 비교연구에서 인지 치료를 받은 내담자가 더 오랫동안 지속적인 효과를 보였고 인간중심 치료를 받을 때보다 덜 충동적으로 행동했으며 긍정적인 감정이 일찍 나타났다고 발표했다. REBT와 인지 치료 모두 자동적 사고, 역기능적 태도, 비이성적 신념의 변화를 가져왔다(REBT concept; Szentagotai, David, Lupu, & Cosman, 2008). 인지 치료와 관계중심 심리치료의 효과성은 단극성 우울증에 관한 연구에서 주로 보고된다(Weissman, 2007).

범불안 장애 연구

범불안 장애 증상을 겪는 내담자를 대상으로 수행한 인지 치료의 효과성에 대한 메타분석에 따르면 인지 치료가 위협에 대한 개인적 인식과 스트레스 수준을 감소시키는 데 효과적이다. 인지 치료와 응용 이완 치료에 대한 5개 연구의 메타분석 결과, 두 치료 모두 범불안 장애에 효과가 있다고 나타났다(Siev & Chambless, 2007). 범불안 장애의 치료에 대한 16개의 메타분석 결과는 대기자 명단보다 인지행동 치료가 훨씬 더 큰 효과를 나타낸다고 보고했다(Gould, Safren, Washington, & Otto, 2004). 또한 행동 치료와 인지 치료를 병행하는 것이 행동 치료를 단독으로 사용할 때보다 더 효과가 있었다. 이 심리치료 방법은 내담자들이 불확실성을 견디고, 염려하게 하는 잘못된 신념에 도전하고 불안의 원인이 되는 문제에 대한 해결 능력을 기르는 데 도움을 주는 것에 중점을 둔다. 범불안 장애와 그 밖의 불안 장애에 대한 인지 치료의 효과성 연구들을 살펴보면 상당한 효과성의 근거가 있는 것으로 보고되고 있다(McManus, Grey, & Shafran, 2008). 15개 연구에 대한 메타분석에서 인지행동 치료가 범불안 장애 내담자의 걱정을 감소시키는 치료라는 것을 입증하는 근거가 발견되었다(Hanrahan, Field, Jones, & Davey, 2013).

　　인지행동 치료와 다른 심리치료와 비교하는 범불안 장애에 대한 많은 연구가 있었고, 걱정과 같은 범불안 장애의 다른 측면을 실험하였다. 범불안 장애의 치료를 위해 인지행동 치료와 응용 이완 치료를 비교했을 때, 인지행동 치료는 응용 이완 치료보다 걱정 증상을 감소시키는 것으로 나타났다(Donegan & Dugas, 2012). 범불안 장애를 치료하는 측면에서 인지행동 치료(40명의 내담자)와 정서중심 치료 및 유사한 대인 기술을 사용한 인지행동 치료(43명의 내담자)를 비교한 결과, 이 치료 조건 사이에는 별다른 차이점이 나타나지 않았다(Newman, Castonguay, Borkovec, Fisher, & Boswell, 2011). 178명의 개인을 대상으로 한 연구에서 불안의 수준이 높은 우울한 사람이 불안의 수준이 낮은 우울한 사람보다 더 급격한 변화가 나타났다. 일부 개인의 경우 불안의 급격한 변화가 긍정적인 결과를 만들어 내지는 못했다(Forand & DeRubeis, 2013). 인지 치료는 또한 범불안 장애를 치료받고 있는 7~17세의 아동 16명에게도 사용되었는데, 치료 후 13명의 아동은 더 이상 범불안 장애 증상을 보고하지 않았다(Payne, Bolton, & Perrin, 2011).

강박 장애 연구

8장에서 보았듯이, 노출과 강박적 의식 행동의 억제 기법은 강박충동 장애를 다루는 데 효과적이라고 알려져 있다. Abramowitz(1997)는 이 기법을 인지 치료 기법과 비교하는 연구를 개관하였는데, 여기서 그는 인지 치료 기법 중 적어도 노출 기법(454~457쪽 참고)만큼 효과적이라고 말했다. 이 심리치료 기법들은 다소 유사하므로 분리해서 생각하기가 어렵다. 강박적 또는 의식적 행동 없이 의식적 사고 또는 반추가 있는 경우에는 적절한 심리치료 방법을 찾기가 쉽지 않다. 강박 증상을 가진 35명의 내담자를 대상으로 노출법과 함께 인지 치료를 사용한 결과, 노출법을 단독으로 사용할 때보다 탈락률이 훨씬 감소한 것을 볼 수 있었다(Vogel, Stiles, & Götestam, 2004). Clark(2005)은 인지 치료가 강박 장애를 치료하는 데 있어서 노출법과 함께 사용하기에 유용할 것이라고 했으며, 이것은 Whittal, Robichaud, Thordarson, & McLean(2008)이 진행한 인지 치료 집단과 노출 및 반응 제어 집단에 대한 2년의 추적 연구를 통해 확증되었다. Yale-Brown 강박 척도의 대부분의 점수는 인지 치료 집단보다 노출 및 반응 억제 집단에서 더 낮았다. 강박 장애를 가진 두 명의 쌍둥이를 비교한 연구에서는 노출과 강박적 의식 행동의 억제를 사용하거나 인지행동 치료를 함께 병행했을 경우, 두 경우 모두 강박 증상이 줄어든 결과를 얻었다(Twohig, Whittal, & Peterson, 2009). 강박 장애 연구에 대한 보다 상세한 연구에 대한 논의는 다음과 같다.

　　강박 신경증은 강박 장애를 가진 사람들의 공통적인 속성이다. 이 특징은 강박 장애를 가진 개인들에게 빈번히 발견되지만 이들은 공황장애나 다른 장애는 갖고 있지 않다

(Kobori & Salkovskis, 2013). Warnock-Parkes, Salkovskis & Rachman(2012)은 단일 사례 연구 발표를 통해, 강박 장애 치료에 정신오염, 즉 더럽거나 오염되었거나 감염되어 부정적으로 영향을 받는 누군가, 무언가에 가까이 있다고 여겨 오염되었다고 느끼는 것이 왜 고려되어야 하는지 설명하였다. Vos, Huibers & Arntz(2012)는 과장된 강박 장애를 치료하는 데 부풀린 신념과 위험에 대한 과대 평가 둘 다 목표를 삼는 것이 중요하다는 것을 입증했다. 강박 장애에 대한 집중 치료와 주간 치료를 비교했을 때 효과에는 어떤 차이도 없었다(Oldfield, Salkovskis, & Taylor, 2011). Gordon, Salkovskis, & Oldfield(2013)는 저장 장애를 다룬 연구에서 해로움 회피, 소유물 박탈에 대한 두려움, 소유물에 대한 감성적 감정에 대한 신념의 강조에 따라 저장 장애가 강박 장애와 어떻게 다른지 보여 주었다. 이 연구에서는 강박 장애에 대한 연구의 유형을 보여 준다.

여기에서는 단지 우울증, 범불안 장애, 강박 사고에 관한 인지 치료의 효능에 대한 연구를 소개했지만, 사실 인지 치료는 매우 다양한 장애에 적용되어 왔다. 많은 연구가 특별히 주의력결핍 과잉행동 장애(ADHD)(McDermott, 2009), 공황장애(Otto, Powers, Stathopoulou, & Hofmann, 2008), 광장 공포증, 외상 후 스트레스 장애(Butler & Beck, 2001; Hollon, 2003)를 가진 사람들을 치료하는 데 인지 치료가 효과적이라는 것을 밝혀주고 있다. 인지 치료의 또 하나의 주된 관심은 약물과 알코올 남용(Newman, 2008; Rotgers, 2012; Liese, Beck, & Friedman-Wheeler, 2012)과 흡연(Perkins, Conklin, & Levine, 2008)에 관한 것이다. 조현병과 같은 중증 장애도 연구의 주제가 되어 왔지만 다른 심리 장애에 비해 폭넓게 연구되지는 않았다(Beck et al., 2009; Dannahy et al., 2011; Kinderman, 2011; Sensky, 2005). 그 밖에 청소년, 부부, 가족을 대상으로 한 인지 치료 효과에 대한 평가도 하나의 연구 주제가 되고 있다.

성 관련 주제

Davis & Padesky(1989)와 Dunlap(1997)은 여성을 대상으로 인지 치료를 할 경우, 여성의 성적 특성이 그들의 문제와 어떻게 연관될 수 있는지에 대해 설명했다. 이와 유사하게, Bem(1981)의 성 도식 이론은 심리적 문제를 이해하는 데 성역할 도식이 다른 도식들과 어떻게 상호작용하는지를 보여 준다. Davis & Padesky(1989)는 여성에게 흔한 인지적 왜곡을 분석하면서 다음과 같은 주제를 기술하였다. 스스로에게 가치 두기, 재능이 있다고 느끼기, 관계에서 책임감을 느끼기, 신체상에 대한 걱정하기, 홀로 지내기, 파트너와의 관계, 부모 역할, 직장 문제, 희생하기가 그것이다. Davis & Padesky에게 있어서, 인지 치료의 이점은 내담자들이 스스로를 도울 수 있고 자율적이며 통제하는 것을 방해하는 부정적인 자기 도식(schemas)

을 인식하고 그에 대한 책임을 질 수 있도록 가르친다는 것이다. Piasecki & Hollen(1987), Dunlap(1987)은 우울한 여성 내담자를 치료할 때는 생각과 신념을 논박하는 동시에 자신의 견해에 가치가 있음을 인식하도록 돕는 것이 중요하다고 보았다. 왜냐하면 인지 치료는 본질적으로 구조화되고 활동적이어서 심리치료자가 너무 많은 책임과 힘을 갖지 않도록 주의해야 하며 여성의 힘을 북돋울 필요가 있기 때문이었다.

　인지 치료는 문제해결에 집중하기 등과 같은 여러 특성으로 인해 남성에게 도움을 준다 (Mahalik, 2005). 남성은 그들 자신을 감정적으로 표현하는 것이 어렵기 때문에 대체로 감정보다는 사고에 집중하는 인지 치료를 편안하게 느낄 것이다. 어떤 연구 결과들은 남성들 중 성역할 갈등을 겪고 있는 경우, 인지 치료적 접근을 선호한다고 밝혔다(Mahalik, 2005). 또한 전통적으로 사회적인 구조와 체제에 맞추어 살아가는 남성은 구조화되고 행동지향적인 인지 치료적 접근을 선호한다.

　인지 치료는 또한 '커밍아웃', 성 중독(Dew & Storie, 2012), 우울, 불안, 관계 문제를 안고 있는 동성애 남성과 여성에게 적용되어 왔다(Martell, 2008; Martell, Safren, & Prince, 2004). Martell, Safren & Prince(2004)는 다양한 문제에 대해 인지 치료와 함께 행동 치료를 병행했다. 그들은 또한 동성애 내담자를 치료할 수 있는 심리치료자들을 소개했다. 사람들은 흔히 성생활과 커밍아웃 과정에 관한 서적들을 통해 동성애에 대한 오해를 가질 수 있기 때문에 심리치료 과정은 내담자가 자신이 동성애자라는 것에 대해 누구에게, 언제, 어떻게 이야기할지를 정하고 그에 대해 스스로 책임질 수 있도록 돕는 방향으로 점진적으로 진행된다 (Martell, 2008). 사회적 지원과 지역사회 지원의 역할과 같은 동성애자에 대한 관행을 확인하는 것도 도움이 될 수 있다(Craig, Austin, & Alessi, 2013). 동성애자에 대한 사회적 차별로 특수한 충격이 생길 수 있으므로 그들에게 영향을 끼치는 심리 장애의 인지 및 행동 치료에 대한 통찰력을 갖는 것이 무엇보다 중요하다.

다문화 관련 주제

성도식을 통해 성에 대한 가치와 신념을 알 수 있듯이, 문화적 가치와 신념은 문화적 도식으로 볼 수 있다. 앞서 말했듯이 인지 치료자들은 내담자와의 작업 동맹을 중요하게 여긴다. 따라서 효과적인 심리 기능에 방해되는 가치와 신념을 어렵지 않게 구별해낼 수 있을 것이다. 왜냐하면 그러한 신념은 내담자가 심리치료와 심리치료자를 지각하는 방식에 영향을 주기 때문이다. 인지 치료에 있어서 문화적 신념에 주의를 기울이는 것은 성인 치료에서뿐만 아니라 청소년과 아동과의 치료에서도 중요하다(Ford-Paz & Iwamasa, 2012). 내담자가 자신에 대해 설명할 때 포함시키는 종교적 신념과 내담자의 자기 가치에 주목하는 것은 인지 치료의 중요한 부분이다. Hodge(2008)는 인지 치료를 사용할 때 이슬람 신자에게는 영적 가치를, 기독교 신자에게는 믿음을 중시해야 한다고 설명했다. Thomas & Ashraf(2011)은 우울증 치료에서 이슬람의 가치가 인지 치료의 원리와 어떻게 부합되는지를 보여 준다. 한편, 불교 철학과 같은 신념은 인지 치료의 내용을 더 풍부하게 하기도 한다(Dowd & McCleery, 2007). 어떤 문화권에서는 다른 주제보다 특정한 문화적 주제를 다루는 것이 더 좋을 수 있다. 예를 들어, 라틴계 사람에게는 종교적인 문제가 매우 중요한데 이러한 문제는 반드시 신중하게 다루어져야 하며 문제의 심각도로 추측해서는 안 된다(Kohn-Wood, Hudson, & Graham, 2008). 미국에 있는 아프리카계 미국인과 다른 문화권 집단은 일상과 직장에서 인종적인 차별을 받곤 한다. 차별에 대한 경험을 신중히 다루고 내담자가 극복할 수 있도록 도움을 주는 것은 치료적 경험에 매우 중요하다(Kohn-Wood et al., 2008). 또한 인지 치료는 다문화 문제에 대해 폭넓은 체계를 제공하고 신념체계뿐만 아니라 행동과 정서에도 중점을 둔다. 이러한 인지 치료의 접근 방식은 심리치료에 대해 익숙지 않은 문화권의 사람들이 흔히 가지게 되는 정신병이라는 낙인으로부터 보호해 주는 역할을 하게 되기도 한다. 첫 회기부터 조언을 하기도 하는 인지 치료의 적극적 접근 방식은 다른 문화권 사람들에게 꽤 선호되는 것으로 보인다.

인지 치료자들은 주로 구체적인 장애의 심리치료나 그 효과에 대한 연구에 초점을 맞춰 왔지만 다른 소수 집단의 심리치료적 접근에 대한 일부 문헌들도 있다. 아이티계 미국인 청소년을 대상으로 인지 치료를 적용할 때, 문화적 주제를 고려하여 증거 기반 치료를 적용해 볼 수 있다(Nicolas & Schwartz, 2012). 학교에서 사용할 수 있도록 제작된 프로그램인, 트라우마에 대한 인지행동적 개입(Cognitive Behavioral Intervention for Trauma)은 미국 원주민 학교에서 증거 기반 치료로 사용될 때, 미국 원주민 청소년의 문화적 요소를 치료 내용에 통합하여 실시한다(Morsette, van den Pol, Schuldberg, Swaney, & Stolle, 2012). 소수 집단에 대한 심리치료적 접근에 관한 내용을 담고 있는 몇몇 문헌이 있다. Dowd(2003)는 인지 치료자들이 다양한 문화에 열린 자세로 내담자의 소리에 귀를 기울이고 다른 문화권에서 시간을 보내거나 그들의 언어를 배워 볼 것을 제안했다. 때때로 내담자와 상담자가 언어 소통이 되지 않을 때 통역이 필요하기도 하므로 언어를 습득하는 것이 도움이 되기도 한다. 내담자가 전달하려는 것을 정확하게 전달받기 위해서 숙련된 통역사를 구하는 것도 매우 중요하다(D' Ardenn & Farmer, 2009). 인지 치료가 알려짐에 따라 다른 여러 문화의 사람들에게도 널리 적용되고 있다.

집단 심리치료

인지적 집단 치료에서는 집단구성원들 간의 상호작용으로부터 얻게되는 통찰의 결과로 획득되는 것이 아니라, 내담자가 인지적 모델에 부합하는 적절한 변화 전략을 일관되게 사용한 결과로 치료적 변화가 일어난다고 본다. White(2000b)는 인지 치료 접근을 다음과 같이 설명했다.

> 우리는 당신을 더욱 잘 이해하기 위해서 당신의 지속적인 생각, 감정, 행동을 되짚어 보려 한다. 이것이 인지 치료 모델에서 사용하는 방법이다. 당신에게 일어나는 즉각적인 반응을 인식할수록 당신은 경험을 더욱 잘 이해하게 될 것이고 당신이 무엇에서 변화를 원하고 있는지를 확실히 알 수 있게 될 것이다. (p.4)

각 집단 회기에서의 인지적 접근법은 구체적이고 구조화되고, 문제중심적인 변화에 초점을 둔다. 그러기 위해서는 매 회기 전에 대안과 증상을 관찰하기 위해 BDI와 같은 측정 도구를 사용해서 기록해 두는 것이 좋다. 인지적 접근법과 마찬가지로 집단 심리치료에서의 인지적 개입도 구체적이기를 요구하며 인지와 행동에 대한 연습을 강조하는 경향이 있다. 어떤 인지적 집단은 문제해결과 같은 특정 기법을 주로 사용하는 반면, 어떤 집단들은 우울증과 같은 장애를 가진 사람들을 도와주기 위해 고안되기도 하였다.

우울증에 적용한 인지적 집단 치료 방법을 살펴보면 보통 인지 치료자들이 채택하는 일반적인 집단 치료 접근법이 어떠한지 알 수 있다(White, 2000a). 성공적인 인지 치료를 위해서는 먼저 집단의 응집력과 과제의 초점이 제시되어야 한다. 응집력은 다른 집단구성원들에 대해 관심과 연민을 갖는 것이며, 과제 초점은 문제를 해결하고자 함께 노력하는 것이다. 과제의 초점과 높은 응집력을 위해서는 심리치료자가 참여와 협력의 모델이 되어야 한다. 집단구성원들이 무엇을 해야 하는지를 심리치료자가 알려 주는 것은 아니지만 집단을 조직화한다는 점에서는 심리치료자가 직접적인 역할을 수행한다고 말할 수 있다. 어떤 인지적 집단의 심리치료자들은 집단을 지휘하고 강의를 하기도 한다. 내담자와 심리치료자들에 의해 다루어지는 집단 내에서의 주제로는 책임감을 충족시키지 못한 것에 대한 상실, 분노, 죄책감 등이 있다.

Free(2007)는 인지적 집단 치료를 위한 심리교육적 매뉴얼을 개발했다. 이 프로그램은 5개의 교과목으로 구성되어 있는데 각 교과목은 4~6회기를 가지며 약 1시간 동안 진행된다. 매뉴얼은 파워포인트로 작성되었고 프로그램 관리에 대한 정보를 제공한다. 다음은 다섯 가지의 심리교육적 교과목에 대한 소개이다.

- 교과목 1 — 표출 신념과 진행 과정: 이 교과목은 집단이 갖추어야 할 기본 사항, 사고와 정서에 대한 논의(부정적 사고가 자신에게 의미하는 바를 지속적으로 자문함으로써 역기능적 신념을 찾아냄), 논리적 오류, 적절한 논리의 적용, 논리적 오류 반박하기가 포함되어 있다.
- 교과목 2 — 표출되지 않은 상태: 부정적 신념체계 탐색하기: 정서적, 행동적, 성격적 장애에 대해 소개한다. 또한 부정적 사고가 자신에게 의미하는 바를 지속적으로

자문하여 역기능적 신념을 찾아내는 수직적 화살표 기법을 사용함으로써 부정적 도식에 담긴 내용을 식별한다. 그 후에는 수직 화살표 기법을 통해 이해된 내용을 설명하고 주관적 역기능적 체계를 설명한다. 신념을 범주화하고 인지 도식을 작성해서 자신이 이해한 신념에 대해 토론한다. 마지막으로 참여자들은 인지적 진단과 함께 자신의 신념을 이해한다.

- 교과목 3 — 당신의 신념 시험하기: 이 교과목에서 신념은 변할 수 있다. 참여자들은 적대적 논쟁을 적용하고 배우게 된다. 참여자들은 조사적 접근방법을 통해 그들의 신념에 도전하며, 다음으로 통합 정보에 관해 배우고 나면 과학적 분석의 활용법도 배우게 된다.
- 교과목 4 — 당신의 사고와 감정 바꾸기: 참여자들은 적대적 논쟁에 참여하고 반대하기에 대해 배운다. 명제와 지각의 변환, 정서의 변환, 도식 내용의 변환에 대해서도 다룬다. 도식을 재구성하는 방법과 도식에 대해 상상을 사용하는 방법을 배우게 된다.
- 교과목 5 — 당신의 역기능적 행동 바꾸기: 변화를 위해 행동을 선택하기, 자신의 행동 변화 계획 세우기, 문제 해결하기, 인지행동적 시연, 이점을 유지하기를 배우게 된다.

이상으로 Free(2007)의 집단 심리치료을 위한 심리교육적 인지 접근이 소개되었으며 몇 가지 공통된 요소가 발견되었다. 먼저 교과목 4까지는 인지적 변화에 초점을 두었고 마지막 교과목은 행동적 변화에 중점을 두었다. 집단구성원들은 새로운 행동과 상황에 대한 새로운 사고방식을 고안하기 위해 심리치료자와 협력했다. 집단 안팎에서 오래된 문제에 대한 새로운 방안을 경험해 보는 것은 집단 인지 치료에 있어서 중요한 측면이다.

요약

Aaron Beck은 내담자의 심리적 기능에 대한 신념체계의 영향을 관찰하던 중 인지 치료를 개발했다. 인지 치료는 심리 장애에 미치는 부적응적 사고의 효과를 측정하고 동시에 심리적 기능에 영향을 미치는 행동을 관찰한다. 인지 치료는 개인의 신념체계에 대한 심리적 연구와 사람들이 환경과 상호작용하는 과정에 대한 연구에 지속적으로 적용되었다. 자동적 사고는 인지 치료의 중요한 측면으로서 개인이 인식하지 못할 수도 있는 인지 도식이라고 불리는 개인의 신념체계를 구성하는 생각을 말한다.

Beck은 내담자와의 치료 과정을 통해 양자택일적 사고, 과잉일반화, 파국화와 같이 개인의 사고와 감정, 신념에 영향을 미치는 인지적 왜곡을 발견했다. 이러한 신념에 변화를 주기 위해서 특정 사고를 유발한 그 왜곡에 대한 집중적인 평가가 이루어진다. 더 나은 평가를 수행하기 위해 Beck과 그의 동료들은 인지는 물론 행동과 관련된 다양한 심리 장애를 측정하기 위해 여러 도구를 개발했다.

치료적 접근에 있어서, 인지 치료자는 행동을 평가하고 변화시키기 위해 내담자와 협력한다. 치료 과정에서, 심리치료자는 내담자가 자신의 신념을 통찰하고 부적응적 신념을 식별하도록 돕기 위해 소크라테스식 문답법과 같은 도구적 기법을 종종 채택한다. 회기를 진행하는 동안, 심리치료자는 과제를 주고 현재 신념을 측정하고 대안을 마련한다. 인지 치료자는 행동적 및 정서적 접근과 함께 탈파국화, 왜곡을 명명하기, 인지적 시연과 같은 기법을 사용한다.

인지 치료는 각 심리 장애와 관련한 왜곡된 신념을 다른 이론보다 더 잘 식별해왔다. Beck의 초기 치료와 연구의 주제였던 우울증은 특히 주요 관심의 대상이었다. 행동적 및 약리적 접근과 비교해 볼 때, 연구자들은 다양한 심리 장애에 적용한 인지적 접근의 효과에 대해 훨씬 많이 연구해왔고, 이를 통해 인지적 접근은 심리 장애에 대한 특별한 접근법으로 각광받고 있다.

이론의 적용

실습

CengageBrain.com에 나와 있는 디지털 자기 측정 도구, 핵심 용어, 동영상 사례(이론의 적용), 사례 연구, 퀴즈 문제로 인지 심리치료의 개념을 자세히 연구하고 실습할 수 있다.*

추천 자료

Beck, J. S. (2011). *Cognitive behavior therapy: Basics and beyond* (2nd ed.). New York: Guilford.

Aaron Beck의 딸인 Judith가 쓴 이 책은 인지 치료에 대한 훌륭한 개요이며, 책의 명료성을 위해 도표와 사례가 추가되었다. 책 전반에 걸친 대화 예시는 개념이 어떻게 사용되는지 매우 효과적으로 보여 준다.

Beck, J. S. (2005). *Cognitive therapy for challenging problems: What to do when the basics don't work*. New York: Guilford.

이 책은 『인지 치료: 기초와 그 너머』(Beck, 1995)에 대한 후속 연구이다. Judith Beck은 치료자가 인지 치료에서 발생하는 문제를 처리하는 데 도움이 되는 많은 제안과 사례를 제시한다.

Dobson, K. S. (2012). *Cognitive therapy*. Washington, DC: American Psychological Association.

간략한 이 책은, Beck의 인지행동 치료의 역사가 다른 인지 및 행동 치료와 관련되어 있음을 설명하고, Beck의 인지행동 치료의 이론과 과정을 설명하는 주요 개념을 제시한다. 또한, 미국심리학회(APA) DVD에 언급된 건강 문제와 관련된 불안을 겪고 있는 30대 후반 여성의 사례를 다루고 있다.

Wenzel, A. (2014). Cognitive therapy. In L. S. Greenberg, N. McWilliams, & A. Wenzel (Eds.), *Exploring three approaches to psychotherapy* (pp.71~127). Washington, DC: American Psychological Association.

---

* 해당 서비스는 유료로 이용하실 수 있습니다.

56쪽 분량의 장에서 Wenzel은 Beck의 인지 치료에 대한 훌륭한 개요를 제공한다. 그녀는 책에서 인지 및 행동적 측면뿐만 아니라 그 기법을 뒷받침하는 이론을 모두 설명하고 있다. 이것은 교과서의 설명에서 벗어나는 이론의 훌륭하고 깊이 있는 개요를 제공한다. APA에서 이용 가능한 Beck의 인지행동 치료 기법을 사용하여 실제 내담자와 상담하는 Judith Beck의 비디오 영상이 이책에서 언급되고 있다.

Freeman, A., & Dattilio, F. M. (1992). *Comprehensive casebook of cognitive therapy*. New York: Plenum.
다양한 심리 장애와 환자 집단에 대한 사례 기록과 함께 치료 전략에 대해 간략히 설명하고 있다. 사례들은 심리적 기능 장애의 인지 치료 개념화를 이해하는 데 도움이 된다.

현실 심리치료

현실 심리치료의 개요

현실 치료는 개인이 자신의 삶에서 자신의 행동을 통제하고 새롭고 어려운 문제일지라도 스스로 결정하는 것을 돕기 위한 이론이다. 현실 치료는 선택 이론을 기반으로 한다. 선택 이론은 인간이 자신의 삶과 자신이 행동하고 느끼고 생각하는 것에 책임져야 한다는 것을 가정한다. 현실 치료는 William Glasser에 의해서 개발되었다. 그는 정신분석에 환멸을 느꼈으며, 정신분석이 사람들에게 자신의 행동에 책임지는 법을 알려 주지 않고 오히려 다른 것들에 책임을 전가하기 위해 과거를 살피도록 가르친다고 생각하였다. 현실 치료는 어려움에 처해 있고 접근하기 힘든 사람들, 예를 들면 여성 비행 청소년과 같은 사람들과 Glasser가 함께했던 작업에서 발전하였다. 그는 나중에 선택 이론을 개발하는 데 사용한 통제 이론이라고 불리는 과학적 모델을 사용하여 현실 치료의 이론을 수정하였다. Glasser가 현실 치료를 발전시켜 나간 것은 어떤 점에서는 그가 정신분석에서 보았던 결점을 기반으로 한 것이었다. 그는 내담자와의 관계가 정신분석에서 보았던 것처럼 거리감 있는 관계가 아니라 심리치료자의 적절한 자기개방을 동반한 친밀하고 따뜻한 관계여야 한다고 생각했다. Glasser는 내담자가 심리치료에 전념하고 자신의 행동을 탐색하도록 만듦으로써 사고와 감정에 변화를 가져올 수 있다고 생각했다. 현실 치료에서도 감정에 대하여 얘기하는 것이 허용되기는 하지만 심리치료의 주된 관심사가 될 수는 없다. Glasser는 내담자들이 자신들의 삶을 변화시키기 위한 선택을 하고 그 선택을 고수하도록 도와주려고 하였다. 이때, 그는 내담자의 변명을 허용하지 않았다. 오히려 그는 내담자들이 자신의 삶에 대한 통제력을 갖도록 도와주는 데에 심혈을 기울였다.

Glasser의 작업은 다양한 분야에 있는 사람들에게 영향을 끼쳐왔다. 교사들, 학교 상담자들, 학교 행정가들은 『실패 없는 학교(Schools Without Failure)』(1969), 『수업에서의 통제 이론(Control Theory in the Classroom)』(1986a), 『훌륭한 학교(The Quality School)』(1998b), 『선택 이론: 개인 자유의 새로운 심리학(Choice Theory: a New Psychology of Personal Freedom)』(1998a), 『선택 이론과 함께하는 상담(Counseling with Choice Theory)』(2000a), 『경고: 정신의학이 당신의 정신건강에 해로울 수 있음(Warning: Psychiatry Can Be Dangerous to Your Mental Health)』(2003), 『행복한 결혼을 위한 여덟 가지 교훈(Eight Lessons for a Happier Marriage, Glasser & Glasser)』(2007), 『삶의 주인되기(Taking Charge of Your Life, Glasser)』(2011)에서 나타난 이론들이 교육에 적용될 수 있다는 것을 발견해왔다. 알코올 및 약물 중독 상담자들, 교도관들, 보호시설에 감호된 사람들을 다루는 사람들은 현실 치료가 곤경에 처한 사람들을 다루는 일에 매력적이고 적절하다는 것을 발견했다. 이번 장에서는 선택 이론과 현실 치료의 개념을 설명하고, 이 이론들이 다양한 문제와 집단에 어떻게 적용될 수 있는지를 보여 줄 것이다.

현실 치료의 역사

Courtesy of William Glasser

William Glasser

William Glasser는 1925년에 태어났으며, 클리블랜드에서 교육을 받고 19세에 화학공학 학사 학위를 받았다. 그는 28세에 케이스웨스턴리저브 대학(Case Western Reserve University) 의대를 마쳤다. 그는 로스앤젤레스에 있는 재향군인센터(Veterans Administration Center)와 UCLA에서 정신과 수련을 마쳤다. 그는 36세 때에 의사 자격증을 취득하였다. Glasser는 전통적인 정신분석적 훈련을 받으며 불만족을 느꼈는데, 이는 현실 치료를 발전시키는 씨앗이 되었다. 정신분석적 가르침에 실망한 Glasser는 자신이 느낀 불만을 수련의 과정 3년차 때 자신의 임상 수련 감독자였고 자신을 지지했던 Harrington에게 피력했다. Harrington은 그 후 7년 동안 Glasser의 멘토였다.

1956년에 Glasser는 여자 비행 청소년을 위한 주립시설에서 정신과 의사가 되었다. 처음에 시설 직원들은 규율과 수업 방식을 바꾸자는 Glasser의 제안에 반대하였지만 Glasser의 관점이 유용하다는 것을 알게 되었다. 그의 저서 『현실 치료(Reality Therapy)』에서 Glasser(1965)는 친근함과 책임감에 집중하는 것이 청소년들이 학교에 있을 때뿐 아니라 학교를 떠난 후에도 어떻게 도움이 되었는지를 보여 주었다. Glasser는 처음에는 변화하는 것을 거부했던 사람들에게 다가갈 수 있었다. 그의 작업은 직원 교육뿐 아니라 개인 치료와 집단 치료를 포함하였다. 그는 벤추라 여자 고등학교(Ventura School for Girls)에 있는 약물중독 소녀들을 위한 특별 프로그램을 개발하였다.

1962년에 그의 스승인 Harrington은 서부 로스앤젤레스의 재향군인 신경정신의학 병원(Veterans Administration Neuropsychiatric Hospital)의 병동을 관장하게 되었다. 이 병동은 정신증으로 고통받는 만성·퇴행 환자들을 수용하고 있었다. Harrington이 그곳에 부임할 때까지 환자들은 돌봄은 받았지만 전문적인 치료는 받지 못하고 있었다. 환자들은 매년 약 2명의 비율로 퇴원하였다. 전통적인 정신분석에 의문을 품고 있었고 Glasser의 현실 치료 개발에 영향을 미쳐왔던 Harrington은 환자들이 그들 자신의 행동에 더 많은 책임을 지도록 격려해 주는, 현실 치료와 유사한 행동적 접근법을 사용하였다. 210명 이상의 환자들이 평균 17년의 입원 기간을 보였던 이 병동은 이 접근법을 사용하여 첫해에는 45명, 이듬해에는 85명, 그 다음 해에는 90명의 퇴원율을 보였다(Glasser & Zunin, 1979).

벤추라 여자 고등학교에서의 Glasser의 성공이 알려지면서, 그는 캘리포니아 학교 제도의 자문위원으로서의 일을 시작하였다. 그의 저서 『실패 없는 학교』는 미국뿐 아니라 다른 나라에서도 학교 행정과 교사 교육에 영향을 미쳤다. 그는 학생들이 '패배적 정체감(failure identity)'을 발달시키는 것을 막는 데에 학교들이 충분한 노력을 기울이지 않는다는 사실을 염려해왔다. 그는 학생들이 자신의 삶에 대한 통제감을 찾고 성공적인 학습 경험을 갖도록 도와주기 위해서는 학교가 변해야만 한다고 믿었다. 그리고 그는 이것이 학생들이 자신의 일을 잘 성공하고 일에 몰두하도록 동기를 부여해 주는 성공중심적 철학을 발전시킴으로써 이루어진다고 생각했다. 이러한 교육 과정으로부터의 실패를 극복하기 위해 고안된 이 치료법은 학생들이 자신의 행동에 더욱 책임을 다하게 되도록 도와주었는데, 이는 학교에서 필요한 규율의 양을 최소화하는 방식으로 이루어졌다.

1986년, Glasser의 저서 『수업에서의 통제 이론』은 선택 이론의 개념(추후 설명)을 소개하면서 교육 분야에서 이루어졌던 그의 이전 연구를 계속 이어나가고 확장시켜 나갔다. 『훌륭한 학교』(1998b)에서는 선택 이론의 개념을 학교 관리와 경영에 적용하였다. 교사들을 위해 저술된 『모든 학생이 성공할 수 있다(Every Student Can Succeed)』(Glasser, 2000b)는 교사가 선택 이론을 문제 학생을 다루는 것과 같은 여러 가지 교육 문제에 어떻게 적용하는지를 보여 준다. 이러한 적용은 캘리포니아의 William Glasser 국제연구소에서 파생된 Glasser 교육훈련 센터(Glasser's Educators' Training Center)에서 연구된 것이다.

1977년, Glasser는 William Powers의 저서『행동: 지각에 대한 통제(Behavior: The control of Perception)』(1973)를 통해 Powers의 이론을 접하게 된다. Glasser는 Powers의 이론을 사람들이 자신의 삶을 통제하려는 시도를 할 때 선택하도록 도와주는 데에 적용하였다(Glasser, 1985). Powers의 연구는 Glasser의 저서『마음의 기지(基地)(Stations of the Mind)』(1981)로 이어졌는데, 이 책은 다소 기술적인 측면에서 인간의 삶에 통제 이론을 적용하고 있다. 개인이 자신의 삶에서 활용할 수 있는 보다 덜 기술적인 책은 바로『통제 이론: 우리가 자신의 삶을 통제하는 법에 대한 새로운 탐색(Control Theory: A New Explanation of How We Control Our Lives)』(1985)인데, 이 책은 본래『당신의 삶을 효과적으로 통제하라(Take Effective Control of Your Life)』(1984)라는 이름으로 출판되었다. 이 모든 책들은 독자들에게 통제 이론의 개념을 현실 치료에 적용하는 데에 대한 정보를 제공해 준다.

1998년의 그의 저서『선택 이론: 개인 자유의 새로운 심리학』에서 Glasser는 통제 이론에서 선택 이론으로 초점을 옮겼다. 이렇게 한 이유는 Glasser가 Powers의 통제 이론(1973, 1999) 중 일부만을 활용하고 있고, 현실 치료의 성격 이론이 보다 넓은 범위를 다루는 Powers의 통제 이론과 같다고 독자들이 생각하기를 원치 않았기 때문이다. 또 다른 이유는 몇몇 사람들이 통제의 의미를 타인을 통제해야만 한다는 의미로 잘못 이해했기 때문이었다. 그것은 자기 통제를 촉진시켜서 자신이 책임질 수 있는 선택을 하고 그 선택에 따라 행동하는 능력을 증진시킬 수 있다는 Glasser의 의도와는 거리가 먼 것이었다.『선택 이론과 함께하는 상담』은 선택 이론이 서로 다른 유형의 문제에 어떻게 적용될 수 있는지에 대해 Glasser가 작업한 실제 사례를 모아 구성한 책이다.『선택 이론의 언어(The Language of Choice Theory)』(Glasser & Glasser, 1999)는 내담자들이 자신의 삶에 선택 이론을 사용할 수 있도록 도와준다. 이 책들은『함께 모여 지내기(Getting Together and Staying Together)』(Glasser & Glasser, 2000),『행복한 결혼을 위한 여덟 가지 교훈』(Glasser & Glasser, 2007)과 함께 관계 문제에 대한 것과 선택 이론이 그 문제들에 어떤 도움을 주는지에 대해 Glasser가 강조한 부분을 보여 준다. 그의 저서『경고: 정신의학이 당신의 정신건강에 해로울 수 있음』(2003)은 개인 문제를 다룰 때에 약물을 사용하는 것에 대하여 비판적이었다. 이는 Glasser가 개인이 자신의 삶에서 긍정적인 선택을 하는 것과 자신의 삶에 책임을 지는 것을 약물이 방해한다고 믿었기 때문이다.『삶의 주인되기』(Glasser, 2011)는 일반인 독자를 위한 책으로 자신의 삶을 통제하기 위해 선택 이론을 어떻게 사용하는지 보여 준다. 선택 이론과 현실 치료를 개발하고 집필, 교육, 수련 감독, 여행을 통해 심리학에 지대한 공헌을 한 Glasser는 2013년에 세상을 떠났다.

선택 성격 이론을 이용한 개념화

이론의 적용

Glasser는 통제 이론에 대한 지식의 도움 없이 현실 치료를 발전시켰지만, Glasser가 『마음의 기지』(1981)에서 Powers(1973)의 통제 이론에 대하여 설명한 것은 현실 치료에 내포된 이론을 명시적이고 구체적으로 만들어 주었다(Glasser, 1961, 1965). 통제 이론에 대해 설명할 때 Glasser는 공학과 자연과학으로부터 차용한 비유를 자주 사용한다. 이러한 비유는 유용한데 이는 인간의 행동을 통제하는 문제의 복잡성과는 다르게 이 비유에서의 통제라는 측면은 상대적으로 이해하기 쉽기 때문이다. 통제 이론은 Glasser가 내담자의 문제를 개념화하는데 사용한 성격 이론, 즉 선택 이론을 개발하는 데 기초가 되었다.

Glasser(1981)는 인간의 행동을 설명하기 위하여 온도 조절 장치의 비유를 사용한다. 집안의 온도 조절 장치는 집안 온도의 실제 물리적 수량을 인지하고 감지한다. 열이 특정한 수준에 도달하게 되면, 온도 조절 장치는 난방 체계가 꺼지도록 '지시한다'. 이러한 방식으로 온도 조절 장치는 집안의 온도를 '통제한다'. 인간도 어느 정도 이와 유사한 방식으로 작동한다. 온도 조절 장치와 같이 개인은 자기 외부 세계를 감지한다. 이러한 지각은 뇌에서 이루어지고, 개인은 이러한 지각에 어떻게 반응할지를 결정한다. 이것은 '비교 기지(comparing stations)' 또는 '비교 장소(comparing places)'에서 이루어진다. 그런 다음 뇌는 이 행동을 조직화 또는 재조직화시키는데, 이는 사고, 행동, 감정을 낳는다. 이러한 체계에 대해서는 이 장에서 더 자세하게 다룰 것인데, 특히 개인이 어떻게 적응적인 방식, 그리고 부적응적인 방식으로 행동하는지에 중점을 둘 것이다.

현실 그림

Glasser는 우리가 "어떤 경우에도 현실 세계에"(1982, p.126) 살고 있는 것은 아니라고 강조한다. 개인은 현실에 대한 지각을 가지고 있을 수는 있지만, 현실 그 자체는 알 수 없다. 예를 들어, 당신이 지금 의자에 앉아 이 책을 읽고 있다는 것은 현실에 대한 지각으로, 그것을 반박할 사람은 거의 없을 것이다. 그러나 이것은 여전히 지각이며, 사람들의 현실에 대한 지각은 종종 다르다. Glasser(1981)는 이에 대한 예로 프랑스 혁명 때 Marie Antoinette가 빵을 원하는 소작농들에게 했던 말을 인용한다. "저들보고 케이크를 먹으라 하세요"(p.115). Marie Antoinette는 세상을 소작농들이 빵을 얻을 수 없다면 케이크를 얻을 수 있는 곳으로 인식했다. 물론, 소작농들이 지각한 현실 세계는 굶주리고 어디에도 먹을 음식이 없는 곳이었다. 만일 내가 누군가에게 "현실을 생각해라." 혹은 "현실을 직면하는 게 어때?"라고 말한다면, 그것은 그들이 지각하는 현실이 왜 내가 지각하는 것과 다르냐고 그 사람들에게 묻는 것이 된다. 우리는 종종 우리 자신의 욕구를 충족시키기 위하여 다른 사람의 지각에 관심을 갖게 된다. 이러한 현실 그림에 대한 개념은 1장에서 논의된 포스트모던 구성주의자들의 견해와 일치하는 것이다. Glasser에 있어서 현실 그 자체가 아니라 바로 현실에 대한 지각이 행동 (behavior), 즉 행위(action), 사고, 감정을 결정한다. Wubbolding & Brickell(2009)은 이러한 개념이 현실 치료에서 충분한 주목을 받지 못한다고 생각했다. 이들은 내담자들이 자신들이 언제 사건을 통제할 수 있고 언제 사건을 통제하지 못하는지를 검토하도록 도와주는 것이 중요하다고 하였다.

욕구

Glasser(1985)에 의하면, 우리는 기본적인 욕구들을 충족시키기 위하여 우리의 머릿속에 그림을 구성한다. 욕구가 충족될 때면, 우리는 우리를 만족시키는 사람, 사물, 사건에 대한 그림을 저장한다. 이 그림은 Glasser가 질적 세계라고 칭한 곳에 저장된다. Glasser(1985, p.21)는 저장되어 있는 지각의 80% 이상이 시각적인 것이라고 추정하였는데, 이것이 바로 그가 이 지각을 그림이라고 일컫는 이유이다. 이 그림은 합리적일 필요는 없다. 예를 들어, 거식증을 앓는 여성은 자기 자신이 뚱뚱하다는 그림을 가지고 있는 반면, 그녀의 친구나 가족은 그녀가 말랐다고 볼 것이다. 알코올의존자들은 음주를 알코올이 욕구를 충족시켜 주는 그림으로 본다. 알코올의존증이 있는 내담자들이 변화하기 위해서는 음주에 대한 그림을 건설적인 사건에서 파괴적인 사건으로 바꾸어야만 한다. 결혼생활에서 부부는 사건들에 대한 그 두 사람의 그림들을 양립 가능한 것으로 만들 방법을 찾을 필요가 있다. 만일 그렇게 할 수 없다면, 그들은 배우자의 그림들을 용인할 수 있어야 하거나 그 그림들과 타협할 수 있어야만 한다. 그림들이 저장되어 있는 질적 세계는 우리가 살고 있는 세계로, 우리의 욕망이 충족되는 곳이다(Sohm, 2004). Glasser(1998a)는 또한 이것을 우리가 원하는 모든 것의 세계(all-we-want world)라고 칭하였다. 이것은 우리의 예상, 우리의 핵심적 믿음, 우리의 욕구를 충족시키기 위한 기회를 포함한다.

Glasser는 다섯 가지의 기본적이고 본질적인 심리적 욕구에 대해 말한다. 그것들은 바로 생존, 소속감, 권력, 자유, 즐거움이다(Wubbolding, 2011, 2014a). 생존 욕구는 먹고, 마시고, 주거지를 찾고, 병에 저항하면서 자신을 돌보는 것을 말한다. 소속감의 욕구는 사랑하고 공유하고 협력하고자 하는 욕구를 포함하는 것으로, 모든 문화에서 발견할 수 있는 것이다 (Wubbolding, 2005). 이 욕구는 친구, 가족, 애완동물, 식물, 또는 우표 수집이나 골동품 자동차와 같은 대상을 통해서 충족된다. 권력 욕구와 다른 사람들보다 더 나으려는 욕구는 종종 소속감의 욕구와 충돌된다. 예를 들어, 결혼생활에서 강한 권력을 가지려는 욕구는 배우자로부터 사랑을 받고자 하는 욕구와 충돌한다. Glasser는 이것이 관계를 파괴하는 불충분한 사랑이 아니라 권력 투쟁, 즉 권력을 포기하고 타협하는 것에 대한 남편과 아내의 무능력이라고 믿었다(Glasser, 1985, 1998a; Glasser & Glasser, 2000). 자유의 욕구는 우리가 우리의 삶을 어떻게 살길 바라는지, 우리 자신을 어떻게 표현하기를 바라는지, 누구와 교제하기를 원하는지, 우리가 무엇을 읽고 쓰기를 원하는지, 우리가 어떻게 신을 숭배하기를 원하는지, 그리고 인간의 경험의 다른 영역을 말한다. 전체주의 사회에서 독재자의 권력 욕구는 개인의 자유와 선택의 욕구와 상충된다. 만일 개인이 너무나 강력해서 타인과 중요한 관계를 맺을 수 없는 자유의 욕구를 가지고 있다면, 소속감의 욕구는 충족되지 않고 개인은 외로움을 느낄 수 있다. 비록 즐거움의 욕구가 생존, 권력, 자유, 또는 소속감의 욕구만큼 강력한 욕구가 아니라 할지라도, 이 욕구는 여전히 중요한 것이다. 즐거움은 웃기, 농담하기, 스포츠 활동, 읽기, 수집하기, 그리고 인간의 삶의 많은 영역을 포함한다. 이 다섯 가지 욕구는 우리의 지각, 즉 우리의 머릿속의 그림을 통해 충족된다. 현실 치료자는 내담자의 문제를 개념화할 때 내담자의 욕구를 묻고 경청한다.

선택

Glasser는 심리적 문제를 설명할 때 '우울하다', '화나다', '불안하다', '공황에 빠지다'와 같은 형용사를 사용하지 않는다. 오히려 그는 행동을 강조하고 행동을 하는 것에 내재된 선택을 강조하기 위하여 이러한 단어의 동사 형태를 사용한다. 즉, '우울하게 만들다', '화나게 하다', '불안하게 만들다', '공황에 빠지게 하다' 등을 사용하는 것이다. 사람들은 비참해지거나 슬퍼지는 것이 아니다. 그들은 비참하거나 슬프기로 선택하는 것이다. Glasser의 관점에서 보면 슬픔의 감정은 한 사건 바로 뒤에 일어나는 것이다. 예를 들어, 친구가 죽게 되면 우리는 슬픔이나 우울함을 느낀다. 짧은 시간이 지나면 우리는 우울함을 선택하게 되는데, 다시 말하면 우울의 감정을 유지하기로 선택한다는 것이다. Glasser는 사람들이 "나는 우울하다."라고 말할 때보다 "나는 우울함을 선택했다."라고 말할 때 그들이 우울해지기로 선택하는 경향이 덜하고 따라서 우울을 느끼는 경향성도 낮다고 말한다.

행동

Glasser는 행동을 "어떻게 행하고, 생각하고, 느껴야 할지 우리가 알고 있는 모든 것" (1985, p.88)이라고 정의한다. Glasser에 있어서 행동 체계는 두 부분으로 구성되어 있다. 첫 번째 부분은 우리에게 친숙한 조직화된 행동이다. 두 번째 부분은 계속적으로 재조직화되는 부분들로, 행동의 창조적 요소이다. 새로운 그림과 지각이 발생하면 종종 행동의 재조직화에 대한 욕구가 발생한다. Glasser는 "우리의 항상 존재하는 욕구에 이끌리어, 우리는 우리 자신과 우리를 둘러싼 세계를 다룰 많은 행동을 필요로 한다." (1985, p.90)라고 말한다. 이 창조성의 범위는 예술이나 음악에의 공헌과 같은 매우 긍정적인 무언가에서부터 자살이나 폭식증과 같이 상당히 부정적인 무언가에까지 이른다. '전(全) 행동(total behavior)'은 활동하기, 생각하기, 느끼기, 생리 기능의 네 가지 구성 요소로 이루어진다(Wubbolding, 2011, 2014a). '활동하기'는 걷기, 말하기 또는 움직이기와 같은 활동적인 행동을 말한다. 행동은 자의적일 수도 있고, 자기도 모르게 하는 것일 수도 있다. 예를 들어, 내가 책을 읽고 있을 때 나는 불빛을 더 잘 받기 위해서 아무런 생각 없이 앉아 있

▌**그림 11.1**

현실 치료 자동차

출처: 현실 치료 자동차
그림은 William Glasser
연구소, Chatsworth, CA.의
허가를 받아 인쇄하였다.

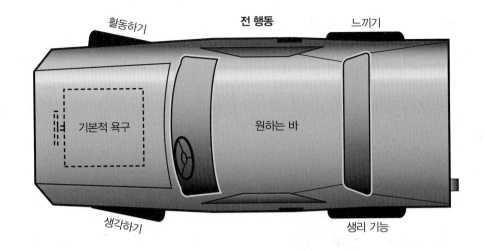

는 자세를 조정할 수 있다. '생각하기'는 자의적인 생각과 자기도 모르게 하는 생각 둘 다를 포함하는데, 여기에는 공상과 밤에 꾸는 꿈이 포함된다. '느끼기'는 행복, 만족, 실망, 그리고 즐겁거나 고통스러운 다른 것들을 포함한다. '생리 기능'은 수의적(voluntary)이고 불수의적(involuntary)인 신체적 기제 둘 다를 말하는데, 여기에는 땀을 흘리거나 소변보기 같은 것들이 있다. 이 네 가지 구성 요소는 인간 행동에 대한 Glasser의 관점을 이해하는 데에 중요한 것들이다.

Glasser(1990)는 자동차 도표(그림 11.1)에 나오는 자동차 도표를 사용하여 인간이 어떻게 행동하는지를 보여 준다. 이 비유에서, 개인의 기본적 욕구, 즉 생존, 소속감, 권력, 자유, 즐거움은 자동차의 엔진을 구성한다. 이 자동차는 개인이 원하는 바에 의하여 조종된다. 뒷바퀴는 느끼기와 생리 기능으로, 이 둘은 조종되지 않는다. 우리는 앞바퀴(활동하기와 생각하기)를 통제하는 것보다 느끼기와 생리 기능을 보다 덜 통제한다. 활동하기와 생각하기는 우리의 행동을 지휘하는데, 이는 차의 앞바퀴가 자동차의 방향을 결정하는 것과 같다. 선택 이론에 의하면 활동하기 또는 생각하기(앞바퀴)와 별도로 느끼기 또는 생리 기능(뒷바퀴)을 직접적으로 바꾸는 것은 어렵다. 그러나 우리는 우리가 어떻게 느끼는지와 상관없이 우리가 무엇을 행하는지 또는 무엇을 생각하는지를 바꿀 수 있다. Glasser에 의하면 우리의 행동을 바꾸는 핵심은 우리의 활동과 생각을 바꾸기로 결심하는 데에 있고, 이는 우리의 정서적 반응과 생리적 반응을 변화시킬 것이다.

행동 선택하기

만일 우리가 우리의 행동을 통제한다면, 왜 우리는 자신을 비참하게 만드는 행동을 선택하는 것일까? Glasser(1985)는 왜 개인이 우울하거나 불안하거나 심리적으로 비참하기를 선택하는지에 대한 네 가지 이유를 말한다. 첫째, 우울하기 혹은 불안하기를 선택함으로써 개인은 자신의 화내기를 계속 통제할 수 있다. 타인에 대하여 더 많은 통제권과 권력을 갖게 되는 것은 화내기보다는 우울하기를 통해 얻을 수 있는 것이다. 화내기는 폭력과 교도소로 이어지는 반면, 우울하기를 선택하는 것은 그렇지 않다. 둘째, 사람들은 타인이 자기를 돕게 만들기 위하여 우울하기 혹은 불안하기를 선택한다. 이는 Glasser(1998, p.81)가 "우울은 우리 가 구걸하지 않고 도움을 청할 수 있는 방법이다. 이것은 우리가 다른 사람들에게 줄 수 있 는 가장 강력한 도움 요청의 정보일지도 모른다."고 말한 것과 같다. 셋째, 인간은 더 효과적 인 무언가를 하기 꺼려한다는 것을 보다 효과적으로 변명하기 위하여 고통스럽고 불행하기 로 선택한다. 효과적인 행동으로 이끄는 그림을 선택하는 것은 종종 어려운 일이다. 만일 한 사람이 어떠한 일에서 해고되었기 때문에 우울하기로 선택했다면, 그 사람은 새로운 일을 찾기 위해 노력을 기울이는 것보다 일자리를 찾는 것을 회피하기를 선택하고 두려움을 느끼 기를 선택하는 것이 더 쉬울 것이다. 넷째, 우울하기 혹은 불안하기를 선택하는 것은 타인에 대한 강력한 통제력을 얻도록 도와준다. 한 사람이 우울하기를 선택하게 되면, 다른 사람들 은 그 사람을 위해서 무언가를 해야만 한다. 편안함과 용기를 제공하고, 그 사람을 돌봐주 며, 그 사람에게 숙식을 제공해야 할 수도 있다. 이 네 가지 이유들은 내담자가 우울하기 혹 은 불안하기를 선택하는 것에서 더 효과적인 행동을 하는 것으로 변화하도록 심리치료자가 돕는 것이 왜 어려운지를 설명해 준다.

인간이 우울하기 혹은 불안하기를 선택하는 이유를 처음에는 이해하기 어려운 것 처럼, 왜 사람들이 '미친(crazy)' 행동을 하는 것을 선택하는지 또한 이해하기가 어렵다. Glasser(1985, 2000a)는 '미친' 행동이란 우리 중 '정신이 온전한' 사람들은 같은 상황 속에서 행하지 않을 것으로 창조성의 한 종류라고 보았다. Glasser에게 있어서 환각, 망상, 식욕 감퇴 적인 행동은 창조적인 것이다. 사람들은 충분히 필사적일 때 그러한 행동을 하는 것을 선택 하는데, 이는 그러한 행동이 그들로 하여금 자신의 삶에 얼마간의 통제권을 부여해 주기 때 문이다. Glasser는 '미친' 행동을 정신 질환으로 보지 않았다. 예를 들어, 어떤 사람이 한 영화 배우를 죽이기로 결심한다면, 그것은 그 사람이 책임져야 하고 그것으로 인해 법에 따라 처 벌을 받아야만 하는 창조적인 '미친' 생각이다. 정신 이상을 변호하는 것의 법률적 문제에 대한 선택 이론의 관점은 범죄자들이 재판을 받기에 충분할 정도로 자신의 삶을 통제할 수 있을 때가 되어서야만 재판을 받아야 한다는 것이다. 그러한 통제를 할 수 있을 때 자신의 행동에 대한 책임을 져야 하는 것이다.

현실 치료 이론

현실 치료는 목표와 절차에 있어서 다른 이론들보다 더 구체적이다. 현실 치료의 목표는 삶 에서의 선택에 대한 통제권을 가짐으로써 욕구를 충족시킨다는 사실을 강조한다. 평가는 현실 치료에 통합되는 것이며 선택 이론의 원칙에 근거하는 것이다. 현실 치료의 수행에는 상담 관계에 주의를 기울이는 것과 변화를 야기하는 특정한 절차에 주의를 기울이는 것 둘

다 필요하다. 변화를 일으키기 위하여 현실 치료자들은 질문하기, 긍정적인 자세 갖기, 유머 사용하기, 직면, 역설적 기법과 같은 전략을 사용한다.

현실 치료의 목표

현실 치료의 일반적 목표는 개인이 자신의 심리적 욕구인 생존, 소속감, 권력, 자유, 즐거움을 책임을 질 수 있고 만족스러운 방식으로 충족시키도록 돕는 것이다. 상담자는 내담자와 함께 이러한 욕구들이 얼마나 잘 충족되었고 그것들을 충족시키기 위해서는 어떠한 변화가 일어나야만 하는지를 파악해야 한다. Glasser(1965)는 증상이 더 심각할수록 내담자가 자신의 욕구를 충족시키는 것이 더 불가능하다고 말한다. Glasser(1965, 1985, 2000a)는 개인이 자신의 욕구를 충족하도록 도와주는 것에 있어 중요한 것은 개인이 책임감 있게 행동해야만 하고 그러한 방식을 통해서 자신의 욕구를 추구하는 것으로 인해 다른 사람을 방해하지 않게 되는 것이라고 말한다. 사람들이 자신들의 욕구를 더 효과적으로 충족시키도록 돕는 것에 대하여 현실 치료는 교육적인 관점을 택한다. 무의식의 과정과 꿈은 현실 치료에서는 거의 아무런 역할도 하지 못한다. 상담자는 내담자가 원하는 것이 얼마나 현실적인지와 내담자의 행동(활동하기, 생각하기, 느끼기, 생리 기능)이 자신들이 원하는 바를 깨닫도록 도와주고 있는지를 확인해야 한다. 비록 상담자가 내담자로 하여금 자신의 전 행동과 욕구를 파악하고 그것을 충족시킬 수 있는 방법을 개발하도록 도와주고는 있지만, 상담자가 아닌 바로 내담자가 자신이 원하는 것을 결정지어야 한다.

평가

현실 치료에 있어서 필수적인 부분인 평가는 치료 과정 전체에 걸쳐 일어난다. Glasser는 평가라는 주제 자체를 직접적으로 언급하지 않았고, 오히려 내담자의 행동에 변화를 일으키는 수단으로서의 평가에 초점을 맞추었다. 현실 치료자들은 객관적 검사나 투사적 검사를 자주 사용하지 않지만 그들이 일하는 기관에서 그러한 검사들을 사용하면 사용하게 된다. 그러나 기본적 욕구의 강도를 측정하기 위하여 세 가지의 도구가 개발되었다. 바로 '기본욕구 자가평가(Basic Needs Self Assessment. Mickel & Sanders, 2003)', '맥락적 욕구 평가(Contextual Needs Assessment. Brown & Swenson, 2005)', '학생 욕구 조사(Students Need Survey. Burns, Vance, Szadokierski & Stockwell, 2006)'이다. 이 척도들은 학교들이 얼마나 선택 이론의 원칙을 잘 따르고 있는지를 측정하는 데 사용되었다. 또한, '내담자 목표 기록 양식'이 Geronilla(1989)에 의해 개발되었다. 비공식적인 의견 교환 또는 보고서 양식은 내담자의 욕구와 바람(want), 내담자의 그림, 전 행동, 또는 선택을 평가하는 데 사용될 수 있다.

내담자들에게 무엇을 원하는지를 물어봄으로써, 상담자들은 심리치료의 목표를 세우기 시작하고 내담자의 심리치료 동기를 이해하게 된다. Wubbolding(1988)은 상담자가 내담자가 원하는 것(내담자가 '정말로 원하는' 것)을 따라가는 것을 계속하면 내담자가 충족시키기 원하는 욕구를 알아낼 수 있다고 말한다(p.33). 이러한 방식으로, 상담자는 내담자의 소속감, 권력, 자유, 즐거움의 욕구를 평가하게 된다. 따라서 내담자가 환경으로부터 원하는 것과 내담자가 무엇을 지각하는지/내담자가 어떤 그림을 얻는지 사이의 간격을 줄임으로써 욕구를 충족시키게 되는 것이다.

현실 치료자들은 또한 전 행동을 평가한다. 비록 평가는 보고서 형식으로 이루어지기도 하지만 종종 내담자가 자신의 신체적 감정, 정서적 감정, 생각, 그리고 자신이 행하고 있는 것에 대하여 말할 때 행동에 대한 평가가 일어난다. 이러한 예로 Corry(1989)는 경비가 가장 삼엄한 교도소에 배정된 한 젊은 남성인 에버렛(Everett)과의 작업을 이야기하였는데, 그가 이 교정 시설 안에서 어떠한 행동을 선택하였고 이것이 어떻게 그가 원하는 것(교도소에서 나오는 것)을 얻을 수 있게 하였는지 설명하였다.

- 활동하기: 의견 충돌 시 재소자를 폭행하기, 아동 성추행범과 강간범 공격하기, 교도관과 맞서기—언어적 반항, 칼 만들기(교도소에서 만든 칼)
- 생각하기: 증오, 분노, 비통, 실패, 두려움
- 느끼기: 무기력, 패배
- 생리 기능: 긴장, 동요, 안절부절 못함 (Corry, 1989, p.67)

에버렛과의 상담에는 가치 평가와 전 행동에 대한 논의가 포함되었다. 그는 이러한 행동들을 통해 기본적 욕구 중 어느 것도 충족되지 못했다고 말할 수 있었다. Corry는 계속해서 에버렛에게 그가 정말 원하는 것이 무엇인지를 물었다. Corry와 에버렛은 즐거움의 욕구를 탐색하기로 결정하였다. 에버렛은 머릿속에 자신의 즐거움의 욕구를 충족시키기 위한 것으로 어떠한 그림을 그리고 있는지에 대한 질문을 받았다. 에버렛은 운동하고 글을 읽고 그림을 그리고자 하는 열망에 대하여 이야기하였다. 상담자는 에버렛의 생각을 경청하면서 에버렛이 이러한 생각을 더 확장해가도록 도왔다. 그가 원하는 것과 합치되는 생각은 더 독려하였고 반면 목표를 달성하는 데 방해되는 생각은 덜하거나 지우도록 하였다(Gerdes, Wubbolding, & Wubbolding, 2012). 에버렛은 전 행동에서 변화를 일으킬 수 있었고, 이는 덜 엄격한 독방 동으로 옮겨가는 결과를 가져왔다. 이러한 변화 뒤에 Corry는 에버렛의 전 행동에 대하여 다음과 같이 평가하였다.

- 활동하기: 글 읽기, 그림 그리기, 운동하기, 농구하기
- 생각하기: 더 긍정적, 희망적, 회의적
- 느끼기: 덜 화남, 패배감을 덜 느낌, 약간은 성공적임
- 생리 기능: 덜 긴장됨 (Corry, 1989, p.69)

이 예에서 상담자는 전 행동을 계속적으로 평가해서 미래의 변화가 계획되게 하고 정확한 평가가 달성되도록 하였다. 이처럼 어려운 사례에서 상담자는 계속해서 전 행동에 대한

평가를 상담 치료에 통합시키려고 하였다. 이러한 평가와 치료의 통합은 현실 치료에서는 전형적인 것이다.

평가의 또 다른 측면은 선택에 대하여 귀를 기울인다는 점이다. 선택 이론에서는 행동을 지각을 통제하려는 끊임없는 시도로 보기 때문에, 상담자는 행동을 의지에 의한 것, 즉 통제하기를 선택하는 것으로 본다. 예를 들어, 내담자가 "저는 제 여자 친구가 저에게 말을 하지 않고 저를 보고 싶어 하지 않는 것 때문에 우울합니다."라고 말할 때, 상담자는 아마도 "저는 이제부터 우울하기로 선택했습니다. 왜냐하면 제 여자 친구가 저를 보고 싶어 하지 않기 때문에 혹은 저에게 말하지 않기 때문입니다."라고 들을 것이다. 상담자는 타당성에 따라서 내담자의 진술에 반응하기를 선택할 수 있고 반응하지 않기를 선택할 수도 있다. 그러나 현실 치료자들은 내담자의 진술에 내재되어 있는 선택과 통제에 대하여 귀를 기울인다. 선택 이론에 대한 충분한 실용적 지식을 통하여 상담자는 어떠한 욕구를 먼저 충족시켜야 하고 내담자가 변화하도록 돕기 위해서는 어떤 전 행동을 먼저 시도해야 할지를 결정할 수 있다.

현실 치료의 과정

Glasser는 현실 치료를 상담 환경과 행동 변화로 이어지는 구체적인 과정으로 이루어진 상담 주기라고 개념화하였다. 상담을 통하여 내담자가 자신을 자유롭게 표현하고 문제를 탐색할 수 있게 되는 따뜻하고 안전한 관계가 확립된다. 추후 단계에서 이 따뜻하고 안전한 관계는 확고함과 결합된다. Wubbolding(1991, 1996a, 2000, 2010, 2011, 2014a, b)은 Glasser의 연구를 이어받았으며 또한 상담 과정에 대한 보다 더 분명한 모형을 발전시켰다. 이것은 WDEP라고 불리는데, 여기서 각각이 나타내는 바는 다음과 같다. 욕구(Wants), 방향(Direction)과 행동(Doing), 평가(Evaluation), 계획하기(Planning). 이들 가가은 내담자와 상담자가 참여하고 있는 활동의 집합이다. 현실 치료자는 일반적인 지침을 따라야 하지만 위의 네 가지 단계 안에서 좀 더 과감하게 또는 좀 더 조심스럽게 진행해야 할 때가 있다. 이 장에서 나는 치료적 관계를 묘사하고 다음으로 WDEP 모델을 적용한 상담 과정을 소개한 뒤 변화를 일으키기 위해 사용되는 상담 기술을 설명할 것이다. 나는 현실 치료 과정을 설명하기 위해 앨런(Alan)의 사례를 활용할 것이다.

이론의 적용

치료적 관계   현실 치료는 치료 기간 동안 지속될 내담자와의 관계를 형성하려는 상담자의 노력과 함께 시작한다. Glasser(1972)는 상담자가 자신이 내담자를 걱정하고 있으며 내담자와 상담자 모두가 변화할 가치가 있다고 생각하는 것들에 대하여 기꺼이 얘기할 준비가 되어 있음을 보여 주어야만 한다고 느꼈다. Bassin은 "현실 치료자들은 따뜻하고, 우호적이며, 개인적이고, 낙관적이며, 정직하다."(Bassin, 1993, p.4)라고 말했다. 이러한 자세는 내담자가 상담자에게 비밀을 털어놓고 상담자에게 신뢰를 가질 수 있도록 도와준다. 그렇게 함으로써, 내담자는 치료적 관계를 유지하는 데 도움이 되는 소속감이라는 기본적 욕구를 충족시킬 수 있다(Glasser, 1981). 이러한 관여의 일부로서, 상담자는 적절한 시점에 자기 자신에 대한 정보를 개방할 준비를 해야만 한다. 마찬가지로, 1인칭 대명사인 나(I, me)를 사용하는 것은 내담자와의 관계를 격려해 준다(Bassin, 1993). 상담 관계의 초기에서도 상담자는 감정보다는 행동에 초점을 맞추어야 한다. 그러나 상담자는 내담자가 삶의 문제에 대하여 어떻게 느끼고 있는지를 경청해야 한다. 이것이 내담자와 관계를 맺기의 일부분이다.

Wubbolding(2011)은 현실 치료의 과정에 대하여 설명하면서 내담자와 안전하면서도 도전적인 치료 동맹을 형성하기 위한 몇 가지 제안을 한다. 그는 첫째로, 주의를 기울이는 행동의 중요성에 대하여 서술하고 있다. 개방적이고 수용적인 자세로 앉기, 적절한 눈 맞춤을 유지하기, 때때로 내담자가 한 말을 다른 말로 표현하기가 이러한 행동에 해당된다. Wubbolding(2011)은 이러한 행동은 문화적 차이에 따라 다르게 해석될 수 있다는 것을 깨닫는다. 치료적 관계의 다른 조건들로는 공손함, 열정, 진실성이 있다. 현실 치료가 성공적이기 위해서는 긍정적인 변화가 일어날 수 있고 규칙과 책임감이 고수되어야 한다는 결의와 이 치료적 관계의 조건들이 결합되어야만 한다. Wubbolding은 한편으로는 공손함과 열정 사이에 모순이 있다고 보지 않았고, 다른 한편으로는 견고함과 규칙 및 규정에 복종하는 것 사이에 모순이 있다고 보지 않았다. 학교, 병원, 교정 시설과 같은 환경에서 종종 일어날 수 있듯이 내담자가 규칙을 어기게 되면, 현실 치료자들은 그 행동을 판단하거나 비난하지 않는다. 대신에 그것을 내담자가 자신의 욕구를 만족시키는 방식이라고 본다. 상담자는 적절한 경우에 한해서 관계의 초기에 상담자 자신 역시 취약하다는 것을 나타내 주는 개인적 정보를 공유하게 된다. 내담자와의 관계 형성에 도움을 주는 치료자 행동으로는 내담자에 대한 판단 미루기, 각자의 역할 명확하게 하기 등이 있다. 이를 통해 내담자는 치료자가 자신을 벌 주거나 훈계하지 않을 것이라는 것을 이해하게 된다. 내담자의 말에 귀를 기울일 때, 치료자는 원하는 것, 욕구, 전 행동과 같은 현실 치료 개념을 기억하고 살펴야 한다. 이러한 개념을 다른 말로 표현하고 요약하는 것이 도움이 된다. 이러한 치료적 행동이 효과를 거두지 못해도 치료자는 내담자의 문제에 대해 어떠한 행동을 취할지를 계속 생각한다.

관계의 발전은 앨런의 상담 경험을 통해 묘사될 수 있다. 앨런은 20세의 중국계 미국인 대학생으로 그의 부모는 대만에서 태어났다. 그는 지역대학 2학년 2학기에 재학 중이다. 그는 자신의 전공을 좋아하지도 않고 친구들도 별로 없다고 불평한다. 앨런은 가족과 살고 있었고 수업이 끝나면 학교에서 집으로 차를 몰고 왔기 때문에 주변에 있는 친구들은 대학교에서 만난 친구들이 아니라 고등학교 시절의 친구들뿐이다. 그는 데이트를 하고 싶지만 하지 못했다. 최근 앨런은 전반적으로 우울하고 불행하다고 느끼고 있으며 이것은 앨런이 10개월 사귄 전 여자 친구 엘러너(Eleanor)와 헤어진 이후부터라고 보고하고 있다. Glasser(2000a)는 관계에서의 문제가 종종 사람들로 하여금 심리치료를 찾도록 만든다고 생각하였다.

첫 회기 때, 심리치료자는 앨런의 말을 경청하였다. 이 경청 과정에서 내담자가 두려움을 느끼고 소속, 권력과 재미 욕구를 충족시키지 못한 것이 여러 번 확인되었다.

> 앨런: 저는 아무것도 할 수 없을 것 같아요. 전 진흙탕 속에 빠져 있어요. 여기에서 헤어 나올 수가 없어요.
>
> 상담자: 그 상황에서 빠져나오고 싶다는 것처럼 들리는군요. 우리가 함께 당신을 빠져나 오게 해줄 견인차를 얻을 수 있을지도 몰라요. 물론 제가 트럭은 아니지만, 당신이 빠 져나오도록 도와줄 수는 있어요.
>
> 앨런: 선생님 생각에는 상황이 좀 나아질 것 같나요?
>
> 상담자: 네, 그럼요. 당신이 원하는 많은 것들이 있는 것처럼 보이네요. 우리 함께 그것을 어떻게 얻을 수 있을지에 대해서 작업해 볼 수 있어요.

상담자는 앨런에게 말할 때 약간의 유머를 사용하고 있다. 더욱이, 그는 내담자가 '빠져 나오는 것'을 돕고자 하는 마음을 통해 그 자신의 관여를 보여 주었다. 상담자는 명확하게 나(I)를 사용하였다. 상담자는 이후 작업에서 "저는 진흙탕 속에 빠져 있어요."라는 앨런의 비유를 마음속에 계속 유지하고 있다.

첫 회기의 끝이 가까워지면서, 앨런은 원하는 것들, 욕구, 지각에 대한 고충을 털어놓는 다. 앨런은 만족스러운 진로를 찾기 원한다. 그는 자신을 아껴주고, 자신을 학교까지 왔다갔 다할 때 자동차를 태워 주는 사람으로 이용하지 않는 그런 친구를 갖기를 원한다. 그는 데 이트를 하기를 원하고, 엘러너와 헤어진 이후로 여성과 함께 있으면 더 불안해졌기 때문에 여성과 함께 있을 때 더 편안함을 느끼기를 원한다. 욕구의 측면에서, 앨런은 우정과 데이트 를 통해서 더 큰 소속감을 느끼고 싶어 한다. 앨런은 다른 사람들과의 상호작용에서 더 영 향력이 있다고 느끼기를 원한다. 또한 남성들, 여성들과의 대화를 시작하고 유지하기를 원 한다. 상담자는 앨런의 삶에 약간의 즐거움이 있다는 것을 알아챈다. 상담자가 "만일 당신이 바라는 대로 살고 있다면 당신은 무엇을 하고 있을까요?"라고 물을 때면 앨런은 자신의 목 표에 대하여 상담자에게 설명하는데, 여기에는 스포츠와 같이 그가 즐거움을 찾고 있는 활 동이 포함된다. 좋은 우정과 진로 선택에 대하여 이야기하는 것 외에도 앨런은 또한 테니스 와 수영을 하는 것 그리고 자동차와 관련된 작업을 하고 싶다는 마음에 대하여 이야기한다. 상담자는 앨런이 자신의 욕구가 충족되고 있는지에 대한 그의 지각을 탐색하였고, 그러고 나서는 앨런이 자신의 욕구를 충족시키는 과정을 시작하도록 돕는다.

WDEP: 욕구(Wants) 탐색하기 현실 치료 전 과정에 걸쳐, 특히 초기 과정에서 해야 하는 중요한 질문은 '당신은 무엇을 원합니까?'이다. 때때로 이 질문은 좀 더 공감하는 내용으로 바꾸어서 내담자가 '당신이 정말 원하는 것이 무엇입니까?'에 대해 더 깊게 생각하게 만든다. Wubbolding(2011, p.133)은 욕구에 대한 다양한 질문을 한다.

- 내가 얻고자 하는 것은 무엇인가?

- 내가 얻고자 하지 않는 것은 무엇인가?

- 얼마나 그걸 얻고자 하는가?

- 얻고자 하는 걸 얻지 못할 때 어느 정도까지 받아들일까?

- 내가 얻고자 하는 것들의 우선순위는 무엇인가?

- 나는 그걸 얻기 위해 얼마나 노력할 것인가?

욕구(wants)는 그것의 중요도와 원하는 정도에 따라 달라진다. 가장 중요한 욕구는 숨을 쉴 수 있는 공기나 마시는 물처럼 타협이 불가능한, 꼭 있어야 하는 것이다. 몇 가지 욕구는 '졸업하고 싶다' 또 '취업하고 싶다'처럼 더 나아지고 싶다는 욕구 충족을 위해 추구하는 목표이다.

다른 욕구들은 '오늘 좀 더 따뜻했으면 좋았을텐데⋯⋯'와 같은 가벼운 바람이 있다. '나는 오늘 갈색이 아니라 검은색 귀마개를 했어야 했는데⋯⋯'와 같이 바라고는 있지만 중요하지 않은 약한 변덕(whim)도 있다. 문제가 있는 욕구도 있다. '살을 빼야 하는데 식습관을 바꾸기는 싫어.'처럼 이중적인 내용이 복합된 욕구도 있다. 때때로 내담자는 욕구가 아닌 것을 받아들이는 것을 배운다. 내키지 않지만 받아들여야 하는 소극적인 수용에는 나쁜 상황을 받아들이거나 병에 걸렸다는 것을 받아들이는 것 등이 있다. 살기 위해 힘든 수술을 해야만 한다는 사실을 받아들여야 하는 것과 같은 바라지 않은 적극적인 수용은 강렬하다. 대부분의 사람들은 복권으로 한꺼번에 큰돈을 얻고 싶어 하지만 그런 일은 일어나지 않을 것이다. 이는 환상 속의 꿈과 같은 것이다. 이처럼 다양한 종류의 욕구가 있지만 욕구에 따른 노력의 정도도 다양하다. 누군가는 특정한 욕구에 노력을 전혀 기울이지 않고 또 다른 누군가는 많은 노력을 기울이기도 한다. Wubbolding(2000, p.79)은 노력의 정도를 다섯 단계로 설정하였다.

1. 전 여기 있기 싫어요. 절 내버려 두세요. 제게서 떨어지세요.

2. 성과를 내고 싶지만 노력은 하고 싶지 않아요.

3. 노력할게요. 그럴지도, 할 수도, 아마, 거의.

4. 최선을 다 할게요.

5. 필요한 건 뭐든 다 할게요.

이러한 단계는 치료 과정에서 주로 더 높은 단계로 변화할 수 있다.

이러한 욕구를 실현하기 위해, 사람들은 그들이 속한 세상에 대해 알아야만 한다. 그들이 무엇을 가장 좋아하는지 무엇을 가장 싫어하는지 무엇이 그 중간에 있는지 결정한다, 예를 들면, 내가 다른 사람 발등에 역기를 떨어뜨리면 그는 화를 낼 것이다. 따라서 나는 내가 무엇을 하면 다른 사람의 감정을 상하게 할 수도 있다는 것을 안다. 이와 관련된 개념이 내재적 통제와 외재적 통제이다. 현실 치료에서 중요한 것은 '나는 내 행동을 통제할 수 있다.'라는 내재적 통제이다. 이와 반대되는 외재적 통제는 '그는 나를 화나게 한다.', '그녀는 나를 싫어해서 문제를 일으킨다.', '선생님은 내게 낮은 점수를 주고 싶어 한다.' 등이다. 이러한 상호작용에 대한 인식은 사람들이 자신의 욕구를 어떻게 볼 것인가에 영향을 미친다.

우리는 이러한 정보를 앨런의 욕구에 적용해 볼 수 있다. 앨런이 "나는 폴(Paul)과 친해지고 싶어요."라고 말할 때, 그의 욕구는 추구하고자 하는 목표로 묘사될 수 있다. 그의 노력 수준은 '노력할게요(3), 최선을 다할게요(4), 또는 뭐든 다 할게요(5)'일 것이다. 앨런은 다른 욕구를 인지하고 폴과 친하게 지내려는 그의 욕구에 대해 내재적 통제권을 가지고 있다고 말할 수 있다.

WDEP: 방향(Direction)과 행동(Doing) 탐색하기

앞에 나온 것과 같이 전 행동은 활동하기, 생각하기, 느끼기, 생리 기능으로 구성되어 있다. 현실 치료자들은 한 사람의 삶에서의 변화 혹은 한 사람의 삶에 대한 통제는 활동하기를 통해서 일어난다고 생각한다. 사실, 현실 치료의 이러한 면은 너무 중요한 것이어서, 현실 치료 사례 연구를 다룬 첫 번째 책이 『당신은 무엇을 하고 있는가?(What Are You Doing?)』(N. Glasser, 1980)였다. 행동에 대해 이야기할 때, 현실 치료자들은 내담자들이 현재 무엇을 하고 있는지를 알고 싶어 한다. 예를 들어, 만일 내담자의 부모들이 알코올의존자라면, 부모의 알코올 의존이 현재 내담자의 문제에 어떻게 영향을 미치는지 파악하는 것이 유용할 것이다. 그러나 초점은 과거의 행동에 대하여 부모님을 탓하는 데에 있는 것이 아니라 알코올의존인 부모를 둔 다 큰 자식(adult child)이 직면하는 선택에 있다. '내담자들이 하고 있는 것'을 밝히는 데에 있어서는 다음과 같이 구체적인 질문을 하는 것이 유용하다. '무슨 일이 있었는가? 누가 거기에 있었는가? 언제 그 일이 일어났는가? 당신이 이것을 말한 후 무슨 일 일어났는가?' 이러한 질문은 그들이 무엇을 하는지에 대한 내담자의 그림이나 지각을 명확하게 하는 데에 도움을 준다. 현실 치료 과정의 미래적인 측면으로, 상담자는 내담자의 욕구를 충족시키는 행동을 실행하는 것과 연관된 계획 세우기에 초점을 둔다. 이것은 내담자의 감정뿐만 아니라 내담자의 그림 또는 지각에 변화를 일으키는 것이어야만 한다.

앨런이 자신이 무엇을 하고 있었는지에 대하여 이야기할 때, 앨런의 하루 일과는 일정한 패턴을 따른다. 앨런은 최근 학교에서 있었던 일과를 다음과 같은 방식으로 설명한다.

앨런: 저는 8시 30분에 집을 나와 차를 몰고 학교로 갔어요.

상담자: 운전할 때 혼자 있나요?

앨런: 아니요, 어제 저는 폴(Paul)과 만나서 갔어요. 저는 보통 목요일에는 폴과 함께 차를 몰고 학교에 간답니다.

상담자: 차 안에서 두 분은 무엇을 하나요?

앨런: 라디오를 들어요. 우리는 대개 말을 하지 않아요.

상담자: 그러고 나서 무엇을 했나요?

앨런: 저는 주차하고 나서 사회학 수업에 들어갔고, 그다음엔 영어 수업에 들어갔어요. 그러고 나서는 점심을 먹었고요.

상담자: 어디서, 그리고 누구와 점심을 먹나요?

앨런: 저는 보통 영어 교실 근처에 있는 구내식당에서 점심을 먹어요. 전 항상 집에서 점심 도시락을 가지고 와요. 보통 15분 안에 점심을 다 먹고, 점심을 먹고 나면 1시에 있는 다음 수업을 위해서 공부를 좀 하고요.

내담자는 앨런이 무엇을, 누구와 함께, 어디에서, 언제 하는지를 듣는다. 앨런에게 있어서 이것들은 불만족스러운 행동이다. 왜냐하면 이것들이 그의 소속감, 권력, 즐거움의 욕구를 충족시키지 않기 때문이다. 내담자는 계속해서 앨런의 삶의 다른 부분에 대해 이야기해서 그가 무엇을 하고 있는지를 알아내려 한다. 그렇게 하면서 그는 행동에 대해 이야기할 뿐만 아니라 신체적 증상, 정서와 생각에 대해서도 이야기하게 된다. 앨런은 "폴과 내가 내 가족과 관련된 개인적인 이야기를 할 때 나는 기쁘다."라고 자신에게 얘기했다는 것을 치료자에게 알려줄 때 효율적인 혼잣말(self-talk)에 대해서 이야기하게 된다. 그러나 혼자서 행동한다라고 하는 주제는 상담자와의 논의 전면에 걸쳐 계속된다.

WDEP: 평가(Evaluation) 탐색하기 평가라는 단어에 압축된 것은 가치(value)라는 단어이다. 내담자는 그들의 행동에 대한 가치 판단을 위한 질문을 받는다. 예를 들면, 상담자는 "지금하는 일이 당신에게 도움이 되나요?" 또는 "당신이 원하는 것은 이룰 수 있는 것인가요?"와 같은 질문을 한다. 상담자는 능숙하게 질문함으로써 내담자가 자기평가를 하도록 돕는다. 가치 판단을 하는 것은 상담자가 아니라 바로 내담자이다. 때때로 내담자는 우연히 또는 별생각 없이 자신의 행동을 평가한다. 내담자와 상담자가 행동을 철저하게 평가하고 행동의 결과를 평가하는 것은 매우 유용한 일이다. Wubbolding(1988, pp.50~56)은 다음과 같은 구체적인 질문을 제안한다.

- 당신의 행동이 당신에게 도움이 되는가, 아니면 해가 되는가?: 예를 들어, 선생님으로부터 수업을 끝내기도 전에 교실을 나가 버린 행동 때문에 벌을 받은 한 고등학교 학생은 다음과 같이 말할지도 모른다. "제 행동은 저에게 도움이 돼요. 전 담배를 피우기 위해서 제가 원할 때에 교실을 나가는 거예요." 이 질문에 덧붙여, 상담자는 담배를 피운다는 선택이 마음대로 교실을 나가는 것으로 인한 처벌의 결과를 받을 만한 가치가 있는 것인지 내담자가 평가하도록 도울 수 있다. 이 질문은 내담자로 하여금 다양한 상황 속에서의 자신의 행동에 대한 효과를 평가하도록 도와준다.
- 당신이 하고 있는 것을 함으로써 당신이 원하는 것을 얻었는가?: 이 질문은 내담자가 그

들의 행동을 구체적으로 평가하고 그것들이 정말로 가치가 있는 것인지를 살펴볼 수 있도록 도와준다. 이 질문은 첫 번째 질문을 명확하게 해 주고 행동 평가를 더 쉽게 만들어 준다. 예를 들어, 그 고등학생은 담배를 피우기 위해 교실에서 나감으로써 그가 원하는 것 중 단지 일부만을 얻을 것이다.

- 당신은 규칙을 어겼는가?: 이 질문은 내담자로 하여금 자신들의 욕구와 자신들이 원하는 것을 다른 사람들과 비교하여 살펴볼 수 있도록 도와준다. 규칙을 어긴 사람들에게 있어서 이 질문은 그들이 하고 있는 행동에 대하여 알아차리도록 해준다.

- 당신이 원하는 것은 현실적이고 성취 가능한가?: 원하는 것의 현실성을 평가하는 것은 내담자로 하여금 특정한 행동을 고수할지를 결정하도록 도와준다. 담배를 피운 학생의 예로 돌아가 보면, 그 학생은 그가 담배를 피우고 싶을 때마다 교실에서 나가는 것이 현실적이지 않다는 것을 알 수 있을 것이다.

- 이와 같이 보는 것이 얼마나 도움이 되는가?: 이 질문은 내담자로 하여금 다른 방식으로 행동을 보도록 해 준다. 우리의 예에서 고등학교 학생은 그가 원할 때마다 교실을 나가는 것을 다른 방식으로 보게 될 것이다. 이것은 또한 그 학생이 학교의 교사 및 관리자와의 관계를 볼 수 있도록 도와줄 것이다.

위와 같은 질문은 내담자로 하여금 자신의 현재 행동의 효과성을 평가하도록 도와준다. 내담자를 진실로 걱정하는 상담자가 질문을 하게 된다면 이 질문은 사려 깊은 상호 교류를 유발할 것이다. 이것들은 내담자가 자신의 선택에 책임을 질 수 있도록 도와주는 질문이다.

앨런의 상담자는 위의 질문 중 몇 가지를 함으로써 앨런이 자신의 행동을 평가하도록 도와주었다. "당신은 규칙을 어겼는가?"와 같은 질문은 앨런에게는 적용되지 않았고, 그 외 다른 질문은 앨런에게 적용된 것이다.

상담자: 혼자서 점심을 먹는 것이 당신에게 도움이 되나요?

앨런: 아니요, 전 외로움을 느껴요. 그리고 제가 생각하기에 저는 점심시간이 즐겁지 않은 것 같아요.

상담자: 그 시간에 당신은 어떤 일을 하나요?

앨런: 영어 기사를 좀 읽어요. 좀 더 나은 걸 할 수 있을 것 같다는 생각이 드네요.

상담자: 당신이 원하는 것을 얻지 못하고 있나요?

앨런: 네, 얻지 못하고 있어요. 제가 함께 이야기를 나눌 사람들이 있네요. 그걸 좀 더 즐겨야겠어요.

WDEP: 변화를 위한 계획 세우기(Planning) 행동이 평가되고 나면, 다음 질문은 그것을 위해서 무엇을 할 것인가 하는 것이다(Bassin, 1993; Glasser, 1981; Wubbolding, 2011). 계획은 구체적인 행동, 즉 사실상 매우 자세한 구체적인 행동을 하는 것으로 구성된다. 예를 들어,

나의 계획이 내일 아침 5시 30분에 일어나는 것이라면 내가 알람시계를 가지고 있는지, 그 시계를 어디에 놓을지, 몇 시로 알람을 맞추어 놓을지, 그렇게 일찍 일어난다면 누구를 깨울 것인지 등을 알아야만 한다. 계획은 생리적 욕구 혹은 심리적 욕구(소속감, 권력, 자유, 즐거움)를 충족시켜야만 한다. 계획을 세울 때 그 계획은 간단하고 성취할 수 있는 것이어야 한다. 또한 계획은 측정 가능하고 확고해야 한다. 현실 치료자는 내담자가 성공할 수 있을 만한 계획을 세우도록 돕는다.

계획에 대한 책임은 다른 사람이 아닌 바로 내담자에게 있어야만 한다. 좋지 못한 계획은 '나는 내일 우리 형이 나를 깨워준다면 아침 5시에 일어날 것이다.'와 같은 것이다. 내담자는 아침 5시에 일어나는 것에 대한 통제권을 가져야 한다. 또한 계획은 무언가를 하지 않는다는 것이 아니라 무언가를 한다는 의미에서 긍정적이어야만 한다. '나는 내일 담배를 피우지 않을 것이다.'라고 말하는 대신에 '나는 나 자신이 실행하기를 기다리는 세 가지 구체적인 계획에 착수할 것이고, 그래서 담배를 피우고자 하는 나의 충동을 통제할 수 있을 것이다.' 종종 개인은 반복되는 계획을 선택한다. 예를 들어, 일주일에 네 번 운동을 하겠다는 선택은 반복적인 계획을 필요로 한다. 만일 운동이 즐겁고 다른 사람의 참여에 좌우되지 않는 것이라면, 그 계획이 성공할 확률은 증가한다. 또한 만일 내가 2주 내에 운동을 하는 것이 아니라 바로 내일 운동할 계획을 세운다면 성공적으로 완성할 확률이 높아지는 것이다.

소속감의 욕구를 충족시키는 계획을 세우는 데에 있어서 앨런과 그의 상담자는 몇 가지 계획을 세웠다. 그중 하나는 월요일, 수요일, 금요일 수업 전에 친구와 함께 점심을 먹는 것이었다. 앨런과 상담자는 같이 점심을 먹자고 부탁할 친구들은 누구인지, 가능한 친구들 각각을 어디에서 만날 것인지, 만일 친구가 가능하지 않다고 하면 무엇을 할 것인지에 대하여 이야기를 나누었다. 더욱이 그들은 그 친구들과 무슨 이야기를 나눌 것인지에 대해서도 의견을 나누었다. 앨런이 어떤 친구들과 무엇에 대하여 이야기해야 할지에 대해 확신을 갖지 못했을 때, 앨런과 상담자는 가능한 대화의 구체적인 예를 가지고 역할 연기를 했다. 그들은 어떤 친구에게 축구에 대해 이야기할지, 어떤 친구에게 영화에 대해 이야기할지, 또 어떤 친구에게 시장 선거에 대해 이야기할지에 대해 대화를 나눴다. 앨런은 이틀 안에 누군가와 점심을 함께 먹는 계획을 세웠다.

계획에 대한 약속을 할 때에는 그 계획이 실현 가능한 것인지가 중요하다. 현실 치료자들은 약속을 확실히 하기 위하여 구두 혹은 서면 계약을 사용할 수도 있다. 서면 계약의 이점은 무엇이 일어날 것인지를 확실히 한다는 데에 있다. 또한 계획이 합의된 대로 수행되지 않았을 때의 결과에 대하여 이야기하는 것도 도움이 된다.

앨런과 그의 상담자는 앨런이 조(Joe)와 페드로(Pedro)에게 연락을 해서 점심 약속을 하겠다는 것을 명시한 서면 계약서를 만들었다. 많은 사람들에게 있어서 계약은 법적 문서와 관련된 것으로 들린다. 앨런과 상담자에 있어서 계약이란 상담 시간이 끝날 때쯤에 종이 한 장에 적은 몇 개의 문장이었다. 그들은 앨런이 그 계획을 지키지 않았을 때의 결과에 대하여 이야기를 나누었다. 앨런과 상담자는 그 결과로서 앨런과 폴이 전에 했던 대로 차를 나누어 타는 것이 아니라 앨런이 폴을 학교까지 한 주 동안 매일 데려다 줄 것이라고 결정했다.

심리치료자의 태도: WDEP 이용하기

다음은 상담자가 욕구, 방향과 행동, 행동 평가를 탐색하고 계획에 대한 약속을 할 때 어려움이 생길 때 사용할 수 있는 태도들이다. 이 세 가지 측면은 변화에는 노력이 필요하고 변화는 노력 없이는 이루어지지 않는다는 현실 치료의 인식을 반영한 것이다. 다음은 상담 환경과 더불어 현실 치료자가 취해야 할 태도들이다.

- 계획을 실천하기에서 실패한 것에 대한 변명을 허용하지 않는다.
- 상담자는 내담자를 비판하거나 논쟁하거나 처벌하지 않는다.
- 상담자는 내담자에 대해 포기하지 않고 계속해나간다.

변명을 허용하지 않기 Wubbolding(1988)이 지적한 바와 같이, '왜?'라고 묻는 것은 변명을 불러일으키게 된다. 변명은 무시되어야만 하고, 상담자는 다른 계획들을 수행하는 것에 계속 초점을 맞추어야 한다. 내담자가 미래의 변화를 이루어낼 수 있다는 점에 대해 내담자에게 믿음을 표현하는 것이 도움이 된다. 왜 내담자가 자신이 원하는 변화를 만들지 못했는가에 대하여 이야기하는 것은 내담자가 자신의 삶을 통제하는 것으로부터 초점이 벗어나게할 것이다. 때때로 내담자가 계획을 지키지 못한 것에 대한 타당한 이유가 있을 수도 있다. 이러한 이유의 대부분은 내담자의 통제를 벗어난 환경과 관련이 있다. 예를 들어, 친구들과 함께 점심을 먹으려는 앨런의 계획은 어느 정도는 그의 친구들의 행동에 좌우된다. 만일 조가계획된 대로 앨런과 만나지 않는다면 상담자는 앨런에게 그가 가능한 한 계획을 지키려고노력했다고 말해 주고 그렇게 한 것에 대하여 앨런을 칭찬한다. 그러나 만일 앨런이 "저는 조에게 점심을 같이 먹자고 전화하는 것을 깜박했어요."라고 말한다면 상담자는 "왜 전화를안 했나요?"라고 묻지 않는다. 왜냐하면 이러한 질문은 변명거리에 대해 묻는 것이기 때문이다. 오히려 상담자는 점심 식사를 위해 친구를 만날 새로운 계획에 대하여 이야기한다.

처벌이나 비난을 사용하지 않기 만일 내담자가 계획을 지키는 것에 실패한다면, 내담자는 그에 따른 결과를 얻게 된다. 만일 가석방된 사람이 죄를 짓게 되면 그 사람은 법적 체계에 따라 벌을 받게 된다. 그러나 현실 치료에서 심리치료 과정을 따르지 못한 내담자를 상담자가 비판하고, 처벌하고, 이에 대해 반박하는 것은 적절하지 못하다. 왜냐하면 이러한 행동이 치료적 관계를 훼손시키기 때문이다. 사실 교육과 치료에 관한 Glasser의 관점 중 매우 중요한 부분은 바로 비난이 교육 과정과 치료 과정 전체에 파괴적인 행동이라는 것이다. 때로는 비판하는 것도 필요하지만, 이것은 드물게 일어나야만 하고 그 사람에 대한 부정적인 말이 아니라 그 사람의 행동에 초점을 맞추어야만 한다. Glasser는 나쁜 행동에 대한 결과와 사람을 창피하게 만드는 처벌을 구분한다.

만일 앨런이 그가 계획한 대로 친구를 만나 점심 식사하는 것에 실패하게 되면 그의 계획을 완성하지 못한 것에 대한 결과가 무엇인지를 탐색하는 것이 도움이 될 것이다. 그러고 나서 앨런과 상담자는 그 계획을 재평가하고 새로운 계획을 만들기 시작한다. 아마도 점심 시간이 아닌 수업 후에 친구들을 만나는 것과 관련된 계획이 나올 것이다. 후에 더 성공을 경험하면 앨런은 다시 친구와 함께 점심을 먹는 계획을 세울 수 있을 것이다.

포기하지 않기 변화는 쉬운 과정이 아니다. 이전에 효과적이지 않은 선택을 했던 내담자에게 있어서 자신의 선택에 대하여 효과적인 통제를 하는 것은 어려운 일이다. 만일 내담자가 음주운전으로 구속되거나, 폭음과 폭식을 하거나, 혹은 이와는 다른 효과적이지 않은 행동으로 돌아가게 되더라도 상담자는 내담자를 포기해서는 안 된다. 행동을 탐색하고, 그것을 평가하고, 계획을 세우고, 다짐하는 과정을 계속하고, 내담자와 상담자는 이를 재평가한다. 내담자가 하려고 하는 것을 해낼 때 상담자는 내담자를 칭찬 또는 격려하거나 다른 보상을 한다.

앨런이 상담자의 도움을 받아 스스로에게 부과한 과제는 합당한 것이었다. 그의 문제는 교도소에 있거나 약물 또는 알코올 문제를 가지고 있는 사람들과 비교해 보았을 때 꽤 간단한 것이었다. 그는 대학교에서 함께 테니스를 치고 자동차와 관련된 작업을 할 수 있는 친구들을 만들 여러 계획을 세울 수 있었다. 더욱이, 앨런은 서로 아는 친구들을 통해 여자 친구를 소개받았다. 그는 데이트를 할 때 편안함을 느꼈다. 소속감, 권력, 즐거움의 욕구가 충족되기 시작했을 때 계획 세우기의 필요성이 줄어들었다. 한 주에 한 번, 네 달 동안 상담을 하고 난 후, 앨런은 학교생활과 사회생활에서의 진전에 대해 상담자와 이야기 나눌 시간을 격주 간격으로 두 번 더 갖게 되었다. 앨런이 좋은 진전을 보이고 있었기 때문에 그 회기의 분위기도 가벼웠다. 분위기가 친근하였고 때로는 이야기를 공유할 수 있었으며, 목표를 달성한 것에 대해서는 상담자로부터 칭찬을 받기도 하였다.

이렇듯 상대적으로 간단하고 쉽게 성공을 얻은 앨런의 사례를 보고 현실 치료가 사용하기 간단하고 쉽다는 결론으로 이어져서는 안 된다. 내담자들이 자기 자신의 행동을 통제하도록 돕기 위하여, 특히 변화 과정이 어려울 때 이를 돕기 위하여 현실 치료자들이 사용하는 기술이 다음에 설명되어 있다.

현실 치료의 기법

현실 치료는 기술중심적 심리치료 체계가 아니다. 사실 Glasser(1965)는 축어록, 녹화, 일방 투시경으로 상담 회기를 관찰하는 것은 몇몇 심리치료 형식을 이전에 경험해 본 적이 없는 초심 심리치료자들이 현실 치료를 이해하는 데에 도움이 되지 않는다고 생각했다. 현실 치료자들에게 요구되는 내담자와의 관계는 현실 치료의 각 부분들을 보고 그것들로부터 배우는 것을 어렵게 만든다. 그러나 현실 치료자들은 다른 심리치료자들에 비해 확실한 심리 치료적 기법을 사용하는 경향이 있다(Wubbolding & Brickell, 1998). 보다 자주 사용되는 기법은 질문하기, 긍정적인 태도 갖기, 비유 사용하기, 유머 사용하기, 직면, 역설적 기법이다.

질문하기 앞서 언급한 상담 과정에 대한 논의에서 보았듯이, 질문하기는 전 행동을 탐색하고 사람들의 행동을 평가하고 구체적인 계획을 세우는 데에 중요한 역할을 한다. Wubbolding(1998)은 질문하는 것이 다음 네 가지 면에서 현실 치료자들에게 유용하다고 말하고 있다. 즉, (1) 내담자의 내면세계로 들어갈 수 있고, (2) 정보를 모을 수 있고, (3) 정보를 주고, (4) 내담자가 보다 효과적인 통제를 하도록 도와준다(pp.162~164). 현실 치료자들은 내담자가 자신들이 원하는 것, 욕구, 지각을 탐색하도록 도울 때, 내담자에게 그들이 원하는 것이 무엇인지 질문하고 내담자가 진정으로 원하는 것이 무엇인지 밝혀내기 위해 추가적인 질문을 한다. 현실 치료자들은 또한 내담자들에게 그들이 무엇을 하고 있으며 어떤 계획을 갖고 있는지 묻는다. 이러한 질문들은 현실 치료자들이 내담자의 내적 세계(내담자가 원하는 것, 욕구, 지각)를 이해하도록 도와준다.

현실 치료자들은 종종 내담자의 내적 세계에 대한 질문을 다른 방식으로 하는데, 이를 통해 그 질문들이 반복되거나 기계적으로 되는 것을 막을 수 있다. 전 행동을 탐색하거나 내담자가 계획 세우는 것을 돕기 위해 정보를 모을 때, 다음과 같은 구체적인 질문을 하는 것이 유용하다. '언제 집을 떠났나요?', '어디로 갔나요?', '당신의 계획을 수행했나요?', '얼마나 많은 가게를 방문했나요?' Wubbolding(1988, p.163)은 또한 질문이 미묘한 방식으로 정보를 준다고 생각했다. 예를 들어, 내담자에게 '당신의 삶을 더 나은 것으로 변화시키기 위해서 오늘 밤에 무엇을 하고 싶으신가요?'라고 묻는 것을 통해 정보가 제공된다. 여기에는 다음과 같은 내재된 메시지가 있다. '당신은 자신의 삶에 대한 통제권을 가지고 있고, 즉각적인 계획은 당신의 삶을 더 잘 책임지도록 도와줄 것입니다.'

이러한 방법으로, 내담자가 자신의 행동에 초점을 맞추고 그 행동을 평가하고 계획을 세우는 데 도움이 되는 메시지가 전달된다. 이러한 질문하기의 사용은 앞서 언급된 역설의 사용과 관련이 있다. 마지막으로, 질문하기는 내담자로 하여금 어떠한 지각에 집중해야 하고, 어떤 행동을 해야 하며, 어떻게 그것들을 평가할지를 결정하도록 도와준다. 질문은 내담자들에게 선택을 제공하고, 그 선택을 통해 그들의 삶을 바꾸기 위해서는 어떻게 해야 하는지에 대한 통제감을 갖도록 해 준다. 그러나 Wubbolding(1996b)은 심리치료자들이 질문하기를 남용해서는 안 되고 오히려 질문하기를 수용적이고 적극적인 경청, 지각의 공유, 다른 진술들과 통합해야 한다고 주의시킨다.

긍정적인 태도 갖기 현실 치료자들은 내담자가 할 수 있는 일에 초점을 맞춘다. 긍정적인 활동과 건설적인 계획을 강화시키기 위한 기회들이 이용된다. 불행의 말과 불평에 대해서는 긍정적인 진술문으로 대한다. 예를 들어, 내담자가 "저는 메리(Mary)가 오늘 저에게 한 말에 화가 났어요."라고 말한다면 현실 치료자는 "화나는 일이 오랫동안 지속되었나요?" 혹은 "메리가 당신에게 잘 대해주지 않아 화가 났군요."와 같은 반응을 보이지 않는다. 현실 치료자는 아마도 "메리에게 화가 나는 것을 선택하지 않기 위해서 당신을 무엇을 할 건가요?"라고 응답할 것이다. 상담자의 질문은 긍정적인 행동에 초점을 맞춘다.

『긍정적 중독(Positive Addiction)』에서 Glasser(1976)는 개인이 가지고 있는 잠재적 힘에 대하여 이야기하였다. 긍정적 중독은 얻기가 쉽지는 않고, 연습과 반복을 필요로 한다. 가장 잘 알려진 긍정적 중독에는 달리기와 명상이 있다. Glasser(1984, p.229)는 "긍정적 중독은 당신의 창조성에 쉽게 접근하도록 해준다. 이것은 당신에게 여전히 중요하지만 작은 양의 힘, 즉 당신의 삶에 있는 문제를 다루는 데 도움이 될 추가적인 힘을 제공해 준다."라고 했다. 약물, 니코틴 중독 혹은 알코올 의존과 같은 부정적인 중독이 있는 사람들은 달리기, 수영, 명상, 선, 요가 혹은 창조적 과정에 기여할 몇몇 조합과 같은 긍정적인 중독을 찾을 수 있다. 부정적인 중독과 같이 긍정적 중독도 사회적으로 철수(withdrawn)하는 성향이 있는 개인에게 불편감을 준다. 긍정적인 중독을 발달시키기 위해서는 활동이 비경쟁적이고, 최소한의 정신적 노력으로 달성되어야 하고, 단독으로 이루어져야 하고, 육체적, 정신적 혹은 영적인 가치를 가져야 하고, 자기비판 없이 이루어져야 한다(Glasser, 1976, p.93). 일부 내담자들에게는 긍정적 중독을 선택하는 것 자체가 현실 치료의 일부가 될 수 있다.

긍정적인 태도 갖기와 관련하여 두 가지 서로 다른 특성이 있다(Wubbolding & Brickell, 1998). 즉, 모든 것을 장점으로 보기와 희망을 전달하는 것이다. Wubbolding & Brickell은 부정적으로 보일 수 있는 것이 어떻게 긍정적으로 재구성되는지를 보여 준다. 10개월 동안 9개의 일자리에서 해고된 한 전과자는 그가 "일용직(locating job)에 매우 숙련되어 있다."(p.47)라는 말을 들었다. 현실 치료자들은 종종 전과자들, 약물 중독자들 등과 함께 작업을 하게 된다. 이럴 때 상담자는 내담자들에게 그들의 미래에 희망이 있다는 믿음을 불어넣는 것이 중요하다. 이것은 부분적으로는 선택과 계획에 대하여 논의함으로써 이루어질 것이다. Rapport(2004)는 개인이 긍정적 중독에 대하여 배우는 것을 돕고 그들이 긍정적 중독을 가지고 있는지 자신을 평가할 수 있는 질문지와 도표를 만들었다.

비유 사용하기 내담자가 사용하는 언어에 귀를 기울이고 이를 사용하는 것은 내담자의 언어를 통해 내담자에 대한 이해를 전달하는 데에 도움이 될 수 있다(Wubbolding & Brickell, 1998). 예를 들어, 내담자가 '그가 떠났을 때, 그건 마치 지붕이 제 위로 무너지는 것과 같았어요.'라고 말한다면, 상담자는 '지붕이 당신 몸 위로 떨어졌을 때 어떻게 느꼈나요?'라고 말할 수 있다. 만일 내담자가 '그 수학 시험에서 A를 받았을 때, 온 세계가 밝아 보였어요.'라고 이야기하면 상담자는 '그 빛 안에서 어떤 느낌이 들었나요?'라고 응답할 수 있다. 본질적으로 심리치료자는 내담자의 개인적 지각과 동일한 방식으로 이야기하는 것이다.

유머 사용하기 현실 치료자들이 내담자와 함께 형성시키려고 노력하는 치료적 관계 때문에, 유머 사용하기는 자연적으로 현실 치료와 잘 맞는다. 심리치료자들은 때때로 자기 자신을 놀리기도 하는데, 이는 내담자도 똑같이 할 수 있도록 내담자를 격려해 준다(Glasser & Zunin, 1979). 이것은 계획이 실현되지 않았을 때, 내담자의 실망감에 대한 압박을 덜어 줄 수 있다. 현실 치료에 의하면 즐거움이 기본적 욕구이기 때문에 이 욕구는 때때로 심리치료 회기 그 자체에서 약간은 충족될 수 있다. 심리치료자와 내담자가 농담을 주고받을 때, 권력이 평등하게 되고 욕구(즐거움)를 나눌 수 있다. 유머가 관계를 관계를 더 잘 생성시킬 수 있을 정도까지 유머는 내담자의 소속감의 욕구를 충족시키는 것을 도와준다. 물론 유머는 강요될 수 없다. 몇몇 심리치료자들은 유머를 거의 사용하지 않고, 몇몇은 특정한 한 상황에 사용하며, 어떤 심리치료자들은 그것과는 또 다른 종류의 상황에 사용한다.

직면 현실 치료자들이 내담자의 변명을 받아들이지 않고 심리치료 작업에서 쉽게 포기하지 않기 때문에 직면은 필연적일 수밖에 없다. 내담자가 계획을 세우도록 하고 변하기 어려운 행동에 대한 계획을 지키겠다는 약속을 하도록 돕는 일은 종종 계획이 원하던 대로 수행되지 않는다는 것을 의미한다. 직면을 할 때도, 심리치료자들은 내담자의 변명을 다루는 과정에서 여전히 긍정적인 태도를 견지할 수 있다. 그것들을 받아들이지 않는 것이 직면의 한 형태이다. 심리치료자들은 내담자를 비판하거나 내담자들에게 반박하지 않고, 오히려 전 행동을 탐색하는 일과 효과적인 계획을 세우기를 계속한다.

　직면은 현실 치료의 어떤 면에서든 일어날 수 있다. 그 예로, 앨런의 사례로 돌아가 보자. 만일 앨런이 '저는 이번 주에 수업이 끝나고 누군가를 만나기 위해 돌아다니지 않았어요. 제 생각에 이건 저한테 별로 중요한 문제가 아닌 것 같아요.'라고 말한다면, 현실 치료자는 이 것을 여러 가지 방법으로 직면시킬 수 있다. 우선, '당신은 전에 당신이 외롭고 우정을 쌓고 싶다는 사실이 당신에게 중요한 문제라고 말했어요. 제가 생각하기에 이것은 당신에게 중요한 문제 같은데요.'라고 반응할 수 있다. 또한 상담자는 '네, 이것이 당신에게 별로 중요한 문제가 아닌 것 같군요. 그렇다면 무엇이 당신에게 중요한 문제인가요?'라고 말할 수도 있다. 두 번째 문장의 목적은 내담자가 자신의 변명에 직면하도록 만들고 우정 관계를 향상시키기 위한 계획을 세우는 것이 중요하다고 말하도록 선택하게 만드는 것이다. 내담자를 어떻게 직면시킬지 결정하는 것은 개인적인 스타일의 문제이다.

역설적 기법 현실 치료에서 계획을 세우고 내담자가 계획에 대하여 약속하도록 하는 것은 대개 직접적으로 이루어진다. 그러나 내담자는 가끔 자신이 세운 계획을 수행하는 것에 반항한다. 역설적 기법은 내담자에게 모순되는 지시를 내리는 것이다(Wubbolding & Brickell,

1998). 심리치료자들에 의해 제시되는 선택 사항 중 하나를 따르는 것은 긍정적인 변화를 가져올 수 있다. 예를 들어, 일에서 실수하지 않는 것에 대하여 강박적으로 걱정하는 내담자는 일부러 실수를 하라는 지시를 받을 수 있다. 만일 내담자가 상담자가 제안한 대로 실수를 하려고 노력한다면, 그때 그 내담자는 그 문제에 대한 통제권을 입증하는 것이다. 만일 내담자가 상담자의 제안을 거부한다면 그 행동은 통제되고 제거된다. 역설적 기법은 예상할 수 없고 동시에 사용하기에 어렵다. 역설적 기법에 관한 이 부분을 읽는 것은 왜 현실 치료의 수행이 복잡한지와 왜 Glasser가 현실 치료를 하기 위해서는 최소 2년의 훈련이 필요하다고 생각했는지를 쉽게 이해하도록 도와준다. 다음 단락들은 선택 이론 안에서의 역설에 대해 설명하고, 역설적 개입의 종류를 보여 주며, 역설의 위험성에 대하여 경고해 준다.

　지각, 욕구, 전 행동을 선택 이론의 문맥 안에서 재검증함으로써, 선택 이론에 내재된 역설을 설명할 수 있다. 개인은 자신의 지각에 대하여 통제하기를 원하고 자기 자신을 지적이고 성공적으로 보고 싶어 한다. 어떠한 지각을 원한다고 해서 그 지각을 바꾸지는 못한다. 누군가를 매력이 없지 않고 매력이 있다고 보려 해도 그것은 대개 효과가 없다. 역설적으로 누군가의 매력에 대한 지각은 개인이 그 사람과 더 친밀해지고 친근해지면 달라질 수도 있다. 개인이 어떠한 한 지각을 다른 지각으로 바꾸는 것보다 행동이 지각을 변화시키는 것이 더 쉬울 수 있다. 또한 욕구를 충족시키는 데에는 역설이 있다. 욕구들은 종종 서로 상반된다. 차를 고치고 있는 친구를 지도함으로써, 개인은 권력의 욕구를 위해 소속감의 욕구를 희생하는 것이다. 또한 우리의 욕구는 직접적으로 충족될 수 없고, 욕구는 우리가 원하는 것에 대한 우리의 지각 혹은 그림을 통해서 충족된다(Glasser, 1981, 1990). 다른 역설들이 우리의 전 행동에서 일어난다. 개인은 매일매일의 삶에서 느끼기와 생각하기에 더 많은 주의를 기울이지만, 변화를 야기하는 것은 '활동하기'이다(Wubbolding, 1988, p.78). 느낌은 느낌에 대하여 말하는 것을 통해서 변하지 않지만 활동하기나 행동 바꾸기를 통해서는 변화될 수 있다. 만일 우울한 어떤 사람이 다른 사람과의 관계에 적극적이게 되면 우울한 감정이 바뀔 가능성이 있다.

　아래에 두 가지 종류의 역설을 설명할 것이다. 바로 재구성하기(reframing)와 처방하기(prescriptions)이다(Wubbolding & Brickell, 1998). 이 역설적 지시들은 내담자로 하여금 자신이 통제권을 가지고 있고 자신들의 행동을 선택한다고 느낄 수 있도록 도와준다. 더 우울하게 느끼기로 선택하는 것은 또한 개인이 덜 우울하기로 선택할 수 있다는 것을 의미한다.

　재구성하기는 개인들이 어떠한 주제에 대하여 생각하는 방식을 바꾸도록 도와준다. 재구성하기는 내담자가 이전에는 바람직하지 않았던 행동을 바람직한 것으로 볼 수 있도록 도와줄 수 있다.

　　손이 주먹으로 '얼어붙은'(생리학적 이유 없이) 한 젊은 남자를 상담할 때, 나는 그에게 평소 그의 습관대로 손을 팔 아래에 숨기는 것이 아니라 모두가 볼 수 있도록 손을 들라고 제안하였다. 우리는 함께 웃었고, 그에게 있어서 '심각'하기만 했던 문제에서 유머를 볼 수 있었다. 나는 그에게 일시적 장애에 대해서 자랑스럽게 느끼도록 노력하라고 제안했고, 그가 그것을 숨긴다면 아무도 그가 그것을 극복했다는 것을 모를 것이라고 이야기해 주었다. 나는 물었다. "이것을 당신이 어려움을 극복할 수 있다는 사실을 사람들에게 보여 주기 위한 것으로 사용하지 그래요?" 그는 이 문제를 이중적인 방식으로 재구성할 수 있었다. 바로 심각함에서 유머로, 수치스러운 일에서 긍정적이고 주목을 끄는 도구로 재구성할 수 있었던 것이다. (Wubbolding, 1988, p.83)

만일 한 젊은 남성이 어떤 여성이 자기의 저녁식사 초대를 거절해서 화가 났다고 말한다면, 이것은 남성이 그 여성에게 저녁 데이트 신청을 했고 거절을 이겨냈다는 것에서 강점이 있다는 것을 언급함으로써 재구성할 수 있다. 재구성하기는 개인이 그들의 행동을 선택이라고 볼 수 있게 도와주어 더 큰 통제감을 느끼게 한다

역설적 처방은 내담자에게 증상을 선택하도록 지시하는 것을 말한다. 예를 들어, 어떤 사람이 얼굴이 빨개지는 것에 대해 걱정한다면 그는 다른 사람들에게 자신이 얼마나 얼굴이 잘 붉어지며 얼마나 자주 그러는지를 이야기할 수 있다. 만일 어떤 사람이 우울하기를 선택했다면 그 사람은 우울의 일정을 잡으라고, 즉 우울해지는 특정한 시간을 정하라는 말을 듣게 될 것이다. 이러한 지시는 개인에게 그들의 행동을 통제할 수단을 주는데 이것은 선택 이론의 중요한 측면이다.

역설적 심리치료는 복잡하고 혼란스러울 수 있다. 이것들을 사용하기 전에 훈련과 익숙해짐이 중요하다. Weeks & L'Abate(1982)는 역설적 개입에 있어서 관여와 안전이 핵심 개념이라는 것을 발견했다. 그러한 개입들은 위험하거나(자살하고 싶어 하는) 혹은 파괴적인(반사회적인) 사람들에게 사용되어서는 안 된다. 혼란스러운 역설적 지시는 편집증적 망상을 가진 사람들이 더 의혹을 갖게 하고 신뢰감을 떨어뜨리게 만들 수 있다. 더욱이 그들은 역설이 사랑하는 사람이나 일자리를 잃거나 그와 유사한 위기 상황에서는 사용되어서는 안 된다고 말한다. 비록 영향력이 있고 잠재적으로 위험하다고 하더라도 역설적 개입은 현실 치료자들이 내담자가 자신의 삶에 더 많은 통제권을 가지도록 하기 위해 갖는 창조적 접근법에 대해 분명히 보여 준다.

심리 장애

Glasser는 다른 이론가들보다 더 많이 실제 사례들을 그의 글 곳곳에 사용함으로써 선택 이론과 현실 치료에 대하여 설명한다. 두 개의 책『당신은 무엇을 하고 있는가?』(1980)와『현실 치료의 실제에서 통제 이론(Control Theory in the Practice of Reality Therapy)』(1989)이 그의

첫 번째 부인인 Naomi Glasser에 의해서 편집되었고, 그의 최근의 책 『선택 이론과 함께하는 상담』(2000a)은 이 장에서 사용된 대부분의 예들의 원천이다. 이 책들은 현실 치료가 다양한 범위의 심리적 문제에 어떻게 사용되는지를 보여 주는 좋은 예들을 제공한다. 다음 예들은 섭식 장애, 약물 중독, 우울, 불안 장애를 다루고 있다. 각각의 사례에 대하여 현실 치료와 같은 체계적 과정이 사용되었다. 선택 이론은 장애의 치료에 대한 서로 다른 설명을 제공한다. 현실 치료와 같은 체계적 과정이 사용되었다.

이론의 적용

섭식 장애: 굶기와 구토로 속을 비우기를 선택하기: 글로리아

섭식 장애에 대한 Glasser(1989)의 관점은 그것이 중독이라는 것이다. Glasser에게 있어서 "중독은 쉽게 할 수 있고, 다른 사람들을 신뢰하지 않으며, 즉각적인 즐거움을 지속적으로 주거나 곧 즐거움을 줄 것이라고 믿는, 우리가 선택한 행동이다"(p.300). 그러나 음식에 중독된 사람들(폭식증, 식욕부진증이 있는 내담자)은 그들이 자신들의 중독을 완전하게 포기할 수 없다는 점에서 다른 중독들과 다르다. 중독을 포기하면 그들은 굶을 것이다. 이때 그들이 해야만 하는 것은 먹는 행동을 제한하는 것이다. 자기 자신을 굶김으로써, 그들은 굶거나 구토로 속을 비우는 것의 큰 즐거움을 찾을 수 있다. 그러한 행동은 그들로 하여금 자신의 삶에 통제권을 갖게 해주고, 따라서 그들은 자신을 통제하는 것으로 보이는 다른 사람들이나 가족들에게 반항할 수 있다. Glasser(1989)는 말한다. "그들은 직접적 혹은 간접적으로 '매우 마른 게 옳아.', 그리고 '내가 먹기를 바라고 뚱뚱해지길 바라는 모든 사람들은 틀렸어.'라고 말함으로써 이것을 한다"(p.300). 다음 사례에서 글로리아(Gloria)는 그녀의 섭식 장애 행동을 대부분 버렸고 구토해서 속을 비우는 일을 멈추었다. 그러나 그녀는 여전히 위통과 같이 섭식 장애 관련 행동을 선택하고 있다. Glasser에 있어서 이 섭식 장애 관련 행동인 위통은 세 가지를 달성한 것이다. 첫째로, 다른 사람에 대한 분노를 억누르게 되었다. 둘째로, 위통은 도움을 요청할 수 있는 용인될 만한 방법이다. 셋째로, 위통은 글로리아로 하여금 그가 두려워하는 상황에서 빠져나가게 도와준다. 이러한 개념에서 Glasser는 섭식 장애 행동을 자기 파괴적이고 창조적인 선택으로 보고 있다. 이 사례에서 Geronilla(1989)는 글로리아가 자신의 삶에 통제권을 가질 수 있는 효과적인 행동을 선택하도록 도왔다.

글로리아는 32세의 미혼 여성으로 상원의원의 보좌관으로 일하고 있다. 그녀는 영문학 학사학위가 있고 이전에 기자로 일했었다. 그녀는 현 시점에 섭식 장애 관련 행동을 전부는 아니지만 대부분 멈출 수 있었다. 글로리아의 현실 치료 초점은 대인관계 문제에 있었다. 바로 데이트 관계, 그리고 상사, 동료, 가족을 대하는 문제들이다. 또 다른 문제는 글로리아의 자아상에 있다. 글로리아는 18회기의 상담을 받았다. 처음 두 회기는 한 주 간격이었고, 다음 회기들은 2~4주 간격이었다. 첫 번째 회기에서 Geronilla는 글로리아와의 상담 관계를 형성하려고 노력하였다. 가능한 한 빨리 Geronilla는 내담자로 하여금 자신이 원하는 것과 자신의 지각을 나누도록 하였고, 그래서 그들은 내담자의 욕구에 대하여 이야기할 수 있었다.

다음에 나오는 인용문은 글로리아의 지각과 욕구에 대한 Geronilla의 작업을 보여 준다.

> 첫 번째 회기에서 나는 내담자의 삶에서 증상이 어떻게 작용하고 있는지를 잘 알아보고자 하였지만 이를 최소화하려고 노력했다. 내가 할 수 있는 한 빠르게 나는 '나의 사진첩'이라고 이름 붙여진 노트를 선물했는데, 이 노트는 투명한 비닐 커버로 이루어져 있고 각각의 욕구는 서로 다른 페이지로 나뉘어져 있었다. 나는 욕구에 대하여 이야기했고 그것들을 나 자신의 삶에 연관시켰다. 나는 우리가 우리의 사진첩에 어떻게 사진을 옮겼는지를 설명하기 위하여 비닐 커버에 끼워 넣은 가족 사진을 가지고 있다.

치료자: 당신은 사랑의 욕구와 소속감의 욕구를 어디에서 충족하나요?

글로리아: 부모님이 저에게 매우 잘해 주세요. 그러나 전 다른 관계가 필요해요. 저는 정말 많은 가까운 친구들을 갖고 싶지는 않아요. 제 생각엔 직장에서 한 친구와의 관계가 파괴적이에요.

치료자: 직장에 있는 다른 사람들과는 어떤가요?

글로리아: 저는 한 기혼 여성과 함께 일하는데, 그녀는 벤츠 아니면 BMW를 몰고 다녀요. 그녀의 남편이 돈을 잘 벌기 때문이죠. 그리고 제 차는 혼다에요. 심지어 요전 날엔 그 사람들이 제 차에 대해서 지적을 했어요. 그래서 전 제가 원하지 않더라도 더 비싼 차를 사야겠다는 압박감을 느꼈어요.

치료자: 그 사람들이 당신에게 자신들의 가치를 강요했다고 느끼나요?

글로리아: 네, 그리고 전 그 사실이 싫어요. 전 어쨌든 그 사람들처럼 되고 싶지 않아요. 저는 항상 저 스스로를 돌보고 누군가 도와주는 사람에게 의존하지 않는 그런 타입이에요.

치료자: 마치 당신이 직장에서 당신의 사랑의 욕구와 소속감의 욕구를 많이 채우지 못하는 것처럼 들리네요.

글로리아: 정말 그래요.

치료자: 당신의 다른 욕구를 살펴봅시다. 권력의 욕구는 어떤가요? 사람들이 당신의 이야기를 잘 듣고, 당신에게 찬성하고, 당신에게 어떠한 일을 하도록 맡기나요?

글로리아: 그것도 매우 낮아요. 일을 별로 많이 하지 않아요.

치료자: 즐거움의 욕구는 어떤가요?

글로리아: 대부분의 것들이 글을 읽는 것과 같이 저 혼자서 하는 것들이에요.

치료자: 즐거움을 느낄 때 더 사회성이 있기를 원하나요?

글로리아: 네. (Geronilla, 1989, pp.260~261)

Geronilla는 계속해서 글로리아의 욕구와 지각을 평가하였다. 그녀는 섭식 장애 그 자체에 초점을 맞추지 않았다. 3회기에서 Geronilla는 글로리아가 자신의 행동을 파악하는 것을 도와주었다. 다음에 나오는 인용구는 그녀가 어떻게 했는지를 보여 준다.

치료자: 그렇다면 어떤 사람이 되고 싶나요? 머릿속에 그림을 그리고 그 사람을 저에게 묘사해 주세요. 행동 자동차의 네 바퀴를 살펴봅시다. (이 장 앞부분 참고)

글로리아: 저는 개방적이고 접근하기 쉬운 사람이 되고 싶어요. 저는 제가 만나는 모든 사람들에게 '안녕하세요?'라고 말하고 싶어요. 저는 참을성 있고 도움을 주지만, 언제 선을 그어야 할지는 아는 사람이 되고 싶어요. 저는 직업적으로도 그리고 사업적으로도 이용당하고 싶지 않아요. 몇몇 사람들은 일하는 것도 좋아하고 사교적으로 지내는 것도 좋아할 거예요. 단, 유쾌한 사람만 그럴 거예요.

치료자: 그런 사람이 어떻게 생각하는지 묘사해 주세요.

글로리아: 그 사람들은 사람들이 기본적으로 좋은 사람이라고 믿어요. 모든 사람들이 동등한 수준에 있어요. 당신이 상대하는 그 사람들은 당신이 그들에게 행하는 것에 대해 감사해요. 만일 그 사람들이 나를 아는 데 시간을 들인다면 그 사람들은 저에게 고마워할 거예요.

치료자: 그 사람은 마음속으로는 어떻게 느낄까요?

글로리아: 항상 만족스럽고 행복할 거예요. 아무것에도 시달리지 않을 거예요.

치료자: 그 사람의 몸은 어떻게 느끼나요?

글로리아: 호수에 있는 고요한 물 같아요. 잔물결이 없고요. 부드러워요.

치료자: 당신이 되고자 하는 사람에 대하여 좋은 그림을 가지고 있는 것으로 들리는군요.

글로리아: 네, 전 당신이 뜻하는 바가 뭔지 보기 시작했어요. 제가 노력한다면 제가 원하는 사람이 될 수 있다는 거죠. (Geronilla, 1989, pp.268~269)

4회기 때, 글로리아와 심리치료자는 행동에 대하여 이야기를 나눈다. 그들은 더 효과적일 수 있는 새로운 행동을 계획하는 방법에 대하여 이야기를 나눈다. 계획하기는 글로리아의 상사를 다루는 데 있어서 더 효과적인 행동에 초점을 맞춘다.

치료자: 당신 자신만의 행동을 갖는 것(own)에 대하여 이야기하고 싶습니까?

글로리아: 행동을 갖는다고요? 무슨 뜻인가요?

치료자: 어떠한 일들 혹은 사람들이 당신을 화나도록 만드는 것이 아니에요. 당신이 화를 내는 반응을 한 것이죠.

글로리아: 그건 너무 저에게만 책임을 지우는 거예요.

치료자: 네, 큰 책임이죠! 화내고 싶으세요?

글로리아: 아니요.

치료자: 당신의 상사에 대하여 더 좋은 감정을 가지고 싶나요?

글로리아: 네.

치료자: 상사가 무능력한 무언가를 했을 때 당신이 기분이 나쁜 상황들 중 하나를 봅시다. 당신이 당신 자신에게 말하는 것들 중 당신을 계속 화나게 하는 것은 무엇인가요?

글로리아: 제가 상사의 이야기를 듣고 있을 때면 저는 "상사가 내 모든 시간을 써 버리고 있어. 저 사람이 저런 겁쟁이가 아니었다면!"과 같은 것들을 말해요.

치료자: 어떻게 느끼시나요?

글로리아: 저는 잘못된 행동 때문에 동료 베시(Bessie)에게 화가 나고, 상사에 대해서는 그 사람의 무능력함 때문에 화가 나요.

치료자: 당신은 무엇을 하고 있나요?

글로리아: 저는 팔짱을 낀 채로 매우 배타적인 태도로 거기에 앉아 있어요. 그리고 상사는 앞뒤로 왔다갔다하면서 베시 대신에 저를 쳐다봐요.

치료자: 상사가 이야기를 할 때 당신의 몸은 어떻게 반응하나요?

글로리아: 초조해지고, 약간 배탈이 나요.

치료자: 당신이 느끼고 있는 방식을 바꾸기 위해서 무엇을 하고 싶나요?

글로리아: 모든 상황을 저 스스로 해결했으면 좋겠어요. 베시에게 호통치고 싶어요.

치료자: 당신의 상사가 무능하게 하는 모든 일을 떠맡고 싶으신가요?

글로리아: 아니요, 그는 월급을 많이 받고 있어요. 그가 그 일을 해야만 해요.

치료자: 자신이 덜 흥분하기 위해서 어떤 다른 것들을 할 수 있을까요?

글로리아: 제가 상사의 입장에 서 있고, 사람들이 저에게 화를 내지 않았으면 좋겠어요.

치료자: 그렇다면 당신 자신이 느끼는 부분만을 생각하는 것 대신에 다른 사람들이 어떻게 느끼는지를 생각한다면 그것이 도움이 될 것이라는 건가요?

글로리아: 예. (Geronilla, 1989, pp.271~273)

이러한 방식으로 심리치료자는 글로리아가 상사를 대하는 데에 보다 더 효과적일 행동을 결정하고 그에 대한 그림을 그리도록 도움을 준다.

아래에 나오는 6회기 때의 대화를 보면, Geronilla(1989)는 글로리아가 더 사교적으로 활동적일 수 있는 계획을 세우도록 돕는다. 이 인용 부분은 현실 치료자들 사이에서 공통적으로 나타나는 개입 혹은 자기 개방을 보여 준다. 또한 이 인용 부분의 마지막에서 Geronilla는 내담자로부터의 변명을 받아 주지 않는다는 현실 치료의 중요한 명제를 명시적으로 다루고 있다.

글로리아: 잘 모르겠어요. 전 이제 정말 한계에 이르렀어요. 전 이게 싫어요. 친구들의 집에 가는 것은 누에고치로 들어가는 것과 같아요. 친구들은 주말 내내 먹고 무위도식해요. 지난주에 전 집들이 파티에 갔어요. 그리고 거기에 가는 것이 큰일이라고 생각

했어요. 맙소사, 제가 얼마나 나빠졌는지를 보세요! 그건 큰일이었어요. 전에 제 차에 타서 출발하는 것보다 집에 있는 게 더 쉬웠어요. 전 좀 더 사교적이고 싶어요. 다음 몇 주간 제가 이용할 수 있는 많은 사교의 기회들이 있어요.

치료자: 그 기회들을 이용하고 싶으신가요?

글로리아: 네.

치료자: 당신이 그 모든 곳에 갈 거라고 어떻게 확신할 수 있나요?

글로리아: 잘 모르겠어요.

치료자: 일정표가 있으신가요?

글로리아: 네.

치료자: 사교 행사를 거기에 적어놓으시나요?

글로리아: 아니요, 별로요.

치료자: 전 당신에 대해서 잘 모르지만, 전 일정을 적어 놓지 않으면 잊어버리는 경향이 있어요. 전 적어 놓으면 그것을 더 하게 되는 경향이 있어요. 앉아서 무위도식하는 것 은 쉬워요. 하지만 더 많이 일정을 잡을수록, 더 많이 일을 하게 되는 경향이 있어요. 하루에 한 시간씩은 밖으로 나가도록 제 자신을 강제했던 때가 생각이 나네요.

글로리아: 선생님이 비사교적인 타입이었다고요? (충격받음)

치료자: 완전히 비사교적인 것은 아니었고, 단지 오늘과 같이 외향적이지는 않았다는 거 죠. 전 당신처럼 고등학교에서 치어리더를 하는 그런 타입은 아니었어요. 대학생 때 저는 제 기숙사 방 안에 앉아서 '제 이상형의 남자(Mr. Right)'를 기다리고 있지는 않 겠다고 결심했어요. 그때가 바로 제가 하루에 적어도 한 시간은 밖에 나가기로 결심 했던 때죠. 밖으로 나가는 것보다 그냥 제 방에 있는 것이 훨씬 쉬웠어요. 저는 사교 적 행사의 일정을 찾고 표시를 했죠.

글로리아: 전 대학교 때는 괜찮았어요. 항상 친구들이 많았죠. 왜 이런 문제가 서른이 넘 어서 저를 괴롭힐까요? 제가 느끼기에 전 예전보다 사람들에게 제 자신을 드러내지 않는 것 같아요.

치료자: 자기 개방과 가까움은 중요한 요소들이죠. 하지만 그것들이 우리를 방해하고 변 명거리가 되도록 해야 할까요?

글로리아: 아니요, 그건 좋지 못한 생각이에요. 이제 행사들을 찾아보고 표시할게요.
(Geronilla, 1989, p.276)

13회기에 심리치료자는 느끼기, 생각하기, 또는 생리 기능보다는 활동하기에 집중했으 면 좋겠다는 말을 한다. 이 회기에서 심리치료자는 글로리아가 자신이 세운 계획을 잘 지키 겠다고 약속한 것에 대하여 글로리아를 칭찬하고, 글로리아가 심리치료자를 위해서가 아니 라 자기 자신을 위해서 변화를 일으키고 있다는 사실에 대하여 강화한다.

글로리아: 저번 시간에 선생님께서 절 직면시켰고, 전 집에 가서 음식을 먹었어요. 전 제가 해야 할 필요가 있는 일들을 하지 않아서 화가 났어요. 저는 입에 발린 말만 많이 해왔어요. 이런 일을 위해 노력할 가치가 있는지 정말로 다시 생각해 볼 필요가 있는 것 같아요.

우리는 기쁨과 고통, 이 두 가지 측면에 대하여 거의 매일 이야기를 나누었다. 나는 글로리아에게 그녀가 자신을 보고 있는 것과 같이 내가 그녀를 보는 것은 아니라고 말했다. 동시에, 우리는 한 파티에 함께 갔는데, 거기에서 글로리아는 사교적으로 잘 행동하였다. 나는 글로리아에게 마음을 편하게 갖고 자신을 있는 그대로 드러내며, 비판적인 사람들에 대해서 걱정하지 말라고 용기를 북돋아 주었다. 왜냐하면 그녀 자신에게 그 사람들이 필요하지 않기 때문이다. 내가 생각하기에 글로리아에게 훌륭한 진전이 있었다.

글로리아: 수요일에 수업이 있었는데요, 전 매 쉬는 시간, 그리고 매 식사시간마다 사람들과 이야기를 나눴어요. 월요일에 전 조와 함께 식사를 하러 나갔고요, 화요일에는 노틸러스(Nautilus)라는 곳에 가서 거기에 있는 남자들과 이야기를 나눴어요. 수요일에는 직장 동료인 두 남자와 함께 술을 마시러 갔고요. 드디어 시작한 거죠. 목요일에 저는 두 번 전화 통화를 하고 운동을 하러 나갔어요. 토요일에는 친구 생일 파티를 했고요. 일요일에는 친구 부부의 아기를 보러 나갔어요.

치료자: 당신이 한 모든 것에 대해서 어떻게 느끼나요?

글로리아: 좋아요. 정말 좋아요.

치료자: 정말 잘 해낸 것 같네요.

글로리아: 저번 회기 때 저는 그래야만 한다고 생각했어요.

치료자: 이것들은 저를 위해 한 건가요, 아니면 당신을 위해 한 건가요? 만일 당신이 저를 위해서 이런 일들을 했다면 핵심에서 벗어나신 겁니다. (Geronilla, 1989, p.290)

치료의 마지막(18회기)에 글로리아는 심리치료자에게 "내가 원하는 것은 무엇인가?"라는 제목이 적힌 노트를 가지고 왔다. 그 노트에는 그녀의 섭식 장애에서의 진전에 대해서 요약한 다음의 단락들이 포함되어 있었다.

나 자신에 대해 기분이 좋다. 이제는 마치 내가 잡을 수 있는 무언가가 있는 것처럼 느껴진다. 나는 내가 어떻게 식욕부진이나 폭식증을 겪는 그런 상황에 가게 되었는지 알 수가 없다. 어딘가에서 나는 날씬함이 내 모든 문제에 대한 해답이라는 생각을 하게 되었다. 바로 이것이 내 우선순위를 차지할 수 있으며 날씬함을 통해 내가 친구들을 이기고 사람들에게 영향력을 미칠 수 있다고 생각했던 것이다. 재미있는 것은 내가 다이어트를 시작했을 때 나의 사회적 삶이 멈추었다는 점이다. 난 그 사실을 믿을 수가 없었다. 나는 상관하지 않기로 결정했다.

나는 이제 내 삶에서 내가 원하는 것을 달성하기 위한 기술을 가지고 있다는 것을 안다. 만일 내가 그것들을 하지 않는다면 그건 내 잘못일 것이다. 나는 이전에 나 자신의 행복에 대해서 책임지기를 원하지 않았다. 하지만 난 이제 내가 나의 행복을 책임지고 있다는 사실에 더 기분이 좋다. 다른 사람의 손을 떠난다는 것은 아주 중요하다. (Geronilla, 1989, p.298)

위의 예는 섭식 장애에 현실 치료가 어떻게 사용되었는지를 보여 준다. 치료 기간 동안, 심리치료자는 내담자와의 따뜻하고 가까운 상담 관계에 초점을 맞추었다. 심리치료자는 내담자가 원하는 욕구, 지각을 탐색하고 전 행동을 평가한다. 작은 상황이 일어났을 때 어떻게 구체적 목표를 세울 것인지에 대한 예로 들 수 있는 것이다.

약물 중독에 대한 선택: 재닛

현실 치료는 약물 중독의 치료법으로 광범위하게 사용된다. Glasser(1981, 1985)는 중독을 설명하기 위하여 선택 이론을 사용한다. 간단히 사람들은 대개 기분이 좋다고 느낄 때에는 자신의 삶에 대한 통제권을 쥐고 있다. 이에 대한 중요한 예외적 상황이 있는데 바로 마약의 사용이다. 마약은 종종 황홀하게 느끼도록 해주는 즐거움이 빠르게 터져 나오도록 해준다. 그러나 마약의 사용은 그 사람들의 삶이 엄청나게 통제할 수 없게 되었다는 뜻이다. Powers의 통제 이론을 사용하면서 Glasser(1985)는 아편, 마리화나, 알코올, 코카인이 사람들에게 미치는 서로 다른 영향에 대하여 설명한다. 헤로인이나 모르핀과 같은 아편제는 사람들이 기쁨을 느끼도록 만들어 주는 통제 체계에 작용한다. 마리화나나 환각제(LSD)는 기쁨 여과 장치와 같은 역할을 하는데, 사람들이 지각하는 것들을 더 좋게 보이게 하거나 더 좋게 들리게 만들어 준다. 그러나 LSD가 항상 모든 것들을 더 좋게 보이게 하는 것은 아니다. 사실, 종종 사물들이 엄청나게 무섭게 보이게 되는 경우도 있다. 이러한 예측 불가능성 때문에 LSD는 좀처럼 중독성이 생기지는 않는다. 이와는 대조적으로, 알코올은 사람들에게 강력한 통제감을 주는데 사실 이때 개인은 통제를 잃은 것이다. Glasser "이 행동은 독특하다. 그 어떤 다른 약물도 실제로는 통제감을 잃었는데 통제감이 증가하는 것처럼 느끼게 하지 않는다." (1985, p.123)라고 말한다. 이보다 훨씬 작은 정도이지만 코카인과 카페인, 니코틴도 개인에게 통제감을 주는데, 이는 다른 방식으로 이루어진다. 이것들은 행동 체계에 활력을 불어넣어 주어 코카인을 사용하는 개인은 마치 무엇이든 할 수 있는 것처럼 행동할 수 있다. 담배와 커피는 훨씬 더 온화한 방식으로 개인에게 작은 활력감을 느끼게 해준다. 예를 들어, 많은 사람들이 담배 한 대나 커피 한 잔으로 하루를 시작하면 기분이 더 좋다고 느낀다. 따라서 이 약물들 모두는 개인이 자신의 삶을 통제하는 것을 방해하는 데에 서로 다른 방식으로 작용하고 있다.

Glasser는 특히 알코올을 은밀하게 퍼지는 약물로 지목하였다. 알코올이 어떻게 사람들의 삶을 통제하는지에 대한 그의 관점은 유익하다.

나는 알코올이 항상 통합적이고, 용인되고, 심지어 미화되기까지 한 우리 문화의 일부분이라고 믿는다. 반면에 다른 약물들은 그렇지 않다. 그 이유는 알코올이 당신의 삶을 통제하라는 문화적인 이상을 지지하기 때문이다. 알코올이 우리 문화에서 사람들이 통제를 잃도록 하는 가장 파괴적인 유일한 요소라는 사실은 알려지지 않았고 앞으로 알려지지 않을 것인데, 이는 알코올이 작용하는 방식 때문에 그렇다. 문화 또는 적어도 대중매체에 의해 제시된 문화는 알코올을 긍정적인 요소로 본다. 아마 알코올을 정교한 절제를 가지고 사용하면 그렇게 될 수 있을는지도 모른다.

미디어에 의해서 지지된 바와 같이 우리 문화는 '진짜' 남자와 여자는 통제를 향상시키는 것과 통제를 잃는 것 사이의 아주 미묘한 선을 넘지 않는다는 가정을 거의 하지 않는다. 알코올은 일을 해내는, 통제감을 갖게 하는 약물이고, 이것을 잘 다루는 것은 힘과 성숙함의 표시이다. 그러나 이것이 통제감을 고양시키기 때문에 우리는 이것을 두려워해야 함에도 불구하고 두려워하는 대신에 환영한다. (Glasser, 1985, p.132)

Glasser(1981)는 알코올의존증을 다루는 문제에 대해 이야기하면서, 상담자와 다른 사람들이 알코올의존자들이 무언가 잘못되었다는 것을 보도록 도와줄 만큼 충분히 인정사정없어야 한다고 말한다. Glasser는 알코올의존자 모임(Alcoholic Anonymous: AA)이 특별히 도움이 많이 된다고 생각했다. 이는 구성원이 개인으로 하여금 자신의 알코올의존증에 책임을 지도록 만들어 주기 때문인데, 이 과정은 자신이 알코올의존자라는 것을 인정함으로써 이루어진다. 더욱이 개인은 술에 취했을 때 그들이 했던 어리석은 일들을 반복해야 한다. 그렇게 함으로써 자신의 행동을 통제하고 책임질 수 있다.

Abbott(1980)는 다양한 종류의 약물에 중독된 16세 고등학교 학생인 재닛(Janet)을 치료하는 과정에서 현실 치료의 원리를 사용하여 그 학생이 약물을 포기하고 후에 매우 성공적인 대학생이 되도록 도와주었다. Abbott는 재닛에 대한 관심과 배려를 직접적으로 보여 주면서 재닛과 좋은 상담 관계를 형성하기 위해 매우 열심히 노력했다. 치료의 초점은 약물 사용에 있는 것이 아니라 더 성공적일 수도 있었던 그녀의 삶의 상황들을 다루는 데에 대한 재닛의 의사결정과 책임에 있었다. Abbott는 재닛에게 계속해서 "지금 이 일이 일어났어요. 앞으로는 어떻게 할 건가요?"라고 물었다. 만약 재닛이 학교에 무단결석을 한다면, Abbott는 재닛에게 졸업 요건에 대하여 어떻게 할 것이냐고 물을 것이다. 재닛의 행동은 산발적이었다. 그녀는 몇몇 상황에 집에서 도망쳐 나왔다. Abbott(1980, p.270)는 매번 "당신 삶이 지금 가고 있는 방식에 행복한가요?", "당신의 행동에 대한 결과로 무슨 일이 일어나고 있나요?", "삶에서 당신의 목표가 이루어질까요?"와 같은 종류의 질문을 했을 것이다. 재닛의 행동은 예측 불허였다. Abbott는 계속 재닛에 대하여 포기하지 않았다(현실 치료의 중요한 원리). 재닛이 나쁜 상황으로 다시 되돌아가기를 몇 번 반복했음에도 불구하고 Abbott는 재닛이 자신의 삶을 통제하도록 도와주고 재닛의 변명을 받아 주지 않으면서 그녀를 위해 계속 있어 주었다.

우울을 느끼기로 선택하기: 테레사

Glasser(1985, p.48)에 의하면 개인은 우울함을 느끼는 것이 아니다. 오히려 사람은 우울해지는 것을 선택하거나 우울한 행동을 드러내 보이는 것이다. 활동적이고 행동하는 일을 함으로써, 개인은 우울한 행동과 불행한 감정으로부터 보다 더 긍정적인 감정, 더 긍정적인 사고, 더 큰 신체적 편안함과 함께 동반되는 강한 통제감을 느끼는 것으로 변하게 된다.

Glasser(2000a)는 매우 우울한 내담자인 40세의 테레사(Teresa)와의 작업에서 선택의 중요성에 중점을 두었다. Glasser는 처음에 "최소 30kg 정도는 과체중임에도 불구하고 단정하고, 청결하고, 매력적인"(p.129) 이 여성을 즉시 알아차릴 수 있었다. Glasser는 그녀에게 전체적인 에너지가 부족하다는 사실을 인상 깊게 여겼다. 테레사와 함께 한 작업은 그녀에게 자신이 우울함을 느끼기로 선택했으며 다른 선택을 할 수도 있다는 사실을 보여 주는 것이었다. 그는 저항을 예상했었다.

> 나는 테레사에게 자신의 이야기, 특히 그녀가 어떻게 느끼고 있는지를 나에게 말하지 말라고 요구하기로 결정했다. 나는 그녀로 하여금 자신이 삶에서 비효율적인 선택을 하고 있다는 사실을 납득시키려 노력해야만 했다. 그녀가 결정을 내리고 있다는, 특히 우울함을 느끼기로 결정하고 있다고 하는 나의 주장이 그녀의 마음으로부터 가장 동떨어져 있다는 사실을 대단히 잘 알고 있음에도 불구하고 말이다. 만일 내가 첫 방문 때 그녀를 납득시키는 것을 시작하지 못했다면 측정 가능한 진전의 가능성은 거의 없었을 것이다. (Glasser, 2000a, p.129)

테레사는 자신의 남편이 돈 한 푼 남기지 않고 아이들과 자기를 남겨두고 떠난 이야기를 Glasser가 듣고 싶어 하지 않았을 때 매우 놀랐다. 처음에 그녀는 선택하기에 관한 Glasser의 질문에 어리둥절했다. Glasser의 친절함과 우호적인 태도가 그녀로 하여금 그의 이상한 질문을 받아들이도록 해주었다. 테레사는 자신이 처한 역경에는 희망이 보이지 않는다는 걸 Glasser에게 보여 주고자 했지만 Glasser는 선택에만 초점을 맞추었다. 마침내 테레사는 어떠한 선택을 결정했는데, 이는 Glasser가 우울함을 느끼기로 결정하는 것에서 멀어지는 긍정적인 움직임이라고 생각한 것이다.

> "전 결혼을 했고, 의미 있는 누군가였어요. 하지만 이제 전 아무것도 아니에요. 보조금을 받으며 아이들과 함께 사는 단지 불쌍한 여자일 뿐이에요. 그리고 1년이 있으면 그 보조금조차 받지 못하게 될 거래요."
>
> "당신의 예전 삶이 지금보다 훨씬 더 나았다는 것을 저도 인정합니다. 하지만 당신은 여전히 살고 있어요. 그리고 당신이 여전히 살아 있다면, 당신은 삶을 살아갈 결정을 할 수 있는 거

예요. 지금 당신이 더 좋은 선택을 하지 못하도록 막는 유일한 사람은 바로 당신이에요. 당신이 우울함을 느끼기로 선택하는 한, 당신은 더 이상 삶다운 삶을 살지 못할 거예요.”

“하지만 제가 그 이외에 어떤 것을 선택할 수 있을까요? 저는 단지 집으로 갈 수가 없고 행복해지기를 선택할 수가 없어요.”

“맞아요. 당신이 어떻게 느끼는지를 선택하는 것과 당신이 무엇을 할지 선택하는 것을 분리할 수는 없지요. 그 둘은 함께 가야 해요. 하지만 당신은 집으로 가서 남은 날들 동안 당신 자신에게 이렇게 말하면서 보낼 수가 있어요. ‘테레사, 받아들여야 해. 좋든지 나쁘든지, 행복하든지 슬프든지. 넌 하루 종일 네가 행할 모든 것을 선택하고 있어.’”

나는 테레사에게 전 행동에 대해 설명하지 않았다. 그러나 이것은 활동하기를 감정과 연결시키는 과정이었다. 효과가 있었다. 테레사가 이해하기 시작했다.

“하지만 그게 어떤 차이를 가져다 줄까요? 전 여전히 엉망인 삶을 살고 있어요.”

“당신의 삶을 똑같이 유지하기 위해서 하루 종일 무엇을 하기로 결정하나요?”

“집에 앉아서 드라마를 보고 밥을 먹어요. 그게 제가 하는 일이에요. 그게 바로 저와 같은 많은 여성들이 하는 것이죠. 이웃 중에도 그런 사람을 꽤 알고 있어요. 그들 중 대부분은 그냥 저와 같아요. 사랑을 하기에는 너무 늙었고, 죽기에는 너무 젊죠.”

“하지만 더 나은 선택하기를 시작하기엔 그렇게 나이가 많지 않아요.”

“좋아요. 예를 들면?”

활자로 보면 ‘예를 들면’이란 말이 냉소적으로 보이지만, 사실 전혀 그렇게 말한 것이 아니다. 테레사는 정말로 알고 싶어 했다.

“좋아요. 하나하나 시작해 봅시다. 오늘보다 더 나아지기 위해서 내일 어떤 행동을 하기로 결정할 거가요?”

“하루 종일 앉아 있지 말기를 선택할 수 있겠네요.”

“아니요, 그건 효과가 없어요. 그것은 너무 많이 먹지 않기로 결정하는 것과 같아요. 전 당신이 어떤 것을 하지 않기로 결정하는 걸 바라는 게 아니에요. 당신이 지금 하고 있는 것보다 나은 무언가를 하기로 결정하기를 바랍니다. 뭔가 활동적인 것을요. 그래서 일어나서 시작해야만 하도록요.”

그때 그녀는 우리 둘 다를 미소 짓게 하는 무언가에 대해 말했다. 그녀가 이해하게 된 것이다.

“집안 청소하기를 선택할 수 있겠네요. 정말 지저분하거든요.”

“좋아요, 그런데 그렇게 하실 거죠?”

“네, 그럼요. 할 거예요.”

“당신이 방금 이야기한 것과 당신이 말하는 방식이 뭔가를 떠올리게 하네요. 「마이 페어 레이디(My Fair Lady)」라는 영화를 본 적이 있나요?”

“네, 연극과 영화 둘 다요. 전 그때 결혼생활 중이었고, 돈이 있었어요.”

“엘리자(Eliza)가 정확하게 말하기 시작했을 때를 기억하나요? 히긴스(Higgins)와 피커링

(Pickering)이 춤추고 노래했었죠. 그 노래에 나오는 가사를 아나요?"

그녀는 기억하지 못한다는 표정을 지으며 나를 바라보았다.

"그들은 '그녀는 알아들었어요, 정말로, 내 생각에 그녀는 이해했어요.'와 비슷한 노래를 해요. 테레사, 제가 생각하기에 당신은 이해했어요. 그러니까 저에게 말해 주세요. 당신이 하는 모든 것에 대하여 무엇을 알고 있나요? 우리가 무언가를 하기 전에 우리 모두는 무엇을 하죠?"

"그것을 선택하죠. 제 생각에, 우린 선택을 해요."

"집을 청소한 후에 저에게 전화해 주시겠어요? 사실 이번 주 내내 무언가를 하기로 결정할 때마다 저에게 전화해서 자동응답기에 메시지를 남겨 주세요. 당신의 번호를 남겨 주시면 전화 드릴게요. 다음주에도 같은 시간에 오시겠어요?" (Glasser, 2000a, pp.134~136)

Glasser는 이 대화에서 현실 치료의 몇 가지 면들을 보여 주고 있다. 그는 상담 회기 내내 따뜻하고 긍정적이었다. 그는 '무엇을 하기로 선택하는 것'에 초점을 맞추고, '무엇을 하지 않기로 선택하는 것'을 대안으로 받아들이지 않았다. 테레사는 집을 청소하기로 계획하였고 (더 나은 행동을 하기로 결정했다.) Glasser는 테레사에게 사무실로 전화를 해달라고 부탁함으로써 이 계획에 대한 다짐을 받아내었다.

불안해짐을 선택하기: 랜디

선택 이론은 우울과 마찬가지로 불안에 대한 개념적 해석을 제공해 주는데, 이것은 현실 치료자들이 통제되지 않은 개인의 삶의 측면들을 검토하도록 도와준다. 이 개념적 해석은 행동을 검토해서 그것들을 개선시킬 계획을 만드는 방법을 제공해 준다. Glasser(1985)는 불안의 신체적 증상을 경험하는 한 사람에 대한 간략한 이야기를 보여 주고 선택 이론을 사용하여 그의 증상을 해석한다.

랜디(Randy)는 매우 총명한 대학생으로, 학부 때 거의 A학점만 받았다. 그는 경영학 대학원 1학년 때에도 이와 같은 성공을 계속해 나갔다. 그런데 마지막 해에 그는 갑자기 공포와 불안으로 정상적인 생활을 하기 어려워졌다. 그는 불안해지기를 너무나 강력히 선택해서 전체 수업을 끝까지 앉아서 듣지 못했다. 만일 수업에 계속 머물도록 자기 자신에게 강요했다면, 그는 마치 그 교실을 떠나지 않으면 당장 죽을 것과 같은 완전한 공황 상태에 빠질 때까지 자신의 불안을 증가시켰을 것이다. 그는 속이 메스껍고 손에서 땀이 났으며 가슴이 뛰고 귀가 윙윙거렸다. 또 입이 너무 메말라서 일관성 있게 말하지 못할 정도였다. 그는 모든 수업 과제에서는 쉽게 'A'를 받을 수 있었지만, 기말고사 때 직접 참가해서 시험을 치르지 않으면 그 수업을 이수할 수 없었기 때문에 그는 좌절했다. 그는 매우 성공한 경영자가 되려는 그림을 가지고 있었다. 현실 세계에서 그는 갑자기 성공하지 못한 대학원생이 되었다. 그가 마지막으로 생각한 것은 그가 하고 있는 것을 그가 선택했다는 것이다.

랜디는 자신을 지나치게 부끄러워하고 매력적이지 않은 것으로 보았다. 또한 그가 학교에서 얼마나 잘하든지 간에 아무도 그를 고용하지 않을 것이라고 믿었다. 비록 그가 학교를 성공적으로 마친다 해도, 그는 현실 세계를 직면해야만 하고 아마도 그가 그려왔던 것처럼 성공적인 경영자는 될 수 없음을 알게 되었을 것이다. 하지만 그는 자신의 학문적 성공을 너무나 원했기 때문에 학교를 그만둘 수는 없었고, 그래서 수업을 빠지거나 수업에 가면 불안을 경험함으로써 통제감을 가지고자 하였다. 이러한 행동들을 통해 그는 매력적이지 않고 사교적이지 않은 것에 대한 분노를 고통스럽게 통제할 수 있었다. 그는 또한 자신이 선택한 행동으로부터 야기된 학교 문제에 대하여 도움을 요청할 수 있었다. 그가 상담을 통해 더 효과적인 통제를 하는 법을 배웠을 때 그는 우수한 성적으로 학교를 마칠 수 있었다. 이러한 자기 통제를 유지하고 계속적으로 열심히 일했기 때문에 몇 년 후 그는 매우 성공한 회사의 부회장이 되었다. (Glasser, 1985, p.64)

개인의 문제를 개념화하는 데에 선택 이론을 사용하는 것은 현실 치료자들에게 일관된 체계를 제공해 준다. 비록 위에 묘사된 장애들이 서로 다를지라도, 약물 중독이 있든지 섭식 장애가 있든지 간에 선택 이론의 접근은 개인이 자신을 둘러싼 환경에 대해 통제를 유지하도록 하는 방법을 검토하게 해준다. 변화를 일으키는 방법(직접적 계획이든 혹은 역설적 기법이든 간에)은 활동에 대한 계획을 발전시키고 계획을 지키는 것을 통해 생각과 감정을 바꾸는 수단이 된다.

최신 동향

Glasser가 1962년에 현실 치료라는 말을 만든 이후로(O'Donnell, 1987), 이 접근법은 빠르게 인기를 얻었다. 1967년에 현실 치료 연구소(Institute for Reality Therapy)가 LA에서 설립되었고, 1968년에는 현실 치료의 사용에 대하여 교사들을 훈련시키는 특별 지점인 교육자 훈련 센터(Educators' Training Center)가 시작되었다. 1975년에는 현실 치료 연구소(현재는 William Glasser International로 알려진)에서 현실 치료자들에게 자격증을 교부하기 시작하였다. 현재 7,800명 이상의 사람들이 현실 치료 자격증을 얻었다. 자격증이 있는 현실 치료자들의 집단의 규모가 너무나 커지자 1981년에는 국제적인 조직이 설립되었다. 이 조직은 매년 다른 도시에서 학회를 연다. 9개의 지부가 설립되었고 각 지부는 협회의 이사들이 대표하고 있다. 이 협회의 중요한 기능은 현실 치료 강사와 심리치료자를 훈련시키고 자격을 주는 일과 현 현실 치료자들에게 계속적인 교육을 제공하는 것이다.

현실 치료 자격증을 취득하기 위해서는 최소 18주 동안 계속되는 훈련 프로그램에 참여해야만 한다(William Glasser 연구소, 2000). 이 훈련은 1주의 집중 교육 기간과 이에 이어 6

개월 동안의 수련 감독(supervision) 실습 과정을 포함한다. 수련 감독자에게 추천을 받은 훈련자들은 한 주간의 심화 훈련에 참석하게 된다. 이 실습 과정의 수련 감독자는 수련생들에게 검정 주간을 갖게 하는데 여기서 수련생들은 선택 이론과 현실 치료에 대해 이해한 것을 설명하고 적용시키도록 요구된다 이 과정을 통과하면, 개인은 현실 치료 자격 취득자(Reality Therapy Certified: RTC)로 불린다. 왜냐하면 자격을 취득한 많은 사람들이 상담자나 심리치료자가 아니기 때문에 각 주의 면허 혹은 자격증 법을 어기고 싶어 하지 않기 때문이다. 첫 번째 훈련 워크숍을 받는 때부터 선임 교육자가 되기 위해서는 보통 5년 이상이 소요된다.

1987년에 Glasser는 자격증을 취득한 현실 치료자들을 위한 자격 프로그램을 발전시켜서 미국에 있는 지원자들이 선임 교육자로서 자격을 갖출 수 있게 하였다. 이러한 강사들은 강사로 승인을 받기 위해 현실 심리 치료와 선택 이론에 관한 DVD를 제출해야만 한다. 현실 치료자나 강사들의 자격증을 통해 William Glasser 연구소는 스스로를 현실 치료자라고 부르는 사람들이 특히 WDEP 시스템을 실행하는 데 있어 적절한 기술을 가지고 있다는 것을 증명하도록 할 수 있었다(Robert E. Wubbolding, 개인적 교신, 2014. 1. 12.). 다른 나라에서도 나름대로의 교육 프로그램을 가지고 있었지만 대부분은 미국 프로그램에 기반을 두고 있었다.

현실 치료를 상대적으로 새롭게 적용한 경우로 클럽하우스(Clubhouse) 프로그램이 있다(Casstevens, 2010a, b, 2013; Cisse & Casstevens, 2011). 클럽하우스 프로그램은 1948년에 만들어졌고 소규모의 비영리 단체가 양극성 장애와 조현병과 같이 심각한 정신 장애를 겪는 사람들을 도와주기 위한 것이었다. Casstevens와 다른 학자들은 이러한 접근법을 노스캐롤라이나의 네 개의 클럽하우스에 적용했는데 현실 치료를 지침으로 삼으면서 선택 이론과 리드 관리(Lead management)를 이용하였다. 리드 관리는 Glasser의 선택 이론에 바탕을 둔 조직 개발 접근법이다. 개인적인 문제와 구성원 간의 문제를 해결하기 위해 리드 관리와 선택 이론의 원칙을 사용하여 집단을 운영하였다. 참가자에게 설문조사를 한 결과 이러한 집단을 통해 또한 선택 이론과 리드 관리를 통해 클럽하우스 조직에서 긍정적 변화를 얻었다는 것이 밝혀졌다(Casstevens, 2010b, 2013; Cisse & Casstevens, 2011).

현실 심리치료를 다른 심리치료 이론과 함께 사용하기

현실 치료를 구성하고 있는 절차는 꽤 구체적이다. 심리치료의 다른 다양한 이론에서 나온 다른 절차를 사용할 수 있는 자유가 있지만, 이때 그 기법들은 현실 치료의 틀에 맞는 것이어야 한다(Wubbolding, 2000). 현실 치료가 행동하기에 초점을 두고 있기 때문에, 행동 심리치료의 기법이 가장 잘 맞을 것으로 보인다. 현실 치료에서 칭찬은 중요한 요소로, 행동 심리치료의 정적 강화라는 말에 필적하는 것이다. 행동 심리치료의 역할 연기와 모델링 또한 현실 치료에서 내담자들의 계획 수행을 돕는 데 사용하는 방법과 일치하는 기법이다. 비록 현실 치료가 문제해결적 접근법은 아니지만 내담자에게 행동주의적 문제해결 기법을 사용할 때 도움이 많이 되는 경우도 있다. 변화를 가져오기 위한 단기 접근법인 해결중심 치료(12장 참고)는 효율적인 결과를 달성하는 데 중점을 둔 현실 치료와 일치한다(Dermer, Robey, & Dunham, 2012). 역설적 기법을 사용하는 Milton Erickson의 전략적 치료 또한 해결중심 치료와 여러 면에서 유사한 구성주의적 접근법을 취하고 있기 때문에 현실 치료와 일치한다(Palmatier, 1990). Adler의 접근법(Petersen, 2005)이나 Ellis의 합리적 정서행동 심리치료(Ellis & Ellis, 2011)와 같은 인지 심리치료 또한 현실 치료자들이 사용할 수 있는 활동적 요소를 가지고 있다. Frankl의 실존주의적 관점, 즉 의미에 대한 관점 그리고 인간은 선택의 능력을 가지고 있고 자신의 선택에 책임질 수 있다는 그의 주장은 선택 이론에서 나타나는 Glasser의 철학과 상당히 비슷하다(Manchester, 2004). 몇몇 현실 치료자들은 내담자와 따뜻한 관계를 형성해 나갈 때 Carl Rogers의 공감적인 경청의 방법이 유용하다는 것을 발견했다. 다양한 이론에 대한 지식은 현실 치료자들로 하여금 현실 치료 과정을 고수하면서 치료 기술들도 증가시키도록 도와준다.

현실 치료자가 아닌 사람들은 선택 이론과 현실 치료의 원리가 유용하다고 느낄 것이다. 내담자들이 자신의 행동을 통제한다는 생각(비록 효과가 없을 수는 있지만 문제에 대한 해결책을 선택한다는 생각)은 통합 심리치료자들에게 유용한 개념이다. 효율적이고 통합된 접근을 위해 현실 치료는 다른 치료 기법과 결합될 수 있다(Cameron, 2011). 내담자들이 자신의 삶을 통제한다고 생각함으로써 상담자들은 건설적인 변화를 이끌어줄 전략을 세울 수 있다. 계획을 세우고 계획에 대한 약속을 한다는 개념은 인지 치료와 행동 치료와 일치하는 것이다. '변명을 허용하지 않기', '비판하거나 반박하지 않기', '쉽게 포기하지 않기'를 포함하는 측면들은 현실 치료자들이 만나게 되는 어려움을 겪고 있는 사람들(청소년·성인 범죄자, 약물 중독자·알코올의존자)에게 특히 적절하다. 그러한 조언들은 많은 이론적 접근들과도 일치한다.

연구

선택 이론과 현실 치료에 관한 Glasser의 작업에서 연구는 주요한 관심사가 아니다. 오히려 Glasser는 복지 사업이나 교육 기관에서 현실 치료를 시행하는 등 활동에 초점을 맞춘다. Glasser는 두드러진 재범률의 감소를 보였던 벤추라 여자 고등학교에서의 작업에서 일어났던 명확한 변화에 대하여 이야기한다. 또한 Glasser는 Harrington이 LA의 한 재향군인 병원에서 입원 환자의 퇴원율에 눈에 띄는 변화를 가져왔던 것에 대하여 이야기한다. Glasser의 첫 번째 부인(N. Glasser, 1980, 1989)에 의해 편집된 사례 연구에서는 다양한 종류의 심리적 문제에 대한 현실 치료의 효과성에 대하여 설명하고 있다.

많은 연구들과 논문들(Litwack, 2007; Wubbolding, 2000, 2011)이 세계 도처의 다양한 나라들에서 발표되었다. 교육학적 연구의 전형적인 내용은 초등학교, 중등학교, 고등학교, 또는 대학교 학생들에 대하여 현실 치료와 다른 치료법을 비교하는 것이었다. 한국에서의 연구에서는 적은 수의 표본(11)을 가지고 중학교 여학생들을 연구하고 있는데, 12명의 통제 집단과 비교했을 때 현실 치료 집단 상담에 긍정적으로 반응하는 것으로 나타났다(Kim & Hwang, 1996). 통제, 성취를 향한 동기, 규율에서도 개선이 있는 것으로 나타났다. 인터넷에 중독된 한국 대학생을 위한 현실 치료 프로그램이 개발되기도 하였다(Kim, 2007). 이 프로그램은 한국 대학생의 인터넷 중독 정도를 감소시키는 것으로 나타났다(Kim, 2008). 현실 치료는 한국에서 광범위하게 사용된다. Kim & Hwang(2006)은 교육 기관에서의 현실 치료와 선택 이론을 연구한 250개의 연구들로부터 자존감과 통제감을 측정한 43개의 연구를 선택하여 메타분석을 실시하였다. 이 43개의 연구에서 현실 치료에 기반을 둔 집단 치료를 받은 사람들은 통제 집단에 비해서 더 높은 자존감과 통제감 척도 점수를 보였다. 나이지리아에서는 이와는 완전히 다른 종류의 집단인 자녀를 출가시키고 홀로 남게 된 퇴직자들에 대한 연구가 있었다. 퇴직자들을 돕는 데에 있어서 현실 치료, 인지행동 훈련, 그리고 이들의 조합이 통제 집단에 비해서 더 많은 효과를 준다는 것이 밝혀졌다(Chima & Nnodum, 2008). 이 연구들은 현실 치료의 효과성을 검증하는 몇몇 방법을 보여 주고 있다.

Wubbolding(2011)은 청소년 및 성인 범죄자에 대한 연구들뿐 아니라 중독과 우울을 겪는 다양한 문화권의 사람들에게 현실 치료를 사용한 연구를 검토하였다. 공격적인 행동은 현실 치료에서 특별히 주목을 받는 영역이었다. 한 연구에서는 남성 가정 폭력 가해자를 15명씩 두 집단으로 나누었다. 한 집단은 12주 동안 현실 치료를 받았고, 다른 집단은 같은 기간 동안 구조화된 인지행동 심리치료를 받았다. 현실 치료 집단에 속한 남성들이 폭력에 대한 자기통제 척도에서 상당한 변화를 보인 반면, 다른 집단에 속한 남자들은 그렇지 않았다(Gilliam, 2004). 다양한 심리사회적 측정치들 사이에서는 유의한 차이가 발견되지 않았다. 또 다른 연구에서는 23명의 여성과 22명의 남성이 가족을 위한 현실 치료에 기반한 21회기분의 가정 폭력 프로그램에 참여하였다. 여성 범죄자들에 대해서는 폭력이 아예 없거나 거의 없는 것으로 보고되었다. 그러나 남성 참여자들에게서는 몇몇 폭력 사례가 보고되었다(Rachor, 1995). Beebe & Robey(2011)는 선택 이론과 현실 치료가 어떻게 따돌림 치료에 적용될 수 있는지 설명한다. 한국에서 이루어진 이 연구에서는 따돌림을 당한 아동들의 희생을 줄이고 책임감을 증진시키기 위하여 10회의 현실 치료 집단 프로그램이 사용되었다(Kim, 2006). 수용시설에 수감된 아동 중 15명은 6주간의 선택 이론 프로그램에 참여하게 하였고 또 다른 15명은 통제 집단으로 어떠한 치료도 받지 않도록 하였다(Reeder, 2012). 선택 이론 프로그램에 참여한 아동은 통제 집단에 속한 아동보다 우울 증상이 줄었고 자기 가치와 같은 긍정적인 정서가 증가했다고 보고되었다. 여기에 언급된 것과 같은 연구들은 종종 다른 연구들에서는 미약하게 다루어지는 집단에 초점을 맞춘다는 점에서 매우 중요하다. 비록 현실 치료에 대한 몇몇 연구들이 『현실 치료 국제 학술지(International Journal of Reality Therapy)』에 게재되고 현실 치료가 몇몇 박사학위 논문의 주제로 다루어지고는 있지만 연구의 양은 상당히 제한적이다. Glasser의 접근법이 실용적이고 교육 사업이나 사회복지 사업에서 사람들을 변화시키는 것을 지향하고 있기 때문에 연구가 우선순위가 아니었다. 더욱이, 자격이 있는 현실 치료자들을 훈련시키는 것에 연구 훈련이 포함되지 않았다.

성 관련 주제

현실 치료에서 내담자는 심리치료자에게 자신의 삶에서 통제되고 있는 부분들을 보여 준다. 현실 치료자들은 내담자가 자신의 현재 행동이 다른 사람과 자기 자신에게 얼마나 만족스러운지를 탐색하도록 도와준다. 이상적으로, 이것은 성과 관련 없이 이루어진다. 상담자는 무엇이 변해야만 하는지를 결정하지 않는다. 현실 치료에서 남성과 여성은 모두 자신의 삶을 통제해야 한다는 것을 배운다. 역사적으로 이 문제가 남성보다는 여성에게 더 큰 문제라는 사실이 논의되어 왔다.

관점에 따라, 현실 치료는 여성이 자신의 삶을 통제하는 힘을 향상시키도록 해주는 것이거나 통제를 얻는 것에 대하여 좌절하도록 하는 것으로 보일 수 있다. 구타당한 여성들과의 작업에서 Whipple(1985)은 학대당한 여성들은 소속감, 권력, 자유, 즐거움의 욕구를 충족할 수 없고 생존 욕구를 위협받고 있다고 말한다. 이 연구는 또한 현실 치료를 구성하는 절차가 어떻게 학대당한 여성들이 기본 욕구를 충족시키는 것을 도와주는 데 적용되는지를 보여 주었다. 여성주의 심리치료 관점에서, Ballou(1984)는 개인이 자신의 행동에 책임지도록 유지하는 것에 있어서 역사적·사회적 차별이 무시되고 있다고 지적한다. 더욱이 현실 치료는 다른 심리치료법과 마찬가지로 사회 변화나 환경에서의 성차별을 줄이는 것에 대한 욕구를 무시해왔다. 여성주의 치료의 관점은 현실 치료가 외부 사건에 초점을 맞추지 않는다는 점 때문에 현실 치료를 비판한다. 그러나 현실 치료와 여성주의 치료 사이에는 합의점들이 있다. 이 두 치료법 다 치료적 상담 관계와 내담자의 가치 체계를 받아들이는 것의 중요성을 강조한다. Ballou의 연구는 22년 후에 그녀의 논평 중의 많은 부분이 여전히 적용 가능하지만 (그 후) 어느 정도의 진전이 이루어졌다고 믿은 Linnenberg(2006)에 의해서 검증되었다. Linnenberg는 현실 치료가 다문화주의를 직접적으로 언급하지 않았음에도 불구하고, 최근의 다문화주의에 대한 관심이 현실 치료를 도왔다고 생각했다. Ballou(2006)는 Linnenberg의 분석에 동의하고, 비판적 자기상의 중요성을 강조하였다.

Silverberg(1984)는 현실 치료가 특히 남성에게 적합하다고 생각하였다. 그는 역사적으로 남성이 여성보다 치료법을 찾고 감정을 탐색하고 자신의 행동에 통찰력을 기르는 데에 더 저항적이었다고 주장한다. 그는 현실 치료가 자기통제, 자율성, 독립심의 발전에 쏟는 주목이 특히 남성들에게 매력적으로 느껴질 것이라 하였다. 더욱이, 특정한 행동과 계획을 요소로 가지고 있는 상담 회기의 생산성에 대한 강조는 세계관이 성취중심적인 남성들에게 적절할 것이다. 자신의 느낌이나 감정에 대해 부정적인 느낌을 가지고 있는 남성들은 현실 치료가 매력적인 접근법이라는 것을 발견할 것이다. Threadgall(1996)은 현실 치료가 동성애 남성들에게 적절하며 치료나 계획에 대한 약속을 중시한다고 말했다.

다문화 관련 주제

현실 치료가 개인의 선택과 자신의 삶에 대한 통제에 중점을 두기 때문에 다문화적 관점에서 보면 긍정적으로 혹은 부정적으로 보일 수 있다. 현실 치료에 대한 비판은 현실 치료가 다양한 문화권에서 온 사람들에게 영향을 미치는 환경적 요소, 예를 들면 차별이나 인종주의와 같은 것들을 고려하지 않는다는 것이다. 차별이나 인종주의 때문에 우정 쌓기나 입사 면접과 같은 특정한 사회·경제적 선택을 하려는 개인의 노력이 제한될 수 있다. 그럼에도 불구하고 현실 치료는 개인의 문화적 다양성을 존중한다. 현실 치료자들은 내담자가 어떠한 행동을 바꾸어야 하는지를 결정하지 않는다. 따라서 내담자는 자신의 문화적 가치에 부합하며 자신이 원하는 변화를 정할 수 있다. 물론 각 문화들이 생존, 소속감, 권력, 자유, 즐거움의 기본적 욕구를 보는 관점은 다르지만, 이러한 욕구와 개인이 원하는 바와 개인의 지각을 탐색하는 일은 모든 문화에 적용될 수 있다. 내담자가 무엇을 하고 있으며 무엇을 변화시키고 싶어 하는지에 대해 의논하는 것은 대부분의 문화권에서 변함이 없다. 내담자와 함께 계획을 세울 때, 현실 치료자들은 그 계획이 내담자 개인에게 미치는 영향뿐 아니라 사회 전체와 내담자 자신에게 중요한 사람들에게 어떠한 영향을 미칠 것인지까지도 고려한다. 다양한 문화권에서 온 내담자들에게 현실 치료를 사용하는 것 자체도 도움이 될 수 있지만, 상담자가 지금 함께 작업하고 있는 그 문화권에 대한 지식을 갖는 것 또한 중요하다. Wubbolding(2011)은 다양한 문화적 배경에서 온 개인들과의 작업에서 중요한 점에 대하여 요약하였다.

몇몇 저자들은 여러 문화권의 광범위한 사람들에게 현실 치료를 사용하였다. 여기에는 아프리카계 미국인, 한국인, 말레이시아인, 북미 원주민, 홍콩에 살고 있는 학생 등이 포함된다. Mickel(2005)은 현실 치료가 아프리카 중심 가족 심리치료를 대표하는 접근법과 함께 통합될 수 있다고 말한다. 현실 치료와 선택 이론은 아프리카인 중심의 시각으로 볼 때 흑인 여성의 강인함을 잘 이해할 수 있게 해준다(Holmes, White, Mills, & Mickel, 2011). Okonji, Osokie, & Pulos(1996)는 120명의, 직업 캠프에 참가한 아프리카계 미국인 학생들이 가상 상담 회기를 비디오로 보고 난 뒤 개인 중심의 상담보다 현실 치료를 더 선호했다고 보고하고 있다. 북미 원주민과의 작업에서 심리치료자들은 한 특정한 상황에는 6개의 해석이 가능하다는 6의 법칙(Rule of Six)을 사용할 수 있었다(Mottern, 2003). 6의 법칙은 선택에 대한 책임을 강조한다는 점에서 선택 이론과 매우 일치한다. 현실 치료는 또한 서아프리카의 섬나라인 케이프베르데(Cape Verde)의 사람들과의 작업에서도 사용되었다(Sanchez & Thomas, 2000). 현실 치료는 케이프베르데 사람들이 그들의 문화와 아프리카 문화, 크레올(Creole) 언어를 질적 세계에 통합시키도록 도와주었다. Cheong(2001)은 선택 이론과 현실 치료를 어떻게 한국인들에게 적용시킬 것인지에 대해 논의하면서 미국인과 비교했을 때 더 공감적인 자세와 덜 직접적인 질문의 사용이 필요하다는 것을 강조하였다. 많은 무슬림 인구가 있는 나라인 말레이시아에서 현실 치료는 이슬람적인 관점과 일치하는 점이 있다는 데에서 적절한 것으로 나타났다(Jusoh & Ahmad, 2009). 그러나 Jusoh, Mahmud, & Ishak(2008)는 현실 치료가 말레이시아 상담자들에게 매력적이긴 하지만 현실 치료를 적용하는 기술을 향상시킬 훈련에 대한 더 많은 통로가 필요하다고 말했다. 현실 치료는 이슬람적 관점과 일치하는 점이 있을 뿐 아니라 탈무드에서 다루어지는 유대교적 관점과도 일치하는 면이 있다(Barr, 2009). 현실 치료가 다양한 문화권의 사람들에게 광범위하게 적용되었다는 사실은 현실 치료를 특정한 문화 집단에 적용하고자 하는 사람들에게 고무적인 사실일 것이다.

집단 상담

현실 치료 집단은 중·고등학교에서 널리 사용될 뿐 아니라 부모 집단, 중독성 약물 남용자, 정신적으로 지체된 성인, 교도소에 있는 청소년 및 성인에게도 사용되어 왔다. 이렇듯 현실 치료의 집단 상담이 다양한 집단에서 사용되고 있기는 하지만 개인 상담에 적용되는 기본적 모형이 각 집단에도 동일하게 적절하다. 집단구성원이 무엇을 하고 있는지에 대한 강조가 현실 치료 집단의 핵심이다. 과거의 행동이나 현재 행동에 대한 변명에 대해 이야기하는 것은 집단지도자나 다른 구성원에 의해서 중단된다. 각 집단구성원에 대하여 계획이 세워지고, 이 계획의 실질적인 수행이 참여자와 집단지도자에 의해서 이루어진다. 대개 각 참여자는 특정한 양의 집단 모임 시간을 갖는다. 이 시간이 끝나면 집단지도자는 다른 구성원으로 초점을 옮긴다.

Bassin(1993)은 집단이 개인 현실 치료의 훌륭한 추수 조치가 될 수 있다고 말한다. 개인은 이미 현실 치료에 대한 지식을 얻었기 때문에 집단의 다른 구성원이 선택 이론과 현실 치료의 원리를 이해하도록 도와줄 수 있다. 마찬가지로 개인은 문제를 집단 안으로 가져왔을 때 다른 사람으로부터 충고와 지지를 얻을 수 있다. Corey(2012)는 집단 현실 치료에 대해서 더욱 자세하게 설명하는데, 현실 치료가 집단에 실제로 어떻게 적용되는지뿐만 아니라 집단지도자의 역할과 기능까지도 이야기하고 있다.

　　Wubbolding(2000)과 Cameron(2013)은 집단구성원의 욕구가 집단 만남을 통해서 충족될 수 있다고 말한다. 첫 번째로 충족되는 욕구는 소속감의 욕구인데, 이는 집단구성원이 집단 안에 속해 있음을 느낄 수 있기 때문이다. 또한 비효과적이고 효과적인 행동, 생각, 감정에 대해 이야기하면서 전 행동을 다룰 수 있다. 나중에 불안, 갈등, 저항이 발생할 때면 집단구성원의 권력 욕구가 다루어질 수 있다. 구성원이 변화시켜야 할 특정한 행동을 다룸으로써 자신들의 힘이 강력하다고 느끼게 된다. 사고와 행동을 변화시킬 계획에 대하여 약속하는 정도가 평가되고, 계획이 달성될 수 있도록 격려한다. 집단구성원은 욕구를 충족시킬 계획을 세우는 데에 있어서 서로 돕는다. 즐거움과 자유의 욕구는 집단 후반부에 다루어지게 된다.

요약

현실 치료자들은 개인이 자신의 삶을 더 효과적으로 통제하도록 돕는다. 내담자들은 자신들에게 선택권이 없다고 생각되는 곳에서 선택하고 있음을 볼 수 있도록 도움을 받는다. 예를 들어, 우울한 사람은 자신이 우울한 행동을 선택했다는 것을 이해하도록 가르침을 받는다. 현실 치료의 통합적인 부분은 선택 이론에 기반을 둔 개념화이다. Glasser는 자신의 이론을 다양한 교육·복지 환경에 적용하였다.

　　선택 이론은 사람들이 어떻게 그리고 왜 행동하는지를 설명한다. 실제 세계는 지각된 세계와 구별되는데 이는 개인이 원하는 바를 결정하는 기준을 형성한다. 개인은 그들이 원하는 그림을 개발하는데, 이것은 다양한 수준으로 생존, 소속감, 권력, 자유, 즐거움의 기본적 욕구를 충족시킬 것이다. 이 행동은 전 행동이라고 불리는데, 활동하기, 생각하기, 느끼기, 생리 기능의 네 가지 요소를 포함한다. 물론 현실 치료가 이 모든 요소들을 다루고 있지만, 중점은 활동하기를 변화시키는 데에 있다.

　　현실 치료는 상담 환경 또는 상담 관계가 변화로 이어지는 절차들과 밀접하게 연관된 상담의 순환 과정이라고 묘사될 수 있다. 심리치료자가 관심이 있다는 것을 보여 주는 내담자와의 좋은 상담 관계 형성은 심리치료의 초반에 시작하여 치료 기간 내내 이어진다. Wubbolding은 상담 과정을 설명하는 WDEP 모델을 개발하였다. WDEP(W=욕구, D=방향과 행동, E=평가, P=계획하기)는 내담자가 그들의 욕구를 평가하고, 자신들이 하고 있는 행동을 변화하고 그러한 행동을 평가한 뒤 추후 변화를 위해 계획을 세우는 것을 돕는 치료적 과정이다. 현실 치료자들은 내담자가 원하는 욕구, 지각을 확립시켜 줄 절차를 사용한다. 내담자가 무엇을 하고 있는지에 초점을 맞추면서 내담자의 전 행동을 그들의 욕구와 가치라는 면에서 검토해 볼 수 있다. 이것이 이루어지면 심리치료자는 내담자가 비효과적인 행동을 변화시킬 계획을 세우도록 도울 수 있다. 계획을 세우는 것만으로는 충분하지 않다. 심리치료자는 내담자와 계약을 맺거나 내담자로부터 계획을 지키겠다는 약속을 받아내야 한다. 상담 환경 또는 상담 관계의 한 부분으로서 심리치료자는 따뜻하지만 확고해야 하고, 변명을 받아 주지는 않지만 내담자를 비판하거나 반박해서는 안 된다. 현실 치료자들은 중독성 약물 남용, 범죄 행위, 정신 이상 행동과 같은 어려운 문제를 겪고 있는 사람들과 종종 작업하게 된다. 현실 치료의 원리는 심리치료자는 내담자를 포기하지 않는다는 것이다.

고등학교 상담 지도 교사, 알코올·약물 중독 상담자, 사회복지사들, 그리고 청소년 또는 성인 범죄자들을 상담하는 사람들은 책임감과 통제에 중점을 두는 Glasser의 이론에 주목해왔다. 교육 체계, 학교 내 규율, 학교 관리에 대한 Glasser의 관심은 수많은 교사, 상담 교사, 학교 행정가에게 영향을 주었다. 선택 이론과 현실 치료의 원리를 적용하기 위하여 상담자, 교사, 그리고 다른 분야에서 일하는 많은 사람들을 위한 워크숍이 만들어지고 있다.

이론의 적용

실습

CengageBrain.com에 나와 있는 디지털 자기 측정 도구, 핵심 용어, 동영상 사례(이론의 적용), 사례 연구, 퀴즈 문제로 현실 심리치료의 개념을 자세히 연구하고 실습할 수 있다.*

추천 자료

Glasser, W. (1998). *Choice theory: A new psychology of personal freedom.* New York: HarperCollins.

Glasser는 통제 이론을 선택 이론으로 대체했다. 그는 부부, 가족, 학교 및 직장에 적용하는 데에 초점을 두었다.

Glasser, W. (1965). *Reality therapy: A new approach to psychiatry.* New York: Harper & Row.

비록 이 책의 많은 개념들 중 많은 부분이 수정되었지만 현실 치료의 기본 원리는 여전히 존재한다. Glasser의 저술은 많은 사례를 포함하는데 이는 그의 작업에 대해 쉽게 읽고 이해하도록 해준다.

Glasser, W. (2000). *Counseling with choice theory.* New York: HarperCollins.

각 장은 Glasser가 다양한 관계 문제에 대해 선택 이론을 적용한 것을 설명하는 사례 혹은 일련의 사례들이다.

Wubbolding, R. (2011). *Reality therapy.* Washington, DC: American Psychological Association.

Wubbolding은 선택 이론의 기초와 현실 치료를 개인, 집단 및 가족에 어떻게 적용하는지를 기술하고 있다. 그는 현실 치료의 역사, 다양한 문화를 가진 개인들을 대상으로 한 기법 적용, 그리고 그 효과성을 지지하는 연구들을 기술하고 있다.

* 해당 서비스는 유료로 이용하실 수 있습니다.

구성주의 심리치료

앞서 살펴본 것과 같이, 많은 이론가들이 포스트모더니즘과 구성주의적 관점을 심리치료 접근에 적용해왔다. 특별히 다음에 언급될 몇몇 이론가들은 초기 구성주의자로 분류될 수 있다. 이 장은 해결중심 심리치료(solution-focused therapy)와 두 가지 형태의 이야기 심리치료, 즉 개인구성 이론(personal construct theory)과 Epston, White의 이야기 심리치료에 대해서 설명하고 있다. 구성주의적 접근은 비교적 최근에 정립된 접근으로, 이 장에서는 각 접근들에 따른 최신 연구와 그 경향, 성 및 다문화와 관련된 주제에 대해서 깊이 있게 다룰 것이다.

해결중심 심리치료와 이야기 심리치료는 문제와 상황을 바라보는 내담자의 관점에 집중하며 심리치료에 있어서 내담자의 문제와 관련된 발달 이론이나 성격 이론을 적용하지는 않는다. 오히려 치료적 접근은 내담자의 현재 문제에 집중하면서 개념화된다. Steve de Shazer와 Insoo Kim Berg에 의해 개발된 해결중심 심리치료는 문제의 원인보다는 새로운 해결 방법에 집중하며 보통 단기로 이루어진다. 이야기 심리치료는 내담자가 자신의 삶을 바라보는 관점이 어떠한지 이해하기 위해 내담자의 이야기를 탐색한다. Robert Neimeyer와 같은 구성주의 심리치료자들은 내담자의 삶을 관찰할 때 연극을 분석할 때 사용하는 방법과 유사한 방법을 사용한다. 그리고 Epston과 White가 개발한 독창적인 접근은 내담자와 그의 가족이 문제와 관련된 내용을 긍정적인 결과를 포함하는 이야기로 재구성할 수 있도록 돕는 접근법이다. 이 각각의 심리치료 접근은 모두 내담자가 자신의 삶을 새로운 관점으로 바라볼 수 있도록 돕기 위한 독창적인 기법을 사용한다.

구성주의 심리치료의 역사

여기서는 구성주의 심리치료이 발달하는 데 영향을 미친 철학적 및 심리적 사조를 소개한다. 구성주의 심리치료 이론은 현실 그 자체를 객관적으로 정의하려는 노력보다 현실에 대한 주관적 인식이 더 중요하다고 여긴 Epictetus와 Kant 같은 초기 철학지나 Piaget 같은 심리학지의 생각에 영향을 많이 받았다. 특히 각 개인은 서로 다른 심리적 구성 체계를 지니고 있으며 그 체계를 통해서 세상을 바라본다고 믿었던 George Kelly는 구성주의 심리치료에 가장 큰 영향을 미친 인물이다. 그리고 정신과 의사인 Milton Erickson은 내담자를 이해하고 그들의 변화를 돕기 위해서 자신만의 독창적인 접근법을 사용한 것으로 잘 알려져 있다. Erickson은 구성주의자로 분류되지는 않지만, 내담자를 관찰하고 이해하기 위한 그만의 독창적인 방법은 많은 심리치료자들에게 주목받고 있다. 또한 많은 가족 치료자들은 내담자의 문제를 해결하는 데 적용할 수 있는 의사소통 유형에 대해서 연구해왔는데, 해결중심 심리치료에 Steve de Shazer와 Insoo Kim Berg가 기여한 바가 지대함은 의심의 여지가 없다. 필자는 개인구성 이론의 이야기 심리치료 접근을 Robert Neimeyer의 연구를 예로 들어 설명한다. 이 장에서 다루는 이야기 심리치료의 구체적인 유형인 White와 Epston의 접근법은 특히 잘 알려져 있다. 위에서 언급된 인물들을 이해하는 것은 해결중심 심리치료와 이야기 심리치료의 발달과 그 배경을 이해하는 데 많은 도움이 될 것이다.

초기 영향

구성주의 심리치료의 발달에 영향을 미친 초기 철학자들과 심리학자들은 사람들의 행동을 이해하기 위해서는 먼저, 사람들이 현실에 대해서 가지고 있는 인식을 이해하는 것이 중요하다고 믿었다. 예를 들면, 고대 그리스 철학자인 Epictetus는 사람들을 불안하게 만드는 것은 현실 그 자체가 아니라 현실에 대한 그들의 관점이라고 생각했다(Neimeyer & Stewart, 2000). 18세기 후반 독일의 철학자인 Immanuel Kant는 자신의 저서에서 개인 감각 기관을 통해 얻은 정보를 해석하고 변형시켜서 사고의 영역으로 통합시켜 가는 것을 인간의 마음이라고 설명했다. 이에 따르면, 우리가 무엇을 인식할 수 있는 것은 인간의 마음 덕분이다. 4장에서 Alfred Adler에게 영향을 주었던 인물로 언급되었던 Hans Vaihinger(1965)는 '허구주의(fictionalisms)'를 주장하였는데, 이는 현실에는 존재하지 않지만 현실을 더 효과적으로 다루는 데 도움이 되는 생각을 의미한다. Hans Vaihinger는 인간의 마음은 개인이 세상을 이해하는 데 사용하는 구성(constructs)을 만들고 있다고 믿었다. 20세기 초 언어학자였던 Alfred Korzybski는 사람들이 현실에 대한 자신의 인식을 어떻게 표현하는지를 알아보기 위한 실험을 하였다. 예를 들어, 사람들은 "나는 조앤(Joan)이 문제가 될 만큼 과도하게 술을 마신다고 생각해."라고 말하기보다는 "조앤은 알코올의존증 환자야."라고 흔히 말한다는 것이다. 두 번째 문장에서의 '나'는 자신이 인식의 주체라는 사실을 명확히 드러내고 있지 않은 반면, 첫 번째 문장에서의 '나'는 두 번째 문장과는 달리 실제 상황에 대한 자신의 관점이 곧 진실이라는 것을 전제로 하지는 않고 있다. 또한 자신이 생각하기에 '조앤은 문제가 있는 것 같다.'라고 이야기함으로써 자신이 인식하고 있다는 점을 명확히 한다. 실존주의자 Martin Buber(p.166)는 심리치료의 발달에 있어서 구성주의자들에게 영향을 미친 '나-너 관계(I-thou relationship)'에 초점을 맞추었다(Adame & Leitner, 2011). 스위스의 심리학자인 Jean Piaget는 아이가 성장하면서 보다 복합적인 지적 능력을 필요로 하는 영역에 노출되는 경우, 그러한 경험이 아이가 세상을 바라보고 이해하는 방식에 미치는 영향에 대해서 연구하였다. 이상과 같이 개인이 세상을 바라보는 관점의 중요성을 이해하기 위한 다양한 연구들이 해결중심 심리치료와 이야기 심리치료에 영향을 주었다. 다음에 소개되는 George Kelly도 그 영향을 받은 인물 중 한 명이다.

George Kelly

캔자스의 한 농장에서 외아들로 태어난 George Kelly(1905~1967)는 다른 사람들을 돕는 일에 헌신한 독실한 기독교 신앙을 지닌 부모님의 슬하에서 양육을 받았다. 그는 심리학자가 되기 전에도 여러 가지 주제에 대해 공부하였으며, 오하이오 주립대학교에서 19년 동안 강의를 하면서 자신의 성격 이론을 정립하였다. Kelly는 사람들은 현실에 대한 가설을 구성하고 자신이 현실을 바라보는 관점에 대하여 가설을 실험한다는 점에서 과학자와 유사하다고 하였다. 그는 사람들이 사건을 바라보는 관점을 의미하는 개인구성(personal construct) 이론을 발전시킨 것으로 잘 알려져 있다(Fransella & Neimeyer, 2005; Guidano, 2014; Neimeyer, 2014; Schultz & Schultz, 2013). Kelly는 내담자가 자신의 인생에서 중요하다고 생각하는 구성 개념을 측정하기 위한 도구로 역할구성 목록검사(Role Construct Repertory Test: Reptest)를 개발하였다. 이 검사에서 내담자는 자신의 인생에서 중요한 사람들에게 '종교적이다-비종교적이다', '운동을 못한다-운동을 잘한다', '똑똑하다-우둔하다' 등과 같이 두 가지 상반되는 구성 개념을 적용하여 목록을 작성하게 된다. 이 검사에는 표준화된 채점 방법이 있는 것은 아니지만 내담자의 삶에서 중요한 구성 개념을 탐색하고 이해하는 데 유용하다(Neimeyer, 2009). Kelly는 또한 '역할조정 심리치료(fixed role therapy)'라고 불리는 심리치료 기법을 개발하였다. 이 기법에서 내담자는 기존의 구성 개념보다 유용하다고 생각되는 새로운 구성 개념을 정하고 이 새 구성 개념을 적용할 가상의 인물을 설정한다. 그리고 그 가상의 인물에게 어떻게 적용할 수 있는지 그려 보고, 그 가상인물의 구성 개념에 맞추어 행동해 보도록 함으로써 보다 문제해결에 도움이 되는 새로운 구성 개념으로 조정해갈 수 있도록 돕는다(Neimeyer & Baldwin, 2005). 개인구성 개념에 있어서 Kelly의 업적은 해결중심 치료와 이야기 심리치료, 그리고 그 밖의 구성주의 심리치료에 광범위한 영향을 미쳤다. Kelly는 이러한 학문적 업적을 남긴 후 1967년 비교적 짧은 생을 마감하였다.

Milton Erickson

Milton Erickson(1901~1980)은 위스콘신에서 태어났다. 어린 시절 소아마비를 앓았고 평생을 신체적인 고통 가운데에서 살아가야 했는데 특히 노년기에 더욱 고통을 받았다. 애리조나에서 정신과 의사로 있으면서 그는 벽돌로 된 작은 집에서 많은 내담자들을 만났다. 그의 이론을 전한 Haley(1973)와 Zeig(1985) 같은 많은 심리치료자들은 Erickson과 함께 그의 연구와 보고된 사례들에 대해서 논의했다. 그는 내담자들에게 직접 암시 혹은 간접 암시, 최면기법을 적용하기 전에 우선 그들과의 신뢰관계를 형성하기 위해 함께 시간을 보내곤 했다.

Erickson은 내담자를 살피고 경청하며 다른 사람들이 볼 수 없는 내담자의 관점들을 탐색하는 특별한 접근을 하는 인물로 잘 알려져 있다. 그는 또한 예의가 바르고, 치료에서 내담자가 드러내는 저항을 우회한다고도 잘 알려져 있었는데, 이러한 이유로 내담자는 통제력을 상실하지 않으면서도 자신의 어려움에 대해서 이야기를 할 수 있었다고 한다. 그는 인생 후반기에 최면은 덜 사용하고 간접 암시를 보다 많이 활용하였다. 이 기법을 배우고자 했던 다른 심리치료자들은 Erickson이 보았던 내담자의 모습을 알지 못했기 때문에 그가 사용한 암시를 이해하기 어려웠다. 다음은 Jay Haley와 John Weakland의 토론(Zeig, 1985)에서 Haley가 발표한 머리 위에 떠다니는 젊은 남자들에 대한 환상을 보고하는 젊은 여성에 관한 Erickson의 연구이다. Erickson은 그녀의 말을 주의 깊게 듣고, 다음과 같이 제안하였다.

Erickson은 그녀에게 학교에서 가르치는 일을 그 남자들이 방해하지 못하도록 사무실에 있는 옷장에 그 남자들을 넣으라고 했다. 그 후 그녀가 도시를 떠나게 되었을 때, 그녀는 물었다. "만약 다른 도시에서 다시 재발하게 되면 어떻게 하나요?" Erickson은 다음과 같이 대답했다. "그때는 그들을 큰 편지봉투에 넣어서 나에게 보내는 것이 어떻겠소?" 그 후 그녀는 정신증적 일화들을 큰 봉투에 넣어서 그에게 보내왔다. (Zeig, 1985, p.590)

그녀는 계속해서 편지를 보냈고, Erickson은 그녀가 돌아올 상황을 대비하여 편지들을 서랍 속에 보관하였다. 이와 같이 Erickson이 직간접적으로 암시를 사용한 사례들은 매우 많다. Erickson이 내담자의 의사소통 방식(그리고 중요한 구성 체계)의 이해를 강조했던 것은 해결중심 심리치료, 이야기 심리치료, 그리고 그 밖의 다른 형태의 구성주의 심리치료들에 지대한 영향을 주었다. Erickson은 내담자가 가진 문제의 과거 이력에 관심을 가지기보다는 그 문제를 해결하는 방법을 찾는 것에 집중하였다.

초기 가족 심리치료 접근

1952년, Gregory Bateson(1904~1980)은 의사소통에 대한 연구를 목적으로 팔로알토(Palo Alto) 프로젝트를 시작했다. 그는 말의 직접적인 의미뿐 아니라 그 말 속에 숨겨져 있거나 언급되지 않은 의미에도 관심을 가졌다(Nichols, 2013). 예를 들어, 부모가 자녀에게 "잠을 잘 시간이야(Go to bed)."라고 말하는 것은 '지금은 잠을 자기 위해서 침실로 가야 할 시간'이라는 직접적인 의미를 담고 있지만 동시에 '나는 너에게 침실에 가서 잠을 자라고 말할 수 있는 권한이 있다.'라는 숨은 의미가 내포되어 있을 수 있다. 이듬해, Bateson은 John Weakland와 Jay Haley가 함께 진행하고 있던 연구에 동참하였다. 이들과 다른 연구자들은 조현병을 가지고 있는 내담자들의 말을 포함한 의사소통 방식의 다양성에 대해서 연구하였고, 1956년 의사소통의 문제점들이 어떻게 정신분열을 유발하는지에 대한 그들의 관점을 발표하였다(이와 관련해서는 14장 가족 심리치료에서 보다 자세하게 설명한다). Bateson은 사람들의 변화보다 그들의 의사소통 연구에 관심을 가지고 있었기 때문에 이 논문에서는 치료 방법이 아닌 의사소통 방법에 대해서 설명하였다.

한편, Don Jackson(1920~1968)은 1959년에 정신연구소(Mental Research Institute)를 설립하였다. 이 기관은 사람들의 변화를 돕기 위한 단기 심리치료 모델을 개발하는 것을 목적으로 하고 있었다. 이 기관에는 John Weakland와 Jay Haley를 비롯해 많은 전문가들이 소속되어 있었으며, 연구에 있어서 이들은 팔로알토 프로젝트의 의사소통에 대한 연구뿐만 아니라 Milton Erickson의 문제해결적 접근의 영향을 받았다. 정신연구소의 회원들은 몇몇 가족치료 이론들뿐만 아니라 많은 이론가들과 심리치료자들에게 영향을 주었다.

최근의 구성주의 심리치료

구성주의 심리치료는 한 명의 창시자가 아닌 많은 사람들의 기여로 발전해왔다고 할 수 있다. Steve de Shazer와 Insoo Kim Berg는 동료들과 함께 해결중심 심리치료의 주요 개발자로 알려져 있다. 부부이자, 사회복지사인 두 사람은 위스콘신주의 밀워키에 있는 단기 가족 치료센터(Brief Family Therapy Center)에서 함께 일을 하면서 이 접근법을 발전시켰다. Greg와 Robert Neimeyer와 같은 많은 이론가들은 Kelly의 개인구성 이론을 이야기 심리치료의 한 종류인 개인구성 심리치료로 발전시켰다. 호주의 White와 뉴질랜드의 Epston을 비롯한 여러 나라의 연구자들은 또 다른 이야기 심리치료 접근법을 발전시켰다.

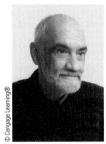

Steve de Shazer

Steve de Shazer de Shazer(1940~2005)는 해결중심 심리치료의 주요 개발자로 인정받고 있다. 그는 해결중심 심리치료를 발달시키는 데 있어서 Milton Erickson과 Erickson의 정신 연구소에서 진행된 연구에서 지대한 영향을 받았는데, 실제로 그는 이 이론을 개발하는 과정에서 John Weakland 등과 같은 정신연구소의 관련자들과 지속적인 만남을 가졌다. 그는 이 이론을 정립하는 과정에서 내담자들의 의사소통 방식을 구체화하였으며 또한 심리치료 과정을 관찰해온 내담자들의 지인이나 동료에게 조언을 구하기 위해서 그들을 찾아가서 대화하기도 하였다. 그는 『단기 심리치료에서의 해결을 위한 열쇠(Keys to Solutions in Brief Therapy)』(1985), 『단서: 단기 심리치료 해결 모색(Clues: Investigating Solutions in Brief Therapy)』(1988), 『언어의 독창적 마술(Words Were Originally Magic)』(1994), Yvonne Dolan 및 다른 사람들과 함께 『기적을 넘어서(More than Miracles)』(2007)와 같은 영향력 있는 책을 집필하기도 하였다. 그는 전 세계를 다니며 해결중심 심리치료의 활용에 대해서 강의를 하였으며 2005년 세상을 떠날 때까지 해결중심 심리치료 이론의 발전을 위해 연구에 정진하였다.

Insoo Kim Berg

Insoo Kim Berg 한국에서 태어난 Berg(1937~2007)는 해결중심 심리치료의 주요 이론가이자 매우 활동적인 임상 전문가였다. 그녀는 밀워키에 있는 단기 가족 치료센터의 이사였으며, 알코올의존증, 부부 심리치료, 빈곤층을 위한 서비스에 해결중심 심리치료를 적용한 것으로 알려져 있다. 그녀의 대표적인 저서로는 『알코올의존자와 심리 상담: 해결중심 접근(Working with the Problem Drinker: A Solution-Focused Approach)』(Berg & Miller, 1992), 『가족에 근거한 서비스: 해결중심 접근(Family Based Services: A Solution-Focused Approach)』(1994)와 실용서인 『해결을 위한 상담(Interviewing for Solutions)』(De Jong & Berg, 2008) 등이 있다.

Michael White

Michael White White(1948~2008)는 호주 남부의 애들레이드에 위치한 덜위치 센터(Dulwich Center)에서 일을 하면서 여러 동료들과 함께 이야기 심리치료를 발전시켰다. 그는 처음에는 전기·기계 분야에서 도면 설계와 관련된 일을 하였지만, 나중에 다른 사람들을 돕기 위해서 사회복지사가 되었다. 그는 분기별로 발행되는 『덜위치 센터 신문(Dulwich Center Newsletter)』에 많은 글을 실었다. de Shazer와 마찬가지로 그 또한 Bateson과 정신연구소의 영향을 받았다. 특히 그는 사람들이 세상을 바라보는 관점에 많은 흥미가 있었는데(Nichols, 2013), 이러한 관심은 내담자들의 이야기를 파악하고 문제를 외현화하는 이야기 심리치료의 접근으로 이어지게 되었다. 그의 대표적인 저서로는 『이야기 심리치료 방법(Narrative Means to Therapeutic Ends)』(White & Epston, 1990), 『다시 쓰는 삶: 면접과 에세이(Reauthoring Lives: Interview and Essays)』(1995), 『이야기 심리치료의 지도(Maps of Narrative Practice)』(학지사, 2007) 등이 있다.

David Epston

David Epston Epston은 현재 뉴질랜드에 거주하고 있으며 뉴질랜드, 오클랜드에 위치한 가족 치료센터의 부대표이다. 그는 동일한 문제로 고통받고 있는 내담자들의 모임인 '지지 모임(leagues)'을 창시하였다. 이 모임의 회원들은 서로 글을 통해 연락한다. Epston은 지지모임의 기록 보관자로서 내담자들이 자신의 문제와 그 문제를 어떻게 다루고 있는지에 대해 기록한 편지와 테이프를 수집, 보관하는 역할을 하고 있다. 또한 그는 내담자와의 만남 이후 그들의 이야기와 생각을 지지하기 위해 그들에게 편지를 보내는 방법을 고안했으며, 이를 자주 활용하고 있다. 그의 대표적인 저서로는 White와 함께 집필한 『이야기 심리치료 방법』(White & Epston, 1990) 이외에도 『심각한 문제에 유쾌하게 접근하기(Playful Approaches to Serious Problems: Narratives with Children and Their Families)』(Freeman, Epston, & Lobovits, 1997), 『저항하라: 폭식증/거식증에 저항감 불어넣기(Biting the Hand that Starves You: Inspiring Resistance to Anorexia/Bulimia)』(Maisel, Epston, & Borden, 2004) 등이 있다.

해결중심 심리치료

포스트모던적인 성격과 사회구성주의적 배경을 가지고 있는 해결중심 심리치료는 개인 혹은 가족이 문제의 해결에 대해서 어떤 관점을 가지고 있는지에 관심을 기울인다. 따라서 문제의 원인이나 이유보다는 접근 가능한 해결책을 중요하게 다룬다. de Shazer(1985, 1991, 1994)는 열쇠와 자물쇠 비유를 통해서 이 심리치료 접근을 설명하였다. 내담자들은 자신의 문제를 마치 열린 적이 없는 문을 잠그고 있는 자물쇠처럼 여기고 있다. de Shazer & Berg(Berg, 1994; de Jong & Berg, 2008)는 내담자와 가족들이 왜 자물쇠가 존재하며 문은 왜 열리지 않는지에 집중하기보다는 오히려 그 문을 열 수 있는 열쇠를 찾을 수 있도록 돕고자 한다. 이들은 문제의 이유나 원인을 찾으면서 치료가 진전되지 못하는 것을 지양하고 현재의 불만족이나 불행감을 감소시키는 방법을 찾고자 한다. 따라서 이 심리치료를 통해 내담자는 해결책에 집중하게 된다. 이들은 내담자의 호소 문제를 경청하지만 그보다 변화의 가능성과 해결책에 대해 내담자가 가지고 있는 기대가 무엇인지에 특히 집중한다. 대략 5~10회기 정도의 한정된 회기들을 진행하며, 그동안 이들은 내담자로부터 변화에 대한 기대를 불러일으킨다. 인지 치료와 같은 다른 단기 심리치료들과 비교해 볼 때 해결중심 심리치료는 보다 더 짧은 시간 안에 효과를 나타낸다. 160명의 내담자들을 조사한 연구에서 인지 치료의 경우 평균 5회기로 변화가 이루어졌던 것에 비해서 해결중심 심리치료는 평균 2회기에 변화가 이루어졌음이 보고되었다(Rothwell, 2005).

치료적 변화에 대한 관점

해결중심 심리치료는 내담자가 변화를 원하고 있다는 철학을 담고 있다. 따라서 해결중심 심리치료자는 내담자가 변화를 성취하는 것을 돕는 일에 최선을 다해야 한다고 믿는다(de Jong & Berg, 2008; Kim, 2014; Lipchik, 2002; Macdonald, 2011; O'Connell, 2012). 해결책은 내담자에 따라 다를 수 있기 때문에 해결책을 찾아가는 과정에 내담자가 동참하는 것이 특히 중요하다. 문제보다는 해결책에 집중하는 것이 문제해결에 도움이 되므로 내담자는 자신의 문제가 나타나지 않았던 예외 경우를 탐색해 나가며 해결책을 찾아간다. 이러한 방식은 내담자로 하여금 문제에 대한 부정적인 생각에 사로잡히지 않게 하며 한 번에 하나씩 작은 변화의 경험들을 쌓아가는 것은 큰 변화로 이어지게 하는 데 도움이 된다. 해결중심 심리치료자들은 내담자를 진단하거나 내담자의 부정적 측면을 탐색하지 않는다. 오히려 그들은 현재 잘 기능하고 있는 영역이 어디인지, 무엇이 가능한지에 주목한다. 해결중심 심리치료는 내담자의 강점을 바탕으로 내담자가 미래에 대한 긍정적 관점을 갖게 하여 다양한 문제들의 해결 방법을 찾도록 한다(Kelly, Kim, & Franklin, 2008; Macdonald, 2011; O'Connell, 2012).

해결중심 심리치료에서는 실질적인 실천이 매우 중요하다. 심리치료자들은 내담자의 문제가 변화를 필요로 하는지 여부를 점검한다. 만약에 문제의 해결 방법이 있다면 심리치료자들은 내담자가 그 방법을 사용하고 있는지 그리고 그 방법을 사용하는 데 보완할 것은 없는지의 여부를 확인한다(de Shazer, 1985; Lutz, 2013; Macdonald, 2011; O'Connell, 2012). 만약에 심리치료자가 선택한 접근법이 그다지 효과적이지 않을 것으로 예상되면 심리치료자는 접근 방법을 수정하거나 다른 방법을 선택하게 된다. 내담자들은 문제 상황을 만나게 되면 이전에 자신이 해왔던 대로 반응하려는 경향이 있다. 따라서 내담자의 변화를 돕는 데 있어서 내담자로 하여금 과거 문제 상황에서 대처했던 방식은 서서히 멈추고 다른 방법을 시도하도록 하는 것이 매우 유용하다(de Shazer et al., 2007).

평가

다른 심리치료 기법과는 달리, 해결중심 심리치료는 내담자의 문제를 진단 및 평가하여 범주화하는 것에는 관심이 없다. 반면에 해결중심 심리치료자들은 내담자가 변화에 대해 가지고 있는 생각을 평가한다(Lutz, 2013; Macdonald, 2011; O'Connell, 2012). 심리치료자들은 내담자가 변화하고자 하는 마음을 동기화하는 방법과 내담자 스스로가 변하고자 하는 것이 무엇인지를 아는지에 관심을 갖는다. 이와 관련하여 심리치료자는 변화가 일어났을 때 내담자가 그것을 인지할 수 있는지, 그리고 변화를 이루기 위해서 내담자가 다루어야 할 장애물은 무엇인지에 대해서 질문한다. 또한 내담자가 변화할 준비가 되었는지, 내담자가 변화할 방법을 알고 있는지 여부에 대해서도 질문한다. 위의 질문을 통해서 적절한 평가가 이루어진다. 해결중심 심리치료를 적용하는 데 있어서 이러한 질문은 구체적인 문제에 집중하여 적용하는 데 도움이 될 뿐만 아니라 심리치료자가 내담자와 함께 해결해야 할 문제들의 우선순위를 정하는 데 있어 매우 중요하다. 평가는 내담자의 삶에서 긍정적인 변화를 찾는 것에 집중되어 있다. 작은 문제에서 시작된 변화는 큰 변화로 이어지게 된다.

de Shazer(1985)는 가족, 부부, 개인에게 반복적으로 나타나는 행동을 지도식 도표로 만들어서(mapping) 광범위하게 사용하였다. 이러한 방법은 대개 마인드맵으로 언급되기도 한다. 그는 마인드맵을 통해서 회기를 도표로 나타내거나 회기의 개요를 정리하였다. 이 방법은 보통 회기 중간이나 회기를 마친 후 작성하는데, 심리치료자가 치료의 목표와 문제의 해결책을 체계적으로 구성하는 데 주의를 집중할 수 있도록 도와주며 또한 상담을 잠시 중단하고 동료나 수련 감독자에게 수련 감독을 받을 때에도 유용하게 사용될 수 있다. 심리치료자는 회기와 회기 사이 적절한 순간에 다른 사람들과 문제에 대해서 논의하거나 다음 회기에서 무엇을 해야 할지를 생각하기 위해서 잠시 상담을 멈추어도 된다. 사용하는 모든 기법들은 서로 연관성이 있으며 문제와 해결책에도 관련되어 있다. 그러므로 다음 단계에서 무엇을 할지에 대해 계획하는 것은 해결중심 심리치료에서 매우 중요하다.

목표

해결중심 심리치료에서 목표는 명확해야 하고 구체적이어야 한다(de Jong & Berg, 2008; Kim, 2014; Macdonald, 2011). 심리치료의 초기 단계에서는 목표를 명확하게 하기 위한 질문을 한다. 이때 보다 단기간에 달성될 수 있는 쉬운 목표로 구체화하는 것이 좋다. '예외적 상황'에 대한 정보를 얻거나 '기적' 질문을 하는 것은 목표를 구체적으로 발달시키는 데 도움이 된다. 자신의 삶에서 달라진 점을 탐색하는 것 또한 문제를 해결하는 데 도움이 된다. 심리치료 과정에서 몇 가지 기준을 통해서 이러한 작은 목표의 달성 정도를 측정하게 되는데, 보통은 내담자에게 0에서 10까지의 척도를 제시하여 목표의 성취 정도를 측정한다. 목표의 성취에 대해서 직접적인 피드백을 주는 방법으로는 '메시지' 기법이 있다. '메시지'는 글로 써서 제공할 수도 있고 직접 말로 할 수도 있는데, 심리치료자는 회기의 마지막에 명확하고 솔직하게 작성하여 내담자에게 제공한다. 여기에는 심리치료의 진행 상태 및 다른 측면에 대한 격려가 포함되며 내담자가 문제를 해결하는 데 도움을 줄 수 있는 권유 사항도 포함될 수 있다. 이러한 기법은 모두 목표를 성취하는 것과 직접적으로 관련된다. 다음에 이어지는 내용에서 보다 자세하게 설명하도록 하겠다.

해결중심 심리치료의 기법

해결중심 심리치료자들은 내담자가 자신의 문제를 해결하는 방법을 찾도록 돕기 위한 다양한 기법을 사용한다. 여기서 일반적으로 가장 많이 사용하는 기법을 소개하고자 한다. 기법에 있어서 가장 기본이 되는 것은 내담자와 협력관계를 맺는 것이다. 이를 위한 한 가지 방법으로는 내담자를 인정하는 것이 있다. 심리치료의 핵심은 변화로서 상담을 하기로 결정하고 난 후 첫 회기까지 내담자에게 나타난 변화를 점검하는 것은 해결중심 심리치료의 첫 번째 과제 중 하나이다. 대처 질문(coping question)과 기적 질문(miracle question)은 내담자가 변화를 시작하도록 하는 데 유용하다. 내담자의 동기 수준을 평가하는 것은 내담자에게 가장 적합한 치료 전략을 수립하는 데 도움이 된다. 문제해결의 실마리가 되는 질문은 내담자가 문제에 대해 예외 사항을 찾을 수 있도록 질문하는 것이다. 첫 회기를 마무리할 때에는 다음 회기 사이에 일어날 변화에 초점을 맞추는 '첫 회기 과제 공식(formula first session task)'을 사용하는 것도 도움이 된다. '메시지'는 상담 회기가 마친 후 내담자에게 제공되는데, 다음 주간 동안 내담자가 문제의 해결책을 찾는 데 도움이 될 수 있는 내용들로 구성된다. 이러한 방법은 모두 다양한 측면에서 문제의 해결책을 찾도록 내담자를 돕는 데 유용하다.

협력관계 맺기 심리치료자는 내담자가 어떤 변화를 원하는지에 귀를 기울여야 한다. 상담 신청을 한 후부터 첫 회기가 시작하기 전까지의 기간 동안 내담자에게 일어난 변화를 질문할 수 있다. 이 질문을 통해 내담자는 변화할 수 있는 능력이 본인에게 있다는 것을 알고 변화 자체에 집중할 수 있게 된다. 대부분의 치료에서와 마찬가지로 상담자는 내담자에게 공감해야 한다. Lipchik(2009)는 자신의 해결중심 심리치료를 설명할 때 수년 동안 해결중심 심리치료를 현장에 적용하면서 내담자를 점점 더 존중하게 되었다고 강조하였다. 해결중심 상담자들은 경청하기, 감정 반영하기, 목표 설정하기, 현재에 집중하기, 질문하기의 기법을 통해서 보다 더 내담자를 공감하고 존중한다(O'Connell, 2012). 문제를 명명하는 것 또한 유용하다. O'Connell은 '문제의 섬(problem island)'과 '해결책의 섬(solution island)'이라는 비유를 사용했다. 심리치료는 이 두 사이를 오가면서 진행이 되는데, 심리치료가 성공적으로 진행됨에 따라서 내담자는 '해결책의 섬'에서 보다 많은 시간을 보내게 된다. 해결중심 심리치료자들은 적절한 순간에 내담자가 '해결책의 섬'에 갈 준비가 되었는지에 대해서 평가한다.

칭찬하기 내담자가 문제에서 해결방향으로 옮겨 갈 수 있도록 도울 수 있는 방법으로 '칭찬하기'가 있다(Berg & de Jong, 2005; de Jong & Berg, 2008; Lutz, 2013; Macdonald, 2011). '칭찬하기'는 내담자가 변화에 대해 자신감을 갖도록 격려하는 데 도움이 되는 방법으로 주로 첫 회기에서 유용하게 쓰인다. Berg와 de Jong은 칭찬의 세 가지 형태로, 직접 칭찬, 간접 칭찬, 자기 칭찬을 제시하였다. 직접 칭찬은 내담자의 관찰된 성공적인 행동에 기초하여 칭찬하는 것으로 내담자로 하여금 그들의 성공적인 행동에 집중하도록 돕는다. 간접 칭찬은 가족과 친구의 관점으로 내담자에게 질문하는 방식으로 이루어진다. 자기 칭찬은 내담자가 자신의 성공 경험이나 능력에 대한 내용이 담긴 대답을 할 수 있게 하는 질문 방식의 칭찬 기법이다. '칭찬하기'는 내담자가 변화에 대해서 개방적인 마음을 갖게 하고 변화에 집중할 수 있도록 하는 데 도움이 된다. 이러한 정의는 누군가를 칭찬하는 것을 의미하는 칭찬의 일반적인 정의보다 더 구체적이고 치료적이다.

치료 전(pre-therapy) 변화 앞서 여러 번 언급되었듯이 해결중심 심리치료자들은 내담자가 심리치료를 위한 상담 약속을 잡은 후 상담실에 오기 전까지 일어난 변화를 탐색하는 것을 중요하게 여긴다. 상담 약속을 잡는 행동 자체가 이미 변화를 위한 긍정적인 지표가 되기 때문이다. "상담 약속을 잡기 위해서 지난번 전화 통화를 한 이후, 당신의 문제에 있어서 어떤 달라진 점이 있나요?"(de Shazer, 1985; Macdonald, 2011)라고 질문하는 것은 변화와 해결책에 초점을 맞추기 위한 상태로 상담의 방향을 설정해 준다. 이런 방식으로 심리치료자는 내담자에게 해결책을 제시해 주기보다는 변화를 가져올 수 있는 내담자의 능력에 집중할 수 있다. 이 질문에 응답하고 자세히 논의하고, 깊이 생각해 보는 작업을 통해서 심리치료자는 내담자가 문제의 해결책으로 생각을 전환하는 데 사용할 수 있는 소재를 얻을 수 있다.

대처 질문 아무리 내담자의 문제가 심각해 보인다 할지라도 내담자가 문제에 어떻게 대처하는지를 알게 되면 심리치료자들은 내담자의 문제 대처 기술을 보강할 수 있다. 일반적으로 '~할 때'라는 말을 사용하는 것이 '만약에 ~라면'을 사용하는 것보다 좋은 데, 예를 들면 '이 점수를 3점에서 5점으로 올릴 때는……'이라고 질문하는 것이 '만약에 당신이 이 점수를 3점에서 5점으로 올릴 수 있다면……'이라고 질문하는 것보다 효과적이다. '~할 때'라는 단어를 사용하는 것은 변화는 반드시 일어날 것이라는 의미를 함축하고 있기 때문이다(Berg, 1994). "그 일을 어떻게 하셨습니까?"(Berg, 1994)라는 질문은 내담자가 과거의 어려운 상황을 다루었던 방법과 자원에 대해서 생각해 볼 수 있도록 하는데, 이는 내담자에게 할 수 있다는 자신감을 주게 된다. 다음은 Berg가 제시한 예로 사회복지사가 어려운 가정환경에서 자녀를 양육하는 여성에게 이러한 질문을 사용한 사례이다.

> 사회복지사: 당신은 아이들에게 당신의 어머니와는 다른 엄마가 되길 원하셨군요. 어떻게 그런 생각을 하게 되었지요? 어디서 배울 기회가 있었나요?
>
> 내담자: 네, 다른 사람들을 살펴보기도 하고, 잡지나 TV 프로그램을 보았어요. 그리고 항상 이 부분에 대해서 생각하고 있었습니다.
>
> 사회복지사: 매우 통찰력이 있군요. 원래부터 이렇게 문제를 해결해왔나요? 아니면 누가 가르쳐 준 것인가요?
>
> 내담자: 아니요, 제 스스로 배워야만 했어요. 그 누구도 어떻게 해야 하는지 가르쳐 주지 않았거든요.

사회복지사: 정말 대단하군요. 자녀들이 당신으로부터 많이 배울 것 같습니다. (Berg, 1994, p.115)

이론의 적용

기적 질문 이 기법은 해결중심 심리치료에서 가장 중요한 기법 중 하나라고 할 수 있다. 표준적인 질문의 형태는 Steve de Shazer에 의해서 개발되었다(1988).

상상해 봅시다. 당신이 잠든 사이에 기적이 일어났습니다. 그리고 우리가 이야기했던 고민들이 사라졌습니다. 당신은 잠을 자고 있었기 때문에 당신은 아직 기적이 일어났다는 사실을 알지 못합니다. 그런데 당신이 잠에서 깨어났을 때, 당신에게 기적이 일어났다면 그걸 알 수 있는 첫 번째 신호는 무엇일까요?

de Jong & Berg(2008)는 이 질문을 할 때는 질문에 대해서 생각해 보고, 더 나은 미래에 대해서 논의할 시간을 충분히 주어야 한다고 제안하였다. 이 질문에 응답함으로써 변화 목표를 구조화하게 된다. 내담자는 때로 이 질문에 깊은 생각 없이 쉽게 대답하거나 '로또에 당첨되어서 부자가 되는 것입니다.'라는 식으로 응답하기도 하는데 그럴 때 심리치료자는 보다 더 간단한 형태로 다시금 질문할 수 있다. 만약에 내담자가 '아침에 일어났을 때 피곤하지 않고 개운할 것 같아요.'라고 응답한다면 심리치료자는 '그 밖에 다른 것이 있다면요?'라고 다시 질문할 수 있다. 해결 중심 심리치료에서 '그 밖에 다른 것이 있다면요?'라는 질문은 마치 관용구처럼 자주 사용되는데, 이를 통해 내담자는 더 잠재적인 해결책이나 목표에 보다 가까이 다가갈 수 있기 때문이다. '기적 질문'은 중요한 면접과 같은 특정 사건에 대해서 논의한 후에 사용할 수도 있다. 예를 들면, '만약에 오늘 면접을 잘 보았다면 오늘 집에 갔을 때 어떨 것 같습니까?'라고 질문할 수 있다. 또한 '만약에 오늘 면접을 잘 보았다면 남편이 어떻게 반응할 것이라 생각됩니까?'라는 질문과 같이 기적이 내담자의 지인들에게 미치는 영향에 대해서 질문하는 것도 유용하다. 요약하면, '기적 질문'이란 내담자가 어떻게 느끼고 생각하는지에 대한 질문이라고 할 수 있다.

이론의 적용

척도 질문 척도 질문은 해결중심 심리치료의 많은 장면에서 자주 사용된다. 척도 질문은 내담자가 목표를 설정하고 진행 정도를 측정하는 데 도움이 된다. 그리고 변화 행동을 실행함에 있어서 우선순위를 정하는 데 유용하다. O'Connell(2012)은 척도 질문의 몇 가지 예를 제시하였다.

0에서 10까지의 숫자 중에서 0점이 최저점을 의미한다고 할 때 오늘 당신은 어디에 위치하고 있습니까?

당신이 현재 고민하고 있는 문제들로 볼 때 당신이 머물고 있는 점수대가 현재로서 충분히 좋다고 생각하나요?

점수가 아래로 떨어지지 않도록 하기 위해서 당신은 어떤 일을 하거나 하지 않아야 하나요?

당신의 점수가 높아졌을 때, 당신에게 어떤 일이 일어난 것일까요? (p.64)

동기의 평가 변화를 위해서는 적어도 어느 정도의 동기화가 필요하다. 척도 질문은 변화를 위한 내담자의 동기 수준을 평가하기 위해서도 자주 사용된다. 다음은 공황장애를 경험하고 있는 내담자에게 척도 질문을 사용한 예이다.

상담자: 0에서 10까지의 점수 중에서 10점은 당신이 공황장애를 극복하기 위해서는 어떤 것이라도 할 준비가 되어 있다는 것을 의미하고, 0점은 공황장애를 극복하기는 원하지만 무언가를 할 수 있을 것이라고는 전혀 생각되지 않는다고 할 때, 오늘 당신은 몇 점에 위치하고 있습니까?

내담자: 3점입니다.

상담자: 3점이면 변화를 시작하기에 어떤가요?

내담자: 충분치 않은 것 같습니다. 제 생각에는 할 수 있는 것은 다 해 보았지만 크게 효과가 있었던 것 같지 않습니다. 나아질 것이라는 희망도 거의 포기할 지경입니다.

상담자: 비록 많은 어려움이 있었지만 그동안 꾸준히 노력해 오셨네요. 보통 같았으면 벌써 포기했을 텐데요. 어떻게 포기하지 않고 지금까지 지속해 올 수 있었나요?

내담자: 집에서 저는 항상 포기하지 않는 것을 배워왔어요. 어머니는 일이 잘 되지 않을 때 포기하지 않고 계속해서 도전하라고 가르치셨지요.

상담자: 어머니가 여기에 계신다면 아마도 계속 도전하라고 말씀하셨겠군요.

내담자: 네, 그러실 겁니다.

상담자: 그렇다면 몇 점 정도에 있으면 공황장애를 극복하기 위해 뭔가를 할 수 있을 것 같이 느낄까요?

내담자: 5점 정도요.

상담자: 당신이 5점에 있다고 느낄 정도라면 어떨 때 그럴까요?

내담자: 음……, 제가 좀 더 편안해질 것 같아요. 저는 보통 때 항상 긴장하고 있습니다. 그래서 두통도 계속되는 것 같고요. 그럴 때면 저는 포기하고 싶어집니다.

상담자: 긴장을 풀고 5점이라고 여길 만큼 편안하게 느끼려면 어떻게 할 수 있을까요?

내담자: 잘 모르겠어요.

상담자: 뭔가 희망적인 일이 일어난다면 당신은 평소 때보다 덜 긴장하게 될 거예요. 당신을 보다 편안하게 하는 데 어떤 것이 도움이 될까요?

내담자: 혼자 있으면서 내가 좋아하는 음악을 듣는 것이 도움이 될 것 같아요.

상담자: 그 밖에 다른 것이 있다면요?

> 내담자: 음, 일하러 가지 않아도 되는 금요일을 좋아해요. 적당히 늦게 일어나서 그냥 이
> 런저런 하고 싶은 일들도 하고……
> 상담자: 지금 하신 말씀은 이번 주 금요일에 좋아하는 음악을 들으면서 여유롭게 하루
> 를 시작할 수 있다는 의미인 것 같네요. 그렇다면 5점 정도 혹은 그 이상으로 느낄 수
> 도 있겠고, 다시 공황장애와 부딪쳐 볼 수 있을 것 같은데요.
> 내담자: 네, 그럴 수 있을 것 같아요.
> 상담자: 만약 오늘 당신이 3점에 있다고 한다면, 4점으로 올리는 데는 어떤 것이 도움이
> 될까요? (O'Connell, 2005, pp.67~68)

상담자는 척도 질문을 사용해서 내담자의 동기를 끌어낼 수 있다. 또한 척도를 통해 내담자의 동기 수준을 수치화하고 내담자가 가진 문제를 해결하기 위해서 실천해야 하는 행동 방안을 끌어내는 질문을 할 수도 있다.

예외 질문 해결중심 심리치료에서는 문제 상황으로 귀결되지 않는 예외적인 상황에 대해 질문하는 것 또한 매우 중요하게 생각한다. 내담자가 어떤 행동을 했을 때 전과 달리 문제가 일어나지 않았던 때가 있었다면 그 상황에 대해서 질문해 보는 것이다. 때때로 예외 질문은 기적 질문에 이어서 직접적으로 사용된다. Sklare(2005)는 "조금 전에 이야기했던 기적 상황이 아주 조금이라도 일어났던 적이 있습니까?", "지금 이야기한 기적이 실제로 일어났던 적에 대해서 말씀해 주실 수 있으십니까?"(p.44)라는 질문을 예로 제시하였다. 심리치료자들은 때때로 '그 밖에 다른 것이 있다면요?'라는 질문과 함께 예외 질문을 사용한다. 그리고 심리치료자는 문제의 해결책을 찾기 위해서 내담자가 보여 준 독창성과 창의성에 대해서 자주 칭찬하는 것이 필요하다. 단, 이때 심리치료자는 평가자의 입장이 아님을 기억하고 겸손한 태도를 보이도록 주의해야 한다. 심리치료자가 들은 해결책은 다음 주간 동안 계획을 세워 발달시키고 적용할 수 있는 해결책의 한 방법이 될 수 있다.

첫 회기의 과제 해결중심 심리치료자들은 변화의 중요성을 강조하는 것뿐만 아니라, 변화는 반드시 피할 수 없는 것이라는 것을 보여 주기를 원한다. 첫 회기가 끝날 즈음에 해결중심 심리치료자는 내담자의 관심을 현재에서 미래로 전환한다. de Shazer(1985, p.137)가 개발한 질문은 다음과 같다. "지금부터 한 주간을 관찰한 후에 다음 회기에서 당신의 일상(가족·삶·결혼생활·관계 등)에서 계속 일어났으면 하고 원하던 것 중에서 어떤 일이 일어났는지 이야기해 주었으면 합니다." 이때 심리치료자가 '만약 어떤 일이 일어난다면'이 아니라 "어떤 일이 일어났는지"라는 표현을 사용하고 있다는 것에 주의해야 한다. 여기에는 변화가 반드시 일어날 것이라는 기대가 담겨 있다. 이러한 질문은 내담자가 자신의 고민에 대해 이야기를 하고 그 상황에 대한 자신의 관점을 표현한 후에 이루어지는 것이 좋다. 이를 통해

서 내담자는 변화를 위해 노력하기에 앞서 이해받았다는 느낌을 가지게 되기 때문이다(O'Connell, 2012). 내담자가 두 번째 회기에 오게 되면 심리치료자는 실제로 어떤 일이 일어났고 내담자가 발견한 것은 무엇인지에 대해서 질문한다.

메시지 흔히 해결중심 심리치료자들은 회기에 대한 메시지 형식의 글로 쓴 피드백을 내담자에게 주기 위해서 5~10분 정도 일찍 회기를 마무리한다(O'Connell, 2012). 가능하다면 상담자는 이러한 메시지의 내용을 정하기 위해 혹은 상담 과정에 대한 다른 관점들에 대해서 논의하기 위해 회기를 지켜본 수련 감독자나 동료 상담자와 상의하는 것이 좋다. 메시지는 어떤 면에서 밀란(Milan)학파를 따르는 가족 치료에서 사용되는 '불변의 처방(invariant prescription)'과 유사하다(14장 참고). 메시지는 해결중심 심리치료의 마지막 회기에서 제시되는데, 이는 '불변의 처방'에 비해 보다 직접적이며 가족 상담 장면보다는 개인 상담 장면에서 더 많이 사용된다. 내담자는 메시지를 통해 긍정적인 피드백을 받게 되고 내담자의 목표 달성 정도를 요약하게 된다. 이 과정을 통해서 내담자의 변화와 목표들 사이를 연결해 주는 가교가 만들어지게 된다. 또한 메시지를 통해서 내담자에게 과제를 제시하기도 한다. 심리치료자는 문제를 보다 더 잘 다루었을 때나 내담자가 일어나길 바라던 어떤 일이 실제로 일어난 경험 등의 긍정적인 변화에 주목하는 관찰 과제(observational task)를 제안하기도 하고, 때때로 내담자에게 다르게 행동하기 혹은 마치 문제가 다 해결된 것처럼 행동하는 행동 과제(behavioral task)를 제시하기도 한다(de Jong & Berg, 2008; O'Connell, 2012). de Jong & Berg(2008)는 메시지는 내담자의 현재 상태를 고려하여 주어져야 함을 강조하였다. 예를 들면, 변화에 대한 동기화는 잘 되어 있지만 변화 목표가 체계적이지 않은 내담자와 반대로 목표는 체계적이지만 성취가 거의 없는 내담자에게 각각 다른 메시지가 주어져야 한다.

Sklare(2005)는 학교에서 자주 정학을 받는 12세 소년 페드로(Pedro)에게 준 메시지를 예로 제시하였다. 과제는 상세히 기록한 후 복사하여 페드로에게 주어졌다. 먼저 상담자는 페드로의 변화에 대해서 칭찬하기와 같은 긍정적인 피드백을 주었고 격려와 과제를 연결하는 연결 진술을 다음과 같이 하였다.

칭찬하기

너는 네가 무엇을 해야 하는지를 아는 매우 똑똑한 아이구나. 또한 네가 학교에서 좋은 태도를 갖고 바르게 행동하기 위해서 애쓰고 있다니 정말 흐뭇하구나. 네 성적에 대해서 선생님이 너에게 주의를 줄 때 선생님에게 화를 내지 않기 위해서 네가 노력했는데, 이건 네가 네 자신을 잘 통제하고 있다는 것을 보여 주었다고 생각해. 정학을 원하지 않는 너를 보니 네가 너의 엄마와 할머니, 할아버지, 그리고 네 자신을 훨씬 더 존중하고 중요하게 생각한다는 것을 알 수 있었단다. 9월에 명예 팀(Honors Team)에 들어가게 된 것은 네가 학업에 전념하고 점심시간과 쉬는 시간을 활용해서 마음껏 이야기하고, 또한 수업에도 흥미를 갖고 친구들과도 잘 어울린다는 것을 나타내 주는 또 하나의 증거가 되는 것 같구나. 너는 정말이지, 네가 무엇을 해야 하는지 정확히 알고 있는 것 같구나!

연결 진술

학교에서 더 잘하고 싶은 너의 마음

과제

이번 주에 척도 점수가 6점으로 올라갔을 때와 그때 무엇을 했는지에 대해서 관심을 갖고 살펴보기. (p.85)

이 모든 기법은 심리치료의 첫 번째 회기에서 자주 사용되지만 다른 회기에서도 많이 사용된다. 해결중심 심리치료자는 두 번째 회기와 이어지는 회기들에서 내담자의 성공 경험이 비교적 작은 것이라고 할지라도 모든 성공 경험을 주의 깊게 관찰하고 내담자가 성취하고 있는 변화를 놓치지 않으려 애쓴다. 또한 내담자의 성취를 측정하기 위해 척도 질문을 사용하고 상담을 종결한 이후에도 내담자가 스스로 척도 질문을 사용해서 변화 행동을 관찰하고 지속할 수 있도록 돕는다. 변화에서 이득을 얻는 것은 언제나 상담자가 아니라 내담자이다. 때때로 기적 질문을 새로운 문제에 적용해서 행동을 수정하기도 한다. 또한 긍정적인 변화에 주목할 수 있도록 진술을 재구성하기 위해 다른 기법들을 사용하기도 한다. 다른 기법들은 내담자가 현재 나타내고 있는 문제에 따라 융통성 있게 사용한다(Kim, 2014; Lutz, 2013; Macdonald, 2011; O'Connell, 2012).

로지의 사례

다음은 어려운 문제를 호소하는 내담자 로지(Rosie)에게 '긍정하기', '칭찬하기', '기적 질문'을 어떻게 적용하는지를 보여 주는 사례다. 이러한 기법과 함께 심리치료자가 이 모든 기법을 어떻게 통합하고 있는지 보여 주기 위해서 '척도 질문'과 '예외 질문'이 함께 사용되었다. 이 가상의 사례에서 상담자 셰럴(Cheryl)은 문제를 이해하고 공감하려는 노력과 함께 상담을 시작한다.

셰럴: 어떤 도움이 필요하신가요?

로지: 음……, 큰 문제가 생겼어요. 우선, 제가 또 임신을 했어요. 저는 이미 두 살, 세 살난 딸아이가 둘 있거든요. 그리고 학교 다니는 남자아이도 둘 있습니다. 이미 제가 해야 할 일들 때문에 미칠 지경입니다. 다시 두 아들을 위탁 가정에 맡기게 될까 봐 걱정입니다. 왜냐하면 아침에 아이들을 학교에 보내는 데 좀 문제가 있거든요. 아이들은 아침에 일어나기 싫어하고 그냥 누워서 TV나 보고 싶어 하죠. 애들은 학교가 자기들한테 별로 도움이 안 된다고 말합니다. 그리고 학교에 안 가면 삼촌들한테 배달일을 좀 더 많이 받을 수도 있고요.

셰럴: '배달 일'요?

로지: 예, 제 생각에는 마약을 배달하는 것 같아요. 제가 아무리 그 일이 나쁜 일이고 심각한 문제에 빠지게 된다고 이야기를 해도 전혀 듣지를 않네요. 적어도 애들이 학교에 있을 때는 라마(Lamar) 삼촌과 브라이언(Brian) 삼촌을 만날 수 없으니까 안심이 되지만요. 아침에 도대체가 일어날 생각을 안 하니…… . 저도 임신 중이라 너무 피곤해서 깨우기도 힘들고요.

셰럴: (공감적으로) 네, 정말 몸이 백 개라도 부족하겠네요. 혼자 네 명의 아이들을 감당해야 하는 데다가 그 와중에 또 아기를 가지게 되었으니…… .

로지: 그러게요. 그렇지만 전 아이들을 다시 위탁 가정으로 보내는 건 원치 않아요. 하지만 학교 등교 문제로 항상 싸우는 데다가, 임신한 상태에서 이 모든 것을 감당하기엔 너무 지쳤어요. (de Jong & Berg, 2002, pp.13~14)

상담이 진행되면서 셰럴은 로지의 개인 정보, 그녀가 성매매에 연루되어 있다는 것, 아이들의 복지와 관련되어 도움이 필요하다는 것, 그리고 그녀의 임신에 대한 정보를 수집할 수 있었다. 이어서 상담자는 내담자에게 '기적 질문'을 하기 위해 다른 주제로 초점을 옮겨갔다. 로지는 처음에는 질문에 진지하게 응답하지 않았지만 상담자는 인내심을 가지고 지속적으로 질문하였다. 다음에 이어지는 내담자의 말을 보면 마지막 두 개의 응답에서 해결책에 대해서 이야기하고 있음을 알 수 있을 것이다.

셰럴: 그렇군요. 감당하기 쉽지 않은 문제들이 있군요. 남자아이들을 학교에 보내는 일, 경제적인 안정, 임신, 게다가 이 모든 일들로 많이 지쳐 있고요. 이 문제들에 대해서 몇 가지 색다른 질문을 하려고 하는데요, 보통 이 질문은 '기적 질문'이라고 합니다. (잠시 멈춘 후) 상상해 보세요. 여느 밤과 같이 당신은 잠을 청하러 침대로 갑니다. 당신이 잠든 사이 기적이 일어난 거지요. 당신이 지금까지 저에게 이야기했던 문제들이 모두 해결된 기적이지요! 당신은 잠들어 있기 때문에 바로 문제가 해결된 것을 알 수는 없어요. 단지 다음 날 아침 당신은 무엇인가 달라졌다는 것을 느꼈을 뿐이지요. 그것은 정말 모든 것이 나아졌다는 것을 당신에게 알려 주는 것입니다. 무엇이 달라졌을까요?

로지: (미소 지으며) 그거야 간단합니다. 제가 30억짜리 로또에 당첨된 거지요.

셰럴: 그거 정말 좋은 일이겠네요. 그 밖에는 어떤 것이 있을까요?

로지: 돈도 많고 아이들에게도 자상하고 근사한 남자가 나타나는 거지요. 그리고 저와 결혼하는 거예요. 또는 지금처럼 애들이 많지 않고 고등학교를 졸업해서 좋은 직장을 가진 거지요.

셰럴: 좋습니다. 정말 놀라운 기적이네요. 잠자는 사이에 정말로 기적이 일어났고, '오늘은 다른 날과는 다르구나. 정말 괜찮아졌구나.'라는 것을 제일 먼저 어떻게 알 수 있을까요?

로지: 음……, 우선은 제가 아이들이 일어나기 전에 아침에 일어나서, 아침을 준비하고 아이들과 모두 함께 아침식사를 하는 거지요.

셰럴: 만일 당신이 아이들보다 먼저 일어나서 아이들을 위해서 아침을 만들기로 결정한다면 아이들은 어떻게 할 것 같나요?

로지: 제 생각에는 아이들도 아마 TV 앞에 가서 TV를 켜는 것이 아니라 식탁에 와서 앉을 것 같습니다.

셰럴: 그럴 때 당신은 어떨 것 같습니까?

로지: TV 문제로 싸우지 않고 좋은 이야기들을 할 수 있으니까 너무 행복할 것 같습니다. 그리고 아기도 싸우는 소리 때문에 깨서 우는 일도 없을 것 같고요.

셰럴: 그 밖에는요? 기적이 일어났을 때 그 밖에 무엇이 또 달라질 것 같습니까? (de Jong & Berg, 2002, pp.14~15)

다음에 이어지는 부분에서 상담자는 예외 질문을 간접적으로 사용한다. 상담자는 첫 번째 진술에서 "지난 2주간 당신이 조금 전에 이야기했던 기적과 조금이라도 비슷한 일이 있었나요?"라고 질문함으로써 문제에 있어서 예외적인 상황을 탐색한다. 이 부분에서 로지는 문제의 예외적인 상황에 대해서 이야기하였고, 후에 "네 명의 아이들에게 책을 읽어 줘야 되는 상황을 어떻게 대처했나요?"라는 상담자의 질문에 응답하면서 그녀가 문제에 어떻게 대처하는지를 설명하였다.

셰럴: 로지, 매우 인상적인데요. 문제들이 해결될 때 가정이 어떻게 달라질 것인지에 대해서 당신은 매우 명확한 그림을 가지고 있네요. 지난 2주간 당신이 조금 전에 이야기했던 기적과 조금이라도 비슷한 일이 있었나요?

로지: 글쎄요, 음……, 나흘 전에 좀 괜찮았던 것도 같네요.

셰럴: 나흘 전에 있었던 일을 이야기해 주시겠습니까? 어떤 점이 달랐나요?

로지: 네, 밤 10시가 못 되어 잠자리에 들었어요. 그리고 아주 단잠을 잤습니다. 토요일에 장을 봐 두었기 때문에 집에 먹을 것도 좀 있었고요. 게다가 6시 30분에 알람까지 맞춰 놨었지요. 알람이 울렸을 때 저는 일어나서 아침을 준비하고 아이들을 깨웠습니다. 아이들은 밥을 먹고는 학교 갈 준비를 했지요. 그리고 제시간에 맞춰 학교에 갔습니다. (기억을 떠올리며) 한 아이가 급하게 가기는 했지만……, 그래도 가방에서 숙제를 꺼내서는 학교 가기 전에 숙제를 마치기까지 했어요.

셰럴: (감격한 모습으로) 로지, 그날 정말 기적과 같은 일이 일어났었군요. 정말 놀라워요. 어떻게 그런 일이 일어났을까요?

로지: 확실하지는 않지만, 제 생각에는 일단 집에 먹을 것이 있었다는 것, 그리고 제가 일찍 잠자리에 들었기 때문인 것 같습니다.

셰럴: 네, 그렇군요. 그날은 어떻게 일찍 잠자리에 들 수 있었나요?

로지: 아, 그날 밤에는 손님을 받지 않고 아이들에게 1시간 정도 책을 읽어 주기로 결정했어요.

셰럴: 네 명의 아이들에게 책을 읽어 주었다고요? 어떻게 그게 가능했지요? 네 명의 아이들에게 책을 읽어 주는 일은 정말 힘든 일이었을 텐데요.

로지: 한꺼번에 다 읽어 주지는 못하지요. 우선 큰아이더러 막내 아기에게 책을 읽어 주게 했습니다. 실은 그것이 제가 큰아이 책 읽기를 연습시킬 수 있는 유일한 방법이기도 합니다. 그리고 저는 둘째와 셋째 아이에게 책을 읽어 주었지요.

셰럴: 그것 정말 좋은 아이디어네요. 큰아이더러 막내에게 책을 읽어 주도록 하는 것은 당신에겐 물론 큰아이에게도 모두 유익하네요. 어떻게 큰아이가 그렇게 하도록 했나요?

로지: 책을 읽어 주는 대신 동생들보다 30분 늦게 자는 것을 허락해 줘요. 왜냐하면 저를 도와주었으니까요. 큰아이는 다른 동생들보다 늦게 자는 것을 정말 좋아하거든요. (De Jong & Berg, 2002, p.15)

다음 부분에서는 문제를 파악하기 위해서 척도 질문을 사용하고 로지가 문제에 대해 어느 정도로 심각하게 생각하고 있는지에 대해서 확인하였다.

셰럴: 제가 이제 척도 질문을 드리려고 합니다. 이 척도는 0점에서 10점까지 이루어져 있습니다. 0점은 문제가 최악으로 느껴지는 상황입니다. 그리고 10점은 우리가 이야기 했던 문제가 해결된 것을 뜻한다고 할 때 오늘은 몇 점인가요?

로지: 만약에 이 질문을 오늘 상담 시작 전에 들었더라면 아마도 2점이라고 응답했을 것 같아요. 하지만 지금은 5점이라고 말할 수 있을 것 같아요.

셰럴: 아주 좋습니다! 이번에는 기적과 같은 일이 일어났던 나흘 전의 상황과 관련된 질문을 하나 하겠습니다. 0점은 전혀 확신이 없는 것이고, 10점은 아주 확신하는 것을 의미한다고 할 때 다시 기적과 같은 날이 일어나게 할 수 있다는 것을 얼마나 확신하시나요?

로지: 아……, 한 5점 정도…….

셰럴: 자, 6점이라고 가정해 봅시다. 5점일 때와는 무엇이 다를까요?

로지: 아이들에게 아침식사를 줄 수 있을 만큼의 음식이 항상 집에 있을 것이라는 점이 보다 더 확신할 수 있게 할 것 같네요. (de Jong & Berg, 2002, p.16)

이러한 기법들을 사용하는 것은 내담자가 긍정적으로 생각할 수 있도록 도와주며 문제가 아닌 해결책을 찾는 것에 집중하도록 한다. Berg & Dolan(2001)은 자신들의 저서인『해결에 대한 이야기들: 희망적이고 고취적인 이야기 모음(Tales of Solutions: A Collection of Hope-Inspiring Stories)』에서 사회적, 경제적, 정치적 또는 심리적 어려움으로 고통을 받고 있는 사람들에게 해결중심 심리치료가 어떻게 희망을 줄 수 있는지를 보여 주는 다양한 사례들을 정리하여 소개하였다. 『해결중심 단기 심리치료(Solution-Focused Brief Therapy)』에서 Kim(2014)은 해결중심 심리치료는 아시아계 미국인, 아시아계 이민자, 아프리카계 미국인, 히스패닉계, 아메리카 원주민, 다문화 가정, 장애를 가진 내담자, 그리고 레즈비언, 게이, 양성애자, 트렌스젠더, 동성애자, 간성(間性) 그리고 무성(無性)의 내담자에게도 적용될 수 있다는 것을 보여 주었다. 『학교 장면에서의 해결중심 단기치료: 연구와 실제의 전경(Solution-Focused Brief Therapy in Schools: A 360-Degree View of Research and Practice)』에서 Kelly, Kim, & Franklin(2008)은 학급에서 선생님들이 사용할 수 있도록 지침을 제공할 뿐 아니라, 초·중·고등학교 학생들에게 어떻게 적용할 수 있는지를 설명하였다. 『해결중심 심리치료(Solution-Focused Therapy)』의 저자인 O'Connell(2012)은 자신의 저서에서 해결중심 심리치료를 다른 심리치료 접근들과 어떻게 통합될 수 있는지에 대해서 설명하였다. Lutz(2013)는 『해결중심 심리치료 배우기: 일러스트 가이드(Learning Solution-Focused therapy: An Illustrated Guide)』에서 의료적 또는 정신과적 접근이 해결중심 심리치료와 결합될 수 있다는 것을 보여 주었다.

이야기 심리치료

이야기 심리치료자들은 문제를 포함하고 있는 내담자의 이야기에 주목한다. 다른 관점으로 이야기하기 또는 이야기에서 다른 부분을 강조하는 것을 통해서 내담자가 호소하는 삶의 문제들을 해결할 수 있게 된다(Botella & Gámiz, 2012; Guidano, 2014; Neimeyer, 2009, 2014). Neimeyer(2009)와 다른 구성주의 심리치료자들(Raskin & Bridgcs, 2008)은 우선 내담지의 이야기를 분석하고 넓은 의미로 개인구성 심리치료라고 할 수 있는 치료 방법을 적용하기 위한 다양한 기법을 사용함으로써 개인의 문제를 탐색해왔다. 이야기 심리치료의 특정 기법은 White와 Epston에 의해서 고안되었는데, 이에 대해서는 이 장의 뒷부분에서 논의하겠다.

개인구성 심리치료

문학 수업에서 소설을 분석하는 방법을 배울 때 우리는 배경, 등장인물, 줄거리, 주제 등에 관심을 갖는다. 이와 같이 개인구성 심리치료자도 내담자의 이야기를 분석한다. 내담자 이야기의 다른 측면에도 관심을 가지지만, 이와 같은 배경이나 등장인물, 줄거리, 주제 등의 구성 요소는 내담자의 이야기를 분석하는 데 있어서 가장 기본적인 개념이라 할 수 있다. 먼저 각각의 개념을 설명하고 개인구성 심리치료의 사례를 들어 보겠다.

배경 이야기가 일어난 장소와 시간은 이야기의 배경이 된다. 이야기는 실내에서 일어날 수도 있고 야외에서 일어날 수도 있으며 실제적인 경험일 수도 있고 상상이나 꿈일 수도 있다. 이러한 배경은 등장인물의 행동을 이해할 수 있는 맥락적 지식을 제공하며, 매우 자세하게 묘사될 수도 있고 굵은 붓놀림과 같이 묘사될 수도 있다. 또한 순간적 상황에 대한 이야기일 수도 있고 오랜 시간에 걸친 이야기일 수도 있다.

등장인물의 성격 묘사 등장인물은 이야기 속에 등장하는 사람(또는 배우)을 일컫는 표현이다. 대부분 내담자는 이야기의 주인공이거나 중심인물인 경우가 많다. 또한 이야기에는 경쟁 상대, 즉 주인공과 대립하거나 갈등하는 인물이 있으며 조연에 해당되는 인물도 있다. 이러한 등장인물의 성격이나 동기는 이야기하는 사람, 즉 내담자에 의해서 직접적으로 묘사되기도 하고 이야기를 하는 중에 드러나기도 한다. 때때로 내담자는 자신이 등장인물이 되거나 게슈탈트의 빈 의자 혹은 빈 의자 접근과 같은 기법을 통해서 이야기의 일부를 연기하기도 한다(Neimeyer, 2000; 2009).

줄거리 줄거리의 역할은 어떤 일이 일어났는지에 대해서 알려 주는 것이다. 즉, 우리는 이야기의 줄거리가 전개됨에 따라 이야기의 배경 속에 나타나는 등장인물의 행동을 좇아가게 된다. 줄거리는 여러 개의 삽화나 행동으로 구성될 수 있다. 때때로 심리치료자는 내담자가 일관적이고 논리적으로 여러 삽화를 구성할 수 있도록 돕는 역할을 한다. 대부분 내담자들은 같은 이야기를 여러 차례 반복하며 다른 줄거리나 관점을 발전시켜 가기도 하며, 어려운 문제로 이루어진(또는 문제로 가득 찬) 줄거리를 새로운 해결책을 찾는 방향으로 변화시키기 시작한다.

주제 이야기에서 어떤 일이 일어나는 이유에 해당되는 것이 주제라고 할 수 있다. 이야기를 하는 사람에게 이 이야기는 어떤 의미가 있는가? 이야기를 하는 중에 내담자는 어떤 감정적인 경험을 하는가? 이야기에서 내담자가 중요하게 생각하고 있는 것은 무엇인가? 이야기를 들으면서 앞에서의 질문과 같이 심리치료자는 자신의 이해가 아닌 내담자가 자신의 이야기를 어떻게 이해하고 있는지에 초점을 두어야 한다. 때때로 내담자는 이야기를 정서적 또는 인지적으로 이해하고 있다. 또는 영적으로 이해하거나 이러한 이해들이 혼합되어 있을 수도 있다. 심리치료자는 다양한 기법을 사용하여 내담자가 자신의 이야기의 주제를 이해할 수 있도록 돕는 역할을 수행한다.

베리의 사례

Neimeyer(2000)가 제시한 다음의 예는 아버지 베리(Barry)와 아들 맷(Matt)의 이야기로 두 사람은 가족 내에서 일어난 자살 사건과 살해 사건을 목격하였다. 베리와 맷 부자가 이 사건을 어떻게 자각하고 있는지에 대해서 이야기하고 자신의 기억 속에 남아 있는 사건의 세부적인 내용에 대해서 설명하도록 하는 것이 Neimeyer의 목표였다. 베리와 맷은 배경, 등장인물, 줄거리에 대해서 이야기하였고 그러면서 이 사건에 대해서 그들이 어떻게 이해하고 있는지를 알려 주는 주제가 드러나게 되었다.

일터에서 조금 일찍 집에 돌아온 어느 날, 베리는 자신의 아내 리사(Lisa)가 침실에서 나오는 네 살 된 딸, 캐리(Carrie)를 부르는 소리를 들었다. 그때 고요했던 집에 두 발의 총성이 울렸다. 이 소리는 분명 아래층에서 맷(15세)이 비디오게임을 할 때 나는 소리와는 확연히 다른 것이었다. 베리가 미친 듯이 침실로 뛰어 올라갔을 때 딸 캐리는 피를 흘린 채 쓰러져 있었고 그 너머에 아내 리사가 서 있었다. 베리가 "대체 무슨 일을 저지른 거야!"라고 소리치는 사이 리사는 총을 들어 베리의 가슴을 겨냥하고 방아쇠를 당겼다. 그 순간 그는 가슴에 총을 맞고는 벽 쪽으로 튕겨지듯 날아갔지만 여전히 서 있을 수 있었고 이내 리사의 손에서 총을 빼앗기 위해서 그녀에게 달려들었다. 그때 맷이 방으로 달려왔고 어머니의 손에서 총을 빼앗는 것을 도왔다. 두 사람이 어린 캐리의 상태를 살펴보기 위해 돌아서서 무릎을 굽혀 앉는 사이 리사는 얼굴을 바닥으로 향한 채 쓰러져 숨졌다. 앞전에 들렸던 두 발의 총성 중 외관상 발견되지 않았던 두 번째 총알이 그녀의 가슴 부위에 박혀 있었던 것이다.

이 비극적인 사건이 일어난 지 겨우 한 달이 지난 후에 베리와 맷을 만났다. 베리와 맷을 상담하면서 우선적으로 초점을 맞춘 몇 가지 시급한 과제가 있었다. 그것은 이 두 사람이 경험한 충격적인 외상적 경험에 대해 그들 나름의 공통적인 이해를 할 수 있도록 돕는 것이고, 다른 하나는 리사가 왜 그런 행동을 했는지에 대해 찾아내기 쉽지 않은 이유를 찾는 것이었다. 전환점은 4회기에서 찾아왔다. 나는 사건이 일어났던 당시, 그들의 주의를 강력하게 사로잡았던 세부 사항에 특별히 집중하면서 내담자가 당시의 상황에 대해서 차근차근 설명할 수 있도록 안내하고 있었다. 베리와 맷 각각 자신이 인식했던 것들에 대해서 정서적으로 자세히 이야기하는 중에 그들이 이전에 이야기했을 때는 나타나지 않았던 한 가지 특정한 이미지를 발견했다. 리사가 캐리를 살해하고 자살을 했던 상황에 대해서 처음으로 이야기하면서 베리는 아내가 매우 냉담하고 무표정한 모습으로 자신의 눈을 바라보며 총을 쏘았던 기억을 떠올렸다. 그러나 이와는 아주 대조적으로 리사가 방에 들어온 맷을 보았을 때는 격분으로 일그러진 얼굴이었다고 말하며, 그러한 표정은 이전에는 본 적이 없었다고 이야기했다. 맷도 이를 인정하였는데, 이러한 사실을 토대로 나는 이 불일치를 적절하게 설명할 수 있는 리사의 감정이나 의도 또는 동기를 생각하기 위해서 즉석에서 두 사람과 함께 상담을 진행하였다. 이 과정에서 리사가 어린 시절의 학대 경험을 갖고 있으며, 이와 깊게 결부되어 있는 성적인 배신의 경험이 드러났고 베리와의 결혼생활 중에도 그의 외도로 인해 이 문제가 다시금 나타나기 시작했으며, 이전에도 여러 관계에서 비슷한 문제가 재연되어 왔음이 드러났다. 남편이 사랑하는 사람들(자신과 딸)을 죽임으로써 남편 베리를 냉담하게 처벌하고자 하는 그녀의 동기와 그녀의 의도를 방해하는 아이를 향해서 분노했을 가능성은 베리와 맷 모두에게 받아들여질 수 있는 이유였다. 이 해석이 두 사람 모두의 심경을 복잡하게 하고 슬픔을 안겨 주었지만, 한편으로는 이야기의 세부 사항과 가능한 대안을 적극적으로 탐색하려는 자세를 통해 치료 과정의 다음 단계로 나아 갈 수 있었다. (Neimeyer, 2000, pp.218~219)

비록 위의 사례가 아주 극적인, 흔치 않은 사례지만, 내담자 자신이 경험한 사건을 반복적으로 이야기하는 것이 어떻게 자신의 슬픔을 다루거나 문제를 새롭고 유익한 방향으로 이해해가는 데 도움이 되는지를 보여 준다. 이 이야기에서 침실이라는 배경은 등장인물(베리, 맷, 리사, 캐리)에 집중할 수 있도록 도와준다. 그리고 딸을 살해하고 남편을 살해하려고 시도한 후 자살로 이어지는 줄거리는 다른 주제를 드러나게 하였다. 위의 사례에서 심리치료자는 베리와 맷이 이야기를 반복함에 따라 격분과 배신에 관련된 주제가 리사의 어린 시절과 관련되어 있다는 것을 발견하였으며, 이러한 이해는 베리와 맷으로 하여금 리사와 캐리의 죽음을 새롭게 이해하고 다루는 데 도움을 주었다.

심리치료자들은 내담자가 문제를 해결할 수 있도록 돕기 위해서 이야기하기, 재진술하기, 이야기의 부분별 재탐색하기 등의 다양한 접근을 사용해왔다. 많은 개인구성 심리치료자들이 개개인의 성격에 따라서 이야기 심리치료를 적용하는 방법에 대해 다양한 연구를 진행해온 결과, 내담자에게 이야기 심리치료를 적용하는 다양한 방법이 개발되었다 (Adelman, 2008; Hoyt, 2008; Raskin & Bridges, 2008). 그중 가장 잘 알려진 것은 Epston과 White의 이야기 심리치료 접근이다.

Epston과 White의 이야기 심리치료

White와 Epston 연구의 특징적인 부분은 내담자의 이야기를 듣는 것과 이야기에서 중요한 부분에 초점을 맞추는 것, 이야기를 바라보는 대안적인 관점 등이다(Epston & White, 1992; Freeman, Epston, & Lobovits, 1997; Maisel, Epston, & Borden, 2004; Madigan, 2011; White, 1995, 1997, 2007; White & Epston, 1990, 1994). 이 두 사람의 연구는 포스트모더니즘과 정신연구소에 연관된 이론가들의 영향을 받았다. 가족 또는 개인의 변화를 위한 열쇠는 이야기를 다시 쓰거나 말하도록 하는 것으로, 이들은 내담자의 변화를 돕기 위해서 외현화, 독특한 결말 찾기, 대안적 이야기 탐색하기 등의 기법을 사용한다. 또한 편지 쓰기, 수료증 발급하기, 과거에 성공적인 경험이 있었던 내담자로부터 편지 받기 등 내담자를 지지하기 위한 창의적인 방법도 사용한다. 더욱이 내담자가 치료적 변화를 유지할 수 있도록 미래에 대해서도 생각해 볼 것을 권유한다.

White와 Epston은 사회구성주의 관점으로 세상을 바라보는데, 내담자가 자신을 둘러싼 세상과 자신에게 일어난 사건을 어떻게 인식하고 있는지에 관심을 갖고 있다. 또한 어떤 가족 구성원은 다른 가족 구성원들과 다른 관점을 갖는 경향이 있다는 것과 그로 인하여 갈등과 문제가 발생할 수 있다는 점에 주목하였다. 사람들의 삶에 대한 이야기는 정치, 문화, 경제, 종교, 사회적인 영향에 대해서 잘 나타내 준다. 문제지향적이거나 부정적인 이야기는 내담자 또는 가족들의 태도에 영향을 주게 된다. White & Epston(1990)은 내담자의 이야기를 온전하게 이해하고 존중하기 위해서 노력했다.

평가

이야기 심리치료자들은 진단을 하거나 문제가 생겨난 이유를 찾으려 하기보다는 내담자가 자신의 이야기를 어떻게 발전시키는지를 경청하고 새로운 대안을 전개한다. 이를 위해서 이야기 심리치료자들은 이야기 지도(maps of the story)를 사용한다(White, 2007). 그들은 내담자가 하는 말을 받아 적음으로써 이야기가 어떻게 진행되는지에 대한 지도를 그린다. 문제가 개인의 삶에 어떻게 영향을 미치고 있으며 또한 개인의 삶이 문제에 어떤 영향을 미치고 있는지에 초점을 맞춘다. 평가는 심리치료 과정에서 내담자가 바라는 것이 무엇인지에 대해서 질문하는 것으로 시작된다. 그 후에 내담자가 가족들에게 미치는 문제의 영향이나 그 결과로 인한 어려움에 대해서 이야기하는 동안 심리치료자는 이 내용을 기록하고 그에 대해서 내담자와 논의한다. '문제가 당신의 삶 속에 들어오기 시작한 건 언제였나요?'와 같은 질문은 내담자에게 비난하는 느낌을 주지 않으면서 문제를 외현화한다. 이러한 탐색을 촉진하기 위해서 심리치료자는 "비슷한 문제를 가진 사람들이 있다면 그들은 반복되는 실수를 피하기 위해서 어떻게 할까요?", "최근에 이 문제가 일어나지 않도록 혹은 조금 나아지도록 노력해 본 것이 있었나요?"와 같은 질문을 하기도 한다(Nichols, 2013, p.384). 이러한 질문은 내담자에게 문제를 해결할 수 있는 충분한 역량과 풍부한 자원이 있다는 것을 내담자나 가족이 인지하도록 하는 데 도움이 된다. 이와 같은 질문은 또한 문제 자체가 곧 내담자의 삶이 아니며 더 나아가 문제로 인해 그들의 삶이 좌지우지될 필요도 없음을 지적해 준다. 그리고 내담자가 긍정적이면서도 독자적인 해결책을 찾을 수 있도록 격려하는 데 도움이 된다.

목표

Epston과 White는 Neimeyer와 같이 내담자가 자신의 삶을 볼 때, 문제에 몰입하지 않고 긍정적으로 바라볼 수 있도록 돕기 위해 노력하였다. 이들은 내담자가 자신의 이야기의 등장인물과 줄거리로부터 의미를 찾고 이를 통해서 자신의 문제를 극복할 수 있도록 돕는다. 이들의 관점은 말에는 능력이 있어서 사람이 자신과 그 외의 요소들을 바라보는 데 영향력을 미친다는 것이다. 내담자가 문제해결을 위한 목표지향적이고 대안적인 관점으로 자신의 문제에 대해서 이야기하는 것은 내담자로 하여금 자신의 문제를 해결할 준비를 하게 만든다.

8세 소년, 새뮤얼(Samuel)의 예(Freeman et al., 1997, pp.57~58)는 문제 설명과 목표 설정의 다양한 방법들을 잘 보여 준다.

새뮤얼의 부모님은 새뮤얼에 대해서 "새뮤얼은 아주 이기적이고 참을성이 없는 아이입니다. 자신이 원하는 것을 갖지 못할 때면 몹시 흥분을 하고 화를 내곤 하죠."라고 말하였다.

(p.57)

> 그러나 새뮤얼은 자신의 문제에 대해서 다른 관점에서 이야기했다. "저는 학교가 너무
> 너무 싫어요. 학교에서 시키는 것들은 하나같이 지루해서 저는 차라리 제가 하고 싶은 것을
> 해요. 선생님과 다른 아이들은 나를 좋아하지 않아요. 왜냐하면 내가 그다지 흥미 있는 척하
> 지 않기 때문이죠. 만약 내가 하는 일에 시비를 건다면 나도 그렇게 할 거예요." (p.57)

> 새뮤얼의 심리치료자는 새뮤얼의 행동에 대해서 문제지향적 관점을 취했다. "새뮤얼은
> 주의집중 지속 시간이 짧습니다. 주의력결핍 과잉행동 장애(ADHD)일지 모르니 좀 더 평가
> 가 필요합니다. 새뮤얼은 자기 나이 또래들에 비해서 불안을 잘 다루지 못하네요. 새뮤얼은
> 자신의 나이에 적절하게 다른 사람들과 협력해야 하는 사회적 상황에서 자기애성과 웅대한
> 자기상이 나타나는 발달 단계로 퇴행하고 있는 것으로 생각됩니다." (pp.57~58).

반면, Freeman과 그의 동료들(1997)은 이 문제를 긍정적인 관점으로 보았는데, 이들의 견
해에 따르면 문제는 개인의 외부에 있는 것이다(문제의 외현화). 이 접근법은 위의 예에서 새
뮤얼이나 그의 부모와 심리치료자가 진술한 것과 달리, 아래의 예와 같이 보다 건설적으로
응답할 수 있는 질문을 사용한다.

> 새뮤얼은 자신이 원하는 것이 무엇인지에 대해서 분명한 아이인가요? 부당한 일을 당하거나
> 자기가 마음에 생각한 대로 되지 않을 때면 화를 내고 잘 참지를 못하나요? 이로 인해서 아
> 이의 마음의 평안이 깨어지나요? 이런 문제가 선생님이나 친구들과의 관계에 어떤 영향을
> 미치나요? 그가 하고 있는 행동을 통해서 그는 무엇을 얻고 있나요? (p.58)

이러한 질문은 내담자와 그의 부모가 문제를 다르게 바라보고 새뮤얼에게 적절한 목표
를 설정하도록 하는 데 도움이 된다. 또한 가족들에게 새로운 해결책이 효과가 있을 것이라
는 희망을 준다.

이야기 심리치료의 기법

이야기 심리치료자들이 사용하는 기법은 당연히 이야기와 관련있다. 이들은 이야기를 관찰
하고, 다르게 이야기할 수 있는 방법들을 탐색하거나, 그것을 다른 방식으로 이해하려 한다.
이야기 심리치료자들은 이러한 과정들을 통해 문제를 개인이나 가족의 외부에 두는 것, 즉
외현화가 유용하다는 것을 발견했다. 이들은 문제를 다루기보다는 긍정적이며 독특한 탈출
구(unique outcomes)를 찾으며 대안이 되는 이야기를 탐색하는데, 이 또한 유용하다. 내담자
의 삶에서 긍정적인 이야기는 좋은 대안이 될 수 있으므로, 이에 대해서 질문하는 것은 여
러 문제에 대해서 만족스러운 성과를 이끌어 내는 데 도움이 된다. 미래에 대해 질문하는 것
은 내담자가 상담을 통해서 얻은 긍정적인 것을 유지하고 지속하게 하는 데 도움이 된다. 심
리치료자들은 가족이나 친구 혹은 내담자 주변의 지인이 내담자를 지지할 수 있는 방법도

찾는다. 이처럼 심리치료자가 제일 많이 사용하는 치료적 반응은 바로 질문하기이다. 질문하기는 내담자가 자신의 이야기를 보다 깊이 생각하게 하며 이야기를 발전시키는 데 도움이 될 뿐 아니라 문제를 다루기 위한 새로운 방법을 찾는 데에도 유용하다.

이론의 적용

문제의 외현화 이야기 심리치료에서는 문제와 관련된 아이나 가족 구성원이 아니라 문제 자체와 맞선다. 문제와 싸워나가는 데 가족이 함께 참여하기도 한다. 앞의 새뮤얼의 예에 비추어 생각해 본다면 가족이 맞서 싸워야 할 적은 '분노'와 '참을성 없음'이다. 이와 같이 문제를 가족의 외부에 두고 개인의 성격으로부터 완전하게 분리시킨다. 새뮤얼이 '성질'을 부리는 것이 아니라, 오히려 '성질'이 새뮤얼을 괴롭히고 있는 것이다. 그러므로 심리치료자는 "새뮤얼의 마음을 어지럽히는 이 '성질'이 목표로 하는 것은 무엇이라고 생각하시나요?"라고 질문할 수 있다. 외현화(externalizing)는 새뮤얼이 문제라고 생각했던 부모의 전제를 무효로 만든다. 그리고 문제로 새뮤얼을 비난하지 않고 다른 해결책을 찾아갈 수 있는 길을 닦아준다. 그 후 심리치료자는 기존의 문제나 이야기를 해체하고 보다 나은 이야기로 재구성하고 재저술(re-author)한다. 심리치료자는 가족이 자신의 문제와 관련된 이야기를 고수하지 않고 함께 문제를 극복하도록 돕는다(Nichols, 2013).

독특한 탈출구 이야기 심리치료자들은 문제로 가득 찬 내담자의 이야기를 들으면서 이야기 속의 예외 상황을 찾는다(Nichols, 2013). 또한 열린 질문을 통해 내담자의 가족들이 잘 협력해서 문제를 다루었거나 문제가 나아졌던 순간에 대해서 탐색한다. 이러한 질문은 반짝이는 순간 또는 독특한 탈출구(unique outcomes)로 나타나는 예외 상황을 탐색하는 데 도움이 된다. 이러한 예외적 순간에는 가족이 가지고 있는 문제 상황에서 보이는 것과는 다른 종류의 생각, 감정, 행동이 포함된다. 이야기 심리치료자는 이러한 '독특한 탈출구'에 집중함으로써 문제가 가족에게 어떤 영향을 미치고 있는지를 탐색하기 시작한다. 이러한 과정을 통해 새로운 이야기가 시작될 수 있기 때문이다.

대안적 이야기 내담자와 내담자의 가족이 가진 강점과 특별한 능력, 그리고 목표나 소원이 대안적 이야기(alternative narratives)의 초점이 된다. 심리치료자는 내담자나 내담자 가족의 긍정적 측면을 이야기하고 문제를 바라보는 새로운 시각을 발달시킨다. 이때 심리치료자는 '성질대로 하지 않았던 때를 생각해 볼 수 있을까요?', '당신이 가진 관점을 어떻게 믿을 수 있나요?', '당신이 자기 자신을 적절하게 통제할 수 있는지에 대해서 이것은 무엇을 말해 주나요?'라고 질문하기도 하며 또는 '어떻게 그와 같은 목표를 달성할 수 있었나요?', '당신이 지난번 자신에 대해서 이야기했던 것에서 무엇이 어떻게 달라졌나요?'라고 질문할 수도 있다. 이러한 방법으로 이야기 심리치료자는 내담자가 보다 생동감 넘치고 긍정적인 방법으로 자신에 대한 이야기를 하도록 함으로써 자신의 강점을 알도록 돕는다.

긍정적 이야기 이야기 심리치료자는 문제로 가득 찬 이야기를 살펴볼 뿐 아니라 잘하고 있는 부분에 대해서도 관심을 가진다. 때때로 내담자는 자신의 문제에 너무 집중한 나머지 자신이 현재 잘하고 있는 부분에 대한 긍정적인 이야기는 잘 찾지 못한다. 내담자가 자신의 긍정적인 부분을 간과하더라도 심리치료자는 내담자가 자신이 어떤 문제에 대해서는 효과적인 방법으로 접근하고 있다는 사실을 발견할 수 있도록 질문을 던질 필요가 있다. 이와 같은 긍정적인 이야기를 통해서 내담자는 힘이 북돋아진다는 느낌(sense of empowerment)을 경험할 수 있다.

미래에 대해 질문하기 변화가 일어나게 되면 심리치료자는 내담자가 자신의 미래와 앞으로 일어날 수 있는 긍정적인 새로운 이야기에 관심을 가질 수 있도록 도움을 준다. "만약 문제가 다음주에도 지속된다면 이것이 당신에게 의미하는 것은 무엇인가요?"라고 물어봄으로써 내담자가 가진 자원을 스스로 볼 수 있도록 도울 수 있다. 또는 "오늘 당신은 자신에 대한 새로운 것을 발견하였습니다. 그렇다면 이와 관련해서 앞으로는 분노를 어떻게 다룰 수 있을까요?"라고 질문할 수도 있다. 이러한 질문은 치료를 모두 마친 후에도 치료에서 얻은 변화를 유지하는 데 도움이 된다.

내담자의 이야기 지지하기 이야기 심리치료자는 내담자의 이야기를 강조하고 이야기의 재저술 과정에서 나타나는 치료적 효과를 높이기 위해 다양한 자원을 사용한다. 여기에는 편지, 웹페이지, 수료증, 지지모임, 그리고 내담자에게 도움을 줄 수 있는 내담자의 지인이 포함된다(Epston, 2009; Maisel et al., 2004; Madigan, 2011; Marner, 2000; Schneider, Austin, & Arney, 2008; Steinberg, 2000). 심리치료자는 내담자에게 편지나 쪽지를 쓰기도 하는데, 이는 각 회기를 요약하거나 문제를 외현화하는 데 도움이 된다. 이러한 편지는 긍정적으로 내담자의 강점을 부각시켜 준다. 편지에서 이야기 심리치료자는 문제의 예외 사항과 같은 '독특한 탈출구'에 초점을 맞춘다. 이때 상담 회기에서 언급되었던 내용을 직접 인용하기도 하고 지난 회기에 대한 내담자의 생각을 포함시키기도 한다. 편지는 회기 중이나 상담을 종결하는 시점에 전달하기도 한다. 내담자는 종종 예전의 편지를 다시 읽는 것이 문제를 개선하는 데 도움이 된다고 보고하였다. 또한 편지는 내담자에 대한 지지를 제공할 수 있는 질문에 대한 답을 묻기 위해 내담자를 잘 아는 사람에게 쓰여질 수도 있다. 편지 쓰기 캠페인(letter-writing campaigns)이라고 불리는 이 편지는 심리치료자에 의해 작성되어 서면으로 응답하거나 현재 내담자와 함께하는 심리치료 회기에 참석하도록 초대될 수 있는 몇 명 또는 10명 이상의 사람들에게 보내진다(Madigan, 2011). 수료증은 대개 아동을 대상으로 주어지는데, 변화를 야기하고 변화를 이룬 것에 대한 자부심을 격려하기 위해서 사용된다.

지지모임은 내담자의 지지 자원을 개발하기 위해서 시작되었다. 이 예로는 뉴질랜드의 오클랜드, 미국의 조지아주와 애틀랜타주, 캐나다의 밴쿠버의 반-거식증 및 폭식증 지지모임 등이 있으며, 거식증 및 폭식증과 싸우는 내담자의 이야기를 모은 간행물을 발행하고 있다. 일반적으로 지지모임은 한 명의 심리치료자 또는 여러 명의 심리치료자와 내담자들이 함께 운영한다. 이 모임에서 섭식 장애, 분노, 우울이나 그 밖에 다른 여러 가지 문제를 성공적으로 다룬 내담자의 경험을 소개하고 활용한다. 내담자는 이러한 지지모임을 통해서 자신과 유사한 문제를 가지고 있는 다른 내담자가 문제와 분투하는 이야기로부터 교훈과 지지를 얻기도 하며 자신의 문제와 맞설 용기도 얻는다. 예를 들어, 심리치료자는 내담자가 문제를 극복하는 과정에서 더 많은 지지를 얻을 수 있도록 지지모임의 성공 경험담을 담고 있는 홈페이지를 내담자에게 제공할 수 있다.

또한 내담자는 내담자의 부모, 형제, 친구 또는 주변 지인으로부터 지지를 얻을 수도 있다. 가족 치료에서 심리치료자는 "어머님, 제니(Jennie)가 자신의 분노를 잘 다스리고 있다는 것을 어떻게 알 수 있었나요?" 또는 "아버님, 제니가 학교에서 분노를 잘 다스리기 위해서 애쓰고 있다는 것을 선생님들이 어떻게 알 수 있을까요?"라고 질문한다. 이러한 질문을 통해서 내담자의 이야기를 지지할 수 있고 내담자의 주변 사람이 내담자의 변화를 지지할 수 있다. 이야기적 관점으로 볼 때 내담자는 자신의 진보에 갈채를 보내고 그 진가를 인정해 주는 청중이 생기는 셈이다.

이야기 심리치료자는 내담자의 이야기를 이해하기 위해 다양한 접근을 사용하지만 그 무엇보다 어떻게 하면 내담자가 자신의 이야기로부터 희망과 성취감을 찾을 수 있을 것인지에 모든 초점을 맞춘다. 내담자의 가족과 지인은 내담자가 '외현화된 문제'와 싸우는 새로운 이야기를 만들도록 내담자를 돕는다.

테리의 사례

이론의 적용

다음의 예는 David Epston이 12세의 백인 뉴질랜드 소년 테리(Terry)와 그의 엄마 도로시(Dorothy)와 상담한 내용이다. Epston은 두 사람과 8개월 동안 여덟 차례 만남을 가졌다. 다음은 1회기의 내용에서 발췌한 것으로, David는 죄책감과 강박적 행동을 공격하는 것을 통해서 테리로부터 문제를 외현화하는 작업을 하였다.

"테리는 지나친 죄책감을 가지고 있어요." 도로시가 자신의 아들에 대한 걱정들을 이야기한 후에 한 마디로 정리하며 말했다. 그녀는 아들의 증상에 대해서 이야기를 하면서 손 씻는 행동, 지나치게 걱정하는 것, 매일 등교하는 길에 구토를 하는 일, TV에서 키스하는 사람들이나 일상에서 접하게 되는 먼지를 볼 때 나타나는 히스테리적인 반응에 대해서 이야기하였다. 테리는 TV에서 사람들이 키스하는 장면이 나올 때면 쿠션으로 눈을 가리라며 소리치곤 했다.

도로시는 자신이 시도했던 방법이 잘한 것인지에 대해서 확신이 없는 태도로 자신과 딸(테리의 누나)이 테리의 행동을 멈추려고 시도했던 방법에 대해서 이야기했다. 이들은 과장된 유머와 함께 그를 약간 놀리듯 하며 테리의 요구를 거절해왔다. 그들이 이렇게 행동한 의도는 테리를 키스 장면에 노출시키는 것이 그런 장면에 익숙해져서 괜찮아지도록 하는 데 도움이 될 것이라는 생각에서였다. 테리는 엄마와 누나의 태도에 대해서 '놀림(teasing)'이라고 별명을 붙였고 David가 테리에게 '놀림'에 대해서 호의적으로 느끼는지, 악의적으로 느끼는지에 대해서 질문하였을 때 테리는 '호의적'이라고 확신 있게 대답했다.

David가 이 문제에 '호의적 놀림'이 미친 영향에 대해서 질문하자, 테리는 "저의 강박증이 나아지는 데 도움이 됩니다."라고 응답하였다. David가 "너의 엄마와 누나가 네가 문제를 해결할 수 있도록 격려하기보다는 너를 마음을 상하게 하는 것일 수도 있지 않을까?"라고 조심스럽게 이야기하자, 테리는 "전혀 그렇지 않습니다."라고 응답하였다.

David는 보다 많은 정보를 얻기 위해서 "엄마와 누나의 '호의적 놀림'이 네게 어떤 도움이 되나 보구나. 어떤 면에서 도움이 되는지 말해 줄 수 있겠니?"라고 물었다.

"예, 엄마와 누나는 저를 보고 언짢은 얼굴로 소리 지르지 않아요. 저를 보고 웃으면서 이야기합니다."

David는 의아해하면서 테리에게 물었다. "너는 그 모든 것을 가벼운 장난처럼 생각하는구나. 네가 느끼는 죄책감과 강박증을 가지고 농담처럼 이야기하는 것이 싫지 않니?"

테리는 차분하게 말했다. "네, 저는 제 문제를 농담처럼 이야기하는 것을 좋아합니다. 왜냐하면 그렇게 하면 제 문제에 대해서 훨씬 더 편하게 이야기할 수 있거든요. 한번 생각해 보세요. 사실 죄책감이나 강박증은 바보 같은 생각이니까 저는 그 문제와 싸울 수 있다고 생각해요."

David는 보통 사람들이 자기 밖에 있는 장애물에 걸려서 넘어진다는 것을 상기하며, 테리의 이러한 생각이 더 진행될 수 있도록 지지하고 강화하기 위해서 다음과 같이 이야기하였다. "엄마와 누나가 호의적인 마음으로 네 문제에 대해서 장난치듯이 편하게 이야기할 때 너는 그 생각과 싸워나갈 수도 있고 네 스스로 좀 더 강해진 것같이 생각되나 보구나." 테리는 David의 말에 적극적으로 동의했다.

David는 테리가 지나친 죄책감을 가지고 있다는 도로시의 표현에서 '죄책감'이라는 단어를 선택하고는 테리에게 그의 어려움을 '죄책감'이라고 불러도 될지를 거듭 확인하였다.

"내가 그 문제를 '죄책감'이라고 불러도 괜찮을까?" 테리가 동의함에 따라서 David는 테리의 문제를 의인화(personifying)할 수 있는 허가를 얻을 수 있었다. "내가 '죄책감'이 자신의 목소리를 가지고 있고 너에게 메시지를 전달한다고 해도 괜찮을까?"

"네, 괜찮아요." 테리가 대답하였다.

"내가 이 이야기를 한 이유는 예전에 너와 비슷한 문제로 씨름하고 잘 이겨냈던 크리스(Chris)라는 친구가 있었는데, 아, 참고로 그 친구는 열여섯 살이었고 너에게 자신의 이야기를 해도 좋다고 허락했단다. 어쨌든, 그 친구는 '죄책감'이 자신에게 말을 하기도 하고 자신에게 어떤 것을 하라고 지시하기도 한다고 이야기했단다." David는 이어서 물었다. "테리야, 너에게는 '죄책감'이 뭐라고 이야기를 하지?"

테리는 '죄책감'의 목소리로 대답하였다. "너는 완벽하게 깨끗해야만 해. 너의 손은 모든 면에서 깨끗하고 완벽해야 해. 더러워지면 안 돼."

David는 '죄책감'이 테리의 손에게 요구하는 말을 들으면서 점점 더 화가 났고 더 이상 참을 수 없어 테리에게 자신이 느끼는 느낌을 이야기하였다. "'죄책감'이 네 손에게 그와 같이 요구를 한다고 생각하니 정말 화가 나는구나."

테리는 이어서 '죄책감'의 목소리를 흉내 내면서 '죄책감'의 요구에 대해서 보다 자세하게 이야기하기 시작했다. "네가 순간순간 하는 생각은 불결하고 악해. 그런 생각을 하면 안 돼! 너는 이상하고 비인간적이야. 이런 생각을 하는 사람은 너뿐이야. 너는 정상이 아니야!"

앞전에 David는 테리에게 과도하게 흥분하게 되거나 분노하게 되지 않도록 하겠다고 약속했기 때문에 David는 '죄책감'이 하는 말로 점점 더 분노하는 테리를 자제시켰다. (Freeman et al., 1997, pp.278~279)

다음에 이어지는 부분에서 Epston은 문제의 외현화를 진행하는 동시에 내담자의 이야기를 지속적으로 지지하였다. 그는 테리와 비슷한 문제와 맞서며 잘 이겨냈던 크리스에게 쓴 편지를 테리에게 크게 읽어 주었다. 이와 같은 방법으로 Epston은 다른 사람의 긍정적인 이야기를 사용하였고 이를 통해서 테리를 격려하였다.

David는 테리를 '아주 영리한 캐릭터'라고 표현하였고 테리의 엄마는 미소 띤 얼굴로 고개를 끄덕였다. 그는 테리에게 '죄책감'이 말했던 것보다 실제로는 테리가 훨씬 더 영리하다고 가정하자고 제안한 뒤, "왜 '죄책감'이 너에게 이런 식의 거짓말을 할까? 강박적인 생각과 행동으로 너의 시간을 허비하게 하는 목적이 무엇이라고 생각하니?"라고 물었다.

테리는 깊이 생각하고는 대답했다. "음, 제가 생각하고 싶지 않은 생각으로부터 도망칠 수 있도록 저를 도와줘요. 대부분 제가 두려워하는 생각들이에요. 제가 그런 것들을 생각하지 않게 도와주려는 거지만, 사실 저를 해치고 있어요."

이 대답은 테리가 영리하다는 David의 의견과 문제와의 관계에 대한 테리의 지식을 확인시켜 주었다. 이는 크리스의 명민함을 떠올리게 했다. David는 그가 크리스에게 과거에 써 주었던 편지를 크게 읽어 주었다(크리스는 이 편지를 습관 극복 모임의 기록 보관실에 기증하였다).

크리스에게,

크리스, 너는 나에게 학교 공부에 대해서 더 이상 크게 걱정하지 않겠다고 말했었지. 나는 네 말에 경탄했단다. 너는 내게 말했지. "걱정하는 것은 도움이 되지 않아요." 이런 이유로 너는 이 문제를 떨쳐 버리고 지속적으로 노력하고 있구나. 크리스, 너는 너의 강박증이 너를 속이고, 너를 지배하기 위해서 너를 배신했다고 생각하니? 그 녀석이 너에게 어떤 속임수 같은 약속을 했니? 네가 몸을 깨끗하게 하면 영원히 행복할 수 있다고 말을 했니? 이런 생각이 어리석고 유치하다고 생각하는지, 아니면 어느 정도 일리가 있다고 생각하는지 궁금하구나. 예전의 너라면, 이런 생각들을 뭔가 초자연적인 것이라 여겼겠지만, 지금 너는 '죄책감'이 너를 속이고 장난치는 것이라고 생각하는 것 같구나. (Freeman et al., 1997, p.280).

Epston은 대안적인 이야기를 계속 진척시켰다. 예를 들면, 그는 테리의 엄마에게 테리가 자신의 어려움을 극복하는 것에 있어서 긍정적으로 생각하고 있는지에 대해서 질문하였다. 세 번째 회기에서 테리는 Epston에게 편지를 가져왔다. 편지에는 다음과 같이 쓰여 있었다. "선생님과 첫 만남 이후, 저를 감싸고 있던 죄책감의 껍데기가 산산조각 났어요. 마치 빛이 다시 제게 비치고 자유를 되찾은 것 같아요. 다시 새로운 친구를 사귀기 시작했고 나의 오랜 친구와 함께 오랜 시간 해묵은 문제를 해결하기 위한 노력을 시작했습니다" (p.285). 여덟 번째 회기와 마지막 회기에서 Epston은 이제는 긍정적인 삶이 자신의 삶이 된 테리에게 '불완전함 자격증'을 주었다. 이 자격증은 내담자의 새로운 이야기를 지지하는 또 다른 방법의 예가 될 수 있다. 이 예는 다양한 기법들이 어떻게 이야기 심리치료에서 활용될 수 있는지를 보여 준다.

최신 동향

해결중심 심리치료와 이야기 심리치료 모두 심리치료자들에게 지속적인 관심을 받아왔다. 두 가지 심리치료 접근 모두 부부, 가족, 개인 상담의 현장에서 주목할 만한 효과를 나타냈다. 특히 이야기 심리치료는 아동의 심리적 문제를 치료하는 현장에서 더욱 인기가 있다.

해결중심 심리치료는 주로 5~6회기 이상 상담을 진행하기 어려운 경우에 사용된다. 사회복지사나 생활 지도 상담사의 경우(Kelly, Kim, & Franklin, 2008), 내담자를 위한 회기 수가 제한되어 있을뿐더러 한 회기당 30분도 되지 않는 경우가 허다한데, 이런 경우 해결중심 심리치료가 매우 유용하다(Kelly, Kim & Franklin, 2008; Sklare, 2005). 학교 상담자는 짧은 해결중심 심리치료가 공립 학교 시스템의 제한된 상황에서도 매우 잘 기능한다는 것을 발견하였다(Franklin, Kim, & Brigman, 2012). 벨기에에서는 알코올의존자인 내담자 치료에 해결 중심 심리치료가 긍정적인 효과를 가져다 준다는 것을 보여 주었다(Hendrick, Isebaert, & Dolan, 2012). 이외에도 해결중심 심리치료는 다양한 심리치료 환경에서 많은 심리치료자에게 지속적으로 활용되고 있으며, 2002년에는 해결중심 단기 심리치료 협회가 출범하기도 하였다.

이야기 심리치료자들은 관계의 다양한 측면을 탐색한다. White(2007)는 이야기를 발전시키기 위해서 인정 예식(definitional ceremonies)을 사용한다. 이를 위해서 White는 내담자의 친구나 친척을 외부의 증인으로 심리치료에 참여시키고 내담자가 자신의 이야기를 긍정적으로 풀어나가는 데 도움이 되는 경험을 이야기하도록 한다(Walther & Fox, 2012). '외부의 증인'에는 심리치료자가 이전에 만났던 내담자나 다른 전문가가 포함될 수도 있다. 또한 가계도(genogram)를 통해 가족 이야기와 그 속에서의 내담자의 역할에 대해 논의하며 내담자를 도울 수 있다(Chrzastowski, 2011). 다른 심리치료자들은 캐나다에 거주 중인 인도와 스리랑카에서 온 타밀족(Tamil) 지역사회 구성원 대상으로 이야기 심리치료와 함께 미술 치료를 사용하고 있다(Epp, 2013). Duvall & Béres(2011)는 White의 지침을 따라 이야기 심리치료를 수행했지만, 줄거리 전개에 3단 서사 구조와 6단계 질문을 사용하였다. 이들은 이야기 전개와 반영 팀 작업 시, 맵핑(mapping)를 이용한다. 이야기 심리치료자들은 치료 과정에서 다양한 방법을 사용하여 이야기를 탐색하려고 시도한다.

구성주의 심리치료를 다른 심리치료 이론과 함께 사용하기

치료에 관해 다양한 이론적 관점을 가지고 있는 심리치료자라면 일반적으로 내담자의 이야기를 듣는 방법과 내담자의 문제를 해결하기 위한 다른 요구들을 통합하게 될 것이다. 상담자의 치료적 신념이 어떻든지 간에 그것이 내담자에게 적절하지 않다면 그것을 고수하지 않는 것은 당연한 일이다. O'Connell(2012)은 해결중심 심리치료가 어떻게 인간중심 치료와 인지 치료, 행동 치료와 통합될 수 있는지에 대해서 보여 주었다. 그는 또한 몇 가지의 해결중심 기술과 철학이 인간중심 치료와 인지행동 치료와 같은 여러 심리치료들과 어떻게 함께 사용될 수 있을지를 보여 주었다. Dermer, Robey, & Dunham(2012)은 변화를 가져오는 데 있어서 선택 이론과 현실 치료(11장)가 해결중심 심리치료와 어떻게 통합될 수 있는지를 보여 주었다. Pichot(2012)이 일부 내담자 모집단을 대상으로 치료견과 함께 수행한 작업을 통해 볼 수 있듯, 해결중심 심리치료와 동물-보조 단기 심리치료가 함께 사용될 수도 있다. 이러한 접근들은 해결중심 심리치료와 다른 심리치료나 기술을 통합하는 여러 방법이 있다는 것을 보여 주고 있다.

　모든 심리치료에서 내담자는 자신의 이야기를 하기 때문에 다른 이론들도 이야기 심리치료의 개념이나 관점과 마찬가지로 이야기가 심리치료에 미치는 영향에 대해 집중한다는 것은 그리 놀랄 만한 일이 아니다. 해결중심 치료와 이야기 심리치료는 구성주의 이론으로서 중첩되며, 두 치료는 상호보완적으로 사용될 수 있다(Chang & Nylund, 2013). 『이야기와 심리치료 지침서(Handbook of Narrative and Psychotherapy)』(Angus & McLeod, 2004)의 몇몇 장에서는 이야기 심리치료와 관련된 연구와 치료의 개념이 Luborsky의 핵심 갈등관계 심리치료(2장 참고)와 어떻게 통합될 수 있는지에 대해서 설명하고 있다. 내담자의 이야기에 관심을 갖는다는 것은 이야기 심리치료와 내담자의 초기 기억에 집중했던 Alfred Adler(4장)가 공유하는 매우 중요한 개념이다. 내담자와 상담자가 평등하다는 Adler의 입장 또한 이야기 심리치료와 일맥상통하는 부분이 있다(Hester, 2004). 정서중심 심리치료(게슈탈트 치료와 유사: 7장)의 실제 현장에서 일부 치료자들과 연구진은 이야기 심리치료를 사용하고 있다 (Angus, 2012; Angus & Greenerg, 2011; Angus & Kagan, 2013). 외상 후 스트레스 장애(PTSD) 를 치료하는 데 주로 사용되는 이야기 노출 심리치료는 내담자에게 그들이 경험했던 특정 사건의 시간과 장소를 기억하게 하고 사건에 노출시킴으로써 이야기 심리치료와 노출 심리치료(8장)를 결합한다(McPherson, 2012; Schauer, Neuner, & Elbert, 2011). Adelman(2008) 은 약물남용의 문제가 있는 내담자를 돕기 위해 합리적 정서행동 치료(REBT: 9장)와 개인 구성 심리치료 접근이 어떻게 결합될 수 있는지에 대해서 설명하였다. 마음챙김을 기반으로 한 인지 치료(10장)는 알코올의존증을 치료하는 데 이야기 심리치료와 함께 사용되고 있다(Singer, Singer, & Berry, 2013). Cloitre(2013)는 여러 번 자살을 시도한 남성을 치료하는 데 정서 및 대인관계 조절 기술 훈련(Skills Training in Affective and Interpersonal Regulation: STAIR)으로 불리는 인지를 기반으로 한 심리치료와 이야기 심리치료를 통합하여 사용하였다. 미술 치료(van der Velden & Koops, 2005)와 드라마 치료(Novy, Ward, Thomas, Bulmer, & Gauthier, 2005) 같은 창조적인 예술 치료는 말을 사용하는 이야기 심리치료(15장)에 비해 보다 다양한 표현 방법을 제공해 준다. 심리치료 장면에서 다른 이론들을 얼마만큼 활용할 것인지에 대해서는 이야기 심리치료자들마다 큰 차이를 보이고 있다.

연구

구성주의 심리치료는 비교적 최근에 개발된 심리치료 접근이기 때문에 관련 연구들이 많지 않다. Neimeyer & Stewart(2000)는 해결중심 심리치료, 이야기 심리치료와 기타 구성주의 심리치료에 대한 연구들을 정리하였다. 이제 해결중심 심리치료와 이야기 심리치료를 중심으로 구성주의 관련 연구에 대해 설명할 것이다.

해결중심 심리치료

해결중심 심리치료가 비교적 최근에 시작된 접근이기는 하지만 그동안 진행된 몇몇 중요한 연구들을 소개하고자 한다. 해결중심 심리치료에 대한 대부분의 연구 리뷰들은 일반적으로 긍정적이다(Gingerich, Kim,Stams, & Macdonald, 2012; Kim, 2014). Steenbarger(2012)도 해결중심 심리치료에 관한 연구를 정리하였고, 특히 임상치료자들이 더 효과적으로 일할 수 있는 방법에 집중하였다. Kim(2008)은 해결중심 심리치료와 관련된 22개의 연구들을 정리하였는데 외부에서 나타나는 행동 문제, 내면화된 행동 문제, 그리고 가족 문제 및 관계 문제에서 소소한 효과가 발견되었다. Bond, Woods, Humphrey, Symes, & Green(2013)은 어린아이와 가족을 대상으로 한 해결중심 심리치료에 대한 38건의 연구를 조사한 결과 문제가 심각하지 않을 때 해결중심 심리치료가 특히 효과적이었다. 이러한 평가의 대부분은 해결중심 심리치료에 관한 몇몇 연구의 질에 대해 비판적이다. 통제집단 실험 연구에 대한 질적 검토 결과, 43건의 연구 중 74%에서 해결중심 심리치료가 다양한 심리적 문제에 대한 효과적인 치료법으로 밝혀졌을 뿐만 아니라, 다른 심리치료에 비해 비용이 적게 드는 것으로 밝혀졌다(Gingerich & Peterson, 2013).

몇몇 연구에서는 정신역동 심리치료와 해결중심 심리치료를 비교하였다. 핀란드에서는 1년 동안의 추수 연구를 통해 해결중심 심리치료와 단기 정신역동 심리치료를 받은 경우가 장기 정신역동 심리치료만 실시한 경우보다 많은 성과가 있음을 보고하였다(Knekt et al., 2008). 그러나 심리치료가 종결되고 3년이 지난 후 측정한 연구에는 장기 정신역동 심리치료가 두 가지를 병행한 단기 심리치료보다 더 우수하다는 결과를 보였다. 핀란드의 또 다른 연구에서는 3년 이후 추적 조사를 통해 장기적인 정신역동 심리치료가 해결중심 심리치료보다 긍정적인 자기개념을 유지하는 데 더 효과적이라는 것이 밝혀졌다(Lindfors, Knekt, Virtala & Laaksonen, 2012). 핀란드에서는 심리치료 적합성 척도(SPS)에서 높은 점수를 받은 내담자들이 해결중심 심리치료와 단기 정신역동 심리치료 모두에서 좋은 결과를 얻었다(Laaksonen, Knekt, Sares-Jäske, & Lindfors, 2013). 핀란드에서 실시된 또 다른 연구에 의하면 해결중심 심리치료가 단기 정신역동 심리치료에 비해 흡연율을 줄이는 데 효과적이었다는 결과를 보고하였지만 알코올 의존이나 다이어트와 같은 다른 생활양식의 변화와 관련된 부분에 있어서는 차이를 보이지 않았다(Knekt, Laaksonen, Raitasalo, Haaramo, & Lindfors, 2010). 이러한 연구들은 해결중심 심리치료의 효과성을 입증하는 최근 연구의 전형적인 형태라 할 수 있다.

다른 연구들로는 작업 동맹과 같이 해결중심 심리치료의 과정과 형태에 대한 연구들이 있다. Bozeman(2000)은 우울 증상을 호소하는 내담자의 희망에 대한 연구에서 전통적으로 과거에 집중하는 치료를 받은 사람들보다 해결중심 심리치료의 세 가지 기법을 받았던 내담자들의 희망 수준이 더 높다는 것을 보고하였다. 일각에서는 해결중심 심리치료를 두고 상담자가 내담자와의 작업 동맹을 형성하는 데 충분히 집중하지 않는다고 비판한다. 단기 관계중심 심리치료와 비교해 볼 때 두 가지 심리치료 모두 긍정적인 변화를 이끌어냈다. 단지, 단기 관계중심 심리치료에서만 작업 동맹이 긍정적인 변화를 만드는 데 연관되어 있음이 밝혀졌다(Wettersten, Lichtenberg, & Mallinckrodt, 2005). 협력 구성은 상담에서 내담자와 심리치료자의 협력에 초점을 맞춘 작업 동맹과 다소 유사하다. Bavelas(2012)는 협력 구성의 필요성을 지지하기 위해 실험 연구를 진행하였다. 향후 심리치료의 성과 및 결과에 초점을 맞춘 연구들이 지속될 것으로 예상된다.

이야기 심리치료

다른 심리치료와는 달리 이야기 심리치료와 개인구성 치료는 그들만의 구별되는 특성 때문에 효과성을 검증하기가 어렵다. 왜냐하면 각 사람들마다 가족들의 이야기가 서로 다르기 때문이다. 개인적 구성주의를 사용한 22개의 연구와 27개의 연구를 각각 메타분석한 결과(Holland, Neimeyer, Currier, & Berman, 2007; Metcalfe, Winter, & Viney, 2007), 두 연구에서 개인구성 심리치료는 치료를 받지 않은 통제 집단에서는 효과적이었던 반면에, 그 외 다른 심리치료적 접근들과의 비교에 있어서는 거의 차이를 나타내지 않았다. Hoper(1999)는 심리치료자와 상의하지 않고 이야기 심리치료를 중단한 가족에 대한 연구에서 대부분의 가족이 치료 결과 및 경험에 만족한다고 보고했다. 반면 중독 상담을 중단한 가족으로부터는 만족하지 못했다는 응답을 받았는데, 이들은 대체로 치료에 대해서 비현실적인 기대를 가지고 있거나 자녀 문제에 대해 전문가적인 충고를 기대했던 경우에 해당되었다. 또 다른 연구(Matos, Santos, Gonçalves, & Martins, 2009)는 이야기 심리치료를 마친 후 좋은 결과를 얻은 다섯 사례와 그렇지 못한 다섯 사례를 비교하였다. 이 연구는 이야기 심리치료가 가진 독창적인 특징에 집중하였는데, 이 연구를 통해 치료적 변화의 두 가지 유형이 두드러지게 나타났다. 하나는 내담자가 자신의 문제에 대해서 새롭게 개념화한 것이고, 다른 하나는 내담자가 새로운 경험을 하게 되는 것이었다. 우울에 대한 이야기 심리치료의 혁신적인 움직임에 관한 또 다른 연구는 치료 결과가 긍정적인 사례를 부정적인 사례와 비교하였다(Cunha, Spínola, & Gonçalves, 2012). 비교 결과, 심리치료자에 의해 만들어진 혁신적인 움직임은 부정적 결과와 관련이 있는 반면, 심리치료자에 의해 촉진된 혁신적인 움직임은 긍정적인 결과와 관계가 있었다. 이 연구들의 결론은 다문화 연구와 마찬가지로 이야기 심리치료에 대한 지지를 보여 준다.

이야기 심리치료의 몇 가지 연구는 특정 모집단을 대상으로 이루어졌다. 자폐증이 있는 10~16세 학생 10명을 대상으로 한 사전 연구에 따르면, 스트레스를 감소시키는 데 이야기 심리치료가 유의미한 도움을 주었다(Cashin, Browne, Bradbury, & Mulder, 2013). 이야기 노출 심리치료는 중국에 있는 스촨성(Sichuan) 지진 피해 생존자들에게도 사용되었다(Zang, Hunt, & Cox, 2013). 대기 명단에서 치료를 받지 못한 11명과 비교했을 때, 이야기 노출 심리치료를 받은 사람들의 불안과 우울 수준은 상당한 감소량을 보였다. 이야기 심리치료는 젊은이들과 그들의 가족을 위한 치료 센터를 포함하여 다양한 상황에서 널리 사용되고 있다(Young, 2011).

이야기 심리치료에 대한 폭넓은 연구들이 아직 많이 이루어지지 않았지만 이야기 심리치료에서 가장 집중적으로 연구되는 한 영역을 꼽자면 그것은 아마도 라틴 아메리카계 아동과 청소년에 대한 부분일 것이다. 도심의 빈민가에 사는 라틴 아메리카계 아동과 청소년을 상담하던 심리치료자들은 문제 행동을 보이는 내담자들에게 역할 모델이 될 만한 또다른 라틴 아메리카계 내담자의 이야기를 활용하였다(Malgady & Costantino, 2003). 많은 치료들은 문화와 관련된 역할 연기와 같은, 인종·문화적 이야기를 포함하고 있다. 푸에르토리코와 멕시코계 미국인 그리고 중앙아메리카 출신의 아동과 청소년에게는 주로 집단 상담이 적용되었다. 어린 아동에게는 설화를 통한 이야기 심리치료가 매우 효과적이었고 보다 나이 든 아동의 경우에는 영웅의 이야기가 효과적이었다. 1년 동안의 추수 연구에 따르면 문화에 기반을 둔 이야기가 라틴 아메리카계 문화와 무관한 이야기보다 효과적이었다. 또한 성별에 따른 차이도 있었는데, 고학년 남학생의 경우 스포츠 스타가 역할 모델로서 선호되었고 여학생들은 가족 구성원이나 가정의 가치와 관련된 요소들을 역할 모델로 선호하였다. 일반적으로 이야기 심리치료가 문제 행동, 공포증과 불안의 경우에 효과적이었다면 우울을 다루는 데 있어서는 덜 효과적이었다. Malgady & Costantino(2003)는 다양한 나이 집단과 서로 다른 라틴아메리카 문화 배경에 따른 연구들을 보고하였다.

성 관련 주제

내담자의 이야기를 경청한다는 한 가지 측면에서만 본다면 해결중심 심리치료와 이야기 심리치료에 있어서 성과 관련된 주제는 크게 문제가 되지 않는다. 그러나 여성의 경우 해결중심 심리치료는 여성이 경험하고 있는 문제에 있어서 사회적 부당함이 어떤 영향을 미치고 있는지 깨닫게 하는 데 도움이 될 수 있다. 또한 여성 자신들이 지닌 능력을 충분히 발휘할 수 있는 방안을 찾는 데에도 도움이 된다. 하지만 이러한 부분들은 종종 간과되기도 한다(O'Connell, 2012). Smock Jordan(2014)은 레즈비언, 게이, 양성애자, 트랜스젠더, 동성애자, 간성, 혹은 무성과 관련된 내담자 문제를 다루는 데 도움이 될 만한 예시들을 제공하였다. Castaldo는 그의 저서, 『중년 여성을 위한 해결중심 심리치료: 자녀가 없는 상태에서의 이혼(Divorced, Without Children: Solution-Focused Therapy with Women at Midlife)』(2008)에서 여성들이 느끼는 결혼과 육아의 중압감에 대해 설명하였다(p.3). Castaldo는 자녀가 없는 상태에서 이혼한 여성을 위한 해결중심 치료를 설명하면서, 여성들이 지인과 가족이 제시하는 해결책으로부터 느끼는 중압감에 맞서서 자신만의 해결책을 찾아나가는 방법에 대해서 서술하였다. 이와 같은 방법은 여성이 자신의 결정에 대해 편안하고 긍정적으로 느낄 수 있도록 한다. 일반적으로 해결중심 심리치료는 여성이 상담자나 주변 특정 인물이 아닌 자신 스스로 목표를 설정하도록 하는 데 유용하다.

이야기 심리치료에서 내담자의 성은 이야기의 한 구성 요소가 되지만, 내담자가 자신의 문제를 해결하는 데 있어서는 그리 중요하지 않을 때도 있다. 하지만 여성주의 치료자인 Laura Brown(2000)은 폭력이나 성 차별, 인종 차별 문제와 같은 사회적 요인은 내담자의 성별이나 인종에 따라서 개개인에게 다른 영향을 미치고, 결과적으로 내담자의 이야기에 영향을 미치게 된다는 점을 지적했다. 그 외에도 여러 여성주의 치료자들은 여성이 자신의 신체 혹은 섭식과 관련된 장애를 발달시키는 데 있어 사회적 환경이 그들의 이야기에 어떤 영향을 끼치는지에 관해 연구하였다(Brown, 2007a, b; Epston & Maisel, 2009; Jasper,

2007). Henehan은 자신의 저서, 『영혼과 정신의 통합: 여성을 위한 이야기 심리치료의 활용 (Integrating Spirit and Psyche: Using Women's Narratives in Psychotherapy)』(2003)을 통해서 여성이 경험할 수 있는 다양한 주제와 관련된 여성의 긍정적인 이야기를 예시로 제시하였다. Saltzburg(2007)는 동성애 자녀를 둔 부모와 관련된 주제를 집중적으로 다루면서 가족이 동성애자 가족 구성원을 대하는 새로운 관점을 재정립하도록 돕고 활용하는 방법에 대해서 설명하였다. 성 관련 주제가 내담자에게 미치는 영향이 내담자가 스스로 인식하는 성이 무엇인지에 따라 달라질 것이라는 점을 고려할 때, 이 주제에서는 이야기의 배경이 특히 중요하다. Nylund & Nylund(2003)는 문화가 남성과 여성에게 미치는 영향, 다시 말해 남성은 권위적이고 지배적이라는 생각과 여성이 느끼는 억압에 대해 남성이 보다 잘 이해할 수 있도록 돕는 방법으로 이야기 심리치료를 제안하였다. 해결 중심 심리치료와 이야기 심리치료처럼 구성주의 심리치료에 기반을 둔 다른 심리치료자들과 여성주의 심리치료자들의 의견(13장 참고)은 치료 방법에 있어 다양한 관점을 제공해 준다.

다문화 관련 주제

구성주의 이론에 의하면 내담자의 배경이나 문화는 내담자가 자신의 이야기를 표현하는 방식에 영향을 미친다. 해결중심 심리치료에서 언어는 매우 중요한 요소이다. Yeung(1999)은 중국어가 상형문자 등으로 이루어진 데 반해, 영어는 음성 기호로 이루어져 있는 등 여러 언어 구조의 차이 때문에 중국어를 사용하는 내담자에게 기적 질문과 다른 해결중심 심리치료 기법을 사용하는 것이 매우 어렵다는 점을 지적하였다. 다른 관점에서 Lee & Mjelde-Mossey(2004)는 가족 간의 화합과 가족 내 어른에 대한 존경(효도)이 중요한 동아시아권 문화에서 해결중심 심리치료를 적절하게 활용하는 방법에 대한 연구를 발표하였다. Hsu & Wang(2011)은 해결중심 심리치료가 어떻게 부모에 대한 공경을 고려하고 문화적으로 민감할 수 있는지를 보여 주었다. 해결중심 심리치료는 가족 개개인이나 타인이 가진 다양한 세계관을 다루는 데 있어 각자가 가진 강점을 사용하도록 도와준다. 무슬림의 경우, 자기 공개에 대한 최소한의 욕구, 간결성, 긍정적 결과에 초점을 둔다는 점에서 해결중심 심리치료가 매력적일 수 있다(Chaudhry & Li, 2011). 아메리카 원주민에게 있어서는, 내담자 확인 해결(client-identified solutions)과 심리치료자와 동등한 관계에 중점을 둔다는 점이 해결중심 심리치료의 매력적인 측면이다(Meyer & Cottone, 2013). Holyoake & Golding(2012)은 다양한 문화권에서 오는 내담자와의 작업에 있어서 동등한 관계와 비전문가적 태도의 중요성을 강조하고 있다. Kim(2014)은 『해결 중심 단기 치료: 다문화적 접근(Solution-Focused Brief Therapy: a Multicultural Approach)』에서 아시아계 미국인, 아시아계 이민자, 아프리카계 미국인, 히스패닉 및 라틴계 미국인, 미국 원주민과 이들 다문화 가정에 적용할 수 있는 해결중심 심리치료에 관한 장을 넣었다. 또한 해결중심 심리치료는 문화적으로 민감하기 위해 다른 이론과 통합할 수도 있다(Ng, Parikh, & Guo, 2012).

이야기 심리치료에서도 내담자의 문화는 내담자의 이야기에 많은 영향을 미친다. Chen(2012)은 남들에 의해 성격이 버릇없고 이기적인 어린아이처럼 자란 중국의 성인들과 관련하여 이야기 심리치료의 가치를 언급하였다. 이야기 심리치료는 문화적 고정관념에 의해 영향을 받는 문제의 해결을 위해 이야기를 바꾸는 방법을 사용한다. 아프리카계 미국인 내담자의 경우 이야기의 주제는 일반적으로 영성, 의식(ritual), 언어나 꿈이 가진 신비한 능력 등인데, Parks(2003)는 이러한 주제를 이야기 심리치료의 치료적 요인으로 간주하였다. 이야기 심리치료는 또한 HIV/AIDS으로 진단받은 가족 구성원을 돌보는 아프리카인 보호자가 자신의 이야기를 재구성하도록 돕는 데 사용될 수 있는데, 이 접근을 통해 이들은 자신들이 하는 일이 도움이 된다고 느끼며, 보다 희망을 가지고 가족 구성원을 더 잘 돌볼 수 있겠다는 자신감을 갖게 되기도 한다(Ngazimbi, Hagedorn, & Shillingford, 2008). 『증언 심리치료(testimony therapy)』는 아프리카인에게 주로 사용되는 심리치료로서, 미국에서 아프리카인으로 살면서 경험한 이야기들에 집중한다(Akinyela, 2005; 2008). 이야기 심리치료처럼 증언 심리치료도 내담자가 자신의 문제를 해결할 수 있도록 돕는 데 이야기를 사용한다. 다문화 가정을 배경으로 가진 내담자의 경우, 내담자와 구성주의 치료자가 함께 그들이 사회에서 어떤 역할을 차지하고 있고 또 그 사회는 다문화를 어떻게 바라보는지를 집중적으로 다루어 보는 것도 유용하다(Priest & Nishimura, 2008). 앞서 언급한 것과 같이 전래 동화와 같은 이야기도 라틴 아메리카계 젊은이들을 위한 심리치료에서 매우 유용하게 사용될 수 있다(Malgady & Costantino, 2003). 구성주의 치료자들은 내담자가 가진 다양한 특성을 이해하는 데 관심을 갖는다. 특히 문화는 대개 내담자의 이야기와 심리치료에 영향을 미치는 주요 요인으로 작용한다.

집단 심리치료

해결중심 심리치료와 이야기 심리치료의 경우, 개인 상담과 집단 상담의 방법이 서로 유사하다. 해결중심 심리치료는 보통 단기로 이루어지며 향후 일어날 수 있는 문제를 다루기 위한 행동을 하도록 하는 데 집중한다(Banks, 2005; Corey, 2008). O'Connell (2005)은 집단구성원들의 지지가 자존감을 높이는 데 효과적이라고 말한다. 더 나아가 그는 문제에 집중하는 다른 심리치료들에 비해 해결중심적 심리치료 접근을 적용한 집단의 경우, 문제를 해결하는 데 에너지를 더 많이 집중시킨다고 보았다. 또한 집단구성원들이 문제를 해결하기 위한 작은 단계들을 성공적으로 밟아나갈 때, 그들이 원하는 변화를 향해 점점 더 긍정적으로, 적극적으로 움직이도록 하는 에너지가 창조된다고 보았다.

전 세계의 모든 사람들은 주위 여러 사람들에게 이야기를 하는 일종의 활동을 하고 있다. 이 활동을 심리치료에 적용한 것은 어찌 보면 이야기 집단의 자연스러운 확장이라 할 수 있다. 앞에서 언급한 것과 같이 Malgady & Costantino(2003)는 동료들과 함께 이야기 심리치료를 라틴 아메리카계 아동과 청소년 내담자들에게 적용해왔다. 또한 이야기 심리치료는 젊은 층의 내담자들이 자신의 정체성을 발달시키고 자신에게 영향을 주는 주제들에 대한 관점을 찾을 수 있도록 돕기 위한 방법으로 그 활용 범위가 점점 다양해지고 있다. 처음에 내담자들은 문제로 가득 채워진 이야기로 시작하지만, 그 이야기는 점차 그들의 미래에 대한 이야기로 변해가게 된다(Tahir, 2005). 중독으로부터 재기 중인 HIV 양성 내담자의 경우, 지지적인 집단 환경 속에서 이야기 심리치료가 그들의 삶의 스토리를 재구성할 수 있도록 도와줄 수 있다(Garte-Wolf, 2011). 이야기는 연극에 기초하고 있다. 이야기 드라마(narradrama)는 내담자가 자신의 이야기를 행동으로 나타낼 수 있는 방법으로, 이야기 심리치료와 드라마 심리치료가 통합된 형태이다(Dunne, 2003). 이야기 심리치료 집단은 구성원들의 나이, 문화, 구성원들이 가진 문제의 종류에 크게 영향을 받는다.

요약

이 장은 세 가지 종류의 구성주의 심리치료에 대한 설명을 포함하고 있다. 구성주의 심리치료은 다른 이론보다 더 적극적으로 내담자가 가진 구성적 관점으로부터 내담자를 이해하고, 적절한 치료적 기법을 적용하기 위한 접근법을 제공한다. 해결중심 심리치료, 개인구성 심리치료, 이야기 심리치료자는 공통적으로 내담자의 이야기를 이해하기 위해서 노력한다. 이 세 가지 접근에 있어서 가장 중요한 본질은 내담자 자신의 성격에 대한 내담자의 이론을 듣는 것이다.

해결중심 심리치료자는 문제가 왜, 또는 어떻게 발생하게 되었는지에 대해서는 특별한 관심을 보이지 않는다. 그보다 문제의 해결에 집중한다. 심리치료를 위한 작업 동맹을 형성은 변화를 이루기 위한 첫 번째 단계이다. 내담자를 칭찬하는 것은 이 단계에 도움이 되며 변화를 향해 열린 마음을 갖도록 한다. 해결중심 심리치료자는 첫 번째 회기에서 접수 면접 후 첫 회기에 오기까지의 기간 동안 일어난 변화에 대해서 질문한다. 내담자가 문제를 잘 다룰 수 있었던 방법에 대해서 질문하는 것은 내담자로 하여금 자신의 문제를 스스로 잘 해결할 수 있고 변화를 이룰 수 있다는 것을 인식하도록 하는 데 유용하다. 해결중심 심리치료자는 예외 찾기나 기적 질문과 같은 기법을 사용하여 내담자가 문제의 해결책을 찾을 수 있도록 돕고, 척도 질문을 사용하여 문제가 해결되고 있는 정도를 측정한다. 이와 같은 방법은 문제의 해결책을 찾기 위해 내담자를 동기화하고 격려하는 데 효과적이다. 또한 해결중심 심리치료에서는 '메시지'라는 기법을 사용하는데, 이 기법은 한 주간 동안의 변화할 내용들에 대해서 알려 주고 격려하기 위한 목적으로 사용된다. 이 방법은 변화는 반드시 일어난다는 함축적 의미를 전달하기 위한 목적으로 첫 회기에 사용되기에 적절하다. 해결중심 심리치료의 기법은 대부분 질문의 형태로 이루어져 있다.

이야기 심리치료적 접근을 사용하는 개인구성 심리치료자들 또한 대부분 문제로 가득 차 있는 내담자의 이야기에 관심을 기울이며 내담자가 자신의 문제를 해결하는 관점으로 자신의 삶을 바라볼 수 있도록 돕는다. 내담자가 자신의 삶에 대해서 이야기를 할 때 마치 소설처럼 배경, 등장인물, 줄거리와 주제가 무엇인지를 파악하는 것이 매우 중요하다. 본문에서 제시하였던 Neimeyer의 치료적 접근(가족의 트라우마와 같은 사건에 집중)과 같이 개인구성 심리치료와는 다른 치료적 접근들도 있다.

Epston과 White의 이야기 심리치료는 내담자가 자신의 이야기를 재구성할 수 있도록 돕는다. 해결중심 심리치료에서처럼 이야기 심리치료자들은 내담자의 이야기 중 상황들이 좋았던 때의 이야기와 같은 여러 가지 예외 상황에 주목한다. 그리고 문제로 가득 차 있는 내담자의 이야기 대신 내담자의 강점과 능력을 보여 줄 수 있는 대안적 이야기를 탐색한다. 이를 위해 이야기 심리치료에서는 내담자가 극복할 필요가 있는 문제(예: 분노)는 내담자의 외부에 있다고 생각하며 문제에 역할을 부여하는 것(일종의 의인화)을 통해 문제를 외현화한다. 이야기 심리치료자들은 좋은 결과가 포함되어 있는 내담자의 긍정적인 이야기를 탐색하고, 관심을 과거가 아닌 미래로 돌리는 질문을 하여 내담자가 심리치료를 통해 얻은 것들을 미래의 삶으로 연결할 수 있도록 돕는다. 또한 심리치료자가 내담자에게 쓴 편지, 비슷한 문제를 가진 내담자가 자신의 경험을 적은 편지 등을 이용하여 내담자의 이야기에 지지를 표현한다. 또한 내담자의 변화에 격려를 보낼 수 있도록 가족 구성원들이나 내담자의 지인들도 자원으로 활용한다. 해결 중심 심리치료와는 다르게 이야기 심리치료에는 심리치료를 적용하는 방법에 대한 다양한 관점들이 있다.

이론의 적용

실습

CengageBrain.com에 나와 있는 디지털 자기 측정 도구, 핵심 용어, 동영상 사례(이론의 적용), 사례 연구 및 퀴즈 문제로 문제해결 심리치료와 이야기 심리치료의 개념을 자세히 연구하고 실습할 수 있다.*

---

* 해당 서비스는 유료로 이용하실 수 있습니다.

추천 자료

De Jong, P., & Berg, I. K. (2008). *Interviewing for solutions*(3rd ed.). Pacific Grove, CA: Brooks/Cole–Cengage.

이 책은 해결중심 심리치료의 방법을 배우고 싶은 학생들을 위해 저술되었다. 이 접근을 설명하는 예시와 세부적인 해결중심 기술을 명확히 하는 방법을 설명하는 프로토콜 또한 제시되어 있다. 이러한 설명은 해결중심 치료에 대한 매우 자세히 소개되어 있다.

O'Connell,B. (2012). *Solution-focused therapy*(3rd ed.). London: Sage.

이 책은 해결중심 심리치료의 기법과 많은 예시들을 명확한 설명과 함께 순차적으로 제시하고 있다. 이뿐만 아니라 해결중심 심리치료를 막 시작한 사람들을 위한 부분과 FAQ도 유용하다.

Macdonald, A. J. (2011). *Solution-focused therapy: Theory, research, and practice* (2nd ed.). London: Sage.

이 책은 해결중심 치료를 실행하는 방법에 대한 자세한 설명이 제공되며, 중증의 정신질환, 정신건강 서비스 및 직업현장에서 해결중심 치료를 적용하는 방법에 대해서도 설명하고 있다. 그 외에도 윤리적 문제, 해결중심 치료에 관한 연구 등 다른 주제들도 포함되어 있다.

Kim, J. S. (Ed.) (2014). *Solution-focused brief therapy*. Los Angeles: Sage.

이 책의 13개의 장 중 11개의 장에서는 해결중심 치료를 사용하는 데 있어서의 문화적인 문제를 다루고 있다. 나머지 중 한 장은 해결중심 처치 매뉴얼이며, 마지막 장은 해결중심 치료 연구에 대한 비평으로 구성되어 있다.

Matigan, S. (2011). *Narrative therapy*. Washington, DC: American Psychological Association.

이 책은 이야기 치료의 철학 및 심리치료적 발전에 대해 설명한다. 많은 기술들이 각 기술에서 사용될 수 있는 다양한 질문들과 함께 제시되어 있다. 또한 이야기 치료 관련 연구에 대한 개관도 함께 제공하고 있다.

Duvall, J., & Béres, L. (2011). *Innovations in narrative therapy: Connecting practice, training, and research*. New York: Norton.

이 책은 Michael White의 연구를 바탕으로 이야기 치료에 대한 조금 다른 접근법을 제공한다. 저자들은 3막극의 구조 안에서 내담자와 대화하는 6단계 방법을 어떻게 사용하는지를 보여 준다. 책에서는 이 방법을 설명하는 많은 대화 예시를 보여 준다. 마지막으로 방문 클리닉에서 할 수 있는 이야기 치료에 대한 정보도 제공하고 있다.

Neimeyer, R. A. (2009). *Constructivist psychotherapy: Distinctive features*. New York: Routledge.

이론과 실천을 각각의 부분으로 나눈 이 책은 개인 구성 이론에 대한 Neimeyer의 관점을 설명하고 있다.

White, M. (2007). *Maps of narrative practice*. New York: Norton.

이 책은 White가 바라보는 6가지의 핵심 영역으로서 이야기 치료를 설명하고 있다: 보존의 외현화, 대화의 재작성, 대화 기억, 정의적 의식, 독특한 탈출구 대화, 발판 대화. 이러한 영역들은 많은 사례와 그의 개념화 지도와 함께 설명된다. 이 책은 이야기 심리치료에 대한 그의 관점의 최신 견해를 보여 주고 있다.

CHAPTER 13

여성주의 심리치료: 다문화적 접근

여성주의 치료는 다른 심리치료 이론들보다 개인의 문제를 야기하는 요인으로 심리적인 요인과 함께 사회적인 영향(예: 성차와 문화적 배경이 개인 발달에 미치는 영향)을 더 많이 고려한다. 이 이론은 전 세계의 여성들, 특히 문화적으로 소수 집단에 속한 여성들의 문제에 점점 더 많은 관심을 기울이고 있는데, 여성주의 치료자들은 이 처치 방법이 아동과 남성에게도 도움이 된다고 본다. 그들은 남성과 여성이 평생을 통해 성장, 발달하는 방식에 차이(예: 청소년기의 사회적·성적 발달, 자녀 양육행위, 일 역할의 차이를 포함하여)가 있음을 중시한다. 여성주의 성격 이론은 성에 대한 도식, 타인과의 관계의 중요성, 한 개인의 다중 정체성(multiple identities)과 같은 사안을 다룬다. 여성주의 치료자들에게 중요한 것은 왜 어떤 심리 장애(예: 우울, 섭식 문제)가 여성에게 더 많이 발생하는지에 대해 사회문화적인 관점에서 설명하는 것이다. 여성주의 심리치료는 사람들에게 성역할과 힘(power)의 차이가 사회생활에 미치는 영향을 이해하도록 돕는 한편, 때로는 차별적이고 가해적인 사회 제도를 변화시키도록 돕는다. 여성주의 치료는 1960년대와 1970년대의 정치적 여성주의 운동과 의식 증진 운동에서 출발하여 현 관심사인 다문화 배경을 가진 가족과 여성을 위한 집단 치료로 발전하였는데, 이것이 바로 여성주의 치료가 사회 및 집단 문제를 강조하는 이유이다.

다문화 쟁점으로서의 성

성(gender)이란 넓은 의미에서 다문화적인 것으로 볼 수 있다. 민족적 배경과 성별은 언어, 종교, 성적 지향, 나이, 사회경제적 지위와 더불어 문화적인 사안으로 분류될 수 있다(Ivey, D'Andrea, & Ivey, 2012). 사실 이러한 다문화 사안은 사회학적 관점에서 조망될 수 있다. 문화적 사안 중 어떤 한 가지 사안에 대한 치료적, 이론적 접근은 다른 문화적 사안에 대한 치료적, 이론적 접근과 공통점이 많은 것 같다. 구체적으로 말하면, 문화적 가치에 대한 자각과 사회적 실천에 대한 요구 간에는 어떤 공통점이 있을 것 같다.

성에는 다양한 의미와 관점이 있다(Stewart & McDermott, 2004). '다중 정체성 교차(intersection of multiple identities)'라는 용어는 성이 지각되는 방식에 영향을 미치는 다양한 압력을 의미한다. Erikson의 정체성에 대한 관점(2장 참고)은 성의 의미를 확장시켰는데, 사람들은 사회 집단 및 조직과의 관계에서 자신을 바라본다는 것이다. 성은 또한, 권력(power)과 권력이 관계에 미치는 영향에 대해 관점을 제공하는데, 이 관점은 직장 생활, 연애 관계, 교육 제도를 비롯한 다양한 상황들에 적용될 수 있다. '성'은 일반적으로 남성과 여성 간의 차이를 이해하기 위해 사용되어 왔지만, '남성과 여성 내에서의 개인 차'를 이해하는 데도 사용된다(Stewart & McDermott, 2004, p.522). '성'은 또한 연구자들이 결혼과 같은 사회 제도를 이해하는 데에도 도움을 준다. 성을 연구하는 이러한 다양한 방식을 통합하면 성이 개인의 삶과 어떠한 관계가 있는지를 전체적으로 조망할 수 있게 한다.

심리치료자와 내담자는 위에서 언급한 사안들에 대해 자각의 정도가 서로 다르다. Ivey, D'Andrea, & Ivey(2012)는 다문화 문제를 자각하는 5단계 접근법을 제시하였는데, 문화적 차이의 중요성을 자각하지 못하는 단계에서부터 문화적 자각을 긍정적인 자기개념으로 통합하는 단계에까지 다양하다. 문화적 자각 단계에 대한 대부분의 심리치료 작업은 인종에 대한 자각과 관련되어 왔다. Helms는 문화적으로 다양한 집단과 백인 집단을 위한 인종 정체성 모델을 각각 제시하였는데(Helms & Cook, 1999), 또 다른 연구자들은 그녀가 제시한 모델을 다른 인종의 정체성에까지 확장하였다(Diller, 2015). 하지만 이러한 인종 정체성에 대한 접근법은 성 정체성에도 적용될 수 있었음에도 그동안 적용되지 않아 왔다.

여성주의 치료는 민족이나 사회 계층과 같은 여러 변인을 여성주의 치료 이론에 통합해 왔는데(Choudhuri, Santiago-Rivera, & Garrett, 2012), 그 주된 이유는 성 문제 이외에 서로 영향을 미치는 많은 다른 사안들이 존재하기 때문이다. 예를 들어, 미국 인디언 원주민은 종교와 토착적 관습이 서로 다른 많은 여러 종족으로 구성되어 있다. 또한, 많은 사람들이 다문화 배경을 갖고 있으며 한 가지 이상의 언어를 구사하는데, 이것은 심리치료에서 고려할 중요한 요소이다. 사실, 대부분의 사람들은 다양한 문화적 배경을 가진 것 같다. 예를 들어, 미국인들 중 아주 유사한 문화적 배경을 지닌 양가 조부모를 둔 사람은 극소수다. 여성주의 치료자들은 특히 최근에, 내담자를 돕는 데에 민족, 사회 계층, 성적 지향, 장애, 또는 다른 특성들을 고려하는 것이 중요하다는 점을 깊이 인식해왔다.

여성주의 치료자들은 여성주의 치료에 적합한 치료 기법(다른 심리치료 이론들에서 도출되었지만)을 사용하면서, 사회적 실천과 내담자에게 힘을 실어 주는 것의 중요성을 강조해왔다. 사회적 실천과 내담자에게 힘을 실어 주는 것을 강조하는 것은 '사람은 정치적이다.'라는 관점으로 요약될 수 있는데, 사회정치적 제도가 개인에게 미치는 영향을 인정한다는 것이다. 많은 여성주의 치료자들은 내담자에게 도움이 되는 여러 기법(예: 권력 분석, 개입, 주장 훈련)을 사용하는데, 이러한 기법은 다양한 민족적, 인종적 배경을 가진 사람들에게 적용될 수 있다. 여성주의 치료자들은 다른 어떤 심리치료 이론가들보다도 민족적, 인종적 배경과 관련된 문제를 강조하는데, 필자가 이 장에서 소개하는 사례들은 이 책의 어떤 다른 장에서보다 문화적 다양성에 대해 더 많은 것을 전달할 것이다.

여성주의 치료의 역사

여성주의 치료는 이 책에서 논의되는 다른 심리치료 이론들과는 달리 단지 몇몇 이론가들의 작업과 노력의 결과가 아니라, 여성을 소중하게 생각하고 여성에게 유익한 방향으로의 사회 변화가 필요하다는 기본 신념을 공유한 다양한 학문적 배경을 지닌 많은 여성들의 작업과 노력의 결과이다(Ballou, Hill, & West, 2008; Brown, 2008b, 2008c, 2010, 2014; Enns, 2004, 2012; Evans, Kincade, & Seem, 2011; Richmond, Geiger, & Reed, 2013). 여성의 처우에 대한 사회역사적 관찰에 기초하면, 현재는 물론 과거에도 여성주의자들과 여성주의 치료자들은 종종 '의식 증진 집단(Conscious-Raising groups: CR groups)'이라 불리는 집단을 통해 변화를 유도하려는 노력을 해왔다. 또한 이들은 남성 심리치료자가 여성 내담자를 치료하던 것을 심리치료로 보는 관점(특히 정신분석)에 대해 비판적이었다. 여성주의 치료는 전문적인 훈련과 여성주의 가치를 통합하면서 발달시켰다. 그렇다고 모든 여성주의 치료자들이 사회적 압력이 여성에게 미치는 영향을 다루는 것은 아닌데, 여성주의 치료자들마다 개인 변화와 사회 변화를 함께 다루는 정도와 방식이 다르다(Evans, Kincade, & Seem, 2011; Kaschak, 1981).

정신건강 체제에 대한 초기의 비판가들 중의 한 사람인 Chesler(1972, 1997, 2005)는 정신건강 관계자들이 여성들과의 치료적 관계를 재점검하도록 다방면으로 노력하였다. 특히, 그녀는 여성 내담자와 남성 심리치료자 간의 관계를 가부장적 관계라고 비판해왔는데, 심리치료자는 전문가이고 여성은 심리치료자의 지시에 복종해야 하는 관계라는 것이다(Brown, 2010). Chesler는 많은 여성들이 성역할에 대한 남성 심리치료자들의 고정관념에 맞지 않다는 이유로 잘못된 진단을 받았고 필요 이상의 많은 처치와 빈번한 입원을 당하게 되었다고 주장한다. 덧붙여, 그녀는 여성 내담자와 남성 심리치료자 간의 성관계가 미치는 해악과 그러한 비윤리적인 행동에 의해 야기되는 심각한 상처를 지적하였다. Chesler는 『여성과 광기(Women and Madness)』(1972, 2005)라는 책에서 심리치료와 상담 장면에서 발생하는 여러 가지 성차별 사례를 소개하였다. 그리고 그로부터 25년 후에 쓴 한 논문에서, Chesler(1997)는 여성주의 치료자들에 의해 제기된 위에서 언급한 여러 논의 사안에 대한 자각이 가져온 장단점에 대해 기술하였다.

대부분의 여성주의 이론가들은 정신분석에 내재해 있는 성 편향적인 가치와 전제에 대해 비판적이었지만, 어떤 여성주의 이론가들은 그러한 가치와 전제를 유용한 것으로 보았다. Helen Deutsch(1944) 같은 여성주의 정신분석가들은 Freud 정신분석의 많은 기본 원리에 도전하지 않으면서 정통적인 Freud 정신분석가로 활동하였다. Karen Horney(1966) 같은 여성주의 이론가들은 몇 가지 중요한 사안에 대해 Freud와 생각이 달랐는데, 예를 들어 그녀는 남성 성기 선망이라는 개념을 받아들이지 않았다. 오히려, 그녀는 남성 내면에 있는 여성 자궁에 대한 선망이라는 개념을 제시하였는데, 이 개념은 여성의, 아기를 낳을 수 있는 능력에 대한 남성의 열등감을 반영한다. 덧붙여, 그녀는 여성에게 있어 무엇을 하고자 하는 동기를 부여하는 것은 성적 에너지가 아니라 남성이 지닌 권력에 대한 부러움이라고 주장했는데, 왜냐하면 여성은 남성에 비해 힘이 없기 때문이라는 것이다. 다른 저자들(Eichenbaum & Orbach, 1983; Gentile, 2013)은 정신분석의 성차별적 측면을 비판하면서도 정신분석과 여성주의 치료의 통합을 시도하였다. Chodorow(1989, 1996, 1999)는 자녀 양육에서 주된 역할을 담당하는 것은 여성이라는 대상관계적 관점에 기초하여 남녀 간의 상이한 발달 과정에 통찰을 제공하면서도 정신분석의 성차별적 측면을 비판하였다. 매사추세츠주 웰즐리 대학(Wellesley College)의 학술연구소 및 상담센터인 스톤(Stone) 센터에서 발달된 관계문화 모델(577쪽 참고)은 인간관계에 대한 정신역동적 관점에 기초한다. Brown(1994)과 Kaschak(1992)

같은 여성주의 저자들은 여러 가지 심리치료 접근을 비판해왔는데, 그들에 따르면 정신분석은 여성주의의 비판 대상이면서도 여성주의 치료에 중대한 영향을 끼쳤다는 것이다.

여성 심리치료자들이 심리치료 현장에서의 성차별에 관심을 갖고 있을 때, 많은 여성들은 여성의 사회적, 개인적 권리에 대해 목소리를 높이고 있었다. '여성을 위한 전국 조직(National Organization for Women: NOW)'과 같은 단체들은 정치적 사안들(예: 여성을 부당하게 차별하는 법률이나 고용 현장)에 대한 대처 방안을 제공하였다. 의식 증진 집단은 여성들 간에 존재하는 고립을 종결시키고 사회 변화를 촉진하는 수단으로 발전하였다(Evans, Kincade, & Seem, 2011; Matlin, 2012). 이들 단체들은 일차적으로 교육적인 기능을 담당했는데 개인적인 문제와 정치적인 문제 간에 존재하는 어떤 연관성에 대해 관심을 증진시켰을 뿐 아니라, 미국 사회 자체의 변화를 촉진시켰다. 1970년대 중반에 들어 의식 증진 집단의 초점은 정치적, 사회적 변화에서 개인적 변화로 옮겨가기 시작했지만 결코 사회적 관심과 개인적 관심 간의 관련성에 대한 관점을 잃지는 않았다. 직장에서나 사회 전반에 걸쳐 어떻게 성역할 고정 관념에 대처할 것인지가 토론의 주제가 되었다(Kravetz, 1987). 의식 증진 집단은 이러한 개방적 논의를 촉진시키면서도 지도자 없이 운영되었다. 의식 증진 집단의 발전과 활동 덕분에, 여성의 개인 내외적 어려움을 돕는 전문 지도자가 있는 심리치료 집단이 생겨나는 것이 상대적으로 용이해졌다. 의식 증진 집단 안에서 형성된 여성들 간의 평등한 관계는 집단 내에서의 지도자의 역할에도 영향을 미쳤는데, 지도자란 집단구성원들에게 방향성과 전문 기술을 제공해 주는 한편 자신의 능력과 한계, 가치관에 대해 개방적이어야 한다는 기대를 갖게 하였다(Kaschak, 1976). 모든 여성주의 치료(개인이든 집단이든)의 한 가지 공통적인 특징은 여성에 대한 차별에 대해 여성주의적으로 분석하는 것이다(Kaschak, 1981). 이 분석 방법을 통해 여성 내담자들은 자신이 경험하는 문제가 다른 여성들이 겪는 문제와 어떻게 유사한지를 깨닫게 된다.

여성주의 치료자와 비여성주의 치료자의 특성을 기술함에 있어, Enns(2004)는 급진적 여성주의 치료와 자유주의적 여성주의 치료의 차이를 구분하였다. 그리고 이 두 가지 심리치료와 비성차별(nonsexist) 심리치료 간의 차이도 구분하였다. 비성차별 심리치료는 급진적 또는 자유주의적 여성주의 치료와 구별된다. 비성차별 심리치료는 사회 변화나, 분노, 권력 문제에 초점을 맞추기보다는 심리치료자가 자신의 가치관을 자각하고 내담자와의 관계에서 평등주의적 태도를 취하는 것에 초점을 맞춘다. 반면, 급진적 여성주의 치료와 자유주의적 여성주의 치료는 개인의 정치적 성향과 사회 제도의 역할을 강조한다는 측면에서 공통점을 가지고 있다. 이 두 가지 접근 모두 분노를 사회적 억압에 대한 적절한 반응으로 인식하고 정신 병리를 개인 발달과 사회적 차별의 상호작용에 의해 만들어진 결과라고 본다. 두 접근 모두 심리치료자와 내담자 간의 힘의 차이를 점검하고 심리치료에서의 자기 개방을 지지한다(Evans, Kincade, & Seem, 2011).

급진적 여성주의와 자유주의적 여성주의 치료를 구분함에 있어, Evans, Kincade, &

Seem(2011)은 두 접근법이 사회 문제에 관여하고 도전하는 정도에 차이가 있다고 설명한다. 예를 들어, 급진적 여성주의 치료자들은 사회 문제를 변화시키는 데 항상 개입하는 반면, 자유주의 여성주의 치료자들은 개입하기도 하고 개입하지 않기도 한다. 또한, 급진적 여성주의 심리치료에서는 내담자 보호를 위해 심리치료자의 자기 개방을 매우 유용하게 사용하는 반면, 자유주의적 여성주의 치료자들은 심리치료자의 자기 개방을 그렇게 많이 사용하지 않는다. 심리치료자들의 성별과 관련하여 급진적 여성주의 치료자들은 남성은 여성주의 치료자가 될 수 없다고 믿는 경향이 있다. 왜냐하면 남성은 여성의 성역할 모델이 될수 없고 여성만이 하는 독특한 경험을 할 수 없기 때문이라는 것이다. 하지만 남성도 친여성주의자가 될 수 있고 여성주의 가치를 작업에 포함시킬 수 있다고 믿는다. 자유주의적 여성주의 치료자들은 남성도 훈련을 받으면 여성주의 치료자로 일할 수 있다고 주장한다(Baird, Szymanski, & Ruebelt, 2007). 급진적 여성주의 치료자와 자유주의적 여성주의 치료자를 구분하는 것이 늘 분명한 것은 아닌데, 어떤 여성주의 치료자들은 자신이 어느 한쪽이라고 불리지 않기를 바란다.

여성주의적 사고는 점차 발달하고 성장해 왔다. 미국의 경우, 네 가지의 여성주의 물결이 확인되어 왔다. 이들 물결은 시간적으로 중복되기에 정확한 시기를 정하기가 어렵다. 1950년대와 1960년대에 발생한 1차 물결은 여성에 대한 법적, 경제적 균등에 초점을 맞추었다(Evans, Kincade, & Seem, 2011). 2차 물결은 1960년대에서 1980년대에 걸쳐 발생했는데 주된 쟁점으로는 낙태 권리, 성차별, 백인 문화가 아닌 다른 문화 출신의 여성에 대한 관심이 포함된다. 3차 물결은 퀴어 이론(queer theory)과 레즈비언 여성주의와 같은 여성주의 접근에 주목하였다. 3차 물결의 여성주의는 억압의 성격은 사회에서 변화하며 지속되지 않는다고 본다. 또한 3차 물결의 여성주의자들은 섭식 장애와 자기 비판과 관련된 신체상에 관심이 있다. 2차 물결과 같이 인종과 문화 문제가 3차 물결의 관심사인데 이 물결은 이 문제들이 어떻게 내담자에게 영향을 미치는지를 조사하고자 한다. 4차 여성주의 물결은 21세기 초경에 시작되었는데 억압이 많은 사람들에게 영향을 미치는 세계적인 문제가 주된 관심사이다(Bruns, 2011). 4차 물결은 노령화 문제와 노인 여성이 어떻게 존중받지 못하는지에 대해 관심을 가져 왔다(Bruns, 2011; Mitchell & Bruns, 2011; Singh & Burnes, 2011). 덧붙여, 4차 물결은 성전환자가 직면하는 어려움에 관심을 가져 왔다. 여성주의 치료자들은 이 장에서 언급된 원칙들을 고수한다. 물결이라는 개념은 다양한 시기에 걸쳐 발생하는 어떤 문제들에 대해 주의를 어떻게 기울이는지에 대한 관점을 제공한다.

많은 저자들이 유색 인종 여성을 포함하여 전 세계의 모든 여성의 문제에 많은 관심을 갖고 있다(Evans, Kincade, & Seem, 2011). 유색 인종 여성들은 여성주의 치료에 점점 더 많은 영향을 미치고 있으며, 많은 나라에서 여성주의 치료는 심리치료에 많이 통합되어 사용되어 왔다. 흑인 및 라틴계 여성들이 지적한 바에 따르면, 인종 차별은 백인이 아닌 여성들에게는 중요한 문제인데, 여성주의 관점 내에서도 인종 차별은 존재한다는 것이다. Lerner(1979)

는 자신이 관찰한 바를 다음과 같이 기술하였다.

> 백인 사회가 오랫동안 공표해온 바에 따르면, '여성이 머물 곳은 가정'이지만, 흑인 여성이 머물 곳은 백인 여성의 주방이라는 것이다. 많은 흑인 여성들이 '해방'이라는 용어를 정의함에 있어, 해방은 직업이 있는 한 남성의 지원을 받으며 자신의 집에서 자신의 자녀를 돌보며 자유롭게 사는 것이라고 하는 것은 놀랄 일이 아니다. (p.81)

Hurtado(1996)는 백인 여성들이 겪는 문제는 좀 더 개인적(예: 가사 분담의 불평등, 남성과의 사적인 상호작용에서의 불평등)인 반면, 다문화 여성들이 겪는 문제는 좀 더 공적인 경향이 있다고 지적하였다. 공적인 문제로는 인종 분리 폐지, 약자에 대한 선처(affirmative action), 가난, 교도소 개혁 등을 들 수 있다. 다른 나라의 여성들도 생활환경과 관련된 문제를 갖고 있는데, 이러한 문제는 중산층 백인 미국 여성들이 직면하는 문제와는 다르다. 자신들을 다른 문화 집단이라고 부르는 어떤 여성주의자들은 전통적인 여성주의자의 관점과 자신들의 관점을 차별화하기 위해 '우머니스트(womanist)'나 '피메일리스트(femaleist)'와 같은 용어를 선호한다.

많은 여성주의 치료자들은 위에서 언급한 문화적 다양성에 영향을 미치는 요인에 주목해 왔다. 이전에 다른 나라에 의해 식민지화되었던 나라에 사는 여성주의자들은 식민지화가 여성에 대한 태도에 미친 영향에 관심이 있다. 여성주의 치료자들은 이전에 유럽 국가들의 식민지였던 나라, 특히 남아메리카, 아프리카, 그리고 일부 아시아 국가는 단지 국가로서 식민지화되었던 것만이 아니라 심리적으로도 식민지화되었다고 본다. 이러한 식민지화 경험은 가부장적인 위계를 촉발시키는데, 이것은 이전에 가부장적으로 종속적인 위치에 있는 나라의 국민들은 종주국의 국민들과 동등하게 대우받지 못했기 때문이다. 『라틴계 여성을 위한 여성주의 치료: 사회적, 개인적 목소리(Feminist Therapy with Latina Women: Personal and Social Voices)』라는 책에서 Kawahara & Epsin(2013)은 라틴계 여성의 치료에서 발생할 수 있는 문제를 기술했는데 어떤 문제는 식민지화와 관련되어 있다. 식민지화와 같은 사회적 문제는 한 개인의 성격 발달에 영향을 미칠 수 있는 문제의 예이다.

여성주의 성격 이론을 이용한 개념화

여성의 성격에 대한 연구는 비교적 최근에 시작되었고(대부분이 1970년 이후에 실시됨) 한 명의 특정 이론가가 아닌 여러 명의 연구자에 의해 진행되었기 때문에, 여성의 성격 이론의 상당 부분은 아직 연구들에 의해 충분히 입증되지 않았다. 이 절에서 필자는 남성과 여성이 아동기, 청소년기, 성인기에 교육받는 몇 가지 서로 다른 사회적 역할을 요약하는데, 성격 발달에 관한 이론을 이해하는 데 필요한 배경 정보가 될 것이라고 믿는다. 이들 이론 중의 하나는 성 도식 이론(gender schema theory)이다. 이 이론은 사람들이 자신의 주변 세계를 분석하기 위해 성과 관련된 정보를 사용하는 정도를 조사한다. 성 도식은 개인이 지닌 여러 가지 다른 정체성과의 관계 속에서 존재하는데, 많은 심리학자들이 여성과 남성에게 있어 대인관계의 상대적 중요성에 대해 연구해왔다. Carol Gilligan과 Judith Jordan은 여성의 성격 발달과 성격 발달에서의 관계의 역할을 기술함에 있어 서로 다르다. 이러한 이론적 개념은 여성주의 치료자가 남녀 내담자를 어떻게 다르게 치료할 것인지에 대해 통찰을 제공한다.

평생 발달 과정상의 성별 간 차이점과 유사점

성의 특성에 대한 연구는 방대할(특히 아동에 대해) 뿐만 아니라 많은 생물학적, 심리학적, 사회학적, 또는 환경적 요인에 대한 연구를 포함한다. 이 절에서 필자는 남녀의 사회적 발달상의 차이점에 초점을 두는데, 이것은 알파 편견을 조장할 위험이 있으며 남녀의 차이점을 과잉일반화하는 것일 수 있다(Brown, 2010). 이 절에 기술된 정보는 Hyde & Else-Quest(2013)와 Matlin(2012)의 책에 있는 성차에 대한 포괄적인 논의를 요약한 것이다.

성장 과정에서 경험하는 것에 대한 성차를 논하기에 앞서 성별 간의 유사성을 논의하는 것이 필요할 것 같다. Hyde(2005)는 사람들은 종종 성차에 주목한다고 지적한다. 하지만 46개의 메타분석을 검토한 후 Hyde는 남성과 여성이 상당히 많은 심리적 변인들에서 유사하다고 보고하였다. 남성은 여성보다 수학을 더 잘하고 여성은 남성보다 언어 기술에서 앞선다고 종종 알려져 있지만, Hyde는 남녀의 능력 수준은 상당히 비슷하다고 보고하였다. 의사소통 방식에서도 남성과 여성 간에는 차이가 거의 없다. 사회성과 성격 요인을 조사했을 때도 남녀는 리더십, 불안, 사교성, 자존감, 자기주장과 같은 변인에서 차이는 크지 않았다. Hyde가 차이가 있다고 보고한 것은 단지 여성에 비해 남성이 좀 더 공격적이고, 멀리 던지기와 같은 영역에서 좀 더 나은 운동 기술을 가졌고, 성적 욕구 충족에 있어 좀 더 적극적이라는 점뿐이다. 하지만 남녀가 성장하면서 경험하는 삶의 영역에는 차이가 있는데 이것이 이 장의 다음 2절의 초점이 된다.

아동기 심지어 아이가 출생하기 전에도 성에 대한 선호가 있다. 이 주제에 대한 문헌조사에서 Matlin(2008)은 많은 문화권에서 특히 남성이 그렇긴 하지만 여성도 딸보다 아들을 선호한다고 보고하였다. 이는 특히 아시아에서 그러한데, 아시아에서는 여자아이일 경우 낙태시키는 것으로 알려져 있다. 만약 부모 중 한쪽이나 두 쪽 다 남자아이를 강하게 선호하는 가정에서 딸이 태어나는 경우, 부모의 선호도는 자녀 양육 태도에 영향을 미칠 수 있다. 남자아이와 여자아이의 행동은 상당히 유사하다. 하지만 성인이 아이를 대하는 방식에는 성차가 있다. 성인은 종종 성역할 기대에 근거해서 아이의 옷과 장난감을 선택한다. 아이는 자신과 다른 아이들이 입는 옷과, 놀이하는 방식과, 동화나 TV를 통해 삶에 대해 배우는 방식을 통해 남녀에 따라 다른 성역할 기대를 받아들이기 시작한다.

초등학교 학령기의 아이들은 일반적으로 성별에 따라 구분된다. 남자아이는 여자아이보다 남자아이와 노는 것을 더 좋아하는데, 특히 놀이가 신체적으로 더욱 활동적이거나 경쟁적일 경우에 그러하다(Edwards, Knoche, & Kumuru, 2001). 이 시기에는 다른 쪽 성에 관련된 행동은 배우지 않아야 한다는 압박이 있다. 달리 말하면, 여자아이는 '남자 같은 여자아이(tomboy)'라고, 남자아이는 '여자 같은 남자아이(sissy)'라고 조롱이나 놀림을 당한다. 성 고정관념을 그다지 중요하게 생각하지 않기 때문에 3세 때까지는 남자아이와 여자아이 간에 흔히 존재했던 친구 관계가 7세가 되면서 점차 드물게 된다(Matlin, 2012). 부모, 교사, 그리고 다른 성인들과의 상호작용을 통해 남자아이는 종종 독립심과 능력감에 대해 강화를 받는 반면, 여자아이는 종종 양육과 무력감에 대해 강화를 받는다(Hyde & Else-Quest, 2013). 어떤 부모들은 의식적으로 자녀에게 성역할 기대를 갖지 않으려고 해도, 아이는 놀이, 장난감, 성에 대한 고정관념에 따른 기대(이러한 기대는 또래 친구와의 상호작용이나, TV, 영화와 같은 매체를 통해 형성됨) 등을 통해 성역할에 대한 선호를 배우게 된다.

청소년기 성역할에 대한 압박은 생리적, 사회적 원인 때문에 다른 어떤 시기보다 청소년기에 가장 심각해지는 경향이 있다. 일반적으로 사춘기는 소년보다 소녀에게 더 많은 갈등을 안겨 주는데 왜냐하면 여성의 신체와 성역할에 대한 사회적 시각 때문이다(Matlin, 2008). 소녀들과 그들의 부모는 때때로 월경의 첫 시작(대부분 11~13세)에 대해 부정적인 반응을 보인다. 유사한 것으로 젖가슴의 발달과 같은 신체적인 변화는 쉽게 관찰될 수 있기에 소녀들은 자신의 신체적 변화에 당황스러워하고 소년들은 소녀들의 신체적 변화에 대해 놀리곤 한다. 소녀들은 날씬해야 하고 신체적인 매력을 보여야 한다는 요구가 있음을 깨닫게 된다. 다른 또래 집단(예: 교회 친구, 여성 운동 선수, 가까운 친구)은 다소 다른 관점을 갖고 있을지 몰라도, 잡지나 TV를 통한 여성의 외모에 대한 기대를 알게 되면 그것은 상당한 영향을 미칠 수 있다. 흑인 미국 여자 청소년의 경우는 좀 다를 수 있는데, 왜냐하면 십대들이 보는 잡지에서 흑인 여성은 나오지 않는 경향이 있기 때문이다. 이성 교제는 여성의 성격 발달에 중요한 요소인데, 남성은 외모뿐만 아니라 업적에 의해서도 평가를 받지만 여성은 외모에 의해서만 평가받는다. 소녀들은 소년들에게 더 많은 관심을 얻기 위해 다른 소녀와 경쟁하는 것을 배우게 되고, 소년들은 학업이나 운동 능력에 좀 더 초점을 두게 된다. 소년들은 그렇지 않지만, 소녀들은 반드시 자신의 성 활동을 제한하는 것을 배워야 한다. 피임 도구의 사용 문제와 청소년기 임신 문제는 소년보다 청소년기 소녀에게 훨씬 더 큰 문제거리이다. 한편, 자신이 레즈비언이라는 것을 알게 되는 청소년기 여성의 경우, 방송 채널을 통해 긍정적인 성역할 모델을 발견하는 것은 어려운 일이다. 또한, 부모에게 자신이 동성애자임을 알리는 경우(coming out)에 아주 다양한 반응이 나타나는데, 어떤 부모들은 지지적인 반면 어떤 부모들은 심한 거부감을 보인다.

청소년기에 독립심이 강해지면서 부모와 십대 청소년 간에 벌어지는 갈등은 엄마와 딸,

엄마와 아들, 아빠와 딸, 아빠와 아들의 조합에 따라 상당히 달라지는데(Hyde & Else-Quest, 2013; Matlin, 2012), 왜냐하면 성역할 고정관념이 부모의 기대에 영향을 미치기 때문이다. 부모와의 관계가 중요하기는 하지만, 이성애자 여성 청소년의 경우에는 관계(특히 남성과)를 발전시키고 외모를 중시하는 것이 강조되는데, 이러한 것들에 대한 강조는 성인 여성에게까지 계속 적용된다.

성인기 남성과 여성이 일련의 복잡한 문제를 다루는 방식에는 상당한 편차가 있기에 여성 또는 남성의 성인기 발달을 정확히 기술하기란 어렵다. 하지만 여성들에게 특별한 영향을 미치는 중요한 사안으로서 필자는 양육, 일, 중년기 문제, 폭력에 관해 논의하고자 한다.

엄마가 된다는 것은 생리적인 변화뿐만 아니라 사회적 역할의 변화까지도 포함된다. 임신은 생리적인 변화만 야기한 것이 아니라 직업에 대한 결정, 부부 역할, 신체적 자기상과 관련된 문제 등에도 다양하게 영향을 미치는데, 이러한 영향은 여성의 사회 계층, 인종, 성적 지향에 따라 달라진다. 적응의 정도는 다양한 요인들, 특히 자녀와 남편 또는 연인과의 관계에 따라 달라진다. 아이를 갖지 않기로 결정한 기혼 여성은 종종 아이를 갖는 것에 대한 사회적 압박을 상당히 받게 된다. 아이를 갖는 것에 대한 결정을 보류하는 것은 피임, 심지어 낙태와 같은 문제를 다루어야 함을 의미한다. 미국 사회의 경우, 자녀 양육에 대해 책임을 짐과 동시에 아이들이 제대로 자라지 못할 경우 비난을 받는 대상은 남성보다 여성이다. 문화에 따라 관습과 관점은 아주 다양하게 나타나는데 문화적 관습과 관점은 자녀 양육 방법에 영향을 준다(Hyde & Else-Quest, 2013; Matlin, 2012).

일은 기혼 남성과 비교할 때 기혼 여성에게는 아주 다른 문제다. 어떤 남성들은 집안일을 분담하기도 하지만 보통은 여성들이 집안일의 60~70%를 한다(Matlin, 2012). 집안일에는 건물 관리, 식사 준비, 세탁뿐만 아니라 남편과 아이들 심지어 고령의 부모를 돌보는 것도 포함한다. 유급직의 경우, 비서와 행정 보조자의 96%가 여성으로 구성되는 반면에, 기계 기술자와 건축가의 86%, 의사의 66%는 남성이 차지하고 있다(U. S. Department of Labor, 2011). 여성들은 또한 남성들보다도 수입이 상당히 적은 것 같다(Sharf, 2014). 교직, 사회복지, 건강 관련 직업과 같은 전통적인 여성 직업은 전문적인 기술과 헌신을 요구하기 때문에 어느 정도의 사회적인 지위를 획득하지만, 그들이 받는 임금은 남성이 선점하고 있는 많은 상위 지위의 직업군에 비해 낮다. 게다가 구직 신청이나 실무에서도 여성은 남성보다 차별과 성적 괴롭힘을 많이 경험하는 것 같다(Sharf, 2014). 법률 제정을 통해 차별에 대한 사회적 인식을 변화시켰음에도 불구하고 태도와 행동은 더 천천히 바뀌는 경향이 있다.

나이가 든다는 것은 남성에 비해 여성에게는 상당히 다른 것일 수 있다. 여성에게 있어 나이가 든다는 것의 한 가지 징표는 폐경기인데, 폐경기는 종종 여성이 신체적으로나 정신적으로 부정적으로 변화하는 시기로 여겨진다. 어떤 여성들은 자녀가 집을 떠나거나 자녀를 돌보는 자신의 역할이 눈에 띄게 줄어들 때 자신의 가치가 떨어지는 듯한 느낌을 받는다.

어떤 사회는 여성의 가치를 관계하고 양육하는 것에 비중을 더 많이 두는 만큼 이러한 변화의 시기가 더 어려울 수 있다. 하지만 어떤 여성들에게 있어 폐경기는 무엇인가를 성취하고 활동적일 수 있는 기회이기도 하다. 여성에게 있어 불충분한 수입은 특히 문제가 될 수 있다. 요약하면, 나이가 들어가는 여성은 남성보다 좀 더 부정적으로 보이며 더 많은 재정적인 어려움을 경험할 수 있다. 하지만 나이 든 여성이 양육의 경험을 통해 기른 대인관계 능력은 자녀가 집을 떠나거나, 남편이 사망하거나, 또는 다른 상실을 경험하게 될 경우 어려움을 효과적으로 대처하는 데 도움이 된다.

대부분의 여성들은 엄마 역할하기, 일하기, 나이 들기와 같은 사안에 대해 어떤 결정을 할 수 있겠지만, 폭력은 아주 다른 문제다. 여성에 대한 폭력은 모든 연령에 걸쳐 일어난다. 아동의 경우 학대와 근친상간은 이후의 심리 발달에 끔찍한 결과를 초래할 수 있다. 청소년기와 성인기의 여성은 데이트 강간, 낯선 사람에 의한 강간, 또는 아내 구타의 희생자가 될 수 있다(Hyde & Else-Quest, 2013; Matlin, 2012). 폭력 행위에 대한 통계적 수치는 실제보다 적게 보고되는 경향이 있는데, 왜냐하면 피해자가 물리적인 협박에 의해 더 큰 피해를 받거나 그러한 사건을 촉발시켰다는 비난을 받을까봐 두려워하기 때문이다. Matlin이 지적한 것처럼, 폭력을 경험한 여성은 여러 가지 생리적인 문제뿐 아니라 종종 불안과 우울을 보고한다.

여성의 성장에 대한 논의에 있어, 필자는 생리적 변화와 사회의 태도가 여성에게 미치는 몇 가지 주요한 영향만 언급했다. 여성에 대한 성격 발달 이론을 제시함에 있어 여성주의 이론가들은 일생을 통해 나타나는 다양한 문제에 관심을 두어왔다. 사람들은 문화나 다른 변인들 때문에 성차에 대해 아주 다르게 반응한다. 남녀는 성역할 고정 관념을 자신과 타인에게 적용하는 정도에 있어 다른데, 성역할 고정관념의 편차는 부분적으로 도식 이론과 관련이 있다.

도식 이론과 다중 정체성

10장에서 논의된 것처럼 도식(Schema)이란 인지적 개념으로 사고방식을 의미한다. 도식은 개인이 지닌 핵심 신념이자 개인이 세계를 어떻게 보는지에 대한 가정이다. 다문화 여성주의적 관점에서 보면, 남성과 여성이 서로를 어떻게 바라보는지, 다양한 문화적 배경을 지닌 사람들이 자신과 다른 문화적 배경을 지닌 사람을 어떻게 바라보는지와 관련된 신념은 중요한 연구 분야이자 심리치료자들이 주의를 기울일 필요가 있는 문제이다. 따라서 필자는 먼저 성 도식에 대해 조사한 후, Helms의 인종 정체성 모델을 이용해 문화 도식을 조사할 것이다(Helms & Cook, 1999). 그다음, 필자는 한 개인을 구성하는 다중 정체성에 대해 Hays(2008)의 진술을 기술할 것인데, 그녀는 다중 정체성을 기술하기 위해 두문자 'ADDRESSING'을 사용하였다.

성 도식은 모든 발달 단계에 적용될 수 있다. Bem(1993)이 관찰한 바에 따르면, 아이들은 사회가 성을 바라보는 관점을 배울 뿐만 아니라 그러한 관점을 자신들에게 적용한다. 예를 들어, 아이들은 여자아이는 드레스를 입고 남자아이는 드레스를 입지 않으며, 여자아이는 립스틱과 손톱 반짝이를 사용하지만 남자아이는 그렇게 하지 않고, 남자아이는 '잘생겼다'고 불리는 데 반해 여자아이는 '예쁘다'고 불린다는 것을 배운다. 특히, 청소년들은 이성과 자신의 신체적 매력에 대해 관심을 갖게 됨에 따라 성에 대해 상당히 관심을 기울이는 것 같다. 성에 관심이 많은 사람들은(다른 도식을 사용하는 사람들보다) 동료의 행동 특성을 파악함 있어 '남자답지 않다' 또는 '여성적이지 않다'라는 표현을 더 많이 사용하는 것 같다. Bem(1987)은 성은 사회를 보는 가장 강력한 도식 중의 하나라고 믿으며, 어떤 강한 성 도식은 자신과 타인을 보는 아주 제한적인 관점이라고 생각한다. Bem은 아동이 신체적인 성차를 배우는 것과 성역할 행동을 고정관념화하는 것을 구별하는데, 부모는 자녀들이 다른 도식(예: 개인차, 문화적 상대주의)을 배우도록 도와야 한다고 제안한다. 개인차에 대한 도식은 집단 내에 존재하는 개인의 다양성을 강조한다. 예를 들어, 한 아동이 "해리는 여자애 같아. 왜냐하면 그림 그리기를 좋아하거든."이라고 말할 때, 부모는 그 아동에게 "그림 그리기를 좋아하는 것은 남자 여자와는 상관이 없어. 다 좋아할 수 있어."라고 지적해 줄 수 있다. 문화적 상대주의 도식이란 모든 사람이 같은 방식으로 생각하는 것은 아니며 다른 집단이나 문화에 속한 사람들은 다른 신념을 갖고 있음을 뜻한다. 동화 속의 이야기(fairy tales)는 종종 많은 성역할 고정관념을 내포하고 있는데, 동화 속 이야기는 현 문화와는 다른 어떤 문화를 반영하는 것으로 해석될 수 있다(아동이 이 개념을 이해할 만큼 나이가 들었을 경우). 도식 이론은 아동 양육뿐 아니라 내담자가 심리치료에서 자신과 타인을 보는 방식에도 적용된다. 심리치료자는 자신과 내담자가 가진 성 도식을 관찰함으로써 치료적 진전을 방해하는 사고 패턴을 알아낼 수 있다.

Helms의 인종 정체성 모델은 도식 이론으로 취급되지는 않지만 다른 문화와의 관계 속에서 자신이 속한 문화에 대한 개인적 신념을 점검하게 한다(Helms, 1995; Helms & Cook, 1999). Helms는 백인 미국인뿐만 아니라 유색 인종을 위한 인종 정체성의 발달 단계를 고안하였다. 이 단계들은 자신과 다른 문화에 대한 관점이 변화하는 과정을 보여 준다. 다른 문화에서 온 사람들에 대해 이야기를 들을 때, 사람들은 자신이나 타인으로부터 제공되는 정보를 이용하여 그 이야기를 평가하고 그 문화에 대한 신념이나 고정관념을 형성한다. Helms의 정체성 발달 단계는 문화적 다양성에 대한 이해를 증진시키고 인종차별을 제거하기 위한 것으로 한 개인이 문화에 대해 갖는 도식은 살아가면서 다양한 시기에 변화할 수 있음을 보여 준다.

Hays(2008)는 성과 민족성 이외의 다른 변인들에 관심을 기울였는데, 그는 한 개인이 가질 수 있는 여러 가지 정체성을 기술하기 위해 ADDRESSING이라는 두문자를 사용하였다.

- 연령(Age): 나이나 세대의 문제가 어떻게 그 사람에게 영향을 미치는가?
- 획득된 장애(Disability acquired): 아이가 어떻게 가족이나 보호자와의 관계에 영향

을 미치는가?

- 발달 장애(Disability developmental): 장애가 삶의 여러 다른 시점에서 관계에 어떻게 영향을 미치는가?
- 종교(Religion): 한 개인의 양육 배경과 현재의 신념은 무엇인가?
- 민족(Ethnicity): 그 사람이 속한 지역사회에서 인종 또는 민족 정체성이 갖는 의미는 무엇인가?
- 사회 계층(Social class): 사회경제적 지위는 직업, 수입, 교육, 결혼 여부, 성, 민족, 또는 지역사회에 따라 결정될 수 있다.
- 성적 지향(Sexual orientation): 그 사람의 성적 지향은 무엇인가? 동성애자, 양성애자, 또는 성전환자인가?
- 토착적 관습(Indigenous heritage): 토착적인 것은 물려받은 관습의 일부인가? 만약 그렇다면 어떻게 해서 그러한가?
- 국적(National origin): 그 사람의 국적이나 제1언어는 무엇인가?
- 사회적 성(Gender) 또는 생물학적 성(Sex): 그 사람의 성역할 혹은 기대하는 성역할은 무엇인가?

이상의 것들이 사람들이 공통적으로 지닌 정체성인데, 어떤 사람들은 더 많은 정체성을 지니고 있을 수 있다(Diller, 2015). 가부장적인 문화(예: 미국)에서 어떤 사람(예: 백인 남성)은 특혜를 갖는 반면, 어떤 사람(예: 흑인 여성)은 불이익을 경험할 것이다. 키가 작고 뚱뚱하다는 것은 불이익이라는 정체성으로 인식할 수 있다. 여성주의 치료자들은 성을 하나의 중요한 정체성으로 보기는 하지만, 심리치료자가 반드시 알아야 하는 다른 정체성도 지니고 있음을 인정한다.

Gilligan의 돌봄의 윤리

다른 이론가들과 함께 Freud와 Erikson도 여성의 정체성 형성에 있어 인간관계가 중요함을 기술하였다. 하지만 Gilligan(1977, 1982)은 여성의 관계에 대한 관심을 바라보는 전통심리학의 관점에 대해 비평하였다. 그녀는 여성의 '선함(goodness)'을 대표하는 동정, 돌봄과 같은 특성이 도덕성 발달에 있어 결함으로 지각된다는 점과 여성의 보호적 역할이 개성과 성취를 선호하는 문화에서는 평가절하된다는 점에 주목하였다. Gilligan은 도덕성 발달 단계를 제시한 Lawrence Kohlberg와 함께 작업하면서 그의 발달 단계가 남성에 비해 여성에게는 적용하기 어려운 것으로 보고 여성의 도덕성 발달에 대한 일련의 연구들을 실시하였다. 간략히 말하면, 그녀는 Kohlberg(1981)의 모델을 정의(justice)의 도덕성 모델로 보는 한편, 자신의 모델을 돌봄과 책임의 도덕성 모델로 보았다. 두 모델의 차이는 두 명의 8세 아동, 제프리(Jeffrey)와 캐런(Karen)의 생각을 비교해 보면 알 수 있다. 두 아동에게 모호한 상황에 대처하는 올바른 방법에 대해 기술하도록 요청했다. 제프리는 욕구와 의무 간의 갈등을 해결하기 위해서 순서라는 체계를 사용한 반면, 캐런은 누가 내버려졌는지에 관심이 있다(Gilligan, 1982, pp.32~33).

제프리

제가 정말 친구들을 만나러 가고 싶은데 엄마가 지하실 청소를 하고 있을 경우에, 저는 친구들에 대해 생각하고 나서 엄마에 대해 생각하고 그리고 어떻게 하는 것이 옳은지를 생각해요. (하지만, 너는 그게 옳은 건지 어떻게 아니?) 왜냐면 어떤 것은 다른 것보다 선행하거든요.

캐런

저는 많은 친구들이 있지만 그 애들 모두와 놀 수는 없어요. 그래서 모든 친구들과 돌아가며 놀아요. 왜냐하면 그 애들은 모두 저의 친구들이기 때문이에요. 만약 한 친구가 정말 혼자 있으면 그 친구와 놀 거예요. (그런 결정을 하려고 할 때 무엇에 대해 생각하니?) 음, 누군가가 완전히 혼자면 외로워요.

Gilligan의 글은 많은 주목을 받았다. Hyde는 Gilligan의 가설에 대해 20년 이상에 걸쳐 실시된 많은 연구 결과를 요약했는데, 대부분의 연구 결과는 연구를 위해 고안된 갈등 상황에서나 실생활에서의 갈등 상황에서도 성차가 거의 나타나지 않았다고 보고하였다(Hyde & Else-Quest, 2013; Jaffee & Hyde, 2000). Gillian의 연구는 돌봄과 책임이라는 도덕성이 정의라는 도덕성보다 뛰어나다고(사실 Gillian은 이를 부정해왔음) 보고한 것으로 잘못 해석되어 왔다. 어떤 사람들은 그녀의 연구가 남성과 여성의 도덕성 발달을 함께 평가할 수 있는 비교 상황을 연구에 포함시키지 않았고, 도덕성 발달을 계량화함에 있어 잘 정의된 절차를 사용하지 않았으며, 사회 계층이나 종교의 영향을 고려하지 않고 성차에만 초점을 맞추었다고 비판한다. 남성과 여성의 도덕적 사고에 대한 폭넓은 논쟁은 성차를 보는 관점에 대한 토론을 촉발시켰다. Gilligan은 사람들이 좀 더 유연한 방식으로 도덕적 의사결정을 검토하게 하였고, 남성과 여성 모두가 돌봄을 지향한다는 점에 주목하도록 하였다. 더 나아가, Gilligan(2008)은 인간 발달 과정에서 발생하는 돌봄과 애착의 잠재력을 검토하게 하였다. 요약하면, Gilligan의 주된 공헌은 남성과 여성이 도덕적 결정을 할 때 단지 이성적인 판단에만 의존하지 않고 돌봄이나 관계와 같은 가치에도 의존한다는 점이다.

관계문화 모델

관계문화 심리치료는 미국의 매사추세츠주 웰즐리시에 소재한 웰즐리 대학의 스톤 센터에서 시작하여 30년 이상에 걸쳐 발달해왔는데, 이 명칭은 관계 속의 자기 이론이라는 이름에서 시작해서 관계 이론, 그리고 다시 관계문화 이론으로 변해왔다. 이러한 변화는 이 이론을 다른 문화권의 여성에게 적용하는 것이 점차 강조되어 왔음을 나타낸다. 이 이론의 핵심은 사람들은 타인과 관계에서 반응을 주고받는다는 것이다(Jordan, 2010, 2014b; West, 2005). 이 이론의 주된 관심은 타인과의 관계에서 발생하는 단절로, 이것은 타인으로부터 이해받지 못함을 나타낸다. 관계에서 단절을 유발하는 것은 권력이다. 좀 더 힘이 강한 사람이 힘이 약한 사람을 공감하지 못하면 약자는 관계에서 자기를 진정하게 표현할 수 없게 되고 자신의 모습을 감추게 된다. 자신을 개방적으로 표현할 수 없음으로 인해 그 사람은 고통과 고립감을 느낄 수 있다. 관심을 받을 때 사람은 자신이 중요함을 느낄 수 있다. 힘의 차이는 개인적인 측면에서만이 아니라 사회정치적 측면에서도 중요하다. 사회적 또는 정치적 차원에서 보면, 차별을 받아본 적이 없는 개인이나 문화 집단의 경우에도 잘 들어 주고 반응해 주면 연대감을 느낄 수 있다(Jordan, 2003, 2010).

이전에 선거권을 박탈당했던 사람들도 타인을 통제함으로써가 아니라 그들 스스로 어떤 긍정적인 힘이 내재해 있음을 느낄 수 있다. 개인적으로든, 사회적으로든, 또는 정치적으로든 쌍방이 서로 힘을 실어준다는 느낌(empowerment)을 가질 수 있다. 이렇게 서로 힘을 실어준다는 느낌은 다섯 가지 특성(흥미, 행동, 지식, 가치감, 욕구)을 지닌다(West, 2005).

- 흥미(zest)는 긍정적 또는 공감적인 상호작용으로부터 나오는 긍정적인 에너지이다.
- 행동(action)은 서로 경청하는 사람들 간의 공감적 상호작용에서 발생할 때 긍정적이 된다.
- 지식(knowledge)은 비판단적 경청을 통해 얻어진다.
- 가치감(a sense of worth)은 관계를 신뢰하고 자신의 생각과 감정이 존중받는다고 느낄 때 생겨난다.
- 욕구(desire)는 좀 더 많은 힘을 실어 주는 연대나 관계를 맺고자 하는 바람이다.

치료 장면에서 관계문화 심리치료자들은 내담자가 다른 사람들과 양질의 관계를 발달시키도록 하는데 이러한 관계는 심리치료자와의 관계에서부터 시작한다(Frey, 2013; Jordan, 2010). 독립심을 강화하는 것이 필요할 수도 있지만 핵심은 아니다. 안전하다는 느낌은 심리치료자나 다른 사람들과의 긍정적인 관계에서 나타난다. 관계문화 심리치료는 단절에서 진실함과 상호신뢰로 움직여 가게 한다. 그 결과, 앞서 언급한 힘이 북돋아진다는 느낌이 생긴다.

이 이론적 접근은 Jean Baker Miller(1986, 1991)의 작업에 기초하는데, 그녀는 여성을 사회의 종속 집단으로 보았는데 여성은 자신이 처한 종속적 지위에 대처하기 위해 어떤 특성을 발달시켰다고 본다(Enns, 2004). 그녀는 여성(소수 민족과 가난한 사람들도 해당됨)이 지배 집단(일반적으로 백인 남성)을 위해 봉사하는 존재로 지위가 낮아졌다고 본다. 종속적 지위에 있는 사람이 지적이고 독립적인 행동을 할 때 그런 행동은 비정상적인 것으로 비치고 비판을 받을지도 모른다. 지배 집단을 기쁘게 하기 위해 종속 집단의 구성원은 수동성, 의존성, 자발성의 결여, 실행 능력의 결여와 같은 특성들을 발달시킨다. 종속적인 지위에 있는 사람들은 지배자(남성)의 언어적, 비언어적 행동을 해석할 수 있어야 하는데, 이런 방식으로 여성은 '여성적인 직감'을 발달시켜 왔다. 종속적인 위치에 있게 된 결과로, 여성은 자신이 남성보다 덜 중요하다고 느끼게 되고, 타인의 정서적, 신체적 욕구에 주의를 기울이게 되며, 타인의 장점 발달과 복지의 증진(양육하기 또는 간호하기)을 도움으로써 남녀 모두와의 관계 증진을 위해 애를 쓰게 된다는 것이다. 이것은 여성과 다문화 배경을 가진 사람들이 서로에 대해 연대감과 함께 힘이 북돋아진다는 느낌을 발달시키도록 도울 필요가 있음을 보여 준다.

관계문화 심리치료는 개인이 경험하는 여러 문화 간의 차이점을 인정하면서 관계 회복 적응력과 관계 자신감을 증진시키는 데 초점을 둔다. 관계 회복 적응력이란 관계 속에서 성장하며 어려운 상황에도 불구하고 전진해 나갈 수 있음을 의미한다(Jordan, 2010, 2014a). 성장의 분위기가 조성되면 사람들은 좀 더 쉽게 앞으로 나아간다. 관계 회복 적응력은 관계가 상호작용적이지 않을 경우에도 그러한 관계를 통해 앞으로 나아가는 것을 의미한다. 누군가 신뢰할 사람이 있고 다른 사람과의 관계에서 안전함을 느끼는 것은 중요하다. 관계 자신감도 이와 비슷하다. 관계 자신감은 자기 자신과 타인에게 공감할 수 있음을 의미하는데 지역사회 활동에 참여하고 지역사회에서 어떤 힘이 형성되도록 하는 것이다. 이것은 이기주의적인 관점을 넘어 사람은 정치적이라는 여성주의 원리와 일치한다. 인종주의, 계층주의, 성차별주의를 뛰어넘어 사회 변화를 위해 일하는 것은 관계 자신감의 한 측면이다.

도식 이론, Gilligan의 도덕 발달 이론, 관계문화 이론은 모두 여성과 문화적 다양성에 가치를 둔다. 도식 이론과 관계문화적 이론은 사람들의 사고방식과 신념을 조사함으로써, 개인이 세상을 보는 방식을 강화 또는 방해하는 신념을 점검하는 방법을 제공한다. 세 가지 이론 중 Gillian의 이론은 폭넓은 연구에 기초한 유일한 이론인 데 반해, 다른 두 이론은 이론의 창시자들에 의해 점진적으로 발전된 이론들이다. Gilligan의 이론은 남성이 관계하는 방식과 여성이 관계하는 방식을 구별하지는 않지만 도덕 발달에서 돌봄의 중요성을 잘 보여 준다. 관계문화 이론은 심리치료자들이 내담자의 힘을 북돋움으로써 내담자가 자신의 변화뿐만 아니라 사회정치적 변화를 유발시키는 방법을 제시한다.

여성주의 심리치료 이론

여성주의 치료는 이 책에서 논의되는 다른 어떤 이론적 접근들보다 인간 발달에 영향을 미치는 사회학적(사회적) 요인에 더 많은 관심이 있다. 여성주의 치료의 목적은 정치사회적 힘이 여성과 다문화 집단에 미치는 영향과 함께, 내담자와 심리치료자 간의 개방적이고 평등한 관계, 그리고 삶에 대한 여성적, 다문화적 관점을 이해하는 것을 강조한다는 특징이 있다. 이러한 관점은 심리분류 체계인 DSM-5에 대한 비판과 함께 다른 평가 방법의 필요성을 제안한다. 거의 모든 여성주의 치료자들은 여성주의 치료와 다른 이론적 접근을 통합한다. 하지만 여성주의 치료와 관련된 어떤 방법들은 사회적인 힘이 개인에게 미치는 영향을 인식하고 개인이 사회생활에서 좀 더 효과적으로 대처해 나가는 방법을 제공한다. 개인이 사회적 차별에 대처하도록 돕는 기법으로 성역할, 힘, 자기주장에 초점을 둔다. 여성주의 치료의 목적에 대한 이해를 위해서는 여성주의 치료자들이 중시하는 심리치료 목표를 살펴볼 필요가 있다.

여성주의 치료의 목표

여성주의 치료자들은 심리치료의 목표로 한 개인의 삶의 변화뿐 아니라 사회제도의 변화도 포함되어야 한다고 믿는다(Brown, 2010; Evans, Kincade, & Seem, 2011). 많은 여성주의 작가들(Ballou & West, 2000; Enns, 2004; Evans, Kincade, & Seem, 2011; Gilbert, 1980; Kaschak, 1981; Rawlings & Carter, 1977; Russell, 1984; Worell & Remer, 2003)이 이러한 심리치료 목표에 상당한 부분 동의한다. 필자는 이 장에서 Sturdivant (1980), Enns(2004), Brown(2010)이 기술한 여성주의 심리치료의 목표를 다음과 같이 요약한다.

1. **적응이 아닌, 변화를 위한 심리치료**는 여성주의 치료의 일차 목표다. 치료의 전통적 목표인 증상 제거(적응)는 여성들의 발달과 성장을 저해하지 않는다는 조건에서만 의미 있다. 예를 들어, 부부 갈등 때문에 두통과 우울증을 호소하는 여성에게 약물 처치만을 하는 것은 적절하지 않은데, 왜냐하면 그러한 처치는 오로지 증상만을 다루기 때문이다. 생활환경, 고통, 증상이 어떻게 서로 관련되는지를 알 때 적응이 아닌 변화를 야기할 수 있다. 예를 들어, 부부 갈등을 다룰 때 여성이 자신의 의사를 자유 롭게 표현하고 주장하도록 돕는 것은 두통을 사라지게 하는 적절한 방법일 수 있다. 변화란 새로운 기술 발달과 사회 변화에 관여하는 것을 포함한다.

2. 여성주의 치료에서의 **자기 양육과 자기 존중**이란 자신을 보살피고 자신의 욕구를 충족시키는 것을 의미한다. 자신의 욕구를 자각하는 것은 자기 양육의 한 측면이다. 자기 존중이란 외적 자원에 의존하는 것(예: 타인의 생각)으로부터 벗어나 자신에 대한 자기 자신의 느낌에 근거한 자기 존중으로 나아가는 것을 의미한다. 여성들에게 있어 이것이 의미하는 바는 남들(친구, 가족, 방송)이 어떤 말을 하더라도, 예를 들어 어떻게 보여야 하고, 어떻게 행동해야 하며, 어떻게 생각해야 한다고 말하더라도 자기 자신을 좋아하는 것이다.

3. **도구적 능력과 관계적 능력 간의 균형 맞추기**는 효과적인 여성주의 치료의 목표다. 내담자들은 좀 더 독립적이 되고 자신의 삶을 책임지고 이끌어 나가야 할 뿐만 아니라 타인과 의미 있는 관계를 발달시켜 나가야 한다. 대인관계에서 좀 더 적극적이고 촉진적이 되는 것과 친구나 가족을 보살피는 것은 개인적인 욕구를 희생하면서까지 되는 것은 아니다. 대인관계의 질을 향상시키는 것은 배우자가 같은 방향으로 함께 변화하려 하지 않을 경우 때로 결혼생활에 위협이 될 수 있다. 여성주의 치료의 목표는 친구와 가족과의 관계를 증진시키는 것뿐 아니라 여성들과의 관계의 질에도 특별히 주의를 기울이는 것이다(Brown, 2013; Comas-Diaz, 2013; Jordan, 2003, 2010; Taylor, 2013).

4. **신체상과 성적 매력**은 종종 신문방송과 남성에 의해 여성에게 중요한 것으로 이야기된다. 왜냐하면 사회가 여성의 신체적 매력에 상당한 중요성을 부과하기 때문이다. 여성주의 치료의 목표는 개인이 자신의 신체와 성적 욕구를 수용하는 한편, 타인의 기준에 맞추어 자신의 신체를 비판하지 않도록 돕는 것이다. 성행위에 대한 결정은 타인의 강제 없이 스스로 내려야 한다.

5. **다양성에 대한 확신**은 내담자가 지닌 문화적 다양성을 중요하게 여긴다는 뜻으로 계층, 나이, 인종, 권력과 같은 다양한 정체성을 인정하는 것을 포함한다(Hays, 2008). 이것은 또한 동성애자나 원주민과 같이 다른 가치를 가진 집단에 대해 배우는 것을 의미할 수 있다. 여성은 많은 문제와 목표를 공유하지만, 그들의 삶은 다양한 문화적, 언어적, 종교적, 경제적, 성적 지향과 같은 배경과 관련된 많은 다른 경험을 통해 독특하게 형성된다. 때로 여성주의 치료자들은 여성주의 가치와 어떤 문화적 규범(예: 여성주의 가치와 상반되는 동성애 혐오 태도) 간의 갈등을 다루어야 한다. 백인 이성애 여성주의 치료자에게 있어서 이것은 자신이 지닌 백인 특권과 이성애 특권(이런 것들은 노력에 의해 성취되지 않은 주어진 수혜임)을 지니고 있음을 자각하는 것을 의미한다(Diller, 2015).

6. **힘 북돋우기**(empowerment)와 **사회적 실천**은 여성주의 치료의 핵심 목표이다. "사람은 정치적이다."라고 종종 표현되는 것처럼, 이 여성주의 치료 목표는 다른 심리치료의 목표와는 다르다. 이 목표는 여성들이 성역할 고정관념, 성차별주의, 차별대우를 자각하고 그러한 차별적 대우를 변화시키기 위해 노력하는 것이 필요함을 강조한다(Evans, Kincade, & Seem, 2011; Singh & Burnes, 2011). Brown(2010)에 따르면, 힘 북돋우기는 여성주의 심리치료의 중요한 목표다. 그녀가 자신에게 하는 두 가지 질문은 "이 상황에서 어떤 힘의 역동이 작용하고 있는가? 가부장적인 가정을 진실이라고 당연시하는 것은 어디서 왔는가?"(Brown, 2010, p.30)이다. 차별대우나 억압을 당하는 내담자의 지지자가 되는 것은 여성주의 치료의 힘 북돋우기라는 목표와 일치한다. 그리고 성 학대나 강간의 경우, 심리치료자는 종종 문제가 어떻게 내담자 외부의 힘에 의해 야기되었는지를 지적해 줌으로써 내담자가 자기 비난을 줄이도록 도울 수 있다(Enns, 2012; Western, 2013). 내담자가 정치적 실천 단체, 예를 들어 여성에게 불이익을 초래하는 중앙이나 지방 정부의 법률을 바꾸기 위해 일하는 여성을 위한 전국 조직(NOW)에 참여하도록 권하는 것도 내담자의 힘을 북돋우는 효과적인 방법이다. 유사하게, 개인적인 차원에서 변화를 위해 노력하는 것(예: 성차별적인 태도로 여성 부하 직원을 대하는 남성 동료에 맞서는 것)도 지지되어야 한다. 이 목표가 암묵적으로 전하고자 하는 것은 여성에 대한 사회의 차별적인 관행이 여성의 정신 병리를 야기할 수 있다는 점이다. 사회적 실천 행동은 단지 여성에게만 적용되는 것이 아니라 소수이면서 무시와 차별을 당하는 다문화 집단에게도 적용된다.

이상에서 언급된 목표들의 이면에 깔려 있는 가정은 다음과 같다. 여성적이고 다문화적인 관점은 수용되어야 한다는 것, 사람들 간의 관계는 평등해야 한다는 것(남성이 여성을 지배하거나 여성이 남성을 지배해서는 안 됨), 다양한 문화적 배경을 지닌 사람들이 차별적인 정치사회 체제 내에 존재한다는 것이다. 이런 가정은 심리 문제를 진단하고 처치하는 데 영향을 줄 수 있다.

여성주의 치료에서의 측정 평가의 문제

여성주의 치료자들은 심리적인 문제를 사회정치적인 관점에서 보는 한편, 문화적 다양성, 내담자와의 평등한 관계, 삶에 대한 여성의 관점을 소중히 하기 때문에 분류 진단 체계(DSM-5)에 비판적 자세를 견지해왔다(Evans, Kincade, & Seem, 2011). 분류 체계를 비판하는 이유는 분류 체계가 일차적으로 백인 남성 정신과 의사들(대부분은 정신분석적 관점을 지님)에 의해 개발되었을 뿐만 아니라 모든 사람들은 대상으로 정신 장애를 진단, 보고하기 위해 사용되어 왔기 때문이다(Brown, 2010; Eriksen & Kress, 2005). 많은 여성주의 치료자들은 분류 진단 체계는 심리적 증상에 초점을 맞추었지 증상을 야기하는 사회적 요인에는 초점을 맞추지 않는다고 지적하였다. Rawlings & Carter(1977)는 심리치료자가 강간과 아동 학대를 유발하는 사회적 요인에 대해 평가절하함으로써 심리치료자가 상처받은 내담자를 존중하지 않게 된다는 점에 관심을 가졌다. 더욱이, 진단 딱지를 붙이는 것은 사회적 규범에 대한 적응을 강화시키는 것으로 사회적인 불의에 대해 의문을 제기하기보다는 고정관념을 강화시킨다고 비판하였다. Laura Brown(1994)은 이러한 진단적 분류가 갖는 힘을 다음과 같이 간략히 기술하였다. "당신이 그것을 스컹크라고 부르면 당신은 그것이 냄새를 풍긴다고 가정할 것이다"(p.130). DSM-5의 대안으로서, McAuliffe, Eriksen, & Kress(2005)는 진단에 대한 구성주의적 접근에 대해 기술하는데, 이 접근은 인간 기능의 네 가지 측면을 조사한다. 그들이 제안한 CPSS 모델은 삶의 측면들 중 맥락(Context), 삶의 단계(Phase), 형성 시기(Stage), 성격 유형(Style)을 각각 조사한다. 이 모델의 목표는 내담자의 강점, 자기 자각, 억압적인 사회적 힘에 맞서는 능력을 증진시키는 것이다. 전통적인 진단 분류에 대해 비판적이기 때문에, 여성주의 치료자들은 분노와 같은 강한 감정을 탐색하고 개인의 변화와 사회적인 변화를 함께 야기하는 데 관심이 있다(Brown, 2010; Evans, Kincade, & Seem, 2011). 하지만 Roades(2000)는 분류 체계의 단점을 인정하면서도 분류 체계의 사용을 수용하였다. 그녀는 성별에 따라 불안, 우울, 약물 남용 및 여러 장애들이 다르게 발생한다는 사실을 기술하였다. 여성주의 치료자들은 내담자가 지닌 힘(또는 힘의 결여)에 대한 정보를 수집함에 있어 내담자의 문제를 둘러싼 문화적 맥락을 평가함으로써, 내담자가 자신의 문제 때문에 비난받지 않도록 한다.

치료적 관계

여성주의 치료자들에게 있어, 치료적 관계는 성공적인 치료의 열쇠다. Jordan에 따르면(Frey,

2013; Jordan, 2010, 2014a, b), 관계문화 심리치료에서 기술된 것처럼 치료의 핵심은 관계인데, 치료라는 것은 치료적 관계라고 볼 수 있다고 한다. 먼저 치료적 관계는 내담자가 자신의 걱정과 염려를 자유롭게 탐색할 수 있도록 충분히 안전해야 한다. 내담자는 종종 타인으로부터 자신을 고립시키는 관계 전략을 지닌 채 치료받으러 온다. 관계문화 심리치료자는 내담자가 대인관계에서 사용해 온 의사소통 방식을 존중하고, 내담자를 문제에 직면시키기보다는 그러한 의사소통 방식이 왜 필요했었는지를 이해하고 그러한 관계 방식을 포기하는 것이 얼마나 위협적일 수 있는지 공감한다. 그리고 관계에 대해 차츰 이야기해 나감으로써 좀 더 효과적인 관계 방식을 배우게 한다. 내담자는 치료가 진행될수록 치료 관계에서 좀 더 자유롭게 표현하게 되고 감정을 다루는 데 자신감을 갖게 된다. 이러한 경험은 내담자에게 힘을 느끼게 하고 다른 사람들과 관계를 맺고 연대감을 느끼도록 한다. 사회의 파괴적인 사회 요인을 조사함으로써 내담자는 힘을 얻게 되고 변화를 유발시키는 작업을 타인들과 함께하게 된다. 그리고 타인과 공감적으로 관계하고, 더불어 작업하며, 사회 변화를 유발시키는 기술을 배우는 것이다. 이러한 관계 기술은 효과적인 치료적 관계에서 시작된다. 관계문화 심리치료에서는 상호작용적 공감이 변화를 촉진시킨다고 보는데 왜냐하면 내담자와 심리치료자가 서로에 대한 존중감을 발달시키기 때문이다. 어떤 여성주의 치료자들은 관계문화 심리치료를 사용하는 반면, 어떤 심리치료자들은 다른 여성주의 치료 모델을 사용한다. 하지만 모든 여성주의 치료자들은 공통적으로 치료적 관계가 성공적인 치료에 결정적 요인이라고 믿는다. 한 가지 덧붙여 말할 것은, 여성주의 치료자들은 치료 장면에서 다양한 기법을 사용한다는 점이다.

여성주의 치료의 기법

여성주의 치료자들은 여성주의 접근과 이 책에서 논의된 다른 접근들을 통합하여 사용하는 경향이 있지만, 여기서는 여성주의 치료에만 독특하게 사용되거나 여성주의 심리치료의 목적과 특별히 관계되는 기법만을 기술한다. 그리고 후반부에서 가서 어떻게 여성주의 치료와 다른 치료적 접근이 통합될 수 있는지를 설명할 것이다. 많은 저자들이 여성과 남성 모두에게 적용될 수 있고 심리학적 요인과 사회적인 요인을 모두 고려하는 여성주의 치료 기법에 대해 서술해왔다.

먼저, 필자는 종종 함께 사용되는 세 가지 접근법에 대해 기술할 것이다. 내담자의 문제를 개념화함에 있어 상담자는 종종 문화 분석, 성역할 분석, 힘 분석을 사용하는데, 이들은 문화 개입, 성역할 개입, 힘 개입을 위한 근거를 제공한다. 심리치료자는 이 세 가지 영역에만 제한되지 않고, 장애나, 종교 등의 다른 정체성도 분석할 수도 있다. 덧붙여, 여성주의 치료자는 자기주장 훈련, 재구조화(reframing)와 재명명화(relabeling), 신비스러움의 해체(demystifying) 전략도 사용할 수 있다. Worell & Remer(2003)의 인지행동 접근법은 이러한 전략을 많이 사용한다. 집단 치료 기법도 여성주의 심리치료에서 폭넓게 사용되지만 이 장의 후반부에서 기술될 것이다.

문화 분석 여성주의 치료는 사람들이 상담에서 다루는 문제들을 문화적인 맥락에서 보아야 한다는 입장을 견지한다. 문화 분석에 있어, 여성주의자들은 몇 가지 문제들을 조사한다(Worell & Remer, 2003). 심리치료자는 내담자가 사는 문화의 지배 문화가 지닌 문제들이 내담자의 문제에 얼마나 영향을 미치는지 의문을 제기해 볼 수 있다. 예를 들어, 미국의 지배 문화는 백인, 서양인, 이성애자로 연결되는 문화인데, 이러한 문화는 강간과 배우자 구타와 같은 문제를 보는 방식에 영향을 미친다. 문제의 발생 그 자체가 문화에 대한 정보를 제공한다. 강간은 주로 남성에 의해 여성에게 가해지는 것인데, 개인이 그 문제를 어떻게 인식하는지가 중요하다. 예를 들어, 여성들은 강간을 당한 것에 대해 자신을 비난할지도 모른다. 문제에 대한 잘못된 믿음, 예를 들어 흑인 미국인은 백인 미국인만큼 지적이지 않다거나 흑인은 일하고 싶어 하지 않는다는 잘못된 믿음이 미국 사회 내에 존재할지도 모른다. 이러한 문제를 조사하는 것은 문화가 어떤 문제에 미치는 영향을 분석하는 한 가지 방법이다.

문화 개입 개인이 겪는 문제의 어떤 주요한 측면은 문화적인 문제와 관련됨을 인정하고 그 문제에 대응하는 방식에는 여러 가지가 있다. 『조력하는 과정에서 성과 문화를 이해하기(Understanding Gender and Culture in the Helping Process)』(Rabin, 2005)라는 책에서 Rabin은 이야기 치료적 관점(12장 참고)을 취한다. 심리치료자는 문화 분석에서 나타난 문제에 초점을 맞추고 내담자 삶의 다양한 측면을 분석함으로써 내담자에게 영향을 미치는 문화적 요소에 대해 알게 된다. 내담자의 문화를 이해하는 것은 심리치료자가 변호사, 사회복지사, 가족 등과 함께 치료적인 개입을 하는 데 도움이 될 수 있다. 심리치료자는 내담자의 관심을 이해함으로써 여러 가지 제안을 할 수 있다.

호주로 이민 간 한 소말리아 여성 난민의 사례는 문화 개입을 설명하는 데 도움이 될 것이다(Babacan & Gopalkrishnan, 2005). M 여사는 남편이 무장 갱에게 죽음을 당하는 것을 목격한 이후, 8세 아들과 함께 소말리아를 탈출한 28세의 이슬람 여성이다. 그녀의 여동생 또한 죽임을 당하고 여동생의 남편도 행방불명됨에 따라 여동생의 네 아이들도 그녀에게 남겨지게 되었다. M 여사는 난민 캠프에서 2년 동안 머무른 뒤에 호주에 정착하게 되었다. 그녀는 남성 상담자에서 의뢰되었다가 다시 여성 상담자에게로 의뢰되었는데, 그 이유 중 하나는 M 여사가 다른 문화 출신의 알지 못하는 남성에게 마음을 열기를 어려워했기 때문이다.

이 사례에서 심리치료자는 M 여사가 자신의 문제와 관련하여 짐을 덜게 함과 동시에 자신의 경험을 수용하도록 돕는다. M 여사와의 신뢰 관계는 M 여사가 힘과 자신감을 갖고 문제에 더 잘 대처토록 돕는다. 상담자는 M 여사와의 작업에서 이야기 치료를 사용한다.

M 여사에 따르면, M 여사는 캠프의 책임자에게 강간을 당했지만 그것을 누구에게도 밝

힐 수가 없었는데, 왜냐하면 만약 그것을 누군가에게 말하면 그 책임자는 그녀가 재정착하는 것을 막을 것이라고 협박했기 때문이다. 그녀는 누구에게도 그것을 이야기할 기회를 갖지 못했고 자신이 아주 '더럽고 불결하다'고 느꼈다. 이것은 도덕성과 혼외 성관계에 대한 문화와 관련이 있다. 그녀는 또한 자신이 왠지 비난받는 것처럼 느꼈다. 흑인 여성으로서 대다수 주민이 백인인 환경에서 행해지는 공공연한 인종차별적이고 적대적 환경에 살게 되면서 자기는 '더럽다'는 생각이 강화되었다. 더구나, 그녀를 지지하는 집단조차 그녀가 영어를 배우고, 백인 문화에 동화되고, 기독교로 개종하기를 계속 강요하였다. 이것이 M 여사에게 긴장을 유발시키고 두려움을 느끼게 만들었다. 그녀는 안전하지 않다고 느꼈으며 철회하고 은둔하게 되었고 삶의 의지가 점차 약해지는 반응을 보였다. (Babacan & Gopalkrishnan, 2005. p.157)

M 여사를 도움에 있어, 상담자는 개인과 문화 간 상호작용을 검토하면서 소말리아 문화에서 여성으로 살아가는 것에 대해 이해할 필요가 있었다. 상담자는 소말리아와 소말리아의 역사에 대한 정보도 수집하였다. M 여사는 상담자를 믿기를 조심스러워했기에 M 여사가 처한 상황을 공감하려는 상담자의 의도를 천천히 받아들였다. 1년 후에 M 여사는 공황 발작을 멈출 수 있었고 가족 문제에 대해 더욱 관심을 가지게 되었다. 또한 일상생활에도 더 흥미를 갖게 되었다. 상담자는 소말리아 문화를 좀 더 이해하게 되었고 소말리아 문화에서는 현실이 어떻게 이해되는지, 즉 이분법적인지 통합적인지를 점검하게 되었다. 상담자는 M 여사가 지닌 도덕성이 어떻게 그녀의 가치관 및 선택과 관련되는지를 충분히 이해하게 되었다. 연장자나 남성과의 관계에 대한 관점 또한 이해하게 되었다. 상담자는 M 여사에게 강간을 당한 것은 그녀의 잘못이 아니었으며 그녀는 더럽지 않다는 것을 그녀가 깨닫게 하기 위해 여성주의 상담 전략을 사용하였다. 2년이 지나지 않아, M 여사의 영어 실력은 향상되었고 한 대학의 공학 프로그램에 등록했다. 상담자가 M 여사의 문화를 이해하는 것이 M 여사가 문제를 대처해나가는 것을 돕는 데 도움이 되었다.

성역할 분석 내담자는 성역할 기대가 자신에게 미치는 영향을 이해하기 위해 성역할 분석에 참여할 수 있다(Evans, Kincade, & Seem, 2011; Worell & Remer, 2003). 성역할 분석은 내담자의 욕구에 따라 수정될 수 있겠지만, Worell & Rember(2003)에 의해 기술된 역할 분석 단계는 문제를 순차적으로 명료화하는 방법을 제공한다. 이 접근은 우울증이 걸린 칼라(Carla)의 사례를 통해 잘 설명되는데, 칼라는 부모님들과 계속해서 다툰 이후 결국 자신이 멍청하고 무능력하다고 느끼게 된다.

칼라에게 성역할 분석을 사용하기 위해, 심리치료자는 먼저 그녀가 살아오면서 경험했던 다양한 성역할 메시지를 명료화하도록 할 것이다. 예를 들어, 칼라의 아버지는 그녀에게 여자는 아이들을 기르고 집을 지켜야 한다고 말해왔으며, 어머니는 그녀에게 아버지와 말다툼하지 말고 아버지가 집에서 대장 역할을 하도록 내버려 두고 그를 좀 더 이해하라고 말해왔다. 둘째, 상담자는 내담자가 성과 관련된 메시지들이 미치는 긍정적 영향과 부정적 영향을 함께 명료화하도록 돕는다. 칼라는 상담자에게 그녀는 학업에서나 직장생활에서 좋은 결과를 낼 수 없을 것 같은 느낌이 든다고 말했다. 그녀는 여자에게 일은 중요하지 않다고 믿기에 자신이 맡은 일을 향상시킬 새로운 방법을 상사에게 제안하기를 주저했다. 셋째, 상담자와 내담자는 위와 같은 성역할 메시지에 기초해서 내담자가 자신에게 하는 말을 확인하게 한다. 예를 들면, 칼라는 그녀 자신에게 "나는 일에 대해 전혀 걱정하지 않아야 해. 어쨌든 일은 나에게 크게 중요하지 않기에 상사에게 말하지 않을 거야."라고 말했다. 넷째, 상담자와 내담자는 어떤 메시지를 변화시키고 싶은지 결정해야 한다. 칼라의 경우, 자신에게 내면화된 많은 성역할 메시지에 대해 논의한 후 "일은 나에게 중요하지 않은 것이 틀림없어."라는 메시지를 바꾸기로 결정한다. 끝으로, 내담자와 상담자는 변화를 이루어 내기 위한 계획을 세우고 그것을 실행해 나간다. 칼라는 "나의 일은 나에게 중요하고 나는 고객들에게 더 크고 단호한 목소리로 더 권위 있게 나의 의견을 주장하고 싶다."라고 쓴다. 그리고 칼라는 이러한 변화를 행동으로 실행해 나간다. 다음 상담 회기에서는 말하는 방식을 바꾸려는 시도가 어떤 결과를 가져왔는지에 대해 이야기한다.

이러한 가상의 예에서 보는 것처럼, 내담자는 여성이 행동해야 하는 방식에 대한 본인이 지닌 가정이 어떻게 본인 자신에 대한 관점과 업무 수행에 부정적인 영향을 미치는지를 배운다. 자신의 성역할 메시지를 확인함으로써 변화를 시도해 볼 수 있다. 실제 상담에서는 분석해야 하는 더 많은 메시지와 도달해야 할 더 복합적인 목표가 있을 것이다.

성역할 개입 여성주의 치료자들은 종종 성역할 기대 및 다른 사회적 기대가 내담자에게 미치는 영향을 이해함으로써 내담자의 진술과 문제에 대처한다. 여성주의 치료자들은 앞서 언급한 성역할 분석 과정을 거치지 않기도 하지만 사회적 사안이 내담자의 심리적 문제에 영향을 미칠 때에는 내담자에게 사회적 문제에 대한 통찰을 제공한다. Russell은 이것을 사회분석 기술이라고 하는데 사회분석 기술이란 "여성에 대해 긍정적으로 평가하는 기술에 대한 인지적 틀, 즉 논리적 근거를 제공하는 것이다"(1984, p.76). 다음은 현재 남편과 별거 중이고 지난 20년간 직장 생활을 하지 않은 도린(Doreen)이라는 여성과의 성역할 상담 사례다.

도린: 다른 어떤 문제들보다 제가 우선적으로 걱정해야 하는 것은 일자리를 얻는 것이에요. 저는 어떤 종류의 일도 할 만한 자격을 갖추고 있지 않아요. 일자리를 구한다는 생각을 하는 것만으로도 완전히 얼어붙는 것 같아요. 요즘의 사무실은 컴퓨터와 새 기계로 꽉 차 있는데 저는 절대로 그런 기계들을 사용하는 것을 배울 수 없을 것 같아요.

상담자: 글쎄요, 도린 씨. 취직한다는 것이 정말 힘든 일이라는 데는 동의해요. 특히, 어

떤 고용주들이 나이 든 여성을 차별대우할 때는 더 그렇죠. 하지만 그런 차별대우는 불법이에요. 그리고 어떤 다른 고용주는 직원의 성숙함이 가져다 주는 장점을 알고 있어요. 우리 함께 당신이 고용주에게 제공할 수 있는 모든 긍정적인 면을 찾아보고 그러한 긍정적인 면을 어떻게 가장 잘 보여 줄 수 있을지 계획을 세워 봅시다.

논평: 상담자는 성차별과 연령 차별이 존재한다는 것과 내담자가 그것에 대해 준비할 필요가 있다는 것, 그리고 그러한 차별 대우는 기본적으로 불공평하고 정당하지 않음을 보여 주기 위해 사회 분석을 사용한다. 상담자는 그런 차별적인 태도를 반박하는 주장을 분명히함으로써 내담자가 차별적 태도에 맞서도록 용기를 북돋아주고 있다. 이 단계에서는 개인적인 행동이 제안되는 반면, 사회적 실천은 상담의 후반부에서 논의될 수 있다. (Russell, 1984, pp.85~86)

도린의 일에 대한 주저보다 여성에 대한 사회적 차별을 강조하는 것이 이 접근의 중요한 특징이다. 상담자는 내담자가 긍정적으로 생각하도록 돕는데 그럼으로써 내담자는 자신이 설정한 목표를 달성할 수 있게 되는 것이다.

힘 분석 많은 나라들에서 백인 남성은 여성이나 백인이 아닌 남성보다 전통적으로 더 많은 힘을 가지고 있는 것 같다. 따라서 가정, 직장, 법률, 사회적 관계에서 결정하고 실시하는 것은 백인 남성들이다. Brown(2010)은 힘을 네 가지로 분류하였는데, 신체적 힘, 대인관계적 힘, 정신내적 힘, 대인관계·사회맥락적 힘, 영성적·실존적 힘이 그것이다.

- 신체적 힘: 사람은 자신의 신체 감각(예: 먹기, 마시기, 성관계, 편안함, 휴식)을 자각한다. 몸은 안전하며 몸 그 자체로 수용되는 것이지 무엇이 되어야 하는 것이 아니다.

- 개인내적·정신내적 힘: 어떤 사람이 자신이 무엇을 생각하고 느끼는지를 안다는 것은 힘이 있다는 표시다. 그러한 사람은 쉽게 영향을 받지 않고 유연한데 과거나 미래보다 현재에 초점을 맞춘다. 그러한 사람은 강한 정서와 함께 자신의 정서를 보살피는 능력을 갖고 있기 때문에 자신이나 타인을 해치지 않는다.

- 대인관계적·사회맥락적 힘: 대인관계를 잘 하는 사람은 타인에게 바람직한 영향을 미칠 수 있다. 그런 사람은 타인과 좋은 관계를 맺을 수 있고 관계가 해로우면 관계를 떠날 수 있다.

- 영성적·실존적 힘: 영성적·실존적 힘이 있는 사람은 삶에서 의미를 만들어낼 수 있다. 자신을 더 잘 이해하는 데 도움이 되는 방식으로 유산과 문화를 통합시킬 수 있다. 사회적 요인을 자각하고 그것에 압도당하기보다는 그것과 상호작용하게 하는 것은 영성적·실존적 힘의 한 특징이다.

Brown은 이러한 범주를 사용하여 내담자와 힘의 문제를 검토한다. 힘을 검토하는 이 네 가지 방법은 내담자와 어떻게 작업할 것인지를 알려 주며 내담자가 삶에서 더욱 효과적으로 기능하도록 돕는다. 이것은 힘을 분석하는 여러 가지 접근 중의 한 가지 접근일 뿐이며 다른 접근들도 있다.

사회에서 벌어지는 남녀의 힘 차이에 대한 내담자의 자각을 증진시킴으로써 심리치료자는 내담자가 힘의 부족으로 이전에는 만들어낼 수 없었던 변화를 이끌도록 도울 수 있다 (Evans, Kincade, & Seem, 2011; Worell & Remer, 2003). 힘 분석을 설명함에 있어 필자는 남편이 저녁에 집에 오면 스트레스를 받았던 로즈(Rose)의 경우를 들려고 한다. 2주 전의 사건으로 남편이 술을 마신 후 로즈 부부는 싸웠다. 왜냐하면 남편이 로즈를 두고 밤에 혼자 외출하려 했기 때문이었다. 화가 난 남편은 그녀의 배를 때리고 그녀의 머리를 벽에 부딪치게 했다.

힘 분석의 첫 단계는 내담자가 자신에게 해당되는 한 가지 전형적인 예를 선택하게 하고 그 예를 다른 종류의 힘에 적용해 보게 하는 것이다. 로즈는 남편에게 자신의 생각을 표현하고 남편의 부적절한 행동에 대해 무언가를 할 힘을 갖기를 원한다. 그녀에게 이것은 강력한 법적, 신체적, 또는 심리적 방안을 강구하는 것을 뜻한다. 둘째, 남성과 여성은 법적, 경제적, 신체적, 또는 다른 형태의 힘을 다른 방식으로 사용할 수 있기에 이 문제를 논의한다. 상담자와 로즈는 그녀의 재정 상태, 다른 은행 계좌를 갖는 것, 자기방어 훈련, 변호사를 선임하는 것의 장단점 등에 대해 이야기한다. 셋째, 힘을 사용하여 변화를 촉발시키는 여러 가지 방안을 논의한다. 예를 들면, 남편에게 술을 중단하라고 애원하는 것과 같은 간접적이고 효력이 없는 방법을 사용할 것인지, 아니면 변호사와 상의하여 남편의 행동 중 어떤 행동은 참고 어떤 행동은 참지 않을 것인지를 분명히 할 것인지 등이다. 넷째, 힘을 사용하는 것을 방해하는 성역할 메시지를 점검하는 것이다. 로즈는 어렸을 때부터 아내는 남편의 말을 잘 듣고 남편이 스트레스를 받을 때는 도와주라고 배웠기 때문인데 그런 메시지에 도전하고자 결심한다. 마지막으로, 내담자는 상황이 적절하면 다양한 전략을 사용할 수 있다. 예를 들어, 로즈는 남편에게 술 문제에 대해 즉시 도움을 받도록 요구하고, 만약 남편이 따르지 않으면 친구 집으로 이사 갈 것을 굳게 결심한다. 이렇게 적절하고도 강력한 방식으로 행동함으로써 내담자는 자기 내면의 우울증, 불안감을 변화시킬 수 있음을 배운다.

힘을 사용한 개입 힘 분석은 계획과 재점검을 필요로 하는 기법이다. 치료사는 종종 내담자가 한 진술을 강화하거나 내담자에게 정보를 제공함으로써 내담자가 자기 자신에 대한 감각을 굳건히 갖도록 할 수 있다. 내담자의 역량을 강화하는 방안은 치료 과정에서 논의될 수 있지만 계획적으로 할 필요는 없다. 아래에 제시된 사례에서 Bonie Burstow(1992)는 독특한 접근법을 사용하여 근친상간을 범한 아버지를 둔 내담자에게 힘을 실어 준다. 내담자는 아버지에게 화가 나지만 아버지를 용서해야 할지 않을지 혼란스러워 한다.

내담자: 보니, 전 정말 그를 증오해요. 제 말은 '정말 증오'한다는 거예요. 어떻게 그를 용

서할 수 있을지 도대체 모르겠어요……. 제가 용서해야만 할까요?

보니: 이것은 분명히 하고 싶어요. 아니에요, 도리스. 용서할 필요 없어요. 제가 보기에 지금은 그를 용서할 필요가 없어요. 아니, 영원히 그를 용서하지 않아도 돼요. 그를 증오한다는 것이 당신을 나쁜 사람으로 만들지 않아요. 증오하는 것은 자연스러운 일이에요. 당신은 정말 그를 증오해요. 어떻게 매일 밤 당신 위로 기어 올라와 성추행을 한 사람을 증오하지 않을 수 있겠어요!

내담자: 그를 생각할 때마다 침을 뱉고 싶어져요.

보니: 지금 침을 뱉고 싶나요?

　　(침 뱉는 연습이 뒤따른다.)

보니: 지금 느낌이 어떠세요?

내담자: 웃겨요. 정말 웃겨요. 약간 이상하긴 하지만 제가 정말 뭔가를 한 것 같아요.

보니: 아버지를 생각할 때 지금 느낌이 어때요?

내담자: 글쎄요. 제가 아버지를 정말 증오한다는 것을 점차 깨닫고 있어요. 그리고 좀 더 강해지는 느낌이에요. 그를 증오한다는 것에 대한 부담감이 다소 덜어진 느낌이 들어요. 제게 무엇인가를 주는 것 같아요. 증오해 보니 기분이 괜찮은데요.

보니: 그럼요. 그럴 거예요. 정말로 증오해 봐도 괜찮은 것 같죠?

내담자: 글쎄요. 지금까지는요. 하지만 앞으로 20년 동안 계속 그를 증오하게 되면 어쩌죠?

보니: 그때도 그를 계속 증오하는 거죠.

내담자: 음, 알겠어요. 하지만 여자들이 용서해야 하는 것 아닌가요?

보니: 물론 용서해야죠. 그리고 남자의 양말을 꿰매고, 남자들을 위해 요리하고, 성적 대상으로 취급받는 것을 받아들여야 하죠.

내담자: 용서해서는 안 된다는 뜻인가요?

보니: 아니요, 제 말은 의무는 아니라는 뜻이에요.

내담자: 무슨 말인지 알겠어요. 그 말을 들으니 기뻐요. '원한다'라기 보다 '해야 한다'의 문제라는 거죠. 사실 저는 용서하고 싶지 않아요. 제가 원하는 건…….

보니: 뭐라고요?.

내담자: 제가 원하는 건…… '그에게 침을 뱉는 거예요.' (웃음) (Burstow, 1992, pp.140~141)

Burstow는 이 사례에서 내담자의 분노를 당연한 것으로 인정하고 내담자가 그 분노를 표현할 수 있게 용기를 북돋아 준다. 분노를 느끼는 것과 힘이 있음을 느끼는 것은 중요하다. 반면에, 용서는 그 순간에 해결될 필요가 없는 사회적 메시지로 이것은 선택적인 것이다. 치료자는 내담자가 좀 더 힘을 갖게 도와줌과 동시에 더 강해지고 싶은 치료자 자신의 욕구를 충족시키기 위해 치료를 이용하지 않도록 조심해야 한다(Veldhuis, 2001).

자기주장 훈련 여성들은 종종 자신이 힘이 없다고 느끼기에 자기주장적인 방식으로 행동하지 않고 자신의 삶에 대한 통제력을 포기하는 것 같다. 여성주의 치료자들은 법률과 성역할 기대가 여성들이 자기주장적이지 못하게 한다고 보는데, 왜냐하면 역사적으로 볼 때 그런 규칙들이 여성들이 평등하게 대우받는 것을 방해해왔기 때문이다.

내담자가 자기주장 기술을 배우면 자신의 권리를 타인에게 양도하는 상황에서도 덜 우울해지고, 덜 화가 나며, 좌절감과 무기력감을 덜 느낀다. 자기주장이라는 것을 이해하기 위해서는 자기주장적 행동과 수동적 또는 공격적 행동을 구분할 필요가 있다(Hays, 2014). 자기주장이란 타인의 권리를 침해하지 않으면서 자신의 권리를 옹호하는 것이다. 자기주장적 행동은 명확하고 직접적인(조소나 유머 없이) 진술이나 요청이다. 공격적인 표현이란 자신의 권리를 주장하는 반면, 타인의 권리를 침해하는 것이다. 다른 사람을 놀리거나, 지배하거나, 얕보는 것은 공격적인 행동이다. 수동적 또는 비주장적 행동은 자신의 권리를 포기하고 타인이 원하는 것을 하는 것을 의미한다. 여기에 다음과 같은 몇 가지 예가 있다.

진술: 당신의 책상 서랍에서 거울을 빌렸어요. 기분이 상하지 않기를 바랄게요.
자기주장: 내 책상 서랍에서 물건을 가져가지 마세요. 만약 당신이 어떤 것을 빌리고 싶으면 아마도 제가 도움을 줄 수 있을 거예요. 그냥 물어보세요.
공격적: 내 서랍에 손대지 말고 내 물건을 그냥 둬요.
수동적: 상관없어요.

자기주장적 행동 방식에도 여러 가지가 있듯이 상황적인 변인도 다양하다. 예를 들어, 부모님께 하는 자기주장적인 행동은 친구나, 상사, 선생님께 하는 자기주장적인 행동과 아주 다르다. 역할 연기를 통해서 자기주장 연습을 하는 것은 내담자에게 종종 도움이 된다. 상담자와 내담자는 돌아가며 내담자의 역할과 다른 사람의 역할을 한다. 다른 행동 전략(예: 공격적, 주장적, 수동적 행동을 포함하여)을 시도해 봄으로써 내담자는 예상되는 상황을 연습할 수 있다.

자기주장적 행동은 남성(여성은 아님)에게는 적절한 행동으로 보일 수 있다(Hyde & Else-Quest, 2013). 따라서 남성이 하는 자기주장적인 행동은 확실하고 권위가 있는 것으로 보일 수 있는 반면, 여성이 하는 자기주장적인 행동은 밀어붙이거나 고집스러운 것으로 보일 수 있다. Enn(2004)은 여성의 자기주장적 행동에 대한 인식에 관한 연구를 개관하였는데, 때로 여성의 자기주장적 행동은 남성의 자기주장적 행동보다 남녀 모두에 의해 덜 수용적인 행동으로 비치는 것 같다고 보고하였다.

재구조화와 재명명화 '재구조화(reframing)'라는 용어는 '어떤 개인의 행동을 바라보는 틀'을 변화시키는 것을 의미한다(Worell & Remer, 2003, p.80). 여성주의 치료에서 말하는 재구조화란 자신을 비난하는 것으로부터 사회적 상황을 탐색하는 것으로 관점을 변화시키는 것이다. 재구조화는 사회적 압력이 어떻게 개인 문제에 영향을 미치는지를 이해하는 데 종 종 사용된다. 예를 들어, 자신이 비만이라고 생각하기 때문에 우울해하는 여성들은 날씬함 이 목표라고 강화하는 사회적 가치와 신문 방송의 압력을 점검하는 것이 도움이 된다. 상황 을 재구조화함으로써 자신의 문제를 '우울'이라고 칭하는 것에서 '날씬해야 한다는 압력에 압도당해 화가 남'으로 재명명화하는 것이다.

심리치료의 신비화를 막을 전략 여성주의 치료자들은 내담자와 개방적이고 분명한 관계 를 맺으려 노력하기 때문에 사회에서 발생하는 힘의 불균형이 치료적 관계에서는 재현되지 않는다. 심리치료라는 것은 신비한 과정도 아니고 심리치료자가 내담자보다 더 많은 권력을 가진 것도 아니어야 한다. 대신 치료적 관계는 평등한 것이어야 한다(Brown, 2010). 예를 들어, 심리치료자가 내담자를 부를 때 성을 빼고 이름만 사용한다면 심리치료자도 자신을 소개할 때 이름만 사용해야 한다. 심리치료를 신비화하지 않을 두 가지 중요한 방법 중의 하나는 정 보를 제공하는 것이고 다른 하나는 치료 작업에서 적절한 자기 개방을 사용하는 것이다.

치료 과정에 대한 정보를 제공하고 치료에서 사용되는 기법 중의 일부를 내담자에게 알 려 주는 것이 치료의 신비화를 막는 방법이다. 치료를 시작할 때, 여성주의 치료자들은 자 신의 이론적 배경, 치료와 관련된 자신의 가치관, 소비자인 내담자의 권리에 대해 설명한다 (Worell & Remer, 2003). Brown(2010)은 새로운 내담자에게는 자신이 어떻게 치료하는지를 기술한 5쪽 분량의 설명서를 준다. 설명서에 포함되는 항목으로는 치료비, 치료 시간, 치료 기간, 잠재적인 심리치료 목표가 있다. 내담자는 상담을 지속하기 전에 이러한 항목에 동의 해야 한다. 덧붙여, 여성주의 치료자는 자기주장법, 행동조절법, 선택을 증진시키는 방법과 같은 상담 기술을 가르친다. 여성주의 심리치료자는 또한 내담자에게 심리치료자가 내담자 에게 미치는 영향에 대해 심리치료자에게 정보를 달라고 권한다. 이렇게 함으로써, 심리치 료자는 내담자가 가능한 한 명확하게 상담의 과정과 목표를 이해하도록 한다.

치료의 신비화를 막는 또 다른 방법은 자기 개방이다. Evans, Kincade, & Seem(2011)은 심 리치료자의 자기 개방이 내담자의 성장에 도움이 되는 여러 가지 방식에 대해 기술하였다. 일반적으로, 자기 개방은 내담자의 성장을 돕기 위한 것이지 심리치료자가 내담자에게 자신 의 고통스러웠던 경험을 알려 주기 위한 것이 아니다. 즉, '이것이 내가 성공할 수 있었던 방 법인데 만약 당신이 내가 사용한 방법을 따르면 당신도 성공할 수 있어.'라고 전하기 위한 것 이다. 상담자의 자기 개방은 상담자도 진실한 한 사람이고 내담자와 자신이 인간적으로 동 등함을 알려 주는 것이다. 자기 개방은 상담자에게는 편안한 느낌을 주고 내담자에게는 교 육적이어야 한다. Russell(1984)은 결혼문제와 관련된 상담자의 자기 개방 사례를 아래에서 보여 준다.

아일린(Eileen): 저는 남편이 저의 재정적 지원자이자 애인이고, 제 최고의 친구이자 좋아하는 동료이기를 원해요. 제가 남편이 하는 모든 것에 관심이 있는 것과 똑같이 남편도 제가 하는 일에 관심이 있어야 한다고 생각해요. 삶의 모든 것을 함께하지 않는다면 무엇 때문에 결혼을 하겠어요?

상담자 B: 당신이 말하고 있는 그런 종류의 결혼생활은 제가 처음 결혼했을 때 결혼에 대해 가졌던 생각을 떠오르게 하네요. 남편이 저 없이 혼자 하는 모든 것이 정말 미웠어요. 몇 가지 끔찍했던 장면들이 기억나네요. 남편이 골프 게임을 마치고 곧바로 집에 오지 않았던 때와 저한테 물어보지도 않고 친구들과 운동 경기에 참여했던 때가 있었는데 정말 끔찍했어요. 제가 고함을 지르고 사납게 날뛰었던 것을 생각하면 창피해요. 남편에게 좀 더 시간적·공간적 여유를 주고 저도 저 나름의 여유를 가졌어야 하는 건데. 지금이라면, 저 자신을 위한 것을 포기하지 않을 것 같아요. 그리고 제 결혼생활은 모든 것을 같이 해야 한다고 우겼던 그때보다 현재가 훨씬 더 행복해요.

논평: 상담자 B는 상당히 깊은 수준에서 자신의 부적절함과 한계를 담은 정보를 내담자에게 알려 주고 있지만, 그러한 부적절함과 관련된 문제는 과거에 이미 해결되었기에 그러한 개방이 가져올 위험은 적다. 상담자 B는 내담자가 한 경험과 유사한 자신의 경험을 개방하고 있는데, 자신이 특정한 방식으로 그 어려운 상황을 해결했듯이 내담자도 현재의 상황을 해결할 수 있을 것이라고 말해 준다. 그리고 상담자 자신도 내담자와 유사한 상황에 처한 적이 있었지만 잘 해결해 나갔다는 것을 보여 주고 있다. 이와 같은 방식으로 상담자는 평등이라는 목표와 자기 개방이라 목표를 함께 다룰 수 있다. (Russell, 1984, pp.160~161)

자기 개방과 치료 과정에 대한 정보의 제공은 내담자가 자신의 성장을 위해 좀 더 많은 힘을 갖고 책임감을 느끼게 하는 데 도움이 된다. 이러한 치료 기법은 내담자가 상담자에 대한 의존성을 줄이고 타인과의 관계에서 독립적이 될 수 있게 한다. 유사하게, 앞서 논의한 다른 치료 기법(문화 분석과 개입, 성역할 분석과 개입, 힘의 분석과 개입)은 내담자의 힘 북돋우기와 정치사회적 문제에 대한 초점 맞추기가 어떻게 다문화 여성주의 치료의 핵심 요소인지를 잘 보여 준다. 자기주장 훈련과 재구조화, 재명명화 또한 문제해결을 방해하는 사회적 압력에 대처하는 데 도움을 준다. 이들 치료 기법은 여성주의 치료자들이 사용하는 유일한 기법은 아니지만, 내담자의 성장을 촉진시키기 위해 종종 사용된다.

여성주의 심리치료를 다른 심리치료 이론과 함께 사용하기

앞서 논의한 대로 여성주의 치료는 종종 다른 심리치료 이론과 통합되어 사용된다. 어떻게 여성주의 이론이 다른 이론과 통합될 수 있는지를 서술하면서 Worell & Remer(2003)는 몇 가지 사항을 언급한다. 두 사람은 어떤 이론의 역사적 발전 과정, 핵심적인 심리치료 개념, 성차별주의적 단어 및 문구의 사용 여부, 진단과 치료 기법상의 편견 등을 조사함으로써 그 이론에 내포되어 있는 편견적인 요소를 찾는다. 또한 성차별적 요소들을 제거할 경우에 그 이론이 여전히 여성주의 원리와 조화될 수 있는지 알아본다. 앞서 언급한 대로 여성주의 치료의 주요 원리에는 정치사회적인 요인이 삶에 영향을 미친다는 것과, 평등한 관계가 중요하다는 것, 여성의 관점이 존중되어야 한다는 것이 포함된다. 여성주의 치료와 다른 이론들을 통합시켜 온 여성주의 심리치료자들은 Worell & Remer(2003)가 언급한 원리를 명시적으로 포함시키지는 않았지만, 그 원리가 여성주의 치료에서 차지하는 중요성에 비추어 그 원리를 암시적으로 포함시켜 왔다. 아래의 글에서 필자는 정신분석, 인지행동 치료, 게 슈탈트 심리치료, 이야기 치료에 대해 기술하는데, 이들 이론들은 여성주의 치료의 관점과 상응하는 방향으로 변화해 왔으며 다른 이론들보다 여성주의 저자들의 관심을 더 많이 수용해왔기 때문이다.

여성주의 정신분석 심리치료

2장에서 논의된 것처럼 정신분석 이론의 성적 편견에 대한 불평은 정신분석 자체 내에서도 일어났는데, 여성주의 정신분석 이론가들은 프로이트주의자들이 여성을 수동적, 자기학대적, 의존적으로 묘사한다고 비판해왔다. 그들은 또한 남근 선망의 개념을 비판하고 자궁 선망(Horney, 1966)과 젖가슴 선망(Eichenbaum & Orbach, 1983)을 제안하였는데, 왜냐하면 유아는 남근보다는 젖가슴과 더 많이 접촉하기 때문이라는 것이다. 정신분석의 비판자들은 내담자와 전이 관계를 발달시키려는 욕구가 심리치료자와 내담자 간의 평등한 관계에 부정적인 영향을 미칠 뿐만 아니라 심리치료자의 자기 개방 또한 방해한다고 보았다(Daugherty & Lees, 1988). 대상관계 이론의 어머니와 자녀의 관계에 대한 지나친 강조는 개인의 발달에 영향을 미치는 정치사회적 요인에 대한 강조를 제한하는 경향이 있다.

하지만 어떤 여성주의 치료자들은 정신분석이 여성을 돕는 데에 매우 적합한 기법일 수 있다고 지적한다. 성이 어떻게 여성의 의식적, 무의식적인 측면에 영향을 미치는지를 이해하는 것은 성적 학대를 당한 여성들에게 어떻게 정신역동 심리치료를 적용할 것인지에 대한 통찰을 제공할 수 있다는 것이다(Walker, 2009). Hayden(1986)이 밝힌 것처럼, 정신분석 심리치료는 증상으로부터 벗어나 더 적극적이고 독립적인 여성이 될 수 있게 한다. 오이디푸스 콤플렉스 문제를 조사함으로써, 정신분석은 사람들이 어떻게 성 정체성을 다루고 배우는지 그리고 사회에서 남성 우위가 어떻게 실현되는지를 탐색한다(Enns, 2004). 더욱이, 억압이라는 현상을 설명함에 있어 무의식의 역할을 조사함으로써 정신분석은 성역할이 왜 그토록 강력하며 변화되기 어려운지에 대한 통찰력을 제공할 수도 있다. Chodorow(1989)는 어머니의 역할이 어떻게 남성에 의해 평가절하되고 지배를 받는 여성의 이미지로 나타나는지를 이해하는 데 정신분석이 도움이 될 수 있다고 지적했다.

치료 장면에서 발생하는 관계에 대한 몇 가지 관점들은 정신분석적 대상관계 이론과 관련이 있다. 앞서 논의된 스톤 센터의 관계문화 모델(Jordan, 2010)은 가족 및 타인과의 역할 관계를 재평가하는 접근법이다. 『관계적 심리치료: 입문서(Relational Psychotherapy: A Primer)』라는 책에서 DeYoung(2003)은 관계를 사용하는 정신분석적 접근을 개발하면서, 관계적 정신분석, Kohut의 자기심리학, 스톤 센터의 관계문화 심리치료를 활용한다. Jordan은 관계문화 심리치료에 대해 기술하면서 사회가 내담자에게 미치는 영향을 어머니-아동 관계에 미치는 영향보다 더 강조한다(Jordan, 2010). 정신역동 심리치료와 여성주의 심리치료의 통합을 확대하려는 노력이 (대부분의 정신역동 심리치료자들이 관심을 두지 않는 문화적 요소들을 고려하면서) 흑인 미국 여성을 대상으로 이루어져 왔다(Greene, 1997). 정신분석적 관점이 여성의 문제에 대해 어떤 통찰을 제공함에도 불구하고, 정신분석의 몇몇 개념은 계속 비판받아왔다.

여성주의 인지행동 심리치료

인지행동 치료에 대한 비판 중 하나는 인지행동 치료가 내담자에게 영향을 주는 사회정치적인 요소를 무시하는 경향이 있다는 것이다(Enns, 2004). 집이 없거나, 구타당하거나, 가난한 사람들은 인지행동 기법을 활용할 만한 경제적 재원과 사회적 지원을 갖고 있지 않을 수 있다. 또한 내담자는 어떻게 변화해야 한다는 심리치료자의 가치관은 내담자의 사회문화적 배경을 고려하지 않는 것 같다. 덧붙여, 인지행동 치료는 치료에 암시되어 있는 논리적 근거에 대한 내담자의 문화적 가정에 주의를 기울이지 않는 것 같다.

인지행동 치료를 여성주의 치료와 좀 더 조화롭게 하기 위해서, Worell & Remer(2003)는 정신병리라는 꼬리표를 바꾸고, 느낌에 초점을 맞추며, 성역할과 문화 사회화에 관한 생각을 통합하기를 제안하였다. Worell & Remer(2003)는 왜곡, 비합리성, 잘못된 사고와 같은 부정적이거나 병리적 꼬리표를 사용하는 대신, 내담자에게 왜곡되고 비합리적이며 성역할 일반화와 관련된 사고를 탐색하도록 하였다. 예를 들어, '여성이 머물 곳은 집이다.'라는 생각에 대해 비합리적이라고 꼬리표를 붙이기보다는 내담자가 고정관념을 갖고 사는 것이 주는 실질적인 이득과 손해를 탐색하도록 해야 한다는 것이다. 성역할에 따르는 제약과 차별의 결과로 야기되는 감정, 특히 분노를 다루는 데 초점을 맞추는 것은 여성이 독립심과 삶에 대한 통제력을 얻는 데 도움을 줄 수 있다. 사회적 역할 문제에 어려움을 지닌 여성을 돕기 위해서는 성역할 분석과 힘 분석을 통해 여성의 성장을 저해하는 사회적 압력에 대처하는 방법을 탐색토록 하는 것이 도움이 될 수 있다. Wyche(2001)는 인지행동 치료가 특히 유색 인종의 여성에게 도움이 된다고 보았는데, 왜냐하면 이 치료는 현재에 초점을 두고 내담자에게 현재의 문제를 다루는 데 사용할 수 있는 방법을 제공하기 때문이다. Cohen(2008)은 아동기에 성 학대를 당한 내담자를 치료함에 있어 여성주의 치료와 정서중심(게슈탈트) 심리치료가 인지행동 치료와 어떻게 통합될 수 있는지를 제시하였다.

여성주의 게슈탈트 심리치료

게슈탈트 치료와 여성주의 치료의 조화 가능성을 점검하면서 Enns(2004)는 두 심리치료가 여러 가지 면에서 유사한 목표를 가짐을 발견하였다. 두 심리치료 모두 개인이 지닌 힘에 대한 자각의 증진을 목표로 한다. 게슈탈트 치료자는 '할 수 없다'보다 '하지 않을 것이다', '필요하다'보다 '원한다'라는 단어를 사용하기를 제안한다. '나는 이것을 해야 한다.'를 '나는 이것을 하기로 선택한다.'로 바꿈으로써 심리치료자는 내담자에게 독립을 격려하고 자신이 힘이 북돋아진다는 느낌을 갖도록 한다. 여성주의 치료자는 또한 차별이나 외적 제약에 대한 반응으로서 화를 표현하는 것을 가치 있게 본다. 따라서 빈 의자 기법과 같은 기법은 내담자가 "나는 그에게 화가 나."라기보다 "나는 너에게 화가 나."라고 말하도록 격려한다. 자신과 자신이 한 선택에 대한 자각을 강조하기 때문에, 여성은 자신이 이전에는 고려하지 않았을 수도 있는 선택 가능한 방안에 대해 배울 수 있다. "나는 해야 한다."가 아닌 "나는 선택한다."라고 말할 때 선택 가능한 방안이 생겨난다. 사회정치적인 차별에 대한 자각과 힘을 실어 주는 방법을 결합시킴으로써 게슈탈트 치료는 여성주의 치료의 많은 목표를 달성하였다.

Enns(2004)는 게슈탈트 치료의 어떤 측면은 여성주의 치료와 잘 들어맞지 않는다고 주의를 상기시킨다. 게슈탈트 치료는 자신의 행동에 대한 책임을 전적으로 강조하기 때문에 독립성과 선택에 영향을 미치는 사회, 경제, 정치적 요인이 무시될 수도 있다는 것이다. 심리치료에서 문화, 성역할, 힘 분석과 같은 방법을 사용하는 것이 자신이 한 선택과 발전에 대해 책임을 지는 것이 아니라 환경을 탓하는 것으로 보일 수 있다는 것이다. 또한, 어떤 게슈탈트 치료자들은 여성의 삶에 미치는 관계의 중요성을 인정하지 않고 자립성의 발달에 거의 전적으로 초점을 맞춘다는 것이다.

여성주의 이야기 심리치료

최근에 많은 여성주의자들과 다문화 심리치료자들은 이야기 치료에 매력을 느껴왔다. 왜냐하면 이야기 치료자들은 내담자가 성과 문화를 어떻게 보는지를 탐색하고 문화와 성에 대한 가치를 일반화하는 이론에 얽매이기보다 문화와 성이 내담자의 삶의 이야기와 어떻게 관련되는지를 점검하기 때문이다. 이야기 치료는 심리치료자들이 성과 문화에 대한 기존의 관념에서 벗어나도록 도움을 준다(Gremillion, 2004). 섭식 장애는 사회문화적 영향이 강한데, 이야기 치료는 사회문화적 영향을 조사하고 내담자가 자신을 바라보는 관점을 변화시키는 방법을 제공한다(C. Brown, 2007; C. G. Brown, Weber, & Ali, 2008). Hansen(2013)은 여성주의 접근이 양극성 장애를 치료함에 있어 이야기 심리치료와 어떻게 통합될 수 있는지에 대해 기술한다. 어떤 사회에서는 이야기를 한다는 것(storytelling) 자체가 문제에 대처하고 변화를 유발시킬 수 있는 매우 중요한 수단이다.

Tafoya(2005)는 다가오는 사춘기 축하 의식에 대해서 마음의 준비가 되지 않았을 뿐만 아니라 관심도 없는 한 13세 아파치족(Apache: 미국 남서부의 한 원주민 부족) 소녀의 사례를 들었다. 타마라(Tamara)는 반항적이고, 학교 성적은 엉망이며, 집에서 담배를 피우고, 남자 친구가 있는데 그녀는 자신이 속한 부족 문화와는 다른 도시 문화에 매료되었다. 그녀의 어머니가 타마라를 상담자에게 데려왔는데 타마라는 상담을 받지 않으려 했다. 첫 회기의 처음 몇 분간 심리치료자는 타마라와 어머니에게 어린 푸에블로족(Pueblo) 소녀에 대해 이야기해 주었다. 그 소녀는 기숙학교에 들어가고 난 이후로 집에 오면 게으르고 전혀 집안일을 돕지 않으려고 하였다. 그 소녀는 집안일에 도움이 되지 않기 때문에 할머니는 소녀에게 야채를 가져오도록 보낸다. 그녀가 야채를 집어들려고 할 때, 옛날이야기에서 나오는 가면 쓴 누군가가 긴 채찍을 들고 그녀를 집에까지 쫓아 온다. 타마라와 어머니는 둘 다 이 이야기의 의미를 이해할 수 있었다. 그들은 서로를 쳐다보고 웃었다. 타마라는 "제가 정말 그렇게 나쁘진 않잖아요?"라고 말했다(p.298). 이제 그녀는 더 개방적이고 편안한 방식으로 집에서 그녀가 느끼는 문제를 말할 수 있다. 많은 문화에서 이야기를 활용하여 수용적이고 위협적이지 않은 방식으로 행동 변화를 가르친다.

정신분석, 인지행동 치료, 게슈탈트 치료, 이야기 치료가 여성주의 치료 원리를 통합하는 유일한 치료적 접근법만은 아니다. 하지만 이들 치료는 여성주의 심리치료 원리와 문화에 대한 관심이 어떻게 다른 심리치료 접근과 함께 활용될 수 있는지를 보여 준다. 여성주의 치료적 관점을 다른 치료적 관점에 덧붙이는 것은 대부분 다른 치료에서는 다루지 않는 문화와 성에 대한 관점을 제공한다. 융학파 심리치료(Rowland, 2003)와 인간중심 치료(Brown, 2007; Enns, 2004)를 포함한 다른 많은 심리치료 이론들도 그들의 치료적 접근법이 여성주의 치료의 가치 체계와 어울리는지 조사해왔다. Brown(2010)이 여성주의 치료와 다른 심리치료 이론을 통합한 것처럼, 상담 이론을 여성주의자적 관점에서 변형시킨 Worell & Remer(2003)의 방식은 유용할 수 있다.

여성주의 심리치료와 상담

여성주의 치료자들이 견지하는 평등주의적 관점 때문에 대부분 여성주의 치료자들은 상담과 심리치료를 구분하지 않는다. 하지만 Russell(1984)은 심리치료를 "심리적 역기능에 대한 집중적인 교정 과정 또는 정신적 스트레스들에 적응시키는 과정"(p.13)이라고 보는 반면, 상담은 보다 발달적, 교육적, 예방적이라고 본다. 여성주의 치료는 종종 다른 심리치료 또는 상담 이론들과 통합되어 사용되기 때문에, 정신분석, 인지행동 치료, 게슈탈트 치료와 같은 이론에서 사용하는 전문용어가 상담이라는 용어를 사용할지 아니면 심리치료라는 용어를 사용할지를 결정하는 데 영향을 미치는 것 같다.

단기 심리치료

여성주의 치료의 치료 기간은 어떤 이론들과 통합되어 사용되는지에 따라 종종 달라진다. 여성주의 치료는 내담자가 사회정치적 문제를 직면토록 도움에 있어 행동중심적 접근을 사용하기 때문에 빠르고 효율적인 치료 작업을 강조하는 것 같다. 여성주의 심리치료 기간은 짧기 때문에 개인 치료를 보완하는 것으로 치료 집단 또는 지지 집단이 활용된다. 내담자가 자신의 삶을 더 잘 통제할 수 있도록 힘을 실어 주는 치료적 관점을 지닌 여성주의 치료자들은 장기 치료를 내담자가 자신을 비난하고 심리치료자에게 의존하게 내버려두는 것으로 본다. 하지만 근친상간이나 강간과 같은 문제를 다루기 위해서는 일 년 이상의 시간을 필요로 할 수 있다. 단기 심리치료는 내담자가 치료에 적극적으로 참여하고 치료 목적이 명확한 관계문화 심리치료를 위해 개발되었다(Jordan, Handel, Alvarez, & Cook-Nobles, 2004). 관계문화적 모델에 따르면, 종결은 끝이 아니며 내담자는 필요에 따라 다시 치료에 돌아올 수 있다.

심리 장애

아래에서 언급될 네 가지 사례는 성역할과 사회적 권력이 여성주의 치료에서 얼마나 중요한지를 잘 보여 준다. 앞서 기술한 것과 같이 여성주의 치료자들은 종종 DSM-5에 의해 증상을 분류하지 않으려 한다. 왜냐하면 그러한 분류 체계는 여성에 대한 남성의 고정관념을 반영할 수도 있고 사회적 요인이 여성의 역할에 미치는 영향을 간과하기 때문이다(Eriksen & Kress, 2005). 일관성을 유지하기 위해 DSM-5 체계는 다른 장에서와 마찬가지로 이 장에서도 사용된다. 다음의 네 가지 심리 장애에 대한 논의는 여성주의 치료에 초점을 두고 있으며, 이 장의 앞 부분에서 거론된 기법의 사용을 포함하고 있는데, 이것은 여성주의 치료가 다른 치료 이론과 종종 함께 사용됨을 보여 주는 것이다. 아래에서 기술되는 장애는 DSM-5에 의하면 특히 여성에게 공통적으로 나타나는 장애인데, 예를 들면 경계선 성격 장애, 우울증, 외상 후 스트레스 장애(PTSD), 섭식 장애 등이다. 바버라(Barbara)의 사례에는 관계문화 심리치료가 사용되는데, 이것은 바버라가 성 학대 문제와 사람에 대한 신뢰 결핍 문제에 대처하도록 돕기 위한 것이다. 관계문화 심리치료는 또한 대학원에 재학중인 흑인 미국 여성이 겪는 우울증에도 사용되었다. 힘 북돋우기(empowerment)는 PTSD를 유발한 범죄 조직에 의한 강간 문제를 치료함에 있어 중요하다. 이야기 치료는 거식증 사례에도 적용되었는데 간단한 예가 기술되었다.

경계선 성격 장애: 바버라

심리 장애를 분류하는 것은 쉬운 일이 아니다. 여성주의 치료자들은 진단적 명칭 체계를 사용하는 것이 어떻게 사람들을 부적절하게 낙인찍고 성역할과 문화적 다양성에 대한 사회적 편견을 반영하는지에 대해 기술한다. 바버라의 사례를 살펴보자. 그녀는 이전에 정신분열적이고 양극성 기분 장애를 갖고 있으며, 우울한 것으로 진단받았다(Jordan, 2010). 필자는 그녀의 불안정한 대인관계에 초점을 두면서 그녀의 증상을 경계선 성격 장애로 분류할 것이다. 이 사례에서 강조되는 것은 치료적 관계의 중요성이다. Judith Jordan(2010)은 바버라와의 치료 작업에서 관계문화 심리치료를 사용한다. 이 사례는 심리치료자가 내담자의 분노와 변덕스러운 행동을 어떻게 다루는지를 잘 보여 준다. 관계에 있어 평등을 강조하고 심리치료에 대한 신비감을 제거하는 것은 여성주의 치료의 전형적인 치료 방식이다.

바버라는 24세의 잘 교육받은 백인 여성으로 나와 심리치료를 시작하기 전에 6명의 심리치료자를 만났다. 이전의 치료들은 행복하지 않게 종결되었는데 바버라는 종종 자신이 막다른 골목에 있다고 느꼈고 자신의 얘기가 잘 수용되거나 이해되지 않는 것 같아 화가 났다. 두 차례의 치료를 제외하곤 모두 그녀가 치료 종결을 요청했는데, 그 두 번의 경우에도 심리치료자들이 그녀를 '포기'했는데 그녀의 문제를 치료할 수 없을 것 같다고 했다고 한다. 바버라는 여러 번에 걸쳐 정신분열적, 경계선적, 양극성적이라고 진단받았다. 그녀는 극도로 고립된 삶을 살았다. 내가 그녀를 치료하기 시작했을 당시에 그녀는 자살 미수로 병원에 입원해 있었다.

바버라는 실낱같은 희망을 갖고 나를 찾아왔지만(내가 다른 심리치료자들에 비해 약간 더 융통성이 있다고 들었다고 한다.) 큰 기대를 갖고 있지 않았다. 상담 초기에 그녀는 내가 그녀가 만나 본 다른 심리치료자들과 별 다를 바 없다고 판단했다고 한다. 처음 몇 주간의 치료는 긴 침묵, 가끔씩 이전의 심리치료자들에 대해 이야기하기, 두려움에 대한 약간의 진솔한 표현 등으로 특징지을 수 있는데, 이런 것들은 그녀가 과거에 시도했던 것들과 별로 다르지 않았다. 나는 그녀에게 두려움을 버리라고 요구하지 않으면서 그녀가 참 힘든 길을 걸어 왔음을 인정해 주었다. 그리고 그녀에게 말하기를 내가 다른 심리치료자들보다 그녀를 더 잘 이해할 수 있을 거라고 보장할 수는 없지만 최선을 다해 노력하겠다고 하였다. 그리고 그녀가 나를 신뢰해야 할 진짜 이유가 있는 것은 아니라고도 말해 주었다.

어느 날 그녀가 팔에 상처를 내고 셔츠에 피를 묻힌 채 상담에 왔다. 그녀는 내가 그녀와의 상담을 '중단할지' 어떨지 알고 싶어 했는데, 나는 그녀가 자해한 것을 보는 것이 참 힘들다고 말해 주었다. 그녀는 자신이 팔에 피를 흘리며 사무실에 들어서는 것을 내 동료들이 본다면 그들이 뭐라고 생각할지 걱정이 되지 않느냐고 도전적인 태도를 보이며 궁금해했다. 나는 망설인 후 그런 생각이 잠시 들었지만 그녀가 매우 고통스러워하고 있고 그 고통을 나에게 얘기하기를 원한다는 것을 알 수 있다고 말했다. 그녀는 처음에는(내가 나의 명성에 대해 걱정한다는 것을 인정한 것에 대해) 마치 승리자인 것처럼 보였지만 이후에 진심으로 안도하였다(내가 나 자신에 대한 어떤 진실을 이야기했다는 것을 그녀도 이미 알고 있었다). 그 이후에 우리는 어떻게 하면 그녀가 자신의 고통을 나에게 알릴 수 있을지, 그리고 그녀가 나의 반응을 믿을 수 있을 것인지에 대해 정말 협력적인 대화를 하였다.

그 일이 있고 얼마 안 되어, 바버라는 자신이 어렸을 때 삼촌으로부터 당한 성 학대에 대한 이야기와 그녀가 그 일을 털어놓으려 했을 때 아무도(특히 엄마가) 그녀의 얘기를 믿 으려 하지 않은 것에 대해 이야기하기 시작했다. 그녀는 성 학대에 대해선 이전의 치료자들에겐 이야기하지 않았다고 하였다. 비밀을 털어놓은 후 그녀는 대단히 동요된 듯 보이다가 다시 말문을 닫았다. 나는 그녀가 시간을 갖도록 허용하였다. 다시 이야기하기 시작했을 때, 그녀는 나에 대한 거의 모든 것을 다음과 같이 비난하였다. "당신은 충분히 강하지 않아요. 당신은 너무 무심해요. 제가 당신을 필요로 할 때 당신은 그곳에 없어요. 당신은 우유부단해요. 당신은 정말 저에 대해 관심이 없어요. 당신은 제가 만나 온 심리치료자들 중 최악이에요." 나는 때로는 그녀의 말에 대응을 하였고 때로는 방어적이었다. 한번은 화가 나서 내가 얼마나 좌절감을 느끼는지 말해 주었다. 즉, 내가 그녀와 함께 있어 주려고 정말 많은 노력을 하고 있지만 어떤 것도 그녀에게 충분하지 않은 것같이 느껴진다고 말했다. 그러고서는 그녀에게 책임을 돌린 것을 사과해야 했다. 나는 때로 집에 있을 때도 그녀가 걱정되었는데 그것을 그녀에게 이야기했다. 그리고 나선 그렇게 말한 것을 후회하였다.

내가 평소에 늘 되뇌었던 것(그녀와의 관계에서 연대감을 느끼든 단절감을 느끼든 언제나 그녀와 함께하면서 잘 반응하고 방어적이지 않은 것)을 잘 행하지 않았음에도 불구하고, 우리는 함께 천천히 그녀가 느끼는 고통, 소외, 공포를 탐색해 나갔다. 탐색은 주로 실패한 경험에 대해 이루어졌다. 역설적이게도 그녀는 관계가 점점 가까워질 때쯤 되면 화를 내며 멀어지곤 했지만 우리는 어떤 움직임과 변화를 경험했다. 2년간의 변화무상한 처치 이후에 상황은 안정을 되찾아 갔다. 그녀를 지배해 왔던 관계에 대한 이미지(약해지는 것이 타인의 학대와 폭력을 유발한다.)가 바뀌기 시작했다. 이제 그녀는 그녀가 '진짜' 감정을 털어놓아도 사람들이 공감적으로 반응하고 그녀에 대하여 관심을 가질 수도 있다는 가능성을 즐기기 시작했다. 그녀의 반응 양식도 바뀌기 시작했는데, 어쩔 수 없이 공감을 받지 못하는 상황이 되었을 때에 옛날처럼 깜짝 놀라거나 공포에 휩싸이거나 분노를 느끼기보다는 단지 화나 실망감을 느끼게 되었다.

바버라의 일상생활 또한 제 모습을 찾아갔다. 지난 몇 년간 그다지 중요하지도 않고 급여도 적은 직책의 일을 했는데 이제는 제법 수준이 있는 직업을 갖게 되었다. 그리고 자기가 여성에게 매력을 느낀다는 것을 알게 됨에 따라 친절하고 보살피는 것을 좋아하는 여성과 사귀기 시작했다. 그녀는 치료 시간에 유머를 사용하기 시작했는데 우리 두 사람은 그동안 견뎌왔던 어려움을 생각하며 함께 웃었다. 나는 그녀가 스스로를 안전하게 보살피는 것을 배웠다는 것과 우리 두 사람의 관계가 지속되도록 한 것에 대해 그녀에게 무한한 존경심을 갖게 되었다. 나의 진정성은 그녀에게 매우 중요했다. 그녀는 진실하지 않은 것과 '관계에서 게임을 하는 것'에 아주 민감했는데, 그녀는 '대부분의 치료에는 진실하지 못함과 게임이 있다.'고 느꼈다. 그리고 마침내 내가 '이해하게 된' 것은 그녀는 내가 공감하지 못하는 순간을 아주 잘 알아차렸다는 점이다. 내가 공감하지 못하면 그녀는 불안해했는데 너무도 연약해서 나에게서 상처를 받는 것 같았다. 우리는 함께 안전한 느낌을 얻는 방법을 찾았고 더 이상 상처를 받지 않게 되었다. 상담이 종결되어 갈 무렵 우리는 그동안의 치료가 어떠했는지를 함께 되돌아보았다. 그녀는 내가 그녀와 작업하며 기꺼이 상처받을 준비가 되어 있다는 것에 대해 언급했는데 그것이 내가 다른 상담자와 달랐던 점이고 그녀를 덜 겁나게 만들었다고 하였다. 내가 그녀의 행동에 '제한을 가하는' 대신 나의 한계를 인정했을 때 그녀는 존중받는다고 느꼈다. 그녀는 궁금해하며 말했다. "당신이 자신도 실수투성이일 수 있고 연약할 수 있음을 보여 주었을 때 저는 당신을 가장 믿을 수 있었다는 것은 참 아이러니하지 않아요? 당신이 항상 잘 이해했던 건 아니에요……. 때로 당신은 모든 것을 파악하는 데 꽤 시간이 걸리곤 했어요. 그런데 당신은 완벽하진 않았지만 거의 항상 다시 시도했어요. 그것이 저에게 당신에 대해 안정감을 갖게 해 줬어요." (Jordan, 2010, pp.53~55)

우울증: B 씨

여성주의 치료자의 관점에서 보면, 여성은 남성보다 우울증을 경험할 수 있는 이유를 두 배나 많이 갖고 있다. 여성은 종종 남성에게 의존적이며, 무기력하고, 다른 사람을 기쁘게 하도록 가르침을 받기에 우울증을 경험할 수 있는데, 자신의 삶을 통제할 수 없고 자신의 생각을 주장할 수 없다고 느끼기 때문이다. 외모에 대한 강조와 남성들에게 어떻게 보이는지에 가치를 두는 것이 무력감을 야기할 수 있다. 만약 어떤 여성이 직장에서 폭력, 성 학대, 차별을 경험한다면 그 여성은 자신이 환경을 통제하지 못한다는 무력감 때문에 우울증을 경험할 수 있다. 임신, 출산, 가사 노동과 같은 많은 다른 요인도 긍정적 또는 부정적 영향을 미칠 수 있는데, 이는 그러한 요인에 대한 자기 자신의 태도와 함께 가까운 다른 사람들의 태도에도 달려 있다(Roades, 2000; Wells, Brack, & McMichen, 2003). 우울증은 부분적으로 유전과 호르몬의 변화 때문일지도 모르지만, Worell & Remer(2003)는 인생의 다양한 시기에 성역할 기대와 사회적 차별이 우울증에 크게 영향을 미친다고 보고하였다.

아래에서 Turner(1997)는 막 대학원을 다니기 시작한 한 젊은 흑인 미국 여성과의 상담 사례를 기술하고 있다. B 씨는 좋지 않은 학교 성적과 가족으로부터의 단절감 때문에 우울했다. Turner는 B 씨가 백인 중심의 대학원에서 자신의 존재감을 느끼지 못하는 것을 설명하기 위해서 스톤 센터(Jordan, 2010)의 관계문화 모델을 이용한다. 또한, B 씨가 느끼는 수치심과 학교에서 겪는 어려움을 부모님께 말하기 두려워하는 것에 주목하는 한편, 학교 교수들과의 관계, 학교 공부 모임, 조직 단체, 가족과의 관계에도 초점을 맞춤으로써 그녀에게 힘을 실어 주려고 한다.

B 씨는 대학원 학위 취득 과정에 있는 20대 흑인 여성이다. 상담을 받은 적이 없으며 최근까지도 심각한 좌절이나 어려움을 겪은 적이 없다. 그녀는 한 저소득 가정의 여러 자녀 중 한 명이다. 오빠 중 한 명은 박사 학위를 갖고 있는데 그녀가 박사 학위를 취득한다면 가족 중 첫 여성 박사가 될 것이다. 그녀는 위축된 자존감, 낮은 학점, 그리고 대학원 학장으로부터 들은 급박한 소식(이번 학기말까지 학위 프로그램에서 그녀를 탈락시키려 하는 회의를 하려 한다.)과 관련된 문제로 상담받고자 하였다. 그녀를 가르친 대부분의 교수들에 따르면, 그녀는 모든 시험에서 낙제했고 이 학교에서 수학하기에는 적합하지 않은 것 같다는 것이다. 대학 시절의 높은 성취 경험과 성공에 대한 강한 동기에 비추어 볼 때 그 소식은 그녀에게 충격적이었다. 그녀는 패배한 것처럼 보일 뿐 아니라 우울하고 짜증이 나 있는 것처럼 보였다. 자살할 생각을 갖고 있는 것처럼 보이진 않았지만 자신감이 아주 낮고 좌절해 있는 것 같았다. 그녀는 나에게 자신은 성실히 공부했고 배운 것을 알고는 있었지만 기대한 만큼 보여 줄 수 없었다고 하였다.

좀 더 자세히 알아 보았을 때, 나는 그녀가 정서적, 학업적, 사회적 지지 자원으로부터 단절되어 있음을 발견하였다. 그녀는 혼자 공부했고, 어떤 교수나 교직원과도 전혀 얘기를 하지 않았다. 그녀의 가족에게도 어떤 말도 하지 않는데 가족에게 큰 실망과 상처를 줄 것이라고 생각했기 때문이었다. 간략히 말하면, 그녀의 학업에 대한 준비도와 실제 수행 능력 간의 차이에 대해 아무도 알지 못했다. 자신과 가족의 자존감을 떨어뜨리는 것과 관련하여 그녀는 수치심과 부끄러움, 깊은 실패감을 느꼈다. 학급에는 단지 몇 명의 흑인 남녀와 여러 명의 백인 여성이 있었는데 그 누구에게도 마음을 털어놓고 싶지 않았다고 하였다. 반 학우들이 어떻게 지내는지 물을 때면 언제나 "괜찮아."라고 대답했다.

나는 B 씨를 일 년 남짓 치료하였다. 나는 그녀가 자신에게 중요한 사항을 주변 사람들에게 숨기게 된 것과 관련하여 그녀 자신과 가족들이 어떤 역할을 했는지 잘 볼 수 있도록 도와주었다. 그렇게 도와주면서 깊은 내면의 고립감과 죄책감으로 억눌린 감정에 에워싸인 그녀를 더 잘 이해할 수 있었다. 이러한 문제의 바탕에는 그녀가 속한 학교 환경으로부터 자신이 합당한 구성원으로 수용되지 않는다는 내면의 느낌이 자리 잡고 있었다. 그러한 내면의 느낌은 강한 불안과 함께 신체 증상을 불러일으켰다. 그녀는 자신이 어디에 '소속되지도' '존중되지도' 않는다는 인식을 강하게 가졌는데, 나중에 알고 보니 그녀의 그런 마음을 알고 있던 사람은 학교에 있는 몇 사람뿐이었다. 그녀는 한 학기 동안 휴학을 했어야만 했는데 지금은 복학하였다. 이번에는 지도 교수, 학습 동아리, 활발하게 활동하는 흑인 단체를 적극적으로 찾아다녔을 뿐 아니라 자신이 한 사람의 흑인 여성으로서 공부한다는 '강한 자부심(entitlement)'을 갖게 되었다. 그녀의 노력이 학점으로도 나타나는 것을 보고 나는 행복했다.

그녀는 여러 가지 스트레스 완화 기법을 배워서 불안에 대처하고 좀 더 긴장을 완화할 수 있게 되었다. 지금은 무슨 일이 일어나도 가족이 그녀를 사랑하고 존중한다는 것을 알고 있는데 왜냐하면 가족 중 첫 전문직 여성이 되고자 함에서 오는 압박감을 가족에게 자유롭게 얘기했기 때문이다. 그런 압박감은 가족 내에서 자신의 위치를 잃을 것에 대한 두려움과 '가족을 남겨 두고 떠나는' 느낌과 연계되어 있었다. 정서적으로는 이런 두려움이 우울한 느낌을 야기했지만 인지적으로는 가족이 언제나 그래왔듯이 그녀를 여전히 사랑할 것이라고 믿고 싶어 했다. '실패자로 인식되는 것'에 대한 두려움이 학업적 성취 목표를 혼란스럽게 하고 저해하였다. (Turner, 1997, pp.83~84)

외상 후 스트레스 장애: 안드레아

외상 후 스트레스 장애(PTSD)란 피해를 당한 후 경험하는 두려움, 불안, 스트레스를 의미한다. 그런 점에서 이 용어는 가해자보다 피해자에 초점을 둔다. 여성이 겪는 외상 후 스트레스 장애의 원인은 흔히 강간이다(Worell & Remer, 2003). Burstow(1992)는 강간 피해자를 치료함에 있어 여성주의 학자들은 먼저 피해자가 경험한 느낌을 표현하게 한 후 그러한 느낌을 개인적인 관점에서뿐만 아니라 사회정치적인 관점에서 공감해야 한다고 제안하였다. 그리고 내담자가 트라우마를 현재 시제로 기술하게 하는 것이 효과적이라고 하였다. 하지만 심리치료자는 내담자의 수치심과 공포로부터 도망하려는 욕구는 물론, 수치심과 공포를 느끼지만 표현하지 않으려는 욕구 또한 공감해 주어야 한다. 심리치료자는 내담자가 자신의 감정과 접촉하고 표현하도록 도와주는 한편, 내담자의 권리, 즉 강간당하지 않고 밤에 혼자 나갈 수 있는 권리에 대해 내담자와 논의할 필요가 있다고 한다. 『트라우마 치료에서의 문화적 능력감: 갑작스런 플레시백 극복히기(Cultural Competence in Trauma Therapy: Beyond the Flashback)』라는 책에서 Brown(2008a)은 내담자가 지닌 다양한 정체성, 예를 들어 성, 문화, 사회 계층, 성적 지향, 영적 신념, 그리고 그 밖의 다른 정체성에 주의를 기울이는 것이 얼마나 중요한지를 잘 보여 준다. Brown은 트라우마를 경험한 사람과 작업을 할 때 심리치료자는 자신의 정체성과 문화는 물론, 지배 집단 문화가 미치는 영향에도 주목해야 한다고 강조한다. PTSD를 처치에는 몇 가지 방식이 있는데(Enns, 2012; Western, 2013) 그중의 하나는 아래에서 기술된다.

아래의 사례에서, Greenspan(1983)은 폭력배로부터 강간당하기 전에는 별 문제없이 잘 살았던 한 여성과의 상담을 기술하고 있다. 안드레아(Andrea)와의 치료에서 Greenspan은 Burstow가 기술한 것과 비슷한 방법으로 내담자를 대한다. 그녀는 내담자가 느끼는 분노, 미움, 무력감을 공감하면서도 내담자가 자기정체성과 내적 힘을 발달시키고 분노를 긍정적으로 활용하도록 돕는다.

안드레아의 이야기는 남성들에 대해 건강한 두려움을 가지지 않는 것이 초래할 수 있는 처참한 결과를 고통스럽지만 잘 보여 주고 있다. 안드레아는 지적이고 창의적인 여성으로 대단히 독립적이다. 그녀는 독신 목수이자 예술가로 생계를 유지하는데, 자신은 두려움이 없고, 신체적으로 강하고, 겁을 내는 일이 없다고 스스로 자랑스럽게 생각했다. 어느 날 저녁, 그녀는 차가 고장이 나서 견인을 시키고 가까이에 사는 한 친구를 방문하여 자정 무렵까지 머물렀다. 오는 길에 지하철을 타기보다 공짜 차를 얻어 타기로 결정했다. 그녀는 두 남성이 모는 차를 타게 되었는데 그들은 한참 바람을 쐬게 해 준 뒤 그녀를 어떤 집으로 데리고 가서 침대에 던져 눕히고 여러 명의 친구들을 불렀다. 그로부터 몇 시간 동안 안드레아는 칼로 위협을 받은 채 7명의 남성들로부터 강간을 당했다. 강간을 당하는 중에, 칼로 그녀를 위협했던 한 남성은 그녀에게 그녀가 얼마나 강간당하는 것을 즐기는지 말하게 했다. 그 후 그녀는 눈이 가려진 채 차에 태워져 모르는 동네의 길가에 버려졌다.

이와 같은 경험으로부터 쉽게 회복할 수 있는 여성은 없다. 회복의 길은 험난하고 고통으로 가득 찼다. 처음 며칠 동안, 안드레아는 멍하게 어떤 감각도 느낄 수 없었다. 강간을 당한 다른 피해자들처럼 그 누구에게도 당시 일어난 일을 말하지 않았다. 강간을 당하기 전에는 늘 감정을 억누르고 살았다. 하지만 지금 그녀의 생존 본능은 그녀가 느꼈던 깊은 감정을 경험하도록 했다. 약간의 격려에도 감정이 봇물처럼 터져 나왔는데 공포, 분노, 수치심, 무기력감, 나약함이 그녀를 엄습했다. 모든 차에 강간범이 타고 있는 것 같아 보였다. 남성을 믿지 못하게 되었고 남성(강간을 당하기 이전부터 알고 지냈던 남성 친구들을 포함하여)과는 어떤 것도 같이 하려 하지 않았다. 그녀는 자신의 몸이 수치스러웠는데 자신의 몸이 마치 죽은 것처럼 무감각하게 느껴졌다. 자신을 강간한 남성을 죽이거나, 불구로 만들거나, 성기를 거세하고 싶었다. (Greenspan, 1983, pp.273~274)

심리치료는 안드레아가 손실을 이익으로 변화시키도록 도와야 했는데, 즉 여성으로서의 정체감과 힘(power)을 제공해야 했다. 가장 좋은 치료 방법 중의 하나는 안드레아가 새롭게 발견한 분노에 대해 작업하는 것이었다. 그녀의 불타는 분노는 그녀가 과거에 경험했던 어떤 감정과도 비교할 수 없었다. 그녀는 그 남성들이 사람이라면 어떻게 자신에게 그와 같은 짓을 할 수 있는지 이해할 수 없었다. 모든 강간 피해자와 같이 그녀는 '왜 나에게?'라고 묻지 않을 수 없었다. 이 질문에 덧붙여, 그녀는 '왜 여자들인가? 왜 남자들은 강간을 하나? 어떻게 하면 다시 강해지고 자유로울 수 있을까?'라는 질문에 대한 답을 얻고 싶어 했다. 안드레아의 무서운 분노는 폭발하려는 폭탄 같았다. 다른 어떤 것보다도 분노가 그녀의 삶을 되돌려 놓도록 자극하였다. 그녀의 의식은 이전의 그 어느 때보다 개방적이었다. 그녀의 삶에서 이렇게 가장 힘든 순간에 심리치료는 그녀가 자신의 개방성을 적극 활용할 수 있도록 도와주었다. 이 개방성은 그녀가 고통으로부터 살아남고 새로운 힘을 갖고 회복해야 하는 과업을 감당함에 있어 가장 큰 동력이 되었다.

강간을 당한 후, 안드레아의 자기 자신에 대한 의식은 새롭고 강력한 자각의 씨앗이 되었는데, 한 여성으로서의 그녀의 운명은 여성 전체의 운명과 불가피하게 결부되었고, 여성이 집단적으로 핍박당하는 한 자신만 예외로 자유로운 영혼이 될 수 없다는 것을 깨닫게 되었다. 이러한 새로운 자각은 그녀가 여성으로서 힘을 느끼게 하는 교량의 역할을 하였다. 의식이 증진됨에 따라 안드레아는 강간 후에 그녀가 느낀 공포, 분노, 무력감과 같은 감정은 의식적으로든 무의식적으로든 여성이 이 사회에서 느끼는 '정상적인' 감정이 극도로 과장된 모습임을 이해하게 되었다. 그녀는 자신이 강간당하기 이전에 느꼈던 자유는 부분적으로 공포, 분노, 무력감과 같은 감정을 부정하면서 존재하지도 않는 가짜 안전지대로 회피하려는 시도였음을 알게 되었다. 그와 동시에 그녀는 자신이 지금 부정적인 감정을 경험하고 있다는 사실이 그녀가 남은 평생 동안 두려움에 떨고 무력감을 느끼며 살아야 함을 의미하는 것은 아님을 알게 되었다. 그리고 뭉치는 것이 힘임을 알게 되었고 그녀가 일체감을 느끼는 여성들과 어울림으로써 힘을 느끼게 되는 방법이 있음을 알게 되었다. (Greenspan, 1983, pp.278~279)

내담자의 사회정치적인 활동을 강조하는 것은 여성주의 치료자들의 강간에 대한 대처 방법이다. 강간을 한 여성의 문제가 아니라 모든 여성의 문제로 본다.

——— 섭식 장애: 마거릿

사회의 사회화 관행과 메시지는 여성주의 치료자들이 거식증이나 폭식증, 비만 문제를 다룰 때 중요하게 고려하는 요소이다. Matlin(2012)에 따르면, 여성들이 자신의 신체에 만족하지 못하는 것은 문화적 환경과 관련된다고 한다. 유럽 혈통의 중상위 계층의 이성애자 여성들은 특히 자신들의 외모에 만족하지 못하는 경향이 있다. 하지만 섭식 장애는 서양이 아닌 다른 문화권 여성들에게도 문제가 될 수 있다(Nasser & Malson, 2009). 여성주의 치료자들은 섭식 장애를 유발시키는 여러 가지 문화적인 압력에 대해 언급해왔다(Malson & Burns, 2009; Choate, 2011). 이야기 치료자들은 거식증과 폭식증에 대해 흥미롭고도 강력한 치료적 접근법을 사용한다. 12장에서 설명된 바와 같이, 이야기 치료자들은 문제를 외재화한다. 『저항하라: 폭식증/거식증에 저항감 불어넣기(Biting the Hand that Starves You)』라는 책에서 Maisel, Epston, & Borden(2004)은 거식증과 폭식증은 여성을 죽음으로 모는 적인데 심리치료자와 내담자가 함께 대처해 나가야 한다고 하였다. 이들은 자신들이 맡은 과업과 저서에 대해 다음과 같이 기술한다.

그와 같은 질문들에 답함에 있어, 우리의 의도는 거식증과 폭식증을 약화시키거나 없애는 것이지 그것들을 이해하려는 것은 아니다. 따라서 이 책은 거식증/폭식증과 싸우는 방법에 대한 책으로 거식증/폭식증 심리치료자들과 거식증/폭식증으로 고통당하는 사람들 및 지역사회를 위해 거식증/폭식증 반대 행동을 촉구하기 위해 쓰였다. 거식증/폭식증은 삶과 죽음의 선상에서 우리가 칼을 빼들어 싸워야 할 적이다. 이 책이 쓰인 목적은 거식증/폭식증에 의해 억류되어 살아 온 사람들(이후로 '경험자들'이라 부른다.)이 친구와 적을 분명히 구분할 줄 알도록 돕는 것으로, 누가 자신들을 배반할 것인지 누가 신뢰할 만하고 일관성이 있는지를 알도록 돕기 위한 것이다. (p.1)

섭식 장애를 치료함에 있어, 이들은 여성들이 자기 가치감을 발달시키는 것을 방해해 온 어떤 취지나 생각에 주의를 기울이도록 돕는다. 내담자는 거식증 또는 폭식증이 어떻게 자신에게 해를 끼쳐 왔는지에 대해 분노를 느껴야 한다. 심리치료자가 내담자를 위해 분노할 수는 없다. 분노는 과거에 경험했던 성적, 신체적, 혹은 정서적 학대에 대한 것일 수도 있다. 때때로 이러한 분노는 착하고 바람직한 여성이 되어야 한다는 생각이나 여성의 외모에 대해 비판적인 사람에 대한 것일 수도 있다. 이러한 분노를 이해하게 될 때 내담자는 심연에서 화를 느낄지 모른다. 이러한 분노는 마거릿(Margaret)이 거식증에게 쓴 편지에서 잘 표현된다.

거식증이라는 목소리에게.

오늘 밤 심리치료자에게 내가 너에게 화가 나 본 적이 없었다는 것에 대해 이야기하면서, 내가 너에게 화를 낼 권리가 없다는 생각에 대해 의문을 갖기 시작했어. 네가 분노에 대한 나의 생각에 얼마나 많은 영향을 미쳤는지, 네가 얼마나 많이 '착한 여자애는 화를 내지 않아.'라는 우스꽝스런 거짓말을 해왔는지를 집에 도착하고 나서야 알아차리게 됐어. 거식증아, 너를 위해 몇 가지 소식을 준비했어. 나는 화가 나. 아니 화가 나는 것 이상이야. 나는 너의 정의롭지 못함에 분노해! 나는 너와 네가 지지하는 모든 것을 증오해. 내가 바라는 것이 있다면 네가 한 순간이라도 단단한 손으로 만질 수 있는 것이 되게 해서 내가 나의 온 힘을 다해 너를 산산이 부수어 버릴 수 있었으면 하는 것이야. 너는 나로부터 너무 많은 것을 빼앗아 갔어. 내 삶의 거의 전부를 빼앗아 갔어. 의사들이 너의 손아귀에서 나를 구해 준 것에 대해 신에게 감사해. 지난 수년간, 의사들이 나에게 내 심장이 멈춰 선 것은 너 거식증의 야욕 때문이라고 말했음에도 불구하고, 너는 나에게 의사의 말은 다 거짓말이고 문제가 있으며 나쁜 것은 바로 나의 심장이라고 믿게 했어. 너를 믿고 계속 너의 얘기를 들으면 나의 심장이 더 강하게 될 것이라고 생각하게 만든 것이 너라는 것을 깨달았을 때 나는 신물이 났어.

너는 정말 거짓말쟁이야. 나는 이제야 네가 왜 내가 화내는 것을 원하지 않았는지를 알겠어. 그것은 나의 선함을 안전하게 보호하려는 것이 아니라 어떤 짓을 해서라도 네가 누구인지를, 네가 완벽한 악마라는 걸 내가 알 수 없도록 하기 위해서였어. 만약 내가 그것을 분명히 볼 수 있었다면, 나는 오래전에 너에게 대항했을 거야. 내 삶에서 꺼져 버려. 그리고 날 내버려 둬.

내 삶에 너를 위한 자리는 더 이상 없어.

거식증, 너에 대한 끝없는 분노와 증오를 가지고서, 마거릿. (p.157)

섭식 장애에 대한 이야기 치료적 접근은 여성에게 문제를 외재화시킴으로써 문화적으로 형성된 성에 대한 가치관을 점검하게 한다. 힘 분석과 개입은 여성주의 심리치료의 중요한 요소로, 거식증과 폭식증에 대한 심리치료자의 관점을 설명하는 것은 내담자에게 도움이 되는 강력한 방법이다. 마거릿의 편지는 생명을 위협하는 장애를 극복하는 과정에서의 힘의 역할을 보여 준다. 이야기 치료에서의 힘 분석은 Worell & Remer(2003)가 기술한 것과는 다소 다른데, 이야기 치료에서는 내담자 자신이 어떻게 거식증과 싸우는지를 이야기하도록 함으로써 내담자가 스스로 자신의 힘을 분석하도록 돕는다. 힘에 의한 개입은 내담자가 거식증을 산산이 깨부수기 위해 무엇을 해야 하는지를 알게 될 때 내담자에 의해 실행된다.

여성주의 치료자의 다양한 치료적 배경 때문에 여성주의 치료자는 우울증, 경계선 장애, 외상 후 스트레스 장애, 섭식 장애, 또는 다른 장애를 가진 내담자에게 다양한 치료적 접근법을 사용한다. 다른 심리치료자와 여성주의 치료자를 구별하게 하는 것은 여성주의 치료자는 문화에 대한 성역할 문제, 사람들 간의 힘의 차이, 그리고 개인심리적 변화는 물론 사회정치적 변화에 대한 탐색을 강조한다는 점이다.

최신 동향과 쟁점

여성주의 치료는 상대적으로 최근이라고 볼 수 있는 1970년대에 시작되었고, 한 사람 이상의 많은 사람들이 이 접근의 발달에 기여했기 때문에 여러 가지 다양한 방향으로 발전해 가고 있다. 이러한 맥락에서, 후기 근대주의의 여성주의 저자들은 사회구성주의가 성과 문화가 서로 다른 사람들에게 어떻게 힘을 실어줄 수 있는지를 보여 준다. 여성수의 지료자늘은 심리치료자를 훈련시키는 방법은 물론, 치료의 수월성과 윤리 기준을 설정하는 일에 관심을 가져왔다. 여성주의 치료의 발달 초기에 존재했던 한 가지 문제는 여성주의적 실천주의(activism)와 관련된다. 다음 문단에서 기술되는 각 문제들은 많은 여성주의 치료자들의 관심을 끌어왔다.

사회구성주의는 여성주의 치료의 주류 세력이자 포스트모더니즘적 사고의 핵심이 되어 왔다(Enns, 2004; Worell & Remer, 2003; Ussher, 2011). 여성주의 치료자들은 남성들이 상황과 사건을 보는 전통적인 방식에 의문을 제기해왔다. 여성주의 치료는 아동, 소수민족, 여성과 같은 집단에 힘을 실어 주는 사회구성주의적 관점을 갖고 이들 집단에 영향을 미치는 문제를 조사하는 방법을 제공한다(Gergen, 2001; Hyde & Else-Quest, 2013). 여성주의 치료자들은 집단 간에 존재하는 힘의 관계에 초점을 맞추고 선거권을 박탈당한 사람들을 돕고자 한다. 사회구성주의는 여성주의 치료자들로 하여금 문화적 다양성에 좀 더 관심을 기울이게 하는데, 이 장의 다문화 문제에 대한 언급에서 잘 설명된다. 여성주의 치료자들은 내담자의 인종, 계층, 민족, 나이, 성적 지향과 관련된 문제에 대해 일반화를 하지 않도록 조심하면서 내담자의 삶의 이야기를 소중히 다룬다. 이 장의 여러 부분에서 언급된 이야기 치료는 사회구성주의적 접근의 한 예이다.

　여성주의 치료자들은 일차적으로 백인 중산층 여성의 삶에 관심을 가졌지만 지금은 다양한 문화적 배경을 지닌 여성에게 영향을 미치는 문제로 관심을 돌렸다. 1990년대 초 이후 발간된, 여성주의 치료에 대한 많은 책들과 저널, 논문은 다양한 문화 및 계층 출신 여성의 문제를 다루었다(Brown, 1994, 2010; Enns, 2004; Jordan, 2010; Mirkin, Suyemoto, & Okun, 2005; Vasquez, 2013; Worell & Remer, 2003). 이러한 글들은 어떤 특정 사회에서의 사회문화적인 문제가 어떻게 성 문제와 상호작용하는지를 논의함으로써 다른 집단적 배경을 가진 여성과 작업하는 방식에 대한 통찰을 제공해 왔다. 이와 함께, 여성주의 치료자들은 여성주의 치료가 단지 여성만을 위한 것이 아니라, 남성(Brown, 2010; Carr & West, 2013; Kahn, 2011; Morse, 2012) 및 가족(Blumer, Papaj, & Erolin, 2013; Prouty & Lyness, 2011; Silverstein & Goodrich, 2003; Tzou, Kim, & Waldheim, 2012)과도 관련됨을 밝혀 왔다. 여성주의 치료자들이 다양한 집단의 욕구 해결에 도움을 주고자 함에 따라 여성주의 치료자들을 어떻게 가장 잘 훈련시킬 수 있을 것인지가 중요한 문제로 대두되었다.

　여성주의 치료자 훈련의 많은 부문들은 비공식적이었다. 하지만 여성주의 치료자들은 성 착취, 가정폭력, 아동 성 학대, 성 추행과 같은 문제를 가르칠 때와 수련을 시킬 때, 그리고 지역사회에 봉사할 때 다루어왔다(Worell & Remer, 2003; Richmond et al., 2013; Taylor, 2013). 이와 함께, 웰즐리 대학의 스톤 센터와 같은 몇몇 기관에서는 여성주의 치료 훈련을 제공하고 있다. 여성주의 치료자를 훈련하는 것과 관련된 한 가지 문제는 어떤 사람이 여성주의 치료자라고 불릴 만한 자격이 있는지를 어떻게 판단할 것인가 하는 점이다.

　Brown & Brodsky(1992)는 '여성주의 치료'라는 용어를 규정할 필요성을 지적하였는데, 이는 자신을 여성주의 치료자라고 부르는 사람들에게 윤리적인 행동 기준을 제공하기 위한 것이다. 여성주의 치료자들은 다른 정신건강 종사자들과 함께 여성주의 심리치료자들이 직면하는 복잡한 윤리적인 문제들에 대해 적극적으로 논의해왔다(Evans, Kincade, & Seem, 2011; Roffman, 2008). Evans, Kincade & Seem(2011)는 여성주의 치료의 윤리강령(이것은 여성주의치료 연구소에 의해 1989년에 작성되었는데 그 이후 여러 차례 수정되었다.)을 재인쇄하고 이것과 여성주의 가치 및 신념과의 관계를 논의하였다. 여성주의 치료의 윤리강령이 언급하는 문제에는 힘의 역동 분석, 중복관계, 자기 개방 및 다양한 중요한 윤리적 관심사들이 포함된다. Vasquez(2013)는 여성주의 심리치료자들이 다양한 문화적 배경을 가진 사람들과 작업할 때 직면하는 윤리적인 문제에 대해 기술한다. 여성주의 치료자들은 치료 장면에서만 내담자를 돕는 것이 아니라 다양한 사회 문제에도 관심이 있다.

　여성주의 치료자들은 사회적 실천의 중요성과 여성주의 치료의 실제에 대해 다양한 견해를 지니고 있음에도 불구하고 이러한 사안들은 여전히 중요한 문제로 대두되고 있다 (Enns, 2004; Evans, Kincade, & Seem, 2011; Singh & Burnes, 2011). 최근 몇 년 동안 사회적인 문제를 다룸에 있어 집단 치료보다는 개인 치료를 통해 변화를 도모하려는 경향이 있어 왔다. 하지만 지역 및 전국 모임에 참여함으로써 사회 변화를 도모하려는 시도는 지속되고 있다. 여성주의 치료자들의 활동 상황과 사회 변화에 관한 문헌 조사를 통해 Ballou & West(2000)는 다음의 몇 가지 사회적 실천 방안을 기술하였다. 예를 들어, 여성보호 기관에 도움을 제공하기, 지역사회 지지 집단을 지도하기, 환경으로 인한 질병이나 환경에 대한 폐해를 예방하기 위해 공공 정책을 변화시키기, 그리고 아동 보호, 여성에 대한 폭력 반대, 의학적 처치의 공평한 혜택을 증진시키기, 사회기관과의 공동 작업 등이 그것이다. 여성주의 치료자가 어떤 특정 전문 영역, 예를 들면 강간 또는 구타당한 여성의 심리치료에 전문 지식이 있으면(Richmond et al., 2013; Singh & Burnes, 2011) 그러한 지식을 개인 치료에만 국한하여 사용하지 말고 법원이나 보호소 같은 기관에서 제기되는 문제에도 종종 적용할 수 있다.

여성주의 치료자들의 관심은 모든 내담자를 공정하고 공평하게 대우하는 것이다. 여성주의 치료는 빠르게 성장해왔기 때문에 이론 개발, 심리치료자 훈련의 기준 설정, 윤리적 문제 등의 사안이 계속 새롭게 제기되고 있다. 이런 사안은 여성주의 치료자들이 다양한 심리치료 이론을 실제 상담 장면에 통합하려고 할 때 더욱 복합적으로 발생한다.

연구

여성주의 치료의 효과를 다른 치료적 접근들의 효과와 비교하는 연구는 아주 드문데, 왜냐하면 대부분의 여성주의 치료자들은 그들의 심리치료 이론과 다른 심리치료 이론을 통합해 사용하기 때문이다. 이 장에서는 매 맞는 여성, 수감된 여성, 섭식 장애를 앓는 여성을 대상으로 한 여성주의 치료에 대한 평가와 관련 연구들이 개관된다. 여성주의 치료자에게 있어 중요한 문제(자기 개방, 상호관계성, 심리치료자가 자신의 민족적 배경을 보는 관점을 포함하여)에 대한 연구도 검토된다. 여성주의 심리치료의 치료적 개입에 대해 좀 더 많은 정보를 제공해 줄 새로운 연구 방향 또한 논의된다.

어떤 한 연구는 배우자에게 폭행을 당한 60명의 여성을 도움에 있어 여성주의 집단 치료와 개인 치료의 차이점을 비교하였는데(Rinfret-Raynor & Cantin, 1997), 두 접근 모두 이들 여성들을 돕는 데 효과가 있었다. 연구자에 따르면 이들 여성들은 자신이 경험한 가정 폭력을 줄이기 위해 사회적 관계망과 조직을 효과적으로 활용하였다고 한다. 이들은 또한 심리치료가 자신들에게 힘을 주었고 자신이 지닌 자원을 활용할 수 있도록 도와주었다고 보고하였다.

또 다른 연구는 섭식 장애를 앓는 여성의 치료와 관련된 것이다. 연구자들은 폭식 증상과 우울 증상을 함께 조사하였다. 단기 인지 치료 집단과 단기 관계문화 심리치료 집단을 비교하였는데, 두 치료 모두 추수 조사에서 폭식, 구토, 우울증을 감소시키는 데 도움이 되었다고 한다(Tantillo & Sanftner, 2003). 다양한 여성 표집들에 대한 한 연구는 개인 관계 문화 치료는 대기한 통제집단보다 증상과 변화를 측정하는 척도에 더 유의한 증가를 보였다(Oakley et al., 2013).

또 다른 연구는 교도소에 수감되어 있는 여성들 중 아동기에 성 학대를 당한 여성을 대상으로 시간제한(time-limited) 집단 치료의 효과를 조사하였다(Cole, Sarlund-Heinrich, & Brown, 2007). 통제 집단과 비교했을 때보다 시간제한 집단 치료에 참여한 여성들은 그들이 경험한 트라우마와 관계된 한 척도상에서 점수가 감소했지만 통제 집단의 여성과 비슷하게 증상의 수치가 별로 증가하지 않았다.

연구할 만한 또 다른 항목은 상호관계성(mutuality)인데, 상호관계성이란 두 사람이 서로 존중하면서 상대방에 의해 변화하는 것에 대해 개방적일 수 있는 능력을 의미한다. 남녀 대학생들로 이루어진 한 표본 연구에서, 남녀 대학생 모두 부모와의 낮은 상호관계성은 자신의 신체에 대한 불만족을 예측하였다. 여대생의 경우, 애인과의 낮은 상호관계성이 신체 불만족을 예측하였다(Sanftner, Ryan, & Pierce, 2009).

여성주의 가족 치료자들을 대상으로 한 한 예비 연구는 여성주의 치료자들의 민족적 배경이 치료 방식에 미치는 영향에 대해 조사하였다(Mittal & Wieling, 2004). 심리치료자들은 치료에서 민족적 가치와 여성주의적 가치를 통합하는 문제에 대해 기술하였는데, 자신을 지배 민족으로 보느냐 소수 민족으로 보느냐가 치료 방식을 결정하는 데 영향을 미치는 것으로 밝혀졌다. 심리치료자들은 또한 자신의 민족적 배경과 다른 배경을 지닌 내담자 가족과 작업할 때 그들이 경험한 어려움에 대해서도 논의하였다.

Hoshmand(2003)는 여성 관련 연구에서 가치관의 역할에 대해 조사하였다. 그녀는 연구 방법론적인 문제를 논의하면서 질적 연구 방법을 제안하였는데, 이러한 질적 연구 방법은 가치 문제를 조사하는 것도 포함한다. 그녀는 여성에 대한 연구의 필요성도 지적하였는데, 예를 들면 동성애 여성, 여성들의 성 평등에 대한 인식, 성 학대, 구타, 소수민족 여성, 여성주의 치료의 효과 등과 같은 연구들을 들었다. 치료 효과와 관련하여 다른 문화적 배경을 지닌 여성을 대상으로 한 치료 효과 연구는 많은 도움이 될 것이라고 본다.

성 관련 주제

지금까지의 여성주의 치료에 대한 논의는 주로 여성들에게 초점이 맞추어져 왔다. 여성주의 치료는 남성의 치료에도 적용되는데, 치료의 초점이 성역할 문제에 있기 때문에 여성주의 치료는 아마도 다른 이론들보다 게이, 레즈비언, 양성애자, 성전환자 내담자의 문제를 더 많이 다루고 있다.

남성에 대한 여성주의 치료

여성주의 치료의 관점에서 볼 때, 내담자와 작업을 함에 있어 성차별적이지 않은 태도를 견지하는 것만으로는 충분하지 않고 성역할의 관점에서 내담자를 돕는 것이 중요하다(Kahn, 2011; Nutt & Brooks, 2008; Worell & Johnson, 2001). 상담자들이 남성 내담자와 성 고정관념에 대해 논의하지 않는 것은 남성과 여성에 대한 전통적인 관점을 인정하는 것으로 보일 수 있다. 따라서 여성주의 치료의 관점에서 평가하고 치료적 개입을 하는 것은 남성에게 도움이 될 수 있다. Brown(2010)은 힘의 문제가 남성과 관계될 때는 여성주의 치료가 남성의 문제를 다루는 데 매우 적절하다고 보았다.

Brooks(1998)는 『전통적인 남성들을 위한 새로운 심리치료(A New Psychotherapy for Traditional Men)』라는 책에서 자신이 제안하는 것과 여성주의 치료에서 제안하는 것이 서로 유사하다고 보면서 문화가 어떻게 정치사회적으로 남성에게 영향을 미치는지에 초점을 둘 필요가 있다고 하였다.

나는 전통적인 사고를 가진 남성을 치료하는 것은 몇 가지 치료 기법을 치료 목록에 첨가하는 것 이상으로 훨씬 복잡한 것임을 알게 되었다. 여성주의 치료가 여성들이 겪는 문제의 원인과 치료 과정에 대한 생각을 근본적으로 변화시키는 것을 강조하는 것처럼, 전통적인 사고를 지닌 남성을 치료함에 있어서도 남성 내담자가 겪는 문제를 다양한 방식으로 생각해 볼 필요가 있다. 사람은 정치적이지 않을 수 없는데, 어떤 문제를 해결하지 못한다는 것은 문제의 한 부분에 속해 있음을 의미한다. 우리는 성별화된 문화를 전파하는 전도사이기에 성이 미치는 영향을 분명히 아는 심리치료자여야 한다. 이를 위해 우리는 아마도 자신을 변화시켜야 하고, 내담자와 심리치료자 간에 존재하는 단단한 장벽에 편안함을 느끼고 있지는 않은지 되물어야 하며, 심리치료와 치료가 행해지는 문화 사이에 놓여 있는 경직된 경계선에 대해 다시 생각해 볼 필요가 있다. 우리는 심리치료와 사회적 행위 간의 상호관련성을 고려하면서 새로운 사회적 맥락과 환경을 창조하기 위해 부단히 노력해야 할 필요가 있다.

(Brooks, 1998, pp.xiv, xv)

남성이 겪는 문제 중 몇 가지는 여성주의 치료를 활용하여 치료할 수 있다. 예를 들어, Brooks(1998, 2003; Nutt & Brooks, 2008)는 남성이 정서적인 고통을 경험하기 힘들어 하는 문제에 대해 논의하였다. 성취와 업적에 대한 강조는 남성으로 하여금 '남자다운' 역할을 견지하도록 압력을 가하는 것일 수 있다(Feder, Levant, & Dean, 2007; Levant & Wimer, 2009; Levant, Wimer, Williams, Smalley, & Noronha, 2009). 술이나 약물 문제와 관련하여, 남성은 자신의 감정과 받아들일 수 없는 생각을 직면하는 대신, 술이나 약물 남용을 통해 자신을 표현한다(Brooks, 1998). 일반적으로, 관계 형성의 어려움이나 감정 자각의 어려움과 관련된 문제를 다룰 때 여성주의 치료를 적용할 수 있다.

남성의 경우, 분노라는 문제는 화난 감정을 건설적으로 논의해 해결하기보다 약물이나 싸움과 같은 부적절한 행동을 통해 표현되는 것 같다(Brooks, 2003; Feder et al., 2007). 실망감과 거절감을 다룰 때도 이와 유사하다. 여성주의 치료자들은 남자 내담자가 대인관계나 일에서 경험하는 실망에 대한 반응을 다룸에 있어 분노 외의 다른 감정을 살펴보도록 도울 수 있다. 이러한 문제를 다룸에 있어서는 성역할 분석뿐 아니라 힘 분석도 유용할 수 있는데, 남성들로 하여금 사회가 여성들에게 부과하는 무력감과 관련하여 남녀관계를 이해하는 데 도움이 될 수 있다. Carr & West(2013)는 치료자가 백인 여성이고 내담자가 흑인 남성인 경우를 들면서, 치료자가 성, 권력 및 다른 문제와 관련해 상이한 남성적 가치체계와 문화적 배경을 지닌 내담자와 작업할 때 발생하는 또 다른 도전들을 언급하였다. Morse(2012)는 여성주의 치료자가 어떤 문화적 배경을 지닌 남성과 작업할 때 다루어야 할 문제를 언급하였다.

정서적인 문제들에 성역할 분석과 힘 분석을 사용하는 것에 덧붙여, Ganley(1988)는 남성이 관계나, 일, 또는 다른 문제들을 더 잘 다루는 데 도움이 되는 몇 가지 기술을 제시하였다. 남성은 행동을 취하거나 무엇을 제안하기 전에 잘 들어야 한다고 종종 가르침을 받는데, 여성주의 치료자들은 남성 내담자가 전달되는 메시지는 물론 메시지의 이면에 있는 감정을 이해하는 데 도움이 되는 경청 기술을 가르칠 수 있다. 남성은 자신들이 여성보다 힘이 세다고 믿도록 사회화되어 왔는데, 여성과의 관계에서 경쟁적이고 지배적이기보다 동료처럼 협력하는 것을 배울 필요가 있다. 문제해결 기술을 가르침에 있어서도 여성주의 치료자들은 지시하고 명령하는 기술이 아닌 경청하고, 토론하고, 협상하고, 타협하는 기술에 초점을 둘 수 있다. 여성과의 협력에 초점을 둔다는 것은 여성에 대한 태도나 신념과 관련이 있는데, 남성에게 여성에 대한 자신의 태도와 신념을 직면하게 하고 주의를 기울이게 함으로써 남성과 여성은 다른 방식으로 의사소통을 한다는 것을 이해하게 하는 것이다. 여성주의 치료자 자신이 남성 내담자와 개방적이고 협동적인 관계를 맺는 것을 모범적으로 보여 줌으로써 남성 내담자가 다른 사람들과의 관계를 증진하도록 도울 수도 있다.

게이, 레즈비언, 양성애자, 성전환자 내담자와 여성주의 치료

그들이 지닌 사회적 가치관과 성역할 기대에 대한 강조 때문에 여성주의 치료자들은 레즈비언들의 심리치료에 특별한 관심을 기울여 왔지만 게이들에게도 그들의 치료적 접근을 적용해 왔다. 많은 저자들이 레즈비언들을 치료하면서 겪는 한 가지 공통적인 어려움은 동성애를 혐오하는 이성애자 중심의 문화에 어떻게 대처하는가이다. 동성애 혐오증은 게이, 레즈비언, 양성애자, 성전환자(LGBT)들에 대한 미움, 두려움, 증오를 의미하는데, '이성애주의'는 이성간의 사랑이 LGBT들 간의 사랑보다 근본적으로 더 좋다는 신념이다. 동성애 혐오주의와 이성애주의는 LGBT와 이성애주의자 양쪽이 모두 지닌 다음과 같은 사회적 신념을 포함하고 있다. 예를 들면, LGBT는 이성애자보다 심리적으로 덜 건강하다거나, 게이는 발달 장애를 가지고 있다거나, 레즈비언은 남성을 증오하며 외모가 남성적이라는 것 등이다 (Choudhuri, Santiago-Rivera, & Garrett, 2012). GLBT 내담자를 치료하는 여성주의 치료의 목표 중의 하나는 그런 비합리적인 신념을 반박하는 것이다. 여성주의 치료자들은 게이, 레즈비언, 양성애자, 성전환자가 되는 숨겨진 이유를 밝혀내거나 그들을 이성애자로 변화시키는 것과 같은 심리적인 요인보다 법적, 정치적, 종교적, 심리적 차별과 같은 사회적 요인에 초점을 둔다(Aducci & Baptist, 2011; Walker, 2013). 사회적인 메시지들은 상당히 반LGBT적이기 때문에 심리치료자들은 자기 내면의 동성애 혐오, 이성애 선호라는 메시지를 자각하는 것이 특히 중요하다.

동성애자를 위한 여성주의 치료와 관련된 글에서 Brown(1988, 2000)은 성역할 사회화, 동성애 혐오 문제, '자신이 동성애자임을 공식적으로 밝히는 것(coming-out)', 동성애자에게 영향을 미치는 다른 사회적 요인에 대해 언급하였다. 여성주의 치료자들은 내담자가 자신의 성적 선호를 어떻게 보는지, 그리고 그런 선호가 시간이 지나면서 어떻게 변화하는지를 점검한다. 성역할 분석은 특히 동성애자와 작업할 때 유용한데, 이를 통해 동성애자는 사회가 자신의 성장에 미치는 영향을 이해할 수 있다. 특히, 동성애에 대해 수치스러워 하는 문화를 분석하는 것(Brown, 2000)은 유용할 수 있다. 이러한 분석을 통해 동성애 내담자는 가족의 마음을 아프게 하거나 동성애를 고집하는 자기 자신에 대한 비난을 통해 자기존중감이 어떻게 낮아지는지를 알 수 있다. 사람들에게 자신이 동성애자라고 밝히는 것(coming out)은 사건이 아니라 하나의 과정으로 볼 수 있다. 내담자가 비난과 학대에 대처하고 타인에게 자신의 성적 지향에 대해 이야기할 수 있게 돕는 것은 LGBT 내담자를 대상으로 하는 여성주의 치료의 중요한 측면이다. 여성주의 치료자들은 LGBT에 대한 사회적 차별에 맞서면서 내담자가 낮은 사회계층적 배경 때문에 발생하는 인종적 또는 문화적 차별과 편견에 대처하도록 도울 수 있다. 이와 같은 도움을 제공하기 위해서는 심리치료자들이 LGBT 문제와 함께 LGBT 문제에 대한 자기 자신의 반응에 대해 알고 있어야 한다(Bieschke, Perez, & DeBord, 2007; Morrow, 2000).

Halstead(2003)는 부모님이 모두 대학 교수인 흑인 미국 여성 티샤(Tisha)와 백인 가톨릭 노동자 계층에서 자란 로라(Laura)의 사례를 제시하는데, 두 사람은 서로에 대한 헌신 서약식을 결정할 때쯤에 상담을 신청하였다. 이 사례를 다루면서 Halstead는 자기 자신이 인종, 계층, 동성애 혐오증, 성차에 대해 지니고 있는 가정을 계속해서 점검하고 있다는 것을 알았다. 헌신 서약식에 누구를 초대할 것인지를 논의하면서 가족 중 누가 식을 방해할 것 같은지, 가족이나 친지들 중 누가 두 사람이 동성애자라는 것을 모르고 있는지와 같은 많은 복잡한 문제가 제기되었다. 로라와 티샤 둘 다 서약식에서 할 사랑의 선서가 갖는 의미를 잘 알기에 맹세 선서를 대중 앞에서 할 것인지 아닌지도 논의되었다. 헌신 서약식에 대해 토론하면서 두 사람은 자신들의 장래와 아기를 갖고 싶은 욕구도 들여다보았다. 두 사람은 몇 가지 다른 질문도 생각해 보았는데, 예를 들면 레즈비언은 좋은 부모가 될 수 있을지, 그리고 지역사회와 가족이 그들의 자녀에게 정서적인 지지를 얼마나 잘 해 줄 것인지는 물론, "인종이 다른 두 레즈비언의 자녀가 어떻게 이 사회에서 잘 살아갈 수 있을지"(p.45) 등이었다. 이 사례는 이성애자를 상담할 때와는 달리 LGBT 내담자를 상담할 때 제기되는 LGBT에 대한 사회의 부정적인 태도에 대한 여러 가지 복잡한 문제를 잘 설명하고 있다.

다문화 관련 주제

여성주의 치료자들은 다른 심리치료 이론가들보다 더 심도 깊고 일관되게 유색 인종 여성(일정 정도는 유색 인종 남성도 포함한다.)에게 영향을 미치는 문제에 대해 논의해 왔다. 여성주의 치료는 원래 중산층 백인 여성에게 영향을 미치는 문제에 관심이 있었지만, 1990년대 이후부터는 다양한 문화적 배경을 지닌 여성(미국 원주민, 아시아계, 히스패닉계/라틴계, 흑인 미국 여성)에게도 관심을 가져 왔다(Enns, 2004). Brown(2009b)과 Park(2008)은 유색 인종 여성들과 그들이 살면서 겪는 인종차별 문제를 다룸에 있어 심리치료자의 문화 문제에 대한 자신감이 중요하다고 지적하였다. 좀 더 구체적으로 말하면, Brown(2008a, 2009a)은 트라우마를 경험한 내담자를 치료함에 있어 심리치료자가 어떻게 문화 문제에 대한 자신감을 발달시킬 수 있는지를 설명하였다. 백인 여성주의자들은 서로 다른 민족적 배경을 지닌 여성이 같은 민족적 배경을 지닌 남성보다 서로 더 많은 공통점을 갖고 있다고 생각한다. 하지만 모든 소수 민족 여성이 이런 생각에 동의하는 것은 아니다. 왜냐하면 상당수의 소수 민족 여성은 같은 소수 민족 남성과 함께 차별을 경험하기 때문이다(Comas-Diaz, 1987). 여성주의 치료자들은 성이라는 사회학적 변인에 대한 자각을 문화에까지 확장시켰다.

이 장에서 설명한 것처럼, 여성주의 치료 기법은 문화와 관련된 문제에 적용되거나 확장되어 사용될 수 있다. 여성주의 치료자들은 성역할 분석을 실시할 때 내담자의 민족적 배경, 계층, 부모, 조부모와의 관계와 같은 요소도 포함시킨다. 자신과 다른 민족적 배경을 지닌 여성을 치료할 때, 여성주의 치료자들은 내담자와 삶의 경험을 나눌 뿐 아니라 서로 간의 차이점도 인정한다(Enns, 2004). 어떤 특정한 문화적 배경을 지닌 여성주의 치료자가 쓴 글들을 활용하는 독서 심리치료나 미신, 전설, 또는 역사에서 나오는 여성들의 이야기를 이용하는 것도 치료에 도움이 될 수 있다. 가정 폭력을 당한 남아시아 여성들과 작업함에 있어 심리치료자들은 여성주의 심리치료라는 용어를 사용하는 대신, 폭력 문제가 발생하는 사회적 맥락에 주의를 기울임과 동시에 자신의 삶을 통제하는 힘을 갖게 하는 것과 같은 여성주의 치료 원리를 활용할 수 있다(Kallivayalil, 2007). 중국의 경우, 이혼 치료에 대한 여성주의 접근은 여성의 힘을 기르는 데 초점을 둔다(Tzou et al., 2012). 일본의 경우, 어떤 여성주의 치료자들은 여성들과 작업함에 있어 여성주의 치료의 아이디어를 정신분석과 연합시킨다(Takemura, 2011). 이슬람 여성들의 경우, 종교는 그들의 삶에 의미 있는 역할을 한다. Ali(2009)는 여성주의 치료가 이슬람 문화에 도전하기보다는 심리적 문제를 다루는 데 도움이 되게 어떻게 사용될 수 있는지를 보여 준다. 불가리아(Dimitrova, 2011)와 체코(Machovcova, 2011)의 여성주의 치료자들은 그들의 문화에 독특한 여성주의 문제를 다룬다. 유색 인종 여성들을 효과적으로 치료하는 다른 방법은 특정 문화나 지역 출신의 여성을 위한 지지 그룹과 자족적 관계망(self-help networks)을 포함한다.

최근에 다수의 라틴계 여성주의 작가들은 라틴 문화와 관련된 문제에 대해 언급해 왔다. 라틴계 여성 내담자의 사례 연구에서 설명된 것처럼, 심리영적(psycho spiritual) 접근은 긍정적인 변화를 유발하기 위해 종교적인 문제에 주의를 기울인다(Comas-Díaz, 2008). 불교 원리와 여성주의 사고를 인지 치료와 연합하는 접근인 영성적 자기도식(spiritual self-schema) 치료는 중독 문제를 지닌 사람들을 치료하는 데 사용되어 왔다(Meléndez et al., 2012). '카마드레(comadre)'라 불리는 엄마, 아이, 대모의 치료적 힘이 카마드레 치료 사례를 통해 설명된다(Comas-Diaz, 2013). 정보가 거의 없는 집단에 대해 정보를 제공하는 것으로는(Espín, 2012) 라틴계 여성 레즈비언에 대한 관심을 언급하는 것이 그것이다. 『라틴계 여성을 위한 여성주의 치료: 사회적, 개인적 목소리』[『여성과 치료(Women & Therapy)』라는 책에서 재인쇄]라는 책에서 Kawahara & Espin(2013)은 11개의 장을 통해 다양한 여성주의자의 견해를 제시하는데, 이 책은 여성의 삶과 치료와 관련된 문제를 폭넓게 다룬다. 이 단락에서 언급된 글들은 치료자들에게 라틴계 여성 문화와 성을 통합하는 것에 대한 정보를 제공한다.

여성주의 치료자들은 심리치료자의 태도가 내담자에게 미치는 영향도 강조해왔다(Worell & Remer, 2003). 이 문제를 탐색함에 있어 Greene(1986)은 백인 심리치료자가 고려해야 할 세 가지 주요 문제점을 들었는데, 편협, 피부색에 대한 무지, 가부장주의가 그것이다. 편협(bigotry)은 민족적 정체감 문제에 대한 의식적 또는 무의식적 관점으로 심리치료자가 내담자를 보는 방식에 영향을 미칠 수 있다. 피부색에 대한 무지는 인종적 차이점을 무시하려는 시도를 뜻하는데, 이것은 심리치료자가 내담자의 차별받은 경험을 이해하지 못하게 한다. 가부장주의는 심리치료자가 내담자가 과거에 받은 차별 경험에 대해 책임을 지려는 것으로, 이것의 마치 '나는 당신을 얕보았던 다른 백인들과 달라요. 그리고 나는 당신을 얕보지 않을 거예요.'라고 말하는 것과 본질적으로 비슷하다. 이러한 태도는 내담자가 자신의 문제를 스스로 탐색하기 어렵게 만든다. 이러한 세 가지 안내 지침은 백인 심리치료자들이 자신의 태도가 유색 인종 내담자에게 미치는 영향을 이해하는 데 유용하게 사용될 수 있다.

흑인 미국 여성주의 치료자가 흑인 미국인 여성에게 좀 더 섬세한 도움을 주기 위해서는(Childs, 1990) 성과 인종이라는 두 가지 문제에 대해 민감할 필요가 있다. 흑인 미국인 여성 내담자와의 첫 만남에서 Childs는 내담자가 심리치료자에게 순종해야 할 필요가 없으며 오히려 심리치료자가 내담자의 장점과 역량을 잘 검토하고 그것을 치료에 활용할 필요가 있다고 하였다. 내담자와 심리치료 목표 및 치료 기간에 대해 논의한 후, 심리치료자는 때로 내담자 내면의 분노, 화, 슬픔을 만나게 되는데, 이러한 감정은 자신의 능력과 권리, 유능함을 인정받지 못함에서 오는 배신감과 우울감에 뿌리를 두고 있다. Childs는 이러한 강력한 감정은 그간 감정을 억압해 옴으로써 발생하는 자연스러운 반응이라고 지적한다. 화나 분노가 내담자나 심리치료자에게로 향하지 않는 한 그러한 감정은 조금 더 창의적인 자기표현을 유발시키지 치료를 위험스럽게 하지는 않는다. 내담자와 치료에 대해 의논할 다른 사항들 중 하나는 흑인과 여성에 대한 낙인 문제이다. Childs는 내담자가 자신이 독립적이고 창의적인 사람으로 느끼게 돕는 한편, 다른 사람들과 자신을 비교하지 않도록 한다. 내담자는 인종 차별 및 성차별 문제가 흑인 여성에게 어떻게 영향을 미쳤는지를 이해하기 위해서는 흑인 여성주의 문헌을 읽는 것이 도움이 됨을 알게 된다. 흑인 여성으로 구성된 지지적인 집단 상담에 참여하는 것도 소외감을 감소시키고 소속감은 증진시키는 데 도움이 된다.

여성주의 치료자들은 여성주의 치료를 다른 집단의 흑인 미국 여성들에게도 적용해왔다. 술과 약물 남용 문제는 흑인 여성이 겪는 문제 중의 하나이다(Rhodes & Johnson, 1997). 수감된 흑인 여성을 치료하는 것과 관련하여 Brice-Baker(2003)는 교도소가 역기능적인 가정과 어떻게 유사한지를 조사하였다. 일반적으로 흑인에 대한 고정관념뿐 아니라 흑인중심적인 가치와 신념에 주목하는 것은 흑인 여성을 상담하는 데에 많은 도움이 될 수 있다(Hall & Greene, 2003). Few(2007)에 따르면 흑인 여성주의 이론은 흑인 여성과 그들이 경험하는 것(예: 성과 인종 문제를 균형 있게 이해하는 것)을 이해함에 있어 문화적으로 독특하고 섬세한 관점을 제공한다고 한다. 성에 대한 민감성과 인종적 또는 문화적 요소에 대한 민감성을 통합하는 것은 여성주의 치료의 지속적인 추세가 될 것 같다.

집단 상담

여성주의 치료는 1970년대의 의식 증진(CR) 집단으로부터 발전되었기에 집단 상담은 여성주의 치료의 중요한 부분을 차지한다. 의식 증진 집단은 보통 4~12명으로 구성되는데, 종종 여성에 대해 차별적인 문화에서의 여성들의 역할과 경험을 다룬다. 이 집단은 지도자가 없고 경쟁적이지 않으며 정서적 지지를 특징으로 하는데, 이러한 특징들은 사람들이 거대 사회에서 경험해 보고 싶어 하는 것들이다(Evans, Kincade, & Seem, 2011; Worell & Remer, 2003). 구성원은 종종 한 구성원의 집에 모여서 사회적으로 부과된 성역할과 관련된 다양한 주제에 대해 토론한다. 이 의식 증진 집단은 강간 위기 대처 센터, 여성 상담소, 매 맞는 여성을 위한 쉼터, 여성 건강 센터 등에서 여성을 위한 서비스의 일환으로 제공되는데(Enns, 2004), 성역할이 여성들에게 미치는 영향에 대한 개인적 자각과 사회적 실천 간의 결합을 추구한다.

의식 증진 집단이 생겨난 이래, 많은 집단이 다양한 삶의 발달 단계에서 여러 가지 어려움을 겪는 여성을 대상으로 운영되어 왔는데, 광장 공포증, 노숙 문제, 술 중독, 성 학대, 성욕 문제, 구타, 업무 스트레스, 섭식 장애, 대인관계 문제와 같은 구체적인 문제에 초점을 두어 왔다. 여성 의식 증진 집단은 또한 여러 하위 여성 집단(예: 흑인, 미국 원주민, 히스패닉, 레즈비언, 임신한 십대, 가족을 부양하는 직장 여성, 집에 서 자녀를 양육하는 여성, 기타 다양한 집단)을 위해 운영되어 왔다. 의식 증진 집단과는 달리, 이들 여성 단체들은 주로 유급의 전문 지도자가 집단을 이끈다. 여성주의 치료자들은 집단구성원이 모두 여성인 집단에 참여하기를 권하는데, 그 이유는 앞서 언급한 것처럼 여성들이 주로 겪는 문제에 대한 구체적인 논의가 필요할 뿐만이 아니라 구성원이 서로의 공통점과 장점을 확인하며 여성으로서 가지는 비슷한 어려움을 서로 이해하도록 돕기 위해서이다(Kravetz, 1978). 남성이 단체에 포함될 경우, 남성은 여성보다 더 적극적이고 지시적인 경향이 있기에 그들의 이야기에 더 귀를 기울여야 할 경우가 많이 생긴다(West & Zimmerman, 1985). 게다가 여성들은 남녀 혼성 단체에서는 신체상이나 성에 대해 이야기를 덜하는 것 같고 다른 여성들과 신뢰와 친근한 관계를 덜 발달시키는 것 같다(Walker, 1987). 여성들이 겪는 구체적인 문제(관계 방식은 물론)는 모든 여성들을 대상으로 하는 특정 문제 집단을 형성시킴은 물론, 여성들의 문제를 다루는 데 도움이 되는 기법도 발달시켰다.

개인 상담에서든 집단 상담에서든, 성역할 문제는 상담에서 고려해야 할 중요한 문제인데 다양한 방식의 접근법이 있다(DeChant, 1996). 집단 상담 지도자가 치료에서 할 수 있는 질문으로는 "여성 또는 남성으로 성장한다는 것은 당신에게 어떤 의미가 있나요?", "당신이 보편적인 성역할 규범을 따르지 않을 때 무슨 일이 일어나나요?", "남성과 여성의 성역할에 대해 이렇게 배웠나요?" 등이 있다(Brown, 1986, 1990). 여성 청소년을 위한 집단에서는 친구 관계의 중요성에 중점을 두면서 정체성이나 성적 발달과 같은 문제를 다룰 수 있다(Sweeney, 2000). 여성 대학생들의 대인관계 문제를 다룸에 있어서는 관계문화 모델(Jordan, 2003, 2010)과 당면한 문제에 대한 즉각적인 대처를 강조하는 문제해결중심 접근법을 통합하여 사용할 수 있다(Quinn & Dunn-Johnson, 2000). 섭식 문제를 가진 대학생들에게 지지와 문제해결 전략을 제공하는 집단이 대학상담 센터에서 활용될 수 있도록 한 모델로 제공되어 왔다(Thomas-Evans, Klem, Carney, & Belknap, 2011). 관계문화 모델을 사용하는 집단 치료는 청소년 일탈 소녀들에게 적용되어 왔는데 문제 행동에 주목하면서 다른 여성들과의 관계 형성을 돕는 데 초점을 둔다(Calhoun, Bartolomucci, & McLean, 2005). 집단에서 언급되는 문제에는 가족이나 친구 관계뿐만 아니라 집단지도자나 다른 구성원과의 관계도 있다.

집단구성원은 집단 밖에서 서로 접촉할 수 있는가? 여성주의 집단 치료는 대인관계와 관련하여 여성들의 힘이 증진되는 것을 지지한다. 관계란 그 자체로 아주 소중한 것이다. 하지만 많은 다른 집단 치료에서는 구성원들이 집단 밖에서 다른 구성원들과 접촉하지 못하도록 한다. 다른 구성원과의 접촉을 피함으로써 구성원 간의 암묵적 동맹이 이루어질 수 없게 되고 따라서 모든 집단구성원이 서로에게 영향을 미치는 문제를 알게 되는 것이다. 이 관점과 상반되는 것인데, Rittenhouse(1997)는 학대를 받은 여성을 위한 집단의 경우에는 집단구성원들이 집단 밖에서 서로 접촉하는 것을 지지할 필요가 있다고 보았다. 그녀는 집단 과정에 대한 기록을 분석한 후, 고립, 신뢰, 관계 문제가 아주 중요할 경우에는 집단 밖에서 관계를 형성하는 것이 도움이 된다고 결론지었다. 힘 북돋우기와 정치적 변화를 강조한다는 점에서, 내담자들의 집단 밖에서의 행동에 대한 여성주의 치료자들의 관점은 다른 집단 치료자들의 관점과 다를지 모른다.

요약

대부분의 심리치료 이론들이 개인적인 성장이나 감정, 생각, 행동에 초점을 두는 반면, 여성주의 치료는 성과 문화 차이가 여성(그리고 남성)에게 미치는 영향을 점검함으로써 사회적인 변인을 치료에 포함시킨다. 또한 여성주의 치료는 성과 민족적 배경 간의 상호작용도 탐색하는데, 왜냐하면 이들 변인이 아동기, 청소년기, 성인기에 걸쳐 개인의 발달에 영향을 미치기 때문이다. 여성주의 성격 이론은 새로운 이론이고 아직 완전하지는 않지만 남성과 여성의 심리적 특성에 대한 흥미로운 통찰을 제공한다. 도식 이론은 성과 문화가 사람들의 행동에 미치는 영향을 조사하는 수단을 제공한다. 보다 최근에 여성주의 치료자들은 내담자를 이해함에 있어 종교나 장애와 같은 요인을 조사해왔다. 도덕 발달에 관한 Gilligan의 연구는 윤리적 의사 결정에 있어 관계의 중요성을 강조한다. 여성과 남성이 어떻게 서로 다른 대인관계 방식을 배우게 되는지는 관계 문화 심리치료자들의 관심 영역이 되어 왔다. 불평등한 힘에 대한 관심은 성역할이 어떻게 평생에 걸쳐 여성의 발달에 영향을 미치는지에 대한 관심에서부터 생겨났다. 또한 여성주의 치료자들은 여성에 대한 폭력이 여성의 성격 발달에 미치는 영향도 언급해 왔다.

여성주의 치료자들은 그들이 치료에 대해 갖는 철학적 관점과 일치하는 다른 심리치료 이론들을 자신들의 심리치료 이론에 통합함으로써 치료 기법을 발전시켜 왔다. 여성주의 치료는 개인에게 영향을 미치는 정치사회적 요소의 중요성을 인식하고, 사회와 개인에 대한 여성의 관점을 중시하며, 평등한 관계를 추구한다. 여성주의 심리치료는 내담자의 변화를 도움에 있어 심리치료자와 내담자 간의 성, 문화, 힘의 차이를 점검하는데, 때로 자기주장 훈련, 재명명화, 관점의 재구성과 같은 기법을 사용한다. 이와 함께, 많은 여성주의 치료자들은 진단적 분류가 내담자에게 도움이 되지 않는다고 생각하며 문제를 좀 더 긍정적인 관점에서 보려고 한다. 남성보다 여성에게 더 빈번하게 일어나는 우울증, 경계선 장애, 섭식 장애, 외상 후 스트레스 장애가 이 장에서 논의되었다. 여성주의 치료는 여성의 문제에 초점을 두기는 하지만 여성주의 심리치료자들은 그들의 치료법을 다른 이론적 관점과 통합하여 남성, 아동, 다문화 집단에도 적용해 왔다.

실습

CengageBrain.com에 나와 있는 디지털 자기 측정 도구, 핵심 용어, 동영상 사례(이론의 적용), 사례 연구, 퀴즈 문제로 여성주의 심리치료의 개념을 자세히 연구하고 실습할 수 있다.*

추천 자료

Evans, K. M., Kincade, E. A., & Seem, S. R. (2011). *Introduction to feminist therapy: Strategies for social and individual change*(여성주의 심리치료의 소개: 사회적, 개인적 변화 전략). Thousand Oaks: CA: Sage.

이 책은 여성주의 치료의 역사와 원리 및 다양성이 요약하고 있다. 여성주의 치료의 특징적인 윤리와 가치들이 설명되며 성역할과 권력 분석의 예들이 기술되어 있다. 저자들은 또한 여성주의 치료가 임상 실제에서 어떻게 사용되는지도 기술하고 있으며 다양한 종류의 여성주의 치료가 기술되어 있다. 다수의 장에서 여성주의 치료와 문제적 문제와 관심에 대해 논의한다.

Brown, L. S. (2010). *Feminist therapy*(여성주의 심리치료). Washington, DC: American Psychological Association.

이 책에는 여성주의 치료와 이론과 관련된 다양한 논란거리를 논의하고 있는데 여성주의 치료에 대해 간명하게 설명한다. 사례를 빈번히 사용함으로써 여성주의 치료가 어떻게 적용되는지 설명하는 것을 돕는다.

Jordan, J. V. (2010). *Relational-cultural therapy*(관계문화 심리치료). Washington, DC: American Psychological Association.

이 책은 Jordan과 동료들이 수년간에 걸쳐 개발한 매사추세츠 웰레슬리 스톤 센터(Stone Center)의 관계문화 접근에 대해 기술하고 있다. 훌륭한 사례 연구들을 사용하면서 내담자와 치료자의 관계가 어떻게 내담자에게 힘을 복돋우고 긍정적인 변화를 유발하는 데 도움이 되게 하는지를 설명한다.

Worell, J., & Remer, P. (2003). *Feminist perspectives in therapy: Empowering diverse women*(치료에서의 여성주의 관점: 다양한 여성들에게 힘을 북돋아 주기). Hoboken, NJ: Wiley.

이 책은 사정(assessment)과 치료적 접근과 같은 주제가 다소 자세하게 설명하고 있다. 문화, 성역할, 권력의 문제들에 대한 치료적 접근들이 기술되고 있다. 또한 우울, 성추행, 학대, 레즈비언과 소수민족과 작업하는 방식이 기술되어 있다.

---

* 해당 서비스는 유료로 이용하실 수 있습니다.

가족 치료

가족 치료의 개요

이 장에서 가족 문제의 심리치료를 논의하는 데 있어, 가족 치료와 가족 체계 치료라는 두 가지 용어를 사용하였다. 가족 치료는 가족을 대상으로 그들이 더 나은 심리적 기능을 가질 수 있도록 돕는 심리치료적 접근이다. 앞 장에서는 대부분 특정 심리치료 접근을 서술했다면, 이 장에서는 각각의 이론이 가족 치료에 적용되는 방법(652~656쪽)을 간단하게 설명할 것이다. 가족 체계 치료는 가족 구성원의 상호작용에 초점을 두고, 가족 전체를 한 단위 또는 한 체계로서 바라보는 가족 치료의 한 유형이다. 치료는 가족 구조를 이해하고, 가족 구조의 변화를 가져올 수 있도록 설계한다. 가족 체계 이론이 이 장의 주된 주제이다.

이 장에서는 수많은 가족 체계 치료 접근 중 다세대 치료, 구조적 치료, 전략적 치료, 경험적 치료 접근에 초점을 둔다. Murray Bowen의 다세대 접근은 부모와 자녀의 상호작용에 영향을 미치는 부모의 원가족과의 상호작용을 살펴보는 것이다. Salvador Minuchin의 구조적 접근은 심리치료 시간이나 집에서 가족 구성원이 서로 어떻게 상호작용하는지에 관심을 갖는다. Jay Haley의 전략적 접근은 가족

내에 변화의 필요성을 강조하면서 증상을 변화시키는 데 관심을 둔다. 경험적 가족 체계 치료들은 심리치료 시 가족과 심리치료자들의 무의식적인 정서 과정을 강조한다.

많은 가족 치료자들은 이 네 가지의 접근법 중 한 가지 이상을 사용하기 때문에, 이러한 접근법을 통합하는 방법을 또한 설명하고자 한다. 이에 더하여, 어떤 가족 체계 치료자들은 단기 가족 체계 치료에 주목하고, 가족과 작업할 때 교육적 정보와 치료를 통합하고자 하였다.

가족 체계 치료자들은 개인의 성격이 아닌 가족 역동을 다루기 때문에, 이 장에서는 다른 장들과는 다르게 서술하고자 한다. 성격과 심리치료 이론 부분보다는 다세대, 구조적, 전략적, 경험적인 네 가지 이론과 각 이론의 기법 적용을 설명한 독립된 절이 포함되어 있다. 네 가지 각각의 접근에서 이론가들이 가족을 이해하는 방법, 치료 목표, 치료 접근, 사례에 대해 설명하고자 한다. 그다음 절들은 가족 치료, 단기 가족 치료, 최신 동향과 혁신, 연구, 성 관련 주제, 다문화 관련 주제, 가족 치료를 개인과 부부 상담과 함께 사용하기에 대해 설명하고자 한다. 먼저 가족 치료의 간단한 역사와 일반 체계 이론부터 간단히 소개하겠다.

역사적 배경

최근 가족 치료의 실제는 가족 문제가 있는 아동, 부부, 개인을 돕기 위해 다양한 이론, 실제 및 연구에 기반을 두고 있다. 현재의 가족 치료를 이해하기 위해서는, 아동 상담소와 부부 상담이 가족들이 문제를 해결하도록 돕는 데 기여한다는 점을 아는 것이 도움이 될 것이다. 이론적이고 심도 있는 관점에서, Freud와 다른 정신분석학자들은 성인기에 영향을 미치는 초기 아동기 사건을 강조하고 아동과의 치료 작업을 함으로써 가족들을 이해하는 데 기여했다. 또한, 가족 체계의 한 부분으로서 조현병 아동과 청소년에 대한 초기 연구는 최근 가족 치료에 널리 사용되는 개념을 제시하였다. 가족 치료의 또 다른 중요한 점은 사회과학 분야가 아닌 다른 분야, 즉 일반 체계 이론에서 나왔다. 이것은 공학, 생물학, 경제학, 정치학, 사회학, 심리학, 심리치료와 같은 분야에서 전체를 구성하고 있는 부분들의 상호작용과 과정을 탐색한다. 이러한 다양한 적용과 이론적 접근에 대해 익숙해지는 것은 가족 치료에 대한 이론적 접근의 발전을 이해하는 데 도움이 된다.

가족 상담의 초기 접근법

1930년대 이후부터 공식적인 부부 상담을 이용할 수 있었다. 그 이전에는, 친구, 의사, 성직자, 법조인에 의해 상담이 제공되었던 것으로 보인다. 최초의 부부 상담 센터를 Paul Popenoe가 로스앤젤레스에, Abraham과 Hannah Stone이 뉴욕에 문을 열었다(Goldenberg & Goldenberg, 2013). 1940년대까지, 부부 또는 가족 문제를 다루는 15개의 센터가 지역사회의 가족을 돕기 위해 설립되었다. 이러한 상담소에서는 외도, 이혼, 양육, 재정 문제, 의사소통 문제, 성적 부조화와 같은 문제를 다루었다. 일반적으로, 대부분의 부부 치료는 단기 치료이고, 문제 중심적이었으며, 부부 각자의 성격과 역할 기대뿐만 아니라 그들의 의사소통과 의사결정 방식을 고려하였다(Cromwell, Olson, & Fournier, 1976). 1930년대와 1940년대의 일반적 관행은 치료자들이 개인들을 개별적으로 치료하였다. 1950년대에는, 한 명의 치료자가 부부를 함께 치료하는 공동 치료가 더 일반화되기 시작했다. 부부 상담이 발전함에 따라, 부부 관계에 좀 더 초점을 두는 작업을 하기 시작했으며 내담자 각각의 성격 문제를 다루는 작업은 줄어들었다. 1930년대와 1940년대 동안 그리고 1950년대까지 아동들이 가진 문제를 부부 상담에서 논의할 수도 있지만, 대부분 아동 상담소에 의뢰하였다(Mittelman, 1948).

1930년대와 1940년대에, 정서 장애가 아동기에 시작된다는 정신분석적 관점이 지배적이었기 때문에, 아동의 문제를 치료하는 것은 성인 정신증을 예방할 수 있는 한 방법이라고 생각하였다(Goldenberg & Goldenberg, 2013). 보통 부모들은 아동과 분리해서 치료받았다. 종종 어머니가 문제의 원인이라고 생각했으며, 아버지에게는 초점을 덜 두었다. 주로 아동을 치료하는 데 초점이 맞춰졌으며, 다음으로는 어머니가 자녀에게 영향을 미칠 수 있는 부정적인 감정을 다루고, 새로운 태도와 접근법을 배우도록 하였다. Levy(1943)는 자녀에 대한 어머니의 과호보가 미치는 부정적인 영향에 대해 서술했으며, Fromm-Reichmann(1948)은 조현병을 유발하는(지배적이고, 거부적이고, 불안정한) 어머니가 자녀에게 미치는 영향에 관심을 가졌다.

1950년대에는, 아동의 문제에 대해 부모를 비난하던 관점에서 부모와 아동이 서로 더 좋은 관계가 될 수 있도록 돕는 관점으로 전환되었다. 예를 들어, Cooper(1974)는 치료에서 아동의 변화를 발달시키고, 자녀의 회복을 돕는 환경 변화를 만들어 낼 수 있도록 부모의 관여에 대한 긍정적인 목표를 언급하였다.

정신분석적 가족 치료와 관련된 영향

개인에 초점을 맞춘 작업을 주로 했다고 해도, 몇몇 초기 이론가들은 가족 치료법을 개발하는 데 힘을 쏟았다. Sigmund Freud는 아동과 청소년을 치료하였으며, 모든 내담자들의 초기 아동기의 발달과 관련된 과정에 주목했다. 가족 치료에 대한 또 다른 초기 기여자는 Alfred Adler로 가족 안에서의 사회적 흥미 발달을 관찰하고, 비엔나에 아동 상담소를 시작하였다.

Harry Stack Sullivan(1953)은 정신 내적 요인들뿐만 아니라 가족들과 다른 사람들과의 대인 관계에 관심을 가졌다. 그의 관찰들 중 일부는 후기 가족 치료자들에게 직접적인 영향을 미쳤다.

Nathan Ackerman은 가족 치료의 창시자로 생각되는데 그는 가족을 한 단위로 치료하였다. 정신분석으로 훈련받았던 소아정신과 의사인 Ackerman은 초기에 정신과 의사는 아동을 보고, 사회복지사가 어머니를 만나는 전통적 모델을 사용했다. 하지만 1940년대 중반, 그는 진단과 치료를 위해 가족 전체를 보기 시작했다. 그는 개인과 가족 내의 의식적, 무의식적 문제와 함께 가족 전체에 영향을 미치는 문제를 인식했다. 그 결과, 그는 가족 문제를 평가하는 한 방법으로서, 표정, 태도, 자리 배치와 같은 비언어적 단서에 주목했다. Ackerman은 치료적 접근에서, 개방적이고, 정직하며, 지시적인 태도로 가족들이 그들의 생각과 감정을 서로 이야기하도록 격려하였다. 그는 가족들과 작업하면서, 무의식적 주제를 찾는 동시에 정서적으로 가족에게 관여하기 시작했다(Nichols, 2013). 많은 가족 치료자들은 자신들의 치료에 그의 매력적이고 적극적인 접근법을 가져왔다. 그러나 그의 저술들(Ackerman, 1966a, b)은 그의 방법을 따르고자 하는 치료자들에게 명료하고, 체계적인 접근법을 제공하지는 못했다.

조현병이 있는 가족 구성원의 의사소통 유형에 관한 연구

1950년대 동안, 일부 연구자들은 조현병으로 고통받는 구성원이 있는 가족 내의 의사소통 유형에 관해 연구하였다. 이 연구는 가족 내의 역기능적 방식과 관련된 이중구속, 부부 분열, 부부 비대칭, 거짓 상호성 개념을 만들었다.

이중구속   Palo Alto, Bateson, Jackson, Haley, & Weakland(1956)는 조현병을 가진 아동의 가족들이 어떻게 기능하고 안정을 유지하는지를 연구하였다. 그들은 관련은 있지만 서로 모순된 두 가지의 메시지를 주고받는 이중구속을 관찰하였다. 이중구속에서, 하나의 메시지는 비교적 명확하고 다른 하나는 불명확하며(종종 비언어적), '어떤 결정을 내려도 이길 수 없는' 역설을 만들어낸다. Bateson 등(1956)은 전형적인 예를 제공하였다. 어머니들은 비언어적 메시지로는 "저리 가."라고 말하고, 언어적 메시지로는 "가까이 와. 너는 내 사랑이 필요하잖니?"라고 말하고서는, "너는 나의 메시지를 잘못 해석했어."라고 말한다.

> 심한 조현병에서 회복 중인, 병원에 있는 한 젊은 청년에게 어머니가 문병을 왔다. 그는 어머니가 반가워 순간적으로 자신의 팔을 어머니의 어깨에 얹었는데 어머니가 경직되었다. 아들이 물러서자 어머니는 물었다. "너는 더 이상 나를 사랑하지 않는구나?" 아들이 얼굴을 붉히자 어머니는, "애야, 네 감정에 대해 너무 쉽게 당황해하거나 두려워해서는 안 돼."라고 말했다. (Bateson et al., 1956, p.259)

Bateson과 그의 동료들은, 내담자가 이러한 상호작용을 한 다음, 병실로 돌아와서 폭력적이고 공격적으로 행동을 보였다고 보고했다. 내담자가 어떤 반응을 하든 어머니에게 그의 반응은 역시 잘못된 것이다. Bateson과 그의 동료들은 만약 이런 이중구속의 메시지에 계속 노출되면, 결국 자신과 다른 사람과의 상호작용 양상을 이해하는 능력을 잃어버리고 조현병적 행동을 발달시키게 된다고 믿었다.

부부 분열과 부부 비대칭 Lidz와 그의 동료들은 조현병으로 입원한 사람들에 대한 연구에서 부모와 자녀 간의 가족 상호작용에 특이한 패턴이 있다는 것을 발견하였다(Lidz, Cornelison, Fleck, & Terry, 1957). 그들은 조현병을 가진 구성원이 있는 가족들은 두 가지의 특별한 부부간의 불화인 부부 분열과 부부 비대칭(skew)이 발견되었다고 보고하였다.

부부 분열에서, 자신의 문제에 집착한 부모들은 자녀로부터 충성과 애정을 경쟁적으로 얻기 위해 한쪽 부모의 가치를 깎아내린다. 예를 들어, 만약 아버지가 어머니를 가치 있게 생각하지 않는다면, 아버지는 아이들이 어머니처럼 자라게 되는 것을 두려워하고 어머니는 평가절하된다. 부부 비대칭은 한쪽 부모의 심리 장애가 가정을 지배하는 경향을 말한다. 다른 한쪽 부모는 이 상황을 받아들이면서, 자신의 가정은 평범하고 모든 것이 좋다고 생각하기 때문에 아이들에게 현실을 왜곡시킨다. 이는 결혼생활의 불균형을 유발하는데, 가족을 정상화하고 결혼생활의 균형을 유지하기 위해 아이들에게 압력을 가한다. 이 두 상황에서, 특히 부부 비대칭 상황에서 아이들은 한쪽 부모를 기쁘게 하는 반면, 다른 한쪽 부모는 싫어하게 되는 곤경에 처하게 된다.

거짓 상호성 조현병을 가진 구성원이 있는 가족을 연구한 초기의 또 다른 연구자는 Lyman Wynne이다. 그와 그의 동료들은 조현병 증상을 보이는 아이들의 가정을 관찰하였다. 그 아이들은 독립된 정체성을 발전시키고자 하는 욕구와 가족 구성원과 고민이나 감정을 나누는 친숙한 관계를 유지하고자 하는 욕구 간의 갈등이 있었다. 이 개념은 거짓 상호성(pseudomutuality)이라고 불리는데, 이는 거리가 있는 가족 관계를 숨기기 위해 겉으로 개방적인 관계를 하는 모습을 보인다(Wynne, Ryckoff, Day, & Hirsch, 1958). 이는 가족 간에 개방적인 상호작용을 하기보다는 가족 간의 조화를 유지하기 위한 역할일 뿐이며, 가족 구성원은 서로, 그리고 다른 사람과 제한적이고 피상적인 방식으로 상호작용한다. Wynne의 관점에서 보면, 조현병에 대처하는 가족들의 과장된 정서 표현은 가족 내의 문제를 야기한다고 보았다(Wahlberg & Wynne, 2001). 그러므로 내담자 자신의 심리적 기능이 아니라 사람들의 상호작용이 조현병의 발달에 영향을 미치는 것으로 보인다.

Bateson, Lidz, & Wynne과 그의 동료들의 연구 결과들은 모두 참여자들이 자각하지 못하지만, 결혼생활과 자녀 양육에서 스트레스를 유발하는 의사소통 패턴과 관련이 있었다. 그들의 관찰이 비록 조현병 자녀를 둔 부모를 대상으로 이루어진 것이지만, 다른 가족들에게도 적용되었다(Okun & Rappaport, 1980). 이러한 결과는 다양한 문제를 가진 가족을 대상으로 한 가족 치료 접근의 발전에 중요한 영향을 미쳤다. 큰 체계의 일부로서 각각의 체계를 바라보는 일반적 체계 이론을 연구함으로써 복잡한 의사소통과 상호작용 방식이 어느 정도 명확해질 수 있었다.

일반 체계 이론

가족 체계 이론에 대한 중요한 공헌은 사회과학 분야가 아닌 다른 분야에서 시작되었다(Greene, 2008). 컴퓨터의 발전에 중요한 역할을 한 수학자 Norbert Wiener(1948)는 정보처리 과정의 필수적인 피드백 기제에 관해서 저술했다. 생물학과 의학연구에서 Von Bartalanffy(1968)는 서로 다른 부분과 전체 시스템과의 상호연관성을 연구했다. 그의 일반적인 이론적 접근을 가족 치료에 적용해 보면, 가족이 전체로서 어떻게 기능하는지를 알지 못하면 한 가족을 이해할 수 없다. 체계 이론 관점에서, 각 가족은 큰 체계인 마을의 일부분이며, 마을은 더 큰 체계인 도시의 일부분이다. 개인은 작은 체계, 즉 장기, 조직, 세포 등으로 구성된 전체이다. 만약 체계의 일부가 변화한다면 전체의 체계도 변화될 것이다. 일반 체계 이론을 이해하는 데 중요한 개념은 체계와 그 체계의 단위가 기능하는 방식을 다루는 피드백과 항상성이다. Smith-Acuna(2011)는 부부와 가족 치료의 치료법에 체계 이론을 적용했다.

피드백 피드백이라는 용어는 체계의 구성단위 내의 의사소통 패턴을 말한다. 이 두 가지 기본적인 의사소통 패턴에는 직선적 의사소통과 순환적 의사소통이 있다. 직선적 의사소통은 그림 14.1의 도표에 제시되어 있다. 이것은 의사소통이 A에서 B로, B에서 C로, C에서 D의 한 방향으로 이루어진다는 것을 보여 준다. 순환적 피드백 체계에서는 각 단위가 다른 단위에 영향을 미친다. 예를 들어, 그림 14.1에서 E는 F, G, 혹은 H의 변화를 일으키며, 또 다른 변화까지도 야기할 수 있다. 가족 맥락에 순환성 개념을 적용해 보면, 어머니는 그녀의 약물 의존이 아들의 버릇없는 행동 때문에 생긴 것이라고 느낄 수 있다. 아들은 어머니에 대한 자신의 행동이 어머니의 약물 남용 때문이라고 느낄 수 있다. 이러한 방식으로, 어머니의 피드백은 아들의 피드백에 영향을 미치고, 아들의 피드백은 어머니의 피드백에 영향을 미친다. 가족 체계 이론에서 순환적 상호작용이 관찰되지만, 어머니나 아들을 비난하지는 않는다.

가족 체계 이론의 순환적 상호작용에서 강조하는 것은 내용보다 과정이다. 가족 체계

▌그림 14.1
직선과 순환의 작용
출처: © Cengage Learning®

직선적 인과관계

순환적 상호작용

이론가들은 그림 14.1에 제시된 직선적 인과관계와 같이, 과거에 어떤 일이 발생했는지 또는 그 결과가 무엇이었는지에 초점을 맞추기보다는 현재 무슨 일이 일어나고 있는지에 초점을 둔다. 남편은 가족의 문제를 "아내가 뇌졸중에 걸렸을 때 우리 모두 집이 기울어졌다고 생각했어요."라고 직선적으로 내용을 설명할 수 있다. 그러나 가족 구성원의 상호관계를 보는 과정에 기반을 둔 접근은 다음과 같은 현재의 순환성에 초점을 맞춘다. "아내는 온종일 의자에만 있어요. 헬렌은 학교에서 돌아와 책을 놓고 밖에 나가서 저녁때까지 집에 돌아오지 않았어요. 나는 도와주지 않는 헬렌에게 화가 났어요. 나는 아내가 뭔가 더 하기를 바랐어요. 그녀는 내가 잘하지 못한다고 생각하는 것처럼 보였어요." 이러한 방식으로, 남편의 관점에서 가족 세 명이 상호작용하는 것을 보여 준다. 그러면 단지 상호작용의 내용만 알 때보다 가족 상호작용의 과정을 살펴보는 것을 통해 더 많은 정보를 얻을 수 있다.

가족 체계의 복잡성과 아이디어는 동일한 목적지를 가는 많은 방법이 있다는 것을 의미하는 동일 결과성(equifinality)에 관한 것이다. 그림 14.1에서 보면, E에서 H까지 가는 길은 많다. 세 사람의 가족 예에서, 그들은 더 안정적인 체계를 만들기 위해 서로 관계하고, 체계를 변화시킬 수 있는 여러 가지 방법이 있다.

항상성 일반적으로, 체계는 안정과 균형을 유지하려는 경향이 있으며, 이것을 항상성(homeostasis)이라 한다(Goldberg & Goldberg, 2013). 항상성의 예로, 집이 너무 덥거나 춥지 않게 하기 위해 온도를 조절하는 온도 조절 장치를 들 수 있다. 마찬가지로, 가족 체계는 안정이나 균형이 유지되도록 스스로 조절한다. 이러한 균형이 이루어지는 과정은 체계 내 구성원의 피드백이다. 가족 안에서, 체계 내로 들어오는 새로운 정보는 안정에 영향을 미친다. 앞의 예에서, 만약 헬렌이 새벽 2시에 집으로 돌아온다면, 이 정보는 부모와의 관계나 서로의 관계에게 영향을 미칠 것이다.

피드백에는 부정적 피드백, 긍정적 피드백의 두 가지 기본 유형이 있다. 여기서 주목할 점은 체계 이론에서의 부정적, 긍정적 피드백의 의미는 일반적인 의미와 다르다는 것이다. 체계 이론에서, 긍정적 피드백과 부정적 피드백은 체계를 변화시키거나 안정을 유지하는 것과 관련되어 있다. 긍정적 피드백은 체계에 변화를 일으키고, 부정적 피드백은 체계의 균형을 유지하는 것이다. 예를 들어, 만약 헬렌의 아버지가 헬렌이 늦는 이유와 불균형을 일으키는 행동을 줄이는 일에 대해서 이야기를 한다면, 부정적 피드백이 가족 체계에 영향을 미친다. 대신에 만약 아버지가 화가 나서 헬렌에게 소리를 지르게 되면, 그녀는 더 자주 늦게까지 나가 있을 것이고, 체계는 긍정적 피드백 과정을 통해서 변화된다. 이 간단한 예에서, 긍정적 피드백은 가족에게 해로운 영향을 미치는 것처럼 보인다. 그러나 일어나는 변화의 특징에 따라 긍정적 피드백도 도움이 될 수도 있다.

초기의 정신분석적 치료, 아동 상담, 부부 상담이 개인에 초점을 맞추는 경향이 있었지만, 가족 치료는 문제의 맥락인 전 가족에 초점을 맞추어 왔다. 조현병 아동의 가족에 관한 연구와 일반 체계 이론을 가족 치료에 적용한 것은 가족 치료의 발전에 중요한 역할을 하였다. 치료 대상은 더 이상 부모들이 도움이 필요하다고 생각한 사람인 지목된 환자가 아니다.

다음의 절에서는 네 가지의 가족 체계 치료, 즉 Bowen의 다세대 접근, Minuchin의 구조적 치료 이론, Haley의 전략적 접근, Satir와 Whitaker의 경험적 접근을 제시하고자 한다. 가족 치료자들은 가족 체계 치료에 개인적 접근뿐만 아니라 여러 접근을 사용하기 때문에 통합적 가족 치료 접근을 논의할 것이다.

Bowen의 다세대 접근

메닝거 클리닉(Menninger Clinic)에서의 조현병 아동과 그의 가족을 대상으로 한 Murray Bowen(1913~1990)의 초기 연구는 가족 치료 체계 발전에 큰 영향을 미쳤다(Bowen, 1960). 그의 체계 이론에 대한 접근은 다른 가족 치료자들과 달랐다. 그는 가족의 정서 체계와 부모의 가족이나 심지어는 조부모의 가족 역동을 통해서 추적할 수 있는 가족의 역사를 강조했다(Bowen, 2013). 그는 가족이 어떻게 특정 가족 구성원에게 감정을 투사하는지와 다른 가족 구성원에 대한 가족 구성원들의 반응에 관심을 가졌다(Titelman, 2008). Bowen(1978)은 가족 전체보다는 부모와 작업하기를 선호하면서, 자신을 가족에게 파괴적인 정서를 덜 일으키도록 하기 위해 부모들이 서로에게 그리고 아이들에게 다르게 행동하는 방법을 충분히 생각하도록 돕는 코치라고 보았다(Crossno, 2011).

가족 체계 이론

Bowen의 가족 체계 이론은 감정과 자신의 지적 기능을 구별해내는 개인의 능력에 기초를 두고 있다. 이 개념은 개인이 자신의 스트레스를 다른 가족에게 투사하는 과정과 방식에 적용된다. 특히 Bowen은 부모-자녀와 같은 가족 구성원 사이의 삼각관계에 대해 설명하였다. 다른 가족 구성원들이 불안을 처리하는 방식에 따라 개인이 스트레스에 어떻게 대처하는지가 Bowen의 중요한 관심사였다. 그는 특히 아동이 가족과 어떤 방식으로 정서적, 신체적 거리를 두는지에 관심을 가졌다. Bowen 이론의 가장 중요한 측면은 가족의 역기능적 상호작용에 영향을 미치는 심리적 특징이 여러 세대에 걸쳐 전해지는 방식이다. Bowen의 다세대 전수 과정과 가족의 상호작용에 관한 견해는 가족을 이해하는 고유의 방식을 제공한다. 그의 가족 치료 체계의 핵심은 여덟 가지 개념으로 구성되어 있다.

자아 분화 개인이 감정과 지적 과정을 구별할 수 있다는 것은 자아 분화를 명확히 보여 준다. Bowen은 감정과 사고의 자각을 중요하게 생각했고, 특히 이 둘 사이를 구별하는 능력을 중요하게 여겼다. 사고와 감정을 구별하지 않을 때 융합이 발생한다. 분화가 잘 된 사람은 자기의 의견을 잘 인식하고, 자기감을 갖는다(Bowen, 1966). 가족 내 갈등에서 감정과 사고를 잘 구별하는 사람은 자신을 수용하고 다른 사람의 감정에 의해 지배받지 않지만, 감정과 사고가 융합된 사람은 그들의 참된 가치나 의견보다는 거짓 자기를 표현한다. 예를 들어, 10세와 12세의 자녀가 있는 가족 내에서 분화된 10세 소녀는 융합된 12세 소녀보다 자신의 생각을 가지고 있으며, 자신이 무엇을 하고, 무엇을 하지 않을 것인지를 더 명확하게 알고 있다. 스스로를 정확하게 표현할 수 없는 12세 소녀(거짓 자기)는 가족 전체에게 영향을 미칠 수 있는 문제를 일으킬 수 있다. 만약 분화 수준이 낮다면 삼각관계가 나타날 수도 있다.

삼각관계 가족 내의 두 구성원 간에 갈등이 있을 때, 그들은 불안이나 긴장을 줄이기 위해 다른 구성원을 두 사람 관계에 끌어들이는데, 이를 삼각관계라 한다(Bowen, 1978). 가족이 잘 지내거나 속상한 일이 없을 때는 제3자를 끌어들일 이유가 없다. Bowen은 가족 내에 갈등이 있을 때, 긴장을 줄이기 위해 갈등 속으로 분화 수준이 낮은 사람을 끌어들이는 경향이 있다고 믿었다(Goldenberg & Goldenberg, 2013). 삼각관계는 가족에게만 국한되는 것이 아니라, 친구, 친척, 또는 치료자도 갈등 속으로 끌어들일 수 있다.

　Bowen(1975)에 의하면, 2인 체계가 불안정하고, 갈등이 발생했을 때, 제3의 구성원의 합류가 두 사람의 관계에 있는 긴장을 줄일 수 있다. 대가족은 더 많은 삼각관계에 서로 맞물릴 가능성이 있다. 재혼으로 인한 복합 가정의 경우에도, 더 많은 삼각관계가 존재할 가능성이 있다(Cauley, 2008). 하나의 문제는 여러 개의 삼각관계에 관여될 수 있으며, 따라서 더 많은 가족 구성원들이 갈등에 끼어든다. 제3의 구성원을 갈등에 끌어들이는 것이(삼각관계) 항상 가족 내의 스트레스를 반드시 감소시키는 것은 아니다. 스트레스의 감소는 관여한 가족 구성원의 분화 수준에 어느 정도 달려 있다. 예를 들어, 다투고 있는 두 자녀가 제3의 구성원(형, 어머니, 또는 삼촌)을 끌어들인다면, 제3의 구성원이 편들지 않고, 문제를 해결해 줄 때, 긴장은 줄어든다. 그러나 그가 흥분하거나 공정하지 않게 행동한다면, 두 자녀 간의 긴장은 계속될 것이다(Nichols, 2013). 치료적 관점에서 보면, 치료자는 가족 내의 삼각관계 패턴에 주의를 기울이면서 분명하고 분화된 방식으로 부부와 삼각관계를 맺는 것이 중요하다.

핵가족의 정서 체계 체계로서의 가족, 즉 핵가족의 정서 체계는 가족 구성원들이 각자 잘 분화되어 있지 않으면 불안정하기 쉽다. 잘 분화된 가족이 드물기 때문에, 가족의 갈등이 존재할 가능성이 많다. Bowen(1978)은 배우자가 자신의 짝을 선택할 때 유사한 분화 수준을 가진 짝을 선택한다고 보았다. 만약 두 사람이 낮은 분화 수준에서 결혼한다면, 아이가 생기면서 그들은 더 융합하는 경향이 있다.

가족 투사 과정 상대적으로 분화 수준이 낮은 연인들이 결혼을 할 때, 그들은 자신의 스트레스를 아이에게 투사시킨다(가족 투사 과정). 일반적으로, 부모와 정서적으로 가장 많이 밀착한 아동은 감정과 사고 간의 분화가 덜 이루어지고, 가족으로부터 분리되는 것을 가장 어려워한다(Papero, 1983, 2000). 예를 들어, 학교에 가기 싫어하고 부모와 집에 있고 싶어 하는 아동은 부모와 융합되기를 원할 것이다. 가족 투사 과정이 얼마나 강해지는지는 부모의 미분화 정도와 가족의 스트레스 수준에 달려 있다(Bitter, 2014). '문제 아동'은 미분화된 부모의 스트레스에 다양한 방식으로 반응할 수 있다.

정서적 단절 아이가 가족의 지나친 간섭으로 과도한 스트레스를 받을 때, 그들은 정서적 단절을 통해 가족으로부터 분리되려고 한다. 청소년들은 집을 떠날 수 있고, 대학에 가거나 도망친다. 더 어린 아동이나 청소년의 경우, 가족에게서 정서적으로 철수를 하고 마지못해서 가족과 함께 산다. 그들의 부모와의 상호작용은 단순하고 피상적이다. 정서적 단절을 경험하는 아동은 공부를 하기 위해서가 아니라 가족의 갈등에서 벗어나기 위해 방으로 들어갈 것이다. 이러한 아동은 부모에게 정서적으로 부담이 되는 문제가 일어났을 때, 일상적인 문제를 철수하는 방식으로 처리할 것이다. 일반적으로, 불안이나 정서적 의존 수준이 높을수록, 아동은 가족 내에서 정서적 단절 경험을 더 많이 할 것이다(Titelman, 2008).

다세대 전수 과정 Bowen(1976)은 가족 치료 접근에서, 직계 가족뿐만 아니라 이전 세대까지 살펴보았다(Kerr, 2003). 앞에서 언급되었듯이, 그는 유사한 분화 수준의 배우자를 찾고 그들의 스트레스와 낮은 분화 수준을 자녀들에게 투사한다고 보았다. 만약 Bowen의 가설이 옳다면, 6~7세대 후에는 융합된 부부가 점차 증가할 것이고, 사고와 정서 사이의 분화 수준이 낮고, 스트레스에 취약한 역기능적 가족들이 많이 발견될 것이다. 자연스럽게, Bowen은 배우자가 항상 자신의 분화 수준과 같은 상대와 결혼하는 것은 아니라는 것을 알았다. 다세대 전수 과정 개념에서, 조부모, 증조부모, 왕고모, 종조부 등 다른 친척들의 기능이 가족의 병리에 중요한 역할을 할 것이다. 예를 하나 제시하자면, 정서적으로 쉽게 폭발하고 우울을 경험한 증조부는 할머니의 기능에 영향을 미칠 것이고, 이는 아버지의 기능에 영향을 미치며, 아버지는 아동의 심리적 건강에 영향을 미치게 될 것이다. 분화 외의 다른 문제들이 가족 기능에 영향을 미친다.

형제 순위 Bowen은 가족 내의 출생 순위가 아동 기능에 영향을 미칠 것이라고 믿었다. Toman(1961)의 연구에 의하면, 배우자의 출생 순위가 부모로서의 역할에 영향을 미친다고 믿었다. 가족 내에서 아동이 기능하는 방식보다는 실제 출생 순위에 관심을 덜 둔 Bowen은 우리가 형제나 자매에게 어떻게 행동했는지가 부모로서의 행동에 영향을 미친다고 생각했다. 예를 들어, 맏형은 가족 내에서 어린 남동생이나 여동생을 돌보았을 것이고, 따라서 그의 아이들에게도 책임감 있는 역할을 하게 될 것이다. 아내가 자매들에게 책임감이 많지 않고 막내인 경우라면, 이는 특히 부모 역할에 영향을 미친다(Bitter, 2014).

사회적 퇴행 Bowen은 자신의 가족 체계 모델을 사회적 기능에도 확장시켰다. 가족이 미분화나 개별화가 되는 것처럼 사회도 그럴 수 있다. 만약 사회에 스트레스가 있으면 사회는 미분화되기 쉽다. 굶주림이나 시위, 인구의 증가 같은 스트레스가 그 예이다. Bowen의 모델을 사회로 확대하자면, 지도자들과 정책 입안자들은 결정을 내릴 때 감정적으로만 행동하는 것이 아니라, 생각과 감정을 구분해야 할 것이다.

Bowen의 가족 구조 이론은 직계 가족을 넘어 세대를 아우르는 체계이다. 그는 개인의 성격이 가족 구성원에 어떻게 영향을 미치는지에 관심을 가졌다. 그는 특히 감정으로부터 사고를 분화시키는 개인의 능력과 이러한 개인의 능력이 다른 구성원에게 미치는 영향에 대해 관심을 가졌다. 이런 견해는 가족 치료의 목표에 대한 그의 믿음과 직접적인 관련이 있었다.

치료 목표

Bowen은 치료 목표를 세울 때 과거 세대가 현재 가족 기능에 미치는 영향에 관심을 가졌다. 가족과 함께 목표를 정할 때 그는 현재의 증상과 더불어 더 중요하게는 분화와 삼각화와 관련이 있는 가족의 역동을 주의 깊게 경청하였다. 그는 가족들이 일반적인 스트레스 수준을 감소시키고, 가족의 욕구뿐만 아니라 개인의 욕구를 충족시키고 더 잘 분화할 방법을 찾도록 도와주었다(Brown, 2011; Kerr & Bowen, 1988).

Bowen의 가족 치료 기법

Bowen의 가족 치료 체계에서는 치료에 개입하기 전에 평가를 한다. 가족력을 이야기하는 과정은 가계도, 즉 아동, 부모, 조부모, 이모와 삼촌, 가능한 다른 친척까지 모두 포함하는 가계도를 사용하였다. Bowen은 가족을 변화시키기 위해서 그가 이해한 다세대 요인에 대한 해석을 사용했다. Bowen(1978, 2013)은 그의 저서에서 자신을 내담자들이 가족 상황을 분석하고 발생할 수 있는 사건에 대한 전략을 세울 수 있도록 돕는 코치로 보았다. 이 작업에서 그는 종종 스트레스를 다루는 패턴을 변화시키는 방식으로 탈삼각화에 초점을 맞췄다. 코칭, 해석, 탈삼각화의 효과는 가족력의 효과적인 평가에 달려 있다.

평가 면담 Bowen의 치료 작업의 특징은 객관적이고 중립적이다. Bowen(Kerr & Bowen, 1988)은 최초의 전화 접촉에서도, 가족의 편을 들거나 핵가족의 정서 체계에 융합되는 것에 대해 경고했다. 가족 평가 면담은 어떤 가족 구성원을 대상으로든 이루어질 수 있다. 때때로 한 명의 가족 구성원이 다른 가족 구성원을 비난하기보다는 자신의 감정과 사고를 분화시키고자 한다면 한 명의 가족 구성원으로도 충분하다(Kolbert, Crothers, & Field, 2013).

Bowen은 가족사를 알기 위해, 가족 내의 삼각화와 가족 구성원의 분화 수준에 관심을

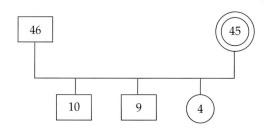

가졌다. 대개 지목된 환자가 있기 때문에, Bowen 가족 치료자들은 가족 구성원이 그들의 불안을 지목된 환자에게 투사하는 방식에 대해 경청하였다. 지목된 환자가 가족에게 어떻게 반응하는지도 중요하다. 그가 다른 가족 구성원과 정서적으로 단절되었는가? 가족사를 알기 위해, 치료자는 형제 순위와 같은 가족 관계와 부모의 원가족 관계에 대해 관심을 기울인다. 다세대 패턴이 복잡하기 때문에 치료자는 가족 관계를 기술하기 위해 가계도를 사용할 수 있다.

가계도 가계도는 가족을 도표화하는 방법으로 나이, 성별, 결혼 날짜, 죽음, 지리적 위치와 같은 가족에 대한 중요한 정보를 포함한다. 가계도는 확대 가족의 관점을 제공할 뿐만 아니라 원가족과 그 이전 세대 가족들이 갖는 분화 패턴을 알려준다(McGoldrick, 2011). 가계도는 부부 각자의 확대 가족에서 보여 주는 정서적 패턴을 찾을 수 있는 기회를 제공한다. Magnuson & Shaw(2003)는 가계도가 가족 내의 친밀함, 죽음으로 인한 슬픔, 알코올의존증과 같은 문제를 가진 부부와 가족에게 사용될 수 있으며, 가족 내의 자원을 찾는 데도 사용될 수 있다는 것을 보여 주었다. 가계도뿐만 아니라 가족 도표는 가족 치료에 특별한 목표를 제공할 수 있다(Butler, 2008).

제시된 예에서는, 부모와 자녀가 포함된 가계도를 보여 준다. 가계도에서 남성은 사각형으로 나타내며 여성은 원으로, 현재의 나이는 도형 안에 기록된다. 내담자는 이중 원 또는 이중 네모로 나타낸다. 이는 아주 단순한 예로, 9세, 10세의 두 아들과 4세의 딸, 46세의 남편을 둔 45세 여성의 가계도이다.

해석 가계도의 정보는 종종 가족 구성원에게 가족 내의 역동을 이해할 수 있도록 해석해 준다. 객관성을 유지함으로써, 심리치료자들은 원가족의 패턴을 반영하는 현재 가족 내의 패턴을 볼 수 있다. 그렇게 하기 위해, 심리치료자들 스스로가 잘 분화되어야 하며 감정적 질문보다 사고 질문을 하고, 내담자들의 삼각화에 개입되는 것을 피하는 것이 중요하다. 한 가지 방법으로, Bowen(1978)은 가족 구성원이 다른 구성원에 대해 얘기하는 것을 듣는 것보다 그와 직접 대화함으로써 객관적인 입장에서 예리한 해석을 할 수 있다.

탈삼각화 가능하다면, Bowen은 삼각화를 직접 분리시키려고 노력했다. 가족의 문제를 다룰 때, 그는 종종 부모 모두 혹은 둘 중 한 부모를 만났다. 그러고 나서 그는 지목된 환자나 다른 구성원에게 미치는 부모의 정서적 스트레스의 영향을 다룰 전략을 개발하기 위한 방법을 찾기 위해 그들과 함께 작업한다. 일반적으로 Bowen은 분화 수준이 높은 가장 건강한 가족 구성원과 작업하는 것을 선호했는데, 그 구성원이 스트레스가 많은 가족 관계에 다양한 변화를 가져올 수 있기 때문이다.

Bowen의 심리치료 특징은 가족 구성원 사이에서 존재하는 감정을 차분한 태도로 다루고자 노력한다는 것이다. 그의 심리치료 목표는 불안을 감소시키고, 증상을 해결하는 것이었는데, 이것은 개인과 가족 및 부모의 원가족에서 자아 분화를 찾음으로써 이루어졌다. 그렇게 하기 위해 그는 가계도와 같은 도구를 사용했으며, 핵가족을 넘어 이모, 삼촌, 조부모의 관계까지 논의했다. 그가 접근한 사례는 그의 방법을 보여 줄 것이다.

다세대 가족 체계 치료 사례: 앤의 가족

Bowen의 이론에는 두 가지 중요한 개념이 있는데, 이는 삼각화와 다세대 문제이다. 이 사례에서는, Guerin & Guerin(1976)이 뉴욕에 살며 두 아들과 딸 하나를 입양한 가톨릭 신자인 부모를 치료한 사례를 보여 준다. 부모가 느끼기에 부적절한 행동을 하는 딸이 지목된 환자로 확인되었다. Philip Guerin은 이 가족을 아동 중심의 가족이라고 기술하였다. 그의 사례 개념화에서는 서로 다른 형태의 삼각관계가 중요하다.

> 아동 중심의 가족을 볼 때마다, 나는 자동적으로 네 가지의 잠재적인 삼각관계를 가정한다. 어머니와 아버지, 증상을 가진 아동으로 구성된 핵심적인 삼각관계, 두 개의 보조 핵가족 삼각관계로, 하나는 한 부모, 증상을 가진 아동, 증상이 없는 형제가 개입된 삼각관계와, 세 아동 간의 형제간 삼각관계, 그리고 마지막으로 조부모, 부모, 증상을 가진 아동이 개입된 3대에 걸친 삼각관계다. 다른 가능성들이 많지만, 임상적으로 이러한 것을 가장 빈번하게 볼 수 있다. (p.91)

이 가족의 경우, 삼각화와 핵가족과 원가족의 융합이 중요하다. Guerin & Guerin(1976)은 이러한 방식으로 가족과 다세대의 문제에서 융합 관계를 살펴보았다.

> 결혼을 하자마자, 부부 융합이 일어나고, 이것은 필연적으로 확대 가족까지 이어져, 3대가 맞물려 있는 특징이 드러난다. 3대의 각 세대는 가족의 현재 시간 구조 속에서 무슨 일이 일어나는지에 따라, 다른 시기에 작용한다. 성공과 진척은 증상과 역기능의 제거만을 의미하는 것이 아니며, 증상은 3대의 가족 수준에 걸쳐 재발하게 될 것이다. (pp.93~94)

치료자들이 딸, 가족 전체와 부모를 만났지만, 여기에는 부모를 대상으로 이루어진 6개월간의 치료만 제시되었다. 치료자는 앤의 어머니가 앤의 자녀들을 편애한다는 고민과 관련된 3대에 걸친 삼각화에 대해 언급하였다. Guerin은 앤과 그의 어머니, 앤의 자녀들 모두를 포함한 이야기를 하였다.

앤: 어머니는 아이들이 어떤지 물었고, 저는 어머니에게 아이들에 대해 말하기 시작했어요. 그리고 어머니는 리처드가 가장 좋다고 말하면서, 어머니도 어쩔 수 없다고 말했어요. 그래서 저는 어머니에게 제발 다른 두 아이들에게 그런 모습을 보이지 않게 노력하고, 그것을 유지해 달라고 부탁했어요. 세 명의 손자가 있는데 한 명의 아이를 좋아하는 것은 좋지 않다고 생각하고, 제가 탐탁지 않게 여긴다는 것을 어머니도 알고 있어요. (앤은 이 가족 내의 3대에 걸친 삼각화의 한 측면을 발달시키기 시작했다.)

G 박사: 당신은 할머니의 눈에 당신의 자녀들이 동등하게 비춰져야 한다고 생각하십니까? (치료자는 앤의 입장을 직면시켰다.)

앤: 그러나 이것이 현실적이지 않다는 것을 당신은 모를 거예요.

G 박사: 당신은 아이들이 사랑받지 않는 것을 보호하려고 하나요? 아니면 사랑받는 것에서 보호하려고 하나요?

앤: 음, 저는 집에서 언니보다 예쁨을 받고 자랐고, 제 아들과 수잔(Susan)과 같은 문제를 겪었으며, 기분이 좋지 않았어요. (세대 간 반복이 나타난다.)

G 박사: 할머니가 어떻게 리처드를 좋아하지 않는 척하고 지낼 수 있을까요? (심리치료자는 직면을 계속한다.)

앤: 음, 어머니가 토요일 밤 리처드에게 말했어요. 저는 어머니가 오랫동안 느껴 온 무언가로 그것을 어느 정도 인식했어요. 그리고 어머니는 대개 그것을 직접적으로 말하기보다 몰래 해요. 그래서 어머니가 토요일 밤에 그런 말을 했을 때, 저는 "왜?"라고 말했어요. 어머니는 그리스마스 발레 공연에 리처드를 데려가고 싶어 하고, 다른 두 아이들은 데려가고 싶지 않다고 말했고, 나는 그것이 공평하지 않다고 생각했기 때문에 그렇게 하도록 내버려 두지 않았어요. 어머니는 8년 동안 어디에도 다른 아이들을 데리고 다닌 적이 없으며, 저는 다른 아이들이 정말 상처받을 것이라는 것을 알아요. 저는 어머니에게 꼭 같은 곳이 아니어도 에디(Eddie)와 수잔, 두 아이들도 데려갈 수 있는 곳을 선택하라고 제안했어요. 그리고 나서 어머니는 에디는 데려가고 수잔은 데려가지 않았어요. 당신도 알다시피 저도 같은 일을 겪었고, 적어도 때로는 셋을 모두 데려가야 한다고 생각해요. 항상 그렇게 할 필요는 없지만요.

G 박사: 할머니가 리처드만 데려간다면 아이들이 불평할까요? (치료자는 과정을 구체화하기 위해 움직였다.)

앤: 네.

G 박사: 에디와 수잔은 할머니가 여행에 리처드만 데려가는 것에 불평을 시작할 것이고, 할머니는 리처드를 더 좋아할까요?

앤: 어머니가 리처드에게 그렇게 말했어요.

G 박사: 만약 에디와 수잔이 불평한다면 그들에게 당신의 어머니에게 말하라고 하세요.
그들이 그것을 좋아할까요? (치료자는 가족에게 일어나는 과정이 드러나도록 한다.)
(Guerin & Guerin, 1976, pp.105~106)

치료자는 가족 내에 존재하는 3대에 걸친 삼각관계에 대해 다루었다. 그렇게 함으로써,
앤은 그녀의 어머니에게 감정적으로 반응하기보다는 그녀의 어머니와 아이들의 관계에 자
신이 영향을 주는 것에 대해 생각해 보도록 격려받았다. '세 아이 간 편애'에 대한 문제가 논
의되었고, 어머니에게 삼각관계를 검토하도록 하여 그녀의 어머니와 자녀들 사이의 관계에
서 빠져나오도록 하였다. 비록 짧은 예시지만, 이는 Bowen의 가족 치료에서 중요한 삼각화
와 세대 간 문제를 분명히 보여 준다.

구조적 가족 치료

Salvador Minuchin에 의해 발전된 구조적 가족 치료는, 현재 가족 구성원의 상호작용에 영향
을 미치는 문제를 다룸으로써 가족을 돕는다. 구조적 가족 치료는 특히 가족 구성원 간의
경계선에 관심을 갖는다. 가족 구성원들이 서로 가까운가, 혹은 거리가 먼가? 가족 내 관계
의 본질은 무엇인가? 치료 접근은 치료 시간 내에서나 외부 상황에서 가족들의 관계의 본질
과 강도를 변화시키는 것을 강조한다.

구조적 가족 치료의 개념

Minuchin 연구는 가족이 체계로서 움직이는 방식과 그 체계 내의 구조에 초점을 두었다
(Bitter, 2014; Minuchin, 1974; Minuchin, Colapinto, & Minuchin, 2007;Minuchin, Reiter, &
Borda, 2014). Minuchin은 가족 조직과 가족 구성원이 의사결정에 사용하는 규칙과 지침
에 관심을 기울이며, 가족에 대한 평가를 한다. 비록 가족 구성원들이 결정할 때 가지는 힘
은 다르더라도, 그들이 결정하는 방식은 가족 구조 내의 유연성이나 경직성의 지표이다.
Minuchin은 가족 체계를 설명하기 위해 경계선, 동맹, 연합과 같은 개념을 사용한다.

가족 구조　Minuchin(1974)에 따르면, 가족 구조는 누가 누구와 상호작용하는지를 알아내
기 위한, 오랜 시간에 걸쳐 형성된 규칙을 말한다. 구조는 일시적이거나 오래 지속될 수 있
다. 예를 들어, 두 명의 오빠들이 짧게 또는 오랫동안 어린 여동생에 대항하여 연합을 형성
할 수 있다. Minuchin은 자녀들보다 부모가 더 큰 힘을 갖고, 어린 동생보다 나이 많은 형제
가 더 큰 책임감을 갖는 가족 내의 위계적 구조가 있어야 한다고 보았다. 부모는 역할을 달
리해야 한다. 예를 들어, 한 부모는 엄격하고, 다른 한 부모는 아이들을 지지해 줄 수 있다. 결

국 아이들은 부모가 자신에게 어떻게 행동하는지에 대한 가족 규칙을 배우게 된다. 한 아이가 대학에 가게 되는 것과 같은 새로운 상황이 나타났을 때, 가족은 이 상황을 받아들이기 위해 변화할 수 있어야 한다. 가족 규칙, 즉 구조를 심리치료자가 인식하는 것은 역기능적 가족의 변화를 도울 수 있는 최선의 방법을 결정하는 데 중요하다. 가족 체계 내에는 또한 그들만의 규칙을 가지고 있는 하위 체계가 있다.

가족 하위 체계 가족이 잘 기능하도록 하기 위해 구성원들이 함께 작업해야만 한다. 가장 명백한 하위 체계는 남편-아내, 부모-자녀, 형제자매 체계이다. 남편-아내, 즉 부부간 하위 체계의 목적은 서로 상대방의 변화하는 욕구를 충족시키는 것이다. 부모 하위 체계는 보통 아버지-어머니로 이루어지지만 한 부모 혹은 자녀를 책임지고 양육하는 다른 친척으로 이루어질 수도 있다. 비록 같은 사람이 부부 하위 체계와 부모 하위 체계에 모두 속한다 할지라도, 그 역할은 중복되기는 하지만 각기 다르다. 형제자매 하위 체계에서, 아이들은 형제나 자매와 어떻게 상호작용하는지를 배우고, 그렇게 함으로써 연합을 형성하고, 그들 자신의 욕구를 충족시키고 부모를 대하는 방법을 배운다. 다른 하위 체계는 어머니나 아버지가 술을 마실 때, 큰아이가 가족을 위해 저녁 만드는 것을 배우게 되는 것과 같은 하위 체계를 발달시키는 것이다. 그럼으로써, 자녀-부모 하위 체계가 발달한다. 구성원들의 역할과 기술, 문제에 따라 동맹이 일어날 수 있다. 누가 무엇을 하며 누구와 하느냐의 문제는 항상 분명하게 정해지지 않은 경계선에 달려 있다.

경계 투과성 체계와 하위 체계는 누가 상호작용에 참여할 수 있으며 그들이 어떻게 참여할 수 있는지에 대한 규칙을 가진다(Minuchin, 1974). 이러한 상호작용 규칙, 즉 경계선은 그들이 얼마나 유연성을 갖는지에 따라 변한다. 경계선의 투과성은 가족 체계와 하위 체계 내의 구성원들이 서로 접촉하는 유형을 설명한다. 잘 투과할 수 있는 경계선은 밀착된 가족에게서 찾을 수 있는 반면에, 투과할 수 없거나 경직된 경계선은 분리된 가족에게서 찾아볼 수 있다. 예를 들어, 평소에는 학교에서 잘했던 중학교 1학년 학생이 영어에서 낙제했다는 말이 적힌 통신문을 받는다면, 그 학생은 아버지에게 다시는 이런 일이 일어나지 않도록 행동을 바꾸라는 이야기를 들을 수 있으며, 더 이상 이 문제에 대해 얘기하지 않을 것이다. 이 사례에서, 경계선은 경직되어 있고 그 가족은 아이들과 상대적으로 분리되어 있다. 밀착된 가족의 경우에, 아버지, 어머니, 형제, 자매는 자녀의 성적에 대해 물어볼 것이다. 형제자매는 놀릴 것이고, 아버지는 괴로워할 수 있으며, 어머니는 아이가 숙제를 했는지 하지 않았는지 한 주 동안 자주 확인할 것이다. 이 가족은 구성원 간에 분리가 거의 되지 않았기 때문에 부모들은 저녁을 먹는 동안 가족 모두와 이 사건에 대해 논의할 것이다. 일반적으로, 경계선은 가족이 얼마나 조직적이고 규칙을 따르는지를 말한다. 가족 구성원이 얼마나 그 문제를 함께 해결해 내는지, 해내지 못하는지를 말하는 것이 아니다.

동맹과 연합 위기에 반응하거나 일상의 사건에 대처할 때, 가족들은 가족 내의 하위 체계가 반응하는 전형적인 방식이 있다. 동맹은 하나의 활동을 하는 데 있어서 두 구성원 간에 서로 제휴하거나 반대하는 방식을 말한다. 연합은 다른 가족 구성원에 대항하기 위해 구성원들이 동맹하는 것을 말한다. 어머니와 딸이 난폭한 아버지를 통제하고자 함께 노력할 때와 같이 때로 고정되어 있기도 하고 유연하기도 하다. Minuchin은 '한 부모가 자녀에게 다른 부모에 대항하여 자신의 편에 서기를 요구할 때'와 같은 연합을 설명하기 위해 Bowen이 사용했던 것보다 삼각화를 더 특별하게 사용한다(Minuchin, 1974, p.102). 그러므로 가족 내의 권력은 동맹과 연합에 따라 바뀐다.

가족 체계에서 권력(power)은 의사결정을 하고 그 결정을 수행하는 사람을 말한다. 의사결정에 영향을 미칠 수 있다는 것은 그 사람의 권력을 증가시킬 수 있다. 따라서 가장 힘이 있는 부모와 동맹을 한 자녀는 자신의 권력을 증가시킬 수 있다. 어떤 결정은 한 부모에 의해 이루어지고 또 다른 결정들은 다른 부모에 의해 이루어지기 때문에 권력은 가족 활동에 따라 바뀐다. 밀착된 가족의 경우에는 권력이 분명하지 않기 때문에, 자녀들은 어떤 일을 하는 데 있어 한 부모가 반대하더라도 다른 한 부모의 허락을 요구할 수 있다.

가족 규칙이 제대로 작동하지 않게 되면, 가족은 역기능적이게 된다. 경계선이 너무 경직되거나 너무 느슨해져도, 가족들은 한 체계로서 작동하는 것이 어렵다. 만약 가족들이 부모가 주요 결정자이고, 나이가 많은 자녀가 어린 자녀보다 더 많은 책임감을 느끼는 위계적인 단위로 움직이지 않으면, 혼란과 어려움을 겪을 수 있다. 첫째에게 함께 돈 문제에 대해 논의하자고 요청하는 부모들의 경우와 같은, 가족 내의 동맹은 역기능적으로 될 수 있다(삼각화). Bowen이 다세대 가족의 기능에 특히 관심을 가진다면, Minuchin은 치료 상호작용 과정 안에서 그가 볼 수 있는 가족의 현재 구조에 대해 더 관심을 가진다.

구조적 가족 치료의 목표

구조적 가족 치료자들은 가족 구조와 문제의 특징에 관한 가설을 만들고 변화를 위한 목표를 세울 수 있다(Aponte & van Deusen, 1981). 현재 가족 구조에서 나타나는 문제를 다룸으로써, 구조적 가족 치료자들은 가족 내에 변화를 가져 올 수 있도록 연합과 동맹을 바꾸려고 노력한다. 그들은 또한 너무 느슨하지도 너무 경직되지도 않는 가족 내의 경계선을 세우는 작업을 하였다. 가족을 위해 책임지는 의사결정 체계로서 부모 하위 체계를 지지하여, 치료자들은 가족 체계가 기능적으로 권력을 사용하는 것을 돕는 일을 한다. 이러한 변화를 가져오기 위해 가족 치료자들이 사용하는 기법은 능동적이며 가족 기능에 잘 맞는 것이다.

구조적 가족 치료의 기법

가족 치료의 구조적 접근은 가족과 합류하여 최근 혹은 현재 나타나는 문제에 초점을 맞춘다. 이를 위해, 구조적 치료자들은 가족에게 영향을 주는 경계선과 하위 체계에 대한 간단

‑ ‑ ‑ ‑ ‑ ‑ ‑ ‑	명확한 경계선
• • • • • • •	산만한 경계선
⸺⸺⸺	경직된 경계선
═══════	동맹
≡≡≡≡≡≡	과잉 관여

▌그림 14.2 Minuchin의 가족 지도 그리기를 위한 기호

출처: Reprinted by permission of the publishers from *Families and Family Therapy*, by Salvador Minuchin, pp.53, 117~119, Cambridge, MA: Harvard University Press. Copyright © 1974 by the President and Fellows of Harvard College.

한 설명을 제공하는 '가계도'를 사용하곤 한다. 가족의 관습에 따라, 치료자는 가족의 상호 작용을 이해하고 수용되기 위해 가족의 구성원처럼 행동할 수 있다. 가족이 치료 회기에서 문제를 실연함으로써, 치료자는 하위 체계 내의 상호작용을 경험할 수 있다. 그리고 나서 가족 내 권력의 구조와 경계선을 변화시키기 위해 제안할 수 있다. 치료적 변화를 위한 접근은 개입의 강도를 증가시키고, 문제를 재구조화함으로써 변화를 가져오는 것이다.

가족 지도 그리기 Bowen이 다세대 관계 패턴을 보여 주기 위해 가계도를 사용한 반면에, Minuchin은 가족들이 현재 관계하는 방식을 나타내는 지도를 사용한다. 예를 들어, 경계선 이라는 개념은 구조적 치료에서 매우 중요하다. 그림 14.2는 가족들 사이에서 서로 다른 경 계선 유형을 나타내는 선들을 보여 준다. Minuchin(1974)에 의해 설명된 다른 것들과 마찬 가지로, 이러한 상징은 치료자에게 가족 조직을 상징적으로 나타내고 어떤 하위 체계가 문 제에 가장 적극적으로 기여하는지를 결정하도록 한다(Umbarger, 1983). 가족 상호작용 지 도는 변화를 위한 전략이 적용될 수 있도록 반복되는 역기능적 행동을 이해할 수 있게 해 준다.

합류하기와 적응하기 Minuchin(1974)은 가족 내의 변화를 가져오기 위해, 가족 체계에 합 류하여 상호작용 방식에 적응하는 것이 중요하다고 믿는다. 치료자는 같은 유형의 언어를 사용하고 가족과 관련된 즐거운 이야기들을 함으로써 그 체계에 적응하고자 한다. 가족에 합류하는 하나의 예는 모방으로, 가족의 의사소통 유형과 그 내용을 따라 하는 것을 말한 다. 예를 들어, 한 청소년이 의자 위에서 팔다리를 벌리고 앉아 있다면, 가족 치료자는 똑같 이 따라 할 수 있다. 마찬가지로, 구조적 치료자들은 가족생활의 상징을 따라가고 적용하기 위해 추적하기를 사용한다. 예를 들어, 밀착된 가족이 "우리의 삶은 펼쳐진 책이다."라는 경 구를 사용한다면, 구조적 치료자는 가족 구성원이 서로의 일에 너무 깊게 관여되어 있다는 문제에 초점을 두고 가족들의 경계선을 명확하게 하기 위한 방법으로서 '펼쳐진 책'이라는 은유를 사용할 수 있다. 구조적 치료자는 가족 체계에 합류함으로써 가족의 체계적인 작용 을 잘 이해할 수 있을 뿐만 아니라 변화를 가져올 수 있는 좋은 입장에 있을 수 있다.

실연 치료자는 가족에게 갈등을 실연해 보도록 지시함으로써, 그들이 보고했던 문제보다 실연에서 현재 보여 주는 문제를 가지고 작업할 수 있다. 이것은 치료자가 가족의 연합과 동맹을 이해할 수 있게 해 주며 가족 체계를 변화시키기 위해 제안을 할 수 있게 한다. 예를 들어, 치료자는 가족이 숙제를 하지 않은 것에 대해 논쟁하는 것을 실연해 보도록 특정한 지시를 할 수 있다. 실연되는 논쟁을 관찰함으로써, 치료자는 경계선과 연합을 더 잘 인식할 수 있고 효과적으로 개입하기 위해 준비할 수 있다.

문제의 격화 제안이나 메시지가 어떻게 주어지는지가 매우 중요하다. 메시지를 반복하고, 특정 상호작용 시간의 길이를 변화시키는것, 또는 다른 의미 있는 것들을 함으로써 변화가 일어날 수 있다(Minuchin & Fishman, 1981). 예를 들어, 만일 부모가 과잉보호를 한다면, 심리치료자는 부모가 자녀의 숙제에 대해 잔소리를 하지 말고, 학교에 대해 캐묻지 말고, 자녀가 용돈을 어떻게 소비하는지 감시하지 말라고 제안할 수 있다. 비록 이러한 메시지는 다르지만, 모두 자녀에게 더 많은 책임감이 주어져야 한다는 것을 강조한다. 문제의 격화(intensity)는 가족들이 상호작용을 하도록 하거나 반복하도록 하는 실연을 함으로써 성취될 수 있다. 심리치료자가 가족의 상호작용 유형과 경계선에 익숙해짐에 따라 변화를 위한 더 많은 제안을 한다.

경계선 변화시키기 치료자가 실연이나 일반적인 설명에서 가족 상호작용을 관찰함에 따라 심리치료자는 가족의 경계선을 기록하기 위해 경계 표시를 사용한다. 경계선을 변화시키기 위해, 심리치료자들은 가족 구성원의 자리를 재배치하고 그들 간의 거리를 조정할 수 있다. 그들은 또한 하위 체계 내의 힘을 변화시키기 위해서 구조의 균형을 깨뜨리길 원할 수 있다. 예를 들어, 자녀들이 지나치게 힘을 가지고 있는 밀착된 가족의 경우, 심리치료자는 부모 중의 한 명이 자녀를 다루는 힘을 갖도록 하기 위해 부모의 편을 들기로 결정할 수 있다. 만약 남편이 우유부단하다면, 심리치료자는 그의 제안을 강화하고 그의 말에 동의할 수 있다. 이는 어떤 구성원이 동의하고, 제휴하는지 또는 상호작용에서 누가 제외되는지에 따라 심리치료자가 의식적으로 선택한다.

경계선 문제를 다루는 새로운 방법은 가족 경계선 게임(Family Boundaries Game)을 사용하는 것이다(Laninga, Sanders, & Greenwood, 2008). 이것은 가족 구성원이 체스의 루크(rook. 체스의 말의 하나)와 같이 게임 조각이 되어 실물 크기의 보드게임을 하는 것이다. 이 게임은 가족 구성원에게 가족 내에서의 자신들의 역할을 배우고 규칙을 따를 뿐 아니라 구성원과 차례대로 상호작용하는 것을 배울 기회를 제공한다. 이 게임은 또한 가족 구성원들의 관계 변화를 촉진시킨다.

재구조화 사건이나 상황을 관찰하거나 그것을 재구조화하는 여러 가지 방법이 있다. 심리치료자는 가족 상황에서 구조적인 변화가 일어나도록 하기 위해 다양한 설명을 제공하고자 한다. Minuchin, Rosman, & Baker(1978)는 거식증에 대해 서술하면서, 거식증에 걸린 소녀의 행동을 재구조화하는 다양한 방법을 제시하였다. 거식증을 '병'이라고 하지 않고 '고집이 센 것'으로 명명함으로써 그 청소년이 더 이상 문제의 유일한 원인이 아니며, 따라서 가족들이 여러 가지 방법으로 고집이 센 행동을 다룰 수 있다고 보는 반면, '병'은 청소년의 문제를 만들고 통제할 수 없는 것으로 만든다. 부모들은 거식증을 아이들의 문제로 보기 때문에, 재구조화는 가족 치료자가 거식증을 하위 체계, 경계선, 연합을 바꿈으로써 접근할 수 있는 가족의 문제로 보도록 한다.

구조적 가족 치료 사례: 가족 탐색

이 사례에서 심리치료자는 가족의 구조와 가족 하위 체계에 관심을 두었다. 어머니 제인(Jane)은 43세이고, 아버지 폴(Paul)은 45세이다. 폴은 내과 의사이고 제인은 네 명의 자녀를 돌보는 주부이다. 에이미(Amy)는 18세이고, 앤(Ann)은 16세이다. 폴과 제인은 아버지에게 심하게 학대받았던 6세 제이슨(Jason)과 4세 루크(Luke)를 집에 데려와 키우고 있다(Bitter, 2014). 나중에 제인과 폴은 제이슨과 루크를 입양하기로 결정하였다. 폴과 제인은 아이들의 파괴적 행동 때문에 가족 치료를 받으려 하였다. 아이들은 가족의 돈과 옷, 음식을 훔쳤고, 서로 자주 싸웠으며, 최근에는 제이슨이 루크를 시켜 불을 지르도록 했다. 이 소설 같은 사례에서, 심리치료자는 아이들과 폴로 구성된 강력한 하위 체계를 형성하기 위해 아버지와 동맹 관계를 형성하였다. 그는 폴이 가족 안에서 좀 더 적극적이도록 도왔다. 심리치료자는 아이들이 싸우고 있을 때 제인보다 폴에게 아이들을 돌보도록 요구하고, 폴의 경계선을 변회시키는 것을 지지하였다. 심리치료자는 폴과 제인 사이의 동맹을 관찰하고, 그들의 관계에 대해 언급하였다. 나중에, 그는 자녀들을 개입시켜 가족 안에서의 아버지 역할에 대해 얘기하도록 하고, 폴, 에이미, 앤으로 구성된 하위 체계를 관찰하였다. 또한, 심리치료자는 아이들의 행동이 좋은 방향으로 변화될 수 있도록 경계선을 변화시키기 위해 앤과 에이미가 제이슨과 루크에게 말을 하도록 하였다.

에이미와 앤은 아버지 옆자리에 함께 앉고, 맞은편에는 제인이 앉아 있고 두 남자아이들의 빈 의자 두 개가 놓여 있었다. 제이슨과 루크는 일어나서 돌아다녔다. 심리치료자는 먼저 폴에게 말을 걸면서 회기를 시작하였다.

> **심리치료자:** 폴, 당신도 알다시피, 제인은 여자아이들을 양육했기 때문에 아마 그에 대한 정보를 많이 알 거예요. 하지만 남자아이들에 대해서는 거의 잊어버린 것 같아요.
>
> **폴:** 이 두 남자아이들에 대해서 우리는 모두 잊어버렸다고 생각합니다. (심리치료자는 고개를 끄덕끄덕한다.) 에이미와 앤은 키우기가 꽤 쉬웠습니다.
>
> **심리치료자:** 네, 하지만 적어도 당신은 남자아이가 되는 것이 어떤 것인지 알 거예요. 그

리고 당신은 아버지가 남자아이들을 어떻게 키우는지 어느 정도는 알 거예요. 그렇죠? 당신의 아버지는 어땠나요? 그리고 당신은요?

폴: 음, 제 아버지는 상당히 숙련된 외과의사였습니다. 거의 어머니가 저를 키웠어요. 저는 크면서 아버지를 존경했고 아버지처럼 되기를 원했지만 제가 의과대학에 가기 전까지도 아버지에 대해 정말 알지 못했습니다.

심리치료자: 그래서 당신은 당신의 아버지가 그랬던 것처럼 집에서 벗어나 있군요. 폴, 당신도 알다시피, 당신이 그렇게 하는 것이 두 아이에게는 좋지 않을 것 같아요. 아이들은 더 많은 관심이 필요한 것 같습니다. 정말로, 직접 돌보는 것이 필요합니다.

폴: 당신의 말은 아이들과 더 많은 시간을 보내라는 겁니까?

심리치료자: 네, 아이들에게는 삶의 어려움을 새로운 방식으로 다루는 것을 가르쳐야 해요. 제이슨과 루크가 당신의 가족과 함께 살기 전에는 어땠나요?

폴: 두 아이는 정말 끔찍하게 많은 상처가 나 있었습니다. 그중 일부는 서로 상처를 낸 것이고, 애완동물이나 다른 사람들에 의한 상처도 있었고요. 그런 식으로 상처를 입어 왔습니다. 제이슨은 루크의 대장이 되길 원하고, 이에 루크는 그렇게 행동하기도 하고 그렇지 않기도 합니다. 제이슨은 매우 소란스럽게 굴고, 자신의 욕구대로 행동합니다. 루크는 조용해서 저는 종종 루크가 제이슨과의 관계에서 피해자가 되는 것을 보았습니다. 제이슨은 이불을 덮어 주는 것을 좋아하지 않고, 심지어는 잘 시간에 이야기를 듣거나 노래를 듣는 것조차도 싫어합니다. 이러한 것들은 제가 에이미와 앤에게 항상 해주던 것들입니다. 그리고 제이슨은 때때로 루크를 밀쳐내지만, 그 아이는 아직 홀로 일어날 수 없습니다. 제이슨은 항상 자신과 싸울 누군가를 필요로 합니다.

심리치료자가 다른 질문을 하려고 할 때, 두 아이 사이에서 사소한 싸움이 일어났다. 제 인은 즉시 일어나서 만들어진 원 안에 두 아이를 모두 앉혔다.

심리치료자: 제인, 만일 폴이 이 상황을 조정하면 어떨지 궁금하군요. 저는 어떻게 그 상황이 진행될지를 보고 싶어요. (제인은 천천히 다시 자리에 앉았다.)

폴은 에이미와 앤에게 어머니 옆에 앉고 싶은지를 물었다. 말할 필요도 없이, 그들은 움직였다. 폴은 일어나서 남자아이들에게 팔을 뻗어 자신의 옆자리에 있는 의자로 와서 앉도록 하였다. 폴은 차분하지만 단호한 목소리로 "거기 앉아서 움직이지 마라."라고 말했고, 아이들은 서로를 쳐다보며 곧바로 자리에 조용히 앉자, 폴은 아이들의 뒤에 앉았다.

심리치료자: 어떻게 되었지요?

제인: 오래 가지 않네요.

심리치료자: 아무것도 아니죠. 그러나 폴, 당신에게는 그것이 어땠나요? (폴은 대답하지 않는다.) 당신은 남자아이들이 당신의 말을 듣고 당신이 요구하는 대로 행동하는 것

을 발견했나요?

폴: 제인이 옳았어요. 오래 가지 않았습니다.

심리치료자: 그렇죠. 그러나 때로는 일이 생기고, 당신이 그것을 알았을 때 …… 저는 당신과 제인이 제이슨과 루크에게 무엇을 배우고 다룰 필요가 있는지를 이야기하고, 누가 필수적인 메시지들을 그들에게 잘 전달할 수 있는지가 궁금합니다.

폴과 제인은 아이들이 갈등을 해결하기 위해 폭력을 사용하는 문제에서부터 교육과 관련된 특별한 욕구에 관한 여러 가지 문제를 발견하였다. 폴은 운동, 낚시, 캠핑을 언급하였다. 제인은 아이들을 위해 바이올린과 같은 음악을 가르치길 원한다. 폴은 아이들이 가끔은 자신과 함께하기를 제안하였다. 제인은 예술(박물관, 미술관 등)을 좋아하도록 하는 데 관심이 있었다. 두 부모는 제이슨과 루크가 집안일의 일부를 담당해야 한다고 생각했지만, 폴은 밖에서 일하길 원하고 제인은 자신들의 방과 화장실을 청소하기를 원했다.

그들의 대화 장면은 고정된 양상을 보이는 것 같았다. 폴은 아이들이 성장하고 발달하는 데 중요한 것과 가족 안으로 그들이 좀 더 완전하게 들어오도록 하는 데 중요하다고 생각하는 것을 제안하였다. 제인은 그가 무엇을 말하는지 알고 있지만, 그녀는 즉각, 폴이 제안한 것 대신에 자신의 의견을 제시하였다. 폴은 말하기 시작하고, 그 다음에 제인은 그들이 딸들에게 항상 했던 것을 언급하였다. '그리고 그것은 성공하였다.' 그리고 폴은 또 다른 가능한 의견을 제시하거나 제인의 생각에 반응하기 전에 잠시 동안 침묵하였다.

심리치료자: 제인, 제 생각에 이 대화가 진행되는 방식이 제인과 루크를 돕는 좋은 방법임에 틀림없다고 생각해요. 당신이 폴에게 알려 주지 않는다면 알 수 없을 거라고 생각하는 것이 무엇인가요?

제인: 저는 단지 그가 아이들과 더욱 함께하기를 원했을 뿐이에요.

심리치료자: 폴은 아이들과 함께하기를 원하는 것 중 어떤 것도 받아들여질 거라고 생각하지 않아요. 왜 그의 생각을 좋아하지 않죠?

제인: 해야 할 것은 너무 많지만, 그가 원하는 것은……, 음, 노는 것.

심리치료자: 그것이 진실인지 모르겠네요. 그것은 제가 전에 말한 것과 같아요. 저는 당신이 앤과 에이미를 돌보는 것에 대해 많이 알고 있다고 생각해요. 당신은 딸들에게는 잘하지만 남자아이를 돌보는 것은 더 힘들어해요. 아이들에게 뭔가 다른 양육 방법이 필요하고, 어떻게 조용해질 수 있는지, 다른 사람들을 상대로 말하는 방법과 같은, 폴만이 그들에게 줄 수 있는 무언가가 있을 거예요.

제인: 그래서 당신은 아이들이 폴과 야구 게임이나 낚시 또는 함께 밖에 나가는 것이 좋다고 말하는 건가요?

심리치료자: 그것으로는 충분하지 않지만, 좋은 시작이 될 것입니다. (폴을 바라보며) 폴 당신이 당신의 아버지와 함께했던 좋았던 것이 무엇인지 다시 말해 주세요. 당신은

야구 게임이나 낚시를 하러 갔었나요?

폴: 아뇨, 제 아버지는 매우 바빴습니다. 그러나 저는 언제나 가기를 원했습니다. 그래서 아버지가 함께 나갈 수 있다고 할 때면, 너무 좋았습니다. 비록 대부분 취소해야만 했었지만. 저는 매우 실망했었고, 이해하려고 노력했습니다. 아버지는 중요한 일을 했으니까요.

심리치료자: 그래서 당신은 제이슨이나 루크가 실망하지 않길 원하는 것으로 이해해도 되나요?

폴: 맞아요. 만일 제가 그 아이들을 데리고 가서 무엇인가를 하겠다고 말한다면, 저는 그 약속을 꼭 지킬 거예요.

심리치료자: 잘 모르겠지만, 그 말은 꽤 중요하게 들리는군요. (제인을 바라보며) 당신의 어머니와 아버지는 당신과 어땠나요?

제인: 어머니가 모든 걸 다 하셨어요. 아버지는 경찰이셨고요. 아버지는 존경받을 만한 분이셨지만, 집에 돌아오시면, 항상 피곤해하셨어요. 아버지는 신문을 보거나 TV 시청을 원하셨어요. 어머니는 우리가 음악 수업에 참여하고, 미술을 접하고, 방과 후 활동에 참여하기를 원하셨어요. 어머니는 우리를 그곳에 등록하여 보내셨죠.

심리치료자: 당신의 아버지는 당신의 형제들과 어떻게 지내셨나요?

제인: 그들은 충분한 관계를 맺지 못했어요. 아버지는 조이(Joey)가 하고자 하는 것은 언제든지 도와주었지만, 조이는 분명히 어머니의 사랑스러운 아이였고, 어머니는 조이가 벌을 모면하도록 해 주었어요. 조이는 지금까지도 애지중지하는 아이예요.

심리치료자: 그래서 당신은 남자가 아들을 키우는 것에 관여하는 것이 어떻게 보이는지 잘 모르겠군요.

제인: 그래요. 잘 모르겠어요.

심리치료자: 에이미, 나는 네가 어렸을 때 어땠는지 궁금하구나. 어머니는 너와 앤이 아버지와 시간을 보내기 위한 공간을 만들어 주셨니? 또 너는 어땠니? 아버지가 너와 시간을 보내도록 하기 위해 말썽을 피워 본 적이 있니?

에이미: 저는 우리가 어머니와 함께 보내는 시간만큼 많이는 아니지만, 아버지와 함께 시간을 보내고 있다고 생각해요. 앤은 종종 침대에서 아침식사를 하곤 했고, 그들은 앉아서 얘기를 했어요. 그리고 아버지는 항상 잠들기 전에 우리에게 책을 읽어 주셨어요. 아버지는 우리를 낚시나 야구 게임에 한두 번 데리고 가셨지만, 우리는 가고 싶어 하지 않았어요.

앤: 제가 가장 잘 기억하는 것은 방학 때였어요. 때때로, 우리는 밖으로 캠프를 갔지만, 오랫동안 차로 여행을 하면서 천연기념물이나 유적지를 보러 가는 시간이 많았어요. 아버지는 다양한 장소와 역사를 많이 알고 계세요. 그리고 어머니는 우리가 차에서 노래를 하거나 게임을 하도록 허락해 주셨어요.

　　심리치료자는 에이미와 앤에게 제이슨과 루크가 어렸을 때 술래잡기와 같이 그들이 좋아했던 것이 무엇이었는지에 대해 이야기해 본 적이 있는지, 그리고 그들이 함께 행복해질 수 있는 방법을 알려 주었는지를 물었다. 심리치료자는 에이미와 앤에게 다음과 같이 물었다. "예를 들어, 너희 둘 중에 여섯 살, 네 살 남자아이가 가족 내에서 자기 자리를 찾을 수 있도록 도와줄 수 있는 것은 무엇인 것 같니?" 때때로 에이미와 앤이 제이슨과 얘기를 하고 루크는 듣고 있었다. 가끔, 제인은 그들의 대화에 끼어들기를 원했지만, 심리치료자는 그녀의 손을 잡아 아이들 간의 대화를 지켜보도록 하였다. 에이미와 앤은 그들이 어렸을 때, 각각의 부모에게 했던 것과 같이 했던 것 혹은 가족끼리 했던 매우 구체적인 일들에 대해 이야기하였다. 아이들이 이야기할 때, 그들은 향수에 빠지고 흥분을 동시에 느끼기 시작하였다. 앤은 종종 "네가 하고 싶은 것이 있니?"라고 물었다. 제이슨은 거의 항상 루크와 함께 고개를 끄덕이며 긍정적으로 반응하였다. 다른 형태의 관계가 형성되고 있었다(Bitter, 2014, pp.246~249).

전략적 가족 치료

Jay Haley

Jay Haley(1923~2007)는 가족들이 제시하는 증상을 치료하는 데 관심을 두었으며, 치료에서 발생하는 것에 대해 책임감을 갖고, 가족 문제를 해결하기 위한 접근을 만들었다. 전략적 치료자들은 문제에 초점을 둠으로써 가족의 목표에 도달할 수 있는 최선의 방법을 마련하였다. Jay Haley는 자신의 접근법을 개발하는 데 있어, 최면과 역설적 기법으로 유명한 Milton Erickson의 영향을 받았다(Haley, 1973). 캘리포니아주 팔로알토에 있는 정신연구소(Mental Research Institute: MRI)의 Haley와 Don Jackson, Jone Weakland는 치료의 목표로 통찰보다는 문제해결을 강조했다. 게다가, Minuchin과 Haley의 연구는 가족 체계에 대한 이론적 접근을 발달시키는 데 있어 중요했다. 비록 Haley의 가족 체계 이론이 Minuchin의 이론보다는 크게 발달하지 못했지만, 이 절에서는 그의 저서들에서 자세하게 설명한 그의 치료적 접근이 초점이 된다(Haley, 1963, 1971a, 1971b, 1973, 1976, 1979, 1984, 1996; Haley & RicheportHaley, 2007).

전략적 가족 치료의 개념

Minuchin과 같이 Haley는 특히 권력 관계와 부모들이 권력을 다루는 방식에 관심을 가지면서, 가족 구성원 간의 상호작용을 관찰한다. 관계를 권력 투쟁으로 보면서, Haley(1976)는 어떻게 관계가 정의되는지를 이해하는 데 관심을 가졌다. 따라서 한 사람이 다른 사람에게 하는 의사소통은 관계를 정의하는 행동이다(Haley, 1963). 어머니가 그의 아들에게 "네 방이 너무 지저분하구나."라고 이야기할 때, 그녀는 방의 상태에 관해 알리는 것뿐만 아니라, 아들에게 방을 치우라고 지시하는 것이기도 하다. 만일 아들이 방을 치우지 않는다면, 그는 어머니와 권력 투쟁을 시작하게 된다. Minuchin과 마찬가지로 Haley에게 중요한 것은 부모들이 아동보다 위에 있으면서 가족을 책임지고 의사결정을 하는 위계(hierarchy)의 개념이었다. Minuchin처럼, Haley는 부모 중 한 명이 자녀에게 지나치게 관여하고 다른 부모는 덜 관여하는 것과 같은 가족의 삼각관계에 관심을 가졌다.

전략적 접근과 구조적 접근의 차이점은 증상에 대한 전략적 가족 치료자들의 관심이다. Haley에 따르면, 증상은 가족 체계 내에서 미확인된 의사소통 방식이며, 대개 문제에 대한 다른 해결책이 없을 때 증상이 일어난다. 전략적 치료자에 따르면, 증상은 종종 가족 내에서 느끼거나 행동하는 방식에 대한 은유(Madanes, 1981)를 말한다. 은유적 메시지에는 외현적 요소(예: "배가 아파요.")와 내현적 요소(예: "저는 방치된 것 같아요.")(Brown & Christensen, 1999)가 있다. 예를 들어, 한 아이가 "나는 배가 아파요."라고 말하는 것은 아이의 어머니가 아버지와의 상호작용하는 동안에 느끼는 감정을 아픔으로 표현한 것일지도 모른다. 증상을 설명하는 것을 들으면서, 전략적 치료자들은 증상이 은유적으로 전하는 메시지를 찾는다. 심리치료자들은 증상이 문제를 해결하려는 비효율적인 시도라는 것을 인식하였다.

목표

체계와 작업할 때 일관성 있게 강조하는 것은 목표를 선택할 때 두는 가치이다(Keim, 2000). 비록 심리치료자가 가족 구성원에게 그들은 왜 여기에 왔고, 심리치료에서 달성하고자 하는 것이 무엇인지를 묻기는 하지만, 심리치료자가 최종적으로 목표를 정한다. 그런 목표는 중간 목표뿐 아니라 최종 목표가 될 수도 있으며, 모호한 목표가 아닌 구체적인 목표여야 한다. 불안을 감소시키기 위한 목표는 심리치료자가 어떤 가족 구성원이 어떻게, 어떤 상황에서 불안을 경험하고 있는지를 아는 것으로 시작될 수 있다. 심리치료자들이 목표에 도달하기 위한 전략을 세우기 위해 반드시 충분한 정보가 필요하다. 예를 들어, 딸이 집안일을 하는 것에 대해 부모가 비난하는 것 때문에 불안해한다면, 심리치료자는 아버지가 요구하는 것만을 하는 중간 목표를 정할 수 있고, 나중에는 어머니와 아버지가 딸이 하길 원하는 일에 동의한 것을 하는 또 다른 중간 목표를 정할 수 있다. 각각의 목표를 모두 달성하기 위한 특정 방법들은 심리치료자에 의해 설계된다. 최근 몇 년 동안, 전략적 치료는 개입할 때 가족 구성원이 서로 사랑하고 돌보도록 하는 데 초점을 두며, 가족 관계의 권력에는 관심을 덜 보여 왔다(Keim, 2000; Nichols, 2013).

전략적 가족 치료의 기법

전략적 치료는 제시된 문제에 초점을 두기 때문에, 문제나 증상을 완화하기 위한 과제가 핵심이다. 가족 구성원이 과제를 성공시키는 것은 세 가지 이유에서 중요하다(Haley, 1976). 첫째, 과제는 치료에서 사람들의 반응 방식을 바꾼다. 둘째, 심리치료자들이 과제를 계획하기 때문에, 그들의 역할은 중요하며, 그들은 경청할 가능성이 높다. 셋째, 과제를 완수하든 그렇지 않든, 가족에 관한 정보를 얻는다. 과제가 수행될 때, 전략적 가족 치료자들은 가족에게 적합한 과제를 선택하고, 계획해야 하며, 가족이 과제를 완수할 수 있도록 도와야 한다 (Haley, 1976, 1984; Haley & Richeport-Haley, 2007). 일반적으로, 과제는 두 가지 유형으로 심리치료자가 가족에게 제안과 지시를 하는 직접적인 과제와 변화에 저항하는 가족을 위한 역설적 과제가 있다.

직접적 과제 전략적 가족 치료자들은 그들이 돕고자 하는 가족이 치료자의 제안에 동의하는 것 같다고 판단이 되면, 그들은 직접적인 과제를 부여할 수 있다. 가족과 대화를 하고 가족 경계선과 하위 체계를 관찰함으로써, 심리치료자는 가족이 목표를 달성하도록 도울 수 있을 것이다(Madanes, 1981). 때때로 가족들에게 하는 제안이 비교적 단순한 조언으로 구성될 수도 있지만, 흔히 가족들은 서로 상호작용하는 방식을 바꾸기 위한 다양한 제안을 요청받는다(Papp, 1980). 과제가 부여된다고 해서 가족 구성원이 협력할 것이라는 의미는 아니다.

가족 구성원이 협력하도록 하기 위해, Haley(1976)는 성공을 확신하는 다양한 과제를 제안한다. 과제를 주기 전에, 심리치료자는 가족들이 시도했지만 실패했던 제안을 하지 않기 위해 문제를 해결하려고 가족들이 해 본 방법들을 탐색해야 한다. 문제가 해결되지 않는다면 무엇이 일어났는지 탐색함으로써, 가족 구성원은 그 문제에 대해 무엇인가를 하는 것의 중요성을 인식할 것이다. 과제를 줄 때, 비교적 쉽게 성취할 수 있어야 하고, 명확하게 설명해야 하며, 과제를 수행할 아동 및 성인이 능력에 맞아야 한다. 전략적 가족 치료에서, 심리치료자는 가족들이 심리치료자의 지시에 따를 수 있도록 전문가로서의 위치를 이용할 수 있다. 과제를 계획할 때, 특히 은유 과제는 경험과 자신감이 있어야 한다.

과제는 특정 상황에 맞게 계획되었기 때문에, 과제를 주는 일반적 지침은 필요가 없다. 직접적인 지시의 몇 가지 특징을 Brown & Christensen(1999)이 말한 다음의 예에서 볼 수 있다.

- 한 주변적인 아빠와 딸에게 엄마가 관심 없는 무언가를 하도록 하였고 그로 인해 엄마가 간섭할 가능성을 줄였다.
- 갈등을 겪는 한 부부에게 연애 기간 때 즐거운 추억이 있는 레스토랑이나 공원과 같은 장소에 가라고 하였다. 긍정적 경험에 초점을 두는 것은 부부관계에 대한 감정을 변화시킬 수 있다.
- 딸이 자주 가는 동네 쇼핑몰에 대해 걱정하는 부모에게 그 쇼핑몰이 어떤지 직접 가서 확인해 보도록 요청하였다. (pp.93~94)

때때로 심리치료자들은 가족이 증상을 완화하기 위해 해야 할 행동이 있다고 생각하며,

은유적인 과제를 부여한다. 이러한 경우 가족 구성원은 과제의 목적을 깨닫지 못한다. 때로는 매우 어렵고 복잡한 문제에 대한 은유로 아주 단순한 문제를 풀도록 하는 과제가 주어진다. 다음의 예에서, Brown & Christensen(1999)은 딸이 부도 수표를 쓰지 않도록 하는 방법은 딸의 독립성을 키우면서 엄마와 딸의 관계를 개선시키도록 하는 과제일 수 있다고 말한다.

> 과제의 예로, 집에서 아무것도 하지 않고 앉아서 울기만 하여 심리치료를 받으러 온 우울한 19세 소녀의 사례를 보자. 그 소녀가 7년 전에 아빠에게 성적으로 학대를 당했다는 것을 안 심리치료자는 딸의 우울을 엄마에 대한 분노로 재정의하였다. 심리치료자는, 학대하는 것을 엄마가 말리지 않고 허용했기 때문에, 딸이 엄마에게 분노한다고 믿었다. 딸의 분노는 엄마를 완전히 잃는 것을 두려워할 정도로 너무 불안정하고 폭발적이어서 절대 표현되지 않았다. 딸과 엄마는 서로 지나치게 관여되어 있었다. 엄마는 딸을 필요로 하고, 딸이 집에서 떠나는 것을 원하지 않았음을 인정하였다. 딸은 엄마의 소원에 화가 났지만, 엄마가 원하는 것을 거절하는 것이 관계의 단절로 이어질까봐 두려워했기 때문에, 이를 변화시키기 위해 어떤 것도 하지 않았다. 딸이 엄마와 전혀 의논하지 않고 엄마의 계좌에서 부도 수표를 쓴다고 엄마가 불평하였다. 심리치료자는 근친상간의 문제와 집을 떠나는 문제를 직접 다루지 않기로 선택했고, 모든 동일한 역동이 존재하기 때문에, 보다 심각한 문제에 대한 은유로 부도수표 문제를 다룰 수 있었다. 심리치료자는 엄마와 딸에게 다른 문제들의 은유로서 기능하는 수표에 대해 논의하도록 했다. 논의한 결과, 심리치료자는 딸에게 독립된 계좌를 개설하도록 지시하고, 엄마에게는 딸의 청구서를 지불하지 않도록 지시하였다. (Brown & Christensen, 1999, pp.94~95)

심리치료자는 은유적 과제를 통해, 딸이 자신이 쓴 돈에 책임을 지도록 함으로써 자율성을 발달시키며, 딸의 활동에 대한 엄마의 관여를 줄여 엄마와 딸 사이의 적대감을 감소시킬 수 있었다. 이 과제를 성공적으로 완수함으로써, 엄마와 딸의 분리 문제가 포함된 다른 과제들이 앞으로 쉽게 해결될 것이다. 그러나 때때로 직접적인 과제가 은유적이든 직접적이든 간에 변화를 가져오는 데 충분하지 않을 수 있다.

역설적 과제 기본적으로, 역설적 제안은 가족들이 도움을 받기를 원하는 행동을 계속하도록 요청하는 것이며, 가족들이 이 요청에 응하든 응하지 않든 간에 긍정적 변화가 나타날 것이다. 한편 심리치료자가 가족들에게 요청한 행동을 하지 않도록 결심하게 한다. 가족들은 종종 심리치료자가 변화를 요구하지 않는 이유에 대해 혼란스러워 한다. 역설적 지시의 사용은 심리치료자가 경험과 자신감을 가지고, 가족들이 직접적인 제안에 저항할 때에만 사용할 수 있다.

Weeks & L'Abate(1982)는 역설적 개입에 적합한 여러 유형의 가족 행동을 논의하였다. 가족 구성원이 서로 싸우거나, 다른 사람의 말에 대해 논쟁을 할 때 직접적인 과제를 하려고 하지 않을 수 있으며, 부모들은 아이들이 과제를 하도록 하는 데 충분히 책임을 지지 않을 수 있다. 아동과 청소년이 부모에게 반항하거나 말을 듣지 않을 때 직접적인 제안을 사용하는 것은 부모에게 어려울 수 있다.

역설적 과제를 사용하는 것에 대해 기술한 Papp(1980, 1984)은 재정의하기, 처방하기, 구속하기라는 세 가지 단계를 제안했다. 첫 단계는 증상을 가족들에게 주는 유익한 면으로 재정의하는 것이다. 증상 처방은 가족들이 하고 있었던 것을 계속하도록 격려를 받는데, 그렇게 하지 않는다면, 가족들에게 주는 이득이 상실될 것이기 때문이다. 따라서 화가 난 아동은 화를 계속 내고 울화통을 터뜨리도록 요청할 수 있다. 증상을 처방할 때, 심리치료자는 논리적 근거가 분명하고 진지해야 한다. 가족들이 변화를 보이기 시작할 때, 심리치료자는 역설적인 과제를 계속하도록 하여 성장이나 변화를 막으려 한다. 예를 들어, 부엌일로 자주 다투는 부부는 싸움을 덜 한다고 보고할 수 있다. 전략적 가족 치료자는 그 변화를 강화하기보다는 부부에게 주의하라고 경고할 수 있다. 주의를 하지 않으면, 어느 한쪽이 다른 한쪽에게 상대적으로 더 강한 자리를 뺏길 수 있다고 이야기할 수 있다. 이렇게 말을 할 때 심리치료자는 변화를 인정하지 않거나 비꼬듯이 행동한다. 역설적 과제를 사용하는 과정을 통해, 심리치료자는 가족들에 대한 관심을 보여 주고, 변화가 일어날 때, 놀라움뿐만 아니라 변화가 일어날 수 있을 것이라는 희망을 표현할 수 있다.

역설적 과제는 당연히 혼란을 야기하기 때문에 Brown & Christensen(1999)이 심리치료에서 사용해왔던 몇 가지 과제의 예를 보여 주었다.

- 아들에게 많은 자율성을 주는 것을 싫어하는 매우 독립적인 독신 부모는 자신이 혼자되는 것에 대한 불안을 경험하지 않도록 아들을 위해 더 많은 것을 해주라는 요청을 받았다.
- 남편을 떠나려고 했지만 떠날 수 없었던 아내에게 남편을 돌볼 사람이 필요하기 때문에 남편에게 머물러 있으라는 충고를 하였다.
- 다툴 때에만 오로지 접촉이 일어나는 한 부부는 그들이 서로 가까워지도록 하기 위해 말다툼을 더 많이 하도록 했다. (pp.98~99)

이러한 예들은 역설적 과제를 기술하지만, 치료에서 그것을 사용하는 과정을 설명하지는 않는다. 다음은 치료자가 역설적 과제를 치료에 어떻게 통합시키는지에 관한 보다 완전한 예를 보여 준다.

전략적 치료의 사례: 불을 지르는 소년

엄마와 다섯 명의 아이로 구성된 한 가족을 돕는 예에서, Madanes(1981)는 열 살짜리 아들이 불을 내는 것 때문에 걱정하는 엄마에 대해 역설적 개입을 사용하였다. 아래에 제시된 것처럼, Madanes는 그 소년의 행동을 은유적인 것으로 보았다. 불을 냄으로써 소년은 엄마를 우울하게 만들기보다는 화가 나게 하였다. 과제를 낼 때에 Madanes는 소년이 방화 전문가이기 때문에 소년이 엄마를 돕도록 하여 엄마와 아들의 관계를 변화시켰다.

한 엄마가 열 살 된 아들이 불을 내는 문제로 상담하러 왔다. 그 아이는 쌍둥이 중 한 명이었고, 네 명의 아이들 중 첫째였다. 그 가족은 많은 다른 심각한 문제들이 있었다. 아빠는 집을 떠나 다른 도시로 갔다. 엄마는 남편에게 재정적 지원을 받지 않았다. 그녀는 푸에르토리코 사람이었고, 영어를 사용하지 못했으며, 필요한 도움을 어떻게 얻어야 하는지를 알지 못하였다. 엄마는 아들이 집에 불을 낼 것이라는 두려움 때문에 1분도 그 소년을 홀로 내버려 두지 않았다.

첫 면담에서, 심리치료자는 소년에게 몇 개의 성냥을 주어 불을 붙이도록 하였고, 엄마에게 소년이 불을 붙이는 것을 보았을 때 집에서 했던 것처럼 해 보라고 요청하였다. 그런 다음, 심리치료자는 일방경으로 관찰하기 위해 방을 떠났다. 그 소년은 마지못해 불을 붙였고, 엄마가 그것을 빼앗아 소년을 화나게 했다.

엄마가 화를 낼 수 있는 대상이 되어 줌으로써 그 소년은 엄마를 도왔다. 소년은 엄마가 벌을 주고, 비난할 수 있는 대상이 되었다. 소년은 엄마가 우울해 있는 대신에 화를 내도록 하였고, 이러한 방식으로 그녀의 갖가지 근심에도 불구하고 정신을 차리도록 도왔다.

심리치료자는 그 소년에게 불을 적절하게 붙이는 방법을 가르칠 것이라고 얘기하였다. 그런 다음, 심리치료자는 소년에게 성냥을 켜기 전 성냥 상자를 닫고, 성냥불을 켠 후, 재떨이에 조심스럽게 놓는 방법을 보여 주었다. 그러고 나서 심리치료자는 엄마에게 재떨이에 있는 종이에 불을 붙이고 화난 것처럼 가장하도록 요청하였다. 소년은 심리치료자가 사무실에 가져다 놓았던 물로 그 불을 끔으로써 엄마를 도왔다. 소년은 엄마에게 그가 불을 정확하게 끄는 방법을 안다는 것을 보여 주었다. 이 모든 것이 일어날 때, 다른 아동은 지켜만 보고 참여하지 않도록 하였다. 불이 꺼진 후에, 심리치료자는 그 소년에게 불을 붙이고 끄는 방법을 이제 정확하게 알았다고 말했다. 심리치료자는 엄마에게 소년이 불에 대해 알고 있기 때문에 믿을 수 있다고 강조하였다. 그런 다음, 심리치료자는 엄마에게 일주일 동안 매일 저녁 소년과 함께 불을 붙이고 화난 척하며, 그가 불을 끄도록 하여 그녀를 도울 시간을 따로 정해 놓으라고 요청하였다. 다른 아이들은 구경꾼으로만 참여하도록 허락하였다.

엄마와 아들의 상호작용이 변화되어 엄마가 화낼 대상을 제공하는 대신에, 그 아들은 그녀가 화난 척할 때, 놀이를 하는 것처럼 그녀를 도왔다. 이전에는 그 소년이 불을 가지고 엄마를 위협함으로써 도와왔다. 이제는 소년이 불에 관한 전문가로서 그녀를 돕는다. 심리치료 전에, 소년은 불을 내어서 가족 내에 특별했다. 치료적 개입 후에는, 이 소년이 불에 관한 전문가이기 때문에 특별해졌다. 소년이 예측치 못하게 불을 낼 때, 그는 엄마보다 우월한 위치에 있었다. 엄마의 지시 아래 불을 낼 때, 그는 위계적으로 엄마의 아래 있게 되었다. (Madanes, 1981, pp.84~85)

Madanes는 그 소년이 이 회기 후에 불을 켜는 것을 멈추었다고 보고한다. 다음 회기에서, Madanes는 그 소년과 불을 끄는 다른 방식을 논의하였고, 엄마에게 그가 다른 아이들은 하지 못하는 특권, 불을 켜는 특권을 가지는 것을 허락해야 한다고 말하였다. 다른 가족 치료자들은 청소년의 방화를 다루기 위해 약간 다른 접근을 사용하였다(Barreto, Boekamp, Armstrong, & Gillen, 2004).

전략적 가족 치료 개입은 가족 구조에 대한 심리치료자의 관찰에 따라 다르다. 직접적이든 역설적이든 분명하고, 주의 깊게 개입을 한다. 심리치료자들은 그러한 개입을 처음으로 사용하기 시작할 때, 심리치료자의 지도하에서 가족들이 권력 투쟁과 동맹에 관한 심리치료자의 관찰을 논의할 수 있도록 한다. 전략적 치료는 계속해서 적용될 수 있는 여러 유형의 가족 문제로 인해 계속 인기가 있다(Smith, Ruzgyte, & Spinks, 2011). Stone(2012)은 전략적 치료가 특히 아동의 약물 치료와 비교할 때, 적극적이며 문제의 변화에 초점을 맞추고 있다고 주장한다. 비슷한 접근법으로, 간단한 전략적 가족 치료가 Szapocznik, Schwartz, Muir, & Brown(2012)에 의해 개발되었는데, 특히 라틴계 남성과 여성에게 함께 사용되었다.

경험적 가족 치료와 인본적 가족 치료

경험적 가족 치료자들과 인본주의적 가족 치료자들은 역기능적 행동을 개인적인 성장의 방해로 나타난 결과로 본다. 가족들이 성장하기 위해 가족 구성원 사이의 의사소통과 개인의 자기표현은 둘 다 개방적이어야 하며, 동시에 가족 구성원의 독특성과 차이점을 인식해야 한다. 심리치료에서 목표를 정하는 데 심리치료자와 가족 모두가 책임이 있다(Goldenberg & Goldenberg, 2013). 이 절은 간략히게 Carl Whitaker의 경험적 접근과 Virginia Satir의 인본주의적 접근을 기술하였다. 이 두 심리치료자는 40년 이상 가족 치료의 발달에 기여해왔지만, 치료가 약간 독특하고, 이론적 접근이 명확하지 않다.

Carl Whitaker의 경험적 치료

Carl Whitaker(1912~1995)는 이론이 임상 작업에 방해가 된다고 보았고 심리치료자 자신의 자원을 사용하는 직관적 접근을 선호하였다. 그의 접근의 특징은 역전이(내담자에 대한 자신의 반응)를 사용하는 것이다. 내담자는 심리치료에서 성장하고 변화하며, 심리치료자도 변화한다. 내담자와 심리치료자는 서로에게 영향을 주기 때문에 다양한 치료 순간에 내담자와 심리치료자의 역할을 한다. 이러한 상호작용은 가족 구성원들의(심리치료자도) 대인관계적 성장 목표를 촉진시킨다.

가족을 대상으로 한 그의 직관적 접근에서, Whitaker(1976)는 충동과 무의식적 행동의 상징에 대해 경청한다. 때때로 심리치료자는 가족 구성원의 관계 방식이나 감정에 대해 의식적으로 반응한다. 어떤 때에는 심리치료자가 왜 그렇게 반응하는지를 자각하지 못한다.

그는 내담자가 상징적으로 연관시키도록 하기 위해 자주 경험에 대해 상상하도록 제안하였다. 이것은 상황에 대한 모순을 이해하도록 해 준다. 상황들은 질병이나 병리보다 선택과 경험을 강조하는 방식으로 보았다.

가족 과정에 대한 Whitaker의 통찰은 16세의 소녀가 아빠와의 화 나고 눈물 어린 상호작용을 말하는 예에서 볼 수 있다. 예를 들어, 아빠는 자녀가 밤에 너무 늦게 집에 들어오는 것과 같은 행동을 제한해왔다. 이러한 상황에 Whitaker(Napier & Whitaker, 1978)는 소녀가 자각하지 못하는 문제를 자연스럽게 다루었다.

> Carl은 말했다. "내가 생각하기에 아빠가 너에게 심하게 강요하는 것은 아빠에게 고통스러운 이유가 있어. 너는 아빠를 무시했지, 기억 나니?" 클라우디아(Claudia)는 가볍게 끄덕였다. "나는 네가 울지 않고 아빠에게 벗어나거나 아빠가 너를 다르게 대하도록 하기 위해 그렇게 한 거라고 생각해." Carl은 의자를 살짝 움직여 앞으로 기울였다. 그는 불을 붙이지 않은 담배를 손으로 조심스럽게 잡고 있었고, 손을 무릎에 내려놓았다. "그러나 아빠는 자신이 너의 아빠이고, 네가 가족 규칙을 어떻게 따라야 하는지를 가르치려고 했단다. 아빠는 진짜로 많은 감정이 있지만 감정을 모두 드러내지 않으려고 했지. 내가 말하고자 한 것은 아빠는 느끼고 있는 것을 인정하지 않으며, 이성을 유지하려고 했고, 한 인간이기보다는 아빠가 되려고 노력했다는 점이란다." 그리고 Carl은 멈추었고, 클라우디아는 기다렸다. 마지막으로, "그것은 아빠가 자신의 감정을 파괴하는 과정이었고, 그런 아빠의 특성이 너를 화나게 만든 것 같아. 그것은 매우 심각한 문제라고 생각해." (pp.69~70)

클라우디아에 대한 Whitaker의 반응은 가족 전체와 아빠와 딸이 주고받은 영향에 관심을 두었다. 그는 클라우디아가 보지 않았던 방식으로 그들의 관계를 보았다. Whitaker의 접근은 자연스럽고 체계적이다.

Whitaker & Keith(1981)는 심리치료에서의 초기, 중기, 종결 단계를 기술하였다. 초기 단계는 치료 회기에 누가 참석하고자 하는지를 결정하는 것과 같은 구조를 만들어내고 노력하는 단계이다. 중기 단계에서, Whitaker는 가족 문제를 적극적으로 다루고, 적절할 때 확대가족을 데려온다. 변화를 가져오기 위해, 그는 직면, 과장, 또는 모순을 이용하였다. 그가 내담자에게 모순을 발견할 때, 그 내담자가 모순을 인식하고 변화시킬 때까지 모순을 강화시킨다. 치료의 종결 단계는 가족과 심리치료자의 분리 불안을 다루고 서로의 삶에서 점진적으로 분리하도록 한다. 치료적 과정에서 Whitaker의 방식은 에너지, 관여, 창조성이 특징적이다. 그의 접근은 Connell, Mitten, & Bumberry(1999)에 의해 상세하게 기술되었다.

Virginia Satir의 인본적 접근

창조성과 따뜻함이 있는 것으로 알려진 Virginia Satir(1916~1988)는 가족 구성원의 감정에 주의를 기울였고, 가족의 일상적인 기능과 정서적 경험에 대해 작업하였다. Satir는 개인과 가족들의 강점과 자존감을 발달시키고, 가족이 변화를 시작하도록 하기 위해 유연성을 기르는 데 초점을 두었다(McLendon, 2000; Nichols, 2013). 의사소통 기술을 주목한 Satir는 가족 구성원이 의사소통을 발달시키도록 도왔다. 다음의 예는 가족 내에서 효과적인 의사소통을 하기 위한 지침이다(Satir, 1972). 먼저 사람을 이용하고 당신이 느끼는 것을 표현하라. '나는 화가 난다.'와 같이 책임감을 갖는 '나' 진술을 사용하라. 가족 구성원은 서로에게 솔직하게 터놓고 말해야 한다. 자신의 얼굴 표정, 신체 자세, 목소리는 일치되어야 한다.

가족 의사소통에서 Satir가 기여한 것 중 하나는 가족들의 관계 방식을 보여 주는 다섯 가지 양식을 확인한 것이다(Satir, 1972). 즉, 약하고 우유부단하며 항상 비위를 맞추는 회유형, 다른 사람에게서 결점을 찾는 비난형, 거리를 두고 냉정하며 정서적이지 않은 초이성형, 다른 사람들을 혼란스럽게 하고 가족 과정에 관여하지 않는 산만형, 솔직하고 현실적이며 개방적인 일치형 의사소통이다. Satir가 의사소통 양식을 강조한 것은 치료 개입의 선택에 영향을 주었다.

치료 초기에, Satir는 항상 가족 전체를 만났고, 가족들이 그들 자신과 서로에게 더 나은 감정을 가지도록 도와주었다. 한 가지 접근 방법은 가족의 발달사가 기록되어 있는 가족생활 연대기였다. 이 연대기는 배우자를 어떻게 만났고, 형제자매와의 관계에서 그들은 자신을 어떻게 바라보았는지, 양육에 대한 기대는 어떠했는지가 포함되었다. 아동은 부모와 가족 활동을 어떻게 바라보는지를 이야기하면서 치료에 참여하고 기여하게 된다. 가족 체계에서 불균형에 대한 관찰과 더불어, 이러한 정보는 그녀가 가족 체계의 걸림돌에 관심을 두고, 가족 구성원의 성장을 촉진할 수 있는 방식으로 개입하도록 하였다. 이것을 달성하는 한 가지 방식은 가족 재구조화, 환상, 최면, 심리극, 역할 연기를 포함한 경험적 접근법이었다. 게다가 그녀는 가족 구성원이 신체적으로 가족 관계를 나타내는 특징적 자세를 취하도록 하는 가족 조각(family sculpting)을 사용하였다. 이 방법을 통하여 Satir는 가족에서 일어나는 사건을 연기하도록 하였다.

Satir의 가족 구성원에 대한 관심과 돌봄은 5명의 아이들 중 중간에 있는 유일한 소년인 코비(Coby)와의 상호작용에서 볼 수 있다. 그녀 자신의 경험에 대한 설명 다음에 제시된 코비와의 간단한 대화는 가족 내 감정에 대한 그녀의 연민과 관심에 대한 실례를 보여 준다.

버지니아: 이제 네 이야기를 듣고 싶다. 만약 너의 아빠가, 내가 들은 바로는 아빠가 말하는 어떤 방식인데……. 아빠가 지나치게 화를 낸다고 느끼지?

코비: 네, 선생님.

버지니아: 어떤 식으로든 아빠가 너를 대하는 다른 방식을 찾을 수 있다면, 그걸 네가 바라는 거니?

코비: 음, 네, 선생님. 하지만 선생님께서 알고 계시겠지만, 아빠는 화를 너무 쉽게 내요.

버지니아: 그래.

코비: 아빠가 소리 지르는 대신 참고, 우리에게 말하면 좋겠어요. 그게 전부예요.

버지니아: 그래, 때때로 아빠가 네가 어떤 것을 해야 한다고 생각하는데, 그렇게 하지 않고, 너는 아빠에게 말하는 방법을 모르고, 아빠는 너의 말을 듣지 않으려 하지? 이것이 네가 말하려고 하는 거니? (Satir & Baldwin, 1983, pp.34~36)

Satir는 코비에게 하였던 그녀의 반응에 대한 관찰을 기술하였다. 그녀는 언어적인 메시지와 비언어적인 메시지로 반응한다. 그 소년과 아빠의 관계에 대한 공감은 가족에 대한 Satir의 민감한 반응을 보여 준다.

여기서 나는 이 아동이 아빠에게 가졌던 사랑에 대해 자각하였다. 그리고 아빠가 그 사랑에 대해서 알게 된다면, 훨씬 좋아지리라는 것을 알 수 있었다. 그리고 코비가 벗어나야 하는 것은 코비가 인정하지 않았던 감정에 대한 방어였다. 나는 이러한 대화에서 모든 것을 알았다. 코비의 이야기를 들으면서 나는 또한 코비가 말할 자유에 대한 규칙이 없었다면 재빠르게 자신이 했던 방식을 말할 위험을 감수하지 않을 것이라 알았다. 그리고 코비는 나에게 아빠가 항상 화나 있지는 않으며, 그 화를 예측할 수 없다고 말해 주었다. 이것은 나에게 아빠가 권력 투쟁을 하고 있으며 자신이 어떻게 하는지를 자각하지 못한다는 느낌을 확인하게 해 주었다. 아빠는 가족의 우두머리이기를 원했지만 그러지 못했고 약하다고 느꼈다. (Satir & Baldwin, 1983, p.35)

Satir와 함께 훈련받았던 심리치료자들은 종종 개인적 성장과 자기 가치를 강조하였던 그의 인본주의적 접근에 의해 깊게 영향을 받았다. 1988년, 그녀가 세상을 떠난 후에도 그녀의 작업은 많은 가족 치료자들에게 계속 영향을 주고 있다. 전 세계적으로 그녀의 접근법을 적용하는 연구소가 15개 이상 있고, 부부(Mclendon & Bitter, 2011) 및 다양한 가족 문제에 사용되고 있다.

가족 체계 치료의 통합적 접근

최근의 가족 치료는 다세대, 구조적, 전략적, 경험적, 그리고 많은 다른 가족 치료를 통합한다는 점에서 창조적이다. McDaniel, Lusterman, & Philpot(2001)는 대다수의 가족 치료자들은 한 가지 이상의 이론을 사용한다는 것을 보여 주었다. 이 장에서 가족 치료에 대해 네 가지 접근을 소개하였다. 다음 절에서 설명될 단기 가족 치료와 같은 다른 치료들이 있다. 덧붙여 이 책에서 설명된 이론들(융학파 심리치료를 제외하고)이 가족 치료에 적용되었고 다음 절에서 볼 수 있다.

많은 심리치료자들은 개인 치료자로서 훈련받은 후에 가족 치료를 하기 때문에, 그들은 가족 체계 치료와 훈련 경험을 통합하는 경향이 있다. 종종 그들이 사용한 접근들은 그가 작업한 내담자 집단, 앞서 받았던 훈련, 자신의 성격에 의해 영향받는다. 예를 들어, 위기 개입을 해야 하는 사회복지사는 정신분석이나 다세대 접근보다 전략적 치료와 같은 보다 간단한 기술을 사용할 것이다. 치료자들은 자주 가족 체계나 가족 하위 체계와 항상 작업할 수 없다는 것을 발견한다. 때로 그들이 내담자 혼자만을 치료해야 할 필요가 있으며, 이는 많은 가족 치료 이론들에 의해 인정되었다(Nichols, 2013).

가족 치료의 통합적 접근이 점점 증가하고 있으며, 여러 치료자들은 다양한 접근을 통합한 방식을 기술하였다. 이렇게 통합하는 데에는 여러 이유가 있다(Lebow, 1997). 개인 치료와 가족 치료 간의 구분이 분명하지 않다. 치료자들은 치료 시 개인, 부부, 가족 면담을 혼합해서 할 수 있다. 최근에는 이론보다는 개념의 사용에 더 집중되어 있다. 그러므로 '분화'[Bowen], '실연'[Minuchin], 그리고 가계도는 여러 이론적 접근의 치료자들이 사용할 수 있다. 또한, 통합적 접근이 출현함에 따라 지배적인 하나의 접근은 없다. 이 장의 뒷부분의 '연구'에서도 볼 수 있는데, 연구는 다른 이론들보다 한 가지 접근을 지지하지 않는다. 전형적으로, 통합적 접근은 가족 치료 이론을 통합하여 사용하는 데에도 근거가 있다는 점에서 이론적으로 가치가 있다. 가족 치료의 통합은 Bitter(2014)에 의해 자세히 논의된 복잡한 주제이다.

가족 치료에 적용되는 개인 치료 이론

지금까지 이 책에서 다루었던 각 이론의 창시자들은 부부와 가족을 대상으로 그들의 접근을 적용해왔다. 융학파 치료자들은 예외인데, 그들은 경우에 따라서 부부를 상담하기도 했지만 가족 치료를 거의 하지 않았고, 개인이 개성화하는 데 초점을 두는 경향이 있었다. 다음 절에서, 각 이론이 가족을 돕기 위해 성격과 치료적 변화에 어떻게 접근하는지를 요약할 것이다. 새로운 개념을 소개하기보다는 각 이론이 가족과 어떻게 작업하는지를 보여 줄 것이다.

정신분석

Nathan Ackerman의 연구는 정신분석적 가족 치료의 실제에 계속 영향을 주었다. 그의 이론은 추동과 자아 이론을 가족에 대한 적극적이고 직면적인 접근과 결합한 것이다. 최근에 대상관계 관점은 정신분석적 가족 치료에 큰 영향을 주었다. 대상관계 가족 치료자들은 가족 구성원이 서로에게 제공하는 양육과 돌봄을 관찰한다. 그들은 가족 구성원이 상처를 받지 않고 문제를 다룰 수 있도록 안전한 환경을 제공한다. 종종 대상관계 가족 치료자들은 부모와의 애착과 분리 문제에 관심을 둔다. 과거 행동과 치료적 저항을 해석하는 것은 흔히 정신분석적 가족 치료자들이 사용하는 기법이다.

아들러학파 심리치료

Adler는 가족 치료를 항상 가치 있게 생각했다. 사실, 미국으로 떠나기 전 빈에서 Alfred Adler는 32개의 아동 진료소를 만들었다. Adler는 자주 교육적 관점으로 부모들에게 집에서 어려움을 다루는 방법을 교육하였다. 때로 이러한 교육을 1~2회기 동안 진행했다. 예를 들어, 심리치료자는 부모가 아동에게 정보를 주고, 아동이 어떻게 행동하는지를 관찰한 다음, 아동이 그 행동의 결과를 따르도록 제안할 수 있다. 가족 내 갈등을 가진 구성원은 서로 존중하고, 정확히 문제를 설명하고, 문제를 다루는 방법에 합의를 하여 갈등을 해결하는 것을 배운다. 이러한 실제적 접근은 전형적인 아들러 가족 치료이다.

실존주의 심리치료

실존주의 가족 치료에서, 심리치료자들은 사람들의 관계뿐만 아니라 개인이 자신과 세계 안에서 자신의 존재를 자각하는 데 초점을 둔다. 부부와 함께 작업할 때, 실존주의 심리치료는 배우자들에게 그들 자신과 배우자의 내면세계를 더욱 자각할 수 있도록 하려고 한 회기 동안 관찰자로 있도록 요청할 수 있다. 또 다른 접근은 치료 과정에서 각 부부의 사적 세계를 기록하는 비밀 일기를 쓰도록 요청할 수 있다. 비슷한 접근이 청소년을 대상으로 한 가족 치료에도 적용될 수 있다.

인간중심 심리치료

개인 치료에서처럼, 공감은 인간중심 가족 치료에서 중요한 요소이다. 심리치료자들은 가능한 한 가장 깊은 수준에서 가족 구성원 간의 갈등을 이해하려 한다. 가족 치료자들은 개별 가족 구성원뿐만 아니라 관계 문제를 강조할 수 있다. 모든 가족 구성원이 한 회기에 다 참석하지 않을 때, 심리치료자는 참석하지 않은 가족 구성원에게 공감적일 수 있다. 이러한 예는 다음과 같다. "당신의 말을 듣지 않기 때문에, 마사(Martha)에게 얼마나 실망했는지 이해해요. 그러나 나는 그녀가 지금 우리와 함께 있다면, 그녀가 말할 기회를 갖지 않았다고 느낄 수 있을 거예요."

게슈탈트 심리치료

개인 치료에서처럼, 게슈탈트 가족 치료자들은 꽤 적극적이다. 가족 구성원들은 서로 경계선 문제를 어떻게 일으키는지를 관찰한다. 현재에 초점을 두고, 7장에 설명한 기술을 사용한다. 게슈탈트 가족 치료자들은 가족원들이 그들의 상호작용 패턴을 자각하도록 돕는다. 종종 가족 구성원은 자신의 욕구와 다른 가족 구성원의 욕구를 자각하지 못한다. 게슈탈트 가족 치료자들은 흔히 가족들의 관계와 가족과 심리치료자와의 관계에 대해 언급한다. 그들은 적절한 분리와 통합이 이루어질 수 있도록 감각, 청각, 시각, 촉각에 주의를 기울여 경계선을 자각한다.

행동 심리치료

인기 있는 행동 접근법은 행동적 부모 훈련이다. 이러한 방법으로 부모들은 지목된 환자의 행동을 변화시키기 위해 행동적 방법과 경험적 방법을 적용한다. 그들은 먼저 변화되길 원하는 아동의 행동 특성과 빈도를 결정하기 위해 행동의 기저선을 정할 수 있다. 그 행동을 관찰하고 측정하고 난 뒤에 부모들은 심리치료자에게서 배운 행동적 기술을 시도한다. 예를 들어, 과도하게 소리를 지르는 한 아동은 소리 지르는 행동이 줄어든다면 보통 취침 시간이 지난 후에 텔레비전 프로그램을 보는 것과 같은 특권을 받을 수 있다. 이러한 계약은 협상할 수 있고, 진행 과정을 기록할 수 있다. 일반적으로, 부모들은 그 문제에 대해 신중하고 상세한 평가를 하는 방법을 배우고, 아동에게 유관 강화를 수정하는 특정 전략을 사용한다.

합리적 정서행동 심리치료

합리적 정서행동 치료(REBT)의 목표는 가족에게 비합리적인 신념이 가족들을 혼란스럽게 한다는 것을 알게 하는 것이다. 비합리적인 신념에 대해 배우며, 그 신념을 포기함으로써 가족 구성원이 그들의 소원, 좋아하는 것, 욕망을 가질 수 있다는 것을 알게 된다. 가족 구성원은 심리치료자들이 개인 내담자에게 가르쳤던 것과 유사한 기법을 배운다. 이러한 기법은 A-B-C-D-E 치료적 접근을 따른다(A: 활성화 사건, B: 신념, C: 결과, D: 논박하기, E: 효과). 심리치료자는 논박하기와 현재 그리고 미래에 발생할 수 있는 위기와 상황을 다루도록 하는 다양한 인지행동 기법을 사용한다. Ellis는 각 가족 구성원이 자신의 행동에 책임을 지고, 그러한 책임감을 가져야 한다고 믿었다. REBT 치료자들은 가족에게 적용될 수 있는 비(非)장애와 자기 조력의 원리를 강조하며, 가르치는 데 중점을 두었다. 심리치료자들은 다른 이론들을 사용하는 가족 치료자들보다 더 많이 '해야 한다(shoulds)'와 '반드시 해야 한다(musts)'에 대한 논박을 이용한다.

인지 심리치료

교육은 인지적 가족 치료의 중요한 부분이다. 인지적 가족 치료자들은 자주 개인의 인지 왜곡을 평가한다. 심리치료자들은 심리치료 개입을 위해 자동 사고와 개인의 인지 도식에 주의를 둔다. 심리치료자들은 '남편은 아이들에게 제대로 하는 게 아무것도 없다.'와 같은 왜곡된 신념을 '남편은 집에 왔을 때 아이들과 말을 하지 않는다.'와 같은 대안 신념으로 바꾸도록 도울 수 있다. 이러한 방식으로 비난하거나 해로운 신념을 변화시킨다. 심리치료자들은 흔히, 개입하기 전에 분노와 다른 파괴적인 정서를 다룰 수 있다. 가족에게 흔한 왜곡은

"너는 나를 화나게 하는 것을 알면서 꼭 늦는다."와 같은 이야기 속에 나오는 독심술과 같은 것이다. 심리치료자들은, 예를 들어 늦게 들어오는 많은 이유가 있음을 보여 주면서 독심술에 도전한다. 그러한 개입은 치료에서 이루어지지만, 가족 변화를 가져오는 데 회기 밖에서 해야 할 것을 각 가족 구성원에게 제안을 할 수 있다.

현실 심리치료

최근 몇 년 동안, 부부 상담과 가족 치료는 William Glasser의 특정 관심사가 되었다. 현실 치료자들은 자주 가족 구성원의 선택 체계와 그들이 서로에게 어떻게 상호작용하고 접촉하는지를 관찰한다. 공유된 감정뿐만 아니라 각 가족 구성원의 바람(want)과 가치에 관심을 둔다. 바람과 욕구에 대한 평가 후, 가족이 조화를 이루도록 함께 무엇인가를 하는 것에 초점을 두었다. 그러나 현실 치료자들은 또한 가족 구성원이 삶을 독립적으로 발달시키고 싶은 욕구를 인정한다. 현실 가족 치료자들은 아이들에게 좋아하는 활동과 얼마나 현재 활동을 하고 있는지를 물어볼 수 있다. 이러한 방식으로 현실 가족 치료자들은 가족 관계가 아동의 욕구를 얼마나 잘 충족시키는지를 평가할 수 있다. 상호작용을 하게 만드는 활동을 하도록 제안할 수도 있다. 예를 들어, 아빠가 딸과 함께 공원을 산책하는 것은 텔레비전을 함께 보는 것보다 더 나은 활동이다. 하나의 작은 집단으로서 가족들이 하는 활동에 초점을 두었는데, 이러한 활동이 가족 구성원들 각각의 욕구와 모두의 욕구를 충족시킬 수 있기 때문이다.

여성주의 심리치료

『여성주의 가족 치료 저널(Journal of Feminist Family Therapy)』에서 제안한 것처럼, 여성주의 심리치료자들의 연구에서 가족 치료는 매우 중요한 영역이다. 이 접근은 '나쁜' 남성에게 잘못 대우받았던 불행한 여성을 돕는 방법에 관한 것이 아니다. 여성주의 심리치료자들은 가족 구성원이 서로에게 어떻게 반응하는지에 대한 통찰을 제공하는 정치적이고 사회적 요인을 주시한다. 사람들을 비난하거나 구출하는 데 초점을 두지 않고, 성(gender)과 권력이 내담자에게 어떻게 영향을 주는지에 관심을 둔다. 여성주의 심리치료자들은 성역할 기대와 고정관념에 따라 심리치료자의 성별이 다른 가족 구성원과 작업할 때 어떻게 영향을 주는지를 자각한다. 성역할, 언어, 다른 관련 활동에 대한 정보가 주어질 수 있다. 여성주의 심리치료자들은 또한 문화적·인종적 정체성에 대한 문제에도 주의를 기울인다. 그들은 다른 이론적 접근과 성역할 및 권력 개입을 통합하였다.

가족 치료의 접근들은 서로 매우 다르다. 정신분석적 가족 치료자들은 치료에서 아동과 부모의 초기 관계를 강조한다. Adler는 형제자매와 가족 구성원 간의 관계, 교육 욕구에 초점을 둘 수 있다. 대조적으로, 실존주의 심리치료는 자신을 알고 자기 존재를 자각하는 데 초점을 두고, 인간중심 심리치료는 내담자에게 공감적인 반면, 게슈탈트 가족 치료자들은 치료 시간에 일어난 사건에 주의를 기울이고, 시연 활동을 사용하는 경향이 있다. 더욱 구조화된 접근은 행동 치료자들, 합리적 정서행동 치료자들, 인지 심리치료자들이며, 가족의 행동과 사고에 대한 개입과 함께 그들의 평가는 아주 체계적이다. 현실 치료자들은 행동 치료자들과 같이 행동하는 것을 강조하지만, 개인의 욕구 해결과 원하는 것에 초점을 두고, 가족 구성원의 상이한 선택에 주의를 기울인다. 이러한 모든 접근들과 대조적으로, 여성주의 가족 치료자들은 가족에 대한 사회의 영향과 성과 권력의 역할에 대한 내면화를 살펴본다. 이러한 접근들은 가족들을 Bowen, Minuchin, Haley, Whitaker, Satir가 했던 방식으로 가족을 하나의 체계로 살펴보지 않는다. 이러한 심리치료자들은 가족을 개인으로 구성된 집단으로 보기보다는 한 체계로 바라본다. 단기 가족 치료자들은 또한 가족을 한 체계로 보고, 다른 가족 체계 심리치료자들보다 더 짧은 회기의 치료를 하며, 개입이 특이하고 강력할 수 있다.

단기 가족 체계 상담

단기 개입을 시도한 단기 가족 체계 치료의 선구자들은 개입 방법이 실용적이고, 명백하며, 현재 문제와 관련이 있는 접근을 발달시켜 왔다. 그러나 그들은 일차적으로 제시된 문제를 해결하기 위해 가족의 일시적 변화뿐만 아니라 이차적으로 가족 체계에게 변화가 지속적으로 일어나길 바란다. 이러한 접근은 강력한 개입을 이용하기 때문에 한 사람은 일방경 뒤에서 관찰하고 한 사람은 치료실에 들어가며 쉬는 시간에 두 사람이 논의하는 식으로 진행한다. 여기에서 두 가지 단기 접근법들을 기술하고자 한다. 먼저 팔로알토 정신연구소의 단기 가족 프로젝트는 1967년부터 훈련, 이론 발달, 연구를 해왔다. 그리고 장단기 심리치료는 이탈리아 밀란(Milan)학파에 기반을 둔다.

정신연구소의 단기 가족 치료 모델

Gregory Bateson, Don Jackson, Jay Haley, Milton Erickson의 연구에 의해 입증된 정신 연구소(MRI)의 단기 치료 접근은 가족 안의 관계에 대한 치료뿐만 아니라(Schlanger, 2011) 문제를 해결하고 증상을 완화시키는 것을 강조한다(Nardone & Watzlawick, 2005). 10회기 이하의 MRI 단기 심리치료는 Haley의 전략적 체계와 비슷하게 구조화된 문제해결 접근법이다. 그러나 그것은 Minuchin의 권력의 개념과 Haley가 사용한 가족의 위계를 이용하지 않았다는 점에서 다르다.

특히 MRI 단기 가족 치료자들에게 중요한 것은 상호보완적이거나 대칭적인 의사소통 패턴이다. 상호보완적 관계에서, 한 사람은 우월한 반면, 다른 사람은 열등하거나 복종적이다. 대칭적인 관계에서, 배우자는 동등하다. 그러나 대칭적인 메시지는 하나의 분노 표현이 그보다 더 강한 분노 표현을 가져오고, 이것은 다시 더 큰 분노 표현을 가져오는 방식으로 한쪽에서 수긍할 준비가 되기 전까지 싸움이 지속하는 방식으로 악화될 수 있다. 그러한 논쟁이 계속되는 방식은 배우자의 구두점이라고 불리는 것에 달려 있으며, 이는 배우자가 상대방에게 원인이 있다고 말하는 것을 믿는 사고에 기인한다. 이것은 누가 논쟁을 시작했는지에 대해 "네가 했어.", "아니, 네가 했어."라고 하며 싸우는 아동들의 대화를 생각나게 한다. 이러한 순환적 상호작용에서는 시작점을 찾을 이유가 없고, 그보다는 가족 의사소통에 존재하는 이중 구속에 주의를 둔다(Weakland, 1976).

MRI 단기 치료자들은 Haley의 전략적 접근 절에서 기술된 재구성화, 재명명화, 역설적 개입과 같은 많은 기법을 이용한다. 가족과 작업을 할 때, 그들은 문제에 대한 분명한 관점을 갖고 문제를 유지하는 체계의 부분을 변화시키는 방법을 계획한다(Segal, 1987). 치료자들은 변화를 위해 작은 변화를 찾고 내담자에게 천천히 나아지도록 격려한다. 치료가 진행됨에 따라 가족의 문제와 의사소통을 보는 방식이 점진적으로 재구조화된다. 논쟁과 다툼은 가족과 작업하는 동안 일어나지 않는다. 문제의 유형에 따라 다른 접근을 해야 한다.

다음의 예는 남편이 심장 발작으로 고통스러워하면서도 운동을 하지 않고, 식이요법을 하지 않은 10가족과 작업했던 것을 기반으로, Segal(1982)은 비효과적인 해결책을 생산적인 해결책으로 변화하도록 하기 위해 아내들과 작업하였다. 5회기 안에 치료자는 남편이 적응적인 행동을 하도록 하기 위해 체계를 변화시키려 하였다. 남편의 행동을 변화시키기 위해 잔소리를 하고 논쟁하려 했던 것을 관찰하라는 지시를 아내들에게 했다. 한 사례에서, 아내는 남편에게 부족하지만 그가 원하는 방식으로 생활하도록 하라는 이야기를 들었다. 그녀는 자신의 삶을 통제하고, 남편과 함께 생명보험과 부동산 계획을 검토해 보라는 지시를 받았다. 게다가, 그녀는 생명보험 회사에 전화해서 그녀가 집에 없을 때 남편에게 전화해 달라고 하는 요구를 받았다. 이런 방식으로 남편을 대하고 난 2주 후에, 남편은 재활 운동에 참여하고, 다이어트에 신경을 썼다.

밀란학파의 장기적 단기 치료

MRI 이론가들과 Haley의 전략적 모델의 연구에 기반을 두며 가족 구성원이 행동하고, 관계하고 사건을 지각하는 방식의 차이에 초점을 둔 접근이 개발되었다(Storms, 2011). 이러한 접근은 오랜 시간 변화되어 왔기 때문에 기술하기 어려우며, 이탈리아 밀란(Milan)에 기반을 둔 사람들은 다른 관점을 발달시켰다. 이 접근은 해결에 초점을 두었으며, 12장에서 기술된 이야기 치료 기술을 사용하며 계속해서 발달하고 있다(Rhodes, 2008). 원래의 작업은 '장기적 단기 치료'로 기술되었고, 이는 비교적 짧은 약 10회기의 치료를 하지만 매주 치료하기보다는 매달 몇 시간씩 가족을 함께 만나기 때문이다(Tomm, 1984). 주목할 것 중 하나는, 밀란학파의 다른 구성원에게서 만들어진 두 가지 창조적인 가족 개입 접근이다. Boscolo와

Cecchin에 의해 만들어진 개입은 순환적 질문하기라고 하며, 가족 구성원에게 같은 질문을 함으로써 사건과 관계를 바라보는 방식의 차이점을 알기 위해 고안된 것이다(Athanasiades, 2008). 예를 들어, 그들은 다양한 가족 구성원에게 다음과 같이 질문할 수 있다(Boscolo, Cecchin, Hoffman, & Penn, 1987). "이번 주에 그 논쟁은 얼마나 나쁜 것이었나?", "누구와 누가 가장 가까운가?", "앤디(Andy)가 먹지 않을 때 가장 화난 사람은 누구인가?" 그러한 질문은 가족 구성원이 문제를 더 넓은 관점으로 바라보도록 하며, 문제를 이해하는 새로운 방법을 찾고 새로운 해결책을 발견하도록 한다.

또 다른 혁신적 기법은 부모와 아동이 역기능적 방식으로 공모하는 상황에서 도울 수 있도록 Selvini-Palazzoli에 의해 고안되었다. 불변의 처방(invariant prescription)을 이용하는데 Selvini-Palazzoli는 면접 후에 가족들이 따르게 될 처방서를 부모에게 준다. 이러한 처방은 부모와 아동 간 분명한 경계선을 만들도록 계획된 것이다(Selvini-Palazzoli, Cirillo, Selvini, & Sorrentino, 1989). Giuliana Prata와 Mara Selvini-Palazzoli에 의해 행해진 연구에서 발달된 불변의 처방은 역설적 개입에 의존한다. 불변의 처방은 12장에서 기술된 해결중심 치료에서 사용되는 '메시지'와 비슷하다. '그 메시지'는 개인 치료에서 사용되며, 경계선보다 문제에 대한 해결에 초점을 둔다.

다음의 사례는 Selvini-Palazzoli 등(1989)이 그들의 작업에서 불변의 처방을 어떻게 사용하였는지를 설명한다. 치료자는 청소년기에 있는 세 명의 딸 중 자살을 시도한 딸을 둔 부부를 도우면서, 가족에게 진행 중인 '게임'의 유형을 결정하는 데 노력을 기울였다. 5회기 후에 자살 시도가 이 소녀들에게는 부모의 간섭을 막는 방법임을 발견하였다. 치료자의 사무실에서 자녀들이 부모와 떨어져 있을 때, 치료자는 부모에게 다음과 같은 메시지를 써서 주었다.

> 이 회기 동안 이야기된 모든 것들은 모든 사람에게 절대 비밀로 해야 합니다. 만약 딸들이 이것에 대해 질문을 한다면, 치료자가 모든 것을 비밀로 하라고 시켰다고 말하십시오. 지금부터 다음 예정된 약속 날까지 적어도 두 번, 사전 예고 없이 저녁이 되기 전에 집에서 '사라지는' 것입니다. 다음과 같이 메모를 남기세요. '우리는 오늘 밤 집에 없을 것이다.' 당신이 외출하는 시간 동안에 아무도 당신을 알아보지 못하는 적절한 장소를 선택하십시오. 만약 당신이 집에 돌아왔을 때, 딸들이 어디에 갔다 왔냐고 물으면, 웃으며 "우리 둘만 아는 일이야."라고 대답하십시오. 또한 당신들은 각자가 부모의 비정상적 행동에 딸이 어떻게 반응하는지에 대해 개인적으로 관찰한 내용을 적은 종이를 아무도 보이지 않은 곳에 간직하십시오. 당신 부부만 참여하는 미팅 때, 여러분 각자는 기록한 것을 읽을 것입니다. (p.16)

치료자들은 한 달 후 다음 만남에서 부모들이 이 명령을 수행했고, 지목된 환자의 행동이 향상되었다고 보고했다. 부모들만 참여한 3회 면담 이후에 부모와 세 딸 간의 관계는 개선되었다.

밀란학파의 창의적 접근은 여기에 기술한 기법들을 넘어선다. 일반적으로, 그들의 작업은 Haley의 접근에서 나왔지만 이것은 가족 체계에 개입한다는 점에서 유사하다. 매달 이루어진 회기는 가족에게 주어진 과제의 중요성을 강조하고 변화를 위한 시간을 그들에게 주는 것이다.

최신 동향

가족 체계 치료를 포함하는 가족 치료의 분야는 빠르게 다양한 분야로 성장하고 있다. 이책에서 논의된 대부분의 이론가들은 가족 치료를 심리치료적 실제와 통합시켰다. 이 절에서 논의되는 동향은 가족 치료에서 가족들에게 이루어진 교육적인 접근의 효과를 포함한다. 가족 치료는 전문적으로 성장해왔고, 조직과 훈련 센터가 발전해왔다. 그리고 가족 치료자들은 점점 더 법적 체계에 관여하였다. 또한 의학의 발달은 가족 치료에 영향을 미쳤다.

심리교육적 접근

가족 치료가 시작된 이래로 치료자들은 조현병 아동의 가족을 돕는 것에 관심을 가져왔다. 비록 다른 가족 치료자들은 흔히 좋은 가족 기능의 원인을 가족으로 보았지만, Anderson, Reiss, Hogarty(1986)의 심리교육적 접근은 조현병이 있는 내담자를 다루기 위해 가족을 지지하고 교육시키는, 보다 전통적인 접근을 택하였다. 그들은 일일 '생존기술 교육'에서 가족 구성원에게 조현병, 예후, 정신생물학 및 치료에 대해 가르쳤다. 조현병에 대한 정보를 가족에게 가르침으로써 지목된 환자를 돕기 위해 무엇을 할 수 있는지를 알도록 하였다. 덧붙여, 그들은 조현병 아동의 가족을 돕기 위해 일 년 이상 지속적으로 규칙적인 가족 상담을 실시했다.

지속적으로 스페인계/라틴계 가족(Weisman, 2005), 중국의 시골 가족(Ran et al., 2003) 같은 다양한 문화적 배경을 가진 내담자의 가족을 위한 심리교육적 프로그램을 설계하는 노력이 이루어지고 있다. 다른 심리교육적 프로그램들은 조현병이 있는 가족 구성원들의 정서 표현을 줄이는 데 초점을 두었다(Lefley, 2009). 조현병을 가진 사람 주위에서 정서 표현을 줄임으로써, 가족 구성원들은 그들이 안정성을 유지하도록 하고 혼란된 사고에 대처할 수 있도록 한다(Nichols, 2013). 이러한 심리교육적 접근은 종종 매우 강력하며, 심한 장애가 있고, 고통을 겪는 가족 구성원을 가진 가족을 돕기 위해 설계되었다.

가족 대처와 의사소통 기술을 가르치는 수많은 프로그램이 개발되어 왔다(Nichols, 2013). 기술과 의사소통 훈련은 세 가지 다른 목표를 가진다. 즉, (1) 가족들에게 지목된 환자를 어떻게 다루는지를 가르치는 것, (2) 모든 가족이 대화하고 문제를 해결하고 효과적으로 갈등을 협상하는 것, (3) 적절한 기능을 향상시키는 것이다. 이러한 프로그램들은 결혼 전상담, 부부관계, 부모자녀 관계, 이혼 가정 아동, 약물 중독의 가족과 같은 다양한 가족 문제를 위해 설계되었다. 이러한 프로그램들의 이론적 접근은 다양하다. 왜냐하면 그것들은 정신분석, 아들러학파, 인간중심, 게슈탈트, 인지, 합리적 정서 행동, 여성주의 이론가에 의해 제공되어 왔기 때문이다. 가족들에게 좀 더 효과적으로 기능하도록 가르치는 몇 가지 접근법들은 심리교육적이기보다는 교육적일 수 있지만, 그러한 접근법들도 가족에게 제시되는 많은 치료 방법 중 하나이다.

그 외의 다른 심리교육적 프로그램들은 맹백히 아동을 위해 만들어졌다. 심리교육적 프로그램은 조울증과 우울 장애를 가지고 있는 아동을 위해 인지행동과 가족 치료가 결합되어 왔다(Fristad, Arnold, & Leffler, 2011). 또 다른 심리교육적 프로그램들은 이혼한 부모의 아동들을 위해 개발되어 왔다(Delucia-Waack, 2011). 이 프로그램들은 긍정적 사고와 문제 해결과 같은 대처 기술을 가르친다.

전문적 훈련과 조직

가족 치료의 분야가 성장함에 따라 훈련과 실제를 위한 기준이 필요했다. 1942년에 창설된 미국 부부 및 가족 치료 학회(AAMFT)는 회원 자격을 정하고 주와 연방 정부와 협력하여 가족 치료 자격증을 발행하는 단체로서 역할을 했다. 25,000명이 넘는 회원들로 구성된 미국 부부 및 가족 치료 학회는 회원들에게 회의와 『부부 및 가족 치료(Journal of Marital and Family Therapy)』 학회지를 통해서 계속 교육과 훈련을 제공했다. 또한 1977년에 시작된 미국 가족 치료 학회(AFTA)는 연구자, 심리치료자, 훈련자가 가족 치료에 대한 생각을 나눌 수 있도록 하였고, 상담 대학원, 사회복지, 심리학은 점점 더, 가족 치료 과정과 수련 감독을 제공했다. 또한 AAMFT는 부부 및 가족 치료를 전공한 석·박사 학위를 수여하였다. 대학과 연결되지 않은 훈련 센터들은 전문적인 가족 치료 훈련을 제공한다.

가족법

가족 관련 법률 체계의 지식은 가족 치료자들에게 매우 중요하다(Bitter, 2014; Goldenberg & Goldenberg, 2013). 비밀 보장, 아동학대법, 위험한 내담자를 다루는 것 같은 문제는 가족 치료자들을 치료 과오에 대한 소송에 취약하게 만든다. 때때로 가족 치료자들은 청소년 범죄자의 처리, 그리고 입원 또는 구금에 관련된 문제에 관하여 법정에 전문적 증거를 제출하도록 요청받을 수 있다. 양육 문제와 이혼과 관련하여 가족에 대한 평가와 보고서를 쓰는 것이 점점 더 많아질 것이다. 왜냐하면 점점 더 많은 자녀 양육과 방문 분쟁이 법정으로 가기 때문이다. 이러한 활동을 수행하기 위해서 치료자들은 법에 대해 숙지할 필요가 있고 변호사와 매우 가깝게 일할 필요가 있다.

의학

약물학 또는 생물학적 정신의학이 발전됨에 따라 가족과 내담자들이 문제 원인을 '화학적 불균형'으로 보는 추세가 증가해왔다. 이것은 몇몇 가족 치료자들이 의문시해 온 사회적 일탈의 치료 방향을 바꾸었다(Prosky & Keith, 2003). 아이가 공격적으로 되는 것 같은 가족의 문제가 있을 때 상대적으로 쉬운 해결책은 아이에게 약물 치료를 받게 하는 것이다. 그렇게 함으로써 문제에 대한 답은 분명하며, 가족의 구성원의 행동 및 태도의 변화를 요구하지 않는다. 아동기 심리적 문제를 치료하는 의학이 괄목하게 발달했다. 그러나 가족 치료자들은 아이들과 성인을 치료할 때 심리학적 접근과 의학적 접근을 함께 고려해야 할 필요가 있다고 본다. 약물로 해결하는 심리적인 문제 치료에 대한 관심은 심리적 주제를 고려하지 않고 의학적 문제를 치료하는 것으로 이끌었다.

의학의 심리적, 생물학적, 사회적 관점 사이의 긴장에서 벗어나는 것은 의학적 가족 치료의 영역이다(Becvar, 2011). 간단히 말해, 의학적 가족 치료자들은 종종 병원 같은 의학적 환경에서 일하는, 훈련된 가족 치료자들이다(Marlowe, 2013; McDaniel, Doherty, & Hepworth, 2014; Tyndall, Hodgson, Lamson, White, & Knight, 2012). 가족 체계 치료를 이용함으로써, 의학적 가족 치료자들은 암이나 전염병 같은 의학적 문제의 치료에 대한 의학적 결정을 하는 것과 같이 갈등이 일어나거나 오해할 때, 그들의 가족이나 환자, 직원을 도울 수 있다.

가족 치료가 발전함에 따라, 관심을 가져온 문제들이 있었다. 심리교육적 프로그램과 가족 치료를 사용하는 것은 아동과 성인이 가족 안의 문제를 다루는 방법을 배우도록 돕는 데 유용하다. 가족 치료의 영역이 발전함에 따라, 전문가 조직, 훈련 센터, 학회지를 갖게 되었다. 가족 치료자들은 종종 양육, 이혼, 감금 그리고 그 밖에 법적 문제를 다룬다. 법적인 종사자와 상호작용하면서 훈련하는 것의 중요성이 커졌다. 심리적 문제가 있는 환자를 돕기 위한 의학과 복합적인 의학 문제를 다루는 의료인과 환자를 돕기 위한 의학 가족 치료자들의 필요성이 증가함에 따라 과거에 비해 더 영향력이 커지고 있다.

연구

『가족 연구법(Research Methods in Family)』(Sprenkle & Piercy, 2005)에서 볼 수 있듯이, 가족 치료에 관한 연구는 다양한 방법론으로 넓은 영역에서 활발하게 이루어지고 있다. 가족 치료 연구는 가족 치료의 성과를 측정하기 위해 다양한 평가 도구를 사용하도록 하였다(Sanderson et al., 2009). 가족 치료에 관한 여러 개관 연구는 가족 치료가 다양한 문제들을 해결하는 데 유용하며, 다른 유형의 치료만큼이나 효과적이라는 것을 발견했다(Friedlander & Tuason, 2000; Nichols, 2013; Stratton, 2007). 최근 증거 기반 치료(EBT)의 기준을 충족시키기 위해 가족 치료의 효과성을 평가하려는 노력들이 이루어졌다(Lefley, 2009; Northey, 2009).

몇몇 증거 기반 가족 치료는 인지, 행동, 또는 인지행동적 치료이다. 대부분의 가족 치료 연구들이 완전하게 가족 치료를 정의하지 않고, 특정 가족 치료적 접근을 측정하지 않았지만, 일부 연구들은 보웬학파, 행동주의, MRI, 구성주의, 밀란학파, 심리교육적 접근의 효과성을 지지한다. 이러한 치료법들의 효과성과 주요 개념에 관한 연구들이 이 절에서 논의된다.

가족 치료에서 Bowen의 다세대 접근은 실무자들과 연구자들에게 지속적으로 관심을 불러일으켰다. 연구자들보다는 실무자들에게 Bowen의 이론에서 중요한 개념은 분화이다. 문헌 연구들에서 미분화와 만성적인 불안, 결혼 만족도, 심리적 고통 간의 중요한 관계를 보여 주었다(Miller, Anderson, & Keala, 2004). 서로 비슷한 분화 수준을 가진 사람들이 결혼한다는 신념을 지지한 연구들은 거의 발견되지 않았다. 최근 연구들은 한 개인이 부모에게 향하는 정서적 반응을 감소시키는 것이(분화 수준 증가) 심리적인 스트레스를 감소시키는 데 도움이 된다는 Bowen의 관점을 지지한다(Bartle-Haring & Probst, 2004). 또 다른 연구에서도 분화 개념이 삶에서 느끼는 스트레스를 지각하는 방식에 영향을 미친다는 Bowen의 관점을 지지한다(Murdock & Gore, 2004). 또한 정서적 단절은 Bowen의 이론에서 중요한 개념이다. McKnight(2003)는 엄마들이 자신의 어머니나 아버지와 정서적으로 단절되면, 자신의 가족 내에서도 잘 기능하지 못할 것이라고 주장했다. 그러나 부모와의 정서적 단절은 자녀들과의 단절과는 관련이 없다. 분화와 정서적 단절과 같은 개념을 연구하는 것은 Bowen의 다세대 가족 치료를 더 명료하게 확인하는 데 도움이 된다.

가족 치료와 부부 치료의 다양한 치료법들을 검토한 결과, 많은 연구가 행동 치료 기법에 주로 초점을 두고 있다고 보고하였다(Northey, Wells, Silverman, & Bailey, 2003). 행동주의적 가족 치료에 관한 대부분의 연구들은 자녀들에게 특정한 변화를 가져오기 위해 이루어진 부모 교육의 효과성을 알아본 연구이다(Spiegler & Guevremont, 2010). 이 접근법은 행동주의적 부모 교육, 행동주의적 자녀 관리, 또는 부모 관리 교육이라 불린다. 더 최근의 연구는 청소년에 대한 연구에 초점을 맞춰왔다. 11~18세의 만성 피로 증후군을 갖고 있는 63명의 청소년들에게 인지행동 치료가 심리교육 프로그램만큼 효과가 있었다(Chalder, Deary, Husain, & Walwyn, 2010). 16명의 만성 피로 증후군을 갖고 있는 청소년과 그의 부모에 대한 다른 연구에서, 두 집단 모두에게 CBT와 심리교육적 프로그램이 모두 도움이 된다는 것을 발견하였다(Dennison, Stanbrook, Moss-Morris, Yardley, & Chadler, 2010). 17~18세의 마리화나를 남용하는 청소년들에게, CBT가 마리화나 사용을 줄이는 데 효과적이라는 것을 발견했다(Hendriks, van der Schee, & Blanken, 2012). 7~19세의 청소년 30명에게 실시한 가족 기반 CBT는 치료 후, 그리고 3개월 후, 54% 표본의 증상의 격렬함이 줄어들었다(Storch et al., 2010). 이러한 연구들은 어떻게 CBT가 다양한 심리적(그리고 신체적) 문제를 가진 청소년들을 도울 수 있도록 사용되는지에 대한 예들을 제공한다.

Minuchin의 구조적 치료에 관한 가장 믿을 만한 결과는 당뇨병과 거식증의 아동들을 대상으로 이루어진 연구일 것이다. Minuchin 등(1978)은 스트레스를 측정하는 기준으로 혈

중 유리지방산(FFA) 농도를 사용하여 구조적 가족 치료를 통해 당뇨병 환자인 아동과 그의 가족들이 가진 스트레스 수준을 감소시킬 수 있었다. 거식증을 겪고 있는 43명의 아동 집단을 대상으로, Minuchin 등은 90% 이상의 치료 효과를 보고했다. 이러한 긍정적인 향상은 몇 년 후에도 유지되고 있었다. 부모의 힘을 강화시키는 것은 구조적 가족 치료의 또 다른 측면이다. 치료자들이 부모의 힘을 향상시키는 데 초점을 둘 때, 가족 통제는 부모의 힘에 초점을 두지 않을 때보다 더 긍정적으로 평가되었다(Walsh, 2004). 몇몇 가족 치료자들은 구조적 치료가 너무 공격적이고, 내담자들의 가족 상호작용 양식을 너무 이용한다고 믿었다. 녹화된 24회기의 연구를 통해, Hammond & Nichols(2008)는 구조적 가족 치료자들이 상호협력적인 치료적 관계가 이루어짐에 따라 가족 구성원에게 공감적이라고 보고하였다.

몇몇의 최근 연구는 구조적 가족 치료의 효과성을 기존 문헌에 추가하였다. 구조적 가족 치료에 참가했던 어머니와 아동에 대한 연구에서 어머니의 심리적 증상에서 그랬던 것처럼, 아이들 증상에 대한 어머니의 평정치가 추가적인 치료로 개선되는 것을 발견했다(Weaver et al., 2013). 그러나 아이들의 증상 평정치는 변하지 않았다. 약물 치료를 받는 HIV 양성 반응의 여성에 대한 한 연구는 구조적 가족 치료와 비슷한 구조적 생태계 치료를 사용했다(Mitrani, McCabe, Burns, & Feaster, 2012). 이는 구조적 가족 치료가 물질남용에서 벗어나는 기간과 HIV 또는 AIDS로 살아가는 동안 그녀가 적절한 가족 기능과 행복을 유지하는데 부분적인 기여를 했다는 것을 보여 준다. 이와 같은 연구들은 구조적 가족 치료의 다양한 적용을 위한 유용한 자료들을 제공한다

많은 연구들이 Haley의 전략적 방법이나 MRI 모델을 구조적 접근이나 다른 접근법들과 결합을 실시하여 전략적 심리치료의 효과성을 확인하는 것을 어렵게 하였다. 40쌍의 부부를 대상으로 치료 집단과 대기 통제 집단으로 나누어 이루어진 연구에서는, 부부간의 적응이 향상되었고, 부부 상담의 3회기 이후부터는 불평이 감소하는 것으로 나타났다(Davidson & Horvath, 1997). 치료에서 치료 지침서가 사용되었는데, 여러 기법 중에 재구조화 방법은 부부의 갈등이 친밀한 부부관계를 방해한다는 것을 볼 수 있게 한다. 단기 전략적 가족 심리치료와 지역사회 비교 집단 104가족을 비교했을 때, 전략적 접근의 방법에서 더 많이 참여하고 치료를 유지하게 한다는 것을 발견했다(Coatsworth, Santisteban, McBride, & Szapocznik, 2001). 전략적 방법은 7회기에서 길게는 12회기까지 진행을 하는데, Haley나 MRI 접근법과 다소 유사하다. 이 방법은 가족과 합류하여 가족의 비효율적인 상호작용을 재구성하는 것을 강조했다. 지역 사회의 비교 집단은 의사소통을 향상시키고 양육 기술들을 가르치는 것에 초점을 둔다. 똑같은 단기 전략적 가족 치료 방법을 멕시코계 미국인 폭력단에게 사용해 본 결과, 부모들은 통제 집단보다 더 적은 문제를 보고하였고, 6개월 후 알코올의존증(그러나 마리화나는 아님)이 더 적게 나타났다(Valdaz, Cepeda, Parrish, Horowitz, & Kaplan, 2013). 약물을 남용하는 470명의 청소년에 대한 연구에서, 단기 구조적 가족 치료가 치료에 참여하고 유지하는 것과 자기보고식 약물 사용의 날짜 수를 제한하는 것만큼 우

세한 치료라는 것이 밝혀졌다(Robbins, Feaster, Horigian, Rohrbaugh et al., 2011) 또한 치료자의 치료 계획에 대한 준수는 가족 기능의 개선과 청소년 약물 사용을 줄이는것과 관련이 있다(Robbins, Feaster, Horigian, Puccinelli et al., 2011). 단기 구조적 가족 치료는 증거 기반 가족 치료로 여겨질 수 있다는 것을 보여 주고 그것을 지지하는 증거를 충분히 가지고 있다.

밀란학파의 모델은 변화하고 있고, 여러 가지 밀란 모델이 있기 때문에 평가하기 어렵다. 밀란학파의 체계적 가족 치료를 개관한 Carr(1991)는 10개의 연구에서 사례의 66~75%가 증상의 변화를 보였다는 것을 발견하였다. 118명의 참여자들을 대상으로 밀란 접근법과 또 다른 접근법에 무선할당하여 실시한 더 많은 사례의 연구(Carr가 보고한 연구들을 제외한)에서는 6개월 동안 추적 연구를 한 결과, 두 치료법 모두 유사한 효과를 나타냈다는 것을 보고했다(Simpson, 1990). 그러나 밀란 접근법이 더 단기였으며, 지목된 환자의 가족들은 또 다른 접근법으로 치료를 받은 환자 가족들보다 더 긍정적인 변화를 나타냈다고 보고했다. 이러한 긍정적 결과는 Coleman(1987)과 Machal, Feldman, & Sigal(1989)이 보고한 치료자나 치료 팀에 대한 부정적인 반응과 낮은 성공률과 같은 부정적 결과와는 대조되는 결과이다. 이렇게 서로 다른 결과는 밀란 치료가 서로 다른 대상에게 다른 시간에 다르게 치료를 해왔다는 점에서 놀랄 만한 결과는 아니다.

조현병이나 다른 심한 정신 장애를 가진 구성원이 있는 가족에게 실시하는 심리교육적 접근에 대한 관심이 계속 증가한다. 이러한 관심은 부분적으로는 입원이나 다른 집중 치료의 높은 비용이나 심한 정신질환의 파괴성 때문에 증가되었다. Fadden(1998)은 심리교육적 개입에 대한 다양한 접근법을 다룬 50개 이상의 연구들을 살펴보았다. 이러한 결과를 요약하여, 그녀는 심리교육적 개입이 재발과 입원율을 상당히 감소시킨다고 결론지었다. 이러한 효과는 오랫동안 유지되었으며 많은 문화권의 사람들에게도 적용될 수 있게 되었다. 효과가 있는 접근법은 대처 기술과 정신역동적인 문제보다 일상생활의 문제를 다루는 데 초점을 둔 교육적 접근이다. 대처 기술을 가르치는 것과 교육을 결합한 치료가 교육만을 사용한 치료보다 재발 방지에 더 효과적이다. 양극성 장애가 있는 내담자가 있는 가족들에게 심리교육적 접근의 효과성을 알아본 결과, Reinares 등(2004)은 내담자를 돌보는 가족들이 양극성 장애에 대한 지식을 더 많이 알게 되었을 뿐만 아니라 돌보는 것에 대한 부담이 줄어들었다는 것을 발견했다. 조현병을 가진 내담자를 대상으로 심리교육 프로그램을 사용하여, Sota 등(2008)은 가족들, 특히 엄마들이 표현하는 감정들이 줄었고 지목된 환자들의 재발이 감소되었다는 것을 보고했다. 심리교육 프로그램의 또 다른 연구들은 내담자들이 가족들과 긍정적인 동맹을 발달시켰고, 가족들은 덜 거부적이게 되고, 부담감을 덜 느낀다는 것을 보여 주었다(Smerud & Rosenfarb, 2008). 가족들이 긍정적인 동맹을 발달시켰다고 보고했을 때, 내담자들은 재발이 적고, 재입원할 필요성이 적었다. 다가구 심리교육 프로그램은 8~11세 아동들의 기분 장애 증상을 개선하는 것과 분열성 행동의 감소를 보여 주었지만, 행동 장애의 증상은 그러지 못했다(Boylan, MacPherson, & Fristad, 2013) 심리교육적 개입은 그들의 간결성과 가성비 때문에 연구의 관심을 계속해서 끌고 있다.

성 관련 주제

13장에서 살펴보았던 것처럼 일반적인 남녀 역할과 가족 내에서의 남녀 역할은 여러 문화권에서뿐만 아니라 미국 내에서도 서로 상당히 다르다. 여성들은 종종 집안일과 자녀 양육에 대한 주요한 책임을 맡는다. 게다가, 그들은 친구들이나 원가족과의 관계에서도 주요한 책임을 맡도록 요구된다(Goldenberg & Goldenberg, 2013). 한편, 남성들은 재정적인 지원과 가정의 주요한 결정 사항에 대한 책임을 맡았다. 자녀들이 자라서 독립할 때, 여성들의 우선순위가 남성들과 다르며, 이것은 부부 갈등이나 이혼을 야기할 수 있다(McGoldrick & Hardy, 2008). 나이가 들어감에 따라 여성들은 자녀들과 연로한 부모를 돌보는 책임을 떠맡는 것에 부정적인 반응을 보일 수 있다. 1980년대까지 이러한 남녀 간의 일반적인 차이와 가정에서 그들이 관계 맺던 방식을 가족 치료자들이 당연시했다.

여성주의 가족 치료자들은 자신들이 생각하고 있는 남녀의 역할과 고정관념에 대한 성역할 가치관을 자각함으로써 성역할 문제를 다루는 방법에 지대한 영향을 미쳤다(Nichols, 2013). 1,351명의 참가자가 결혼도 하지 않고 아이의 양육권을 가진 부모의 사진을 보여 주었을 때 참가자들은 심지어 두 사진이 같은 내용에도 불구하고, 아버지일 때보다 어머니일 때, 더 부정적으로 사진을 보았다(DeJean, McGeorge, & Carlson, 2012). 여성주의 치료자들이 관찰해 온 것처럼, 치료자의 역할이 결코 성적으로 중립적이지 않았다. 가족 구성원은 그들의 성역할 고정관념을 토대로 치료자가 어떻게 반응할 것인지에 대한 기대를 하는 경향이 있다. 또한 그들은 자신들의 성에 따라 가족 치료를 각기 다르게 경험하는 것 같다. 가족들이 어떻게 작용할 것인지에 대한 치료자들의 가치관과 이러한 기대들이 함께 결합하여 긍정적인 변화를 일으키는 가족의 능력을 제한할 수 있다.

가족에 대한 전통적인 견해는 다소 거리가 있으면서 지배적인 아버지와 자녀의 행동에 너무 많이 관여하는 어머니가 있는 가정이다. 가족에 관한 정의는 『게이, 레즈비언, 양성애자, 성전환자 가족에 대한 개입(Interventions with Families of Gay, Lesbian, Bisexual, and Transgender People: From the Inside Out)』(Bigner & Gottlieb, 2006)에서 재검토되어 있다. 동성애 부부뿐만 아니라 그들의 자녀 문제와 관련된 문제들은 가족 치료자들이 관심을 갖는 문제이다(Green, 2008; Nealy, 2008). 여성주의 치료자들은 가족 치료자들에게 자녀 문제에 대해 어머니를 비난하는 결과를 낳을 수 있는 고정관념화된 가족에 대한 관점에 대해 경고를 해왔다(Nichols, 2013). 일부 여성주의 치료자들은 가족 치료자들이 가족의 성역할 신념을 검토하고 직면할 필요가 있으며(Miller & Bermúdez, 2004), 또 다른 치료자들은 좀 더 동등한 관계에 초점을 두어야 한다고 제안해왔다(Knudson-Martin & Laughlin 2005). 하나의 성에서 다른 성으로 바뀌는 아동을 다루는 복잡성은 최근 관심 갖는 문제이다(Ehrensaft, 2013). 많은 가족 치료자들에게 어린 시절 성적 학대는 아주 중요한 문제이다(Blumer, Papaj, & Erolon, 2013). 양육, 직업 역할, 경제적인 결정권, 그리고 집안일을 하는 것에 대한 결정을 어떻게 내릴 것인지 묻는 것은 변화의 분위기를 만들 수 있고, 부부 각자가 서로 다르게 관계를 하는 데 도움을 줄 수 있다. 성역할 기대에 대해 묻는 것은 여성주의 치료자들이 가족 체계 이론을 어떤 관점으로 바라보았는지 그리고 치료적 개입에 따라 어떤 결과를 낳는지에 대해 직접적인 영향을 준다.

다양한 접근법들에 대한 논의에서 여성주의 치료자들은 성역할을 강화시켜 변화를 일으킬 수 있는 기법들에 대해 경고를 하였다. 예를 들어, 여성에게 부엌을 몇 번이고 청소하도록 요구하는 역설적인 과제는 부엌살림을 하는 여성의 역할을 강화하는 것이다. 오히려, 치료자들은 부부가 각기 권한을 가졌다고 느끼도록 하고, 서로 돕고, 더 동등한 관계를 유지하도록 돕는 기법들을 사용하도록 권한다. 이렇게 함으로써 부부는 자녀 문제를 함께 해결할 수 있다. 책임을 나누는 것은 치료 초기에 시작할 수 있다. 예를 들어, 남편이 치료를 꺼린다 할지라도 부인이 가족을 치료 시간에 데리고 오는 것이다. 여성주의 가족 치료자들은 남편에게 가족에 대한 책임을 나누도록 격려하고, 가족과 관련된 질문을 부부 모두에게 한다.

다문화 관련 주제

1980년대에 성 문제가 가족 치료에서 중요해진 것처럼, 문화가 가족 관계와 가치관에 미치는 영향도 강조되었다. 다양한 민족의 가치관과 특성들을 서술한 책들도 발간되고 있다(Greene, Kropf, & Frankel, 2009; Hays, 2008; Ho, Rasheed, & Rasheed, 2004; 2004; McGoldrick, Giordano, & Garcia-Preto, 2005; McGoldrick & Hardy, 2008). Bethea & Allen(2013), Boyd-Franklin & Lockwood(2009), Pinderhughes(2008)는 아프리카계 미국인을 대상으로 가족 및 부부 치료에 대한 문제와 접근법을 설명하였다. Carranza(2012), Garcia-Preto(2008), Hernández-Wolfe(2013)는 라틴계 여성과 남성과 그들의 가족들과 함께 작업하는 문제를 논의했고, Smith & Montilla(2009)는 스페인어를 사용하는 내담자들을 상담하는 문제를 다루었다. Lim & Nakamoto(2008), Sim(2007), Sim & Wong(2008), Tzou, Kim, & Waldheim(2012)은 아시아계 미국인과 아시아인을 치료하는 가족 치료의 적용을 기술하였다. McGoldrick & Hardy(2008)는 다양한 문화와 가족 치료 문제를 다루면서 가족 치료에 영향을 미치는 민족성과 성의 상호작용을 논의해왔다. 가족 치료에 영향을 미치는 문화적 주제를 다룬 저서들이 갈수록 많아지고 있다. 문화와 가족 치료의 상호작용에 관한 저서들은 치료자들이 내담자의 문화적 배경을 이해하는 데 유용한 통찰을 제공할 수 있다.

Goldenberg & Goldenberg(2008)는 여러 문화의 가족들에게 중요한 문제를 요약하여 제공하였다. 그들은 가족들이 문화적 배경에 따라 자신의 가족을 어떻게 정의하는지, 다양한 문화에서 가족생활 주기가 어떻게 다른지, 자녀 양육은 문화마다 어떻게 다른지 논의하였다.

'가족'의 정의는 집단마다 다르다. 앵글로색슨 신교도들(WASP)은 후세에 이르기까지 온전한 핵가족을 강조한다. 흑인들은 친족과 지역사회의 관계망까지 넓게 포괄하는 것으로 가족의 정의를 확장하였다. 이탈리아 사람들은 가족을 종종 대부(代父)와 오랜 친구들, 가족 문제를 결정하는 데 관련되거나, 이웃에 살거나, 생활 주기를 함께 공유하는 것으로 보이는 모든 사람들까지도 포함하여, 끈끈한 유대감을 가진 3~4대의 가족이라고 생각했다. 중국인들은 가족 구성원의 정의 안에 그들의 모든 자손들과 선조들을 포함하는 경향이 있다 (McGoldrick, 1988).

가족생활 주기는 민족의 특성에 의해 영향을 받는다. 멕시코계 미국인들은 전형적인 미국인들의 양상과는 다르게 결혼 전 교제기간과 유년기의 시기가 길지만, 청소년기와 성인 초기는 짧다. 여러 집단에서 생애 주기 전환점에 다른 중요성을 부여한다. 아일랜드 사람들이 상갓집에서 밤을 새는 것은 죽은 이들이 사후에 더 행복해질 수 있다고 믿고 인간을 자유롭게 만드는 가장 중요한 전환점으로서 죽음을 바라보는 의식이다. 폴란드인 가족들은 다음 세대까지 가족이 지속되는 것의 중요성을 반영하는 긴 축하 의식으로 결혼식을 강조한다. 유대인 가족들에게, 바르 미츠바(13세 남자의 성인식)는 지적 능력이 계속해서 발달하는 것에 큰 가치를 두는 것을 반영하는 성인으로의 전환을 의미한다(McGoldrick, 1988).

자녀 양육 방식 또한 매우 다양하다. 전형적인 미국인들은 엄마가 주로 책임을 맡는 반면에, 흑인들은 조부모나 대가족 구성원에게 의지하는데, 특히 엄마가 밖에서 일을 한다면 더욱 그렇다. 그리스인들과 푸에르토리코인들은 어린아이들이 하고 싶은 대로 내버려 두는 경향이 있지만, 아이들이 자랄수록 더 엄격해지고 특히 여자아이들에게 더 엄격해진다. 이탈리아계 미국인 가족 내의 여성 청소년들은 자신들이 부모와 조부모 간의 세대 간 갈등 속에 있는 것을 발견하고, 아빠, 남자 형제, 동생, 남편, 아들을 기다리는 전통적인 여성의 역할에 반항한다(Goldenberg & Goldenberg, 2013).

Goldenberg & Goldenberg(2013)가 제시한 정보가 가족들과 작업하는 사람들에게 유용한 것이지만, 이 두 학자와 다른 많은 저자들은 일반적인 관찰에 근거해 내담자들에 대해 고정관념을 갖게 되는 것을 경고하였다. Ho, Rasheed, & Rasheed(2004)가 설명하였듯이, 가족이 새로운 문화에 자리 잡는 기간, 국제결혼, 다양한 이웃들, 사회계층 문제와 같은 많은 문제들이 문화가 가족에 미치는 영향에 작용한다. 가족 기능은 성역할, 가족 상호작용 방식과 같은 문화적 전통과 사회적 기대에 의해 영향을 받는다.

문화적 주제에 대해 아는 것은 가족 치료자들이 부부나 가족과 함께 작업하는 방법에 영향을 줄 수 있다. Richeport-Haley(1998)는 문화초점적 치료와 비교하면서 Haley의 전략적 접근을 설명하였다. Richeport-Haley는 대안적 신념체계를 다루는 다양한 방법을 제시하였다. 이러한 방법들은 치료 목표의 달성뿐만 아니라 현지 치료자와 상호협력하거나 의뢰하기 위해 대안적 체계의 측면을 사용한다. 다음의 사례에서, 그녀가 남아메리카인 젊은 남성 치료자와 작업하기 위한 전략적 접근과 문화초점적 접근 모두를 기술하였다.

> **문제:** 한 젊은 남성은 20대 초반에 습관적으로 마리화나를 소지하고 거래를 하여 법정에서 치료 명령을 받았다. 다시 한 번 이런 일이 일어나면 그는 투옥될 것이었다. 오직 스페인어만을 구사할 수 있는 그의 엄마와 통역해 줄 그의 형이 치료 시간에 들어왔다. 치료의 목표는 이 남성이 마리화나를 끊는 것이었다. 이 남성이 재발했을 경우 가족들이 강력한 결과를 내놓도록 하는 개입을 하였다. 가족들이 무언가를 할 수 있다는 것을 깨달았으며, 이 젊은이가 재발할 경우 그들이 무엇을 할 것인지에 대해 오랫동안 논의했다. 그가 다시 마리화나를 사용한다면 3개월 동안 아들을 가족과 격리시키고 피하기로 결정했다. 그 아들은 다시 마약을 하지 않았다. 치료자는 라틴계 미국인 가족의 끈끈한 유대와 가족의 한 구성원을 금지시키는 어려움을 이해할 필요가 없었다. 민족과 상관없이, 치료 목표는 지역사회보다는 가족이 그 구성원을 책임지도록 하고, 심각한 결과를 만드는 것이었다.
>
> 직접적인 접근법과는 대조적으로, **문화적으로 초점을 둔 치료**는 가까운 가족의 중요성과 긍정적 기능을 연구해왔다. 그것은 종교적인 자비 윤리에 따라 용서의 가치를 강조해왔다. 이러한 민족의 의사소통 유형을 지키면서, 치료자는 가족들을 그들 스스로 결정하도록 내버려 두지 않고 무엇을 해야 하는지 정확하게 말해 주는 권위주의적인 역할을 해왔다.
>
> (Richeport-Haley, 1998, p.86)

가족 치료 문헌에 있는 다른 많은 사례들은 문화 내의 서로 다른 가치 체계를 알려 줄 뿐만 아니라 치료자들이 자신이 가진 문화적 가치 체계와 가족 가치 체계의 상호작용에 대한 이해의 중요성을 자각하게 해 준다.

가족 체계 치료를 개인에게 사용하기

개인을 치료할 때, 치료자들은 이 장에서 논의된 가족 체계 이론에서 나온 개념을 적용할 수 있다. Bowen의 다세대 접근은 치료자에게 여러 세대에 걸친 가족 배경의 중요성을 인식시켜 준다. 다세대 치료자들은 종종 개인과 작업하면서 그가 가족 내에서 적절한 변화를 이룰 수 있도록 돕는다(McGoldrick & Carter, 2001). Minuchin의 구조적 접근을 개인 치료에서 사용할 때, 치료자는 가족 구성원들이 서로 제휴하고, 서로의 삶에 관여하게 되며, 연합하는 것을 들을 수 있다. 가족 하위 체계에 대한 생각에 기초한 가정들은 개인이 가족 문제를 더 잘 다루도록 도울 수 있는 개입을 발달시킬 수 있다. 전략적 가족 치료의 관점을 적용하여, 치료자들은 가족 문제와 관련되든 관련되지 않든 간에, 직접적이고 역설적인 과제를 부여함으로써 내담자들의 삶에 변화를 일으키도록 도울 수 있다. 경험적 가족 체계 치료를 개인에게 적용할 때, Whitaker와 Satir가 그들과 작업하는 가족들과 대화하는 방식과 매우 유사한 방식으로 내담자들에 대한 무의식적인 반응과 감정을 나눌 수 있다. 심리치료자들이 가족과 개인 모두와 작업할수록, 가족 체계 치료는 다른 치료적 접근법들과 더 많이 통합되는 것 같다.

부부 상담

미국 부부 상담 학회가 1970년대에 미국 부부 및 가족 상담 학회로 이름을 바꿨다는 사실은 부부 치료와 가족 치료가 중복되는 부분이 있다는 것을 나타낸다. 부부는 작은 체계이기 때문에, 가족 체계 이론을 적용할 수 있다. Bowen의 다세대 접근으로부터, 치료자-남편-아내의 삼각관계와 각 배우자들이 감정과 생각을 구별해낼 수 있는 방식이 부부 치료에 직접적으로 적용될 수 있을 뿐만 아니라 원가족의 영향을 이해할 수 있다. Minuchin의 구조적 가족 치료에 따라, 배우자들이 결정을 하는 데 있어서 균형을 맞추는 것과 서로 철수하거나 관여하는 정도를 다루는 것은 부부의 상호작용 과정을 이해하는 데 사용될 수 있다. 유사하게, Haley의 전략적 치료에서, 치료자는 부부간의 권력 분배에 초점을 맞추고 균형 있는 의사소통을 가져올 수 있는 직접적이거나 간접적인 개입을 제안할 수 있다. 표현적 가족 치료자들인 Whitaker와 Satir의 방법은 부부 치료와 가족 치료에 의사소통 유형과 기법에 주목하고 적용시킨다.

요약

조현병이 있는 내담자의 가족들에 대한 초기 연구를 토대로, 가족 치료는 지목된 내담자뿐 아니라 가족 전체의 기능에 초점을 맞춰왔다. Bowen의 다세대 이론은 두 명의 가족 구성원이 제3의 구성원과의 상호작용뿐만 아니라 전후 세대와의 관계를 다루고 있다. Minuchin의 구조적 접근은 과거 관계보다 가족 내 경계선의 유연성과 어떻게 구성원이 가깝거나 멀어졌는지, 그것이 어떻게 적절한 가족 기능을 막아 왔는지를 다루어왔다. Jay Haley의 전략적 치료는 가족 경계선에 대한 개념들을 통합한 반면, 직접적이거나 간접적인 방법으로 가족 내의 증상을 해결하는 데 집중했다. Satir와 Whitaker의 경험적 접근은 가족들에 대한 치료자의 직관적인 반응과 더 건강한 가족 기능을 이끄는 치료적 개입을 하는 데 초점을 두었다. 가족 치료 분야가 성장함에 따라, 가족 치료자들은 다양한 가족 체계 치료를 발전시키고 다른 심리치료 이론들의 측면들도 통합하는 경향이 있었다. 이러한 이유로, 주요 이론들이 각각 어떻게 가족 치료에 적용될 수 있는지 제시했다.

많은 가족 치료자들이 20~30회기도 안 되는 시간 동안 내담자를 만나지만, 가족 역동을 변화시키는 데 단기 치료와 혁신적인 접근을 강조해 오고 있다. 많은 여성주의 치료자들과 저자들은 성역할과 문화적 차이에 기초한 가족 내 역할에 대한 가정에 도전해왔다. 최근 가족 치료는 두 가지의 추세에 따라 발전되어 왔다. 즉, 두 가지는 다양한 이론과 개념을 통합하거나 새로운 접근법을 개발하는 것이다.

실습

CengageBrain.com에 나와 있는 디지털 자기 측정 도구, 핵심 용어, 동영상 사례(이론의 적용), 사례 연구, 퀴즈 문제로 가족 심리치료의 개념을 자세히 연구하고 실습할 수 있다.*

추천 자료

Bitter, J. (2014). *Theory and practice of family therapy and counseling*(가족 치료와 상담의 이론과 실제)(2nd ed.). Belmont: CA: Brooks/Cole Cengage.

가족 치료에 관한 광범위한 교재로 4개의 장은 가족 치료의 기본 기법, 12개 장은 가족 치료 이론과 기법, 2개의 장은 가족 치료 이론의 통합에 대한 것이 기술되어 있다. 사례 예들이 훌륭하고 많이 제시되어 있다.

Goldenberg, I., & Goldenberg, H. (2013). *Family therapy: An overview*(가족 치료: 개관). (8th ed.). Belmont, CA: Brooks/Cole Cengage.

중요한 가족 치료 이론이 완벽하게 논의되어 있다. 다양한 이론적 접근의 배경과 사용에 관해 설명되어 있다.

Nichols, M. P. (2013). *Family therapy: Concepts and methods*(가족 치료: 개념과 방법). (10th ed.). Boston: Allyn & Bacon.

가족 치료 역사뿐 아니라 최근 동향에 대한 논의가 폭넓게 이루어졌다. 가족 치료의 기본기법이 제시되어 있다. 이 책은 많은 가족 치료 체계와 발달에 대해 상세하게 보여 준다. 가족 치료 이론들이 논의되고, 통합 모델들이 기술되어 있다.

Minuchin, S. (1974). *Families and family therapy*(가족과 가족 치료). Cambridge, MA: Harvard University Press.

이 훌륭한 Minuchin의 구조적 가족 치료가 치료 회기 축어록으로 설명되어 있다. 많은 기법들이 여러 가족을 대상으로 적용한 것으로 설명되어 있다.

Madanes, C. (1981). *Strategic family therapy*(전략적 가족 치료). San Francisco: Jossey-Bass.

전략적 치료에 대한 그녀의 접근과 전 남편인 Haley의 접근은 기술한 Madanes는 그들의 치료의 기본 차원과 요소들을 설명한다. 특히 전략적 가족치료를 이해하는 데 도움이 되는 것은 15개의 제시된 사례로 직접적 제안과 역설적 제안뿐 아니라 은유의 이용과 같은 혁신적인 중재들을 보여준다.

McGoldrick, M., & Hardy, K. V. (2008). *Re-visioning family therapy: Race, culture, and gender in clinical practice*(가족 치료: 임상 실제에서 인종, 문화, 성(2nd ed.). New York: Guilford.

아주 종합적인 이 책은 38개의 장으로 이루어졌는데 가족과 관련된 인종과 성 문제를 기술하였다. 대부분의 장들이 도움이 되는 사례들이 제시되었다.

---

* 해당 서비스는 유료로 이용하실 수 있습니다.

그 밖의 심리치료

그 밖의 심리치료 개요

이번 장은 다른 장에서 다루었던 것들과는 다르게, 심리치료에 대한 혁신적인 접근법으로, 서로 연결되어 있지 않은 다섯 가지의 심리치료 기법에 대해 다루고 있다. 이 심리치료법들은 다른 이론에 비해 널리 사용되지 않고, 관련 연구가 많지 않으며, 이들이 다루는 문제가 한정되어 각각의 이론을 장으로 다루지는 않지만, 이전 장들에서 다루지 않은 독특하고 창의적인 접근법을 제시한다.

동양 심리치료는 다른 이론들에 비해 매우 다른 문화적 관점을 제시한다. 수용전념 심리치료(ACT)는 사고와 감정을 치료하는 혁신적인 방법이다. 또한 Klerman의 관계중심 심리치료는 우울증을 치료하기 위한 매뉴얼을 만들면서 개발되었고, 심리극은 대집단에서 극적인 행위를 이용하며, 창의예술 심리치료는 예술적 표현을 이용한다. 이 장에서는 동양의 심리치료, 수용전념 심리치료, 관계중심 심리치료, 심리극, 창의예술 심리치료에 관해 요약되어 있다. 동양 심리치료의 특징은 명상, 즉 조용한 사색을 강조하며, 어떤 경우에는 다른 사람들에 대한 개인적 책임을 강조한다. 수용전념 심리치료는 개인이 항상 자신의 생각에 따라 행동하기보다는 새로운 행동에 전념하기 위해 자신의 생각을 유연하게 관찰하도록 도와준다. 관계중심 심리치료는 우울증을 치료하기 위해 개발되었으며, 그 기법은 검토된 연구와 이론을 토대로 하여 처치 매뉴얼에 설명되어 있다. 심리극은 내담자가 자신의 문제를 시연하고, 심리극을 연출하는 심리치료자와 내담자의 문제와 관련된 역할을 하는 구성원, 즉 관객의 도움을 받는 실제 활동 중심의 심리치료이다. 창의예술 심리치료는 미술, 춤, 드라마, 음악 심리치료 등을 포함하는데, 종종 예술 심리치료를 보조물로 여기는 몇몇 심리치료자들은 정서를 더 자각시키고, 다른 사람들과의 상호작용을 더 향상시키기 위해 전통적인 대화 심리치료와 결합해 사용한다.

이 장에서 설명하려는 다섯 가지 심리치료 기법은 각각이 매우 달라서, 지금까지와는 다른 형식으로 전개하고자 한다. 창의예술 심리치료를 제외한, 다른 모든 심리치료법에 대해서는 이론의 배경, 성격 이론의 개요, 심리치료 기법에 대해 기술하고자 한다. 창의예술 심리치료는 미술 심리치료, 춤 심리치료, 드라마 심리치료, 음악 심리치료의 몇 가지 공통점과 각각의 심리치료를 간략하게 개관할 것이다. 더불어 치료적 접근의 적용 사례를 제시할 것이다.

동양 심리치료

힌두교, 불교, 유교에서 비롯된 동양철학의 가르침은 수천 년에 걸쳐 수백만 동양인들의 정신적 발달에 영향을 끼쳤다. 동양 심리치료는 서양 심리치료에 비해 사람들이 자기 자각을 연습하도록 안내하는 데 초점을 두었다. 그런데 수천 년에 걸쳐 동양에서 수련되어 왔음에도 불구하고, 이완 명상과 스트레스를 감소시키는 명상을 흔히 현대의 치료로 생각하는 경향이 있다. 이에 마음챙김 명상과 불교에 기원을 둔 일본의 두 가지 치료법인 모리타(Morita)와 나이칸(Naikan: 내관)을 소개하고, 이러한 치료법이 서양에서 어떻게 적용되고 있는지를 기술할 것이다.

배경

동양철학이 포함된 심리학에 대한 사상은 3천 년 이전으로 거슬러 올라간다. 특히, 성격 이론과 관련된 개념은 기원전 750년 무렵의 인도 베다 문헌에서 찾을 수 있는데, 이것은 힌두

Courtesy of Kathleen Olson

Buddha

교의 가르침을 일부 포함한다. 동양의 철학과 심리학에 큰 영향을 끼친 것은 힌두교의 풍부한 문헌 외에도 기원전 563년 무렵에 태어난 고타마 붓다의 가르침이 있다. 불교와 힌두교의 가르침은 서서히 중국과 일본 등 동쪽으로 전파되었다(Bankart, 2003).

인도 심리학의 기본 원리는 힌두교와 불교 철학에서 유래한 심리치료 기법을 이해하기 위한 중요한 네 가지 개념인 다르마, 카르마, 마야, 아트만이다. 다르마(dharma: 법)는 선량함과 바른 행동을 기술하는 규율을 말한다. 카르마(karma: 업)는 현재와 미래에 영향을 주는 과거 전생의 활동을 말한다. 마야(maya: 환영)는 내적 집중, 즉 명상을 통해 우리의 자각 과정에 직접적으로 주의를 기울임으로써 확인할 수 있는 왜곡된 현실 지각과 경험을 말한다. 아트만(artman)은 자기(self)를 개인이 아닌 우주 전체의 일부로 보는 보편성의 개념을 말한다. 따라서 개인은 신의 일부이자, 보편적인 지혜의 일부이며, 다른 사람들의 일부이고, 과거요, 미래다. 그리고 이 모든 개념은 풍부한 인도 문학의 가르침에서 유래되었다.

요가는 원래 개인이 자아를 실현하는 것을 돕기 위해 개발되었다(Varambally & Gangadhar, 2012). 요가는 태극권과 같은 다른 아시아적 방법과 마찬가지로 마음챙김을 촉진하는 데 사용될 수 있다(Ameli, 2014). 요가는 한 분야에 국한된 수련법이 아니다. 요가는 마음챙김 요가와 정좌 명상의 2가지가 있다(Sauer-Zavala, Walsh, Eisenlohr-Moul, & Lykins, 2013).

요가와 관련된 힌두교의 가르침, 특히 하타 요가와 관련된 가르침은 자기와 사고 과정을 분리하는 것을 요구하는 생리적 훈련을 다룬다. 다른 요가 수련들이 명상적 능력에 초점을 두는 반면, 하타 요가는 명상과 신체적인 동작을 결합하였다(Brisbon & Lowery, 2011). 요가가 근육의 긴장, 혈압, 심박동수, 뇌파에 변화를 가져온다는 것이 연구에 의해 밝혀졌다(Khalsa, 2007). 예를 들어, 요가는 일반적인 불안 장애의 증상을 줄인다는 것이 확인되었으며(Dermyer, 2009), 우울과 불안 증상을 줄여 준다고 한다(Forfylow, 2011). 출산 전 우울증을 겪는 산모들을 대상으로 한 요가 치료 집단과 부모 교육 집단에 등록한 산모들을 비교했을 때, 요가 치료 집단의 산모들이 부모 교육 집단의 산모들보다 더 적은 우울 증상을 보이는 것으로 나타났다(Michell et al., 2012).

조현병에 걸린 개인에 관한 3개의 무선 배정 연구를 검토해 보면, 요가 수업에 참석한 개인은 운동 프로그램에 참석한 개인이나 통제집단보다 삶의 만족도에서 높은 점수를 나타냈다(Vancampfort et al., 2012). 조현병 환자를 대상으로 한 5가지 연구들에 대한 메타분석 연구는 다른 유형의 통제집단에 비해서 단기간 동안의 삶의 질만 향상시키는 것으로 나타났다(Cramer, Lauche, Klose, Langhorst, & Dobos, 2013). 요가와 그 밖의 체계에서 나온 명상에 대한 최근의 접근은 추후에 더욱 자세히 설명하겠다.

불교의 가르침에서 발달한 개념들은 네 가지 숭고한 진리, 즉 사성제(noble truths)와 팔정도(eightfold path)를 포함한다. 사성제는 삶이란 고통이며, 살기를 원하는 것은 반복해서 존재하도록 하고, 욕망을 버리는 것은 한 사람을 고통으로부터 해방시키며, 고통으로부터의

해방은 집착에서 벗어나 팔정도를 따랐을 때 비로소 이루어진다는 신념을 담고 있다. 팔정도를 따른다는 것은 개개인이 올바른 신념, 생각, 언어, 행동, 생활 방식, 노력, 마음챙김, 집중을 습득하여 욕망으로부터 벗어난다는 것을 의미한다(Bergemann, Siegel, Belzer, Siegel, & Feuille, 2013; Olendzki, 2005). 이러한 가르침과 도덕적 가치는 수세기에 걸쳐 인도, 중국, 일본의 사고방식에 영향을 주었다.

약 2천 년 전 인도에서 중국으로 불교가 전해지면서, 불교의 윤리적인 가르침이 중국의 사회 체계에 영향을 미쳤다. 불교의 실용적인 가르침과 더불어 공자(B.C. 551~479)의 가르침이 중국의 가치관과 도덕관에 도움을 주었다. 이 가치관과 도덕관은, 개인의 도덕적 관점이 그가 속한 사회의 기준에 따라 판단되며, 연장자(가족이나 지역사회의 지도자)의 권위에 복종하고, 사회적인 상황에서의 적절한 행동을 지키는 것을 포함한다. 또한 공자의 저서는 완벽함을 성취하는 방법에 관해서 설명하고 있다. 이러한 가치들은 중국인 내담자와 서양인 내담자에 따라 적절한 치료상의 절차를 결정할 때 이용할 수 있는 문화적 차이에 관한 심리학자들의 저술을 통해 인식되었다. 공자와 붓다의 저서들(writings)이 일본으로 전해졌다. 이들이 끼친 영향은 앞으로 소개될 비교적 최근의 심리치료인 모리타(Morita)와 나이칸(Naikan) 심리요법에 대한 설명에서 확인할 수 있다.

동양의 성격 이론

방대한 힌두교, 불교, 그리고 공자의 문헌을 모두 설명하기에는 지면이 부족하여, 동양의 성격 이론을 설명하기보다는 동양철학의 공통되는 기본적인 생각을 설명하겠다. 일반적으로 성격에 대한 동양적 견해는 논리적이기보다는 경험을 강조하며, 주관적 견해에 초점을 둔다. 개인이 아픔으로 고통스러워하기보다, 베인 손가락의 피와 아픔을 관찰하듯이 내면 상태에 주의를 집중하고 자신을 관찰한다. 이처럼 동양의 철학은 실존주의 철학자와 비슷한 면이 있는 반면에 대다수의 서양 철학과는 다르다.

가장 중요한 개념 중에 하나는 바로 자기(self)가 우주와 깊은 관계가 있다는 것이다. 동양 철학에 따르면 개인을 이해하기 위해서는, 자기와 관련되어 있는 우주의 여러 면을 이해해야 한다. 자기가 끝나는 부분과 우주가 시작하는 점을 이해하는 것은 정체감과 더불어 자신을 알 수 있도록 해 준다. 이런 개념과 연결된 것이 사회적 관계에 대한 강조이며, 동양철학에서는 개개인을 강조하지 않고 전 인류를 가치 있게 생각한다. 만약 개인을 둘러싼 맥락 내에서 개개인을 본다면 대가족을 포함한 가족은 인생에서 중요하다. 성장하여 자신의 가족을 떠나는 독립성의 개념은 서구적 개념인 반면, 동양의 가치관은 가족에 대한 책임감을 강조한다. 이런 상호의존성 개념에 따라 대다수의 동양 문화에서는 부모를 비롯해 고모나 사촌까지도 아이 양육에 책임감을 갖는다(Bankart, 1997). 상호의존성에 대한 강조는 자신의 가족뿐만 아니라 조상과 후세에까지 적용된다. 윤회의 개념은 우주 전체, 과거, 현재, 미래가 밀접한 관계가 있다는 것과 일치한다.

불교 저서들에는 정신병리와 문제가 있는 성격 발달에 관한 언급이 있다. 서양의 심리학자들이 한 가지의 의식 상태에 초점을 두는 반면에, 동양의 철학자들은 여러 가지 의식을 기술해왔으며, 공상, 꿈, 지각은 흔히 왜곡되지만, 명상이나 착각이 없는 다른 자각 과정을 통해 관찰될 수 있다고 믿는다. 다른 의식 상태에 도달하는 능력은 깨달음에 이르게 하거나 정신적인 고통으로부터 자유롭게 한다. 명상을 통해 개인의 공상이나 생각을 관찰하는 과정은 최면에서 깨어나는 것으로 볼 수 있다(Tart, 1986). 최면은 자신의 의식에 대한 자각이 없지만, 명상은 개인의 의식을 직접 관찰하게 한다. 그리고 명상을 통해 도달한 높은 의식은 뇌파, 호흡 속도, 체온, 이완감을 비롯한 많은 생리적 변화를 가져올 수도 있다(Shapiro & Walsh, 2003).

동양적 관점에서의 정신건강은 깨달음으로 보거나 강박 충동, 공포, 불안으로부터의 자유로 볼 수 있다. 예를 들어, 중독과 혐오는 물건이나 사람, 사건에 의존하는 것이다. 음식, 약물, 일 등에 중독된 사람들은 '나는 꼭 담배/술/사랑/사람들의 존경이 있어야 한다.'라고 믿는다. 반대로 혐오는 '난 뱀/음식/비난을 피해야 해.'라고 믿는다. 동양적 관점의 정신건강은 공포, 의존성, 감정에 의해 통제되지 않는 것이 중요하다. 자신을 분리시키고 다른 의식 단계에 도달함으로써 혐오나 중독은 더 이상 아무런 힘을 발휘하지 못한다. 이러한 관점에서 Reynolds(1980)는 빵집을 지나가는 두 명의 배고픈 선승을 예로 들었다.

> 길거리에 빵 굽는 냄새가 진동하고 있었다. "정말 좋은 냄새네요." 어린 승려가 말했다. "그러게 말이다." 몇 블록을 더 갔을 즈음, 어린 승려가 다시 말했다. "그 빵집에서 나는 냄새가 빵을 좀 먹고 싶게 만드네요." "무슨 빵집 말이냐?" (pp.93~94)

여기에서 우리는 한 의식 상태에서 다른 의식 상태로 빨리 이동하는 노승은 군침 돌게 만드는 빵의 냄새로부터 빨리 벗어날 수 있었음을 추측할 수 있다. 자신의 공포, 욕망, 불안을 관찰할 수 있는 이러한 능력은 다음에 논의할 치료 전략의 중요한 원리이다.

동양 심리치료 이론

이 절에서는 자기 자신의 과정에 주의를 기울이는 것을 다루는 세 가지의 심리치료 접근에 대해 기술한다. Reynolds(1980)는 동양의 심리치료를 '조용한' 심리치료라고 언급한다. 그 이유는 개인이 혼자서, 그리고 다양한 자각 상태에서 자신의 생각을 다루며 시간을 보내기 때문이다. 최근 들어 다양한 치료적 배경을 가진 심리치료자들이 마음챙김 명상(mindfulness meditation)을 사용하기 시작했다. 마음챙김 명상은 개인이 이완되고, 깨어 있는 수용적 방식으로 현재 경험을 자각하도록 돕는다. 나이칸 심리치료는 내담자로 하여금 과거의 인간관계와 다른 사람에게 했던 실수에 초점을 두어 더 나은 대인관계를 하고 더 큰 사회적 공헌을 하도록 한다. 모리타 심리치료는 불안증을 가진 내담자를 돕기 위한 집중적인 입원 환자 치료로 만들었는데 자신에게서 벗어나 긴장에 초점을 두도록 하였으며, 외래 환자 치료에도 사용되었다. 각각의 치료법을 소개하고 여러 심리 장애에 어떻게 적용되는지를 기술하고자 한다.

마음챙김 명상 명상에는 매우 다양한 종류가 있다(Bergemann et al., 2013; Kristeller, 2007; Semple & Hatt, 2012). 명상은 목적에도 차이가 있는데, 예를 들면 자각을 발달시키기 위해서, 아니면 집중력을 발달시키기 위해서와 같은 것이다. 마음챙김 명상을 논의하기 전에 일반적인 명상을 기술할 것이다. 명상은 서양에서는 일부 소수의 사람들이 수련하지만, 동양에서는 수백만의 사람들이 명상을 이용한다(Walsh, 2001). 일반적으로 동양에서의 명상은 보다 높은 정신적·종교적인 자기개발을 위해 이용하는 반면, 서양에서는 스트레스 관리, 이완 그리고 정신적 문제를 다루기 위해서 이용한다. 명상의 관점은 평상시의 의식 상태는 왜곡되기 쉽고(maya: 환영), 개인의 통제하에 없기 때문에 평상시의 의식 상태는 이상적인 상태가 아니라는 것이다. Walsh(2001)는 보다 높은 의식 상태에 대해서 다음과 같이 설명하였다.

> 나와 내가 아닌 것의 구분을 초월해야 하며, 따라서 사람들은 자신을 아무것도 아닌 존재이며 모든 것인 존재로 자각한다. 즉, 이러한 사람들은 자기 자신을 순수 의식(아무것도 아닌 것)과 전 우주(모든 것)로 경험하게 된다. 자신을 아무것도 아니라고 여기게 되면 지켜야 할 것이 없기에 방어적이지 않게 되고, 자신을 모든 것이라고 경험하게 되면 외부적인 무언가로부터 지켜낼 것이 없게 된다. 이러한 무조건적인 순수 의식을 경험하는 것은 더없이 행복한 일이다. 이러한 경험이 없는 사람들에게는 이러한 설명이 이상하지는 않지만 역설적으로 들릴 것이다. 하지만 이러한 수행을 자신의 한계까지 실천한 사람들 사이에는 문화와 시대를 초월하는 놀랄 만한 공통점이 존재한다. (p.370)

마음챙김 명상은 심리적인 문제를 다루는 데 이용된다. 먼저 마음챙김 명상이 무엇인지를 설명하고, 이것이 심리치료에서 어떻게 사용되는지 사례를 들어 설명하고자 한다. 그리고 나서 마음챙김 명상을 치료적 절차에 통합시킨 몇 가지 다른 치료법을 검토할 것이다. 명상에 관련된 연구는 굉장히 방대하기에 간략하게만 검토하기로 하겠다.

마음챙김이란, 우리가 현재를 경험하는 방식을 의미한다. 일상생활에서의 마음챙김이란 기분 좋음이나, 양심적인 것과 관련이 있는 것으로(Cullen, 2011; Herbert & Forman, 2011; Thompson & Waltz, 2007), 명상 시의 마음챙김과는 관계가 없다(Thompson & Waltz, 2007). 마음챙김 명상을 할 때 사람은 이완되고, 개방되어 있고, 민감하다(Cullen, 2011; Germer, 2005). 마음챙김 명상은 호흡에 초점을 두고, 호흡할 때의 의식에 초점을 둔다. 숨을 들이쉬고, 내쉬는 호흡에 집중함으로써 자연스레 어떤 감정이나 이미지가 떠오르게 될 것이다(Fulton & Siegel, 2005). 사람들은 흔히 불쾌한 사건에 대한 생각은 멈추고, 좋은 일만을 곱씹고 싶어 한다. 충분한 연습으로, 명상하는 사람은 불쾌한 사건을 견디고 두려워하지 않는

법을 배우며, 생각을 수용하고 과거의 일이나 후회로부터 방해받지 않게 된다.

다음에 요약해 놓은 마음챙김 명상의 수련법은 마음챙김 명상이 무엇인지를 아는 데 도움이 될 것이다(Germer, 2005). 우선 눕거나 똑바로 앉는다. 어느 경우에서든 편안한 자세로 척추는 똑바로 펴도록 한다. 눈은 감아도 된다. 그런 다음, 자신의 복부에 주의를 기울인다. 숨을 들이마시면서 복부가 팽창하는 것을 느끼고 숨을 내쉬면서 축소되는 것을 느낀다. Kabat-Zinn은 이 과정을 "마치 호흡의 파도를 타는 것과 같다."(1990, p.58)고 말하였다. 마음이 여기저기 떠돌기 시작하면 마음이 어디로 떠돌았는지에 주목하고 다시 마음을 호흡에 집중한다. 항상 수련자는 호흡에 집중해야 한다. 이것을 매일 15분 이상 수행한다. 그리고 이것에 익숙해지면 하루 중 아무 때나 자신이 원할 때 호흡에 집중할 수 있고, 자신의 생각이나 느낌을 판단하지 않고 자각할 수 있게 된다. 또한 무언가를 보고 느끼는 방식에서의 변화를 자각할 수 있게 된다(Kabat-Zinn, 1990). 집중적이고 지지적인 환경에서 명상을 수련하기 위해 피정(retreats)을 이용할 수 있다. 피정은 사람들이 마음챙김 명상을 포함한 모든 명상 수련을 더 많이 하게 하고, 숙련되게 이용할 수 있게 해 준다. 마음챙김 명상은 사성제와 팔정도와 일치되는데 흔히 피정에서 거론되기도 한다(Marlatt et al., 2004). 명상은 사성제와 팔정도와 일치하는 가치를 수련할 수 있는 기회를 제공해 준다. 마음챙김 훈련을 위한 설명서와 지침은 약물 중독을 극복하고 있는 여성과 같은 특정한 집단(Lange, 2011)이나 개인에게 사용될 수 있다(Stahl & Goldstein, 2011).

Fulton & Siegel(2005)은 리처드의 사례를 들어 마음챙김 명상이 심리치료에 효과가 있음을 보여 주었다. 리처드는 23세의 남성으로 제시카와 깊은 사랑에 빠졌다. 제시카는 그와의 관계를 끝내고 전 남자 친구에게로 돌아갔다. 리처드는 제시카와 그녀의 남자 친구에 대한 생각 때문에 화가 났으며 이런 생각을 멈출 수가 없었다. 리처드는 우울에 빠졌으며 일상생활에 집중할 수 없었다. 그는 마음챙김 명상을 시도하였는데 처음에는 힘들어했다.

> 명상하는 동안, 리처드는 제시카와 전 남자 친구 사이를 갈라놓는 것을 포함한 폭력적인 이미지들을 떠올렸으며 심한 슬픔과 두려움에 휩싸였다. 가끔 이러한 감정은 목이 뻣뻣해지는 것과 같은 심한 신체적 고통으로 경험되었다. 마음속에 떠오르는 이미지 또한 리처드를 불안하게 하였다. 폭력적인 장면이 마치 영화를 보듯이 눈앞에서 펼쳐졌으며, 그렇게 몇 시간이고 흘렀다. (Fulton & Siegel, 2005, p.45)

하지만 명상을 하면서 리처드의 생각과 감정은 변하기 시작했다.

리처드는 열심히 수련하여 산만한 생각이 조용해지는 순간을 경험하였다. 그는 꽃이 태양을 향해 피는 것이나 복잡하게 금이 간 돌담과 같은 작은 일들에 경탄하였다. 이러한 경험과 더불어 자연의 일부를 느끼는 것과 같은 깊은 평화가 찾아왔다. 개인적인 공포나 욕망은 점차 중요하지 않았다. 슬픔과 폭력적인 질투의 이미지를 가졌던 그는 제시카에 대한 사랑과 연민이 느껴졌다. 리처드는 심리치료에서 길러지는 건강한 자기(healthy self)에서 기대할 수 있는 무아(no-self)의 효과를 경험하고 있었던 것이다. (p.42)

치료와 더불어 지속적으로 명상을 함으로써 리처드는 제시카가 자신을 떠난 것에 대한 분노 감정에 변화를 느꼈다.

시간이 지남에 따라 상황은 점차 변하기 시작했다. 첫째, 노출을 통해 이러한 경험에 대한 혐오감은 점차 감소되었다. 보통 리처드는 기분을 바꾸려고 하거나 약을 먹겠지만, 피정 중에 어떤 것이 일어나든 거기에 머무르는 연습을 하였다. 둘째, 떠오르는 이미지나 느낌에 대해 계속 노출함으로써 피정에서 제시카의 선택에 대한 슬픔은 깊어지는 것 같았다. 침묵 속에 일어났지만, 이것은 정화 경험을 일으키는 것으로 보였다. 2주일이 끝날 무렵에 리처드는 훨씬 더 안정되었다. (p.45)

마음챙김 명상의 가치들은 치료 작업에서 중요하다. 관계적 여성주의 심리치료자인 Surrey(2005)는 자신이 믿는 마음의 특성이 불교 수행에 주의를 기울임으로써 전달된다고 기술하였다. 그녀는 그중 브라마 비하라(brahma viharas) 수행에 관한 네 가지 원칙을 설명하였다. 이 원칙에는 일반적인 친절인 자애심, 다른 사람의 슬픔에 대한 연민, 다른 사람의 좋은 일에 함께 기뻐하는 환희, 성공이나 실패가 자신의 관점에 영향을 미치지 않는 평정심 등이 포함된다. 불교 철학에 기술된 것처럼 이러한 원칙은 다른 사람들을 용서하고 자신을 수용하고 자기중심적이 되지 않기 위해 노력하도록 해 준다(Phelan, 2012a, b). 비록 이 가치들이 마음챙김 명상 수련은 아니지만 마음챙김 명상의 배경에 깔려 있는 심리와 상당 부분 일치한다.

최근에는 많은 심리치료 이론들이 마음챙김 명상을 치료의 중요한 부분으로 이용한다. 곧이어 살펴볼 수용전념 심리치료도 마음챙김을 핵심 개념으로 보고 있다. Linehan(Linehan & Dexter-Mazza, 2008)은 마음챙김의 개념을 많이 사용하는 변증법적 행동 심리치료(dialectical behavior therapy)를 개발하였다(8장, 360쪽 참고). 변증법적 행동 심리치료는 자살 위험이 있는 내담자나 경계선 장애 내담자를 치료하기 위해 개발된 증거 기반 심리치료법이다. 10장에 설명된(461쪽), 마음챙김에 기반을 둔 인지 심리치료는 어떻게 마음챙김 명상이 인지 심리치료에 통합될 수 있는지를 보여 주고 있다(Segal, Williams, & Teasdale, 2013). 마음챙김에서의 가치는 인지 심리치료와 더불어, 행동 심리치료와도 통합되고 있다(Ong, Shapiro, & Manber, 2008). 그리고 Moncayo(2012)는 불교의 원칙이 어떻게 정신분석에도 통합될 수 있는지도 보여 준다.

생리적 변화와 심리적인 변화를 보여 주는 명상의 이로운 점을 관찰하는 많은 연구가 진행되고 있다. 20개 연구들을 메타분석한 연구에서는 마음챙김에 기반을 둔 명상이 내담자의 스트레스를 줄여 주고 다른 건강상의 이점을 가져다주는 데 얼마나 효과적인지를 보여 준다(Grossman, Niemann, Schmidt, & Walach, 2004). 하지만 Toneatto & Nguyen(2007)은 15개의 조절 연구를 살펴본 결과, 마음챙김 기반의 명상이 우울과 불안을 줄이는 데는 그 효과가 일관적이지 않다는 결론을 내리기도 한다. 반대로 마음챙김에 기반을 둔 명상의 효과를 검사하는 39개의 연구에 대한 메타분석에서, 마음챙김에 기반을 둔 스트레스 완화 프로그램(MBSR)은 마음챙김 감각을 개발하는 것과 가장 관련이 있는 명상과 비교하여 심리적 행복에 도달하는 데 가장 효과적이었다(Eberth & Sedlmeier, 2012). 어떤 연구에서는 마음챙김 기반의 명상이 우울증 증상을 줄이는 데 매우 큰 영향을 준다고 결론짓기도 한다(Jimenez, 2009). 마음챙김 스트레스 완화 프로그램(MBSR)을 일반적인 불안 장애가 있는 개인에 대한 스트레스 관리 교육과 비교하면, 마음챙김 기반 명상은 스트레스 관리 교육보다 불안과 고통을 감소시켰다(Hoge et al., 2013). 또한 마음챙김 기반의 명상은 만성적인 요통을 갖고 있는 노인들이나(Morone, Lynch, Greco, Tindle, & Weiner, 2008), 마음챙김 명상을 수련하는 1주간의 자기 개발 수업에 참여한 어른들(Fernros, Furhoff, & Wändell, 2008)에게 있어 삶의 질을 개선시킨다고 보고 있다. 집이 없는 청소년을 대상으로 한 영적 수업이 개발되었다(Grabbe, Nguy, & Higgins, 2012). 결과는 적어도 네 개의 수업을 들은 39명의 청소년들이 정신 상태를 향상시켰다는 것을 보여 주었다. 이러한 연구들은 마음챙김을 바탕으로 한 명상이 다양한 사람들에게 사용되어 왔음을 보여 준다.

나이칸 심리치료 1950년대 초반에 Ishin Yoshimoto가 개발한 나이칸 심리치료는 불교 승려들의 수행과 관련이 있는 Mishirabe의 원칙에 기반을 둔다. 내담자의 다양한 문제점에 적용할 수 있도록 만들어진 나이칸 심리치료는 자기중심성을 많은 사람들이 극복해야 할 문제점으로 본다(van Waning, 2009). 사람들은 다른 사람들을 좀 더 수용할 수 있어야 하며, 가족이나 친구의 친절에 좀 더 감사할 줄 알아야 한다(Iwakabe & Enns, 2013; Tatsumi, 2003; Tseng, Kitanishi, Maeshiro, & Zhu, 2012). 다른 사람들에게 감사하는 것은 나이칸 심리치료의 중요한 측면이다(Bono, Emmons, & McCullough, 2004). 나이칸 심리치료는 사람들로 하여금 인간관계를 발달시키고, 인간관계를 보다 건강하고, 만족스러운 것으로 바라보도록 도와준다. Reynolds(1980, 1981, 1993)는 아주 구조화된 일본의 나이칸 심리치료와 미국의 상황에 맞게 변화시킨 나이칸 심리치료를 기술하였다.

일본에서는 나이칸 심리치료 시작 후 첫 일주일 동안은 사람들을 병원 같은 시설의 작은 방에 배정한다. 오전 5시부터 오후 9시까지 자기관찰에 대부분의 시간을 보내며, 식사나 화장실을 이용하는 등에는 약간의 시간을 사용한다. 1~2시간 간격으로 센세이(sensei)라고 부르는 심리치료자나 선생님이 방으로 들어와 지시사항을 전달하거나 과거 대인관계에 대한 자기관찰(특히 부모와의 관계)에 집중하도록 한다. 내담자는 다음 세 가지 질문으로 안내된다.

1. 내가 이 사람으로부터 무엇을 받았는가?

2. 내가 이 사람에게 무엇을 돌려주었는가?

3. 내가 이 사람에게 어떤 문제나 걱정을 안겨 주었는가? (Reynolds, 1993, p.124)

센세이는 내담자의 과거 인간관계에 대한 이야기를 듣는 고해 신부의 역할을 한다. 중요한 주변 사람들에 대한 분함이나 분노가 인식되지만 그들이 내담자의 인생에 기여한 것에 의해 분노는 빛을 잃게 되며, 내담자는 점점 동정적이게 되고, 다른 사람들의 관점을 받아들이게 된다.

이렇게 한 주 동안의 집중적인 자기관찰을 마친 내담자들은 각자 집으로 돌아가 매일 몇 시간씩 입원하여 배웠던 자기관찰을 수행한다. Reynolds(1981)는 Yoshimoto가 집중적으로 입원한 주의 중반쯤에 면담한 중년 여성인 O 부인을 예로 든다.

요시모토 박사: 8월에 대해서는 어떤 것을 반성하셨나요?

O 부인: 제 남편은 매년 8월이면 가족 여행을 위해 온 가족을 불러 모아요. 자식들과 손주들이 오지요. 우리는 함께 어딘가로 여행을 가요. 이것보다 근사한 일은 없지만 저는 항상 불만스런 얼굴을 짓곤 해요. "다들 왔으니까 나도 가야 하는 거겠지, 뭐."라고 말하며 같이 가곤 하죠.

요시모토 박사: 남편분께 무엇을 받았고 무엇을 돌려줬고 남편분께 어떤 문제를 안겨 주었나요?

O 부인: 남편이 저를 여행에 데려가 준 것이 제가 받은 거겠지요.

요시모토 박사: 그럼 남편분께 받은 것에 대해 돌려 드린 것은요?

O 부인: 뭐, 제 가족들이 저에게 주먹밥을 만들어 달라고 했어요. 그다지 만들고 싶은 기분이 들지는 않았지만 그렇게 하지 않을 수 있는 방법이 없었죠. 그런데 너무 짜게 만들어 줬어요.

요시모토 박사: 남편분께 어떤 문제를 안겨 드렸나요? (Reynolds, 1981, p.550)

이러한 면담 방식은 힘들지만, 책임 있는 행동과 다른 사람의 행동을 이해하고 감사하는 것의 필요성을 일관되게 강조한다. Reynolds(1993)는 반성에 소요되는 시간을 줄이고 우리를 위해 다른 사람이 한 일과 더불어 그들에게 우리가 안겨 준 문제를 인지할 수 있는 과제를 도입함으로써 미국에 나이칸 심리치료를 적용하였다. 예를 들어, 내담자는 반성하는 동안 마음속에 있는 사람에게 열 가지 다른 방식으로 하루에 열 번 '고맙습니다.'라고 말하도록 요구받을 수 있다. 또한 내담자는 인생의 중요한 사람들에게 고마움이나 미안함을 표시하는 편지를 쓰거나 다른 이들을 위해 봉사하거나 지역사회에 기여하도록 요구받을 수 있다. 추가적으로 내담자는 앞에서 언급한 세 가지 질문과 관련한 일기나 기록을 하도록 요구받는다. Reynolds는 나이칸 심리치료가 사람들이 보다 균형 있고, 덜 자기중심적이며, 보다 현실적인 인생관을 갖도록 해 준다고 믿는다. 또 다른 저자들은 나이칸 심리치료가 어떤 식으로 모자관계를 다루며(Ozawa-de Silva, 2007), 어떻게 정신분석적 가치와 맞는지를 연구하였다(van Waning, 2009).

모리타 심리치료 1915년경에 Morita Masatake에 의해 창시된 모리타 심리치료는 강박 장애, 공황장애, 공포증 등의 신경질적(shinkeishitsu) 노이로제를 앓고 있는 입원 환자 치료를 위해 개발되었다. 기본적으로 모리타 심리치료는 내담자가 자신의 증상을 수용하고 재해석하는 것을 배우는 격리 프로그램이다(Noda, 2009; Ogawa, 2013; Tseng et al., 2012). 내담자의 주의는 증상에서 그 사람 앞에 놓인 삶의 과제로 옮겨가며, 내담자는 증상이 없어질 때까지 기다리는 것이 아니라 삶에 참여하도록 한다(Chen, 2005).

일본에서 시행되는 전통적 모리타 심리치료에서 내담자는 4~5주 정도 입원을 하게 되며 4단계의 심리치료 과정을 거치게 된다. 1단계는 4~7일까지 먹거나 화장실을 가는 것 빼고는 아무것도 하지 않는다. 내담자는 고통받고 걱정하고 이러한 경험을 수용하도록 지시받는다. 이 단계는 내담자로 하여금 자신의 증상을 경험하고 삶의 방식을 바꿀 필요성을 느끼게 해 준다. 예를 들면, 내담자는 격리가 불편하고 불쾌하다는 것을 배움으로써 사회적 상호 작용과 신체 활동을 이전보다 더욱 가치 있게 여긴다. 남은 2, 3, 4단계에서 내담자들은 심리치료자가 기록한 코멘트에 대해 일기를 쓰는 동시에 점차 어려워지고, 재미없고 피곤한 과제들을 수행하게 된다. 모리타 심리치료의 기본적인 가르침을 반영하는 심리치료자의 코멘트나 집단 토의는 치료의 중요한 요소이다. 이 과정에서 내담자는 생각이란 이상적이거나 완벽한 것이 아니라 현실적이고 구체적인 것이어야 한다는 것을 배움으로써 증상에 관계없이 행동할 수 있게 된다.

Reynolds는 모리타 심리치료를 미국 내에서 적용하였다. 한 가지 다른 점은 신경질적 노이로제보다 넓은 범위의 장애에 모리타 심리치료를 적용했다는 것이다. 기본적으로 내담자는 모리타 심리치료에 내재되어 있는 가르침을 이해하기 위해서 충분한 지적 발달을 필요로 한다. 모리타 심리치료에서 사용하는 엄격하게 격리된 장기 요양은 미국에서는 찾아보기 힘들다. 대신에 내담자는 적절한 때에 조용히 앉아 있을 수 있다. 또한, Reynolds와 그의 동료는 모리타 심리치료에서 사용된 반복된 과제가 아니라 주로 일상생활에서의 간단한 과제를 사용하였다. 덧붙여 사람들에게 삶을 다시 설정하는 기본적인 원칙을 가르치기 위해 선(禪)의 가르침을 사용하였다. 『삶에 대한 욕망: 모리타 불안장애 치료법(Desire for Life: The Practioners Introduction to Morita Therapy for the Treatment of Anxiety Disorders)』에서 Ogawa(2013)는 모리타 치료법이 어떻게 개인과 외래 환자 집단 치료에 사용될 수 있는지를 설명한다. 외래 환자 치료법을 설명할 때, Ogawa는 환자들이 치료받기 전보다 더 오랫동안 일을 지속하기 위해서 어떻게 해야 하는지를 상기시키는 카드를 사용하거나 역할극과 같은 경험적 학습을 강조한다.

시험 불안증을 가진 외래환자 이혼녀(40세)를 다룬 모리타 심리치료의 예는 모리타 심리치료의 접근법을 잘 보여 준다. Ishiyama(in Reynolds, 1989)는 대학 시험에 대한 걱정을 하던 V의 생리적·심리적 증상을 기술한다. 그의 접근법은 치료의 첫 30분을 요약한 것과 내담자에게 지시한 것에서 엿볼 수 있다.

> 나는 그녀의 불안이 완전하고자 하는 욕구에서 나온다고 설명하였다. "어떠한 욕구가 있다면 그 욕구를 충족시키지 못할지도 모른다는 불안감이 존재합니다. 당신의 불안 강도는 의미 있는 학업 성취를 바라는 욕구 강도를 나타냅니다. 불안을 정복하기 위해 에너지를 다 소모하는 것과 공부를 마치는 것 중 어느 것을 선택하시겠습니까?" 그녀는 후자를 시도하는 쪽에 동의하였다.
>
> 나는 30분 회기의 마지막에 V에게 다음과 같은 지시를 전달했다.
>
> 1. 두려움과 다른 감정을 느껴지는 대로 받아들이라. 공부를 계속하고 감정을 변화시키려는 시도는 그만두라.
> 2. 불안을 느끼게 되면 그것을 인정하고, 불안을 경험하면서도 계속 공부에 열중하라.
> 3. 불안의 세부 사항에 주목하라. 불안을 떨쳐낼 수 없다면 다른 사물을 공부하듯이 그 불안을 공부하라. (p.51)

모리타 심리치료의 중요한 부분은 세부 사항에 주의를 기울이는 것, 세부 사항을 일기에 기록하는 것, 그리고 심리치료자의 코멘트다. 추적 면담에서 V는 적극적인 수용이 자책을 줄여 주는 데 도움이 되었음을 발견하였다. 주의는 자기평가에서 객관적인 자기관찰로 옮겨졌다.

『물, 눈, 물: 정신건강을 위한 건설적인 삶(Water, Snow, Water: Constructive Living for Mental Health)』에서 Reynolds(2013)는 나이칸과 모리타의 치료법에 기초한 삶의 방식을 설명했다. 기본적으로 '건설적인 삶'은 개인이 자신의 느낌과 문제에 집중하기보다는 타인에게 친절하고 타인을 돕도록 가르친다. 이 프로그램은 연습과 훈련을 통해 학생들을 가르치는 데 사용될 수 있다. '건설적인 삶'은 치료가 아닌 교육 프로그램이다. '건설적인 삶'의 공인된 강사가 되기 위해서는 10일간의 자격증 교육과정을 받아야 한다. 나이칸과 모리타 치료의 아이디어를 이용한 '건설적인 삶'은, 초기 시간 투입을 요구하지는 않지만 나이칸과 모리타 치료의 원칙에 지속적으로 주의를 기울이도록 요구한다.

요약

마음챙김 명상, 모리타 심리치료와 나이칸 심리치료는 모두 인도에서 발생한 힌두교의 가르침에 영향을 받은 선불교에 뿌리를 둔다. 힌두교와 불교의 철학은 비판, 사건, 불평을 멀리하는 법을 가르친다. 마음챙김 명상은 사람들로 하여금 불편한 생각이나 기분이 아닌 현재를 경험함으로써 스트레스를 줄일 수 있도록 도와준다. 나이칸 심리치료는 사회적 책임을 깨닫고 개발하기 위해 격려를 이용한다. 모리타 심리치료는 이상주의나 완벽주의적인 추구가 아닌 현실에 대한 실제적이고, 구체적인 접근을 강조한다. Reynolds는 나이칸과 모리타 치료법의 몇 가지 간단한 버전을 개발했다. 이 모든 것은 자기 자각과 사회적 책임감을 강조한다.

수용전념 심리치료(ACT)

수용전념 심리치료(Acceptance and Commitment Therapy: ACT. '엑트'라고 발음함. 이하 ACT)는 약 35년 전에 언어 과정을 통해 내담자의 비효과적인 전략을 떨쳐 버리는 것을 돕기 위해 개발되었다(Blackledge, Ciarrochi, & Deane, 2009; Eifert & Forsyth, 2005; Hayes & Lillis, 2012; Hayes & Strosahl, 2005; Twohig, 2012). Hayes와 동료들은 사람들의 많은 심리적 문제가 특정 경험을 피하는 것과 같은 감정을 다루는 데에서 비효율적인 방법을 사용하기 때문에 발생한다고 생각한다. ACT에서는 심리적 경험을 통제, 제거 혹은 회피하는 것에 초점을 두기보다는, 아픈 정서나 감각 혹은 경직된 사고가 나타날 때 내담자가 의미 있는 행동을 취하는 것을 배우게 된다. 내담자는 자신의 생각과 감정을 경험으로 관찰하고 이러한 경험에 대한 반응 방식이 효과적인지 평가하기 시작한다. 또한 내담자는 가치(의미 있는 삶의 방향)를 명확히 하거나 구축하고, 이러한 가치 탐색과 일치하는 다양한 행동을 취하는 법을 배우게 된다.

수용전념 심리치료(ACT)에 관한 첫 책(Hayes, Strosahl, & Wilson, 1999)에서부터 많은 매뉴얼(Luoma, Hayes, & Walser, 2007), 성과들(Twohig & Hayes, 2008)과 자조적인 서적들(예: Hayes & Smith, 2005)이 출판되어 ACT를 배우거나 적용하고자 하는 사람들에게 도움을 주고 있다.

배경

Steven Hayes

Steven Hayes는 1948년에 태어났으며 남부 캘리포니아에서 자랐다. 젊었을 때 그는 동양철학에 관심이 있었고, 몇 개월 동안 캘리포니아 동부의 종교 공동체에서 활동했다. Hayes의 초기 관심사는 인간의 잠재적 운동, 인본주의 심리학, 마음챙김 및 동양 명상에 있었으며, 특히 Skinner의 급진적 행동주의에 관심이 있었다. 또한 그는 Ellis의 합리적 정서행동 심리치료(REBT. 9장)와 Beck의 인지 심리치료(10장)의 영향을 받았다. 그는 인지 심리치료로부터 사고는 문자적 진리보다는 가설로 간주될 수 있다는 것을 배웠으며, 급진적 행동주의에서 모든 심리적 사건은 상황에 따라 영향을 받는다는 것을 배웠다. 학자로서의 경력 초기에 그는 심한 공황장애를 겪었다. 그는 자신이 알고 있는 다양한 인지 및 행동 접근법을 적용하여 자신의 불안감을 줄이기 위해 노력했다. 그렇게 하면서 그는 불안에 더 많이 초점을 두게 되어 불안 장애가 악화되었다. 그가 불안을 떨친 것은 오히려 불안을 고치려는 것을 포기하고 동양적, 인본주의적, 인간의 잠재적 접근에서 배운 기술로 돌아왔을 때였다. 명상 중에 있을 때처럼 생각과 감정을 관찰하고 실제 행동에 초점을 맞추면 불안 장애가 완화된다. 그는 상황별 방법을 포함하는 이 접근 방식의 영향에 대해 호기심을 가지고, 이러한 심리학의 서로 다른 가닥 사이의 접점을 탐구하기 위해 기초와 응용 연구 프로그램을 시작했다. 상황별 방법은 특정 행동에 발생하는 상황이나 정황을 찾는 방법이다. 예를 들어, 무엇인가 두려움을 느끼는 경우를 보라. 누군가가 당신에게 소리를 질렀거나 어두운 밤과 같이 상황적인 다른 요소가 있었기 때문인가? 헤이즈는 수용전념 심리치료(ACT)의 일부가 되는 기술과 프로그램을 위한 과학 철학을 개발했다. 이 모든 것들은 ACT가 1980년대 중반부터 현재까지 협력 프로젝트가 되면서 그의 동료들에 의해 발전되었다.

현재 그는 리노(Reno)에 있는 네바다 대학(University of Nevada)의 교수이자 임상 수련 감독이다. 네바다 대학은 ACT가 심리치료로 잘 알려지게 한 곳이다. 2000년부터, 약 85개의 다양한 인구 및 장애에 대한 ACT의 유효성을 평가하는 무작위 대조 연구가 있었다. 이 치료법을 따르는 전문가의 수는 전 세계적으로 7,000명이 넘는다. ACT를 사용하는 많은 전문가들은 상황행동과학협회(www.contextualscience.org)의 회원이다. Hayes는 계속해서 ACT 방법을 개선하고, 그 속에 있는 기초 과학을 연구하며(Waltz & Hayes, 2010), 변화를 일으키는 상황별 이용 방법을 이해하려고 노력하고 있다(Hayes, Barnes-Holmes, & Wilson, 2012).

수용전념 심리치료의 일반적인 목표는 개인이 자신의 가치에 대해 더 많은 행동을 취하고 유연성을 갖춘 심리적 경험을 하도록 돕는 것이다(Hayes & Lillis, 2012). 비참한 사적인 경험의 빈도나 강도는 ACT에서의 대상이 아니다. 대신에, 개인이 그러한 경험과 어떻게 관련되어 있으며 그리고 그 사람이 선택한 가치 탐색에 기꺼이 접촉할 수 있는지 여부에 초점을 맞추고 있다. 다르게 말하면, ACT의 목표는 증상 감소가 아니라 선택한 가치를 반영하는 경험을 확대하는 것이다. 그러한 유연성을 개발하기 위해 ACT는 여섯 개의 핵심 과정을 대상으로 하며, 이것들은 내담자의 어려움과 강점을 기반으로 소개된다. 이 여섯 가지 과정은 수용, 탈융합, 현재 순간의 자각, 맥락으로서 자기, 가치 탐색, 전념 행동이다. 처음 네 과정은 사고에서 벗어나 문제가 되는 행동을 통제하고 고통스러운 감정을 환영하여 직접 경험하는 데 초점을 둔다. 마지막 두 과정은 내담자의 행동을 의미 있는 만족으로 활성화하고 연결하는 데 중점을 둔다. 이러한 과정을 활성화하기 위해 ACT 치료자는 은유, 경험적 운동과 자연스러운 교류를 통해 내담자의 행동과 결과에 대한 인식을 높이고, 유연성을 격려하고, 의미 있는 삶의 방향을 제시한다.

수용전념 심리치료 이론

수용전념 심리치료 모델은 관계구성틀 이론(relational frame theory: RFT)이라 불리는 언어와 인지의 행동 이론이다(Hayes, Barnes-Hohnes, & Roche, 2001). 이 이론에서 언어와 인지는 사건 사이의 상징적인 관계를 구축하고 파생시키는 행동으로 간주되며, 이러한 행동은 사건이 인식되는 방식과 우리가 어떻게 대응하는지에 영향을 미친다. 예를 들어, 어떤 아이가 낯선 사람이 위험하다는 말을 듣는 경우, 낯선 사람은 위험한 것으로 여겨지는 다른 것들과 비슷한 특성을 가지고 있다고 생각할 수 있다. 결과적으로, 낯선 사람이 아이에게 말을 걸었을 때 아이는 불안해하고 이런 종류의 상황에 처했을 때 더 조심스러울 수 있다.

　언어가 잘 발달하면, 개인이 만드는 연상이 빨라지고 통제하기 어려워진다. 예를 들어, '바나나'라는 단어를 들으면서 우리 마음속에서 바나나를 상상하지 않기는 어렵다. 그리고 어떤 사람이 중국어로 '바나나'라는 단어를 배우면, 그는 이 새로운 단어를 들을 때마다 마음속에 바나나를 상상하게 된다. 따라서 우리의 삶에서 사건을 인지하고 대응하는 방식의 변화는 언어와 생각의 영향을 받아 빠르게 발생하고 확산될 수 있다.

　관계구성틀 이론(RFT)의 관점에서 볼 때, 언어는 우리가 부정적인 결과 없이 빨리 배우게 할 뿐 아니라, 심리적 문제가 발달하는 것에 기여한다. 우선, 언어의 관계적 성질은 혐오스러운 경험을 우리의 생각에 쉽게 퍼뜨린다. 예를 들어, 외상 사건의 희생자였던 사람은 종종 어떤 것들도 그에게 이 사건을 상기시킬 수 있다고 본다. 충격적인 사건이 고통스러운 감정과 감각을 유발했기 때문에 언어와 사고를 통해 외상에 연결된 모든 사건 또한 이러한 혐오 반응을 유발하는 경향이 있다. 우리가 불쾌한 경험을 피하는 경향이 있기 때문에 외상 사건에 대한 자연적인 반응은 위험하지 않은 데도 불구하고 심리적 통증을 유발하는 경험에 적용되기 시작한다.

　경험 회피의 역설은, 경험을 회피하기 위해 하게 되는 새로운 행동 역시, 경험을 회피하는 것만큼의 에너지가 소요되어 비효율적이거나 그 대가가 크다는 것이다. 어떤 것도 외상 사건과 관련된 것일 수 있으므로 이러한 사건을 피하는 것은 끝이 없는 일이다. 새로운 것들은 생각의 그물망에 쉽게 걸려들 것이고 이것들은 쉽게 외상에 관련지어 지기 때문에 혐오스럽게 여겨진다. 개인이 외상을 더 이상 생각하지 않으려고 할수록, 오히려 새로운 경험을 할 때 외상을 더 많이 생각하게 된다. 따라서 개인은 인생에서 의미 있는 만족을 가져다줄 행동에 참여할 수 없게 된다.

　두 번째 역설은 경험을 피하는 것이 일반적으로 비효과적임에도 불구하고 심리적인 문제로 고통받는 사람들은 이 전략을 지속한다는 것이다. 관계구성틀 이론(RFT)의 관점에서 볼 때 이러한 지속성은 부분적으로는 언어나 인지 과정으로 설명될 수 있다. 우리가 사건의 상징적인 기능(예: 바나나가 실제 바나나의 이미지를 연상시킴)에 반응할 때, 우리는 이 사건의 본질적인 기능(바나나라는 단어의 소리)에 반응하지 않는 경향이 있다. 다른 말로 표현하자면, 우리는 언어와 인식을 가지고 상징적인 경험으로 만들어진 새로운 세계를 구축하는 경향이 있다. 그로 인해 우리는 경험과 직접적으로 관련되지 않은 유용하지 않은 방식으로 대응할 수 있다.

　이러한 현상은 규칙 지배적인 행동 영역에서 연구되었으며, 연구자들은 개인에게 최선의 행동이 무엇인지를 알려줘서 새로운 행동을 배우게 해도 이 현상이 지속되는 경향이 있다는 것을 관찰했다(Hayes, Barnes-Holmes, & Roche, 2001). 즉, 언어를 통해 배울 때, 우리는 직접적인 경험으로부터 자신을 분리하고 우리 삶의 어떤 중요한 측면에 둔감해질 수 있다. 따라서 개인은 아픈 것에 대해서는 생각하지 않는 것이 좋다는 문화적 영향을 통해 트라우마에 대해 생각하는 것 자체를 피하는 것이 최선이라고 생각할 수 있다. 그 결과, 개인은 그것이 작동하지 않거나 단기적으로만 작동하는 경우에도(비효율적인 전략임에도 불구하고) 피하는 전략을 적용한다.

심리적 과정의 발달과 유지에서 언어 과정이 가지는 함의는 관계구성틀 이론 연구자로 하여금 내담자가 보다 효과적인 행동을 하기 위해서는 치료자가 경험에 재접속하는 것을 도와야 한다는 것을 제안한다. 사고는 제거될 수 없으므로, 치료자는 내담자가 생각하는 것을 바꾸려고 하면 안 되며, 대신 문제적인 사고가 일어나는 상황을 만들어야 한다. 언어는 여전히 치료법에 사용되지만, 이제는 내담자의 언어와 인지 자체와 관련된 방식을 변경하는 데 사용된다. 예를 들어, 은유는 내담자가 그간의 자기 행동의 결과를 알 수 있도록 도울 수 있는데, 그 은유는 그 시점까지 특정한 사고에 의해 숨겨져 있었다. 언어는 삶의 의미 있는 원천을 구축하는 데에도 사용될 수 있다. 언어는 우리를 직접적인 경험에서 분리시키고 대신 상징적 경험에 응답하도록 유도하므로 구체적인 세계에서 발생하는 구체적인 결과보다는 추상적인 목표에 의해 동기가 부여될 수 있다.

수용전념 심리치료 기술 및 방법

이 절에서 나오는 수용전념 심리치료(ACT)의 여섯 가지 과정인 수용, 탈융합, 현재 순간의 자각, 맥락으로서의 자기, 가치 탐색, 전념 행동을 설명할 것이다. ACT는 은유와 연습을 사용하기 때문에 각 과정을 예제로 설명한다. 이 예들은 은유와 연습이 내담자가 자신의 생각과 행동에서 보다 융통성 있게 하는 데 어떻게 도움이 되는지를 보여 준다. 이 치료법의 특이한 측면은 치료자가 내담자와 작업을 하는 데 직접 ACT를 모델링한다는 것이다. 예를 들어, 내담자의 행동적인 전념이나 변화를 돕기 위해서 치료자는 스스로 해 보이면서 내담자와 함께 논의할 수 있다. 이 절의 결론에서 나는 더 긴 사례를 제시할 것이다. 대부분의 은유와 연습은 수용과 전념 치료에 있다(Hayes & Lillis, 2012).

수용　감정과 감각을 수용하는 것은 그것을 제거하려고 시도하기보다는 그것이 존재한다는 것을 인정하는 것이다. 수용이란 생각, 감정, 기억 및 신체 감각을 환영하고 그대로 경험하는 것을 의미한다. 대조적으로 관용은 마음에 들지 않더라도 생각과 감정을 참고 받아들이는 것을 의미한다. 감정을 관용하거나 피하는 것은 그것을 더 강하게 만들어서, 내담자는 더 불안하거나 두려운 느낌을 갖게 된다. 사람이 불안을 받아들인다는 것은 불안한 상황에 자신을 넣고 그 속에서 가치를 추구하며 환영하는 것을 말한다. 치료자는 불안을 줄이려고 하지 않는다. 오히려 내담자에게 그 감정의 다양한 깊이를 알게 하고, 불쾌감을 느끼더라도 그 감정을 유지할 수 있는 능력을 향상시킨다. 수용은 현재 상황에 대한 수동적 후퇴가 아니라 자신을 불편한 사고나 감정과 접촉하여 자신의 가치를 발달시키는 적극적인 의지로 보는 것이 중요하다. 다음은 내담자가 자신의 삶 속에서 수용할 수 있도록 돕는 연습과 대화의 예이다.

정서와 감각에 이름 붙이기   당신의 인생에서 일이 잘 풀리지 않을 때, 사람들이 당신 편이 아닌 것처럼 보이거나 단지 당신이 충분하지 않은 것처럼 보일 때 당신이 갖는 느낌을 생각해 보라. 그것에 이름을 지어 보라. 이제 처음으로 그 느낌을 느꼈을 때를 기억해 보라. 할 수 있는 한 가장 과거로 돌아가 보라. 그게 어제였는가? 일주일 전? 일 년 전? 아니면 그 이상?(Hayes & Lillis, 2012, p.90)

수용을 감각하기 수용은 노력으로는 어렵지 않지만 교묘한 점이 있다. 내담자의 무릎에 책을 놓고, 그것을 치워 보라.

심리치료자: 그것을 느끼기까지 얼마나 많은 노력이 필요했습니까?

내담자: 전혀요.

심리치료자: 좋아요, 내가 책을 무릎 위에 다시 놓을 건데, 당신이 무엇을 하든지 그것을 느끼려고 하지 마십시오. 알아차리지 마세요. 모든 감각, 모든 인식을 멀리하세요. 완벽하게요. 해 보세요. 얼마나 많은 노력이 필요했습니까?

내담자: 많이요. 느끼지 않는 것이 불가능한데요.

심리치료자: 당신이 인생에서 다른 것을 느끼지 않으려고 노력할 때와 똑같지 않습니까? 얼마나 많은 노력이 필요합니까? 당신이 이미 알고 있는 것을 느끼지 않으려고 노력하면서 당신 인생에서 하지 않고 있는 것은 무엇입니까? (p.92)

상어 탱크: 당신이 세계에서 가장 민감한 감지기가 있는 상어 탱크 위의 의자에 묶여 있다고 상상해 보라. 당신은 완전히 편안하고 평온한 상태를 유지해야 한다. 감지기가 당신에게 일어나는 어떤 변화를 감지하면 의자는 상어가 있는 탱크 속으로 떨어질 것이다. 무슨 일이 일어날지 분명하다(p.79). 이 은유는 내담자가 어려운 감정을 없애려는 시도가 무의미하다는 것을 알도록 도와준다.

탈융합 내담자는 종종 자신이 진술한 것이나 생각을 그대로 진실로 받아들인다. 탈융합은 내담자가 생각과 관련되는 방식을 바꾸는 과정이다. Hayes & Lillis(2012)는 사고를 당신의 눈에 있는 렌즈나 돋보기를 통해 보는 것이 아닌, 당신의 눈으로 바라보는 물체(예: 커피잔)로 생각하는 것이 도움이 될 수 있다고 한다. 어려운 생각을 할 때 '나는 ~라는 생각을 가지고 있다.'라고 말하는 것은 사고 자체를 바라볼 수 있도록 돕는다. 예를 들어, 내담자 가진 관습을 사용함으로써 '나는 사랑받을 만하지 못하다.'라고 말하면, 내담자는 문자 그대로의 의미 없이, 그것이 무엇인지에 대해 볼 수 있게 한다. Hayes & Lillis(2012)는 생각을 그 자체로 바라보기 위한 몇 가지 제안을 한다. 예를 들어, 어려운 생각은 비정상적인 목소리로 말하고, 생각을 한 단어를 사용하여 묘사하고 그것을 큰 소리로 반복한 후, 그 단어의 속성에 무슨 일이 일어나는지에 초점을 두는 것이다. 탈융합으로 인해 내담자는 자신의 생각을 변화시킬 필요가 있음을 말하는 것이 아니라, 생각의 내용에 대해 논하거나 변화가 필요하다는 생각을 하는 데 더 유연할 수 있다. 반대로 내담자가 융합을 경험할 때, 그들은 사고의 통제(평가나 비교, 또는 사건이나 자신에 대한 판단) 하에 그들이 신경 쓰는 것과는 모순되게 행동할 수 있다(p.81).

탈융합 기술을 목표로 하는 데 유용한 융합에는 세 가지 관점이 있다: 편재성, 직역, 자동성이다(Hayes & Lillis, 2014). 편재성이란 우리의 생각이 우리 주변에 어디에든 있다는 사실을 말한다. 생각들은 행복하고, 슬프고, 무섭고, 재미있고, 크거나 작을 수 있다. Hayes와 Lillis는 내담자에게 마음을 단어를 끊임없이 생산하는 기계로 개념화하라고 제안한다. 그들은 또한 '하늘에 떠나가는 구름' 연습을 제시하는데, 이는 내담자가 자신의 생각을 바라보는 데 도움이 된다.

> 눈을 감고 그냥 내 목소리의 소리를 따라가기를 바랍니다. 호흡에 주의를 기울이십시오. 각 호흡이 코나 입으로 들어가고 나올 때마다 주의를 기울이십시오. 그러면 이제 무성한 풀밭에 앉아있는 것을 상상해 보세요. 나무와 단풍에 주목하십시오. 푸른 하늘을 보십시오. 주변 환경을 인식하고 실제로 거기에서 자신을 보려고 하세요. 그리고 이제 누워서 하늘을 바라보고 하늘에는 구름이 하늘을 가로질러 일정한 속도로 움직이고 있는 걸 봅니다…… 당신이 당신의 생각에 주의를 집중하고 생각을 인식할 수 있다면, 그것을 구름 위에 올려두고 하늘 속에 둥실둥실 떠가는 것을 보세요……. 당신에게 드는 각각의 생각을 구름 위에 두고 그것이 떠나가는 것을 보세요. 그 구름이 멀리서도 보이지 않고 생각에서 사로잡혀 있다고 보인다면, 부드럽게 다시 자신을 잔디로 데려와서 눕고, 구름을 바라보고, 그리고 다시 각각의 생각을 구름 위에 하나씩 하나씩 올려놓고 보내세요. (p.92)

이런 연습을 할 때, ACT 치료자는 내담자에게 연습이 얼마나 효과가 있었는지, 그리고 연습하는 데 방해가 되는 생각이 있었는지 묻는다. 이 연습의 목적은 자신의 생각을 보고, 그것이 무엇인지 기록하고, 생각의 내용에 자신이 빠지지 않도록 하는 것이다.

또 다른 연습은 운동화 연습이다. 치료자는 내담자에게 눈을 감으라고 요청한다. 그런 다음 어려운 생각이나 감정을 그 근처의 바닥에 두도록 요청한다. 치료자는 '그것은 어떤 색깔입니까?', '얼마나 큽니까?', '그것은 무슨 모양입니까?', '어떤 느낌과 같습니까?'와 같은 질문을 한다. 이런 식으로 경험을 살펴보면 직역(글자 그대로의 해석)이 줄어든다.

직역은 말 그대로, 우리의 생각이 사실이라고 생각하는 것을 의미한다(Hayes & Lillis, 2014). 예를 들어, 내담자가 '나는 끝났다.'는 말 그대로를 사실이라고 생각하면 그녀의 삶을 향상시킬 수 있는 방법이 없다. Hayes & Lillis(2014)는 생각의 과정(생각이 그저 생각일 뿐이라고 보는 것과 반대로 생각이 말하는 것에 반응하는 것)에서 생각의 내용을 분리하는 여러 가지 기술을 설명한다. 예를 들어, 작은방 연습은 몇 분 동안에 드는 모든 생각을 종이에 적어서 하나가 다른 하나로 계속 어떻게 연결되는지를 관찰한다. 종이에 적힌 생각을 보는 것은 또한 생각으로부터 거리를 만들기 시작한다.

자동성은 사고의 자동적인 본질을 나타낸다. 다음은 Hayes & Lillis가 내담자에게 이 자동성을 알아차리는 데 도움이 될 것이라고 권하는 실습의 예이다.

빈칸을 채우라. 정답은 대괄호 안에 있다. 빈 칸 속의 단어들은 자동으로 생각날 것이다.

- 좋은 놈, _____ 놈, 이상한 놈[나쁜]
- 식은 _____ 먹기[죽]

내담자는 다음과 같은 진술로 채울 수 있다. '사람들이 정말로 나를 알면, 내가 정말 _____라는 것을 알게 될 것이다.' 이와 비슷한 연습이 '숫자는 무엇입니까?'인데, 이것은 내담자가 1, 2, 3과 같은 숫자를 계속 반복하게 하여 치료자가 '숫자가 무엇입니까?'라고 물으면 내담자가 다른 것은 기억하지 않고 숫자 1, 2, 3만 기억할 수 있게 하는 것이다. 이것은 내담자가 생각은 학습을 한 후에도 자동적으로 빨리 일어날 수 있는 것이라는 것을 배우는 것을 돕는다.

현재 순간의 자각 ACT에서는 내담자가 집중적이고 유연하며 개방된 방식으로 현재를 인식하는 것이 중요하다. 우리의 많은 생각은 과거에 일어난 사건(일어난 일 또는 일어날 수 있었던 일), 또는 미래의 사건(일어날 일 또는 일어날 수 있는 일)과 관련되어 있다. 사고 과정을 통해 과거나 미래에 접촉하는 것은 많은 경우에 유용하지만, 현재의 유용하고 의미 있는 사건에서 벗어날 수도 있다. 예를 들어, 영화관에서 친구와 함께 앉아서 세균에 오염된 것에 대해 걱정을 하는 경우 이 순간을 즐기지 못할 수도 있다.

ACT의 몇 가지 기술은 내담자의 현재 관심을 다시 불러일으킬 수 있는 능력을 높이는 데 목적이 있다. 예를 들어, 치료자는 내담자가 현재 인식할 수 있는 것을 설명하도록 질문할 수 있다.

내담자: 어젯밤에 1년을 함께했던 여자 친구랑 헤어졌어요. 나는 지금 너무 끔찍한 느낌이에요.

심리치료자: 버니 씨, 어젯밤에 진과 무슨 일이 있었는지 기억해 보세요. 그 기억이 당신의 마음에 오게 하십시오. 그렇게 할 때 몸에 어떤 일이 일어나고 있습니까?

내담자: 가슴이 빡빡합니다. 긴장감을 느낄 수 있어요.

심리치료자: 주위에 벨트가 둘러있는 것처럼요?

내담자: 네, 거기에 그리고 목에서도 느낄 수 있습니다.

내담자가 육체적인 긴장을 경험할 때 그것을 다루는 많은 방법이 있다. 676쪽에서 논의한 마음챙김 명상(이 장 초반에 있는 '동양 심리치료' 절 참고)은 ACT의 많은 부분에서 사용될 수 있다. 수용전념 전략은 내담자가 자신을 평가하지 않고 스스로를 더 많이 알게 해 주기 때문에 많은 회기에서 그리고 다른 회기에서 더 오랫동안 사용할 수 있다. ACT 치료자는 내담자가 현재의 자신을 알 수 있도록 하기 위해 종종 다음 연습을 사용한다.

호흡에 주의하기: 편안한 자세로 앉아서 발은 바닥에 두고, 눈을 감고, 제 목소리에 그저 따라 주십시오. 심호흡을 깊게 몇 번 하면서 시작합니다. 그렇게 할 때, 당신이 호흡에 집중할 수 있는지 보십시오. 호흡에 집중하는 것은 공기가 당신의 코에 들어가고 나가는 지점에 초점을 맞추면서, 혹은 가슴이 오르고 내리는 것을 인지하면서 할 수 있습니다. 다음 몇 분 동안 숨쉬기에만 집중합니다. 당신의 집중이 생각이나 감정, 또는 다른 감각으로 방황하는 게 느껴져도 그것은 완벽하게 정상입니다. 조심스럽게 숨을 다시 쉬게 하십시오. (p.97)

치료자는 종종 특히 치료를 시작할 때 내담자에게 이와 같은 연습을 집에서 하도록 요청해야 한다. 일부 ACT 치료자는 각 회기가 시작될 때 몇 분 동안 이러한 유형의 연습을 한다. 내담자가 현재에 존재함으로써 생각을 보다 융통성 있게, 더 잘 살펴볼 수 있게 한다.

맥락으로서의 자기　자기 자신을 맥락으로 보는 것은 안정성과 융통성 있는 방식으로 자신을 보는 것을 의미한다. 내담자는 경험을 알아차리는 활동으로, 상황과 시간에 따라 다양한 심리적 경험, 역할 및 자기 인식을 가지고 있다는 사실을 알게 되고, 그중 일부는 이러한 모든 다양함 가운데 공통성이라는 것을 알게 된다. 이 안정되고 지속적인 관찰을 통해 자신을 확인함으로써 서로 다른 감정, 생각이나 자기 인식을 가질 수 있으며, 종종 모순되거나 불쾌한 경우에도 다양한 행동을 취할 수 있다. 지속적인 관찰자의 관점에서 볼 때, 어떠한 심리적 경험도 자아를 위협할 수 없다.

내담자가 알아차리는 행위로 파악하는 데 도움이 되는 연습의 예는, 그들이 다른 때에 그곳에서 있었던 것처럼 자신의 삶을 기억하게 하고 다음 지시 사항을 따르는 것이다.

[내담자에게 눈을 감고, 방 가운데에 앉게 한다 등] 작년 여름에 일어난 일을 기억해 주십시오. 마음속에 이미지가 떠오르면 손가락을 올려주세요⋯⋯ 좋아요⋯⋯ 이제 주변을 둘러보세요. 그때 일어났던 일들을 모두 기억하십시오. 광경을 기억하십시오. ⋯⋯소리⋯⋯ 당신의 감정⋯⋯당신이 그곳에 있는 것으로 여겨지면 당신이 볼 수 있는 것에 주목하십시오. 당신의 눈이 보고, 듣고, 느낄 수 있는 사람을 잡을 수 있는지 보세요. 당신은 그곳에 있습니다. 당신이 어떤 깊은 의미에서 필수적인 연속성 같은 것을 느낄 수 있는지 보세요. 당신은 평생 동안 당신이었습니다. (Hayes & Lillis, 2012, p.99)

이러한 방법은 몇 번 반복된다(예: 5세, 15세, 지난 여름, 그런 다음 현재). 그런 다음 내담자는 많은 것들이 시간에 따라 변하는 것(몸의 모양, 자기 자신을 바라본 방법, 그들의 정서와 생각, 삶에서의 역할)을 보며 매 순간마다 공통점이 있다는 것을 관찰하게 된다. 치료자는 '이 경험을 어디에서 보았습니까?' 또는 '각 지점마다 거기에 있었던 당신의 일부가 아직도 여기에 있습니까?'라고 묻는다.

일단 내담자가 이 안정적인 주목할 만한 활동을 보게 되면, 그는 특정 경험 자체가 아닌 자신을 모든 경험을 가진 것과 관찰자로 보는 것의 유용함을 고려하게 된다. 마치 체스 판이 체스 조각에 일어나는 것에 의해 위협받지 않는 것처럼, 맥락으로서 자아는 위협받지 않고 모든 경험을 관찰하고 포함할 수 있다.

가치 탐색 ACT에서는 수용, 탈융합, 존재하는 것과 자신을 맥락으로 보는 것이 내담자의 가치 탐색을 위한 운동을 지원하는 데 사용된다. 가치 탐색은 전반적인 목표(관계에서의 친밀함 개발, 심리에 대해 알기, 도움이 필요한 사람들 지원 등)와 행동의 질(친절함, 사려 깊음, 전문성, 정확성 등)에서 찾을 수 있는 포괄적이고 긍정적인 강화의 원천이다. 가치를 확인할 때, 사람들은 다양한 행동을 통해 의미의 원천에 접촉할 수 있다(예: 심리를 공부하는 것은 책을 읽거나, 학교에 다니거나, 그저 다른 사람의 말을 듣거나 자신을 관찰함으로써 일어날 수 있다). 만족의 원천은 고갈되지 않는데, 이는 중요한 목표는 도달할 수 없기 때문이다('나는 심리학을 배웠기 때문에 이젠 끝났어.' 또는 '내가 저 사람에게 미소를 보냈기 때문에, 친절할 기회는 끝났다.'라고 말할 수 없듯이). 가치는 사회적 승인이나 외부 결과, 부정적인 강화의 원인과의 독립 정도에 의해 형성된다. 이러한 방식은 행동의 결과로 일어나는 일과 관계없이 행동이 자신의 가치와 일치하기 때문에 항상 만족을 찾을 수 있다. ACT에서 가치를 탐색하는 데 사용되는 한 가지 연습은 개개인의 관심사와 의미 있는 순간에 집중하고 그 의미 있는 순간에 의해 부여되는 가치를 반영하는 것이다. 의미심장한 순간은 의미 있는 행동을 취할 수 있게 한다. 가치가 그 사람에게 너무 중요하기 때문에 그는 또한 고통스러운 회상을 가져올 수도 있다(Hayes & Lillis, 2012). Hayes와 Lillis는 치료자가 내담자와 이야기할 때, '가치 누설'이라고 말하는 것에 귀기울여야 한다고 제안한다. 가치 누설은 내담자와 치료적 대화에서 나오는 정보로, 중요한 가치를 암시하는 것이다.

내담자가 자신이 가치 있는 것을 배우는 데 도움이 되는 연습은 스스로를 85세 생일 파티에 있는 것을 상상하라고 요구하는 것이다. 파티에는 평생 동안 내담자의 영향을 받았거나 내담자에게 영향을 미친 사람들이 있다(더 이상 살지는 않더라도). 내담자에게 무엇을 말했고 내담자가 내담자에게 무엇을 말했는지 물어보라.

가치 탐색은 결과가 아니라 과정이다. Hayes & Lillis(2012)는 다음과 같은 은유를 사용한다.

당신은 하이킹을 즐기는 사람이고, 내가 당신에게 하이킹의 목적이 무엇인지를 묻자 당신은 정상에 이르는 것이라고 답한다고 가정하자. 이제 하이킹할 준비가 되어, 장비를 준비하고, 간식을 포장하고 파트너 또는 친구와 협의하고, 하이킹할 기점에 도착한다. 그곳에 도착하자마자 내가 헬리콥터에 나타나서 당신을 집어서 정상에 당신을 내려놓는다. 그것이 하이킹인가? 물론 아니다. 하이킹은 정상에 도착하거나 루프트랙을 다 돌거나 하는 것이 아닌 그 중간에 일어나는 일이다. (p.106)

ACT에서는 내담자의 가치 탐색에 초점을 맞추기 위한 노력과 관심을 필요로 한다. 가치 탐색은 치료 목표를 달성하기 위해 내담자가 취할 행동을 결정한다.

전념 행동 행동에 전념하고, 계획을 세우고, 따르는 것은 ACT가 이끌어가는 다른 측면을 구성한다. 내담자의 가치 체계에 따른 변화를 위해 ACT 치료자는 노출과 반응 예방(p.317), 목표 설정, 기술의 습득을 포함한 다양한 행동적 기술을 사용한다. 행동 기술은 특정 목표를 달성하는 데 사용된다. 이러한 목표를 달성하기 위해 내담자는 이전에 설명한 5가지 과정 중 하나로 돌아갈 수 있다. 다음의 대화에서 치료자는 내담자가 핵심 가치와 진실성을 깨닫고, 그런 다음 행동 변화를 발달시키면서 시행하는 것을 시작한다.

> 심리치료자: 당신에게 중요한 것은 사회가 당신에게 해야 한다고 말하는 것이 아니라 자신에게 진실해야 하는 것 같네요.
>
> 내담자: 네, 이것은 저에게 매우 중요해요.
>
> 심리치료자: 좋습니다. 하지만 이 감정을 옆으로 미루어 두는 것은, 마치 당신이 자동차를 운전하고 있는데 고통스러운 승객들이 모두가 따라오고 있는 것과 같습니다. 그 승객들은 당신의 기억이고, 고통이고, 당신의 생각입니다. 이것은 문화가 아닙니다. 이것은 사회가 아닙니다. 이것이 당신의 삶이에요. 당신의 차 안에는 그 모든 승객을 위한 충분한 공간이 있습니까? 당신은 여전히 차를 운전해야 합니다.
>
> 내담자: 정말 좋은 은유예요. 내 삶이 정말 그와 같아요.
>
> 심리치료자: 인생이 묻는 질문은, '당신 정말 괜찮은 건가?'입니다. 만약 당신이 그곳에 다다를 수 있고, 그렇게 하는 것이 당신의 임무라면, '좋아요, 자, 승객님들, 우리가 한번 달려 보겠습니다.' 그런 자세에서 당신은 슬픔, 감사, 상실, 그리고 그 외 나머지 것들을 당신과 함께할 강력한 장소를 가지게 됩니다.
>
> 내담자: 그게 제가 하려고 하던 것입니다. 그것이 제가 배우려고 하는 것입니다. (pp.60, 61)

치료자의 마지막 논평에서, 치료자는 내담자가 자신의 인생을 변화시킬 다양한 사건의 결과를 다루기 위한 능력과 기술(치료 중 배웠던 것 중 일부)을 가지고 있다고 내담자에게 분명히 밝히고 있다. ACT는 현재 내담자에게 도움이 될 뿐만 아니라 내담자가 향후 문제를 해결할 방법을 제공한다. 다음 절에서는 치료 과정에 대한 사례 요약을 제공한다.

사례 예시

다음 예에서, 이전에 설명한 여섯 가지 과정 중 일부를 사용하는 경우와 논의된 기술 및 과정과 일치하지만 아직 논의되지 않은 기술을 요약한다. ACT를 설명하기 위해서, Blackledge & Hayes(2001)는 여성과 교제하는 데 영향을 미치는 문제가 있는 젊은 대학생 마크(Mark)의 사례를 살펴본다. 그들은 마크가 두려운 말이나 고통스러운 생각을 받아들이고 경험하고 가치관을 명확히 하여 행동을 바꾸기 위해 노력하는 것을 심리치료의 목표로 설정했다. 이러한 것들은 앞 절에서 묘사한 과정 중 일부이다. 마크의 경우, "부정적인 자기 평가를 진실이라기보다 단순히 말에 불과한 것임을 인정하게 하고, 친밀감에 대한 반응으로 경험했던 불안과 두려움을 피하는 것을 중단할 필요가 있다"(p.248).

ACT의 수용 단계에서 사용된 초기 기술 중 하나는 창조적 절망(creative hopelessness)이다. 심리치료자는 내담자와 함께 내담자가 과거에 문제를 해결하기 위해 어떻게 했는지를 검토하고 이러한 기술의 비효율성을 조사한다. 그럼으로써 심리치료자는 내담자가 처음에는 받아들이지 못할 수도 있는 제안을 이해하도록 한다. 마크는 거부당하는 것에 대한 걱정을 피하기 위해 더 이상 여성에게 데이트하자고 묻지 않는 등 자신이 시도한 해결책을 설명한다. 치료자는 불안이 문제가 아니라고 제안함으로써 반응한다.

치료는 불안의 느낌 이외에 내담자의 경험 측면에 집중함으로써 계속 이어진다. 예를 들어, 마크는 눈을 감고 몇 시간 동안 자신의 신체에 대한 육체적인 감각에 집중하고 이것을 몇 번 반복한다. 그의 육체적 느낌은 치료자에 의해 그가 느끼는 것에 대한 '진실'이기보다 '정신적인 것'으로 인식된다. 그런 다음 마크는 여성과 데이트하는 것을 두려워하는 것이 진실이 아니라 자신의 사고라는 점을 인식하게 된다. 이러한 방법으로 부정적인 정서가 제거된다.

다른 탈융합 전략도 사용된다. 예를 들어, 마크가 성적 경험이 부족해서 부끄럽다고 느낀다고 하자. 치료자는 이러한 생각에 대해 마크가 말하게 하는 대신 "그러한 생각을 하는 당신의 마음에 감사드립니다." 또는 "그것은 흥미있는 말입니다."라고 말한다(p.251). 치료 후기에 들어, 마크가 혼란스러운 생각을 품을 때, 치료자는 그에게 개울가에 있는 것을 상상하도록 한다. 그런 다음 치료자는 마크의 생각을 나뭇잎에 두고 자신의 호흡에 집중하도록 요청했다.

또 다른 탈융합 연습은 마크가 "저는 쓸모가 없어요."라고 말할 때 사용된다(p.251). 치료자와 마크는 더 이상 의미가 없어질 때까지 이 말을 반복한다. 수없이 반복한 후에 마크는 그 구절이 문자적 의미를 잃어버렸음에 주목했다.

다섯 번째이자 마지막 회기에서 마크는 행동에 대한 약속을 실천했다. 그는 두 명의 여성에게 데이트 신청을 했고, 데이트 신청할 때나 데이트 상대와 함께 있을 때 거의 불안감을 느끼지 않았다.

대부분의 사례는 더 복잡하다. 마크는 자신이 원하는 것이 무엇인지를 평가할 필요는 없었지만, 많은 내담자들은 그렇게 해야 했다. 게다가, 많은 내담자들은 하나 이상의 문제를 가지고 있었다. 그러나 이 사례는 언어가 행동에 미치는 영향과 두 가지 모두에 초점을 맞추는 방법이 어떻게 치료적 변화를 가져왔는지를 보여 준다.

수용전념 심리치료에 관한 연구

Hayes와 동료들은 수용전념 심리치료(ACT)에 관해 100권 이상의 책과 논문을 저술했다. 논문 중 일부는 ACT에 대한 근본적인 근거를 제공하는 관계구성틀 이론(RFT)의 철학적·이론적 기반에 중점을 둔다. RFT에 대한 많은 문헌은 환경과의 상호작용을 통해 습득한 언어를 검토한다(Hayes, 2008; Levin & Hayes, 2009).

ACT에 대한, 대부분의 논문은 그 효과를 설명한다. ACT는 ACT를 전통적인 인지 치료(CBT)와 다른 치료법과 비교하는 많은 연구자들에 의해 연구되었다. 2014년 현재까지 ACT에 대한 85건의 무작위 통제 실험이 있었다. 불안 치료에서 ACT에 대한 38개의 연구를 검토한 결과, ACT로 치료받은 환자의 불안 관련 조치가 35건에서 개선되었다(Swain, Hancock, Hainsworth, & Bowman, 2013). 혼합 불안 장애 치료를 받은 128명의 개인을 비교한 결과, CBT와 ACT가 치료 마지막 단계에서 불안 증상을 줄이는 데 효과적이었지만, ACT는 객관적으로 평가된 불안 증상에 더 큰 영향을 미쳤다(Arch et al., 2012). ACT의 효과를 조사했을 때, 655명의 참전 용사는 미국 재향군인 참모부의 증거 기반 치료에 대한 연구의 일환으로 우울증 치료를 받았다(Walser, Karlin, Trockel, Mazina, & Taylor, 2013). 하위 분석에 따르면 ACT가 노인과 젊은 노병들에게 똑같이 효과적이라는 것을 밝혀냈다(Karlin et al., 2013). Thompson, Luoma & LeJeune(2013)은 ACT가 장기간 노출된 외상 후 스트레스 장애(PTSD)의 효과적인 치료법이 될 수 있는 방법을 보여 준다. 정신증 환자 40명을 대상으로 한 연구에서 ACT를 4시간을 더 추가하면 다음해까지 입원을 줄일 수 있었다(Bach, Hayes, & Gallop, 2012). 그 밖에 알코올 의존과 같은 특정한 심리적 문제와 관련된 연구(Heffner, Eifert, Parker, Hernandez, & Sperry, 2003), 흡연 중단(Bricker, Wyszynski, Comstock, & Heffner, 2013), 어린이 및 청소년 장애(Greco & Hayes, 2008)에 관한 연구들이 있다. 이 절에서 설명한 연구는 ACT가 효과적인 치료 방법임을 보여 주는 많은 연구 중 일부에 지나지 않는다.

요약

ACT는 내담자가 비효과적인 생각과 행동을 줄이고 언어를 보고 사용하는 방식을 변경하는 새로운 전략을 개발한다. 치료 변화를 위한 여섯 가지 과정은 다음과 같이 요약될 수 있다. 수용이란 감정과 감각을 제거하려고 시도하는 것이 아니라 환영하는 것을 의미한다. 탈융합은 사고를 문자 그대로의 진리가 아닌 생각으로 인식하고, 사고에 대한 반응을 알아차리고, 사고에 대한 반응을 변화시키는 과정이다. 현재 순간의 자각은 내담자가 현재에 반응하는 데 중점을 두고 유연하고 개방적인 것에 초점을 둔다. 맥락으로서의 자기는 새로운 경험과 만날 때 안정성과 유연성을 개발하고 심리적인 경험을 알아차리는 것을 말한다. 가치 탐색은 긍정적 원천이 포괄적이고 강화된 것으로, 목표를 향한 행동의 질적인 측면에서 발견할 것이 있다. 전념 행동은 가치 있는 방향으로 움직이고, ACT 모델의 다른 모든 과정이 지원하는 더 큰 패턴의 가치 기반 활동을 구축할 수 있는 능력을 나타낸다. 최근 몇 년 사이 ACT는 치료자나 연구자 모두에게 인기를 얻고 있다.

관계중심 심리치료

관계중심 심리치료는 Gerald Klerman(1929~1992)이 아내인 Myrna Weissman과 동료들과 함께 개발하였다. 관계중심 심리치료는 이 책에 소개된 다른 이론과는 여러 측면에서 다르다. 첫째, 연구를 위해 단기 심리치료(12~16회기)로 설계되었다. 정신과 의사였던 Klerman은 정신질환자를 위한 모든 치료법은 대중적으로 사용되기 전에 검증이 이루어져야 한다고 믿었다. 즉, 프로잭(Prozac)과 같은 약이 검증되어야 한다면, 심리치료 역시 검증되어야 한다는 것이다. Klerman은 연구 방법을 개발하기 위해, 특정한 장애를 구체적으로 명시하고 그것에 대한 처치 매뉴얼을 개발하는 것이 중요하다고 느꼈다. Klerman의 방법은 우울증 치료를 위해 개발되었으며, 일부 다른 장애에 적용하기도 했지만 굉장히 조심스레 적용하였고 다른 이론에 비해 상당히 소수의 장애에 사용하였다.

관계중심 심리치료(Interpersonal Therapy: IPT)라는 용어는 여러 접근법에서 사용되기 때문에 다소 혼동될 수 있다. Klerman(Gunlicks-Stoessel & Weissman, 2011; Markowitz & Weissman, 2012; Stuart, 2004; Swartz & Markowitz, 2009; Weissman, Markowitz, & Klerman, 2000, 2007)의 접근법은 중요한 대인관계적 상황을 확인하고 내담자에게 맞는 해결책을 제시하는 반면, Kiesler(1996)는 개인들 간의 대인관계 양식에 초점을 맞추는 매우 다른 방법을 사용한다. Harry Stack Sullivan(1953) 역시 관계중심 심리치료(interpersonal psychotherapy)라는 체계를 개발했는데, 이 심리치료법은 Kiesler와 Klerman의 접근법 모두에 일부 영향을 미쳤다.

배경

관계중심 심리치료의 개발에 있어서, Klerman(Gunlicks-Stoessel & Weissman, 2011; Klerman & Weissman, 1993; Klerman, Weissman, Rounsaville, & Chevron, 1984; Markowitz, 2003; Markowitz & Weissman, 2012; Weissman et al., 2000, 2007)은 우울증에 대한 연구와 초기 이론가들의 영향을 받았다. Adolf Meyer(1957)의 저서에서는 정신적·생물학적 영향력의 중요성을 강조하였다. 그의 주장에 따르면, 정신 장애는 사람들이 환경에 적응하기 위한 시도로

생겨났다고 보았다. 가족과 다양한 사회 집단과의 초기 경험은 환경에 대한 개인의 적응에 영향을 미친다고 밝혔다. 또한 Harry Stack Sullivan(1953)의 연구는 훗날의 대인관계에 영향을 주는 아동기와 청소년기 또래 관계의 중요성을 보여 주었다. 또 하나의 이론적 발달의 근원은 어머니와의 초기 애착과 유대 형성의 이해에 관한 John Bowlby의 연구였다(1969). 이 세 명의 이론가들은 아동기 대인관계와 경험에 관심을 가졌지만, 정신분석가들의 주류에선 벗어난 것으로 간주되었다.

우울증 치료를 위한 단기 심리치료 접근법의 개발에 있어서, Klerman은 어떤 요인들이 우울증을 촉발하는지를 알아보기 위해 우울증과 관련된 심리학적 연구들을 살펴보았다. 그리하여 Klerman(Klerman et al., 1984)이 우울증의 어떤 측면을 치료할지 결정하는 데 도움을 준 몇 가지 중요한 연구 결론을 발견하였는데, 그것은 다음과 같다. 특정 생활 사건이 우울증으로 이어지는 스트레스를 만들었다는 것이 명백하다. 사회적 관계의 결핍 또한 우울증을 촉발한다. 여성은 우울해지면 사회적 관계가 어려워진다(예: 소극적이었다). 특히 결혼 관계에서의 스트레스를 비롯한 사회적·대인관계적 스트레스는 우울증 발달에 영향을 미친다. 배우자와의 언쟁은 우울증의 촉발과 관련이 있다. 이러한 연구 결과를 검토함으로써 Klerman은 관계중심 심리치료에서 치료해야 하는 네 가지의 주요 문제 영역(애도, 대인관계 갈등, 역할 변화, 대인관계 기술 부족)을 확인하게 되었다. 이 책에서 설명하고 있는 거의 모든 이론가들이 심리치료에 대한 이론적 접근을 만들 때, 그들의 임상 경험에 의존한 것과는 달리 Klerman은 기존의 심리학적 자료를 적극적으로 활용했다.

그리고 관계중심 심리치료의 발달에 있어서 연구도 중요했지만, 관계중심 심리치료가 개발됨에 따라 치료의 효과성을 지속적으로 평가하는 것도 중요했다. 우울증 치료에 관하여 적극적인 과학적 연구가 이루어졌다. 관계중심 심리치료를 비교하는 여러 편의 메타분석이 행해졌다. Weissman(2007)은 관계중심 심리치료가 지난 30년간 가장 폭넓게 테스트 된 심리치료라고 말한다. 인지행동 심리치료와 관계중심 심리치료를 비교한 13개의 메타분석 연구에서 관계중심 심리치료가 인지행동 심리치료에 비해 더욱 효과적인 치료법이라고 결론지었다(de Mello, de Jesus Mari, Bacaltchuk, Verdeli, & Neugebauer, 2005). 53개 연구에 대한 7개의 메타분석 결과를 통합한 결과, Cuijpers, van Straten, Andersson, & van Oppen(2008)은 인지행동 심리치료와 관계중심 심리치료 간에 유의한 효과 차이는 없지만, 관계중심 심리치료에 비해 인지행동 심리치료가 중간에 그만둘 확률이 높다고 보고했다. 우울증 감소에 대한 예방법을 평가한 19개 연구에 대한 메타분석에서는, 관계중심 심리치료가 인지행동 심리치료에 비해 우울증 예방에 더욱 효과적인 것으로 나타났다(Cuijpers, van Straten, Smit, Mihalopoulos, & Beekman, 2008). 16개 연구에 대한 또 다른 메타분석 연구에서는 관계중심 치료와 통제집단을 비교했는데, 관계중심 치료는 약물 치료와 병행하든 병행하지 않든 우울을 치료하는 데 분명한 효과를 나타냈다(Cuijpers et al., 2011).

이처럼 우울증과 이와 관련된 장애에 대한 연구는 관계중심 심리치료의 발달에 있어서 중요한 부분이다. 관계중심 심리치료는 꾸준히 연구되었으며, 우울증 연구에 의해 입증된 처치이다. 예를 들어, 우울증을 겪는 청소년을 치료하기 위한 구체적인 매뉴얼이 개발되었다. 치료를 받은 우울증 청소년이 일 년 이상의 추적 연구에서 치료를 미룬 청소년에 비해 증상이 더욱 감소했으며 보다 나은 사회 기능을 보였다(Mufson, Dorta, Moreau, & Weissman, 2005). 청소년의 우울증과 기분 장애에 대한 치료법을 평가한 후에, Curry & Becker(2008), Brunstein-Klomek, Zalsman, & Mufson(2007)은 관계중심 심리치료가 우울증과 기분 장애를 겪는 청소년을 위한 연구에 의해 입증된 처치라고 결론지었다.

관계중심 심리치료에 대한 많은 연구가 성인을 대상으로 진행되었음에도 불구하고 연구의 대부분은 임신 전, 임신 중, 임신 후의 여성에 집중되어 있다. 관계중심 심리치료는 임산부의 우울 증상을 감소시키거나 부모가 되는 것을 준비하는 데 도움을 줄 수 있다(Spinelli, 2008). 심리치료 서비스를 받기 위한 것이 아니라 다른 목적으로 산부인과를 방문한 53명의 내담자를 대상으로 한 연구에서, 단기 관계중심 심리치료를 받은 내담자는 그렇지 않은 내담자에 비해 우울 증상을 적게 보였으며 산후 우울증을 경험할 확률이 낮았다(Grote et al., 2009). 산후 우울증을 겪고 있는 여성을 위한 심리치료 연구에서는 대기자 집단과 비교하였을 때 관계중심 심리치료의 효과를 보여 주었다(O'Hara, Stuart, Gorman, & Wenzel, 2000). 또한, 관계중심 심리치료는 부모교육 프로그램에 비해 우울증을 겪고 있는 산모를 치료하는 데 훨씬 효과적이었다(Spinelli & Endicott, 2003). 우울증을 앓고 있는 불임 여성에 관한 연구에서 관계중심 치료는 간단한 보조 심리치료와 비교되었다. 각각의 집단은 12회기의 치료를 받았다. 두 집단 모두 개선되었지만, 관계중심 치료를 받은 사람들이 더 많은 개선을 보였다(Koszycki, Bisserbe, Blier, Bradwejn, & Markowitz, 2012). 153명의 성인 남녀를 대상으로 약물 치료를 병행하거나 병행하지 않은 인지 치료와 관계중심 치료를 비교했을 때 모든 치료는 효과가 있는 것으로 밝혀졌지만, 인지 치료만 했을 때 우울증의 증상을 더 빨리 감소시켰다(Peeters et al., 2013).

최근에는 우울증을 겪고 있고 관계중심 심리치료를 받은 65~70세의 사람들에게 관심이 모아지고 있다(Hinrichsen, 2008a, 2008b). Miller 등(2007)은 인지적 장애가 있는 노인을 위해 관계중심 심리치료를 이용한 치료 모델을 개발했으며, 그들만을 위한 관계중심 심리 처치 매뉴얼을 만들었다(Miller, 2009). 내담자는 관계중심 심리치료를 받은 후, 한 달에 한 번씩 지속적으로 심리치료자를 만날 수 있다. 이러한 과정은 유지 심리치료(maintenance treatment)라고 불린다. 70세 이상의 363명을 대상으로 한 연구에서, 유지 약이 플라시보 효과에 비해 심리치료 효과를 유지하는 데 그 효과가 월등하다고 나타났지만, 이러한 심리치료 효과가 관계중심 심리치료에서는 유지되지 않았다(Dombrovski et al., 2007). 하지만 관계중심 심리치료로 2년간 치료 효과를 유지했다는 또 다른 연구에서는, 한 달에 한 번 실시하는 관계중심 심리치료 시간이 인지 기능이 높은 사람들보다 낮은 사람들 사이에서 효과가 더 좋은 것으로 나타났다(Carreira et al., 2008). 이러한 연구는 우울증을 겪고 있는 사람을 대상으로 한 관계중심 심리치료에 대한 지속적인 연구가 이루어지고 있다는 증거이다.

성격 이론

Klerman은 사람들이 자신의 삶에 영향을 미치는 여러 가지 문제를 다루는 것을 돕는 것보다 우울증의 원인에 대해서는 관심을 덜 기울였다(Klerman et al., 1984). Klerman은 우울증은 다양한 대인관계 문제에서 비롯된다고 믿었다. 이런 대다수의 문제는 가족 내에서의 초기 대인관계 혹은 애착 문제에서 생겼을 수 있다. 하지만 단기 심리치료 접근법으로 이러한 문제를 다루는 것은 사람들이 현재 겪고 있는 우울 증상을 완화시키는 데 그다지 효과적이지 못한 것처럼 보인다. 그보다, 그는 '애도, 대인관계 갈등, 역할 변화, 대인관계 기술 부족'이라는 네 가지의 대인관계 문제가 좋아진다면 개인이 우울을 다루는 데 도움이 될 것이라고 믿었다.

애도 애도(grief)는 정신 장애가 아닌 보편적인 감정으로 여겨지지만, 죽음을 애도하는 사람들에게, 특히 반응이 극심하고 오랜 시간 지속될 경우에는 어려움을 줄 수 있다. 애도는 가까운 사람들을 한 명 이상을 잃게 되는 경험을 할 때 특히 어려운 문제에 부딪힌다. 게다가, 어떤 사람들은 다른 이들에 비하여 가까운 친구나 가족을 잃고 우울해질 가능성이 더 높다. 이런 반응을 흔히 복잡한 사별(complicated bereavement)이라고 부른다.

대인관계 갈등 다른 사람들과의 투쟁, 언쟁, 의견 충돌이 자주 발생하거나, 특히 지속적으로 발생할 때 이는 우울증으로 이어질 수 있다. 때때로 갈등은 가족, 배우자, 자녀, 부모 혹은 친척 사이에서 일어난다. 또 다른 경우에는 직장 상사, 직장 동료, 부하 직원 사이에서도 일어날 수 있다. 또는 친구나 동료 사이에서, 혹은 교회와 같은 지역사회 집단에서 발생하기도 한다. 따라서 사람들이 우울할 때는 이러한 구성원 사이에서 갈등이 일어난 것일 수 있다.

역할 변화 역할 변화는 다양한 종류의 인생 변화를 포함하는 폭넓은 영역이다. 일부는 계획된 것이고 일부는 그렇지 않다. 발달적 변화의 예로는 대학에 가거나, 약혼, 결혼, 별거 혹은 이혼을 하거나, 까다로운 아이들을 상대하거나, 자녀가 집을 떠나는 것 등이 있다. 때로는 역할 변화가 직업과 관련되기도 하는데, 새로운 직장을 찾는다거나, 직장에서 승진이나 강등, 해고를 당하는 경우도 있다. 또 다른 역할 변화는 우연일 수도 있고 예측하지 못할 수도 있다. 누군가 심각한 질병이나 병에 걸릴 수도 있으며, 직장이나 또 다른 어딘가에서 사고로 다칠 수도 있고, 화재나 홍수에 집을 잃을 수도 있다. 이러한 상황에 부딪혔을 때, 우울증에 빠지기 쉬운 사람들은 자신의 상황을 희망이 없거나 통제할 수 없다고 여긴다.

대인관계 기술 부족 어떤 사람들은 사회적으로 고립되어 있을 수 있으며 사회적 기술이 부족할 수도 있다. 친구가 거의 없는 사람들은 '외톨이'로 관계를 맺거나 유지하는 데 어려움이 있을 수 있다. 대인관계 기술 부족은 애도, 대인관계 갈등, 역할 변화 영역에 속하지 않는 내담자들의 기본적인 문제 영역이 된다(Markowitz, 1998). 사람들이 우울증의 원인이 될 만한 최근의 사건을 보고하지 않을 경우, 대인관계 기술 부족 문제가 흔히 사용된다. 이 문제 영역에 속하는 사람은 다른 문제 영역에 속한 사람에 비해 성격 장애가 있을 가능성이 높다. 대인관계 기술 부족 영역은 사회적 기술의 결핍과 지속적인 대인관계 문제를 의미하기 때문에, 애도, 대인관계 갈등, 역할 변화 영역에 비해서 치료하기가 더욱 어렵다(Markowitz, 1998).

이 네 가지 문제 영역에 대한 설명에서 볼 수 있듯이, 관계중심 심리치료의 초점은 대인관계와 관련된 현재의 문제에 있다. 내담자의 문제를 평가할 때 심리치료자는 내담자가 이 네 가지 영역 중 어디에 해당되는지를 발견한다. 이것은 심리치료자의 치료 접근법에 직접적인 영향을 준다. 추가적으로, 심리치료자는 우울의 심각한 정도를 측정하기 위해 해밀턴 우울 평가 척도(Hamilton, 1960)나 벡 우울 척도와 같은 측정 도구를 사용할 수 있다. 이 단기 모델의 목표는 평가와 직접 관련된다.

목표

관계중심 심리치료의 목표는 심리치료자가 확인한 구체적인 문제 영역과 직접 관련된다. 표 15.1은 네 영역 각각에 대한 목표와 치료를 요약한 것으로, 700~702쪽에 자세히 설명되어 있다.

- 애도: 내담자는 애도 과정과 자신이 느끼는 슬픔을 처리할 수 있도록 도움을 받는다. 내담자는 관계에 다시 관심을 갖고, 대인관계나 여러 활동에 관여할 수 있도록 도움을 받는다.
- 대인관계 갈등: 내담자는 우울과 관련된 갈등이나 논쟁을 이해할 수 있도록 도움을 받는다. 또한 갈등을 해결할 수 있는 전략을 개발하거나 내담자가 처한 어려움에 변화를 가져올 수 있도록 도움을 받는다. 때때로 내담자는 자신의 문제나 다른 사람들과의 관계에 대한 생각을 바꿀 수도 있을 것이다.
- 역할 변화: 사람들이 한 가지 역할에서 다른 역할로 이동할 때, 때때로 이전 역할을 상실하게 되는 것에 대해 슬퍼할 필요가 있다. 새로운 역할을 보다 긍정적으로 보는 것이 하나의 목표가 된다. 또 하나의 목표는 새로운 역할에 대한 주인의식을 발달시킴으로써 자존감을 향상시키는 것이다.
- 대인관계 기술 부족: 다른 사람들로부터의 고립을 줄임으로써 이 문제 영역에 대한 변화를 가져올 수 있다. 목표는 새로운 관계를 생성하거나 깊지 않은 관계를 개선하는 것이다.

▌**표 15.1**

관계중심 치료의
개요(계속)

출처: *Comprehensive
Guide to Interpersonal
Psychotherapy* by M. M.
Weissman, J. C. Markowitz, &
G. L. Klerman, pp. 22–25.
Copyright © 2000 Basic
Books, a Member of Perseus
Books Group.
Reprinted by permission of
Basic Books, a member of
Perseus Books, L.L.C.

I. 초기 단계

  A. 우울 다루기

    1. 우울 증상 검토

    2. 증상에 이름 붙이기

    3. 우울증은 의학적 질환이라고 설명하고, 치료의 세부 사항을 알려 주기

    4. 내담자에게 아픈 역할 부여

    5. 의약품의 필요성 평가

  B. 우울증과 대인관계 맥락의 관계

    1. 현재와 과거의 대인관계는 우울증과 관련이 있으므로 검토하기
      내담자와 함께 다음을 결정하기

      a. 내담자에게 중요한 인물과의 상호작용 특성

      b. 내담자 및 중요 인물의 상호 기대 및 이러한 기대치가 충족되었는지의 여부

      c. 관계에서 만족스럽고 불만족스러운 측면

      d. 내담자가 관계에서 원하는 변화

  C. 주요 문제 영역 명확하게 하기

    1. 현재의 우울증과 관련된 문제 영역을 확인하고 치료 목표를 설정하기

    2. 어떤 관계의 관계나 양상이 우울증과 관련이 있고 무엇이 변화될 수 있는지 결정하기

  D. 관계중심 치료(IPT) 개념과 계약 설명

    1. 문제에 대한 이해도 강조

    2. 치료 목표에 합의하고, 어떤 문제 영역에 초점을 둘 것인지를 결정하기

    3. IPT의 절차 설명: '지금, 여기'에 초점을 맞추고, 내담자와 중요한 문제를 논의할 필요가
      있음; 현재 대인관계 검토, 치료 기간, 빈도, 시간, 비용, 약속을 지키지 않을 경우에 대한
      정책의 실질적인 측면을 논의하기

II. 중간 단계: 문제 영역

  A. 애도

    1. 목표

      a. 애도 과정 촉진하기

      b. 내담자가 흥미와 관계를 회복하여 상실한 부분을 대체할 수 있도록 지원함

    2. 전략

      a. 우울증 증상 검토

      b. 증상 발생과 중요한 다른 사람의 죽음을 연관시키기

      c. 내담자와 고인의 관계를 재구성하기

      d. 사망 직전, 사망 중, 사망 직후에 발생한 사건의 순서와 결과를 기술하기

      e. 관련 감정(부정적이고 긍정적인 감정) 탐색하기

      f. 다른 사람과 관계를 맺을 방법을 고려하기

  B. 대인관계 갈등

    1. 목표

      a. 갈등 발견하기

      b. 실행 계획 선택

      c. 기대치 또는 잘못된 의사소통 방법을 수정하여 만족스러운 해결 이끌어 내기

    2. 전략

      a. 우울증 증상의 검토

      b. 증상과 내담자가 현재 관계하고 있는 중요한 타인과의 명백한 혹은 은밀한 갈등
        연관시키기

(계속)

■ **표 15.1**

관계중심 치료의
개요(계속)

    c. 갈등 단계를 결정하기

      ⅰ. 재협상(해결을 촉진하기 위해 참가자를 진정시키기)

      ⅱ. 교착 상태(협상을 재개하기 위해 불협화음 증가시키기)

      ⅲ. 파경(애도를 돕기)

    d. 비상호적인 역할 기대와 갈등의 관계를 이해하기

      ⅰ. 갈등의 주제가 무엇인가?

      ⅱ. 기대와 가치에서의 차이점은 무엇인가?

      ⅲ. 어떤 선택지가 있는가?

      ⅳ. 대안을 찾을 가능성은 얼마나 되는가?

      ⅴ. 관계에 변화를 가져오는 데 사용할 수 있는 자원은 무엇인가?

    e. 다른 관계에도 유사점이 있는가?

      ⅰ. 내담자는 무엇을 얻고 있는가?

      ⅱ. 내담자의 행동 뒤에는 어떤 암묵적인 가정이 있는가?

    f. 그 갈등은 어떻게 지속되고 있는가?

C. 역할 변화

  1. 목표

    a. 이전 역할에서의 상실에 대한 수용과 애도

    b. 내담자가 새로운 역할을 보다 긍정적인 것으로 볼 수 있도록 돕기

    c. 새로운 역할의 요구에 대한 전문성을 개발하여 자존감 회복

  2. 전략

    a. 우울증 증상의 검토

    b. 최근 삶의 변화에 대처하는 데 대한 어려움을 우울증의 증상과 연관시키기

    c. 이전 역할과 새로운 역할의 긍정적 측면과 부정적 측면 검토

    d. 잃어버린 것에 대한 느낌 탐색하기

    e. 변화 자체에 대한 느낌 탐색하기

    f. 새로운 역할에서 기회 탐색하기

    g. 상실을 현실적으로 평가하기

    h. 적절한 정서적 이완을 권장하기

    i. 새로운 역할에서 요구되는 사회적 지원 시스템 및 새로운 기술의 개발을 장려하기

D. 대인관계 기술 부족

  1. 목표

    a. 내담자의 사회적 고립 줄이기

    b. 새로운 관계의 형성을 장려하기

  2. 전략

    a. 우울증 증상의 검토

    b. 우울증을 사회적 고립 또는 성취감 부족 문제와 연관시키기

    c. 부정적 측면과 긍정적 측면을 포함한 과거의 중요한 관계를 검토하기

    d. 관계에서 반복적 패턴 탐색

    e. 치료자에 대한 내담자의 긍정적이고 부정적인 느낌에 대해 토론하고 다른 관계에서
      유사점 찾기

Ⅲ. 종결 단계

A. 종결에 대해 솔직하게 논의하기

B. 종결이 슬픔의 시간이라는 것을 인정하기

C. 독립적인 능력의 인식을 지향하기

(계속)

IV. 특정 기법

A. 설명

B. 정서 표현의 촉진

C. 명료화

D. 의사소통 분석하기

E. 치료 관계 활용하기

F. 행동 변화 기법

G. 부가적인 기술

V. 치료자의 역할

A. 중립적 위치에 있는 것이 아닌 내담자의 지지자

B. 수동적이 아닌 능동적임

C. 치료적 관계는 전이로 해석되지 않음

D. 치료적 관계는 우정이 아님

문제 영역이 치료를 위한 목표를 설정하기도 하지만 이러한 목표는 어떤 전략을 사용할지 결정한다. 표 15.1에는 심리치료자가 각 목표에 도달하기 위한 구체적 전략이 나와 있다. 다음은 관계중심 심리치료의 3단계에서 사용되는 몇 가지 기법을 설명할 것이다.

관계중심 심리치료의 기법

관계중심 심리치료의 특성은 표 15.1에 나와 있는 개요에 자세히 잘 나타나 있다. Klerman 등(1984)의 처치 매뉴얼에 있는 표 15.1은 관계중심 심리치료의 절차를 충분히 설명하고 있다. 그 접근법은 너무 자세하여 자칫 형식적으로 보일 수 있다(Markowitz, 1998). 그러나 실제로는 꽤 다른 점이 있다.

심리치료자는 내담자의 변호인으로, 종종 내담자의 어려움에 대해 이해하고 따뜻하게 대할 수 있다. 내담자는 자신의 감정을 표현하도록 격려를 받고, 심리치료자는 자신이 이해한 감정을 가지고 대화할 수 있다. 심리치료자는 세 가지 단계를 통해 관계중심 심리치료를 진행한다. 초기 단계는 평가가 이루어지고 치료에 대한 윤곽을 잡는 3회기로 구성한다. 중간 단계는 네 가지 문제 영역에 대한 작업으로 진행된다. 종결 단계는 치료 종결에 대해 논의하고 좀 더 능숙해진 자신의 모습을 인식하도록 한다.

초기 단계 이 단계에서는 적절한 때 우울증에 대한 진단이 내려지고 이것을 내담자와 공유한다. 여기서 평가 질문지를 사용할 수도 있다. 게다가 심리치료자는 네 가지 영역에 따라 내담자의 현재 대인관계 문제를 평가한다. 이 과정은 내담자와 심리치료자가 초점을 둘 개인 영역을 결정하는 데 도움을 준다. 간혹 두 가지 이상의 부분에 초점을 맞추게 되기도 한다(Markowitz, 1998). 그 후에 내담자에게 그들은 의학적으로 아픈 것이지 개인적 취약성이 있는 것이 아니라는 대인관계적 공식을 설명한다. 이 과정이 어떻게 이루어지는지 그 사례가

705~707쪽에 제시된다. 이 시점에 심리치료자는 약물, 관계중심 심리치료, 혹은 모두 다 사용할지를 결정한다. 내담자는 내담자 역할을 하면서 우울하거나 질병이 있는 것은 자신 탓이 아니라는 것을 알게 되며, 내담자 역할로 심리치료에 참여함으로써 질병에 대해 어떤 조치를 취하도록 권장된다(Gunlicks-Stoessel & Weissman, 2011). 관계중심 심리치료는 의학적 모델을 따르기 때문에, 초기 단계 중에 질병으로서 우울증의 본성에 대해 내담자를 교육하는 것이 포함된다.

따라서 초기 단계의 중요한 측면은 내담자를 지지하며 희망이 있음을 보여 주는 것이다. 심리치료자의 격려와 확신은 내담자와의 치료적 동맹을 형성할 수 있도록 도와준다. 심리치료자는 내담자에게 우울증은 치료 가능하며 긍정적인 변화가 일어날 수 있다고 말해줌으로써 초기 신뢰를 형성한다. 그리고 치료가 어떻게 진행될지에 관한 구체적인 틀을 정함으로써 치료의 중간 단계에 대한 준비를 마치게 된다.

중간 단계 관계중심 심리치료자는 각 네 가지의 영역에 대해 다양한 전략을 사용하게 되지만(표 15.1 참고), 어떤 기법은 모든 영역에서 공통적으로 사용된다. 이러한 기법의 대부분은 이 책에서 설명하고 있는 다른 기법과 유사하다. 이것은 Weissman 등(2000, 2007)과 Gunlicks-Stoessel & Weissman(2011)의 연구에서 자세히 다루어진다. 그리고 이 모든 기법은 대인관계 문제를 다룬다(일부는 보다 직접적으로). 내담자에게 지지적이고 내담자의 편에 서는 것이 심리치료자의 역할이기 때문에, 치료적 관계 자체에 대해선 특별히 논하지 않았다. 그러나 치료적 관계는 관계중심 심리치료의 치료 요인으로서 사용될 수 있다. 치료적 관계의 목적은 치료 밖에서의 관계를 발전시키는 것에 있다. 치료 밖의 관계는 오랜 기간 지속될 수 있지만, 12~16회기 정도의 치료 모델에서의 관계는 그렇지 않다. 관계중심 심리치료에서 흔하게 사용되는 기법은 다음과 같다.

회기 시작하기 Klerman은 회기를 시작할 때 다음과 같은 질문을 사용할 것을 주장한다. '지난번에 우리가 만난 이후 어떻게 지내셨어요?'(Klerman et al., 1984) 이 질문을 하는 이유는 내담자로 하여금 과거가 아닌 최근의 사건에 대해서 떠올리도록 하기 위해서다. 이렇게 하는 것은 내담자가 느끼는 기분이나 감정 그리고 그와 관련된 사건에 대해서 심리치료자와 논의할 수 있도록 한다. 내담자에게 사건에 대해 구체적으로 물어봄으로써, 심리치료자는 작업하게 될 중요한 대인관계적 요인을 파악할 수 있다. 이 질문은 심리치료자로 하여금 그들이 내담자와 작업하기로 한 한두 가지의 문제 영역에 깊이 파고들 수 있게 한다.

정서 표현의 촉진 심리치료자는 고통스러운 감정을 비롯한 다양한 감정에 대한 표현을 장려한다. 이것은 내담자를 이해하고 있음을 보여 주는 하나의 길이기도 하고 해결책을 제시할 기회를 제공하기도 한다. 예를 들어, 심리치료자는 '아내를 잃은 것은 당신에게 매우 힘든 일이군요.'라고 말할 수 있고, 그런 다음, '당신의 기분이 좋아질 수 있도록 작업했으면 좋겠어요.'라고 말할 수 있다. 이러한 말은 '무엇이 당신의 기분을 덜 우울할 수 있도록 도울 수 있을까요?'라는 질문으로 이어질 수 있다. 심리치료자는 내담자의 목표를 달성하기 위해서 그들이 원하는 것이 무엇인지 알고자 한다.

명료화 심리치료자는 내담자가 이야기한 대인관계를 명료화할 수 있도록 돕는다. 때때로 심리치료자는 내담자가 실제 행동하는 것과 내담자의 상황에 대한 인식 사이에는 어떤 차이가 있는지 주목할 수 있다. 예를 들어, 심리치료자는 내담자에게 '당신은 딸에게 실망했다고 말하는데, 저는 당신의 딸이 학교에서 집에 늦게 왔을 때 어느 부분에서 딸에게 실망한 건지 확실히 모르겠군요.'라고 물을 수도 있다. 이런 방식으로 내담자는 자신이 설명한 대인관계와 관련된 사건을 보다 잘 이해할 수 있다.

의사소통 분석 대인관계 상황을 평가하기 위해서 심리치료자는 내담자에게 내담자 자신이 했던 말과 다른 사람이 했던 말을 그대로 설명하도록 요구한다. 이 설명에는 각자가 사용한 목소리 톤 등의 세부적인 것을 포함한다. 심리치료자가 그 상황을 더 정확하게 이해할수록 다른 상황에 대해서도 효과적인 새로운 대안을 찾을 수 있다.

관계중심 심리치료자는 위에 설명된 기법 외의 다른 기법도 사용한다. 예를 들어, 역할연기는 의사소통 분석에 이어 종종 사용하는 기법이다. 심리치료자가 상대방 역할을 연기함으로써 내담자는 그 사람을 대하는 새로운 방법을 발달시킬 수 있다. 그리고 내담자가 사용하는 단어나 목소리 톤, 혹은 표정에 대해서 피드백을 줄 수 있다. 이처럼 대인관계에서 사용할 수 있는 새로운 행동을 연습하는 것은 다양한 상황에서 유용할 수 있다. 일반적으로, 심리치료자가 사용하는 이와 같은 기법은 내담자로 하여금 네 가지의 문제 영역 중 한 가지 이상의 영역에서 대인관계 상호작용을 개선할 수 있도록 도울 것이다.

종결 일반적으로 종결은 심리치료의 마지막 2~3회기 사이에 이루어진다. 이 단계에서는 치료가 끝나가고 있음을 분명히 이야기한다. 종결에 대한 효과적인 접근법은 치료를 마치고, 보다 독립적으로 생활하는 것에 초점을 두면서 이루어진다. 하지만 종결은 심리치료자의 도움이 더 이상 없다는 것을 의미하기에 슬픔의 시간이 될 수 있다. 이러한 슬픔을 인식하고 논의하는 것은 매우 도움이 될 수 있다. 종결은 내담자가 얻은 것과 강점에 대해 강조하는 시기이기 때문에 성취한 것을 인정하는 시간이다. 반면에, 우울증이 다시 발생할 가능성에 대해서 논의하는 것 역시 도움이 된다. 만약 치료가 부분적으로 성공적이지 못했다면, 그 책임이 내담자에게 있는 것이 아니라 관계중심 심리치료에 있다고 할 수 있다. 이 시점에서 다른 치료를 선택할 것인지 관계중심 심리치료를 계속할 것인지를 논의한다.

이와 같이 3단계의 관계중심 심리치료에 대한 설명에서 볼 수 있듯이, 관계중심 심리치료는 네 가지의 기본적인 문제 영역, 즉 애도, 대인관계 갈등, 역할 변화, 대인관계 기술 부족 중 하나에 초점을 맞추게 되며, 3단계는 상호작용한다. 각각의 심리치료 단계(Gunlicks-Stoessel & Weissman, 2011; Weissman et al., 2000, 2007)는 관계중심 심리치료의 목표를 달성하는 데 심리치료자에게 도움을 준다.

관계중심 심리치료의 사례

다음은 우울증과 유사한 기분저하증을 겪고 있는 53세 여성의 심리치료 사례이다. 기분 저하증은 기분 장애로서, 일반적인 우울증에 비해 비관적인 생각이나 낮은 자존감 등의 걱정을 더 많이 경험한다. 하지만 치료적 접근은 우울증과 굉장히 유사하다. 다음에서 Markowitz(1998)는 J 씨와의 초기 작업과 그녀에게 적용한 관계중심 심리치료를 설명한다. 이어서 그는 대인관계 갈등을 다루기 위한 그의 접근법을 보여 준다(그는 이를 '역할 갈등'이라 언급했다).

> 53세인 J 씨는 미술관에 영업직 기혼 여성으로 오랫동안의 기분저하 장애를 겪고 있다고 보고하였다. J 씨는 "나는 쓸모가 없어요. 그냥 죽을 날만을 기다려요."라고 말했다. 정서적으로 냉담한 집안에서 자란 그녀는 10대 후반에 그런 집안에서 벗어나기 위해 행복하지 않은 결혼을 했다. 그녀는 남편과의 관계는 소원했으며, 부부관계도 없었고, 화가 났지만 자신이 너무 무능하다고 느껴서 남편과 헤어지는 것은 엄두도 내지 못했다. 그녀는 또한 사회적으로는 직장에서 무능하다고 여겼다. 그녀는 단 한 번도 행복하거나 능력이 있다고 느낀 적이 없다고 했다. J 씨는 정신역동 심리치료를 받아서 약간의 통찰은 있었지만, 안정감을 느낄 수 없었고 많은 양의 항우울제 복용에도 약간의 반응만을 이끌어낼 수 있었다. 그녀는 자신의 문제를 의학적 기분 장애인 기분저하증이라 정의하는 것에 대해 의심스러워했지만 적어도 신선한 관점이라고 인정했다. 그녀의 초기 해밀턴 우울 평가 척도 점수(Ham-D; Hamilton, 1960)는 24개 문항 척도에서 24점이었다(굉장히 우울한 점수). 그녀는 수동적으로 자살 충동을 느꼈지만 계획을 세우거나 시도하지는 않았다("나는 자살 시도에 실패할 거야.").
>
> 심리치료자는 일반적으로 사용하는IPT-D(Interpersonal Therapy-Dysthymic Disorder. 대인관계 치료-감정부전 장애) 공식을 설명했다.
>
> "저는 당신이 쓸모없다고 생각하지 않아요. 당신은 그저 기분저하증이라는 의학적인 질병이 있을 뿐이에요. 너무나 오래도록 겪었기에 당신의 일부처럼 당연히 느끼고 있겠지만 그럴 필요 없어요. 앞으로 16주에 걸쳐서 역할 변화를 통해 우울증이 당신의 일부라는 것을 받아들이고 우울증과 건강한 당신을 구별하는 작업을 해 보도록 하죠. 당신이 이것을 해낼 수 있다면, 반드시 기분이 좋아질 것이고 보다 능력이 있다고 느낄 수 있을 거예요."

그러므로 심리치료는 기분저하 증상이 아닌 그녀의 '실제' 성격을 알아보기 위한 역할 변화와 다른 사람들과의 관계에 대한 대인관계를 다양하게 하는 데 초점이 맞추어졌다. 그녀

는 남편에 대한 분노를 인정하였으며(역할 갈등), 그들의 만성적인 갈등에 해결책이 없다고
느꼈고, 남편을 떠날 것인지에 대해 살펴보았지만 그다지 확신이 없었다. 이와 동시에, 그녀
와 심리치료자는 직장 동료들과의 상호작용에 대해 작업하였다. 그녀는 특히 손님을 상대하
고 있을 때 중간에 끼어들며 버릇없고 경쟁관계에 있는 동료에 대해서 화가 나 있었다.

> J 씨: 로즈는 버릇이 없어요. 제가 손님을 상대하고 있을 때 끼어드니까요. 저는 로즈가
> 정말 싫어요.
>
> 심리치료자: 이해할 수 있어요. 당신은 무엇을 할 수 있을까요?
>
> J 씨: 저는 어떤 일도 잘 못해요. ……그다지 효과적이지 못하다고 생각해요. 효과적으로
> 행동할 수 있도록 읽을 만한 책이 없나요?
>
> 심리치료자: 지금 같이 한번 써 보죠. 당신은 짜증을 느끼는 것이 적절하다고 생각하나
> 요? 제 말은 그러니까 로즈가 진심으로 짜증나게 하나요?
>
> J 씨: 이게 저만 그런지 다른 사람들도 그런지는 모르겠어요. 그런데 제 생각에는 몇몇
> 다른 사람들도 로즈 때문에 방해받는 것 같아요. 가끔은 로즈가 착하다고 생각되기
> 도 하지만요.
>
> 심리치료자: 화가 나는 게 적절하다면, 로즈에게 뭐라고 말할 수 있을까요?
>
> J 씨: '미안한데 나중에 이야기 좀 할 수 있을까요?'
>
> 심리치료자: 그게 하고 싶은 말인가요? 기분이 어떤가요? 어떤 말을 하고 싶다고 느껴지
> 나요?
>
> J 씨: 로즈에게 예의 좀 배우라고 하고 싶어요!
>
> 심리치료자: 좋아요! 말 되네요. 그런데 그건 조금 확실하지가 않아요. 다르게 말할 수 있
> 는 방법이 뭐가 있을까요? 왜 당신이 로즈가 예의를 좀 배워야 한다고 생각하는지 좀
> 더 직접적으로 말하는 방법이 없을까요?
>
> J 씨: 로즈에게 중간에 끼어드는 것은 버릇없는 행동이라고 말해 주고 싶어요. 기다리면
> 내가 갈 테니까 끼어드는 것은 하지 말라고요. 그녀는 그러지 말았어야 했어요.
>
> 심리치료자: 좋아요! 제가 로즈라고 가정하고 저한테 한번 말해 보세요. ……

이 대화에서는 적절하지 못한 대인관계 상황에서 내담자의 분노가 적절한 반응이라고
이야기하는 것에 주목하라(Markowitz, 1998, pp.120, 121). 심리치료 후에 Markowitz는 로즈
와의 관계에서 변화가 이루어진 후 로즈의 결혼과 관련된 갈등을 다룬다. 그리고 그는 관계
중심 심리치료(IPT)의 관점에서 사례를 요약한다.

> J 씨는 스스로를 '느린 학습자'이며 인생에서 아무것도 하지 못할 것이라고 했지만, 남은 16
> 주 동안의 관계중심 심리치료 회기에서 불안정한 직장에서 사회적 유능감을 굳혔으며, 남편
> 과의 문제도 재검토하기 시작했다. 동시에 그녀는 남편 없이도 괜찮은지를 알아보기 위해서

몇 개월 동안 혼자 지낼 만한 집을 알아보았다. 그녀는 스스로가 '53세에 인생을 시작하기에는 너무 늙었다'고 느꼈으나 한 걸음씩 나아가고 있었고, 정상적인 기분일 때는 해밀턴 우울 평가 척도 점수(Ham-D) 역시 7점까지 내려갔다. 지속된 추수 회기에서 그녀는 남편을 떠나지 않고 결혼생활이 눈에 띄게 좋아지지는 않았지만, 남편의 실패에 대한 새로운 인식 그리고 그녀 자신을 덜 탓하게 되는 등 결혼생활에서의 자기 역할에 대해 보다 확실한 관점을 얻게 되었다. 새로운 직업을 알아보기 위해 심리치료자와 함께 이력서를 작성했지만, 직장 동료들에 대해 새롭게 존중감도 갖게 되고, 직무 능력에 있어서도 향상되었다고 느꼈다.

이 사례는 관계중심 심리치료의 낙관적이고, '할 수 있다'는 접근법이 어떻게 의심 많은 내담자를 행동하게 만들 수 있는지를 보여 준다. 심리치료자는 무력하다고 여겨지던 내담자의 분노를 지지함으로써 그녀가 보다 효율적으로 감정을 표출할 수 있도록 도와주었다. 사회적 기술이 불안정한 내담자에게 역할 연기는 치료실 밖의 실생활에서 사용할 수 있는 중요한 대인관계 기술 연습이다(Markowitz, 1998, p.123).

관계중심 심리치료의 적용

여러 연구에서 관계중심 심리치료가 연구되어 온 것처럼, Klerman과 그의 동료들은 우울증과 유사한 장애에 관계중심 심리치료를 적용시키기 위하여 처치 매뉴얼과 절차를 개발하는 등 이 접근법에 대해 더욱 자신감이 생겨났다. 예를 들어, Klerman과 Weissman(Weissman et al., 2000, 2007)은 결혼 갈등을 겪고 있거나 고통을 겪고 있지만 우울 장애로는 분류되지 않거나 우울증의 재발로 인해 단기 심리치료 그 이상을 필요로 하는 우울증 내담자를 위해 관계중심 심리치료(Klerman et al., 1984)와 비슷한 처치 매뉴얼을 개발하였다. 최근에 주목을 받고 있는 영역은 우울한 청소년이다(Brunstein-Klomek et al., 2007; Curry & Becker, 2008; Gunlicks & Mufson, 2009; Young & Mufson, 2008, 2009). 그 외에 HIV 양성 반응 진단을 받은 우울한 사람들이나(Ransom et al., 2008) 우울증 진단을 받은 노인들도 포함된다(Hinrichsen, 2008a, 2008b; Miller, 2009; Miller et al., 2007; Wyman-Chick, 2012). 위에서 논의되었던 대부분의 연구들은 단극성 우울증과 유사한 상태를 보고해왔다. 그러나 관계중심 심리치료는 만성 우울증이 있는 사람들(Markowitz, 2012)이나, 과식증이 있는 사람들(Arcelus et al., 2009; Constantino, Arnow, Blasey, & Agras, 2005)이나, 약물 남용을 하는 사람들(Brache, 2012)에게도 적용되어 왔다. 그런데 약물 남용 내담자들에게 관계중심 심리치료는 우울증을 겪는 내담자들만큼 성공적이지는 않았다(Rounsaville & Carroll, 1993). 또한 관계중심 심리치료 매뉴얼은 경계선 장애(Bleiberg & Markowitz, 2012; Markowitz, Bleiberg, Pessin, & Skodol, 2007), 공황장애(Cyranowski et al., 2005), 외상 후 스트레스 장애(Graf & Markowitz, 2012; Krupnick et al., 2008; Rafaeli & Markowitz, 2011)를 보이는 사람들을 위해서도 개발되어 왔다.

관계중심 심리치료는 또한 개인 치료뿐만 아니라 집단 치료로도 사용되어 왔으며 우울증을 겪고 있는 청소년이나(Mufson, Gallagher, Dorta, & Young, 2004), 우간다 지역의 우울증을 겪고 있는 사람들(Bolton et al., 2003; Lewandowski, 2012; Verdeli et al., 2008; Verdeli, Baily, Nanyondo, Keith, & Elis, 2012)을 치료할 때 효과적인 것으로 나타났다. 관계중심 심리치료가 새로운 장애에 적용될 때마다 처치 매뉴얼을 개발하거나 기존의 처치 매뉴얼을 수정하며, 대부분의 경우 적용한 것을 연구에서 검증하였다.

요약

관계중심 심리치료를 뒷받침하는 근거는 다른 심리치료 이론과는 차이가 있다. 먼저, 효과성을 알아보기 위해 계획된 의학적 모델을 통해 개발되었다. 또한, 관계중심 심리치료는 다른 장애보다는 주로 우울증을 치료하기 위해 만들어졌다. 심리치료자가 따라 할 수 있는 처치 매뉴얼을 개발하기 위해 심리 이론과 연구에 대한 조사가 이루어졌다. 이 단기 심리치료는 12~16회기 사이에 끝나도록 구성되었다. 초기 회기에서는 내담자의 문제를 평가하고 적절한 시기에 우울증에 대한 교육을 실시한다. 중기에는 애도, 대인관계 갈등, 역할 변화, 대인관계 기술 부족의 네 가지 주요한 문제 영역에서 변화를 가져올 수 있도록 초점을 맞추게 된다. 심리치료자는 이런 문제 영역을 다루기 위해 매뉴얼에 명시된 전략을 사용할 뿐만 아니라 특정 기법이 사용되기도 한다. 마지막으로 종결 단계에서는 치료를 끝마치는 것에 대해 이야기하고 좀 더 능숙해지고 홀로 서야 한다는 것을 인정하는 것에 대한 논의가 이루어진다. 관계중심 심리치료는 다른 장애에도 적용되지만 그 치료 역시 우울증 치료와 유사하게 이루어진다.

심리극

Jacob L. Moreno에 의해 창시된 심리극은, 내담자가 자신의 문제를 행위화해 보는 접근법으로, 주로 구성원이나 관객이 함께 내담자의 문제와 관련된 사람들을 연기하게 된다. 심리치료자는 대개 청중이 보는 앞에서 이 즉흥적인 드라마의 감독 역할을 하게 된다. 초점은 내담자 삶의 주요 인물과의 관계에서 내담자의 역할에 맞춰진다. 다양한 기법은 내담자로 하여금 다른 관점에서 자신의 역할을 바라볼 수 있도록 돕는 데 사용된다. 문제점에 대하여 말보다는 행위화를 통해 내담자는 전에는 인식하지 못했던 감정이나 태도를 경험하게 되며, 이것은 내담자의 행동에 변화를 가져온다.

배경

루마니아의 부쿠레슈티에서 태어난 Jacob Moreno(1889~1974)는 여섯 형제 중 첫째였다. 5

세 때, 그와 그의 가족은 비엔나로 이사하였다(Blatner, 2000). 비엔나 대학교에서 철학을 공부한 Moreno는 20세 즈음에 공원에서 놀던 아이들의 놀이에 흥미를 가지게 되었다. 그는 아이들의 놀이를 관찰했을 뿐만 아니라 아이들이 다른 역할을 하도록 권장하기도 했다. 그 후, Moreno는 비엔나 대학에서 의대에 진학했으며 매춘부같이 권리를 박탈당한 사회계층을 돕는 것에 관심을 갖게 되었다.

Moreno는 사회적 관심과 연극에 대한 관심을 결합시켜, 1921년에 자발성 극장(Theatre of Spontaneity)을 열었다. 그는 평소 연극이 무미건조하며 인공적이라고 느꼈기에 그 자리에서 즉흥적으로 연기하는 드라마를 선호했다. 그는 1925년에 비엔나를 떠나 뉴욕으로 가서 자신의 생각을 지역사회의 병원에서 사용했다. 그는 초기 집단 치료자들 중 한 명이었으며, 개인 치료에서 다루는 것보다 더 폭넓은 사회적 문제를 다루었다. 1936년 뉴욕의 비콘에 요양원을 열면서 심리극을 열기 위해 극장을 지었다. Moreno(1934)는 심리극 심리치료자들을 훈련시키고 실습하는 것과 더불어 교도소, 학교, 병원에서 집단 관계 연구를 진행했다. 1940년에 Moreno는 Zerka Toeman과 함께 일했으며, 그녀는 그와 나중에 결혼을 하여 심리극의 적극적인 지지자가 되었다. 그녀는 Moreno의 파트너로 일했으며, 그가 사망한 이후에도 연구를 계속하였다(Blatner, 2000, 2005).

1930년대에 처음 심리극이 개발되었을 때, 이 치료는 내담자를 격려하여 치료하던 것에서부터 뚜렷한 방향의 전환을 가져온 것으로 대표되었다. 게슈탈트와 참만남 집단을 포함한 많은 집단 치료의 선구자 같은 역할을 하였다. 개인 치료나 집단 치료 모두에서 사용되는 역할 연기와 같은 기법은 Moreno(1947)의 연구에서 비롯된 것이었다. Moreno는 사람들의 성격을 이해하기 위해 다른 사람들과 있을 때 자신의 다양한 역할 모습과 이러한 역할을 확인하고 변화시킬 수 있는 그들의 능력에 초점을 두었다(Blatner, 2007).

성격 이론

Moreno의 관점에서 사람들이 서로를 대할 때 규정하는 역할은 개인의 성격을 개념화하는 것으로 대표되었다. 동료들은 그를 활발하고, 창의적이고, 에너지가 넘치지만 비체계적인 사람이라고 표현했다. 그는 세계를 돌며 강의했고, 많은 책을 집필했고(Fox, 1987 참고), 즉석에서 많은 사람들을 대상으로 심리극을 진행했다. 이러한 특징은 대인관계에서의 상호작용에 대한 Moreno의 관점에서 볼 수 있으며, 그의 심리극 발전에 반영되었다.

역할과 사회측정학　역할 이론은 한 여성과 그녀의 남편, 어머니, 고객, 자녀 혹은 선생님과 같은 다른 사람과의 관계를 살펴본다. 특히, Moreno는 새로운 변화를 장려하는 방법이나 사람들 사이에서의 관계를 변화시키는 것에 관심을 가졌다. 역할에 대한 그의 연구에서 Moreno는 특정 집단 안에서 인간관계의 성격을 측정하는 사회 측정 검사를 개발하였다(Dayton, 2005). 구성원을 면담하는 방식을 통하여 사람들이 서로를 어떻게 생각하는지를(예: 친구, 믿을 수 있는 사람, 어떤 특정 부분에 전문적인 사람으로서) 판단할 수 있는 소시오그램(sociogram)을 설계했다. 1937년, Moreno는 대인관계 학술지인 『사회측정학(Sociometry: A Journal of Inter-Personal Relations)』을 창간하였고, 이는 나중에 『사회심리 계간지(Social Psychology Quarterly)』가 되었는데, 심리극, 소집단 행동, 권력, 계층, 성(性)과 관련된 연구들을 출판하였다(Borgatta, 2007; Fields, 2007; Marineau, 2007). Moreno는 사람들이 다른 사람과의 관계에서 사람들이 연기하는 역할뿐만 아니라 역할 거리 두기에 흥미를 가졌다. 사건에 대해 점점 더 객관적으로 되고 자신의 역할을 점검할 수 있게 됨으로써 역할 거리 두기가 증가한다. 심리극의 경우, 다른 사람과의 관계에서 새로운 관점으로 역할을 다르게 연기함으로써 개인의 역할에 더욱 거리를 둘 수 있다.

현재에서 행동하기 Moreno가 사람들의 행동을 이해하기 위해 정신분석적 개념을 활용했지만, 그가 가장 관심을 가진 부분은 현재 경험이었다. 정신분석과 심리극 모두를 활용함으로써 내담자가 자신의 문제를 행위화하여 초기 관계에 대한 통찰을 제공한다(Feasey, 2001). 정신분석이 사람들의 과거를 이해할 수 있게 도왔다면, 사회측정학은 현재 사람들과의 관계를 살펴볼 수 있도록 해 주었다. 심리극에서는 중요 인물에 대한 역할을 주로 다른 구성원이 연기함으로써 상호관계를 맺게 된다. 경우에 따라서는, 중요 인물이 심리극에 참여하여 자신을 직접 연기하기도 한다. Moreno는 심리극은 과거, 앞으로 일어날 가능성이 있는 미래, 혹은 현재의 갈등이나 위기를 현재로 가져올 수 있는 방법을 제공한다고 보았다. 심리극을 통해 사람들이 연기를 함으로써 과거 경험을 과거가 아닌 현재 일어나는 대로 의미를 부여한다.

참만남 Moreno의 관심 중의 하나는 사람들이 참만남을 할 때 경험하는 상호작용이었다. 심리극은 사람들에게 짧은 시간에 의미 있는 참만남을 다양하게 경험할 수 있도록 기회를 제공한다. 사람들이 상호교환하는 데 발생하는 에너지를 Moreno는 텔레(tele)라고 언급하였다(Blatner, 2005; Corey, 2012; Landy, 2008). 그리고 심리극 집단에서 사람들 사이에 생겨나는 서로를 보살피는 감정 역시 텔레라 불렀다. 사람들이 서로를 알아가고 보살필 때 텔레는 증가하게 되고 집단 응집력이 생겨난다. 텔레는 다른 이론가들이 공감, 전이, 혹은 관계라고 일컫는 것을 포함한다.

자발성과 창의력 자발성과 창의력으로 유명한 Moreno는 이러한 특성을 가지고 있는 것을 완전하게, 그리고 건강하게 살고 있다는 신호로 여겼다(Schacht, 2007). 자발적인 사람은 어려운 상황에 직면했을 때 결단력 있고 스스로 위험을 감수할 줄 안다. 위기 상황에서는 부정적인 결과를 초래할 수 있는 충동적인 행동보다는 생각과 감정을 사용하여 건설적인 방식으로 대처해야만 한다(Blatner, 2005; Dayton, 2005).

Moreno는 비엔나 공원에서 어른보다 더 쉽게 창의적인 역할 놀이를 하던 아이들을 통해 창의성의 가치를 발견하였다. 그래서 그는 집단 작업의 한 부분으로 자발성 활동을 실시했으며, 자발성 활동 중에는 지도자가 예기치 못하거나 고통스러운 문제를 내놓았을 때 창의적인 반응을 독려했다. 예를 들어, 화가 난 직장 상사, 감정의 폭발, 혹은 총을 가진 낯선 사람과 상대해야 하는 상황이 주어지게 된다. 이는 개인 성격 중 자발적이고 창의적인 면을 강조하는데 인본주의적·실존주의적 이론가들의 연구 문헌에서 찾을 수 있다. 그리고 이것은 Moreno의 저서와 심리극에 대한 그의 접근법에서 드러난다(Schacht, 2007).

심리치료 이론

심리극의 역할 연기는 다양한 상황에서 내가 아닌 무언가, 또는 누군가를 연기하는 과정이다. 앞에서 언급했듯이, 사람들은 사는 동안 사람들과의 관계에서 매우 다양한 역할을 갖게 된다. 이러한 역할을 할 때, 자신이 다른 사람들을 어떻게 대하는지를 아는 것은 행동을 변화시킬 수 있는 여지를 제공한다. 사람들에게 다양한 역할 연기를 해 보게 함으로써, 심리극은 자신의 새로운 관점에 대해 실험하고 배울 수 있는 기회를 제공한다. 역할 연기는 세 가지의 기능을 갖는다. 지도자가 구성원이 어떻게 생각하고 느끼는지를 평가하는 데 도움을 주고, 문제를 해결할 수 있는 새로운 방법을 가르치도록 하며, 새로운 기술을 훈련시킨다(Corsini, 1966). 또한, 역할 연기는 사람들로 하여금 보다 주도적이고 소극적인 면을 감소시킬 수 있도록 돕는 활동이다. 아버지와의 갈등과 같은 추상적인 문제는 아버지와 대화를 하고 적절하게 행동하며, 목소리 톤과 성량을 변화시키고 신체적으로 움직이면서 보다 구체화된다. 왜냐하면 내담자가 연기하는 동안 아버지에게 말을 해야 하고, 적절하게 제스처를 취해야 하고, 목소리의 톤과 볼륨에 변화를 주어야 하며, 다른 연기자와의 관계에서 직접 몸을 움직여야 하기 때문이다. 역할 연기의 구체성과 활동성은 참여자에게 몇 가지 이점을 제공한다.

심리극은 사람들에게 현실을 검증해 보고 문제에 대한 통찰과 감정(카타르시스)을 표현할 수 있는 기회를 제공한다(Fitch & Giunta, 2011). 현실 검증은 실제 인물과 중요한 상황을 연기해 봄으로써 가능하다. 다양한 역할을 경험하고 구성원의 의견을 통해 참여자는 이전의 가정이 더 이상 맞지 않다는 것을 배울 수 있다. 자신을 표현하는 행위는 종종 분노, 증오, 슬픔, 기쁨, 사랑과 같은 강한 감정을 생각이나 말만으로는 맛볼 수 없는 방식으로 경험할 수 있는 기회를 제공한다. 현실을 검증하고 카타르시스와 통찰을 경험함으로써, 사람들이 전에는 생각하지 못했던 효과적인 행동을 배우고 시도할 수 있게 된다.

이제 심리극의 세부적인 것들에 대해 보다 자세히 설명할 것이다. 심리극에서의 평가는 다른 치료법과 다소 다른 면이 있기 때문에 특별히 다룰 만한 가치가 있다. 심리극도 연극과 마찬가지로 다양한 역할이 있고 기본적인 역할에 대한 설명이 제공된다. 또한 심리극은 단지 역할을 연기하는 것뿐 아니라, 사람들이 역할에 몰입하고 역할로부터 배울 수 있도록 돕는다. 사람들이 심리극 경험으로부터 효과적으로 배울 수 있도록 하기 위해 다양한 주요 기법이 개발되어 왔다.

평가 다른 치료법과는 달리 심리극 지도자나 진행자는 심리극이 진행되는 동안 집단 행동에 대한 많은 평가가 이루어져야 한다. 심리극은 흔히 병원과 핵심적인 구성원이 있는 시설에서 사용되지만, 심리극은 시연이나 단회성 집단에서도 사용된다(Blatner, 2003; Duffy, 2008). 지도자는 어떤 문제가 심리극에 적합한지, 문제를 드러내는 구성원이 그 경험으로부터 성장할 수 있는지, 정서적으로 약하지는 않은지, 다른 구성원이 각자 맡은 역할을 건설적으로 연기하고 있는지에 대해 평가해야 한다. 게다가 지도자는 새로운 역할을 연기할 구성원이나 관객을 언제 투입할 것이며, 언제 역할을 바꿀 것인지, 그리고 어떤 역할을 부여할지 지도 평가해야 한다. 지도자가 맡게 되는 평가와 그 외의 기능들은 복잡하기 때문에(Z. T. Moreno, 1987), 지도자의 역할을 하기 위해서는 2년 정도의 심리극 훈련이 필요하다.

심리극에서의 역할 심리극에는 네 가지의 기본적인 역할이 있다. 상호작용을 이끌고 만들어가는 지도자 역할, 문제를 제공하는 주인공 역할, 주인공의 삶과 관련된 다양한 사람들을 연기하는 보조자 역할, 보조자로서 연극에 참여하고 코멘트하고 질문할 수 있는 관객이 그 네 가지 역할이다(Landy, 2008). 주인공, 보조자, 지도자는 가능하면 자유롭게 움직일 수 있을 만한 무대에서 심리극을 연기한다. 가끔은, 큰 방의 절반은 극을 위해서, 그리고 다른 절반은 관객을 위해서 사용한다. 가능하면 참여자가 이용할 수 있는 소품을 준비한다.

지도자는 참여자의 움직임과 행동을 평가하는 것 이외에도 많은 역할을 수행한다(Corey, 2012). 지도자는 집단이 변화를 견디고 수용할 수 있는 환경을 만들어야 하며 보조자를 지지하고 방향을 설정해야 한다. 심리극이 진행되는 동안, 지도자는 관계가 탐색되도록 돕고, 연기할 수 있도록 장면을 설명하거나 다른 경험에 대해서 설명할 수도 있다. 만약 구성원이 다른 구성원을 공격하거나 적절하지 못한 제안을 할 때, 지도자는 유익하고 생산적인 집단 분위기를 유지하기 위해 개입해야 한다. 설명을 덧붙이거나, 청중으로부터의 코멘트를 듣거나, 역할이 제대로 연기되는지를 확인하기 위해 행동을 중지시킬 수 있다. 이처럼 지도자가 된다는 것은 창의성을 필요로 하며 많은 사람들로 이루어진 대집단의 연기를 조율할 수 있는 능력이 요구된다(Blatner, 2005).

주인공은 탐색할 문제나 사건을 제시하는 사람이다. 주인공은 자발적으로 지원할 수도 있고, 지도자나 집단이 주인공을 선택할 수도 있다. 주인공은 먼저 탐색할 문제를 설명하려 하지만 지도자는 주인공으로 하여금 문제를 연기해 보도록 장려한다. 그러기 위해 주인공은 다른 역할을 연기할 구성원(보조자)을 선택하여 주인공의 삶의 중요한 주변 인물들을 어떻게 연기해야 하는지 지시하고, 연기가 잘못되었을 시 제대로 연기될 수 있도록 제안한다. 지도자는 종종 주인공에게 다양한 역할을 연기해 보게 하거나 다른 사람들이 주인공 역할을 연기하는 것을 지켜보도록 한다.

보조자는 주인공의 여동생과 같은 중요한 인물을 연기한다. 보조자는 중요한 인물의 관점에서 연기를 함으로써 주인공을 돕는 역할이다(Blatner, 2005). 그들이 맡은 역할에 정서적으로 더 몰입할수록 주인공은 실제처럼 느끼게 된다. 그뿐만 아니라, 보조자 역할을 할 때 보조자는 심리극에서 다루어지는 자신의 유사한 문제에 대한 통찰을 얻기도 한다. 심리극에서 관객은 수동적인 역할을 하지 않는다. 경우에 따라, 주인공이나 보조자로 불리기도 한다. 또 자신들이 지켜보고 있는 것에 대한 코멘트나 자신의 경험을 공유해 달라는 요구를 받을 수 있다. 관객은 자신의 삶과 관련된 것을 확인할 수 있으며 대인관계에 대한 통찰력을 발달시키기도 한다. 그러나 심리극에서 가장 많은 혜택을 얻는 사람은 주로 주인공이다(Kim, 2003).

심리극의 과정 심리극에는 준비 단계, 행위 단계, 토론 및 공유의 세 가지 기본 단계가 있다.

준비 단계는 참여자가 심리극의 행위 단계를 준비할 수 있게 도와준다. 준비 단계의 기본 목표는 믿을 수 있고 안전한 분위기를 만들고 참여자가 적극적으로 연기하고 새로운 행동을 할 수 있도록 촉진하는 것이다(Blatner, 2005). 현재 진행되고 있는 심리극의 일원이 아닌 새로운 참여자에게는 특별한 준비 과정이 필요하다. 심리극의 목적을 설명하고 일어날 일에 대한 질문에 대답해 주는 것이 새로운 참여자를 준비시키는 데 도움이 된다. 가끔은 짝을 짓거나 소집단으로 혹은 집단 전체가 심리극의 소재가 될 수 있고, 자신의 갈등 경험에 대해 토의하는 것이 도움이 된다. 이렇게 토의가 진행되는 동안, 지도자는 심리극의 적절한 주제가 되거나 주인공이 될 만한 사람이 누구인지 평가한다. 주인공이 결정되면, 지도자는 심리극 장면에 대한 주인공의 설명을 주의 깊게 듣고 그에 따라 역할을 고르고 보조자를 결정한다.

행위 단계에서는 사람들이 주인공의 상황을 연기하고 작업하는 것으로 시작한다. 지도자는 주인공과 함께 무대를 돌아다니며 어떤 일이 벌어지는지 상의하게 된다(Landy, 2008). 주인공은 상황이나 사건을 가능한 한 빨리 연기하도록 격려받지만, 외상 경험의 경우에는 극의 초반보다는 후반에 다루는 것이 좋다(Corey, 2012). 지도자는 주인공이 심리극 장면을 설정하는 데 필요한 가구 배치나 소품을 준비할 책임이 있다. 이런 준비 과정에 대한 창의적인 접근법은 미니어처 도구를 이용하는 것이다(Casson, 2007). 극이 진행됨에 따라 지도자는 관객에게 새로운 역할을 연기하게 하거나 주인공에게 다른 구성원과 역할을 바꾸도록 할 수 있다.

행위 단계가 종료되면 토론 및 공유 단계가 시작된다. 먼저, 보조자를 포함한 구성원은 주인공과 함께 자신이 관찰한 것을 공유한다. 지도자가 책임져야 하는 부분은 자신의 삶에 취약한 부분을 공유해 준 주인공을 돕고 의미 있는 피드백을 이끌어 내면서도 비판적이거나 판단적인 피드백은 방지하는 것이다. 단회성 심리극의 경우, 효율적으로 마무리하는 것에 주의가 필요하며 지도자는 집단 내의 격양된 감정을 완화시키는 기능을 수행한다.

심리극 기법   심리극에서 필수적인 요인은 대인관계 문제를 행위화하는 것이다. 참여자는 어떤 상황에 대해서 말로 하기보다, 마치 그 상황에 있는 것처럼 연기하도록 격려받는다. 가끔 사람들은 모노드라마라고 불리는 기법을 통해 대부분은 보조자와 대화하는 연기를 하지만 두 가지 역할을 하기 위해 빈 의자를 사용하여 자기 자신과 대화를 하기도 한다. 행위 단계에서보다 일반적으로 사용되는 기법에는 역할 교대, 이중 기법, 거울 기법, 행위 만족, 미래 투사 등이 있다(Landy, 2008).

역할 교대는 내담자가 다른 사람의 관점을 이해하고 다른 사람의 관점에 좀 더 공감할 수 있도록 돕기 위한 것이다. 말하자면, 다른 관점으로 보기 위해서 주인공과 보조자가 역할을 바꾸는 것이다. 예를 들어, 한 남자가 자신의 어머니를 연기하는 보조자와 말다툼을 하고 있다고 하자. 이때 역할 교대를 지시받을 수 있는데, 보조자나 다른 구성원이 그 남자의 역할을 연기하게 된다. Moreno는 사춘기 소년이 정신과 의사들이나 다른 사람들에게 소녀로 변하게 될까 봐 걱정된다고 이야기할 때 역할 교대의 예를 제시한다(Fox, 1987).

> 치료의 전략적 요소로, 소년은 자신의 고민을 들은 정신과 의사의 역할을 맡게 되었다. 역할 연기에서 정신과 의사의 역할을 맡은 소년은 여자가 되는 것에 대한 두려움에 대해 조언을 하게 된다. 이 방법을 통해서 환자는 자신이 집착했던 것과 똑같은 비정상적인 생각을 보이는 사람에게 고문 자격으로 행동하게 된다. 이것은 소년에게 우리의 치료 과정에서 달성한 책임감과 안정성의 정도를 스스로 시험할 기회를 제공하고, 우리에게는 소년이 어느 정도 성숙해졌는지를 알 수 있는 기회를 제공했다. 소년은 그 자신인 동시에 정신과 의사처럼 행동하는 것 같았으나 교대 기법으로 그는 정신과 의사의 관점에서 참 자기와 집착을 객관화하도록 강요받았다. (p.75)

이중 기법에서 보조자는 주인공의 역할을 하며 주인공의 생각과 감정에 대해 자신이 느끼는 대로 표현하게 된다. 주로 이중 자아는 주인공의 근처에 서게 되며 주인공을 대변한다. 게다가, 자세나 표정과 같은 비언어적 행동을 연기하기도 한다. 때로는 한 사람의 다양한 면을 표현하기 위해 다중 자아가 사용되기도 한다. 이중 자아의 주된 역할은 주인공을 지지할 뿐만 아니라, 주인공이 자신의 감정이나 태도에 대해 보다 깊은 통찰을 할 수 있도록 돕기도 한다. 다음의 사례에서 Yablonsky(1976)는 성적으로 자유로우며 남성에게 비판적인 한 여성에게 이중 자아가 어떻게 중요한 통찰을 할 수 있도록 경험되는지 보여 준다.

> 그녀의 이중 자아는 상호작용의 중심에서 주인공이 말한 것과 이중 자아로서 자신이 느낀 것을 바탕으로 "내 문제는 단 한 번도 오르가즘을 느껴 보지 못했다는 거야."라고 외쳤다. 주인공은 그녀의 이중 자아를 향해 휙 돌아서서는 울음을 터뜨렸고, "어떻게 알았어요?"라고 놀라며 물었다. 그리하여 이중 자아는 주인공으로 하여금 자신이 투사하려던 잘못된 이미지로부터 벗어나 보다 정직한 묘사를 할 수 있게 힘을 실어 주었다. 그녀는 자신을 성

적 허풍 뒤에 숨어 있는 남성과 성행위를 두려워하는 공포에 질린 어린 소녀라고 밝혔다. 간혹 역할 속의 이중 자아는 지도자를 포함하는 구성원 어느 누구도 알 수 없는 통찰력을 갖게 되고, 이것은 주인공으로 하여금 보다 깊이 있고 정직한 감정을 표현할 수 있도록 한다. (Yablonsky, 1976, pp.120～121)

거울 기법에서 보조자는 주인공의 자세, 표현, 단어를 그대로 따라 하면서 주인공을 연기하는데, 그동안 주인공은 다른 사람을 통해 자신의 행동을 관찰하게 된다. 본질적으로 거울 기법은 내담자로 하여금 다른 사람이 자신을 어떻게 보고 있는지를 볼 수 있는 피드백 과정이다. 우리 자신을 '거울'에 비추어 보면서, 우리는 우리 자신과 맞설 수 있고, 우리가 누구인지를 보게 되고, 따라서 우리 인생에 변화를 가져오게 된다(Kellermann, 2007). 이 기법은 주인공이 조롱당한다는 느낌을 받지 않도록 조심스럽게 행해야 한다(Blatner, 2000).

심리극은 실제 상황이나 가상의 상황을 이용해서 사람들을 돕는다. 상상을 사용하는 것은 잉여 현실이라고 불리기도 하는데, 주인공이 꿈속의 괴물을 연기하는 보조자와 대화를 하는 것과 같은 경우이다. 잉여 현실의 또 다른 예는 바로 행위 만족이다. 여기서는 개인이 과거의 괴로운 경험을 대체하기 위해 교정 경험을 할 수 있다. 예를 들어, 한 젊은 여성이 중학교 1학년 담임으로부터 조롱당했던 것을 기억한다면, 보조자가 담임의 역할을 연기하도록 하여 담임과 맞서서 대화를 하는 것이다.

잉여 현실을 심리극에 포함시키는 또 다른 예는 미래 투사이다. 이것은 사람들의 미래에 대한 걱정을 명료화하도록 돕기 위해서 만들어졌다. 미래 투사에서는 자신이 4년 후에 대학원 시험을 보는 상황과 같은 가상 상황이 주어진다. 주인공은 면접에 최선을 다하는 연기를 할 수도 있고 의도적으로 망친 후에 어떤 기분이 드는지를 경험해 볼 수도 있다. 두 경우 모두에서 관객이나 보조자들이 주인공에게 피드백을 줄 수 있다.

사람들이 내면 깊숙한 곳의 공포와 감정을 자신은 물론, 다른 사람들에게 노출시키는 측면 때문에 심리극은 매우 강력한 기법이 될 수 있다. 따라서 지도자는 반드시 구성원에게 공감적이고 그들을 보호해야 한다. 여기에서 언급했던 것 이외에도 여러 창의적인 기법이 존재하지만, 이러한 기법은 창의적이면서도, 심리극을 장악할 수 있는 지도자가 사용해야 한다. 그 이유는 정서적 파멸이 일어나는 것을 방지하기 위해서다. 또한 참여자로부터 병리적인 문제가 표면화되는 것을 감지할 수 있는 능력은 다른 구성원에게 피해가 확산되는 것을 막기 위해 중요하다. 예를 들어, 다른 사람을 조종하려는 사람이나 반사회적인 사람이 보조자 역할을 하게 되면 상처를 주려는 목적으로 주인공의 약점에 대해 코멘트하는 것을 즐길 수 있다. 자발성과 창의성이 심리극의 중요한 생산적인 요인이지만 통찰, 성장, 그리고 사람들을 이해하는 것에 대한 긍정적인 목표에 일조해야 한다(Blatner, 2000).

Moreno의 선구자적인 업적 이후로도, 심리극은 계속해서 성장하고 발전되고 있다. 미국에는 400명 이상의 인정받는 실무자들이 있으며, 전 세계적으로는 15,000명이 넘는 사람들이 심리극 기법에 대한 교육을 받았다. 그리고 심리극 실무자들이 점차적으로 심리극을 다른 이론들과 접목시키고 있다(Adam Blatner, 개인적 교신, 2014. 2.). Holmes, Farrall, & Kirk(2014)는 어떻게 심리극이 인지행동 치료, 정신분석, 가족 치료 등 교재에 기술된 다양한 치료법에 사용될 수 있는지를 보여 준다. 미국심리극학회(American Society for Group Psychotherapy and Psychodrama: ASGPP)는 심리극 실습을 위한 훈련과 규준을 제공하고 『심리극 저널(Journal of Psychodrama, Sociometry)』, 『사회측정학 저널(Sociometry)』, 『집단 치료(Group Psychotherapy)』를 출판하였다. 일부 실무자들은 Moreno의 연구를 확대시켜서 심리극을 아동 개인 치료에 적용하였으며, 아이들에게 창의적인 생각을 연기하도록 격려한다. 그 예로, Hoey(1997)는 6세 때 어머니를 잃고 여러 위탁 가정에서 살다가 입양을 앞둔 13세 소녀의 사례를 설명한다. 표현을 촉진하기 위해 Hoey는 "너와 같은 여자아이의 이야기를 한번 만들어 볼까? 많은 곳에서 살아왔지만 결국은 자신이 행복해질 수 있는 곳을 찾은 소녀 이야기야."(p.109)라고 말한다. 이처럼 창의력은 심리극을 사용하는 사람들의 특징이다. 이러한 심리극은 부모가 약물 중독인 어른(Dayton, 2011), 에이즈 환자(Karabilgin, Gökengin, Doganer, & Gökengin, 2012), 섭식 장애를 가진 여성(Bailey, 2013), 인신매매 희생자인 여성(Koleva, 2011), 사회적 불안을 가진 아동과 청소년(Akinsola & Udoka, 2013)을 대상으로 매우 다양한 문제에 적용되었다.

요약

1930년대에 Jacob Moreno에 의해 개발된 심리극은 사람들이 현실을 검증하고, 통찰력을 기르고, 감성을 표현하도록 돕기 위해 창의성과 자발성을 사용한다. 심리극에서 심리치료자는 감독 역할을 수행하며 주인공(심리극의 중심)을 선택하고, 보조자는 관객 중에서 자원하는 사람들이다. 심리극은 유희와 진지함, 그리고 역할 교대, 거울 기법과 같은 기법을 다 같이 사용하여, 사람들이 성장하고 자신을 다른 관점에서 볼 수 있도록 돕는 방법을 제공한다. 심리치료자는 참여자가 자신의 역할을 통해 유익한 경험이 이루어지는 것을 관찰함으로써 심리극이 긍정적인 경험이 될 수 있다고 확신한다.

창의예술 심리치료

창의예술 심리치료는 미술, 드라마, 춤, 음악 심리치료와 같이 창의적인 표현을 통해 치료적 변화를 불러오는 요소를 포함한다. 어떤 사람들은 이러한 치료적 요소를 통해 자신을 비언어적으로 표현할 수 있는 기회를 활용함으로써, 자존감이 높아지고 보다 생산적인 자기표현, 사회적 상호작용을 촉진할 수 있다.

창의예술 심리치료는 내담자가 예술 작품을 감상하기보다는 예술적인 매체를 활용하도록 한다. 그러나 음악 심리치료에서는 종종 내담자의 정서와 감정을 다루는 데 있어서 녹음을 활용하기도 한다. 내담자가 표현하는 내용의 질은 내담자와 심리치료자가 작업을 통해 얻는 의미에 비해 중요하지 않으며 오히려 내담자에게는 이를 통해 얻는 의미가 유익할 수 있다. 따라서 내담자의 작품은 종종 심리치료자의 작품에 비교하면 예술성이 결여되지만, 내담자의 창의적 활동을 방해하지 않기 위해 이에 거의 관여하지 않는다.

창의예술 심리치료자는 창의예술 심리치료뿐 아니라 심리치료를 점점 독립적으로 시행하지만, 대부분의 경우에는 심리치료 팀으로 치료를 한다. 전통적으로 창의예술 심리치료자는 정신적으로 장애가 있는 사람들, 특히 언어적 의사소통이 힘든 사람들을 위한 병원이나 기관에서 일해왔다. 이들의 자격은 그들의 지식과 그들만의 예술적인 노력에 관한 재능을 겸비하는 것이다(여러 기법에 관한 지식과 예술적 창조물, 심리치료적으로 내담자의 문제를 다루기 위한 교육을 포함한다). 게슈탈트 심리치료와 같이 시연을 강조하는 심리치료 이론이 창의예술 심리치료와 잘 맞지만, 창의예술 심리치료자는 다양한 경험의 바탕이 있고, 이 책에 언급된 치료법을 그들의 창의적 전문 분야와 함께 겸비할 수도 있다. 6개의 창의예술 심리치료 협회를 보유한 창의예술 심리치료 연합회(The National Coalition of Creative Art Therapies)는 15,000명 이상 회원들이 있다. 정신분석이 1930~1950년대에 특히 많은 영향을 미쳤기 때문에 일부 창의예술 심리치료자, 특히 미술 심리치료자(Vick, 2003)는 치료하는 데 있어서 정신분석적 접근을 활용하도록 교육받아 왔다.

지난 40~50년간 창의예술 심리치료는 빠른 속도로 발전되어 왔다. 각각의 분야는 미국 미술 심리치료 협회, 영국 댄스와 운동 심리치료 협회, 드라마 심리치료 협회, 미국 음악 심리치료 협회와 같이 적어도 1개 이상의 협회에 속해 있다. 그뿐만 아니라 각 분야에서는 자신들의 연구 결과를 출판하는 1개 이상의 학술지가 있다.『미술 치료: 미국 미술 심리치료 학회 저널(Art Therapy: Journal of the American Art Therapy Association)』,『미술 심리치료(The Arts in Psychotherapy)』,『미국 춤 심리치료 저널(American Journal of Dance Therapy)』,『음악 심리치료 저널(Journal of Music Therapy)』. 전 세계적으로 여러 기관에서 창의예술 심리치료의 일부 분야에 대한 지도자 과정 프로그램을 제공한다. 창의예술 심리치료자가 사용할 수 있는 다양한 접근법은 학술지뿐만 아니라 교과서나 음악, 미술, 드라마, 춤 심리치료와 관련된 책들에서도 볼 수 있다. 이러한 치료법은 상당히 전문적이고 다른 심리치료에 비해 자주 사용되기 때문에 이 장에서는 간략히 설명될 것이다.

미술 심리치료

미술 치료의 가장 큰 목적은 내담자로 하여금 정서적인 갈등을 다룸으로써 자신의 감정을 보다 잘 이해하고 내적 및 외적 문제에 대처하도록 돕는 것이다. 이러한 목적을 위해 미술 심리치료자는 적절한 때에 다양한 미술 재료를 사용하도록 지시한다. 일반적으로, 재료는 내담자의 요구와 다룰 문제에 적합한 것을 선택한다. 예를 들어, 파스텔, 크레용 또는 펠트펜과 같은 것들이 내담자의 자유연상이나 감정을 표현하는 데 그림으로 표현할 때 쓰일 수 있다. 그리고 경우에 따라서 점토, 종이, 캔버스, 물감, 핑거 페인트 같은 재료가 사용되고 있다(Malchiodi, 2012; Rubin, 2009, 2011; Vick, 2003; Wood, 2011). 이런 재료는 사람들이 말로 표현하는 것을 배우기 전에 마음속에 존재하는 이미지를 표현하는 데 도움을 준다.

미술로 표현하는 것은 말로써 설명할 수 없는 이미지를 묘사하거나, 공간 관계(예: 내담자와 부모 사이)를 보여 주며, 자신이 말하는 것에 대한 걱정에서 벗어나 자신을 표현할 수 있는 기회를 제공한다. 언어적 표현과는 다르게, 미술 표현은 자신이 창의적이라는 느낌을 받을 수 있으며 작품을 완성하기 위해 신체적으로 움직임으로써 에너지 수준을 증가시키는 기회를 얻게 될 수도 있다. 나아가서 빠른 속도로 잊히는 언어적 표현과는 다르게 예술적 창조물은 며칠 후에 또는 몇 주 후에도 참조할 수 있다(Malchiodi, 2012; Rubin, 2009). 창의적 표현에 대한 제안은 내담자나 심리치료자 또는 둘 모두에게서 나올 수 있다. 심리치료자는 내담자로 하여금 자신의 자화상을 그리게 하는 등의 활동을 제안하고, 그 그림은 내담자의 자신에 대한 관점과 어떻게 연관되는지 논의한다. 또 다른 활동에는 내담자가 앞으로 되고자 하는 모습을 그리게 한다거나, 자신의 가족을 그리거나 가족 내에서의 특정 관계에 대해 그리는 것이 포함될 수 있다. 미술 심리치료자는 교육 및 훈련을 통해 매우 다양한 미술 매체의 적용법과 내담자의 감정 표현을 돕는 기법에 대해 배우게 된다.

미술 심리치료가 발달됨에 따라, 표현 수단과 심리치료자가 작업하게 되는 내담자가 다양해지고 있다. 과학 기술의 발전과 함께 비디오 녹화, 사용이 편리한 사진, 컴퓨터그래픽 등의 창의적 표현에 도움이 되는 많은 방법이 사용되고 있다(Rubin, 2009, 2011). 미술 심리치료가 변화·발전되면서, 일부 미술 심리치료자들은 음악, 춤, 심리극을 결합하여 사용하고 있다. 심리치료자가 작업하는 문제 및 내담자의 유형 역시 가족을 잃은 아이, 학대 여성, 가족에게 성폭행당한 사람들, 집단 치료 내담자, 알츠하이머 내담자를 포함하여 확대되고 있다(Malchiodi, 2012; Wood, 2011).

미술 심리치료가 어떻게 사용되는지 간단한 예로 망상성 조현병으로 병원에 입원한 젊은 남성 크레이그(Craig)와 한 Wadeson(2001)의 작업을 볼 것이다. 직원들에게 위협적이고 위험해 보이던 크레이그는 그림에 대한 열정을 통해 감추어진 욕구를 표현하고, 미술 심리치료자와의 대화, 창의적 표현을 통해 고립감을 줄일 수 있었다. 그림 15.1의 그림은 그가 연필과 파란 잉크를 사용해 공책에 그린 것으로, 크레이그는 본인을 표현한 것이라고 했다.

> 아랫부분은 '강함과 움켜쥠'의 표현이고, 구체는 '이타성'과 그의 '마음'을 나타내는 것이었다. 그는 뿌리가 구체를 잡고 있으며 간단히 말해서 아랫부분은 마음에 대한 육체의 '통제'를 나타낸다고 설명했다. 크레이그는 "마음이 존재하기 위해, 신체가 정신을 통제하거나 편안하게 해 준다."라고 말했다. (Wadeson, 2001, p.315)

■ **그림 15.1**

크레이그의 그림

출처: "An Eclectic Approach
to Art Therapy," by H.
Wadeson, *in Approaches
to Art Therapy: Theory
and Technique*, edited
by J. A. Rubin. Copyright ©
1987 by Brunner/ Mazel, Inc.
발행인과 저자의 허락을
받아 재인쇄됨.

크레이그의 작품과의 관련성에 대한 논의에서, Wadeson은 예술적 표현이 사람들이 그의 비밀을 알게 될 것이라는 공포와 다른 사람들과의 상호작용 사이에 다리를 놓는 역할을 했다고 믿었다. Wadeson이 크레이그의 그림에 관심을 가짐으로써, 크레이그는 자신을 이해해 준다고 믿는 사람과 신뢰를 쌓고 자신의 특이한 내적 세계를 설명할 수 있었다. 이러한 간단한 예를 통해, 미술 심리치료자는 내담자로 하여금 자신들의 내면세계를 탐험하고, 다른

사람과의 소통을 증가시키며, 여러 문제를 효과적으로 처리할 수 있는 여러 방법 중에 하나를 보여 준다.

춤 심리치료

춤 심리치료의 목표는 사람들의 성장을 돕고 심리적, 생리적 과정을 동작이나 춤을 통해 연관 지을 수 있도록 돕는 것이다. 사람들은 자신과 다른 사람들의 감정, 심상, 기억을 동작이나 춤을 통해서 표현함으로써 이해하게 된다. 춤 심리치료는 표현을 위해 구조화된 춤을 적용하는 것으로부터 유래되었지만, 심리치료자가 춤을 가르치는 일은 드물고 음악을 이용하여 움직이는 활동을 통해 표현을 촉진하는 경향이 있다.

심리치료자는 내담자의 감정과 신체적인 상태에 초점을 두기 때문에 창의적이고 즉흥적 접근을 시도한다. 심리치료자의 작업에는 생리적인 긴장, 신체 이미지, 일상적인 동작 등에서 볼 수 있듯이, 신체와 정신의 상호 영향에 대해 알 수 있다는 것을 시사한다(Loman, 2005; Payne, 2006). 춤 심리치료는 내담자로 하여금 정서적, 생리적 느낌을 동시에 느끼게 해 주며, 이로 인해 자신을 보다 잘 이해할 수 있게 해 준다. 집단에서는 상대방을 향해 몸을 뻗거나, 접촉하는 것, 혹은 구성원을 잡거나 구성원이 잡아주는 것이 대인관계에 도움을 줄 수 있으며, 다른 사람들의 신체적 동작 속에 표현된 감정을 포착할 수 있다.

심리치료자와 작업하는 개인이나 집단의 유형에 따라 춤 심리치료에 사용되는 기법이 매우 다양하다. 기법 중의 하나로는 과장하기가 있는데, 내담자는 어깨를 으쓱거리는 것과 같은 동작을 과장하도록 요구받는다. 그런 후에, 내담자는 자신의 느낌을 말로 표현하거나 계속해서 움직이도록 요구받는다. 때때로 심리치료자가 직접 구성원의 행동을 따라 해 보는 것이 그 사람이 생리적으로나 정서적으로 경험하는 것이 무엇인지를 공감하고 이해하는 데에 도움이 될 수 있다. 하지만 내담자를 놀리거나 단지 흉내 내는 것처럼 보이지 않도록 조심해야 한다. 다른 접근법으로는 내담자의 문제를 동작으로 해석하는 것이 있다. 예를 들어, 자신의 어머니로부터 분리되기를 원하는 내담자는 방의 반대쪽 끝을 향해 심리치료자로부터 뒷걸음쳐서 서서히 멀어지는 동안에 자신이 그렇게 하고 있다는 경험을 공유할 수 있다. 따라서 내담자의 문화적 배경을 안다는 것은 심리치료자가 사용하는 기법에 영향을 줄 수 있다(Carmichael, 2012; Hervey & Stuart, 2012). 전문 댄서에서부터 자폐아와 신경학적 장애를 가지고 있는 내담자에게까지 적용할 수 있는 매우 다양한 접근법으로 사용할 수 있다. 또한 춤 심리치료는 식습관이 감정에 영향을 받는 비만 여성(Meekums, Vaverniece, Majore-Dusele, & Rasnacs, 2012), 스트레스로 고통받는 개인(Bräuninger, 2012a, b), 지진 피해자(Lee, Lin, Chiang, & Wu, 2013)에게 사용되었다. 아래의 사례는 치료 집단에 있는 성인 남성 7명을 대상으로 춤 심리치료를 적용하면 저항적이고 심각한 정신 장애를 겪고 있는 사람들에게 움직임을 통한 창의적 접근법이 어떻게 도움이 되는지를 보여 준다.

참여자들이 마음속에 억압해왔던 화를 표현하기 시작했을 때, 신뢰가 형성되고 있다는 표시라고 느꼈다. 주먹질과 흡사해 보이는 손뼉 치기, 쿵쿵 발을 구르는 동작, 이따금씩 소리를 지르는 등 불만을 분출하는 방법을 찾은 것이다. 이것을 통해 연상할 수 있는 이미지는 복서인 마이크 타이슨(Mike Tyson)이었다. 제러미(Jeremy)는 자신이 얘기하는 것을 멈출 수 없게 만드는 강박적인 생각들에 대해 불평했을 때, 나는 그에게 그 생각을 동작으로 해석해 보라고 하였다. 그의 반응은 점점 세게 그리고 상당히 격렬하게 흔드는 주먹과 발을 차는 동작이었다. 그는 자신의 신경질적인 에너지를 내보낼 신체적 발산 수단을 찾았고 결국 자신의 분노 밑에 깔려 있던 우울함과 만날 수 있었다. 그것뿐만 아니라, 집단 사람들이 만든 원 안에서 그들이 자신을 잡고 앞뒤로 부드럽게 흔드는 것을 허락했다. (Steiner, 1992, pp.158~159)

또 다른 활동으로는 다음과 같은 것이 있다.

몸을 토닥이거나 손뼉을 치는 등의 작은 반복 동작을 충분히 오래 했다고 생각했을 때, 나는 오랫동안 엉켜 있던 끈들로 연결된 동그란 끈을 소개했다. 모두가 한 손으로 이 끈을 잡고 원을 그리며 움직이기 시작했다. 우리가 무엇을 하고 있는지를 물었더니 나이절(Nigel)은 "휘젓고 있어요."라고 말했고, 제러미가 "가마솥을."이라고 덧붙였다. 마음껏 다른 재료를 넣으라고 했더니 나이절은 자신의 슬픔을, 제러미는 자신의 어머니와 '자신의 음악'을 바꿈으로써 자신을 짜증나게 한 스스로를, 데이비드는 자기와 반대되는 면을, 빌리(Billy)는 자신의 불안을 첨가했다. 그리하여 이 집단은 각자가 경험한 힘든 감정을 보관하는 그릇을 만든 것이다. (p.160)

이 짧은 사례는 춤 심리치료자가 자신의 창의성을 발휘하여 어떻게 사람들의 정신적, 신체적 과정을 통합시키는 작업을 도울 수 있는지를 보여 준다. 내담자는 자신을 표현할 뿐만 아니라 신체 에너지, 리듬, 접촉을 통해 소통한다.

드라마 심리치료

가장 최근에 개발된 창의예술 심리치료인 드라마 심리치료는 다양하게 정의된다(Jones, 2007; Landy, 2008; Landy & Montgomery, 2012; Leigh, Gersch, Dix, & Haythorne, 2012). Jennings(1992)는 "드라마 심리치료는 연극의 직접적인 경험을 통해 사람들과 집단에게 변화를 불러올 수 있는 수단이다."(p.5)라고 정의했다. 일부 드라마 심리치료자에게, 심리극은 드라마 심리치료의 한 형태로 간주된다(Landy & Montgomery). 드라마 심리치료의 치료적 접근법의 범위는 셰익스피어에서 가면과 꼭두각시 인형에 이르기까지 다양하다. Jennings(1992)는 드라마 심리치료자가 셰익스피어의 『리어 왕』의 대본을 사용하여, 리어 왕과 딸들의 관계에 초점을 맞춤으로써, 중년 여성들과 자신의 아버지들 사이의 관계를 어떻게 탐구할 수 있는지의 예를 제시했다. 또한 드라마 심리치료는 자폐증 스펙트럼 장애가 있는 어린이 및 청소년을 위한 의사소통을 개발하는 방법을 제공한다(Gallo-Lopez, 2012; Tricomi & Gallo-Lopez, 2012). 심각하게 아픈 아이들의 경우, 드라마 심리치료는 아이들이 동화 속 역할을 연기하게 함으로써 감정 표현을 할 수 있게 도와준다(Bouzoukis, 2001). 또한, 드라마 심리치료는 문제 있는 성적 행동을 보이는 아이들에게 잠재되어 있는 복잡한 정서적·심리적 과정을 다룸으로써 아이들을 돕는 데 사용되었다(LeVay, 2005).

드라마 심리치료에는 매우 다양한 적용법이 존재한다. James(1996)는, 제한된 지적 능력을 가졌으며 "나에겐 나쁜 일들투성이야."(pp.30, 31)라고 느끼는 20대 초반의 남성의 사례를 들었다. 20대 남성인 제닝스(Jennings)는 '나쁜 일'의 역할과 '나쁜 일'에 대항하는 청년의 역할 두 가지를 시연해 보았다. 나중에, 이 청년이 말하기를 이 활동이 자신의 능력에 대한 자신감을 상승시켜 주었다고 말했다. 드물기는 하지만 항정신증 치료제를 복용하는 내담자 집단이 Dickens의『크리스마스 캐럴』을 연기하는 것과 같은 상황에서 관객이 있다는 것은 때로는 도움이 될 수 있다(Andersen-Warren, 1996). 드라마 심리치료의 적용은 연극에 대한 전문 지식을 비롯해 심리치료 이론에 대한 지식을 반영한다(Landy, 2007, 2008; Leigh et al., 2012).

드라마 심리치료의 실제에서는, 심리치료자와 내담자 모두가 극적인 요소의 역할을 연기하거나 전통적인 내담자-심리치료자 역할을 연기할 수도 있다. 드라마 심리치료의 적용에 있어서, 심리치료자는 치료를 지휘하고, 관찰하고, 심상 훈련을 이끌며, 집단과 함께 모의 여행 등의 창의적인 활동을 경험한다(Johnson, 1992; Jones, 2007; Leigh et al., 2012). 드라마 심리치료자는 즉흥적으로 연기를 하거나, 꼭두각시 인형을 사용하거나 모래 상자(여러 종류의 장난감, 장난감 빌딩, 나무와 같은 것을 담은 상자)를 사용할 수 있다. 심리치료자들은 심리치료자 역할뿐만 아니라 다양한 여러 역할을 내담자와 연기하게 될 수도 있고 내담자와 신체 접촉을 할 수도 있기 때문에 다른 치료에 비해서 빈번하게 전이와 역전이 문제가 발생할 수 있다(Johnson, 1992). 집단으로 작업할 때도 발생할 수 있지만, 개별적으로 작업할 때 더욱 두드러진다.

개인과 작업하는 드라마 심리치료에서, Landy(1992)는 심리치료자는 내담자와 심리치료자 간의 경계선에 신경 써야 하고, 내담자가 자신과 심리치료자 사이에 거리를 너무 두지는 않는지, 혹은 반대로 너무 밀착되어 있는 것은 아닌지 살펴야 한다고 말한다. 만약 내담자가 심리치료자와 거리를 두지 않는다면, 심리치료자가 내담자와 거리를 두어야 한다. 만약 내담자가 심리치료자와 너무 거리를 두고 있다면, 심리치료자는 내담자와의 거리를 좁혀야 한다. Landy는 코끼리와 쥐 시연을 통해 지나치게 거리를 두고 있는 내담자에게 심리치료자가 취할 수 있는 반응의 예를 보여 준다.

예를 들면, 쥐의 역할을 하는 내담자는 자신을 매우 작은 존재로 만든다. 그의 움직임은 굉장히 미세하다. 그의 목소리는 거의 들을 수 없다. 코끼리 역할의 심리치료자와 어떠한 접촉도 피한다. 심리치료자는 자신의 역할에 몰입한다. 쥐가 작아질수록, 코끼리는 커진다. 내담자가 작아지면 작아질수록, 심리치료자는 커진다. 심리치료자는 코를 마구 휘두르며 소리를 낸다. 물건을 탁자에서 떨어뜨리고, 자신의 커다란 발로 쥐를 뭉개려는 위협을 하며 방을 으스대며 돌아다닌다. 굉장히 위협적이고, 도전적이고, 서투르며, 도발적인 모습에서 심리치료자(코끼리)는 거리를 두지 않는 것(under-distanced)을 연기한다. (Landy, 1992, p.101)

자신의 역할을 알고 있는 심리치료자는 내담자에게서 반응을 유도하기 위해서, 거대하고 덤벙대는 권위적인 인물의 이미지를 투사하기를 원할 수도 있다. 이 역할에서는 심리치료자가 배우인데, 내담자에게 자신과 역할을 바꿔 심리치료자 자신은 쥐를 연기하는 동안 내담자는 코끼리를 연기하게 제안한다. 만약 내담자가 쥐의 역할이 되어 연기하는 것을 어려워한다면, 내담자가 연기할 수 있도록 돕는 것이 드라마 심리치료자의 역할이다. 적절하다면, 심리치료자는 우화에서처럼 코끼리를 골탕 먹이는 영리한 쥐를 연기하거나 내담자에게 이 영리한 쥐 역할을 해 보도록 돕는다. 심리치료자는 역할 연기를 넘어서, 연기와 기술을 지도하면서 내담자가 감정을 더욱 잘 느끼고, 대인관계 기술을 발달시키며, 다양한 심리적 문제에 대처할 수 있도록 돕는다.

또 다른 예는 드라마 심리치료가 어떻게 개인에게 짧지만 의미 있는 효과를 만들 수 있는지를 보여 준다(Bouzoukis, 2001). 6세의 케이틀린(Caitlin)은 너무 허약하고 아파서 걷거나 말을 할 수 없을 정도이며 현재 병원에 있다. 케이틀린은 움직임에 제한이 있는 데도 불구하고 드라마 심리치료자와 함께 풍부한 상상력을 이용하여 아름다운 하늘을 날아오르는 새의 역할을 창조하고 연기한다. 드라마 심리치료는 상상력을 동원할 수 있고 다양한 목표를 달성하기 위해 많은 방법으로 영향을 줄 수 있다.

음악 심리치료

다른 창의예술 심리치료와 마찬가지로, 음악 심리치료는 다양한 형식으로 적용될 수 있다. 음악 심리치료자는 음악을 기본 자극인 동시에 치료적으로 적용하여 사용한다(Elliott & Silverman, 2012; Trondalen & Bonde, 2012; Pavlicevic, 2012). 상점에서 손님이 좀 더 물건을 사고 싶은 충동을 조성하기 위해 음악을 사용하듯이, 음악 심리치료자는 리듬 있는 음악을 사용하여 내담자를 자극하거나, 마음을 달래주는 음악으로 내담자를 진정시킨다. 음악의 치료적 기능은 혼자 노래 부르기, 음악 심리치료자와 함께 노래 부르기, 드럼치기와 같은 다양한 활동을 이용할 수 있다. 음악 심리치료자는 비폭력적인 행동을 장려하거나, 말하는 행동을 증가시키고, 스트레스는 감소시키기 위해 음악을 사용한다(Pavlicevic, 2012). 음악 심리치료가 약물 남용 등의 다양한 문제를 가진 사람들에게 사용되기도 하지만 대부분 학습 장애, 정신분열, 자폐증, 말하기와 언어 장애, 시각 장애, 알츠하이머와 같은 심각한 장애를 가진 사람들에게 사용된다. 예를 들어, 치매를 앓고 있는 노인을 돕는 데 간병인이 음악을 사용할 수 있다(Pavlicevic, 2012; Rio, 2009).

음악 심리치료자의 이론적 접근법은 행동 평가와 변화를 강조하는 것에서부터(Trondalen & Bonde, 2012) 전이, 역전이 문제를 비롯한 정신분석 심리치료의 질을 높이는 데 음악을 사용하는(Odell-Miller, 2003) 등 매우 광범위하다. 음악 심리치료자의 창의성을 보여 주는 한 가지 예로 Rogers(1993)가 성 문제 내담자와 작업한 것을 들 수 있다. 타악기를 비롯한 다양한 악기는 서로 다른 개인의 어린 시절을 나타내는 데 사용될 수 있다.

> 페르소나에 따른 다양한 역할에 서로 다른 악기가 지정된다. 간단한 예로 'B'라는 아이가 지속적으로 큰 콩가 드럼을 아버지를 나타내는 데 쓰고, 작은 실로폰을 어머니로, 그리고 더욱 작은 핸드차임은 자신을 나타내는 데 사용했다. 이 악기들은 가족 구성원 간 관계의 강도를 나타내기 위해 배치되었다. 게다가, 악기들이 연주된 방식에는 확실한 상징적인 의미가 있었다. 'B'는 큰 콩가 드럼을 자신의 아버지와 연결시켰으며, 첫 단계에서는 자신의 아버지가 매우 지배적이라고 여겼다. 그런 후에 'B'는 콩가 드럼을 매우 부드럽게 연주했다. 콩가 드럼의 시각적, 청각적 지각에는 확실한 차이(악기의 크기와 악기가 연주되는 것의 차이)가 있었다. (Rogers, 1993, p.211)

이 활동은 음악 조각하기로서, 악기들 간의 물리적 거리를 조각의 일부분으로 보았다. 심리치료자는 내담자가 다양한 악기를 사용하여 적극적으로 기분이나 감정을 자연스럽게 표현하도록 격려한다. 가끔은 이런 활동을 내담자가 시작할 수도 있고 심리치료자가 시작할 수도 있다.

음악 심리치료는 여러 가지 방식으로 사용되어 왔다(Trondalen & Bonde, 2012). La Gasse & Thaut(2012)는 음악 심리치료의 신경학 및 영성에 대해 설명하고 음악 심리치료를 다양한 사람들에게 폭넓게 응용했다. 음악 심리치료는 2001년 9월 11일에 있었던 테러 공격에 대한 외상 경험으로 병원에 입원해 있는 아이들을 도왔다(Loewy & Stewart, 2004). 많은 청소년이 힙합 음악을 즐기기 때문에 많은 음악 심리치료자가 음악 심리치료에 힙합을 사용하는 방법을 설명해왔다(Hadley & Yancey, 2012). Viega(2012)는 성인기로 향하는 여정에 있는 청소년을 돕는 데 힙합 음악이 얼마나 가치 있는지 설명한다. 힙합 음악 심리치료는 청소년이 자신의 랩을 쓰고 그것을 음악 심리치료자와 상의하도록 도와준다. 힙합 음악은 성차별주의라고 불려왔다. Veltre & Hadley(2012)는 페미니즘 관점에서 음악 심리치료자가 힙합 음악을 어떻게 적용할 수 있는지를 보여 준다. 이렇게 음악 심리치료자는 음악의 미학적, 물리적 특성에 대한 지식을 비롯해서, 사람들의 생리적, 심리적 과정에 대한 지식을 사용한다.

요약

미술, 춤, 드라마, 음악을 포함하는 창의예술 심리치료는 내담자의 표현을 촉진하기 위해 혁신적인 치료 기법을 사용한다. 창의예술 심리치료자는 간혹 심각한 장애가 있는 내담자와 작업하기도 하지만 개인 또는 집단의 형태로 모든 사람들과 작업할 수 있다. 요즘은 미술과 드라마 심리치료와 같이 심리치료의 통합이 추진되고 있는 추세이다. 어떤 창의예술 심리 치료자는 심리치료자의 보조 역할자로서 작업하기도 하고, 또 어떤 창의예술 심리치료자는 심리치료를 자신들의 창의적인 양식과 결합하기도 한다.

요약

지금까지 다섯 가지의 서로 다른 치료적 접근법에 대해 이야기했는데, 이들은 각각 심리치료를 통한 변화를 다른 관점에서 접근한다. 동양 심리치료는 주로 명상과 사색을 강조하는데 어떤 접근법은 다른 사람에 대한 책임감과 의무의 중요성을 강조하기도 한다. 수용전념 심리치료는 마음챙김 상태와, 생각으로 보는 것이 아니라 생각을 바라보는 것을 강조하면서 불안하고 우울한 감정을 줄이기 위해 행동을 유연하게 변화시키는 것을 강조한다. 관계중심 심리치료는 연구에 의해 입증된 접근법으로 치료 절차를 명시하는 처치 매뉴얼을 통해 우울증을 치료하는 데 사용한다. 심리극은 활동적이고, 때로는 청중 앞에서 집단적으로 행해진다. 심리극은 개인적인 문제를 시연하는 것이 특징이다. 창의예술 심리치료는 음악, 미술, 움직임, 극적인 표현을 사용하여 내담자가 자신의 감정을 표현하고 사회적 상호작용을 보다 잘 인식할 수 있도록 돕는다. 서로 상당히 다른 이들 각각의 접근법은 심리치료에 대한 그들만의 독특한 접근법을 제공한다.

실습

CengageBrain.com에 나와 있는 디지털 자기 측정 도구, 핵심 용어, 사례 연구 및 퀴즈 문제로 동양 심리치료, 수용전념 심리치료, 관계중심 심리치료, 심리극, 창의예술 심리치료의 개념을 자세히 연구하고 실습할 수 있다.*

---

* 해당 서비스는 유료로 이용하실 수 있습니다.

CHAPTER 16

통합 심리치료

두 개 이상의 이론들을 다양한 방식으로 사용하는 것은 최근 들어 여러 이유로 점차 인기가 많아지고 있다. 심리치료 연구의 결과에서는 몇 년 후에는 다른 모든 이론보다 더 나은 치료 이론이 없음을 보여 준다. 가면 갈수록, 심리 장애를 설명하는 생물학적 모델이 많아지고 있다. 심리 장애를 치료하려는 약물학적인 목적은 점점 더 보편화되고 더 효과적이다. 증거 기반 치료를 평가하기 위한 연구를 실행하는 방법의 개발에서, 새로운 치료 요건이 소개되었다. 왜냐하면 심리치료 이론의 많은 개발자들이 이미 사망했고, 그들을 따랐던 사람들이 다른 이론들을 추가함으로써 그들의 치료 접근을 수정하는 것이 더 쉬워졌기 때문이다. 또한 인터넷과 다른 전자기기의 발전과 함께, 다른 치료자들과 생각을 공유하는 것이 더 쉬워졌다(Gold, 2013; Stricker & Gold, 2011).

심리치료에 대한 많은 통합적 접근들이 있으나, 이 장에서는 세 가지의 통합 이론을 다루고자 한다. Paul Wachtel의 순환적 정신역동 이론은 여러 이론의 성격 이론 개념과 심리치료 기법, 특히 정신분석과 행동 치료의 기법을 결합하였다. James Prochaska의 범이론적 접근은 많은 이론들을 연구하여 효과가 있는 심리치료 접근에서 공통적인 개념, 기법 등의 요소를 선택하였다. 순환적 정신역동 이론과 범이론적 접근법은 이론적 통합이라 불리는 모델을 사용한다. 이론적 통합은 두 가지 이상의 이론에 있는 성격 이론 개념과 기법을 결합한 것이다. 이 모델과 유사한 것은 한 가지 이론의 성격 이론과 심리치료 기법이 주요 접근법이면서, 한 가지 이상의 다른 이론이 보충적으로 사용되는 동화적 통합 접근법이다(Gold, 2013; Stricker & Gold, 2011). 다중양식 치료에서, 성격에 대한 사회 학습 관점이 초점이 된다(Stricker & Gold, 2005). 이것은 많은 이론적 관점에서 나온 심리치료 기법을 이용하였다. 이 모델은 기법적 절충주의(technical eclecticism)라고 한다. 기법적 절충주의에서는, 하나의 성격 이론을 선택하고, 다른 이론의 기법을 사용하는데, 그 기법은 선택된 성격 이론과 일관된 방식으로 사용한다(Gold, 2013; Stricker & Gold, 2011). 통합적 방법은 앞 장에서 기술된 많은 이론들을 체계적으로 결합하는 방법을 제공한다. 그리고 그것들은 치료의 실행에 있어서 절충적인 방법과 구별하는 것이 어려울 수 있다(Petrik, Kazantzis, & Hofmann, 2013) 통합적 방법은 성인들뿐만 아니라, 청소년들에게도 사용될 수 있다(Krueger & Glass, 2013). 순환적 정신역동, 범이론적, 다중양식 이론이라는 세 가지 각각의 통합적 이론을 기술하고 나서 자신만의 이론을 만들어 사용할 수 있는 방법을 설명할 것이다.

여러 이론의 요소들을 결합함으로써, 치료자들은 이론들이 갖고 있는 많은 이점을 이용할 수 있다. Prochaska & Norcross(2014). Goldfried, Glass & Arnkoff (2011)가 보여 준 것처럼, 통합 이론은 매우 다양한 결합 방식을 갖고 있다. 예를 들어, 정신분석 치료와 행동 치료의 통합은 1970년대에 유행했고, 행동 치료와 인본주의 치료, 또는 정신분석 치료와 인지 치료의 결합은 1980년대에 널리 사용되었다. 표 16.1에 제시된 결과는 통합적 심리치료자들이 자신의 이론에 부여하길 원하는 명칭에 토대를 두었다(garfield & Kurtz, 1977; norcross & Prochaska, 1988). 2003년에 나온 자료는 행동 치료 이론과 인지 치료 이론의 인기가 상승하고 있다는 것을 보여 준다(norcross, Karpiak, & Lister, 2005). 그러나 이 자료들은 또한 선호하는 이론들이 광범위하다는 것을 보여 준다. 이 연구는 오직 두 개의 이론이 통합된 치료법을 검토했을 뿐이고, 몇몇 심리치료자들은 세 가지 이상의 치료적 접근을 결합시키는 경향이 있다. 표 16.1에서 보여 주듯이, 행동 치료 이론과 정신분석 이론을 통합한 접근은 오랫동안 지속적인 관심을 받아왔다. 1950년대부터 치료자들은 이론들을 결합하기 위해 많은 방법을 사용해 왔다. 여러 치료 접근이 발달하면서, 실무자들은 다양한 기법을 통합하였고, 동료들에게 그들의 접근법을 알리기 위해 노력하였다. 통합적 치료자들은 통합적 치료자로서 능숙해지는 데 필요한 기법과 훈련 그리고 수련 감독 방법에 대해 기술해왔다(Boswell, Nelson, nordberg, McAleavey, & Castonguay, 2010).『통합 치료 저널(The Journal of Psychotherapy Integration)』에는 통합 치료 접근의 발달에 중요한 주제의 논문들이 실려 있다.

■ 표 16.1
이론적 접근 중 가장
빈번한 이론적 결합

결합	1976*		1986		2003	
	%	순위	%	순위	%	순위
행동 치료와 인지 치료	5	4	12	1	16	1
인지 치료와 인간중심 치료			11	2	7	2
인지 치료와 정신분석			10	3	7	2
인지 치료와 관계중심 치료			4	12	6	4
인지 치료와 체계 치료			〈4	14	6	4
인간중심 치료와 관계중심 치료	3	6	8	4	5	6
관계중심 치료와 체계 치료			5	7	4	7
정신분석과 체계 치료			4	9	3	8
관계중심 치료와 정신분석			〈4	15	3	8
행동 치료와 관계중심 치료			〈4	13	2	10
행동 치료와 체계 치료			5	7	2	11
인간중심 치료와 정신분석			〈4	12	2	11
행동 치료와 인간중심 치료	11	3	8	4	1	13
행동 치료와 정신분석	25	1	4	9	〈1	14

*1976년 보고에서는 모든 결합에 대한 비율과 순위가 제공되지 않았다(Garfield & Kurtz, 1977). 또한 모든 자료는 Norcross & Prochaska(1988), Norcross, Karpiak, & Lister(2005)로부터 제공되었다. Prochaska, J. O. & Norcross, 『심리치료의 체계: 초이론적 분석(Systems of Psychotherapy: A Transtheoretical Analysis)』(2014). Stamford, CT: Cengage Learning, p.432.

Wachtel의 순환적 정신역동 이론

Wachtel과 그의 동료들(Gold & Wachtel, 2006; Wachtel, 2008; Wachtel, Kruk, & McKinney, 2005)은 행동 치료와 정신분석 치료 이론, 개념화 기법, 일부 다른 이론들의 방법을 결합한 접근을 발달시켜왔다. 처음에 행동 치료와 정신분석 치료의 통합은 조화를 이루기에는 이론적으로 거리가 너무 먼 두 접근법을 결합시키는 것처럼 보였다. 하지만 Dollard & Miller(1950)는 정신분석의 통찰력과 행동 치료의 과학적 정밀함을 결합하여 하나의 통일된 이론을 발달시켰으며, 이 결합은 오랜 역사를 지니고 있다. 정신분석을 배경으로 연구를 한 Wachtel(Gold & Wachtel, 2006; Wachtel, 1977, 1991, 1993, 1997, 2011; Wachtel et al., 2005)은 정신분석과 행동 치료를 결합시켜 하나의 이론을 개발했다. 순환적 정신역동은 자기 비판적 내담자를 포함해 다양한 영역에서 적용되어 왔다(Shahar, 2013).

정신분석과 행동 치료를 받은 장애에서 불안이 흔하다는 것을 인식하면서, Wachtel은 순환적 정신역동이라는 개념을 개발했는데, 이 개념은 내면에서 일어나는 심리적 갈등이 행동 문제를 발생시키며 행동 문제는 개인 내면에 문제를 발생시킨다는 그의 신념에서 나온 것이다. 예를 들어, 어떤 사람이 부모에게 사랑받고 있지 않다고 느끼며 부모에게 화가 일어날 때 비주장적인 행동을 할 수 있다. 비주장적으로 행동함으로써, 그는 무시당하고 있다고 느끼며, 분노를 느끼게 될지도 모른다. 그러므로 개인내적 갈등은 행동적인 문제를 야기하고, 행동적 문제는 더 많은 개인내적 문제를 일으킨다.

Wachtel은 내담자를 치료할 때 내담자가 자신의 행동을 이해하도록 하는 것과 행동을 변화시키도록 하는 것을 오가면서 도왔다. 행동 치료법은 이완, 체계적 둔감화, 불안에 대한 노출을 포함한다. 정신역동 심리치료는 내담자의 과거와 현재의 무의식적 갈등과 그 갈등이 각각 어떻게 영향을 미치는지를 이해하도록 돕는 것을 포함한다. Wachtel은 과거의 문제들뿐만 아니라 무의식적 과정이 최종 결과인 불안으로 어떻게 나타나는지를 다룬다. 따라서 무의식적 갈등은 문제의 원인이 되기도 하고 결과가 되기도 한다. 내담자를 이해하고 치료하는 전략은 행동 치료와 정신역동적 관점에서 나온 것이다. Wachtel은 행동뿐만 아니라 내담자의 무의식적 문제를 탐색한다. 또한, 그는 행동적인 절차뿐 아니라 무의식적 과정에 대한 해석과 직면을 통해서 내담자를 불안에 노출시킬 수 있다. 그러나 이러한 노출은 점진적으로 이루어지며, 변화는 극적인 개입보다 작은 단계에서 일어난다.

Wachtel은 개인의 초기 경험이 이후의 삶의 경험으로 변화되지 않고 나타날 것이라고 보는 순수한 정신분석적 관점에 대해 염려하였다. 그는 최근의 사건이 개인의 미래 행동에 영향을 준다는 신념이 아주 분명한 행동 치료적 관점에 매료되었다. 그는 또한 개인의 문제를 아는 것과 통찰은 변화를 일으키기에는 충분하지 않을 것이라는 생각에 관심을 가졌다. Dollard & Miller(1950)의 연구와 유사하게, 그는 정신분석에 행동 치료를 통합시켰다.

흥미롭게도, Wachtel은 정신분석에 인지 치료를 통합하는 것에 대해서는 열중하지 않았다. 그는 자신의 문제에 대해 생각하고, 무의식적인 사건을 의식적으로 자각하도록 하는 것을 강조하는 정신분석을 인지 치료로 보았다. 그는 사람들이 그들의 감정을 더 자각하게 되고, 행동을 변화시키는 것을 돕고자 하였다. 최근에, 그는 비합리적인 행동을 변화시키기 위해 내담자를 설득하는 것에 초점을 둔 합리적 정서행동 심리치료(REBT)(9장) 접근에서 사용된 논박과 같은 설득적 접근보다 그들의 문제를 생각하고 말하도록 하는 방법에 초점을 둔 인지 심리치료(12장)에 관한 구성주의적 접근의 영향을 더 받았다.

치료 과정이 진행됨에 따라, 내담자들에게 사고, 환상, 행동을 명료화하고 해석하여 통찰을 발달시키도록 하였다. 정신분석과 인지 치료가 구성주의적 접근의 영향을 받은 것처럼, Wachtel도 이 접근의 영향을 받았다. 이것은 그가 내담자들의 언어 사용과 그들이 세상과 치료적 관계를 바라보는 방식에 대해 예리한 관점을 갖도록 했다. 그는 또한 많은 문제가 가족 안에서 일어난다는 것을 인식하고, 가족 치료의 개념을 통합하였다(Wachtel et al., 2005).

Wachtel은 두려움을 제거하기 위해 개인의 두려움을 확인하고 이해하는 것으로는 충분하지 않으며, 반복적으로 그 두려움에 노출되어야 한다고 믿었다. 정신분석적 해석은 두려움을 노출시키고 행동을 소거시키는 하나의 방법을 제공하는데 그것은 내담자가 이전에 회피해왔던 사고를 다룰 수 있도록 돕는 방법이다. 그는 그러한 해석을 반복하는 것이 두려움을 제거하는 데 유용하다고 제안하였다. 전이는 과거 경험을 그 자체로뿐 아니라 내담자의 현재 삶과 관련된 것으로 보게 할 수 있다.

Wachtel은 최근의 여러 정신분석가들처럼, 내담자-치료자 관계의 중요성을 강조한다. Mitchell(1993)의 관계적 정신분석 저술과 다른 연구들이 순환적 정신역동에 중요한 영향을 미쳤다. Wachtel은 치료자를 해석을 사용하고 내담자가 낙담하지 않도록 하기 위해 그들과 협력을 하는 사람으로 보았다(Wachtel et al., 2005). 여기서 치료자는 과거 사건에 대한 내담자의 이야기뿐만 아니라 내담자와 치료자 사이에 현재 일어나는 반응과 상호작용에 주의를 기울인다. 치료에서의 변화가 부분적으로는 치료적 관계의 효과성으로 인해 일어난다고 보았다.

Wachtel의 순환적 정신역동 이론의 사례: 주디

40대 중반의 여성이며, 만성 우울증과 심각한 신체 증상을 호소하고 있는 주디(Judy)의 사례는 치료자들이 순환적 정신역동 접근을 사용하여 내담자를 어떻게 개념화하는지를 보여 준다(Gold & Wachtel, 1993). 치료 초기에, 주디와 치료자는 정신내적 갈등-행동-정신내적 갈등-행동의 순환 관계(심리적 문제가 어떻게 행동 문제를 야기하고, 행동 문제가 어떻게 심리적 문제를 야기하는지)와 불안과 동기를 평가했다. 점진적으로, 주디는 그녀가 다른 사람들에게 이용당해왔고 그러한 사실에 화가 나 있으며, 이러한 문제에 대해 무력감을 발달시켜 왔다는 것을 알게 되었다. 부모와의 애착과 같은 정신역동적 문제의 탐색은 주디가 과거와 현재 행동 간의 관계를 연결할 수 있도록 도왔다. 이 시점에서, 치료자는 정신역동과 행동의 순환을 깨기 위해 행동적 개입과 정신분석적 개입을 결합하였다.

> 초기의 이러한 해석은 주디의 악순환적인 순응, 자기 박탈 및 분노를 깨기 위한 보다 적극적인 개입의 기초가 되었다. 첫 단계로, 치료자는 주디에게 역동적 통찰과 체계적인 둔감화를 함께 사용하였다. 주디는 분노나 짜증 나는 마음을 남편과 친구들에게 즐겁게 애기하는 장면을 상상하거나 분노를 강하게 표현하는 장면을 번갈아 상상하면서 자연스럽게 자신의 분노에 대한 불안과 순종적인 행동을 강화시키는 무의식적인 요소에 대한 통찰을 하였다. 주디는 다른 사람을 두렵게 하는 상상을 하고, 사람들에게 두려움이 나타났을 때 자신의 힘을 즐기고, 다른 사람들을 돌보는 행동을 통해 자신에게 힘이 있다는 것을 느꼈으며, 자신이 순종했던 사람들보다 더 유능해지는 상상을 무의식적으로 했다는 것을 자각하였다. (Gold & Wachtel, 1993, pp.69~70)

Wachtel의 순환적 정신역동 이론의 사례: 존

다음의 사례는 행동 치료와 정신분석 이론을 보다 특수하게 통합한 것을 보여 준다(Wachtel et al., 2005). 이 사례는 행동 치료 기법이 정신분석적 해석과 관련되어 있다는 점에서 '매끄러운' 접근을 보여 준다.

존(John N.)은 그의 전문 분야(사례에 명시되지 않음)의 자격시험에 다섯 번이나 통과하지 못한 실패 경험 때문에 치료를 받았다. 그는 자기 분야에서 성공적이었고, 그 시험에 합격해야 한다는 압박감을 느꼈다. 그는 저명한 보스턴 가문에서 성장했으며, 사회적 지위와 성공하는 것에 대해 걱정했다. 존은 치료 시간에도 자신의 사회적 지위와 성공에 대해 이야기를 했다. 순환적 정신역동과는 달리 치료는 8회기 동안만 지속되었다. 치료는 존이 시험에 합격하는 것을 성공적으로 도왔다. 이와 같은 구체적인 목표는 순환적 정신역동 작업에서 전형적인 것은 아니다. 일부분만 제시된 이 사례는 정신분석적 개념화와 행동적 기법의 결합을 보여 준다.

가장 흥미로운 발전들은 존이 스스로 시험 전날 시험 장소를 방문하는 것을 상상했을 때 일어났다. 이 상상 활동의 목적은 그가 시험이 진행되는 장소에 익숙해지고 그럼으로써 불안의 감소를 경험하도록 하기 위한 것이다. 그는 그 장소를 조심스럽게 살펴보고, 책상과 벽의 다양한 표면들을 만져 보며, 조명을 느껴 보는 등의 경험을 해 보도록 요구받았다.

그러나 그가 상상하기 시작했을 때, 굉장히 흥미로운 연상과 새로운 이미지들이 떠올랐다. 처음에 그는 그 장소가 마치 영안실 같고, 일렬로 된 책상은 전쟁터에 있는 수많은 무덤 같다고 연상했다. 그리고 나서 그는 발기불능을 극복하는 느낌을 받았다. 나는 그에게 의지가 확고하고, 싸울 준비가 되어 있는 사람이라는 상상을 하도록 했다. 그는 그렇게 했다(나는 그가 발기하는 것으로 이해했는지 강인하고 준비된 신체를 상상하는 것으로 이해했는지 알 수 없었다). 그는 기분이 나아지고, 강해진 것 같다고 말했으며 자연스럽게 거대한 칼을 들고 있고 용 위에 탈 준비가 되어 있는 이미지를 상상하게 되었다고 말했다. 그는 이제 그것을 능숙하게 다룰 수 있도록, 시험을 가치 있는 상대로 여기도록 하는 다양한 논의에 이러한 상상을 연관시켰다. 그는 이러한 상상으로 인해 기분이 좋아졌고, 상담이 끝나고 집에서 열의를 가지고 그와 같은 이미지를 상상해 볼 것을 제안했다.

다음 회기에서, 우리는 다시 그가 시험 전날 시험 장소를 방문하는 이미지를 상상하는 것부터 시작했다. 잠시 동안, 그는 그 장소의 다양한 특징들을 살펴봄으로써, 차분해지고 자신감을 느꼈다. 그러나 갑자기 그는 무언가가 그의 뒤에 있는 것처럼 엄청난 불안감을 느꼈다. 나는 그가 뒤돌아서서 거기에 무엇이 있는지를 보도록 했다. 그는 거대한 고양이와 표범 한 마리를 보았다고 보고했다. 여기서 나는 해석을 했다. 그 표범은 그의 힘과 공격성을 나타내는 것이며, 표범을 그의 외부에 두거나 시야 밖에 두면 그에게 위협이 된다고 설명했다. 나는 그가 위협받는다고 느끼는 것이 자신의 힘과 도사리고 있는 강함이라는 것을 언급하면서 그에게 있는 표범 같은 부분을 자기 것으로 만들 수 있는지를 물었다.

그는 그 표범을 자신이 받아들이는 상상을 했고 불안은 약해졌다. 그러고서 나는 그가 자기 것으로 받아들일 필요가 있는 부분으로 왜 표범을 선택했는지에 대해 자세히 설명했다(분명히 추측한 것이지만 시험에 대한 어려움과 관련된 역동에 대한 이해를 근거로). 나는 표범들이 강하고 결단력이 있을 뿐만 아니라 세심하고 먹이를 소중히 다룬다는 것에 주목했다(Wachtel et al., 2005, pp.182~183).

순환적 정신역동 접근의 두 사례는 행동 치료와 정신역동 치료의 개념이 어떻게 하나의 이론적 접근으로 통합될 수 있는지를 보여 준다. Wachtel은 정신역동 치료와 행동 치료, 인지 치료 간의 차이를 연결하는 데 필요한 새로운 개념을 추가함으로써, 이 접근법을 점진적으로 발달시켜 왔다. 그는 앞 사례에서 제시된 것처럼, 더 완벽한 개입법을 개발하는 데 관심을 가졌다. 그럼으로써 행동 치료 기법과 정신역동 치료 기법 간의 차이가 잘 연결되어 있으며, 치료자가 하나의 접근법에서 또 다른 접근법으로 자연스럽게 이동한다. 또한 Wachtel은 인종 문제와 같은 사회적 주제(Wachtel, 1999, 2007)와 그것이 개인과 치료적 관계에 미치는 영향에 대해 관심을 가졌다. 관계적 정신분석은 정신분석적 개념화에 직접 관련이 없는 대인관계 요소를 가져오도록 하였다. 이러한 점에서, Wachtel은 행동 치료와 정신분석의 단순한 결합을 넘어서 순환적 정신역동 심리치료의 질을 높였다.

통합 이론의 한 모델로서 Wachtel의 순환적 정신역동 이론 사용하기

Wachtel의 이론은 이론적 통합이라 불리는 모델을 사용하였다. 그는 두 가지 이상의 이론에서 가져온 성격 이론과 치료 이론을 이용하였다. 순환적 정신역동 이론에서 그는 정신분석, 행동 치료, 구성주의 치료, 가족 치료 이론의 성격 이론과 치료 이론을 모두 사용하였다. 그는 종종 하나의 이론과 다른 이론을 오가면서 치료를 한다. 그는 이러한 이론들의 이해를 바탕으로 기법을 사용하였다.

당신이 자신의 통합 이론을 개발하기 위해 그의 모델을 사용하기를 원할지도 모르겠다. 그렇게 하기 위해, 표 16.2를 살펴보고 당신이 통합하고 싶은 두 가지 이상의 이론을 선택하라(이론이 적을수록 통합 이론을 만들기가 쉬울 것이다). 비록 당신이 심리치료 및 상담 이론을 처음 공부할지라도 이것을 시도해 보는 것이 좋다. 당신은 심리치료자나 상담자가 되는 과정에서 통합 이론을 여러 번 바꾸는 경향이 있다. 먼저 표 16.2에서 이론을 선택한다. 그리고 나서 당신이 사용하게 될 성격 이론의 기본 개념을 찾기 위해 표 17.1(758~759쪽)에 기술한 성격 이론을 살펴보라. 다음으로, 당신이 선택한 각각의 이론과 같이 사용될 치료적 기법을 찾아보라. 이러한 기법은 표 17.4(763~764쪽)에 제시되어 있다. 그리고 나서 당신이 선택한 이론이 논의되어 있는 장을 재검토하는 것이 좋다. 당신은 이렇게 함으로써 사용하고 싶었던 이론들을 통합하기 위해 특정 이론 통합 모델을 따를 것이다.

이론 통합과 꽤 유사한 또 다른 통합 모델은 Stricker & Gold(Gold, 2013; Stricker & Gold, 2011)의 모델이다. 동화적 모델에서 당신은 주요한 하나의 이론을 선택하고, 2차 이론으로 하나 이상의 다른 이론을 선택할 것이다. 표 16.2를 이용하여, 당신이 사용하게 될 성격 이론과 치료 기법의 이론을 찾아보라. 표 17.1과 17.4에서 당신이 사용하고자 하는 성격 이론과 치료 기법을 선택하고 그에 해당하는 장으로 가라. 예를 들어, 당신은 주요 이론으로 인지

■ 표 16.2

통합 이론을
개발하는 데 사용될
수 있는, 장에 제시된
성격 이론과
심리치료 이론

장별 주제	성격 이론(평가)	심리치료 이론(기법)
2. 정신분석	Freud의 추동 이론 자아심리학 대상관계 Kohut의 자기심리학 관계적 정신분석	정신분석 기법
3. 융학파 분석	융학파의 성격 이론	융학파의 기법
4. 아들러 심리치료	아들러학파의 성격 이론	아들러학파의 기법
5. 실존주의 심리치료	실존주의 성격 이론	다른 이론들의 기법 사용
6. 인간중심 심리치료	인간중심 기법	반영 기법
7. 게슈탈트 심리치료	게슈탈트 성격 이론	게슈탈트 체험적 기법
8. 행동 심리치료	학습 이론(고전적, 조작적 조건 형성, 사회학습 이론)	행동 기법 행동 활성화 안구운동 둔감화 변증법적 행동 심리치료
9. 합리적 정서행동 심리치료	합리적 정서행동 심리치료(REBT) 성격 이론 활성화 사건 신념 결과	REBT 기법 논박 인지적, 정서적, 행동적 기법
10. 인지 심리치료	인지적 성격 이론 인지 도식 인지 왜곡	인지 심리치료 기법 절대성에 도전하기 왜곡을 명명하기
11. 현실 심리치료	선택 이론	현실 심리치료의 과정과 기법
12. 구성주의 심리치료	해결중심 성격 이론 개인구성 개념 성격 이론 Epston과 White의 이야기 심리치료 이론	해결중심 성격 기법 개인구성 개념 성격 기법 Epston과 White의 이야기 심리치료 기법
13. 여성주의 심리치료: 다문화적 접근	여성주의 성격 이론	정신분석과 같은 다양한 이론들을 결합한 여성주의 기법 행동적 인지적 기법 게슈탈트 기법 이야기 치료 기법
14. 가족 치료	Bowen의 다세대 이론 가족 치료 이론 구조적 가족 치료 이론 전략적 가족 치료 이론 경험주의와 인본주의 이론 MRI 이론 밀란학파 이론	Bowen의 다세대 가족 치료 기법 구조적 가족 치료 기법 전략적 가족 치료 기법 경험주의와 인본주의 기법 MRI 기법 밀란학파 기법
15. 그 밖의 심리치료	동양 성격 이론 수용전념 이론 관계중심 심리치료 성격 심리치료 심리극 창의예술 심리치료	동양 심리치료 기법 마음챙김과 관련된 여섯 가지 과정 관계중심 심리치료 기법 심리극 기법 창의적 심리치료 기법

치료를 선택하고, 행동 치료와 여성주의 치료를 2차 이론으로 선택할 수 있다.

Prochaska와 동료들의 범이론적 접근

다른 통합적 모델들보다 범이론적 접근은 더 많은 연구 주제가 되어 왔기 때문에 Prochaska 와 동료들(Prochaska & DiClemente, 2005; Prochaska, Johnson, & Lee, 2009; Prochaska & Norcross, 2014)에 의해 설명된 범이론적 모델을 소개하고 이 책에서 논의된 완전한 통합 이론을 제공하고자 한다. 이 범이론적 모델의 개발자들은 특정한 이론적 구성 개념을 뛰어넘는 접근을 원했으며, 치료자들이 다른 치료에서 가장 효과적이라 알려진 기법들을 가져다가 새롭고, 혁신적인 기법을 만들기를 권했다. 그래서 그들은 자신들의 이론으로 만들고자한 이론의 구성 개념과 치료적 기법을 선택했다. 그들은 범이론적 통합 모델을 사용했지만 Wachtel과는 매우 다른 방법으로 사용했다. 이론 자체를 통째로 사용하기보다는, 일맥상통하는 다양한 이론들에서 구성 개념을 채택하여 자신들만의 새로운 이론을 만들었다.

Prochaska의 모델은 내담자의 변화에 대한 준비도, 변화가 필요한 문제 유형 및 기법이 변화를 일으키는 과정에 기반한 변화 모델이다. 변화에 대한 내담자의 준비도는 Rogers 이론(6장)에서 다소 언급되었지만 이 책에서 소개된 대부분의 다른 이론들에서는 언급되지 않았다. Prochaska와 그의 동료들의 접근만큼이나 철저하게 변화를 다루는 이론은 없다. 그들은 변화의 5단계를 기술하고, 이 단계를 5개의 심리적 문제의 수준에 적용한다. 이 단계는 다른 이론가 및 연구에서 상당한 관심을 끌었으며(Cooper, 2012; Krebs & Prochaska, 2011; Prochaska, Norcross, Norcross, & DiClemente, 2013), 사별과 같은 다양한 유형의 심리적 문제에 적용되었다(Calderwood, 2011). 변화를 위해 다양한 수준의 준비도를 갖고 있으며 심리적인 문제의 수준도 각기 다른 내담자들을 돕기 위해, Prochaska와 동료들은 다양한 심리치료이론에서 얻은 기법들로 이루어진 10개의 변화 과정을 제안하였다. 내담자의 변화에 대한 준비도와 현재 문제의 유형에 따라 여러 기법들이 사용된다.

변화의 단계

Prochaska & Norcross(2014)는 숙고 전 단계, 숙고 단계, 준비 단계, 행동 단계, 유지 단계라는 5단계의 변화 준비도를 설명하였다. 숙고 전 단계에는, 변화에 대해서는 생각했지만 변화의지가 없는 내담자가 해당될 것이다. 숙고 단계에는, 변화에 대해 진지하게 고려하지만 전념하지 않는 내담자가 해당된다. 준비 단계에서는, 내담자가 변화하려고 하며 행동적인 변화도 일부 보여 준다. 행동 단계에서, 내담자는 열성적으로, 오랫동안 변화를 유지하는 모습을 보인다. 마지막 유지 단계에서, 내담자는 변화와 재발 방지를 위해 계속 노력한다. 이러한변화의 단계들은 서로 독립적이지 않으며, 언제든 어떤 단계에서든 문제를 경험할 수 있다.

5단계는 특히 금연에 대한 관여 수준을 설명하는 데 적절하기 때문에 Prochaska와 그의 동료들의 범이론적 모델을 자주 적용한다.

심리적 문제의 수준

변화의 다섯 수준은 증상, 부적응적 사고, 대인관계 갈등, 가족 갈등, 개인내적 갈등이라는 문제의 복잡성이 다른 5개의 상이한 범주의 문제에 적용될 수 있다. 증상 문제는 뱀 공포증과 같은 것을 포함한다. 부적응적 사고는 "나는 형편없는 사람이야."와 같은 부정적인 신념들이다. 대인관계 갈등은 삶에서 직장 동료와 같은 사람들과 어울리지 못하는 것을 포함한다. 가족 갈등은 관계가 더 밀접하기 때문에 그만큼 더 복잡하다. 개인내적 갈등은 개인 내부에 있는 망설임이나 불일치이며 극심한 분노나 자기애 성향을 포함하기도 한다. 일반적으로, 범이론적 심리치료자들은 증상이나 부적응적 사고를 다루는 것을 시작으로 대인관계 갈등, 가족 갈등, 개인내적 갈등 문제까지 다루는 것을 선호한다. 대개 행동 치료는 증상변화에, 인지 치료는 부적응적 사고에, 가족 체계 치료는 가족 문제에, 게슈탈트, 정신분석, 실존주의 치료는 대인관계 갈등이나 개인내적 갈등에 관심을 둔다(Prochaska et al., 2009; Prochaska & Norcross, 2014).

변화 과정

Prochaska & Norcross는 변화가 일어나는 과정을 기술하면서 이 책에 서술된 모든 주요 이론을 사용하였다. 거의 가능한 모든 변화를 포괄하고 서로 다른 치료 이론에 존재하는 10개의 변화 과정(의식 증진, 극적 경감 또는 카타르시스, 환경의 재평가, 자기 재평가, 자기해방, 사회적 해방, 유관 관리, 역조건 형성, 자극 통제, 조력관계)이 있다. 이것은 다음에 더 자세히 설명되어 있다(Prochaska & DiClemente, 1984, 2005; Prochaska & Norcross, 2014).

의식 증진 의식 증진은 내담자들이 더 좋아지는 방법뿐 아니라 행동의 원인과 결과를 더잘 자각할 수 있도록 돕는 개입 방법이다. 전형적으로, 이와 같은 개입은 심리치료자가 내담자를 관찰하고, 내담자의 말에 대해 해석하고, 내담자가 방어하고 있는 자각하지 못한 문제를 부드럽게 직면시키는 것이다. 정신분석, 융학파, 아들러학파, 실존주의, 게슈탈트, 여성주의 치료는 내담자가 문제에 대해 자각력을 높이도록 한다.

극적 경감 또는 카타르시스 이러한 경험은 감정적이거나 정서적이다. 치료자에게 문제를 표현하는 것은 문제가 경감되는 것을 돕는다. 게슈탈트 치료에서 빈 의자 기법을 사용하는 것처럼 문제를 시연하는 것은 내담자가 특정 사람이나 사건에 대한 감정을 표현하도록 돕는 좋은 예이다. 고통의 경감은 종종 감정을 표현한 후에 경험된다. 게슈탈트 치료는 이것을 가장 적극적으로 사용하지만, 구성주의 치료와 심리극 또한 극적 경감을 제공한다.

환경의 재평가 개인은 넓은 맥락에서 문제를 바라봄으로써, 새로운 관점을 가지게 된다. 이런 식으로 한 개인은 특정 문제가 어떻게 다른 문제에 영향을 미치는지 또는 다른 문제에 의해 영향을 받게 되는지를 확인할 수 있다. 예를 들어, 신체적으로 학대를 당하는 한 아이가 그 문제가 자신의 잘못이 아니라는 것을 볼 수 있게 된다. 또는 어떤 남성은 음주가 자식에게 미치는 영향 때문에 술을 끊어야겠다고 결심하게 될 것이다. 많은 치료들이 환경에 대한 평가로 내담자들을 돕는다.

자기 재평가 자기 재평가 과정에서, 개인은 중요한 문제를 극복하기 위해 무엇을 해야 할 필요가 있는지 평가한다. 이것은 정서적, 인지적, 행동적 변화를 포함한다. 개인은 변화의 이익과 불이익을 검토한다. 변화를 위해 자신이 무엇을 해야 하는지 또는 무엇을 포기해야 하는지를 평가한다. 예를 들어, 당신은 음주 때문에 발생한 문제를 다루기 위해 음주로 인한 즐거움을 포기할 수 있는가? 아들러학파 치료, 인지 치료, 합리적 정서행동 치료(REBT)는 자기 재평가를 다루는 이론들이다.

자기해방 내담자는 자신의 문제를 이야기하고 변화하기를 선택한다. 내담자는 자신의 문제를 말하면서 새로운 대안을 선택할 수 있다. 그들은 변화하는 데 필요한 책임감을 가지고, 삶의 일부분을 성공적으로 변화시키기 위한 잠재력을 검토할 수 있다. 사람들이 낙태를 할 것인가, 말 것인가를 선택하는 것처럼 때때로 선택할 필요성을 검토할 때 불안이 생길 수 있다. 많은 이론들은 자기해방을 언급하였다.

사회적 해방 때때로 문제는 작거나 큰 사회적인 변화를 요구한다. 예를 들어, 한 여성이 직장에서 상사로부터 성적으로 몹시 시달리고 있다면, 치료자는 그녀가 직장에서 겪는 문제를 다룰 전략이나 계획을 세우도록 도울 것이다. 또한 치료 계획은 그녀의 상사를 어떻게 다룰 것인지에 대한 계획과 함께 법적 혹은 사회적 지지를 얻는 것을 포함할 수 있다. 다른 이론들보다도 여성주의 치료는 이러한 변화의 과정을 언급한다. 구조적 가족 치료와 아들러학파 치료도 사회적 해방을 언급하였다.

유관 관리 8장에서 설명된 것처럼, 행동 강화는 유관 관리(contingency management)의 좋은 예이다. 내담자에게 행동 조성을 가르치는 것은 다양한 문제를 다루는 데 유용할 수 있다. 체계적 둔감화와 실제 둔감화는 행동을 관리하는 다른 방법이다. 이러한 절차를 사용할 때 종종 행동 기능 분석을 실시한다.

역조건 형성 내담자가 문제나 자극에 대해 반응 방식을 바꿈으로써, 그들의 삶에서 긍정적인 변화를 가져올 수 있다. 새로운 반응 방식을 학습하는 것은 다양한 행동 모델링 기법 또는 Meichenbaum의 자기 교시 훈련과 같이 상황을 다루는 방법을 연습함으로써 이루어질 수 있다.

자극 통제 개인들은 환경을 통제함으로써 어려운 상황을 다루는 방식을 통제할 수 있다. Meichenbaum의 스트레스 면역 훈련은 더 큰 스트레스 상황을 다루기 위해 가벼운 스트레스에 대처하는 방법이다. 사람들이 어려운 상황을 변화시킬 수 있는 방법을 연습하는 것은 자극을 통제하는 하나의 예가 될 것이다.

조력관계 좋은 치료적 관계는 대부분의 치료에서 중요하다. 범이론적 심리치료에서, 조력 관계는 변화가 일어나는 데 필요하다. Rogers의 인간중심 치료와 실존주의 치료의 치료적 사랑에 대한 개념은 내담자를 돕기 위해 치료에서 관계를 이용하는 예이다.

변화 단계, 심리적 문제의 수준, 변화 과정의 통합

상이한 변화 과정(기법)이 내담자가 변화하기 위해 어느 정도 준비되어 있는지에 따라 다르게 사용된다. 예를 들어, 숙고 전 단계에서 숙고 단계로 가는 데 있어, 의식 증진 기법이 문제에 대한 자각을 높이는 데 도움을 준다. 시연 기법(극적 경감)도 내담자의 문제 자각과 변화를 만들고자 하는 바람에 도움을 준다. 게다가, 생활 사건의 재검토(환경의 재평가)는 지금이 변화해야 할 때라는 것을 결심할 수 있도록 도울 수 있다. 이러한 기법은 내담자가 삶을 변화시킬 준비를 하도록 한다.

숙고 단계에서 준비 단계로 가는 데 있어, 내담자는 자기 재평가를 해야 한다. 그들은 일시적으로나 영구적으로, 변화되고 제거되기를 바라는 주제나 문제를 정함으로써 자기 재평가를 하게 된다. 치료 목표를 설정하는 것은 자기 재평가 과정의 일부분이다. 변화를 위해, 그리고 행동 단계로 가기 위해, 그들은 자기해방 과정을 거친다. 여기서 그들은 변화를 위해 해야 하는 것을 면밀하게 검토한다. 또한 그들은 변화가 일어날 수 있는 가능성이 어느 정도인지 검토할 수 있다.

내담자들이 행동 단계로 이동할 때, 행동지향 과정을 이용할 준비를 한다. 유관 관리, 역조건 형성, 자극 통제와 같이 행동을 기초로 한 단계들이 여기에 적절하다. 문제의 특성에 따라, 사회적 해방 전략이 또한 사용될 것이다. 이러한 변화 단계들은 유지 단계에서도 지속된다. 추후 만남을 통해 심리치료자는 행동 지향적 과정을 확인하고 지지해 줌으로써 그들을 돕는다.

치료를 받는 동안 조력관계 형성 과정이 지속된다. Prochaska & DiClemente(2005)는 모든 심리치료 단계에서 좋은 치료적 관계를 유지하는 것의 중요성을 강조하였다. 내담자와 심리치료자 간에 좋은 관계 형성 없이는, 내담자가 모든 변화의 단계로 나아가지 못할 것이다.

심리치료의 특정 이론이 특정 유형의 변화 과정에 적합한 것처럼, 특정 이론은 상이한 수준의 문제에서 자주 사용된다. 또한, 몇몇 이론들은 숙고 단계에서 좀 더 많이 사용되는 경향이 있는 반면에, 다른 이론들은 행동 단계와 유지 단계에서 더 자주 사용된다. 예를 들어, 정신분석 치료는 대인관계적 갈등의 숙고 전 단계에서 주로 사용되고, 행동 치료는 증상이나 상황적 문제의 행동 단계와 유지 단계에서 주로 사용될 가능성이 더 많다. 다음의 내용은 이 책에 제시된 각각의 접근과 가장 밀접한 관계에 있는 치료적 접근을 가지고 Norcross와 Prochaska에 의해 서술된 5단계의 심리적 문제 목록이다.

- 증상/상황적: 행동 치료, 해결중심 치료
- 부적응적 인지: 아들러학파 치료, 합리적 정서행동 치료(REBT), 인지 치료
- 대인관계 갈등: 가족 치료(일반적인), 관계중심 치료, 현실 치료, 심리극
- 가족 체계/갈등: Bowen의 가족 체계 치료, 구조적 가족 체계 치료, 전략적 가족 체계 치료, 경험적 가족 체계 치료, 인본주의적 가족 체계 치료
- 개인내적 갈등: 정신분석, 융학파 분석 치료, 실존주의 치료, 게슈탈트 치료, 이야기 치료, 창의예술 치료

이 목록은 광범위하다. 일부 이론들은 다양한 수준의 문제와 서로 다른 변화의 단계에서 사용된다. 여성주의 치료는 문제의 성격에 따라 다양한 수준과 단계에 적합할지도 모른다. 인간중심 치료는 상이한 수준에서 각각 사용되는 경향이 있다.

치료자들이 범이론적 심리치료를 사용할 때, 상이한 전략을 이용할 수 있다. 그들은 내담자들을 돕는 방법(10개의 심리치료 과정), 특정한 과정을 이용하는 시기(변화의 5단계), 변화에 필요한 것(문제의 5수준)을 고려한다. 때때로 그들은 먼저 증상을 가지고 작업하면서 문제의 수준을 다루기 시작한다. 그리고 나서 부적응적 인지를 다룬다. 이러한 방향으로 진행되어 나갈 때, 내적 갈등 수준에 도달할 때까지 그 수준이 깊어진다. 쥐 공포증을 치료하는 것처럼, 어떤 경우에는 문제의 성격이 오직 1단계나 2단계 수준의 작업만을 요구할 수 있다. 더 어렵고 복잡한 문제가 있을 때는, 모든 수준에서 작업할 것이다. 아래에 제시된 C 부인의 사례에서, 심리치료자는 많은 변화 과정과 다양한 수준에서 작업한다.

Prochaska와 동료들의 범이론적 접근의 사례: C 부인

Prochaska와 Norcross의 범이론적 접근에는 많은 개념이 있기 때문에, 사례를 제시하는 것이 어렵다. 나는 Prochaska의 C 부인과의 작업을 간단히 요약할 것이다(Prochaska & Norcross, 2014). C 부인은 강박 장애와 최근 자살 위협을 포함한 여러 가지 문제를 가지고 있다. 대부분의 심리치료자들보다 Prochaska는 그녀가 준비 단계에서 행동 단계로 이동함에 따라 C 부인의 변화 동기에 관심을 기울였다. 치료 시 그는 C 부인의 강박적인 손 씻기(증상), 더러움에 관한 신념(부적응적 사고), 아이들과의 관계(대인관계), 청결함에 대한 어머니의 규칙(가족),

감정에 대한 과잉통제 문제(개인내적 갈등)를 다루었다. 문제와 과정을 분류하는 체계는 몇 몇 이론들이 가지고 있는 구조를 제공한다. 이러한 구조는 또한 치료적 개입을 결정하는 방법을 제공한다.

그런 다음 Prochaska는 10개의 변화 과정을 선택하였다. Prochaska와 Norcross에 의해 서술된 것처럼 그녀가 입원과 강박 장애에 관한 이야기를 할 때, Prochaska가 가족 문제를 도울 뿐 아니라 돌보는 관계를 제공해서 C 부인은 자기해방과 카타르시스를 경험한다(2014).

> 인간중심적이며 지지적 치료 시간을 일주일에 두 번 가짐으로써 조력관계가 향상되었다. 치료 시 C 부인은 입원과 치료로 인해 생긴 많은 생각과 감정을 나눌 수 있었다. 또한 이런 치료 시간은 C 부인이 치료자가 강요하지 않고 배려한다고 느낌으로써 치료를 인정하였다. C 부인이 치료를 인정할수록, 자기해방에 더 의존하게 되며, 만성적인 강박증을 극복하기 위한 행동을 하는 데 완전히 몰두하게 되었다.
>
> 또한 격주에 한 번 C 부인의 가족과 함께한 치료를 통해 대인관계 수준이 언급되었다. 가족 구성원은 수년간 쌓아온 C 부인에 대한 상당한 분노와 억울함을 표현할 필요가 있었다. 4명의 자녀들은 그녀가 돌아오는 것을 원하지 않았기 때문에, 마치 C 부인이 집에 돌아가지 못하는 것처럼 보였다. 하지만 분노를 해소됨에 따라, 자녀들은 C 부인이 강박적이기 전에는 어땠는지에 대한 기억을 이야기하였기 때문에, C 부인과 첫째 아이는 동생들이 엄마를 재평가하도록 도왔다. 또한 남편인 C 씨의 개인 상담 시간에는 그가 모든 좌절과 억울함 아래 묻어두었던 따뜻한 감정을 기억해 내도록 도왔다. (p.478)

덧붙여, 간호사들은 C 부인이 강박적으로 손을 씻는 것에 대한 불안을 처리할 수 있도록 돕기 위해 카드놀이와 TV 시청과 같은 방법으로 주의를 분산시키는 역조건 형성을 사용했다. Prochaska는 또 다른 변화 과정의 10단계를 적용했다. 이러한 구조는 심리치료자가 문제에 대한 평가를 치료적 변화와 연결 짓도록 한다.

요약하면, Prochaska & Norcross(2014)는 내담자의 문제 수준과 변화에 대한 준비도에 따라, 서로 다른 변화 과정이 어떻게 적용될 수 있는지를 보여 주었다. 예를 들어, 의식 증진과 극적 경감은 내담자가 숙고 전 단계나 숙고 단계에 있을 때 가장 적절하지만, 역조건 형성과 자극 통제는 행동 단계나 유지 단계에서 더 적절할 것이다. Prochaska & Norcross는 다양한 수준의 범이론적 접근법을 사용함으로써, 많은 이론들의 공헌점을 통합하고 그들의 모델에 따라 다르게 설명할 수 있는 내담자들의 문제에 이러한 접근이 적용되기를 원했다.

통합 이론의 한 모델로서 Prochaska와 동료들의 범이론적 접근 사용하기

Prochaska와 그의 동료들은 이론 통합이라고 할 수 있는 하나의 모델을 개발해왔다 (Prochaska & Norcross, 2014). 이 모델은 이 책에서 제시된 대부분의 이론들에서 나왔다.

하지만 범이론적 집근법은 Wachtel이 순환적 정신역동 모델에서 했던 것과 아주 다르게 이론적 통합 모델을 적용하였다. Wachtel은 이론의 전부(또는 대부분)를 이용한 반면에, Prochaska와 그의 동료들은 다른 이론들의 기법을 이용하여 자신만의 독특한 이론을 개발하였다. 그리고 나서 그것을 10개의 변화 과정으로 분류하였다. 또한, 그들은 변화의 5단계와 심리적 문제의 5수준을 개발한다. 그들의 이론은 Wachtel과 달리 많은 새로운 개념들이 있다. 두 모델은 심리치료를 통합하는 이론적 통합 모델의 좋은 본보기이다.

학생 또는 초심 치료자들에게는, Prochaska와 그의 동료들의 모델과 유사한 방식으로 이론을 통합하는 모델을 개발하는 것이 매우 어려울 것이다. 이 책에서 논의된 이론들로부터 자신만의 변화 과정을 개발하는 것은 매우 도전적인 일일 것이다. 하지만 그러한 시도를 하는 것은 이 책에서 기술된 변화 기법을 이해하는 데 도움이 될 것이다. 범이론적 모델을 택하여 시도해 보고, 당신의 이론적 관점을 반영하는 방식으로 그것을 수정하는 것이 더 쉬운 방법일 것이다. 예를 들어, 당신은 유관 관리, 역조건 형성, 자극 통제가 아닌 다른 용어를 사용할 수 있는가? 8장의 '행동 치료'에서는 이러한 용어들이 사용되지 않지만, 그 장에서 논의된 개념들과 유사하다. 당신은 인지 치료를 포함하는 한 범주를 추가할 수 있는가? 인지 치료는 Prochaska와 그의 동료들에 의해 기술된 10개의 변화 과정과 간접적으로 관련되어 있다. 당신이 정신건강 분야에 들어서게 될 경우에 이러한 질문이나 유사한 질문에 대해 생각해 보는 것이 도움이 될 것이다.

다중양식 치료

Courtesy of Arnold Lazarus

Arnold Lazarus

이 절에서는 성격의 사회 학습 이론에 기초를 둔 Lazarus(1989, 1997, 2001, 2005a, 2005b, 2008)의 다중양식을 설명하는데, 이 접근은 심리치료의 목표, 평가, 치료적 기법을 강조한다. Lazarus의 성격 이론은 하나의 이론(행동 이론)과 여러 이론들의 치료적 기술에 근거하고 있기 때문에, 기술적 절충주의의 한 예이다.

Arnold Lazarus(1932~2013)는 남아프리카에서 태어나 교육을 받았다. 그는 1960년에 요하네스버그의 비트바테르스란트 대학에서 박사 학위를 받았다. 수련을 받는 동안, 그는 행동 치료자로 잘 알려진 Joseph Wolpe와 공부를 했다. 1950년대에 Lazarus가 남아프리카에서 학생이었을 때, 지배적인 심리치료 이론들은 정신분석과 인간중심 치료였다. 하지만 그는 Joseph Wolpe와 다른 행동주의자들의 강의를 통해 행동 치료를 접했다. Lazarus는 행동 치료의 과학적 기초와 내담자에게 일어나는 변화에 감명을 받고, 행동 치료의 많은 기법을 빌려왔다. 하지만 Lazarus(1971, 1989)는 추수적 연구를 하면서 변화를 유지하는 데 행동주의적 방법만 가지고서는 충분하지 않다는 것을 인식했다. 또한 그는 어떤 심리치료 기법이 어떤 유형의 사람들과 문제에 가장 적합한지 알고 싶어 했다. 그가 이러한 의문을 연구함으로써 내담자의 행동을 이해하기 위한 하나의 방법으로 사회학습 이론을 사용할 수 있었다. 그는 일생 동안 18권의 책(다중양식적 치료법에 관한 많은 것)과 350권 이상의 기사를 썼다.

다중양식 성격 이론을 이용한 개념화

인간 행동을 이해하고 치료하는 데 Lazarus에게 중요했던 개념들은 8장의 '행동주의 성격 이론을 이용한 개념화' 부분에 기술된 것들이다. 고전적 조건 형성과 조작적 조건 형성 원리, 그리고 Bandura의 관찰 이론 또는 사회학습 이론이 포함되었다. Bandura의 이론은 Lazarus의 이론에 특히 영향을 주었으며, 10장에서 설명된 것처럼 성격에 대한 인지적 신념을 결합하였다. 그의 인간 행동에 대한 관점은 개인이 타인들과의 긍정적이거나 부정적인 상호작용의 결과를 관찰함으로써 무엇을 해야 할지 배운다는 것이다. 하지만 그의 사회인지적 모델의 개념은 행동 치료자, 인지 치료자 및 합리적 정서행동 치료자들의 특정 관심을 뛰어넘었다.

Lazarus(Lazarus, 2005a, 2005b, 2008)는 사람들이 자신과 세계를 경험하는 데 BASIC I.D.라고 언급한 일곱 가지의 주요 양식을 사용한다고 본다. 그는 각각의 알파벳과 그것이 나타내는 것이 무엇인지를 설명하였다(Lazarus, 1989, 1997, 2005a, 2005b, 2008; Lazarus & Lazarus, 1991).

- 행동(Behavior): 이 범주에는 관찰되고 측정할 수 있는 습관, 행동, 반응이 포함된다. 이러한 것들은 섭식, 음주, 흡연, 울음, 자기통제와 관련된 문제를 포함한다. 또한 너무 적거나 너무 많은 일을 하는 것과 너무 공격적이거나 주장적이지 못한 문제들이 해당된다.

- 정서(Affect): 우울, 분노, 불안, 기쁨, 무기력, 긴장, 외로움과 같은 다양한 정서와 감정이 포함된다. 개인에게 지배적인 문제인 감정과 내담자들이 스스로를 통제할 수 없다고 느끼는 감정이 중요하다. 두려움의 감정과 두려움을 일으키는 사건들이 이 범주에 속한다.

- 감각(Sensation): 기본적인 감각인 시각, 청각, 촉각, 미각, 후각이 여기에 포함된다. 두통, 현기증, 마비, 배앓이, 환각, 성적 장애를 포함하는 부정적인 감각이 강조된다.

- 심상(Imagery): 환상, 마음속의 그림, 상상, 꿈이 이 범주에 해당된다. 청각 또는 다른 감각 구조를 통해 나오는 이미지들이 포함된다. 신체상과 자기상에 특별한 주의를 기울인다.

- 인지(Cognition): 사고, 아이디어, 가치, 의견이 포함된다. 똑똑하고 정직해지는 것과 같은 긍정적인 사고뿐 아니라 바보가 되거나 미치거나, 매력적이지 않거나 가치 없이 되는 것과 같은 자신에 대한 부정적인 사고가 있다.

- 대인관계(Interpersonal relationships): 가족, 친구, 동료, 선생님, 또는 타인과의 관계는 어떠한지가 이 범주에 속한다. 그 예로는 부부 문제나 성적 문제를 포함하여, 타인과

의 관계에서의 어려움이 있다.

- 약물/생물학(Drugs/Biology): 건강과 건강 문제의 전 영역이 이 범주에 포함된다. 개인의 성격을 이해할 때 생물학적 기능과 약물(정해져 있거나 그렇지 않은)을 고려한다. [명확하게 하기 위해, 두문자어인 BASIC I.B.보다는 BASIC I.D.가 기본적인 신분증명(basic identification)이라는 의미를 가지고 있기 때문에, B 대신에 D가 사용된다.] 이 범주는 보편화되었기 때문에, 약물만 생각하기보다는 생물학/약물로 생각하는 것이 더 정확하다. 이 범주는 다른 모든 양식들이 생물학적인 맥락 내에 존재하기 때문에 중요하다.

Lazarus(1997, 2005a, 2005b, 2008)는 개인들이 이러한 모든 체계를 어떻게 사용하고 어떤 체계가 그 사람에게 가장 중요한지에 대해 관심을 갖는다. 그는 개인이 어떤 사건을 직면할 때 일어나는 양식의 순서를 기술하기 위해 점화 순서(firing order)라는 용어를 사용한다. 다음은 점화 순서의 한 예를 보여 준다.

> 한 파티에서 어리석은 말을 내뱉은 충동적인 사람이 있다. 그는 그 집단에서 반감의 분위기를 느꼈다. 그는 당황해하며 땀이 나기 시작하고 사람들이 그의 뒤에서 수군거릴 것이라고 상상한다. 그는 일어나서 그 방을 나간다. (Lazarus, 1989, p.16)

이 상황에서 점화 순서는 행동-대인관계-인지-감각-심상-행동이다. 사람들은 같은 상황이나 다른 상황에서 각기 다르게 반응한다(서로 다른 점화 순서). 간단히 말해서, 사람들의 행동, 정서, 감각, 심상, 인지, 대인관계와 관련한 양식은 모델링을 통해서뿐만 아니라 고전적, 조작적 조건 형성을 통해 학습된다. 이러한 인간 행동에 대한 관점은 다중양식 치료자들이 내담자의 문제에 대해 목표, 평가, 치료를 개념화하는 방법에 직접적인 영향을 미친다.

심리치료 목표

내담자의 심리치료 목표는 BASIC I.D.의 다양한 양식들의 결합으로 볼 수 있다. 예를 들어, 한 개인이 금연에 대한 도움을 요청하고(B), 담배를 끊을 수 없게 되는 것에 대한 두려움을 다루기를 원하고(A), 흡연으로 인한 즐거운 감각을 가지지 못하게 되는 것에 대한 걱정을 하고(S), 담배 없이 한 시간 이상을 버티는 자신을 상상할 수 없고(I), 너무 우유부단해서 담배를 끊지 못한다고 생각하는 신념을 변화시키고 싶고(C), 담배를 끊음으로써 다른 사람들에게 짜증을 낼지도 모른다는 두려움(I), 담배 때문에 폐암이 걸리게 되는 것에 대해 걱정을 할 것이다(D). 모든 목표가 모두 양식으로 표현되는 것이 아니며, 각 양식의 강점이 목표에 따라 다르다. 우리가 직접적으로 감정을 변화시킬 수는 없지만, 감정에 영향을 미치는 행동, 감각, 심상, 인지, 대인관계, 생물학적 과정은 변화시킬 수 있기 때문에, 정서는 오직 다른 양식을 통해 치료될 수 있다는 것을 아는 것이 중요하다. 그러므로 우울한 감정을 가진 사람은 그녀가 생산적인 일을 하고, 더 긍정적인 감각과 심상을 가지고 있으며, 보다 합리적으로 생각하고, 타인들과 좀 더 편하게 상호작용하고, 신체적으로 좋다고 느낄 때에 더 낫다고 느낄 수 있다. Lazarus(2005a, 2005b)는 치료 초기에 내담자가 나아질 수 있다는 기대와 희망이 중요하다는 것을 인식하였다. 그것은 내담자가 비교적 짧은 시간 동안에 목표에 도달할 수 있다는 희망을 갖도록 돕는다(40회기 안에).

평가

다중양식 치료의 핵심은 BASIC I.D.의 정확하고 체계적인 평가이다. 내담자와의 면담, 내담자가 자신의 양식 프로파일 작성, 다중양식 생애 질문지와 같은 평가 도구로 이루어진 세 가지 방식으로 평가가 이루어진다(Lazarus & Lazarus, 1991). 평가는 주로 초기 면담에서 이루어지지만, 치료 전반에 걸쳐 이루어진다고 할 수 있다. 다중양식 치료자는 문제가 어떻게 자신의 BASIC I.D. 양식에 영향을 미치는지에 주의를 기울인다.

> "스미스 씨(Mr. Smith)는 건강 염려증이 있는 내담자이기 때문에, 두통이 있으면 걱정한다."라는 말에 다중양식 접근의 부연 설명은 다음과 같이 진행된다. 스미스 씨는 두통이 있을 때, 조용해지고, 위축되며(행동), 불안을 느끼기 시작하고(정서), '머리에 망치로 엄청난 못을 박는 것'과 같은 고통을 경험하며(감각), 의사들이 심각한 병을 진단하지 못했다고 확신하면서(인지) 뇌종양으로 인해 죽는 것을 상상한다(심상). 이런 이야기를 하는 동안, 그의 아내는 그에게 호들갑을 떠는 반면 그는 별말 없고(대인관계), 아스피린과 다른 진통제들에 의존한다(생물학). 다른 문제에 대한 다중양식 접근법의 추가 설명은 계속되는 어려움을 유지시키고 있는 사람에 대해 설명할 뿐만 아니라 확인된 문제들의 상호적인 측면을 검토함으로써 논리적인 치료적 접근법을 정확히 찾아낼 수 있다. (Lazarus, 1989, p.14)

부가적으로, 치료자는 각 양식에 대해 0점에서 10점 사이의 우세성 또는 중요도를 평가하는 표를 만들 것이다. 이것은 내담자에게 해당 양식을 어떻게 평가하는지 직접적으로 물음으로써 이루어지거나 심리치료자의 관찰에 기초하여 간접적으로 이루어질 수 있다.

때로는 심리치료자들이 내담자의 BASIC I.D.를 작성한 후 내담자들이 자신의 BASIC I.D.를 그려 보도록 요구하는 것은 도움이 되기도 한다. 이러한 정보는 내담자들이 7개의 양식에 익숙해지고, 문제가 각각의 양식에 얼마나 맞다고 보는지에 대한 내담자들의 관점을 심리치료자가 이해할 수 있게 해 준다.

다음은 자신의 문제를 여성과 함께 있으면 수줍어하고, 어머니와 싸우며, 좌절감과 우울감을 느낀다고 표현한 22세 남성 간호사의 BASIC I.D. 예이다(Lazarus, 1989).

B. 금연

　운동을 시작한다.

데이트를 시작한다.

매력적인 여성에게 부끄러워한다.

A. 우울

분노

공포

S. 긴장

부끄러움

I. 나는 여성들이 내 뒤에서 나를 비웃는 것을 상상한다.

많은 외로운 이미지들

나는 자주 어머니가 '너는 네가 누구라고 생각하니?'라고 말하는 것을 상상한다.

C. 나는 충분하지 않다.

매력적인 여성은 나를 못생기고 둔하다고 생각한다.

나는 패배자다.

I. 나의 어머니는 내가 열 살이라고 생각한다.

매력적인 여성과 함께 있으면 나는 어색하고 수줍어한다.

충분하지 않은 친구

D. 하루에 한 갑 반에서 세 갑 정도 흡연한다. (Lazarus, 1989, pp.78~79)

다중 생애사 질문지에서 얻은 것 외에 이러한 정보가 또한 추가로 사용된다(Lazarus & Lazarus, 1991). 이 질문지는 개인적·사회적 내력을 요구하고, 심리치료에 대한 기대를 묻고, 현재 문제에 대해 기술하도록 요구하며, 일곱 가지 양식에 대한 개방형 질문과 체크리스트로 되어 있다. 여기에는 간단한 병력과 일곱 가지 양식에 대한 포괄적인 평가도 포함된다. 각각의 양식에 의해 수집된 정보에 기초하여 심리치료자가 만든 프로파일뿐만 아니라 내담자의 양식 프로파일과 다중 생애사 질문지를 통해 얻은 정보를 가지고, 심리치료자는 내담자를 변화시키기 위한 조직적이고 특별한 방법을 만든다.

때로는 다중양식 평가를 통해 더 많은 정보가 필요하여 '2차' BASIC I.D.가 필요할 수 있다. 이것은 양식 프로파일에서 특정한 항목을 정하고, 7개 각각의 양식에 대해 구체적으로 파악하는 것이다. 예를 들어, 앞 사례의 간호사 프로파일에서 '데이트하기'와 같은 행동, '우울'과 같은 정서, 또는 '긴장감'과 같은 감각이 각각 2차 평가의 주제가 될 수 있다. 따라서 '데이트하기' 행동을 선택할 수 있고, 다른 관련 행동, 두려움과 같은 관련 감정, 얼얼한 것 같은 감각, 데이트를 거절할 것 같은 상상, "조앤(Joan)은 나와 같이 나가기를 원하지 않아."와 같은 인지, "나는 데이트에서 무엇을 말해야 될지 모르겠어."와 같은 대인관계 문제, "데이트하기 전에 땀이 많이 난다."와 같은 약물/생물학적 문제를 검토할 수 있다. 이런 식으로, 2차 평가는 젊은 남성의 양식 프로파일이나 다른 양식 프로파일에 있는 항목 중 특정 항목에도 적용될 수 있다. 『정신 장애 진단 및 통계 편람』(DSM-5) 분류보다 다중양식 치료에서 이러한 상세한 평가 접근이 이루어져 심리치료자는 다양한 치료적 절차를 실시하기 위한 준비가 된다.

치료 접근법

Lazarus는 일곱 가지의 양식을 모두 평가함으로써, 치료적 변화를 가져오기 위한 매우 다양한 기법을 적용할 수 있다. 치료적 개입은 첫 회기에 시작할 수 있다. 다중양식 치료자는 평가가 완전히 이루어질 때까지 기다릴 필요가 없다. Lazarus는 매우 다양한 외래 환자와 문제에 다중양식 치료를 적용해왔다(Lazarus, 1987, 1988, 1997, 2000, 2005a, 2005b, 2008). 치료적 관계를 형성하고 치료 방법을 적용하는 데 있어, Lazarus(1993)는 자신을 내담자를 이해하고 치료적 변화를 일으키기 위해 내담자들에 맞게 자신의 스타일을 변화시키는 "진짜 카멜레온"과 같다고 기술하였다. Lazarus(2007)는 Carl Rogers의 인간중심 치료의 기여를 중시하지만, 치료적 변화를 일으키는 데에는 충분하지 않다고 믿었다.

Lazarus(1989)는 내담자를 이해하고 효과적으로 개입하기 위해, 추적하기와 다리 놓기를 사용한다. 추적하기는 각기 다른 내담자들의 양식의 '점화 순서'를 검토하는 것이다. 예를 들어, 몇몇 내담자들은 "나는 뭔가 실수를 했음이 분명해."라는 왜곡된 사고(C)와 혼나게 되는 것을 상상(I)함에 따라, 부정적 사건에 얼굴이 빨개지는(S) 반응을 할지도 모른다. 그 결과 비주장적 행동(B)을 할 수도 있다. 내담자들은 똑같이 일관된 점화 순서를 나타내지 않기 때문에, 추적하기는 계속해서 이루어져야 한다. 심상이 먼저 언급된다면 즐거운 장면에 대한 긍정적인 심상을 이용하고 행동이 주가 된다면 이완 전략을 사용하는 것과 같이 추적 사건에 따라 치료법이 적용될 수 있다. 추적하기와 유사한 것으로, 다리 놓기는 좀 더 생산적인 변화를 가져올 수 있는 또 다른 양식으로 이동하기 전에 내담자의 현재 양식에 관심을 보이는 것을 말한다. 그러므로 한 개인이 자신을 표현하기 위해 인지 양식을 사용한다면, 심리치료자는 정서(A)와 같은 또 다른 양식에 다리 놓기에 적절하다고 보일 때까지 기다린다. 이렇게 심리치료자는 양식을 추적하고, 적절할 때 다른 양식으로 이동한다(다리 놓기). 이렇게 함으로써 내담자가 한 가지 양식(인지)을 표현하고, 심리치료자가 단지 감정(A)만을 반영할 때 일어날 수 있는, 내담자가 심리치료자에게 이해받지 못했다고 느끼는 것을 막는다. 이런 식으로, 다중양식 치료는 심리치료자가 효과적인 치료적 개입을 하기 위해 방법을 바꾸는 데 매우 융통성 있다.

다양한 연구자들에 의해 기술된 1000종 이상의 치료와 치료자가 이용할 수 있는 많은 치료 기법들이 있기 때문에, 다중양식 치료자는 많은 선택권이 있다(Petrik et al., 2013). 비록 아들러학파 치료, 합리적 정서행동 치료(REBT), 인지 치료, 또는 행동 치료를 사용하는 심리치료자들은 여러 효과적인 정서적, 행동적, 인지적 기법을 가져올 수 있더라도 다중양식 치료자들은 감각, 심상, 약물/생물학에 목표를 둔 변화 방법을 포함하는 더 많은 치료 방법을 가져올 수 있다. 『다중양식 치료의 실제(The Practice of Multimodal Therapy)』에서,

Lazarus(1989)는 흔히 사용되는 39개의 다중양식 치료 기법 목록을 제시한다. 이 중에서, 행동적인 것이 약 50%, 인지적인 것이 25%, 그 외의 나머지는 다른 이론들에서 나온 것이다. 다른 이론들에서 기법들을 가져올 때 Lazarus는 기법들에 대한 개념화나 근거 없이 기법만을 사용한다. Lazarus의 폭넓은 선택적 절충주의를 더 잘 이해하기 위해, 이 책에 제시된 각각의 주요 이론들을 어떻게 가져왔는지 설명할 것이다.

Lazarus는 정신분석학자들처럼 자유연상을 이용하였는데, 자유연상이 무의식적 과정을 드러내는 데 가치가 있기 때문이 아니라, 내담자의 감각과 심상을 보여 주기 때문에 이용하였다. 유사하게, 다중양식 치료자들은 부모에 대한 감정이 심리치료자에게 전이된다는 관점이 아니라 심리치료자가 내담자의 양식 표현을 정확하게 이해하고 있는지를 결정하기 위해 심리치료자와 내담자 간의 관계(전이)에 관심을 기울일 것이다. 질문, 재진술, 직면과 같은 단기 정신분석의 기법을 다중양식 치료에서도 사용하지만, 단기 정신분석은 아동기의 역동을 이해하는 것이 목적인 반면, 다중양식 이론은 '지금 여기'에서 적응적으로 기능하는 것을 방해하는 일곱 가지의 양식과 관련된 문제를 더 이해하고 추적하기 위해 사용한다.

융학파 분석의 개념은 다중양식 치료와 매우 다르기 때문에 기법들을 거의 빌려 오지 않는다. 융학파 접근은 집단무의식을 나타내는 것으로서 꿈 내용을 탐색하고, 다중양식 접근은 꿈에 대한 새로운 연상이 있는지를 알아보거나 꿈의 과정이나 끝부분을 변화시키고자 한다. 융학파 분석과 다중양식 이론은 심상과 감각을 탐색하는 데 관심을 갖는다(비록 관점은 매우 다를지라도). 융학파 치료자들처럼 다중양식 치료자들은 심상을 시연하기 위해 작은 인형들이 있는 모래 상자를 사용할 수 있다.

아들러학파 치료는 '마치 ～처럼 행동하기', '내담자 수프에 침 뱉기', '하던 일 멈추기'와 같은 많은 기법들을 사용하는데, 이 기법들은 다중양식 이론가들이 내담자들의 신념과 행동을 변화시키는 데 도움을 주고자 사용하는 인지적 접근법들이다. 이러한 기법들은 행동 지향적이며, 변화에 대한 다중양식 관점과 일치한다.

실존주의 치료의 철학은 주로 기법이 아닌 중요한 주제나 문제에 초점을 둔다. 다중양식 치료자들은 친척의 죽음, 부모로부터 버림받거나 자기 자신을 지지하는 동료가 떠나는 것에 대해 다루는 것과 같은 실존적인 문제를 BASIC I.D.의 관점에서 다룬다. 실존주의 치료는 일곱 가지의 기본 양식에 대해 관심을 갖는 다중양식 치료와 매우 다르다. 그래도 Frankl의 태도 수정과 반성 제거(dereflection)에 대한 개념은 내담자의 인지를 변화시키는 데 사용될 수 있다.

인간중심 치료는 진실성, 수용, 공감을 강조한다. 이 모든 개념들은 다중양식 심리치료자들에게 중요하며 감정 양식에 포함된다. 하지만 Rogers의 변화를 위한 여섯 가지 조건들은 더 많은 개입 방법을 사용하는 다중양식 치료자들에게 필수적인 것도 충분한 것도 아니다(Lazarus, 2007).

게슈탈트 치료는 다중양식 치료자들에게 정서, 감각, 심상 양식을 다루는 데 많은 창의적인 생각들 제공한다. 빈 의자 기법, 문제 시연, 자각 연습을 사용하는 것은 정서, 감각, 심상을 발달하도록 하는 경향이 있다.

이 책에서 소개된 모든 심리치료들 중에, 행동 치료는 다중양식 치료의 개념과 가장 유사하다. 그러므로 다중양식 치료자들이 행동 치료에 치중하고, 8장에 나오는 대부분의 기법을 사용하는 것이 놀라운 일은 아니다.

인지 치료와 REBT는 다중양식 치료자가 내담자의 인지와 심상을 변화시키기 위해 사용하는 많은 전략을 제공한다. REBT에서 설명된 기법과 9, 10장에서의 인지 치료는 다중양식 접근법과 일치한다.

현실 치료는 특정한 치료 과정이 있기 때문에, 다중양식 치료는 이 이론을 통해서는 거의 가져온 것이 없다. 비록 질문하기, 긍정적 태도, 유머 사용하기, 직면하기와 같은 기법이 두 이론에서 모두 사용된다고 해도, 선택과 책임에 중점을 두고 있는 현실 치료는 특정 양식을 강조하는 것과는 잘 맞지 않는다.

여성주의 치료는 문화, 성, 힘 분석과 개입을 강조한다. 비록 다중양식 치료자들이 성과 문화적인 문제가 중요하다고 인정할지라도, 그들은 이러한 것들을 직접적으로 일곱 가지 양식에 포함시키지 않는다. 하지만 성역할과 힘 개입은 사회정치적 차별을 다루는 내담자들에게 다중양식 치료자들이 사용할 수 있는 인지적이고 행동적인 요소이다.

다중양식 치료자들은 부부와 가족을 다룬다. 가족 체계 치료는 주로 대인관계 문제에 중점을 두고 있으며, Minuchin의 구성주의 치료는 다중양식 치료자들이 상호작용을 평가하는 데 도움을 줄 방법을 가지고 있다. 그러나 그들은 체계 이론의 관점을 사용하는 것보다 부부 혹은 가족 구성원의 일곱 가지 양식이 어떻게 서로에게 상호작용하는지에 좀 더 중점을 두는 것처럼 보인다.

Lazarus는 해결중심 접근법이나 이야기 치료를 사용하지 않는다. 하지만 해결중심 접근법은 그가 행동의 변화를 강조하는 것과 일치하고, 심상과 인지 양식은 이야기 치료가 이야기와 가치에 중점을 두는 것과 일치한다.

이에 더하여, Lazarus는 내담자의 심상을 좀 더 일으키기 위해 시간 여행하기와 무인도 환상 기법과 같은 기법들을 개발해왔다. 시간 여행하기는 특정 사건이나 문제를 다루기 위해 과거나 미래에 대해 상상해 보도록 하는 것이다(Lazarus, 2011). 무인도 환상 기법은 심리치료자가 내담자와 함께 무인도에 홀로 남겨져 있다면 무엇을 배울 수 있는지를 내담자들에게 묻는 것을 말한다. 이러한 환상 경험은 심리치료자가 내담자의 인지, 정서, 심상에 대해 좀 더 알 수 있도록 돕는다. 다중양식 치료자들은 이외의 기법들을 개발하였는데 이들은 최면과 같은 기법뿐만 아니라 그림, 연극, 춤, 또는 음악 심리치료와 같은 다른 이론들의 아이디어를 이용할 수 있다. 다중양식 치료를 사용하기 위해서는 내담자에 대한 공감, 사회학습 이론에 대한 지식, 내담자의 BASIC I.D.를 평가하는 능력, 양식을 변화시키는 데 효과적인 다양한 전략의 적용이 필요하다.

Lazarus의 다중양식 치료 사례: W 부인

남편을 동반하지 않고 집을 나갈 때 불안해하는 28세의 한 여성 사례이다(Lazarus, 1995). 그녀가 현재 가진 문제는 Lazarus가 보통 실제 둔감법을 통해 치료하는 광장공포증이다. 그는 함께 걸으면서 내담자에게 긴장을 완화하고 깊은숨을 쉬도록 가르쳤으며, 심리치료자와 내담자 간의 거리를 점차 증가시켰다. 행동 치료자들은 이 시점에서 심리치료를 중단하지만, Lazarus는 부부 불화, 부모에 대한 억울함, 낮은 자존감과 관련된 문제를 보여 주는 그녀의 다중양식 생애사 질문지를 통해 계속해서 정보를 얻는다. 내담자의 욕구를 해결하기 Lazarus가 사용한 양식 바꾸기를 여기에서 설명하였다.

> 초반에, W 부인이 품어왔던 그녀의 아버지에 대한 억울함을 직면시키고자 역할 연기를 사용했다. 내가 아버지의 말투와 표정을 정확하게 모른다고 그녀가 말할 때 역할 연기에서 빈 의자 기법으로 바꾸었다. 그리고 그녀는 아버지가 앉아 있다고 상상하는 빈 의자에 가서 이야기를 하고, 아버지가 되어 아버지에 대한 이야기를 하는 동안, 매우 진실된 감정을 느끼게 되었다. 이것은 상당히 정서가 반영되었고 그녀는 '정화적 해소'라고 생각하였다. (Lazarus, 1995, p.30)

Lazarus는 게슈탈트 기법을 사용했지만, 사회 학습의 틀 안에서 정서, 감각, 심상 양식을 다루었다. 내담자를 치료하는 데 Lazarus는 매우 다양한 치료적 기법을 활용함으로써 다른 양식들을 다루기 시작한다. 이러한 접근법은 내담자의 다양한 목표 달성을 충족시키는 데 유연하고 적절한 기법을 적용할 수 있다는 장점이 있지만, 내담자의 BASIC I.D. 양식을 확인하는 능력과 다양한 기법에 대한 폭넓은 지식을 갖추는 것이 요구된다는 제한점을 가진다.

통합 이론의 한 모델로서 Lazarus의 다중양식 이론과 함께 사용하기

다중양식 이론은 Wachtel의 순환적 정신역동 모델과 Prochaska와 동료들의 범이론적 접근법과 같은 이론적 통합 모델을 사용한다. 하지만 이러한 모델과는 다른 한 가지 중요한 측면이 있다. 다중양식 이론은 내담자를 평가하거나 이해하기 위해 Bandura의 사회학습 이론, 또는 사회학습 이론과 고전적 조건 형성·조작적 조건 형성을 포괄하는 행동 치료 성격 이론과 같은 특정 접근법을 사용한다. Lazarus는 행동 치료 성격 이론과 일치하는 많은 이론들의 기법들을 사용한다. 이러한 이유로, 그의 접근법은 이론 통합이라기보다 기법적 절충주의라고 불린다. 예를 들어, Prochaska와 동료들이 내담자들의 자각을 발달시키기 위해 게슈탈트 치료의 빈 의자 기법을 사용하는 반면에, Lazarus는 내담자들이 정서, 감각, 심상 양식들을 표현하도록 돕기 위해 빈 의자 기법을 사용할 것이다. 마찬가지로, Wachtel은 정신분석을 Freud가 의도했던 것처럼 내담자의 무의식적 자료를 의식화하기 위해 사용하지만, Lazarus는 내담자의 정서나 심상 양식을 발달시키기 위해 자유연상과 같은 정신분석의 기법을 사용할 것이다.

통합 모델로서 기법적 절충주의를 이용하기 위해서, 당신은 표 16.2의 두 번째 세로줄에 있는 성격 이론 중 하나를 선택할 것이다. 그런 다음, 표 17.4에 있는 치료적 기법을 찾을 것이다. 예를 들어, 당신이 기법 절충적 통합 방법을 사용하여 경험적 통합 이론을 개발하기를 원한다면, 당신은 게슈탈트 성격 이론을 선택하고 나서 내담자들이 자각을 경험할 수 있도록 돕는 데 사용할 수 있는 치료적 기법을 확인할 것이다. 이러한 기법은 게슈탈트 이론에서 나온다(모델이 되는 성격 이론으로 사용하는 게슈탈트 이론에서 대부분의 기법을 가져올 것이다.) 또한 당신은 행동 치료 기법, 인간중심 치료 기법, 이야기 치료의 기법을 가져올 수 있다. 인지 치료와 행동 치료 성격 이론과 같이 당신이 선택한 이론이 일치하는 것이 아니라면 아마 당신은 하나 이상의 성격 이론을 사용하기를 원하지 않을 것이다.

이론가들은 많은 통합 모델들을 개발해왔다. 위에서 논의된 것들이 가장 대중적이고 잘 알려진 것들이다. 일부 심리치료자들이나 상담자들은 하나의 이론만을 사용하기 위해 선택할 것이다. 또 다른 사람들은 Wachtel의 순환적 정신역동, Prochaska와 동료들의 범이론적 접근, 또는 Lazarus의 다중양식 이론과 같은 통합적 접근법을 사용할 것이다. 자신만의 접근법을 개발하는 사람들도 있다. 이 장은 심리치료자들과 상담자들이 그들 자신만의 통합적 심리치료 접근법을 개발할 수 있는 방법을 개괄한 것이다.

최신 동향

이 장에서 다룬 Prochaska의 범이론적 접근법, 순환적 정신역동, 다중양식 접근법을 포함하여 통합 이론 접근들이 계속해서 유행하고 있다. 치료자들이 다양한 이론을 가지고 통합적인 방법으로 사례 개념화를 할 수 있고 치료법들이 상호보완되어 변화되기 때문에, 이론적인 결합이 계속해서 이루어질 것이다. 게다가, 의료보험 회사가 치료에 제한된 요금을 지불하면서, 치료자들로 하여금 효과가 있으면서 빨리 치료할 수 있는 방법을 사용하도록 압력을 가하기 때문이다. 그러면서도, 통합된 이론의 새로운 관점은 계속 논쟁거리가 되고 있다. 통합 이론을 사용하고 연구하는 이론가들은 기존에 있는 이론 중에 사용하고자 하는 이론이나 그 관점에 동의하면서 그것을 사용할 것인지 아니면 새로운 접근법을 개발할 것인지의 딜레마에 직면한다(Sticker & Gold, 2011). 현 상황에서는 이 두 가지 방법이 실행 가능한 것으로 보인다. 점점 더 많은 이론이 개발되고 검증됨에 따라, 자신만의 관점에서 이론들을 통합하여 사용할 가능성이 더 많아질 것이다.

잘 발달된 이론들이 많을수록, 잘 발달된 통합 이론 접근법들도 많아질 것이다. Norcross & Goldfried(2005)는 15개 이상의 통합 이론 접근법들을 설명한 『통합 심리치료 핸드북(Handbook of Psychotherapy Integration)』을 편집하였다. 이 장에서는 세 가지의 접근법만 다루었다. 몇몇 접근법들은 널리 사용되고 있고, 또 다른 접근법들은 우울이나 불안과 같은 특정 장애를 다루기 위해 개발되었다. 공통 요인 접근법은 공통적으로 가지고 있는 요소에 초점을 두는 접근법인데, 이러한 접근법은 이론을 그대로 사용하는 것이 아니라 이론이 가지는 공통적인 부분을 통합한다. 이 접근법은 증거 기반 심리치료와는 대조되는 것으로서 사용되곤 한다. 이러한 접근법은 통합적 접근법으로 널리 사용되지는 않는다.

이 장에서 제시된 세 가지의 통합 이론 중 범이론적 접근법은 최근에 관심을 받고 있다. 범이론적 모델은 의학적인 문제를 다루는 영역에서 관심을 받고 있다(Prochaska & Norcross., 2014). 또한, 이 접근법은 약물 남용이나 알코올 의존, 그리고 그 외의 사회적인 문제를 다루는 데 사용되어 왔다. 이러한 문제 영역에서 더 관심을 두는 이유 중의 하나는 범이론적 모델이 변화 과정에 적용될 수 있기 때문이다. 예를 들어, 여러 연구들에서 금연을 평가하는 변화 과정을 연구해왔다(Atak, 2007; Guo, Aveyard, Fielding, & Sutton, 2009; Evers et al., 2012; Kleinjan et al., 2008; Redding et al., 2011). 또한 범이론적 모델은 비만 환자들의 체중 관리와 같은 건강 문제(Johnson et al., 2008), 성인들의 다이어트 행동 변화(Greene et al., 2013), 운동과 스트레스 관리에 사용되어 왔다(Prochaska et al., 2012). 에이즈 환자들의 경우에는, 운동 요법을 준수하고 위험한 성적 행동을 변화시킬 수 있도록 돕는다(Basta, Reece, & Wilson, 2008; Gazabon, Morokoff, Harlow, Ward, & Quina, 2007). 당뇨병을 관리하는 데에는 식이요법이 중요한데 범이론적 모델이 이러한 당뇨병 환자들을 돕는다(Salmela, Poskiparta, Kasila, Vähäsarja, & Vanhala, 2009). 하지만 약물 중독과 알코올의존증 치료에는 범이론적 모델이 다른 방법으로 적용된다(Callaghan, Taylor, &Cunningham, 2007; Heather, Honekopp, Smailes, & UKATT Research Team, 2009; Kennedy & Gregoire, 2009; Prochaska, 2012). 범이론적 모델은 건강 문제뿐만 아니라 학교의 따돌림 문제(Evers, Prochaska, Van Marter, Johnson, & Prochaska, 2007)와 청소년 폭력(Levesque, Johnson, Welch, Prochaska, & Fernandez, 2012), 가정 폭력 문제(Brodeur, Rondeau, Brochu, Lindsay, & Phelps, 2009)에도 적용된다. 많은 심리치료자들은 심리적인 장애들을 치료하는 데 범이론적 모델을 사용하지만, 최근에 이와 관련된 연구들이 거의 나오지 않는다.

연구

통합 이론에 대한 연구는 제한되어 있다. 이런 연구를 하는 데 있어서 한 가지 문제점은 특정 치료를 받는 집단의 경우 같은 기법들이 적용되는 반면에, 비교 집단의 개인들은 서로 다른 치료를 받게 된다는 것이다. 통합적 접근에서 많은 기법들은 특정 치료 집단 내의 개인들을 위해 적용되어 효과를 분석하는 데 어려움을 야기한다(Schottenbauer, Glass, & Arnkoff, 2005). 또한 많은 통합 접근법들이 특정 장애들을 치료하기 위해 개발되어 통합적 접근법들

간의 비교를 어렵게 한다. 특정한 통합 접근법들에 대한 연구는 아주 다양하다. Wachtel의 순환적 정신역동 모델에 대한 연구는 매우 적고 Lazarus의 다중양식 심리치료법에 대한 연구는 꽤 잘 알려진 모델임에도 불구하고 그리 많지 않다. 반면에, Prochaska의 범이론적 모델에 대한 연구는 많이 이루어졌다. 많은 연구들이 변화의 단계와, 의학적인 문제와 관련된 개인들을 돕는 데 있어서의 범이론적 모델의 효과성에 대해 이루어졌다.

Prochaska의 범이론적 모델에 대한 최근 연구를 검토해 보면 그 이론을 지지하는 연구들이 제시되어 있다. Krebs & Prochaska(2011), Norcross, Krebs, & Prochaska(2011), Schottenbauer, Glass, & Arnkoff(2005), Prochaska 등(2009)은 변화 단계의 적용과 의학적인 문제와 관련된 효과성을 지지하는 많은 연구들을 검토했다. 그와 같은 문제들은 흡연(많은 연구에서 초점을 두는), 알코올이나 약물과 같은 중독 행동, 당뇨와 식생활 개선, 청소년에 대한 가족계획, 중풍 환자의 행동 개선, 그리고 그 외의 문제들을 포함한다.

Prochaska와 동료들의 범이론적 모델에 대한 연구들은 주로 흡연에 초점을 둔다(Atak, 2007). 688명의 흡연자들에 대한 연구를 통해, 범이론적 모델이 숙고 전 단계나 숙고 단계에서 지지된다고 보고되었다(Schumann et al., 2005). 721명의 청소년을 대상으로 한 네덜란드 연구에서는, 범이론적 변화 과정이 청소년의 금연에 관한 단계 이행을 설명하지 않는다고 나타났다(Kleinjan et al., 2008). 영국에서는, 1,160명의 13~14세 청소년을 대상으로 한 연구에서 변화 과정의 진행은 단계 이행을 명백하게 설명하지 못했다(Guo et al., 2009). 사전 계획에서 준비에 이르기까지 운동에 관한 총 40개의 가설이 흡연을 중단하기를 원하는 3,923명의 성인에 대해 이루어졌다(Velicer, Brick, Fava, & Prochaska, 2013). 그 40가지 예측 중 32가지가 확인되었다. 이 연구들은 범이론적 모델에 의해 예측된 결과를 보여 주며, 범이론적 모델의 효과는 흡연 행동을 멈추게 하는 수단으로 여겨졌다. 흡연하거나 술을 마신 1,590명의 중학생을 대상으로 한 연구에서 범이론적 모델을 사용하여 약물 남용을 줄이기 위한 전산화된 프로그램 디자인을 사용했다(Evers et al., 2012). 3개월 추적 관찰에서 약물 및 알코올 남용에 변화가 있었지만, 이 결과는 6개월 만에 퇴색했다. 금연은 범이론적 모델에 대한 계속적인 연구 영역이 되고 있다.

범이론적 모델의 개관에서, Prochaska와 동료들, West(2005)는 행동 단계로 이행하는 개인들이 정말 유지 단계로 나아갈 수 있는지에 대한 증거가 충분하지 않다는 이유로 변화 단계 모델을 비판한다. Wilson & Schlam(2004)은 섭식 장애에 대한 범이론적 모델의 적용 가능성을 비판한다. 이러한 비판에도 불구하고, 다양한 국가의 약물 중독 청소년 내담자들을 대상으로 한 연구들은 숙고 전 단계에 있는 사람들이 숙고 단계나 준비/행동 단계에 있는 사람들보다 중도 탈락률이 더 높다는 것을 보여 준다(Callaghan et al., 2005). 그러나 또 다른 연구에서는 앞 단계로 나아가는 참여자들이 금주를 하는 데 있어서 향상을 보였다고 하였다(Heather, et al., 2009). 내적 동기를 알아보는 연구에서는, 높은 동기 수준이 숙고 전 단계보다는 숙고 단계와 행동 단계와 관련된다는 점을 보여 주었다(Kennedy & Gregoire, 2009).

Prochaska의 범이론적 모델의 변화 단계나 준비된 상태와 같은 독특한 특징에 초점을 두는 것은 더 많은 연구를 할 만한 가치가 있는 흥미로운 일이다.

다중양식 치료에 대한 연구는 꽤 드물다. Lazarus(2005a)는 자신의 내담자들을 대상으로 실시한 연구를 보고하였다. 내담자들을 20년 넘게 추적한 결과, 75% 이상의 내담자들이 완치되었다는 것을 보고하였다. 20명의 어려운 내담자들을 대상으로 3년간 종단 연구를 한 결과, 14명의 내담자들의 치료가 성공적이었으며 더 이상 치료가 요구되지 않았다고 보고하였다. 그 외의 내담자들 중에, 두 명은 때때로 약물 치료가 필요했고, 세 명은 치료적 개입이 유지되지 못했다. 강박신경증과 공포증 내담자들을 대상으로 한 초기 연구에서, Kwee(1984)는 강박신경증 내담자들의 64%, 공포증 내담자들의 55%가 상당한 호전을 보였다고 보고했다. 이 연구의 내담자들 중 70%는 4년이 넘게 그 증상을 겪었고, 90%는 이전에 치료한 경험이 있는 내담자들이었다. 심리치료에 저항하는 9명의 정신증 내담자 집단과 12명의 통제 집단을 비교한 연구에서, 다중양식 심리치료를 받은 사람들이 상당한 증상 호전을 보였다고 보고했다(Randal, Simpson, & Laidlaw, 2003). 다중양식 치료의 효과성을 알아보는 더 많은 연구들이 요구된다.

성 관련 주제

통합 치료로 범이론, 순환적 정신역동, 다중양식 치료법을 사용할 때, 심리치료자들은 그들이 빌려 온 특정 이론들이 받을 비판을 받기 쉽다. 예를 들어, Prochaska의 범이론적 접근법은 증상 행동(행동 치료), 비합리적 사고(인지 치료, 가족 치료), 개인내적 갈등(정신분석, 게슈탈트 등)을 검토한다. 성 관련 문제는 내담자가 가진 문제 유형을 제시하는 이론에 따라 다르다. Wachtel의 순환적 정신역동 이론에서, 정신분석, 행동 치료, 가족 체계 치료(또한 그 외에)와 관련된 성 문제는 Wachtel의 접근법에 대한 비판에도 적용된다. 마찬가지로, 주로 인지행동 치료를 사용하는 다중양식 치료에서는, 인지행동 치료에 적용된 성 관련 문제가 또 다시 다중양식 치료에 적용된다. Lazarus는 많은 이론들로부터 다양한 치료적 기법들을 활용하기 때문에, 여성들에게 이러한 기법을 적용하는 것에 대한 문제점이 나타날지도 모른다.

다문화 관련 주제

Prochaska의 범이론적 접근법, 순환적 정신역동, 다중양식 치료는 다문화 관련 문제에 대한 접근이 다양한 이론들을 사용한다. 통합 이론들이 여성주의 치료의 일부분을 활용한다면, 그 이론들은 내담자들에게 적용할 수 있는 여성주의 치료의 특징적인 다문화 요소를 포함하게 될 것이다(Wachtel, 2007). 순환적 정신역동의 창시자 Wachtel(1999)은 그의 저서인『미국인이 생각하는 인종: 흑인과 백인 사이의 악순환 깨기(Race in the Mind of America: Breaking the Vicious Circle between Blacks and Whites)』에서, 인종 관계에 영향을 미치는 문화 문제를 언급하였다. 그는 순환적 정신역동의 모든 측면인 정신분석과 인지 치료 및 행동 치료를 빌려 왔다. 범이론적 접근법의 의식 증진과 자기해방이라는 두 가지의 변화 과정은 문화적으로 다양한 배경을 가진 내담자들을 상담할 때 중요할 수 있는 문제를 언급했다. Prochaska의 범이론적 심리치료는 특히 개인에게 영향을 줄 수 있는 사회 문제를 언급했다. Lazarus의 다중양식 치료는 서로 다른 문화적 배경을 가진 문제들을 끌어낼 수 있는 일곱 가지의 치료적 양식을 사용하였다. 문화는 내담자의 대인관계 양식에 영향을 주는 가족과 친구들뿐만 아니라 심리치료자가 사용하는 심상과 내담자가 지각하는 심상에도 영향을 미칠 수 있다.

통합 치료를 연구하는 이론가들은 문화적 주제가 적용된 치료 유형에 어떻게 영향을 미치는지를 조사하였다. 여성주의 치료자인 Brown(2009)은 심리치료적 통합에 대한 효율적인 접근법으로 문화적 유능성을 바라보는 모델을 설명하였다. Wachtel(2008)은 통합적 심리치료를 다른 문화적 가치를 가진 개인들에게 적용할 때, 문화적 가치에 관심을 가지는 것이 중요하다고 보았다. 또 다른 연구자들은 통합적 심리치료가 아르헨티나(Muller, 2008), 칠레(Opazo & Bagladi, 2008), 독일과 스위스(Caspar, 2008), 일본(Horiuchi, Tsuda, Trochaska, Kobayashi, & Mihara, 2012; Iwakabe, 2008), 포르투갈(Vasco, 2008) 등 자신들의 문화에 어떻게 적용될 수 있는지 논의해왔다. 몇몇 다른 연구자들은 미국 내 다문화 집단에 통합적 심리치료를 적용하는 방법을 연구해왔다. 도심 지역의 약물 남용자들을 대상으로 한 연구에서, Avants & Margolin(2004)은 중독을 치료할 때 내담자가 종교적 신념을 가질 수 있도록 돕는데 불교의 팔정도를 사용함으로써 영성적 자기 도식 심리치료법이라 불리는 통합적 심리치료법을 제안했다. 또 다른 접근법은 우분투(Ubuntu: 공동체 정신) 심리치료법으로, 아프리카인들을 상담할 때 심리치료에 포함될 수 있는 그들의 가치관을 활용한다(Van Dyk & Nefale, 2005). 우분투는 연대감, 협동심, 공유를 말한다. 통합적 심리치료들은 다문화적 가치관을 가진 사람들에게 어떻게 적용될 수 있는지를 다양한 방법으로 연구해왔다.

요약

이 장에서는 심리치료 이론들을 통합한 세 가지의 주요 접근들을 기술하였다. 15개 이상의 통합적 이론들이 있는데, 모든 통합적 이론은 내담자를 돕기 위해 이 책에서 서술된 하나 이상의 이론들을 결합하였다. 통합적 이론은 다양한 이론들을 가져왔을 뿐만 아니라, 이론들을 이용하는 방식이 다르다. 이 장에서 이론적 통합, 동화적 또는 기법적 절충주의 통합 이론을 설명했다. 그러고 나서 독자들이 자신만의 이론을 개발할 수 있도록 하나의 모델로서 각각의 이론들이 어떻게 사용될 수 있는지를 설명했다. 이 장에서 서술된 세 가지 이론을 아래에 요약했다.

순환적 정신역동에서, Wachtel은 정신분석 이론을 시작으로, 나중에는 이러한 행동 치료의 발달적 접근을 결합시켰다. 두 성격 이론들이 문제를 평가하는 데 사용되고, 내담자를 변화시키기 위한 두 가지 방법이 내담자의 문제를 돕는 데 사용되었다. 또한 Wachtel의 순환적 정신역동은 행동 치료뿐만 아니라 구성주의와 가족 체계 접근법을 정신분석과 통합했다.

Prochaska와 그의 동료들은 범이론적 접근법을 사용한다. 그들은 숙고 전 단계(변화하기를 거부하기)에서 행동(변화를 수용하기)/유지(계속 변화를 유지하기) 단계까지의 범위를 갖는 변화 단계 중에서 내담자들이 변화에 대해 얼마나 준비되어 있는지를 평가한다. 그러면 문제들은 증상 행동, 비합리적 신념, 개인내적 갈등, 가족 갈등, 대인관계 갈등의 다섯 가지 수준에 속하는 것으로 평가된다. 그리고 Prochaska와 동료들은 변화를 위한 열 가지의 기법을 사용한다. 여러 기법 중에, 여기에는 의식 증진, 환경 재평가, 자기해방이 포함된다. 이러한 기법들은 범이론적 모델의 심리치료자들에게 내담자의 변화를 돕는 데 다양한 방법을 사용할 수 있는 기회를 제공한다.

Lazarus에 의해 개발된 다중양식 치료는 내담자들의 성격과 그들이 가진 문제를 이해하기 위해 사회학습 이론을 사용한 접근법이다. 그는 BASIC I.D.(행동, 정서, 감각, 심상, 인지, 대인관계, 약물/생물학) 양식의 관점을 가지고 심리치료 목표를 세운다. Lazarus는 내담자들의 일곱 가지 양식들을 평가하고 치료적인 변화를 가져올 수 있는 매우 다양한 기법들을 적용한다. 이러한 기법들은 다양한 이론들로부터 가져온다.

17장 비교와 비평과 함께 이 장에서는, 여러 장에서 논의된 이론들을 요약하였다. 이러한 요약을 제공함으로써, 당신이 상담 및 심리치료를 하는 데 있어서 어떤 이론을 사용하고 싶어 하는지를 생각하는 데 도움이 되었기를 바란다. 이 마지막 장에서는, 당신이 실제로 사용하는 데 있어서 어떤 이론을 선택하여 통합하고자 하는지 생각해 볼 수 있도록 그 초석을 제공하고자 했다.

실습

CengageBrain.com에 나와 있는 디지털 자기 측정 도구, 핵심 용어, 동영상 사례(이론의 적용), 사례 연구, 퀴즈 문제로 통합 치료의 개념을 자세히 연구하고 실습할 수 있다.*

---

* 해당 서비스는 유료로 이용하실 수 있습니다.

추천 자료

Norcross, J. C., & Goldfried, M. R. (Eds.). (2005). *Handbook of psychotherapy integration*(통합 심리치료 핸드북)(2nd ed.). New York: Oxford University Press.

매우 철저한 치료인 통합 심리치료인 핸드북에는 치료 통합에 대한 15가지 이상의 다양한 접근법을 개발하는 사람들이 저술한 장이 포함되어 있다. 다른 장에서는 통합접근 유형, 훈련, 결과 연구 및 통합 치료의 발달에 관한 향후 방향이 기술되어 있다.

Wachtel, P. L. (1997). *Psychoanalysis, behavior therapy and the relational world*(정신 분석, 행동치료 및 관련 세계). Washington, DC: American Psychological Association.

정신분석과 행동 분석의 통합이 불안, 학습 및 정신 분석의 개관과 함께 제시되어 있다. 첫 번째 장은 『정신분석과 행동치료: 통합을 향하여(Psychoanalysis and Behavior Therapy: Toward an Integration)』(Wachtel, 1977)를 재판하였다. 나머지 7개의 장은 정신분석, 인지 행동 이론 및 구성주의에서 수정된 이론들을 제시하였다.

Prochaska, J. O., & Norcross, J. C. (2014). *Systems of psychotherapy: A transtheoretical analysis*(심리치료 체계: 범이론적 분석)(8th ed.) Stamford, CT : Cengage Learning.

16장에서는 Prochaska, Norcross, 및 그의 동료들이 개발한 범이론적 모델에 대한 좋은 개관을 제공한다.

Lazarus, A. A. (1997). *Brief but comprehensive psychotherapy: The multimodal way*(단기이면서 종합적인 심리치료: 다중양식). Baltimore: Johns Hopkins University Press..

Lazarus 다중양식 치료, 기법 및 적용에 대해 기술하였다. 사례 자료가 포함되어 있는데, 치료와 관련된 다중양식 치료의 사용에 대한 설명이 제시되어 있다.

CHAPTER 17

비교와 비평

비교와 비평 개요

사례 개념화에 활용된 성격 이론의 기본 개념

상담 목표

상담에서의 평가

상담 기법

심리치료 접근의 변별적 적용

단기 심리치료

최신 동향
공통 요인 접근법
처치 매뉴얼과 증거 기반 심리치료
　　증거 기반 심리치료(EBT)
포스트모더니즘과 구성주의
다른 심리치료 이론과 함께 사용하기

연구
성과 연구
앞으로의 방향
성 관련 주제

다문화 관련 주제

가족 상담

집단 상담

비평
정신분석
융학파 분석과 심리치료
아들러학파 심리치료
실존주의 심리치료
인간중심 심리치료
게슈탈트 심리치료
행동 심리치료
합리적 정서행동 심리치료
인지 심리치료
현실 심리치료
구성주의 심리치료
　　해결중심 심리치료
　　이야기 심리치료
여성주의 심리치료
가족 치료

이 장에서 나는 이 교재에서 논의된 각 영역들을 기준으로 여러 이론들을 비교할 것인데, 이 영역들은 각각의 이론이 지닌 강점과 한계점을 비교할 수 있는 기준이 될 것이다. 각 이론들을 비교하기 위해서, 나는 성격의 기본 개념, 상담 목표, 진단하는 데 사용하는 핵심 접근 방법, 그리고 각 이론에서 가장 보편적으로 사용하는 상담 기법을 요약하였다. 또한 우울과 불안이라는 두 가지 증상을 가지고, 이 책에서 논의한 주요 이론들이 사용하고 있는 치료법을 비교하였다. 또한 각 이론들이 단기 심리치료를 수용하는 방식, 이론의 최신 동향, 각 이론이 다른 이론을 응용하는 방식, 연구동향, 성이나 문화 관련 주제 등을 요약, 비교할 것이다. 왜냐하면 이것은 각 이론 자체뿐 아니라 각 이론이 커플, 가족, 집단 등에 적용되는 방식에 영향을 끼치기 때문이다. 15장에서 논의하였던 동양 심리치료, 수용전념 심리치료, 관계중심 심리치료, 심리극, 창의예술 심리치료의 다섯 가지 개별 이론은 간단하게만 서술했으므로, 이 부분은 이 장에서 다루지 않기로 한다.

비교를 한 후에 각 이론이 가지고 있는 주요 강점과 제한점이 무엇인지에 대한 필자의 생각을 제시하고자 한다. 이러한 생각은 주관적이며 이론의 다양한 측면을 대조하는 과정에서 형성된 나의 견해를 반영한다. 이론에 대한 이러한 비평은 간결하게 제시하였다. 따라서 독자는 그 이론이 지닌 강점과 약점에 대한 여러분의 생각을 가지고 보완하기 바란다. 내가 제시하고 있는 이론 간 비교와 비평은 각 이론 간 관련성을 이해하는 데도 도움을 줄 것이다.

사례 개념화에 활용된 성격 이론의 기본 개념

이 절은 심리치료 주요 이론의 기본 개념들을 세 개의 범주로 구분하여 비교할 것이다. 세 개의 범주는 무의식적 과정이나 초기 발달을 강조하는 이론, 현재의 경험이나 삶과 관련된 주제를 다루는 이론, 행동이나 생각을 바꾸는 것을 다루는 이론으로 나뉜다. 비교를 위해 각 이론과 연관된 주요 개념은 표 17.1에 제시되어 있다.

무의식의 힘이나 초기 발달을 다루는 이론에는 정신분석, 융학파 이론, 아들러학파 이론이 있다. 원초아, 자아, 초자아와 같은 성격의 구조뿐만 아니라 의식 및 무의식이라는 개념은 네 가지 정신분석적 관점을 정도에 따라 구분하는 데 매우 중요한 개념이다. 추동 이론은 심리성적인 발달을 강조하고, 자아심리학은 방어기제를, 대상관계 이론은 유아가 사랑하는 대상과의 관계에 초점을 둔다. 자기심리학에서는 자기애 발달의 중요성에 관심을 둔다. 관계적 정신분석에서는 내담자와 심리분석가 간의 관계를 형성하는 것에 특히 관심을 두며, 내담자의 주관적인 관점에 많은 비중을 둔다. 정신분석 이론은 아동기 발달에 관해 서로 다른 관점에 초점을 두는데, 특히 융학파 이론은 무의식 중에서도 집단무의식을 강조한다. 융학파 이론을 이해하려면 우리는 원형의 중요성을 파악하고 있어야 한다. 원형은 표 17.1에 그 일부가 제시되어 있다. Adler는 무의식적 과정이 중요하다고 믿었음에도 불구하고, 그는 개인이 가지고 있는 신념과 그러한 신념이 사회에 기여하는 것, 그리고 개인이 타인에 대해 갖는 관심에 더 흥미를 가졌다.

■ 표 17.1

성격 이론의 기본
개념

정신분석	융학파 분석과 심리치료	아들러학파 심리치료
무의식	의식	생활양식
의식	개인무의식	사회적 관심
성격 구조	집단무의식	열등감과 우월감
원초아	원형	출생 순위
자아	페르소나	
초자아	아니마, 아니무스	
방어기제	그림자	
추동 이론	자기	
심리성적 발달 단계	성격 태도	
자아심리학	내향성	
방어기제	외향성	
적응적 기능	성격 기능	
성인의 발달	사고와 감정	
대상관계 심리학	감각과 직관	
아동기 어머니와의 관계	성격 발달	
개별화	아동기	
중간 대상	청소년기	
충분히 좋은 엄마	중년기	
참 자기 및 거짓 자기	노년기	
분열		
자기심리학		
자기애		
자기대상		
과대자기		
이상화된 부모		
관계적 정신분석		
타인과의 상호작용		
의사소통 유형		
관계에 대한 지각		
상호주관성		

실존주의 심리치료	인간중심 심리치료	게슈탈트 심리치료
세계 내 존재	긍정적인 관심에 대한	전경과 배경
네 가지 존재 방식	욕구를 개발하는 것	자기 및 타인과의 접촉
주변 세계	조건성	접촉 경계
공존 세계	관계와 자기 존중	접촉 방해 경계
고유 세계	충분히 기능하는 사람	내사
영적 세계		투사
시간과 존재		반전
삶과 죽음		굴절
자유, 책임, 선택		융합
소외와 사랑		알아차림
의미와 무의미		미해결된 사건
자기 초월		
진솔성 추구		

(계속)

행동 심리치료	합리적 정서행동 심리치료	인지 심리치료
고전적 및 조작적 원리	책임감 있는 쾌락주의	자동적 사고
정적 강화	인본주의	인지적 도식
부적 강화	합리성	인지적 왜곡
소거	무조건적 자기수용	양자택일적 사고
일반화	~에 관한 비합리적 신념	선택적 추상화
변별	능력과 성공	넘겨짚기(독심술)
조형	사랑과 인정	부정적 예측
관찰 학습의 원리	부당하게 대우받는 것	파국화
자기효능감	안전과 편안함	과잉일반화
주의집중 및 파지 과정	성격의 A–B–C 이론	낙인찍기 및 잘못된 낙인
동기 과정	A. 선행사건	극대화 또는 극소화
운동재생 과정	B. 신념	개인화
	C. 결과	
	심리적 장애에 관한 장애	

■ 표 17.1
성격 이론의 기본
개념(계속)

현실 심리치료	구성주의 심리치료	여성주의 심리치료	가족 치료
책임감	해결중심	발달적 성차	의사소통 방식
선택 이론	불평에 귀 기울이기	도식 이론과 다중	체계 이론
심리적 욕구	변화를 위한 동기	정체성	피드백
소속감	해결된 상태에 관한	Gilligan의 보살핌의	항상성
힘	기대에 집중하기	윤리	Bowen의 다세대 접근
자유	이야기 심리치료	관계문화 모델	자아 분화
재미	내담자의 이야기		삼각관계
선택	배경		가족 투사 과정
활동하기	성격		정서적 단절
생각하기	줄거리		다세대 전수 과정
느끼기	주제		Minuchin의 구조적 접근
생리 기능	이야기상의 공감		가족 구조
선택			경계 투과성
통제를 위한			동맹과 연합
비합리적 행위			Haley의 전략적 접근
			관계에서의 권력
			의사소통
			증상 초점

    정신분석, 융학파 분석, 아들러학파 심리치료가 과거의 사건과 발달 부분에 초점을 둔 반면, 실존, 인간중심, 게슈탈트 심리치료는 현재의 상호작용을 강조한다.

    실존주의 심리치료는 인간 자체와 관련된 중요한 주제에 관심을 둠으로써 다른 심리치료와 구별된다. 인간 자체와 관련된 주제에는 삶과 죽음, 자유, 소외, 사랑, 의미와 무의미 등이 있다. 인간중심 심리치료는 자기 가치를 경험하는 것을 돕거나 방해하는 주제를 다룬다. 자기의 자각, 자기 및 타인과의 접촉, 현재를 경험하는 것과 관련된 개념은 게슈탈트 심리치료의 핵심을 구성한다.

    행동 심리치료와 인지 심리치료는 사람들이 행동하고, 학습하고, 사고하는 방식에 관심을 둔다. 특히, 행동 심리치료자들은 행동의 고전적 및 조작적 조건 형성의 원리와 관찰 학습에 초점이 있다. 합리적 정서행동 심리치료(REBT)는 개인을 불행하게 만드는, 각자가 지닌 비합리적 신념체계에 초점을 둔다. 인지 심리치료는 사고에 주목하고 사고 과정의 왜곡에 관심을 둔다. 이 치료에서는 이러한 사고 왜곡 등이 생각, 감정, 행동을 효과적이지 못하게 만든다고 본다. 현실 심리치료도 생각, 감정, 행동에 초점을 둔다. 그런데 현실 심리치료에서는 개인이 자신의 행동을 조절하고 책임지는 개인의 역할을 강조한다는 특징이 있다.

지금까지 언급한 이론들이 성격 발달에 영향을 미치는 심리적 요인에 관심을 두었다면, 여성주의 심리치료는 성이나 문화 차이 같은 사회적 요인을 다룬다. 이러한 사회적 요인은 개인의 발달 및 타인과의 관계와도 관련되어 있다고 보기 때문이다. 개인의 차원을 넘어서 가족 심리치료자들은 가족 내 구성원 간의 관계가 갖는 중요성에 대해 강조했으며, 이러한 관계가 개인의 성격 형성에 영향을 준다고 보았다.

종합해 보면, 각 이론들은 세상을 보는 독특한 시각을 보여 주며, 그러한 시각은 치료 대한 접근 방식에 영향을 준다. 구성주의 심리치료(해결중심 심리치료 및 이야기 심리치료)는 내담자가 세상을 보는 방식이나 내담자 자신이 개인적으로 갖고 있는 성격 이론을 강조한다. 그러나 통합적 이론은 각 이론들 사이에서 중복되는 부분에 대해 체계적으로 논의한다. 특히 인지, 행동, 합리적 정서행동 심리치료가 그러한데, 인지적, 행동적 원리로 통합된다. 때로는 여러 다른 이론들에서 유사한 개념을 다양한 용어로 사용하는 경우도 있다. 예를 들어, Otto Kernberg는 사물을 완전히 좋거나 나쁘다는 식으로 보는 사람들, 특히 경계선 성격장애자들의 경향성을 묘사하기 위해 '분열(splitting)'이라는 용어를 사용한다. 반면에 Beck은 유사한 사고 과정을 묘사하기 위해 '양자택일적 사고(all-or-noting thinking)'라는 인지적 용어를 사용한다. 대부분의 이론에서 성격 이론의 기본이 되는 개념은 잘 개발되었다. 표 17.1에 가장 중요한 개념만 제시하였다.

상담 목표

인간의 성격과 관련된 개념에 따라, 심리치료를 할 때 각 이론적 관점에서 설정하는 목표는 이론가들이 중요하다고 믿는 목표 관련 개념을 반영한다. 표 17.2 에 매우 간략한 형태로 치료적 변화를 이끌어 내는 초점이라고 여겨지는 인간 경험의 측면이 요약되어 있다. 종합하면, 인지행동 심리치료에서는 다른 접근들보다 구체성을 강조하고, 변화를 명료하게 정의하는 것이 중요하다. 상담 목표가 각 이론마다 다르게 설정되기 때문에 상담 목표를 비교하는 것은 다소 어렵다.

표 17.2 상담 목표	정신분석	인격과 성격구조의 변화; 자기 내 무의식적 갈등의 해소; 아동기 경험의 재구조화와 재해석 • 추동 이론: 성적 충동과 공격적 충동에 대한 자각을 증가시키기 • 자아 이론: 자아방어기제를 이해하고 외부 세계에 적응하기 • 대상관계 이론 및 관계적 정신분석 이론: 분리와 개별화 주제에 대해 탐색하고 그 주제를 해결하기 • 자기심리학: 자기애나 이상화된 부모와 관련된 주제를 해결하기
	융학파 분석과 심리치료	개별화; 의식과 무의식의 통합을 통한 개별화
	아들러학파 심리치료	사회적 관심의 증가; 자기 패배적 행동의 변화; 문제해결, 생활양식의 수정 및 변화
	실존주의 심리치료	진정성 확립; 존재의 의미 발견과 의미 추구; 실존의 전적인 체험
	인간중심 심리치료	자기 주도성 증가; 긍정적 자기존중 증가; 내담자의 주도적 목표 설정
	게슈탈트 심리치료	개인의 느낌, 지각, 사고, 신체의 상호 조화; 성장, 책임, 성숙으로 이끄는 자각
	행동 심리치료	명료하고 정확하게 규정된 구체적인 목표 행동 변화; 기능 분석을 통한 성장, 책임성 증가 및 성숙
	합리적 정서행동 심리치료	정서적 문제 경감; 자기파괴적 행위 감소; 강력한 비합리적 사고에 의해 장애가 발생할 가능성을 감소시킬 철학의 학습
	인지 심리치료	효과적으로 기능하고 긍정적 감정, 행동, 사고를 촉진하기 위해 편견이나 왜곡 제거
	현실 심리치료	책임을 수용하고 소속, 힘, 자유, 재미 욕구를 만족스러운 방식으로 충족함
	구성주의 심리치료	• 해결중심 심리치료: 구체적 목표 설정, 문제해결, 개선 사항 평가 • 이야기 심리치료: 삶(또는 삶에 관한 이야기)을 문제보다는 긍정적으로 봄
	여성주의 심리치료	개인의 주제뿐만 아니라 사회 제도에서의 변화도 포함, 자존감을 제고; 대인관계 개선, 성역할 검토; 자신의 몸 수용
	가족 치료	• Bowen: 가족 스트레스 경감, 가족 구성원의 분화 • Minuchin: 가족 내 동맹과 연합의 수정을 통한 변화 유도 • Haley: 치료 목표의 초점화, 목표 도달을 위한 계획적인 전략

상담에서의 평가

본질적으로 상담 목표는 상담자가 가야 할 방향을 안내해 주며, 평가는 내담자의 문제를 개념화하고 치료적 변화를 촉진하는 과정에서 상담자를 인도하는 표지물을 발견하게끔 한다. 일부 상담자들은 내담자를 좀 더 알기 위해 성격 검사 같은 평가 도구를 사용하기도 하지만, 대부분의 상담자는 초기 면접이나 상담 회기 자체에서의 평가를 중요하게 여긴다. 왜냐하면, 평가가 상담 과정 전체에 걸쳐 이루어진다고 믿기 때문이다. 인지 및 행동적 목표를 강조하는 이론에서 평가와 관련된 기법들은 내담자의 사고와 행동을 명료하게 기술하는 등 매우 구체적인 경향이 있다. 인지 심리치료의 경우, 구체적인 관찰이나 보고서와 함께

표 17.3 평가 관련 접근 방법	정신분석	가족력과 사회력, 구조화 및 비구조화 평가 시도 분석 투사 기법: 로샤, 주제통각 검사
	융학파 분석과 심리치료	꿈과 환상에서 원형 자료를 검토하기 투사 기법 태도와 기능 수준 측정하기: 그레이–휠라이트(Gray–Wheelwrigh) 검사, 　　마이어스–브릭스(Myers–Briggs) 유형 척도(MBTI), 싱어–루미스(Singer– 　　Loomis) 성격 검사(SLIP)
	아들러학파 심리치료	생활양식 분석, 가족 역동에 관한 관찰, 출생 순위, 초기 회상 검토, 기본적 　　오류 검토(자기파괴적 행동), 자산 평가, 면접 외에 설문지 사용 가능
	실존주의 심리치료	외로움, 무의미, 책임, 죽음 관련 주제 경청, 또한 삶을 정직하게 직면하는 　　능력 평가, 꿈, 객관적 검사, 투사적 검사도 유용함
	인간중심 심리치료	평가는 심리치료자가 내담자를 공감적으로 이해할 때 가능
	게슈탈트 심리치료	내담자에게 발생하는 언어, 신체 반응, 감정, 감각 관련 패턴의 인식과 구성적 　　이해, 이 과제는 심리치료자들이 위 요소를 내포하고 있는 내담자의 경험 　　주기에 초점을 맞춤으로써 수행함
	행동 치료	행동의 선행사건과 결과에 관한 탐색, 행동적 보고, 평정, 관찰, 생리적 측정 　　방법 사용, 개선 정도를 평가하기 위해 실험적 방법 사용
	합리적 정서행동 심리치료	면담이나 상세한 질문지를 사용한 사고 및 행동 평가, 문제를 확인하기 위해 　　A–B–C 이론을 사용
	인지 심리치료	상세 질문, 자기관찰, 사고 표집, 구체적인 문제나 태도와 관련 척도와 질문지 　　사용
	현실 심리치료	내담자가 '진정으로 원하는 것'을 발견하고, 소속감, 힘, 자유, 재미 관련 욕구 　　평가를 위한 면담, 자기평가 도구 사용, 행동, 사고, 감정, 생리적 부분도 　　평가
	구성주의 심리치료	• 해결중심 심리치료: 동기 평가, 마인드맵을 사용한 행동적 절차 평가 • 이야기 심리치료: 삶을 문제투성이가 아닌 긍정적으로 보는 정도 평가
	여성주의 심리치료	전통적 심리 평가에 관해 유보석 태도, 폭력, 차별, 성역할과 같은 사회적 　　요인에 초점
	가족 심리치료	가족 내 상호작용의 패턴에 관한 관찰

진단적 분류는 상담을 운영하는 데 도움이 된다. 융학파 분석, 실존주의 심리치료, 인간중심 심리치료, 게슈탈트 심리치료, 가족 심리치료, 구성주의 심리치료 같은 경우, 상담 목표는 DSM-5 분류 체계와 밀접한 관련이 없으며, 평가 방법들이 각 이론마다 독특하다. 표 17.3에 치료적 변화의 근간이 되는 개념, 검사 도구, 방법을 설명하는 간략한 진단적 접근 방법을 요약한 내용이 제시되어 있다.

상담 기법

각 이론은 인간의 성격에 대한 서로 다른 관점에 기초하여 기법을 개발했음에도 불구하고

▋표 17.4
상담 기법

정신분석	융학파 분석과 심리치료	아들러학파 심리치료
자유연상	무의식을 의식적 자각으로	즉시성
중립성	끌어올리기	격려
공감	꿈, 환상의 해석	'마치 ~처럼' 행동하기
저항의 분석	적극적 상상	하던 일 멈추기
해석(꿈, 자유연상 등)	창의적 기법(시, 예술, 모래놀이)	이미지 상상하기
전이의 분석	전이	내담자 수프에 침 뱉기
역전이	역전이	악동 피하기
관계적 반응		버튼 누르기 기법
단기 정신분석		역설적 의도
질문		과제 설정과 계약
재진술		과제
직면		
해석(제한된 형태)		

실존주의 심리치료	인간중심 심리치료	게슈탈트 심리치료
기법은 다른 이론에서 차용.	변화를 위한	공감적 반응
현재의 조건과 주제 다루기	필요충분조건:심리적 접촉	자각의 강화
현재의 조건	심리적 취약성	자각의 진술과 질문
치료적 사랑	일치성과 진실성	(아래 나열된 것들을 통한)
저항	무조건적인 긍정적 존중과 수용	자각의 증진
전이	공감	언어적 행위
현재의 주제	공감과 수용의 지각	비언어적 행위
삶과 죽음		감정
자유, 책임, 선택		대화
소외와 사랑		시연
의미와 무의미		꿈
Frankl의 의미 치료 기법		자기와 타인에 대한 자각
태도 수정		회피를 통한 자각
반성 제거		위험을 무릅쓰기
역설적 의도		창의성
소크라테스식 대화		

행동 심리치료	합리적 정서행동 심리치료	인지 심리치료
체계적 둔감화	A–B–C–D–E 모형을 사용하여	구조화된 상담 회기
심상적 홍수법	비합리적 신념을 반박하기	유도된 발견
현장참여 심리치료법	인지적 접근 방법	자동적 사고의 구체화
모델링 기법	자기 진술에 대처하기	과제 주기
직접적	다른 사람들을 가르치기	인지적 개입
상징적	문제해결	특이한 의미 이해하기
역할 연기	정서적 기법	절대성에 도전하기
참여적	상상하기	재귀인
내현적	역할 연기	왜곡을 명명하기
인지행동적 기법	수치심 공격하기	탈파국화(탈비극화)
자기교수 훈련	단호한 자기진술과 대화	양자택일적 사고에 도전하기
스트레스 예방 훈련	행동적 방법	장점과 단점 목록 만들기
이완 기법	활동 과제	인지적 시연
자기주장 훈련	강화	
노출과 강박적 의식	기술 훈련	
행동의 억제	통찰	

(계속)

현실 심리치료	구성주의 심리치료	여성주의 심리치료	가족 치료
과정	해결중심	성역할 분석 및 개입	가족 체계 치료
우호적 관여	치료 전 변화	문화 분석 및 개입	Bowen의 다세대 접근
전 행동 탐색하기	칭찬하기	힘 분석 및 개입	심리학적 가계도
행동 평가하기	기적 질문	자기주장 훈련	해석
개선을 위한 계획	척도 질문	재구조화와 재명명화	평가 면담
수립	동기 평가	치료의 신비화를 막을	탈삼각화
계획에 대한 약속	예외 질문	전략	Minuchin의 구조적 접근
심리치료자의 태도	동기 평가		가족 지도 그리기
변명 불허하기	'메시지'		합류하기와 적응하기
처벌, 비난 금지	이야기 치료		실연
포기하지 않기	이야기 말하기		경계선 변화시키기
전략	문제의 외현화		재구조화
질문하기	독특한 탈출구		Haley의 전략적 접근
긍정적 태도	대안적 이야기		직접적 과제
은유 사용	긍정적 이야기		역설적 과제
유머 사용	미래에 대한 질문		
직면	내담자의 이야기		
역설적 기법	지지해 주기		

그들 간에는 유사한 부분이 있으며, 상담자들은 다른 이론으로부터 심리치료 기법을 차용하기도 한다.

가령 대부분의 상담자들은 상담의 특정 시점에서(즉, 상담의 초기이거나 내담자가 정서적 반응을 보일 때) 공감적으로 반응할(인간중심 상담) 개연성이 있다. 자유연상이나 해석과 같은 덜 적극적인 기법들은 보통 정신분석 및 융학파 분석과 같은 좀 더 장기적인 상담에서 사용된다. 더 지면적이고 직접적인 상담 기법(직면, 질문, 지시)은 단기 정신분석과 인지, 행동, 합리적 정서행동 상담, 게슈탈트, 현실 상담에서 사용된다. 정신분석과 융학파 분석에서, 상담 기법들은 무의식적인 과정을 의식적 자각으로 이끌어 내는 것을 강조한다. 아들러학파, 인지, 합리적 정서행동 상담에서 상담 기법들은 행동이나 정서적 과정보다는 인지에 더 초점을 둔다. 행동, 현실 상담에서는, 우선 행동을 바꾸는 방법에 초점을 두고, 나중에 신념과 감정에 관심을 둔다. 게슈탈트 상담에서는 종종 정서적 느낌을 일으키기도 하는 언어 및 비언어적 과정을 자각하는 데 최우선의 관심을 두는 반면, 인간중심 상담자들은 내담자의 경험을 공감하는 데 최우선의 관심을 둔다. 실존주의 상담자들은 앞서 언급한 모든 이론에서 도출된 모든 기법을 사용하긴 하지만, 인간 존재의 중요성이라는 주제에 좀 더 주의를 기울인다. 여성주의 상담자들은 위의 수많은 상담 기법을 사용할 수 있지만 또한 그들은 사회문화적 맥락을 검토하고 내담자의 문제에 영향을 미치는 외적 요소를 검토한다. 가족 상담자들은 앞서 언급한 몇 가지 접근 방법으로 가족에 속한 개별 구성원들을 상담할 수도 있지만, 대부분은 가족 체계를 먼저 점검한 후, 둘 이상의 가족 구성원에게 개입하여 영향을 끼치려고 시도한다. 해결중심 상담자들이 개입할 때에는 우선 내담자가 무엇을 자신의 문제에 대한 해결책이라고 보는지, 그리고 어떻게 하면 내담자가 자신의 문제를 설명하기 위해 자신이 구성한 이야기에 맞게 개입이 이루어질 수 있는지에 주의를 기울인다. 편의상, 각 이론과 관련된 주요 상담 기법과 관련한 추가적인 비교 사항은 표 17.4에 제시했다.

심리치료 접근의 변별적 적용

앞서 언급한 바와 같이, 각각의 이론들은 어떤 증상에 어떤 상담 기법과 방법을 어느 정도로 적용하는지가 서로 다르다. 각 이론들을 비교하려면, 다른 증상보다는 동일한 증상에 대해 각각의 이론들이 적용되는 방식을 비교하는 것이 더 유용하다. 표 17.5는 대부분의 이론들이 특정 내담자들의 특정 증상에 어떤 방식으로 적용되고 있는지를 예를 들어 제시해 주고 있다. 내담자들은 많은 변인들(나이, 성별, 가족력, 문제의 유형, 기질 등)에 따라 다양하기 때문에, "이 증상에는 이 기법을 사용하십시오."라고 말하기는 불가능하다. 각 심리치료법들을 비교하기 위해 표 17.5에 우울과 불안 증상에 대해 이 책에 기술된 매우 복합적인 사례를 간략하게 소개했다. 해당하는 장으로 돌아가서 원래 사례를 참고하기 바란다. 그렇게 하면 특정 이론이 한 내담자를 다루기 위해 어떤 방식으로 사용되는지에 대한 훨씬 많은 정보를 얻을 수 있을 것이다.

상담자들마다 서로 관심을 보이는 장애가 다른 경우도 있었기 때문에 어떤 이론은 특정 장애와 좀 더 밀접한 관련성을 보이기도 했다.

예를 들어, Freud의 초기 상담은 히스테리 증상을 지닌 여성 내담자들이 대부분이었다. 자기애적 내담자와 상담했던 Heinz Kohut은 이 문제를 자기심리학으로 연결시켰다. 행동 심리치료는 공포증 치료에 적용됐다. 여성주의 심리치료와 게슈탈트 심리치료는 폭력으로 인한 외상을 겪은 사람들에게 적용됐다.

어떤 장애들은 매우 흔하다. 그래서 이러한 문제에 대한 접근 방법에 대해서는 다양한 예시를 제공하려고 했다. 예를 들어, 알코올과 약물 중독은 실존주의 심리치료, 게슈탈트 심리치료, 인지 심리치료의 관점에서, 강박 장애는 실존주의 심리치료, 인지 심리치료, 합리적 정서행동 심리치료, 행동 심리치료, 현실 심리치료의 관점에서, 경계선 장애는 대상관계, 융학파 분석과 심리치료, 아들러학파 심리치료, 실존주의 심리치료, 인간중심 심리치료, 여성주의 심리치료의 관점에서, 끝으로 섭식 장애에 대해서는 아들러학파 심리치료, 현실 심리치료, 여성주의 심리치료의 관점에서 설명하고 예시를 제시했다.

서로 다른 이론적 접근들이 다양한 장애에 어떻게 적용되는지 검토함으로써 이론적 접근 방법에 대한 이해를 높일 수 있다. 내담자, 상담자들 사이의 개인차, 그리고 심리 장애와 상담 이론 간의 차이가 있기 때문에 구체적인 장애에 대해 앞에 제시한 상담 계획이나 상담 방법이 과연 내담자들에게 적절한지 고려하여 적용해야 한다.

해당 장과 이론	우울	불안
표 17.5 두 증상에 적용하는 이론적 접근 방법 구분		
2. 정신분석	샘이 다른 사람들을 돌보고 보살피는 방식은 심리 분석가를 돌보고자 하는 그의 열망과도 관련이 있다.	3세인 메리의 방어기제와 전이를 다루어 준다.
3. 융학파 분석	베스가 꾸는 꿈 시리즈에서 나오는 꿈의 소재는 그녀의 우울함에 대한 무의식적인 측면을 보여 준다.	한 젊은 여성의 꿈은 그녀 오빠의 죽음에 대한 슬픔과 연애 관계의 상실감을 보여 주는 것이다.
4. 아들러학파 심리치료	셰리는 초기 회상 기억을 통해 그녀가 하는 왜곡된 지각에 관한 통찰을 제공했다.	로버트는 격려를 통해 자존감을 높이고 패배감을 피하여 불안을 감소시킬 수 있었다.
5. 실존주의 심리치료	캐서린은 거리를 두던 것들을 자각하게 함으로써 그녀가 의기소침해 있었다는 것을 수용했다.	나탈리는 아들이 친구(그 친구는 이후에 자살했음)를 향해 보이는 행동 때문에 어려운 결정을 내려야 했다.
6. 인간중심 심리치료	대학원생인 한 여성은 치료적 공감적 경청을 받음으로써 자신에 대한 책임감을 가질 수 있게 되었다.	자동차 사고 때문에 불안을 겪고 있는 5세의 토니에게 인간중심적 놀이치료를 적용했다.
7. 게슈탈트 심리치료	27세의 한 여성은 두 의자 기법을 사용하여 자신에게 가치 없다고 느끼는 부분을 다루었다.	한 청년은 자신의 문제를 다루기 위해 치료 장면에서 지속적으로 현재 시점으로 돌아와야 했다.
8. 행동 심리치료	29세 제인의 행동은 구체적으로 평가되었고, 그녀는 자기자신, 시간, 육아 활동을 관리하는 법을 배웠다.	클레어는 남편이 떠나 있다는 사실과 아들의 축구 시합에 대해 불안해한다. 그녀는 행동 치료를 통해 이완법을 학습하고, 걱정을 떨쳐 버리는 법을 배우게 된다.
9. 합리적 정서행동 심리치료	14세의 페니는 새로운 신념을 습득하고, 오빠와의 관계에서 좀 더 자신의 주장을 할 수 있게 된다.	테드는 기차에서 강렬한 불안감을 경험하였다. 상담자는 테드가 가진 비합리적인 신념을 논박한다.
10. 인지 심리치료	에이즈에 걸린 38세 변호사인 폴은 소크라테스식 문답법, 역기능적 사고 기록, 인지삼제 방법을 사용한다.	에이미가 지닌 부정적인 시고를 확인하고 질문을 통해 수정했다.
11. 현실 심리치료	40세의 기력이 약한 테레사의 상담 초점은 작은 일들을 하기 위한 선택과 선택한 일을 실행하는 후속 계획의 수립에 있다.	대학생인 랜디는 불안한 감정을 통제하고 그 통제를 유지하게 된다.
13. 여성주의 심리치료	여성주의 심리치료에서, 대학원생인 B 씨는 사회적 지지 집단을 찾아 보고, 그중 적절한 집단에 가입함으로써 외로움과 죄책감을 다룬다.	

단기 심리치료

1930년대와 1940년대에 대부분의 심리치료가 정신분석적 접근을 지향했기 때문에 심리치료는 몇 년씩 지속되고 일주일에 3~5회까지 진행되기도 했다. 정신분석을 하려면 비용과 시간이 많이 들었기 때문에, 단기적 방법으로 운영할 수 있는 심리치료 방법이 점점 보편화 되었다. 게다가 많은 클리닉과 지역사회 서비스 센터는 내담자들의 요구가 많았기 때문에 회기 수를 제한하기도 했다. 이와 마찬가지로, 종합 건강관리 기구(HMOs)와 보험회사는 종종 그들이 비용을 지불하는 회기를 제한하였다.

긴 회기 수를 제한하고 정신분석 심리치료자들이 넘쳐나자, 정신분석에 대한 대안으로 성격에 관한 정신분석적 관점을 담고 있는 단기 상담을 제공하기 위해 최선을 다했다. 2장 에는 20회기 이내로 진행하는 Luborsky의 핵심 갈등관계 주제 기법에 대해 설명하였다. 종 종 단기 정신분석 심리치료는 전통적인 정신분석 심리치료보다 목표를 제한하고, 내담자를 주의깊게 선택하며 구체적인 문제에 초점을 맞추고 직면적이고 지시적인 경향이 있다.

모든 이론이 단기 모형으로 수정된 것은 아니다. 융학파 심리치료자는 1년 또는 2년 동 안 내담자를 만나고 2~3년을 중단했다가 나중에 다시 진행하기도 한다. 실존주의 심리치료 는 종종 다른 이론과 함께 사용되기도 한다. 실존주의 심리치료가 정신분석적 관점과 혼합 되어 진행될 때에는 정신분석 심리치료만큼 길어지기도 한다. 그러나 Frankl의 의미 치료는 보다 짧고 집중적인 방법이다. 인간중심 심리치료와 게슈탈트 심리치료는 내담자가 치료 기 간을 결정하는 편이고 일반적으로 단기 정신요법으로 진행하지 않는다. 반대로, 아들러학 파 심리치료자들은 평균적으로 20회 정도 내담자를 만나고, 대부분 내담자는 1년 이내에 종결한다. 단기로 진행할 필요가 있을 때에는 제한된 기간 내에 상담을 진행하며, 목표를 제 한하기보다 시간을 제한하는 방식을 선호한다.

행동 심리치료, 합리적 정서행동 심리치료, 인지 심리치료, 현실 심리치료는 단기 심리치 료에 속한다. 하지만 다양한 요인이 치료 기간을 결정한다. 행동 치료자들의 경우 치료 기간 은 다루려는 목표 행동의 수, 불안의 강도, 또는 치료 형태에 따라서 결정한다. 예를 들어, 행 동적 접근을 단계적으로 적용하는 방식은 홍수법보다 시간이 많이 걸린다. 이와 마찬가지 로, 가상적 상황을 상상하는 방법은 실제 상황에 노출시키는 방법에 비해 많은 회기가 필요 하다. 행동 심리치료, 합리적 정서행동 심리치료, 인지 심리치료의 경우 경계선 성격 장애나 강박 장애에 비해 공포증이나 우울증에 효과가 좋다. 치료 기간에 영향을 주는 다른 요인으 로는 문제 범위와 수 그리고 과제를 수행하려는 내담자의 자발성을 들 수 있다. 앞서 언급된 내용들은 현실 심리치료에도 적용된다. 현실 심리치료의 경우도 치료 기간이 매우 다양한 데, 상담 후반보다는 초반에 더 자주 만나서 상담 회기를 가진다. 구성주의 심리치료(해결중 심 심리치료와 이야기 심리치료)의 경우, 10회 미만의 회기만 필요하기도 하다. 여성주의 심 리치료의 경우 앞서 언급한 모든 치료와 결합될 수 있기 때문에 치료 기간이 매우 다양하다.

단기 심리치료는 특히 가족 심리치료에서 많은 관심을 보여왔다. 왜냐하면, 현실적으로 모든 가족이 한꺼번에 모이는 일이 어렵기도 하고, 어떤 가족 구성원은 가족 심리치료에 참 여하기를 거부할 뿐 아니라, 많은 가족 문제는 위기를 나타내기 때문에 몇몇 가족 심리치료 이론가들은 단기적인 방법을 개발하기 위해 노력했다. 밀란학파의 장기적 단기 심리치료는 일반적으로 한 달에 한 번씩 10회기를 진행한다. 내담자, 상담자, 지역사회 기관, 종합 건강 관리 기구, 보험회사, 정부기관 등으로부터 기간의 지연을 최소화하면서도 비용 대비 효과가 높은 방법에 관한 요구가 있기 때문에 가족체계 심리치료와 구성주의 심리치료와 같은 창의적인 접근의 인기는 지속될 것이다.

최신 동향

이 절에서는 세 가지 경향이 논의될 것이다. 첫째로 논의될 주제는 공통 요인이다. 심리학자들은 효과적인 심리치료를 구성하는 공통 요인을 찾기 위해 다양한 연구를 검토했다. 이런 접근과 반대로, 다른 연구들은 연구에 의해 입증된 처치로서 처치 매뉴얼을 적용한 구체적 치료 방법, 즉 증거 기반 심리치료[Evidence-Based (psychological) Treatments: EBT]에 초점을 맞추었다. 증거 기반 심리치료는 다양한 심리치료에 공통적으로 나타나는 효과적인 심리치료 요인을 찾기보다 특정 조건과 특정 장애를 설명하는 이론을 연구한다. 또 다른 동향 중 하나는 공통 요인이나 심리학적 치료 접근과는 무관한 것으로 마음챙김의 등장이다. 마음챙김은 다양한 심리치료 이론에서 사용되어 왔다.

공통 요인 접근

심리치료와 상담에서 변화를 이끄는 공통 요인을 이해하려는 시도는 50년 이상 지속되었다. 몇몇 연구자들은 공통 요인에 주목하고 그 요인을 연구하는 것이 심리치료의 초기 단계(DeFife & Hilsenroth, 2011)나 모든 단계(Cameron, 2014; Greenberg, 2012)에 어떻게 유용한지를 보여 주었다. 또한, Castonguay & Beutler는 『치료적 변화의 효과적 원리(Principles of Therapeutic Change That Work)』(2006)라는 저서에서 심리치료와 상담의 요소를 이해할 때 고려해야 할 중요한 요소들에 관해 상세히 설명했다. 그들은 이 요소들을 참여자 요인과 관계 요인으로 분류했다. 참여자 요인에는 성, 민족성, 애착 유형, 대처 방식, 저항, 기대와 같이 상담자 또는 내담자의 특성을 포함한다. 관계 요인에는 치료의 상호작용 속성과 내담자의 개선에 영향을 주는 상담자의 기술을 포함한다. 이러한 관계 요인에는 공감, 긍정적 존중, 일치성, 상담자와 내담자의 작업 관계, 심리치료 목표의 합의, 자기 개방, 해석의 질이 포함된다. 다른 저자들은 공통 요인이 어떻게 불안이나 우울과 같은 세부적인 장애의 치료에 적용되는지를 보여 주었다(Seager, Rowley, & Ehrenreich-May, 2014). 공통 요인에 관한 연구들은 성공적인 심리치료에서 치료적 관계의 중요성을 강조했다(Beutler, Forrester, Gallagher-Thompson, Thompson, & Tomlins, 2012). 서로 다른 요인들에 대한 광범위한 연구는 다양한 유형의 문제에 효과적인 공통 요인을 찾는 데 도움이 되었다.

단기 정신역동 심리치료(2장)

우울증: 이 심리치료는 우울증에 대한 내담자의 통찰을 증가시켜 준다. 과거 경험이 현재 기능과 감정 표현에 어떻게 영향을 주는지가 공통적인 주요 주제이다. 다른 상담 주제로는 치료적 관계나 불편한 주제를 다루기 등이 포함된다. 2장에서 소개한 Luborsky의 핵심 갈등관계 주제 다루기가 이러한 치료 방법 중 하나이다. 심리치료는 시간이 제한되어 있으며 대략 17~20회기 정도 진행한다.

게슈탈트 심리치료(7장)

우울증: 연구에 의하면 과정 체험적 심리치료가 우울증을 치료하는 데 효과적이다. 과정 체험적 심리치료는 인간중심 심리치료와 게슈탈트 심리치료(빈 의자 기법 활용)를 통합하였다.

행동 심리치료(8장)

우울증: 내담자의 행동과 사회적 상호작용을 강화하고 감정을 평가하며 사건을 기록하고 매일의 활동을 증가시키고 사회적 기술 훈련법을 사용한다.

강박 장애: 노출과 강박적 의식 행동의 억제는 일주일에 한두 시간 정도씩 여러 번 진행된다. 세균과 같은 자극에 노출시켜 불편함을 유발시킨다. 개인은 반응을 참는다.

범불안 장애: 점진적 근육 이완, 자기 모니터링, 자동적 사고 반박하기, 걱정되는 행위 예방과 같은 기법이 있다.

공포 장애: 대부분의 공포에 대해 가상현실 치료뿐 아니라 실제 노출 또는 상상 노출 심리치료가 적용된다.

외상 후 스트레스 장애(PTSD): 안구운동 둔감화와 재처리 요법(EMDR)에서는 내담자의 성장 배경을 조사하고, EMDR을 설명한다. 탈감각화는 상담자가 손 운동을 사용할 때 발생한다. 내담자는 생각과 이미지를 설명하고 긍정적인 생각을 증가시킨다. 상담자는 목표 행동에 집중하고 몸의 긴장을 탐색한다.

경계선 장애: Linehan의 변증법적 행동 치료(DBT)는 경계선 장애를 치료하기 위해 고안되었다. 내담자에게 마음챙김을 가르치는 것은 DBT의 중요한 부분이다. DBT는 개인 치료와 집단 치료, 내담자의 위기를 다루는 방법에 대한 가르침을 실시한다.

인지 심리치료(10장)

우울증: 자동적 사고, 인지적 도식, 역기능적 신념을 측정한다. 소크라테스식 방법, 인지삼제, 매일 사고 기록을 비롯한 사고에 도전하는 기술을 적용하여 역기능적 사고를 논박한다.

불안: 과잉 각성의 도식을 명확히 한다. 이를 위해 파국화, 개인화, 확대 해석, 선택적 추론, 과잉일반화, 그리고 다른 신념들을 평가한다. 소크라테스식 문답법과 경직성에 도전하는 인지 기법을 통해 이러한 신념을 반박한다.

강박 장애: 강박사고를 다루는 데 초점을 두며, 강박사고에는 위협의 과대평가, 불확실성에 대한 과민함, 과도한 책임감, 완벽주의, 정신적 통제, 생각을 지나치게 중시하는 현상 등이 포함된다. 강박 장애를 극복하는 방법 중 하나는 사고 행동 융합 모델인데, 이는 개인이 자신의 강박사고를 극복하기 위해 사용하는 회피를 하지 않게끔 하는 모형이다.

약물 남용: 약물 또는 다른 문제에서 벗어나게 하는 데 초점을 둔다. 약물에 대한 갈망과 약물 외의 활동에서 나타나는 흥미저하를 다룬다. 앞질러 예상하고 증상 경감에만 집중하며 자유방임적인 역기능적 신념에 초점을 맞추어 개입한다. 신념의 평가, 중독적 신념의 목록 만들기, 통제 신념의 개발, 새로운 신념의 활성화 연습 등의 방법으로 신념체계를 수정한다.

관계중심 심리치료(15장 그 밖의 심리치료)

우울증: 애도, 대인 갈등, 역할 전환, 관계기술 결핍 등을 다룬다. 각 주제를 다루기 위해 주제별로 구체적이고 특수한 전략을 사용한다. 치료 관계는 치료 밖의 관계를 촉진하게 하는 데 활용된다. 사용되는 공통적 기법은 정서, 명료화, 의사소통 분석을 촉진하는 것이다.

증거 기반 심리치료(EBT)

공통 요인 접근법과 반대로, 처치 매뉴얼과 증거 기반 심리치료(EBT)의 적용은 각 장애를 위해 특화되어 있다. 처치 매뉴얼은 보통 한 개 또는 두 개의 이론적 관점으로 고안되는데 혈액 공포와 같은 특정한 문제를 보이는 사람들을 어떻게 도와야 하는지에 대한 지침을 제공한다. 처치 매뉴얼은 심리치료 절차에 관해 지침을 제공하기 때문에 대학원생들을 비롯한 여러 사람을 심리치료자로 훈련시키는 데 효과적이다. 종합 건강관리 기구가 단기적이고 효과적인 심리치료의 효과에 관한 증거를 원했는데, 처치 매뉴얼은 절차를 반복하고 그것의 효과성을 보이는 데 유용했다. 행동주의나 인지적 심리치료처럼 서로 다른 문제에 대해 구체적인 기법을 제공하는 심리치료는 대부분 매뉴얼을 사용하는 경향이 있다.

학자들은 그 동안 증거 기반 심리치료(EBT)를 확립하는 데 많은 노력을 쏟았다(Duncan & Reese, 2013). 본문에서 제시한 것처럼, 대부분(모든 것은 아니지만)의 증거 기반 심리치료는 행동주의와 인지적 접근을 활용했다. 교재에서 언급되고 가장 많이 통용되며, 구체적인 장애에 적합하다고 간주되는 증거 기반 심리치료들은 표 17.6에 간략하게 소개되어 있다.

Duncan & Reese(2013)는 그들의 연구에서 그동안 증거 기반 심리치료가 강조되어 왔음을 기술했다. 이러한 방식의 심리치료가 유행하게 된 중요한 이유로는 인지 심리치료와 행동 심리치료의 유행, 진단의 구체성을 강조하는 DSM-5, 그리고 심리치료를 좀 더 획일적이고 효과적이며 저비용으로 진행하라는 미국의 사보험(Managed Care Organizations)의 요구 때문이다.

그러나 증거 기반 심리치료를 적용함에 있어 몇 가지 어려운 문제가 있다. 특정 치료 방법이 연구의 지지를 받더라도 실무자들이 그 치료 방법을 사용하도록 하는 데 어려움을 겪을 있다(Goldfried et al., 2014). 예를 들어, Franklin & Foa(2007)는 강박 장애 치료를 위한 노출과 강박적 의시 행동의 예방과 같은 기법의 소요 시간을 초기에 단축함으로써 실무자들이 그 방법을 좀 더 쉽게 사용하게끔 하는 방법을 연구했다. Powers & Deacon(2013)은 심리치료자들로 하여금 불안의 치료 방법에 관해 관심을 갖게 하는 방법을 설명했다. 또 다른 저자들은 정신건강 실무자들이 증거 기반 심리치료를 사용할 수 있게끔 준비시키는 워크숍과 같은 훈련 방법에 관해서도 언급했다(Decker, Jameson, & Naugle, 2011; Stewart, Chambless, & Baron, 2012).

마음챙김

마음챙김과 관련된 주제는 이 교재의 여러 곳에서 논의되었다. 그 이유는 마음챙김은 최근 많이 유행하고 있으며 여러 심리치료 접근에 포함되어 있기 때문이다. 기본적으로 마음챙김은 현재 순간에 자신을 체험하며(그 결과로 자신이 개방되고 깨어나게 된다.) 과거나 미래의 걱정으로 영향 받는 정도가 감소한다. 마음챙김은 수천 년 전 아시아에서 개발된 것으로서 15장(676쪽)에서 충분히 논의되었다. 8장(364쪽)에서는 마음챙김이 경계선 성격 장애의 심리치료에 중요한 부분으로 사용되었다. 마음챙김 중심의 인지 치료(461쪽)는 마음챙김을 집단 상담의 중요한 부분으로 활용한다. 또한 마음챙김은 Beck의 개인 인지 치료에서도 사용된다. 수용전념 치료에서는 마음챙김이 상담 초기 단계에서 매우 중요하게 사용된다. 수용전념 심리치료(15장, 683~695쪽)는 내담자들이 자신의 문제를 다루는 과정에서 두려움을 덜 느끼게 하고 좀 더 유연하게끔 하는 데 사용한다. 좀 더 많은 통합적 심리치료들이 마음챙김이라는 개념에 매료되고 있으며, 그것을 자신들의 심리치료 접근에서 활용하고 있다.

비록 이러한 동향이 각각의 상담 실무자들이 가진 관심사를 모두 포함하지는 않지만 여러 가지 다양한 형태의 상담 실무와 이론의 발전에 영향을 끼치는 중요한 주제를 포괄하고 있다.

다른 심리치료 이론과 함께 사용하기

Gold(2013)나 Stricker & Gold(2011)가 지적했듯이 1950년대 이후로 이론들이 통합되는 현상이 두드러졌다. 앞의 여러 장들에서 보았듯이, 이론들은 점차로 통합되어 왔다. 한 가지 주된 이론을 사용하는 상담 전문가들도 A 이론이 유용하다고 여기는 한편, 다른 전문가들은 B 이론이 도움된다고 여길 수 있다. 예를 들어, 한 인지 심리치료자는 게슈탈트 심리치료의 경험적 기술이 유용하다고 여기는 반면, 다른 인지 심리치료자는 Erikson의 성인 발달 모델(자아심리학)을 선호한다. 16장에서는 여러분 자신의 통합적 접근을 개발하기 위해 두세 개의 이론을 통합할 수 있는 몇 가지 방법을 기술했다.

대부분의 심리치료가 다른 접근에서 제공하는 기법을 받아들이면서 통합적인 방향으로 발전했지만, 이 책에서 논의된 이론 중 두 가지 접근은 이러한 방향으로 발전하지 않았다. Rogers의 여섯 가지 조건을 변화의 필요충분조건으로 간주한 인간중심 심리치료자들은 그들의 접근 방법을 공감, 수용, 진실성으로 한정시킬 것이다. 현실 치료자들은 내담자로 하여금 자신의 삶에 대한 통제력과 책임감을 증진시키기 위해 그들만의 독특하고 구체적인 모델을 사용한다. 현실 치료자들은 정적 강화와 같은 몇몇 행동주의 기법을 사용하고는 있지만, 그 외 다른 이론의 아이디어를 좀 더 많이 통합하기는 어려운 이론 구조를 가지고 있다. 반대로, 실존 심리치료와 여성주의 심리치료는 충분한 핵심 기술이 없었기 때문에 다른 접근에서 개발한 방법을 사용해야만 했다. 그러므로 많은 이론들이 실제로 상담에 적용되는 방식에는 많은 차이가 있다.

연구

심리치료 이론에 대한 연구는 매우 한쪽으로 치우쳐 있다. 수용전념 심리치료나 Gerald

Klerman의 대인관계 심리치료와 같은 예외적인 경우를 제외하고는 인지 심리치료와 행동 심리치료 이외의 이론적 접근에 관해서 성과 연구가 거의 진행되지 않았다. 여기에서는 인지 심리치료와 행동 심리치료와 관련된 성과 연구에 관해 논의할 것인데, 이와 함께 이 책에 제시된 구체적인 개별 이론에 적합한 연구 방향도 논의할 것이다. 그렇게 함으로써 심리치료 영역에서 미래에 이루어질 몇 가지 점을 예견하면서 결론을 맺으려고 한다.

성과 연구

최근에는 인지 심리치료(합리적 정서행동 심리치료 포함)와 행동 심리치료에 관한 연구가 충분하기 때문에 이 두 가지 심리치료와 관련된 메타분석 연구는 성과 연구 전체를 대상으로 한 분석뿐 아니라 우울증과 범불안 장애와 같은 진단 범주별 메타분석도 이루어졌다. 8장에는 강박 장애, 불안 장애, 공포증에 행동 심리치료를 적용한 연구 사례들이 제시되어 있다. 10장에는 우울, 범불안 장애, 강박 장애의 치료에 관해 발견된 연구결과의 사례와 요약이 제시되어 있다. 정신분석 심리치료에 대해서도 성과 연구가 진행되었다. 하지만 정신분석 심리치료의 성과 연구는 인지 심리치료나 행동 심리치료의 성과 연구보다 수행하기가 어려운데, 그 이유는 심리치료 기간이 너무 길고, 개념을 규정하기 어려우며 심리치료 기술을 적용하는 데에 일관성을 확신하기 어렵기 때문이다. 2장에서 서술한 것처럼, 최근 단기적, 장기적 정신분석과 정신역동적 심리치료에 관해 좀 더 많은 연구가 수행되었다. 연구 결과에 따르면 대체로 거의 모든 치료 방법에서 치료를 받지 않은 대조군 내담자보다 치료를 받은 내담자에게 상당한 개선 효과가 있었다. 치료 방법 간의 비교 연구는 명확한 패턴을 보이지 않았는데, 사실상 치료 방법 간 차이를 보여 줄 수 있는 방법으로 연구를 설계하는 것 자체가 큰 어려움이었다.

서로 다른 이론적 접근의 성과에 관한 연구 절차와 개념은 이론별로 크게 달랐다. 표 17.7은 심리치료의 이론과 관련된 연구에 대해 요약해서 제시했다.

앞으로의 방향

Lambert, ergin & Garfield(2004)는 기존의 광범위한 연구를 다음과 같이 요약했다. "임상적 심리치료를 시작한 내담자의 50%는 13~18회에 걸친 상담을 거치면서 임상적으로 의미 있는 변화를 보여 준다. 추가적인 25%의 내담자는 주 1회의 상담을 대략 50회 정도 받으면 같은 수준의 변화를 보여 준다"(p.11). 연구자들은 상담을 제한하면 상담을 가장 필요로 하는 심각한 문제를 지닌 내담자들에게 부정적인 영향을 줄 수 있다고 했다. Lambert, Garfield, & Bergin(2004)은 심리치료 연구는 상담 중에 발생하는 문제와 함께 상담의 성공을 위해 상담 방향을 전환하는 문제에도 관심을 기울여야 한다고 했다. 또한 그들은 사람들이 집에서 쉽게 사용할 수 있는 컴퓨터를 통한 상담이 증가하고 있음을 지적했다. 그들은 정신건강을 심한 사회적 문제로 인식하면서, 심리치료 연구에 더 많은 자금이 지원되어야 하며, 정신건

■ 표 17.7 심리치료 이론의 연구 방향	

정신분석	연구의 주된 영역은 방어기제, 엄마–유아 간의 유대, 작업 동맹이다. 장기적인 정신분석이나 정신분석적 심리치료보다 간단한 정신역동 심리치료를 이용한 성과 연구가 훨씬 더 많이 수행되었다.
융학파 분석과 심리치료	연구들은 성격에 관련된 Jung의 입장과 성격의 기능에 관해 이루어졌다. 원형에 대한 서로 다른 문화 간의 연구도 일부 수행되었다.
아들러학파 심리치료	이 이론의 연구 주제에는 출생 순위, 사회적 관심, 초기 기억, 생활양식 등이 포함된다. 그리고 치료적 개입에 관해서도 소수의 연구가 수행되고 있다.
실존주의 심리치료	집단 상담에 대한 연구가 진행되었으며, 죽음, 불안, 영성, 책임 등 실존적 주제에 관한 연구도 진행되고 있다.
인간중심 심리치료	1960년대와 1970년대의 Carl Rogers의 연구 관심 때문에 공감, 진실성, 수용에 대한 연구가 상당히 많다. 새로운 연구는 이러한 개념의 정의와 측정에 의문을 제기한다. 몇몇 최근의 심리치료 연구는 다양한 종류의 치료적 개입으로 누가 가장 도움을 받는지에 대한 주제에 주목하고 있다.
게슈탈트 심리치료	특정 분야에 대한 통제된 연구은 빈 의자 기법과 접촉 경계 혼란과 같이 특정한 치료 기법에 대한 연구를 포함한다.
행동 심리치료	많은 성과 연구가 수행되었으며, 치료 과정, 증상 및 관련 주제에 관한 다양한 측정 방법을 개발했다.
합리적 정서행동 심리치료	성과 연구 외에도 비합리적 사고라는 중요한 개념과 관련된 주제에 대해 연구가 이루어졌는데, 이 연구들은 이 주제의 정의와 설명에 대해 더 많은 정보를 제공해 주었다.
인지 심리치료	인지 심리치료 연구자들은 우울증의 치료뿐 아니라 우울증을 규정하는 개념에 관한 연구도 수행했다. 또한 다양한 문제에 대한 치료의 유효성을 검토하는 것도 연구의 중요한 주제 중 하나이다.
현실 심리치료	Glasser는 여러 다른 이론가들이나 실무자들보다 연구의 중요성을 덜 강조했다. 그럼에도 불구하고, 유죄 선고를 받은 범죄자, 고등학생, 약물 남용자, 커플에 관한 연구가 수행되었다.
구성주의 심리치료	해결중심 심리치료와 이야기 심리치료 이론에 적합한 새로운 방법론이 개발되었다. 성과 연구 측면에서는 이야기 심리치료보다는 해결중심 심리치료에 관한 연구가 더 많이 수행되었다.
여성주의 심리치료	다른 방식의 심리치료와 여성주의 심리치료를 비교한 연구가 약간 있다. 어떤 연구자들은 여성주의 심리치료자에게 중요한 가치와 기법에 관한 연구를 수행했다.
가족 치료	체계적 가족 치료의 다양한 접근법의 유효성에 관한 연구가 진행되고 있지만, 상대적으로 제한적인 편이다.

강이라는 것이 전반적인 건강관리 시스템에서 상당히 중요한 영역으로 인정되어야 한다고 했다. 또 다른 주제로 그들은 심리치료 관련 연구에서 증거 기반 개입 연구를 올바로 하려면 연구를 위해 모집된 내담자보다 전형적인 내담자를 활용할 필요성에 대해서도 지적했다 (Lambert & Vermeersch, 2008).

성 관련 주제

오랫동안 심리치료, 그중에서도 특히 정신분석은 남성 심리치료자들이 가진 가치관의 영향을 받아온 것 같다. 상담 실무에 관한 선구적 평가자였던 Chesler(1972)는 이런 문제가 여성의 역할을 폄하시킨다고 주장했다.

물론 Chesler의 저술 이전에도 수많은 이론들이 성 문제와 관련된 주제들을 다루었지만, 여성주의 상담자들도 성이나 문화와 관련된 주제가 상담 실무에 영향을 끼치는 문제에 관해 관심을 가졌다. 성 문제와 그것이 심리치료 장면에서 다루어지는 방식을 요약하면 아래와 같다.

Freud는 여성과 여성의 역할을 평가절하함으로써 비판을 받았지만, Freud의 관점이 그와 동시대 사람이었던 Jung과 Adler에게까지 적용되지는 않았다. 거세 불안이나 남근 선망 개념은 상당히 비판받았으며, 남성이 가진 특성이 여성에게는 결핍되었다는 관점 또한 비판을 받았다. 그뿐만 아니라 대상관계 이론은 어머니-자녀 역할을 강조하면서 아버지가 가진 책임과 양육에 관한 인식이 부족했다는 점에서 비판을 받았다. 융학파의 분석에서 성 관련 주제는 원형에 대한 논의를 통해 다루어진다. 개인이 가지고 있는 반대편 성의 측면을 지칭하는 아니무스와 아니마 원형은 융학파의 분석에서 철저하게 다루어진다. 더욱이 여성 정신분석가들은 초기 융학파 심리치료의 발전에 눈에 띄게 기여했다. Adler는 그의 이론적 저술을 통해 성역할의 중요성을 강조했다. 여권 신장을 주창하기도 했던 Adler는 신경증적인 남성들이 자신의 열등감을 감추기 위해 정형화된 남성성의 모습을 이용하고 있다고 생각했다. 아들러학파 상담자들은 상담을 통해 내담자의 정형화된 성역할을 다루도록 돕는다.

실존주의 심리치료자들, 인간중심 심리치료자들, 게슈탈트 심리치료자들은 성역할이 중요한 이론적 개념과 관련되어 있다고 보았다. 실존주의 심리치료자들은 중요한 실존적 주제인 생존, 책임감, 의미가 모든 개인에게 영향을 준다고는 하지만 남성과 여성에게 다르게 영향을 줄 수 있다고 하였다. 내담자가 자신이나 다른 이에게 성에 관한 정형화된 관점을 고수한다면, 진실성을 개발하는 데 저해가 된다고 생각했다. Rogers는 진실성, 수용, 공감이 보편적으로 중요하다고 보았으며, 내담자들이 성 문제로 차별받는 것에 대해 심리치료자들이 공감적이어야 한다고 생각했다. 게슈탈트 심리치료자들은 남성과 여성은 알아차림 실험에서 다르게 반응하지만, 일반적으로 알아차림은 문제를 해결할 힘을 북돋아 주었다. Miriam Polster(1992)는 힘 북돋우기와 알아차림은 개인뿐 아니라 이 사회가 여성의 힘을 좀 더 인정하고 수용하게끔 하는 데 활용되어야 함을 역설했다.

(합리적 정서행동 심리치료와 현실 심리치료를 포함한) 인지 심리치료자와 행동 심리치료자는 대체로 성과 관련되지 않은 용어를 사용한다. 이러한 치료 접근은 내담자의 책임감

을 강조한다. 행동 심리치료자들은 학습 장애가 심한 사람처럼 스스로 의사결정을 하기 어려운 내담자에 대해 성과 관련된 편견이 개입되지 않게끔 유의한다. 인지적 정서행동 심리치료자들은 남성과 여성이 가지고 있는 비합리적 신념이 서로 다르다는 점은 자각하고 있었으나, 그들은 심리치료 과정에서는 성역할에 관한 비합리적 신념에 유의하면서 상담을 진행했고, 그들의 글에서도 이 사회에서 성 관련 주제가 여성에게 끼치는 영향에 관해 기술했다. 인지 심리치료자들도 각 개인이, 사회 내에서 여성의 지위에 관한 것이든 레즈비언, 게이, 양성애자, 성전환자 등에 관한 것이든, 자신의 성역할에 관해 가지고 있는 인지적 도식과 신념에 관해 잘 유념하고 있으며, 내담자가 그러한 신념이나 도식을 점검하고 도전하게끔 돕는다. 현실 심리치료자들은 내담자가 더욱 책임감을 많이 갖게끔 한다. 예를 들어, 남성에게는 자신을 잘 통제하도록 도와주며, 여성에게는 그들의 삶이 다른 이에 의해 좌우되지 않게끔 돕는다. 각 심리치료적 접근은 성 가치 관련 주제에 대해 각각의 고유한 개념적 관점에서 접근한다.

자연스러운 현상이지만, 여성주의 심리치료자들은 상담에서 성 주제에 대해 가장 큰 영향을 끼쳤다. 성, 문화, 권력 등에 대한 분석 기법과 상담적 개입은 개인이나 사회 전체가 겪는 역할을 점검하고 변화시키려는 목적으로 적용된다. 다른 상담 접근보다 여성주의 접근은 성역할에 대해 많은 관심을 기울였는데, 결과적으로 게이, 레즈비언, 양성애자, 성전환자 내담자에게 큰 영향을 끼쳤다.

가족 내에서 남성과 여성의 역할과 그들 간의 관계는 체계적 가족 심리치료자들의 관심사이다. 여성주의 심리치료자들에 영향을 받은 체계적 가족 심리치료자들은 가족 구조 내에서의 권력 주제에 대해 검토했고, 커플들이 가족 내에서의 의무와 책임을 나누어 가지는 방식을 검토했다.

여성주의 심리치료의 영향이 크고 이 책에서 논의된 여러 이론적 접근의 상담자들이 성 관련 주제에 관해 깊이 자각하고 있기 때문에, 초심 상담자들은 성 관련 주제가 자신의 가치 체계와 자신이 수행하는 상담 및 심리치료의 실무에 어떻게 영향을 끼치는지에 대해 잘 알게 될 것이다.

다문화 관련 주제

문화적 주제가 심리치료 이론에 끼치는 영향은 이론가들과 그 추종자들의 관심에 의해 어느 정도 좌우되었다. 각 이론들이 나름 널리 인정을 받으면서 각 이론을 적용하는 심리치료자들은 자신들의 이론적 원리를 다른 문화권의 다양한 내담자에게 적용했고, 저술을 통해 그 경험을 기술함으로써 동료들에게 문화와 상담 간의 상호작용에 대해 알려 주었다. 증거기반 심리치료(EBT) 역시 문화적 다양성의 관점에서 새롭게 이해되었다(Sue & Sue, 2008,

2012).

Freud, Jung, Adler는 매우 다른 이유에서 문화적 주제를 중시했다. Freud가 겪었던 19세기 말 비엔나의 상황은 심리적 장애나 어린 시절의 성장과정에 관한 그의 관찰에 영향을 주었다. Erik Erikson이 했던 미국 원주민과의 작업은 발달 단계의 이론적 관점에 대한 문화 가치의 영향을 확장하는 데에 도움을 주었다. Freud와 대조적으로, Jung은 전설과 설화를 알기 위해 세계 곳곳을 여행하면서 다른 문화에 대해 적극적인 관심을 보였다. 내담자의 집단 무의식을 이해하기 위해 현재 융학파의 분석은 신화나 설화의 광범위한 지식을 필수적으로 요구한다. Adler는 사회적 관심 개념이 개인의 가족과 이웃, 사회 조직에 적용되면 다른 방식으로 문화적 주제를 드러냈다. 알아차림 능력을 개발하는 데 초점을 맞춤으로써 정서적인 안정을 찾고, 그 결과 각 개인이 속한 문화적 규범의 문제를 다룰 수 있게끔 돕는다. 그런데 바로 그 확장된 알아차림 능력은 이전에 학습한 문화적 가치와 통합시키기 어려운 경험을 유발시키기도 한다. 실존주의 심리치료, 인간중심 심리치료, 게슈탈트 심리치료는 실존주의적 사고로부터 영향을 받았다는 점에서 서로 밀접하게 관련되지만, 문화적 주제를 다루는 방식에 있어서는 이 이론들이 서로 다르다.

일반적으로, 합리적 정서행동 심리치료와 현실 심리치료를 포함한 인지 심리치료와 행동 심리치료는 개인의 자기충족성과 책임감을 향상시키는 경향이 있는데, 이는 문화적 신념이나 가치와 상충될 수 있다. 그러나 이러한 이론들에 관한 최근 문헌들은 이 이론들을 다양한 문화 집단의 사람들에게 적용하는 방법을 보여 주었다.

성, 문화 그리고 권력 주제에 초점을 두는 여성주의 심리치료는 내담자의 심리적 기능에 영향을 줄 수 있는 문화적 요소에 관심을 기울인다. 다른 문화권에 속한 사람에 대한 태도와 편견을 아는 것은 여성주의 심리치료에 매우 중요한 부분이다. 권력 및 문화의 분석 기법과 개입 방법은 많은 다양한 문화의 사람들에게 적용할 수 있게 되었다.

해결중심 심리치료와 이야기 심리치료의 경우, 문화는 내담자가 자신의 문제를 기술하는 방식에 이미 내포되어 있다. 이야기 심리치료와 개인구성 심리치료에서 문화는 배경, 등장 인물, 줄거리, 주제에 반영되어 있다.

가족 심리치료를 실시할 때 문화의 전통과 가치에 대한 지식은 매우 유용하다. 자녀 양육, 대가족과 직계 가족과의 관계 그리고 장례식 전날 밤 지새기나 결혼 같은 전통은 문화에 따라 다르다. 가족 구성원의 행동과 태도는 어떤 사회에서는 적합하지만, 다른 문화적 환경에서는 부적합할 수 있다.

다른 문화의 사람들에 관한 가치와 편견을 알아차리는 것, 문화적 가치와 풍습에 관한 지식을 갖는 것, 그리고 이론적 측면과 문화적 측면이 어떻게 상호작용하는지 아는 것은 심리치료자들로 하여금 다양한 문화적 배경에 있는 내담자에게 효과적인 심리치료를 수행할 수 있게끔 돕는다.

가족 상담

개인 상담에 비해 가족 상담에 관심을 기울이는 정도는 각 상담 이론마다 다르지만, 어쨌든 모든 심리치료 이론들은 자신들의 관점을 가족 치료에 적용하였다. 융학파와 실존주의 상담자들은 개인 상담을 선호하였기에 가족 상담에 대해서는 상대적으로 관심을 덜 가졌다. 체계적 가족 상담은 가족을 한 단위로 간주하여 가족 구성원 개인의 행동이 아니라 그 단위에서의 역기능에 관심을 기울였다는 점에서 다른 대부분의 가족 상담 접근과 다르다. 자연스러운 현상이긴 하지만, 때때로 가족 상담자들이 개인에 관심을 가지고, 비가족 상담자들이 전체 시스템에 관심을 가졌던 때도 있다. 이에 대해서는 14장에서 논의하였다.

상담자들이 상담의 모든 형태(개인, 커플, 가족)의 상담을 조합하여 진행하는 경향이 점점 증가하고 있다. 개인 상담에서처럼 가족 상담에서도 통합이 대세인데, 상담자들은 몇몇 가족 체계 접근을 통합하거나 활용할 때 다른 개인 또는 가족 상담에 관한 아이디어들도 함께 고려한다.

집단 상담

개인 상담 접근이 이론적 성향에 따라 매우 다양한 것처럼, 집단 상담 또한 접근이 다양하다. 어떤 상담 접근(아들러학파 상담, 행동 상담, 합리적 정서행동 상담, 인지 상담, 현실 상담)은 구조가 있는 데 반해, 다른 접근들(정신분석, 융학파 분석, 실존주의 상담, 게슈탈트 상담, 여성주의 상담 등)은 더 융통성이 있고 구조가 없는 경향이 있다. 몇몇 이론들(게슈탈트 상담, 인간중심 상담, 여성주의 상담)에서는 집단 상담이 개인 상담만큼이나 중요하게 생각되고, 때로는 더욱 선호되기도 한다. 반면 융학파의 상담에서는, 집단 과정들이 개인 상담의 대체재가 되지 못하고 부가적인 것으로 인식된다. 집단 상담에 대해 각 이론들이 어떻게 주요하게 공헌했는지는 표 17.8에 제시되어 있다.

집단 상담은 구성원의 개입, 다양한 피드백, 상담자의 효과적인 시간 운용, 그리고 관찰을 통한 학습과 같이 개인 상담과는 다른 몇 가지 특징을 가지고 있다. 이런 이유 때문에 대부분의 상담 실무자들은 자신의 이론적 관점과 관계없이 집단 상담에 대해서는 지속적으로 매력을 느낄 것이다. 집단 상담은 구성원을 모집해야 하는 과제가 있는데, 특히 특정한 구성원, 예를 들어 근친상간을 경험한 내담자를 위한 집단 상담의 경우는 더욱 그렇다. 그러한 집단 상담을 위해서는 광고나 홍보를 해야 할 필요가 있다.

지금까지 성격 이론, 상담 기법, 그리고 상담의 적용에서 가장 중요한 측면을 요약해 보려고 했다. 중요한 특징들이 모두 포함된 것은 아니다. 다만 각 이론들이 가진 가장 특징적인

▌표 17.8 집단 상담적 접근	정신분석	간단히 말하면, 정신분석적 집단 상담은 자유연상, 꿈, 그리고 무의식과 초기 아동 발달에 관련된 모든 것들에 주로 초점을 둔다. 추동 이론과 자아 이론을 채택하는 상담자들은 집단구성원의 자아방어기제뿐 아니라 그들에게 영향을 끼치는 억압된 공격적 충동에도 초점을 두는 경향이 있다. 대상관계 심리치료자들과 관계적 정신분석가들에게 개별화의 문제는 구성원의 심리적인 과정과 집단의 상호작용에 영향을 줄 수 있다는 점에서 중요한 핵심이 된다. 자기심리학자들은 구성원이 자신에 관한 관심을 다른 구성원에 관한 관심과 어떻게 통합하는지에 초점을 맞춘다. 일반적으로 집단 과정에 관해 얼마나 많이 해석하는지, 집단지도자와 타 집단구성원에 집단구성원들의 전이와 역전이를 얼마나 많이 다룰지에 대해서는 상담자들마다 의견이 다르다.
	융학파 분석과 심리치료	개인에 대한 분석에 부가적으로 사용되는 Jung의 집단 상담은 꿈 분석을 자주 사용하고 적극적 상상을 활용한다.
	아들러학파 심리치료	집단 상담에 관한 다양하고 창의적인 접근들은 아들러학파 집단 상담의 특징이라고 할 수 있다. 생활양식 집단은 가족관계, 형제자매와의 관계, 초기 회상을 포함한 구성원의 생활양식을 분석하도록 돕는다. 집단지도자는 생활양식 분석 결과를 간략히 요약하고, 구성원과 함께 변화에 도움이 되는 제안을 한다. 다른 아들러학파는 사회적 관심, 생활양식, 격려 등에 관한 강의와 변화를 촉진하기 위한 방법을 결합하기도 한다.
	실존주의 심리치료	실존주의 집단 상담에서는 다양한 실존적 주제를 다룬다. 집단구성원은 자신들의 삶이 얼마나 의미 있는지, 그들이 어떻게 자유와 책임감을 다루어야 할지, 그들이 어떻게 다른 사람들과 관련되어 있는지, 그들이 어떻게 진심으로 행동해야 하는지에 대한 질문을 다룬다. 집단구성원은 이들 각각의 주제를 언급하고, 어떻게 이것들이 각각의 다른 집단구성원에게 영향을 미치는지 논의한다.
	인간중심 심리치료	Rogers는 집단의 긍정적인 힘을 굳게 믿었다. 그는 집단지도자의 역할은 집단을 촉진하는 것이며, 지도자는 참여자로서도 기능할 수 있다고 생각했다. 일반적으로 집단은 비구조화되어 있지만, 집단지도자는 안전성에 대한 욕구와 집단 안에서의 성장에 관심을 기울인다. Rogers는 서로 대립하는 사회, 징치 집단들 사이에 신뢰감을 촉진하기 위해 집단을 활용하면서 만년의 대부분을 보냈다.
	게슈탈트 심리치료	대부분의 게슈탈트 집단은 집단구성원 둘 사이의 자각을 발달시키기 위해 다양한 실험과 기법을 사용한다. 집단지도자는 집단구성원들 사이에서 개방적이면서 직접적인 접촉을 격려하면서, 동시에 한계를 설정한 후, 가족 갈등과 같은 주제를 다룬다.
	행동 심리치료	행동 심리치료에서 상담자들은 피드백을 주고, 가르치며, 시범을 보여 주고, 비슷한 목표 행동을 가진 내담자들의 본보기가 되어 주면서, 코치 역할을 한다. 행동 치료 집단의 보편적인 유형은 사회적 기술 훈련 집단과 자기주장 훈련 집단이다. 사회적 기술 훈련 집단에서 내담자들은 삶에서 일어나는 사건에 대해 역할 연기를 해본다. 그리고 자기주장 훈련 집단에서 내담자는 행동 유형을 구별하는 법을 배우고, 자기주장 기술을 연습한다.
	합리적 정서행동 심리치료	상담자들은 교육적이고 직접적인 방식으로 기능한다. 그들은 내담자들이 스스로가 한 행동에 대해 어떻게 스스로를 비난하고 혹평하는지 보여 준다. 내담자들은 그들의 행동에 REBT 원리를 적용하는 법을 배운다. 상담자는 과제를 제안하고, 문제에 처한 집단구성원을 돕기 위해 집단구성원들로부터 협력을 요청할 수 있다.

(계속)

표 17.8 집단 상담적 접근	**인지 심리치료**	구체적인 행동과 인지를 평가하는 것이 인지 심리치료자의 역할 중 하나이다. 그들은 상담 장면 안팎에서의 행동 변화를 제고하기 위해 집단구성원과 협력한다. 구체적인 변화의 전략은 인지적, 행동적 개입에 초점을 맞춘다. 어떤 집단들은 특정한 장애에 초점을 두는가 하면, 다른 집단들은 문제해결과 같이 특정한 기술에 초점을 둔다.
	현실 심리치료	개인적 현실 상담의 추후 서비스로 자주 사용되는 집단 현실 심리치료는 개인 심리치료에서 적용된 것과 같은 변화의 과정을 사용한다. 선택 이론의 원리를 적용한 후, '당신은 무엇을 하고 있습니까?', '당신에게 효과적인 것은 무엇입니까?', '상황을 더 좋게 만들기 위해 무엇을 해야 합니까?'와 같은 질문을 한다. 상담자들은 행동 변화를 촉진하는 데 있어 적극적인 입장을 취한다.
	여성주의 심리치료	여성주의 상담의 발전을 견인한 것은 의식 증진 집단이었다. 다양한 집단들은 이제 노숙자 문제, 성적 학대, 여성 학대와 같은 문제, 그리고 여러 가지 인종 집단과 관련된 문제에 초점을 둔다. 여성주의 심리치료 집단의 중요한 초점은 성역할과 관련된 주제에 있다. 이는 게슈탈트 이론, 해결중심 이론, 정신분석 이론을 포함한 다양한 치료적 접근을 통해 다루어진다.

면을 보여 주기 위해서 이론들을 서로 비교하는 데 초점을 두었다. 다음으로는 각 이론들의 장점과 단점에 관해 기술할 것이다.

비평

기본적으로 이론가들은 다른 이론들을 비판할 때, 자신들의 이론과 유사하지 않다는 점에 기초하여 오류를 찾는다. 두 이론이 유사하지 않을수록 비판은 더욱 강하고 많다. 예를 들면, 행동 심리치료자들은 정신분석학을 생물학과 초기 발달을 지나치게 강조한 점, 개념을 명확하게 규정하지 않은 점, 무의식과 자아 같은 관찰 불가능한 개념을 가정한 점, 검증 가능한 개념을 갖지 못한 점, 변화를 이끌어 내기에는 상담의 지속 기간과 횟수 면에서 굉장히 비효율적인 점, 행동 심리치료에 비해서 상담 기법이 덜 효과적인 점 등에 관해 비판할 수 있다. 인지 심리치료에 대해서는 행동 심리치료자들의 비판이 훨씬 적다. 주로 그들은 인지 심리치료자들이 관찰 불가능한 인지 과정을 강조하는 것에 대해서는 비판적이지만, 인지 심리치료의 용어나 검증 가능성, 상담 과정과 상담의 효과성에 대해서는 덜 비판적이다. 인지 심리치료와 행동 심리치료를 비판할 때, 정신분석가들은 두 접근을 모두 피상적이고, 표면적인 것에 초점을 맞추고 있으며, 과거의 발달과정에 관심을 덜 두고, 꿈이나 환상과 같은 무의식적인 과정을 무시하며, 부모-자녀 관계의 중요성이나 개인의 성격 발달을 다루지 않는 점에 있어서 유사한 것으로 본다. 다른 이론에서의 성격과 심리치료에 대한 개념의 관점에서 본다면 그 어떤 이론도 비판의 대상이 될 수 있다.

특정 이론이 기초하는 가치관이 그 이론을 비판하는 사람의 가치관과 다르면 다를수록 해당 이론이 이론이 존중되지 않거나 중요하게 다루어지지 않을 가능성이 커진다. 예를 들면, 대학의 심리학과에 속한 교수는 정확한 정의, 양적 연구, 단기적 치료 개입, 관찰 가능한 행동 등을 선호하는데, 이러한 성향은 이 책에서 다룬 다른 이론들보다 인지 심리치료, 행동 심리치료, 합리적 정서행동 심리치료 등이 내포하고 있는 가치와 부합한다. 이와는 대조적으로, 많은 심리치료자들은 내담자와의 관계, 여러 가지 다양한 성격 구조의 이해, 현재에 대한 과거의 영향, 그리고 정신적이고 무의식적인 과정을 강조한다. 이러한 것들은 모두 행동, 인지, 합리적 정서행동 심리치료를 제외한 다른 심리치료들과 더욱 부합한다. 다음으로는 각 이론들의 중요한 강점과 한계점 각각에 대해 한 문단씩 할애하여 살펴보고자 한다.

정신분석

정신분석에 대한 수많은 비판들은 좀 전에 이미 언급했다. 그러한 비판과 더불어, 정신분석은 이론가 자신들의 개인적 경험과 그들이 만났던 내담자에 관한 관찰로부터 얻게 된 삶의 경험과 가치를 반영하며, 그렇게 해서 얻은 결과를 모든 사람에게 적용하려고 한다는 점 때문에 비판받을 수 있다. 단지 Freud가 오이디푸스 콤플렉스를 경험했고, 그의 내담자들에게서 오이디푸스 콤플렉스를 발견했다고 해서 그것을 보편적인 개념이라고 할 수는 없다. 이와 유사하게, Erikson은 살면서 스스로 수많은 정체성의 위기를 경험했고, 다른 사람들에게서도 그러한 위기를 관찰했다. 그렇다고 해서 이러한 위기가 대부분의 사람들에게 중요한 것이라고 말하는 것은 논리적이지 않다. 앞에서 언급했던 정신분석 개념 중 많은 것은 종종 정의하기가 어려울 뿐 아니라, 정신분석 영역의 저자들은 '자아'나 '전이신경증'과 같은 개념을 설명할 때 그 개념의 의미에 관해 서로 다른 생각을 가지고 있을 것이다. 어떤 비평가는 정신분석의 저자들이 발달과 관련한 개념을 묘사할 때, 개인이 각자의 삶에서 겪는 사회적 상호작용의 중요성을 간과하고, 마치 모두가 같은 문화적 경험을 하는 것처럼 간주하는 것에 관해 불만을 토로한다. 정신분석에 대한 보다 실제적인 측면의 비판은, 정신분석 심리치료가 시간과 비용이 너무 많이 든다는 점이다. 정신분석적 개념이 단기 상담에 사용될 때, 상담 목표와 상담자가 만나는 내담자의 유형이 제한된다는 한계가 있다. 반면, 행동 심리치료자와 인지 심리치료자에게는(아들러학파 이론과 REBT, 현실 심리치료를 포함한) 이러한 제한점이 없다.

정신역동 심리치료의 장점은 추동 이론, 자아심리학, 대상관계 심리학, 자기심리학, 관계적 정신분석 모형이나 그 모형들의 결합을 통해, 개인으로 하여금 그들이 현재 기능하는 데에 영향을 미치는 초기 어린 시절과 과거를 깊이 탐색하도록 하는 것이다. 개인의 심리적 기능과 관련해, 저항, 불안, 자아방어기제를 이해하기 위한 설명들이 발전되어 왔다. 추동 이론, 자아심리학, 대상관계 심리학, 자기심리학, 관계적 정신분석 개념의 발전은 여러 가지 심리 장애를 이해하는 큰 틀을 제공한다. 이와 더불어 단기 상담은 장기간 심리 상담이나 심리분석을 받을 수 없는 사람들도 정신분석적 접근에 더 가까이 다가갈 수 있도록 하고 있다.

융학파 분석

실증적인 관점에서 보면, Jung의 이론은 이 책에서 묘사된 모든 주요 이론들 중에서 과학적인 것과는 가장 거리가 멀다. 내향성-외향성처럼 태도와 기능에 대한 개념을 제외하면, 그의 생각은 가장 정의하기 어렵고 가장 덜 명확하며, 과학보다는 오히려 종교에 가깝다. 융학파 분석은 무의식적인 과정을 의식적인 자각으로 이끌어 내는 데 초점을 둔, 길고 느린 과정이다. '집단무의식'이나 '원형'과 같은 개념에 대해서는 이루어진 연구가 거의 없고, 분석심리학의 효과성에 대해서 출판된 연구도 없다. Jung의 개념들은 유용하지 않거나 정의할 수 없으며, 융학파 분석가들은 내담자의 문제를 해결하도록 돕는 것보다는 민간신앙과 신화에 대한 그들의 지식을 대단히 난해한 개념인 원형과 관련 짓는 데 더욱 관심이 있다는 주장도 있을 수 있다.

분석심리학의 강점은 과학적인 실험으로는 가능할 수 없는 그 어떤 것, 즉 인간성의 영적 측면을 강조하는 것이다. Jung의 생각들은 각 개인들로 하여금 자신의 내면세계를 성찰하게 하고, 그 전까지는 가능하지 않았던 개인무의식과 집단무의식의 양상을 이해하게끔 해주었다. 그뿐만 아니라 융학파 심리치료 과정을 통해 통찰력과 창의성도 발달할 수 있다. 더 나아가 융학파 분석은 다른 사람의 문화, 역사, 종교를 이해하는 수단을 제공함으로써 지적인 발달을 촉진하는 수단을 제공한다. 특정한 증상을 제거하는 것보다, 자기 발전에 대해 통찰을 얻고 더 깊은 자기이해를 원하는 사람들은 융학파 분석을 유익하다고 여길 것이다.

아들러학파 심리치료

아들러학파 심리치료를 비판하는 사람들은 아들러학파 이론이 여러 다양한 것들을 다루지만, 그 어느 것도 깊이 다루지 못하고 있다고 주장한다. 초기 회상과 출생 순위를 통해 과거를 들여다보는 것을 강조하기 때문에, 아들러학파의 이론은 때때로 지나치게 단순화되어 있고, 의식적이거나 무의식적인 과정 중 어느 것도 충분히 점검하지 못하는 것처럼 보인다. 아들러학파 이론의 접근에서 사용하는 개념은 검증하기 어렵고, 이 이론에 기초한 심리치료의 효과성을 지지해 줄 수 있는 연구도 거의 없다. 실제 심리치료 실무와 관련해서 살펴보면 Adler의 접근은 초기 회상에 대한 개인의 지각이 너무 많이 강조된다. 또한 많은 기법이 통일성 있게 연결되지 못한 채 변화를 촉진하기 위해 사용된다. 이 이론은 사회적 관심의 중요성에만 초점을 맞춤으로써, 개인적 발달의 중요한 측면을 무시하는 경향이 있다. 신념을 변화시키는 것만 지나치게 강조하는 반면, 행동을 변화시키는 데는 관심이 적다.

아들러학파 심리치료의 강점은 다양성이다. 이 이론은 가족의 요인과 사회적 요인의 중요성을 강조하고 그것들이 성장과 발달에 미치는 영향을 고려한다. 이 이론은 실제적이고 목적지향적이며, 사회적이고 심리적 요인을 모두 강조한 접근이다. 기법의 대부분은 짧은 기간 내에 신념과 행동을 변화시킬 수 있게끔 구성되어 있다. 다른 대부분의 심리치료법들보다 아들러학파 이론은 개인, 커플, 가족 상담에 적용될 수 있는 교육적인 주안점을 내포한다. 아들러학파 이론은 과거 발달에 대한 지각을 중시하고, 치료적 수많은 치료 전략을 가지고 있는 성장 모형이기 때문에 매우 다양한 유형의 내담자 문제에 적용될 수 있을 것이다.

실존주의 심리치료

실존주의 심리치료에 대한 주된 비판은, 실존주의 심리치료가 실제로 심리치료의 체계가 아니라는 점이다. 오히려 실존주의 심리치료는 몇몇 서유럽 철학자들이 중요하게 보아왔던 개념이나 주제에 관한 일반적인 사고 틀이다. 몇몇 주제는 개인의 불안이나 문제를 다루지만 모든 주제가 그런 것은 아니다. Frankl이 제안한 몇 가지 기법을 제외하고, 실존주의 심리치료는 심리치료자에게 어떠한 지침도 제공하지 않으며, 심리치료자가 사용할 수 있는 방법도 제안하지 않는다. 실존주의 발상의 많은 부분은 지적인 것이며 대학 교육을 받지 않았거나 더욱 실제적인 성향의 내담자는 개념의 철학적인 속성에 어려움을 느낄 수 있다. 실존주의 심리치료는 많은 부분 죽음, 무의미함, 불안 등 부정적인 것에 초점을 두고 있다. 실존주의 심리치료는 이런 주제를 다루는 데 있어 구체적인 제안은 거의 제공하지 않는다.

실존주의 심리치료의 강점은 인간이 된다는 것에 관련된 주제에 주의를 기울인다는 점이다. 다른 심리치료들은 왜 우리가 이곳에 있는지, 왜 우리가 존재하는지, 그리고 우리 자신과 타인에 대한 책임의 문제를 경시하는 경향이 있다. 실존주의 심리치료는 자신을 넘어 외부로 시선을 돌릴 것과 삶에서 의미를 발견할 것을 강조하는데, 이는 타인과의 관계를 점검할 뿐 아니라 자신 앞에 맞닥뜨린 중요한 삶의 주제를 직면함으로써 가능하다고 본다. 우리의 삶 전체를 통해 사람들은 결혼, 이혼, 가족 부양, 사랑하는 사람의 죽음, 그리고 지난 행동에 대한 죄책감 등 많은 실존적 위기에 직면한다. 실존주의 심리치료는 그런 문제를 보고 이해하는 새로운 방법을 제시한다.

인간중심 심리치료

심리치료적 변화에 대한 Rogers의 관점은 너무 모호하고 현실 감각이 없으며 한계가 많다는 점에서 비판을 받아왔다. Rogers는 무의식을 무시하고, 과거의 발달 과정에는 거의 주의를 기울이지 않았으며, 내담자가 어디로 인도하든지 그를 따른다. 공감은 일종의 문제해결을 위한 만병통치약으로 간주되며, 행동주의적 원리나 인지적 원리는 고려되지 않는다. 몇몇 비평가들은 '핵심적인 조건이 변화의 필요충분조건이다.'는 Rogers의 관점이 지나치게 단순하고 부정확하며 최근 연구 결과를 반영하지 못한다고 비판한다. 또 다른 비판은 심리치료자에 대한 과대평가다. 사실 치료적 변화를 위해서는 일주일에 한 시간 또는 두 시간 동안 단순히 공감적으로 이해되는 것 이상의 것이 필요하다. 많은 다른 이론가들은 공감 자체로는 충분하지 않은 내담자들이 많다고 믿는다. 구체적인 변화를 위해서는 심리치료 과정에서 구조와 지침이 필요하다는 것이다. 내담자들은 인간중심 심리치료에서 제공해 줄 수 없는 지침이나 제안을 필요로 하기 때문에, 인간중심 심리치료를 보완하기 위해서는 다른 심리치료 방법이 필요하다.

한편, Rogers는 내담자-상담자 관계와 상담자의 수용, 진실성, 공감의 중요성을 강조함으로써 심리치료에 크게 공헌했다는 점이 널리 인정받아 왔다. 많은 상담자들은 이런 개념들이 명확하고 이해하기가 쉬우며, 이 개념들이 내담자의 성장과 이해를 촉진한다고 생각한다. 비록 더욱 더 많은 연구가 필요하긴 하지만 여러 연구들은 이 개념들의 타당성을 연구해 왔고 이들이 가치 있음을 보여 주고 있다. 인간중심 심리치료는 특히 서로 상대방을 이해하는 데 초점을 맞추고 있는 커플, 가족, 집단 상담에 적합하다. 많은 내담자들은 상담자와의 공감적인 관계에서 잘 드러나는 자신들의 경험, 느낌, 태도, 가치를 이해하는 데서 도움을 받을 수 있다.

게슈탈트 심리치료

게슈탈트 심리치료에 대해 비판하는 사람들은 강력한 정서적인 영향력이 내담자를 취약하게 하거나 혼란스럽게 만들 수 있다는 점을 지적한다. 게슈탈트 심리치료 중에서도 Perls의 심리치료는 타인과의 관계를 희생시키거나 무시하면서 개인의 발달만을 촉진하는 특징이 있다. 이 접근에서 사용하는 개념들은 상당히 모호하고 비체계적이다. 또한 자기 고유의 욕구(예: 힘 또는 성 관련)와 내담자의 욕구를 분리시키는 데 어려움을 겪는 상담자의 경우, 게슈탈트 심리치료는 내담자들에게 악영향을 끼칠 수 있는 잠재력이 있다.

숙련된 심리치료자에 의해 수행된 게슈탈트 심리치료는 개인이 감정이나 의식에 대해서 그냥 이야기하게 하기보다 그것들을 '경험'할 수 있게 도와준다. 게슈탈트 심리치료에서의 실험은 자기 이해를 돕고, 습득한 것을 치료 장면 밖의 관계에 적용할 수 있는 의지를 발달시킨다. 결과적으로 내담자들은 일과 관계에 있어서 더욱 창의적이고 적극적이 된다. 비록 심각한 장애(예: 경계선 성격 장애)를 가진 내담자에 대해서는 주의를 요하지만, 불안해하거나 감정 표현을 꺼리는 사람들에게는 게슈탈트 심리치료가 특히 도움이 될 수 있다.

행동 심리치료

때로는 단편적인 접근이라 비판을 받는 행동 심리치료는 사회학습 이론뿐만 아니라 고전적 조건 형성과 조작적 조건 형성의 원리로부터 발전한 것이다. 심리치료에 적용할 수 있는 형태를 가진, 모든 것을 총망라한 행동 이론을 개발하려는 시도는 실패했다. 행동 심리치료가 감정을 무시하고 내담자들을 조종한다는 비판은 더 이상 적합하지 않을 수도 있다. 그럼에도 불구하고 행동 심리치료는 전체로서의 사람이나 발달적인 요인들보다는 목표 행동에 지나치게 관심을 집중한다는 이유로 여전히 비판을 받을 소지가 있다. 증상을 변화시킨다고 해서 정말로 중요하고 의미 있는 변화까지 일으키는 것은 아니다. 더 나아가서, 행동 심리치료는 개인의 행동을 변화시키는 것에만 너무 초점을 맞추는 것으로 보인다. 사회적, 환경적 조건들이 다양하다는 사실에는 충분히 주의를 기울이지 못하는 것이다. 행동에 관한 중요한 실존적, 사회적 제약이 무시되는 경향이 있다.

행동 심리치료자들은 기법들의 효과성을 입증하는 방대한 양의 연구들을 해왔다. 이 연구들은 많은 문제에 대한 특정한 치료적 개입뿐만 아니라, 관찰 기법과 평가 기법도 발전 시켰다. 심리치료자와 내담자는 함께 협력하는데, 이 과정에서 우울, 공포증, 성기능 장애를 포함한 다양한 행동의 변화를 이끌어내기 위해 심리치료자는 기법에 관련된 지식을 사용 한다. 행동 심리치료는 종종 인지 심리치료와 결합되기도 하는데, 특정한 목표 행동을 규정 할 수 있는 문제에 특히 잘 부합한다.

합리적 정서행동 심리치료

합리적 정서행동 심리치료(REBT)는 이론적인 측면과 실무적인 측면에서 모두 비판을 받는 다. Ellis의 이론은 주로 내담자들에게 그들의 신념이 잘못되었다는 것을 확신시키는 인지적, 행동적 기법의 총체로 보일 수 있다. REBT는 일관성 있는 이론이기보다, 내담자가 더욱 합 리적으로 생각하도록 설득하려고 하고, 잘 되지 않을 경우에는 다른 행동적이거나 인지적 인 접근을 시도한다. 인지 심리치료와는 다르게, REBT는 서로 다른 장애들에 서로 다른 기 법들을 적용하지는 않는다. 모든 유형의 문제를 다룰 때, 그저 비합리적인 신념을 논박한다. 이것은 내담자들에게 신념을 바꾸도록 으르거나 협박하는 것처럼 보일 수도 있다. REBT가 인지적 전략에 주로 초점을 많이 맞추기 때문에 행동적이고 정서적인 면을 간과하는 경향 이 있다.

Ellis는 몇 년이 걸리기보다는, 몇 달이나 몇 회기 안에 치료적인 변화를 이끌어 내는 인지적 기법 사용을 개척했다. 그의 접근은 종합적이고 여러 가지 다양한 전략과 기법을 사용한다. 그런데 이러한 전략과 기법은 내담자의 비합리적인 신념을 바꾸게 하여 미래의 위기나 문제를 피할 수 있게 한다. 이 접근법은 기록 관리뿐만이 아니라, 과제와 역할 연기 를 특징으로 하는 적극적인 접근법이다. Ellis의 저서들은 내담자가 성적인 죄책감을 덜고, 더 이상 스스로를 비난하지 않음으로써 자신을 도울 수 있게끔 했다. 불안, 우울, 공포증처 럼 비합리적 신념을 주요 구성 요소로 하는 문제를 가진 내담자에게는 REBT가 도움될 것이다.

인지 심리치료

REBT처럼 Beck의 인지 심리치료는 지나치게 단순하고 상식에 불과한 것 같다는 비판을 받 을 수 있다. 한편 자동적 사고와 인지적 도식과 같은 개념들은 직접적으로 관찰 가능한 행 동이 아닌 구성 개념이기 때문에 내담자들이 이해하기 어려울 수 있다. 비록 인지 심리치료 자들이 내담자의 느낌에 주의를 기울인다고 해도, 인지적 왜곡에 초점을 맞추는 일 자체가 내담자를 비난하고 그들의 고통에 공감하지 않는 것처럼 보일 수 있다. 문제에 관한 내담자 의 개인적 책임만이 과도하게 강조되고 문제를 야기하는 폭력처럼 문제의 원인이 될 수 있는 사회적 압력은 간과되는 경향이 있다. 설사 인지적 접근에 행동적, 정서적 접근을 혼용하여 적용한다고 해도, 내담자들에게 그들의 생각이 왜곡되었다는 것을 확신시키는 것은 내담자가 가진 복잡한 문제를 다루기에 불충분하다.

다른 어떤 이론적 접근보다도, Beck과 그의 동료들은 다양한 심리적 장애에 적용될 수 있는 특정한 인지적 기법을 주의 깊게 연구해왔다. 특히, 우울과 불안에 대한 인지적 접근의 효과성을 보여 주는 연구들은 많이 진행되어 왔다. 인지 심리치료자들은 내담자의 생각, 감정, 행동에서의 변화를 이끌어내기 위해 내담자와 협력한다. 인지 심리치료는 구체적인 변화를 이끌어 내기 위해 행동적, 정서적, 경험적 전략을 구조화된 방식으로 통합하면서 폭넓고 효과적인 접근 방식의 형태를 갖추어가고 있다.

현실 심리치료

Glasser의 현실 심리치료는 피상적이고 지나치게 단순화되어 있다는 이유로 비판을 받아왔다. 현실 심리치료의 과정은 내담자가 수용해야만 하는 것으로 제시된다. 어린 시절의 발달, 전이, 꿈, 무의식적인 과정은 무시된다. 자동차에 비유하여 만들어진 기계론적인 모형은 복잡한 인간 행동을 과도하게 단순화한다. 실존적인 문제와 깊은 감정은 이러한 문제해결식의 접근에서 별로 관심을 받지 못한다. 지침들은 상당히 단순화되어 있는 반면에, 현실 심리치료의 실제 실천은 장기간의 훈련을 필요로 한다. 그래야만 자신의 행동을 통제하려고 하는 것에 대한 저항을 다룰 수 있다.

다른 많은 심리치료들과 달리 현실 심리치료는 변화에 저항적인 사람들에게 사용될 수 있다. 특히 청소년 범죄자, 죄수, 약물 남용자와 같이 접근 곤란한 집단에도 효과적일 수 있다. 개인이 그 자신의 행동을 통제하는 것과 현실 원칙에 따라서 행동할 때 나타나는 긍정적인 결과를 강조한다는 점에서, 현실 심리치료는 많은 내담자에게 매력적일 것이다. 물론 이 접근은 처음에 보이는 것만큼 사용하기가 쉽지 않지만, 연습을 통해 이를 효과적으로 사용할 수 있다. 비록 다른 심리치료자들이 볼 때, 변화에 대해 동기부여가 되어 있지 않다고 생각되는 내담자라 할지라도 말이다.

구성주의 심리치료

해결중심적이고 서술적인 구성주의 이론은 개인을 이해하는 어떠한 체계도 제공하지 않는다. 구성주의 이론은 내담자의 문제를 이해하고 헤아리기에는 너무 느슨한 틀만을 제공한다. 해결중심 심리치료는 문제를 지금처럼 어렵게 만든 문제의 본질이나 배경 요소를 헤아릴 적절한 기회를 제공하지 않는다. 이 문제가 내담자의 삶에서 다른 문제들, 다른 개인들, 다른 사건들과 어떻게 연관되어 있는지를 알지 못한 채, 문제만을 해결하려고 돌진한다. 이와 유사하게, 이야기 심리치료는 오직 내담자의 이야기만을 들은 후, 이야기의 어떤 부분이 '문제에만 흠뻑 젖어 있는지'를 판단한다. "분노는 당신으로 향한 발언권을 가지고 있습니다."라고 말하면서 문제를 외면화하는 것이 창의적인 기법일지라도, 그것은 어린아이들에게만 가장 적합할 것이고, 심각한 문제를 가진 아동이나 성인에게는 한계가 있을 것이다. 서로 다른 관점에서 이야기를 하고 또 반복해서 하는 것은 내담자의 삶에서 중요한 변화를 이끌어 내는 데 충분하지 않을 것이다. 구성주의 이론은 행동 심리치료, 인지 심리치료, 그리고 다른 접근들처럼 철저하거나 체계적인 접근을 취하지 않는다.

구성주의 심리치료자들은 어떠한 선입견도 가지지 않은 채, 내담자들이 자신의 관점에서 이야기하는 문제를 이해한다. 해결중심 심리치료는 짧으며 제한된 시간 내에 이루어진다. 내담자들은 문제를 해결하려고 심리치료를 시작한다. 즉 심리치료자와 관계를 발전시키거나, 문제에 대해 아무것도 하지 않고 문제에 대해 이야기만 하려는 목적이 아닌, 문제를 해결하여 고통을 줄이려고 시작한다. 해결중심 심리치료는 곧바로 본론으로 들어가고, 예외 질문과 기적 질문을 통해 개인이 삶에서 만나게 되는 다양한 범주의 문제를 다루도록 돕는다. 이야기 심리치료는 또한 개인이 그들의 삶을 이해하도록 돕고, 그들이 스스로를 괴롭히는 문제에 대해 생각해왔던 방식을 바라보게 한다. 상담자의 도움으로, 내담자는 자신을 볼 수 있는 방법을 찾게 되고, 이를 통해 문제를 해결할 수 있게 된다. 다른 이론과 달리 구성주의 이론은 내담자의 문제를 해결하는 데 있어서, 내담자 본인에게서 나온 이야기를 매우 중요하게 생각한다.

여성주의 심리치료

여성주의 심리치료가 정치적, 사회적 변화에 너무 큰 비중을 두기 때문에 개인이 감당해야 할 책임 부분은 무시될 수 있다. 여성주의 심리치료는 일관성 있는 이론을 가지고 있다기보다는 성역할 발달, 여성의 대우와 관련한 주제에 대한 다양한 발상의 복합체이다. 여성주의 심리치료자들은 '남성 비판자'가 되어서는 안 된다고 주장하지만, 그들의 저술에서는 남성 비판적 경향성을 찾아볼 수 있다. 여기서 의문이 생긴다. '여성주의 심리치료자들은 남성보다 여성을 우월하게 대하는 것은 아닌가?' 여성주의 심리치료에 관한 또 다른 비판으로는 이것이 스스로 독립할 수 있을 만큼 충분한 기법이 있는 것이 아니기 때문에, 이 관점은 심리치료라고 하기보다 단지 다른 이론들에 여성주의적 발상을 집어넣는 방법에 관한 제안의 복합체 정도라는 것이다.

여성주의 심리치료의 장점은 그것이 사회적인 요소들, 그중에서도 가장 중요하게는 성역할과 문화에 대해 검토해왔다는 것이며 또 남성과 여성 모두에게 더욱 효과적인 심리치료를 제공하기 위해 심리치료의 실무에서 어떤 일이 일어날 수 있는지에 주목했다는 점이다. 이미 여성주의 심리치료는 각기 다른 이론적 방향성을 가진 모든 상담자들이 내담자의 성역할과 문화에 대한 태도뿐만 아니라, 자신들의 태도도 의식하도록 도와왔다. 여성주의 심리치료의 정치적 취지는 상담자들이 내담자 문제의 원인이 되었던 정치적, 사회적 환경을 바꾸도록 요구하는 데 있다. 상담자가 여성주의 상담자든 여성주의 심리치료의 영향을 받았든, 실제 상담자들은 심리적 역기능과 환경적 맥락 모두를 검토함으로써 내담자를 도울 수 있다.

가족 치료

가족 체계 심리치료를 비판하는 사람들은 다음과 같은 두 가지 이유를 가장 많이 언급한다. 첫째는 가족 체계 심리치료가 개인적 역기능을 무시하는 경향이 있다는 것이고, 둘째는 가족 구성원 사이의 상호작용에 초점을 둔다는 점이다. 예를 들면, 조현병과 같은 개인의 문제에 집중하기보다는, 가족 체계 심리치료자는 문제에 대한 가족의 책임감에 초점을 둔다. 비록 Bowen과 정신분석적 접근들은 가족의 역사를 들여다보겠지만, 구조적, 전략적, 경험적 이론들은 현재의 기능을 더 검토하고, 가족의 발달은 무시하는 경향이 있다. 많은 가족 체계 심리치료, 그중에서도 특히 구조적, 전략적 심리치료는 역설적인 개입을 사용함으로써 가족들 모르게 그들을 조종할지 모른다. 이런 경우 권위적인 심리치료자-내담자 관계가 형성되고, 그 관계 안에서 내담자는 그들에게 무엇이 일어나고 있는지 모르며, 통찰 또한 가치 있게 여겨지지 못한다. 여성주의 상담은 가족 체계 심리치료가 가족 안에서 역할 기대 형성의 원인이 되는 더 넓은 사회적 맥락을 인지하지 못한다는 점에 대해 비판해왔다. 때로는 가족 심리치료자들은 가족 개입에 대한 응집력 있는 방법을 찾는 것보다 가족을 다루는 새롭고 창조적인 접근에 더욱 사로잡혀 있는 것으로 보인다.

기족 체계 심리치료의 중요한 공헌은 개인의 문제가 진공 상태에서 존재하는 것이 아니라는 점과 가족 구성원은 서로가 잘 기능하는 데 영향을 준다는 것을 알게 한 점이다. 모든 가족 구성원을 심리치료 장면에 데려옴으로써 가족 구성원 간의 연합과 관계 맺는 방식을 관찰할 수 있다. 그런 다음 심리치료자는 가족 구성원이 '환자로 지목된 구성원(identified patient)'을 비난하거나 그에 초점을 맞추는 것보다 서로가 문제를 해결할 수 있게 돕도록 격려할 수 있다. 지난 30여 년 이상에 걸쳐 다양한 가족 체계 심리치료들을 통합할 뿐만 아니라 개인 상담을 가족 상담에 통합시키려는 경향이 존재해왔다. 가족 체계 심리치료에 대해서는 여러 가지 접근이 존재한다. 또한 융학파 분석을 제외하고는 각각의 모든 이론들이 가족 문제를 다룬다는 점에서 가족을 다루는 것의 중요성을 알 수 있다.

여러 가지 심리치료들의 한계점과 강점을 특징지으면서 몇 가지 사실들을 관찰할 수 있다. 심리치료에 대한 평가는 주관적이며, 평가자의 가치와 태도, 그리고 평가자의 심리치료자, 내담자, 연구자로서의 경험에 기초하고 있다. 내담자들은 그들의 문화적 배경, 나이, 가족사, 심리 장애, 성역할 그리고 많은 다른 요소에 따라 매우 다양하다. 한 내담자에게 적합한 치료법이 다른 내담자에게는 적합하지 않을 수 있다. 그러나 아들러학파 심리치료, 행동 심리치료, 인지 심리치료, 정신분석 심리치료를 제외하고는 거의 모든 심리치료들이 서로 다른 종류의 진단 장애에 서로 다른 심리치료를 적용하지 않으려고 한다. 대신에 심리적 역기능을 인식하고서 그 문제에 대한 그들의 치료적 관점을 적용시킨다. 여러 가지 다양한 심리치료들의 한계와 강점을 비평함으로써 심리치료자들은 실제 자신의 심리치료 장면에서는 어떤 식의 접근을 할지 더 잘 결정할 수 있다.

요약

심리적인 문제를 가진 사람을 돕는다는 것은 상담자에게는 자기만족과 행복을 증진하고, 다른 사람들과의 대인관계를 개선할 수 있는 기회다. 대부분의 내담자들이 자신의 심리적 고통을 스스로 해결하려 하거나, 친구의 도움을 구한다. 이 과정에서 실패했을 때만 그들은 심리치료나 심리 상담을 찾는다. 다른 사람들을 윤리적이고 능숙하게 돕는다는 것에 대한 책임감은 굉장히 중요한 것이다. 이론가들은 고통에 빠진 개인들을 어떻게 도울지에 대한 자신들의 관점을 다른 사람들에게 전달한다. 돕는다는 것은 이론을 정확하게 사용해야 한다는 책임감을 의미하지만 만족과 흥분도 함께 준다.

이 책에 소개된 이론적인 발상들이 없다면 심리치료자들과 상담자들은 심리치료 혹은 상담을 어떻게 진행할 것인지에 대한 지침을 거의 얻지 못할 것이다. 돕는 방법에 대한 수많은 책과 문헌, 그리고 도움의 효과성에 대한 연구들은 계속 늘어날 것이다. 그리고 상담자들을 위한 지침과 지원을 계속 제공할 것이다. 계속된 연구와 실제 심리치료 사례의 증가로 이론은 더 깊어지고 넓어졌다. 먼저, 이론의 새로운 측면이나 새로운 개념이 발달하고 비판받고 더욱 수정되었다는 점에서 이론은 깊어졌다고 할 수 있다. 몇몇 이론들의 경우, 연구가 그 이론에서 특별히 효과적이거나 수정을 요하는 면들을 알아내는 데 중요한 역할을 해왔다. 또한 한 이론의 상담자가 다른 이론들의 기법과 개념을 상담 실무에 포함함으로써 이론은 더욱 넓어졌다고 할 수 있다. 그뿐만 아니라, 16장에서 살펴보았듯이 몇몇 저자들은 근본적으로 다른 이론들의 개념이나 기법에 광범위하게 기반을 둔 새로운 이론들을 발전시키면서 통합적인 관점을 취해왔다. 또한 독자 스스로의 통합적인 이론을 발전시키기 위해 이전 장에서 묘사된 이론들을 어떻게 사용할 수 있을지 설명하려 한다.

첫발을 내딛는 심리치료자나 상담자에게 이 정보들은 때로 흥분되는 것일 수도 있지만 때로는 압도적인 것일 수도 있다. 왜냐하면 초심 상담자에게는 주어지는 정보가 너무 많을 수도 있고, 자신이 선호하는 이론을 지금 당장 알아야 한다고 느낄 수도 있기 때문이다. 이론적 스타일은 독서에 의해, 실습 과목과 인턴 경험, 그리고 수련 감독자의 의견에 의해 '점진적'으로 영향을 받아 발달하는 것이다.

필자는 심리치료자나 상담자가 되려고 하는 독자들이 이론적 관점을 선택할 때 좀 더 개방적인 태도를 취할 것으로 권한다. 각자의 가치관 및 성격과 이론이 내포하고 있는 특성 간에 적합성이 중요하지만, 적합성이 유일한 고려사항은 아니다. 개인의 성격과 다문화적 가치 간의 상호작용에 관한 지식 역시 효과적인 심리치료와 상담을 위해 필수적이다. 내담자의 유형과 학생시절에 기대하고 있던 일의 특성이 이론의 선택에 영향을 끼친다. 예를 들면, 많은 상담기관들은 그들이 내담자에게 허용하는 상담 회기의 수에 제한을 두는데, 그럴 경우 장기적 심리치료(정신분석, 융학파 분석)는 그러한 상황에 부적합할 것이다. 어떤 상황은 특정 이론과 잘 맞아떨어질 수 있다. 예를 들어, 청소년 범죄자를 돕는 심리치료자와 상담자에게는 행동 심리치료나 현실 심리치료가 효과적이라는 점을 발견할 수 있을 것이다. 반면 중년의 위기를 겪는 내담자와 상담할 경우에는 실존주의 심리치료나 융학파 분석이 적합할 것이다. 어떤 심리치료자는 자신의 개인적 발달 단계, 그들이 접하는 내담자의 유형, 새로운 직장의 조건 등에 맞추어 자신의 이론적 접근에 크고 작은 변화를 준다. 새로운 정보와 아이디어에 대한 개방성은 우유부단함이라기보다 하나의 강점으로 간주될 수 있다. 가장 적합한 이론을 선택하거나 여러 심리치료와 상담 이론들을 통합하는 것은 장기적인 과정이며, 심리치료자 자신의 경험과 상황에 의해 변화될 수 있다.

실습

CengageBrain.com에 나와 있는 디지털 자기 측정 도구, 핵심 용어, 동영상 사례(이론의 적용), 사례 연구, 퀴즈 문제로 심리치료와 상담 이론의 개념을 자세히 연구하고 실습할 수 있다.*

---

* 해당 서비스는 유료로 이용하실 수 있습니다.

용어 해설

본문에 사용된 중요한 개념들 중 푸른색 명조체로 쓰여 있는 단어들의 의미를 용어 해설에 정의하였다. 정의와 관련된 이론 혹은 이론가는 괄호 안에 표시하였다.

가계도 genogram [가족] 가족의 관계 체계를 도표로 만드는 방식. 본질적으로 나이와 성, 결혼 날짜, 도표로 만들 수 있는 비슷한 정보로 이루어진 가족 계보.

가상현실 치료 virtual reality therapy [행동] 이 심리치료는 컴퓨터가 만들어내는 환경에서 일어남. 보통 내담자는 조이스틱이나 머리 밴드, 생물학적 센서가 달린 장갑, 혹은 비슷한 장치를 사용함으로써 이 환경과 상호작용할 수 있음.

가족 구도 family constellation [Adler] 가족 구성원의 성격 특성, 형제 나이 및 터울과 출생 순서. 생활양식을 결정하는 데 있어 중요함.

가족 구조 family structure [Minuchin] 어떤 구성원이 다른 구성원과 어떤 식으로 상호작용을 하는지를 결정하는, 가족생활 과정에서 발전된 규칙.

가족 심리치료 family therapy 구성원 사이의 심리 기능을 향상시키기 위한 가족에 대한 모든 심리치료법. 대부분의 주요 심리치료 이론은 가족 심리치료의 응용 방식을 가지고 있음.

가족 조각 family sculpting [Satir] 가족 구성원을 물리적으로 만들거나 혹은 직접적으로 가족 관계에 대한 관점을 보여주는 특성을 취하도록 만드는 기법.

가족 체계 심리치료 family systems therapy 전체 가족을 단위 혹은 체계로서 보는 가족 심리치료의 형태. 종종 가족 구성원의 상호작용에 중점을 둠.

가족 투사 과정 family projection process [Bowen] 부모의 갈등을 한 명 혹은 그 이상의 아이들에게 투사하거나 옮기는 방식.

가족생활 연대기 family life chronology [Satir] 가족의 역사에서 중요한 사건들을 기록하는 방식.

감각 sensing [Jung] 자신과 자신의 세계에 대한 자각을 강조하는 성격 기능. 반대는 직관.

감정 feeling [Jung] 개인들이 즐거움, 고통, 분노, 혹은 다른 감정들에 대한 주관적 경험을 이끄는 성격 기능. 반대는 사고임.

강렬한 인지 hot cognition [인지] 강한 감정적 반응들을 이끌어내는 강력한 혹은 매우 격렬한 생각 혹은 아이디어.

강박 장애 obsessive compulsive disorder 개인들이 계속 행동들을 반복해야 한다고 느끼는 지속적이고 통제할 수 없는 생각이나 감정.

개별화 individuation [대상관계] 자신을 자각하게 되면서 개인이 되어가는 과정.

개성화 individuation [Jung] 성격의 반대되는 요소들을 전체가 되도록 통합하는 과정. 이것에는 부분적으로, 무의식적 자료를 의식을 가진 관계로 가져오는 것이 포함됨.

개인무의식 personal unconscious [Jung] 자아에 의해 받아들여지지 않는 경험, 사고, 감정, 지각은 개인무의식에 저장됨. 아득한 기억과 감정적으로 만들어진 개인적 혹은 미해결된 도덕적 대립이 이에 포함됨.

개인화 personalization [인지] 개인들이 아무 관계도 없는 사건을 스스로에게 결부시키는 인지 왜곡. 그 사례는, '나는 스키를 타러 가고 싶을 때마다, 눈이 없어.'와 같은 것. 스키를 타고 싶은 것은 눈이 없는 것의 원인이 되지 않음.

거식증 anorexia 사람들이 먹을 수 없는 데서 오는 장애로, 심각한 식욕 부진과 수척해졌을 때조차 비만에 대한 극심한 공포를 가짐. 거식증은 정상 체중의 최소 25%가 줄었을 때 진단됨.

거울 기법 mirror technique [심리극] 보조자가 주인공의 자세와 표현, 그리고 말을 따라하는 과정으로, 주인공은 다른 사람이 대신 보여주는 자신의 행동을 통해 자각할 수 있음.

거짓 상호성 pseudomutuality [가족] 가족 내의 개방된 관계들을 보여줌으로써, 가족 내의 소원하고 문제 있는 관계를 감추는 것. 구성원은 정직하게 관계를 맺기보다 자신이 맡는 역할을 발전시킴.

거짓 자기 false self [Winnicott] 유아기에 엄마의 양육이 충분치 않을 때, 아이는 자신에게 기대한다고 믿는 것에 따라 행동하게 됨. 기본적으로, 아이는 자신의 자아를 발전시키기보다 엄마의 자아에 맞추게 됨. 이 용어는 참 자기와 반대의 의미로 사용됨.

거짓 자기 pseudoself [Bowen] 다른 가족 구성원이 자신의 가치나 의견보다 받아들여질 수 있는 가치나 의견을 표현하는 것.

건설적인 삶 constructive living [동양] 상담자가 내담자에게 자신의 감정과 문제에 집중하기보다는 다른 사람들에게 친절하고 도움이 되도록 가르치는 접근법.

게슈탈트 심리학 gestalt psychology 경험의 구성을 패턴이나 배열 형태로 연구하는 심리학적 접근. 게슈탈트 심리학자들은 부분들의 합보다 전체가 더 크다고 생각하며, 다른 주제들 중에서, 배경과 전경의 관계를 연구함.

격려 encouragement [Adler] 관계를 정립하고 내담자의 변화를 발전시키기 위한 중요한 심리치료 기법. 신념과 행동 변화에 대해 내담자를 지원하는 것은 격려의 한 부분임.

경계 상황 boundary situation [실존] 실존적 상황에 대처하게 만드는 위급한 경험.

경계 투과성 boundary permeability [Minuchin] 가족 구성원 사이의 경계 유연성 정도와 가족 구성원 서로 간에 가지는 접촉의 특성 정도에 대한 것. 이 투과성의 정도에 따라 폐쇄적이거나 개방적인 가족들을 볼 수 있음.

경계 표시 boundary marking [Minuchin] 개별 가족 구성원 사이에 경계나 상호작용에 변화를 만드는 기법. 예를 들어, 심리치료를 하는 동안 가족 구성원의 자리에 변화를 주는 식임.

경계선 성격 장애 borderline personality disorder 불안정한 대인관계, 짧은 시간마다의 급속한 기분 변화 등이 이 특성들에 포함됨. 소비, 식사, 성관계, 도박과 같은 것들에서의 행동이 종종 불규칙적이고, 예상할 수 없으며, 충동적임. 쉽게 화를 내고 관계에 대해 실망하게 됨으로써, 정서적 관계들이 심각해지는 경향을 보임.

고유 세계 eigenwelt [실존] 한 사람의 '자신만의 세상'과 관련된 방식. 스스로를 자각하고 우리 자신과 어떤 관련이 있는지를 보여줌.

고전적 조건 형성 classical conditioning [행동] 반사적 특정 반응을 중립적 자극과 반복적으로 거의 동시에 제시됨으로써 결국 중립적 자극 그 자체가 반응을 이끌어 내는 학습 형태.

공감 empathy [Rogers] 관점과 가치에 영향을 받지 않고 다른 사람의 세상에 들어가기 위해 그 사람에게 감정 이입하는 방식. 감정 이입을 할 때, 심리치료자는 내담자의 경험, 감정, 감성에 맞춤.

공격자에 대한 동일시 identification with the aggressor [Anna Freud] 공격자의 특징을 공격받은 자가 취함으로써, 굴복시킬 수 없는 상대와 동일시하는 방어기제.

공동 심리치료 conjoint therapy [가족] 한 심리치료자가 동시에 부부의 양쪽 구성원 모두를 만나는 부부 심리치료의 일종.

공존 세계 Mitwelt [실존] 개인이 다른 사람들과 사회적으로 상호작용하면서 세상과 관련을 맺는 방식. 생물적이거나 육체적인 관계보다는 인간관계에 중점을 둠 (자연적 세계).

공통 요인 common factors [도입/비교] 심리치료와 상담에서 일어나는 변화들에 공통적으로 있는 요소. 이것들에는 참여자와 관계 요소들이 포함됨.

공포증 phobia 위험성이나 위협적 자질을 보이지 않는 상황이나 대상에 대한 공포. 이 사례들에는 고소 공포증, 쥐와 거미에 대한 공포증들이 포함됨.

과잉일반화 overgeneralization [인지] 개인들이 소수의 부정적이거나 고립된 사건들을 바탕으로 규칙을 만들고, 그것을 광범위하게 적용할 때 발생하는 왜곡된 사고의 예.

과장하기 exaggeration [춤] 분노에 차 주먹을 휘두르는 것처럼, 과장된 움직임으로 동작과 관련된 감정들을 느낄 수 있도록 함.

과정 연구 process research 심리치료의 다양한 측면에 대한 연구. 사례들로는 두 개 이상의 심리치료 기법들을 비교하는 것과 기법 도입의 결과로 생긴 성격 변화에 대한 관찰이 포함됨. **성과 연구**와 대조적으로 사용됨.

과제 homework 내담자들이 심리치료 시간 이후에 하도록 요구받는 특정 행동이나 활동.

관객 audience [심리극] 심리극이 시연되는 동안 지켜보는 사람. 그들은 어떤 시점에 주인공이나 보조자로 참여할 수 있음.

관계 요인 relationship factors [비교] 공통 요인 접근에서, 치료 상호 작용의 속성들에는 내담자의 개선에 영향을 끼치는 심리치료자의 기술이 포함됨.

관계 자신감 relational competence [여성주의] 자신과 다른 사람들에게 공감할 수 있는 능력. 여기에는 공동체에서 힘에 대한 자각을 만들고 참여하는 능력이 포함됨.

관계 회복 적응력 relational resilience [여성주의] 관계 속에서 성장하고 장애물이 있어도 앞으로 전진할 수 있는 능력. 관계 회복 적응력은 관계가 상호적이지 않고 뒤떨어지는 경우를 인식하는 것과 관련이 있음.

관계적 반응 relational responses [관계적 정신분석] 치료 시간 동안 생기는 문제에 대한 말들은 전이와 역전이의 해석보다는 심리치료자와 내담자 간 관계를 반영함.

관찰 학습 observational learning [행동] 사람들이 다른 사람들의 행동을 관찰함으로써 영향을 받는 학습 형태.

구강기 oral stage [Freud] 약 18개월까지 지속되는 성 심리 발달의 초기 단계. 입술과 입, 목을 포함하여 먹고 빨아들이는 것을 통한 만족감에 중점을 둠.

구두점 punctuation [가족] 상호작용하는 각 개인이 다른 사람이 말하는 것에 의해 자신이 말하는 것을 믿는 개념. 기본적으로 개인은 다른 사람들이 자신의 반응에 책임이 있다고 생각함.

구성주의 constructivism 개인들이 자신의 삶에 자신만의 관점, 사건의 구성, 혹은 관계를 창조한다는 신념.

그림자 shadow [Jung] 용인되지 않는 성적, 동물적, 공격적 충동을 대표하는 원형으로, 보통 우리 자신을 바라보는 방식과 반대됨.

극대화 magnification [인지] 결함이 더 크게 과장되는 인지 왜곡.

극소화 minimization [인지] 긍정적 사건을 실제보다 덜 중요하게 만드는 방식.

긍정적 이야기 positive narratives [이야기] 잘 되고 있는 것에 관한 내담자들의 이야기. 이러한 긍정적 이야기들은 내담자들에게 힘이 북돋아진다는 느낌을 줄 수 있음.

긍정적 중독 positive addiction [현실] 달리기나 명상과 같은 긍정적 행동을 반복하고 실행함으로써, 개인들은 창조성과 삶의 문제를 해결하는 힘의 기회들을 발전시킬 수 있게 됨. 이러한 행동을 중단하면 불편함이 생겨남.

긍정적 피드백 positive feedback [가족] 변화와 안정성의 손실을 가져오는, 체계의 기준으로부터 일탈하도록 이끄는 정보.

기능 functions [Jung] 사고, 감정, 감각, 직관으로 이루어지는, 세상에 대해 인지하고 반응하는 네 가지 기능.

기능적 분석 functional analysis [행동] 선행사건과 행동의 결과를 평가함으로써 치료와 목표를 명시하는 것. 행동을 유지하고 행동의 기여 요인에 관해 가설을 제안하는 분석. 이 정보는 행동에 대한 심리치료를 보여주고, 더 나아가 목표를 명시하는 데 이용됨.

기법적 절충주의 technical eclecticism [통합] 하나의 성격 이론이 선택되고 모든 이론의 기법들이 사용될 수 있지만, 선택된 성격 이론과 일치하는 방식으로 사용되는 심리치료 접근법.

기본적인 오류 basic mistakes [Adler] 개인 생활양식의 자멸적 측면들은 차후의 행동에 영향을 끼칠 수 있음. 그러한 실수들에는 종종 다른 사람들을 피하기, 권력 추구, 자산이나 그릇된 가치에 대한 필사적 욕구 등이 포함됨.

기적 질문 miracle questions [해결중심] '기적이 일어나면 무엇이 달라질까요?'와 같은 질문은 목표를 더 규정할 수 있도록 도움.

꿈 dreams [Jung] 무의식적 창조로 만들어지는 '큰' 꿈은 집단무의식의 상징적 자료를 보여줌. '작은' 꿈은 일상의 활동을 반영하고 개인무의식으로부터 나옴.

나이칸 Naikan [동양] 내담자들이 다른 사람들과의 관계를 개선하고 사회에 기여할 수 있도록, 과거 관계들의 실수에 초점을 맞추는 일본의 심리치료법.

낙인찍기 labeling [인지] 실수나 오류들을 근거로 자신에 대해 부정적 시각을 만들어내는 것. 자신에 대한 관점에 영향을 끼치는 과도한 일반화의 한 형태.

남근 선망 penis envy [Freud] 남성처럼 되고 싶은 여성의 욕망, 혹은 더 구체적으로, 남근을 빼앗겼으므로 이를 소유하고 싶어 하는 어린 소녀의 믿음.

남근기 phallic stage [Freud] 성 심리학 발전의 세 번째 단계로, 3~5 혹은 6세까지 지속. 성적 만족감의 중요한 원천은 항문에서 생식기로 옮겨감.

낮은 좌절 인내력 low frustration tolerance [REBT] 계획대로 되지 않는 사건이나 상황들을 다루는 것의 어려움이나 무능력. 예를 들어, 누군가 지시한 대로 하지 않는 것에 대해 심하게 화를 내는 것과 같음.

내담자 수프에 침 뱉기 spitting in the client's soup [Adler] 내담자가 덜 매력적이거나 호감 가지 않는 행동을 하도록 조언하는 것.

내담자중심 연구 patient-focused research 내담자들의 진전을 모니터하고, 이 정보를 심리치료 방법을 발전시키는 데 사용하는 방식.

내던져진 조건 thrown condition [실존] 이유가 되지 않는 세계의 예측 못하는 힘이나 사건.

내사 introjection [게슈탈트] 평가나 성격으로의 동화 없이 개인들이 다른 사람들의 정보나 가치를 받아들이는 것에서 오는 접촉 경계 혼란.

내파 치료 implosive therapy [행동] 내담자가 가설화된 자극을 포함하는 과장된 장면을 상상하는 방식으로, 오래 지속하는 강렬한 노출 심리치료의 유형.

내현적 행동 covert behavior 생각과 감정처럼, 다른 사람들이 직접적으로 인식할 수 없는 행동.

내향성 introversion [Jung] 성격에 대한 두 가지의 중요한 태도나 성향들 중 한 가지. 내향성은 주관적 경험과 외부 세계에 대한 자신의 자각을 향한 성향을 나타냄.

노출과 강박적 의식행동의 억제 exposure and ritual prevention(EX/RP) [행동] 내담자들이 두려워하는 자극에 한 시간 혹은 그 이상의 시간 동안 노출되는 방식으로, 강박 신경 장애에 주로 사용되는 심리치료법. 이 심리치료 중 내담자들은 자신이 문을 닫았는지 보기 위해 지속적으로 체크하는 것과 같은 강박적 행위를 하는 것이 억제됨.

다리 놓기 bridging [다중양식] 내담자에게 또 다른 양식을 도입하기 전에 내담자의 현재 양식에 대해 알고 대처하는 것.

다중 정체성 교차 intersection of multiple identities [여성주의] 성을 바라보는 방식에 작용하는 영향력. 예를 들어, 성은 사회적 집단의 관점을 검토하고, 관계의 영향력을 조사함으로써, 그리고 개인 관계를 이해하는 것을 통해 바라볼 수 있음.

다중 정체성 multiple identities [여성주의] 성을 바라보는 방식에 작용하는 민족성, 사회 계급, 성적 성향, 장애, 그리고 다른 특징들을 포함하는 다수의 영향력.

다중양식 multimodal [통합] Arnold Lazarus에 의해 발전된 심리치료 접근법으로, 사회학습 이론의 개념을 성격 이론에 사용하고, 사회학습 이론과 일치하는 방식으로 적용되는 다른 많은 이론의 기법을 가져오는 것. 일곱 가지 중요한 양식들은 BASIC I.D.라는 약자로 나타내고 있음.

단어 연상 word association [Jung] Jung과 Riklin에 의해 발전된 방법으로, 개인들은 다른 단어나 문구에 대해 또 다른 단어로 반응하도록 지시받음. 지연된 반응이나 다른 생물적 반응을 통해 개인에게 혼란을 줄 수 있는 콤플렉스들을 찾아낼 수 있음.

다르마 dharma [동양] 선과 올바른 행위를 설명하는 법칙.

대상 집중 object cathexis [Freud] 사람이나 행동처럼, 자신 외의 대상에 심리 에너지나 리비도를 투자하는 것. 이런 투자는 욕구를 줄이기 위해 고안됨.

대상 object 정신분석 이론에서 보통 어린 시절의 중요한 사람을 뜻하는 데 사용하는 용어.

대상관계 object relations 개인의 삶에서 중요한 사람들이나 사랑하는 대상들에 대한 연구로, 관계에 대한 어린 시절의 시각들(보통 무의식적으로 생겨난)에 중점을 둠.

대안적 이야기 alternative narratives [이야기] 문제가 많은 이야기보다 좋은 결과를 가진 긍정적 이야기를 들려줌으로써 힘과 특별한 능력, 그리고 가족의 소망을 찾아가는 과정.

대인관계 갈등 interpersonal disputes [관계중심] 다른 사람들과 진행 중인 다툼, 불일치, 혹은 논쟁은 우울증의 원인이 될 수 있음. 갈등은 가족, 학교, 직장, 혹은 다른 상황 속에서 일어날 수 있음.

대인관계 기술 부족 interpersonal deficits [관계중심] 사회적 고립이나 사회적 기술의 결여는 외로움이나 관련된 문제들을 초래할 수 있음.

대처 질문 coping question [해결중심] 이 질문은 가족 구성원이 문제에 대처하면서 가졌던 성공적인 경험에 대해 물음. 그리고 문제에 대처하는 가족 구성원의 능력을 강조함.

대칭적 의사소통 symmetrical communication [가족] 개인들 사이에서 동일하게 특징화되는 의사소통의 형태. 이러한 의사소통은 화내는 말에 뒤이어 또 다른 화내는 말이 이어지며, 논쟁으로 이끄는 것과 같음.

도식 schemas [인지] 세상이 돌아가는 것에 관한 중요한 신념과 가정의 집합을 구성하는 사고방식.

독서 심리치료 bibliotherapy 심리치료자가 도서를 선정하여 내담자의 문제에 대한 통찰 획득과 새로운 정보 습득 및 자존감 증진 등을 목적으로 치료하는 기법.

독심술 mind reading [인지] 다른 사람의 마음속 생각을 알고 있다는 믿음.

독특한 탈출구 unique outcomes [이야기] 종종 반짝이는 순간으로 불리며, 고유의 결과는 문제가 해결되기 시작할 때 생기는 사고, 감정, 혹은 행동.

동기 유발 과정 motivational processes [행동] 관찰을 행동으로 옮기고 얼마 동안 지속하기 위해서는 강화가 존재해야 하며, 강화는 동기를 가져옴.

동기 평가 assessing motivation [해결중심] 변화를 향한 내담자의 동기 정도에 대한 관심. 종종 변화 동기를 평가하는 데 척도 질문이 이용됨.

동등 결과성 equifinality [가족] 다른 경로들이나 조건들을 통해 체계를 동일한 목표에 도달하도록 만드는 능력.

동맹 alignment [Minuchin] 가족 구성원이 사건을 겪으며 서로 동참하거나 대립하는 방식.

동시성 synchronicity [Jung] 어떤 우연한 연관도 없는 동시성. 예를 들어, 두 마리의 뱀을 바라보는 꿈을 꾼 후 다음날 뱀을 보게 되는 것.

동일시 identification [Freud] 개인들이 자신들의 불안과 내부 갈등을 줄이기 위해 또 다른 사람(종종 부모)의 특성에 대해 취하는 방어기제. 자신을 생산적이라고 느끼기 위해 한 일이 거의 없음에도 불구하고, 성공적인 부모와 동일시함으로써, 개인은 성공을 느낄 수 있음.

동화적 접근 assimilative approach [통합] 성격 이론과 그 이론의 심리치료 기법을 주요 접근법으로 하고, 하나 이상의 다른 이론들을 그 접근법에 대한 보충 방법으로 사용한다는 심리치료적 접근법.

드라마 심리치료 drama therapy [심리극] 극장과 관련된 경험들에 개인들이 관여하게 하는 심리적 변화를 만들어내는 수단. 개인들은 종종 자신의 자발적인 드라마를 연기할 수 있으며, 만들어진 연극에서 역을 맡을 수 있고, 혹은 연극을 관찰하고 논의할 수 있음. 심리극은 드라마 심리치료의 한 형태로 간주됨.

뜨거운 자리 hot seat [게슈탈트] 개인들이 심리치료자와 차례로 작업하는 집단 치료의 형태로, 관객들은 지켜보며, 간혹 심리치료 과정에 대한 평을 하도록 지시받음.

리비도 libido [Freud] 성적 에너지를 포함하고 있지만 그것에 국한되지 않는, 인격의 기본 충동.

마야 maya [동양] 힌두교와 불교 철학에서 파생된 개념으로, 현실과 경험에 대한 왜곡된 인식을 뜻함. 집중이나 명상을 통한 자각에만 직접적 관심을 쏟음으로써, 현실과 경험은 더 정확하게 인식될 수 있음.

마음챙김 명상 mindfulness meditation [동양] 호흡의 자각에 집중하는 것. 호흡에 집중함으로써 숨을 들이마시고 내뱉는 것에 따라 감정과 이미지도 똑같이 생겨남.

마음챙김 mindfulness [동양] 현재의 자신을 경험하는 방식. 이렇게 함으로써 마음이 안정되고, 열리게 되며, 맑아지게 됨.

마인드맵 mindmaps [해결중심] 심리치료 기간 동안 혹은 심리치료 기간이 끝난 후 만들어지는 치료 기간의 도표와 개요로, 심리치료자가 문제에 대한 목표와 해결법들을 조직하는 데 중점을 두기 위해 사용됨.

'마치 ~처럼' 행동하기 acting as if [Adler] 이 기법에서, 내담자들은 행위가 효과를 발휘할 것처럼, 즉 '마치 ~처럼' 행동하기를 요구받음. 내담자들은 마치 새 옷을 입어보는 것처럼 새로운 역할을 해 보도록 권장받음.

망상 delusions 현실과 대조적이며, 부정확한 증거에도 불구하고 확고히 보유한 신념.

머스터베이션 musterbation [REBT] 사고가 융통성이 없고 독재적이며, 절대로 실패하지 않는다거나 자신의 방식대로 해야 한다고 주장하는 내담자들의 행동을 특징화하는 Albert Ellis의 표현.

메시지 'The message' [해결중심] 내담자에게 지시하거나 심리치료 기간의 막바지에 칭찬들에 대한 문서화된 메시지를 부여하는 것.

메타분석 meta-analysis 다수의 연구 결과를 통계적으로 요약하려는 방식.

명상 meditation [동양] 정신 과정들을 통제하려는 방식. 집중 명상에서는 호흡 행위와 같은 자극에 초점을 맞춤. 자각 명상에서 목표는 의식과 마음을 검토하는 것.

모노드라마 monodrama [심리극] 자기 자신과 대화를 하는 것으로, 개인이 번갈아가며 양쪽의 역할을 연기함.

모더니즘(근대주의) modernism 모더니스트들은 기술과 과학의 진보를 통해 성취될 수 있는, 과학적 진실이 있다고 믿는 이성주의 관점을 채택함.

모델링 modeling [행동] 내담자가 다른 사람(모델)의 행동을 관찰하고, 그 관찰의 결과를 사용하는 기법.

모래 상자 sandtray [Jung] 개인들이 의미를 부여할 수 있는 모형이나 인형을 담은 모래 상자. 융학파 심리치료자들은 개인들이 모형이나 인형을 사용해 발전시킬 수 있는 놀이나 이야기에 원형적 의미를 부여할 수 있음.

모리타 Morita [동양] 내담자들이 자신에게서 벗어나 긴장에 초점을 두도록 돕기 위해 고안된 일본의 심리치료 기법.

모방 mimesis [Minuchin] 심리치료자가 신체 언어, 양식, 혹은 다른 특징들을 모방함으로써 가족 구성원과 비슷하다는 것을 보여 주는 과정. 가족 체계에 합류하고 가족들로부터 협력을 얻는 방식.

무의식 unconscious [Freud] 지식을 가지고 있지 않은 사람들의 마음속 부분. 의식적인 마음을 위협하고 밀어버릴 수 있는 기억과 감정을 포함함.

무인도 환상 기법 deserted island fantasy technique [다중양식] 심리치료자가 내담자와 함께 무인도에 고립될 경우, 내담자에 관해 무엇을 알게 될지 질문하는 판타지 경험. 심리치료자가 내담자의 일곱 가지 양식에 관해 더 많은 것을 알 수 있도록 고안되었음.

무조건적 자기 수용 Unconditional Self- Acceptance (USA) [REBT] 개인들은 나름대로의 가치를 지니고 있음. 실수를 하지만 어떤 자산이나 자질은 다른 사람들보다 더 강력하다는 것을 받아들여야 함. 개인적 가치가 아닌 개인들의 행동이나 수행이 비판을 받아야 함.

무조건적인 긍정적 존중 unconditional positive regard [Rogers] 심리치료자가 내담자에게 동의하는지의 여부와 상관없이, 내담자를 있는 그대로 받아들이고 인정하는 것. 긍정적 존중은 특정한 방식의 행동이나 사고에 달려 있지 않음. 근본적으로 내담자를 있는 그대로 인정하는 것.

문제의 외현화 externalizing the problem [이야기] 어린 시절이나 가족이 아닌, 문제 자체를 대상으로 만드는 방식. 심리치료의 중점을 죄책감을 느끼는 사람들의 감정보다 죄책감을 없애는 것에 둠.

문화 개입 cultural interventions [여성주의] 내담자의 문화를 이해하고 그나 그녀가 변호사와 사회 기관, 가족, 혹은 어떤 식으로든 행동에 옮기는 것을 이용하도록 돕는 것.

미래 투사 future projection [심리극] 미래 어느 순간에 일어날 수 있는 상황을 연기해 보는 것. 예를 들어, 미래의 시어머니와의 상호작용을 연기하는 것.

미래에 대해 질문하기 questions about the future [이야기] 변화가 일어남에 따라, 심리치료자들은 내담자가 미래를 바라보고 가능한 긍정적인 새 이야기들을 만들도록 지원. 예를 들어, '만일 문제가 다음 주에도 지속된다면, 그것은 당신에게 어떤 의미인가요?'와 같은 질문임.

미술 심리치료 art therapy 물감, 크레용, 종이, 혹은 조각 재료들 같은 다양한 미술 표현 도구를 이용하여 감정적 대립이나 느낌에 대한 자각을 다룸으로써 내담자를 돕는 심리치료 방식.

미해결된 과제 unfinished business [게슈탈트] 과거에 기대하지 않았던 감정이 현재에 일어나고 심리적 기능에 개입하는 것. 현재에 다룰 수 있는 초기 삶(종종 어린 시절)의 감정, 기억, 환상을 포함함.

밀착되다 enmeshed [Minuchin] 구성원이 다른 사람들의 삶에 대해 지나치게 염려하고 과도하게 개입하는 가족에 대해 언급할 때 쓰는 말. 경계들이 고도의 투과성을 지니고 있음.

반동 형성 reaction formation [Freud] 그 반대로 행동함으로써 용인되지 않은 충동을 회피할 수 있는 방어기제. 일을 좋아하지 않아서 비롯된 문제들의 해결을 회피할 수 없을 때, 직업적 선택을 좋아한다고 주장하는 방식.

반사적 자기대상 mirroring [Kohut] 부모가 자녀에게 함께 있어 행복하다는 것을 보여줄 경우, 아이의 과대 자기가 지지됨. 부모는 자신에 대한 것을 아이의 시각으로 반영하거나 반사함.

반사회적 성격 장애 sociopathy 반사회적 인격 혹은 사이코패스라고도 하며, 다른 사람들에 대한 배려가 없고, 의미 있는 관계를 맺지 못하는 무능력, 그리고 자신의 행동에 대한 책임감 결여를 보여주는 행동.

반성 제거 dereflection [Frankl] 내담자들이 불안을 감소시키기 위해 문제들에 주목하는 대신에 관심을 돌리는 기법.

반에너지 집중 anticathexis [Freud] 이드의 충동이 의식에 영향을 끼치지 않도록 하기 위해 자아에 의해 실행되는 조절 혹은 억제.

반응성 reactivity [행동] 내담자들이 자신들이 관찰되고 있다는 것을 알고 있기 때문에 행동을 변화시킴으로써 발생함.

반전 retroflection [게슈탈트] 다른 사람에게 하고 싶은 일을 자신에게 하거나, 혹은 다른 사람들이 해주길 바라는 일을 스스로 함으로써 생기는 접촉 경계 혼란.

방법론 methodology 연구 조사에서 사용되는 과정들에 대한 체계적 응용.

방어기제 defense mechanisms [Freud] 이드의 본능적 분출을 막기 위해 자아가 사용하는 수단. 열 개의 공통적인 자아방어기제들이 2장에 설명되어 있음.

배경 ground [게슈탈트] 장(field)을 인지할 때 전경과 대조를 이루는 배경.

배경 setting [이야기] 이야기(문제)가 언제 어디에서 발생하는지에 관한 것. 내담자의 문제에 대한 설명을 이해하기 위한 배경을 제공함.

버튼 누르기 push-button technique [Adler] 내담자들에게 생각함으로써 원하는 모든 감정들을 만들어낼 수 있다고 알려주기 위해 고안된 것. 버튼 누르기 기법은 내담자들에게 경험했던 즐거운 사건을 떠올리고 그 경험과 연관된 감정을 자각한 다음, 불쾌한 기억과 감정으로 전환하도록 지시함. 이로써 내담자는 자신에게 감정을 바꾸는 힘이 있음을 알게 됨.

범불안 장애 generalized anxiety disorder 불안 장애의 일종으로, 지속적으로 긴장이 만연하는 상태. 신체 증상에는 두근거리는 심장, 빠른 맥박과 호흡, 땀, 근육통, 위장 장애가 포함됨. 개인들은 쉽게 산만해지고 나쁜 일이 생길까봐 두려워함.

범이론적 접근 transtheoretical approach [통합] 개념, 기법, 그리고 많은 이론에서 선택된 다른 요인들로 이루어진 심리치료적 접근법. 이 방식에서 새로운 이론이 발전됨.

베타 편견 beta bias [여성주의] 남성과 여성을 동일하게 다룰 때 발생하는 성향으로, 남성과 여성의 삶에 있어 중요한 차이들을 무시함.

변증법적 행동 심리치료 dialectical behavior therapy [행동] 자살 충동을 느끼는 내담자들과 경계선 성격 장애 내담자들의 심리치료를 위해 고안된 증거 기반 심리치료. 유념 가치와 마음챙김 기법이 이 심리치료에 통합되어 왔음.

변형적 내재화 transmuting internalization [Kohut] 단계적 성격 형성에 영향을 주는 타인과의 관계에 대한 관점. 아동들은 항상 원하는 것을 얻을 수 없으며, 그들의 부모가 완벽하지 않다는 것을 알게 됨.

보조 기능 auxiliary function [Jung] 우수한 기능이 작동하지 않을 때 대체하는 기능. 사고, 감정, 감각, 직관이 이 기능에 포함됨.

보조자 auxiliaries [심리극] 주인공의 삶에서 중요한 역할을 연기하는 관객이나 집단의 구성원.

본능 instinct [Freud] 배고픔, 목마름, 성, 공격성과 같은 기본적 충동으로, 육체적인 혹은 심리적인 평정을 유지하기 위해 충족되어야 함.

부부 분열 marital schism [가족] 아이들로부터 동조나 지지를 얻고자 경쟁하면서, 한 부모가 다른 부모의 가치를 떨어뜨리려고 하는 상황.

부부 비대칭 marital skew [가족] 한 부모가 가족의 상호작용을 지배하려는 심리적 혼란의 상황. 가족 구성원이 한 부모의 혼란을 다루어야 하는 비현실적 상황이 생겨남.

부정 denial [Freud] 생각하고, 느끼고, 혹은 보는 것을 인정하지 않고 왜곡하는 방어기제. 예를 들어, 친척이 자동차 사고로 사망했다는 것을 믿지 않는 것.

부정적 예측 negative prediction [인지] 예측을 뒷받침할 어떤 증거도 없음에도 불구하고, 나쁜 일이 일어날 것이라고 믿는 것.

부정적 인지 변환 negative cognitive shift [인지] 개인들이 자신과 관련된 긍정적 정보를 무시하고, 자신에 대한 부정적 정보에 중점을 두는 상태. 인지 변환을 참조할 것.

부정적 피드백 negative feedback [가족] 불안정을 일으키는 행위를 줄이기 위해 체계로 다시 흘러 들어오는 정보.

분리 disengaged [Minuchin] 구성원이 고립되거나 서로 간에 소통이 되지 않는다고 느끼는 가족들에 대한 표현. 경계는 엄격하고 비침투적임.

분리 separation [대상관계] 아이가 자신의 세상에서 서서히 자신과 어머니, 그리고 다른 사람들을 구분하고 독립적이 되어 갈 때 발생하는 과정.

분열 splitting [대상관계] 서로 다른 양립할 수 없는 감정을 지속하는 과정. 자아의 원치 않는 부분이나 다른 사람들의 위협적인 부분을 다루는 무의식적 방식. 초기 발전 단계에서의 문제 때문에 성인들은 사랑과 분노의 감정을 통합하는 데 어려움을 겪으며, 다른 사람들을 모두 나쁘거나 모두 좋게 바라봄으로써 감정이 분열됨.

분화 differentiation [Bowen] 생각을 감정과 구분하는 과정. 융합의 반대.

불변의 처방 invariant prescription [밀란학파] 부모와 자녀 사이에 명확한 경계를 만들기 위해 고안된, 부모에게 직접적으로 주어진 단 하나의 처방으로, 부모와 자녀 간의 거리를 만들어 냄.

불안 anxiety 빠른 맥박, 가쁜 호흡, 땀, 홍조, 근육통, 위경련과 같은 심리적 변화를 수반하는 공포 및 불안에 대한 불편한 감정.

불안 discomfort anxiety [REBT] 사람들은 편안함의 수준이 위협을 받게 되면, 원하는 것을 얻어야만 한다고 느낌(낮은 좌절 인내력). 원하는 것을 얻지 못하면, 결과는 끔찍하거나 비극적이 된다는 믿음이 있음.

불안 위계 anxiety hierarchy [행동] 불안을 유발하는 사건을 기술한 후, 최소의 불안에서부터 최고의 불안까지 순서대로 나열하여 목록화. 종종 0에서 100까지의 숫자를 할당함으로써 수행함.

불일치 incongruence [Rogers] 개인들의 경험과 스스로에 대한 시각 사이에 불일치가 있을 경우, 불협화음이 발생함.

비합리적 신념 irrational belief [REBT] 감정적이고 행동적인 문제들을 만들어내는 비합리적인 관점이나 신념.

비활동적 도식 inactive schemas [인지] 이것은 특별한 사건에 의해 촉발되는 인지 도식임.

빈 의자 empty chair [게슈탈트] 심리치료자들에 의해 개발된 기법으로, 다른 이론가들에 의해 내담자가 두 개의 의자에서 다른 역할을 하는 방식으로 개조되었음. 이때, 내담자의 두 모습 사이에서 대화가 일어날 수 있음.

빈 의자 기법 empty chair teqnique [게슈탈트] 내담자가 의자 하나에 앉고 빈 의자(과거, 현재, 미래)에 자신의 인생에서 중요한 사람이 앉아 있는 것처럼 말하는 기법.

사고 표집 thought sampling [인지] 내담자에게 다른 심리치료 시간마다 공책이나 녹음기에 생각을 저장하도록 지시함으로써 치료 외부의 사고 샘플을 얻을 수 있는 방식.

사고 thinking [Jung] 개인들이 세계를 이해하고 문제를 해결하고자 하는 인격 기능. 감정과 대조.

사전 사후 통제 집단 설계 pretest-posttest control group design 치료 이전과 이후에 개인들을 테스트함으로써, 한 가지 심리치료를 받은 집단과 다른 심리치료를 받은 또 다른 집단, 혹은 어떤 심리치료도 받지 않은 집단을 비교하는 것.

사회 측정법 sociometry [심리극] 사람들의 대인관계 선호에 관한 피드백을 얻음으로써 집단 내 사람들 간의 관계의 특성을 배우는 방법.

사회구성주의 social contructionism 사람들이 문화나 사회 발전에서 공유하는 의미들에 초점을 맞추는 구성주의적 관점.

사회적 관심 social interest [Adler] 다른 사람들을 위한 보살핌과 염려는 일생 동안 사람들의 행동을 인도하는 역할을 할 수 있음. 사회의 한 부분이며, 사회를 개선시키기 위해 얼마간의 책임을 져야 한다는 생각.

사회적 행동 social action [여성주의] 여성주의 심리치료에서 가장 중요한 목표로, 성역할 고정관념과 성 차별을 변화시키는 것을 지향하여 노력하는 것.

삶의 양식 style of life [Adler] 개인들이 그들의 삶에 세운 특정 목표를 이행하고자 추구하는 방식. 개인들은 신념, 인지 양식, 삶의 양식을 표현하는 방식으로서 행동들에 대한 자신만의 양식을 사용. 종종 삶의 양식 혹은 생활양식은 열등감을 극복하기 위한 수단이 됨.

삼각화 triangulation [가족] 원래의 두 사람 사이의 관계의 긴장을 줄이기 위해 세 번째 사람을 대립 관계에 있는 두 사람들에 포함시키는 과정.

상상하기 creating images [Adler] 어떤 일을 하는 것에 대한 정신적 그림을 만드는 기법으로, 자기 스스로가 정신적으로 상기하는 것보다 더 큰 영향을 끼침.

상징 symbols [Jung] 원형의 내용과 외향적 표현. 상징은 미래의 문제에 적용할 수 있는 인류의 지혜를 나타내며, 다양한 문화에서 다르게 표현됨.

상호보완적 의사소통 complementary communication [가족] 두 명 혹은 그 이상의 가족 구성원 사이에 불평등이 존재하는 관계. 한 사람은 다른 사람에게 보통 순종적임.

상호주관성 이론 intersubjectivity theory [정신분석] 자아심리학자들과 다른 정신분석가들에 의해 개발된 접근법으로 구성주의의 영향을 받음. 내담자들의 자각과 치료 관계를 측정하는 것에 중점을 둠.

상호주관성 intersubjectivity [정신분석] 심리치료를 하면서 분석가와 내담자 양쪽이 서로에게 영향을 끼친다는 시각.

생활양식 lifestyle [Adler] 개인들이 자신의 삶에 세운 특정 목표를 이행하기 위해 추구하는 방식. 개인들은 신념, 인지 스타일, 생활의 양식을 표현하는 방법으로서의 행동에 대해 자신만의 패턴을 사용함. 종종 생활양식은 열등감을 극복하는 수단으로 쓰임.

선택 이론 choice theory [현실] 사람들이 어떻게 그리고 왜 행동하는지와 그들이 내리는 선택을 설명하는 현실치료의 주요 개념. 개인들은 자신이 원하는 것에 대한 그림을 그리는데, 다양한 정도의 생존, 소속, 힘, 자유, 재미의 기본적인 필요를 충족시킴. 인간은 누구나 자신의 삶의 주인이 될 수 있으며, 자신의 삶을 통제할 수 있을 때 행복감을 느낀다고 보는 이론.

선택적 추상화 selective abstraction [인지] 부정적인 사고를 뒷받침하기 위해 사건의 다른 사실들은 무시하면서 하나의 생각이나 사실을 선택하는 것.

성 도식 gender-schema [여성주의] 다른 특성들과 대조적으로, 개인들을 성 관점에서 바라보는 정신적 연상들의 집합.

성역할 개입 gender role intervention [여성주의] 이러한 개입들은 강화를 다루거나 혹은 내담자의 개입을 돕거나 혹은 성역할을 삶의 장애물로 다루도록 도움. 어떤 개입은 내담자에게 장애물로 기능하는 사회적 혹은 정치적 문제에 대한 통찰력을 제공함.

성격 이론 personality theory 인간의 행위를 설명하고 이해하는 체계 혹은 방식.

성격 장애 personality disorders 수년 동안 혹은 일생 동안 지속되는 완강한 것들로 특징화되며, 사회적 혹은 직업적 역할을 어렵게 만드는 특성들이 포함됨.

성과 연구 outcome research 심리치료 이론의 효과성에 대한 체계적 연구, 혹은 심리치료 기법, 기법의 대조나 심리치료 이론. 과정 연구와 대조.

성기기 genital stage [Freud] 성 심리학 발전의 마지막 단계로, 보통 12세 즈음에 시작되며 일생 동안 지속됨. 성 에너지에 대한 집중은 자신을 향하기보다 다른 성을 가진 구성원을 향함.

세계 내 존재 being-in-the-world [실존] 독일어 'Dasein'에서 파행된 것으로, 이 용어는 자신, 다른 사람들, 그리고 세계와의 관계를 검토하고, 이에 따라 더 높은 의식 수준을 얻게 되는 것을 나타냄.

소거 extinction [행동] 더 이상 강화가 존재하지 않는 과정. 특정 행동들을 줄이거나 제거하기 위해 사용됨.

소크라테스식 대화 Socratic dialogue [인지/실존/REBT] 내담자가 특정 가설에 대해 논리적인 해답과 결론에 도달하도록 돕기 위해 고안된 일련의 질문. 유도된 발견으로 불림.

수용 acceptance [Rogers] 평가하거나 판단하지 않고 있는 그대로 내담자를 인정하는 것.

수용 acceptance [행동] 감정과 감각을 제거하려 하기보다 그것들이 있다는 것을 인정하고 받아들이는 것. 수용은 생각, 감정, 기억, 신체 감각을 기꺼이 받아들이고 있는 그대로 경험하는 것.

수용-전념 심리치료 acceptance and commitment therapy [행동] 행동 기법들은 고통을 없애기 위해 내담자의 언어 사용에 초점을 맞추는 것과 결합됨. 느낌, 사건, 혹은 상황을 피하기보다 수용하려는 것에 초점을 맞춤. 심리치료자들은 내담자들이 가치에 맞는 행동에 전념하게 함으로써 내담자들을 도움.

수치심 공격 연습 shame-attacking exercises [REBT] 바보 같은 느낌에 대한 두려움에도 불구하고 사람들로 하여금 행동을 하도록 격려하는 전략. 이 방식으로 개인들은 바보스럽고 멍청한 일을 한 것으로 보일지 모르지만, 자신들이 잘 해낼 수 있다는 것을 알게 됨.

순환적 정신역동 cyclical psychodynamics [통합] Paul Wachtel에 의해 발전된 심리치료에 대한 이론적 통합 접근 사례. 정신분석학적 이론의 개념이 행동 심리치료의 개념과(또한 인지 이론과 가족 체계 접근법의 개념과) 결합되었음. 이 시각의 순환적 측면은 행동의 문제를 만드는 심리적 문제, 그리고 심리적 대립이나 문제를 만드는 행동의 문제를 보여줌.

순환적 질문하기 circular questioning [밀란학파] 다른 가족 구성원으로부터 관계나 사건에 대한 자각의 차이를 이끌어내기 위한 면담 기법.

스트레스 예방 훈련 stress inoculation training [Meichenbaum] 내담자들이 스트레스가 많은 상황에 대처하는 기술을 배운 후 상황에 노출되어 기술을 실행해 보는 인지 행동 심리치료.

스트레스 용인 기술 distress-tolerance skills [행동] 내담자가 스트레스나 정서적 장애를 견디는 법을 배우는 접근법으로, 경계선 장애가 있는 변증법적 행동 치료에 사용. 화가 났을 때 머리를 식히고 감정적인 혼란을 진정시키는 방법을 배우며, 인지적으로 재구성하고 다음에 무엇을 해야 할지에 대한 이해득실을 생각할 수 있음.

승화 sublimation [Freud] 공격성이나 성적 충동을 사회적으로 용인되는 행동으로 변화시킬 수 있는 방어기제. 예를 들어, 다른 사람들에 대한 분노는 스포츠 경기의 적극적인 관중처럼 분노나 좌절을 표현함으로써 승화될 수 있음.

시간 여행하기 time tripping [다중양식] 내담자들이 사건이나 문제를 다루기 위해 과거나 미래로 가서 자신을 그려보도록 지시받는 기법.

시간제한 심리치료 time-limited therapy 특정 문제를 다루기 위한 횟수(예: 12회의 치료 기간)의 치료 기간을 가지는 치료 접근법.

시연 enactment [게슈탈트] 이 시연을 통해 내담자는 이전의 경험이나 특징을 시연해 볼 수 있음. 만일 내담자가 아내를 속인 것에 대해 자신이 비열한 사람처럼 느껴진다고 말한다면, 심리치료자는 비열한 사람의 연기를 해 보도록 지시할 수 있음.

실연 enactment [가족] 가족들에게 대립을 연기하도록 요구함으로써 심리치료자들이 보고서를 통해서가 아닌 실제 대립을 직접 다룰 수 있는 심리치료 과정.

신경증 neurosis 비현실적인 불안, 공포, 혹은 집착으로 특징되는 다수의 장애. 이것들은 더 심각한 정신이상과 대조됨.

신경증적 불안 neurotic anxiety [실존] 특별한 사건과 일치하지 않는 불안. 종종 개인이 진정으로 살아가지 않거나, 선택을 하는 데 실패하고, 책임을 추측하는 것을 지칭함.

신체형 장애 somatoform disorders 육체적 증상들이 알려지고 존재하지만, 생물학적 원인은 없는 상태로, 심리적 원인이 의심되는 장애. 두통이나 위장 장애가 보고되고, 어떤 생리적 원인도 발견되지 않는 경우는 신체형 장애의 사례.

실존주의 existentialism 자신의 심리학적 존재에 대한 책임을 포함하여, 존재의 중요성을 강조하는 철학적 관점. 이 주제와 관련된 것들로는 삶과 죽음, 자유, 자신과 다른 사람들에 대한 책임, 삶의 의미, 고귀함이 있음.

실험 experiments [게슈탈트] 내담자의 자각 성취에 대한 어려움이 가져오는 심리치료의 난관을 해결하기 위해, 심리치료자들이 사용하는 창조적 접근법 혹은 기법.

심리극 psychodrama 삶의 상황들을 연기함으로써 내담자들이 새로운 통찰력을 달성하고, 이전의 비효율적인 행동을 개조하는 심리치료 형태. 심리치료자는 감독의 역할을 하고, 다른 집단이나 관객 구성원이 주인공의 삶에서 중요한 사람들을 연기하는 동안 개인들은 자신의 문제를 시연해 보임.

심리내적 과정 intrapsychic processes [정신분석] 마음속에서 일어나는 충동, 사고, 대립, 혹은 다른 심리적 현상.

아니마 anima [Jung] 남성 성격의 여성적 요소를 나타내는 원형.

아니무스 animus [Jung] 여성 성격의 남성적 요소를 나타내는 원형.

아트만 atman [동양] 자아는 개인으로 보는 것이 아니라 전체 우주의 부분으로 보는 보편성의 개념.

아하 반응 Aha response [Adler] 누군가의 신념과 행위를 인식하게 됨으로써 갑자기 문제해결에 대한 깨달음으로 발전되는 것.

악동(진퇴양난) 피하기 avoiding the tar baby [Adler] 인종적인 것과 다른 의미를 갖게 된 악동(tar baby)은, Adler가 내담자나 내담자에게 문제가 되는 원인들 양쪽 모두에게 중요하고 불쾌한(타르 같은) 문제들을 논의할 때 심리치료자들이 주의해야 한다는 것을 보여주기 위해 사용한 말임. 이 방식을 통해 심리치료자들은 내담자들이 잘못된 가정을 사용해 만든 함정에 빠지지 않게 됨.

안구운동 둔감화와 재처리 요법(EMDR) eye movement desensitization and reprocessing(EMDR) [행동] 처음에 외상 후 스트레스를 위해 고안되었던 것으로, EMDR은 내담자가 육체적 감각을 동반해 속상했던 기억을 마음속에 그려 보도록 지시하고, 내담자는 그 장면과 연관된 부정적인 자기 진술을 반복하게 되며, 빠르게 앞과 뒤로 움직이는 심리치료자의 손가락을 눈으로 따라감. 안구 움직임을 마친 후, 내담자는 장면에 대해 떠올리기를 멈춤. 이 과정은 내담자의 불안이 감소될 때까지 계속해서 반복됨.

안아주기 holding [Winnicott] 아이를 육체적으로 안아주는 것에서 발전하는 안전함의 감정. 또한 보살피는 환경을 은유적으로 나타내기 위해 사용됨.

알아차림 awareness [게슈탈트] 현재 일어나고 있는 것을 관찰하고 주의를 기울이는 것. 각성의 형태에는 느낌과 행동, 감정, 원하는 것, 그리고 가치나 평가가 포함됨.

알파 편견 alpha bias [여성주의] 남성과 여성을 두 개의 명확한 범주로 구분함으로써 생기는 성향으로, 여성을 남성과 다르게 간주할 위험성을 가지고 있음. 베타 편견도 참조할 것.

애도 grief [관계중심] 정상적인 과정임에도 불구하고, 애도는 우울증에 기여할 수 있음. 이는 상실이 심각하고 길거나 특히 하나 이상의 상실이 있을 경우에 그러함.

애착 이론 attachment theory [정신분석] 아이와 엄마의 관계와 패턴에 대한 연구.

약물 남용 drug abuse 사회적이고 직업적인 의무를 충족시키는 데 어려움을 가질 정도로 약물을 이용하는 것.

약물 남용 substance abuse 과도할 정도로 약물을 사용함으로써, 개인들은 사회적이고 직업적인 의무를 충족시키는 데 어려움을 겪음.

양극성 자기 bipolar self [Kohut] 과대자기('나는 원하는 것을 얻을 자격이 있다')와 부모에 대한 이상화된 관점 사이의 긴장은 양극성 자기의 두 축을 형성함.

양성성 androgyny 보통 남성과 여성의 두 심리적 특성을 동일하게 소유하는 것.

양자택일적 사고 all-or-nothing [인지/REBT] 흑백 논리와 관련된 것. 모두 좋거나 모두 나쁘거나 하는 식으로 중간은 없는 극단적인 생각.

억압 repression [Freud] 위협적이거나 고통스러운 생각 혹은 감정을 자각으로부터 배제시키는 방어기제.

에로스 eros [Freud] 죽음의 본능(타나토스)과 반대되는 것으로, 리비도의 에너지로부터 파생된 삶의 본능.

역설적 의도 paradoxical intention 내담자들이 변화를 추구하는 행동을 과장하는 것에 참여하는 심리치료 전략. 증상을 설명함으로써, 심리치료자들은 내담자들이 상황을 더 인식하게 만들어주고, 증상들로부터 멀어질 수 있도록 도움. 예를 들어, 쥐를 두려워하는 내담자가 쥐에 대한 공포를 과장하도록 지시받거나, 종이를 모으는 내담자는 그 행위를 강조함으로써 생계가 어렵도록 만드는 것. 이런 식으로 개인들은 더 자각하게 되고 증상으로부터 멀어지게 됨.

역전이 countertransference [정신분석] 1. 내담자를 향한 심리치료자의 비합리적이거나 신경증적인 반응. 2. 내담자를 향한 심리치료자의 의식적이고 무의식적인 감정. 3. 과거 내담자의 주변사람들이 어떻게 느꼈을지에 대한 이해 방식.

역조건 형성 counterconditioning [행동] 원치 않는 반응을 원하는 새로운 반응으로 대체.

역할 거리 role distance [심리극] 사건과 관련되었거나 연관된 역할을 연기함으로써, 개인들은 역할로부터 더 객관적이 됨(혹은 더 멀어짐).

역할 교대 role reversal [심리극] 다른 사람들과의 관계를 더 잘 인식하기 위해 개인들이 삶의 다른 누군가의 역할을 맡아 연기하는 기법.

역할 변화 role transitions [관계중심] 질병, 이혼, 결혼, 혹은 집을 떠나서 아이를 갖는 것과 같은 인생의 변화들은 스트레스를 만들 수 있으며, 우울증의 원인이 될 수 있음.

역할 연기 role playing 다른 조건들 하에서 어떤 사람, 어떤 것, 혹은 자신의 부분을 연기하는 것. 내담자가 새롭거나 다른 행동을 해보도록 하기 위해 다양한 심리 치료 접근법들에서 사용함.

연습 exercises [게슈탈트] 집단이나 개인 심리치료에서 사용되며 개발된 특정 기법.

연출가 director [심리극] 심리극의 참여자들을 관리하는 사람. 연출가는 심리극을 시작하고 준비하며, 주인공, 보조자, 관객과 협력함.

연합 coalitions [Minuchin] 가족 구성원과 또 다른 가족 구성원 사이의 연대 혹은 제휴.

열등 기능 inferior function [Jung] 개인에 있어 잘 발달되지 못한 기능으로(사고, 감정, 감각, 직관), 꿈이나 상상에서 나타나며 억압되거나 무의식적이 될 수 있음.

열등감 콤플렉스 inferiority complex [Adler] 한 사람이 다른 사람들만큼 좋지 않다는 강하고 만연된 신념. 보통 방어적이 되거나 혹은 불안해지는 결과를 초래하는 부적당하고 불확실한 감정에 대한 과장된 느낌.

열등감 inferiority [Adler] 유아기 동안 발전되는 부적당하고 무능한 감정으로, 열등감을 극복하기 위해 우월성을 얻고자 노력하는 이유로서 기능함.

영원한 소녀 puella aeterna [Jung] 성인의 책임감을 받아들이기 어려워하고 아버지에게 여전히 고착된 여성.

영원한 청년 puer aeternus [Jung] 청소년기를 벗어나 성장하고 더 책임감을 갖게 되는 것에 어려움을 가지고 있는 남성.

영적 세계 Überwelt [실존] 이상적인 세상에 대한 종교적이거나 정신적인 신념. 개인이 원하는 세상에 대한 방식.

예외 질문 exception-seeking questions [해결중심] 심리치료자들은 문제의 예외에 관해 질문함. '언제 문제가 없어질까요? 문제가 없어진다면 삶은 어떨 것 같나요?'

오이디푸스 콤플렉스 Oedipus complex [Freud] 어머니에 대한 남자아이의 무의식적 성적 욕구로, 아버지를 향한 적대감이나 공포의 감정이 수반됨. 이 대립은 남근기에 발생함.

외상 후 스트레스 장애 posttraumatic stress disorder (PTSD) 강간, 강도, 피습과 같이 스트레스가 대단히 많거나 충격적인 사건에 대한 극단적 반응. 이것이 초래하는 행동에는 쉽게 놀라거나 반복적인 꿈을 꾸는 것, 혹은 악몽이나 다른 사람들에 대한 두려움으로 소원해지는 감정이 포함됨.

외향성 extraversion [Jung] 성격에 대한 두 가지 주요한 태도나 성향 중 한 가지. 외향성은 실재적인 경험을 가치 있게 여기고, 자신의 자각이나 내부 세계에 대해 생각하는 것보다 외부 세계에 반응하고 자각하는 것과 관련이 있음.

외현적 행동 overt behavior 다른 사람들에 의해 직접적으로 관찰될 수 있는 행동.

요가 yoga [동양] 윤리, 생활양식, 신체 자세, 호흡 통제, 지적인 연구, 명상을 다루는 힌두의 교육법.

요인 설계 factorial designs 한 번에 하나 이상의 변수를 연구할 수 있는 연구 기법.

욕구 needs [현실] 현실 심리치료에 필수적인 것으로, 심리적 욕구에는 소유, 권력, 자유, 즐거움에 대한 욕구가 포함됨.

우울증 depression 깊은 슬픔, 무가치하다는 느낌, 죄책감, 그리고 다른 사람들에 대한 회피로 특징되는 감정 상태. 다른 증상들로는 수면 장애, 식욕 부진, 혹은 성욕 감퇴, 그리고 정상적 활동에 대한 흥미 상실 등이 포함됨. 조증 에피소드들이 수반되지 않을 때는, 보통 주요 우울증이나 단극성 우울증을 보임.

우월감 콤플렉스 superiority complex [Adler] 과시적이고, 자기중심적이거나, 교만한 행동을 보여줌으로써(다른 사람들을 잃으면서까지 자신의 중요성을 부풀림으로써) 열등감을 위장하려는 수단.

우월감 superiority [Adler] 우월해지려는 욕구는 개인들로 하여금 숙련되고, 능숙하고, 창조적이 되도록 만듦.

우월 기능 superior function [Jung] 인격의 네 가지 기능(사고, 감정, 감각, 직관) 중 한 가지가 가장 높이 발전되는 것.

운동재생 과정 motor reproduction processes [행동] 운동 능력을 사용하여 행동으로 보았던 것을 전환함.

원초아(이드) id [Freud] 쾌락을 추구하는 성적이고 공격적인 충동을 포함하는 생물적 본능. 태어날 때 원초아는 전체 성격을 대표함.

원형 archetypes [Jung] 집단무의식에서 의식으로 가는 경로로서, 종합적인 이미지나 상징. 사람의 반응을 어머니(대지)나 동물적 본능(그림자)과 같이 패턴으로 만듦.

유관 계약 contingency contract [행동] 표적 행동을 수행함

으로써 일어나는 결과를 명시하는 심리치료자와 내담자 사이의 문서화된 계약.

유년기 기억 early recollections [Adler] 내담자들이 어린 시절로부터 회상하는 실제 사건 기억. 아들러학파는 이 정보를 아동이나 성인의 현재 행위에 관한 추론으로 이용함.

유도된 발견 guided discovery [인지/REBT] 내담자가 특정 가설에 관한 논리적 해답과 결론에 도달하도록 돕기 위해 고안된 일련의 질문. 소크라테스식 문답법이라고도 함.

유지 과정 retention processes [행동] 관찰된 것을 기억하는 것.

융학파 분석가 Jungian analyst 국제 분석심리학 연합의 인증을 받은 기관에서 교육받은 사람들에게 사용하는 용어.

융합 confluence [게슈탈트] 자신과 다른 사람들 사이의 분리가 약화되거나 불확실해지면서 생기는 접촉 경계 혼란.

융합 fusion [가족] 가족 구성원의 사고와 감정을 병합하고 맞물리게 하는 것. 반대는 '분화'. Bowen의 이론과 가장 흔하게 연관됨.

음악 심리치료 music therapy 내담자들은 감정적 표현을 향상시키고 스트레스를 줄이거나, 문제를 해결하기 위해 말을 사용하지 않고 노래를 부르거나 악기를 사용해 음악적 경험에 참여하는 심리치료.

의미 치료 logotherapy [Frankl] 삶의 의미를 찾기 위해 도전하는 내담자들에게 초점을 맞추는 실존 심리치료의 한 형태. 태도 조절, 반성 제거, 역설적 의도, 소크라테스식 문답법과 연관되어 있음.

의식 증진 집단 consciousness-raising(CR) groups [여성주의] 여성들이 규칙적으로 만나 그들의 삶과 문제에 대해 논의하는 여성 운동의 창조물.

의식적인 혹은 의식 conscious or consciousness [Freud] 느낌이나 경험을 포함해 사람들이 인식하는 마음의 부분이나 정신의 기능.

의원성 iatrogenic 의사나 심리치료자에 의해 유발되고, 악화되고, 더 나빠진 심리적 혹은 육체적 장애를 나타내는 용어.

이론 theory 교육에서 설명들을 제공하기 위해 사용되는 관련 법칙이나 관계의 집합.

이론적 통합 theoretical integration [통합] 성격 이론과 두 개 이상의 이론 기법을 통합하는 심리치료의 접근법.

이성애주의 heterosexism 이성애가 동성애보다 더 좋고 정상적이라는 시각으로, 이에 따라 게이, 레즈비언, 양성애자, 성전환자 들의 생활양식의 가치를 떨어뜨림.

이야기 드라마 narradrama [이야기] 개인들이 자신의 이야기들을 시연해 보일 수 있도록 드라마 심리치료와 이야기 심리치료를 결합한 것.

이중구속 double bind [가족] 다른 두 개의 의미를 가진 중요한 메시지를 받는 경우, 그것에 대처할 수 없고 불가능한 상황에 놓이게 된다는 관점. 시간이 흐르면서 그러한 메시지들이 반복되면, 몇몇 가족 심리치료자들은 정신분열증의 신호들을 보이기 시작한다고 생각함.

이중 기법 double technique [심리극] 보조자가 주인공의 역할을 맡고, 주인공의 사고나 감정에 대한 그의 인식을 표현하는 기능.

이차적 과정 secondary process [Freud] 자아가 직접적으로 외부 현실을 다룸으로써 정신 내부의 긴장을 줄이는 과정. 논리와 문제를 해결하는 기술이 사용될 수 있음. 이드의 일차적 과정과 대조됨.

이차적 변화 second-order change [가족] 가족에 지속적인 차이와 함께, 가족 구조와 조직에 근본적 차이를 만드는 변화.

이타주의 altruism [Anna Freud] 무기력한 기분을 없애고자 도움이 되는 법을 알아가는 방어기제. 개인들은 사회의 요구뿐 아니라 자신의 자아를 만족시킬 수 있다는 것을 알게 됨.

인본주의 humanism 인간의 관심들과 존엄성을 측정하고, 종교적 혹은 정신적인 것과 대조적으로, 개인주의, 비판, 세속적인 것을 취하는 철학 혹은 가치 체계.

인생 과제 life tasks [Adler] 다섯 가지의 기본 의무와 기회를 지칭하는 것으로, 직업, 사회, 사랑, 자기 발전, 영적인 발전이 이에 해당함. 이것들은 심리치료 목표를 결정하는 데 도움을 주기 위해 사용됨.

인지 나선형 cognitive spiral [인지] 기본 신념이나 도식이 우울한 감정을 가져올 수 있는 일련의 부정적 반응을 유발할 수 있다는 우울함에 대한 하강의 나선형.

인지 도식 cognitive schemas [인지] 세상이 작동되는 방식에 대한 일련의 중요한 신념과 가정으로 구성되는 사고방식.

인지 변화 cognitive shift [인지] 자신이나 세상에 관한 편견 없는 정보에서 보다 더 편향된 정보로 초점을 전환하도록 만드는 삶의 경험에 대한 기본적으로 편향된 해석.

인지삼제 cognitive triad [인지] 자신과 세상, 미래에 대해 가지는 부정적 시각.

인지적 시연 cognitive rehearsal [인지] 상상을 이용해 긍정적인 상호작용 혹은 경험을 가지는 것에 대해 생각하는 수단. 예를 들어, 미래 시부모님과의 긍정적인 상호작용을 상상하는 것.

인지적 왜곡 cognitive distortions [인지] 추론에 대한 체계적 오류들로 종종 어린 시절의 초기 추론 오류들로부터 생겨남. 부정확하거나 비효율적인 정보 처리를 나타냄.

일반화 generalization [행동] 자극의 한 형태에 대한 반응을 비슷한 자극에 전송하는 것.

일차적 과정 primary process [Freud] 욕구를 충족시키는 이드의 행위로서, 대상에 대한 정신적 이미지를 만들어냄으로써 충동 긴장을 완화시킴.

일차적 변화 first-order change [가족] 특정 문제를 해결하기 위한 가족 체계에서의 일시적 변화. 이러한 변화들은 가족의 기본 체계를 바꾸지는 않음. 이차 질서 변화도 있음.

일치성 congruence [Rogers] 개인들의 경험과 자신들에 대한 시각 사이의 어떤 불일치도 없을 때 일어나는 조화. 심리치료자들에게 일치성은 내적 경험과 외부 표현을 맞추는 것을 뜻함.

잉여 현실 surplus reality [심리극] 물리적 현실이 아닌 오히려 공상, 꿈, 환각, 혹은 상상한 인물들과의 관계를 통한 경험.

자기 Self [Jung] 개인화의 과정을 통해 인격의 조직화와 통합을 제공하는 인격의 중심 원형.

자기 대상 selfobject [Kohut] 무의식적 사고, 이미지, 혹은 다른 사람에 대한 상징들에 대한 양식이나 주제. 이러한 사람에 대한 상징은 개인의 자존심에 영향을 끼칠 수 있음.

자기 초월 self-transcendence [실존] 개인이 상황에 대해 책임을 지고 다른 사람을 이해하기 위해 당면한 상황을 넘어서도록 하는 방법. 다른 사람들에 대해 책임을 지는 자신의 욕구를 넘어서거나, 혹은 세상을 다른 방식으로 바라보는 것.

자기관찰 self-monitoring [행동/인지] 내담자들이 사건과 감정 및 사고를 계속 기록하도록 지시받는 것으로, 치료 외부의 생각, 감정, 혹은 행동을 평가하는 방식.

자기교수 훈련 self-instructional training [Meichenbaum] 내담자들에게 자기 자신을 구두로 교육하도록 가르치는 인지행동 심리치료로, 내담자들이 어려운 상황에 대처할 수 있게 도와줌.

자기애적 성격 장애 narcissistic personality disorder 자신을 중요하게 여기는 형태. 다른 사람들로부터의 존경을 필요로 하고, 다른 사람들에 대한 공감이 결여된 것이 이 장애를 가진 사람들에게서 공통적으로 보이는 특징임. 과시하고 허세를 부리거나, 자신이 다른 사람들보다 우월하기 때문에 인정을 받는 것이 당연하다는 감정 또한 중요한 특징임.

자기주장 훈련 assertiveness training [행동/인지/여성주의/REBT] 내담자들에게 긍정적이고 부정적인 감정들을 다른 사람들에게 효과적으로 표현하도록 가르치는 기술로, 이를 통해 그들은 바라는 목표를 달성할 수 있음.

자기효능감 self-efficacy [Bandura] 사건의 다른 유형들을 다루는 능력에 대한 개인들의 자각.

자동적 사고 automatic thoughts [인지] 노력이나 선택 없이 일어나는 관념이나 생각은 보통 왜곡되고, 감정적 반응을 초래함. 자동적 사고는 중요한 신념이나 인지 도식으로 조직화될 수 있음.

자동화 automaticity [행동] 노사고의 자동적인 성질을 의미하며, 이는 사고를 바꾸기 어렵게 만듦.

자신과 유사한 경험 I-sharing [실존] 긍정적인 용어인 '자신과 유사한 경험'의 개념은 친밀함의 감정을 만들어내는 것. '자신과 유사한 경험'에서 사람들은 다른 사람들과 동일한 방식으로 순간을 경험할 경우, 유대와 우호적 감정이 발전됨. 실존적 고립과 대조적인, 실존적 유대감을 만들어냄.

자아 개방 self-disclosure 심리치료자나 상담가가 내담자와의 심리치료 진전을 강화하기 위해 자신의 삶의 측면들에 대해 토론하는 과정.

자아 불안 ego anxiety [REBT] 개인들의 자부심에 대한 자각이 위협받으면서 잘 수행해야만 한다고 느낌. 개인들이 원하는 것을 얻거나 하지 못한다면, 결과는 끔찍하거나 비극적이 될 것이라는 생각이 있음.

자아 이상 ego ideal [Freud] 어린 시절, 부모에 의해 인정되는 가치의 상징. 완벽주의적 목표를 향한 움직임과 관련된 초자아에서 나타남.

자아 ego [Freud] 본능이나 추동과 외부 세상 사이를 중재하는 수단.

자유연상 free association [정신분석] 내담자는 감정, 공상, 사고, 기억, 그리고 최근의 사건을 검열 없이 분석가에게 자발적으로 들려 줌. 이 연상들은 분석가에게 내담자의 무의식적 과정에 대한 단서를 줌.

자존심 self-esteem 자기 허용과 자기 존경의 태도. 가치 있고 능력 있다는 느낌. 여성주의 심리치료에서는 자신에 대한 긍정적 관점을 가지도록 하기 위해 자신에 대한 다른 사람들의 관점에서 독립하도록 도움.

자질 assets [Adler] 초기의 기억과 기본적인 오류에 대한 평가로서, 이것은 생활양식 평가의 중요한 부분임.

잠재기 latency [Freud] 남근기 이후의 단계로, 청소년기 이전에 비교적 차분한 단계. 오이디푸스 문제가 해결되면서, 아이는 잠재기로 들어섬.

재구성하기 reframing [가족/여성주의] 사건에 대해 새로운 설명을 부여함으로써, 가족 내에서 구조적 변화가 일어날 수 있음. 여성주의 이론에서는, 사회적 압력이 문제에 어떤 영향을 끼치는지 이해하도록 도움.

재귀인 reattribution [인지] 내담자들이 사건에 대한 책임감을 배분하도록 도움으로써, 사건(논쟁과 같은 사건)에 대해 동일한 책임감을 가지게 됨.

재명명화 relabeling [가족/여성주의] 문제에 새로운 이름을 붙임으로써, 치료 진전이 만들어질 수 있음. 예를 들어, 내담자가 우울하다고 말하기보다 문제에 의해 제압되었다고 말하는 것이 내담자로 하여금 문제를 해결하는 방법을 발전시킬 수 있도록 해줌.

저항 resistance [실존] 자신의 삶에 있어 책임감을 갖지 않는 것, 혹은 감정을 인식하지 않거나 고립되는 것. 본질적으로 진짜가 아닌 것.

저항 resistance [정신분석] 내담자들은 치료에서 억압된 것들을 밝히는 것에 저항할 수 있음. 종종 무의식적 과정을 통해, 내담자들은 자신의 측면들을 심리치료자에게 보여줄 수 있음.

적극적 상상 active imagination [Jung] 개인이 적극적으로 경험이나 이미지(꿈이나 상상)에 주목하는 분석 기법으로, 그러한 주목을 통해 이미지나 경험에 변화를 가져옴.

전(全) 행동 total behavior [현실] Glasser에 따르면, 총체적 행위에는 행위, 사고, 감정, 그리고 생물학이 포함됨. 이것은 Glasser의 인간 행위에 대한 관점을 보여줌.

전경 figure [게슈탈트] 좋은 윤곽으로 배경으로부터 확실히 두드러지는 부분.

전의식 preconscious [Freud] 어제 친구가 말한 것을 기억하는 것처럼, 사건과 경험에 대한 기억을 비교적 작은 노력으로 되찾을 수 있음. 정보는 인식이 가능하지만, 즉시 되는 것은 아님.

전이 transference [정신분석] 내담자의 심리치료자에 대한 긍정적이고 부정적인 감정과 환상. 더 명확하게, 내담자가 심리치료자의 어떤 특성 때문에 내담자의 과거에서 중요한 인물(보통 어머니나 아버지)인 것처럼 여기는 반응.

전이 정신증 transference psychosis [정신분석] 내담자들은 심리치료자와 함께 초기에 부모님과 가졌던 파괴적인 관계에 대해 시연해 보는 것.

전이적 대상 transitional object [대상관계] 테디베어와 같은 대상으로, 자신이 세상의 중심으로서 경험하는 것으로부터 다른 사람들 중의 한 사람으로 자신의 감각을 전환하기 위한 유아기의 전이.

전치 displacement [Freud] 위험한 대상이나 사람이 아닌 안전한 사람에게 감정을 표출하는 방어기제. 예를 들어, 화를 내는 상사보다는 안전한 친구에게 분노를 표현하는 것.

전환 반응 conversion reaction 심리적 혼란이 육체적인 형태로 나타나는 장애. 예를 들면, 팔과 다리가 마비되었고, 그에 대한 어떤 심리적 설명도 없을 경우.

절대성에 도전하기 challenging absolutes [인지/REBT] '모든 사람, 결코, 아무도, 항상' 같은 단어를 포함하는 말들은 보통 과장된 것으로, 심리치료자들은 내담자들에게 이것을 지적함.

절충주의 eclecticism 심리치료에 적용되는 것으로, 다양한 심리치료 접근의 이론이나 기법을 결합시키는 접근법.

점화 순서 firing order [다중양식] 개인이 사건을 인지할 때 발생하는 연속적인 순서.

접촉 경계 contact boundaries [게슈탈트] 한 사람을 대상, 또 다른 사람, 혹은 자신의 또 다른 측면과 구분하는 경계. 신체 경계, 가치 경계, 친근함 경계, 표현 경계가 그 사례에 포함됨.

접촉 contact [게슈탈트] '나'와 다른 사람들 사이의 관계. 접촉은 분리를 유지하는 동시에 다른 사람들이나 외부 세상과의 연결 느낌이 수반됨.

정상적인 불안 normal anxiety [실존] 인간 본성에서, 그리고 뜻밖의 사건(던져진 조건)을 다루며 발생하는 불안.

정서의 변화 affective shift [인지] 감정이나 스트레스에 대한 얼굴이나 신체적 표현 변화는 인지 변환이 막 일어났다는 것으로, 종종 부정적인 인지 변환을 보여줌. 종종 강렬한 인지를 뜻함.

정서적 단절 emotional cutoff [Bowen] 부모의 과도한 개입 때문에 가족에게 많은 스트레스가 주어질 경우, 아이들은 회피하거나 가족과 감정적으로 단절됨.

정신 에너지 psychic energy [Jung] 욕구, 동기, 사고, 외모 등에서 발전되는 인격이나 정신 에너지.

정신 psyche [Jung] 의식적이고 무의식적인 사고, 감정, 행동을 포함한 인격 구조에 대한 Jung의 용어.

정신증 psychosis 사고와 감정이 너무 손상되어 현실과의 접촉을 상실한 심각한 정신 장애에 대한 광범위한 용어.

정신분석 심리치료 psychoanalytic therapy 자유연상과 무의식의 탐험은 정신분석에서 크게 강조되지 않음. 치료 만남은 보통 일주일에 1~3회로 이루어지며, 화자는 의자에 앉음.

정신분석 psychoanalysis Freud와 다른 사람들의 연구를 기반으로, 정신분석에는 자유연상, 꿈 분석, 그리고 전이 문제들을 통한 분석들이 포함됨. 보통 내담자는 소파에 눕고, 심리치료는 일주일에 3~5회 정도 실행됨.

정적 강화 positive reinforcement [행동] 자극을 도입함으로써 다시 수행될 가능성을 증가시키는 행동 결과를 가지게 하는 과정.

정치적 자각 political awareness [여성주의] 여성주의 심리치료 이론의 중요한 목표. 사회적 제도의 편향과 차별을 인식하게 되는 것.

조건부 혹은 가치 조건 conditionality or conditions of worth [Rogers] 다른 사람들이 소유한 가치나 신념을 바탕으로 자신의 경험을 평가하는 과정.

조건적인 긍정적 존중 conditional positive regard [Rogers] 다른 사람들의 기대에 부합하는 행위에 대한 결과로 받는 칭찬, 관심, 혹은 인정.

조작적 정의 operational definition 변수를 측정하거나 다른 사람들과 구분하기 위해 사용되는 과정을 명시하기 위한 실증적 정의.

조작적 조건 형성 operant conditioning [행동] 결과가 체계적으로 변화함으로써, 행동이 증가되거나 저하된다는 학습 형태.

조증 mania or manic episodes 거창한 계획이나 심한 수다, 그리고 쉽게 산만해지거나 목적 없는 행동을 하며 근거 없는 즐거움을 보이는 개인.

조현병 schizophrenia 사고, 감정, 행동에 대한 심각한 혼란은 체계적이지 못한 말과 망상이나 환각이 관찰됨으로써 명백해짐.

주변 세계 Umwelt [실존] 환경과 관련하여, 그 안에 있는 물질과 생물. 세계의 생물적, 물리적 측면을 다루는 것.

주의 과정 attentional processes [행동] 어떤 것을 보거나 인지하고, 그것으로부터 배우는 행동.

주인공 protagonist [심리극] 문제를 가진 개인이 심리극의 중심이 됨.

주제 themes [이야기] 내담자에게 이야기(문제)가 가지는 의미. 내담자는 이야기에서 어떤 중요하고 의미 있는 것을 발견하는가? 내담자는 하나 이상의 이런 방식들을 통해 인지적으로, 감정적으로, 혹은 정신적으로 이야기를 이해할 수 있음.

주지화 intellectualization [Freud] 감정적 문제가 직접적으로 해결되지 않고, 추상적인 사고를 통해 간접적으로 다루어지는 방어기제.

줄거리 plot [이야기] 줄거리는 이야기(문제)에서 일어나는 행동을 뜻함. 줄거리는 몇 가지의 에피소드들 또는 행동을 지니고 있음. 이야기는 한 번 이상 들려줄 수 있음. 다른 줄거리들이나 줄거리의 관점들은 발전할 수 있음.

즉시성 immediacy [Adler/게슈탈트] 현재 일어나고 있는 것에 관해 심리치료자의 경험을 내담자에게 전달하는 것.

증언 심리치료 testimony therapy [이야기] 미국에서의 아프리카인의 경험들에 관한 이야기들에 중점을 두는 아프리카 중심의 심리치료.

지목된 환자 identified patient [가족] 가족의 다른 구성원이 치료와 관련된 문제를 가진 것으로 확인시켜주는 사람.

지지모임 leagues [이야기] 비슷한 문제를 가진 이전 내담자들의 리스트로, 내담자와 다른 사람들이 자신들의 이야기들을 편지와 이메일, 혹은 비슷한 의사소통 방식들을 통해 공유함으로써 문제와 싸워나가는 힘을 부여함. 보통 심리치료자들은 이 지지모임을 조직하고 관리함.

직관 intuiting [Jung] 어떤 것에 관해 짐작하거나 추측하는 것을 강조하는 성격 기능으로, 무의식에서 발생함. 반대는 감각.

직접적 과제 straightforward task [Haley] 가족이 설명된 대로 받아들이고 수행하고자 하는 과제.

진솔성 authenticity [실존] 존재를 자각하고, 순수하고 진실해지는 것. 진실한 개인들은 윤리적 선택, 삶의 의미와 인간적인 것을 다룸.

진실성 genuineness [Rogers] 일치성과 비슷한 것으로, 심리치료자가 내담자와 함께 있을 때 허위나 꾸밈없이 실제 자기 자신을 보여주는 진실성.

집단무의식 collective unconscious [Jung] 개인적 경험을 바탕으로 한 개인의 무의식과 대조적으로, 인류의 종합적인 이미지와 기억을 포함한 무의식의 부분. 인간들은 크게 변화하지만 기본 양식은 신화적 동기에 대해 상징을 만들어내는 유전적 성향을 가지고 있음. 사람들은 사고, 느낌, 그리고 달이나 물과 같은 공통 요소에 대한 반응을 통해 비슷한 방식으로 우주를 바라봄.

집중 cathect [Freud] 사람, 행위, 혹은 생각에 대한 정신적 표현에 심리적 에너지를 투자하는 것. 물건에 대한 아기들의 집중은 욕구를 충족시켜 줌.

집착 obsessions 일상의 기능들에 개입하는 만연하고 통제할 수 없이 되풀이 되는 생각.

차별 discrimination [행동] 다른 자극들이나 선행된 사건들을 바탕으로 하는 유사한 자극들에 대해 다르게 반응하는 것.

참 자기 true self [Winnicott] 충분히 좋은 어머니의 보살핌에서 나오는 현실적이고, 전체적인, 그리고 자발적인 감정. 거짓 자기와 대조적으로 사용됨.

참만남 집단 encounter group [Rogers] 구조적 통찰력, 다른 사람들에 대한 감성, 그리고 구성원 사이에서의 개인적 성장을 촉진시키기 위해 고안된 집단. 지도자는 집단 구성원의 상호작용을 용이하게 함.

참만남 encounter [심리극] 또 다른 사람이나 자신 속의 또 다른 모습을 만나기 위해 두 사람이나 한 사람의 두 모습들 사이에서 일어나는 대화.

참여 요인 participant factors [도입/비교] 보통의 요인들의 접근에서, 내담자나 심리치료자의 특징들은 성과 민족성, 애착 방식, 대처하는 방식, 저항, 기대와 같은 것들임.

책임 responsibility [현실] 다른 사람의 욕구 충족에 대한 개입 없이 자신의 욕구를 충족시키는 과정.

척도 질문 scaling questions [해결중심] 가족 구성원에게 목표에 대한 진전을 0에서 10까지 중에서 평가하도록 묻는 것으로, 척도 질문에서 사용되는 기본 접근법.

척도 scaling [인지] 연속체로 양분하는 기법으로, 개인들은 양자택일로 사물을 바라보지 않음. 양자택일의 사고에 도전하는 것에 이용함.

체계 이론 systems theory 일치성과 서로에 대한 관계를 강조하는 맥락에서 부분들의 관계에 대한 연구. 이 이론은 생물학, 의학, 그리고 다른 분야에 응용되고 있으며, 가족 체계 치료의 근거로 사용되고 있음.

체계적 둔감화 systematic desensitization [Wolpe] 불안을 생성하는 상황에 대한 노출을 상상하는 것을 서서히 증가시킴으로써, 불안을 안정감으로 교체하는 특정 과정.

초기 부적응적 도식 early maladaptive schemas [인지] 사람들이 자신과 세상에 대해 사실이라고 가정하는 오래된 도식. 이 도식들은 변화에 저항하고 삶에 어려움을 일으킴.

초월적 기능 transcendent function [Jung] 이 기능은 반대와의 대립, 의식적 사고, 무의식적 영향을 보여줌. 초월적 기능은 두 개의 반대되는 태도나 조건을 연결하고, 이 과정에서 보통 발현되는 상징을 통해 표현되는 제3의 힘.

초자아 superego [Freud] 부모의 가치와 더 광범위하게, 사회적 기준을 대표하는 인격의 부분. 자아로부터 발전되며, 초기 도덕적 훈련과 부모의 명령에 대한 반영.

추동 drive [Freud] 개인들이 긴장을 줄이기 위한 행동을 수행하는 이유가 되는 배고픔, 성, 혹은 배설과 같은 심리적 긴장 상태.

추적하기 tracking [다중양식] 다른 내담자들의 일곱 가지 양식들(BASIC I.D.)의 점화 순서나 차례에 대한 관찰과 대응.

추적하기 tracking [Minuchin] 가족의 관계 양식에 맞춘 채로 머무르고, 가족생활의 상징들을 이해하는 것.

출생 순위 birth order [Adler] 가족 내 출생 순위가 한 사람의 미래 성격과 기능에 영향을 끼칠 수 있다는 생각.

춤 동작 심리치료 dance movement therapy 개인들이 동작이나 춤을 통해 자신을 표현함으로써 감정, 사고, 기억을 더 잘 이해할 수 있도록 심리적인 것과 심리적 과정을 통합하도록 돕는 방식.

충분히 기능하는 사람 fully functioning person [Rogers] 다른 사람들의 기대에 의지하기보다 긍정적인 관심을 받기 위해 자신의 욕구를 충족시키는 사람. 이런 사람들은 새로운 경험에 개방적이며 방어적이지 않음.

충분히 좋은 엄마 good-enough mother [Winnicott] 초기 유아 동안 유아의 몸짓이나 욕구에 맞춰주고, 서서히 유아가 독립성을 기르도록 돕는 엄마.

치료 매뉴얼 treatment manuals 특정 장애를 가진 내담자들을 다루는 법에 대한 심리치료자들을 위한 문서화된 가이드라인. 이것은 사용되는 기술과 이 기술의 특정 결과를 설명함.

치료 전 변화 pretherapy change [해결중심] 내담자가 심리치료자의 사무실에 도착하기 전에 발생하는 변화. 심리치료자는 이 변화에 대해 물어보고 이야기함.

친근한 개입 friendly involvement [현실] 현실 심리치료의 근거로 작용하는 내담자와의 관계 정립 과정.

칭찬 complimenting [해결중심] 심리치료자들이 행동들에 대해 긍정적인 말을 해 줌으로써 내담자는 고무됨. Berg와 De Jong은 직접적인, 간접적인, 그리고 자기 칭찬의 세 가지 칭찬 유형에 대해 논의했음. 칭찬은 지속적으로 행동을 반복하게 만드는 거부할 수 없는 충동을 부여함.

카르마 karma [동양] 현재에 영향을 끼치는 전생의 행동.

카이로스 kairos [실존] 질병이 좋아지거나 악화될 것으로 예상되는 것에 대한 비판적 관점을 뜻하는 그리스 용어. 심리치료에서는 치료적 개입의 적절한 시기를 뜻함.

카타르시스 catharsis [정신분석/심리극] 이전에 억압되어왔던 감정을 표현함으로써 얻게 되는 감정적 정화.

캐릭터 묘사 characterization [이야기] 이야기(문제)에 등장하는 사람들이 캐릭터임. 내담자는 종종 주인공뿐 아니라 서술자가 됨. 내담자와 대립하는 사람들은 종종 적으로 등장함.

콤플렉스 complex [Jung] 강력한 감정적 내용을 가지고 있는 연관된 감정과 사고, 기억의 집합. 콤플렉스는 개인적 무의식과 집단무의식의 요소를 가지고 있음.

쾌락의 원리 pleasure principle [Freud] 고통을 피하고 쾌락을 추구하는 경향. 이드가 수행하는 원칙. 특히 유아기에 중요함.

쾌락주의 hedonism 쾌락을 추구하고 고통은 피하는 개념을 나타내는 철학적 용어. REBT에서 책임감 있는 쾌락주의는 술이나 마약처럼 고통을 초래하는 단시간의 쾌락을 피함으로써 장시간에 걸쳐 쾌락을 유지하려는 것을 말함.

타나토스 thanatos [Freud] 자기파괴와 죽음을 향한 본능. 삶의 본능인 에로스와 대조됨.

탈삼각화 detriangulation [Bowen] 다른 사람을 연대로 끌어들이지 않게 하기 위해, 보통 심리치료자를 통해 가족 구성원과 단절되는 과정.

탈융합 defusion [수용전념] 내담자들은 종종 그들의 진술이나 생각을 문자 그대로의 진실이라고 여기는데, 탈융합은 내담자가 그들의 생각에 관계하는 방식을 바꾸는 과정.

탈파국화 decatastrophizing [인지/REBT] 내담자들이 '만약 X가 일어났다면, 당신은 어떻게 하시겠습니까?'의 질문을 받는 '만약'의 가정 기법. 사건들을 두려워하기보다 실제로 탐구해 보도록 고안되었음.

태도 attitudes [Jung] 내성적이고 외향적인 세상과 교류하는 두 가지 방식.

태도 수정 attitude modulation [Frankl] 내담자에게 이유를 묻고, 책임지는 것을 방해하는 장애물을 제거함으로써, 동기를 불안한 것에서 긍정적인 것으로 변화시키는 데 이용되는 기법.

텔레 tele [심리극] 대인관계 교환에서 두 사람 간의 상호작용에서 존재하는 에너지. Moreno가 빈번하게 사용한 심리극의 과정에서 집단 구성원 내에 발견되는 보살핌의 감정을 뜻함.

통제 이론 control theory [현실] 개인들이 심리적 욕구를 충족시키기 위해 세상과 세상의 부분인 스스로를 통제하려 한다는 관점.

퇴행 regression [Freud] 더 안전하고 더 즐거웠던 초기 발전 단계로 퇴행하는 방어기제. 선생님의 질책에 상처를 받은 아이는 손가락을 빨거나, 울면서 더 안전하고 덜 성숙한 시절로 되돌아감.

투사 projection [게슈탈트] 자신의 용인되지 않는 사고, 감정, 혹은 행동을 친구의 탓으로 돌리는 것처럼, 자신이 가진 측면을 다른 사람들의 탓으로 돌리는 접촉 경계 혼란.

투사 projection [Freud] 자신의 강한 성적 혹은 파괴적 충동과 같은, 용인되지 않는 욕구를 다른 사람들의 탓으로 돌림으로써, 자신의 문제를 해결하지 않는 방어기제.

투사적 동일시 projective identification [정신분석] 내담자가 자신을 다른 사람에게 투사한 후, 그 사람과 동일시하거나 혹은 무의식적으로 그 사람을 통제하려고 함. 이렇게 함으로써, 자신의 일부분이 분리되고, 다른 사람을 통제하기 위해 그 사람의 탓으로 돌림.

파국화 catastrophizing [인지/REBT] 사건의 잠재적 혹은 실제 결과를 과장함으로써 결과를 두려워하게 됨.

페르소나 persona [Jung] 사람들이 다른 사람들의 사회적 욕구에 반응하여 맡는 역할을 나타내는 원형. 이것은 환경과 표면적으로 상호작용할 때 가정하는 가면이나 위장임. 종종 진짜 정체성과 일치하지 않음.

편향 deflection [게슈탈트] 직접적이기보다 간접적이거나 애매한 태도로 의미 있는 접촉을 피하려는 접촉 경계 혼란.

평가자 신뢰성 interrater reliability 개인이나 개인들의 관찰에 대한 평가자들 사이의 일치 정도.

포스트모더니즘 postmodernism 고정된 사실이 있다고 가정하지 않지만, 개인들은 현실이나 사실에 대한 자신만의 인식을 가지고 있다는 철학적 입장.

포착하기 catching oneself [Adler] 이 기법에서, 내담자들은 변화하고 싶은 행동을 수행하고 있다는 것을 알아차리게 됨. 스스로 포착했을 때, 그들은 아하 반응을 얻게 됨.

폭식증 bulimia 폭식을 한 후 살이 찌는 것을 막기 위해 구토를 하거나 설사약을 먹는 부적절한 방식을 이용하는 증상.

표적 행동 target behavior [행동] 명확하게 정의될 수 있으며 쉽게 평가될 수 있는 내담자의 문제의 일부분. 행동 심리치료에서 심리치료의 중심.

피드백 feedback [가족] 사건의 결과에 대한 정보가 체계 안으로 재도입되는 의사소통 양식.

하타 요가 [동양] 자아를 사고 과정으로부터 분리하는 데 필요한 심리적 수련을 다루는 것.

합리성 rationality [REBT] 사람들에게 도움이 되는 방식의 사고, 감정, 행동은 목표를 이루어줌. 자멸적인 사고, 감정, 행동이나 목표 달성에 개입하게 되는 비합리성과 대조됨.

합리화 rationalization [Freud] 사람들이 실패에 대해 타당하지만 부정확한 설명을 제공하는 방어기제. 시험을 망치게 된 것에 대해 자신의 룸메이트를 탓하는 것은 공부를 하지 않은 것에 대한 변명을 만들어내는 것이므로 합리화에 해당함.

항문기 anal stage [Freud] 18개월~3세 사이에 일어나는 성 심리적 두 번째 발전 단계로, 항문은 쾌락의 주요 원천이 됨.

항상성 homeostasis [가족] 체계 안의 균형이나 평형. 이 균형은 체계 안에 안정된 환경을 가져올 수 있음.

해석 interpretation [정신분석] 심리 분석가가 내담자에게 상황에 대한 무의식적 의미를 지적하는 과정. 분석가들은 내담자가 해석을 받아들이고, 그것을 의식적인 자각으로 가져올 수 있는지 내담자의 능력을 평가함.

해석 interpretation [Adler] 아들러학파는 부모의 목표들과 관련된 내담자들에게 통찰력을 표현함. 해석은 종종 가족 계보와 사회적 관심에 중점을 둠.

행동 활성화 behavioral activation [행동] 우울증을 앓고 있

는 사람들이 이전에 즐기던 활동에 참여하기보다는 비활동을 선택하고 있다는 것을 인식시키는 방법. 내담자의 활동을 증가시키고 문제해결에 도움을 주기 위해 긍정적인 강화와 관련된 행동방식을 사용함.

행위 Act fulfillment [심리극] 과거에 상처가 된 경험을 대체하는 교정적 경험.

현실 원칙 reality principle [Freud] 자아에 대한 안내 원칙. 이것은 만족감을 연기함으로써, 환경적 욕구가 충족될 수 있거나, 혹은 나중에 더 큰 쾌락을 얻을 수 있도록 해줌.

현장참여 in vivo [행동] '삶에서'라는 의미의 라틴어로, 내담자의 자연적 환경에서 발생하는 심리치료 과정을 언급하는 것.

현재 순간의 자각 attention to the present moment [행동] 집중적이고, 유연하며, 자주 사용하는 방식으로 현재를 인식.

형성 shaping [행동] 바라는 목표 행위에 더 근접해지도록 목표 행위의 특정 부분을 서서히 강화하는 것.

홍수법 flooding [행동] 피하거나 탈출할 수 있는 능력 없이, 높은 수준의 불안을 떠올리게 하는 자극에 노출되는 것을 상상하거나 그 상태로 오래 지속하는 방식. 내파 심리치료에서 이 홍수법을 이용함.

확충 amplification [Jung] 내담자들의 꿈에서 일어나는 것과 같은 무의식적 자료를 이해하기 위해 역사 지식과 상징의 의미를 이용하는 과정.

환각 hallucinations 그곳에 없는 사물이나 사람을 인지하는(보는, 듣는, 느끼는, 맛보는, 냄새 맡는) 것.

활동적 도식 active schemas [인지] 매일의 사건들에서 일어나는 인지 도식.

히스테리 hysteria 설명되지 않는 팔과 다리의 마비처럼, 심리적 혼란들이 육체적 형태를 취하고 어떤 심리적 설명도 없을 경우 발생하는 장애. 이 용어는 흔히 사용되는 전환 반응으로 교체되어 왔음.

힘 개입 power intervention [여성주의] 치료적 토론 과정 중에 일어날 수 있는 내담자들에 대한 힘 북돋우기. 종종 격려와 강화의 방식으로 내담자들이 더 강해지도록 도움.

힘 분석 power analysis [여성주의] 사회의 권력 구조와 남성과 여성 사이의 권력 차이에 대한 내담자의 자각을 증대시키는 것. 다섯 단계의 심리치료 기법들로 이루어져 있음.

1인 심리학 one-person psychology [정신분석] 내담자는 분석가로부터 영향을 받지만, 분석가는 내담자로부터 영향을 받지 않는다는 관점.

2인 심리학 two-person psychology [정신분석] 심리치료 동안 내담자와 분석가 모두 서로 영향을 끼친다는 생각(상호주관성과 비슷함).

A-B-C 모델 [REBT] 개인의 문제는 선행사건들이 아니라, 그러한 사건들에 대한 신념에서 기인한다는 이론. 사람들은 선행사건의 정서 혹은 행동의 결과를 경험함.

BASIC I.D. [다중양식] 다중양식 심리치료의 행동(behavior), 정서(affect), 감각(sensation), 심상(imagery), 인지(cognition), 대인관계(interpersonal relationships), 약물/생물학(drugs/biology)의 일곱 가지 본질적인 개념을 포함하는 약자.

찾아보기